Colin Goldner

Die Psycho-Szene

Absicht des vorliegenden Buches ist eine kritische Untersuchung der esoterischen Therapieszene. Im ersten Teil werden deren weltanschauliche Hintergründe ausgeleuchtet, geschichtliche Zusammenhänge werden erhellt. Der zweite Teil befaßt sich mit den Heilern und Lebenslehrern selbst, mit den Praxen und Therapiezentren, mit Kongressen, Seminaren und Workshops. Im dritten Teil wird die Qualifikation der einzelnen Heiler untersucht, der vierte befaßt sich mit rechtlichen Fragen. In fünften (Haupt-)Teil werden die geläufigsten Verfahren und Begriffe esoterisch-spiritueller Therapie und Lebenshilfe (Hauptkapitel in alphabetischer Reihenfolge, Nebenkapitel/Exkurse entsprechend zugeordnet) dargestellt. Ein abschließender sechster Teil eröffnet Strategien der Abgrenzung beziehungsweise aktiver Gegenwehr.

Das Buch will Aufklärungsarbeit leisten. Es wendet sich an Interessierte und Ratsuchende, die wissen wollen, was es mit dem Phänomen der „Psycho-Szene" auf sich hat, was unter der Vielzahl an Begriffen, Namen und Methoden, die sie ausmachen, zu verstehen ist und wie diese kritisch einzuordnen sind; ein im Anhang aufzufindendes Register erlaubt insofern gezieltes Nachschlagen. Ebenfalls im Anhang findet sich ein Literaturverzeichnis mit Hinweise auf verwendete und weiterführende kritische Literatur.

Die Kosten für Kurse und Seminare wurden durchgängig in D-Mark angegeben. Zur Umrechnung in (ungefähre) Euro-Höhe ist der jeweilige Betrag einfach zu halbieren.

Colin Goldner

Die Psycho-Szene

Alibri Verlag

2000

Deutsche Bibliothek – CIP-Einheitsaufnahme

Ein Titeldatensatz für diese Publikation ist bei
Der Deutschen Bibliothek erhältlich.

Alibri Verlag, Aschaffenburg
Mitglied in der Assoziation Linker Verlage (*aLiVe*)

Erweiterte und völlig überarbeitete Neuauflage 2000

Lizenzausgabe mit Genehmigung des Pattloch Verlag, München

Die Erstausgabe des vorliegenden Buches wurde im Auftrag der *Arbeitsgemeinschaft der Blindenhörbüchereien* im Jahre 1998 auf Tonbandkassetten übertragen. Sie kann als Hörbuch (27 MCs) über jede Blindenhörbücherei des deutschen Sprachgebietes entliehen werden.

Umschlaggestaltung: KomistA, Sternstr. 35, 63450 Hanau
(unter Verwendung des Bildes *Die gescheiterte Hoffnung* von Caspar David Friedrich)

Druck und Verarbeitung: GuS Druck, Stuttgart

ISBN 3-932710-25-8

Inhaltsverzeichnis

Vorwort zur erweiterten und aktualisierten Neuauflage

> ***Esoterik und Faschismus überschneiden sich in ihrem elitären Führerkult, ihren mit dem Anspruch der Wahrheit auftretenden Weltverbesserungslehren, ihrer Schicksals-, Karma- und Vorsehungsgläubigkeit; sie überschneiden sich in ihrer vollständig antisozialen, antihumanistischen und antiaufklärerischen Orientierung. Nicht zuletzt überschneiden sie sich auch im blindgläubigen Fanatismus ihrer Anhänger.***

Die erste Ausgabe der vorliegenden Studie erschien unter dem Titel „PSYCHO: Therapien zwischen Seriosität und Scharlatanerie" Ende 1997 im katholischen Augsbuger *Pattloch*-Verlag. Der Offerte des seinerzeit eben neuberufenen Verlagsleiters Bernhard Meuser, der mit viel Optimismus und Elan angetreten war, frischen Wind ins Programm seines Hauses zu bringen, in ebendiesem zu publizieren, stimmte ich nach einigem Zögern zu: Das Argument, über einen konservativen Verlag auch LeserInnenschichten erreichen zu können, die ansonsten kaum mit einem gesellschaftskritischen Buchangebot in Berührung kämen, überzeugte mich. Vereinbarungsgemäß unterlag mein Manuskript keinerlei Beschränkung.

Eine anstehende zweite Auflage kam für *Pattloch* - seit 1998 versehen mit einer neuen Chefetage und über *Weltbild* eingebunden in den *Droemer-Knaur*-Konzern - allerdings nicht in Betracht. Offenbar stand PSYCHO denn doch in zu krassem Widerspruch zu den sonstig verlegten Titeln.

Die Neuauflage des Buches erscheint nunmehr in *Pattloch*-Lizenz im *Alibri*-Verlag (Verlagsleiter Meuser erwies sich in den Lizenzverhandlungen als äußerst fairer Partner). PSYCHO wurde aktualisiert und um mehrere Kapitel erweitert; die aus der ersten Auflage übernommenen Kapitel wurden durchgehend neu bearbeitet und um wichtige Aspekte ergänzt. Ein neuer Titel erschien insofern angezeigt und gerechtfertigt.

Innerhalb der Szene hat PSYCHO zu einigem Aufruhr geführt. Einen der krampfhaften Versuche eines Verrisses, wie sie in Esoterikblättchen quer durch die Republik zu lesen standen, möchte ich der LeserInnenschaft (zumindest auszugsweise) nicht vorenthalten. Er stammt aus dem Szeneblatt *Omicron* (3/1998): „Goldner ist total voreingenommen und verwechselt zu oft die Imagination seines eigenen Geistes mit der Realität. (...) PSYCHO ist kein seriös-wissenschaftliches Buch. Es ist (...) voller Polemik. Damit sich die Rundumattacke auch richtig lohnt, schlägt 'Superman' Goldner gleich noch Sekten und sektenähnliche Aktivitäten zur Esoterik und boxt dann auf alles los (...). Mit Pauschalurteilen kann man hingegen nur Schiffbruch erleiden. Gerade an eine Pauschalabqualifizierung der Esoterik als Unsinn und Scharlatanerie wagt sich Goldner aber. Damit ist er hinsichtlich der Kompetenz unausweichlich weit überfordert! Dazu müßte er sich ja nämlich im Minimum intensiv mit den (jeweiligen) Gebieten beschäftigt, jahrlange praktische Erfahrung gesammelt haben. Dafür reicht eine menschliche Lebensspanne nicht aus! (...) Goldner sollte sich also bewußt werden, daß er sich mit PSYCHO in große Gefahr begeben hat, selbst in den Ruch der Scharlatanerie zu kommen!" Seitenweise läßt *Omicron*-Autor Horst Friedrich sich in der Folge über den „irrationale(n) Haß" aus, den in „alten Denkmustern verhaftete" Schulwissenschaftler dem Neuen Denken, etwa der Homöopathie, entgegenbrächten; der Grund für diesen Haß liege in der immer noch herrschenden „Leit-Ideologie" des Materialismus: „Diesem (materialistischen) Aberglauben hängt auch Goldner noch an. Es sei aber daran erinnert, daß die deutsche Post erst kürzlich eine Sondermarke '200 Jahre Homöopathie' herausgebracht hat. (...) Mit den 'Irrlehren der Homöopathie' ist es also nichts."

Anderweitig, vor allem in einer Unzahl an Leserzuschriften, wurde ich der Ignoranz, Verbohrtheit und „Hirnfickerei" geziehen, das Rajneesh-nahe Szeneorgan *Connection* (7/1998) entblödete sich nicht, mich als „Hexenjäger" und „Großinquisitor" zu schmähen (vermutlich ohne jede Ahnung, was diese Begriffe historisch bedeuten); in ganz ähnlicher Manier äußerte sich *Esotera* (6/1998). Erwartungsgemäß wußten auch Soutanenträger meine Studie zu bemängeln: Ihnen paßte vor allem deren „laute Polemik" nicht, sprich: der Umstand, daß Kritik an innerkirchlich - vor allem innerkatholisch - kultivierten Esoterikvorstellungen und -praktiken selbstredend nicht außen vor blieb (zumal diese sich von jenen der Psychoszene nur sehr unwesentlich unterscheiden).

Der einschlägig bekannte Parapsychologe Matthias Bormann brachte gar ein ganzes Buch auf den Markt (*Hexenjagd im 20. Jahrhundert II*, Radeberg, 1999), in dem er sich mit Vehemenz gegen die „Verleumdungs-, Hetz- und Verunglimpfungskampagnen" wendet, denen die Anhänger u.a. von Scientology, Thakar Singh oder auch Shoko Asahara durch „fanatische Lügner und Volksverdummer" ausgesetzt seien; zu deren allerfanatischsten zählt Bormann ganz offensichtlich mich, jedenfalls schrieb er - zur Abschreckung sozusagen - passagenweise und unter Mißachtung sämtlicher Regeln korrekten Zitierens aus PSYCHO ab (letztlich wurde er unter Klageandrohung verpflichtet, die abgeschriebenen Passagen aus seinem Buch zu entfernen, was er denn zähneknirschend auch tat).

Natürlich gab es auch Lob: Das Buch wurde in allen wichtigen deutschsprachigen Fachzeitschriften, in über achtzig Nachrichten-, Boulevard- und Tagesblättern sowie mehreren TV- und Hörfunkbeiträgen rezensiert und dabei durchwegs als „exzellentes Nachschlagewerk" empfohlen. In der Fachzeitschrift *Psyche* hieß es gar, kein anderes Buch habe „ein solches Maß an Vollständigkeit in Sachen Therapiekritik erreicht wie Colin Goldners Report". Vielfach diente das Buch als Quelle für weitere Publikationen: Zahlreiche Beiträge in verschiedensten Medien und Buchveröffentlichungen nahmen ausdrücklich Bezug darauf. In psychologischen Beratungsstellen und Selbsthilfegruppen zählt es inzwischen zur Grundlagenliteratur, keine öffentliche oder wissenschaftliche Bibliothek, in der es nicht zu finden wäre. Die Internetapotheke *netpharmacy* stellte ganze Passagen daraus auf ihre *website,* die Arbeitsgemeinschaft der Blindenhörbüchereien übertrug das gesamte Buch auf Tonbandkassetten (27 MCs), die über jede Blindenhörbücherei entliehen werden können.

Durch die weite Verbreitung von PSYCHO wurden indes auch Begehrlichkeiten geweckt: Ein Autorenteam des renommierten *Hogrefe*-Verlages (Göttingen) brachte Anfang 1999 einen Sammelband auf den Markt, dessen Titel *Psychotherapie? Psychoszene auf dem Prüfstand* schon nichts Gutes erahnen ließ. Eingeteilt in 19 Haupt- und 55 Unterkapitel wurden im Hauptteil des Bandes (laut Klappentext): „'Alternative Verfahren', die den Anspruch erheben, zur Behandlung psychischer und somatischer Störungen beitragen zu können, dargestellt und hinsichtlich ihrer Zweckmäßigkeit, Wirksamkeit bzw. Schädlichkeit und Gefährlichkeit bewertet." In der Tat erwies sich meine Befürchtung als zutreffend: Das Gemeinschaftswerk der Autoren Werner Köthke, Hans-Werner Rückert und Jens Sinram, allesamt Diplompsychologen auf wohldotierten Posten, war in weiten Teilen meinem Buche völlig identisch. Man hatte in einer Dreistigkeit bei mir abgekupfert, wie ich das noch nicht einmal aus Esoterikpublikationen kannte, in denen Diebstahl der Leistung anderer das Übliche ist. Um es zu verdeutlichen: Köthke et al. hatten es nicht dabei belassen, aus meinem Buch zu *zitieren,* was ihnen, korrekte Zitierweise vorausgesetzt, unbenommen gewesen wäre, vielmehr hatten sie unter Verletzung sämtlicher publizistischer Regeln über Passagen hinweg und ganze Kapitel *wortwörtlich abgeschrieben.* Der *Hogrefe*-Verlag räumte den eklatanten Mißgriff ein. Entschuldigend führte man an, das Lektorat habe nicht erkennen können, „daß ganze Textpassagen übernommen worden waren". Eine Entschuldigung der Autoren Köthke, Rückert und Sinram gab es nicht.

Erst nachdem ich zivilrechtliche Ansprüche wegen massiver Urheberrechtsverletzung geltend gemacht hatte, sah Autor Rückert sich bemüßigt, „in aller Form" bei mir Abbitte zu leisten und sich zugleich mit Vehemenz von seinem Mitautor Köthke zu distanzieren, der allein für „jenes unerträgliche und unerklärliche Abschreiben" verantwortlich gewesen sei: Er selbst habe lediglich den Einleitungsteil des Gemeinschaftswerkes sowie Teile des Vor- und des Nachwortes beigesteuert. Über die textlichen Übereinstimmungen mit meinem Buch, das er bislang nicht gekannt habe, sei er entsetzt: „Es ist mir sehr peinlich, mit meinem Namen auf einem Buch zu stehen, das sich im Nachhinein teilweise als Dorfrichter-Adam-Geschichte entpuppt." Weswegen Rückert mit seinem Entschuldigungsschreiben erst daherkam, nachdem ich rechtliche Schritte eingeleitet hatte - der *Hogrefe*-Verlag und die Autorengemeinschaft Köthke/Rückert/Sinram waren fast ein Vierteljahr davor schon mit dem Plagiatsvorwurf konfrontiert worden -, erschloß sich freilich nicht. Es spielte dies letztlich auch keine Rolle mehr: *Hogrefe* mußte das allenthalben mit großem Aufwand beworbene Buch vom Markt nehmen und komplett einstampfen.

Vielfach werde ich gefragt, was denn meine Motivation sei, mich derart eingehend mit all dem esoterischen Unfug zu befassen, der da die Lande durchzieht: Die Antwort, so hoffe ich, ergibt sich aus der Lektüre des vorliegenden Buches selbst.

Nur soviel als persönliche Vorabinformation: Ich habe seit Ende der 1970er über ein dutzend Recherchereisen nach Indien unternommen und dabei zahlreiche Meditationszentren und Ashrams besucht; in der Summe weit über ein Jahr hielt ich mich etwa bei Rajneesh, Muktananda oder Tambe auf und lernte so die Szene und ihre Gurus hautnah kennen. Auch in den USA - ich lebte von 1983 bis 1988 in Kalifornien - nahm ich *undercover* an zahllosen Workshops und „Ausbildungen" (mithin am Esalen-Institute in Big Sur) teil: kaum ein Verfahren, das in vorliegendem Bande beschrieben ist, das mir nicht aus eigener Erfahrung bekannt wäre. Parallel dazu arbeitete ich an einer Beratungsstelle für Sektenaussteiger in Los Angeles.

Nach meiner Rückkehr in die Bundesrepublik führte ich dieses Engagement fort. Seit 1989 bin ich Vorstandsmitglied im *Forum Kritische Psychologie e.V.* und seit 1995 Leiter dessen gemeinnütziger Beratungsstelle für Therapie- und Psychokultgeschädigte in München.

In zahlreichen Artikeln suchte ich zur Aufklärung über die teils kriminellen Machenschaften innerhalb der einzelnen Sekten und Psychokulte beizutragen. Breit angelegte Untersuchungen u.a. zu Rebirthing, Subliminal Tapes, Mind-Machines oder auch zum Hoffman-Quadrinity-Prozeß führten zu erheblichen Einbrüchen dieser Verfahren. Mit den Methoden der investigativen Recherche - einer Art Wallraff-Mission - ließ ich Ende 1988 die Millionen-Praxis des rechtslastigen Münchner Esoterikpapstes Erhard Freitag auffliegen. Im Zuge der nachfolgenden gerichtlichen Auseinandersetzungen, die mich über Jahre hinweg zu einer auch politisch vertieften Auseinandersetzung mit der Szene nötigten, wurde mir deutlich, was ich bis dahin nur geahnt hatte: Das Menschenbild der Esoterik ist nicht nur unmittelbar kompatibel mit rechtsextremen Ideologien, vielmehr ist das Bündnis zwischen esoterischen Sekten und faschistischen Organisationen vielerorts längst zur Wirklichkeit geworden. Es wäre insofern fatal, die Umtriebe der New Age-Esoterik, wie es vielfach geschieht, als harmlose Spinnerei abzutun.

Die Szene *en gros* ist gewiß nicht als faschistisch zu bezeichnen, autoritär zugerichtete und esoterisch verdummte Menschen stellen allerdings ein höchst gefährliches Potential zur Herausbildung faschistischer Ideologien und Strukturen dar.

Colin Goldner, November 2000

1. Therapeutischer Supermarkt

> *Vergeistigung statt des materialistischen Trends, heißt es bei New Age. Sagen Sie das einem Familienvater auf dem Existenzminimum, einem Sozialhilfeempfänger, einem Arbeitslosen. Elitärer geht es nicht mehr.*
>
> *Hans A. Pestalozzi*

Übersinnliches hat Hochkonjunktur. Nicht nur altbekannte Verfahren wie Astrologie, Hellsehen oder Tarotkartenlegen erleben einen seit Jahren anhaltenden Boom, selbst ursprünglich nur Insidern bekannte Namen und Begriffe wie I-Ging, Kabbala oder Runenmagie sind heute weiten Kreisen geläufig. Allenthalben werden PSI- oder transpersonale KI-Kräfte entwickelt, Chakren werden gelesen, Bach-Blüten und Kristall-Essenzen verabfolgt. Kontakte mit Verstorbenen werden gepflogen oder mit Schutzgeistern aus jenseitigen Sphären; bevorzugt auch mit intergalaktischen Wesen, die in UFOs die Erde umkreisen oder von irgendwelchen Planeten aus ihre Botschaften senden. Germanische und keltische Vorstellungen tauchen da auf, daneben buddhistische, taoistische oder indianische: ein schier undurchdringliches Wirrwarr ideologischer, religiöser und kultureller Versatzstücke.

1.1. Renaissance des Übersinnlichen: Esoterik und New Age

Nahezu sämtliche Lebensbereiche sind inzwischen von derlei Gedankengut durchzogen. Es gilt als *en vogue,* sich mit mystizistischen Hirngespinsten zu umgeben: Man denke nur an Franz Beckenbauers Karma- und Wiedergeburtsdelirien[1] oder an Jürgen Möllemanns merkwürdiges Engagement für einen Geistheiler.[2] Man denke an Franz Alt, Nina Hagen, Christian „Lanoo" Anders, an all die Größen aus Show-Biz, Sport, Politik und Wirtschaft, die sich offen zu ihrer esoterischen Schlagseite bekennen. Oder man halte sich den Umstand vor Augen, daß eine totalitär strukturierte Psychosekte gänzlich ungeniert - und mit Steuermitteln gefördert - zu bundesdeutschen Parlamentswahlen antreten kann.[3] Auch wenn die *Naturgesetzpartei* von Maharishi Mahesh Yogi regelmäßig genausowenig Stimmen einfährt wie die *Partei Bibeltreuer Christen*[4]: Allein in der Bundesrepublik dürften nach vorsichtiger Schätzung zehn bis zwölf Millionen Menschen - Tendenz steigend - den Ideen und Praktiken der (New-Age-)Esoterik aktiv zugeneigt sein: als regelmäßige Leser einschlägiger Zeitschriften und Bücher, als Käufer esoterischen Zubehörs, als Teilnehmer an Seminaren, Workshops oder therapeutischen Veranstaltungen.[5]

Die Zahl der Esoterik-Gläubigen und damit das Reservoir potentieller Kundschaft liegt indes noch weit höher: Jeder zweite Deutsche glaubt an außerirdische Wesen, jeder dritte an UFOs, jeder siebte an Magie und Hexerei; zwei von drei Bundesbürgern fürchten sich vor Erdstrahlen, über 35% halten die Zukunft für vorhersagbar, rund 20% glauben, es ließen sich Kontakte zum Jenseits herstellen.[6] Im übrigen glaubt jeder zweite Deutsche an die Existenz von Schutzengeln.[7] Rund 40% aller Deutschen glauben, daß manche Menschen durch Beschwören oder Handauflegen bestimmte Krankheiten heilen können und mehr als 50% sind davon überzeugt, daß Methoden wie Ayurveda oder Bach-Blütentherapie eine echte Alternative zur Schulmedizin bieten.[8] In einer Befragung von Jugendlichen zwischen 14 und 18 Jahren zeigte sich, daß fast jede(r) zweite mit übersinnlichen Praktiken wie Pendeln oder Gläserrücken vertraut war.[9]

Hinzu kommt die schwer zu bestimmende Zahl der Hellseher, Wunderheiler und Lebenslehrer selbst, die haupt- oder nebenberuflich ihre Dienste anbieten; sie dürfte inzwischen bei rund einer halben Million liegen. Der Umsatz der bundesdeutschen Esoterikszene liegt bei schätzungsweise 20 bis 25 Milliarden Mark pro Jahr.[10]

New Age

Die Renaissance des Übersinnlichen und Antirationalen ist wesentlicher Bestandteil der „New-Age"-Bewegung, die sich ab Mitte der 1960er Jahre von Kalifornien aus über die gesamten USA und von dort aus nach Westeuropa verbreitete.

1968 wurde am New Yorker Broadway das Musical *Hair* aufgeführt. Es besang das herandämmernde „Zeitalter des Wassermannes" (Age of Aquarius), das die Menschen hinführe zu einem neuen, höheren Bewußtsein. Diese „Neue Zeit" (New Age) - nach astrologischen Berechnungen soll sie bereits Anfang der 1960er (laut Szene-Guru Arnold Keyserling genau am 5. Februar 1962) angebrochen sein - löse das dunkle „Zeitalter der Fische" ab, das, gekennzeichnet von Machtkämpfen, Kriegen, Hunger und Elend, die zurückliegenden 2000 Jahre beherrscht habe. Unter Führung einer spirituellen Avantgarde lasse das „Zeitalter des Wassermannes" eine paradiesische Welt des Lichtes und der Liebe entstehen.[11]

Der Begriff des „Wassermann-Zeitalters" geht ursprünglich auf eine astronomische Gesetzmäßigkeit zurück: Beim Umlauf der Erde um die Sonne steht die Erdachse nicht still, vielmehr kreiselt sie geringfügig, so daß sich der sogenannte „Frühlingszeitpunkt" (Tag- und Nachtgleiche im Frühjahr) auf der Ekliptik kontinuierlich westwärts verschiebt. Im Laufe von knapp 25.800 Jahren durchwandert er einmal den gesamten Tierkreis und hält sich folglich etwa 2.100 Jahre in jedem der zwölf Tierkreiszeichen auf, in die der Zodiak (künstlich) unterteilt ist. Der Frühlingszeitpunkt sei nun in der zweiten Hälfte des 20. Jahrhunderts vom Zeichen der Fische in das des Wassermannes gerückt. Die astrologische Interpretation dieser (astronomisch völlig bedeutungslosen) Verschiebung der Frühjahrs-Tag-und-Nachtgleiche von einem (willkürlich definierten) Segment des Tierkreises in ein anderes - unabhängig davon, daß diese tatsächlich erst in rund 600 Jahren (!) stattfinden wird -, führt in esoterischen Kreisen zur Annahme eines anbrechenden „Neuen Zeitalters".

Der Begriff „New-Age" wird heute kaum mehr gebraucht, er wurde ersetzt durch „Light-Age", was sowohl auf das Selbstverständnis der Szene als Avantgarde eines neuen, „erleuchteten" Bewußtseins hinweist, als auch (ungewollt) auf das postmoderne Gemisch positiv klingender Flachgründigkeiten, das ebendieses ausmacht.

1.2. Spirituelle „Rückbindung": Mißbrauch der Psychologie

Die Bewegung des New- oder Light-Age verfügt über keine einheitliche Organisation, weder über gemeinsame Ziele noch über ein gemeinsames Programm.[12] Sie versteht sich als *Sanfte Verschwörung* - so auch der Titel des 1980 erschienenen Kultbuches von Marilyn Ferguson[13] -, die auf dem Wege persönlichen Bewußtseinswandels eine kulturelle Transformation herbeiführen will. In der Überzeugung, ausschließlich das Bewußtsein bestimme das Sein, wendet sie sich von den sozialkritischen und politischen Reformbewegungen der späten 1960er Jahre ab und setzt rein auf individuelle Bewußtseinsveränderung als Voraussetzung für gesellschaftlichen Wandel. Als wesentliches Instrument hierzu dient ihr die Psychologie. Dies allerdings nicht in Form der wissenschaftlichen Disziplin, die sich unter diesem Begriff entwickelt hat, sondern, ganz im Gegenteil, in Gestalt eines Rückgriffes auf vorwissenschaftliche oder religiös begründete Heils- und Erkenntnislehren. In erster Linie bezieht sich die Psychologie des Neuen Zeitalters auf esoterische Glaubensvorstellungen, ihre Praktiker verstehen (oder verkaufen) sich konsequenterweise als neuzeitliche Schamanen, Medizinmänner (und -frauen), Magier, Hexen oder Druiden.

Esoterik

Der Begriff Esoterik bezeichnet ursprünglich mystisches oder okkultes Geheimwissen, wie es in den Religionssystemen sämtlicher Kulturkreise zu finden ist. Nur besonders Eingeweihte - Priester, Schamanen, Druiden - haben Zugang zu diesem verborgenen, innersten Kern der jeweiligen Lehre. Zur Esoterik zählen beispielsweise die christlichen Geheimlehren der Gnosis oder des Manichäismus, auch die jüdische Kabbala oder der Tantrische Yoga des Hinduismus. Im Gegensatz zur Exoterik, dem „äußeren", katechetischen Regelwerk einer Religions- oder Kultgemeinschaft, geht es der Esoterik um den „inneren", individuell zu beschreitenden Weg der „Rückbindung (re-ligio) zum Eigentlichen", der Suche nach Wahrheit, nach Gott.[14]

Vielfach wird dieses „Eigentliche", zu dem zurückzukehren letztes Ziel allen Mühens sei, als „Höheres Selbst" bezeichnet (wahlweise auch als „Quell der Intuition", „Essenz des Seins", „Innere Stimme" und dergleichen). Als eine Art Meta-Bewußtsein (Über-Über-Ich) stelle es eine Instanz absoluter Wahrheit dar, die zugleich wahres Heilsein bedeute: „Das Wiederanknüpfen an den bei jedem tief im Inneren stets unversehrt und lebendig gebliebenen göttlichen Kern ist Grundlage und Leitmotiv jeder spirituellen und im wahrsten Sinne re-ligiösen Therapie."[15]

Heute gilt der Begriff Esoterik als Bezeichnung für ein weites Spektrum an Heils- und Weltanschauungslehren, deren Gemeinsames in ihrer Abkehr von Wissenschaftlichkeit,

Plausibilität und Vernunft liegt; oder andersherum formuliert: die auf alles abstellen, was nur irgendwie spiritistisch, mystisch, okkult oder schlicht antirational daherkommt.

„Rückbindung“ ist ausdrückliches Ziel esoterisch begründeter Psychologie. Über die Behebung seelischer „Alltagsprobleme“ hinaus geht es ihr wesentlich um „spirituelle Selbst- und Seinserfahrung“. Sie versteht sich insofern als notwendige Erweiterung der Angebote der modernen Geisteswissenschaften, insbesondere der akademischen Psychologie und Psychotherapie, die sie als ebenso unfähig beschreibt, den „wirklichen“ Bedürfnissen der Menschen zu entsprechen, wie die etablierten Religionen und Kirchen. Auch die Psychosekten, die sich seit Beginn der 1970er Jahre im deutschsprachigen Raum etablieren konnten, sind der Esoterischen Psychologie des New Age zuzurechnen. Zu den bekanntesten dieser Sekten zählen Hare-Krishna, Transzendentale Meditation, die Neo-Sannyas-Bewegung um Bhagwan-Osho Rajneesh, die Scientology Church, die Vereinigungskirche Sang Myung Muns sowie die Bewegungen um Sri Chinmoy und Sant Thakar Singh.

Die Esoterische Psychologie hatte in den zurückliegenden Jahren immense Zuwachsraten zu verzeichnen. Es entwickelte sich ein gigantischer „Psycho-Supermarkt“, in dem heute ein kaum mehr übersehbares Sammelsurium einschlägiger Verfahren angeboten wird. Bruch- und Versatzstücke jedes nur erdenklichen Kulturkreises werden vereinnahmt und „therapeutisch“ beziehungsweise zu „Selbsterfahrungszwecken“ aufbereitet. Je nach Kenntnisstand und Vorliebe des einzelnen Therapeuten werden die jeweiligen Verfahren mit an sich durchaus ernstzunehmenden Entspannungs-, Visualisierungs- oder Meditationsübungen angereichert, daneben auch mit Übungen aus atem- oder körpertherapeutischen Ansätzen. Vielfach werden auch Einzeltechniken aus Verfahren der behavioristischen oder humanistisch-psychologischen Therapie herangezogen. Manch esoterisch-spiritueller Praktiker arbeitet zusätzlich mit medizinischen Alternativverfahren wie Homöopathie, Akupunktur oder Reflexzonentherapie. Die Kombinationsmöglichkeiten sind unbegrenzt, unentwegt kommen irgendwelche „Neuerungen“ hinzu.

Die meisten der angebotenen Verfahren und Verfahrenskombinationen entbehren jedweder Plausibilität, geschweige denn ernstzunehmender Belege. Sie bewirken - über einen möglichen Placeboeffekt hinausgehend - rein gar nichts. Abgesehen von finanzieller Übervorteilung des Rat- oder Hilfesuchenden besteht ihre Gefahr in erster Linie darin, daß der rechte Zeitpunkt zum Einsatz einer verfüglichen und wirksamen Therapie versäumt wird. Einige dieser Verfahren können allerdings auch fatale Folgen zeitigen. Vor allem in der Hand klinisch unzureichend qualifizierter Praktiker - die wenigsten Therapeuten der Szene verfügen über eine seriöse Ausbildung - können sie in den völligen Zusammenbruch führen. Dennoch ist der Zulauf in die esoterischen Therapiezentren und Heilpraxen ungebremst.

Neue Kundschaft wird über einschlägige Szeneblätter und Magazine geworben, daneben sind es vor allem Boulevardmedien und Regenbogenpresse, die in ihrer meist völlig unkritischen Darstellung „alternativer Heilverfahren“ diesen als Werbeforen dienen; nicht zu vergessen die zahllosen TV-Talkshows.

Auch über entsprechende Ratgeberliteratur wird ein breites Publikum angesprochen. Völlig unsinnige, teils aber auch psychodynamisch tiefgreifende und damit riskante Verfahren werden hier zu „praktischer Selbsthilfe" vorgestellt. Ein nicht unerheblicher Teil esoterisch-spiritueller Verfahren wird inzwischen gar schon an Volkshochschulen angeboten.

1.3. Braune Aura: Rechte Heilslehren

Heutige Esoteriker wähnen sich gerne als Avantgarde eines noch nie dagewesenen Denkens. Unabhängig davon, daß sich utopische Entwürfe für ein Neues Zeitalter in den Mythen vieler Kulturen finden lassen, sind gerade die von New Age kolportierten Ideen keineswegs originär: Sie entstammen im wesentlichen der Theosophie, einer esoterischen Bewegung des ausgehenden 19. Jahrhunderts, deren mystische und okkulte Wurzeln bis zu den Neuplatonikern des 2. bis 6. Jahrhunderts u.Z. und der von diesen mitgeprägten Gnosis zurückreichen.[16] Neue-Zeit-bewegtes Gedankengut zieht sich quer durch Mittelalter und Neuzeit und taucht besonders in den Ende des 18. Jahrhunderts aufkommenden gegenaufklärerischen Traktaten der Spiritisten auf, denen es in erster Linie um Kontaktaufnahme mit den Seelen Verstorbener ging. Als Gegenbewegung zu den umwälzenden gesellschaftlichen Veränderungen in Europa erreichte der Spiritismus gegen Ende des 19. Jahrhunderts seine Höchstblüte. Allerorts traten selbsternannte Medien auf, die Botschaften aus dem Jenseits übermittelten: Geisterséancen mit Tischchenrücken und Kristallkugelschau: ein Rückfall in den „ödesten aller Aberglauben", wie Friedrich Engels 1878 mit gebührendem Hohne schreibt.[17]

1.3.1. Theosophische Hirngespinste

Es ging und geht natürlich, wie auch Engels wußte, nicht nur um das Lachhafte und Absurde esoterischen Denkens, sondern in erster Linie um dessen gesellschaftspolitische Dimension: Ein Großteil der einschlägigen Literatur ist mit ultrareaktionären, völkischen, um nicht zu sagen: faschistischen Inhalten verwoben.[18] Die in mehreren Wälzern und rund 1000 Artikeln veröffentlichten rassistischen Wahnideen einer Helena Blavatsky (1831-1891) etwa gelten in New-Age-Kreisen bis heute als Standard.[19] 1888 veröffentlichte die gebürtige Ukrainerin ihr theosophisches Grundlagenwerk *Die Geheimlehre*,[20] das ihr angeblich auf spiritistische Weise aus dem Jenseits übermittelt worden war: ein obskures Gemenge östlicher und westlicher Esoterik-Traditionen, vermischt mit genealogischem und magisch-okkultem Wirrsinn.

Laut Blavatsky befinde sich an einem bestimmten Ort in Tibet die irdische Kontaktstelle der „Großen Weißen Bruderschaft", einer Loge erleuchteter und ins Nirvana aufgestiegener Meister, der neben Krishna, Buddha und Jesus auch Leonardo da Vinci oder Geheimrath von Goethe angehörten. Diese Bruderschaft habe Ende des 19. Jahrhunderts die Aufgabe übernommen, die Menschheit in ein „Goldenes Zeitalter" zu führen. Nicht die gesamte Menschheit freilich, vielmehr die in der Evolution am weitesten fortgeschrittene Rasse: die „germanisch-nordische" der Arier.[21] Das „Verlöschen" jener Rassen, deren Zeit um sei, „Rothäute, Eskimos, Papuas, Australier, Polynesier usw." sei „karmische Notwendigkeit".[22] Die 1875 von Blavatsky in New York gegründete *Theosophische Gesellschaft* lieferte mit derlei rassistischen Ideologemen eine willkommene Rechtfertigung für den in den Kolonialländern wütenden Imperialismus.

Um die Jahrhundertwende hatte die *Theosophische Gesellschaft*, die sich mittlerweile *Adyar TG* nannte, über 100.000 Mitglieder und politisch höchst einflußreiche Logen in über fünfzig Staaten. 1907 übernahm Annie Besant den Vorsitz der Organisation, die unter ihr einen weiteren enormen Aufschwung erlebte. Im Auftrag des britischen Commonwealth übernahm Besant 1914 den Vorsitz des indischen Nationalkongresses, in dem sie sich aufgrund ihrer theosophischen Rassenlehre und der daraus abgeleiteten Forderung nach Beibehaltung der hinduistischen Kastenlehre sehr bald mit Gandhi überwarf.[23]

Die Kosmiker

Auch in Deutschland gab es gegen Ende des 19. Jahrhunderts eine Vielzahl atavistisch angehauchter Gruppierungen. Im Jahre 1893 etwa hatte sich in München ein Esoterik-Quartett formiert, das sich als „Die Kosmiker" bezeichnete. Es bestand aus dem Philosophiestudenten Ludwig Klages, dem Dichter Stefan George, dem Archäologiestudenten Alfred Schuler sowie dem Bankierssohn und Schriftsteller Karl Wolfskehl. Evolutionistische und aristokratische Abstammungslehren verspannen die vier mit Germanentum und deutschem Romantizismus zu einem wilden Konglomerat aus mystischer Vergangenheitssehnsucht und reaktionärem Eliteanspruch. Alles, was an Irrationalem zu finden war, an „dämonischen Kräften der Erde, der Nacht und des Totenreiches", zog ihr Interesse auf sich. Auf opulent ausgestatteten Maskenfesten inszenierten sie vorgeschichtlichen Hokuspokus, eine „Renaissance des Heidnischen". (Diese Feste gelten als Beginn der Schwabinger Faschingstradition.) Um die Jahrhundertwende waren die „Kosmiker" die Attraktion schlechthin der Münchner Kulturszene, Wolfskehls Wohnung wurde zum Mittelpunkt der Schwabinger Bohème. Alles, was Rang und Namen hatte, traf sich dort: Die Philosophen Oswald Spengler und Rudolf Pannwitz, die Schriftstellerinnen Ricarda Huch und Franziska zu Reventlow, die Maler Paul Klee, Franz Marc und Alfred Kubin; auch Friedrich Gundolf, bei dem später Joseph Goebbels studierte. Die meisten sagten sich vom okkulten Unsinn der vier „Kosmiker" bald wieder los, zunächst aber waren sie fasziniert.[24]

Während Lenin ab 1901 in Schwabing an seiner Schrift *Was tun?* arbeitete, spannen ein paar Ecken weiter die „Kosmiker" von vorantiken Mysterien, faselten von „Wiedereinkörperung" und „schwelender Seele, erfüllt von Mythos und Symbol". In die esoterischen Spinnereien mischten sich zunehmend auch antisemitische Töne. Schuler hatte 1895 in einem Schmöker über prähistorisches Mutterrecht von Jakob Bachofen ein altindoeuropäisches Zeichen entdeckt: das Hakenkreuz, dem er als „strahlendem Symbol heidnischer Erneuerung und Wiedergeburt" herausragende Bedeutung zumaß beim anstehenden Kampf, die „fehlgeleitete Entwicklung der Menschheitsgeschichte" zu korrigieren. Schuld an dieser Fehlentwicklung, an der „Zerstörung der ursprünglichen Einheit der Menschen": „der Jude", der laut Klages „nicht etwa verlogen [ist], sondern die Lüge selbst. Wir stehen also auf dem Punkt zu entdecken: Der Jude ist überhaupt kein Mensch."[25]

Im Winter 1903/04 zerbrach das Quartett der Münchner „Kosmiker". Dessen krude Phantasien aber waren längst im allgemeinen „Zeitgeist" aufgegangen. Allenthalben, vornedran in den Metropolen Berlin und Wien, entstanden esoterisch-antisemitische Zirkel und Geheimbünde, die das Rad der Geschichte zurückzudrehen versuchten. In Wien gab ab 1905 der frühere Zisterziensermönch Adolf Lanz, der als „Baron Jörg Lancz de Liebenfels" einen *Orden des Neuen Tempels* gegründet hatte, ein ario-germanisches Esoterik-Blatt namens *Ostara* (mit einer zeitweiligen Auflage von über 100.000 Exemplaren) heraus. Gelegentlicher Leser dieses Blattes war der Postkartenmaler Adolf Hitler. Lanz' Ordensmänner mußten blond und blauäugig sein und sich zur „Reinzucht" verpflichten. Seine Idee war die Rückzüchtung einer germanischen Heldenrasse, die über alle andersrassigen „Sodomsäfflinge" und „Schrättlinge" siegen werde. Die Rückzüchtung solle durch „Brutmütter" geschehen, die in eigenen Zuchtklöstern von arischen Jünglingen begattet werden sollten. Die „Schrättlinge" seien zu sterilisieren und durch Zwangsarbeit auszurotten. 1908 zog Lanz auf seiner Ordensburg Werfenstein an der Donau eine Fahne mit dem Hakenkreuz - wie er es nannte: dem Kruckenkreuz - auf.[26]

Ein weiterer Wegbereiter des heutigen New-Age ist Rudolf Steiner, der 1902 der von Blavatsky gegründeten *Theosophischen Gesellschaft* beigetreten war und lange Jahre als deren Generalsekretär in Deutschland fungierte. Im Jahre 1913 trennte er sich von den Theosophen, da er den hysterischen Starkult um den als Maitreya, die Wiederkunft Buddhas, ausgerufenen indischen Knaben Jiddu Krishnamurti nicht mitzutragen bereit war. Noch im selben Jahr formierte er die ⇨ Anthroposophische Gesellschaft, die die Theosophie mit einigen christsozialen und humanistischen Untertönen versah; ansonsten unterschied sich die okkultistische und von wirren Rassismen durchzogene Doktrin Steiners von der Lehre der Theosophen nur sehr unwesentlich.[27] An der Ideologie germanisch-nordischer Vorrangstellung etwa hielt Steiner unbeirrbar fest: „Die weiße Rasse ist die zukünftige, die am Geiste schaffende"[28].

Neben Steiner gilt es insbesondere Anne Alice Bailey zu erwähnen, die 1915 zu der kalifornischen Loge der *Adyar TG* gestoßen war. Als „Medium", so ihre Behauptung, habe sie persönliche Botschaften der „Großen Weißen Bruderschaft" erhalten. Sie erweiterte deren Mitgliederliste um die Namen einiger theosophisch Erleuchteter: Napoleon, Bismarck, Mussolini, Stalin, Franco und Hitler.[29] Die reaktionäre Auslegung der Karmalehre wurde von ihr auf die Spitze getrieben: Soziales Elend sei allemal auf irgendwelche Schuld zurückzuführen, die der Betroffene in einem Vorleben auf sich geladen habe. Der Holocaust des Dritten Reiches wurde von ihr - noch nachträglich (1949) - auf solche Weise gerechtfertigt: Die Juden hätten lediglich ihr schlechtes Karma abzutragen gehabt, sie hätten durch die „Feuer der Reinigung" gehen müssen.[30]

1.3.2. Nationalsozialistischer Okkultismus

Die Nationalsozialisten selbst interessierten sich naheliegenderweise sehr für die theosophisch-elitäre Rassenlehre. Reaktionäre Kreise aus Industrie, Adel und Militär hatten sich schon zu Wilhelms Zeiten zu esoterischen Geheimbünden (z.B. dem *Germanen-Orden für Deutsche Art*, 1912) zusammengeschlossen, denen es, orientiert an den esoterischen und antisemitischen Tiraden eines Heinrich Class, Lanz von Liebenfels und Guido von List, um den Aufbau eines neuen „alldeutschen Zeitalters" ging. Großmeister der „Bayerischen Provinz" des ariosophischen Germanen-Ordens wurde ein gewisser Freiherr von Sebottendorf (richtiger Name: Adam Alfred Rudolf Glauer), kundig in den Geheimwissenschaften von Astrologie, Alchimie und Theosophie. 1918 gründete Glauer in München die *Thule-Gesellschaft*, eine nach freimaurerischem Vorbild organisierte Geheimloge, der auch spätere Nazi-Größen wie Streicher, Heß und Rosenberg angehörten. Auf dem Banner der nach der mystischen Urheimat der Germanen benannten Gesellschaft: das Hakenkreuz. 1919 gründeten die Thule-Brüder Anton Drexler und Karl Harrer auf Anordnung der Gesellschaft die *Deutsche Arbeiterpartei* (DAP), die im Februar 1920 in *Nationalsozialistische Deutsche Arbeiterpartei* (NSDAP) umbenannt wurde.[31] „Propagandaobmann" wurde ein gewisser Adolf Hitler. Die Thule-Mitglieder halluzinierten von reinrassigen, ariogermanischen Übermenschen, ihr Ziel war nichts weniger als die Errichtung der Weltherrschaft. Dem Anbruch des „Neuen Zeitalters" standen vor allem die „Dunkelrassen" im Wege, Juden, Zigeuner, Neger, die es zu beseitigen galt. Führer in das „Tausendjährige Reich", von der Vorsehung dazu bestimmt, sollte Hitler sein.[32]

Unbestreitbar wurde die Entwicklung des Nationalsozialismus aus solch theosophisch-esoterischen Quellen *mit*gespeist.[33] Hitler, so heißt es, habe die Schriften Blavatskys ganz besonders geschätzt.[34] Wenig bekannt ist etwa auch eine von Himmler höchstpersönlich protegierte Tibet-Expedition - man phantasierte von einer „okkulten Achse Berlin-Lhasa" -, die 1938/39 unter Leitung der SS-Ahnenerbe-Forscher Ernst Schäfer und Bruno Beger durchgeführt wurde. Man nahm dabei auch Kontakt zu der Führungsclique um den heute noch (im Exil) amtierenden 14. Dalai Lama (Tentzin Gyatsu) auf (der seinerseits als enger Freund Blavatskyschen Theosophenwahns gilt).[35]

Die moderne New-Age-Bewegung, sofern sie die esoterische Dimension des Nationalsozialismus nicht einfach abstreitet, interpretiert diese gerne als Mißbrauch oder auch Perversion an sich hehrer Ideale, wie sie vor allem im Gefolge des Ersten Weltkrieges in Deutschland entstanden waren.[36] Die *eo ipso* faschistoide Dimension der (theosophischen) Esoterik wird ausgeblendet.

Wer glaubte, mit dem Ende der Nazi-Barbarei sei auch der damit einhergehende Theosophenspuk beendet, sah sich getäuscht. Heutige Vertreter des „Neuen Bewußtseins" führen die obskurantistische Ideologie der Theosophen ungebrochen fort: Unter mehr oder minder ausdrücklicher Bezugnahme auf Blavatskys Schriften sieht man sich berufen, das „Neue Zeitalter" herbeizuführen, dessen Verwirklichung, laut *Geheimlehre* von 1888, der in der Evolution fortgeschrittensten Rasse obliege. Diese Rasse - die Arier - habe sich im Zuge einer 300 Millionen Jahre dauernden Entwicklung vor rund 18.000 Jahren auf dem (nach Blavatskys Angaben im Jahre 9564 vor unserer Zeit versunkenen) Kontinent Atlantis herausgebildet und bislang fünf Unterrassen hervorgebracht: die urindische, die ägyptisch-chaldäische, die urpersische, die griechisch-lateinische sowie die germanisch-nordische Rasse. Nachdem im ausgehenden 19. Jahrhundert der Ruf der „Galaktischen Hierarchie“ an die germanisch-nordische Unterrasse zur Erfüllung ihrer kosmischen Aufgabe ergangen und diese in der ersten Hälfte des 20. Jahrhunderts bewältigt worden sei, werde, so die Prophezeiung Blavatskys, in dessen zweiter Hälfte eine sechste arische Unterrasse zur endgültigen Herbeiführung des Neuen Zeitalters entstehen. Diese angekündigte Unterrasse wird heute vielfach mit der Bewegung des New-Age gleichgesetzt. Wie bereits bei den vorhergehenden Stufen der Evolution sei das „Verlöschen“ überholter Rassen und Völker unabdingbar.[37]

1.3.3. Alles Karma

Selbstredend *propagieren* die Ideologen des „Neuen Bewußtseins“ nicht die Ausbeutung oder gar Vernichtung der Völker der Dritten und Vierten Welt. Sie sagen es (in der Regel) nicht laut, daß die Slums und Elendsviertel, die Kriegsschauplätze dieser Welt Tummelplätze für niedere, zum „Verlöschen“ bestimmte Seelen sind, die sich den Ort ihrer Inkarnation selbst ausgesucht haben. All das Rassistische, Antisemitische, Faschistoide bleibt unterschwellig, verborgen. Nur ab und zu, eher zufällig (oder bei mühsamem Quellenstudium), erfährt man vom wahren Geist, der sich hinter der biederen New-Age-Fassade von Meditationszirkeln und Lichtkreisen verbirgt: Wenn etwa New-Age-Führer wie David Spangler, in den frühen 1960er Jahren Mitbegründer der schottischen Esoterik-Kommune Findhorn (und dort als reinkarnierter Christus verehrt) oder der Theosoph und Findhornianer Sir George Trevelyan (Träger des „Alternativen Nobelpreises“ und „spiritueller Berater“ von Prinz Charles) über die Beseitigung alter Menschen schwadronieren, die Platz schaffe für die neue, auserwählte Lichtrasse (besagte sechste arische Unterrasse)[38]. Trevelyan, Anhänger der amerikanischen Theosophin Anne Alice Bailey, die die Atombombe als Geschenk der „Großen Weißen Bruderschaft“ zum Aufbau einer neuen „spirituellen Weltordnung“ ansah[39], preist in diesem Zusammenhang die „Erlösung“ durch einen nuklearen Holocaust: Dieser befreie die „auf Licht und Liebe eingestimmten Seelen“ und hebe sie empor, während jene, die sich auf einer niedrigeren Evolutionsstufe befänden, in eine Art „Seelenreservoir“ zurückflössen. Es würde eine nukleare Zerstörung des Planeten neues Wachstum keineswegs ausschließen, vielmehr würde dieser ebendadurch gründlich gesäubert: „Nach einem Atomkrieg könnte die Erde in neuer Schönheit erstehen, und Menschenseelen könnten wieder hinabsteigen und fruchtbar sein und sich mehren.“[40] Auch Positivdenker Erhard Freitag setzt ganz offenbar auf Plutonium: Ausdrücklich bedauert er, daß in Tschernobyl nicht viel mehr passiert ist: „Ich hätte gerne gehabt, wenn es eine Million Tote gegeben hätte.“[41] Thorwald Dethlefsens Esoterik-Schule vertritt ähnliche Anschauungen: „Unser Karma abzutragen – da bietet uns die Kernkraft eine Gelegenheit dafür. Und ein Mensch, der geistige Reife hat, den kann die Radioaktivität nicht treffen.“[42] Vielmehr würden nur Menschen betroffen, wie ein gewisser Soami Divyanand, Anführer einer Welterrettungssekte namens *Universale Religion*, kundtut, „denen es aufgrund ihrer Handlungen in früheren Lebensläufen bestimmt ist, so zu sterben".[43] Alles Karma.

Ganz in theosophischer Manier unterschiebt Freitag auch dem Völkermorden des Dritten Reiches karmischen Sinn: Die sechs Millionen Juden, die in den KZs und Gaskammern der Nazis umkamen, hätten auf diese Weise lediglich Schuld abgetragen, die sich im „morphogenetischen Feld" gegen sie manifestiert habe.[44] Diese ursprünglich von dem amerikanischen „Propheten" Edgar Cayce (1877-1945)[45] verfochtene und von der Theosophin Anne Alice Bailey weitergesponnene These, die Juden seien selbst schuld an ihrer Vernichtung, wird in weiten Kreisen der Esoterikszene, zumindest „im Stillen"[46], bis heute geteilt. Auch der amerikanische Szene-Vordenker Phil Laut scheint die Ermordung der Juden für im Grunde selbstproduziertes Schicksal zu halten: „Es gibt nichts Falsches außer dem, was du als falsch bezeichnest, (...) das Ereignis [gemeint ist der Holocaust, C.G.] erlöste die Juden von ihrer 5000 Jahre alten Opfergeschichte. (...) Hätten die sechs Millionen wirklich entkommen wollen, wäre es auch geglückt."[47] Ende 1996 veröffentlichte der „Reinkarnationsexperte" und Seminarleiter Tom Hockemeyer (*1939), szenebekannt unter seinem „spirituellen Namen" Trutz Hardo, einen Roman, der sich unter dem Titel *Jedem das Seine* mit Wiedergeburt und den „Gesetzen des Karma" beschäftigt.[48] Die mit Absicht als Titel gewählte Inschrift am Lagertor des KZ Buchenwald deutet auf den Inhalt des aufwendig und in Großformat hergestellten Machwerkes hin: Der millionenfache Mord an den Juden wird verklärt als „karmischer Ausgleich" für irgendwelche Verfehlungen, deren diese sich in früheren Leben schuldig gemacht hätten. Der Holocaust, so Hockemeyer, sei das „Bestmögliche" gewesen, was den Juden habe zustoßen können, er habe ihr „seelisch-spirituelles Wachstum" vorangetrieben. Im übrigen hätten „viele Menschen sich für ihr erneutes Erdenleben in der ersten Hälfte des 20. Jahrhunderts eine Reinkarnation als Jude ausgesucht, um ihren karmischen Ausgleich vor Beginn des Wassermannzeitalters zu bewirken". Es erscheint ihm an der Zeit, „daß auch in breiterem Umfang diese ewigen Wahrheiten publik gemacht werden"[49] (⇨ *Reinkarnationstherapie*). Rege Seminar- und Vortragstätigkeit führt ihn deshalb quer durch die Republik, auch bei Schreinemakers oder wiederholt bei Ulrich Meyer (beide SAT1) durfte er auftreten (worauf er in seiner Eigenwerbung auch offensiv hinweist). Anläßlich einer Veranstaltung in der Darmstädter Esoterik-Buchhandlung *Neue Welt* am 27.11.1996 erlebte er allerdings kräftigen Gegenwind: Das Antifaschistische Jugendbündnis, unterstützt vom AStA der TH Darmstadt, von der PDS, der Ökologischen Linken, den Jusos und einer Reihe anderer Verbände rief zu einer Kundgebung vor der Buchhandlung auf, die Grünen sowie 69 Mitglieder der Jüdischen Gemeinde Hessen (laut Hockemeyer „aufgehetzt" durch Autor Goldner[50]) erstatteten zudem Strafanzeige.[51] Im April 1998 wurde Hardo-Hockemeyer wegen Volksverhetzung und Verunglimpfung des Andenkens Verstorbener zu einer Geldstrafe von 200 Tagessätzen verurteilt (der Staatsanwalt hatte neben einer Geldbuße ein Jahr Freiheitsstrafe gefordert). Das Buch *Jedem das Seine* ist inzwischen aus dem Verkehr gezogen. (Desungeachtet kann Hockemeyer seine Seminare ohne Beanstandung fortsetzen: Nach wie vor ist er Stargast auf Esoterikmessen und sonstigen Szeneveranstaltungen. Seit 1999 bietet er seine Workshops auch über die *Internationale Akademie der Wissenschaften* von Esoterikdoyen Kurt Tepperwein an.)

1.3.4. Ganzheitliche Verblödung

Zur Verbreitung seiner Ideen bedient Hardo-Hockemeyer sich des esoterischen Kleinverlages *Silberschnur*, von dessen Sorte es dutzende im deutschsprachigen Raum gibt (neben dem UFOlogen Michael Hesemann oder besagtem Kurt Tepperwein publiziert vor allem die Nahtodforscherin Elisabeth Kübler-Ross bevorzugt bei *Silberschnur*, letztere hatte auch keinerlei Bedenken, zusammen mit Hockemeyer einen eigenen Interview-Band herauszubringen, mit hanebüchenstem Geschwätz über Jenseitskontakte, Karma und Wiedergeburt[52]). Keineswegs indes beschränkt esoterischer Aberwitz sich auf kleine Nischenverlage, die Schriften der Theosophen und ihrer geistigen Nachfolger werden über spezialisierte Großverlage wie *Ariston* (seit 1999 Teil des *Hugendubel*-Konzerns) oder *Bauer*, daneben auch über eigene Esoterik-Reihen renommierter Häuser wie *Goldmann, Knaur* oder *Heyne,* in teils sechsstelligen Auflagen auf den Markt gebracht. Positivdenker Erhard Freitag beispielsweise soll mit seinen bei *Goldmann* herausgebrachten Büchern weit über zwei Millionen Leser gefunden haben[53] (er selbst spricht gar von sechs Millionen Lesern und Übersetzungen seiner Werke in zwölf Sprachen[54]). Nicht alle Verlage führen ausdrücklich rechte Esoterik-Literatur im Sortiment, bei vielen beschränkt sich das Angebot auf vergleichsweise harmlos-verdummende Schriften. Allerdings will kaum ein Verlag abseits stehen: Mehr als 15% des deutschen Buchhandelsumsatzes werden inzwischen mit esoterischen Schriften erzielt, Tendenz steigend (unter den bestverkauften Büchern kommen rund 25% aus dem Bereich der Esoterik)[55]. Einer der mittelständischen Verlage, dessen Programm sich über das einschlägige Sortiment an Bach-Blüten-, Chakren- und Wunderheil-Literatur hinaus auch auf die Neuauflage theosophischer Klassiker erstreckt, ist der in der Nähe Münchens ansässige *Aquamarin*-Verlag. Bereits Mitte der 1980er war dieser Verlag seiner „Aura des Rassismus" wegen in einer österreichischen Studie über New-Age und Faschismus heftig kritisiert worden.[56] *Aquamarin* legt beispielsweise Schriften des Theosophen Charles Webster Leadbeater (1847-1934) neu auf. Dieser, ein anglikanischer Priester, hatte als Sekretär der theosophischen Tarnvereinigung „Liberal-Katholische Kirche" diskriminierende esoterische Ideologie über Naturvölker verbreitet: Diese „primitiven Wilden" würden nur über „Gruppenseelen" verfügen, da sie „das Tierreich auf einer viel tieferen Stufe verlassen" hätten, als Menschen eines höheren Typus.[57] Als Rassen, über die die höher entwickelten Seelen „hinweggeschritten" seien, sei ihr Aussterben karmisch unvermeidbar.[58]

Der Versuch der *Theosophischen Studiengruppe Berlin*, gegen einen Artikel der Berliner *Tageszeitung* Anfang 1995 (über die Mitwirkung der seinerzeitigen Bundestagspräsidentin Rita Süssmuth [CDU] an einer *Aquamarin*-Buchveröffentlichung[59]), in dem es mithin um die Leadbeatersche Rechtfertigung der Ausbeutung und Vernichtung der Völker der Dritten und Vierten Welt ging, den Deutschen Presserat zu aktivieren, mißlang.[60] Der Deutsche Presserat sah für die Eröffnung eines Beschwerdeverfahrens keinen Anlaß.[61] Die Behauptung der Berliner Theosophen, Leadbeater habe „immer zur Völkerverständigung, Mitleid und

Nächstenliebe und Toleranz aufgerufen“[62], erweist sich angesichts eines Originaltexts etwa über die Ureinwohner Südamerikas als reichlich grotesk: „Es sind vier Hauptrassen unter den Eingeborenen vertreten. In erster Linie die Nachkommen der spanischen und portugiesischen Eroberer, eine stolze, indolente Nation. (...) Darnach kommen die alten Indianer, die früheren Herrscher dieses Landes; viele ihrer Stämme haben eine Art Halb-Zivilisation angenommen, während die anderen noch ein wildes, unabhängiges Volk geblieben waren, die die Arbeit als eine tiefe Erniedrigung ansahen und den Weißen mit unbezwingbarem Haß nachstellten. (...) Drittens kommt die Negerrasse; sie ist ein nicht unbeträchtlicher Teil der Bevölkerung. (...) Schließlich erübrigen noch die minderwertigen Halbblüter oder Mischlinge, ein Gemenge von Nationalitäten, die wie immer bei solchen Vermischungen alle schlechten Eigenschaften beider Eltern zusammen erben.“[63]

In einem bei *Aquamarin* neu aufgelegten Text äußert sich Leadbeater über die „Befriedigung sinnlicher Begierde“: „Indem der Mensch so seinen Gelüsten nachgab, hat er sich zeitweise selbst den Weg zum Entwicklungsstrome versperrt, sich ausgeschlossen (...), so daß er bis zur nächsten Inkarnation außerhalb jenes Lebens steht und einen Zustand größten geistigen Verderbens erdulden muß. (...) Jetzt muß er sich damit begnügen, Vehikel von einem weit weniger entwickelten Typus, die irgendeiner früheren Rasse angehören, zu bewohnen. (...) Wahrscheinlich wird er als Wilder geboren, und in diesem Volke der Häuptling sein, da ihm immer noch etwas Verstand blieb.“[64] Laut Werbebroschüre des *Aquamarin*-Verlages handelt es sich bei diesem „Klassiker der Esoterik“ um ein „Meisterwerk, das von zeitloser Gültigkeit ist“.[65]

Auch andere *Aquamarin*-Publikationen erscheinen höchst fragwürdig: Der (angeblich autobiographische) Reinkarnationsroman *Die Hüter des Karma* eines Autors namens Willigis zeichnet ein äußerst rassistisches Bild einer Zigeunergemeinschaft: Die Wiedergeburt des (hochwertigen) Edelmannes Erek als (minderwertiger) Zigeuner Myrrhio wird beschrieben als „karmische Sühne“. Erek hatte sich irgendwelcher Vergehen schuldig gemacht, die er als Myrrhio büßen muß; letztlich wird er von seinen Stammesgenossen aufgehängt. Die Darstellung der Zigeunerfrauen in diesem Roman muß als sexistisch gewertet werden.[66] Auch in dem 1991 erschienenen *Aquamarin*-Bilderbuch *Die entschleierte Aura* sind ausgesprochen rassistische Tendenzen festzustellen: Zur Illustration etwa der „Aura eines unentwickelten Menschen“ ist auf einer Farbtafel ein Indianer in Lendenschurz und Federschmuck abgebildet, im dazugehörigen Begleittext heißt es, seine „Verstandeskräfte sind kaum entwickelt. Egoismus, geistige Stumpfheit und Angst sind nach der Leidenschaft die stärksten Merkmale dieses Menschen“.[67]

Verlagsleiter Michel bestreitet den Vorwurf des Rassismus in seinem Programm (etwas mehr als 200 Titel) vehement. Gegen die Berliner *Tageszeitung*, in der in oben angeführtem Artikel von der „braunen Aura“ des Verlages die Rede war,[68] suchte er (allerdings erfolglos) unter Androhung von Schadensersatzansprüchen und strafrechtlicher Schritte eine Gegendarstellung durchzubringen.[69] Auch in seinen eigenen Auslassungen finden sich sehr zweifelhafte Passagen. In seinem Standardwerk *Karma und Gnade* (1988) beispielsweise begründet er, weswegen Menschen, die sich einer „Rückführung in frühere Leben“ unterzögen, vorzüglich über frühere Inkarnationen in Europa und nicht etwa in Afrika oder Asien berichteten: „Dieses Geschehen hängt vor allem damit zusammen, daß die fortgeschrittensten Seelen eine Rasse verlassen, wenn sie den Höhepunkt ihrer Bestimmung erreicht hat und ein allmählicher Niedergang beginnt. Sie inkarnieren sich in einem neuen Kulturkreis, der weiterführende Entwicklungsmöglichkeiten bietet."[70] Zum Thema „Krankheit und Leid" schreibt Michel: „Wer leidet, verdient sein Leiden. (...) Alle Dinge sind in ihrem Wesen gut, und das Leiden ist der Diener des Guten, (...) grundsätzlich dürfte die Beschreibung Steiners zutreffen, wonach ein Mensch, der in einem Leben schlechte Neigungen und Eigenschaften entwickelt hat, im nächsten Leben mit einem ungesunden physischen Körper geboren wird"[71] (⇨ *Anthroposophie*). Michel listet eine ganze Reihe an Krankheiten und deren „karmische Ursache" auf: Mongoloide seien in einem früheren Leben zu selbstsüchtig gewesen; Epileptiker hätten ihre Sexualität zu exzessiv gelebt, Infektionskrankheiten deuteten auf extreme Gier, Multiple Sklerose auf Haß und Eifersucht hin. Krebs, Diphterie, Verkrüppelung: alles bedingt durch die Gesetze des Karma. Die seiner Ansicht nach „tiefschürfendsten Erklärungen" hierzu findet Michel bei der englischen Rückerinnerungsexpertin Kaye Challoner: „Jeder Mensch erbaut sich ja durch seine Gedanken und Handlungen in einem Leben die Körperhülle, die seinen Geist in Zukunft beherbergen wird (...). So ist ein geschwächter Verstand meist das Resultat von mentaler Trägheit (...) und die, welche ihren Körper durch Ausschweifung und Perversität schwächen, reinkarnieren sich meist verunstaltet oder epileptisch, krankheitsbeladen, mit Gehirnschäden, mit Willensschwäche und angeborenen Neigungen zu früheren Lastern."[72] Selbst der Tod unterliege karmischem Gesetz. Michel zitiert hierzu die (von *Aquamarin* verlegte) Geisterseherin Flower A. Newhouse, die sich über die Opfer einer verheerenden Brandkatastrophe folgendermaßen ausläßt: „Der Tod durch derartige Geschehnisse ist in der Regel das Ergebnis früherer Grausamkeit, häufig seelischer Natur. Diese 500 Brandopfer können in der römischen Arena gesessen haben, das Martyrium christlicher Märtyrer bejubelnd. (...) Wer je in diese Art von Grausamkeit verwickelt war oder sie anregte, wird selbst eine Form des gewaltsamen Todes erleiden müssen."[73] Karma, wie Michel weiß, sei die „Offenbarung der göttlichen Gerechtigkeit".[74] Mehrfach bezieht er sich in diesem Zusammenhang auf den bereits angeführten Edgar Cayce, der (allerdings an anderer Stelle) den Holocaust mit karmischen Verfehlungen der Juden erklärt und rechtfertigt.

Ähnliche Botschaften werden auch aus dem Jenseits übermittelt. *Aquamarin* verlegt den Irokesenhäuptling „White Eagle", ein Geistwesen, das sich über das Medium Grace Cooke mitteilt: „Jede Seele hat offensichtlich zu leiden. Doch wenn ihr dieses Leiden in seiner richtigen Zuordnung betrachtet, werdet ihr sehen, wie es eine Wiedergeburt, ein neues Leben mit sich bringt. Durch Begrenzung und Leid erhebt sich die Seele in göttliches Licht und Leben. (...) Das Leben wird in der Tat durch die Gesetze des Karma regiert (...). Beklagt euch deshalb nicht und seid nicht unzufrieden mit euerem Los. Wenn ihr euer Karma annehmt, werdet ihr um vieles leichter und glücklicher leben"[75] (⇨ *Channeling*).

Verlagsleiter Peter Michel fand bezeichnenderweise auch nichts dabei, etwa an der umstrittenen SAT1-Show *Phantastische Phänomene* des Rainer Holbe mitzuwirken. Holbe, Sprachrohr der bundesdeutschen Esoterikszene, war im Juli 1990 seiner antisemitischen

Ausfälle wegen von RTL-Plus fristlos gekündigt worden. Unter dem Titel *Warum passiert mir das?* hatte er ein Buch veröffentlicht (*Knaur* 1990), das ihm angeblich von zwei Geistwesen aus dem Jenseits diktiert worden war. Diese Geister hatten via Holbe allerlei Pikantes aus früheren Leben prominenter Zeitgenossen enthüllt. Einer dieser Prominenten war *Dalli-Dalli*-Showmaster Hans Rosenthal, der 1987 nach längerem Krebsleiden verstorben war. Rosenthal, so stand nun zu lesen, sei in einem seiner Vorleben ein Dieb gewesen, in einem anderen habe er zehn Menschen umgebracht, in wieder einem anderen habe er tatenlos zugesehen, wie man seiner Frau die Kehle durchschnitt. Seine Leiden im jetzigen Leben, so ließ sich folgern, waren nur die gerechte Strafe für all seine Vergehen in früheren Leben gewesen. Im übrigen habe er für sein Volk gleich mit Buße getan: Die Juden hätten die ganze Menschheit geschädigt, wofür sie sehr zurecht zu leiden hätten.[76]. Nach dem Rausschmiß bei RTL konnte Geister-Autor Holbe samt seinen „braun angehauchten Neigungen“[77] sehr bald bei SAT1 weitermachen und dort sich selbst und den sonstigen Größen der Esoterikszene ein breites Forum der Selbstdarstellung bieten.

Bei den Privaten hat man keinerlei Scheu, selbst anrüchigste Figuren auftreten zu lassen. In der 1997 ausgestrahlten PRO7-Reihe *Talk X* etwa durfte sich Esoterik-Rechtsaußen ⇨ Erhard Freitag werbewirksam verbreiten; zusammen mit (SAT1-Frühstücks-)Moderatorin Andrea Kiewel unterschritt er erfolgreich jedes Niveau. Auch der bereits erwähnte Trutz Hardo-Hockemeyer konnte seinen pathologischen Wirrsinn wiederholt vor Millionenpublikum vorführen, neben seinen Auftritten bei SAT1 durfte er sich mithin auch in der RTL-Serie *Mysteries* produzieren.

Selbst in den öffentlich-rechtlichen Medien wird rechte Esoterik hoffähig: In einer eigenen Reihe PSI durfte das zur New-Age-Autorin avancierte frühere Schlagersternchen Penny McLean (= Gertrud Wirschinger) ungerügt (Theosophen-)Schwachsinn verlautbaren wie: „Die Form, wie du dich im jetzigen Leben präsentierst, ergibt sich daraus, wie du dich im letzten Leben verhalten hast.“[78] Im Klartext: All die Opfer von Demütigung und Ausbeutung, von Hunger, Vergewaltigung, Folter und Krieg sind letztlich selber an ihrem Schicksal schuld; sie haben lediglich Vergehen aus früheren Leben zu büßen.

Exkurs

Esoterischer Antisemitismus

Große Wellen haben die beiden Bände *Geheimgesellschaften* geworfen, die der Heilbronner Autor Jan Udo Holey (*1967) unter dem Pseudonym Jan van Helsing 1993 und 1995 im einschlägig bekannten *Ewert*-Verlag, Rhede (mittlerweile Lathen/Ems), veröffentlicht hat.[79] Unter ausdrücklich esoterischen Vorzeichen wird da rassistische und vor allem antisemitische Hetzpropaganda betrieben: Holey leugnet den Holocaust, gibt die Schuld am Zweiten Weltkrieg den Juden und beschreibt in emetischer Breite deren vorgebliche Absicht, die Weltherrschaft an sich zu reißen. Schon die nähere Untersuchung des von Holey gewählten Pseudonyms ist aufschlußreich: van Helsing ist der fanatische Vampirjäger, der in Bram Stokers Roman *Dracula* auszieht, das „Böse“ auf ewig zu vernichten.[80] In Holeys Vorstellung ist dieses „Böse" in erster Linie das „Weltjudentum". Das Buch avancierte in Esoterikkreisen zum Verkaufsschlager: Allein von Band 1 wurden mehr als 100.000 Exemplare abgesetzt, über Monate hinweg rangierte es auf der Bestsellerliste der führenden Szenezeitschrift *Esotera*.[81]

Anfang 1996 wurde gegen die Baseler Buchhandlung *W. Jäggi AG*, die Holeys Machwerk vertrieben hatte, von der Staatsanwaltschaft Strafanzeige wegen „Verstoßes gegen das Anti-Rassismus-Gesetz" erstattet, die Bücher wurden in der Schweiz aus dem Verkehr gezogen.[82] In Deutschland hingegen wurde die Justiz erst nach einem Bericht des Wochenmagazines *Focus* (14/1996) und entsprechendem Hinweis der jüdischen Gemeinde Mannheim aktiv: Im April 1996 erließ das Amtsgericht Mannheim einen bundesweiten Beschlagnahmebeschluß wegen „Volksverhetzung" (§ 130 StGB) und des „Gebrauchs von Kennzeichen verfassungswidriger Organisationen (§ 86a StGB); gegen Holey wurde Haftbefehl beantragt.[83] Laut Recherchen des ARD-Magazines ZAK wurde das indizierte Buch indes noch im Mai 1996 völlig unbehelligt ausgeliefert. Vertriebsleiter Uli Heerd, seinerzeit zugleich Ortsvorsitzender der Grünen im oberbayerischen Peiting (und selbst mit einem halben Dutzend Publikationen bei *Ewert* vertreten[84]), wollte von einem Verbot nichts wissen.

Nach Ausstrahlung des ZAK-Berichtes (5/1996) distanzierten sich nicht nur die Grünen schnellstmöglich von den Umtrieben ihres Ortsvorsitzenden, auch die Esoterikszene geriet in Aufruhr: Vor allem die Zeitschrift *Esotera* suchte eilig und mit großem Aufwand, sich - und zugleich ihre Leserschaft, die dem Holey-Machwerk sechsstellige Auflage- und Verkaufszahlen beschert hatte - gegen jeden Affinitätsverdacht rassistischer oder antisemitischer Ideologie gegenüber zu verwahren: „Dieses Buch ist ekelhaft. Es ist eine Beleidigung für jeden, der sich um wirkliche Spiritualität bemüht."[85] Holey, den man monatelang auf der werbewirksamen Bestsellerliste geführt hatte, wurde nun plötzlich als „wirrer Kopf" hingestellt, der mittels „abstrusester Theorien in (s)einem Sammelsurium haltloser Gerüchte" lediglich seine persönlichen Ohnmachtsgefühle zu kompensieren gesucht habe. Bedenkliches Resultat sei, daß die „seriösen okkulten Traditionen durch solchen Mißbrauch pauschal lächerlich und unglaubwürdig gemacht" würden.[86]

In der Tat sind die Auslassungen Holeys mehr als abstrus: Zum Thema „UFOs" etwa schreibt er, Hitlers Getreue, die bei Kriegsende in ein unter der Antarktis liegendes Reich geflohen seien, würden dereinst in einer riesigen Flotte solcher Rundflugzeuge wiederkehren, das wahre Zeitalter des Nationalsozialismus zu errichten. Eine Streitmacht von „ca. 6 Millionen Reichsdeutschen mit ihren Flugscheiben" stehe bereit.[87] Eingewoben in derlei esoterische Hirngespinste - die Vorstellung, die Erde sei hohl und im Inneren bewohnbar, ist in einschlägigen Kreisen weit verbreitet[88] - wird nazistische Hetze vorgetragen. Allgegenwärtig seien die Feinde: Juden, Juden und nochmals Juden. Bezugnehmend auf die in den 1930er Jahren von den Nazis schon als Propagandawaffe benutzten „Protokolle der Weisen von Zion" - ein gefälschtes antizionistisches Pamphlet aus der Zeit um die Jahrhundertwende[89] - ist die Rede von der allumfassenden jüdischen Weltverschwörung zur Vernichtung Deutschlands und den Verbindungen der Verschwörer, wie es im Untertitel des Machwerkes heißt, „mit dem Schwarzen Adel, dem Club of Rome, AIDS, UFOs, Kaspar Hauser, der reichsdeutschen Dritten Macht, dem Montauk-Projekt, der Jason-Society und dem Dritten Weltkrieg". Die Verschwörung habe vor Urzeiten schon begonnen: Laut Holey sei den Juden von außerirdischen Finsterlingen per „Blutbund" die Macht auf der Erde übertragen worden. Im Versuch, deren dunkle Pläne zu durchkreuzen, hätten erleuchtete Außerirdische einen durch Genmanipulation erzeugten Jesus auf die Erde gebracht. In Bonn, wie bei Holey zu erfahren ist, sei im übrigen ein Kanzler an der Macht gewesen, der sich betrügerischerweise als Helmut Kohl ausgegeben habe, in Wahrheit indes der Jude Henoch Kohn gewesen sei.[90]

Wie *Esotera* meint, ließen weder der Titel noch die Gestaltung des Buchumschlags eine „direkte Schlußfolgerung auf den unsäglichen Inhalt zu", das enorme Kaufinteresse sei also keineswegs „symptomatisch für die Denkweise breiter Kreise".[91] Die über 100.000 Käufer, so wird suggeriert, hätten das Buch (Kaufpreis: je Band 44.80 Mark) also eher ahnungslos erworben. Dieser Versuch einer Selbstapologie wurde im Leserforum der Zeitschrift allerdings deutlich konterkariert: In einer Vielzahl teils hochaggressiver Zuschriften war von „Verzerrung" und „bewußter Täuschung" seitens der *Esotera*-Redaktion die Rede, von „Lüge" und „Unverschämtheit", vom Versuch, „deutsche Wahrheitssucher zu diffamieren". Der *Bauer*-Verlag (Herausgeber von *Esotera)* habe sich „selbst entlarvt als zionistisch-illuminatorisches Machtinstrument".[92]

Auch Michael Hesemann, Herausgeber des Esoterikblattes *Magazin 2000,* der in der Vergangenheit offenbar keine Berührungsängste zu ausgewiesen rassistischen Vertretern der Szene hatte - er bezieht sich beispielsweise mehrfach auf den Schweizer UFOlogen ⇨ Eduard „Billy" Meier[93], der als Kontaktperson außerirdischer Intelligenzen extrem antisemitische Botschaften aus dem Sternbild der Plejaden übermittelt[94] -, erschien es opportun, ausdrücklich auf Distanz zu Holeys Machwerk zu gehen.[95] Mit seinem Vorschlag, man solle gegen die Alt-Nazis, die sich auch seiner Ansicht nach in der Antarktis versteckt halten, Atomwaffen zum Einsatz bringen, suchte Hesemann offenbar sich und die UFOlogen-Szene über jeden Verdacht der Nähe zu braunem Gedankengut zu erheben. In der Leserschaft von *Magazin 2000,* ansonsten jedem Aberwitz zugeneigt, stieß diese Idee indes keineswegs auf einhellige Zustimmung: Hesemann mußte sich, ähnlich wie *Esotera,* herbe Angriffe aus den eigenen Reihen gefallen lassen.[96]

Das esoterische Zweimonatsblatt *Die Andere Realität,* das die Ergüsse Holeys über zwei Ausgaben hinweg und gleich seitenweise abgedruckt hatte,[97] sah sich zum redaktionellen Hinweis bemüßigt, es gebe wohl „rechtsextreme Gruppierungen, die Teile der Bücher von Herrn van Helsing für Eigenpropaganda (...) benutzen". Die Vermutung, dieser selbst vertrete rassistische Positionen, könne bei genauerer Hinsicht aber gar nicht aufkommen: „Denn jeder, der an Karma und Reinkarnation glaubt, weiß, daß (...) man sich möglicherweise im nächsten Leben in eben dieser Rasse selbst wiederfinden mag."[98]

Die angestrengten Versuche der führenden Szene-Medien, den enormen Erfolg des Holey-Machwerkes innerhalb der eigenen Leserschaft herunterzuspielen und sich selbst gleichzeitig als Bollwerk gegen rechte Umtriebe darzustellen, mißlangen gründlich. Die Verkaufszahlen der beiden Bände, die laut Holey von einer Dependance des *Ewert*-Verlages auf Gran Canaria nach wie vor „in alle Welt" geliefert werden[99] - in Österreich waren sie noch über ein Jahr, nachdem sie in der Schweiz auf den Index gesetzt worden waren, völlig frei erhältlich,[100] und auch heute noch werden sie unter dem Ladentisch gehandelt -, sind ein nur zu deutlicher Hinweis (im Internet werden die *Geheimgesellschaften* nach wie vor und völlig ungeniert beworben, auf der website des *Ewert*-Verlages fand sich neben umfänglichen Textauszügen noch bis Anfang 2000 eine eigene eMail-Anschrift zum Bestellen[101]). Kurze Zeit später wurde gar ein weiterer Band mit dem lapidaren Titel *Buch 3* nachgeschoben, in dem es mithin um den „Dritten Weltkrieg" geht; dessen Ausbruch wurde, bezugnehmend auf Nostradamus, die Seherkinder von Fatima, Edgar Cayce und zahllose sonstige Unheilskünder, mit der Sonnenfinsternis vom 11. August 1999 in Verbindung gesetzt: die Rede ist von Atombomben auf Paris, Prag, London, Münster und Ulm sowie einer anschließenden Neuordnung Europas durch einen Monarchen oder Diktator.[102]

Ob denn da nichts zu machen sei, fragt der Publizist Bernhard Pörksen, ob man nicht gegen die Antisemiten argumentieren, sie womöglich überzeugen könne? Und er gibt die Antwort gleich selbst: Nein. Verschwörungstheorien könnten schlechterdings nicht widerlegt werden, sie seien keine Denkfigur des rational gesicherten Diskurses: „Der Verweis auf die Fakten erweckt bei geübten Konspirationstheoretikern lediglich das müde Lächeln des Eingeweihten."[103] Verschwörungstheorien, um mit Karl Popper zu sprechen, sind selbstimmunisierend. Sie sind immun gegen Widerlegung, weil sich prinzipiell alles und jedes als Beweis der vermuteten Ränkespiele deuten läßt.[104] Das Verbot und die Beschlagnahme des Buches *Geheimgesellschaften* durch die Staatsanwaltschaft gilt einschlägigen Kreisen als ultimativer Beleg für die tatsächliche Existenz eben jener Verschwörung, die das Buch anprangere und deren Marionetten nun mit Allmacht zurückschlügen: „Ist es Zufall", so ein erboster Leser (in einem abgedruckten Leserbrief) an *Esotera,* „daß der Bundespräsident und der Kanzler Juden sind?"[105]

Besonders erwähnenswert ist der „Esoterische Hitlerismus", auf den Holey in seinen Machwerken abstellt. Dessen Anhänger verehren Hitler als göttliches, unsterbliches Wesen, davon überzeugt, daß dieser von der Antarktis aus zum letzten Gefecht rüste: Eine riesige Flotte an UFOs stehe bereit, zuzuschlagen. Basierend auf den Schriften der antisemitischen Hetzpropagandistin Savitri Mukherji (1905-1982), die Anfang der 1950er in zweijähriger BRD-Haft (wegen fortgesetzter NS-Propaganda) das hitleristische Grundlagenwerk *Gold im Schmelztiegel* verfaßt hatte, zieht derlei Gedankengut bis heute weite Kreise. Der österreichische Neonazi Gerd Honsik etwa nimmt in seinem Buch *Freispruch für Hitler?* (1988) Mukherji (die unter dem Pseudonym Savitri Devi publizierte) in den Kreis von „37 ungehörten Zeugen wider die Gaskammer" auf. Honsik wurde bereits mehrfach wegen Volksverhetzung, mithin dieses Buches wegen, verurteilt. Auch die „Gesinnungsgemeinschaft der Neuen Front", ein von dem mittlerweile verstorbenen Neonazi Michael Kühnen gegründeter Dachkader militanter Rechtsextremer, hängt den Ideen Mukherjis nach. In jeder Ausgabe ihrer Verbandspostille preisen sie Hitler als „den Zeitenwender, die Heilsgestalt der arischen Rasse".[106]

Als führender Protagonist des Esoterischen Hitlerismus gilt der chilenische Publizist Miguel Serrano (*1913), langjähriger Botschafter Chiles in Österreich, der in seinem Buch

Das Goldene Band (1987) Hitler als „Astralkörper" beschreibt, als Wesen, das sich nach Belieben auf der Erde verkörpern könne. Er ist davon überzeugt, daß der „Führer" in einer unterirdischen Welt in der Antarktis lebe, dem sagenhaften Thule der Nordvölker, von wo aus er mit seiner UFO-Flotte die Schmach der Niederlage des Zweiten Weltkrieges tilgen und eine neue deutsche Weltherrschaft erkämpfen werde. Gesteuert würden die UFOs von Piloten des „letzten Bataillons", dem „geistigen Heer Odins", das aus „gefallenen, nun unsterblichen Kriegern" bestehe.[107] 1947/48 reiste Serrano eigens in die Antarktis, um dort nach Hitler und seinen Getreuen zu suchen. Die immer wieder auftauchende Antarktis-Fiktion der Hohlwelttheoretiker hat einen durchaus realen Hintergrund: 1938/39 wurden auf einer Nazi-Expedition 600.000 Quadratkilometer Antarktis erforscht und unter dem Namen „Neuschwaben" zu deutschem Hoheitsgebiet erklärt. Von hier aus, so Serrano, erfolgten nun alle reichsdeutschen Operationen.[108]

Unter dem Titel *UFO - Das Dritte Reich schlägt zurück* ist ein eigenes Video in Umlauf, hergestellt Anfang der 1990er von der (an Nazi-Vordenker Lanz von Liebenfels orientierten) Wiener *Tempelhofgesellschaft*, in dem die Rede davon ist, eine Konstruktionsabteilung der SS habe Flugscheiben mit weitreichenden Levitations-Triebwerken gebaut, die im Frühjahr 1945 sogar zum Mars geflogen seien, um dort „Hilfe durch außerirdische Verbindungen zu gewinnen" - allerdings vergeblich, da der Mars sich als unbewohnt herausgestellt habe. Rückzugsgebiet der Flugscheiben samt ihrer Mutterschiffe sei das antarktische Neuschwabenland gewesen. Von dort aus seien die UFOs immer wieder für Aufklärungsflüge unterwegs.[109] Eine 1990 gegründete *Europäische Gesellschaft für frühgeschichtliche Technologie und Randgebiete der Wissenschaft, Efodon e.V.*, ansässig im bayerischen Amerang, gibt eine 80-seitige Broschüre heraus, in der ein gewisser Andreas Epp behauptet, als Flugzeugingenieur ab 1941 die sogenannten V7- oder Omega-Flugscheiben für die Nazis konstruiert und in den tschechischen Skoda-Werken gebaut zu haben; nicht UFOs Außerirdischer würden gelegentlich gesichtet, sondern seine Flugscheiben.[110] (Der *Efodon e.V.*, bekannt u.a. für seine radiästhetischen „Hohlwelt"-Forschungen, für die Aufdeckung der „Märchen von Ozonloch und schädlichen UV-Strahlen" oder für die Erkenntnis, der Mond verfüge nicht nur über Atmosphäre und Wasser, sondern sei nachweisbar auch belebt, firmiert als gemeinnützige, sprich: steuerbegünstigte Körperschaft.[111]) Auch die *Huginn-Gesellschaft für politisch-philosophische Studien e.V.* oder der Wettener *Teut*-Verlag verbreiten Literatur zu NS-UFOs und deutschen Sperrgebieten in der Antarktis; im *Teut*-Verlag, dessen Inhaber Richard Schepmann schon Anfang der 1980er wegen Volksverhetzung und Aufstachelung zum Rassenhaß verurteilt worden war, erschien die deutsche Ausgabe von Serranos *Goldenem Band*.[112] Die genannten Vereine und Gesellschaften (es sind nur einige davon als Beispiele angeführt) befassen sich allerdings nicht nur mit UFO-Abwegigkeiten, sie mischen in der Regel auch politisch kräftig mit. Hans-Jürgen Fröhlich etwa, „Großkomptur" der deutschen Dependance der *Tempelhofgesellschaft*, war Bundesvorstandsmitglied der Mitte der 1980er gegründeten Neonazi-Partei *Die Deutschen*, die Anfang der 1990er mit der Kölner Republikaner-Abspaltung *Die Bürger* fusionierte.[113]

Über zahllose Gnostiker-Kreise und Grals-Zentren wird esoterisch verpacktes rechtes Gedankengut verbreitet. Enormen gesellschaftlichen Einfluß übt etwa die 1947 gegründete *Deutsche Unitarier Religionsgemeinschaft* (DUR) aus, die im Strome des New Age weitgehend unerkannt mitschwimmt,[114] oder auch das seit Anfang der 1980er bestehende *Thule-Seminar* um den Tübinger Verleger Wigbert Grabert, der unter anderem Machwerke über die „Kriegsschuldlüge" und den „Auschwitz-Mythos" vertreibt.[115] Für *Thule* schreiben neben Alain de Benoist, Chefideologe der französischen „Neuen Rechten" auch Sigrid Hunke, Vordenkerin einer indogermanischen Neu-Heidenschaft (und bis 1988 Ehrenpräsidentin der oben angeführten Unitarier) oder der Londoner Hochschullehrer Hans-Jürgen Eysenck (gest. 1997), dessen Vererbungsideologie als Grundlage einer esoterisch-rassistisch orientierten Psychologie dient.[116]

> Eine unrühmliche Rolle am rechten Rand der Esoterikszene spielt auch der Nürnberger Buchladen *Andromeda*, der ein umfängliches Sortiment an UFOlogen- und Weltverschwörungsliteratur feilhält; innerhalb der Szene gilt der Laden (der sich passenderweise unmittelbar über einem ehemaligen Felsenbunker der SS befindet) als eine Art Pilgerstätte. Neben den gesammelten theosophischen Ergüssen Helena Blavatskys und Anne Alice Baileys finden sich da auch Traktate Guido von Lists, Miguel Serranos, Julius Evolas oder Sigrid Hunkes; darüberhinaus sämtliche (nicht bzw. noch nicht verbotenen) Werke Jan Udo Holeys (*Andromeda*-Geschäftsführer Peter Herrmann hatte dessen erste Publikation höchstpersönlich lektoriert) oder Johannes P. Neys (*Reizwort Rasse*). Eine Reihe auf dem Index stehender Schriften findet sich in photokopierter (und damit staatsanwaltlichem Zugriff offenbar entzogener) Form in den Regalen, beispielsweise Erich Ludendorffs *Die Judenmacht* von 1939 oder das von *Andromeda* selbst herausgegebene Pamphlet *Jörg Lanz von Liebenfels und der Neue Templer Orden* (im Original seit 1998 verboten). Bis Ende der 1990er wurden gänzlich ungeniert auch die neonazistischen Hetzschriften Ingrid Weckerts (*Die Reichskristallnacht*) oder Gerd Honsiks (*Freispruch für Hitler?*) verkauft; seit diese Schriften indiziert wurden, sind sie zumindest aus der Auslage verschwunden.[117] Auch einschlägige Videos finden sich im Sortiment; daneben „Neue Deutsche Musik", beispielsweise die umstrittenen CDs *Riefenstahl*, *Ostblock* oder *Feindflug*.
>
> Eine eigene Abteilung umfaßt rechtes Esoterikschrifttum, von Aleister Crowley über Sri Chinmoy hin zu dem gechannelten Atlantispriester „Ramtha"; auch Publikationen des *Universellen Lebens* liegen auf. Zum Seminarprogramm *Andromedas* zählen vor allem geomantische und neuheidnische Angebote; bis 1997 auch sogenannte ⇨ Mer-Ka-Ba-Kurse (die inzwischen in eine eigene Organisation namens *Two Wolfes Song* ausgelagert sind).[118]
>
> Ansonsten vertreibt *Andromeda* exklusiv die 1998 bzw. 1999 erschienenen verschwörungstheoretischen Gehefte eines gewissen Michael Kent (*Psychopolitik I+II*), der sämtliche Mißstände in der Welt auf sinistre Machenschaften „erzkrimineller Verbrecher" zurückführt, wie sie prinzipiell in allem zu finden seien, „was mit Psych... beginnt: Psychiatrie, sog. 'Psych...Forschung', Studienfächer Psychiatrie, Psychologie

usw., Psychorganisationen, Psychverbände und sonstige Psych-Institutionen“[119]; es seien die „Psychs“, die „die Fäden wirklich in den Händen halten“, und sie seien „nicht bloß gierig, gnadenlos, verkommen, geheimbündlerisch, pervers oder sonstwie unmenschlich, sie sind die Schurken der Schurken, die Perversesten der Perversen und kriminellsten der Kriminellen“.[120] Kent, bekennendes Mitglied der Scientology-Tarnorganisation *Kommission für Verstöße der Psychiatrie gegen Menschenrechte e.V.*, stellt einen Katalog an Forderungen auf, „die allgemeinen Zustände in Deutschland zu verbessern“:

- Geldmittel für Psychs sind zu streichen.
- Richter, Gerichte, Behörden, Politiker, Verfassung und Institutionen etc. müssen *ent*unterwandert also ‘entpsychisiert’ werden.
- Psychs dürfen nicht an Gerichten zugelassen werden.
- Beratung in Schulen usw. darf nicht von Psychs vorgenommen werden.
- Psychs dürfen nicht als Berater von Politikern bzw. entscheidungstragenden Persönlichkeiten fungieren.
- Der Berufsstand des ‘Psychiaters’ muß sofort und vollständig abgeschafft werden.
- Gesellschaftliche Aufklärung muß auf breiter Basis stattfinden, daß Psychiater *keine* Ärzte sind, sondern Betrüger an der Menschheit, daß sie zu ca. 90% sogenannte ‘Krankheiten’ diagnostizieren, die schlicht von ihrem ‘Berufsstand’ selbst erfunden wurden.
- Die Scharlatanerie und menschenverachtende Vorspiegelung falscher Tatsachen und scheinbarer Gelehrtheit der Psychiatrie und Psychologie muß komplett enthüllt werden.

Hinzu kommen gesellschaftspolitische Forderungen wie:

- Es dürfen keine Maßnahmen zur Erleichterung der Scheidung getroffen werden.
- Der Wert der Heirat muß betont, die Familieneinheit gefördert und dem Trend zum Single-Dasein entgegengewirkt werden.
- Die Gesetze zur Kinderarbeit müssen gelockert werden.
- Kindern ist ein Gefühl von Verantwortlichkeit für sich selbst, ihre Familie und ihre Nation beizubringen.
- Religion muß in Mode kommen, Religiosität gefördert werden.
- Das sittliche Niveau der Gesellschaft ist zu steigern.[121]

Unter ausdrücklicher Bezugnahme auf ⇨ Matthias Bormanns *Hexenjagd im 20. Jahrhundert II* betont Kent, daß „*alles*, was hier *offiziell* anerkannt ist, nur unverdünnte Sch... sein kann. (...) Alles, was hier hingegen bis aufs Blut bekämpft, verleumdet, diffamiert oder fortgesetzter Propaganda ausgesetzt wird, das muß anständig, besser als der Rest oder zumindest schwerer unterdrückbar sein.“[122] Und: „Glauben Sie den unsäglichen Schmähartikeln nicht [wie sie etwa in vorliegendem Buch zu lesen stehen, C.G.], klären Sie Ihre Mitmenschen auf.“[123]

Von besonderer Bedeutung ist der „Andromeda-Kontaktpool“, der, verknüpft mit dem sogenannten „Norbert-Moch-Pool“, mehr als 5.000 Buchtitel und über 1.000

> Kontaktadressen der Szene bereithält. Wie die österreichischen Kritiker Gugenberger, Petri und Schweidlenka schreiben, sei *Andromeda* „nicht nur der wichtigste Umschlagplatz für esoterische Weltverschwörungstheoretiker. Die Buchhandlung mit ihren angeschlossenen Dienstleistungen hat darüberhinaus diese Szene in Deutschland, der Schweiz und Österreich gut vernetzt. (...) Dabei werden christlich-fundamentalistische und neuheidnische rechtsextreme Personen und Autoren zu einer Einheit verschmolzen. Das einigende Band ist der gemeinsame Kampf gegen die 'jüdisch-freimaurerische Weltverschwörung' und - nicht für alle Beteiligten verbindlich - gegen die bösen Aliens. Dazu kommt aber noch die Vernetzung mit der Szene des politischen Rechtsextremismus, was sich unter anderem an Solidaritätskundgebungen oder Aktionen für den rechtsextremen *Grabert*-Verlag oder den *Verlag für ganzheitliche Forschung und Kultur*, aber auch in Aufrufen gegen die bekannte Wehrmachtsausstellung zeigt. (...) *Andromeda* in Nürnberg ist der wichtigste Kristallisationspunkt, der länderüberschreitend den okkulten, weltverschwörungsesoterischen und politischen Rechtsextremismus vernetzt."[124]

Wie ein gigantisches Netzwerk überziehen die sogenannten „Freien philosophischen Zentren" der *Neuen Akropolis* (NA) die ganze Welt. Gegründet im Jahre 1957 von dem argentinischen Dichter und Philosophen Jorge Angel Livraga Rizzi (1931-1991) verfügt die *Neue Akropolis* heute über mehr als 150 Dependancen in vierzig Ländern. Im deutschsprachigen Raum bestehen sechs Zentren, die über ein zunächst relativ harmlos anmutendes Kursangebot ihre dahinterstehenden Prinzipien von „Ordnung und Disziplin" zu verbreiten suchen, die laut Livraga „eigentlich natürliche Elemente sind, die nur die Verschmutzung der Nachkriegszeit [gemeint ist die Demokratie, C.G.] aus unserem kulturellen Bewußtsein verschwinden ließ". Diese Verschmutzung habe „zu einem wuchernden Wachstum der in jedem Menschen psychologisch latenten Instinkte und Gedankenformen [geführt]. Diese Gedankenformen vereinigten sich ... zu Tumoren ... wie Sartre, ... Kafka oder ... Picasso."[125]. Die *Neue Akropolis* steht ideologisch der Theosophie Helena Blavatskys sehr nahe, die als „höchste Autorität des Esoterismus der letzten Jahrhunderte" verehrt wird.[126] Die Geschichte werde sie „eines Tages als Vorkämpferin für jenen Neuen Menschen würdigen, den wir heute erträumen".[127] Zu Blavatskys 100. Todestag im Jahre 1991 veröffentlichte die *Neue Akropolis* eine „Rehabilitation" ihres spiritistischen Grundlagenwerkes *Die Geheimlehre*: dieses Werk sei keineswegs „reine Erfindung der Phantasie", wie Kritiker behaupteten (oder gar Ergebnis ihrer Neigung zu Haschisch), vielmehr basiere es auf den sogenannten „Büchern des Kiu-Te", die man in Gelugpa-Klöstern in Tibet gefunden habe.[128] (Die Gelugpa [= Gelbmützen-Sekte] ist die einflußreichste Gruppierung innerhalb des tibetischen Buddhismus; ihr Oberhaupt ist der Dalai Lama, der absolutistischen Machtanspruch auf Groß-Tibet erhebt.[129]) In einem umfangreichen Seminar- und Veranstaltungsangebot führt die *Neue Akropolis* zum erträumten „Neuen Menschen" hin. Ein 16-teiliger Standardkurs „Abenteuer Philosophie" (280 Mark) behandelt ausschließlich theosophisch bedeutsame Themenbereiche wie Buddhismus, Platon, Stoiker, Bhagavad Gita (Hindu-Lehrtext), Tibet, Ägypten, Mythologie und Wassermannzeitalter, daneben gibt es Astrologie- und Tarotkarten-Workshops, Philosophiegespräche über den „Neuen Mann“ oder „Bachblütentänze“ (neuerdings auch Exkurse zu „Orten der Kraft“). Vehement verwahrt man sich gegen den Vorwurf des Rassismus und faschistoider Sektenstrukturen[130]: Die *Neue Akropolis* sei, ganz im Gegenteil, ein „Ort der Begegnung, Männer und Frauen aller Glaubensrichtungen, Völker und Gesellschaftsschichten um ein Ideal der universellen Brüderlichkeit zu vereinen“.[131] Ende 1996 veranstaltete die *Neue Akropolis* München gar eine Blavatsky-Vorlesung unter dem Titel: „Eine Philosophie gegen Fundamentalismus und Rassismus“.[132]

Eine Unzahl weiterer Verlage, Zentren, Organisationen und Seminarveranstalter wäre zu nennen, in denen - mehr oder minder offenkundig - unter esoterischen Vorzeichen völkisch-rassistische, antisemitische und/oder faschistische Ideologie gepflogen wird oder doch die Grenze dazu fließend ist.[133] So etwa die Kärntner Gesundheitsfarm *Agathenhof*, ein in einschlägigen Kreisen beliebtes Kur- und Seminarzentrum in der Nähe von Klagenfurt, das eine breite Palette esoterischer Kurse anbietet, von Chakrasingen, Feuerlauf und Mondritualen hin zu Reinkarnationstherapie, Tarot und Wünschelrutengehen.[134] Allerdings ist der Agathenhof keineswegs nur das esoterisch angehauchte „Ganzheitliche Ferienparadies“ mit Sauna, Kneippgarten und F.X. Mayr-Kuren, als das er sich darstellt, vielmehr wurde er von kritischen Beobachtern zuzeiten als „Hochburg der lokalen rechtsextremen und FPÖ-Szene“ beschrieben.[135] Auch das österreichische Antifa-Info berichtete über die „braunen Schatten“ des *Agathenhofes*, der (zumindest bis Mitte der 1990er) als Kontaktadresse des bekannten Kärnter Neonazi-Aktivisten Andreas Thierry galt (der Anfang 1995 wegen Verherrlichung der Waffen-SS zu zwei Jahren Freiheitsentzug mit Bewährung verurteilt wurde[136]). Eine ganze Reihe an Referenten aus der rechten Esoterik-Ecke taucht als Seminarleiter auf dem Agathenhof auf, so etwa die einschlägig bekannte Ariosophin Sigrun Freifrau von Schlichting, langjährige Leiterin der neuheidnischen Armanenschaft[137]; oder der Schädelformforscher Engelbert Helbing[138]; natürlich sind auch Trutz Hardo-Hockemeyer und Rainer Holbe im *Agathenhof* zugange.[139]

Interessanterweise war der *Agathenhof* im Sommer 1993 Schauplatz eines Memorials für den ein Jahr zuvor verstorbenen Szene-Medizinmann (und Findhorn-Förderer) Sun Bear gewesen - Teilnehmer unter anderen Arnold Keyserling, Kaye Hoffman, Zsuzsanna Budapest[140] -, das unter der Bezeichnung „Visionen des Friedens“ zugleich der Unterstützung einer für Sommer 1995 geplanten „Friedensuniversität“ in Berlin diente. Über zahllose Gesprächskreise und *Fundraising*-Veranstaltungen wurde die Idee weitläufig propagiert, ein Benefizkonzert sowie Mittel aus der *Heinrich-Böll-Stiftung* bildeten das Fundament rapide zunehmender Aktivitäten. Die Liste der in einem eigenen „Vorlesungsverzeichnis“ angeführten Prominenten aus allen Sparten der Gesellschaft war schier endlos: Monika Griefahn, Lotti Huber, Rudolf zur Lippe, Peter Maffay, Milva, Christian Schwarz-Schilling, Britta Steilmann, Tilman Zülch. Als „Kuratoriumsmitglieder“ fungierten Luise Rinser, Michael von Brück oder Gabriele Krone-Schmalz. Dazwischen immer wieder bekannte Namen aus der Esoterik- und New-Age-Szene wie Mechthild Scheffer, Andreas Krüger oder Tom Johanson. Neben Marilyn Ferguson oder Ron Kurtz tauchten im „Beirat“ führende Vertreter aus dem Osho-Rajneesh-Umfeld auf: Michael Barnett (Swami Somendra), Paul Lowe (Swami Teertha) oder „Tantra-Therapeutin“ Margo Naslednikov (Ma Anand Margo); dazu Rudolf Bahro, Gerda Boyesen, Jirina Prekop oder Anna Halprin. Einer der Hauptsponsoren: der *Axel-Springer*-Verlag. Der Verdacht der Berliner Senats-Sektenbeauftragten Ina Kunst, das Ganze stehe in „bedenklicher Nähe zu esoterischen Gruppen“,[141] erschien leicht untertrieben: Szene-Gurus jeder nur denkbaren Richtung waren als Dozenten vorgesehen: Pir Vilayat Khan, Yogi Bhajan, Brant Secunda; David Steindl-Rast, Sri Chinmoy sowie der rechtslastige Euro-Lama Ole Nydahl; daneben: Franz Alt, Kurt Tepperwein und Esoterik-Maskottchen Penny McLean, alias Getrud Wirschinger. Einer der wichtigsten Promoter der „Friedensuniversität“ war deren stellvertretender Vorsitzender, der Alternativheiler und Reinkarnationstherapeut Rüdiger Dahlke.

Die offizielle Gründung der „Friedensuniversität“ wurde für September 1995 angesetzt. Am 1.9.1995 nahm man den vorläufigen Betrieb auf - Teilnahmegebühr für vier Wochen: 1.475 Mark -, allerdings nicht, wie ursprünglich beabsichtigt, in den Räumen des Potsdamer Schlosses Cäcilienhof, sondern in einem eilig angemieteten Zirkuszelt in Berlin. In Potsdam hatte man von den Veranstaltern Abstand genommen, als zunehmend ruchbar wurde, daß es sich bei diesen in der Tat um nichts als eine „esoterisch-kommerzielle Organisation aus der Westberliner New-Age-Alternativszene“ handelte.[142] Zunehmend war die „Friedensuniversität“ ins Zwielicht geraten: *Gerade* die große Anzahl an Prominenten, die von den Veranstaltern immer wieder als Beleg für die Seriosität der Mammutshow angeführt wurde, ließ Zweifel aufkommen. Was sollte Mediziner vom Range eines Joseph Murray oder eines Carleton Gajdusek bewegen, in einer Fakultät mit Homöopathen, Bach-Blütentherapeuten und Geistheilern aufzutreten? Wie sollten Yehudi Menuhin oder Vladimir Ashkenazy dazu kommen, gemeinsame Sache zu machen mit dem „Universitätsgründer“ Uwe Morawetz, der bislang lediglich in der Berliner Esoterikszene, mithin als Vertreter für astrologische Computer-Software, in Erscheinung getreten war? George Tabori, Wolf Kahlen, Jochen Gerz? Was sollten sich Lothar Bisky und Gregor Gysi dabei gedacht haben, in einem „Universitäts“-Beirat mitzuwirken, in dem auch rechtslastige Obskuranten wie Rainer Langhans oder Leonard Orr saßen?

Ganz offenbar war es allein der Begriff „*Friedens*universität“ sowie die Schirmherrschaft des Dalai Lama, die teils hochreputierliche Persönlichkeiten aus fünfundvierzig Ländern, darunter nicht weniger als zwanzig Friedensnobelpreisträger, bewog, bei diesem Megaaufgebot des Abstrusen mitzuwirken. Vermutlich hatten weder Norman Borlaug noch Oscar Arias Sanchez noch sonst einer der aufgebotenen Nobelpreisträger, Wissenschaftler, Politiker oder seriösen Künstler je einen genaueren Blick auf die Macher der geplanten Veranstaltung geworfen. Es reichte, daß der Dalai Lama der Sache seinen Segen erteilt hatte, da spielte es keine weitere Rolle, daß, wie der *Tagesspiegel* herausfand, die „Friedensuniversität“ aus dem Berlin-Schöneberger Zentrum der Osho-Rajneesh-Sekte heraus organisiert worden war;[143] auch nicht, daß im Beirat neben führenden Vertretern der Rajneesh-Bewegung UFO- und Kornkreisforscher Johannes von Buttlar auftauchte; oder George Trevelyan, geistiger Vater der theosophisch-okkulten Findhorn-Gemeinschaft, einer ultrarechten New-Age-Kommune in Schottland, der in seinem „Unternehmen Erlösung“ den nuklaren Holocaust herbeisehnt.[144]

Selbst Desmond Tutu, Adolfo Perez Esquivel oder die *Internationalen Ärzte für die Verhütung des Atomkrieges* (IPPNW) ließen sich gutgläubig einspannen. Ministerpäsident Kurt Biedenkopf steuerte ein offizielles Grußwort bei.

Kurz vor Beginn der „Vorlesungsveranstaltungen" verdichteten sich die kritischen Pressestimmen: Die Rede war vor allem auch von höchst undurchsichtigem Finanzgebaren des Vorstandes.[145] Der *Stern* brachte zudem einen vernichtenden Beitrag, in dem die engen Verbindungen zweier Top-Referenten der „Friedensuniversität" zur faschistoiden Mun-Sekte aufgedeckt wurden.[146] Der Metropolit von Delhi, Paulos Mar Gregorius, alias Paul Vergehse (gest. 1996), war Mitherausgeber beziehungsweise Mitglied des Editorial Boards der Mun-Zeitschrift *Dialogue & Alliance* und als Patron sowohl des Mun-*Council of the World's Religions* (CWR) als auch der Mun-*Assembly of the World's Religions* (AWR) tätig gewesen. Der amerikanische Religionswissenschaftler Huston Smith diente der Mun-Bewegung in vielfältiger Funktion, so etwa als Chairman des Beirates der Jugendorganisation *Youth Seminar on World's Religions* (YSWR), aber auch als Berater und Chairman der Mun-„God-Konferenz" oder als „Advisor" der AWR und anderer Mun-Organisationen. Seine Behauptung, er habe „lediglich einmal an einer von Mun mitveranstalteten Podiumsdiskussion teilgenommen", ist nachweislich falsch.[147]

Die ersten „Dozenten" der „Friedensuniversität" gingen offen auf Abstand. Von einigen war zu hören, sie hätten nie ihr Einverständnis erklärt, auf das Panel der Referenten gesetzt zu werden.[148] Von „schlichtem Schwindel" sprach etwa der Journalist Günther Jauch, der, ohne jemals gefragt worden zu sein, als Moderator irgendwelcher Veranstaltungen angegeben war.[149] Auch *amnesty international*, das *Internationale Rote Kreuz, UNICEF* und viele weitere Organisationen hatten offenbar keine Ahnung davon, in den Broschüren der „Friedensuniversität" als Unterstützergremien aufgelistet zu sein. Zahlreiche Sponsoren zogen sich zurück. Noch vor Beginn des „Vorlesungsbetriebes" begann das ganze aufgeblasene Konstrukt aus dem Ruder zu laufen, ein Referent nach dem anderen sagte die Teilnahme ab: Ignatz Bubis, Renan Demirkan, Dieter Kronzucker, Klaus Bednarz, gar Rita Süssmuth, die ursprünglich zu den eifrigsten Befürwortern der „Friedensuniversität" gezählt hatte. Übrig blieben neben ein paar Grenzgängern des Wissenschaftsbetriebes sowie drittklassigen Kulturschaffenden lediglich Figuren wie der Faschismus-Bewunderer und SS-Todeskult-Verehrer Rainer Langhans[150] oder der ehemalige US-Verteidigungsminister Robert McNamara, der vom Vietnam-Kriegstreiber zum Friedensapostel mutiert daherkam; und natürlich der Dalai Lama, dessen freundschaftliche Verbindungen zu dem japanischen Kultguru und Hitler-Fan Shoko Asahara erstmalig einer breiteren Öffentlichkeit bekannt wurden.[151] (Asahara war verantwortlich für die im Frühjahr 1995 verübten Giftgas-Attentate in der Tokioter U-Bahn, bei denen elf Tote und über 5000 teils lebensgefährlich Verletzte zu beklagen gewesen waren. Noch während der „Friedensuniversität", also fast ein halbes Jahr nach [!] den Terroranschlägen der AUM-Sekte Asaharas, ergriff der Dalai Lama ausdrücklich Partei für seinen spirituellen Freund, den er zuvor als „kompetenten religiösen Lehrer" hochgelobt hatte. Die Mitverantwortung des Dalai Lama am Aufstieg Asaharas zu einem der potentiell gefährlichsten Massenmörder aller Zeiten ist inzwischen eindeutig nachgewiesen. Bis heute hat „Seine Heiligkeit" sich nicht von Asahara distanziert.[152] [Auch andere Kontakte des Dalai Lama zu alten und neuen Nazis, beispielsweise zu Miguel Serrano oder zu dem SS-Rassekundler und als Kriegsverbrecher verurteilten Bruno Beger, der an der Nazi-Expedition 1938/39 nach Tibet teilgenommen hatte, wurden mittlerweile aufgedeckt.[153]])

Die offizielle „Gründungsveranstaltung" der „Friedensuniversität" am Ende der vierwöchigen „Vorlesungszeit" fiel ins Wasser. Ex-Horoskopevertreter Morawetz mußte einräumen, daß der Wissenschaftssenat die Gründung verboten hatte. Ersatzweise nannte man die letztlich doch noch formal als Körperschaft institutionalisierte Einrichtung „Friedenskolleg". Nachdem absehbar war, daß bei den deutschen Behörden nichts mehr zu holen war, verlagerte man den Schwerpunkt der Aktivitäten zunächst in die Schweiz, ab 1998 dann nach Österreich. Mittels nach wie vor eifrig gesammelter Spendengelder plant man, die „Friedensuniversität" doch noch ins Leben zu rufen. Nach wie vor phantasiert Morawetz vom Umbau eines ehemaligen US-Kriegsschiffes zu einer schwimmenden Universität, im früheren Benediktinerkloster Abbaye de Lagrasse in Südfrankreich will er einen „Europa-Campus" einrichten. Und in der Tat: Wenige Jahre nach dem Berliner Flop gelang es ihm, eine neue Riege wiederum durchaus namhafter Künstler, Wissenschaftler und Politiker auf die Beine zu stellen, mit deren Hilfe am 3.7.1999 in Wien eine „Stiftung Internationale Friedensuniversität" gegründet werden konnte. In den Dunstkreis Morawetzens hinzugekommen sind u.a. Michel Friedman, Roger Willemsen, Joan Armatrading, Chingis Aitmatov, Konstantin Wecker, Erika Pluhar oder der frühere NVA-Offizier und Profiboxer Henry Maske; nicht zu vergessen: TV-Pastor Jürgen Fliege.[154] Daneben fanden sich in Wien altbekannte Namen wie Michael von Brück, Christian Schwarz-Schilling, Peter Maffay, Franz Alt und viele andere, die schon in Berlin dabei waren. Zahllose öffentliche Einrichtungen unterstützten das Projekt, von der Österreichischen Bischofskonferenz und dem Österreichischen Gewerkschaftsbund über mehrere Institute der Universitäten Wien und Graz hin zum ORF und den österreichischen Bundesministerien für auswärtige Angelegenheiten, für Unterricht und Kultus, für Umwelt, Jugend und Familie sowie der Justiz. Bundespräsident Thomas Klestil und Bundeskanzler Victor Klima versahen das Programm mit artigen Grußadressen. Als Ehrenmitglieder der Stiftung firmieren neben anderen Franz Beckenbauer, Gyula Horn oder Edzard Reuter (auch Friedensreich Hundertwasser gehörte bis zu seinem Tod dazu): Die runderneuerte Prominentenliste - Figuren aus dem Esoterikbereich kommen (zumindest in den Werbeverlautbarungen) nur noch sehr am Rande vor - reicht fast an die von 1995 heran. Als Vorstandsmitglieder fungieren nach wie vor Ervin Laszlo, Helm Stierlin und Rüdiger Dahlke. Ob Nelson Mandela, Elie Wiesel oder Rigoberta Menchú-Tum wissen, wem genau sie da in gutem Glauben ihre Unterstützung geben, steht dahin. Schirmherr, wie gehabt, ist „Seine Heiligkeit, der XIV. Dalai Lama".[155] Gerade das Auftreten des Dalai Lama, der sich allenthalben größter Sympathie und Huldigung erfreute, zeigte, wie anfällig weite Teile des Bürgertums ganz offenbar (immer noch oder schon wieder) sind für autoritäre Führerfiguren samt ihren Botschaften, vor allem dann, wenn diese sich drapiert in religiöse oder esoterische Heilsversprechen präsentieren. Es sei in diesem Zusammenhang auch auf den wachsenden Zuspruch verwiesen, den die Lehren und Organisationen totalitärer Sektenführer finden, von

Bhagwan-Osho Rajneesh über Lafayette Ron Hubbard (*Scientology*) hin zu Sang Myung Mun (*Vereinigungskirche*) oder Gabriele Wittek (*Universelles Leben*).[156] Selbst die eigentlich längst in der Versenkung verschwunden geglaubten Hare-Krishna-Jünger finden plötzlich wieder Anklang.

Allerdings regt sich mittlerweile auch Widerstand. Nachdem ein antifaschistisches Bündnis Ende 1996 einen Auftritt Trutz Hardo-Hockemeyers in Darmstadt verhindert hatte (⇨ *Alles Karma*), gelang es linken Kräften im Oktober 1997, den in Bremen veranstalteten Esoterik-Großkongreß „Visionen menschlicher Zukunft" praktisch lahmzulegen. Wie die Jahre zuvor hatte Veranstalter Frank Siepmann neben den Wortführern der Szene auch eine Reihe esoterisch unverdächtiger Vorzeige-Prominenter eingeladen, vor allem, um als seriöser „Zukunftskongreß" an Steuergelder heranzukommen. Diese waren ihm vom Bremer Senat auch gerne bewilligt worden, geflissentlich übersah man all die Geistheiler, Reinkarnationstherapeuten und Wünschelrutengänger, die sich da herumtrieben, desgleichen die aufmarschierten Vertreter abstruser Heilslehren, von Maharishi Mahesh Yogi und Darshan Singh über den *Joseph-Murphy-Freundeskreis* hin zur *Stiftung Gralsbotschaft* oder der *Bahá'í-Gemeinde*. In mühseliger Kleinarbeit wurde den Feigenblatt-Promis ein Licht aufgesteckt, wen genau sie da mit ihren guten Namen aufwerten sollten: den publizistischen Rechtsausleger Franz Alt, Ökotopia-Reaktionär Ernest Callenbach, die Primatologin Jane Goodall, die im Rahmen des sogenannten „Great Ape Project" dem australischen Bioethiker und Euthanasiebefürworter Peter Singer (Affen lebenswerter als Säuglinge oder Behinderte) argumentative Zuarbeit leistet;[157] daneben zweifelhafte Figuren wie den Homöopathie-Papst George Vithoulkas oder den Astrologie-Granden Arnold Keyserling, von Alexander Lowen, Gerda Boyesen oder der unvermeidlichen Barbara Rütting gar nicht zu sprechen. Seriöse Referenten wie Klaus Bresser und selbst TV-Plaudertasche Roger Willemsen sagten ihre Teilnahme unverzüglich ab, desgleichen Silvelin Schröter (BUND), Gottfried Härle (*UnternehmensGrün*), Maximilian Gege (BAUM) sowie die Künstler Mercedes Sosa, Khaled und Ignaz Kirchner. Von den angepeilten 15.000 Besuchern tauchten weniger als 1.500 auf. Die Kongreß-„Talkshows" mit peinlichsten Selbstbeweihräucherungen von Rüdiger Nehberg (*Gesellschaft für bedrohte Völker e.V.*) oder Leo Pröstler (*Waschbär*) fanden vor weniger als 150 Zuhörern statt; moderiert wurde von Gerd Pfitzenmeier, Chefredakteur der Zeitschrift *Natur*. Eine Gegenveranstaltung an der Universität Bremen (mit Autor Goldner und einer Vertreterin der Ökologischen Linken), auf der die demokratiefeindlichen und faschistischen Bestandteile der Esoterik diskutiert wurden, löste enorme Medienresonanz aus, mithin der Grund, weswegen der Kongreß für Siepmann & Co. in einem ersichtlichen Fiasko endete.[158]
Die Aktionen gegen den Bremer Kongreß führten auch andernorts zu erstem Widerstand gegen einschlägige Veranstaltungen (die sich bisher in einem von Kritik völlig unangetasteten Freiraum hatten bewegen können): In München beispielsweise wurde die Esoterikmesse „Lebenskunst '97" von einem linken Bündnis in massive Rechtfer-

tigungsnot gebracht. In einem an Informationsständen rund um das Messegebäude verteilten Aktionsflugblatt hieß es: „Esoterik ist in Mode und ein großes Geschäft. Mit der Dummheit und Leichtgläubigkeit anderer Leute läßt sich viel Geld machen. Ein Spinner, wer glaubt, daß die Zukunft in den Sternen steht, Tarotkarten legt, sich an irgendwelche Steine klammert und Zaubersprüche oder Mantras murmelt? Gewiß. Hinter der Fassade des ewigen Lächelns verbergen sich aber auch gezielte Verblödung, repressive Toleranz sowie rassistische, antisemitische, frauenfeindliche und antidemokratische Ansichten. (...) Esoterik verblödet, indem sie unterstellt, wir seien an allem selbst schuld. Ob persönliche oder gesellschaftliche, körperliche, seelische oder geistige, soziale oder ökologische Probleme, die Botschaft lautet: Wir sind selbst verantwortlich, weil wir nicht spirituell sind, nicht an den lieben Gott, Gaia, kosmische Wesen und Intelligenzen und sonstige Gespenster glauben. (...) Alle esoterischen Strömungen predigen, das Individuum möge ganzheitlich und positiv denken, Leid sinnstiftend veredeln und sich einfügen in eine wahlweise als 'höher', 'göttlich', 'natürlich' oder 'ganzheitlich' bezeichnete Ordnung. Die Verhältnisse, in denen wir leben, die Lebens- und Arbeitsbedingungen, Herrschaft, Ausbeutung und ökologische Zerstörung, werden verschleiert. Esoterik vernebelt die Hirne, sie ist (...) elitär, antidemokratisch und unsozial."[159] Die Öffentlichkeitsarbeit zeigte Wirkung: Medien, die bislang stets voller Begeisterung über derlei Esoterikveranstaltungen berichtet hatten, hielten sich auffallend zurück. Inzwischen getrauen sich einzelne Medien sogar, offensiv gegen die esoterischen Geschäftemacher und Volksverdummer anzugehen. Das *St.Gallener Tagblatt* beispielsweise kommentierte die in der örtlichen Stadthalle veranstalteten „Ostschweizer Esoteriktage 2000" passend mit der Überschrift: „Zwischen Live-Satire und offener Psychiatrie".

2. Zynische Geschäftemacher

In Wahrheit haben Medizinmänner kein einziges Mal Regen herbeigetanzt.
Peter Kratz

Es gibt keinen Überblick, wieviele esoterisch-therapeutische Heilpraxen und Zentren im deutschsprachigen Raum ihre Dienste anbieten. Nach vorsichtiger Schätzung dürfte die Zahl, einschließlich der Praktiker, die in einer Ecke des eigenen Wohnzimmers oder vom Tele phon aus ordinieren, bei etwas über hunderttausend liegen.[160] Da sich esoterisches Gedan kengut mittlerweile auch in einer Vielzahl ansonsten durchaus wissenschaftsverpflichteter ärztlicher und psychologischer Praxen, darüberhinaus in Schulen, öffentlichen Beratungsstel len und Behörden festgesetzt hat - von den Kirchen ganz zu schweigen -, liegt die Zahl der Einrichtungen, in denen para- oder pseudowissenschaftliche Methodik zur Anwendung kommt, tatsächlich noch bedeutend höher.

2.1. Von Avalon bis ZEGG: Heilpraxen, Therapiezentren, Kongresse

Wie ein Blick in die Anzeigenseiten der einschlägigen Magazine und Zeitschriften zeigt, wird bei esoterischen Instituten und Zentren größter Wert auf die Wahl eines aussagekräftigen Namens gelegt. Meist werden hierzu die „klassischen" Symbol- und Mythenbegriffe des New-Age herangezogen, wie „Lichtquell", „Regenbogen" oder „Wassermann", in jeder nur denklichen Variante ist zusätzlich von „Bewußtseinserweiterung", „Ganzheitlichkeit", „Spiritualität" und dergleichen die Rede. Hybride Bezeichnungen wie *Phoenix-Zentrum für ganzheitliche Psychologie und Gesundheitsfürsorge* oder *Lichtzentrum zur Förderung spiritueller Lebens- und Heilweisen* sind szenetypisch. Im fränkischen Ebermannstadt firmiert eine *Gral-Mysterienschule für alchemistische Lehren, transzendente Psychologie, Meditation & Klausur.*[161] Der Esoterikkritiker Wolfgang Hund hat diesen Namens- und Begriffskult der Szene satirisch aufgespießt: In großformatigen Anzeigen warb er für ein *Institut für holistische Transformationsmetaphysik*, mit dem Ergebnis, daß sich ernsthafte Interessenten für seine Jux-Angebote (z.B. Haftschalen zur Veränderung der Irisdiagnose) an ihn wandten.[162]

Aus dem Namen einer Einrichtung läßt sich nicht unbedingt auf bestimmte Verfahren oder Schwerpunkte in deren Dienstleistungsangebot schließen. So muß ein „Avalon-Institut" nicht notwendigerweise etwas mit keltischer Mystik zu tun haben. Die Namensgebung ist völlig willkürlich und dient in erster Linie dazu, die jeweilige Einrichtung als der Esoterik- beziehungsweise Alternativheilerszene zugehörig auszuweisen. Desgleichen kann aus der

Verwendung von im Hochschulbereich geläufigen Begriffen wie „Institut", „Seminar" oder „Akademie" nicht notwendigerweise auf ein höheres Niveau geschlossen werden, ganz zu schweigen darauf, daß die einzelnen Einrichtungen irgendetwas mit wissenschaftlicher oder wissenschaftsähnlicher Arbeit zu tun hätten. Die Verwendung dieser (gesetzlich nicht geschützten) Begriffe dient vor allem der Absicht, Seriosität und abgesicherte Lehrinhalte zu suggerieren: In Köln beispielsweise gibt es eine *Akademie für Psyche und Soma*, in Freiburg eine *Akademie für Universalität*, in Vaduz (FL) findet sich gar eine *Internationale Akademie der Wissenschaften* (die freilich nichts anderes darstellt als eine private Seminareinrichtung von „Lebenslehrer" ⇨ Kurt Tepperwein; zu den „IAW-Dozenten" zählen u.a. ⇨ Trutz-Hardo-Hockemeyer, ⇨ Harald Wessbecher oder die österreichische Sexberaterin Gerti Senger; Tepperwein selbst tritt als „Professor" in Erscheinung). Gänzlich jenseits von Gut und Böse angesiedelt ist die sogenannte *Osiris-Universität* in Herlisberg, an der der selbsternannte „Universalgelehrte" Max Bänzinger (pseudo)ägyptologische „Forschungen" betreibt (⇨ *Frankfurter Ring*); desgleichen eine in Wiesbaden ansässige *Kosmos-Universität*, an der, laut „Gründungsdekan" Hans-Jürgen Witkowski, der Student „die wahre Bedeutung (erfährt) von Begriffen wie Demut, Freier Wille, Erleuchtung, Hierarchie, Engel, Avatar, Vergebung, Gnade, etc. etc. Ein Studium für alle, die Gott nicht nur suchen, sondern auch erkennen wollen", denn: „In der Kosmos-Universität studieren wir nur Gott!"[163] Ähnliches erfährt der Student auch an der *World Spiritual University* in München, einer Einrichtung der Weltuntergangs- bzw. Welterrettungssekte *Brahma Kumaris*.

Auch das inzwischen geschlossene Münchner *Institut für Hypnoseforschung* war keineswegs, wie man hätte annehmen können, eine Einrichtung des örtlichen Universitätsbetriebes, sondern eine esoterische Privatheilpraxis, in der weder über Hypnose geforscht noch Hypnose als Therapieverfahren angewandt wurde. Der zahlungskräftigen Kundschaft wurde vielmehr das Erhard-Freitag-Verfahren des „Positiven Denkens" angedreht, das mit klinischer Hypnose wenig bis gar nichts zu tun hat.[164] Aus den häufig anzutreffenden Begriffen „Institut", „Zentrum", „Lichtkreis" oder ähnlichem läßt sich auch nicht unbedingt ableiten, daß es sich um weiterverzweigte Einrichtungen mit einer größeren Anzahl an Mitgliedern oder Mitarbeitern handelt; vielfach firmieren völlig unbedeutende Ein- oder Zwei-Personen-Unternehmen unter derlei Bedeutung suggerierenden Begriffen. (Das in Bochum ansässige *Komitee zur Überwindung der materialistischen Weltanschauung* beispielsweise besteht im Wesentlichen aus seinem Begründer Friedhelm Wegner.)

In der Mehrzahl sind die Einrichtungen der Esoterikszene als privatwirtschaftliche Unternehmen organisiert, vielfach auch als eingetragene Vereine oder sonstige rechtsfähige Körperschaften. Viele ermangeln indes jedweder Rechtsfähigkeit, sie erscheinen unter abenteuerlichen Namen auf der Bildfläche, um nach kurzer Zeit - vermutlich spielt hier die Angst vor Steuerfahndung die entscheidende Rolle - spurlos wieder zu verschwinden. Die Angebote dieser Einrichtungen, von telephonischem Wahrsagen und Gesundbeten über Postfachversand von Schriften oder Kassetten hin zu Heilbehandlungen im heimischen Hinterzimmer, sind in der Regel ebenso zweifelhaft wie die jeweiligen Anbieter selbst. Allein aus der Tatsache, daß eine Einrichtung über einen festen Firmen- oder Vereinssitz verfügt und ihre Dienste womöglich über einen längeren Zeitraum hinweg anbietet - manches Esoterikinstitut besteht seit über fünfundzwanzig Jahren -, kann allerdings auch kein zuverlässiger Schluß auf Seriosität gezogen werden.

Nachstehend werden aus der Unzahl an Heilpraxen, Therapie- und Seminarzentren, die im deutschsprachigen Raum (bzw. für deutschsprachige Klientel) ihre Dienstleistungen anbieten, einige herausgegriffen und näher beschrieben. Der Umstand, daß eine Einrichtung nicht namentlich erwähnt wird, bedeutet nicht, daß sie aus der vorgetragenen Kritik, für die die angeführten Einrichtungen *beispielhaft* stehen, auszuklammern wäre. (Ausdrücklich hingewiesen sei an dieser Stelle auf die Arbeiten von Hemminger/Keden [1997], Nordhausen/Billerbeck [1997], Schwertfeger [1998] oder Stamm [2000], in denen sich detaillierte Beschreibungen weiterer Einrichtungen finden.)

Im März 1997 wurde das *Etora*-Therapie- und Seminarzentrum auf Lanzarote geschlossen, sehr zur Freude der auf der Kanareninsel lebenden Menschen, denen die Mitte der 1980er aus dem Boden gestampfte supermoderne Freizeitanlage samt ihrem zum Wahrzeichen erhobenen Betonklotz in Pyramidenform seit jeher zuwider war.[165] Über zehn Jahre lang hatte eine Gruppe von Dethlefsen-Schülern um den Astrologen Wolfgang Maiworm in *Etora* alles versammelt, was Rang und Namen hat in der deutschsprachigen New-Age-Szene, Figuren wie Kurt Allgeier, Erich von Däniken, Günther Feyler, Michael Hesemann, Klaus Meyer, Kurt Tepperwein und - immer wieder -: Rainer Holbe gaben einander die Klinke in die Hand. Tausende von Teilnehmern wurden durch teils aberwitzig überteuerte Seminare und Workshops geschleust, für die, je nach Bekanntheitsgrad des Gruppenleiters, bis zu 3.900 Mark pro Woche auf den Tisch geblättert werden mußten (die Kosten für „Ausbildungsprogramme" wie etwa das einwöchige „VIP-Vorum", ein wesentlich auf Reiki abstellendes Verfahren, „emotionale Blockaden aus dem Energiesystem der Zellen auszuwaschen", lagen, einschließlich „Lizenz", bei nahezu 7.000 Mark). Die Bandbreite der Veranstaltungen umfaßte alles, was die Szene zu bieten hat, von Auralesen, Polarity, Qi-Gong und Shiatsu hin zu NLP, Rebirthing, Tantra und Zen-Meditation. Ganz im Geiste Dethlefsens spielten Astrologie und Reinkarnationstherapie eine besondere Rolle. Auch mit dem *Hoffman Quadrinity-Institut* Freiburg oder dem *Märchenzentrum Troubadour* in Vlotho wurde enge Zusammenarbeit gepflogen.[166]

Obgleich von den Einheimischen alles andere als gerne gesehen, entwickelte *Etora* den Status eines Pilgerortes der Szene, die Rede war vom „Vatikan des New Age", an dem gewesen zu sein zur Verpflichtung wurde. Im Rahmen eines großangelegten „Oster-Symposions" suchte man 1990 diese Popularität weiter auszubauen. Man lud eine ganze Reihe an „Personen aus Politik und Kultur, die dem esoterischen Weltbild in ihrem Alltag verbunden sind", in die Betonpyramide ein, um sie dort, unter der Moderation von Rainer Holbe, über „Neues Denken, Wassermann-Zeitalter, Holistik" etc. referieren zu lassen. Auf dem Panel standen neben Knut Kiesewetter, Konstantin Wecker und Dietmar Schönherr auch Kurt Biedenkopf, Norbert Gansel, Alfred Mechtersheimer, Gerhard Baum oder Rainer Candidus Barzel. Nachdem allerdings im unmittelbaren Vorfeld des Symposions antisemitische Ausfälle Holbes ruchbar geworden waren - dieser hatte in einem Buch braunen Unflat über den seinerzeit unlängst verstorbenen Showmaster Hans Rosenthal ausgekippt (⇨ *Braune Aura*) –, distanzierten sich die eingeladenen Politiker geschlossen von der Veranstaltung. Barzel war plötzlich nicht einmal mehr die Existenz einer Insel namens Lanzarote geläufig. Da half es auch nicht, daß Holbe zu seiner Entschuldigung anführte, nicht er habe den pathologischen Blödsinn verzapft, Rosenthals Krebsleiden sei die gerechte Strafe gewesen für seine Verbrechen in früheren Leben und obendrein Buße für die Vergehen des jüdischen Volkes, vielmehr sei ihm dies von zwei Geistwesen, Fabien und Gabor mit Namen, diktiert worden. Das Symposion fand auch ohne Barzel und Co. statt, Kiesewetter, Franz Alt oder Szene-Mitläuferin Barbara Rütting (seinerzeit noch Anhängerin Maharishi Mahesh Yogis), hatten ohnehin keinen Grund gesehen, nicht mit Holbe zusammen aufzutreten.[167]

Ungeachtet des Eklats um Holbe stieg die Popularitätskurve *Etoras* in der Szene weiterhin steil an (umgekehrt proportional zu der unter den Einheimischen auf der Kanareninsel): Allein 1995 wurden über einhundert Wochenseminare veranstaltet, der Umsatz des Zentrums dürfte im vielfachen Millionenbereich gelegen haben. Das Ende kam, trotz vermutlich höchster Gewinnmargen, kurze Zeit später. Allerdings nicht aufgrund höherer Einsicht in die Unzumutbarkeit der eigenen neokolonialen Anwesenheit auf Lanzarote, sondern, dem Vernehmen nach, schlicht aufgrund interner Querelen. Der hingeklotzte Betonkasten blieb allerdings auch nach dem Abzug *Etoras* bestehen und wird als Ferienanlage für (esoterisch angehauchte) Pauschaltouristen weiterbenutzt.[168]

Unter anderem Namen lebt auch *Etora* selbst fort. Geschäftsführer Maiworm führt dessen Konzept in weitgehend unveränderter Form im schwäbischen Villingen-Obereschbach weiter. Die im dortigen Tagungshaus *Johanniterhof* seit März 1997 veranstalteten Seminare stellen, wie gehabt, einen repräsentativen Querschnitt dar all dessen, was die gegenwärtige Psychoszene ausmacht: Qi-Gong, Alta-Major, Mental-Training, Edelsteintherapie, Massage („Touch of Angels"), Ein Kurs in Wundern, Strukturale Integration (Rolfing), Tarot, Lüscher-Farb-Diagnostik, Holotropes Atmen, Craniosakrale Therapie, Macht der Gedanken, Enneagramm, Kreativer Tanz, Troubadour-Märchen und vieles mehr; neuerdings auch Tachyonenenergie. Bis auf wenige Ausnahmen wird das Programm von relativ unbedeutenden Figuren der Szene bestritten (die auf diesem Wege Klientel für ihre Privatpraxen rekrutieren), was sich in vergleichsweise „günstigen" Preisen von knapp 600 Mark für ein Wochenendseminar (Freitag 20 Uhr bis Sonntag 13 Uhr) bzw. knapp 1.300 Mark für einen Wochenkurs (Sonntag 20 Uhr bis Freitag 13 Uhr) niederschlägt. Bei einigen Veranstaltungen wie etwa einer Wochenendausbildung zum „Reiki-Meister" wird allerdings mit 1.360 Mark unmittelbar an die *Etora*-Tradition grotesken Preis-Leistungsverhältnisses angeknüpft, desgleichen bei einem 5-Tage-Kurs zum „Tarot-Berater", der mit 1.925 Mark zu Buche schlägt. Für ein 10-tägiges Avatar-Training sind 4.670 Mark fällig, eine gleichfalls 10-tägige Astrologen-Ausbildung kostet gar 5.325 Mark. Es erübrigt sich der Hinweis, daß nur die wenigsten der *Johanniterhof*-Therapeuten über eine Befugnis zur Ausübung der Heilkunde verfügen. Eine „Reiki-Meisterin" Irmintraud Rolke beispielsweise versteigt sich dazu, in einem Wochenendseminar das hochgefährliche Primärverfahren des Holotropen Atmens einzusetzen.[169]

Eine ganze Reihe von Seminarhäusern arbeitet nach dem im Trend liegenden Muster des *Johanniterhofes*. Esoterische Therapie- oder Selbsterfahrung in gehobenem Hotelambiente. Als österreichisches Pendant zum *Johanniterhof* gilt der bereits erwähnte *Agathenhof* in Kärnten, der mit diesem gemeinsame Werbung betreibt.

Im Aufschwung begriffen ist auch das Allgäuer Seminarhotel *Sonnenstrahl*, das Kurse zu Reiki, Schamanismus, Wassertanzen, Silva Mind-Control und Tantra anbietet. Auch Avatar-Training findet sich im Programm, daneben Rebirthing sowie jede Menge Kurse mit obskuren Titeln wie „Die Entdeckungsreise zum eigenen Potential" oder „Quanteninitiationstraining". Selbst mit leibhaftiger „Szeneprominenz" kann *Sonnenstrahl* aufwarten: Rüdiger Dahlke etwa veranstaltet ein mehrtägiges „Urprinzipienseminar" und Positivdenker Erhard Freitag eine Fortbildungsreihe zum „diplomierten spirituellen Lebenslehrer". Über die Seminararbeit hinaus bietet der hauseigene Heilpraktiker eine Reinigung von Aura und Dickdarm mittels Bach-Blütentherapie; auch bioenergetische Chakren-Reinigung ist möglich, daneben ein „Klangbad" mit auf „Parasitenbeseitigungsfrequenz" ausgerichteten Harfentönen (Monochord), über die der Körper von „Würmern, Bakterien, Vieren [sic!] und Pilzen" befreit werde.[170] Selbstredend wird auch Kontakt zu höheren Mächten gepflogen: Im Spätsommer 1997 war das Hotel *Sonnenstrahl* Schauplatz des internationalen Esoterikkongresses „Hellsehen und Channeling", bei dem, aufgeboten von der Geisterpostille *Die Andere Realität*, die führenden Trancemedien neueste Nachrichten aus dem Jenseits übermittelten. (In einem eigenen „Seminarhaus-Führer" werden hunderte einschlägiger Häuser des deutschsprachigen Raumes aufgelistet, die entweder selbst als Veranstalter auftreten oder für entsprechende Veranstaltungen angemietet werden.[171])

Sehr im Aufwind ist auch das italienische *Centro d'Ompio* am Lago Maggiore, das als eine Art Geheimtip der Szene gehandelt wird. Unter Leitung der üblichen Koterie, von Gerd „Bodhigyan" Ziegler und Andreas Eggebrecht hin zu Rhea Powers und Shakti Gawain, werden hier die üblichen Fünf-Tage-Kurse in Tantra, Naikan, Shiatsu, Qi-Gong oder Biodynamischer Körpertherapie veranstaltet; daneben Avatar, One-Prozess, Feng Shui, Feuerlauf etc., selbst eine „Transzendenz-Ausbildung" (was immer man sich darunter vorzustellen hat).[172] Auch die norditalienische Sektenkommune ⇨ *Damanhur* übt seit Ende der 1990er große Attraktivität aus, in deren unterirdischer Tempelstadt in den Piemonteser Bergen man allerlei spiritistische und (pseudo-)therapeutische Kurse belegen kann; selbst eine Zeitreise-Maschine soll dort zur Verfügung stehen.[173]

Selbstverständlich zählt auch das oberbayerische *Zentrum für Individual- und Sozialtherapie* (ZIST), eine der Pioniereinrichtungen der Szene, nach wie vor zu deren wesentlichen Seminar- und Fortbildungsveranstaltern. Allerdings wird hier eine ganz andere Klientel bedient als im gehobenen Flair von *Agathen-* oder *Johanniterhof*. *ZIST*, dessen Angebote sich in erster Linie um Gestalttherapie und Bioenergetik drehen, hat sich weitgehend das *Grassroot*-Ambiente der 1970er Jahre erhalten (Stockwerkbetten, Gemeinschaftswaschraum etc.); auch die Referenten sind teils schon fünfundzwanzig Jahre und länger dabei. Obgleich man sich von den Niederungen esoterischer Vollidiotie stets fernzuhalten suchte und Wert auf einen qualifizierten Mitarbeiterstamm legte, bot und bietet man doch auch Vertretern fragwürdigster Verfahren ein werbewirksames Forum. Mechthild Scheffer, Galionsfigur der Bach-Blütentherapie, trat ebenso bei ZIST auf wie Thorwald Dethlefsen (Astro-/Reinkarnationstherapie), Tom Johanson (Geistheilung), Jirina Prekop (Festhaltetherapie) oder Suitbert „Bert“ Hellinger (Familienstellen). Neuerdings finden sich auch Frank Farelly (Provocative Therapy) oder Artho Wittemann (Voice Dialogue) im Programm; daneben die Grünen-Politikerin Sabine Csampai, ehedem Dritte Bürgermeisterin von München, die sich zum Thema „Die Macht der Erotik und die Erotik der Macht“ verbreitet. Auch Günther und Silvana Griebl (Rebirthing) führten jahrelang über ZIST ihre höchst dubiosen Seminare durch.[174] (Günther „Sarito“ Griebl findet sich inzwischen im Programm des *Agathenhofes* wieder, wo er immer noch seinen Unsinn ewigen Lebens und ewiger Jugend verzapft, und dies, obgleich er selbst inzwischen auffällig gealtert ist.)

Bezeichnend für das *ZIST*-Angebot ist das im Frühjahr 2000 neu eingeführte sogenannte ASAL (=*A*n-*S*ich-*A*rbeiten-*L*ernen)-Training. Entwickelt von den Münchner (Gestalt-)Therapeuten und langjährigen ZIST-Mitarbeitern Diana und Ulrich Schurrmann stellt sich dieses Training als „strukturierte Weiterbildung in Spiritueller Psychologie“ vor, offen für alle, die auf eine „harmonische Entwicklung des individuellen Bewußtseins und Potentials“ Wert legten. Über einen Zeitraum von knapp zweieinhalb Jahren treffen sich die Teilnehmer alle paar Wochen zu je viereinhalbtägigen Workshops (insgesamt 50 Kurstage). Gearbeitet werde „auf allen drei Zeitebenen mit den Methoden der Transformativen Selbst-Arbeit: vergangenheitsbezogen mit Hilfe von Basiselementen der Humanistischen und Transpersonalen Psychotherapien; gegenwartsbezogen mit einem phänomenologischen Training in Aufmerksamkeit, Achtsamkeitshaltung, Atemarbeit, meditativer Sammlung in Bewegung und Stille, sowie Studium und evolutiver Schulung der eigenen Psychologie; zukunftsbezogen mit der Disziplin einer spirituellen Übungspraxis, geführten und stillen Meditationsübungen, sowie geistigen und geistlichen Betrachtungen“. Dem gesamten Kurs, so der Werbetext, liege „die Wertorientierung zugrunde, daß die pragmatische spirituelle Selbstarbeit ganzheitlich gesehen in einer triadischen Beziehung steht: zu sich selbst (erste Arbeitsstufe), zum anderen (zweite Arbeitsstufe) und zum übergeordneten Ganzen (dritte Arbeitsstufe)“. Im übrigen sei das Training „offen für alle Menschen, die bereit sind, (...) diesen harmonischen Entwicklungs- und Reifungsprozeß ihres Selbst und Seins zu initiieren und durch kontinuierliche Anstrengung aufrecht zu erhalten“.

Schurrmann & Schurrmann, laut Selbstdarstellung „beeinflußt und geformt durch die Humanistischen und Transpersonalen Psychologien und Psychotherapien, Atemarbeit, den Sufismus, Zen, die Gurdjieff-Arbeit, Christliche Spiritualität und vor allem durch die aufrichtige Auseinandersetzung mit uns selbst und dem Leben“ halten eine Teilnahmegebühr von 10.620 Mark für angemessen.[175] (Bei einer angenommenen Gruppenstärke von 25 Teilnehmern setzen sie mit einem einzigen ASAL-Training über eine Viertelmillion Mark um.)

Zu erwähnen ist an dieser Stelle auch das in Eschweiler ansässige *Institut für Humanistische Psychologie*, das, begründet Anfang der 1970er von dem Erziehungswissenschaftler Klaus Lumma, vor allem in „Alt-68er-Kreisen" als eine der letzten übriggebliebenen Bastionen humanistisch-psychologischer (Gestalt-)Arbeit gilt. Zusammen mit einer ganzen Reihe an Partnerinstituten (z.B. dem *Deutschen Institut für tiefenpsychologische Tanz- und Ausdruckstherapie* [DITAT] in Bonn oder dem *Adlerian Western Institute for Research and Training in Humanics, Inc.* [WIRTH-Europe] in Düsseldorf) verfügt das IHP vor allem im nordwestdeutschen Raum über enormes Renommee. Ob die zahlreichen Aus- und Fortbildungsgänge, die das IHP samt seinen affiliierten Einrichtungen heute anbietet, dieses Renommee (noch) rechtfertigen, steht freilich dahin: So findet sich im IHP-Programm u.a. ein Training in „Orientierungsanalyse", in dessen Konzept die „Handlungsprinzipien der Gestalttherapie nach John Brinley, Frederick und Laura Perls mit Erklärungsmustern aus der Individualpsychologie Alfred Adlers, der Vegetotherapie Wilhelm Reichs und der Transaktionsanalyse Eric Bernes sinnvoll miteinander verbunden und systematisch-ganzheitlich reflektiert" seien. So weit so gut, für jemanden, der Lehrgangskosten in Höhe von rund 20.000 Mark zu tragen bereit ist, zuzüglich der Gebühren für Lehr- und Kontrollanalyse.[176]

Wo und wie indes ein „Orientierungsanalytiker" anschließend tätig sein soll - der Begriff ist außerhalb des IHP-Kontexts gänzlich unbekannt -, bleibt völlig offen; desgleichen die Frage, wo und wie ein IHP-ausgebildeter „Pädagogischer Psychotherapeut" unterkommen soll, dem als solchem bestenfalls im IHP-eigenen *Berufsverband Pädagogischer Psychotherapeuten* (BVPPT) Geltung zukommt. Die sonstigen Fort- und Weiterbildungsworkshops des IHP stammen teils aus dem Bereich der (fachlich eher seriösen) Humanistischen Psychologie, teils aus dem Sortiment der (esoterischen) Psychoszene: Neben Tantra und neoreichianischer Körperarbeit findet sich da mithin ein Jahreskurs in NLP, der die umstrittene Psychotechnik „aus ganzheitlich orientierter Hand" vermittle (was immer das heißen soll). Das mit dem IHP in engem Verbund stehende *Institut für Interkultur* in Haßberg führt neben T'ai Chi und Positivem Denken ein als „Easy Weight" bezeichnetes NLP-Programm im Angebot („Der mentale Weg zum natürlichen Schlanksein") und, passend dazu, eine eigene „Flirtschule". Selbst die Geistheilmethode des Reiki steht auf dem Programm. Wie der Szenekritiker Hans-Jörg Hemminger erstaunt anmerkt, könne man, laut Werbebroschüre des Haßberger Instituts, für derlei Kursangebote sogar bezahlten Bildungsurlaub beantragen.[177]

Das bayerische Zentrum *Coloman*, das, gleich *ZIST* und *IHP*, jahrzehntelang die Psychoszene mitbestimmt hatte, hat sich Mitte der 1990er aufgelöst. Die ehemaligen Gruppenleiter mischen natürlich an anderer Stelle weiter mit im einträglichen Geschäft mit der Seele: Peter Kriester beispielsweise, lange Jahre als „Körpertherapeut" bei *Coloman* tätig, bietet seine Dienste heute an einer Heilpraktikerschule an: Im Rahmen eines „ganzheitlich-philosophischen Heilerkurses" (8x2 Tage/2.160 Mark) bildet er an einem Wochenende (!) in „Familienaufstellung nach Bert Hellinger" aus.[178] (Auch *Coloman* selbst lebt fort: Das Haus beherbergt heute das sogenannte „Erdkinder-Projekt", einen an der Reformpädagogik Maria Montessoris orientierten Kindergarten- und Schulbetrieb; im angeschlossenen Erdkinder-

Seminarprogramm finden sich nach wie vor auch *Coloman*-Angebote [z.B. Kriesters „Familienstellen"].[179])

Zu den führenden Anbietern von Therapie- und Selbsterfahrungsworkshops zählen die Zentren der Osho-Rajneesh-Bewegung. Es gibt buchstäblich kein Verfahren der Szene, das nicht von den Rajneeshees kopiert und, versehen mit Phantasienamen oder zumindest mit dem Präfix „Osho", ins eigene Sortiment eingepaßt würde. Die Rajneesh-Anhänger (= Sannyasin) gelten zudem als Meister im Erfinden immer neuer Kombinationen und Begriffsvarianten, so daß ihre Angebotspalette den Eindruck unendlicher Verfahrensvielfalt erweckt. Meist werden die eingesetzten Methoden nicht beim Namen genannt, sondern unter blumigen Seminartiteln versteckt: „Die Alchemie der Transformation", „A Short Course in Essence", „Herzberührungen", „Osho Talking to Your Body and Mind", „Self-Acceptance". Inhaltlich sind die drei- bis fünftägigen Kurse völlig austauschbar, es geht durchwegs um eine (ins Belieben des jeweiligen „Therapeuten" gestellte) Mixtur aus bioenergetischen Übungen, Encounter, Massage, Atemarbeit, Primärtherapie und Rajneesh-spezifischen Meditationen. Allerdings gibt es auch zielgerichtete Angebote wie „Im Garten der Liebe" (Tantra), „Ein Regenbogen von Düften" (Aromatherapie), „Ins Leben atmen" (Rebirthing) oder schlicht „Osho Primal", „Osho Feng Shui", „Osho Enlightenment Intensive" (3 Tage/450 Mark). Konzipiert werden die Angebote der einzelnen Osho-Zentren im Hauptquartier der Bewegung im indischen Poona (von heutigen Sannyasin Pune [sprich: Pjuun] genannt), etwas südlich von Bombay gelegen. Die dortige *Osho Commune International* gilt als das meistfrequentierte Therapiezentrum der Welt, in das jährlich zehntausende von Menschen, vor allem aus Westeuropa, den USA und Japan, strömen. Die faschistoiden Verhältnisse, die die Kommune in den 1980ern kennzeichneten - während ihres Aufenthaltes in Oregon/USA war sie zu einer totalitär strukturierten kriminellen Vereinigung [einschließlich schwerbewaffneter „Peace-Force"-Truppen] mutiert -, haben dem massenhaften Zulauf nach ihrer Rückkehr nach Poona keinerlei Abbruch getan.[180]

Neben den Gruppenangeboten können auch Einzelsitzungen gebucht werden (ab 120 Mark pro Stunde). In einem Veranstaltungskatalog des Münchner Osho-Centers preisen nicht weniger als sechzig Therapeuten ihre jeweils sehr unterschiedlichen Dienstleistungen an. Ungeachtet der Tatsache, daß kaum einer davon zu deren Ausübung befugt ist, läßt auch die Frage nach inhaltlicher Qualifikation so manchen Zweifel aufkommen: Eine gewisse „Alvina" etwa - die meisten Rajneesh-Anhänger firmieren unter ihren Sektennamen - hält sich als „Spezialistin in Metaphysical Surgery der Osho Academy in Sedona" für hinreichend befähigt zu therapeutischem Tun; desgleichen die selbstakklamierte Sexualtherapeutin „Vasumati": Immerhin, wie sie in einem Programm von 1997 anführt, sei sie „unter Anleitung von Osho" tätig (der 1990 gestorben ist).[181] Interessant ist auch die therapeutische Qualifikation einer „Mahamudra" Messerschmidt, die als Leiterin des *Osho-Manjusha-Zentrums* bei Dresden u.a. „Transsensuales Counselling" anbietet: Nach ihrer Initiation als Schülerin Oshos, so Mahamudra über Mahamudra, habe „in Meditation alte spirituelle Weisheit wieder in das Bewußtsein aufzusteigen [begonnen], und der Wunsch nach dem

Teilen aller Erfahrungen wurde zum Lebensinhalt". Nachprüfbare Qualifikation: Fehlanzeige.[182]

Selbstverständlich wird an den Osho-Rajneesh-Zentren auch „Therapieausbildung" durchgeführt: So kann man etwa in zweieinhalb Wochen das „NLP Practitioner & Osho Hypnose Training" absolvieren (2.800 Mark) oder sich in 2x9 Tagen in „Osho Pulsation" (Neo-Reichianische Atem-, Körper- und Energiearbeit) qualifizieren (3.180 Mark). Auch ein vergleichsweise umfängliches Training von 2x30 Tagen zum „Osho Rebalancer" steht im Angebot (13.180 Mark). Entscheidend ist, daß die „Ausbildungen" und „Trainings", unabhängig von ihren jeweiligen Inhalten, zu *nichts* befugen, die verliehenen Urkunden und Zertifikate haben rechtlich keinerlei Wert. Ausbildungsträger, die nicht ausdrücklich darauf hinweisen, daß ihre Trainings keine Erlaubniserteilung zur Ausübung der Heilkunde beinhalten - daß die Teilnehmer also das, was sie möglicherweise lernen, anschließend nicht auszuüben befugt sind -, verstoßen im übrigen gegen geltendes Recht.

> Gesondert zu erwähnen ist das bei Salzburg ansässige Meditationszentrum *Weißer Lotus*, das, begründet von dem Ex-Rajneesh-Sannyasin und späteren Michael Barnett-Adepten Burkhardt Kiegeland (*1943), seit Anfang der 1990er eine steile Popularitäts- und Umsatzkarriere hingelegt hat. Neben den szeneüblichen Vorträgen, Seminaren und Kursen bietet Kiegeland auch die Möglichkeit längerfristigen Lebens und Arbeitens im *Lotus*-Zentrum, das zudem eine ganze Reihe an Wirtschaftsbetrieben unterhält (Kosten pro Monat: rund 1.300 Mark + ganztägige Arbeitsverpflichtung). Er selbst bezeichnet sich als „Herz-Meister" seiner stetig wachsenden Anhängerschaft, deren bedingungslose Hingabe, so die österreichische Sektenkritikerin El Awadalla, längst die Ausmaße eines Guru-Kults angenommen habe.[183] Über ein sogenanntes *Lotus-Netzwerk* mit Anlaufstellen in nahezu jeder größeren Stadt in Österreich, Deutschland und in der Schweiz werden neue InteressentInnen geworben (laut Selbstdarstellung habe Kiegeland bereits mit über 10.000 Menschen „therapeutisch" gearbeitet).
>
> Kiegeland, der sich von seinen Anhängern als „Buddha" ansprechen läßt, veranstaltet bevorzugt längere Seminarreihen, die er mit phantasievollen Bezeichnungen schmückt, etwa „Lotus-SiebenHerz" oder „Herz-Eröffnung: Das Healing der Grundangst". Inhaltlich bestehen die ein- bis zwölfwöchigen Kurse aus der gewohnten Mixtur: Bioenergetik, Enlightenment Intensive, Holotropes Atmen, Polarity, Rebalancing etc. pp., verbunden mit Kiegelandschen „Lectures", Dynamischer Meditation sowie neuerdings Familienaufstellung nach Hellinger. Auch „Ausbildungen", etwa in „NLP und Trancearbeit", finden sich im Programm.
>
> Zentrales Angebot Kiegelands ist freilich das sogenannte „Lotus-Herz-Projekt", ein „Selbsterfahrungs- und Trainingsjahr für 'Spirituelle Therapie' und 'Geistiges Heilen'", das sich, zusammengesetzt aus sieben Fünf-Tage-Blöcken, über den Zeitraum eines Jahres verteilt (Kosten: ca. 6.300 Mark zuzüglich Unterkunft/Verpflegung). Die sieben Blöcke bauen (vorgeblich) aufeinander auf und tragen mystisch verbrämte (tatsächlich aber völlig nichtssagende bzw. unsinnige) Titel wie: „Ruht das Haus auf

dem Fundament, stößt das Dach an den Himmel" oder „Das Ich stellt eine Frage und bekommt ein großes Geschenk". Bei Lichte besehen bietet auch das „Lotus-Herz-Projekt", propagandistisch aufgeblasen zum „einzigartigen Abenteuer des Herzens", nicht viel mehr als das übliche Sammelsurium altbekannter (Rajneesh-)Techniken. Der Wert des Trainingsjahres als Selbsterfahrung steht dahin, als Ausbildung (worin auch immer) kann das Ganze selbstredend nicht gelten (ganz abgesehen davon, daß es rechtlich zu nichts befugt). Hatte Kiegeland seine Jahresgruppen zunächst noch zusammen mit dem Münchner „De-Hypno-Therapeuten" ⇨ Günther „Mahasattva" Bayer veranstaltet, so fungiert heute als Co-Leiterin eine gewisse Annette „Shalka" Trischkat. Die Ziele des „Lotus-Herz-Projekts" beschreibt Kiegeland so: „Meine Arbeit ist mehr denn je der Rückverbindung mit unserer wirklichen Natur gewidmet. Das Herz ist der Schlüssel dazu. Indem wir es in dem unterstützen, was es uns lehren will, lernen wir die heilende Liebe, die keine Unterschiede mehr macht. (...) Wir tauchen ein in diesen Raum aus Leichtigkeit, Klarheit und Tiefe, der zu unserer ursprünglichen Natur gehört und uns ein Geschmack der Essenz erfahren läßt (...). Sein - wie eine Welle nimmt es dich mit und befördert dich in einem Raum von Weite, Klarheit, Tiefe und Ruhe, in dem alles zugleich enthalten, verbunden, bewegt und eins ist." [sic!][184] Trotz aller metaphysischen Schwafelei, mit der Kiegeland seine Therapie- und Selbsterfahrungspraktiken zu umnebeln sucht: Diese unterliegen allemal den rechtlichen Bestimmungen zur Ausübung der Heilkunde. Über eine entsprechende Qualifikation und/oder Befugnis des „Herz-Meisters" konnte indes nichts in Erfahrung gebracht werden.[185]

Parallel zum Seminarbetrieb des *Weißen Lotus* bietet der hauseigene „Panchakarmatherapeut" Bernhard „Bhonzen" Hölzl heilpraktische Ayurveda-Reinigungskuren an (5 Tage/780 Mark). Auch einschlägige Ausbildungen kann man bei Hölzl absolvieren. Der Jahresumsatz des „Weißen Lotus" liegt bei schätzungsweise vier Millionen Mark.[186]

Zu den ältesteingesessenen Seminarveranstaltern zählt der *Frankfurter Ring e.V.*, der sich seit seiner (von ⇨ Karlfried Graf Dürckheim inspirierten) Gründung 1969 den „führenden Köpfen" der Szene - wer immer sich dazu zählt oder dazu gezählt wird - als Forum andient und über eine eigene Vierteljahresschrift *Wege zur Synthese von Natur und Mensch* als deren Sprachrohr fungiert. Die (schier endlose) Liste der Referenten und Workshopleiter liest sich wie ein Who-is-who des internationalen Esoterikmarktes, von Fritjof Capra, Mantak Chia und Swami Chidananda über Claudio Naranjo und Ole Nydal hin zu Mechthild Scheffer, Annemarie Schimmel und David Steindl-Rast; nicht zu vergessen George Trevelyan, Jakob von Uexküll, Michael Vetter oder Chuck Spezzano. Als Vordenker des *Frankfurter Rings* gilt der Tarotkartenexperte und Aleister-Crowley-Fan Wolfgang Dahlberg, geführt wird die Einrichtung, die angeblich 10.000 Teilnehmer pro Jahr durch 60 Vorträge und mehr als 70 Seminare und Fortbildungen schleust, seit Ende der 1980er von Britta Dahlberg. Neben dem üblichen Seminar- und Workshopprogramm (im ersten Halbjahr 2000 u.a.: Tao Yoga/ Cosmic Healing Chi Kung [Mantak Chia], The Work [Moritz Boerner], Musik des Inneren

Friedens [Balaji Tambe]) finden sich im Ausbildungsprogramm (desselben Zeitraums) Kurse u.a in Feng-Shui, Praktischer Menschenkenntnis (einschließlich Physiognomie, Graphologie, Handlinienlesen und Traumdeutung, geleitet von dem „Universalgelehrten" Max Bänzinger), Sehtherapie, Fünf Tibeter, Qi-Gong, Craniosakraler Therapie, Inner Fitness sowie als Topangebot das sogenannte ⇨ „Essence-Training" der Ex-Rajneesh-Adepten „Kabir" Jaffe und „Ritamba" Davidson. Die Kosten entsprechen dem Szenedurchschnitt: Ein einwöchiger Kurs mit Abschluß als „Fünf-Tibeter-Trainer" beispielsweise kostet 1.600 Mark.[187]

Als weiterer namhafter Veranstalter gilt der Hamburger Esoterik-Buchversand *Wrage*, der Vortragstourneen mehr oder minder bedeutender Szenefiguren, wie etwa Leonard Orr, Erhard Freitag oder auch Lichtnahrungsprophetin Jasmuheen, organisiert. Zu den von *Wrage* (in der BRD) gemanagten WortführerInnen der Szene zählt seit Jahren auch die amerikanische New-Age-Prophetin Chris Griscom, die mit bemerkenswerten Erkenntnissen über die Vorteile nuklearer Verstrahlung aufzuwarten weiß (ihr Meditationszentrum befindet sich unweit der US-Atomwaffenfabrik Los Alamos in New Mexico): „So erstaunlich es klingen mag, aber alles hat seinen Sinn, sein Gutes: Je mehr unsere Körper strahlen, radioaktiv werden, z.B. durch Radioaktivität, die den Atomkraftwerken entweicht (...), desto mehr wird unsere Fähigkeit erhöht, UFOs wahrzunehmen, die gleichzeitig der Erde immer näher kommen."[188] Denn: „Strahlung ist Licht. Wir befinden uns in einem Evolutionsprozeß, der uns zu Lichtkörpern werden läßt. Wenn wir uns dieser Beziehung bewußt werden, dann können wir diese Energie in unsere eigene Natur aufnehmen und unsere Frequenz beschleunigen, bis wir unsere Bestimmung erfüllen und zu wahren Lichtwesen werden. Wir müssen diese Realität als ein Geschenk willkommen heißen. (...) Indem wir lernen, die energetische Auswirkung der Strahlung zu ertesten und zu spüren, können wir unseren Zugang zum Punkt der Empfängnis stärken, jenem Moment, in dem das Formlose Gestalt annimmt, das Nicht-Manifeste sich manifestiert. Durch göttliches, absichtsloses Wollen können wir die Strahlung demanifestieren, über die Schwelle zurück ins Formlose."[189]

In zunehmender Anzahl werden auch esoterische Kongresse veranstaltet, auf denen die Größen des Genres sich werbewirksam in Szene setzen können. Es gibt unter anderem eigene Channeling-, Schamanen-, Reinkarnations- und UFOlogen-Kongresse, als bestetabliert gelten die alljährlich im November stattfindenden „Baseler PSI-Tage", die die Wunder- und Geistheilerszene bedienen (als Co-Organisator der PSI-Tage firmierte über Jahre hinweg der Esoterikpublizist und Begründer des *Dachverbandes Geistiges Heilen* Harald Wiesendanger). Als Gegenstück zu diesen Kongressen, die in ihrem Bemühen um ein „seriöses" Erscheinungsbild nicht nur zwang- und krampfhaft die Struktur wissenschaftlicher Kongresse zu kopieren suchen, sondern in der Regel auch mit Referenten aufwarten, die sich so knochentrocken und verstaubt präsentieren, wie sie glauben, daß das im akademischen Betrieb üblich sei, gelten esoterische Jahrmarktsveranstaltungen, wie sie etwa das Bremer Seminarzentrum *GeKu* (Gesundheit & Kultur) über Jahre hinweg organisierte: Sommercamps unter freiem Himmel, bei denen im Stile von Hippie-Conventions (in Wahrheit ist das Ganze natürlich rein kommerziell ausgerichtet) Workshops stattfinden zu allem und jedem, was die Szene zu bieten hat: Auralesen, Ayurveda, Bach-Blüten, Besser Sehen, Bioenergetik, Chakrenarbeit, Encounter, Feldenkrais, Hakomi, Kung-Fu, Qi-Gong, Rebirthing, Schamanismus, Shiatsu, Taijiquan, Trancetanz, Tarot, Yoga und vieles mehr.[190] Bekannt ist insofern auch das alljährlich in Baden-Baden stattfindende *Rainbow Spirit Festival* nebst angeschlossener Produktshow (dessen Ausgabe 2000 reichlich Szeneprominenz aufbot: von Paul Lowe [Teertha] und Eli Jaxon Bear hin zu leibhaftigen Gurus wie Soami Divyanand und Sri Durgamayi Ma.)

Seit Jahren werden in regelmäßigen Abständen die größeren Städte des Bundesgebietes mit sogenannten Esoterikmessen beglückt, auf denen die Vertreter der Szene für ihre Waren und Dienstleistungen werben. Viele Handaufleger, Hellseher und Horoskopesteller reisen wie in einem Wanderzirkus mit den Messen von einem Ort zum nächsten, an jedem Wochenende bieten sie ihre Künste in einer anderen Stadt an. Auf Vorträgen und in Workshops werden Kunden geködert, alles, was der Esoterikmarkt an (kostspieligem) Unfug bereithält - von heilkräftigen Amuletten und Edelsteinen über levitiertes Wasser und wundertätige Aromaöle hin zu Erdstrahlabschirmgeräten, Ohrenkerzen und Purpurplatten -, wird dort feilgeboten. Die einzelnen Angebote unterliegen keinerlei Kontrolle, auch dann nicht, wenn sie überzogene oder offenkundig falsche Heilsversprechungen abgeben: Jeder kann anpreisen, was immer er will. (Die Verwendung der in der Szene sehr beliebten Ohrenkerzen beispielsweise - angeblich aus der Tradition der Hopi-Indianer stammende Hohlkerzen, die zu allerlei Gesundungszwecken ins Ohr gesteckt und dort abgebrannt werden - ist ebenso unsinnig wie riskant: In den laut Werbung „naturbelassenen" Produkten einer Fellbacher Versandfirma wurde das in der Bundesrepublik verbotene Nervengift Pentachlorphenol [PCP] gefunden.[191]) Auch Psychosekten wie *Hare Krishna*, *Fiat Lux* oder der *Bruno Gröning-Freundeskreis* werben ungehindert um neue Mitglieder. Auf einer einschlägigen Messe in der Schweiz, auf der neben jeder Menge Geistheiler und Channelingmedien auch Johannes von Buttlar, Helmut „Whitey" Kritzinger, Georg Rieder („der Mann mit dem Röntgenblick") oder die Dethlefsen-Schülerin Bozenka Venediger auftraten, inszenierte ein gewisser Xokonoschtletl Gomora „aztekische Reinigungsrituale". Als Höhepunkt der Messe baute er einen „schamanischen Toten-Altar" auf, über den man Kontakt zu „lieben Verstorbenen" aufnehmen konnte.[192] Einer der führenden Veranstalter derartiger Messen, der Münchner Alexander Dorn, stiftete 1997 einen mit 10.000 Mark dotierten „Deutschen Esoterikpreis", als dessen erster Träger der in Liechtenstein ansässige Heilpraktiker und Lebenslehrer Kurt Tepperwein auserkoren wurde. In seiner Festrede tat Tepperwein kund, Zivilisationskrankheiten hätten keine Chance, wenn die Westler sich ein Beispiel nähmen am Volksstamm der Hunza in Nordpakistan: Die Menschen dieses Stammes bräuchten weder Renten noch Ärzte, da sie bis zum letzten Lebenstag freudig arbeiteten. Auch der Hunger mache den bettelarmen Hunza nichts aus: sie seien „natürliche Fastenperioden" gewohnt.[193] (In einem der zahllosen Kassettenkurse Tepperweins erfährt man mehr von diesem preisgekrönten Denken: „Schicksal ist weder unerforschlicher Ratschluß Gottes noch blinder Zufall. Es ist vielmehr das denkbar gerechteste Gesetz. Es lautet: 'Jeder bekommt das, was er verursachte'".[194])

Auch in den neuen Bundesländern boomt das Geschäft mit der Esoterik. Mittlerweile finden sich einschlägige Buchhandlungen in jeder größeren Stadt, Therapie- und Seminarzentren schießen nach wie vor wie Pilze aus dem Boden. Seit Mitte der 1990er gibt es mit

Wege zum Leben (neuerdings: *Magazin Leben*) eine eigene esoterische Zeitschrift, die ausschließlich Ost-Kundschaft bedient (verantwortlich zeichnet ein gewisser Hugo Hasse, zugleich „Seminarleiter und Lehrer für natürliche Spiritualität und Persönlichkeit"). [195] Ende der 1990er kam unter dem sinnigen Titel *Sein* ein weiteres „Lebenskunst-Magazin für Berlin und die neuen Bundesländer" hinzu.

Zu den Vorreitern der Szene im Osten zählte seit je das Brandenburger *Zentrum für experimentelle Gesellschaftsgestaltung* (ZEGG), eine autoritär strukturierte Sex- und Psychosekte mit Sitz in Belzig bei Berlin. ZEGG-Gründer Dieter Duhm rechnet Rudolf Steiner, Wilhelm Reich und Otto Muehl zu den wichtigsten Vorläufern der „neuen Epoche", die herbeizuführen er als Ziel seiner rastlosen Aktivitäten formuliert. [196] (Muehl, in dessen AAO-Kommune bei Wien Duhm für einige Zeit gelebt hatte, wurde Anfang der 1990er wegen sexuellen Mißbrauchs kleiner Mädchen zu sieben Jahren Gefängnis verurteilt. [197]) Über eine Vielzahl an Seminaren, Workshops und Aktionswochen finanziert sich die rund 100-köpfige Kommune, die im Sommer 1991 von der Treuhand für mehr als zwei Millionen Mark einen weitläufigen Gutshof erworben hatte (über 600.000 Mark für den Ankauf stammten aus der Aufbauhilfe Ost, sprich: aus Steuergeldern). Die einzelnen Projekte und Unternehmen von ZEGG firmieren unter den abenteuerlichsten Bezeichnungen: „Sexpeace", „HOT e.V.", „Jetzt e.V.", „Undersky" oder „Aktion Perestroika"; eine „Erotische Akademie" entwickelt „neue geistige Konzepte für Sexualität, Liebe und Partnerschaft", die an Bord des ZEGG-eigenen Segelschoners *Kairos* oder in der *Casa Las Piteras*, einem „Treffpunkt für Eros und Kultur" auf der Kanareninsel Lanzarote, in die Praxis umgesetzt werden; das „Projekt Meiga" propagiert mithin ein „transformatorisches Bordell". Szenebekannt sind die ZEGG-Sommercamps unter dem Fähnchen „Eros, Gemeinschaft und Neue Kultur", bei denen jeweils mehrere hundert Teilnehmer zwei Wochen lang ein „kreatives und utopisches Zusammenleben" nach ZEGG-Muster erproben können. Schwerpunkte sind laut Programm „freies Kinderaufwachsen, neue Lebens- und Kommunikationsformen für die Liebe, Ökologie und Gartenbau, Spiritualität, Kunst, Musik und Tanz, Theater und Körperbewußtsein sowie politische Aktionen".[198] Zu den letzteren zählt beispielsweise das Verteilen von Flugblättern auf dem Berliner Kurfürstendamm mit der Botschaft, nur freier Sex könne die Welt retten; selbst Umweltverschmutzung werde dadurch gelöst: „Auf der Suche nach sexuellen Kontakten wird heute dermaßen viel Benzin verfahren, daß schon aus ökologischen Gründen die sexuelle Transformation weltweit durchgesetzt werden muß."[199]

ZEGG verfügt über eine ganze Reihe prominenter UnterstützerInnen, in deren erstem Glied u.a. die Ex-Schauspielerin Barbara Rütting (*1927) zu finden ist. Seit dem Niedergang ihrer Leinwandkarriere fühlt Rütting sich offenbar zunehmend zu autoritär strukturierten Organisationen und Psychosekten hingezogen: Neben ihrem Engagement für die vollwertköstlerische *Gesellschaft für Gesundheitsberatung* (GGB) des Ex-SA-Mannes und späteren Bioladen-Vordenkers Max Otto Bruker (*1909), der laut OLG Frankfurt als „Scharnierstelle zwischen Ökologie- und Naturkostbewegung auf der einen und Neonazi-Szene auf der anderen Seite" bezeichnet werden darf,[200] begeisterte sie sich für die transzendentalen Lehren des Maharishi Mahesh Yogi, für dessen *Naturgesetzpartei* sie sogar in einem TV-Werbespot auftrat. Von der rechtslastigen Esoterikkommune Findhorn in Schottland war sie derart angetan, daß sie öffentlich erwog, dorthin zu ziehen. Seit Mitte der 1990er ist sie Anhängerin des Osho-Rajneesh-Kults und trägt als solche den Sektennamen „Ma Anand Taruna" („Mutter der Glückseligkeit durch ewige Jugend"). Schon Ende der 1980er hatte Rütting versucht, nach Findhorn-Vorbild in Österreich eine eigene „Lebens- und Arbeitsgemeinschaft" zu begründen, was allerdings gründlich mißlang.[201] Seit Anfang 2000 ist sie als Ernährungsberaterin und Meditationslehrerin („Lach-Meditation" nach Rajneesh) in der umstrittenen Krebs-Klinik der Hackethal-Erben im bayerischen Riedering tätig.[202] Kritik an ihren Umtrieben in der rechten Psychoszene weist sie als „üble Verleumdung" zurück: sie gehöre „keiner Sekte und keiner Religion" an.[203]

Wesentlicher Bestandteil der Szenekultur sind Reisen an „Orte der Kraft". Rund um den Globus gibt es eine Vielzahl einschlägig renommierter Orte, die besucht zu haben (oder demnächst besuchen zu wollen) zu den unverzichtbaren Erkennungsmerkmalen, d.h. Gesprächsgegenständen des Szene-Insiders gehört. Die vielfach als Studien- oder gar Pilgerreisen apostrophierten zwei- bis dreiwöchigen Urlaubstrips werden über eigens darauf spezialisierte Dienstleistungsunternehmen organisiert. Das Euskirchener *Insight Team* beispielsweise führt eine ganze Reihe an Pauschalarrangements im Angebot: von Yoga in einem südindischen Ashram oder Qi-Gong in einem Tempel auf Sri Lanka über spirituelles Trekking durch Ladhak oder rund um den Mount Kailash hin zum Besuch von Klosterfesten in Nepal, Tibet oder Bhutan; auch eine Reise zum Exilregierungssitz des Dalai Lama ins nordindische Dharamsala kann gebucht werden, einschließlich einer Einführung in die Lehre des tibetischen Buddhismus und einer Begegnung mit „Seiner Heiligkeit". Daneben gibt es Reisen zu „religiösen Stätten des Zen" nach Japan, zu „Inkakulturstätten" nach Ecuador oder zu den „Indianischen Kulturen & Wundern der Natur" im Südwesten der USA. Kein esoterisch interessantes Ziel wird ausgelassen - von Anfängern gerne genommen: „Mythologie & Symbolik Altägyptens" einschließlich Bootsfahrt auf dem Nil -, als Reiseleiter fungieren laut Prospektwerbung: „hervorragende Kenner der Kultur und Philosophie der bereisten Länder".[204]

Tatsächlich werden die Reisen vor Ort nur selten von fachkundigem Personal betreut. In der Regel besteht die Leitung der Gruppen aus irgendwelchen Heilpraktikern, Yogalehrern und dergleichen, die sich mehr oder minder redliche Mühe geben, das Esoterikbedürfnis ihrer zahlenden Kundschaft durch ein Sortiment an mehr oder minder professionell vermittelten Meditations- und Selbsterfahrungspraktiken zu befriedigen. Eine *Insight*-Reise in die Wüste des Sinai findet sich folgendermaßen beworben: „Die Wüste ist keine Wildnis. Sie ist rein und groß. Sie hat helles Licht und den funkelndsten Himmel. Sie fördert alle Reflexionen und zeigt: Minimierung der Ansprüche ist Optimierung der Freiheit. Reduktion ist Gewinn. (...) Wer sich hierher zur Klausur begibt und alles zurückläßt, wird als sich selbst zurückkommen" [sic!]. Rebirthing, Reiki und Rutengehen stehen auf dem Programm; vor allem aber VisionQuest: „Die Weite und Leere der Wüste fördert die Begegnung mit dem eigenen Wesen und der Frage: Wer bin ich? Diese Begegnung ist unvermeidbar, denn nichts lenkt hier ab. (...) So können essentielle Fragen aus Deinem Inneren kommen, Fragen, die Dein tiefstes Wesen berühren." Billig ist derlei Innenschau nicht: Zwei Wochen Rebirthing auf dem Sinai kosten knapp 3.000 Mark, zwei Wochen Zen in Japan fast 7.000 Mark.[205] Unter derselben Euskirchener Anschrift wie *Insight* firmiert der Reise- und Seminarveranstalter *Neue Wege*, über den der europäische Raum abgedeckt wird: Feldenkrais in der österreichischen Bergwelt, Qi-Gong in Griechenland, Astrologie auf Malta.

Ein ganz ähnliches Konzept verfolgt die Münchner *Lotus Travel Service GmbH:* in Vertragshotels u.a. in Thailand, Sri Lanka oder Indonesien, aber auch auf Ibiza und Korfu können das ganze Jahr über Kurse in allem und jedem belegt werden, was die Psychoszene feilhält: Yoga, Tantra, Rebalancing, selbst Familienstellen nach Bert Hellinger. Geleitet werden die Kurse in der Regel von externen Anbietern, die kurz vor Beginn erst eingeflogen werden. Darüber hinaus veranstaltet *Lotus Travel* Pauschalreisen in die *Osho Commune International* nach Pune, wo ständig unter mehr als hundert Meditations- und Kursangeboten ausgewählt werden kann. Für Individualreisende sind längst auch esoterische Reiseführer auf dem Markt, der *Goldmann*-Verlag gibt eine eigene Reihe „Magisch Reisen" heraus, die inzwischen eineinhalb Dutzend gut verkaufter Titel umfaßt.

Seit Mitte der 1990er legt auch das herkömmliche Tourismus- und Urlaubsgewerbe verstärktes Augenmerk auf esoterisch interessierte Kundschaft; in den Broschüren und Katalogen der Reiseveranstalter tauchen zunehmend Begriffe auf wie „Innere Ruhe", „Meditation", „Zu-sich-Finden", vielfach ist auch von „magischen Plätzen" oder „Orten der Kraft" die Rede. Neben dem üblichen Sport-, Fitness- und Animationsprogramm findet sich neuerdings und gehäuft auch Yoga, T'ai Chi oder Qi-Gong im Angebot. Im übrigen hängen sich zunehmend auch Klöster (sämtlicher Orden und monastischer Regeln) an den profitablen Trend an: Sie bieten (Urlaubs-)Aufenthalte in ihren Gemäuern, mit oder ohne Seminarbetrieb bzw. sonstiges Programm, mit oder ohne Teilnahme am Lebensalltag der jeweiligen Gemeinschaft. Die *Vereinigung der deutschen Ordensoberen* hat unter dem Titel *Atem holen* sogar eine eigene Informationsschrift für Gastaufenthalte in den rund 250 angeschlossenen Klöstern herausgebracht. Quer durch Europa finden sich mehr als 500 einschlägige Angebote.[206]

2.2. Teils selber hochgradig gestört: Therapeuten, Heiler, Lebenslehrer

Nur die wenigsten Praktiker, die auf dem Psychomarkt ihre Dienste anbieten, sind zur Ausübung von Psychotherapie befugt; von Befähigung ganz zu schweigen. Heilpraktiker und heilpraktische Psychotherapeuten verfügen zwar über eine formale Berechtigung, die von ihnen absolvierten „Ausbildungen" und „Trainings" allerdings, die sie inhaltlich zu qualifizieren vorgeben, sprechen den Erfordernissen einer seriösen Tätigkeit Hohn. Da sie die akademischen Zulassungsvoraussetzungen für eine ernstzunehmende Therapieausbildung (in der Regel) nicht erfüllen, *können* sie solche auch nicht durchlaufen. Sie können sich ihre Kenntnisse - bestenfalls - über einen der meist äußerst fragwürdigen „Ausbildungsgänge" an (staatlich nicht überprüften und nicht anerkannten) Heilpraktikerschulen oder über irgendwelche „Kurse" auf dem freien Psychomarkt erwerben.

Um es zu wiederholen: Die überwiegende Mehrzahl der Praktiker ist nicht nur gänzlich unqualifiziert zur Ausübung von Psychotherapie, sie besitzt noch nicht einmal die rechtliche Formalerlaubnis dazu. Die Chuzpe der Szene ist unerhört: Mit völlig unbrauchbaren, teils hochgefährlichen Methoden macht man sich an Menschen zu schaffen, die vertrauensvoll um Rat und Hilfe nachsuchen und scheut sich nicht, *ohne die geringste Fachkenntnis* auch an schwersten psychischen und psychosomatischen Problemen herumzudilettieren. Was in der Bundesrepublik (in Österreich und in der Schweiz ist dank fortschrittlicherer gesetzlicher Regelung solcher Mißstand etwas eingedämmt) unter dem Signet „Psychotherapie" firmiert, ist zu nicht geringen Teilen reine Scharlatanerie beziehungsweise reiner Betrug (⇨ *Gerichte contra Scharlatanerie*).

Eine Heerschar selbsternannter Heiler (ob nun mit oder ohne Formalbefugnis) maßt sich an, Psychotherapie zu betreiben, im Einzelfalle ohne auch nur eine einzige Stunde ernstzunehmender Ausbildung hierzu absolviert zu haben. Vielfach finden sich unter diesen Heilern Figuren, die, selbst dem Laien erkennbar, persönliche Störungen dadurch zu kompensieren suchen, daß sie sich zu „Therapeuten" und „Lebenslehrern" aufspielen. Die vermeintlich paranormalen Fähigkeiten, derer sich viele dieser Heiler rühmen (Auralesen, Channeling, Hellsehen und dergleichen), sind, sofern sie ihre paranormalen Fähigkeiten nicht einfach vorgeben (und damit ihre Klientel betrügen), als Symptome (zumindest latenten) psychotischen Wahngeschehens zu werten: Die Behandler bedürften dringlichst selbst der Behandlung; das gleiche gilt für all die Wunderheiler und Handaufleger, die sich mit „höheren Energien" oder „höherem Bewußtsein" ausgestattet wähnen.

Bezeichnend in diesem Zusammenhang ist der Radeberger „Diplom-Parapsychologe" und „Lebensberater" Matthias Bormann (*1967), der sich einer Vielzahl außergewöhnlicher Fähigkeiten rühmt. Eigenen Angaben zufolge habe er mehrere Studiengänge an der *Universal Life Church zu Modesto (Kalifornien)* absolviert, woraufhin ihm die akademischen Titel eines „Doctor of Philosophy in Religion" sowie eines „Doctor of Religious Science" verliehen worden seien. Doppeldoktor Bormann firmiert heute als Präsident eines von ihm selbst gegründeten *Interreligiösen Forums*, das sich in allerlei Publikationen gegen die „weltweite Verfolgung religiöser Minderheiten" stellt. Zugleich leitet er ein *Thanatopsychologisches Institut* samt dazugehörigem *TPI*-Verlag, über den er sich zu Fragen früherer Leben (Thánatos: griech. = Tod), zu Astralwanderungen oder auch zum „Geheimwissen des mattoistischen Ordens" ausläßt, den er als „Priester" vertritt (es handelt sich bei den Mattoisten um einen abstrusen Geisterkult, der sich wesentlich um die Botschaften einer „nichtinkarnierten Wesenheit" namens Matto [Kürzel aus *Matt*hias B*o*rmann?] dreht[207] ⇨ *Channeling*). Eines der Bormann-Bücher, verfaßt nach Maßgabe eben jenes Matto, erschien im *Ewert*-Verlag (der über die Herausgabe der rassistischen und antisemitischen Hetzschriften ⇨ Jan-Udo Holeys einschlägige Bekanntheit erlangt hat; auf der Frankfurter Buchmesse 1999 führte Bormanns *TPI*-Verlag mit *Ewert* einen Gemeinschaftsstand). Ein 1999 in zweiter Auflage erschienenes *TPI*-Büchlein Bormanns bietet gesammelte Artikel über die „Hetz- und Verleumdungskampagnen", denen Anhänger von Scientology, Osho Rajneesh oder auch Shoko Asahara durch „fanatische Hexenjäger" (zu denen Bormann auch und insbesondere Autor Goldner zählt) ausgesetzt seien.[208]

Kein esoterischer Schwachsinn, den Bormann nicht wortreich zu affirmieren wüßte, ob er sich nun über Geistheilung, kosmische Strahlungen oder den Umstand ausläßt, daß „die Erde hohl ist und im Inneren eine Zentralsonne aufweist".[209] Interessant seine Erkenntnisse zur Manipulation und Gleichschaltung der Massen mit Hilfe von Fluor, das von den Mächtigen dem Trinkwasser oder der Zahncreme zugesetzt werde: „Angeblich gut für die Zähne läßt es allerdings gewisse Hirnfunktionen degenerieren, und der Mensch ist Manipulationstechniken gegenüber nunmehr hilflos."[210] Abgerundet wird das Pamphlet des Radeberger „Doctor of Philosophy in Religion" mit Ausfällen gegen Homosexualität, desgleichen gegen „Promiskuität, sexuelle Perversion und daraus resultierende Abtreibungen".[211]

Die *Universal Life Church* (ULC), der Bormann seine zwei Doktorentitel verdankt, ist eine in den USA weitverzweigte Organisation, deren Wesentliches darin besteht, in einer Art *franchise system* Lizenzen für weitere ULC-Kirchengründungen zu verkaufen. Jedermann kann sich innerhalb der von einem gewissen Kirby J. Hensley Ende der 1950er Jahre gegründeten „Kirche" zum Priester ordinieren und sich wahlweise zum Diakon, Monsignore oder Bischof weihen lassen; auch eine Ernennung zum Metropoliten, Rabbiner, Imam oder einem von hundert weiteren Titeln und Würden - Druide, Guru, Hadj, Schamane etc.pp. - ist möglich; selbst als Propheten oder Märtyrer kann man sich beglaubigen lassen. Gegen *cash* gibt es auch jene akademischen Titel, mit denen Bormann sich schmückt: Der Grad eines „Doctor of Religious Science" kostet US$ 35, der eines „Doctor of Philosophy in Religion (Ph.D.)" ist für US$ 100 zu haben (auch andere „Dokumente", beispielsweise falsche Presseausweise oder Heiratsurkunden, werden von ULC per Postversand verhökert[212]). In der Bundesrepublik wurde wiederholt gegen Ableger der ULC ermittelt, 1987 wurde die *Universelle Lebenskirche Deutschland* vom bayerischen Innenministerium verboten: Bei der ULC und ihren Untergliederungen handle es sich nicht um eine Religionsgemeinschaft im Sinne von Artikel 4 des Grundgesetzes, vielmehr um eine Körperschaft, deren Zweck ausschließlich in der persönlichen Begünstigung der sich auf sie berufenden Personen liege.[213] Ende 1999 nahm die Staatsanwaltschaft Dresden Ermittlungen gegen „Dr. Dr." Bormann auf.[214] Neben Bormann werten zahlreiche weitere „Therapeuten" und „Lebensberater" des deutschsprachigen Raumes ihr Renommee mit gekauften ULC-Titeln auf.

Trotz des staatsanwaltlichen Ermittlungsverfahrens vertreibt Bormann ungeniert seine „Fernlehrgänge" weiter, die er unter dem Slogan „Ein Studium bei TPI - wo Wissen noch bezahlbar ist" bewirbt: Eine „TPI-Kompaktausbildung zum 'Spirituellen Lebensberater', 'Thanatopsychologischen Berater' (Sterbebegleiter) und 'Freien Seelsorger'" kostet, einschließlich dreier Abschlußzertifikate, bei ihm nur 300 Mark.[215]

> Was der Kunde dafür erhält, sind ein paar photokopierte Blätter mit übersetzten ULC-Texten.

Neben teils hochgradig Gestörten treiben auch zynische Geschäftemacher ihr Unwesen, die die seelische Not ihrer Kundschaft - auch deren Gutgläubigkeit, Unaufgeklärtheit und damit Wehrlosigkeit - gnadenlos ausbeuten. Viele Klienten esoterischer Therapieverfahren erhalten nicht nur nicht die erwünschte Hilfe, sondern werden bis aufs Hemd abgezockt; ganz abgesehen davon, daß sich die Probleme, deretwegen sie sich um Hilfe bemüht hatten, allein durch den massiven Vertrauensbruch erheblich verschärfen können. Auch die eingesetzten Verfahren selbst können in der Hand inkompetenter Praktiker fatale Folgen zeitigen. Oftmals finden sich unter den „Heilern" auch ehemalige Opfer, die an sich selbst erfahren haben, wie leicht es ist, andere mit ein wenig Psychogeschwätz übers Ohr zu hauen. Anstatt sich gegen die Scharlatane zur Wehr zu setzen, werden sie selbst welche. Das graue Psychogeschäft übt ungeheuere Anziehung aus auf „halbseidene" Figuren jedweder Provenienz, die sich ohne großen Aufwand - vor allem ohne Studium und Berufsausbildung - eine lukrative Erwerbsquelle zu eröffnen suchen.

Vielfach, zumal die Grenzlinien fließend verlaufen, ist nicht auf Anhieb erkenntlich, welcher Kategorie der einzelne Praktiker zugehört, ob er eher ein Fall für den Staatsanwalt oder für die Psychiatrie ist:

> Als szenetypische Figur gilt insofern auch der Astrologe Hartwig Ohnimus (*1938), Gründer und Leiter des *Lüneburger Instituts für Esoterik und Bewußtseins-Erweiterung* (L.I.E.B.E.). Ohnimus, nach eigenen Angaben „seit langer Zeit aktives Mitglied mehrerer abendländischer Mysterienschulen, Arkanbruderschaften sowie spiritueller Orden", von denen er „sein hohes esoterisches und spirituelles Wissen" empfangen haben will, tritt gerne in Habitus und Kostüm des griechischen Heilgottes Asklepios auf, mit Rauschebart, weißen Wallegewändern und Schlangenstab. Neben einem siebentägigen Lehrgang in „spiritueller Astrologie" bietet er einen ebenfalls siebentägigen „Aufbaukurs über Astromedizin" an, der die Fähigkeit „wahren Heilens" zu vermitteln verspricht: „Das Auftreten einer Krankheit zeigt immer an, daß der Mensch durch sein Handeln ein astrologisches und somit seelisches Prinzip verletzt hat. Er hat durch seinen *Eigensinn* den im Geburtshoroskop erkennbaren *Lebenssinn* verletzt." Das astrologische Aufdecken des (angeblich) hinter den Krankheitssymptomen stehenden verletzten Lebenssinnes nennt Ohnimus „Offenbarungstherapie", die, gleich den Heilkünsten des Asklepios, die „schulmedizinischen Leistungen weit in den Schatten" stelle, denn: „wir therapieren auf der Grundlage uralter Mysterienweisheiten und mit der Tiefenpsychologie nach Carl Gustav Jung". Die „wissenschaftlich anerkannten Therapien" hingegen führten nur „zu einer Symptomverdrängung oder gar Symptomverschiebung in körperliche Krankheiten oder Schicksalsprozesse". Desweiteren bietet Ohnimus das von ihm selbst erfundene „Hexagramm-Programm" an, ein siebentägiges „Initiationsritual", bei dem der Klient (einzeln oder in der Gruppe) durch eine willkürlich zusammengesetzte Abfolge obskurantistischer Rituale

getrieben wird, das, angereichert mit Fragmenten aus Primär- und Reinkarnationstherapie, in völliger Klausur stattfindet. In der Therapiewoche - O-Ton Ohnimus -: „werden wir dir deine alten Wunden und Verletzungen vor Augen führen. Nicht nur die früheste Kindheit, sondern auch die pränatale (vorgeburtliche) Phase deines Lebens, und die besonderen Umstände deiner Geburt werden dir voll bewußt. (...) Es wird geschehen, daß du in dem Seminar Aufgaben zu erfüllen hast, die dir merkwürdig erscheinen. So kann es sein, daß du einige deiner Verhaltensmuster mit schwerer körperlicher Arbeit zerstören mußt. (...) Oder es kann sein, daß du die Nabelschnur zu deiner Mutter kappen mußt, die euch beide, sie und dich, seit Inkarnationen aneinander bindet und fesselt. Das Hexagramm-Programm schließt als Einweihungsgeschehen auch eine Sterbeerfahrung ein. Deshalb hast du in dieser Therapiewoche auch keinerlei Kontakt zur Außenwelt. In der Initiation werden dir die in deinem Unbewußten abgespeicherten Erinnerungen an frühere Tode bewußt. (...) In der klaren Erkenntnis um das Wirken der kosmischen Gesetze wirst du sagen können: 'Deshalb also geschah dies alles!' Damit hast du dich liebevoll mit deinem Schicksal ausgesöhnt, (...) du hast einen individuellen Weg zu Gott gefunden und gehst einer hoffnungsvollen Zukunft entgegen. Das Hexagramm-Programm ist die entscheidende Wende in deinem Leben". Kosten der 7-Tage-Therapie: 2.400 Mark.

Ohnimus ist quer durch die Republik auf Esoterikmessen zugange, um neue Kundschaft zu werben. Von einer klinischen Ausbildung oder dem Vorliegen einer Befugnis zur Ausübung der Heilkunde konnte nichts in Erfahrung gebracht werden (eigentlich ein klarer Fall für den Staatsanwalt); der L.I.E.B.E. e.V. firmiert als gemeinnützige, sprich: steuerbegünstigte Körperschaft (eigentlich ein klarer Fall fürs Finanzamt). Was passiert? Nichts.[216]

Ähnlich wie Ohnimus mit seinem L.I.E.B.E. e.V. hat auch der Hamburger Geistheilpraktiker und Parapsychologe Berndt-Dieter Neht besondere Kreativität in der Bezeichnung seines Instituts entfaltet: *BE-DIE-NE-Esotericum*. Womit Neht seine Kundschaft seit über zwanzig Jahren bedient, ist der szeneübliche Nonsens (hier gar in poetischer Form): „Der Schöpfer hat uns gesund erdacht! Was haben wir daraus gemacht? Ohne Leiden gibts kein ändern. Wollen wir das Leiden vermeiden, so müssen wir lernen bis zum Ende."[217]

Beliebt ist neuerdings das Abhalten von „Satsang": Nach gemeinsamer Meditation mit dem jeweiligen „Lebenslehrer" dürfen vom Fußvolk Fragen zu spirituellen Angelegenheiten gestellt werden. Freihändig - und ohne in Diskussion genommen werden zu können - läßt sich eine wachsende Zahl an Kleingurus (vorwiegend [Ex-]Rajneesh-Adepten) quer durch die Lande zu allem und jedem aus, was den „Suchenden" bewegt. Die Inhalte der Satsang-Belehrungen - hergeleitet ist das Ganze aus der Hindu-Tradition des Meister-Schüler-Gesprächs - sind erwartungsgemäß indiskutabel.

Selbstredend weist die Szene auch eine ganze Reihe akademisch qualifizierter Mediziner und Psychologen auf, die zumindest ein gewisses Maß an einschlägiger Vorbildung mitbringen. Von psychotherapeutischer Qualifikation kann indes auch bei diesem Personenkreis nicht notwendigerweise ausgegangen werden. Erst nach abgeschlossener (mehrjähriger) Zusatzausbildung an einer anerkannten Einrichtung könnte davon die Rede sein. Von solcher Ausbildung ist allerdings nur in den wenigsten Fällen etwas bekannt, in der Regel verfügen auch die Mediziner und Psychologen der Szene über keinerlei ernstzunehmende therapeutische Qualifikation. Dasselbe gilt natürlich auch für die Angehörigen anderer akademischer Berufe (insbesondere Pädagogik und Sozialarbeit), die gelegentlich unter den Heilern anzutreffen sind: Allein der Abschluß des Studiums befähigt in psychotherapeutischer Hinsicht noch zu gar nichts (ist aber als Grundlage für eine entsprechende Ausbildung unverzichtbar); umso weniger ein Abschluß als Krankenschwester, Altenpfleger, medizinischer Bademeister oder dergleichen. Eine gesetzliche Regelung der Eingangsvoraussetzungen zur Ausübung von Psychotherapie ist, im Interesse der rat- und hilfesuchenden Menschen, die tagtäglich irgendwelchen nicht oder nur unzureichend qualifizierten Therapeuten zum Opfer fallen, dringend vonnöten.

Auch ein paar akademische Grenzgänger von Professorenrang finden sich in der Szene. Nahezu durchgängig handelt es sich dabei um emeritierte oder pensionierte Randfiguren des Wissenschaftsbetriebes, deren Außenseiter-„Erkenntnissen" im Kreise (autoritäts)gläubiger Esoterikfans nun endlich die erwünschte Anerkennung zuteil wird. Kaum ein Esoterikkongreß, der nicht durch den Auftritt von einem oder mehreren der jenseitskundigen Professoren Dröse, Haraldson, Niesel, Schiebeler oder Senkowski „wissenschaftlich" aufgewertet würde.

2.3. Ausverkauf ethnischen Kulturgutes: Buchläden, Literatur, Ratgeber

Esoterische Buchhandlungen finden sich mittlerweile in jeder Kleinstadt. Sie verstehen sich durchwegs als Kommunikations- und Informationszentren der Szene. Vielfach treten sie über den Buch-, Musik- und Accessoirehandel hinaus als Veranstalter esoterischer Seminare und Workshops auf, häufig firmieren die Betreiber zugleich als „Lebensberater" oder „spirituelle Therapeuten". Die Namen der einzelnen Buchhandlungen sind, ähnlich den Bezeichnungen für die Heilpraxen und Therapiezentren, dem synkretistischen Begriffsfundus der New-Age-Esoterik entnommen. Häufig finden sich auf den Namensschildern Begriffe aus dem hinduistischen oder buddhistischen Kulturkreis (*Ananda*, *Dharma*, *Shambala*), daneben ägyptische (*Horus*, *Sphinx*) oder solche aus dem griechischen (*Atlantis*, *Phönix*) oder keltischen Mythos (*Avalon*, *Camelot*). Gerne nimmt man auch Bezug auf mittelalterliche Mystik (*Auris Mystica*, *Hermetische Truhe*, *Pentagramm*), auf Astrologie (*Sirius*, *Zenit*, *Zodiak*) oder die szenetypische Symbolik (*Kristall*, *Regenbogen*). Vielfach spiegelt sich in den Namen der Buchhandlungen das hybride Selbstverständnis der Szene wider, als Bewußtseinselite am Eingang zu einer besseren, heileren, schöneren Welt zu stehen (*Lichtblick*, *Torbogen*, *Wendepunkt*).

Das Sortiment der einzelnen Läden umfaßt neben den einschlägigen Buchpublikationen sowie den zahllosen Musik-CDs, Entspannungs-, Trance-, Visualisierungs- und Therapie-kassetten in der Regel das komplette Zubehör, das erforderlich ist für ein „spirituell bewußtes“ oder „ganzheitliches“ Leben. Hierzu zählen Aromaöle, Edelsteine, Kristalle, Meditationskissen, Räucherstäbchen, Gongs, Klangschalen, Windspiele, Tarotkarten, Runensteine, besondere Kosmetikprodukte, Parfums, Massagegeräte, Wünschelruten, Pendel, Amulette, Talismane, Schmuck und anderer Tinnef mehr; der Renner sind Mandalas (Meditationsbilder) zum Selberausmalen. Die Preise für die einzelnen Accessoires sind meist heillos überteuert, getrommelte Halbedelsteine beispielsweise, die im Großhandel zu Pfennigbeträgen gehandelt werden, werden in den Esoterikgeschäften mit Gewinnspannen von mehreren tausend Prozent verhökert. Bei den Betreibern der Läden handelt es sich durchweg um überzeugte Vertreter der Szene, vielfach um Angehörige sektoider Organisationen, denen über den jeweiligen Laden zugearbeitet wird.

Die Flut esoterischer Literatur entzieht sich jeder Überschaubarkeit, hunderte einschlägiger Publikationen werden alljährlich neu auf den Markt geworfen. Spezialisierte Großverlage wie *Bauer* oder *Ariston* (zusammen mit *Sphinx, Atlantis, Diederichs* und *Irisiana* ist der ehedem in Genf ansässige *Ariston*-Verlag seit 1999 Teil des Münchner *Hugendubel*-Konzerns), aber auch eigene Esoterikreihen renommierter Häuser wie *Goldmann, Knaur oder Heyne,* decken den größten Teil der Neuerscheinungen ab; daneben haben sich dutzende kleinerer und mittelständischer Verlage etabliert, die ausschließlich oder zu großen Teilen die Herausgabe esoterischer Ratgeber- und Lebenshilfeliteratur betreiben: *Ansata, Ch.Falk, Integral, Aquamarin, Peter Erd, Scherz, Aurum, Synthesis, Stendel, Windpferd, Urania, Via Nova, Nagelschmid, Schikowski, Ewert* und viele andere mehr; erwähnenswert das umfängliche Esoterikprogramm von *Gräfe & Unzer* im hausüblichen Kochbüchleinformat, mit dem auch Leserschaften erschlossen werden, die mit der Szene ansonsten nicht viel gemein haben.

Die Buchhandelskette des *Hugendubel*-Konzerns, die - wie jede größere Buchhandlung - über ein umfassendes Esoteriksortiment verfügt, gibt schon seit Mitte der 1970er regelmäßig einen eigenen Katalog *Wege zu einem anderen Bewußtsein* heraus, in dem die jeweils verkaufsträchtigsten Bücher des Genres als stehendes Sortiment von weit über tausend Titeln aufgelistet sind.[218]

Bei der überwiegenden Mehrzahl der Bücher, die auf dem Esoterikmarkt erscheinen, handelt es sich um immer wieder neue Aufgüsse immer derselben Themen. Vermutlich könnten neunzig Prozent davon auf den Müll geworfen werden, ohne daß ein substantieller Verlust bemerkbar wäre. Vielfach schreiben die einzelnen Autoren in größter Ungeniertheit voneinander ab, besonders dann, wenn sich eine Neuerscheinung unvorhergesehen zum Verkaufsschlager entwickelt und sich die Konkurrenzverlage schnellstmöglich mit einem eigenen Produkt an den Erfolg anzuhängen suchen. Die thematischen Superseller der letzten Jahre - Bach-Blütentherapie, Reiki, Lunatismus, Feng-Shui - wurden in jeweils dutzenden aus dem Boden gestampfter Ratgeberbroschüren ausgeschlachtet, die sich praktisch in nichts voneinander unterschieden. Allein die Unzahl an Büchern und Kalendern über Mondphasen, die nach dem Erfolg von Paungger/Poppe (*Vom richtigen Zeitpunkt*) in aller Eile zusammengeschustert und auf den Markt geworfen wurden, überschreitet jedes Maß der Vernunft. Im Erfolgsfalle wird meist auch den „Originalen“ umgehend ein Folgeband hinterhergeschoben (bei Paungger/Poppe ist es inzwischen eine ganze Reihe an Bänden), unabhängig davon, ob es überhaupt Neues oder Weiterführendes zu sagen gibt.

Oftmals werden die Bestsellerthemen auch in völlig überflüssige (weil ohnehin schon alles in x-facher Ausfertigung vorliegt), aber verkaufsträchtige (weil selbstaffirmative) Unter- und Nebenprodukte aufgegliedert: Reiki ersten, zweiten und dritten Grades, Reiki zur Selbstbehandlung, Reiki in der Schwangerschaft, Reiki mit Tieren oder auch „Reiki-Body & Soul-Entspannung"; dazu jede Menge Lexika, Taschenkalender, Wandtabellen, Videos, Musik-CDs, Affirmations- und Visualisierungkassetten: Allein über das *Merchandising* werden Millionenumsätze erwirtschaftet. Im Absatz stagnierende Publikationen werden graphisch gerafft und als Taschenbuch neu herausgegeben, andere werden zu Doppel- oder Dreierpacks zusammengefaßt und erscheinen neu als Sammelband. Der Phantasie und Chuzpe der Verlage, mit immer den gleichen Themen, Texten und Verfahren immer neues Geschäft zu machen, sind keine Grenzen gesetzt. Sind bestimmte Themen nach allen Seiten hin ausgereizt, werden sie einfach mit irgendwelchen anderen Themen kombiniert: Bach-Blüten und Akupunktur, Bach-Blüten und Edelsteintherapie, Bach-Blüten und Astrologie. Auch hier sind die Möglichkeiten unbegrenzt. Allein zum Thema Astrologie finden sich, in sämtlichen denkbaren Variationen, nahezu fünfhundert eigenständige Titel auf dem Markt.

> Nirgendwo wird so schamlos abgeschrieben und geklaut wie in der Esoterikliteratur, was zur Folge hat, daß die Angebotspaletten der einzelnen Verlage oder Verlagsreihen in großen Teilen völlig deckungsgleich sind. Das Programm beispielsweise des Münchner *Peter Erd*-Verlages kann als durchaus szenetypisch gelten, aus sämtlichen Bereichen, die sich - nachweislich - gut verkaufen lassen, findet sich zumindest ein Titel im Angebot: ein Mond-Buch, ein Lexikon der Traumdeutung, Bücher über Reiki, Bach-Blüten, Naturheilkunde, Ernährungslehre, über die Heilkraft der Kristalle, indianisches Chakra-Heilen, Channeling, „Weiße Magie" sowie das „Geheime Wissen der Aborigines"; daneben ein halbes Dutzend Ratgeber zu Fragen von Liebe, Sex und Erotik, ein paar zu Meditation und Positivem Denken, und natürlich das obligate Sortiment zu Tarot, Pendeln, Auralesen und Reinkarnation. Nicht zu vergessen die Geschichte einer Krebspatientin, die mit Hilfe der *Peter Erd*-Themenpalette - sprich: mit Reiki, Bach-Blüten und vor allem mit Positivem Denken - ihre Krankheit besiegte. Man kann ziemlich sichergehen, daß jede erfolgreiche Veröffentlichung des Genres über kurz oder lang in geringfügig umgeschriebener Form im Programm von *Peter Erd* auftaucht. Hausautor Jörg Linditsch bereitet regelmäßig Bestsellerthemen anderer Verlage zu sogenannten „ABCs" auf: simpelste Aufgüsse dessen - natürlich ohne eine einzige Quellenangabe -, was er sich anderweitig zusammengelesen hat. Auch für Douglas Monroes Druiden-Bestseller *Merlins Vermächtnis*, verlegt bei *Bauer*, fand sich mit *Merlin: Seine Enthüllungen und Prophezeiungen* schnell ein *Peter Erd*-Pendant, und im Bestreben, sich an den Mega-Erfolg der Schutzengel-Literatur anzuhängen - weit über fünfhundert Titel sind hierzu auf dem Esoterikmarkt vertreten - kann *Peter Erd* sogar mit einer leibhaftigen „Promi"-Autorin aufwarten: Penny McLean-Wirschingers drei *Schutzgeister*-Büchlein, erhältlich auch zusammen-

gefaßt zu einer goldfarben aufgebundenen *Schutzgeister-Trilogie*, können durchaus als Gegengewicht gelten zu Silvia Wallimanns Engel-Bestsellern bei *Bauer*. Selbstredend gibt es bei *Peter Erd* mittlerweile auch einen Feng-Shui-Ratgeber.

Zur Masche der Verlage und ihrer Autoren gehört nicht nur das gnadenlose Abfeilen der Erfolge anderer - im *Peter Erd*-Programm finden sich inzwischen knapp zwei Dutzend „ABC"-Kompilate -, gelegentlich klebt man auch einfach den (etwas abgewandelten) Titel eines erfolgreichen Buches auf ein eigenes (vielleicht weniger erfolgversprechendes) Manuskript, und dies völlig ungeachtet des jeweiligen Inhalts. Beispielsweise tauchte der bei *Bauer* erschienene Erfolgstitel *Tu dir gut!* der amerikanischen Autorin Jennifer Louden - ein *Wohlfühlbuch für Frauen* mit über zweihundert Tips, sich „schwierige Zeiten leichter und gute Zeiten noch schöner" zu machen -, der in kürzester Zeit die achte Auflage erreicht hatte, in verblüffend ähnlicher Aufmachung, nur etwas dünner und daher billiger, als *Fühl Dich wohl!* im *Peter Erd*-Verlag auf; selbst den Schriftduktus auf dem Umschlag des Louden-Bestsellers hatte man kopiert. Manche Kundin mußte allerdings zuhause überrascht feststellen, daß es in dem *Erd*-Werk der Astro-Heilpraktikerin Andrea Ehring um etwas ganz anderes geht als in dem Louden-Buch, nämlich um Naturkosmetik, Gesichtsstraffung und dergleichen.

Selbstverständlich wird nicht nur von der Konkurrenz abgekupfert, auch der nahezu unerschöpfliche Fundus einschlägiger Publikationen des ausgehenden 19. und beginnenden 20. Jahrhunderts wird nach Kräften ausgeschlachtet: Die Arbeiten von Lévi, Blavatsky, Leadbeater, Steiner undsoweiter dienen als Matrize nahezu sämtlicher moderner Auslassungen, vielfach finden sich ganze Passagen aus diesen Texten, ausgegeben als eigene Erkenntnis, in den Publikationen irgendwelcher New-Age-Autoren wieder. (Auch die „Klassiker" selbst werden, ungeachtet ihrer teils unverhohlen rassistischen und sonstig unerträglichen Positionen, ohne Kommentar neu aufgelegt.) Weit verbreitet ist auch das Abkupfern aus amerikanischen Bestsellern, die man übersetzt, ein bißchen auffrisiert und an hiesige Verhältnisse anpaßt, um sie dann als eigenständige schriftstellerische Leistung unters Volk zu bringen. Gerade im Bereich der positivdenkerischen Lebenshilfe ist kaum etwas zu finden, das nicht, teils Wort für Wort, auf amerikanische Originale zurückgeht; und selbst an diesen ist oftmals nichts original, auch hier handelt es sich vielfach um Aufgüsse irgendwelcher früherer Arbeiten, die, längst schon im Orkus verschwunden geglaubt, aus diesem hervorgeholt und mit entsprechendem Werbeballyhoo zu Verkaufsschlagern getrimmt worden waren.

Mit Vorliebe stürzt man sich auf alles, was nach „ursprünglicher" oder „im Volke verwurzelter" - am besten: „schamanischer" - Heilkunde aussieht oder als solche verkauft werden kann. Was immer an Literatur greifbar ist, wird in jeder nur erdenklichen Form ausgeweidet, ob es sich nun um chinesische, tibetische oder indische Traditionen handelt, ob aus dem alten Ägypten, von den Persern, Kelten oder Germanen, aus mediävaler Alchimie oder aus Großmutters Hausapotheke. Allein im *Bauer*-Verlag finden sich dutzende von Büchern über das „Geheimwissen" von Druiden (Wyda), taoistischen Mönchen, australischen Aborigines, über Huna-, Prana-, Tantra- oder Yoga-Praxis, über die Magie der Mayas, die Heilkunst des Mittelalters oder „Kräuterwissen für Frauen". Der *Peter Erd*-Verlag hat Buchtitel angekündigt über die Heilkünste der „Sioux-Indianer (Lakota Sioux und Irokesen), Upachas Südamerikas und Conibos Amazoniens, Azteken, Pharaonen, Sibirischen Schamanen und Iglulik-Eskimos, Wikinger, Hunnen, Indonesischen Medizinmänner (und) Massai".[219]

Die in der Esoterikliteratur vorgestellten Heilverfahren haben mit den Traditionen, aus denen sie angeblich hergeleitet sind oder die sie repräsentieren sollen, kaum etwas gemein. Es geht ja auch nicht um wirkliches Interesse an der anderen Kultur - geschweige denn an den Menschen, die diese hervorgebracht haben -, sondern ausschließlich darum, dem inflationär aufgeblasenen Brimborium der Esoterik- und Heilpraktikerszene ein weiteres folkloristisches Anhängsel hinzuzufügen und dieses bestmöglich zu vermarkten. Ernsthaftes Engagement für die Völker der Dritten und Vierten Welt, aus deren Überlieferungen man sich freizügigst bedient - sprich: deren Kultur man vereinnahmt, verhackwurstet und in ein dünnbrüstiges Taschenbuch preßt -, findet sich nirgendwo. Zudem sind die einzelnen Autoren in der Regel medizinisch und/oder kulturanthropologisch völlig unkundig, sie schreiben einfach zusammen, was ihnen an sekundärer und tertiärer Literatur - selbst aus Touristenführern werden Informationen entnommen - in die Finger kommt. Tiefergehende Studien werden als erübrigbar angesehen (dazu müßte man ja vielleicht die Sprache lernen), desgleichen ernstzunehmende Recherchen vor Ort; ein Urlaubsabstecher, wenn überhaupt, reicht völlig. Es ist kaum anzunehmen, daß die „Autoren" der zahllosen Feng-Shui-Ratgeber (Schutz des Hauses gegen schlechte Energien), die gegenwärtig den Markt überschwemmen, irgendwelche Forschungsarbeiten in Südostasien angestellt haben; anzunehmen steht vielmehr, daß man einfach aus amerikanischen Handbüchern, wie sie seit Anfang der 1980er schon vorliegen, abgeschrieben hat. Auffällig an den Publikationen der Esoterikszene ist das nahezu durchgängige Fehlen jedweder Quellenangabe.

Nochmals: Kaum eine Veröffentlichung auf dem deutschsprachigen Esoterikmarkt kann einen Anspruch auf Originalität erheben - von Seriosität ganz zu schweigen -, das meiste ist aus älteren Quellen beziehungsweise aus den Publikationen anderer Szeneautoren, bevorzugt aus den USA, abgekupfert oder zumindest erheblich davon „inspiriert". Die einschlägigen Handbücher über hawaiianische Heilkunde beispielsweise erscheinen dem ethnomedizinisch einigermaßen kundigen Leser in weiten Passagen als billige Abgüsse von Abgüssen von Abgüssen, die mit der Tradition Hawaiis etwa so viel zu tun haben wie Hulahoop-Reifen aus Plastik.

Die Verlage gehen mit ihren Publikationen kaum ein Risiko ein: Entweder werden amerikanische Bestseller einfach ins Deutsche übertragen oder aber von deutschsprachigen Autoren abgefeilt. Oftmals verzichten die Autoren auf jegliches Honorar, einige zahlen sogar noch Druckkostenzuschüsse, um als „Schriftsteller" reüssieren zu können (beispielsweise im Berliner *Frieling*-Verlag). Die meisten Autoren esoterischer Literatur verdienen ihren Lebensunterhalt als Seminarleiter, Lebenslehrer, Therapeuten, Heilpraktiker etc. und können insofern ihre Buchpublikationen allemal gewinnbringend einsetzen: In Sonderheit können sie sich hinfort als „Spezialisten" des jeweils beschriebenen Verfahrens oder Ansatzes gerieren, was auf dem immer enger werdenden Markt hunderttausender von „Lebenslehrern" mit erheblichem Wettbewerbsvorteil einhergeht: Man wird zu Talkshows eingeladen, darf auf Kongressen sprechen, kann in Werbeannoncen als „Fachbuchautor“ firmieren. Der propagandistische Effekt einer eigenen Publikation ist unbezahlbar.

Die großen Namen der Szene - Hajo Banzhaf, Fritjof Capra, Thorwald Dethlefsen, Chris Griscom, Arnold Keyserling, Wulfing von Rohr, David Steindl-Rast, Silvia Wallimann und vornedran: Rüdiger Dahlke - zahlen keine Druckkostenzuschüsse, ihre Bücher sind in der Regel schon Bestseller, noch bevor sie geschrieben wurden. Dahlke, Bannerträger der Szene, ist nicht nur Autor und Co-Autor einer Vielzahl einschlägiger Publikationen (*Krankheit als Symbol*, *Krankheit als Weg*, etc.), Photobände, Videos, CDs und Heilkassetten, seit Geraumem firmiert er sogar als Herausgeber einer eigenen Esoterikreihe *(Irisiana/Hugendubel)*. Auch Banzhaf gibt eine eigene Reihe heraus *(Kailash/Hugendubel)*, desgleichen Rohr *(Esoterik & Leben/Econ)*. Journalist Rohr gilt im übrigen als „Entdecker“ der Bach-Blütentherapie, die er Mitte der 1980er aus einer verstaubten Ecke hervorkramte und, unterstützt durch Zeitgeist und unkritische Boulevardmedien, zu ungeheuerer Popularität trieb. Das durch nichts belegte Verfahren, das der britische Homöopath Edward Bach in den 1930er Jahren erfunden hatte und das nach dessen Tod (1936) sehr zu Recht in gänzliche Bedeutungslosigkeit versunken war, zählt heute zu den weitestverbreiteten Methoden der sogenannten „sanften Medizin“. Es gibt eigene Lehrinstitute, eigene Fachausbildungen, tausende von Praktikern, hunderttausende von Gläubigen; die zahllosen Bach-Blüten-Publikationen, vornedran die Mechthild Scheffers oder Götz Blomes, erreichen Millionenauflagen.

Neben den Fach- und Sachbüchern jeder Art (Aura-Soma, Feng-Shui, Lunatismus etc.) geht der Trend des esoterischen Buchmarktes gegenwärtig hin zur Vermittlung und Bestätigung entsprechender Ideologie und Weltanschauung in Gestalt von Romanen (*Die Prophezeiungen von Celestine*, *Das Vermächtnis des Nostradamus* und dergleichen) oder Phantasy-Geschichten (*Die Sternenbruderschaft*, *Der verzauberte Aquamarin*, etc.). Besonders populär sind Erzählungen, die auf „Erinnerungen an vergangene Leben“ (bzw. auf anderen Planeten) basieren, wie sie etwa die britische Bestsellerautorin Joan Grant (z.B. *Augen des Horus*) vorlegt.

> *Leseprobe aus Peter Michels Hirngespinstklassiker „Das sirianische Sonnenschloß“ über einen Gottesdienst auf den Plejaden:*
> „Tonspiralen in unaufhaltsamen Strömen. Machtvolles Klangmeer in ewigen Weiten. Tempelchoräle auf- und abschwingend im plejadischen Dom. (...) Aus der gestirnten Kuppel strömten feurige Kreise, in flammenden Spiralen den Bau des Domes bildend. Im innersten Raum des Heiligtums schwebte zwischen vier Lichtsäulen eine majestätische Wesenheit – der Hierophant des Domes, der Hohepriester der Plejaden. (...) Die Kuppel des Domes sprang gleich einer erblühenden Knospe auf, um einen blendenden Strom zu empfangen. Unaufhaltsam pulsierte Lichtwelle auf Lichtwelle durch die geöffnete Kuppel, verband sich mit dem Lichtzentrum des Hierophanten in der Mitte des Domes. Die einstrahlenden Lichtwellen veränderten das Chakra des Hohenpriesters, ließen es überfließen, sich verströmen. Wie eine Sonne verband sich das Strahlenfeuer mit allen im Dom anwesenden plejadischen Seelen.“ [220] Dazwischen

wird der Leser ergötzt mit Einsichten wie: „In ur-ewiger Einsamkeit das Unbegreifbare. Allbewußte Stille des Seins. Schöpferschweigen. – Kein Geisteshauch wird je ahnend die Schwelle überschreiten, wo Nicht-Geist wissend west. Noch liegt verborgen der Atem der Liebe, doch schon erflammt im Schoß das Lebenslicht, wird strahlender, lodernder, freudiger – drängt zur Geburt. Aufjauchzende Lebenssonne, überfließend am Firmament des Seins, vergessen die Nacht der Zeiten.“ [221]

Seit geraumer Zeit kümmert man sich bevorzugt auch um den Szene-Nachwuchs. Eine Vielzahl eigener Kinder- und Jugendbücher wurde auf den Markt geworfen, als Bestseller gilt etwa das Vorlesebuch *Mutter Erde, Vater Wind und die Geheimnisse des Lebens*, in dem eine Autorin namens „Mary Summer Rain“ sich über Naturgeister, Akasha, Engel, über die Aura und einen „Schutzkreis aus Weißem Licht“ ausläßt: „Hier erfahren Kinder, woher wir kommen und wer wir in Wahrheit sind“. In *Sternenaugen* von Peter Michel werden Kinder in Hellseherei und die Vorstellung von Wiedergeburt eingeführt, in *Simon und seine jenseitigen Freunde* von Dieter Wiergowski in die UFOlogie. (Wiergowski zeichnete im Spätsommer 1997 verantwortlich für einen internationalen ⇨ Channeling-Kongreß, bei dem Kinder lernen sollten, Geister von Verstorbenen zu kontaktieren).

Vor allem der *Ch. Falk*-Verlag bietet ein umfängliches Esoterikprogramm für Kinder, u.a. *Das Buch vom wahren Zaubern*, *Das Astrologiebuch für Kinder* oder auch *Die Kindheit des Dalai Lama*, ein „Buch für Kinder ab 6 Jahren“, in dem es von überirdischen Begebenheiten nur so wimmelt: „Am Tag, als der Dalai Lama geboren wurde, berührte ein Regenbogen sein Geburtshaus, zwei große Krähen ließen sich auf dem Dach nieder, und sein Vater, der lange krank gewesen war, stand plötzlich völlig genesen von seinem Lager auf.“ [222] Kaum eine Zeile, die den Lebenslauf des Dalai Lama auch nur annähernd korrekt nachzeichnete; auch kein Hinweis darauf, daß „Seine Heiligkeit“ körperliche Strafen für sehr hilfreich hält, allerdings nur, wenn die Kinder „aus Liebe“ geschlagen würden. [223] Daneben findet sich jede Menge Literatur für die „spirituell bewußten Eltern“, die mit ihren Kindern Yoga üben, meditieren, oder „beide Gehirnhälften anregende Phantasiereisen“ durchführen wollen.

Neben den unzähligen Buchpublikationen weist die Szene eine Vielzahl an Zeitschriften und Gazetten auf. Zu den marktführenden Periodika zählt das Monatsmagazin *Esotera* des Freiburger *Bauer*-Verlages, das sich als Zentralorgan der Szene versteht. Über einen umfänglichen Annoncen- und Kleinanzeigenteil werden Kontakte geknüpft. Die Monatsschrift *Connection* aus dem bayerischen Niedertaufkirchen, inhaltlich kaum von *Esotera* zu unterscheiden, erlaubt sich, im Gegensatz zu dieser, gelegentlich auch ein paar ironisch-kritische Töne gegen die eigene Gefolgs- und Leserschaft, die im wesentlichen dem Osho-Rajneesh-Umfeld zuzurechnen ist. Eigner und Herausgeber ist Wolf „Sugata“ Schneider. Das zweimonatlich im Düsseldorfer *Myrddin*-Verlag erscheinende *Magazin 2000* (neuerdings heißt es *Magazin 2000plus: Internationales Forum für Grenzwissenschaften* und erscheint im Allgäuer *Argo*-Verlag) ist das persönliche Sprachrohr des Szene-Aktivisten Michael Hesemann, der in Personalunion als Verleger, Herausgeber, Chefredakteur, Chefreporter und Chefartikelschreiber fungiert. Hesemann, laut eigener Darstellung dem Sektenführer Sri Chinmoy zugeneigt, publiziert in erster Linie über UFOs und Kornkreise, und dies ohne den geringsten Anflug ironischer oder kritischer Distanz. Seit Jahren wird in der Leserschaft von *Magazin 2000* eine erbitterte Debatte darüber geführt, ob die Außerirdischen nun die Menschheit erretten wollen oder nur hinter unseren Frauen her sind. Seit Beginn der Welle an „UFO-Entführungen" dient das Hesemann-Blatt auch als Plattform von „abductees", die hier ihre Erfahrungen mit extraterrestrischen Kidnappern ausbreiten. (Apropos: die britische Versicherungsgesellschaft *Goodfellow Rebecca Ingrams Pearson Ltd.* bietet auch hier umfassenden Schutz: im Schadensfall, d.h. bei nachgewiesener Schwangerschaft durch einen Außerirdischen, zahlt sie rund 325.000 Mark; sollten einzelne Körperteile von den Aliens verspeist worden sein - auch das soll vorkommen -, bis zu einer Million. Jahresprämie: 320 Mark.[224]) Als ständiger Mitarbeiter von *Magazin 2000* firmierte zu Lebzeiten der selbsternannte „Visionär" Rudolf Bahro, daneben lassen sich Nina Hagen, Franz Alt, Chris Griscom oder auch Elisabeth Kübler-Ross gerne darin aus; Ruth-Maria Kubitschek dient schon mal als Titelbild. Das Zweimonatsblatt *Die Andere Realität* ist die mit Abstand abstruseste aller New-Age-Zeitschriften (mediale Kontaktnahme mit den Seelen abgetriebener Föten oder verstorbener Angehöriger; neuerdings auch mentale Befreiung der in den plastinierten Körperpräparaten Gunter von Hagens [Ausstellung „Körperwelten"] gefangengehaltenen Seelen). Im Gegensatz zu den vorgenannten Gazetten, die zumindest den Anschein von Seriosität zu wahren suchen, ist in dem von den Gladbeckern Conny und Dieter Wiergowski herausgegebenen Blatt nichts zu abseitig, als daß es der Leserschaft nicht aufgetischt würde. Zu den regelmäßigen Autoren zählen: Rainer Holbe, Johannes von Buttlar, Eli Lasch, Rolf Drevermann, Trutz Hardo-Hockemeyer, Uri Geller oder Hare-Krishna-Chefideologe Ronald Zürrer; daneben auch ein gewisser Paul Esch, der auf medialem Wege, sprich: unter Zuhilfenahme jenseitiger Zahnärzte, die Amalgamfüllungen in den Gebissen seiner zahlenden Kundschaft in Gold umzuwandeln verspricht. Hinzu kommen all die Hellseher, Wahrsager und Channelingmedien, durch die sich Engel, Schutzgeister oder kontaktwillige Verstorbene - bevorzugt Geheimrath von Goethe und John Lennon, inzwischen auch Lady Di, Mutter Teresa sowie der im April 1999 seliggesprochene Padre Pio - zu Wort melden; von Außerirdischen jedweden galaktischen Herkunftsortes ganz zu schweigen. Der *Anderen Realität* nicht weit hintan steht ein Ende 1999 erstmals erschienenes Vierteljahresmagazin mit dem Titel *Matrix 3000*, das sich mithin mit „neuer Physik" befaßt: u.a. geht es da um Biophotonen und Tesla-Technologie, um Überlichtgeschwindigkeitsexperimente oder das Montauk-(Zeitreise)-Projekt; daneben um alchimistische Umwandlung von Quecksilber in Gold, um Prana-Lichtnahrung, die normales Essen und Trinken gänzlich erübrigbar mache, oder um Kontaktnahme mit jenseitigen Lehrmeistern. Auch der amerikanische Pseudophilosoph und Szene-Guru ⇨ Drunvalo „Drun" Melchizedek („Flower of Life") findet ein breites Forum der Selbstdarstellung.

Neben den genannten Blättern gibt es eine Vielzahl weiterer Monats-, Zweimonats- und Vierteljahresschriften wie das *Magazin für Grenzwissenschaften*, *Universale Religion*, *Jenseits des Irdischen*, *Was ist Erleuchtung*, *Tattva Viveka*, *Inspiration*, *Der Dritte Weg*, *Visionen*, *Wege zum Leben*, *Grenzenlos*, *raum & zeit*, *MenschSein*, *Lichtnetz*, *ZeitGeist*, *Einblick*, *Pulsar*, *Spirit*, *Tantra*, *Forum*, *Wege*, *Para*, *Dao*, *MG* sowie eine Unzahl regionaler und lokaler Anzeigenblätter mit mehr oder minder umfänglichem redaktionellem Teil. Eine Reihe rein astrologischer Magazine, vornedran die Wochenschrift *Astrowoche*, daneben *Das Neue Zeitalter*, *Venus*, *Meridian*, *Wassermann* sowie ein paar kleinere Blätter, rundet das Spektrum ab.

Die Angaben der einzelnen Verlage über die Auflagen ihrer Schriften sind höchst unzuverlässig. Nach Schätzung der Enquetekommission des Bundestages liegt die Gesamtauflage der vierzig größten in der Bundesrepublik vertriebenen Esoterikblätter bei knapp drei Millionen,[225] zuzüglich der zahlenmäßig nicht erfaßbaren Publikationen, die von Sekten und sonstigen Psychokultvereinigungen herausgegeben werden (z.B. *Osho-Times* [Rajneesh], *Der Christusstaat* [Universelles Leben], *A.M.O.R.C.-Forum* [Rosenkreuzer] etc.); die von den Schriften erreichte LeserInnenschaft dürfte acht- bis zehnmal höher liegen.[226] Auch in der Buchhandlung im Bundeshaus, in der Abgeordnete und Journalisten sich mit Lektüre versorgen, liegen wie selbstverständlich esoterische und astrologische Magazine aus.

Nicht unerwähnt bleiben dürfen die Blätter der *Yellow-Press* sowie der Boulevardmedien, die ihren Leserinnen und Lesern am laufenden Meter irgendwelche Esoterikrubriken und Ratgeberseiten - zur Grundausstattung zählt durchweg eine Horoskopeseite - andienen. Selbst seriösem Journalismus verpflichtete Blätter wie etwa der *Stern* können auf das astrologische Horoskop offenbar nicht verzichten. Der Chefredakteur der Münchner *Abendzeitung*, Uwe Zimmer, rechtfertigt die regelmäßig abgedruckten Horoskopeseiten in seinem Blatt wie folgt: „In der Welt, wie ich sie gerne hätte, brauchen Menschen keine Horoskope und keine Sektenfänger. In der Welt, wie sie ist, haben Menschen ein großes Vergnügen daran, zu erfahren, wie ihre Zukunft sein wird. Horoskope sind Unterhaltung, und aus der Reaktion unserer Leser wissen wir, wie sehr Tages-, Wochen-, Monats-, Mond- und Partnerschaftshoroskope ankommen. Wir können dies an konkreten Auflagensteigerungen messen."[227] Diese feinsinnigen Ausführungen Zimmers (wie sie in ganz ähnlicher Manier auch aus anderen Chefredaktionen zu hören sind) bedürfen keines weiteren Kommentars. Redaktionelle Beiträge in den genannten Medien über „alternative" Heilverfahren, auch und gerade aus dem Bereich der Esoterik oder Wunderheilerei, sind in der Regel gekennzeichnet von eklatanter Ahnungs- und/oder Kritiklosigkeit der jeweiligen AutorInnen; nicht selten wird ohne weitere Recherche direkt aus *Esotera* oder dergleichen abgeschrieben. Besagte *Abendzeitung*, immerhin ein Blatt mit (links-)liberalem Selbstverständnis, verfügt gar über eine regelmäßige Rubrik („Stadtgespräche"), in der redaktionell aufgemachte Werbeanzeigen für Wahrsager und Hellseher ihren Platz finden.[228]

Selbstredend ist die Szene inzwischen in hohem Ausmaße auch im Internet vertreten. Kaum ein Lebenslehrer oder Heilsanbieter, der nicht über eine eigene *website* verfügte. Desgleichen sind nahezu sämtliche einschlägigen Publikationsorgane mittlerweile auch *online* abzurufen.

Ein eigenes Kapitel sind die nachmittäglichen Talkshows von Hans Meiser, Vera Int-Veen, Jürgen Fliege etc., die „Paranormales" vielfach in komplett unkritischer (oder schlimmer noch: in pseudokritischer) Manier präsentieren. Gerade Jürgen Fliege, der sich als evangelischer Pfarrer gerne in die „Tradition des Herrn" stellt, läßt (im öffentlich-rechtlichen Fernsehen der ARD!) seine Gäste *en gros* von angeblichen Wunderkuren berichten und bietet noch den dubiosesten Heilmethoden eine publikumswirksame Werbeplattform. Demonstrativ betont er seinen eigenen Glauben an Bach-Blüten-, Bioresonanz- oder Hildegard-Therapie, selbst der völlig unsinnigen „Cluster-Therapie" kann er etwas abgewinnen (einer aus mittelalterlicher Spagyrik hergeleiteten Methode, bei der der Stuhl des Patienten zu einer Art homöopathischen Nasensprays aufbereitet wird). Im Verlauf des Jahres 1999 veranstaltete er, zusammen mit dem Schweizer Star-Astrologen Michael Vescoli, zu jedem einzelnen Tierkreiszeichen eine eigene, von Kritik gänzlich unangetastete Horoskopeshow. Auch die langjährige SAT1-Moderatorin Ilona Christen trat als bekennende Esoterikerin in Erscheinung.

Hinzu kommen TV-Magazine wie *PSI*, *Akte X* oder *Unerklärliche Phänomene*, die noch nicht einmal den Anschein ordentlicher Journalistik zu erwecken suchen, sondern ausdrücklich auf ein esoterisches Zielpublikum zugeschitten sind. *Talk X*, eine tägliche Esoterik-Talkshow auf PRO7, die unter der Moderation von Andrea Kiewel Anfang 1997 auf Sendung ging, wurde allerdings schon nach vier Wochen sang- und klanglos wieder eingestellt: Die Quotenansprüche an eine Spartensendung über Astrologie, Hellsehen und Urin-Gurgeln hatten sich nicht erfüllt[229] - wobei indes ganz offenbar nur der Sendetermin am frühen Nachmittag ungünstig gewählt war: Die RTL-Nacht-Show *Mysteries* mit Jörg Draeger erfreute sich jedenfalls erwartungsgemäßen Zuspruches, und dies trotz gleichfalls abgründigen Niveaus. Tiefste Abgründe erreicht regelmäßig auch die allsonntäglich über tvMünchen ausgestrahlte Live-Show *Sternenhimmel*, in der nicht nur der üblich horoskopische Unsinn verzapft wird, sondern jedes nur denkbare Pseudoheilverfahren der Szene eine von Kritik völlig unangetastete Werbebühne geboten bekommt. Die von dem „Star-Astrologen" Winfried Noë zusammen mit Moderatorin Susanne Holzmeyer (neuerdings: Andrea Plewig) präsentierten Verfahren und Ratschläge tangieren vielfach den Bereich nachgerade krimineller Falschinformation und Volksverdummung: Patienten, die dem dargestellten Unfug Glauben schenken und deshalb eine sinnvolle Behandlung vernachlässigen oder verabsäumen, können im Einzelfalle schwerwiegende Folgeschäden davontragen. (Seit Anfang 2000 taucht neben Noë auch der vormalige Rajneesh-Hofastrologe und heutige Chefredakteur der *Astro-Woche*, Erich „Nirmal" Bauer, als *Sternenhimmel*-Ratgeber auf). Kein Privatsender, der nicht in der ein oder anderen Weise am Esoterikgeschäft teilnähme: Auf tm3 beispiels weise halten Szenevordenker Hajo Banzhaf und Stichwortgeberin Andrea Sokol regelmäßig astrologische Lebenshilfe feil. Bei der 1998/99 auf RTL2 ausgestrahlten Show *Valerie Borgos* war schwer zu entscheiden, ob das Ganze nun als Satire gedacht war - augenverdrehend sandte Borgos „Heilenergie" in den Äther -, oder tatsächlich als eine Art von „Lebenshilfe": Da das Ganze auf RTL ausgestrahlt wurde und Borgos auch außerhalb der TV-Studios als Wunderheiler zugange ist, steht letzteres anzunehmen.

3. Selbsternannte „Therapeuten“

Es ist ein Unglück, daß in der Welt mehr Dummheit ist, als die Schlechtigkeit braucht, und mehr Schlechtigkeit, als die Dummheit bewirkt.

Karl Kraus

In der Bundesrepublik darf Psychotherapie nur ausüben, wer dazu die Befugnis besitzt, also approbierte ÄrztInnen und Diplom-PsychologInnen mit entsprechender Erlaubnis nach dem Heilpraktikergesetz, sowie HeilpraktikerInnen.[230] Darüberhinaus, mit Inkrafttreten des neuen ⇨ Psychotherapeutengesetzes, auch der neugeschaffene Berufsstand der Psychologischen Psychotherapeuten.

So absurd es klingt und in der Tat *ist:* Bis auf die letztgenannte neue Berufsgruppe ist für keinen der sonstig psychotherapeutisch Tätigen der Nachweis einer psychotherapeutischen Qualifikation erforderlich. Der Arzt, der im Zuge seines medizinischen Studiums außer ein paar psychiatrischen Grundlagenkenntnissen nichts über Psychotherapie erfährt, ist gleichwohl alleine durch seine Approbation befugt, solche auszuüben. Auch der Diplom-Psychologe - es sei denn, er belegt die Fachrichtung „Klinische Psychologie“ - wird während des Studiums nicht beziehungsweise keinesfalls hinreichend ausgebildet zur Ausübung von Psychotherapie, erhält aber nach dessen Abschluß die Befugnis dazu. Heilpraktiker müssen weder ein Studium absolvieren noch sonst irgendwelche Kenntnisse vorweisen. Es reicht, wenn sie die Gewähr bieten, keine Gefahr für die Volksgesundheit darzustellen, woraufhin ihnen die uneingeschränkte Erlaubnis zur Ausübung der Psychotherapie erteilt wird.

Während die zur Kassenzulassung erforderliche Ausbildung zum Facharzt für Psychotherapie beziehungsweise zum psychologischen Psychotherapeuten ein mehrjähriges postgraduales Training (nach Abschluß des Studiums) in einer anerkannten Einrichtung vorsieht - die *Deutsche Gesellschaft für Verhaltenstherapie* etwa setzt als Standard mindestens 1000 Stunden Theorie, mindestens 600 Stunden Krankenbehandlung unter Supervision sowie theoretische und praktische Erfahrung in der psychiatrischen Versorgung -, ist für Heilpraktiker überhaupt nichts vorgesehen. Sie können - und noch nicht einmal dies ist erforderlich - ein Wochenendtraining oder einen Fernkursus in einem beliebigen Verfahren absolvieren und mit den solchermaßen erworbenen Kenntnissen völlig legal psychotherapeutisch tätig werden.

3.1. Der andauernde Skandal: Das Heilpraktikergesetz von 1939

Das bundesdeutsche Heilpraktikergesetz (HeilPrG) aus dem Jahre 1939, das medizinisch und psychologisch völlig unkundigen Laien die Möglichkeit zur Ausübung der Heilkunde eröffnet, ist ein Skandal ohnegleichen. In kaum einem anderen Land der EG wäre so etwas denkbar. In Österreich etwa, wo seit 1991 ein für Europa vorbildliches Psychotherapeutengesetz besteht, ist heilpraktische Tätigkeit - das heißt: die Ausübung der Heilkunde ohne qualifizierte Ausbildung - seit Ende 1996 sogar mit Strafe bedroht. (Allerdings dürfen nach wie vor sogenannte „Lebensberater" ihre mehr oder minder dubiosen Dienste anbieten, sofern diese - *per definitionem [suis arbitratu]* - nicht der Heilkunde zuzurechnen sind.)

Die Ausbildung zum Psychotherapeuten setzt in Österreich ein abgeschlossenes akademisches Studium (Medizin, Psychologie, Pädagogik, Publizistik, Lehramt oder Theologie) oder eine qualifizierte Berufsausbildung im sozialmedizinischen Bereich voraus und umfaßt im ersten Teil (Propädeutikum) 765 Stunden Theorie und 550 supervidierte Praxisstunden, sowie im zweiten Teil (Fachspezifikum) 300 Stunden Theorie und 1.600 supervidierte Praxisstunden, vorzugsweise in einer Klinik. Auch in der Schweiz ist ein abgeschlossenes Studium (Medizin, Psychologie oder sonstige Humanwissenschaften mit Psychologie als Nebenfach) Grundvoraussetzung, die fünfjährige psychotherapeutische Ausbildung umfaßt 300 Stunden Selbsterfahrung, 400 Stunden theoretische Ausbildung sowie ein Jahr klinische Praxis; in der Schweiz dürfen Psychotherapeuten zudem grundsätzlich nur unter Supervision tätig werden.[231] Mit Inkrafttreten des neuen Psychotherapeutengesetzes zum 1.1.1999 ist auch in Deutschland die Ausbildung zumindest eines Teils der psychotherapeutisch Tätigen geregelt: Die Approbation als *Psychologischer Psychotherapeut* erhält nur, wer nach Abschluß eines klinischen Psychologiestudiums eine zumindest dreijährige Vollzeitausbildung an einem anerkannten wissenschaftlichen Ausbildungsinstitut absolviert beziehungsweise bereits sieben Jahre an der Versorgung von Versicherten einer Krankenkasse mitgewirkt hat. Psychotherapeutisch Tätige, die, aus welchem Grunde auch immer, den Titel *Psychologischer Psychotherapeut* nicht erweben können oder wollen, dürfen wie bisher auf der Grundlage einer Erlaubnis nach dem HeilPrG Psychotherapie ausüben. Das langerwartete und vieldiskutierte Psychotherapeutengesetz stellt also keineswegs einen umfassenden Verbraucher- bzw. Patientenschutz dar. Insbesondere dürfen nach wie vor Heilpraktiker auch ohne die geringste Ahnung von Psychotherapie in den Seelen rat- und hilfesuchender Menschen herumpfuschen. Angehende Heilpraktiker müssen bei ihrer Überprüfung durch die Gesundheitsbehörde - es ist dies ein Verwaltungsakt und keine Prüfung in schulischem Sinne - *keinerlei* heilkundliche Ausbildung nachweisen. Die Überprüfung, von Bundesland zu Bundesland, von Behörde zu Behörde unterschiedlich gehandhabt, sieht laut HeilPrG lediglich die Festellung vor, ob die „Ausübung der Heilkunde durch die antragstellende Person eine Gefahr für die Volksgesundheit" bedeuten könne, ob also der angehende Heilpraktiker weiß, was er als solcher nicht darf (Ausübung von Gynäkologie und Zahnheilkunde, Behandlung von Infektionskrankheiten u.a.). Eine inhaltliche Überprüfung findet, wenngleich der Fragenkatalog sich aufgrund verschiedener Durchführungsverordnungen zum HeilPrG in den zurückliegenden Jahren etwas verschärft hat, nur in sehr oberflächlicher Weise statt. In Bayern beispielsweise sind im schriftlichen Teil der Prüfung von 60 Fragen zu Berufs- und Gesetzeskunde, zu Anatomie, Physiologie, Pathologie sowie zu allgemeiner Krankheitslehre und sonstigen medizinischen „Grundkenntnissen“ (überwiegend im *multiple-choice*-Verfahren gestellt) 45 (75%) richtig zu beantworten (bis 1995 mußten von 44 Fragen 31 [70%] richtig beantwortet werden). Im mündlichen Teil, einem 30-Minuten-Gespräch mit dem Amtsarzt, werden die gestellten Fragen „in freier Form“ erörtert. Die Fragen selbst dürfen laut Urteil des Bayerischen Verwaltungsgerichtshofes keine fachspezifische Terminologie beinhalten.[232] Voraussetzungen zur Teilnahme gibt es nach § 2 Abs. 1 HeilPrG außer der Erfordernis sittlicher Zuverlässigkeit und gesundheitlicher Eignung keine: Es reicht, deutscher (bzw. EU-) Staatsbürger, über 25 Jahre alt und Hauptschulabsolvent zu sein. Nochmal: Heilkundliche Ausbildung wird *nicht* vorausgesetzt. Die „Überprüfung“ als Verwaltungsakt kann im Falle des Nichtbestehens endlos wiederholt werden, so daß irgendwann selbst der Ahnungsloseste durchkommt. Im Bestehensfalle ist der Heilpraktiker berechtigt, sich mit nahezu jeder Methodik in nahezu jedem medizinischen Bereich zu schaffen zu machen; gleichwohl er *keinerlei* einschlägige Qualifikation nachweisen muß, ist er insbesondere befugt, ohne Einschränkung psychotherapeutisch tätig zu sein.

3.2. Patientenschutz Fehlanzeige: Das neue Psychotherapeutengesetz

Nach jahrzehntelangem Hin und Her verabschiedete der Bundestag Ende 1997 - in überraschend plötzlicher Eile - endlich ein Psychotherapeutengesetz. Dieses Gesetz, das zum 1.1.1999 in Kraft trat, gibt dem Konsumenten die Gewähr, daß er bei einem *Psychologischen Psychotherapeuten,* so die gesetzlich neugeschaffene Berufsbezeichnung, einen akademisch qualifizierten Psychologen mit zumindest dreijähriger postgradualer therapeutischer Ausbildung in einer anerkannten Einrichtung vorfindet. So weit so gut. An der untragbaren Rechtslage des Heilpraktikerwesens, das, zurückgehend auf ein Nazi-Gesetz von 1939[233], auch fachlich völlig Unkundigen erlaubt, ganz legal (Psycho-)Therapie auszuüben, hat sich, zum Nachteil der hilfesuchenden Menschen, allerdings gar nichts geändert. 1993 hatte sich der Mißstand sogar noch verschärft: Eine Bielefelder Diplompädagogin setzte - nach fast sechsjährigem Rechtsstreit - vor dem Bundesverwaltungsgericht eine Grundsatzentscheidung durch, die auch „Nicht-Diplom-PsychologInnen“ den Zugang zur Ausübung der Psychotherapie eröffnet, ohne daß sie, wie bislang üblich, sich der Formalüberprüfung als „Heilpraktiker“ unterziehen müssen.[234] Diplom-PsychologInnen, die nicht im Fach „Klinische Psychologie“ geprüft worden waren, müssen, um psychotherapeutisch tätig werden zu können, seit 1983 eine Erlaubnis im Sinne von § 1 Abs. 1 des Heilpraktikergesetzes (HeilPrG) erwerben,[235] diese wird durch die zuständige Verwaltungsbehörde (Kreisverwaltungsamt/Landratsamt) erteilt, wenn körperliche und geistige Gesundheit (ärztliches Attest) sowie sittliche Zuverlässigkeit (Führungszeugnis) gewährleistet sind und der Nachweis erbracht wird, daß die „Ausübung der Heilkunde beschränkt auf Psychotherapie durch den/die Antragsteller/in keine Gefahr für die Volksgesundheit darstellen wird". In der Praxis bedeutet dies in der Regel eine schlichte Zuraktennahme von Aus- und Fortbildungsbestätigungen sowie ein kurzes Gespräch.

An der Ausübung von Psychotherapie Interessierten, die weder ein medizinisches noch ein psychologisches Hochschulstudium vorzuweisen hatten, stand bislang nur die Möglichkeit offen, sich über Ablegung besagter „Heilpraktikerprüfung" die rechtliche Befugnis hierfür zu verschaffen. Die Diplompädagogin sah nun nicht ein, weshalb sie in Hinblick auf Zulassung zur Ausübung der Psychotherapie anders behandelt werden sollte als Diplom-Psychologen, zumal sie nach ihrem Studium eine ganze Reihe einschlägiger Fortbildungsmaßnahmen absolviert und über Jahre hinweg in ihrem Beruf psychotherapeutische Aufgaben wahrgenommen hatte. Sie klagte auf Erteilung einer auf Psychotherapie eingeschränkten Erlaubniserteilung, ohne, wie ihr behördlich aufgegeben worden war, die allgemeine „Heilpraktikerprüfung" ablegen zu müssen. Unter Aufhebung sämtlicher vorangegangener Urteile und Revisionen, zuletzt des OVG Niedersachsen und Schleswig-Holstein, traf das Bundesverwaltungsgericht die Entscheidung, es sei eine unverhältnismäßige Einschränkung der Berufsfreiheit, von der Klägerin, die ausdrücklich nur die Ausübung der Psychotherapie anstrebe, „allgemeine medizinische Grundkenntnisse" zu verlangen. Vom Nachweis solcher Kenntnisse, beispielsweise in Anatomie, Physiologie oder Arzneimittellehre, hatte das Bundesverwaltungsgericht bei der Erlaubniserteilung zur Ausübung der Psychotherapie für Diplom-PsychologInnen mit Grundsatzentscheidung vom 10.2.1983 abgesehen, weil sie für die Praxis nicht erforderlich sind.[236] Nichts anderes, so das Urteil des Bundesverwaltungsgerichtes vom 21.2.1993, gelte auch für Bewerber anderer Vorbildung mit dem gleichen Berufsziel. Nicht die Vorbildung sei entscheidend, sondern die Gleichartigkeit der geplanten Betätigung. In Hinblick darauf, daß die Klägerin nur die Ausübung der Psychotherapie anstrebe, müsse sie, um nicht die Volksgesundheit zu gefährden, lediglich „ausreichende Kenntnisse über die Abgrenzung heilkundlicher Tätigkeit, insbesondere im psychotherapeutischen Bereich, gegenüber der den Ärzten und den allgemein als Heilpraktiker tätigen Personen vorbehaltenen heilkundlichen Behandlungen" besitzen; ferner müsse sie „ausreichende diagnostische Fähigkeiten in bezug auf das einschlägige Krankheitsbild" nachweisen sowie die „Befähigung haben, Patienten entsprechend der Diagnose psychotherapeutisch zu behandeln".[237]

Dieses höchstrichterliche Urteil hatte weittragende Folgen: Im August 1993 und im Januar 1994 fanden vorbereitende Konferenzen auf Länderebene statt, um die Voraussetzungen für eine bundeseinheitliche Regelung zu schaffen. In der Januar-Konferenz vertagten sich die Referenten der Gesundheitsministerien bis zur endgültigen Verabschiedung des „Psychotherapeutengesetzes"; obgleich dieses nun zum 1.1.1999 in Kraft getreten ist, hat sich in Hinblick auf die „heilpraktische Psychotherapie" bislang gar nichts bewegt. Die Durchführung der eingeschränkten Erlaubniserteilung zur Ausübung der Psychotherapie nach dem HeilPrG bleibt nach wie vor dem Ermessen der einzelnen Länder bzw. den jeweiligen Gesundheitsbehörden zugeschrieben.

Inzwischen gibt es in den einzelnen Bundesländern zwar Durchführungsverordnungen, die allerdings erheblich voneinander abweichen. Bis Ende der 1990er herrschte - völlig legal - das reine Chaos: In lokalen Gesundheitsämtern quer durch die Republik wurden ohne irgendwelche Richtlinien oder Verordnungen „Prüfungen" abgehalten, wenn sich ein Kandidat dazu anmeldete und auf seinem Rechtsanspruch, eine „eingeschränkte Heilerlaubnis zur Ausübung der Psychotherapie nach dem HeilPrG" zu erwerben, bestand. Es wurden schriftliche und/oder mündliche Überprüfungen veranstaltet, deren inhaltliche Ausgestaltung völlig beliebig war: Irgendein Amtsarzt dachte sich in Eigenregie ein paar „psychotherapeutische" Fragen aus, die er den Kandidaten stellte. Auch die Auswertungsmodalitäten der „Prüfungen" und die Erteilung bzw. Verweigerung der Erlaubnis waren völlig willkürlich.

Bis heute gibt es keine einheitliche Regelung (Stand 8/2000). In Bayern etwa werden die Prüflinge regional zusammengefaßt, der Fragenkatalog wird zentral erarbeitet. Es sind in einer 55-Minuten-Prüfung von 28 gestellten Fragen (*multiple choice*) 21 richtig zu beantworten. Die Fragen bewegen sich auf einem Niveau, das für sich selbst spricht (basierend auf o.a. Urteil des Bayerischen Verwaltungsgerichtshofes wäre es „in hohem Maße sachwidrig", wenn die Fragestellung orientiert wäre etwa am Niveau, wie es für angehende Ärzte üblich ist):

Beispiele aus dem Fragenkatalog:

- Beurteilen Sie die beiden folgenden Aussagen unabhängig voneinander sowie im Hinblick auf die kausale Verknüpfung:

1. Ein Suicidaler sollte nicht gegen seinen Willen stationär untergebracht werden,
weil
2. dies eine Einschränkung des Rechts auf freie Entfaltung der Persönlichkeit ist.

A) Aussagen 1 und 2 sind richtig, Verknüpfung ist richtig.
B) Aussagen 1 und 2 sind richtig, Verknüpfung ist falsch.
C) Aussage 1 ist richtig, Aussage 2 ist falsch.
D) Aussage 1 ist falsch, Aussage 2 ist richtig.
E) Aussagen 1 und 2 sind falsch.

- Bei einer hartnäckigen und anhaltenden Schlafstörung

1. liegt immer eine psychische Ursache zugrunde.
2. können Schlafmittel unbedenklich eingesetzt werden.
3. sind unbedingt somatische Ursachen abzuklären.
4. handelt es sich gelegentlich um eine psychotische Episode.

A) Nur Aussagen 1 und 4 sind richtig.
B) Nur Aussagen 2 und 3 sind richtig.
C) Nur Aussagen 3 und 4 sind richtig.
D) Nur Aussagen 1, 2 und 3 sind richtig.
E) Alle Aussagen sind richtig.

- Beurteilen Sie die beiden folgenden Aussagen unabhängig voneinander sowie im Hinblick auf die kausale Verknüpfung:

1. Psychische Beschwerden gehören immer auch somatisch abgeklärt,
weil
2. organische Erkrankungen die Ursache psychogen wirkender Symptome sein können.

A) Aussagen 1 und 2 sind richtig, Verknüpfung ist richtig.
B) Aussagen 1 und 2 sind richtig, Verknüpfung ist falsch.
C) Aussage 1 ist richtig, Aussage 2 ist falsch.
D) Aussage 1 ist falsch, Aussage 2 ist richtig.
E) Aussagen 1 und 2 sind falsch.

• Für die Therapie einer isolierten phobischen Störung (z.B. Spinnenphobie) würde man, wenn ein rein symptomorientiertes Vorgehen vorgesehen ist, am ehesten folgendes Verfahren wählen:
A) Autogenes Training
B) Gruppentherapie
C) Verhaltenstherapie
D) Große Analyse
E) Gesprächstherapie

• Beurteilen Sie die beiden folgenden Aussagen unabhängig voneinander sowie im Hinblick auf die kausale Verknüpfung:
1. Auch bei einem jungen Menschen mit anfallsartigem Herzklopfen muß eine EKG-Diagnostik erfolgen,
weil
2. sich dahinter eine internistische Erkrankung verbergen kann.
A) Aussagen 1 und 2 sind richtig, Verknüpfung ist richtig.
B) Aussagen 1 und 2 sind richtig, Verknüpfung ist falsch.
C) Aussage 1 ist richtig, Aussage 2 ist falsch.
D) Aussage 1 ist falsch, Aussage 2 ist richtig.
E) Aussagen 1 und 2 sind falsch.

• Das Ansprechen von Gefühlen und die Bejahung der Äußerungen des Patienten sind zentrales Anliegen der folgenden Psychotherapieformen:
A) Gesprächspsychotherapie
B) Autogenes Training
C) Hypnose
D) Psychoanalyse
E) Verhaltenstherapie

Auch ohne psychologische oder psychotherapeutische Fachkenntnis lassen derlei Trivialfragen sich relativ leicht beantworten. Bei Bestehen des schriftlichen Teils wird der Kandidat zu einem 20-minütigen Gespräch vorgeladen, in dem in erster Linie Fragen zur künftigen Berufsausübung als Psychotherapeut besprochen werden.

Die Fragenkataloge und Prüfungsmodalitäten in den einzelnen Bundesländern sind sehr unterschiedlich ausgestaltet, hinsichtlich des Niveaus der gestellten Fragen bestehen allerdings keine wesentlichen Unterschiede. Aufgrund der verschiedenen Regelungen hat eine Art „Prüfungstourismus“ eingesetzt: Wie früher schon die Heilpraktikerprüfung machen viele Anwärter die „Psycho-Prüfung“ da, wo sie am leichtesten zu bestehen ist. Auskünfte erteilen die „Lehreinrichtungen“, die kurz nach Bekanntwerden der Möglichkeit, auf vergleichsweise einfache Art eine Erlaubnis zur Ausübung der Psychotherapie erwerben zu können, wie Pilze aus dem Boden geschossen waren und nun in „Intensiv-Seminaren“ auf die behördliche Überprüfung vorbereiten. Diese „Paukkurse“ umfassen zwischen 36 und 84 Unterrichtsstunden (Kosten: 1.400 bis 4.140 Mark) und finden in Wochenend- oder Abendveranstaltungen statt. Selbstverständlich gibt es die Vorbereitung auf die amtsärztliche Überprüfung auch in Form von Skripten, in denen die zu erwartenden Fragen aufgelistet sind.

Man kann es nicht oft genug wiederholen: Die amtsärztliche Überprüfung angehender Heilpraktiker und heilpraktischer Psychotherapeuten setzt nicht voraus, daß diese irgendeine heilkundliche Ausbildung absolviert haben. Selbstverständlich *können* sie eine solche durchlaufen haben oder sich im Anschluß an den Erwerb der Ausübungsbefugnis einer solchen unterziehen. Da sie an Einrichtungen, die die Ausbildung für Ärzte, Diplompsychologen oder sonstige Akademiker durchführen, (in der Regel) nicht zugelassen werden, erwerben sie sich ihre psychotherapeutische „Qualifikation“ entweder über Heilpraktikerschulen oder auf dem freien Psychomarkt. Das Niveau dieser Ausbildungen ist zwar recht unterschiedlich - es reicht von 2-Tage-Seminaren und Fernlehrgängen bis hin zu zweieinhalbjährigen Abendkursen mit immerhin 332 Unterrichtsstunden -, als ausreichende fachliche Qualifikation zur Ausübung von Psychotherapie kann aber selbst der „anspruchsvollste“ Laienkurs nicht gelten.

3.3. Schnellkurse unter der Lupe: Qualifikation der Therapeuten

Vermutlich würde sich niemand einer Behandlung bei einem Zahnarzt unterziehen, der seine Kompetenz und Befugnis auf solche Weise erworben hätte, im Bereiche der heilpraktischen Psychotherapie hingegen scheint es offenbar zu genügen, wenn die Behandler irgendeinen Schnellsiedekurs durchlaufen haben. Zur Verdeutlichung: Die o.a. vergleichsweise umfängliche 332-Stunden-„Ausbildung“ (*Paracelsus-Schulen*) - Vorbildung nicht erforderlich - verwendet 115 Stunden (à 45 Minuten) auf die Vermittlung „psychologischer Grundkenntnisse“, von Persönlichkeits- und Sozialpsychologie über Neurosenlehre, Psychosomatik und Psychopathologie sowie Schul-, Ehe-, Management- und Umweltberatung bis hin zu Gerontologie und Sterbebegleitung. Die aufgelisteten Themen des Lehrplanes entsprechen etwa dem, was ein akademisches Psychologiestudium von acht bis zehn Hochschulsemestern (mit Schwerpunkt: Klinische Psychologie) umfaßt. Im zweiten Teil der Ausbildung, der ebenfalls in 115 Stunden absolviert wird, geht es um „Theorie und Praxis“ von nicht weniger als zwanzig grundverschiedenen Therapieverfahren: Psychoanalyse (Freud), Analytische Therapie (Jung), Individualpsychologie (Adler), Psychodrama (Moreno), Katathymes Bilderleben (Leuner), Transaktionsanalyse (Berne), Verhaltenstherapie (Skinner), Systematische Desensibilisierung (Wolpe), Rational-emotive Therapie (Ellis), Kognitive Verhaltenstherapie (Mahoney), Klientenzentrierte Gesprächspsychotherapie (Rogers/Tausch), Logotherapie (Frankl), Gestalttherapie (Perls), Kommunikationstherapie (Watzlawick/Jackson/Bateson), Familientherapie/

Systemischer Ansatz/Struktureller Ansatz/Gruppentherapie und Gruppendynamik, Bioenergetik (Lowen), Körperorientierte Therapieansätze, Entspannungstechniken (Autogenes Training), Integrative Therapie (Petzold). Zumal auch noch die Behandlung von Alkohol-, Medikamenten- und Drogenabhängigkeit, von Sexualstörungen, Persönlichkeitsstörungen und Suizidalität, Einblicke in Kinder- und Jugendpsychiatrie sowie eine Vielzahl weiterer Punkte hinzukommen, entfallen auf jedes der Therapieverfahren bestenfalls vier bis fünf Unterrichtsstunden: nicht viel mehr als ein schlechter Witz, hält man sich vor Augen, daß allein die Ausbildung beispielsweise in Integrativer Therapie (Petzold) ein abgeschlossenes Medizin-, Psychologie- oder sonstig humanwissenschaftliches Studium voraussetzt und sich mit mehr als 1.300 Stunden über fünf Jahre erstreckt (420 Stunden Selbsterfahrung/Supervision in der Gruppe, 572 Stunden theoretische und praktische Ausbildung, 80 Stunden Fallsupervision [von 460 Arbeitsstunden als Therapeut], eine Einzelanalyse von 100-250 Stunden sowie eine Kontrollanalyse von 100 Stunden).[238] In den verbleibenden 102 Unterrichtsstunden bei *Paracelsus* geht es um Kurzzeittherapie und Supervision, um Psychiatrie, Psychosomatik, Berufskunde sowie die Vorbereitung auf die amtsärztliche Überprüfung. Kosten der Ausbildung, einschließlich eines rund 100 Stunden umfassenden Videolehrprogramms: je nach Studien- und Bezahlungsmodus zwischen 13.650 und 21.350 Mark.[239] Die *Paracelsus-Schulen* gelten mit über fünfzig Filialen als die mit Abstand größte Aus- und Fortbildungseinrichtung für Heilpraktiker bzw. heilpraktische Psychotherapeuten im deutschsprachigen Raum.

Zu Zeiten, als Fachleute noch die baldige Verabschiedung des Psychotherapeutengesetzes herbeisehnten, wurde gerade die Psychotherapieausbildung der *Paracelsus-Schulen* für deren Unabdingbarkeit angeführt, auf daß, wie es in Kritikerkreisen hieß, wenigstens in Zukunft eine „Gefährdung der hilfebedürftigen Klienten durch unzulänglich Ausgebildete unterbleibt".[240] Das zum 1.1.1999 in Kraft getretene Gesetz ändert indes, wie dargestellt, praktisch gar nichts, außer der Einführung eines (weitgehend wirkungslosen) Titelschutzes bleibt alles beim Alten: Es bleibt Heilpraktikern und nach dem HeilPrG zugelassenen Psychologischen Beratern (oder wie auch immer sie sich nennen) völlig unverwehrt, auch mit unbrauchbarster „Qualifikation" psychotherapeutisch tätig zu werden. *Paracelsus* eröffnet schon nach Abschluß des 115-Stunden-Basiskurses eine Mitgliedschaft im hauseigenen *Verband Freier Psychotherapeuten und Psychologischer Berater e.V.* (VFP), mit Beendigung der kompletten 332-Stunden-Ausbildung wird ein „Diplom" als „Psychologischer Berater" verliehen. Nach Bestehen der amtsärztlichen Überprüfung nach dem HeilPrG kann ein weiteres *Paracelsus*-„Diplom" als „Fachtherapeut für Psychotherapie" erworben werden. Selbst der Titelschutz nach dem neuen Psychotherapeutengesetz ist damit *in praxi* ausgehebelt.

Auch wenn es kaum glaubhaft erscheint: Das Niveau der *Paracelsus*-Ausbildung wurde in den zurückliegenden Jahren schon wesentlich verbessert. Noch Anfang der 1990er bestand die „Ausbildung" zum Psychotherapeuten aus einem Abendkursus von gerade einmal 210 Unterrichtsstunden, verteilt auf eine Endloskette 9- bis 16-stündiger „Themenblocks", in die der Aspirant jederzeit einsteigen konnte. Seinerzeit wurde auch eine „umfassende Ausbildung" zum „Sexualtherapeuten" angeboten, zu absolvieren in knapp zwei Dutzend Samstagvormittagsseminaren (115 Stunden à 45 Minuten). Das erworbene Wissen, wie es in Hochglanzbroschüren hieß, sollte „entsprechend dem US-‘Sexual Therapist’ hauptberuflich oder als sinnvolle Zusatzqualifikation“ eingesetzt werden können und die Absolventen (medizinische und psychologische Laien!) befähigen, „hervorragende Hilfe zu leisten“, wenn „gestörte Sexualfunktionen auftreten (Frigidität, Impotenz, sexuelle Aberrationen)“ oder wenn „sexualindizierte Kinder-, Jugend-, Pubertäts-, Ehe- und Partnerprobleme nicht bewältigt werden“. Kosten der „Hinführung zu Kompetenz ohne Tabu“: 4.776 Mark zuzüglich 780 Mark Einschreibgebühr.[241]

Bis heute werden bei *Paracelsus* ständig neue „Ausbildungsgänge“ und „Curricula“ samt dazugehörigen „Abschlüssen“, „Diplomen“ und großsprecherischen „Berufsbezeichnungen“ erfunden: So können sich neuerdings komplette Laien an fünf verlängerten Wochenenden in „Integrierter Lösungsorientierter Psychotherapie“ schulen lassen und dabei, wie es im Werbetext heißt, „solide Kenntnisse und Fähigkeiten für die Praxis“ erwerben in „Lösungsorientierter Kurztherapie, Fortgeschrittenem NLP, Systemischer Kurztherapie, Prozeßorientierter Persönlichkeitstypologie und Integrierter Kurztherapie“. Kosten des 160-Stunden-Kurses: 5.200 Mark[242].

Daneben führt *Paracelsus* eine ganze Seminarpalette esoterischer „Heilverfahren“ im Angebot: Reiki, Farblichtpunktur, Enneagramm, Aromatherapie, Channeling, Bach-Blüten, Reinkarnationstherapie, Psychokinesiologie, Ayurveda u.v.m.; daneben natürlich „Astrologie als ganzheitliches Diagnosemittel“ oder auch „Meditation und Stilleübungen mit Kindern“. Dauer der Kurse: jeweils 1-2 Tage.[243] Im Internet firmiert *Paracelsus* denn auch ausdrücklich als „Forum für Naturheilkunde, Psychotherapie und Esoterik“.[244] Die 1999 neueingerichtete „Ausbildung“ zum diplomierten „Fachberater für Geriatrie und Gerontopsychiatrie“ (für heilpraktisch Vorgebildete gibt es ein „Diplom“ als „Fachheilpraktiker für Geriatrie und Rehabilitation“ bzw. „Fachtherapeut für Gerontopsychiatrie und Rehabilitation [HPG]“) läßt Esoterik folglich nicht außen vor: Der berufsbegleitend in zehn Monaten zu absolvierende Wochenendkurs schließt neben einer angeblich umfassenden Qualifikation in Altenpflege, Geriatrie und Geriatrischer Psychiatrie (einschließlich Pflegeorganisation, Diagnostik, Therapie, Rehabilitation, Sozialrecht etc.) konsequenterweise auch Homöopathie, Reflexzonenmassage und Bach-Blütentherapie mit ein.[245] (Es begreift sich von selbst, daß solche „Ausbildung“ in keinerlei Relation zur seriösen Fachschulqualifikation - drei Jahre Vollzeit - eines staatlich anerkannten Altenpflegers steht.[246]) Interessant ist insofern, daß der bayerische Ministerpräsident Edmund Stoiber (CSU) das 1999 in München veranstaltete „Centralsymposium“ der *Paracelsus*-Schulen mit einem eigenen Grußwort versah und den versammelten HeilpraktikerInnen „Anerkennung und Dank“ aussprach: „Mündige Patienten“, so Stoiber, „können und sollen in der Vielfalt konkurrierender Verfahren auf dem ‘Medizinmarkt’ diejenigen wählen, die ihren individuellen Bedürfnissen entgegenkommen“. Seiner Meinung nach „brauchen wir auch in Zukunft die Arbeit der Heilpraktiker als Alternative und Ergänzung zu den seit langem etablierten Institutionen des Gesundheitssystems“.[247] (Die *Paracelsus*-Schulen stehen im übrigen seit je in der Kritik, und dies nicht nur ihrer Studieninhalte sondern vor allem auch des „Kleingedruckten“ ihrer Studienbedingungen wegen[248]: Jede Menge Beschwerden von Teilnehmern, die sich getäuscht fühlten und den einmal eingegangenen Vertrag nicht mehr kündigen konnten, liegen vor.[249] Laut *Paracelsus*-Studienordnung ist selbst bei einer Änderung der Rechtsgrundlagen, etwa des HeilPrG, eine Kündigung ausgeschlossen.)

Die Kursinhalte der einzelnen Heilpraktikerschulen - an die hundert davon (zuzüglich zahlloser Filialen) gibt es im deutschsprachigen Raum - unterliegen keinerlei öffentlicher Kontrolle, es kann dort gelehrt werden, was immer den Betreibern gutdünkt; auch hinsichtlich der Lehrbefähigung der einzelnen Dozenten gibt es keinerlei überprüfte Mindestanforderungen. Neben Paracelsus zählen zu den Marktführern die sogenannten *Thalamus-Schulen für Ganzheitliche Heilkunde*, die, zusammen mit affiliierten Einrichtungen wie *Ellcrys*, *Amara* und *Ahnert*, in sämtlichen größeren Städten des Bundesgebietes vertreten sind. Der Dozentenstamm der *Thalamus*-Schulen ist zu großen Teilen dem Osho-Rajneesh-Umfeld zuzuordnen, einzelne Mitarbeiter firmieren im Katalog auch ganz unverblümt unter ihren sekteninternen (Sannyas-)Namen. (Zu den *Thalamus*-„Highlight"-Dozenten zählen mithin Phyllis Kristall, Daniel Whiteside, Peter Schellenbaum oder der unvermeidliche Rüdiger Dahlke.)

Neben den üblichen Ausbildungsgängen für Heilpraktiker (auch im Fernstudium) bietet *Thalamus* ein zehnwöchiges Abendseminar (10mal 4½ Stunden), das hinreicht, selbst als völliger Laie mit großer Wahrscheinlichkeit die amtsärztliche Überprüfung zum „heilpraktischen Psychotherapeuten" zu bestehen (1.590 Mark). Darüberhinaus finden sich u.a. „Fachausbildungen" für Akupunktur (12 Wochenenden/3.480 Mark), Farbakupunktur (8 Wochenenden/2.376 Mark), Bach-Blütentherapie (3 Wochenenden/960 Mark), Aura-Soma (6 Tage/900 Mark), Irisdiagnose (5 Tage/800 Mark), Hypnose (4 Tage/480 Mark), Reiki I (2 Tage/350 Mark), Edelsteintherapie, NLP, Orgontherapie, Feng-Shui (je 2 Tage/320 Mark); selbst eine aus vier Wochenenden bestehende „Fachausbildung für Spirituelle Sterbebegleitung" wird angeboten (1.120 Mark). Die von *Thalamus* veranstaltete „Ausbildung in Humanistischer Psychologie und Psychotherapie" mag auf den Laien - vor allem in Relation gestellt zu den hanebüchenen „Ausbildungen" anderer Heilpraktikerschulen - zunächst einen etwas profunderen Eindruck machen, der allerdings bei näherer Hinsicht schnell verfliegt: Die „Ausbildung" - Zulassungsvoraussetzungen gibt es keine - erstreckt sich über einen Zeitraum von eineinhalb Jahren und umfaßt 20 verlängerte Wochenenden sowie 19 Supervisionsabende (je einmal pro Monat), aufgeteilt in fünf thematische Blocks. Je nach Vorliebe und Befähigung der lokal verfüglichen Dozenten sind diese Blocks an jedem Ausbildungsort unterschiedlich ausgestaltet. In Köln beispielsweise wird in sieben Wochenenden „Körperzentrierte Psychotherapie" (Bioenergetik, Atemtherapie, Psychosomatik/Psychiatrie) abgehandelt, in zwei Wochenenden „Systemische und Familientherapie", in fünf Wochenenden „Gesprächstherapeutische Methoden" (NLP, Klientenzentrierte Psychotherapie, Voice Dialogue) und in zwei Wochenenden „Gestalttherapie"; an den verbleibenden vier Wochenenden geht es um „Sexualität", „Suchtstrukturen", „Sexuellen Mißbrauch" und „Tod" (8.970 Mark).[250] (Nochmals zum Vergleich: Für eine seriöse Ausbildung allein in Gestalttherapie werden zumindest 1.000 Stunden, verteilt auf vier Jahre, veranschlagt; Voraussetzung, im

Gegensatz zu heilpraktischen Ausbildungen, die jedem Laien offenstehen, ist ein abgeschlossenes akademisches Fachstudium.[251])

Das (aus der Unzahl an HP-Schulen beispielhaft herausgegriffene) Münchner *Zentrum für Naturheilkunde* stellt noch unverhüllter auf Esoterik ab als *Paracelsus* oder *Thalamus*. Neben dem Schwerpunkt des Ausbildungsprogramms, einem zweieinhalbmonatigen „Intensivlehrgang" in Homöopathie (ein Nachmittag pro Woche plus drei Samstage = 56 Stunden), finden sich Wochenendkurse unter anderem in Bach-Blütentherapie, Astrologie der Heilkräuter, Kinesiologie, NLP, Katathymem Bilderleben und DAN-Energie (eine Art Reiki). Die Vermittlung von „Grundprinzipien der Magie (...), um selbständig magisch arbeiten zu können" (einschließlich der Herstellung von Schutzamuletten), erfordert zwei Wochenenden, desgleichen die „Praxis der Geistheilung", deren Ziel es sei, „ein klarer und brauchbarer Kanal für die göttliche Heilkraft zu werden". Eine „Einführung in das I-Ging" dauert dagegen nur einen Tag.[252] Ein „Psychotherapie-Jahrestraining", bestehend aus einem Wochenende plus einem Übungsabend pro Monat, basiert auf dem sogenannten „Voice Dialogue", einem gänzlich unfundierten Verfahren der US-Amerikaner Hal und Sidra Stone, das eine herausgegriffene Einzeltechnik der Gestalttherapie (innerer Dialog einzelner Persönlichkeitsanteile) zu einem eigenständigen Therapieverfahren aufbläst; eingebunden in Voice Dialogue soll auch noch Primärtherapie, Bioenergetik, Atemtherapie und Meditation vermittelt werden. Mitte der 1990er wurde das Jahrestraining auf (angeblich) 432 Stunden (tatsächlich sind es sehr viel weniger), verteilt auf 17 Seminartage, 6 Wochenenden und 5 Trainingsabende, aufgestockt. Kosten: 5.100 Mark.[253]

Die mit Abstand billigste „Psychotherapieausbildung" wird von der *Bayerischen Gesellschaft für Ganzheitliche Medizin* angeboten (die sich bei näherem Hinsehen als Privatinstitut in Füssen mit Kleinfiliale in Landsberg entpuppt): Das 9-monatige Training (ein Wochenende pro Monat) kostet 2.250 Mark, in Form von neun Skripten zum „Selbststudium" gar nur 800 Mark. In einem eigenen „Heilerkurs" kann man sich zudem, in jeweils einem Wochenende (!), in „Familienaufstellung" (nach Bert Hellinger), „Gesicht- & Handlesen" oder „Hypnose" ausbilden lassen.[254] (Bei noch näherem Hinsehen stellt sich die *Bayerische Gesellschaft für Ganzheitliche Medizin* als verlängerter Arm des sogenannten „Wankmiller-Clans" heraus, einer sektoiden Organisation um den als „Sex-Messias" bekanntgewordenen Allgäuer Lederhosenguru Wolfgang Wankmiller [*1956]. Dieser kommt sich u.a. als Wiederkunft Jesu Christi vor, daneben auch als Reinkarnation Ludwig II. von Bayern; den Beginn seiner Karriere markierte er als Ehrenvorsitzender der Füssener Jungen Union.[255] Sein aus rund 120 Mitgliedern bestehender Clan beschäftigt seit Jahren die Behörden, die Vorwürfe lauten mithin auf „absolute Beherrschung der Anhängerschaft", auf „sexuellen Mißbrauch" [auch von Kindern] und „dubiose Geldgeschäfte".[256] Wankmiller und seine Gruppe arbeiten wirtschaftlich höchst erfolgreich: umfänglicher Immobilienbesitz, Esoterikläden, ein High-Tech-Verlag, eine Veranstaltungsfirma für esoterische Seminare [*ProExpo*] sowie ein eigener Naturheilmittelversand [*Asklepios*] werden dem Clan zugerechnet; daneben besagte *Bayerische Gesellschaft für Ganzheitliche Medizin e.V.*, deren Vorsitzende, die Alternativmedizinerin Ingrid Müller-Mackert, seit je als „rechte Hand" Wankmillers gilt. Im hauseigenen

Molinari-Verlag gibt sie ein Vierteljahresmagazin *Ganzheitlich Heilen* heraus, über das Teilnehmer für die Ausbildungskurse der Gesellschaft geworben werden.[257] Der Füssener Bürgermeister Paul Wengert hält die Aktivitäten der Organisation für „bedrückend und bedenklich",[258] Greifbares unternommen hat er bislang freilich nicht.)

Unabhängig von Dauer, Qualität und Niveau der jeweiligen Aus- und Fortbildungskurse: Der heilpraktische Psychotherapeut ist nicht verpflichtet, sich über eine Heilpraktikerschule oder dergleichen zu qualifizieren. Er kann seine Qualifikation auch über eine Ausbildung auf dem freien Psychomarkt erwerben. In tausenden von Einrichtungen und Seminarhäusern quer durch die Republik findet sich buchstäblich alles und jedes im Angebot: Fernlehrgänge, Tagesseminare, Wochenendkurse, gelegentlich sogar Ausbildungen, die sich über einen etwas längeren Zeitraum erstrecken, abgeschlossen meist mit prunkvollen Zertifikaten, Urkunden und Diplomen sowie der Verleihung beeindruckender Berufsbezeichnungen wie Diplom-Lebensberater, Beratender Schriftpsychologe, Zertifizierter Reinkarnationsanalytiker, Geprüfter Antlitzdiagnostiker und dergleichen mehr (⇨ *Esoterischer Psychomarkt*).

Diese „Ausbildungen", oftmals durchgeführt von Praktikern, die ihrerseits nicht viel mehr als einen Fernlehrgang absolviert haben, befähigen inhaltlich praktisch zu nichts, die Urkunden und Diplome sind das Papier nicht wert, auf das sie gedruckt sind. Da die Berufsbezeichnungen frei erfunden beziehungsweise nicht geschützt sind, kann jedermann sie verleihen oder führen. Szeneüblich ist die Kompetenz suggerierende Tapezierung von Behandlungszimmern mit den Abschlußurkunden irgendwelcher Trainings, auch in Werbeannoncen werden die erworbenen Meriten umfänglich aufgelistet. Bezeichnend, wie sich beispielsweise die Münchner Heilpraktikerin Helga „Sonya" Triendl in großformatigen Anzeigen anpreist: „Psychotherapeutin und Schriftstellerin, Literatur- und Psychologiestudium, Selbsterfahrung und Ausbildung in Psychoanalyse und Counselling, Bioenergetik, Heilatmen, Primär- und Gestalttherapie, Encounter, Tarot, Tantra, Massage, Hypnose und Meditation. Arbeit in eigener Praxis mit ihrem meditativen und kreativtherapeutischen Ansatz *Der Triadische Weg*, der die Ganzheit von Körper, Seele und Geist verwirklicht. Einzel-, Paar- und Gruppentherapie." Bei Lichte besehen erweisen sich Triendls „schriftstellerische" Arbeiten vor allem als Werbeartikel in esoterischen Szeneblättern, ihre „Ausbildungen" und „Studien" als Teilnahme an ein paar Workshops bei Szenekollegen (vor allem aus dem Rajneesh-Umfeld). Der *Triadische Weg*, in dem Triendl auch Nachwuchstherapeuten ausbildet, besteht aus willkürlich zusammengebastelten Tantra-, Tanz- und NLP-Elementen. Triendl ist seit 1985 im Psychogeschäft zugange.[259] Eine andere, beliebig aus der Unmenge sich anbietender Szene-„Therapeuten" herausgegriffene Figur, eine unter ihrem Osho-Rajneesh-Namen firmierende „Ma Prem Kalpa", listet auf, sie sei „ausgebildet in Neo-Reichianischer Körperarbeit, Pulsation, Counselling, Primärtherapie, Tantra, Hypnose und Craniosacral Balancing"; die Stärke ihrer Arbeit liege in einem „subtilen Erfühlen der unbewußten Muster des Klienten".[260] Von klinischer Qualifikation oder rechtlicher Befugnis zur Ausübung der Heilkunde ist bei „Kalpa" ebensowenig zu entdecken wie bei den meisten ihrer KollegInnen.

Ein Großteil der Praktiker auf dem Psychomarkt hat indes noch nicht einmal eine Ausbildung der besagten Art absolviert, viele halten die Teilnahme an irgendwelchen Selbsterfahrungsworkshops für völlig ausreichend, die dort kennengelernten Techniken in der eigenen Praxis einzusetzen. Oftmals entnimmt man die erforderlichen Kenntnisse auch irgendwelchen Lehrbüchern oder Standardwerken, oder, falls das die eigenen Kapazitäten übersteigt, entsprechenden Fernlehrgängen, in denen das gewünschte Material in Einfachstsprache dargestellt und zu leichtverständlichen Kleinstkapitelchen zusammengefaßt ist.

Zu den ältesteingesessenen Fernlehrinstituten zählt das Wuppertaler *Institut Kappel*, das als „Europäisches Studienkolleg für Aus- und Weiterbildung in Studiengängen zu Hause“ eine Vielzahl „ganzheitsmedizinischer“ und „naturheilkundlicher“ Kurse anbietet. Neben dem obligaten Lehrgang zum „Heilpraktiker“ (2.640 Mark) qualifiziert ein weiterer zum „Tierheilpraktiker“ (2.340 Mark) mit Spezialisierungsmöglichkeit zum „Pferdeakupunkteur“ oder „Pferdehomöopathen“ (je 1.560 Mark). „Diplom-Kurse“ in „Traditioneller chinesischer Akupunktur“ (1.560 Mark) und chinesischer „Antlitzdiagnose“ (975 Mark) finden sich im Angebot, daneben Lehrgänge zum „Reflexzonen-Masseur“, zum „Bach-Blütentherapeuten“ (je 975 Mark) oder zum „NLP-Trainer“ (1.400 Mark). Weitere Kurse führen wahlweise zum Zertifikat als „Kinderpsychologischer Berater“, als „Gesprächspsychologe“ oder als „Ehe-(Paar) und familientherapeutischer Berater“, als welcher man selbstverständlich auch in „Sexualtherapie“ ausgebildet wird (je 1.400 Mark). Krönung des *Kappel*-Angebots ist der Fernlehrgang zum „Psychotherapeuten“, bei dem „effektives Fachwissen“ vermittelt werde, unter anderem in Verhaltenstherapie, Transaktionsanalyse und Gesprächspsychotherapie zur Behandlung von Depressionen, Zwanghaftigkeit, Hysterie, Alkoholismus, schizoiden Persönlichkeitsstrukturen, von Magersüchtigen, AIDS-Kranken und Selbstmordgefährdeten (3.340 Mark). Zu weiterer Qualifikation wird ein Studiengang zum zertifizierten „Tarot-Analytiker“ (975 Mark) anempfohlen, denn: „Tarot-Analytiker werden von zahlreichen Ratsuchenden aufgesucht. (...) Früher nannte man sie Wahrsager und die waren genauso beliebt, als daß man sie auch verfolgte“. Angeblich sollen die Kosten der *Kappel*-Fernlehrgänge voll von der Steuer abgesetzt werden können.[261]
Auf ähnlichem Niveau bewegt sich das *Institut für berufliche Weiterbildung* (IBW) in Weil am Rhein, das ebenfalls „Diplom-Lehrgänge“ per Post anbietet: Für je 265 Mark kann man sich in Bio-Kosmetik, Fitnessmassage, Mentaltraining, NLP, Reflexzonentherapie oder auch Seniorenbetreuung ausbilden und diplomieren lassen. Ein „Dipl. Pädagoge (IBW)“ hat, so unfaßlich es klingt, nicht mehr absolviert als *einen einzigen* IBW-Fernlehrbrief zu 265 Mark (zuzüglich 140 Mark Diplomgebühr); ein „Dipl. Yogalehrer (IBW)“ immerhin zwei, ein „Dipl. Musiktherapeut (IBW)“ oder ein „Dipl. Gesprächstherapeut (IBW)“ gar drei Lehrbriefe. Das Institut wirbt mit über 300.000 erfolgreichen Kursteilnehmern (von denen nicht wenige den „IBW“-Hinweis einfach weglassen und hinfort etwa als - vermeintlich akademisch qualifizierte - „Dipl. Pädagogen“ firmieren). Etwas seriöser gibt sich die Haaner *Akademie für*

ganzheitliche Lebens- und Heilweisen (ALH), deren Fernkursus zum „Geprüften Psychotherapeuten ALH" immerhin zwölf Lehrbriefe (à ca. 45 Seiten) umfaßt. Kosten: 2.184 Mark[262]. (Der Trick, mit dem „Diplom" irgendeiner Privatlehranstalt oder eines Fernlehrinstituts einen akademischen Abschluß vorzugaukeln, ist in der Szene weitverbreitet: Nicht wenige der als „Diplom-Pädagogen" und dergleichen auftretenden Praktiker haben nie eine Hochschule von innen gesehen.)

Abgesehen von der (in der Regel) völlig unzureichenden inhaltlichen Befähigung zur Ausübung von Psychotherapie verfügt die überwiegende Mehrzahl der Praktiker über *keinerlei rechtliche Befugnis* dazu. Um die Bestimmungen des Heilpraktikergesetzes zu umgehen, wird die Heiltätigkeit oftmals unter phantasievollen Kunstbezeichnungen, als „Lebenshilfe", „Beziehungsberatung", „Bewußtseinserweiterung" und dergleichen, angeboten, die diesen - *per definitionem* - nicht unterliege. Besonders schlau wähnt sich insofern die *Deutsche Gesellschaft für Alternative Medizin* (DGAM), eine private Einrichtung, die in 15 Wochenendeinheiten zum „Diplom-Gesundheitspraktiker" ausbildet (4.000 Mark); zu den Inhalten der Ausbildung zählen laut Programmbroschüre „Naturheilkundliche Methoden, Körpertherapien, energetische und spirituelle Therapien, Arbeit mit Farben, Edelsteinen, Bachblüten usw., Methoden der humanistischen Psychologie und der Kunstpädagogik u.a.m. Die meisten dieser Methoden werden als Heilmethoden unterrichtet und ihre Anwendung fällt unter das Heilpraktikergesetz. Im Rahmen der DGAM Gesundheitspraxis ist dies nicht der Fall." [263] Ungeachtet aber des Etiketts: Wer unbefugt diagnostische oder therapeutische Maßnahmen durchführt - auch wenn er dafür (angeblich) weder Honorar noch Spende erhält - macht sich strafbar (⇨ *Gerichte contra Scharlatanerie*). Ein weiterer szenetypischer Trick zur Umgehung des Heilpraktikergesetzes besteht darin, nicht als Therapeut sondern als „Trainer" zu firmieren, der andere Therapeuten ausbildet und von daher selbst keine Befugnis zur Ausübung der Heilkunde benötigt. Den Teilnehmern wird nach Abschluß des jeweiligen Workshops ein entsprechendes Graduierungsdiplom erteilt, das diese womöglich noch steuerlich veranschlagen können.

Ein insofern interessantes Konzept verfolgt das *Gral-Lichtzentrum* im fränkischen Ebermannstadt, eine „Mysterienschule für Alchemistische Lehren, Transzendente Psychologie, Meditation & Klausur". Leiterin dieses (angeblich gemeinnützigen) Zentrums ist die gebürtige Jugoslawin Bozenka Venediger (*1945), die laut eigener biographischer Angabe von dem Münchner Reinkarnationstherapeuten Thorwald Dethlefsen sowie einem Geistwesen namens „Aaron" in die „esotherische Psychologie" [sic!] eingeführt worden sein will. Die Kurzausbildung an der *Gral*-Schule besteht aus viertägigen Seminaren, in denen es um mediale Kontaktaufnahme mit „Engeln, Geistigen Führern, Lichtboten & der Weisen Bruderschaft" [sic!] geht. Interessenten lernen, Botschaften aus der „Geistigen Hierarchie" zu empfangen und selbst „von der 3. in die 5. Dimension aufzusteigen". Frau Venediger „channelt" selbst ein Geistwesen, das durch sie „Neueste Nachrichten aus dem Makrokosmos" verlautbart, etwa über eine „Raumflotte von 12.000.000 UFOs", die „für die Errettung der Erde" zuständig sei. Oberbefehlshaber der Flotte sei „Ashtar Sheran", der seinerseits „Jesus Christus" unterstehe. Dieser wolle die Menschen von „Fegefeuer und Verdammnis" befreien: „Wir leben jetzt in der Zeit von Harmagedon und Johannes-Apokalypse. Der Kampf zwischen Gut und Böse findet statt. Auf der Erde wird jetzt die Spreu vom Weizen getrennt." In der dreieinhalbwöchigen „Langzeitausbildung" des Gral-Zentrums kann man ein Diplom in „Transzendenter Psychologie" erwerben. Im ersten Teil dieser „Ausbildung" lernt der Kandidat seine „früheren Leben" sowie das „Höhere Selbst" kennen; überdies werden „psychosomatische & Personen-Konflikte" geklärt. Hierzu dienen „Rebirthing" und „Befreiungstanz nach Osho" (gemeint ist die ⇨ Dynamic Meditation des Rajneesh-Kults). Der zweite Teil führt in die „Hermetischen Gesetze von Polarität, Reinkarnation & Karma" ein, zudem in die „Mysterien des Grals, der Genesis und des Johannesevangeliums". Ein weiterer Schwerpunkt liegt auf „Nyingma Kagyü" (eine Art tibetisches Yoga). Im dritten Teil „lernen (wir) die geistigen Fähigkeiten zu entwickeln, die Voraussetzung für Hellsichtigkeit sind". Hierzu zählen vor allem „Gedanken-Zucht-Kontrolle-Beherrschung", Biomagnetismus" sowie „Kahuna-Magie". Nach Erstellen einer „Diplomarbeit" wird man zum „Transzendenten Psychologen" graduiert, nun sei man als „Lebensberater, Reinkarnationspraktiker und Seminarleiter fähig, Mitmenschen als ein selbstbewußter, verantwortungsvoller Helfer zu dienen". Überdies werde man in den „Gral-Tempel" aufgenommen. Kosten: 3.000 Mark.

Obgleich Frau Venediger den von ihr diplomierten „Transzendenten Psychologen" als „spirituellen Arzt" beschreibt, dem es um die „Heilung anderer" gehe, ist sie doch beschlagen genug, dessen Tätigkeit ausdrücklich aus dem Heilpraktikergesetz auszuklammern: „Das Wort Therapie möchte ich hier nicht verwenden, da laut Gesetz die Wörter Therapie und Therapeut nur Heilpraktiker, Diplom-Psychologen und Ärzte verwenden dürfen. Transzendente Psychologie ist keine Therapie, sondern ein Einweihungsweg zu sich und dem Höheren Selbst." Bozenka Venedigers gesammelte Erkenntnis gibt es auf Kassetten, auf Video oder in Buchform, sie selbst ist auf sämtlichen Esoterikkongressen zugange, um Kundschaft für ihr *Gral*-Zentrum zu rekrutieren. Seit geraumer Zeit wirbt sie auch für das sogenannte „Ashtar-Projekt", ein „spirituelles Schulungszentrum", das nach dem Willen des Raumflottenoberbefehlshabers Ashtar Sheran in der Dominikanischen Republik aufgebaut werden solle, um dort „lieben, heilen und gemeinsam mit allen anderen die ersten Schritte in das Tausendjährige Goldene Zeitalter gemeinsam beginnen" zu können: „Wir suchen Mitinvestoren und Sponsoren, die ab 100.000 DM investieren."[264] Wie sich das mit den Durchsagen anderer Channelingmedien verträgt, weiß Frau Venediger allerdings nicht zu beantworten: Über das prominente „Volltrancemedium" Edeltraud Schröder beispielsweise tut Ashtar Sheran kund, die Menschheit solle auf einen anderen Planeten evakuiert werden, so wie dies bereits mit den Bewohnern des Jupiters geschehen sei.[265]

Natürlich sind nicht alle Seelenfummler derart offenkundig gestört. Vielen geht es ausschließlich um die schnelle Mark, die sie - ohne irgendwelche Qualifikation oder Befugnis -

als „Therapeuten" oder abstruser noch: als „Therapeutenausbilder" machen können. Ein schwäbisches *Tujala-Institut* etwa bietet neben Einzelsitzungen in „Körperarbeit", „Chakra-Reading" und „spirituellem NLP" auch eine Ausbildung zum diplomierten „Therapeutischen Lichtarbeiter" (4x5 Tage plus fünf Wochenenden/9.490 Mark) oder, etwas günstiger, zum zertifizierten „Reinkarnationstherapeuten" (3x5 Tage/6.075 Mark) an. Als zentrale Qualifikation listet Leiterin Iris „Shanti" Sautter, eine Anhängerin des Osho-Rajneesh-Kults, ihre Schulzeit bei den Anthroposophen sowie die Geburt eines Kindes auf. Eine Strafanzeige gegen Frau Sautter wegen unerlaubter Ausübung der Heilkunde wurde von der Staatsanwaltschaft Rottweil eingestellt mit der interessanten Begründung, es bestehe „kein öffentliches Interesse an der Strafverfolgung, (...) da Schäden oder Gefahren, die durch die Beschuldigte hervorgerufen worden wären, bislang nicht bekannt sind".[266] Offenbar muß in Rottweil erst jemand körperlich oder psychisch zu Schaden kommen, bis die Behörden dem unverantwortbaren (und gemäß HeilPrG widerrechtlichen) Herumgepfusche - neben Sautter sind noch drei weitere „Reinkarnationsanalytiker" am *Tujala-Institut* zugange - Einhalt gebieten. Am pseudo-feministischen Münchner *Arinna-Institut* kann frau sich zur „spirituellen Heilerin" ausbilden lassen (240 Std./8.500 Mark). Die Qualifikation der beiden Trainerinnen: sie praktizieren Reiki.

Wie dargestellt bürgt indes auch eine behördliche Erlaubnis keineswegs für fachliche Kompetenz (geschweige denn persönliche Integrität): Die Stuttgarter Heilpraktikerin (und Anhängerin der *Surat-Shabd*-Sekte) Gabriele Böhm etwa bildet an ihrem *Institut für innovative Gesundheitsausbildungen* sogenannte „Innergietherapeuten" aus. Kosten des „Basic Kurs" (4x5 Tage „Physiognomie", „Chakrenausrichten" und „Urzellhaufen-Aktivierung"): 7.900 Mark. Die Beispiele ließen sich endlos fortsetzen.

Vielfach wird von Heilpraktikern, Lebenslehrern oder sonstigen Anbietern auf dem Psychomarkt als ultimativer Beleg für Seriosität und Kompetenz die Mitgliedschaft in irgendeinem „Berufsverband" oder einer „Fachgesellschaft" angeführt. Solche Mitgliedschaft - nicht wenige Anbieter gehören einem halben Dutzend und mehr solcher Vereinigungen zu - sagt *per se* freilich nicht das geringste aus (im Einzelfalle noch nicht einmal über das Vorliegen einer rechtlichen Befugnis zur Ausübung des von dem jeweiligen Verband vertretenen Verfahrens). Auch wenn einzelne Organisationen noch so beeindruckende Bezeichnungen als „offizielle" Berufsverbände auf Landes-, Bundes- oder gar Europaebene führen: In der Regel handelt es sich um verbandspolitisch völlig unbedeutende Privatvereine, meist *Alumni*-(= Absolventen-)Einrichtungen irgendwelcher Heilpraktikerschulen oder sonstiger Ausbildungsträger (Bioenergetik, Kinesiologie, Mentaltraining etc.), deren Hauptzweck in einer Art „Meta-Legitimierung" der einzelnen Mitglieder liegt; hierfür - weitere Dienstleistungen haben die jeweiligen Verbände meist nicht zu bieten - sind viele Anbieter der Szene offenbar gerne bereit, selbst überzogenste Aufnahmegebühren und Mitgliedsbeiträge zu entrichten. Einzelne „Berufsverbände" scheinen überhaupt nur zu existieren, weil sie eine günstige Einnahmequelle darstellen (und zudem einzelnen „Funktionären" die Möglichkeit geben, sich vereinsmeierisch wichtig zu tun - vielleicht gar in den werbewirksamen Rang eines „Bundesvorsitzenden" oder „Europapräsidenten" aufzusteigen). Nicht alle Verbandsorganisationen der Szene sind als rechtsgültige Körperschaften verfaßt (überwiegend firmieren sie als eingetragene Vereine/e.V.), so daß von korrekten Finanzabläufen oder vereinsinterner Demokratie nicht immer die Rede sein kann. Um es zu wiederholen: Die Mitgliedschaft eines Anbieters in einem der zahllosen „Berufsverbände" oder einer der „Fachgesellschaften" der Szene bietet für den Verbraucher *keinerlei* Gewähr oder Sicherheit.

Allein für die Heilpraktiker gibt es im Bundesgebiet dutzende voneinander unabhängiger bzw. einander konkurrenter Berufsverbände und Fachgesellschaften, denen der einzelne Praktiker beliebig beitreten oder dies ebenso beliebig auch bleiben lassen kann. Eine Kammer mit obligater Mitgliedschaft, die das Tun des einzelnen Heilpraktikers beaufsichtigen und gegebenenfalls Sanktionen einleiten könnte, gibt es, anders als in der Ärzteschaft, nicht: Es existiert, so unglaublich das klingt, innerhalb des Heilpraktikerwesens *keinerlei* öffentliche Beschwerdeinstanz. Heilpraktiker können in einem rechtlich und inhaltlich praktisch unüberwachten Freiraum - das HeilPrG schränkt diesen Raum nur unwesentlich ein -, treiben, was immer ihnen gutdünkt: Kein Diagnose- oder Therapieverfahren, sei es noch so unbrauchbar und längst entsprechend ausgewiesen, das nicht in der Heilpraxis ganz legal eingesetzt werden dürfte und eingesetzt wird.

Hat ein Heilpraktiker einmal seine Zulassung erworben, kann sie ihm praktisch nicht mehr entzogen werden; aus einer Kammer kann er nicht ausgeschlossen werden, da es solche nicht gibt. Ein Heilpraktiker kann, wie beispielsweise der in München tätige Peter-Georg Gesell, gänzlich ungeniert „Therapieformen" anbieten wie „Geistheilung, Handauflegen, Magie" (und diese ggf. sogar über die Kasse abrechnen); daneben kann er als solcher völlig legal seine Dienste als „Lebensberater, Mediator und Hellseher, sowie als professioneller Rutengänger" (einschließlich Erdstrahlenmessung und Brunnenmutung) feilhalten.[267] Die rechtlichen Möglichkeiten, gegen derlei Unfug einzuschreiten, sind, solange der einzelne Anbieter sich auf der Grundlage des HeilPrG bewegt, gering. Bezeichnend sind insofern die Werbeannoncen des Mainzer Heilpraktikers Oleg Lohnes, in denen er fordert: „Schluß jetzt mit 'wissenschaftlich nicht bewiesen', 'nicht erklärbar', 'gibt es nicht' und ... und ... und ...". Seine Patienten behandelt Lohnes mit garantiert außerhalb jeder Wissenschaft stehenden Verfahren, daneben bietet er Tages- und Wochenendkurse an, in denen er andere „Heilberufler" in ebendiesen unterweist.[268]

Nicht unerwähnt bleiben darf die seit geraumer Zeit in der Szene um sich greifende Unsitte, für jedes selbsterfundene Verfahren bzw. die dazugehörige Bezeichnung einen Markenschutz (®,©,™) zu beantragen (der dann in Werbeannoncen propagandawirksam und seriositätssuggerierend angeführt werden kann[269]). Tatsache ist: Markenschutzzeichen stellen *keinerlei* Hinweis auf überprüfte Qualität oder sonst irgendeinen inhaltlichen Wert dar; sie weisen lediglich ein Exklusivrecht auf die Nutzung des jeweiligen Begriffs aus und können grundsätzlich für *alles und jedes* beantragt werden. Manche Heil- oder Lebenshilfepraxis bietet ein Dutzend und mehr Verfahren mit Markenschutzsiegel an, die, bei Lichte besehen, nichts anderes darstellen, als - um ein geflügeltes Wort aus der 68-Bewegung zu zitieren -: „alten Kack im neuen Frack". Im übrigen werden die Markenschutzzeichen vielfach auch angeführt, ohne daß eine entsprechende Registrierung vorgenommen worden wäre.

4. Gerichte contra Scharlatanerie

> ***Die Stunde der Betrüger ist gekommen. Wie die Aasgeier stürzen sie sich auf die Verzweifelten und wiegen die Hühnerscheiße, die sie anzubieten haben, in Gold auf.***
>
> ***Marcus Hammerschmitt***

Gegen die Scharlatane der Szene, die über eine Erlaubnis nach dem Heilpraktikergesetz formal befugt sind zur Ausübung der Heilkunde, läßt sich rechtlich nur schwer etwas unternehmen: Selbst wenn sie keinerlei Ausbildung oder Qualifikation vorweisen können, beziehungsweise das, was sie dafür halten, nicht ansatzweise hinreicht, eine verantwortungsbewußte und kompetente Heilbehandlung durchzuführen, sind sie legal abgesichert, praktisch alles und jedes als Diagnose- und/oder Therapiemaßnahme einzusetzen, was ihnen in den Sinn kommt. Selbst wissenschaftlich seit Jahren und Jahrzehnten als unsinnig oder gar gefährlich ausgewiesene Verfahren können und dürfen von ihnen „lege artis" praktiziert werden. Diesen Mißstand zu beseitigen, ist der Gesetzgeber aufgefordert, der allerdings die Verabschiedung brauchbarer Konsumentenschutzgesetze im Bereiche professioneller „Lebenshilfe" seit Jahren vor sich herschiebt. (Nicht unterschätzt werden darf in diesem Zusammenhang die persönliche Affinität einzelner Politiker und Entscheidungsträger zu parawissenschaftlichen bzw. esoterischen Denkmodellen. Ex-Bundesgesundheitsminister Horst Seehofer [CSU] beispielsweise sympathisiert öffentlich mit homöopathischen Heilverfahren,[270] der frühere Bundeswirtschaftsminister Jürgen Möllemann [FDP] ist vielen durch sein Engagement für die Zulassung eines Wunderheilers zur Ausübung der Heilkunde in Erinnerung[271] [⇨ *Praktischer Verbraucherschutz*]).

Allerdings scheint doch die Anwendung einer ganzen Reihe an esoterischen Diagnose- und Heilverfahren - unabhängig davon, ob der jeweilige Praktiker zur Ausübung der Heilkunde befugt ist oder nicht - allein nach Paragraph 306 BGB angreifbar zu sein, demzufolge ein „auf unmögliche Leistung gerichteter Vertrag ungültig" ist. Wie ein beispielgebendes Urteil des OLG Düsseldorf ausführt, sei etwa ein „Vertrag über Stellen von Horoskopen auf astrologischer Grundlage (...) auf eine objektiv unmögliche Leistung gerichtet, die zur Nichtigkeit führt". In der Begründung des Urteils - ein unzufriedener Kunde hatte die Bezahlung einer astrologischen Dienstleistung verweigert - führt das Gericht folgendes aus: „Soweit die Astrologie nämlich von der Annahme ausgeht, alles Geschehen und damit auch die Beziehungen des Menschen zu diesem Geschehen hingen von den Sternen ab, seien also schicksalshaft vorbestimmt und könnten deshalb auch aus den Sternen vorausgesagt werden, steht sie nicht auf dem Boden wissenschaftlicher Erkenntnisse. Die breite Masse der vernünftig denkenden Menschen lehnt diese Art der Schicksalsdeutung als Wahnidee und Irrglauben ab. (...) Die vom Kläger [dem Astrologen, C.G.] übernommene Verpflichtung stellt daher eine objektiv unmögliche Leistung dar, welche gem. § 306 BGB zur Nichtigkeit des Vertrages führt. Hierbei ist es unerheblich, ob die Parteien bei Vertragsabschluß tatsächlich übereinstimmend davon ausgegangen sind, daß eine Zukunftsvoraussage aus den Sternen möglich sei. Nach der Auffassung des überwiegenden Teils der vernünftig denkenden Menschen in Verbindung mit der Wissenschaft steht fest, daß die Erfüllung der von dem Kläger geschuldeten Leistung unmöglich ist." Der Kunde mußte das verlangte Honorar nicht bezahlen.[272]

In einem anderen Fall bekam eine Kundin sogar das Geld zurück, das ihr von einer „Heilerin" abgezockt worden war. Diese hatte in einer Zeitschrift „parapsychologische Hilfe bei Problemen jeder Art" angeboten, woraufhin sie von der Kundin, deren Liebhaber sich von ihr abgewandt hatte, kontaktiert worden war. Gegen Zahlung eines Vorabhonorars in Höhe von 3.000 Mark sollte dieser von der Heilerin „mental" so fernbeeinflußt werden, daß er umgehend zurückkomme. Die Frau zahlte, der Liebhaber allerdings blieb weg. Da das Ergebnis der „mentalen Beeinflussung" also gleich null war, verlangte die Frau vor Gericht ihr Geld zurück - und bekam Recht. Auch hier führte das Gericht zur Begründung an, ein Vertrag, in dem eine Partei eine objektiv unmögliche Leistung zu erbringen sich verpflichte, gelte grundsätzlich als nichtig: „Die von der Beklagten behaupteten magischen Kräfte sind nicht beweisbar; sie gehören lediglich dem Glauben oder Aberglauben, der Vorstellung oder dem Wahne an. Selbst wenn man unterstellt, die Unmöglichkeit der von der Beklagten geschuldeten Leistung sei nicht offenkundig, so tritt insoweit zumindest eine Umkehr der Beweislast ein. Wer sich auf parapsychologische Tatsachen beruft, deren Existenz jeglicher Lebenserfahrung widerspricht und deren Existenz auch durch naturwissenschaftliche Forschungen bislang nicht nachgewiesen werden konnte, den trifft die Beweislast für diese Tatsachen."[273] Mit derselben Begründung wurde eine „Magierin" verurteilt, das erhaltene Honorar für durch sie angeblich herbeigerufene „Hilfe aus der 4., 5. und 6. Dimension" zurückzubezahlen.[274]

Als „objektiv unmöglich" - und damit nach § 306 BGB angreifbar - müssen insofern die Dienstleistungen all jener Anbieter gelten, die auf naturwissenschaftlich nicht faßbare „Kräfte" und „Energien" abstellen: Anthroposophen, Aromatherapeuten, Astrologen, Aura-Healer, Aura Soma-, Ayurveda- und Bach-Blüten-Therapeuten, Bioenergetiker, Bioresonanztherapeuten, Biorhythmiker, Channeler, Edelstein- und Farbtherapeuten, Geistheiler, Handleser, Hellseher, Hildegard-Mediziner, Homöopathen, Kinesiologen, Lunatisten, NLPler, Polaritätstherapeuten, Positivdenker, Primärtherapeuten, Radiästheten, Rebirther, Reflex-, Reiki- und Reinkarnationstherapeuten, Runen-Leser, Schamanen, Tantriker, Tarotkartenleger, Tibetan Pulser, Trancetänzer, Yogis und was es sonst noch alles gibt auf dem grauen Markt esoterischer Heilverfahren.

Auch *Scientology* mußte Kursgebühren zurückzahlen. Ein pensionierter Ingenieur aus München hatte an den Angeboten des Psychokonzerns teilgenommen, im Zuge derer ihm versprochen worden war, er werde von „psychosomatischen Leiden", „Neurosen" und

„Zwängen" befreit. Zudem werde er „Tatkraft", „Befriedigung" und einen „Intelligenzquotienten hoch über dem heutigen Durchschnitt" erlangen. Die Teilnahme an den Kursen, an „geistlicher Beratung" (Auditing) sowie der Erwerb von Büchern und Kassetten kosteten ihn in kurzer Zeit über 176.000 Mark. Die verheißenen Effekte stellten sich jedoch nicht ein. Vor dem LG München forderte der Ingenieur zumindest einen Teil der Gelder, nämlich 30.000 Mark, zurück - und obsiegte. Die Anwälte von *Scientology* fochten das Urteil zunächst an, als sich jedoch abzeichnete, daß auch die Richter der nächsten Instanz kaum anders entscheiden würden, suchten sie zumindest zu verhindern, daß der Richterspruch publik werde. In einem „Vergleich" nahmen die Scientologen das Urteil schließlich weitgehend an (es wurde also nicht rechtskräftig) und zahlten den geforderten Betrag zurück unter der Bedingung, der Kläger verpflichte sich zum Stillschweigen.[275] Das Urteil sickerte trotzdem durch, es wurde der Bonner *Aktion für Geistige und Psychische Freiheit* anonym zugespielt, bei der es, neben einer Liste von über 150 weiteren Urteilen und Beschlüssen gegen *Scientology*, auch eingesehen werden kann.[276]

Nichtigkeit von Psycho-Verträgen

Grundsätzlich liegt ein Vertrag immer dann vor, wenn eine Vereinbarung über Geld und Leistung getroffen wurde; ob diese Vereinbarung schriftlich oder mündlich abgeschlossen wurde, ausdrücklich oder stillschweigend, spielt dabei keine Rolle.

Ein Psycho-Vertrag kann unwirksam (bzw. anfechtbar oder nichtig) sein, wenn/weil

1. er auf eine unmögliche Leistung (Wunderheilung, Magie etc.) gerichtet war/ist (§ 306 BGB)
2. der Kunde den Vertrag nicht eingegangen wäre, wenn er sich über dessen Inhalt nicht im Irrtume befunden hätte (§ 119 BGB)
3. er aufgrund arglistiger Täuschung (beispielsweise über die Wirksamkeit von Verfahren und Methoden oder über angeblich diagnostizierte Krankheiten) oder Drohung zustande gekommen ist (§ 123 (1) BGB)
4. die Aufklärungspflicht verletzt wurde (hinsichtlich Risiken und Gefahren der eingesetzten Methode) (vgl. LG München I Az.: 28 O 23490/92 Urteil vom 9.11.1993)
5. er gegen ein gesetzliches Verbot verstieß/verstößt (beispielsweise bei Heilbehandlung ohne rechtliche Befugnis des Behandlers als Arzt, Psychologe oder Heilpraktiker) (§ 134 BGB)
6. er gegen die guten Sitten verstößt (§ 138(1) BGB) (vgl. AG Brühl Az.: 3 C 151/98 Urteil vom 25.8.1998)
7. er die Unerfahrenheit oder den Mangel an Urteilsvermögen eines Kunden ausbeutet (etwa in Hinblick auf die Möglichkeiten und Grenzen bestimmter Verfahren) oder dessen Zwangslage, und insofern ein auffälliges Mißverhältnis zwischen Bezahlung und dafür erbrachter Leistung besteht (§ 138 (2) BGB)
8. Leistung und Gegenleistung nicht hinreichend deutlich bestimmt wurden, so daß es zu einer Vereinbarung gar nicht kommen *konnte* (§ 155 BGB)

ad. 1. Weiß ein Kunde allerdings von vorneherein, daß eine vereinbarte Leistung objektiv unmöglich zu erbringen und er zu einer Bezahlung daher nicht verpflichtet ist und bezahlt trotzdem, kann er das Geld nicht später zurückfordern (§ 814 BGB)[277] (⇨ *Was tun?*).

Auch strafrechtliche Aspekte können eine Rolle spielen: Eine ganze Reihe von „Heilern" wurde bereits wegen versuchten oder vollendeten Betrugs rechtskräftig verurteilt. Der Bundesgerichtshof beispielsweise verurteilte einen Wunderheiler zu neun Monaten (auf Bewährung), der mit dem Angebot von „Geistheilung auf astraler Ebene" enorme Geldsummen eingenommen hatte. Das Heilverfahren bestand im wesentlichen aus einem Kreuzzeichen, das er über der Stirn des Patienten machte.[278] Zu einer hohen Geldstrafe wurde eine „Heilerin" vom Amtsgericht Bonn verurteilt, die anhand von Photos kostspielige „Fernheilungen" vornahm.[279] Auch eine andere Wunderheilerin ließ ihrer „Patientin", einer magersüchtigen jungen Frau, auf „spiritistischem" Wege Heilkraft zukommen, ohne diese je zu Gesicht bekommen zu haben. Für den Vater der jungen Frau war die Heilerin, die er in der (völlig unkritischen) ARD-Sendung PSI gesehen hatte, die letzte Hoffnung auf Hilfe für seine seit mehr als vier Jahren kranke Tochter gewesen. In dieser Sendung, moderiert von Thomas Hegemann und Penny McLean-Wirschinger, hatte sie behauptet, aufgrund ihrer „sensitiven Fähigkeiten" schon ein an Multipler Sklerose erkranktes Mädchen sowie einen heroinsüchtigen jungen Mann geheilt zu haben. Für ihre Bemühungen kassierte die Wunderheilerin von dem Vater 30.000 Mark im voraus. Bei ausbleibendem Erfolg binnen drei Monaten, so verpflichtete sie sich, sei das Geld zurückzuerstatten. Obgleich die Tochter nach einem halben Jahr immer noch schwer magersüchtig war, zahlte sie keinen Pfennig zurück. Sie wurde zu zehn Monaten Freiheitsentzug auf Bewährung verurteilt mit der Auflage, sich eine geregelte Arbeit zu suchen - offiziell lebte sie von Sozialhilfe - und monatlich 200 Mark zurückzubezahlen. Sie tat beides nicht und ging stattdessen in Berufung. Ihre Fernheilung sei nur deshalb erfolglos geblieben, weil die Eltern der erkrankten jungen Frau „nicht richtig mitgemacht" hätten. Überdies, so behauptete sie in der Berufungsverhandlung, sei diese nur deshalb magersüchtig, weil sie von ihrem Vater sexuell mißbraucht worden sei. Das Urteil der ersten Instanz wurde vor dem LG München bestätigt, überdies wurde die Heilerin zur Ableistung von 100 Stunden sozialer Arbeit verurteilt. Der völlig haltlosen Verdächtigungen sexueller Übergriffe wegen kündigte der Staatsanwalt an, sie gesondert zu belangen. Ob der gutgläubige Vater sein Geld jemals wiedersieht, ist mehr als fraglich.[280] In einem anderen Fall geht es um einen Betrag in Höhe von nicht weniger als 70.000 Mark, den eine Wahrsagerin im Juni 1998 einer 34jährigen Frau aus Ludwigsburg für „Befreiung von einem Fluch" abgezockt hatte. Ursprünglich sollte die Frau 100.000 Mark aufbringen; sie erhielt von ihrer Bank indes nur besagte 70.000 Mark, die sie der Wahrsagerin überreichte. Diese verschwand mit dem Geld, konnte allerdings kurze Zeit später verhaftet werden. Es stellte sich heraus, daß sie von einer Vielzahl gläubiger Opfer jeweils fünfstellige Summen für „Entfluchungen" kassiert hatte. Das Geld ist unauffindbar.[281]

Eine hohe Haftstrafe wurde Ende 1999 gegen einen 35jährigen Versicherungsmakler verhängt, der in einschlägigen Esoterikblättern seine Dienste als „Magier" offeriert hatte: Einer psychisch angeschlagenen Frau, die sich hilfesuchend an ihn gewandt hatte, hatte er für telephonische „Lebenshilfe" in einem Zeitraum von zwei Monaten rund 130.000 Mark abgeknöpft. Das Urteil: zwei Jahre ohne Bewährung. Der Angeklagte, so das Gericht in der Urteilsbegründung, habe sich nicht nur eines Vergehens des Betruges (§ 263 Abs. 3 StGB) sondern auch eines Vergehens der Erpressung (§ 253 Abs. 1,4 StGB) schuldig gemacht, und dies in jeweils besonders schwerem Falle: Nicht nur habe er die desolate psychische Situation der Geschädigten skrupellos ausgenutzt, er habe dieser auch noch gedroht, ihr Leben sei verwirkt, wenn er nicht seine übersinnlichen Fähigkeiten einsetze, was er wiederum nur bei Zahlung eines entsprechenden Betrages tun würde.[282]

Zu einer Verurteilung wegen Verstoßes gegen § 306 BGB (unmögliche Leistung) sowie § 263 StGB (Betrug) kam es auch gegen eine Wahrsagerin, die einer Kundin in deren Wohnung die Karten gelegt und ihr aus der Hand gelesen hatte. In Ausnutzung der offensichtlichen Naivität der Kundin, wie es in der *Neuen Juristischen Wochenschrift* heißt, machte sie dieser „mit düsterer Miene vor, über ihr liege ein Fluch; um genaueres feststellen zu können, benötige sie ein rohes Ei. Bestürzt holte Frau A ein frisches Ei aus der Küche. Die Angeklagte wickelte nun das Ei in ein mitgeführtes Handtuch, murmelte einige Beschwörungsformeln darüber und drückte das Handtuch zusammen, so daß das Ei zerbrach, zeigte dann in dem wieder aufgewickelten Handtuch den Brei vor und wies auf eine schwärzliche Stelle im Dotter: Das sei der Teufel, der nachts kommen könne und deshalb unbedingt ausgetrieben werden müsse, verkündete sie der angstbebenden Frau. Auf deren beklommene Frage, wie denn dieser Teufel auszutreiben sei, erwiderte die Angeklagte, sie benötige dazu von ihr 5000 DM oder Geschirr, Bettwäsche oder Schmuck in diesem Wert. Auf den Einwand der Frau A, soviel Geld habe sie nicht zu Hause, erklärte die Angeklagte, sie werde dann eben in einigen Tagen wieder kommen und das Geld, das Frau A zwischenzeitlich auf der Bank besorgen solle, abholen. (...) Als die Angeklagte ihre Absicht, Frau A die 5000 DM abzuluchsen, verwirklichen wollte und dieser telephonisch ihren erneuten Besuch ankündigte, bekam Frau A es mit der Angst zu tun, nachdem ihr zwischenzeitlich Zweifel an den Behauptungen der Angeklagten gekommen waren. Sie rief deshalb bei der Polizei an und bat um Rat und Hilfe. Daraufhin begaben sich die Polizeibeamten I und K in die Wohnung von Frau A und instruierten sie, sie solle die Angeklagte 'hinhalten', während sie selbst im Raum nebenan das Gespräch mithören würden. Gegen 20.00 Uhr erschien die Angeklagte tatsächlich (...) und verlangte 'die 5000 DM für den Teufel', nachdem sie zuvor noch unter Kreuzschlagen angebliches Weihwasser aus einem Fläschchen verspritzt hatte." Sie wurde an Ort und Stelle festgenommen. Vor dem LG Mannheim wurde die einschlägig vorbestrafte Wahrsagerin zu sechs Monaten Freiheitsstrafe verurteilt, die gegen Zahlung von 2.500 Mark (in Monatsraten von 100 Mark) an eine gemeinnützige Einrichtung zur Bewährung ausgesetzt wurde. In der Urteilsbegründung des Gerichts heißt es, die Angeklagte habe den „objektiven und subjektiven Tatbestand des versuchten Betrugs erfüllt. Sie hat in der Absicht, sich einen rechtswidrigen Vermögensvorteil zu verschaffen, versucht, das Vermögen einer anderen dadurch zu beschädigen, daß sie durch Vorspiegelung falscher Tatsachen einen Irrtum erregte, strafbar nach §§ 263 I, II, 22, 23 StGB. (...) Der Einwand der Verteidigung, in einer freien Marktwirtschaft wie hierzulande müsse auch eine Vereinbarung über eine Teufelsaustreibung zu fairen Preisen erlaubt sein, geht fehl, denn ein Vertragsverhältnis konnte im vorliegenden Fall gemäß § 306 BGB von vorneherein gar nicht zustande kommen, weil die von der Angeklagten versprochene Leistung unmöglich ist. Es ist nämlich offenkundig, d.h. es wird von keinem verständigen Menschen bezweifelt, daß niemand 'Teufel austreiben' kann. (...) Derartige angebliche Fähigkeiten und Erscheinungen sind 'lediglich dem Glauben oder Aberglauben, der Vorstellung oder dem Wahne angehörig; sie können, als nicht in der wissenschaftlichen Erkenntnis und Erfahrung des Lebens begründet, vom Richter nicht als Quelle realer Wirkungen anerkannt werden. (...) Wie tatsächlich, so sind sie auch rechtlich indifferent, sie fallen aus dem Kreise kausaler Veranstaltungen ganz hinaus' (RGSt 33.322f. - Teufelsbeschwörung). Dabei ist es gleichgültig, nach welchen 'Regeln' eine 'Teufelsaustreibung' erfolgen soll, ob nach dem sogenannten Rituale Romanum der katholischen Kirche oder nach den Zeremonien von 'Zauberbüchern'. (...) Vereinbarungen, in denen Leistungen dieser Art versprochen werden, sind nach dem Grundsatz 'Impossibilium nulla obligatio' [Unmögliches zieht keine Verpflichtung nach sich, C.G.] nichtig."[283]

Im übrigen entbinden auch Freiwilligkeits-, Eigenverantwortlichkeits- oder sonstige Haftungsausschlußerklärungen, die die Klienten oftmals zu Beginn einer Behandlung unterzeichnen müssen, den Behandler keineswegs von seiner Sorgfalts- beziehungsweise Haftpflicht; am wenigsten entbinden sie ihn von der Erfordernis, im Besitze einer Erlaubnis zur Ausübung der Heilkunde sein zu müssen.

Die große Mehrzahl der Praktiker auf dem Psychomarkt ist formal nicht befugt zur Ausübung der Heilkunde. Ganz unabhängig davon, unter welcher Bezeichnung das Angebot firmiert - als „psychologische Beratung", „spirituelle Lebenshilfe", „kosmische Bewußtseinserweiterung" oder was auch immer -: Es unterliegt in dem Moment den gesetzlichen Bestimmungen zur Ausübung der Heilkunde (HeilPrG), in dem eine Maßnahme zur Feststellung oder Behebung einer wie auch immer gearteten Störung oder Erkrankung getroffen wird. Ein Verstoß gegen diese Bestimmungen kann schon dann gegeben sein, wenn ein nach dem Heilpraktikergesetz nicht befugter „Aromatherapeut" seinem Klienten zu „Heilzwecken" irgendein Öl auf die Stirn träufelt. Erhält die Staatsanwaltschaft Kenntnis von der unbefugten Tätigkeit eines „Heiler", *muß* sie ermittelnd tätig werden. Wegen unerlaubter Ausübung der Heilkunde wurde beispielsweise ein Sägewerksbesitzer zu einer Geldstrafe verurteilt, obwohl er vorgab, mit seiner Methode des „Magnetisierens" nur gegen „Erdstrahlen" abzuschirmen. Tatsächlich aber hatte er Kranken die Hände auf angeblich von „Erdstrahlen" befallene Körperteile aufgelegt, die er zuvor mit einer Wünschelrute ermittelt hatte. Außerdem verkaufte er Matten zum Schutz gegen die „Strahlen". Das Gericht sah darin eine erlaubnispflichtige Ausübung der Heilkunde im Sinne des Heilpraktikergesetzes, denn sein Tun habe bei den Behandelten den Eindruck erweckt, „es ziele darauf ab, sie zu heilen oder ihnen Erleichterung zu verschaffen". Die Kunden des „Magnetisierers" litten unter anderem an Durchblutungsstörungen, Kopfschmerzen, Asthma, Neuralgien und Knoten in der (weiblichen) Brust.[284] In einem Grundsatzurteil des Oberlandesgerichtes Karlsruhe heißt es hierzu:

„Das vermeintliche Befreien von Erdstrahlen mittels Wünschelrute und Handauflegen stellt (...) eine erlaubnispflichtige Ausübung der Heilkunde dar."[285]

Rechtskräftige Urteile gegen selbsternannte „Heiler" ohne Heilbefugnis liegen in großer Zahl vor; desgleichen gegen Vertreiber wundertätiger Heilmittel und Gerätschaften: Ein Elektriker beispielsweise, der zu Phantasiepreisen völlig wertlose Amulette und Tinkturen verkauft hatte, wurde wegen gewerbsmäßigen Wuchers in Tateinheit mit Betrug und unerlaubter Ausübung der Heilkunde vom Amtsgericht Gelsenkirchen-Buer zu einer Freiheitsstrafe von zwei Jahren verurteilt (die unter Anrechnung der Untersuchungshaft zur Bewährung ausgesetzt wurde). Das Gericht hielt dem Angeklagten vor, mit falschen Versprechungen zynischerweise nicht erfüllbare Hoffnungen geweckt zu haben; es habe ihm bewußt sein müssen, mit welchem Ausmaß menschlicher Probleme und menschlichen Leids sowie mit welch schweren Schicksalen er es zu tun gehabt habe.[286] Auch hier gilt: Die Staatsanwaltschaft *muß* Ermittlungen aufnehmen, wenn sie vom begründeten Verdacht eines Betruges oder versuchten Betruges erfährt (Offizialdelikte), auch wenn nicht ausdrücklich Strafanzeige erstattet wird. Ein Rutengänger aus Nürnberg etwa hatte einem Rentnerehepaar zwei „Magnetfeldgeneratoren" als angebliche „Allheilmittel" zum Stückpreis von 1.700 Mark verkauft, nachdem er den beiden älteren Herrschaften zuvor eingeredet hatte, ihre Wohnung sei in der ganzen Stadt am stärksten mit Erdstrahlen belastet. Das Ehepaar wandte sich an die lokale Presse, die ausführlich über den Fall berichtete, woraufhin sich zahlreiche weitere Geschädigte meldeten, denen ebenfalls „Magnetfeldgeneratoren" aufgeschwatzt worden waren.[287]

> Ein weiteres Verfahren wurde gegen einen gewissen Stanislaus Milewski angestrengt, der über Jahre hinweg als Seminarleiter für „Radiästhesie" (Pendeln), „Mentale Fernheilung" und „Kahuna-Magie" auf sämtlichen Esoterikmessen des deutschsprachigen Raumes zugange war. Auf diesen Messen verkaufte er auch „russisches Erdpech", „Mumio" genannt, ein angeblich seit „3000 Jahren in der östlichen Medizin erfolgreich eingesetztes" Heilmittel. Was in der klebrigen schwarzen Masse, die „innerlich und äußerlich" verwendet werden könne, enthalten ist, war auf der Packung nicht ersichtlich. Statt eines Beipackzettels erhielt der Kunde eine Auflistung all der Krankheiten, die angeblich mit „Mumio" geheilt werden können. Innerlich eingenommen helfe es unter anderem gegen Erkrankungen des Verdauungsapparates, der Leber und der Blase, gegen Sodbrennen, Übelkeit, Erbrechen und Aufstoßen, gegen Venen-, Brustdrüsen- und Mundschleimhautentzündungen sowie gegen Kopfschmerzen und Migräne; zusätzlich äußerlich angewandt soll es gegen Hämorrhoiden, Brüche, Rheuma, eitrige Wunden, Geschwüre, Ohrenentzündungen, Katarrh, Husten, Angina, Bronchitis, Asthma und Erkrankungen der weiblichen Geschlechtsorgane helfen. Ein Plastikbeutelchen mit fünf Gramm „Mumio" kostete 25 Mark. Milewski, eigenen Angaben zufolge in erster Linie „radionischer Berater", bot und bietet zudem eine umfangreiche Palette an Pendeln unterschiedlichster Formen und Größen, vom „UFO-Pendel, messing, speziell zum Testen von Chakren und Aura" (30 Mark) über das „ISIS-Pendel", das „weiße Strahlung emittiert und somit ideal [ist], um Arznei-

mittel einzuschwingen" (40 Mark) hin zum „OSIRIS-Pendel für den erfahrenen Radiästheten", das aufgrund seiner „hohen Grün-minus-Strahlung fast ausschließlich therapeutisch eingesetzt [wird], zum Beispiel bei Bakterien, Viren und Tumoren" (50 Mark). Glanzstück des Sortiments ist das „Universalpendel", das laut Milewski aufgrund seiner „elektro-magnetischen Schwingungen" sogar selbsttätig Energie erzeugen könne und daher besonders geeignet sei, „die mentale/spirituelle Ebene des Lebewesens energetisch auszugleichen" (275 Mark). Gipfel der Unverfrorenheit Milewskis ist allerdings sein selbstentwickelter „Energiegenerator". Dieser besteht aus einer dünnen Achatscheibe, auf die sechs ausgestanzte Goldfolienpunkte aufgeklebt sind. In der Mitte klebt ein kleiner synthetischer Zirkoniastein (Materialwert: drei bis fünf Mark). O-Ton aus Milewskis Prospekt: „Das in dem Generator enthaltene Prinzip des universellen Ausgleichs (...) läuft über das höhere, göttliche Selbst. (...) Man kann einfach mit Hilfe des Energiegenerators einen einfachen Schutzschild um den Körper bauen, der negative Einflüsse abweist und neutralisiert. (...) Wie die Pyramiden besitzt er die Fähigkeit, kosmische Energie zu bündeln und zu transformieren. (...) Die Goldpunkte sind Tore zum Kontakt mit den programmierten Schwingungen für Bewußtsein, Gesundheit, Erfolg, Selbstschätzung usw. Der Generator kodiert sich durch das Prinzip des universellen Ausgleichs automatisch nach den Bedürfnissen des Besitzers. (...) Er kann wie bei der Meditation auf den Körper aufgelegt werden, auf den Chakren oder auf dem Kopf. Sachkundige Personen können ihn an den Meridianen entlangführen, und die Akupunkturpunkte können mit dem Zirkoniastein gedrückt werden". Der „Energiegenerator" kostet 450 Mark.[288] Auf den Esoteriktagen in München 1995 wurde der Verkaufsstand Milewskis von der Kriminalpolizei unter die Lupe genommen, die „Mumio"-Päckchen wurden in einer aufsehenerregenden Aktion beschlagnahmt. Aufgrund einer Strafanzeige gegen Milewski wegen Verstößen gegen das Arzneimittel- und das Heilpraktikergesetz sowie Betruges beziehungsweise Verstoßes gegen die guten Sitten - und wohl auch aufgrund eines kritischen Berichtes in der lokalen Presse - schaltete sich die Regierung von Oberbayern ein. Auch die zuständige Staatsanwaltschaft nahm Ermittlungen auf, letztlich wurde Milewski zu empfindlichen Geldbußen verurteilt.[289] Auf Esoterikmessen ist er seither nur noch selten zu sehen, der Vertrieb seiner radiästhetischen Instrumente und Energiegeneratoren läuft indes ungehindert weiter.

Das Kammergericht Berlin verbot die Werbung für einen Armreif als „Bioregulator", dessen angebliche Wirkung zum Streßabbau und zur sonstigen Beeinflussung menschlichen Befindens nicht objektiv begründbar und gesichert sei, sondern höchstens auf der subjektiven Erwartung des Benutzers beruhen könne. Solche Werbung sei unlauter.[290]

Interessant ist auch ein Urteil des Schleswig-Holsteinischen Finanzgerichts, demzufolge ein eingetragener Verein mit dem Zweck der Förderung astrologischer Lehren nicht als gemeinnützig anerkannt werden könne. Ein solcher Verein fördere nicht Wissenschaft und Forschung, da die Astrologie sich nicht im logisch-objektiven Bereich bewege und, im Gegensatz zur Astronomie, keine Wissenschaft sei. Auch als Einrichtung zur Förderung von Bildung und Erziehung könne er nicht gelten, da es ihm nicht um die Vermittlung neuer Erkenntnisse gehe, sondern vordergründig um astrologische Deutungen. Und schon gar nicht erfülle er den Zweck der Förderung von Kunst und Kultur. Nach den Wertvorstellungen des Gesetzgebers, so das Finanzgericht, könne Astrologie sicherlich nicht als förderungswürdig gelten.[291]

Die beispielhaft angeführten Fälle zeigen, daß durchaus etwas gegen die zynischen Geschäftemacher auf dem Esoterikmarkt unternommen werden kann und unternommen wird. Allerdings ist nicht jeder Versuch von Erfolg gekrönt. Beispielsweise verlief eine Anfang 1995 erstattete Strafanzeige gegen eines der ältesteingesessenen Esoterik-Versandhäuser der Republik, das *Institut für Parapsychologie & Grenzwissenschaften* (IPG) im niederbayerischen Eggenfelden ergebnislos im Sande. Das bereits seit 1978 bestehende Institut annonciert regelmäßig und flächendeckend in den Bättern der Szene *(Esotera, Die Andere Realität, Grenzenlos* u.a.) mit der suggestiven Frage: „Was jeden interessiert: Hat der Mensch übersinnliche Kräfte? Die Antwort: JA!", und wirbt damit für sein Angebot an Diplom-Fernlehrgängen in Parapsychologie, Astrologie und Chirologie (Handlesen). „Von vielen tausend Menschen aller sozialer Schichten und Altersstufen" seien diese Kurse bereits erfolgreich absolviert worden, die „heute problemlos die Phänomene der Außersinnlichen Wahrnehmung wie Telepathie, Rutengehen, Pendeln, Psychometrie und Hellsehen" beherrschten. Das an Interessenten versandte Info-Material des Instituts bestätigt: „Bereits nach einigen Monaten Studium werden Sie Ihren Geist und Körper vollkommen beherrschen und in der Lage sein, telekinetisch Gegenstände zu bewegen, beispielsweise Würfel oder Roulettekugeln." Allein diese Werbeaussagen, so die Begründung der Strafanzeige gegen das IPG, müßten als bewußte Irreführung beziehungsweise Betrug gelten, da sie auf nicht erbringbare Leistungen abstellten. Überdies böte das IPG seine Fernlehrgänge ausdrücklich als medizinisch/psychotherapeutische Maßnahmen an: „Schon Tausende", wie es in den Werbeannoncen heißt, „gesundeten [durch die Fernkurse, C.G.] bei Suchtverhalten, Übergewicht und psychosomatischen Erkrankungen". In der versandten Info-Broschüre wird geraten: „Entschließen also auch Sie sich zu einem IPG-Studium. (...) Vielleicht heute noch vorhandene seelische oder psychosomatisch bedingte körperliche Störungen werden wie weggeblasen sein." Auch diese Behauptungen, so die Strafanzeige, seien irreführend beziehungsweise betrügerisch. Zum „Lehrgang 1", der für 1.990 Mark zum „Diplom-Parapsychologen" ausbildet, heißt es in der Werbebroschüre des Instituts: „Als Parapsychologe sind Sie durch die im IPG-Studium erworbenen Kenntnisse der menschlichen Psyche und des Unterbewußtseins bestens zur psychotherapeutischen Hilfe bei psychischen Störungen geeignet. Durch Ihre paranormalen Fähigkeiten können Sie Ihren Klienten selbst bei jenen Lebensproblemen zur Seite stehen, bei denen studierte Psychologen nicht mehr helfen können." Der Lehrplan weist unter anderem Telepathie, Telepathie mit Tieren und Pflanzen, Pendeln, Rutengehen, Erinnerung an frühere Erdenleben, Hellsehen und Levitation aus; nicht zu vergessen Materialisation: „Zum Abschluß des Studiums gelingt sogar die Umwandlung toter Materie in organi sche." Die beiden weiteren IPG-Kurse in „Astrologie" und „Chirologie" (je 1.110 Mark) ermöglichen angeblich, diagnostische Aussagen über den „Charakter" sowie das „Schicksal" von Klienten zu treffen. Das „Große Studium“ des IPG (alle drei Lehrgänge im Paket) kostet 3.600 Mark. Mit Beschluß vom 20.7.1995 stellte die Staatsanwaltschaft Landshut das Ermittlungsverfahren gegen das IPG nach § 170 Abs. 2 StPO ein. Aus der Begründung: „Für vollendeten Betrug fehlt es an einer konkret nachzuweisenden Vermögensschädigung. (...) Aber auch ein versuchter Betrug ist nicht gegeben. Hierfür fehlt es an den Tatbestandselementen der Irrtumserregung und Täuschung. Es ist dem Beschuldigten [Geschäftsführer Fred M. Marten, C.G.] nicht nachzuweisen, daß er mit seiner Werbung konkrete Personen über Tatsachen täuscht und bei diesen sodann einen entsprechenden Irrtum hervorruft. Es ist allgemein bekannt, daß die vom Beschuldigten angepriesenen Phänomene mit naturwissenschaftlichen Mitteln weder hervorgerufen noch nachgewiesen werden können. Somit kann schon aus diesem Grund niemand behaupten, er habe ernsthaft geglaubt, die genannten Phänomene durch ein Studium beim Beschuldigten erlernen bzw. erwerben zu können. Darüber hinaus ist es dem Beschuldigten nicht verwehrt, sich mit Erscheinungen jenseits der Naturwissenschaften zu beschäftigen und die Weitergabe seiner ‘Erkenntnisse’ auch gegen Entgelt anzubieten. Da dieser Bereich mit naturwissenschaftlicher Methode nicht nachvollziehbar ist, ist damit ebensowenig naturwissenschaftlich eine Aussage über eine eventuelle ‘Scharlatanerie’ möglich.“[292] In anderen Worten: Wer den Werbeaussagen des „Instituts“ aufsitzt und den angebotenen Unfug glaubt, ist selber schuld.

Zumindest trug die Strafanzeige gegen das IPG dazu bei, daß die Fachzeitschrift *Psychologie Heute* dessen regelmäßige Annonce aus dem Anzeigenmarkt warf und im übrigen seit Anfang 1996 sämtliche nach Augenschein unseriösen Anzeigen (Astrologie, Graphologie, Wahrsagerei etc.) konsequent zurückweist. Jahrelang hatte *Psychologie Heute* als bevorzugter Werbeträger der Szene gegolten: Durch die Placierung einer Annonce in dem reputierlichen *Beltz*-Blatt konnte selbst zweifelhaftesten Angeboten ein Anstrich von Seriosität verliehen werden. Von vielen Lesern war der eklatante Widerspruch zwischen dem seriöser Wissenschaftlichkeit verpflichteten redaktionellen Teil des Blattes und dem (von diesem völlig unabhängig gestalteten) Anzeigenteil, in dem für Reiki, Shiatsu, Tantra und selbst für Sektenorganisationen geworben wurde, heftig kritisiert worden. Auch der Redaktion selbst war der Anzeigenmarkt ein steter Dorn im Auge gewesen.[293] Selbstverständlich bieten die verbleibenden Werbeanzeigen keine *Gewähr* auf Seriosität - eine inhaltliche Überprüfung und Bewertung der einzelnen Angebote ist nicht machbar -, die ärgerlichsten Annoncen sind allerdings, zusammen mit der des IPG, verschwunden. (Das schweizerische Psychologiemagazin *Intra* steckt seit je in einem vergleichbaren Dilemma: Zum einen zählt das Heft zu den Wortführern einer kritisch-rationalen Psychologie, zum anderen sieht man sich aus wirtschaftlichen Gründen genötigt, auch Annoncen aus der Esoterikecke zu akzeptieren.)

Eine bemerkenswerte Begründung lieferte die Staatsanwaltschaft Darmstadt zur Einstellung eines Ermittlungsverfahrens gegen den amerikanischen Wunderheiler Paul Esch. Gegen diesen war Ende 1996 Strafanzeige wegen Betrugsverdachtes erstattet worden: Zusammen mit ⇨ Trutz Hardo-Hockemeyer bereist Esch seit Jahren die Lande und verspricht in esoterischen Seminarveranstaltungen, Amalgamplomben in den Gebissen der zahlenden Kundschaft unter medialer Mithilfe jenseitiger Zahnärzte in Gold zu verwandeln. Die Staatsanwaltschaft beschied hierzu: „Seit der Entwicklung der modernen Naturwissenschaften im vorigen Jahrhundert gehört die Kenntnis, daß aus anderen Elementen bestehende Materie nicht mit wissenschaftlichen Methoden in Gold umgewandelt werden kann, zur Allgemeinbildung auch in den breitesten Volksschichten. Eine derartige Umwandlung wäre nur durch ein Wunder möglich. Auch in dieser Hinsicht gehört es zur Allgemeinbildung, daß angekündigte Wunder nicht eintreten können. Ob angekündigte Wunder möglich sind und aus welchen Gründen sie ggf. dann doch nicht stattfinden, kann von den Strafverfolgungsbehörden nicht überprüft werden. Wer an Wunder glaubt und im Hinblick auf deren erhofften Eintritt Geld aufwendet, tut dies auf eigenes Risiko angesichts höherer Mächte. Da der Beschuldigte Esch ausdrücklich als 'Wunder'-Heiler auftrat, kann eine Täuschungshandlung im strafrechtlichen Sinne nicht festgestellt werden."[294]. Esch und Konsorten werden diesen Bescheid als Freibrief für künftige Auftritte verstanden haben.

5. Esoterischer Psychomarkt

> *Wie sehr muß es dem Kleinbürger und Spießer imponieren, wenn er vom wissenschaftlich aufgeputzten Scharlatan erfährt, sein höchst privates Wohl und Wehe stehe in den Sternen. Der Kirchturmhorizont konfrontiert mit dem Kosmos! - den Spießer überrinnt's eiskalt, für derart wichtig hatte er sich in seinen kühnsten Träumen nicht gehalten.*
>
> *Gerhard Zwerenz*

Im folgenden Kapitel werden die weitestverbreiteten Therapie- und Bewußtseinserweiterungsverfahren der Esoterikszene detailliert untersucht. Sofern verläßliche Daten vorliegen, wird neben einem Blick auf den geschichtlichen Hintergrund der jeweils aktuelle Stand (Verbreitungsgrad, Ausbildung der Therapeuten usw.) dargestellt. Das theoretische Konzept, falls solches existiert, wird erörtert, der Verfahrensablauf selbst wird vorgeführt. Daß konzeptionelle Überlegungen oder praktische Herangehensweisen bei den einzelnen Vertretern eines Verfahrens auch geringfügig voneinander abweichen können, versteht sich hierbei von selbst. Desgleichen, daß bei allem Bemühen, ein umfassendes Bild der Szene zu bieten, jeder Anspruch auf (begriffliche) Vollständigkeit müßig wäre; dies insbesondere deshalb, weil alle Augenblicke irgendjemand „Neues" hinzuerfindet beziehungsweise marktgesättigte oder in Kritik geratene Verfahren mit neuen Begriffen und Namen versehen werden, um Fort-, Weiter- oder gar Neuentwicklung zu suggerieren. Vielfach werden einzelne Verfahren oder Teile daraus untereinander kombiniert und unter phantasievollen Namen als „neue", eigenständige Therapieverfahren ausgegeben.

Die Wunderessenzen der Bach-Blüten-Therapie beispielsweise, die seit Anfang der 1990er zu den absoluten Verkaufsrennern zählen, werden von findigen Konkurrenzunternehmern inzwischen in über zwanzig Varianten - jede davon mit eigenem blumenreichem Namen und eigener Verordnungsliste - angeboten. Die jeweiligen „Essenzen" unterscheiden sich physikalisch in *nichts* voneinander. Selbst Verfahren, die sich hinlänglich als unbrauchbar oder auch riskant erwiesen haben, mit denen aber gute Geschäfte gemacht werden können, verschwinden nicht vom Markt, sondern werden einfach umbenannt. Nachdem Anfang der 1990er in zahlreichen Medien auf die erheblichen Gefahren des hyperventilierenden Rebirthing-Atmens hingewiesen worden war, verschwand der Begriff „Rebirthing" ziemlich schnell aus den Anzeigenseiten der einschlägigen Werbeblätter. Das Verfahren selbst wurde unter dutzenden anderer Etiketten unverändert weiterbetrieben. Inzwischen, ein paar Jahre später, firmiert Rebirthing ganz unverhohlen auch wieder unter dem alten „klassischen" Begriff. Als besonders einfallsreich im Erfinden „neuer" Verfahren gelten die Vertreter der Osho-Rajneesh-Bewegung: Elemente aus Tantra (Freisetzung sexueller Energie) und Shiatsu (eine Art Akupressur) beispielsweise werden zu einer eigenständigen „Bodywork-Technik" names Tantsu zusammengesetzt, das ganze im Wasser durchgeführt nennt sich Watsu. Der Phantasie sind keine Grenzen gesetzt. Allerdings handelt es sich bei *sämtlichen* dieser „Neuschöpfungen" bestenfalls um Ideen- und Methodenrecycling (von daher überschneiden bzw. wiederholen sich einzelne Aspekte in den nachfolgenden Kapiteln). Tatsächlich Neues hat die Szene noch nie hervorgebracht.

Viele der im folgenden dargestellten Verfahren und Ansätze sind mit wissenschaftlichen Methoden nicht faßbar. Sie gehören, so auch der Duktus einschlägiger Grundsatzurteile, „dem Glauben oder Aberglauben, der Vorstellung oder dem Wahne" an und entziehen sich insofern rationalem Zugriff. Selbst wenn man unterstellen wolle, wie es weiter in schönstem Juristendeutsch heißt, die Unmöglichkeit der von den jeweiligen Anbietern behaupteten Leistung sei nicht offenkundig, so trete insoweit zumindest eine Umkehr der Beweislast ein: „Wer sich auf parapsychologische Tatsachen beruft, deren Existenz jeglicher Lebenserfahrung widerspricht und deren Existenz auch durch naturwissenschaftliche Forschungen bislang nicht nachgewiesen werden konnte, den trifft die Beweislast für diese Tatsachen. Es ist nicht Aufgabe eines Skeptikers, jede absurde Behauptung zu widerlegen."[295]

5.1. Anthroposophie

Die anthroposophische Lehre ist untrennbar mit der Figur ihres Begründers, des Okkultfunktionärs Rudolf Steiner (1861-1925), verbunden. Schon in früher Kindheit, wie die Legende es formuliert, sei Steiners „primäre Erfahrung die der Welt des Seins hinter der sinnlichen Welt" gewesen,[296] was ihn zu einem verschlossenen Einzelgänger und Sonderling heranwachsen ließ. Während seines Mathematik- und Physikstudium an der Technischen Hochschule Wien entwickelte er Symptome, die, aus heutiger psychiatrischer Sicht, auf den Beginn einer schizoiden Persönlichkeitsstörung hinweisen.[297] Er selbst hielt diese Symptome keineswegs für solche, vielmehr, so spätere Biographen, für die Eröffnung eines Zuganges „zu jenem Bereich des verborgenen, geheimen oder 'esoterischen' Wissens, der - wie ein weitverzweigtes System unterirdischer Wasseradern - unter der Oberfläche unseres allgemeinen, geistigen und kulturellen Lebens besteht".[298]

1902 schloß Steiner sich der von Helena Blavatsky gegründeten *Theosophischen Gesellschaft* an (⇨ *Braune Aura*), der er lange Jahre als Generalsekretär in Deutschland diente. Daneben war er ab 1905 Mitglied des freimaurerischen *Memphis-Misraim-Ritus*, einer dubiosen Logenvereinigung, die der Leitung des selbsternannten „Sexualmagiers" und Phallusanbeters Theodor Reuß (1855-1923) unterstand; 1906 wurde er zum stellvertretenden General-Großmeister des Ritus ernannt. Im gleichen Jahr konstituierte Reuß den sogenannten *Ordo Templi Orientis* (auch: Order of Oriental Templars/Orienttemplerorden/O.T.O.), in dem es in erster Linie um „sexualmagische" Praktiken und Inszenierungen ging. Man befleißigte sich bestimmter aus dem Yoga bzw. Tantrismus hergeleiteter Übungen zur „Transmutation der Reproduktionsenergie", mittels derer der Adept zum mystischen „Seher" werden sollte. Per Edikt vom 17.6.1907 setzte Reuß als „Amtierenden General-Großmeister" seines neuen Ordens „S.E.Br. Dr. Rudolf Steiner, 33°.90°.96°." (so die Bezeichnung in der Ernennungsurkunde, einschließlich der verliehenen freimaurerischen Hochgrade) ein.[299] Ob Steiner nun tatsächlich *aktives* Mitglied des *Ordo Templi Orientis* war und/oder an irgendwelchen sexualmagischen Riten oder Praktiken teilnahm, ist weiter nicht bekannt.[300] Von heutigen Anthroposophen wird jede Nähe Steiners zu Reuß und dem O.T.O. jedenfalls heftig bestritten. Nicht bestritten werden kann hingegen die Tatsache, daß Steiner sich im Dunstkreis obskurster Okkultzirkel und Geheimlogen bewegte und sein Denken maßgeblich durch die Kontakte mit deren Repräsentanten beeinflußt war. (Der entscheidende Grund für die vehemente Abwehrreaktion der Anthroposophen gegen jeden Hinweis, Steiner sei womöglich doch [aktives] Mitglied des O.T.O. gewesen, dürfte in der Tatsache liegen, daß dessen britischer Zweig ab 1912 unter der Leitung des Okkultfaschisten Aleister Crowley stand, mit dem Steiner bzw. die Anthroposophie unter keinen Umständen in Verbindung gebracht werden soll [Steiner hatte offenbar auch *de facto* keinen Kontakt zu Crowley]. Selbstverständlich soll auch verhindert werden, daß Steiners Name im Kontext späterer O.T.O.-Mitläufer wie etwa L. Ron Hubbard, Gründer der *Scientology Church*[301], oder des selbsternannten Satans und mehrfachen Mörders Charles Manson[302] auftaucht. Der O.T.O. unterhält bis heute, vor allem in den USA, weitverzweigte Aktivitäten.)

Im Jahre 1913 kam es zum Bruch mit der *Theosophischen Gesellschaft*, mithin deshalb, weil Steiner sich weigerte, den von dieser drei Jahre zuvor als „Lord Maitreya", die letzte Wiederkunft Buddhas, ausgerufenen südindischen Knaben Jiddu Krishnamurti (1897-1986) als „Weltenlehrer" zu akzeptieren. Der Grund für diese Weigerung lag, neben persönlichen Ressentiments gegen einige der führenden Theosophen, in erster Linie in Steiners Beharren auf der Überlegenheit europäischer, sprich: nordischer Esoteriktraditionen über die von Blavatsky, Leadbeater und Besant favorisierten Traditionen des Ostens. Noch im selben Jahr begründete Steiner die *Anthroposophische Gesellschaft*, deren von wirren Rassismen und Okkultismen durchzogene Doktrin sich von der Lehre der Theosophen allerdings nur sehr unwesentlich unterschied.[303] Neu hinzu kam bei Steiner die „Erkenntnis", der Mensch besitze über den physischen Leib hinaus drei weitere (aurische) Leiber, die, einander jeweils übergeordnet, sich in je siebenjährigen Abständen zur Geburt brächten: Der „Ätherleib", der im Alter von sieben Jahren hinzugeboren würde, repräsentiere das Pflanzenreich und damit die Lebens- und Wachstumskräfte des Organismus, der im Alter von vierzehn Jahren sich gebärende „Astralleib" das Tierreich und damit die Instinktkräfte; der mit einundzwanzig Jahren hinzukommende „Ich-Leib" umfasse als geistiger Wesenskern des Menschen die drei anderen Leiber und trage, von Wiedergeburt zu Wiedergeburt, zu dessen Höherentwicklung bei. O-Ton Steiner: „Dieser 'Ich-Leib' ist der Träger der höheren Menschenseele. Durch ihn ist der Mensch die Krone der Erdenschöpfung. Das 'Ich' ist aber in den gegenwärtigen Menschen keineswegs eine einfache Wesenheit. Man kann seine Natur erkennen, wenn man die Menschen verschiedener Entwicklungsstufen miteinander vergleicht. Man blicke auf den ungebildeten Wilden und den europäischen Durchschnittsmenschen. (...) Sie alle haben die Fähigkeit, zu sich 'Ich' zu sagen; der 'Ich-Leib' ist bei allen vorhanden. Der ungebildete Wilde folgt aber seinen Leidenschaften, Trieben und Begierden mit diesem 'Ich' fast wie ein Tier. Der höher Entwickelte sagt sich gegenüber gewissen Neigungen und Lüsten: diesen darfst du folgen, andere zügelt er und unterdrückt sie. Der Idealist hat zu den ursprünglichen Neigungen und Leidenschaften höhere hinzugebildet. Dies ist alles dadurch geschehen, daß das 'Ich' an den anderen Gliedern der menschlichen Wesenheit gearbeitet hat. Ja darinnen liegt gerade die Aufgabe des 'Ich', daß es die anderen Glieder von sich aus veredelt und läutert."[304]

Seine „Erkenntnisse" schöpfte Steiner vornehmlich aus der sogenannten „Akasha-Chronik", einer „geiststofflichen" (sprich: nur in seinen Wahnvorstellungen existierenden) „Schrift", in der Informationen über sämtliche bisherigen und noch kommenden Entwicklungsstufen der Menschheit enthalten seien (⇨ *Hellsehen*). Der Zugang zu diesem „Weltengedächtnis", der nur Menschen mit spirituell außergewöhnlich hochentwickeltem Bewußtsein möglich sei, habe sich ihm in „okkulter Schau" eröffnet.

Auch nach der Geburt des „Ich-Leibes" setze sich die menschliche Entwicklung in „Lebensjahrsiebten" fort: „Wenn gesagt worden ist, (...) das 'Ich' arbeite an den menschlichen Wesensgliedern, dem physischen Leib, dem Ätherleib und dem astralischen Leib, und gestalte diese in umgekehrter Folge zu Geistselbst, Lebensgeist und Geistesmensch, so bezieht sich dieses auf die Arbeit des Ich an der menschlichen Wesenheit durch die höchsten Fähigkeiten, mit deren Entwicklung erst im Laufe der Erdenzustände der Anfang gemacht worden ist. Dieser Umgestaltung geht aber eine andere auf einer niedrigeren Stufe voran, und durch diese entstehen die Empfindungsseele, Verstandesseele und Bewußtseinsseele.[305]

Eine Störung in der ausgewogenen Balance der einzelnen Leiber beziehungsweise Seelen - besonders vor dem Eintritt in ein neues „Jahrsiebt" komme es regelmäßig zu einschneidenden Krisen - bedeute Krankheit. Werde beispielsweise die Entfaltung des Ätherleibes gehemmt, da dieser zu sehr „unter der Dominanz der Schwerkraft des physischen Leibes" stehe, träten Schwermut und Depression auf. Ein Ätherleib hingegen, der so dominiere, daß Astral- und Ich-Leib ihn nicht mehr bändigen könnten, zerstöre „wuchernd" den ganzen Organismus, es komme zum Ausbruch von Krebs. Die spezifischen Diagnosemethoden der Anthroposophie werden heute (angeblich) nicht mehr oder nur noch als zusätzliche Testverfahren eingesetzt. Beim sogenannten „Blutkristallisationstest" etwa mischt man Blut mit einer wässrigen Kupferchloridlösung und läßt dieses Gemisch auskristallisieren; aus der Anordnung der Kristalle wird auf den Kräftezustand einzelner Organe geschlossen. Beim „kapillar-dynamischen Bluttest" hingegen läßt man verdünntes Blut von Filterpapier aufsaugen; die Formen und Farbmuster, die dabei an den Randzonen entstehen, werden als Krankheitszeichen gedeutet.[306]

Anthroposophischer Heilkunde (entwickelt ab Anfang der 1920er von Steiner und der Ärztin Ita Wegmann) geht es vordergründig nicht um die Behandlung von Krankheitserscheinungen, sondern um die Wiederherstellung des Gleichgewichtes der Leiber und Seelen. Hierzu bietet sie eine Vielzahl eigener Medikamente und „spiritueller" Heilverfahren an. Die

Medikamente bestehen aus pflanzlichen und tierischen Bestandteilen, die vielfach in homöopathischer Zubereitung eingesetzt werden. Auch Metallen, insbesondere in „vegetabilisierter“ Form, kommt hoher Stellenwert zu: Das jeweilige Metall (meist als Metallsalz) wird hierzu in die Erde eingearbeitet; in dergestalt präpariertem Boden wachsende Heilpflanzen seien nach drei Jahren ganz „vom Metallprozeß durchdrungen“ und könnten zur Heilung von Ich-Leib-Problemen eingesetzt werden. Die Zuordnung einzelner Präparate zu bestimmten Erkrankungen - Blätter der Walderdbeere etwa gegen Funktionsstörungen der Leber - ist rational ebensowenig nachzuvollziehen, wie deren rituelle Zubereitungsart: Bienen und rote Ameisen beispielsweise müßten lebend zermalmt oder püriert werden, um ihre „Lebenskraft“ in das Medikament zu übertragen.[307] Anthroposophische Heilmittel unterliegen, ähnlich wie die Mittel der Homöopathie, einer gesetzlichen Ausnahmeregelung: Ihre Wirkung muß nicht anhand der wissenschaftlichen Kriterien nachgewiesen werden, die Maßstab der Zulassung jedes anderen Medikaments sind. Eine klinisch-kontrollierte Arzneimittelprüfung außerhalb des anthroposophischen Binnenkontexts findet nicht statt.[308] Auch Nebenwirkungen, beispielsweise der verwendeten Blei- und Quecksilberpräparate, werden nicht kontrolliert überprüft.[309] Bezeichnend ist insofern das Krankheitsverständnis anthroposophischer Medizin: „Jede Krankheit hat ihre eigenen und oft vielschichtigen Entstehungsbedingungen. Ihre Wurzeln können im vergangenen Erdenleben liegen, (...) Karma wirkt aus der Vergangenheit. Gegen diese Schicksalsbestimmung kann der Arzt nicht heilen.“[310]

Zu den bekanntesten Medikamenten der anthroposophischen Heilkunst zählen Mistelpräparate, die in erster Linie gegen Krebs eingesetzt werden. Der Glaube an die Wirkkraft der Mistel liegt in erster Linie im Analogiedenken der Anthroposophen begründet: Wie beim Krebs handle es sich auch bei der Mistel um einen Schmarotzer; wie der Krebs, der sich dem normalen Zellwachstum widersetze, widersetze sich auch die Mistel den Gesetzen der Natur: Sie blühe im Winter, berühre die Erde nicht und wachse nicht dem Sonnenlicht entgegen.[311] Laut Steiner hingegen (dessen Vorstellungen bis heute die anthroposophische Krebstherapie bestimmen[312]), habe man „in den Kräften der Mistel das exakte Gegenbild zum Auseinanderweichen der Wesensglieder beim Entstehen der Krebskrankheit vorliegen, ein wirklich kausales Heilmittel“, denn: „Die Mistel übernimmt als äußere Substanz dasjenige, was wuchernde Äthersubstanz beim Karzinom ist, verstärkt dadurch, daß sie die psychische Substanz zurückdrängt, die Wirkung des astralischen Leibes und bringt dadurch den Tumor des Karzinoms zum Aufbröckeln, zum In-Sich-Zerfallen.“[313] Wie die *Stiftung Warentest* kritisiert, tauche in der speziellen anthroposophischen Diagnosestellung sehr oft der Begriff „Präkanzerose“ (Vorstadium eines Krebses) auf: „Vorsorglich werden dann Mistelinjektionen empfohlen. Die Mitteilung ‘Präkanzerose’ kann Menschen in lebensgefährdende Ängste stürzen. Das ist umso verantwortungsloser, als diese ‘Diagnostik’ oft aus unbewiesenen Behauptungen besteht. Was jahrelange wiederholte Mistelinjektionen bewirken, ist nicht bekannt.“[314]

Zur anthroposophischen Heilkunde zählen neben dem Einsatz von Medikamenten (zur Verminderung des „Einwirkens ätherischer Strukturen in den seelischen Bereich“) auch äußere Behandlungen wie Bäder, rhythmische Massagen und Gymnastik (welche die „Lebensprozesse wieder an den physischen Leib zurückführen" sollen)[315]; die Umstellung der Ernährung auf vegetarische Kost spielt eine bedeutende Rolle.

Hinzu kommt eine eigene Form der Gesprächstherapie (eine Art erweitertes Anamnesegespräch) sowie eine ganze Reihe „spiritueller" Übungswege: In der Maltherapie wird mit Wasserfarben die „Farbe der Krankheit" zu Papier gebracht, aus der der Patient sich zu lichten Heilfarben emporarbeiten soll. Depressive etwa werden angeleitet, aus dunklem Blau zu hellen Rot- und Gelbtönen zu finden. In ähnlicher Weise werden mit Holz oder Knetmasse Gestaltungsübungen durchgeführt. Die emotionalen Erfahrungen während des Übens werden therapeutisch nicht weiter bearbeitet. Die anthroposophische Musiktherapie besteht im wesentlichen darin, daß der Therapeut einzelne Töne auf einem Instrument (etwa einer Leier) vorträgt; der Patient tritt mit einem anderen Instrument hierzu in einen „musikalischen Dialog". Auch hier erfolgt in der Regel keinerlei klinisch-therapeutische Weiterbearbeitung. In der „Therapeutischen Sprachgestaltung" werden die Patienten zu rhythmischer Rezitation und Deklamation bestimmter Texte angeleitet. Dazu kommen besondere Schauspielübungen, über die zu „neuen Möglichkeiten des Selbstausdrucks" hingeführt wird. Als anthroposophisches Übungsverfahren schlechthin gilt die Heileurythmie: Jedem Vokal, Konsonanten und Ton wird eine spezifische Bewegung oder Geste zugeordnet, durch die ihrerseits bestimmte Empfindungen zum Ausdruck gebracht werden sollen. Gedichte oder Musikstücke lassen sich dergestalt (einzeln oder in Gruppen) choreographisch darstellen.

In der Biographiearbeit wird der Patient angeleitet, in distanzierter Rückschau auf sein bisheriges Leben den „roten Faden" seines Schicksals zu entdecken, der sich an immer wiederkehrenden Konflikten und Themen abzeichne. Schwerpunkt der Betrachtung liegt auf den Entwicklungsphasen der „Lebensjahrsiebte" und den „Krisen" an deren Übergängen. Modellhaft werden hierzu die Biographien berühmter Menschen (vor allem von Goethe) studiert. Ziel der Arbeit ist das Annehmen der „auferlegten Schicksalsnotwendigkeiten" (Krankheiten, Unfälle etc.). Da diese von Engeln koordiniert würden - „man kann sagen, daß der Engel (...) dafür sorgen will, daß das Schicksal auch im richtigen Augenblick wirksam wird"[316] -, sei Kontaktnahme zu diesen unabdingbar. Hans-Werner Schroeder, seit 1978 in der Leitung der „Freien Hochschule" der Anthroposophen tätig, führt zur Frage, wie man solchen Kontakt herstellen könne, folgendes aus: „Durch geistiges und religiöses Leben im allgemeinen - denn in den damit verbundenen Vorstellungen und Empfindungen kann auch der Engel mitleben. Aber dann vor allem durch Schicksalsvertrauen und durch Dankbarkeit für das, was man als Gutes, Schönes, Anregendes usw. täglich empfängt. Dank für das Schicksal - vielleicht sogar auch für das Schwierige, das uns reift und fördert - verbindet uns unmittelbar mit unserem Engel und gibt ihm die Möglichkeit, umso intensiver das zu bewirken, was uns in unserem Schicksal beglückend oder herausfordernd weiterbringt."[317]

Den anthroposophischen Übungswegen kann ähnlicher Wert zugesprochen werden wie Meditationen, als eigenständige Therapieverfahren können sie jedoch nicht gelten. Die behaupteten Erfolge bei depressiven, zwanghaften oder phobischen Störungen dürften (sofern sie denn zutreffen) in erster Linie auf die besondere persönliche Zuwendung zurückzuführen sein, die der Patient im Kontext anthroposophischer Einrichtungen in der Regel erfährt. Für psychisch labile Menschen kann allerdings eine Umgebung, in der ständig auf „Engel", „Geistwesen" oder „luziferische (wahlweise: ahrimanische) Mächte" abgestellt wird, auch sehr gefährlich werden: Derlei spiritistische Hirngespinste können Wahnvorstellungen (aus denen heraus ein Patient sich überhaupt zur Anthroposophie hingezogen fühlen mag) unterhalten und verschärfen, selbst psychotische Schübe können ausgelöst werden.[318] (Ahriman, eine finstere Figur aus der altpersisch-zarathustrischen Vorstellungswelt, und Luzifer sind für Anthroposophen ebenso reale, ständig ins menschliche Dasein eingreifende Wesen, wie all die Angeloi, Archangeloi, Exusai, Kyriotetes, Seraphime etc., von denen Steiner ununterbrochen daherphantasierte.[319]) Ein übriges tun die Vorstellungen von Karma und Wiedergeburt, die, neben dem permanenten Engel- und Geistergeschwätz, insbesondere die Biographiearbeit durchziehen. Steiner: „Der Menschengeist muß sich immer wieder und wieder verkörpern; und sein Gesetz besteht darin, daß er die Früchte des vorigen Lebens in die folgenden übernimmt."[320] Die vielkolportierte Behauptung, anthroposophische Heilkunde basiere nicht auf Weltanschauung sondern auf wissenschaftlicher Erkenntnis,[321] ist insofern grotesk.

Bei der *Anthroposophischen Gesellschaft* handelt es sich um die mit Abstand bedeutendste und bestetablierte Esoterikgruppierung - sieht man von den Großkirchen ab - des deutschsprachigen Raumes. Sie verfügt über weitverzweigte Wirtschaftsbetriebe (*Wala, Weleda, Demeter*), über eigene Banken, Verlage, Film- und Fernsehproduktionsstätten, Krankenhäuser, Studienzentren und sogar eine eigene Hochschule (Witten/Herdecke); finanzkräftige Unterstützung erhält sie unter anderem von Konzernen wie *Siemens, Bertelsmann* oder der *Hussel Holding*. Ihre Mitgliederzahl liegt in der Bundesrepublik bei etwa 20.000 Menschen, rund fünfzigmal soviele stehen ihr nahe. Selbst die Berliner *Tageszeitung (taz)* wartet regelmäßig mit redaktionell aufgemachten Werbebeilagen zum Thema Anthroposophie auf.

Im November 1996 verabschiedete die bundesweit angelegte *Initiative zur Anthroposophie-Kritik* (IzAK) eine Resolution, die darauf hinwies, daß die Anthroposophie „mit einer demokratischen Verfassung, dem Grundgesetz der Bundesrepublik Deutschland, der UN-Konvention über die Rechte des Kindes von 1989 und der Allgemeinen Erklärung der Menschenrechte vom 10.12.1948 nicht vereinbar" sei. Insbesondere wird kritisiert, daß eine „autoritäre Sekte, die an Reinkarnation und Karma, an 'Äther-', 'Astral-' und andere Leiber glaubt", durch höchste Regierungsstellen anerkannt und aus Steuermitteln (mit rund einer halben Milliarde Mark pro Jahr allein an Betriebskostenzuschüssen) gefördert werde. Der Deutsche Bundestag, das Europaparlament, UNESCO und UNICEF wurden unter Vorlage einer Dokumentation über „Steiners Irrlehre" zu sofortigem Handeln aufgefordert.[322] Bis heute, wie die IzAK Mitte 2000 mitteilte, sei indes „keine einzige sachgerechte Antwort" eingegangen. Seit Ende 1998 gibt die IzAK ein in loser Folge erscheinendes Informations- und Thesenpapier *STOP dem Anthroposophen-Kult* heraus, in dem der Wirrsinn der Steinerschen Lehre anhand originaler Textbeispiele aufgedeckt wird (seit Ende 1999 auch im Internet einsehbar).[323] Für Eltern gibt es eine eigene Info-Broschüre: *Waldorf - nein danke!!*

Die Reaktion der Anthroposophen auf vorgetragene Kritik entspricht vielfach der, die man von sektoiden Organisationen wie Scientology gewohnt ist: konzertierte Protestbriefaktionen, Einstweilige Verfügungen, Klagen wegen Beleidigung, Verleumdung, Geschäftsschädigung etc.; darüberhinaus persönliche Beschimpfung, Diffamierung und Verfolgung der jeweiligen Kritiker, denen man, selbst wenn es sich um ehemalige Waldorfschüler oder -lehrer handelt, jedwede Kompetenz zur Beurteilung der anthroposophischen Lehre abspricht. Kritische Publikationen sucht man über permanenten juristischen Druck vom Markt zu drängen: Allein gegen den *Alibri*-Verlag wurden innerhalb kürzester Zeit zwei Klagen angestrengt.[324] Bezeichnend ist insofern auch die Reaktion der Anthroposophen auf einen Beitrag des ARD-Nachrichtenmagazins *Report* vom 28.2.2000, in dem, unter Hinweis auf eine Untersuchung der Sektenkommission des französischen Parlaments der Vorwurf (zumindest latent) rassistischer und antisemitischer Inhalte anthroposophischer Weltanschauung problematisiert wurde.[325] Die ARD wurde mit einer Flut an Protestbriefen und Gerichtsverfahren überzogen,[326] der bildungspolitische Waldorf-Sprecher Detlef Hardorp verlautbarte, der Sender habe sich „vor den Dreckskarren einiger hartgesottener Anti-Waldorf-Missionare spannen lassen".[327] *Report* ließ sich indes nicht einschüchtern: In einer Folgesendung vom 10.7.2000 fand der Vorwurf rassistischer Lehrvorgaben an Waldorfschulen ausdrückliche Bestätigung: Das Bundesfamilienministerium sah sich vor dem Hintergrund der ARD-Recherchen genötigt, sofortigen Verbotsantrag gegen ein anthroposophisches Lehrbuch (E. Uehli: *Atlantis und das Rätsel der Eiszeitkunst.* Stuttgart, 1980 [3. Auflage]) zu stellen.[328]

Besonders perfide ist im übrigen der Versuch der Anthroposophen, durch den ständig vorgetragenen Hinweis auf das Verbot ihrer Organisation im Dritten Reich heutige Kritiker in eine rechte Ecke zu stellen. In der Tat wurden die *Anthroposophische Gesellschaft* und die Waldorfschulen durch die Nazis aufgelöst, nicht allerdings irgendeiner Rolle im Widerstand wegen (wie man heute gerne glauben machen will), sondern *trotz* vielfältiger Anbiederung seitens des Vorstandes und trotz (bzw. gerade *wegen*) unübersehbarer ideologischer Gemeinsamkeiten.[329] Ernst Bloch hielt die Anthroposophie selbst für faschistoid, er kommentierte seinerzeit: „Offenbar verhindert nur der starke Anteil anderer Länder an der anthroposophischen Bewegung, daß diese geschlossen zu Hitler übergeht."[330]

5.1.1. Waldorfpädagogik

Ihren größten gesellschaftlichen Einfluß nehmen die Anthroposophen über ihr weltweites Netz von etwa 600 Waldorfschulen und -kindergärten. Allein in Deutschland gehen mehr als 70.000 Kinder und Jugendliche auf eine von 172 Anthroposophenschulen. Zur Prominenz unter den Waldorf-Eltern zählt die langjährige bayerische Kultusstaatssekretärin und spätere Kultusministerin Monika (Strauß-)Hohlmeier (CSU), die ihre beiden Kinder bei den Anthroposophen eingeschult hat. Auch Bundesinnenminister Otto Schily (SPD) gehört zum Freundeskreis der Waldorfschulen,[331] der einflußreichste Gönner aus Politik, Wirtschaft und Kultur umfaßt. Besonders zu erwähnen ist in diesem Zusammenhang der frühere Waldorfzögling Michael Ende, dessen Erfolgsroman *Die unendliche Geschichte* wesentlich zur Verbreitung theosophisch-/anthroposophischen Gedankengutes beitrug. Die Münchner *Neue Constantin*, die den Bestseller Endes zu einem 60-Millionen-Spielfilm aufbereitete, warb für diesen völlig ungeniert mit dem Theosophensymbol des „Uroboros", einer sich in den Schwanz beißenden Schlange.[332]

Die Waldorfpädagogik (benannt nach der ersten anthroposophischen Schule, die 1919 von den Stuttgarter Waldorf-Astoria-Tabakwerken eingerichtet wurde) orientiert sich streng an der Steinerschen „Entwicklungslehre": Die ersten sieben Lebensjahre stehen unter dem Motto „Die Welt ist gut" und der erzieherischen Formel „Vorbild und Nachahmung". Zunächst wird dem Kind nichts erklärt, Fragen werden ausweichend beantwortet. Hingegen wird großer Wert auf die Einrichtung und Farbgestaltung der Kinderzimmer sowie die Auswahl geeigneten (Holz-)Spielzeugs gelegt. Mit dem Zahnwechsel erfolge die Geburt des „Ätherleibes", die folgenden sieben Jahre stehen unter dem Motto „Die Welt ist schön". Der Unterricht in den ersten Klassen ist ausgefüllt mit Geschichten, Fabeln, Legenden und Bildern, vor allem die Märchen der Gebrüder Grimm finden vielfältigen Einsatz. Wie ein roter Faden durchziehen die Geschichten von Hänsel und Gretel, von Dornröschen, Aschenputtel, Rotkäppchen oder den Sieben Raben den Waldorf-Unterricht. Die Märchen werden erzählt, nacherzählt, gespielt, getanzt, gemalt, selbst für die Rechenstunde werden sie herangezogen (⇨ *Märchentherapie*). Erzählstoff wird vielfach auch dem Alten Testament entnommen (auf Steiners Anweisung hin aus einer Bibelübersetzung von 1884 - laut Elternberichten teilweise bis heute). Alles ist irgendwie „übersinnlich". Auch die Grundschulvorlesebücher bieten in erster Linie Märchengeschichten. In dem vielbenutzten Buch *Der Sonne Licht* ist etwa von Tannenbäumen die Rede: Einst habe der „Heiland" in einem Wald Schutz vor Regen gesucht, von allen Laubbäumen aber habe es getropft. „Nur die Tanne breitete schützend und liebend die Arme aus, und er fand Sicherheit unter ihren Zweigen. Dankend verließ er den Zufluchtsort und sprach über die Tanne den Segen aus, daß sie Sommer und Winter grün sein sollte."[333] Normaler Unterricht, der (altersentsprechend) die tatsächlichen Vorgänge in der Natur erklärt, kommt praktisch nicht vor; vielmehr soll „fühlendes Verstehen" geweckt werden. Steiner: „Was nützt es im höchsten Sinne, wenn jungen Menschen alle möglichen Mineralien, Pflanzen, Tiere, physikalischen Versuche gezeigt werden, wenn das nicht damit verbunden wird, die sinnlichen Gleichnisse zum Ahnenlassen der geistigen Geheimnisse zu verwenden."[334] Es könne einem Menschen nichts Schlimmeres zugefügt werden, als wenn man ihn zu früh an das Denken heranführe: „Man muß die geistige Führung des Kindes so leiten, daß sie in den Organismus in der richtigen Weise hineinwirkt, daß man zum Beispiel nicht so durch das Überladen mit Gedächtnisstoff bei dem Kinde wirkt, daß in späterem Alter Stoffwechselkrankheiten hervorkommen."[335] Erst der im Zuge der Pubertät sich gebärende „Astralleib" befähige zu eigenständigem Urteil. Das Motto heißt nun „Die Welt ist wahr". Ab der 6. Klasse werden Waldorfschüler folglich auch in Physik und Chemie unterrichtet, was allerdings nicht Abstandnahme vom verquasten Weltbild Steiners bedeutet. In einem Seminarpapier zum Physikunterricht der Oberstufe heißt es, der Schüler lerne „die Unterschiede der Lichtquellen und ihre physikalischen Funktionen kennen. Gleichzeitig lernt er (...), daß die Qualität des Lichts einer Kerze, einer Glühfadenbirne und einer Neonröhre sehr unterschiedlich ist, nämlich darin, daß in der Kerze gute Wesenheiten zu Hause sind, und in der Neonröhre der menschlichen Seele sehr schadende dämonische Geister sich wohlfühlen und daß man darauf achten soll, in wessen Lichtreichweite man sich befindet."[336] Im Fach „Himmelskunde" werden unhaltbare lunatistische Vorstellungen verbreitet, selbstredend wird auch breitausgewalzt auf den astrologischen Tierkreis bezug genommen.[337] Tatsächlich, wie der Bremer Erziehungswissenschaftler Freerk Huisken anmerkt, finde in der Waldorfschule, ob nun „Mathematik, Physik oder handwerkliche Betätigung dran ist, irgendwie immer Religionsunterricht statt. Den letzteren gibt es natürlich auch noch als selbständiges Fach."[338] (Konsequenterweise gelten die Evolutionslehre Darwins, der Marxismus oder Freuds Idee einer menschlich-psychischen Evolution als Werke ahrimanischer bzw. luziferischer Kräfte.[339])

Steinersche „Naturlehre" bedeutet beispielsweise die Erkenntnis, daß die Maus „zu oberflächlich inkarniert" sei und sich daher zeitlebens nach dem Tode sehne: „Wohlgefühle begleiten ihre Lösung von der unzulänglichen Körperlichkeit, an die sie sich gekettet fühlte (...). Daß die Katze noch einige Zeit mit der halbtoten Maus spielt, verlängert dem Opfer geradezu den Genuß des Sterbens."[340] Derlei verblüffende Einsicht in die Psyche von Kleinnagern geht einher mit der Erkenntnis Steiners zur Haarfarbe des Menschen: „Die blonden Haare geben eigentlich Gescheitheit, geradeso, wie sie wenig in das Auge hineinschicken, so bleiben sie im Gehirn mit ihren Nahrungssäften, geben ihrem Gehirn die Gescheitheit. Die Braunhaarigen und Braunäugigen und die Schwarzhaarigen und Schwarzäugigen treiben das, was die Blonden ins Gehirn treiben, in die Augen und Haare hinein. Daher werden sie materialistisch, sehen nur auf dasjenige, was man sehen kann, und es muß durch geistige Wissenschaft ausgeglichen werden. Man muß also eine Geisteswissenschaft haben in dem Maße, als die Menschheit mit der Blondheit die Gescheitheit verliert."[341] (Es gewinnen, wie die *Wiener Zeitung* schreibt, diese „auf den ersten Blick nur absurden Sätze von Rudolf Steiner eine erschreckende Dimension, wenn man weiß, daß zur selben Zeit ein gewisser Lanz von Liebenfels, ein geistiger Wegbereiter Adolf Hitlers, ganze Bücher [gemeint ist die ab 1905 erscheinende *Bücherei der Blonden und Mannesrechtler*, C.G.] mit seinen Fantasien von der Herrschaft der Blondhaarigen und Blauäugigen füllte"[342] [⇨*Braune Aura*]).

Kein Wunder, daß die stolz vorgetragene Erfolgsquote von 85% beim Ablegen des staatlichen Abiturs sich als reine Augenwischerei herausstellt: Die Hälfte aller Schüler, so das Kultusministerium Nordrhein-Westfalen, werde gar nicht erst zur Prüfung zugelassen.[343] Aus diesem Nicht-Erreichen der staatlichen Norm läßt sich allerdings nicht schließen, Waldorfschüler unterlägen keinem Leistungsdruck. Vor allem in den Klassen der Oberstufe ist ein Unterschied zu staatlichen Schulen kaum mehr auszumachen.[344]

Sport (in üblichem Sinne) gibt es an Waldorfschulen praktisch nicht. Stattdessen steht Eurythmie auf dem Lehrplan, bei der in Gewändern aus pastellfarbener Seide elfenhafte Tänze aufgeführt werden. Auffällige Kinder werden einer speziellen Heileurythmie unterzogen. Nach Aussagen ehemaliger Waldorflehrer werde mithin auch zu anderen Methoden der Disziplinierung gegriffen: Unbotmäßige Schüler würden vor der gesamten Klasse an den Pranger gestellt, in schwerwiegenderen Fällen für die ganze Schule sichtbar als Störer gekennzeichnet; hypermotorischen Kindern würden die Hände schon mal mit Pflaster an die Schulbank geklebt,[345] auch körperliche Züchtigung, eine „schallende Ohrfeige" etwa, sei durchaus probates Mittel „kindgemäßer Erziehung".[346] Auch wenn es sich hierbei vielleicht um Einzelfälle handelt - die Waldorfschulen sind in ihrem Vorgehen nicht weisungsgebunden -: Steiner-Pädagogik läßt Gewalt als Erziehungsmittel ausdrücklich zu. So schreibt Waldorfpädagoge Erich Grabert in seinem 1989 in zehnter unveränderter Auflage erschienenen Standardwerk *Die Strafe in der Selbsterziehung und in der Erziehung des Kindes*: „Wenn man also sagen wollte, es [das Schlagen, C.G.] sei unter allen Umständen falsch, (...) so wäre das abstrakt, wäre lebensfremd. Es gibt eben Fälle, wo keine Zeit zu verlieren ist, und es gibt Kinder, denen man vor allem anderen erst einmal imponieren muß, bei denen man sich erst in Respekt setzen muß, ehe man überhaupt mit irgendwelchen erzieherischen Maßnahmen beginnen kann. (...) Es kann durchaus Notwendigkeiten geben für körperliche Strafen und auch gute Resultate, die daraus entspringen."[347] Auch Steiner hält Prügel [e.c. „Ohrfeigen"[348]] für durchaus legitim, denn: „eine körperliche Strafe, von einer respektierten erwachsenen Person erteilt, kann mitunter einen günstigen, aufschreckenden Effekt haben".[349] Um derartige Übergriffe und Mißhandlungen öffentlich zu machen, hat sich in Herne unter dem Namen *Distel-Bund* eine Interessengemeinschaft Waldorf-Geschädigter gegründet.

Üblicherweise sind die Waldorfschüler während der ersten acht Jahre in fast allen Fächern ein und derselben Lehrkraft ausgesetzt. Durch diese Fixation auf *eine* mit Allmacht (zumindest aus der Sicht der Kinder) ausgestattete und sich als allwissend präsentierende Lehrerfigur - über regelmäßige „Hausbesuche" wird auch auf das Elternhaus Einfluß genommen - werden die Waldorfschüler zu extremer Autoritätshörigkeit hinerzogen. Die im Grundschulunterricht vielfach eingesetzten „Volksmärchen", deren „Moral" fast durchwegs auf Anpassung und gewaltsam erzwungenen Gehorsam hinausläuft, tun hierzu das ihre. Im übrigen hält Steiner die Autorität des Lehrers - in der Regel wird strenger Frontalunterricht veranstaltet - für unabdingbar: „Um reif zum Denken zu sein, muß man sich die Achtung vor dem angeeignet haben, was andere gedacht haben. Es gibt kein gesundes Denken, dem nicht ein auf selbstverständlichen Autoritätsglauben gestütztes gesundes Empfinden für die Wahrheit vorausgegangen wäre."[350] Das Kind solle „etwas als wahr empfinden, wenn der selbstverständlich innig verehrte Lehrer es als wahr empfindet".[351]

Konditioniert seit frühester Kindheit, wie Nicolai Berdjajew es formuliert, seien die Anthroposophen „autoritätsgebundener und dogmatischer als die orthodoxesten Katholiken".[352] Anders ließe sich wohl auch nicht erklären, daß die offenkundig paranoide Symptomatik, die sich quer durch Steiners Äußerungen zieht, von dessen Anhängern derart widerspruchslos hingenommen und noch das Unsinnigste zur Offenbarung schlechthin verklärt wird. Zur Verdeutlichung ein Steiner-Exkurs zu den „spirituellen, kulturgeschichtlichen und sozialen Hintergründen der Waldorf-Pädagogik": „Wenn der Mensch vor Ihnen steht, so ist dieser Mensch eben durchaus dasjenige Wesen, von dem wir in der anthroposophischen Geisteswissenschaft sprechen. (...) Wir sehen dasjenige, (...) was als physischer Leib vor uns steht, so wie es ist, nur deshalb, weil es durchdrungen ist von Ätherleib, astralischem Leib und Ich. Dasjenige, was als physischer Leib ist, das ist (...) so lange wir leben zwischen der Geburt und dem Tode, Leichnam. Und eigentlich, wenn wir einen menschlichen Leichnam vor uns haben, so haben wir in Wahrheit den physischen Leib des Menschen vor uns.

Wenn Sie den Leichnam sehen, dann haben Sie den physischen Menschen, ohne daß er durchdrungen ist von Ätherleib, astralischem Leib und Ich. Er ist von diesen verlassen und zeigt gewissermaßen seine Wesenheit. Sie stellen sich selber daher nicht richtig vor, wenn Sie das, was Sie vermeinen als den physischen Leib des Menschen aufzufassen, glauben mit sich durch den Raum herumzutragen; Sie würden sich viel richtiger sich selber vorstellen, wenn Sie sich dächten und sich so begreifen würden, daß Ihr Ich, Ihr astralischer Leib, Ihr Ätherleib diesen Leichnam durch den Raum trägt.“[353] Reichlich grotesk erscheint vor dem Hintergrund solcher Steiner-Auslassung die Behauptung des Waldorfpädagogen Arno Pillwein: „Bei Anthroposophie ist das Einstiegstor wissenschaftliches Denken: Wird es entsprechend geschult, können kristallklare Einsichten in Mensch, Welt und Kosmos entstehen.“[354]

In einer kritischen Stellungnahme der Evangelischen Kirche heißt es: „Alles, was an den Waldorfschulen geschieht, ist in Methodik und Inhalt auf die Natur des Menschen abgestellt - so wie R. Steiner sie in seiner übersinnlichen Erkenntnis geschaut haben will. Nichts verdankt sich den Forschungsergebnissen einer nicht-anthroposophischen Wissenschaft (etwa Psychologie oder Pädagogik). Steiner hat gültig festgestellt, was für den Menschen in der Entwicklungszeit gut ist - und daran halten die Waldorfschulen bis zum heutigen Tag fest.“[355] Die ständig nach außen getragene Behauptung der Antroposophen, an den Waldorfschulen werde weltanschauungs*neutraler* Unterricht betrieben, ist insofern absurd: Waldorfpädagogik ist ohne die verworrenen Ideen und Wahngespinste Rudolf Steiners nicht denkbar. In den Unterlagen des Lehrerseminars für Waldorfpädagogik (Kassel) heißt es denn auch ganz ausdrücklich, es würden in der Aus- und Fortbildung zum Waldorflehrer „drei Bildungsrichtungen verfolgt: I. Anthroposophie, weitgehend anhand Grundschriften R. Steiners (...). II. durch Anthroposophie erweiterte Fachwissenschaften: Mathematik, Physik, Chemie, Biologie (...). III. Künstlerische Übungen als persönlicher Schulungsweg in Eurythmie, Malen, Schwarz-Weiß-Zeichnen (...)“. Eigens hingewiesen wird auf „Anthroposophische Menschenkunde“.[356]

Aufschlußreich in Hinblick auf die Vorgaben anthroposophischer Pädagogik sind auch die Recherchen des ARD-Politmagazins *Report*. In der bereits erwähnten Sendung vom 10.7.2000 wurde aufgedeckt, daß ein 1936 von Steiner-Schüler Ernst Uehli verfaßtes (und 1980 neuaufgelegtes) Werk mit dem Titel *Atlantis und das Rätsel der Eiszeitkunst* sich noch 1998 auf einer offiziellen Literaturliste für Waldorflehrer zur Vorbereitung für den Geschichtsunterricht der 5./6. Klasse fand. Das von abstrusen Rassismen und verquaster Arierverherrlichung durchzogene Buch Uehlis („Der heutige Neger ist kindlich, ist ein nachahmendes Wesen geblieben“... „Der Keim zum Genie ist der arischen Rasse bereits in ihre atlantische Wiege gelegt worden“ etc.) wurde dem Bundesfamilienministerium vorgelegt, das, ähnlich wie das Präsidium des *Deutschen Lehrerinnen- und Lehrerverbandes*, zu einem vernichtenden Urteil kam: „In diesem Buch gibt es Aussagen über eine Rassensystematisierung. Es wird von Negern gesprochen, die einfach nicht weiterentwicklungsfähig seien, und es werden andere Rassen dargestellt, die im Grunde Zerfallserscheinungen haben (...). Insoweit erfüllen die Aussagen dieses Buches aus unserer Sicht zweifelsfrei einen Sachverhalt, der unter den Begriff der Rassendiskriminierung fällt." Das Ministerium stellte umgehend einen Verbotsantrag.[357]

Der *Bund der Freien Waldorfschulen*, wie die Berliner *Tageszeitung*, mittlerweile von ihrer indifferenten Haltung der Anthroposophie gegenüber deutlich abgerückt, kommentierte, sei „nur noch einen Fußbreit vom pädagogischen Desaster entfernt".[358] Denn, wie sie ein paar Tage darauf nachschob, rassistische Positionen wie die Uehlis seien „nicht nur eine zufällige Entgleisung, sondern zentraler Bestandteil der Anthroposophie Rudolf Steiners".[359]

5.2. Aromatherapie

Der Begriff Aromatherapie wurde 1928 von dem französischen Chemiker René-Maurice Gattefossé eingeführt, der mittels zahlreicher Selbstexperimente die Heilwirkung von Duftstoffen erforscht hatte. Ganz besonders hatte Gattefossé sich mit den antibakteriellen Wirkungen bestimmter ätherischer Öle befaßt, seine Untersuchungen wurden aber im Zuge der Entwicklung antibiotischer Wirkstoffe nicht weiter verfolgt.[360]

In den 1950er Jahren wurden Gattefossés Arbeiten von dem französischen Militärarzt Jean Valnet aufgegriffen, der den - im Vergleich zu Antibiotika weitaus billigeren - ätherischen Ölen aufgrund ihrer (leicht) desinfizierenden Terpenanteile Heilwirkung vor allem bei Tuberkulose und Syphilis, daneben auch bei psychiatrischen Krankheiten (!), zuschrieb.[361] Zur selben Zeit begründete die französische Kosmetiklehrerin Marguerite Maury eine Art „esoterischer Aromatherapie". Ähnlich den Vorstellungen des britischen Homöopathen Edward Bach (⇨ *Bach-Blütentherapie*) ging sie in ihrem Standardwerk über die „Geheimnisse des Lebens und der Jugend" davon aus, daß mit dem jeweiligen Aroma einer Pflanze auch deren „Seele" in den menschlichen Organismus, genauer: in die Aura, übergehe und dort heilkräftige Wirkung entfalte[362] (⇨ *Aura-Healing*).

Ende der 1970er Jahre, im Zuge des neuaufkeimenden Interesses an „alternativen" Heilverfahren, wurden die Schriften Gattefossés und Maurys „wiederentdeckt". Der englische Heilpraktiker Robert Tisserand legte aktualisierte Gebrauchsanweisungen vor, die als Grundlage der heutigen Aromatherapie gelten.[363] Zu enormer Popularisierung der Aromatherapie trug ganz offenbar auch der Bestseller-Roman *Das Parfum* von Patrick Süskind (1985) bei. Nicht nur in esoterisch angehauchten Kreisen erfreuen sich seither besondere Lampen großer Beliebtheit, die den Duft ätherischer Öle verbreiten: In eine Wasserschale werden einige Tropfen Öl geträufelt, die über einer Kerzenflamme verdunsten.

Die heutige Aromatherapie, bekannt auch als Osmotherapie (osmé: griech. = Duft), bedient sich rund achtzig unterschiedlicher Öle, die in umfangreichen Auflistungen - von „Appetitlosigkeit" (Bergamotte, Ingwer, Kamille) bis „Zahnschmerzen" (Knoblauch, Salbei, Wacholder) - bestimmten Problemen und Krankheiten zugeordnet werden.[364] Die Öle werden entweder einmassiert, über Aerolosole oder Dampfgeräte inhaliert oder auch tropfenweise, auf Zucker etwa, eingenommen. In einem Esoterik-Lexikon ist gar die Rede davon, daß die Öle über Klistiere und Injektionen verabfolgt werden sollen. Eine aromatherapeutische Behandlung sei ratsam nicht nur bei schweren körperlichen Erkrankungen wie etwa Diabetes oder Lungenentzündung, sondern insbesondere bei psychischen oder psychosomatischen Problemen: Schlafstörungen, Streß, Angst, Depression seien mit Hilfe der Öle wirksam zu behandeln. In einigen Ratgebern wird Aromatherapie ausdrücklich auch bei Sexualproblemen empfohlen, allerdings werden hier weniger Pflanzenöle als vielmehr Öle aus tierischen Drüsensekreten angeraten: Bei Impotenz etwa sei Bibergeil oder Moschus hilfreich.[365]

Meist wird Aromatherapie zur Unterstützung oder Ergänzung weiterer esoterisch-psychologischer Verfahren eingesetzt, bevorzugt bei ⇨ Farbtherapie bzw. Aura Soma, gelegentlich wird sie aber auch als eigenständiges heilpraktisches Verfahren angeboten. Die Kosten liegen bei 60 bis 150 Mark pro Stunde. Die Behandlung besteht in der Regel aus einfacher Körpermassage, bei der bestimmte Aromaöle, das heißt: herkömmliche Massageöle mit geringfügigem Zusatz des jeweiligen Aromaöls, angewendet werden. Vielfach wird hierbei auf die Verlaufslinien angeblicher „Energiemeridiane", wie sie aus Akupunktur oder ⇨ Shiatsu bekannt sind, geachtet. Welches Aromaöl im Einzelfalle zu verwenden ist, wird ausgependelt oder mittels sonstiger esoterischer Diagnose- und Zuordnungsmethoden, beispielsweise durch ⇨ kinesiologischen Muskeltest, ermittelt. In eigenen Lehrbüchern sind die einzelnen Öle zudem nach astrologischen Merkmalen und/oder nach ihrer jeweils männlichen (Yang) bzw. weiblichen (Yin) Energie kategorisiert, woraus exakte Maßgaben zur jeweiligen Anwendung hergeleitet werden. Das „regierende Gestirn" beispielsweise von Zimtöl sei die Sonne, ein Feuerelement also, Zimtöl sei folglich eine „Yang-Essenz", mit der in erster Linie Herz- und Kreislaufprobleme behandelt werden könnten.[366] Vielfach werden die zu verwendenden Öle auch durch die „Intuition" des Therapeuten bestimmt, gelegentlich trifft der Klient selbst eine „intuitive" Wahl. Zahlreiche Lehrbücher geben Anleitung zu aromatherapeutischer Selbstbehandlung: Die Öle werden hierbei nicht nur eingerieben oder inhaliert, sondern auch dem Badewasser, kosmetischen Präparaten und sogar Lebensmitteln zugesetzt.

Für einige der Öle gilt eine spezifische Wirkung in der Tat als nachgewiesen: Die Berliner *Stiftung Warentest* berichtet beispielsweise von Fichtennadel- oder Rosmarinöl als anregendem Badezusatz, auch von Hustenlinderung durch Inhalation von Muskat-, Thuja- oder Zitronenöl.[367] Darüber hinausgehende Wirkungen von Aromaölen konnten bislang nicht belegt werden. Insbesondere für die behaupteten psychotherapeutischen Heileffekte fehlt jeder Hinweis. Ob eine Behandlung beispielsweise mit Erdbeeraroma tatsächlich Angst und Unruhe zu mindern vermag, steht ebenso zu bezweifeln, wie die angebliche Steigerung der Lernleistung im Klassenzimmer durch Pfefferminz- oder Veilchenduft.[368] In kritischen Publikationen ist vielmehr von Kopfschmerz und Übelkeit die Rede, die durch die Aromen ausgelöst werden können. Einige der Öle können zu allergischen Reaktionen führen.[369] Selbst das ansonsten der Aufklärung wenig verpflichtete *Neue Lexikon der Esoterik* (1995) warnt vor Magenschleimhautentzündungen und der Gefahr von Leber- und Nierenschädigung bei überdosierter Anwendung von Aromaölen.[370] Wie Kritiker überdies anmerken, könne die trügerische Therapiegewißheit unter vielen Aromatherapeuten - die Qualifikation der einzelnen Praktiker ist in der Regel nicht überprüfbar - dazu führen, daß die fachliche Diagnose eines Leidens vernachlässigt und dadurch eine angemessene Therapie versäumt wird; desgleichen die Überschätzung des Verfahrens bei selbstbehandelnden Laien.[371]

Die Vorstellungen einer „Seele" oder eines „höheren Wesens" der Pflanzen, aus denen die Öle gewonnen werden, sind völlig willkürlich und ebenfalls durch nichts belegt. Hinzu kommt, daß acht von zehn der im Handel angebotenen Aromaöle synthetisch hergestellt werden - in der Regel ohne irgendwelche Qualitätskontrolle - und keinerlei pflanzliche Stoffe enthalten.[372] Die Behauptung, bei den Ölen werde „in einem alchimistischen Reinigungsprozeß das lichtvolle Wesen der Pflanze zu Heilzwecken freigesetzt",[373] muß alleine deshalb schon als Unfug gelten. Verschiedene Lehrbücher ordnen im übrigen den jeweiligen Aromen ganz unterschiedliche Wirkungen zu. Rät Tisserand bei Herzproblemen zu Zimtöl, so werden diese nach Roberts mit Anis-, Kümmel- oder Rosenöl behandelt; Zimtöl wird hier, ebenso wie Sandelholzöl, bei Durchfall empfohlen,[374] das nach einem anderen Autor gegen Depression helfen soll.[375] Empfiehlt der eine Bergamotteöl gegen Angstzustände,[376] dann der andere gegen Blähungen[377] und ein dritter gegen Appetitlosigkeit und Blasenkatarrh;[378] das *Große Praxisbuch der Aromalehre* hält Bergamotteöl gar für ratsam bei Krätze und Wurmbefall.[379]

Gegen Duftlampen ist grundsätzlich nichts einzuwenden. Die geringen Mengen an ätherischen Ölen, die hierbei in die Raumluft gelangen, bedeuten wohl kein weiteres Risiko. Je nach Vorliebe des Benutzers können die verbreiteten Aromastoffe in der Tat zu einer angenehmen Atmosphäre beitragen,[380] mehr jedoch nicht. Auch Räucherwerk mag helfen, eine freundliche Raumatmosphäre herbeizuführen. Die ausdrücklich therapeutischen Effekte indes, die den Harzen und Aromastoffen zugeschrieben werden[381], gehören ebenso ins Reich des Mythos, wie jene, die von den beleuchtbaren Salzsteinen ausgehen sollen, die der einschlägige Zubehörhandel feilhält; letzteren wird nachgerade wundersame Wirkung gegen Kreislaufstörungen, Verstopfung und „psychische Schwäche" nachgesagt[382] - wahlweise auch gegen die „negativen Auswirkungen von Elektrosmog" -, wofür es freilich keinerlei ernsthaften Anhaltspunkt gibt.

5.3. Astrologische Psychologie

In alten Sagen und Mythen wird der Himmel oft als eine mächtige über die Erde gestülpte Kuppel beschrieben, an deren Innenwand die Sterne befestigt sind. Diese gelten als goldene Nägel, die in das Himmelsdach eingeschlagen sind, auch als dort angeheftete Schilder, Metallknöpfe oder Münzen. Nach anderer Auffassung sind die Sterne Gucklöcher, durch welche die Götter auf die Erde herniederschauen. Babylonische Keilschrifttafeln aus dem 7. Jahrhundert v.u.Z. belegen erste astronomische Beobachtungen und Berechnungen. Die Sterne erhielten feste Bezeichnungen und wurden mit gedachten Linien zu markanten „Sternbildern" verbunden, die die Orientierung am Himmel erleichterten. Den Beobachtern fiel auf, daß die meisten Sterne in ihrer gegenseitigen Position verharren, während einige sich bewegen. Die frühen Astronomen gewannen den Eindruck, die Wandelsterne (Planeten), zu denen auch Sonne und Mond gerechnet wurden, zögen in einem unaufhörlichen Kreislauf um die Erde, wobei ihre Bahn sie jeweils an bestimmten Sternbildern vorbeiführe. Da diese Sternbilder zumeist mit Tiernamen bezeichnet waren, entstand so der Tierkreis (Zodiakus) als

Bezeichnung für die Planetenbahnen. Die Griechen unterteilten den Tierkreis von insgesamt 360 Grad in zwölf Abschnitte zu je 30 Grad. Der Tierkreis beginnt mit dem Sternbild des Widders, in das die Sonne zum Frühlingsbeginn am 21. März eintritt. Im Laufe des Jahres durchwandert die Sonne - von der Erde aus besehen - auf einer vorgegebenen Bahn (Ekliptik) die zwölf Abschnitte des Zodíakus. Die exakte Beobachtung des Sternenhimmels diente im Altertum in erster Linie der Erschließung des Willens der Götter. Die astronomischen Erkenntnisse und Berechnungen wurden von Priestern und Sternweisen in verschiedenster Weise interpretiert. Politische Prophezeiungen wurden ebenso aus der Sternenbeobachtung hergeleitet wie Voraussagen über individuelle Schicksale. Astro*nomische* Beobachtung und Berechnung blieb bis in die Neuzeit weitgehend deckungsgleich mit astro*logischer* Deutung.[383]

Nachdem die Naturwissenschaften des 18. Jahrhunderts Astrologie als abergläubischen Unsinn enttarnt und der Akademia verwiesen hatten, erlebte die Sterndeuterei ab Mitte des 19. Jahrhunderts eine ungeahnte Wiedergeburt. Spiritistische und okkulte Praktiken - eben auch Astrologie - fanden als Gegenbewegung zu den umwälzenden gesellschaftlichen Veränderungen wieder enormen Zulauf. Im Dunstkreis der ⇨ *Theosophischen Gesellschaft* wurde Sterndeuterei um die Jahrhundertwende zu einer der tragenden Säulen metaphysischer Rückwärtsgewandtheit.[384] Der Herausgeber der ario-germanischen *Ostara*-Hefte (zu deren Lesern Adolf Hitler zählte), Jörg Lanz von Liebenfels, gehörte zu den einflußreichsten Vertretern astrologischer Weltsicht.[385] Auch in den Krisenjahren nach dem Ersten Weltkrieg blühte der Okkultismus: Hunderte von Büchern und Pamphleten über die Macht der Sterne wurden veröffentlicht, Ende der 1920er Jahre gab es nicht weniger als sechs astrologische Monatsschriften und über zwei Dutzend verschiedene Jahrbücher. Mit der Gründung der *Arbeitsgemeinschaft Deutscher Astrologen* wurde die Bewegung von den Nazis gleichgeschaltet, ab 1938 wurden im Auftrage Goebbels' astrologische Kriegspropagandaschriften verfaßt.[386] Nach 1945 ebbte das Interesse an astrologischer Vorsehung etwas ab. Im Zuge der esoterisch-spirituellen New-Age-Bewegung jedoch, die, ausgehend von den USA, Anfang der 1970er Jahre Europa überflutete, entwickelte sie sich zu einem Massenphänomen, das mittlerweile in buchstäblich jedem Lebensbereich anzutreffen ist.

Astrologie ist heute die mit Abstand weitestverbreitete und am höchsten wertgeschätzte Pseudowissenschaft. 97% aller Deutschen kennen „ihr" Tierkreiszeichen, jeder zweite glaubt, an Astrologie sei „etwas dran", die Sterne würden „irgendwie unser Schicksal beeinflussen". Über 30% lesen regelmäßig ihr Horoskop, jeder zweite davon - sprich: mehr als zwölf Millionen Deutsche - in der Überzeugung, daß die astrologischen Voraussagen auch (fast immer) einträfen.[387] Kaum eine Tageszeitung oder Illustrierte - vornedran die sogenannten „Frauenzeitschriften" *(Marieclaire, Elle, Vogue* etc.) sowie die Blätter der *Yellow-Press* -, die ohne astrologische Rubrik auskäme (was in aufeinander sich beziehendem Verhältnis die enorme Verbreitung der Astrologie mitbedingt und vorantreibt). Der Glaube an die Macht der Sterne geht quer durch sämtliche Gesellschaftsschichten, Menschen mit höherer Bildung oder höherem sozialen Status hängen ihr ebenso an, wie weniger gebildete oder sozial schwächere. Auffällig ist nur, daß der Frauenanteil unter den regelmäßigen Lesern von Horoskopen mehr als doppelt so hoch ist wie der von Männern, unter denen, die an das Zutreffen astrologischer Prognosen glauben, sogar fast dreimal so hoch[388] (was allerdings nicht heißt, daß Frauen *per se* „abergläubischer" sind: Unter Wünschelrutengläubigen etwa ist der Männeranteil neunmal höher als der von Frauen[389]). Jeder siebte Unternehmensberater setzt auf astrologische Gutachten - Axel Springer etwa pflegte regelmäßig Rat bei seinem Hausastrologen einzuholen[390] - und selbst in der „hohen Politik" spielt Sternenmagie eine nicht zu unterschätzende Rolle. Aus den USA kommt etwa die Meldung, daß die Finanzbehörden des kalifornischen Regierungsbezirkes Orange County 1995 über astrologiegestützte Anlagegeschäfte 1,6 Milliarden Dollar Steuergelder in den Sand setzten[391] und auch von Ronald Reagan ist bekannt, daß er jede politische Entscheidung mit seiner Astrologin Joan Quigley abstimmte.[392] Weniger bekannt ist hingegen, daß auch Ex-Außenminister Hans-Dietrich Genscher (FDP) täglich das Horoskop studiert haben soll.[393] Über 20% der Deutschen plädieren für eine Anerkennung der Astrologie als Naturwissenschaft, mehr als die Hälfte davon - mit C.G. Jung, der dies vehement gefordert hatte - für deren Einführung als festes Unterrichtsfach an allen Schulen.[394] Nur 16% der Deutschen halten Astrologie für ausgemachten Unsinn.[395]

Die bundesdeutsche Astrologen-Szene ist in mehrere, einander teils heftig widerstreitende Schulen aufgesplittert. Rund 5000 „professionelle" Astrologen bieten ihre Dienste an, darüber hinaus tummeln sich mehr als 25.000 „Nebenberufler" auf dem lukrativen Markt. Die Anzahl der „Amateurastrologen" ist nicht zu beziffern, eine Umfrage Mitte der 1990er ergab allerdings, daß über acht Millionen Bundesbürger sich für befähigt halten, für sich selbst und andere astrologische Berechnungen anzustellen.[396] Die Umsätze des einschlägigen Buchmarktes - an die 500 deutschsprachige Titel finden sich in den Regalen - sowie der Beratungs- und Workshopszene haben sich seit Anfang der 1980er fast verdreifacht: Allein in Deutschland wird mit astrologischen Dienst- und Warenleistungen heute annähernd eine halbe Milliarde Mark pro Jahr umgesetzt.[397]

Grundlage der astrologischen Deutung ist das Horoskop (griech. = Stundenschau), eine graphische Abbildung des Sternenstandes, wie er sich zum Zeitpunkt und am Ort der Geburt eines Menschen darbot. Man stellt nach klassischer Maßgabe den Horizont als Kreis dar, der in zwölf Abschnitte zu je 30 Grad eingeteilt wird. Diese Abschnitte stehen für die Sternbilder des Tierkreises, die, beginnend mit dem Zeichen Widder (Aries), die Sonne im Laufe des Jahres (scheinbar) durchwandert. Die Tierkreiszeichen werden assoziiert mit den Eigenschaften, für die die jeweiligen Tiere und Symbole stehen: Dem Skorpion (Scorpio) etwa wird feuriges Temperament zugeschrieben, der Jungfrau (Virgo) Klugheit, der Waage (Libra) Ausgeglichenheit. Auf dieses Kreisschema wird nun ein zweiter Kreis projiziert, der ebenfalls in zwölf Abschnitte, die sogenannten Häuser, aufgeteilt ist. Das erste Haus beginnt an der Position des Aszendenten, jenes Zeichens, das zur Stunde der Geburt am Osthorizont (astronomisch: am Schnittpunkt von Horizont und Ekliptik) auftauchte; die anderen folgen im entgegengesetzten Uhrzeigersinn. Jedes Haus hat eine bestimmte Bedeutung: Das erste beispielsweise bezieht sich auf die geistige Veranlagung des Menschen, das zweite auf Besitz, das dritte auf soziale Kontakte. Letztlich wird der Stand der einzelnen Planeten zum Geburtszeitpunkt in das Schema eingetragen. Die astronomischen Daten lassen sich über Sternenstandtabellen (Ephemeríden) oder auch über eigene Computerprogramme errechnen. Die Planeten, einbezogen Sonne (Helios) und Mond (Luna), werden mit den Charakteristika der antiken Götter in Verbindung gebracht, deren Namen sie tragen: Zum Beispiel gilt Venus als Sinnbild für Liebe, Eros und Schönheit, Jupiter symbolisiert Macht und Mars steht für Krieg, Gewalt, Grausamkeit und Tod. Nach der Stellung der Tierkreiszeichen, Häuser und Planeten zueinander ergeben sich die Werte des Horoskops. Von besonderem Interesse sind hierbei die sich abzeichnenden Winkelkonstellationen, Aspekte genannt, aus denen sich entscheidende Schlüsse ziehen lassen. Je nach „Schule" fallen diese Schlüsse höchst unterschiedlich aus.

„Trivialhoroskope" beziehen sich lediglich auf das Tierkreiszeichen, in dem die Sonne zum Zeitpunkt der Geburt stand. Menschen, die zwischen 23. Juli und 23. August geboren wurden, sind demzufolge schlicht „Löwen", geprägt von entsprechend kraftvollem und gebieterischem, aber auch hochmütigem und jähzornigem Charakter; zwischen 20. Februar und 20. März Geborene sind selbstlose, aber auch leicht wehleidige und schwermütige „Fische".[398] Die „wissenschaftlich" auftretende Astrologie wendet sich mit Vehemenz gegen derlei Horoskopie, wie sie für Zeitschriften und Magazine üblich ist. Allein aus dem „Sonnenzeichen", das für sämtliche Menschen Geltung besitzen soll, die innerhalb des dazugehörigen Monats geboren sind, charakterologische Bestimmungen oder Zukunftsprognosen herzuleiten, wird von den gehobenen Sterndeutern als dilettantische und stümperhafte „Vulgärastrologie" verurteilt, die das ganze Genre in Verruf bringe. Szenedoyen Fritz Riemann: „Was die Zeitschriften da veröffentlichen, hat mit Horoskopie nichts zu tun (...). Sie verzerren Astrologie zu einer billigen Jahrmarktware - aber, was läßt sich nicht mißbrauchen und zu Geld machen."[399] 1994 offenbarte der Redakteur einer Frauenzeitschrift, daß er seit Jahren aus nur dreißig verschiedenen Textbausteinen für eine ganze Reihe an Zeitungen und Magazinen die astrologischen Horoskopseiten zusammensetze. Alle zehn bis zwölf Wochen verwende er die gleichen Texte erneut, nur bei einem jeweils anderen Sternzeichen.[400] Auf der gleichen Ebene liegen die Hinweise, die ein Münchner *Institut für psychologische Astrologie* zu Fragen korrekter Ernährung verlautbart: Für Feuerzeichen (Widder, Löwe, Schütze) sei rohes Obst und Gemüse ratsam, ungünstig sei alles, was bitter, sauer und salzig schmecke; Wasserzeichen (Krebs, Skorpion, Fische) sollten Milch meiden, hingegen viel Kartoffeln essen; für Luftzeichen (Zwilling, Waage, Wassermann) sei Brot schädlich, empfehlenswert sei gegartes Gemüse; Erdzeichen (Stier, Jungfrau, Steinbock) sollten zu Kohl greifen, tabu seien Pilze und Rüben.[401]

„Seriöse" Horoskopie erstellt aus der Beziehung der zwölf Häuser, der zwölf Tierkreiszeichen sowie der acht Planeten samt Sonne und Mond zueinander ein hochkompliziertes Geflecht, aus dem die „Grundzüge der Persönlichkeit eines Menschen, im Grundsätzlichen angelegte Themen, Probleme und Erfahrungen eines Lebens" ersichtlich werden sollen. Der Blick auf dieses „Gefüge von Anlagen, die allem Tatsächlichen dieses Lebens voraus- und zugrundeliegen", eröffne nicht nur die Erkenntnis von Abweichungen, sondern in erster Linie die Möglichkeit, Entwicklungen und Ereignisse vorherzusehen.[402] Denn: „Die Ereignisse auf unserer Erde passieren genausowenig durch Zufall, wie die Ereignisse in unserem Leben. Alles ist ein Spiegel der kosmischen Energien, die durch die Bewegung der Planeten in unserem Sonnensystem entstehen."[403] Gerade von solch deterministischer „Vorhersicht" nehmen indes viele Astrologen ganz ausdrücklich Abstand - vor allem dann, wenn sie auf nicht eingetroffene Prognosen angesprochen werden -, was sie freilich nicht daran hindert, am laufenden Band jede Menge prophetischer Ergüsse in die Welt zu entlassen. Seit Anfang der 1990er unterzieht die Darmstädter *Gesellschaft zur wissenschaftlichen Untersuchung von Parawissenschaften* (GWUP) die Jahresvorhersagen der meistgelesenen Astrologen zu Politik, Wirtschaft, Sport, Katastrophen oder dem Schicksal Prominenter einer systematischen Analyse. Untersucht werden die Prognosen sämtlicher Szenegrößen, von Patricia Bahrani, Madame Indira und Rei Souli (Künstlernamen der niederbayerischen Astrologenclique Lehmann) hin zu Joan Quigley, Elisabeth Teissier oder TV-Sternendeuter Winfried Noë. Bereits bei der ersten Untersuchung (152 Vorhersagen von 27 Astrologen) zeigte sich, daß *keine einzige* der konkreten Ereignisprognosen eingetroffen war. Lediglich Jeanne Philippi hatte halbwegs recht mit ihrer Prognose des Sturzes von Gorbatschow, der allerdings erst ein halbes Jahr später eintrat, als von ihr vorhergesehen. Dieser Treffer begründete sich freilich in der besonderen Prognosetechnik Frau Philippis: Sie stellt in einigem zeitlichem Abstand voneinander einfach gegensätzliche Vorhersagen auf - ein paar Wochen vor der Sturz-Prognose hatte sie noch verkündet, ein Jupitersextil verleihe Gorbatschow ganz besonderes Durchsetzungsvermögen -, was natürlich die Trefferquote enorm steigert.[404] Die GWUP-Analysen der Folgejahre zeitigten stets dasselbe für die Astrologen niederschmetternde Ergebnis: Keinerlei Treffer.[405] Weder hatte Steffi Graf ihren langjährigen Lebensbegleiter Michael Bartels geheiratet - kein Astrologe oder Wahrsager hatte im übrigen ihr späteres Verhältnis mit André Agassi vorhergesehen -, noch posierte Fergie nackt im *Playboy*. Helmut Kohl, obgleich über Jahre hinweg astrologische Standardprognose, war nicht zurückgetreten; vielmehr war er 1998 abgewählt worden, und dies entgegen der ausdrücklichen Prognose Winfried Noës, der ihn als Gewinner der Wahl prophezeit hatte (interessant die *post-hoc*-Rechtfertigung Noës für seinen Flop: Er habe für das Horoskop der Wahl '98 *zuviele* kosmische Daten verarbeitet, daher sei ein falsches Ergebnis herausgekommen). Es wurde kein Heilmittel gegen AIDS gefunden und Ötzi, der 5000jährige Eiszeitmann, brachte nicht den Beleg, daß die Bibel doch recht hat. Konsequenterweise wurde auch keines der tatsächlichen Ereignisse vorhergewußt, noch nicht einmal der zum „Unfall des Jahres" aufgeblasene Crash Michael Schumachers Mitte Juli 1999 fand sich irgendwo angekündigt; geschweige denn wirklich bedeutsame Geschehnisse wie etwa die schweren Erdbeben in der Türkei oder in Taiwan oder die Atomkatastrophe in Japan Ende September des Jahres. Auch Ex-Kanzler Kohls verheerender Absturz in Zusammenhang mit dem CDU-Schmiergeldskandal Anfang 2000 war weder von Noë noch sonst einem Sternendeuter vorhergesagt worden. Die alljährlich über zahlreiche Medien veröffentlichten GWUP-Analysen führten zu einem dramatischen Erosionsprozeß innerhalb der Szene. Seit öffentliche Bilanzierung zu befürchten steht, läßt sich kaum noch ein Astrologe zu konkreten Prognosen herbei. Die Vorhersagen werden zunehmend schwammiger, heute finden sich in erster Linie Statements wie: „Der Staat wird den Bürgern tiefer in die Tasche greifen" oder „Es wird auch im nächsten Jahr zu Umweltkatastrophen kommen". Im Bereich „individueller" Zeitungshoroskopie - Marktführer ist hier das Wochenmagazin *Astrowoche* - finden sich ausschließlich Schwammprognosen und Allgemeinplätze wie: „Drei Gestirne in den Fischen machen unsere Verdauung anfällig (...), Vorsicht vor Salmonellen und dergleichen". Oder: „Am Wochenende stehen Venus und Neptun in heftiger Spannung. (...) Sie macht zugleich überaus empfindlich und anfällig für Schmeicheleien. Heiratsschwindler haben Hochkonjunktur." Verkündet die *Astrowoche* beispielsweise allen Krebs-Geborenen aufgrund günstiger Sonne-Mars-Konstellation „starke seelische Kräfte", so verweist das Blatt zugleich auf eine querstehende Venus, die „Unlust und übertriebene Emotionen" mit sich bringe. Stiere warnt es vor Gefahr, die von Uranus dräue: „Leisten Sie sich keine Fehler" und auch Zwillingen wird angeraten, allerdings aufgrund ungünstiger Sonne-Mars-Saturn-Stellung, unnötige Gefahren zu vermeiden und stattdessen den „Kampf mit dem inneren Schweinehund" aufzunehmen.[406] Konkret wird die *Astrowoche* nur bei *post-hoc*-Erklärungen: „Beim Absturz der Urlauber-Maschine über der Dominikanischen Republik [am 10.2.1996, C.G.] standen Mond und Pluto im Quadrat. Es herrschte außerdem eine Merkur-Neptun-Konjunktion. Merkur hat mit Reisen zu tun, Neptun mit dem Meer. Die Sterne standen besonders ungünstig über der beliebten Urlaubsinsel. Eine nahezu unvermeidbare Katastrophe."[407] Nach dem Sexualmord an der 7jährigen Natalie Ende 1997 dozierte der seinerzeitige Chefredakteur der *Astrowoche*, Kurt Allgeier, es sei das Verbrechen bereits im Horoskop des Mädchens (!) vorgezeichnet gewesen: „Es mußte so kommen, (...) Pluto hat sie zum Opfer werden lassen."[408] Natalie, so auch die Astro-Lehre ⇨ Thorwald Dethlefsens, habe sich zur Erfüllung ihres unentrinnbaren Schicksals der Person Armin Schreiners bedient, der sich denn - dankenswerterweise - als Mörder zur Verfügung gestellt habe.[409]

Als „Liebes-Astrologin" mit eigener Telephon-Hotline reüssierte die ehemalige TV-Expertin in Sachen (Kleinbürger-)Sex, Erika Berger, und selbst Winfried Noë bietet sich als Sex-Ratgeber an: In einem gesonderten „Liebeshoroskop" dummschwätzt er daher, im Sternbild des Krebses geborene Frauen bereiteten ihren Männern „den Liebeshimmel auf Erden. Denn Frau Krebs wird niemals müde, ihn zu verwöhnen. Besonders gut versteht sie sich auf zärtliche Streicheleinheiten." Auch Krebs-Männer seien gute Liebhaber, sie vergäßen nie, „mit welcher Technik sie eine Partnerin sexuell zum Höhepunkt gebracht haben". Ganz anders die Skorpione, die „nicht viel Drumherum" brauchten, sondern ohne Umschweife „gleich zur Sache" kämen; beim Sex wollten sie „bestimmen, beherrschen und führen", womit vor allem Jungfrau-Geborene vorzüglich zurande kämen.[410] Undsoweiterundsofort. Nochmal zu Steffi Graf und André Agassi: Kaum war die Liaison der beiden bekanntgeworden, überschlugen sich die einschlägigen Blätter fast mit astrologischer Erkenntnis: Da, wie Kurt Allgeier in *BILD* diagnostizierte, Steffi „ihre Venus direkt bei der Sonne von Agassi im Sternzeichen Stier" habe, Agassi hingegen „seine Venus in den Zwillingen, direkt bei der Sonne von Steffi (...), mußte es einfach funken". Auch Star-Astrologe Manfred Gregor wußte dies offenbar längst, denn: „Agassi hat eine Vorliebe für Zwilling-Damen wie Steffi und Brooke Shields. Beide sind auch Neumondgeburten mit dem Mond in den Zwillingen." Das Liebesleben der beiden, so Gregor, sei „urgewaltig!", stünden doch „Agassis Sex-Planeten Venus und Mars in den Zwillingen".[411]

Ob nun Astrologie „niederer" oder „höherer" Weihe: Schon einfachste Grundkenntnisse in Astronomie führen das Sternedeuten *ad absurdum*. So sind die Zeichen des Tierkreises völlig willkürlich zu bestimmten Gebilden zusammengefaßt. Sie erscheinen nur in zweidimensionaler Sicht - von der Erde aus - in einem Zusammenhang, den sie tatsächlich gar nicht haben. Zudem wird vernachlässigt, daß die Tierkreisbilder unterschiedlich breit sind, daß die Sonne beispielsweise zum „Lauf" durch den Skorpion nur eine Woche benötigt, durch die Jungfrau hingegen sechs Wochen. Nicht berücksichtigt wird auch das 13. Tierkreisbild des Ophiuchus oder Schlangenträgers, zu dessen „Durchquerung" die Sonne immerhin zwanzig Tage braucht. Entscheidend aber ist, daß sich die Sternbilder des Zodiak heute gar nicht mehr in den ihnen vor zweieinhalbtausend Jahren zugeschriebenen Abschnitten befinden. Aufgrund der Kreiselbewegung der Erdachse verschiebt sich der Frühlingszeitpunkt auf der (vermeintlichen) Jahresbahn der Sonne kontinuierlich westwärts (im Zodiakus sozusagen rückwärts). Der Frühlingszeitpunkt gelangt so in Abständen von etwa 2100 Jahren in ein jeweils neues Sternbild des Tierkreises. Er liegt also längst nicht mehr im Zeichen des Widders, wie zu Zeiten der Festlegung des astrologischen Deutungssystems, sondern befindet sich derzeit im ersten Viertel des Zeichens der Fische. Das Netz der zwölf Abschnitte und Zeichen ist schon seit eineinhalbtausend Jahren von den ihnen „zugehörigen" Sternbildern getrennt. Beispielsweise wird ein im Zeichen des Krebses Geborener in Wirklichkeit vom Sternbild der Zwillinge „bestrahlt" und ein „Steinbock" ist in Wirklichkeit ein „Skorpion".[412] Wäre der Frühlingszeitpunkt tatsächlich schon ins Zeichen des Wassermannes (Age of Aquarius) eingetreten, wie die Vertreter des New-Age wahrheitswidrig aber symbolträchtig behaupten, wäre der Krebs-Geborene ein Stier und der Steinbock ein Skorpion. Wie der Blick in eine aktuelle Sternenkarte zeigt, hält der Frühlingszeitpunkt sich noch rund 600 Jahre in den Fischen auf.[413] Die szenetypische Behauptung etwa von Astrologin Gisela Krohn, die Horoskopedeuterei vollziehe sich unter „vollständiger Würdigung astronomischer Tatsachen",[414] muß allein insofern schon als purer Unsinn gelten.

Die Astrologie bezeichnet sich sehr zu Unrecht als „Erfahrungswissenschaft". Sie trifft Aussagen nicht nur zur „Wirkung" der seit alters bekannten Planeten auf das Schicksal der Menschheit, sondern auch zum Einfluß von Planeten wie Uranus, der erst 1781 entdeckt wurde und seither gerade zwei Umläufe um die Sonne hinter sich gebracht hat, oder Neptun, der, 1846 entdeckt, bei einer Umlaufzeit von 165 Jahren noch nicht einmal eine Umrundung hinter sich hat. Selbst zu Pluto wissen die Astrologen Differenziertes zu sagen, obgleich sie mit diesem 1930 erst entdeckten Planeten bestenfalls auf einem Viertel seiner 248 Jahre dauernden Umlaufbahn „Erfahrungen" sammeln konnten.[415] Die Namensgebung für die Planeten und Sternbilder im Altertum war - ebenso wie in der Neuzeit für Uranus, Neptun und Pluto - völlig willkürlich. Aus diesen mythologischen Namen nun - im Zirkelschluß - eine metaphysische Bedeutung der jeweiligen Himmelskörper herzuleiten, ist absurd (in anderen Kulturen wurden die Planeten und Sternbilder mit ganz anderen Namen und Bedeutungen in Verbindung gebracht). Der 1930 entdeckte Pluto etwa wurde beliebig nach einem weiteren römischen Gott benannt, zufällig nach dem der Unterwelt; in der Astrologie steht der Planet nun *ebendeshalb* für Skrupellosigkeit, Fanatismus und Verbrechen. Auf die Frage, weshalb die bis heute entdeckten weit über 6.000 Kleinplaneten, die neben den großen Planeten die Sonne umkreisen, in der Horoskopie keine (oder wenn, nur eine sehr untergeordnete) Rolle spielen, hat die Astrologie keine Antwort; und dies, obgleich die meisten davon der Erde sehr viel näher stehen und viele deutlich heller werden als Pluto, einige sogar fast so hell wie Uranus.[416]

Auch mit den sonstigen „Erfahrungswerten" der Astrologie ist es nicht weit her. Schon in den 1920er Jahren versuchte der Leipziger Astrologe Herbert Freiherr von Klöckler mit Hilfe statistischer Korrelationen die Relevanz der Horoskopie wissenschaftlich zu belegen.[417] Die von ihm (vermeintlich) gefundenen Entsprechungen zwischen Horoskop und Familienzugehörigkeit, Körpergestalt, Charakter, Beruf, Beziehungen zu anderen Menschen usw. konnten in keiner Untersuchung bestätigt werden; ganz im Gegenteil: Selbst in prinzipiell astrologiefreundlichen Überprüfungen wurden allenthalben verfälschende Faktoren gefunden, die die Klöcklerschen Statistiken völlig wertlos machen.[418] In einer Vielzahl weiterer Studien wurde nachgewiesen, daß die Aussagekraft astrologischer Berechnungen tatsächlich gleich null ist.[419] Eine bemerkenswerte Arbeit wurde in den 1950er Jahren von dem französischen Mathematiker Michel Gauquelin durchgeführt, der merkwürdigerweise von Astrologen bis heute als Kronzeuge für die Stichhaltigkeit ihrer Aussagen herangezogen wird. Gauquelin hatte über 15.000 Fälle auf die Beziehung des Horoskops zu beruflichem Erfolg sowie rund 8.000 Fälle nach horoskopischen Ähnlichkeiten zwischen Eltern und Kindern untersucht. Sein Ergebnis: „Die moderne Astrologie (...) gründet auf einem völlig anachronistischen Weltbild. Sie berücksichtigt weder die neuen Erkenntnisse der Astronomie noch der Humanwissenschaften noch die ungezählten Zufälle, aus denen sich das menschliche Schicksal zusammensetzt. Alle Bemühungen der Astrologen, die Richtigkeit ihrer Behauptung, die Zukunft könne aus den Himmelsbewegungen abgelesen werden, zu beweisen, sind kläglich gescheitert." Die Statistik sei eindeutig: „Unter wissenschaftlichem Aspekt sind die von Astrologen behaupteten Einflüsse nicht beweisbar. Wer aus den Sternen die Zukunft voraussagen will, täuscht seine Mitmenschen und vielleicht sich selbst."[420] Der Umstand, daß Gauquelin dennoch häufig als Kronzeuge für die Astrologie herhalten muß, begründet sich darin, daß eine der von ihm erarbeiteten Statistiken eine schwache Korrelation bestimmter Planetenstellungen mit Berufen wie Sportler, Offizier oder Künstler aufwies. Vor allem der sogenannte „Mars-Effekt" in Gauquelins Statistik gab der Astrologenszene Anlaß zur euphorischen Behauptung, die Existenz eines Zusammenhanges zwischen der Stellung der Planeten im Moment der Geburt eines Menschen und dessen späterem Lebensverlauf könne nun als „wissenschaftliche Tatsache"[421] bezeichnet werden: In den von Gauquelin untersuchten Geburtshoroskopen französischer Spitzensportler war der Mars etwas häufiger an einer bestimmten Position gestanden als in den Horoskopen gewöhnlicher Franzosen. Dieser (ohnehin wenig tragfähige) Befund - von Astrologen wie Robert Hand zur „gegenwärtig größten Bedrohung des mechanistisch-materialistischen Denkens" hochstilisiert[422] - konnte allerdings 1994 anhand der Daten einer über 85.000 Personen umfassenden Kontrollgruppe zweifelsfrei widerlegt werden. Es erwies sich, daß Gauquelin schlicht Schreibfehler bei der Auswertung seiner Studie unterlaufen waren,[423] auch das Unterschlagen von Daten wird ihm vorgeworfen.[424]

Ähnlich verhält es sich mit der von Gunther Sachs Ende 1997 vorgelegten *Akte Astrologie*, mit der dieser, umjubelt von den einschlägigen Medien, den endgültigen „wissenschaftlichen Nachweis eines Zusammenhanges zwischen den Sternzeichen und dem menschlichen Verhalten" erbracht zu haben verkündete. Sachs hatte rund neun Millionen Daten schweizerischer Bürgerinnen und Bürger in Hinblick auf horoskopische Auffälligkeiten untersucht, eingeteilt in neun Bereiche: Heiraten, Scheidungen, Singles, Krankheiten, Suizide, Studium, Berufe, Straftaten und Autofahren. Die Ergebnisse seiner Studie wertet er als bahnbrechend: Beispielsweise hatte er bei knapp 360.000 untersuchten Ehepaaren unter den 144 möglichen Sternzeichen-Kombinationen (12x12) fünfundzwanzig „signifikante" Auffälligkeiten dingfest gemacht: So lag etwa die Zahl von Widder-Widder-Ehen um 4,4% über dem statistischen Mittel, die von Löwe-Stier-Paaren hingegen um 3,9% darunter.[425] In der Untersuchung der Daten von 688.000 zwischen 1969 und 1994 in der Schweiz verstorbenen Personen stellte er fest, daß Skorpiongeborene überdurchschnittlich oft (+6,3%) an Magenkrebs gestorben waren, Wassermanngeborene hingegen unterdurchschnittlich oft (-9,3%) an Lungenembolie; im Zeichen der Fische Geborene waren weit unter dem statistischen Mittelwert, also „hochsignifikant" selten, einer Erkrankung der Harnorgane zum Opfer gefallen (-12,6%), überdurchschnittlich oft aber einer Brustkrebserkrankung (+2,8%). Auch bei Unfällen Auffälliges: Statt einer statistisch zu erwartenden Zahl von 5.356 durch Unfall zu Tode gekommenen Fischegeborenen hatte es im besagten Zeitraum tatsächlich 5.496 Unfalltote gegeben, die im Zeichen der Fische geboren worden waren, was einer Abweichung vom Mittelwert in Höhe von +2,6% bedeutet.[426] Die Untersuchung von rund 30.000 Suizidfällen zeigte, daß es unter den Sternzeichen Stier (+4,5%), Fische (+4,5%) und Krebs (+3,5%) Geborenen signifikant mehr Selbstmorde gegeben hatte, als statistisch zu erwarten gewesen war, bei Schütze- (-3,5%) und Waage-Geborenen (-6,3%) dagegen signifikant bis hochsignifikant weniger (im Klartext: bei der „hochsignifikanten" Abweichung Waage-Geborener hatte es anstatt im Mittelwert zu erwartender 2.443 Suizide nur 2.288 gegeben). Wie Sachs ausführt, werde „in der Astro-Literatur den Fischen eine depressive Veranlagung und 'Todessehnsucht' zugeschrieben. Auch dem Krebs wird eine Neigung zur Flucht in die Depression nachgesagt. Der Stier soll 'eine seelische Komplexneigung mit depressiver Tendenz' besitzen. Der Waage und auch dem Schützen sagt man ein optimistisches Weltbild, eine 'leichte Seite' sowie Abneigung gegenüber jeglicher Art von Gewalt nach."[427] *Quod erat demonstrandum.* „Astrologie ist kein Mythos. Sie beruht auf meßbaren Grundlagen."[428] Fische schieden im übrigen „auffallend häufig durch Einnahme von Schlafmitteln aus dem Leben. Stiere begehen auffallend häufig Selbstmord durch Einatmen von Auspuffgasen oder durch Erschießen. Krebse begehen hingegen auffallend selten Selbstmord durch Erschießen."[429] Auch bei Straftaten gebe es jede Menge Abweichungen vom statistischen Mittel: Zwillinge würden überdurchschnittlich häufig als Betrüger verurteilt (+3,9%), Steinböcke als Drogendealer (3,7%), Skorpione als Diebe (+1,6%).[430] Undsoweiterundsofort. Unabhängig davon, daß derlei bei Lichte besehen reichlich magere Ergebnisse – die wenigen gefundenen Abweichungen bewegen sich fast durchgängig im unteren einstelligen Prozentbereich - in statistischer Begrifflichkeit tatsächlich als „signifikant" gelten:[431] Eklatante methodische Fehler machten Sachs' Studie vollends irrelevant - ganz abgesehen davon, daß ihm auch Fehler im Umgang mit seinem Datenmaterial nachgewiesen wurden.[432] Auch die sich erhebende Frage, wie man denn zu Zeiten der alten Babylonier oder Griechen, als die vermeintlichen Relationen zwischen Sternbildern und irdischen Geschicken erstmalig beschrieben wurden, auf eben diese gekommen sein soll - Statistik war vor zweieinhalbtausend Jahren noch unbekannt -, beantwortet sich bei Sachs nicht. Dieser selbst verweigert jede Beteiligung an einem kontroversen Wissenschaftsdiskurs über seine Arbeit, was den Kritiker Joachim Hueg zu dem Schluß brachte, es sei bei der „Inszenierung" der Sachsschen Studie offenbar „weniger um Astrologie und Wissenschaft (gegangen), sondern vielmehr um einen selbsternannten Helden Sachs, der sich wissenschaftlichen Glamours und eines brisanten Themas bediente".[433] Auch Sachs' Inanspruchnahme renommierter Wissenschaftler (u.a. der Ludwig-Maximilian-Universität München) zur Bestätigung seiner Studie hat sich inzwischen hinreichend relativiert: Das Statistische Institut der LMU München teilte mit, Sachs sei lediglich von einer Mitarbeiterin privat beraten worden, das Institut selbst habe sich zu keinem Zeitpunkt mit dessen astrologischen Untersuchungen befaßt.[434] Sachs' öffentliches Renommieren mit angeblicher wissenschaftlicher Beratung und Prüfung seiner Arbeit ist, wie Hueg ausführt, nichts als simple „Autoritätshuberei", hinter der verborgen werden soll, daß die Untersuchung allein von ihrem Design her unsinnig war und nur durch gravierende methodische und sonstige Fehler zum gewünschten Ergebnis kam.[435]

Es gibt bis heute *keinerlei* Hinweis darauf, daß zwischen dem Stand irgendwelcher Gestirne und dem Lebensverlauf einzelner Menschen oder sonstigem Geschehen auf der Erde irgendeine Verbindung besteht. Die als Beleg für den Einfluß von Himmelskörpern auf die Erde vielfach angeführten Gravitationskräfte des Mondes oder der Sonne sind natürlich unbestritten; bestritten wird indes die daraus hergeleitete Behauptung, auch andere Himmelskörper beziehungsweise irgendwelche aus deren Konstellation sich ergebende „Rhythmen"[436] stünden in irgendeinem Zusammenhang mit irdischen Abläufen. (Zudem wurden die physikalischen Einflußgrößen des Mondes und der Sonne weder von Astrologen gefunden, noch erklärt, noch spielen sie in irgendeinem der astrologischen Lehrsysteme eine Rolle.) Auf die Frage im übrigen, weshalb der Sternenstand denn ausgerechnet zum Augenblick der Geburt eines Menschen von schicksalhafter Bedeutung sein soll - und nicht etwa zum Augenblick der Zeugung -, weiß die Astrologie selbst keine Antwort; auch nicht auf die Frage, ob - und wenn ja, wieso - eine künstlich eingeleitete Geburt zu einem früheren als dem natürlichen Zeitpunkt das „eigentlich" vorgesehene Schicksal eines Menschen verändere. Astrologe Bruno von Flüe: „Die Herausdifferenzierung der Anordnung der Wesenskräfte in uns, wie wir sie gemäß der astrologischen Erfahrung im Geburtsbild vorfinden, läuft parallel mit den Bahnbewegungen der Gestirnskörper unseres Sonnensystems, so daß die Anordnung der Wesenskräfte im Geburtsbild jener Stellung der Gestirnskörper entspricht, wie sie zum Zeitpunkt der Geburt und bezogen auf ihren Ort auch tatsächlich bestand. Worauf diese Parallelität beruht und wie der Bezug der Wesenskräfte in uns zu den gleichnamigen Gestirnskörpern unseres Sonnensystems vorgestellt werden muß, das ist immer noch ein Rätsel."[437] Besonders augenfällig wird der Unsinn solch astrologischer Hirngespinste, wenn - nach Klöckler - körperliche Eigenheiten als entscheidend geprägt durch den Aszendenten (das in je zweistündigem Wechsel am Osthorizont auftauchende Sternbild) beschrieben werden: „Aszendent Widder: Knochen- und muskelbetonte Körperform, harter Blick, kontrastreiche Hautfarben (...). Aszendent Stier: gedrungene, manchmal etwas untersetzte, oft etwas massige Gestalt, kurzer, eingezogener Hals (...). Aszendent Zwillinge: langgestreckte, feingliedrige, elastische Körperformen, längliches Gesicht mit Betonung der Nase, lange Hände und Finger."[438] Auch auf die Frage, weshalb Menschen mit völlig identischem Geburtshoroskop, Zwillinge etwa, in der Regel ganz unterschiedliche Lebensverläufe aufweisen, gibt es keine plausible Antwort. Schon 1949 warnte die *Astronomische Gesellschaft Deutschlands* vor dem „immer mehr sich verbreitenden Unfug der Astrologie", die „lediglich ein System willkürlich angenommener Spielregeln" darstelle, „eine Mischung aus Aberglaube, Scharlatanerie und Geschäft".[439] Diese Kritik gilt natürlich nicht nur für „europäische" Astrologie, sondern gleichermaßen auch für chinesische, indische, indianische oder sonstig angebotene Horoskopstellerei. Astrologische Aussagen sind selbstredend auch dann nicht geistreicher, wenn sie aus dem Jenseits „gechannelt" werden. „White Eagle" etwa, ein Geistwesen, das sich über das britische Medium Grace Cooke (1892-1979) kundtat (und das auch im deutschsprachigen Raum äußerst populär ist), unterrichtete seine Anhänger über ihre je nach Sonnenzeichen unterschiedlichen Heilerqualitäten: Ein Wassermann-Geborener etwa sei „mit dem Licht des leuchtenden Christus-Sternes" beschienen, folglich „birgst [du] die Kraft in dir, dich zu einer leuchtend emporwachsenden Lichtpyramide zu entfalten. Die Basis dieser Pyramide gründet sich auf der Kraft deines klar gefügten Denkens, deinem Wissen um Wahrheit. Nun mußt du dich von dieser Basis zur Spitze der Pyramide erheben, in das Licht des Sternes, der hoch über ihr leuchtet und in dein irdisches Selbst hinabstrahlt. In diesem erleuchteten Bewußtseinszustand kannst du als Heiler ein wunderbarer Lichtkanal für den goldenen Strahl sein und deinen Patienten bei Rheumatismus und Arthritis Linderung und Heilung schenken." Die besondere Fähigkeit der Waage-Geborenen liege darin, „Spannungen, Ängste und Schmerzen" zu beheben, die der Krebs-Geborenen in der Lösung „psychisch-geistiger Abhängigkeiten". Jungfrau-Geborene hingegen eigneten sich eher zu „kosmetischen Behandlungen und Fußpflege".[440]

Barnum-Effekt

Obgleich es *keinerlei* empirischen Rückhalt gibt für die Behauptung, aus dem Horoskop ließen sich irgendwelche Aussagen über Charakter oder Persönlichkeit eines Menschen herleiten, ist der Glaube daran doch weit verbreitet. Die meisten Menschen, denen „ihr" Horoskop vorgelegt wird, sehen darin eine korrekte Beschreibung ihrer selbst. Erklärbar wird dies mithin durch den sogenannten „Barnum-Effekt", benannt nach einem englischen Zirkusdirektor namens Phineas Taylor Barnum (1810-1891), dessen Erfolgsgeheimnis darin bestand, nach dem Motto „Ein bißchen für jeden" in seinem Programm für jedermanns Geschmack etwas anzubieten. Entsprechend besteht das typische Persönlichkeitsprofil eines Horoskops aus einer Ansammlung vager, unklarer und allgemeiner Beschreibungen, in denen jeder sich „irgendwie" wiedererkennen kann. Der zweite Grund für die Benennung solchen Wiedererkennungseffektes nach Zirkusdirektor Barnum besteht in dessen berühmt gewordenem Ausspruch: „Jede Minute wird ein neuer Trottel geboren."[441]

Eine typische Barnum-Beschreibung lautet folgendermaßen: „Sie brauchen unbedingt Menschen um sich, die Sie mögen und bewundern. Sie verfügen über ungenutzte Fähigkeiten, die Sie nicht zu Ihrem Vorteil nutzen. Obwohl Sie einige persönliche Schwächen haben, sind Sie im allgemeinen in der Lage, sie auszugleichen. (...) Nach außen hin sind Sie diszipliniert und haben sich unter Kontrolle, nach innen sind Sie jedoch unruhig und unsicher. Manchmal haben Sie ernste Zweifel, ob Sie die richtigen Entscheidungen getroffen haben. (...) Sie glauben, geistig unabhängig zu sein und akzeptieren die Meinung anderer nicht ohne eingehende Überprüfung. Sie halten es für unklug, anderen gegenüber zu offen zu sein. Manchmal sind Sie extrovertiert, freundlich, gesellig, während Sie zu anderer Zeit introvertiert, vorsichtig und reserviert sind."[442]

Wie sich in einer Vielzahl an Experimenten gezeigt hat, sind die meisten Leser dieser Beschreibung von deren (vermeintlicher) Genauigkeit beeindruckt, wenn ihnen vorab mitgeteilt wurde, sie beruhe auf einem eigens für sie errechneten astrologischen Horoskop. Tatsächlich entstammen die bewußt äußerst vage gehaltenen Merkmale der (in unzähligen Varianten wiederholten) sogenannten Forer-Studie aus den 1940er Jahren, die den Beleg erbracht hatte, daß der Barnum-Effekt immer dann auftritt, wenn von der Beschreibung behauptet wird, sie basiere auf irgendeiner Form individueller Persönlichkeitsbewertung. Nicht nur astrologische Aussagen, auch Deutungen aus den Handlinien, der Handschrift oder den Tarotkarten werden dergestalt als exakte Persönlichkeitsbeschreibung aufgefaßt.[443] Allerdings sind nicht alle Aussagen eines Horoskops „barnumtypisch". Beispielsweise werden „Steinböcken" Eigenschaften zugesprochen wie strebsam, praktisch, stolz, ausdauernd, mißtrauisch und geizig, Persönlichkeitsmerkmale, in denen nicht unbedingt jeder zwischen 22. Dezember und 20. Januar Geborene sich zutreffend dargestellt sieht. Bezeichnend für Barnum-Beschreibungen ist daher eine Mischung aus vagen („Sie genießen ein gewisses Maß an Abwechslung und Zerstreuung im Leben"), ambivalenten („meist sind Sie vergnügt und optimistisch, manchmal aber auch niedergeschlagen") und affirmativen („Sie sind energisch und gerne gesehen bei anderen") Allgemeinplätzen und etwas konkreteren Aussagen. Falls (zufällig) eine der konkreteren Angaben zutrifft, wird dies als unwiderlegbare Bestätigung des gesamten Horoskops gewertet, wohingegen nicht zutreffenden keine weitere Beachtung zukommt: das altbekannte Prinzip selektiver Wahrnehmung.[444]

Eine zweite Linie innerhalb der Astrologie distanziert sich von derlei fast zwanghaften (weil notorisch erfolglosen) Versuchen, sich als „Erfahrungswissenschaft" zu profilieren. Sie redet zwar auch von „Erfahrung", von „empirischen Korrelationen" und dergleichen,[445] lehnt es aber ausdrücklich ab, die Astrologie mit statistisch-naturwissenschaftlichen Methoden zu begründen. „Ernsthafte Astrologen", so Sterndeuter Ernst Seelbach, „wollen und brauchen nichts zu beweisen. Sie verlangen von ihren Kunden absolutes Vertrauen."[446] Die metaphysischen Begründungsmuster, derer sie sich dennoch bedienen, heben allerdings - in lediglich etwas veränderter Terminologie - auf dieselben Prämissen und vor allem auf denselben Gestirnsfatalismus ab, wie die herkömmliche Astrologie. Laut Riemann (der seine analytische Ausbildung während des Dritten Reiches am Berliner *Göring-Institut für deutsche Psychoanalyse* absolvierte[447]) stellt die Astrologie den Menschen in „größere als nur mitmenschliche Zusammenhänge; der Mensch ist für sie ein Teil des Weltganzen und er unterliegt als solcher dessen Gesetzmäßigkeiten".[448] Außerhalb der menschlichen Sphäre bestimmten die Sternenkräfte einen allem Menschlichen vorgelagerten kosmischen Schicksalsplan, aus dem heraus jedem Menschen eine gewisse Aufgabe zukomme. Der Horoskopie gehe es um das Erfassen eben dieses Planes, der „astralen Primärstruktur", sowie der daraus sich bedingenden individuellen Lebensaufgabe. Für psychotherapeutisches - bei Riemann: psychoanalytisches - Bemühen sei das Horoskop unabdingbares Meßinstrument. Es zeige in einer Differenziertheit, wie keine andere Methodik sie erreiche, was „teleologisch" im Menschen angelegt und was nur überdeckend sei: „Ist etwa ein stiller Introvertierter nur aggressiv gehemmt, narzißtisch regrediert oder ist er so angelegt? Ist die Demut eines anderen Reaktionsbildung oder echt, der Führungsanspruch eines dritten hysterischer Geltungsdrang, hat er hypomanische Allmachtsvorstellungen oder ist das sein Schicksal?"[449] Die Bewußtwerdung der (unbewußten) „kosmischen Primärnatur", wie sie im Horoskop sich abbilde - Mars etwa entspreche das „Phallische", Venus das „Lustprinzip", dem Mond die „Oralität" - verhelfe dazu, „in den uns möglichen Grenzen größere Freiheiten zu erlangen".[450] Der psychoanalytische Begriff des Unbewußten wird sozusagen ins All ausgeweitet: „Wenn Freuds Satz: 'Wo Es war, soll Ich werden' für unser therapeutisches Bemühen als gültig angesehen werden kann, brauchen wir 'nur' dieses 'Es' auszuweiten, um jenen Satz gleichermaßen für die Astrologie anwenden zu können: auch in der praktisch-beratenden Astrologie geht es um das Bewußtmachen von Unbewußtem. (...) Wenn das persönliche Unbewußte den Niederschlag der frühen individuellen Umwelterfahrungen, das kollektive Unbewußte die zur Gattung Mensch gehörenden Anlagen und Instinkte enthält, so wäre das kosmische Unbewußte die Spiegelung unserer Teilhabe an kosmischen Ordnungen, Rhythmen und Gesetzmäßigkeiten und enthielte unsere Prägung durch sie, ablesbar am Horoskop."[451]

Zur Kategorie „ernsthafter" Astrologen rechnet sich vor allem der Münchner Wolfgang Döbereiner, der seit je gegen jede Form von „Unterhaltungsastrologie" zu Felde zieht. Mit Vehemenz sucht sich seine *Münchner Schule* von billiger Zeitungshoroskopie abzugrenzen, die, seiner Auffassung nach, die Astrologie „blöde und blutleer" werden lasse.[452] Auch am Frankfurter *Forum für Hermetische Kultur* sieht man sich erhaben über die Geschäftemacherei der Szene: Das von den „Mystagogen" Randolf Schäfer und Gabriele Quinque vorgestellte Konzept der „Astrosophie" sucht *astro*logische Deutung mit philo*sophischer* Symbolistik zu verknüpfen. Schäfer & Quinque, die ihre (⇨ rosencreutzerisch geprägten) Vorstellungen mit enormem Sendungsbewußtsein in die Welt tragen - unter dem Signet *Einblick* geben sie eine monatlich erscheinende „Zeitschrift für Spirituelle Kunst und Kultur" heraus -, bringen indes jenseits ihrer mysterienkultig verbrämten Sprache inhaltlich nichts Neues; auch hier simpler Schicksalsdeterminismus: „Das Geburtshoroskop eines Menschen ist eine symbolische Darstellung der Planentenprinzipien, die sich zu seinem Geburtszeitpunkt in einem Zusammenspiel befanden. Planentenprinzipien symbolisieren Ur-Kräfte, die einen inhaltlichen Dialog beschreibbar machen, wenn sie untereinander Verbindungen eingehen oder in Korrespondenz mit den Tierkreiszeichen stehen. (...) Mit der Geburt in einen Zeitabschnitt, wird jedes Individuum zum Träger der zu seinem Geburtszeitpunkt herrschenden Zeitqualität. (...) Da der Mensch ein Wesen ist, das auf seinen gemachten Erfahrungen aufbaut, ob das Erfahrungen aus dem aktuellen Raum- und Zeitgeschehen oder aus Präexistenzen sind, er hält an seinen ureigenen Intuitionen fest und versucht diesen Ausdruck zu verleihen. Somit entsteht eine Diskrepanz zwischen den Ideen und Leitbildern, die er von sich hat und dem neuerlichen Geburts-Auftrag, den es im Leben zu erfüllen oder dem Potential, das es zu verinnerlichen gilt. (...) Eine astrosophische Deutung des Geburtshoroskopes übersetzt im Dialog mit dem Klienten die individuellen Mythen des Lebens in ihre Lern-Inhalte. (...) Mit dem Einfügen der fehlenden Seelenbilder wird der Mensch auf einer tiefen Bewußtseinsschicht ganz und damit heil."[453]

Astro-Heilpraktiker Nicolaus Klein erläutert die vielfältigen Möglichkeiten derlei „ernsthaft" betriebener Astrologie - in einer ihrer Hybriden und in Verbindung mit dem ⇨ I-Ging auch als „Human Design System" bekannt -, die nicht nur als „Diagnose der Persönlichkeitsstruktur" dem einzelnen Menschen helfen könne, „'der zu werden, der er ist', d.h. 'echt' und authentisch seine für ihn typischen Begabungen zur Entfaltung zu bringen", sondern darüberhinaus als „universelles Diagnoseinstrument zur Klärung von Krankheitsdispositionen ('Astromedizin') und Beleuchtung seelischer Hintergründe von Erkrankungen" geeignet sei. Besonders angezeigt sei sie auch zur Berufsberatung, daneben könnten passende Termine für Operationen, Hochzeiten, Geschäftsabschlüsse etc. ermittelt werden: „Abgeklärt wird dabei die Harmonie des Vorhabens mit der Zeitqualität des Augenblicks, in dem die Aktion beginnt."[454] Neben derlei als „Solarhoroskop" bezeichneten Sternenschau gibt es auch das sogenannte „Compositihoroskop", bei dem die Horoskopdaten zweier Menschen jeweils halbiert und die Hälften zu einem gemeinsamen neuen Horoskop zusammengefügt werden, das nun „graphisch das Kräftespiel (symbolisiert), welches sich zwischen zwei Menschen entfaltet, so als handele es sich um eine Person".[455] Die Kosten für eine astrologische Beratungs- beziehungsweise Therapiestunde liegen zwischen 150 und 350 Mark, bei Star-Astrologen sind mitunter mehrere tausend Mark (pro Stunde) auf den Tisch zu legen. (Die Errechnung der Horoskopdaten selbst, die heute in der Regel über einen Computer vorgenommen wird, beläuft sich auf 35 bis 120 Mark.) Eine Kostenübernahme durch die Kassen erfolgt nicht, was, wie Klein ausführt, „allerdings auch einer Forderung der Esoterischen Astrologie widerspräche, die verlangt, daß man für seine eigene Entwicklung auch persönliche finanzielle Opfer bringen soll".[456]

Der Zeitaufwand und die Kosten für eine astrologische Ausbildung sind höchst unterschiedlich. Kann man bei dem Münchner Rajneesh-Adepten „Akilesh" Svierak einen zweieinhalbtägigen Grundlagenkurs für knapp 200 Mark absolvieren,[457] so offerieren die „Starastrologen" Ingrid Zinnel und Peter Orban eine „10-Tage-Intensiv-Ausbildung" für Fortgeschrittene zu 5.325 Mark.[458] Der *Deutsche Astrologen-Verband e.V.* bietet einen Fernkursus

„Astrologische Menschenkenntnis" an, der, bestehend aus 74 Tonband-Kassetten, acht Lehrheften und vier Wochenendseminaren, nicht weniger als 6.300 Mark kostet.[459] Nach Zulassung durch die *Zentralstelle für Fernunterricht* (ZFU) in Köln bot der Astrologen-Verband diesen Kurs, erweitert auf 105 Kassetten, zwölf Lehrhefte und sechs Wochenenden, unter dem Signet „staatlich anerkannte Berufsausbildung" an, eine Bezeichnung, die dem verantwortlichen Leiter Peter Niehenke 1996 ein Bußgeldverfahren wegen „irreführender Werbung" einbrachte.[460] Wie die ZFU richtigstellte, sei „mit der Zulassung des Fernlehrganges *keine* 'staatliche Anerkennung eines Berufsbildes für Astrologen' verbunden". Es seien lediglich Formalia überprüft worden, nicht hingegen das Lehrgangsziel. Da der Beruf eines Astrologen im Verzeichnis der Berufe der *Bundesanstalt für Arbeit* (!) aufgeführt sei, habe es keinen Grund gegeben, eine Zulassung zu versagen.[461] Niehenke hatte früher schon einmal zurückstecken müssen: Er hatte in zwei Instanzen gegen den Leiter der Paderborner Volkssternwarte, Reinhard Wiechoczek, verloren, der kritisiert hatte, es sei diesem gelungen, „die Öffentlichkeit mit akademisch getarntem Unsinn zu täuschen".[462] Wie die überwiegende Mehrzahl der Praktiker auf dem Esoterikmarkt verfügen auch die meisten Astrologen über keinerlei formale „Ausbildung", die sie auf ihre Tätigkeit als Berater oder Therapeut vorbereiten würde (unabhängig davon, wie banal und zu nichts qualifizierend derlei „Ausbildungen" in der Regel sind); sie beziehen ihre Kenntnisse vorwiegend aus „Selbsterfahrung" und/oder irgendwelchen „Lehrbüchern". Für „Astromediziner", meist Heilpraktiker, liegt seit kurzem eine eigene *Materia Medica der astrologischen Konstellationen* vor, eine umfängliche Loseblattsammlung (128 Mark), in der die astrologischen Determinanten homöopathischer Diagnose und Therapie dargestellt werden. Das ständig aktualisierte „Medizinisch-Astrologische Repertorium" umfaßt nicht nur „astrologisch-homöopathische Zelltheorie" oder „Antidotierungen aus astrologischer Sicht", sondern auch Hinweise zu „Bachblütenmitteln" oder zu den (gleichfalls unsinnigen) „Biochemischen Funktionsmitteln nach Schüssler" (eine auf zwölf Mittel verkürzte ⇨ Homöopathie).[463]

Selbst an Volkshochschulen sind (unkritische) Astrologiekurse heute keine Seltenheit mehr, was den *Rat Deutscher Planetarien* (RDP) Anfang 1996 zu folgender Erklärung veranlaßte: „Öffentliche Bildungseinrichtungen, die mit Steuergeldern finanziert werden, haben die Aufgabe, die Astrologie als das darzustellen, was sie tatsächlich ist, nämlich Aberglaube und Pseudoreligion. Sie haben alles zu unterlassen, was der Verbreitung dieses Aberglaubens Vorschub leistet und damit letztendlich Bürger und Bürgerinnen zu unmündigen Menschen macht. (...) Astrologie in Volkshochschulen stellt einen eklatanten Mißbrauch des öffentlichen Bildungsauftrages dar und leistet nicht nur dem Aberglauben Vorschub, sondern stellt auch eine grobe Täuschung der Öffentlichkeit dar."[464]

Völlig eingesponnen ins Obskurantistische kommt die Psycho-Astrologie Thorwald Dethlefsens daher, dessen Bücher *Schicksal als Chance* (1979) und *Krankheit als Weg* (1983) Rekordumsätze mit Hunderttausenderauflagen erzielten. Im Gegensatz zu herkömmlicher astrologischer Vorstellung wirken nach Dethlefsen die Sterne nicht mehr direkt auf irdisches Geschehen ein. Vielmehr seien sie als Repräsentanten jener sieben Urprinzipien zu verstehen - Dethlefsen stellt ausschließlich auf die sieben „Planeten" der klassischen Astrologie ab:

Sonne, Mond, Merkur, Mars, Venus, Jupiter und Saturn -, die das Universum und damit den Menschen durchherrschten. Das Prinzip „Mars“ etwa stehe für Energie und Impuls, das Prinzip „Saturn“ für Struktur, Hemmung, Widerstand und Zeit.[465] Dethlefsen bemüht die in einschlägigen Schriften vielzitierte „Analogiethese“ des Stammvaters aller Esoterik, des ägyptischen Priesters Hermes Trismegistos (3. Jahrhundert u.Z.), derzufolge die Wesenskräfte und Charaktereigenschaften eines Menschen genau der Anordnung der sie repräsentierenden Himmelsgestirne zum Zeitpunkt und am Ort seiner Geburt entsprechen. Die These des „Dreimalgroßen Hermes“, von Dethlefsen als zentrale Gesetzmäßigkeit der Esoterik und damit Grundlage aller Astrologie ausgegeben, lautet, daß „überall in diesem Universum oben und unten, ‘im Himmel und auf Erden’, im makrokosmischen wie im mikrokosmischen Bereich, auf allen Ebenen der Erscheinungsformen die gleichen Gesetze herrschen“.[466] Kurzformel der „Hermetischen Philosophie“: „Wie oben so unten“. (Randnotiz zu esoterischem Geschichtsverständnis: Zur Steigerung der Autorität des „Meisters aller Meister“ - und damit der eigenen, die sich auf diese bezieht - wird das Leben des Neuplatonikers Hermes Trismegistos gerne vom 3. Jahrhundert unserer Zeit ins 3. Jahrtausend vor unserer Zeit zurückverlegt,[467] ebenso wie die Astrologie selbst sich stets mit „jahrtausendealtem Wissen“ zu begründen und zu beweihräuchern sucht, gleichwohl sie bestenfalls zweieinhalbtausend Jahre alt ist und das [angeblich so entscheidende] Häusersystem erst im Mittelalter hinzuerfunden wurde.[468])

Das Horoskop nun zeige in symbolischer Form die spezifische Rangordnung und Beziehung der Urprinzipien an, unter welcher ein Mensch ins Dasein getreten sei; woraus sich *en detail* die Aufgabe herleite, die er in diesem Leben zu erfüllen habe.[469] Das Nichterfüllen dieser Aufgabe, das Verlassen der vorgegebenen Bahn - Dethlefsen bezieht sich hier ausdrücklich auf den faschistoiden Hexenmeister Aleister Crowley[470] -, werde unerbittlich bestraft: „Schicksalsschläge und Krankheit sind fast immer nur der passive Aspekt eines nicht freiwillig wahrgenommenen Lernprozesses. (...) Wer nicht lernt, leidet.“ Letztlich werde der Mensch nicht in die Welt inkarniert, „um in Faulheit den Schein der Sonne zu genießen, sondern um sich zu entwickeln und nach seinen Fähigkeiten der Welt zu dienen“. Glück und Freiheit wüchsen dort, „wo der Mensch sich seiner Aufgabe bewußt wird und die Gnade erkennt, dienen zu dürfen“.[471] Allemal geht es um das Postulat einer höheren Ordnung, der der einzelne sich zu unterwerfen hat, und allemal lautet die Botschaft: Wer nicht hören will, muß fühlen. Oder im Umkehrschluß: Wer leidet, hat den Gehorsam gebrochen (und leidet insofern zurecht).

Dethlefsen stellt hiermit eine Formel bereit, mit der sämtliche Probleme und Schicksalsschläge eines Erdenlebens, von Krankheit und Unfall bis hin zu Hunger, Vergewaltigung, Folter und Krieg, als selbst zu verantwortendes, sprich: selbstverschuldetes Resultat nicht erfüllter höherer Aufgaben auf den Einzelnen zurückgeworfen werden: „Das Schicksal, das du erlebst, ist weder zufällig noch numinos, sondern das Ergebnis deines eigenen Handelns.“[472] AIDS-Kranke etwa hätten sich dem Gesetz des Gehorchens und Dienens verweigert: „Als Risikogruppen für AIDS stehen die Drogenabhängigen und die Homosexuellen an erster Stelle. (...) Es sind Gruppen, die häufig den Rest der Gesellschaft ablehnen oder sogar hassen. (...) In der AIDS-Erkrankung lebt und lehrt der Körper das Gegenteil des Hasses: Verzicht auf Abwehr."[473] Mit derlei verquasten Formulierungen meinen Dethlefsen und sein medizinischer Adlatus und Co-Autor Rüdiger Dahlke nichts anderes als den Tod des AIDS-Kranken: „Weicht ein Mensch (...) von seiner 'Lebensformel' immer mehr ab, so muß er von der Natur zwangsläufig eliminiert werden; er wird durch eine tödliche Krankheit oder einen Unfall 'aus dem Verkehr gezogen'. Denn in einem Kosmos gibt es nur einen begrenzten Spielraum für Abweichungen; wird dieser übertreten, so muß der Kosmos seine Ordnung 'gewaltsam' herstellen."[474] Dahlke unterstreicht diese Auffassung: „Nichts geschieht uns zufällig bzw. alles fällt uns gesetzmäßig zu."[475] Es sei dem Kosmos, wie Dethlefsen ausführt, im übrigen „völlig gleichgültig, wieviele Leiden sich der Mensch auf seinem Weg durch die ständige Weigerung zu lernen aufbürdet",[476] es komme ihm „nicht darauf an, ob jemand an Pocken oder Krebs stirbt oder ob er mit dem Auto gegen den Baum rast. Wichtig ist lediglich, daß er stirbt."[477]

„Jeder einzelne", Dethlefsen betont dies ohne Unterlaß, „ist ganz allein Produzent seines Schicksals. (...) Ereignisse, die er früher rein negativ empfand, bekommen eine ganz andere Färbung, wenn er sie als Resultat seines Verhaltens verstehen und ihren Sinn erkennen kann".[478] Zur Verdeutlichung solch „vertikalen Denkens" führt er das Beispiel eines Familienvaters an, der von einem betrunkenen Autofahrer angefahren wird und für den Rest seines Lebens gelähmt bleibt: „Unsere gewohnte Reaktion: tiefes Mitleid mit dem harten Schicksal des gelähmten Familienvaters, Wut und Abscheu vor der Verantwortungslosigkeit des betrunkenen Autofahrers. Die Wirklichkeit ist anders. Der Unfall und dessen Folgen sind das Schicksal des Familienvaters, für das er alleine die Verantwortung trägt. Deshalb ist dieser Unfall auch in seinem Horoskop sichtbar. Die inhaltliche Konstellation dieses Horoskopes mußte sich ihre formale Verwirklichung zwangsläufig in der Umwelt holen - in diesem Fall über die Unachtsamkeit eines Betrunkenen. Die Art der Verwirklichung ist jedoch sekundär, entscheidend ist die unbewußte Bereitschaft."[479] Selbst ein Mörder könne seine Tat „ausschließlich nur an einem Menschen begehen, der inhaltlich für ein solches Ereignis die Bereitschaft mitbringt. (...) Was das Opfer betrifft, so ist sub specie aeternitatis [unter dem Blickwinkel der Ewigkeit, C.G.] betrachtet 'alles in Ordnung'; es suchte eine Todessituation und fand sie, indem es einen anderen Menschen zur Schicksalsverwirklichung benützte. Dieser andere Mensch, der Mörder, hat mit der Tat seinem Opfer 'einen Gefallen erwiesen'. (...) Jeder gebraucht zur Verwirklichung seines eigenen Schicksals fast immer andere Menschen, denen er meist, statt dankbar zu sein, Schuld zuschiebt."[480] Die gedankliche Verwandtschaft Dethlefsens zu Figuren wie Trutz Hardo-Hockemeyer, der die Verfolgung und Vernichtung der Juden im Dritten Reich als (karmisch) von diesen selbst verschuldet darstellt, wird deutlich. Verständlich wird da auch, daß in Dethlefsens Münchner Okkult-Buchladen *Die Hermetische Truhe* das Hauptwerk des italienischen Faschisten Julius Evola *Revolte gegen die moderne Welt* besonders empfohlen wird[481] (⇨ *Braune Aura*).

Ganz offenbar, wie Astrologiekritiker Wolfgang Bock anmerkt, bereite es Dethlefsen sadistisches Vergnügen, seinen Anhängern Schmerz, Leid und Trauer zu verkünden: „Solche Lust ist gut getarnt durch das verdinglichte Prinzip, in dessen Namen der Esoteriker angeblich spricht."[482] Selbst die Lehre von Karma und Wiedergeburt wird bemüht: „Blenden wir in der Biographie einer Seele zurück, so hat diese (...) eine sehr lange Kette von Erdenleben hinter sich. In jedem Leben wurde sie mit einem bestimmten Lehrplan konfrontiert, den sie mehr oder weniger gut und vollständig einlöste. Stirbt ein Mensch, so hat er nur in den seltensten Fällen alle Anforderungen und Aufgaben des Schicksals voll begriffen und eingelöst. Fast immer bleibt etwas übrig, was er noch nicht erlöst und begriffen hat. (...) Hier wird deutlich, wie fundamental die Astrologie mit der Lehre der Reinkarnation verbunden ist. Ohne Bezug auf die Reinkarnation ist die Astrologie ein unhaltbarer Nonsens, denn kein Astrologe kann bei Leugnung der Reinkarnation eine befriedigende Antwort auf die Frage geben, warum der eine Mensch dieses und der andere Mensch jenes Horoskop habe. (...) Das Horoskop ist etwas, was sich jeder selbst erarbeitet hat - man kann sich darüber nicht beschweren."[483] Es sei eine „Art Bilanz des letzten Lebens. Die Natur hat Zeit: Was der Mensch nicht in diesem Leben verwirklicht, nimmt er mit ins nächste - erspart bleibt ihm nichts!"[484] (⇨ *Reinkarnationstherapie*).

Schon Anfang der 1950er Jahre wies Theodor W. Adorno darauf hin, daß eine Vorliebe für Aberglaube und Astrologie allemal mit einer Disposition für totalitäre Weltanschauungen einhergehe. Als zentrale Intention des Horoskopes, auf der die Astrologie beruht und die sie weiter hervorbringt, präparierte er das einzuübende Verhalten des Gehorsams gegenüber einer sich verbergenden, gleichwohl aber übermächtigen Instanz heraus, die durch die Sterne repräsentiert wird: „Der Zuspruch den die unerbittlichen Sterne auf ihr Geheiß spenden, läuft darauf hinaus, daß nur, wer vernünftig sich verhält: sein inneres wie äußeres Leben völliger Kontrolle unterwirft, irgendeine Chance hat, den irrationalen und widersprüchlichen Forderungen des Daseins gerecht zu werden. Das heißt aber: durch Anpassung. Die Diskrepanz von rationalen und irrationalen Momenten in der Konstruktion des Horoskops ist Nachhall der Spannung in der gesellschaftlichen Realität selbst. Vernünftig sein heißt in ihr nicht: irrationale Bedingungen in Frage stellen, sondern aus ihnen das Beste machen."[485] Dergestalt autoritär konditioniert seien die Menschen besonders empfänglich für jede Art antidemokratischer, totalitärer Propaganda.[486] Astrologiekritiker Bock beschreibt in diesem Zusammenhang den Esoteriker Dethlefsen als „Mächtigen im Wartestand", der sich, real noch ohnmächtig, mit dem Zufall, dem Autounfall oder der Krankheit verbünden müsse; und die apokalyptische Vorstellung, daß dieser mittlerweile vielleicht „genügend Anhänger aus dem Menschenreich beisammen [haben könnte], die ihm behilflich sind, den Störrischen bei der Erfüllung des Schicksals etwas nachzuhelfen".[487] Und in der Tat: Über seine *Kirche des neuen Äons* und ein *Kawwana* (hebr. = Ziel/Inbrunst) genanntes Schulungsprogramm (5 Wochen/7.200 Mark), bei dem, angelehnt an antike Todes- und Wiedergeburtsmysterien, obskure Kultrituale (angeblich mit ritueller Blutabnahme) inszeniert werden, zieht Dethlefsen seit Mitte der 1990er massenhaft neue Anhänger in seinen Bann. Laut Satzung seines Kultzirkels - den 1997 etablierten *Kawwana-Konvent für rituelle Therapie* mußte er aus näher nicht bekannten Gründen wieder schließen - will Dethlefsen „religiös suchenden Menschen unserer Zeit die Möglichkeit bieten, (...) einen echten Heilsweg zu gehen, dessen Ziel 'Freiheit' heißt. Diese Freiheit wird erreicht durch die stufenweise Führung der menschlichen Seele durch die verschiedenen Ebenen aller Welten. Solche Führung geschieht durch verschiedene Initiationen und mit Hilfe magischer Rituale."[488] 1999 errichtete er, gegen den massiven Widerstand von Anwohnern und Nachbarn, in der Münchner Innenstadt einen eigenen Tempel.

5.4. Aura-Healing / Lichtenergiearbeit

Der Begriff „Aura" (lat. = Lufthauch) bezeichnet ein Feld „magnetischer Energie", das angeblich den Körper des Menschen in Form einer ovalen oder pilzförmigen Schutzhülle umgibt. Dieses Energiefeld sei dem normalen Betrachter unsichtbar, dem geschulten Aura-Heiler (*Aura-Healer*) jedoch zeige es sich in den sieben Farben des Regenbogens. Aus der Form und der Farbzusammensetzung des aurischen Energiefeldes ziehen Aura-Heiler Rückschlüsse auf seelische und körperliche Erkrankungen, die sich lange vor ihrem tatsächlichen Ausbruch bereits in diesem abzeichnen sollen. Krankheiten erscheinen angeblich als Löcher oder Risse in der Aura. Spirituell hochentwickelte Menschen sollen über besonders helle Auren verfügen, die dann als „Heiligenschein" (Aureole, Halo) wahrgenommen und dargestellt werden.[489]

Bereits Mitte des 18. Jahrhunderts befaßte sich der schwedische Hellseher Emanuel Swedenborg (1688-1772) mit den „spirituellen Sphären", die seiner Auffassung nach den menschlichen Körper umgäben. Swedenborgs spiritistische Vorstellungen und „Visionen" wurden seinerzeit von Immanuel Kant heftig kritisiert, dennoch (vielleicht auch mithin deshalb) hatte der „Geisterseher" enormen Zulauf.[490] Auch der Wiener Arzt Anton Mesmer (1734-1815) verzeichnete ungeheueren Erfolg mit seiner „Entdeckung" des „animalischen Magnetismus", mit Hilfe dessen er in einem mondänen Salon in Paris spiritistische Massenheilungen durchführte.[491] 1845 veröffentlichte der deutsche Chemiker Karl von Reichenbach (1788-1869) seine Entdeckung des „Od", einer Energie, die, wie er glaubte, allen lebendigen Organismen, aber auch anorganischen Stoffen wie etwa Kristallen, in Form einer hellstrahlenden „Lohe" entströme. Allerdings war es nur besonders „sensitiven" Menschen, wie Reichenbach selbst, möglich, diese Od-Abstrahlung wahrzunehmen, eine photographische Darstellung gelang trotz intensiver Bemühungen nicht. Dieses Kunststück brachte erst 1907 der französische Physiker Hippolyte Baraduc zuwege, der auf Photographien der Leichen seiner Frau und seines Sohnes einen weißen Schein mit abbildete. Die vermeintliche Aura-Abbildung erwies sich allerdings später als Resultat simpler Belichtungs- und Entwicklungsfehler.[492]

Ende des 19. Jahrhunderts stellte besonders die ⇨ Theosophie sowie die aus dieser hergeleitete ⇨ Anthroposophie Rudolf Steiners auf die Existenz aurischer Energiefelder ab. Unter Bezugnahme auf hinduistische Überlieferungen ließen sich die Theosophen Annie Besant und Charles Leadbeater in umfangreichen Konvoluten über die Aura aus, die sich ihrer Erkenntnis nach aus fünf „feinstofflichen" Körpern oder Hüllen zusammensetze, einem je spirituellen, kausalen, mentalen, astralen und ätherischen Körper, von denen der „grobstoffliche" Körper umgeben und durchdrungen sei.[493] Die theosophischen und anthroposophischen Aura-Hirngespinste gelten in Esoterikkreisen bis heute als Standard: Leadbeaters Arbeiten etwa werden immer wieder neu aufgelegt und auch die neueren Veröffentlichungen zum Thema sind nichts weiter als Aufgüsse des verworrenen Weltbildes der Theosophie (⇨ *Braune Aura*). In dem 1991 erschienenen Werk *Die entschleierte Aura* (*Aquamarin*-Verlag) beispielsweise offenbaren sich Projektionen einer ausgesprochen rassistischen Weltanschauung: Auf einer Farbtafel ist die „Aura eines wenig entwickelten Menschen" dargestellt anhand einer dunkelhäutigen Frau; zur Illustration der „Aura eines unentwickelten Menschen" ist auf einer anderen Tafel ein Indianer in Lendenschurz und Federschmuck abgebildet; im dazugehörigen Begleittext heißt es, seine „Verstandeskräfte sind kaum entwickelt. Egoismus, geistige Stumpfheit und Angst sind nach der Leidenschaft die stärksten Merkmale dieses Menschen."[494]

Der englische Heiler Walter J. Kilner entwickelte um die Jahrhundertwende eine Filterscheibe, die es angeblich erlaubte, die Aura exakt wahrzunehmen. Diese Kilner-Glasscheibe, die lediglich blaues beziehungsweise ultraviolettes Licht passieren läßt, ist heute in Form sogenannter „Aura-Brillen" im esoterischen Handel erhältlich. Laut Kilner bestehe die Aura nicht aus fünf, sondern nur aus drei Schichten, einer farblosen ätherischen sowie zwei weiteren in den Farben des Regenbogens. Um die (vermeintliche) Aura sichtbar zu machen, wird heute vor allem die sogenannte ⇨ Kirlian-Photographie eingesetzt.

Löcher, Risse oder bestimmte Verfärbungen in der Aura gelten, wie dargestellt, als untrügerischer Hinweis auf körperliche oder seelische Erkrankung. Vielfach, wie Parapsychologin ⇨ Bozenka Venediger ausführt, werde die Aura aber auch durch „unbeherrschte Gedanken (...) genauso wie eine naturfremde, falsche Lebensweise" beeinträchtigt: „Je stärker unsere unbeherrschte Geschlechtslust (!) und die Wünsche nach körperlichem Wohlbefinden sind, desto gröber ist die Struktur der Astralhülle."[495] Oftmals werde die Aura junger Menschen und vor allem von Kindern auch „durch alte und schwache Menschen angezapft", sogenannte „Astralvampire", die sich auf diese Weise Lebensenergie absaugen: „Oft ist die übergroße Kinderliebe älterer Menschen die Ursache dieses Phänomens."[496]

Die Therapie „aurischer Defekte" besteht vor allem in „Energieübertragung": Der Aura-Heiler legt hierzu seine Hände im Abstand einiger Zentimeter über den Körper des Klienten, bevorzugt über die sieben (wahlweise auch zwölf) als ⇨ Chakren (sanskr. = Wirbel) bezeichneten Energieeintrittstore, die zwischen Genital und Schädeldach angeordnet seien, und läßt (angeblich) kosmische Energie in dessen Aura einströmen[497] (⇨ *Reiki*). Gelegentlich wird die Aura auch „massiert" oder mit Magneten oder heilkräftigen Kristallen behandelt; auch „feinstoffliche Heilweisen" wie ⇨ Aura Soma oder Bach-Blütentherapie suchen Einfluß auf die Aura zu nehmen. In einer Nachmittagssendung der TV-Talkerin Ilona Christen (die selbst als Esoterikerin gilt) verbreitete sich ein „Heiler" mit der Behauptung, zur Stärkung der Aura eigne sich vor allem Coca-Cola, mit dem der Körper eingerieben werden müsse; weshalb sei allerdings noch nicht erforscht.[498]

> Um die „Aura in den strahlenden und mächtigen Schutzwall [zu] verwandeln, den wir alle wollen",[499] werden verschiedene Übungen empfohlen, zu deren populärsten die sogenannte „Lichtsäule" zählt:

„Visualisiere um dich herum ein ovales, wolkenartiges Gebilde aus leuchtendblauem Licht, das seitlich etwa 20 cm und am Kopf und an den Füßen etwa 40 cm über den physischen Körper hinausreicht. Wenn du es schaffst, dir dieses blaue Lichtfeld klar und deutlich vorzustellen, (...) visualisiere am höchsten Punkt dieser Aura, knapp oberhalb deines Kopfes, eine Lichtkugel in strahlendem Weiß. Konzentriere dich ganz auf diese Lichtkugel, damit sie noch heller strahlt, weißglühend wie brennendes Magnesium. (...) Wenn du soweit bist, stellst du dir vor, wie diese glänzende Kugel glitzerndes Licht aussende. Dieses silbern funkelnde Licht überflutet deine Aura und durchdringt in pulsierenden Strömen deinen ganzen Körper. Den äußeren Rand deiner Aura bildet das klar umrissene leuchtendblaue Oval, während das Innere des Kraftfeldes jetzt von einem lebendigen, pulsierenden, funkensprühenden Licht erfüllt wird. (...) Dieses Licht ist unerschöpflich, denn es wird von der göttlichen Quelle gespeist. Spüre, wie es - strahlend hell und funkelnd - unaufhörlich in deiner Aura kreist und dabei die äußere Schicht, die harte Schale des blauen Ovals verstärkt.“ [500]
Eine dergestalt gestärkte Aura schütze nicht nur gegen Hexen- und Voodoozauber, Verwünschungen und Astralvampirismus, sondern auch gegen ganz reale Bedrohungen: eingehüllt in die „Lichtsäule“ könne einem niemand zu nahe treten, man sei gefeit gegen jedwedes Gewaltverbrechen. Ein Angreifer erlebe „einen Abprall (seiner) negativen Kräfte von der äußeren Schutzschicht einer intakten Aura“, wobei es durchaus passieren könne, daß ihn „aufgrund des Rückpralleffekts genau das Schicksal ereilt, das eigentlich seinem Opfer zugedacht war“. Ansonsten empfehle es sich, einen Gewalttäter aus der „Lichtsäule“ heraus zu „segnen“, denn: „seine Bosheit [wird] vor dem strahlenden Glanz deines Höheren Selbst nicht bestehen.“ [501]

Gegen eine gestärkte und intakte Aura hätten selbstverständlich auch Krankheitskeime keine Chance: Man sei nicht nur gegen Krebs, AIDS und dergleichen gewappnet, sondern sogar gegen Radioaktivität. Selbst Unfälle könnten nicht mehr passieren. Sollte man dennoch krank werden oder verunglücken, ist dies (in szeneüblichem Zirkelschluß) Hinweis auf eine nicht intakte Aura. Zu den HauptprotagonistInnen aurischer Hirngespinste zählt die amerikanische Esoterik-Altvordere Chris Griscom, zu den namhafteren Figuren im deutschsprachigen Raum der in Nürnberg als „Medialer Lebensberater“ tätige Hermann Goßler. Auch der von Belgien aus ordinierende Energie- und Auraheiler Martin Brofman (USA) zählt zu den hierzulande szenebekannteren Figuren, sein sogenanntes *Systeme du Corps-Miroir* (Körper-Spiegel-System) findet sich zunehmend auch im Angebot bundesdeutscher Heil- und Lebenshilfepraxen. Mittels Harmonisierung der Chakrenfunktion durch gezielte Zuleitung visualisierten Lichtes will Brofman Störungen im Energiefeld (= Spiegel) des Körpers beheben; prinzipiell jede Krankheit sei dergestalt heilbar. Umfänglich läßt er sich insofern über die Behandlung von AIDS aus: „AIDS kann geheilt werden, so wie jeder Zustand von Unausgeglichenheit. Was man dazu braucht ist Liebe [= Lichtenergie, C.G.]. Durch die Liebe kann das Herzchakra wieder normal funktionieren und der Thymusdrüse wieder Kraft geben und dadurch dem Immunsystem. Der Energiefluß ist wiederhergestellt.“ [502] Über sein *World*

Institute of Technologie for Healing in Brüssel bietet Brofman - der im Internet als „Sir Martin Brofman Ph.D." firmiert - entsprechende Wochenendausbildungskurse an.

Für die Existenz irgendwelcher Energieflüsse (Prana, Ch'i, Qi usw.) oder Aurafelder, wie die Esoteriker sich das vorstellen, gibt es bis heute keinerlei ernstzunehmenden Hinweis. Bestenfalls kann derlei Vorstellungen in metaphorischem Sinne Geltung zukommen. Was auf den Photos abgebildet ist, hat mit einer „Aura" nichts zu tun. Die Wahrnehmung einer Aura mit Rissen, Löchern und Einfärbungen, wie sie von „Hellsichtigen" oder „Sensitiven" behauptet wird, muß als Halluzination oder als bewußte Täuschung gewertet werden.[503]

Ein mit großem Werbeaufwand unlängst auf den Markt gebrachtes Gerät zur Messung des Aurafeldes stellt keineswegs einen „objektiven Indikator der Lebensenergie" dar, wie die niederbayerische Vertreiberfirma *BioTec-Produkte* behauptet (die ansonsten Wünschelruten und allerlei Wahrsage-Utensilien feilhält), sondern ein heillos überteuertes Esoterikspielzeug: Der sogenannte „Egely-Wheel-Resonator" reagiert bestenfalls auf den Hautwiderstand und/oder die Körperwärme der Testperson. Das Gerät in der Größe eines Taschenkompasses kostet 476 Mark[504] (⇨ *Bioresonanztherapie*).

Eng verwandt mit dem Aura Healing ist die von den amerikanischen Channeling-Medien Sanaya Roman und Duane Packer angeblich aus höheren Sphären empfangene „Lichtkörperarbeit" (*Lightbody Work*), die auch im deutschsprachigen Raum eine Vielzahl an Anhängern gefunden hat: „Um den Lichtkörper zu aktivieren", wie es in einer Werbebroschüre der Münchner Lightbody- (wahlweise auch: PranaLight- oder Kryon-Energy-) Workerin Carolina Hehenkamp heißt, „muß eine Harmonie zwischen all Deinen Schwingungs-Energiekörpern entstehen. Dein physischer, emotionaler und Dein mentaler Körper werden durch die Arbeit mit sieben pulsierenden Energiekörpern in Einklang gebracht." (In der therapeutischen Praxis bedeutet dies eine Art beidhändigen Herumgewedeles im Abstand von ein paar Zentimetern über dem Körper des Patienten.) Gelegentlich, so Hehenkamp, würden auch ⇨ Kristalle oder Aura-Soma-Essenzen eingesetzt, um „die höheren, pulsierenden Energiekörperzentren [...] zu höheren, mentalen Ebenen und zu Dimensionen außerhalb von Raum und Zeit" zu geleiten.[505]

Ganz Ähnliches findet sich in einem Werbetext der Berliner Lebensberaterin Waltraud Forster über ihre als „Natural-Energy-Balancing" bezeichnete Heilmethode: „Die neue Form der Lichtenergie-Arbeit der heutigen Zeit, die über Aktivierung der höheren Energiezentren direkt mit der harmonisierenden Ur-Heilkraft des Universums unser energetisches Sehen und Wahrnehmen erweckt, zeigt, wie wir auf natürliche Weise unsere Schwingung erhöhen, Transformation bewirken und unsere energetischen Körper wieder ins Gleichgewicht bringen können, um so einen natürlichen Heilprozeß und wahre geistige Entwicklung in Gang zu setzen."[506] Erwähnenswert, vor allem in Hinblick auf die Kosten, sind auch die Seminare einer *SOL-Schule für Channeling & Energiearbeit* bei Nürnberg: Ein Zweieinhalb-Tage-„Powerpaket" mit Einführung in „Kundalini, 12-Strang-DNS, Lichtkörper & Mer-Ka-Ba" kostet knapp 700 Mark. (Unter Mer-Ka-Ba - angeblich eine Technik aus dem altägyptischen Horuskult [wahlweise auch aus dem altjüdischen Talmud] - verstehe sich eine „Beschleunigung der Frequenz des physischen Körpers" durch „bewußte Vereinigung von Licht und

Materie, Geist und Körper", durch die letzterer umgewandelt werde in ein „multidimensionales Raum-Zeit-Gefährt, welches Ihnen im aktivierten Zustand ermöglicht, [...] mit Ihrem physischen Körper in andere Dimensionen und Planeten zu reisen". [Tatsächlich stellt Mer-Ka-Ba nichts anderes dar, als eine willkürliche Mixtur simpler Atem- und Imaginationstechniken.]) Eine einwöchige „SOL-Intensiv-Ausbildung", einschließlich Kontaktnahme mit den „aufgestiegenen Meistern" Vywamus, Djwahl Khul und Jesus, die als „Lehrer der Geistigen Hierarchie" dem Institut zuarbeiteten, beläuft sich auf 1.549 Mark.[507]

> Interessant ist auch das Angebot einer sogenannten *Lichtkörperakademie* in Uetikon am See (Schweiz), das über „Kommunikation mit transpersonalen und spirituellen Wesen und Bewußtseinsaspekten, universelle Liebe und Verbundenheit (sowie) Verkörperung der 'Ich-Bin-Göttlichkeit'" die „Geburt des transhumanen Menschen" voranzutreiben sucht. Hierzu stellen die Akademieleiter Gerda Drescher und Edwin Zimmerli verschiedene Methoden anheim, die sie allesamt mit (werbewirksamem) Titelschutz haben versehen lassen: 1. Metamorphing©: Transpersonale Integration, Lichtkörper-Transformation und -Transmutation. 2. Starcon©: Lichtkörper-Sternenlicht-Integration, Überseelenverbindung durch Starcon-Transmitter. 3. Rei-Ki-Balancing©: Die Reiki-Kraft im Lichtkörperfeld, bipolare Energieeinstimmung, Vermittlung der 'Lichtsäule'. 4. Body-Clearing©: Vom durchlässigen zum lichtvollen Körper, holoenergetische Körperarbeit.
> Von besonderer Bedeutung, so Zimmerli, seien die sogenannten „Starcon"-Kristalle, über die „erstmals eine direkte Verbindung der transpersonalen Bewußtseinsebene des achten bis vierzehnten Chakras und der Zellebene realisiert" werde. *Lichtkörperakademie*-Ausbildungen etwa zum „Metamorphing-Transformationstherapeuten" oder zum „HoloEnergetic Body-Clearing-Instruktor" dauern je 23 Tage und kosten rund 5.700 Mark (zuzüglich Unterkunft/Verpflegung).[508]

Der völlig uferlose Begriffswirrwarr der Szene - über weite Strecken macht das Ganze nicht den geringsten nachvollziehbaren Sinn - erscheint symptomatisch: Bei vielen Anbietern einschlägiger Seminare und Workshops muß in der Tat von krankheitswertigen Persönlichkeitsstörungen ausgegangen werden (wobei nicht deutlich getrennt werden kann, ob diese nun als Ursache der gesteigerten Affinität zu metaphysischen Hirngespinsten zu sehen sind oder eher als ebenderen Folge). Im Klartext: Viele der Therapeuten und Lebenslehrer der Szene erscheinen *dringendst* selbst behandlungsbedürftig; sie außerhalb jeder gesundheitsbehördlichen Kontrolle an rat- und hilfesuchenden Menschen herumdilettieren zu lassen, ist absolut unverantwortlich; zumal das Gros der Klientel, die sich für derlei Praktiken und Praktiker interessiert, ohnehin im Grenzbereich psychischer Gesundheit unterwegs ist. Solche Praktiker unter dem Fähnchen der „Weltanschauungsfreiheit" gewähren zu lassen, verletzt die Verpflichtung des Staates, für das Wohl und die Unversehrtheit seiner Bürger Sorge zu tragen, aufs Gröbste (⇨ *Praktischer Verbraucherschutz*).

> Bezeichnend ist insofern das (willkürlich aus einer Vielzahl ganz ähnlicher Angebote herausgegriffene) Programm eines *Instituts für InterDimensionalen Dialog* (IDD) im

bergischen Morsbach, geleitet von den Channelingmedien „Antarion" Reinhard und „KaMaYnya-Raa" Quaas. Die Begriffslogorrhöe der beiden - folgend ein winziger Ausschnitt aus ihren Verlautbarungen - ist nur noch in psychiatrischen Kategorien zu fassen: Unter InterDimensionalDialogue© verstehe sich eine „Einweihung in die Kommunikation mit den persönlichen geistigen Beratern und dem Inneren Heiler"; hinzu komme „Aktivierung des Kontakts zum Höheren Selbst und des Lichtkörpers; Zugang zum Wissen des Unterbewußten, der Akasha-Chronik von Planet Erde und der Galaxie; Medialität (Hellsehen, Hellfühlen, Hellhören) erlernen und anwenden; Re-Inkarnation, Clearings, metaphysische Grundgesetze". Durch IDD-Training schalteten sich überdies „beide Gehirnhälften gleichzeitig zusammen", was ihre Leistungskraft um etwa 400% erhöhe. Ein weiterer Angebotsbereich umfaßt „InterDimensionalDesign©", bei dem „die 7 Schritte zur Gestaltung der stofflichen und feinstofflichen Realität (RealityDesign)" eingeübt und über „Realisierung des Lebensplanes mit Hilfe der Kundalini-Erweckung (...) ein morphogenetisches Feld für eine harmonische Wendezeit (LifeLineDesign)" entwickelt würden. „Global Energo-Dynamic©" lehre das „Wesen des bewegten Chi, Feng Shui, Geomantie, Geopunktur, Erdheilung, Dimensions-Vortexe, Heilige Geometrie", desweiteren Kontaktaufnahme zu „Naturwesen" (Reyls, Elfen, Zwerge und Faunen). In sogenannten „Flame of Life©"-Workshops gehe es um „präzise und nicht-manipulative Lichthandwerk-Techniken", mit deren Hilfe man „Täuschung und Realität unterscheiden (sowie) neues Wissen aus feinstofflichen Informationsräumen anwenden" lerne. Darüberhinaus bietet das IDD-Institut „Profi-Special"-Trainings für „Selbsterfahrung, Kreativität, Management, Ökologie und holistische Therapie", zudem „Supervision" und „Clearing Sessions" für Einzelpersonen, Paare und Gruppen. Ein 5-Tage-Workshop kostet 750 Mark, eine Einzelsitzung 120 Mark; Telephonberatung gibt es zum Satz von zwei Mark pro Minute.[509]

Näher zu betrachten ist das einjährige „IDD-TrainerInnen-Training", das, laut Ausschreibung, dem Teilnehmer mithin folgende Inhalte vermittelt: 1. Die Urprinzipien von Vergebung, Gnade und aufrechter Demut anwenden. 2. Die Inkarnationsspezialisierung präzise nachvollziehbar und anwendbar machen. 3. Eine saubere, präzise, angst- und hierarchiefreie Wahrnehmung der feinstofflichen Dimensionen erwerben, einschließlich: a) klarer Kommunikation mit den Naturwesen, seinen Lichtbegleitern und seiner Mentoren-Crew; b) Aura sehen, fühlen, reinigen, aktivieren auf der 3.-5. Dimension des physischen, emotionalen, mentalen und spirituellen Körpers; c) Die Geist-Licht-Körper-Aktivierung (MerKaBa) anwenden und lehren für die Zeit des Dimensionenwechsels und der interdimensionalen Reisen; d) Aktivierung der Chakren und des Pranaflusses durch Energietransfer; e) Erkennen von feinstofflichen Abhängigkeiten. 4. Aktivierung von Kundalini-Energie. 5. Permanenten Kontakt mit dem Höheren Selbst und der Quelle. Die Fähigkeit, die Mission des Höheren Selbst auf die 3D-Realität zu übersetzen. 6. Erd-Gitternetz-Heilung, Erd-Ätherkörper-Heilung. Grundzüge der Geomantie und des Feng-Shui. 7. Intuition, Medialität, Hellsehen, Hellriechen, Hellfühlen. 8. Eine sichere Kenntnis der seit 1994 geänderten Karma-Gesetze für Planeten Erde. 9. Karma und Traumata effektiv auflösen. 10. Persönliche Charakterbildung und Gedankenkontrolle als Wegbegleiter in der Zeit der Frequenzbeschleunigung und Sofortmanifestation. 11. Wahrnehmung des Einflusses von Bestrahlung und Elektrosmog. 12. Gehirnregionenaktivierung, Anleitung von Reisen in die höheren Dimensionen. 13. Kenntnis der übergeordneten Gehirnaktivierungsfunktion durch Orgasmus, Paar-Verschmelzung, tantrische Techniken. Das gesamte Training umfaßt drei Fünf-Tage-Blocks, vier Einzelsessions sowie eine Assistenzzeit bei den Lehrtherapeuten Reinhard und Quaas. Kosten: 6.610 Mark.[510]

Selbstredend betreibt das IDD-Institut neben der Lehre auch Forschung: Vor allem werden die Möglichkeiten der „Freien Lebensenergie" (Chi, Prana, Orgon etc.) untersucht, daneben beforscht man die „von Wilhelm Reich übersehene Auswirkung der Orgasmusfunktion, die unter Einsatz eines bisher unbeachteten Atemreflexes den Alterungsprozeß der Zellen reversibel macht". Ansonsten treibt man den Informationsaustausch voran, den man seit längerem mit Wesenheiten der verschiedenen Parallel-Dimensionen pflegt. Die Ergebnisse der Forschungsarbeit - man habe, so Reinhard/Quaas, „verblüffende Lösungen gefunden (...) zu einigen der letzten offenen Fragen aus Psychosomatik, Medizin, Gehirnforschung und Grenzwissenschaft" - werden in einer eigenen Zeitschrift namens *Galactic Times* vorgestellt. Im hauseigenen Zubehörshop finden sich mehrere IDD-Bücher (veröffentlicht im Selbstverlag), eine IDD-CD (zur Synchronisation der Gehirnhälften) sowie ein IDD-Lehr-Video. Interessant sind auch die von „Antarion" und „KaMaYnya-Raa" höchstpersönlich mit „Energie aus der 9. Dimension" aufgeladenen Bergkristalle, die, je nach eingestellter Frequenz, zur „Chakrenöffnung", „Inneren Zentrierung" oder „Steigerung sexueller Lust" eingesetzt werden können. Stückpreis: 185 Mark.

Damit nicht genug: In eigenen „Galactic Tours" sei es möglich, die „quellenden Gärten auf Pheon im System Aldebaran" zu besuchen, auf den „brodelnden Lavapisten des Jupitermondes Io" zu surfen oder in den „gigantischen Gas-Ozeanen auf Neptun (...) mit den verspielten Delphin-ähnlichen Bewohnern ausgelassen durch ihre bizarren Unter-'Wasser'-Welten" zu tollen. Das hierzu erforderliche „Raum-Zeit-Gefährt" bestehe aus dem individuellen „Geist-Licht-Körper" (MerKaBa), der sich problemlos in die 4. bzw. 5. Dimension begeben könne.

Darüberhinaus gibt es IDD-Kurse zu „Mind-Management", „Brain-Tuning", „Yin-Yang-Balance", „Body'n Soul-Integration" und dergleichen mehr. Im Werbetext zu einem Kurs in „Frequenz-Modulierter Basis-Kommunikation©" heißt es: „Die Sprache der Seele drückt sich über die aurischen Kommunikationskanäle, die Chakrensprache und den intuitiven Kontakt zur inneren Stimme und geistigen Welt aus. Wir bringen Dir bei, wie Du durch bewußte Veränderung der Aura, der Chakren und der Gedankenkraft, jede Situation nach Deinen Wünschen verändern kannst. Denn wenn die Seele ganz da ist, dann ist die feinstoffliche Ebene sehr einfach zu sehen, da die

Seele von dort herkommt. Die Zusammenhänge des Lebens auf Planet Erde erschließen sich."[511]

Tatsächlich erschließt sich in derlei delirantem Gefasel bestenfalls der Geisteszustand der Autoren. Allerdings sind Reinhard/Quaas keineswegs so abgedreht, daß sie ihre Praktiken nicht rechtlich absicherten: Um Strafverfolgung nach dem HeilPrG (bzw. nach § 263 StGB [Betrug] oder § 306 BGB [unmögliche Leistung]) zu umgehen, weisen sie in ihren Werbebroschüren ausdrücklich darauf hin, daß sie 1. „in keiner Weise Anleitungen im Sinne des Heilpraktikergesetzes verbreiten"; daß es sich 2. „bei den erwähnten Therapie-Modellen um medial empfangene Informationen handelt, die lediglich modellhaft die Möglichkeiten des IDD für Heilberufe demonstrieren"; und daß 3. „diese Informationen in vielen Punkten im Widerspruch zum derzeitigen Verständnis der Schulmedizin von der Ursache und Auswirkung von Krankheiten stehen". Es sei insofern 4. unzulässig, aus den „Inhalten der angebotenen Seminare irgendwelche therapeutischen Maßnahmen ableiten zu wollen, oder sich gar Hoffnung auf Heilung zu machen", sowie 5. zu glauben, daß „Leiter und MitarbeiterInnen des IDD-Instituts heiltherapeutisch ausgebildet seien, oder daß Absolventen des Trainer-Trainings heiltherapeutische Befugnisse erlangen". Im übrigen werde 6. „für die Verwendung und die Ergebnisse aus den vorgestellten (...) Methoden keinerlei Haftung übernommen".[512] Ganz offensichtlich reicht das Voranstellen solcher „Haftungsausschlußerklärung" hin, mit jedwedem noch so schwachsinnigen und/oder gefährlichen Unfug unangefochten auf Kundenfang gehen zu dürfen.

Wünschenswert wäre die baldige Schaffung eines verbesserten Verbraucherschutzes, sprich: die Verabschiedung des seit Jahren geforderten ⇨ Lebensbewältigungsshilfegesetzes, das solcherart gestörte Anbieter aus dem Verkehr zöge. Im übrigen geht es natürlich nicht nur um derlei *offensichtlich* ungeeignete Angebote und Anbieter: Auch wenn einzelne Praktiker eine Formalerlaubnis nach dem HeilPrG vorweisen können und das jeweilige Verfahren über öffentliches Renommee verfügt: Der Staat darf nicht weiter zusehen, wenn fachlich nicht oder nicht ausreichend qualifiziertes Personal sich mit erwiesenermaßen unbrauchbaren und/oder riskanten Praktiken an hilfesuchenden Menschen zu schaffen macht (⇨ *Selbsternannte Therapeuten*).

Selbstverständlich sind nicht alle Anbieter von „Lichtenergie"-, „Maniah-Lichtfunken-", „One-Light-Healing-Touch"-Therapien und dergleichen psychopathologisch gestört: Vielfach wird von windigen Geschäftemachern und Trittbrettfahrern der Szene einfach verkauft, was sich verkaufen läßt, ohne daß sie selbst davon überzeugt wären. Allerdings haben auch solche Anbieter auf dem Therapie- und Lebenshilfemarkt nichts verloren.

Nicht zu verwechseln mit der o.a. Kryon-Arbeit Carolina Hehenkamps ist das Angebot des Münchener Lebensbewältigungshelfers Andreas Belwe, der unter dem Signet *Kyon* einen Weg zu „geistiger Neuorientierung" zu weisen verspricht. Ausdrücklich versteht Belwe den von ihm (in klassisch kynischer Manier) induzierten philosophischen Dialog als „Alternative zur Psychotherapie" (was ihn als nicht eben kenntnisreich hinsichtlich therapeutischer Prozesse ausweist). Knapp fünfzig derartiger Einrichtungen (*Studios für Philosophie*) gibt es im deutschsprachigen Raum, die Qualifikation der jeweiligen BetreiberInnen fällt naturgemäß sehr unterschiedlich aus. Belwes Angebot erscheint allein durch den Umstand, daß er dieses bevorzugt in Esoterikmagazinen anpreist, teils in unmittelbarer Nachbarschaft zu Astrologen, Hellsehern, Reinkarnationstherapeuten und dergleichen, reichlich suspekt.[513]

5.4.1. Kirlian-Photographie

Aufbauend auf den Arbeiten des amerikanischen Erfinders Nicola Tesla sowie des russischen Ingenieurs Yakov Narkevich-Todko, die um die Jahrhundertwende schon mit „Elektrographie" herumexperimentiert hatten, führten in den 1940er und 1950er Jahren die russischen Forscher Valentina und Semyon Kirlian zahlreiche Versuche mit hochgespanntem Schwachstrom durch. Sie entdeckten, daß zwischen einem geerdeten Objekt, etwa der Hand einer Versuchsperson, und einem durch eine Elektrode erzeugten elektrischen Feld (16.000 bis 32.000 Volt) eine Funkenentladung stattfindet, die, auf eine Photoplatte übertragen, sich als „Funkenkorona" in den Konturen des Objekts darstellt. Kirlian und Kirlian waren überzeugt, diese Lichteffekte stellten die „elektromagnetische Hülle" dar, von denen jedes Objekt umgeben sei. Bis heute gelten derartige Kirlian-Hochfrequenz-Photos als „wissenschaftlicher Beweis" für die Existenz der Aura.[514]

Zu größerer Popularität kam das Kirlian-Verfahren allerdings erst in den 1970er Jahren durch die Arbeiten der amerikanischen Forscher Thelma Moss und Kendall Johnson, die nachzuweisen suchten, daß sich aus der Helligkeit, der Farbe und dem Verlaufsmuster der Funkenentladungen der Hand oder des Fußes eines Probanden Rückschlüsse ziehen ließen auf dessen körperliche und insbesondere psychische Verfassung.[515] Ein ernstzunehmender Nachweis hierfür gelang allerdings bis heute nicht.[516] Die Strahlenkorona auf Kirlian-Photos, so die physikalische Erklärung, zeigt keineswegs eine „Lebensaura", vielmehr resultiert die beobachtbare Lumineszenz ausschließlich daraus, daß in dem erzeugten elektrischen Hochspannungsfeld die Luftmoleküle auseinanderbrechen (unter bestimmten atmosphärischen Bedingungen tritt solcher Effekt, St. Elmo-Feuer genannt, auch in der Natur auf). Überdies verändert sich die Korona je nach Unterlage, Filmqualität, Anpreßdruck und elektrischer Spannung und Stromstärke; der abgebildete Funkenkranz hat keinerlei Aussagekraft.[517]

So gering die Anerkennung für die Arbeiten von Moss und Johnson innerhalb der wissenschaftlichen Forschung war, so enthusiastisch wurden sie in der Alternativheiler- und Esoterikszene aufgenommen.[518] Eine Unzahl an Publikationen wurde auf den Markt geworfen, die Kirlian-Photographie zum Beleg schlechthin werden ließen für die Existenzberechtigung esoterisch begründeter Heilverfahren. Von ⇨ Akupunktur und ⇨ Craniosacraler Therapie hin zu ⇨ Polarity und ⇨ Shiatsu: All die sogenannten „feinstofflichen" Verfahren, die sich grundlegend auf die Existenz aurischer Energiefelder beziehungsweise das Fließen von „Lebensenergie" beziehen und sich bislang allein dadurch rechtfertigen konnten, daß in den (esoterischen) Überlieferungen zahlreicher Kulturen von derlei „Energien" die Rede ist – Prana (Hinduismus), Ch'i oder Qi (Taoismus), Kaa (altägyptische Mystik) etc. –, hatten nun plötzlich einen (vermeintlich) schlagkräftigen Beweis für die Richtigkeit eben dieser Überlieferungen an der Hand. Auch ⇨ Wilhelm Reich (1897-1957), der mithin seiner wirren Experimente mit Orgon-Lebensenergie wegen - er hatte einen sogenannten „Orgon-Akkumulator" zur Behandlung von Krebskranken entwickelt - in einer psychiatrischen Haftanstalt endete, wurde als rehabilitiert ausgegeben[519] (⇨ *Orgontherapie*).

Inzwischen gibt es eine neue Generation an „Aura-Kameras", die die aufwendig und mit kostspieligen Photoplatten operierende Kirlian-Technik durch preisgünstige Polaroid-Aufnahmen ersetzen. Beim sogenannten „Aura-Lightreading" legt der Proband seine Hände auf „Handsensoren", über die seine „persönlichen Energieschwingungen gemessen, analysiert und schließlich in Farbschwingungen übersetzt" werden. Diese Schwingungen werden angeblich elektronisch zur Kamera übertragen, woraufhin „wir als Sofortbild-Photo ein farbiges Portrait der fotografierten Person (erhalten), umgeben von ihrer ganz persönlichen Ausstrahlung: der Aura".[520]

In erster Linie werden derlei Aura-Photos zu diagnostischen Zwecken eingesetzt. Mittels eines eigenen Deutungskataloges werden die Farben auf dem Polaroid-Photo interpretiert: Lila etwa bedeute Besessenheit und Intoleranz, dunkles Ockergelb Egoismus; Braun weise auf „Mißbrauch von Alkohol, Drogen und Fernsehen" hin. Erstrebenswert sei eine möglichst weiße Aura, die „uns ein hoch entwickeltes Bewußtsein, tiefe Spiritualität und Gottesschau [zeigt]". Darüberhinaus ließen sich - mittels Vorher-/Nachher-Photos - Behandlungserfolge glaubhaft machen: Da es in jeder Farbengruppe „eine positive und eine negative Polarität" gebe - alles eine Frage der Interpretation -, könne beispielsweise Rot zugleich auf „dynamische Energie" wie auch auf „Energiemangel" hindeuten.[521]

Nicht nur gibt es keinerlei Belege für die Behauptungen der Aura-Photographen, vielmehr steht der Verdacht schlichten Betruges im Raum: Es ist längst erwiesen, daß die auf den Photos abgebildeten Farbwolken *überhaupt nichts* anzeigen, sondern auf einem simplen technischen Tricks beruhen: In die Gehäuse der Aura-Kameras ist jeweils ein Kranz verschiedenfarbiger Leuchtdioden eingebaut, die die Farbeffekte hervorbringen.[522] Die Aura-Photos einer Versuchsperson bei zwei konkurrenten Anbietern unmittelbar nacheinander (auf einer Esoterik-Messe) wiesen denn auch völlig unterschiedliche Farbzusammensetzungen auf; die Interpretationen der jeweiligen „Auraberater" waren entsprechend konträr.[523] Ein Aura-Photo kostet zwischen 35 und 50 Mark, die Anschaffung einer Aura-Polaroid-Kamera rund 10.000 Mark. Das schwäbische *AUM-Kurzentrum für Ayurveda und Naturheilverfahren*, über das die „Aura Camera AC 3000" vertrieben wird, bietet regelmäßig Ausbildungen zum zertifizierten „Ganzheitlichen Aura-Berater" an. Geleitet wird die an drei Wochenenden stattfindende Ausbildung (Gesamtkosten: 1.240 Mark) von der Heilpraktikerin und ⇨ Balaji-Tambe-Adeptin Martina Gruber. Eine Ausbildung zum „Holistischen Aura-Therapeuten" an selbem Orte (bzw. an einer eigenen *Aura-Schule* im Westerwald), die den Teilnehmer befähige, das „multidimensionale menschliche Energiefeld medial zu analysieren und ganzheitliche Therapie und Beratung zu geben", kostet 11.200 Mark.[524] Das verliehene „Abschlußzertifikat" ist rechtlich besehen das Papier nicht wert, auf dem es gedruckt steht.

Zu den modernen Kirlian-Verfahren zählt auch die „Energetische Terminalpunkt-Diagnose" des Bruchsaler Heilpraktikers Peter Mandel (*1941), die mittels eines eigens entwickelten Apparates die „Aura" des Klienten auf Photopapier abbildet. Mandel photographiert die „Anfangs- und Endpunkte der klassischen Akupunkturmeridiane" und leitet aus der Farbzusammensetzung der festgehaltenen „Energieabstrahlung" diagnostische Schlüsse auf das körperliche oder seelische Befinden des Klienten her.[525] Mandel, mit seinen selbsterfundenen Heilverfahren „Esogetik" und „Farbpunktur" Dauergast in Publikationen wie *Funk-Uhr*, *Das goldene Blatt* oder *Esotera*, vertreibt auch eigene Kirlian-Geräte: Das Gerät Me-T-D101A etwa kostet zusammen mit dem Entwickler DD3700Radioprint 16.652 Mark[526] (⇨ *Farbtherapie*).

An einem *Institut für multidimensionales BewußtSein* bei Nürnberg wird neuerdings gar ein Video-/Computerprogramm angepriesen, das die Aura „in Echtzeit" auf den PC-Monitor übertrage: „Sehen Sie die Aura live in Bewegung: *Die* Erweiterung für alle Therapeuten, Heiler und Seminarleiter". Besonders empfehle sich das „Aura-In-Motion"-System zur Wirksamkeitsüberprüfung energetischer Behandlungen, beispielsweise der „multidimensionalen Heilung und Reinigung der 12 Chakren und der 12 Körper" oder der „Befreiung von karmischen Ursachen aus der Kindheit und aus früheren Leben", wie sie dasselbe Institut im Angebot führt.[527]

5.4.2. Clearing / Exorzismus

Nach esoterischer Vorstellung können sich in einer defekten Aura auch Seelen Verstorbener aufhalten, die dort eine Art „Zwischenleben" bis zu ihrer Wiedergeburt oder bis zu ihrem Eintritt ins Jenseits verbringen.[528] Es handle sich dabei um Geistwesen, so die Aura-Therapeutin Doris Schneider, die „ihren eigenen physischen Körper verlassen [haben], ohne sich jedoch aus ihrer Verhaftung mit der Identität zu lösen (...), da sie ihren physischen Tod nicht akzeptiert haben.[529] In ihrem „Wirt", in dessen Aura die „verlorenen Seelen" einführen, in der Regel ohne daß dieser es bemerke, richteten sie erheblichen Schaden an, denn: „Alle in ihrem Emotionalsystem gespeicherten Emotionen, Schmerzen und Gefühle können sich übertragen."[530] Die Besetzung eines „Wirtes" geschehe, wenn dieser etwa durch Narkose oder Drogenrausch ohne Bewußtsein sei, auch ein geschwächtes Immunsystem ziehe Fremdenergien an. Menschen, die derart „besessen" seien, bedürften einer tiefgreifenden Säuberung (amerik. = *clearing*) ihrer Aura, einer Art spiritistischen Exorzismus. Es gelte, der fremden Seele Gelegenheit zu verschaffen, „sich ihre Taten oder Schuld [zu] vergeben, um dann loszulassen von ihrem Wirt, der sie über den Atem und die Visualisierung einer Lichtsäule der sicheren Bestimmung übergibt".[531]

Da die fremden Wesenheiten ihren „Wirt" in der Regel nicht freiwillig verließen, würden sie im Prozeß des Clearing mit Nachdruck davon überzeugt, daß es auch für sie besser sei, wieder auszufahren. In erster Linie werde ihnen die Verwerflichkeit vor Augen geführt, einen Unschuldigen mit ihren „Krankheits- und Verletzungssymptomen" zu belasten. Die Wesenheiten, oftmals in verzerrter Stimme und Sprache, antworteten durch den „Wirt": Es entspinne sich ein umfänglicher Dialog, in dessen Verlauf der Therapeut die Fremdwesen zum „Heimgang ins Licht" überrede. Immer wieder frappierend, so „Clearing-Therapeut" Ulrich Fabian, sei die Erfahrung, daß „es keine Sprachbarrieren gibt, wenn wir in Kontakt mit Wesen aus der 4. Dimension stehen. (...) Wir sprechen deutsch mit ihnen und sie antworten in deutsch, obwohl sie vielleicht nie ein deutsches Wort gehört haben."[532] Wie man sich körperlose Wesen überhaupt vorzustellen habe und wie diese Vorstellung in Einklang zu bringen sei mit der zugleich penetrant verfochtenen „Ganzheitlichkeits"-Idee von Körper, Geist und Seele, weiß unter den Clearern niemand zu sagen.

Die Erklärung für das Zustandekommen solch „exorzistischer" Dialoge ist einfach: Die zu „clearende" Person wird über Entspannungs- oder Atemtechniken - auch Gebete, Rosenkränze und dergleichen sind hierzu geeignet - in eine Art Trance versetzt. Hierdurch verengt sich das Wahrnehmungsfeld, während gleichzeitig enorme Phantasietätigkeit freigesetzt wird. Nach außen hin bleibt lediglich der Kontakt zum Therapeuten erhalten, dessen Suggestionen - bewußte wie unbewußte - leicht aufgenommen und in die jeweiligen Phantasiekonstrukte eingebaut werden: Die suggestive Erwartung des Auftretens irgendwelcher „Wesenheiten" führt dazu, daß sich (vermeintlich) eben solche zu Wort melden (⇨ *Reinkarnationstherapie*).

Die aurischen Säuberungsrituale - als maßgebend gelten hier die Anweisungen der amerikanischen „Lichtarbeiterin" Rhea Powers[533] - sind keineswegs als harmloser Unfug zu werten: Zumal die ganze Aura-Spinnerei sich ohnehin am Rande paranoid-halluzinatorischer Wahnwelten bewegt, besteht nicht nur für labile Menschen das Risiko, und dies noch Tage und Wochen nach dem Clearing, in psychotische Wahnzustände abzugleiten.[534] Ins Kriminelle hineinreichend sind Rituale und (körperliche) Eingriffe, die gegen den Widerstand der angeblich „besessenen" Person durchgeführt werden. Solcher sei insbesondere dann zu erwarten, wie es in einschlägigen Texten heißt, wenn es sich bei dem besitzergreifenden Wesen nicht um eine nach Erlösung suchende „verlorene Seele" handle, sondern um einen „Dämon", der in böser Absicht eingefahren sei. Unnötig zu erwähnen, daß Aura-Heiler oder Aura-Clearer in der Regel über keinerlei therapeutische Qualifikation verfügen.

Prinzipiell unterscheiden sich die Praktiken des Clearing nicht wesentlich von den exorzistischen Praktiken, wie sie, auf der Grundlage des „Rituale Romanum" von 1614, auch innerhalb der katholischen Kirche nach wie vor in Gebrauch sind. Vor allem in Italien boomt die kirchenamtliche Teufelsaustreiberei (über 200 eigens bestallte und eine Unzahl selbsternannter Exorzisten sind dort zugange). In Deutschland wurde nach dem tragischen „Fall Klingenberg", bei dem 1976 eine 23jährige Studentin zu Tode gekommen war - man hatte die epilepsiekranke junge Frau, anstatt sie konsequent ärztlich zu behandeln, exorzistischen Ritualen unterzogen -, keine offizielle Erlaubnis zur Teufelsaustreibung mehr erteilt; dies allerdings nicht aufgrund gewonnener Einsicht, als vielmehr der rechtskräftigen Verurteilung sowohl der Eltern als auch der kirchlichen Exorzisten wegen.[535] („Inoffiziell", d.h. mit affirmativer Duldung der Kirche, wurden und werden [Stichwort Weihbischof Franziskus Eisenbach, Mainz[536]] weiterhin zahlreiche Exorzismen durchgeführt.[537] Kardinal Höffner, zusammen mit weiteren Repräsentanten der katholischen Kirche, bestand seinerzeit ausdrücklich auf strikter Beibehaltung der „herkömmlichen Teufelslehre".[538]) Nachdem aufgrund der „Vision" einer Allgäuer Nonne, die Leiche der jungen Frau liege unverwest im Sarg, der - natürlich verweste - Körper 1978 nochmal ausgegraben worden war, wurde der Fall offiziell zu den Akten gelegt. Desungeachtet entwickelte sich der Klingenberger Friedhof zu einer Art Wallfahrtsstätte, Busladungen aus ganz Europa pilgern seither zum Grab der Studentin. Mitte der 1990er wurde nahe des Wohnhauses ihrer Eltern eine eigene Andachtskapelle errichtet, die zwar offiziell nicht geweiht ist, gegen die kirchenamtlich aber auch nichts unternommen wird.[539] Im Mitteilungsblatt des Glaubensbundes *Vox Fidei* ist bis heute die Rede von den einzelnen Dämonen - Luzifer, Judas, Kain, Hitler und anderen -, von denen die junge Frau besessen gewesen sein soll. Selbst die durch die Exhumierung augenfällig widerlegte Behauptung der Unverwestheit wird von *Vox Fidei* aufrechterhalten.[540] (Interessant ist in Zusammenhang mit dem Tod der Klingenberger Studentin auch das „Gutachten" der „Schamanenforscherin" ⇨ Felicitas Goodman, die - ohne irgendwelche medizinische Fachkenntnis und ohne die junge Frau gekannt zu haben - behauptete, diese sei an den antikonvulsiven [krampflösenden] Medikamenten gestorben, die sie aufgrund ihrer epileptischen Anfälle erhalten hatte. Laut Goodman habe „diese Behandlung in entscheidender Weise die ihrem Gehirn vorgezeichnete Entfaltung" behindert; in Wahrheit habe sie gar nicht an Epilepsie gelitten, vielmehr zeigten „Befunde, die für Unkundige Symptome einer Anfallskrankheit sind, in Wirklichkeit ein religiöses Erlebnis an".[541] Goodmans in Buchform vorgelegte „Untersuchung", die, im Urteil der Rechtsmedizinierin Irmgard Oepen, „eigentlich auch dem medizinischen Laien als unrealistisch und stümperhaft" hätte auffallen müssen, wurde in Kirchenblättern als „sensationelles Buch" mit „wissenschaftlicher Dokumentation" hochgelobt;[542] der [in katholischen Kreisen äußerst populäre] bayerische Pallotinerpater und „Psychotherapeut" Jörg Müller [der selbst regelmäßig Teufelsaustreibungen durchführt] spricht gar von einem „brillanten Buch".[543] Der Tübinger Alttestamentler Herbert Haag [einer der wenigen innerkirchlichen Kritiker des Teufelswahns] betont dagegen, es werde den Menschen Besessenheit lediglich eingeredet, denn: „seltsamerweise hat noch nie ein im traditionellen Verständnis nicht-gläubiger Mensch den Verdacht geäußert, vom Teufel besessen zu sein". Ein Exorzismus, so Haag, habe „für die psychische Verfassung eines Menschen noch nie etwas dauerhaft Gutes bewirkt".[544])

1999 wurde das „Rituale Romanum" von 1614 - erstmalig in 385 Jahren - einer „Modernisierung" unterzogen. Die katholischen Nachrichtenagenturen und Medien priesen die Modifikationen an den Ritualrichtlinien als enormen Fortschritt, eine wirkliche Änderung der Teufelsaustreibepraktiken weist das vom Vatikan mit großem Brimborium vorgestellte Handbuch *De Exorcismis et Suppilcationibus Quibusdam* freilich nicht auf; am wenigsten wird vom Teufelsglauben an sich abgerückt. Die zwei Neuerungen sind reine Augenwischerei: Zum einen wird empfohlen, zu einem Exorzismus einen gläubigen (!) Arzt oder Psychiater hinzuzuziehen, zum anderen solle der Priester künftig nicht mehr nur die imperative Form der Austreibung („Weiche Satan!") anwenden; vielmehr gibt es neben dem Befehl an den Teufel, sofort auszufahren, jetzt auch das „bittende Gebet zu Gott, er möge seinen Diener oder seine Dienerin von jener fremden Gewalt befreien und unversehrt bewahren".[545] Die Besessenheitskriterien wurden unverändert - und wortwörtlich - aus dem „Rituale Romanum" übernommen. Im übrigen, so Kardinal Jorge Arturo Estévez, der als Vorsitzender der *Vatikanischen Kongregation für den Gottesdienst und die Sakramentenordnung* das Werk vorstellte, seien Besessene „auf einen Blick" als solche zu erkennen: an ihrer „vehementen

Abneigung gegen Gott, die gesegnete Jungfrau, die Heiligen, das Kreuz und geweihte Bilder".[546]

Aus den Tagebuchaufzeichnungen des 1992 verstorbenen französischen Kardinals Martín geht hervor, Papst Johannes Paul II., bekennend satansgläubig, sei höchstpersönlich bei mehreren Teufelsaustreibungen zugegen gewesen; der vatikanische „Chef-Exorzist" Pater Gabriele Amorth berichtet ergänzend, Papst Wojtyla habe sich dabei selbst „mindestens zwei Exorzismen unterzogen".[547]

5.5. Aura Soma

Eine relativ neue „Therapieform" namens Aura Soma erfreut sich in Esoterikkreisen großer Beliebtheit. Dem (hinlänglich als unbrauchbar ausgewiesenen) ⇨ Lüscher-Farbtest nicht unähnlich wurde die Methode Mitte der 1980er von der britischen Geistheilerin Vicky Wall (1918-1991) vorgestellt, die laut Eigenbekundung von „höherer Warte" dazu inspiriert worden sei[548]: Aura Soma - der Name bezieht sich auf das „feinstoffliche Energiefeld" (aura: lat. = Lufthauch) des Körpers (giech. = soma) - besteht aus exakt vierundneunzig Glasfläschchen, die je zur einen Hälfte mit buntfarbigem Öl und zur anderen mit gleich- oder andersfarbigem Wasser gefüllt sind (⇨ *Aura-Healing*).

Aus der Reihe der vierundneunzig nebeneinandergestellten Fläschchen wählt der Klient „intuitiv" vier Farbkombinationen aus, aus denen nun mittels eines eigenen Deutungskataloges diagnostische Schlüsse gezogen werden: „Durch die Sprache der Farben wird es uns möglich, tiefe Lebensmuster zu erkennen und zu überwinden. (...) Sie gibt uns Gelegenheit zu sehen, wer wir sind, welche Probleme wir haben und unterstützt uns in unserem Ganzwerden."[549] Blau/Violett an erster Stelle deute etwa auf „spirituellen Scharfblick" hin, Grün/Violett an zweiter auf „psychosomatische Krankheiten". Die Farbwahl informiere zudem über künftige Ereignisse: Grün/Rosa an vierter Stelle etwa bedeute einen „Neuanfang für die Liebe".[550]

Die ausgewählten Fläschchen, deren Inhaltsflüssigkeiten (Öl/Wasser) im Ruhezustand voneinander getrennt sind, werden vom Klienten in ritueller Weise geschüttelt. Aus der Bläschenbildung beim Vermischen des Öls mit dem Wasser liest der Therapeut weitere diagnostisch wertvolle Informationen ab. Nach dem Verschütteln werden ein paar Tropfen des Öl-/Wassergemisches auf bestimmte Hautareale des Klienten, bevorzugt auf die Chakren (angebliche Energiezentren), aufgetragen und eingerieben. (Die einzelnen Präparate, wie es heißt, bestünden aus Quellwasser und „naturbelassenen Ölen", denen lediglich „Kräuterextrakte sowie Kristallenergien" zugesetzt seien; Hinweise auf die Herkunft beziehungsweise chemische Zusammensetzung der Farbstoffe fehlen.) Anstelle der vom Patienten „intuitiv" auszuwählenden Fläschchen können die zur Heilung oder Behebung eines Problems jeweils erforderlichen Farbkombinationen auch in einem eigenen *Aura Soma Farb-Lexikon* nachgeschlagen werden; besagtes Lexikon bietet zudem eine Vielzahl spezifischer Heil-Affirmationen, die in Korrespondenz mit den jeweiligen Farben einen „einzigartigen und wirkungsvollen Weg [vermitteln], negative Muster und Blockaden zu erkennen und aufzulösen".[551] (⇨ *Positives Denken*).

Für Fortgeschrittene bietet Aura Soma neben den Öl-/Wasser-Fläschchen ein Sortiment sogenannter „Pomander" an, vierzehn Flakons mit knallbunt eingefärbten Duftölen. Diese dienen besonderen „Schutz- und Heilungszwecken": Smaragdgrün etwa helfe bei schwierigen Entscheidungen und sei hilfreich bei Asthma und Herzbeschwerden, Rot wirke aphrodisierend und schütze vor Erdstrahlen. Jeweils drei Tropfen werden auf die Handinnenfläche gegeben und dann „in die Aura eingefächelt", wodurch ein „wirksamer Schutz des individuellen elektromagnetischen Feldes und der Chakren" enstehe.[552] Besonders wirksam ist offenbar der Pomander Gelb: Fördert er bei einem Autor die Prana- und Wissensaufnahme und wirkt segensreich bei Nierenproblemen[553], so dient er laut einem anderen zur „Stärkung der inneren Sonne" und schützt damit gegen Schwermütigkeit, Depression, Ängste, Faulheit und Feigheit.[554] Besonders geeignet seien die Pomander-Öle auch zur Unterstützung von ⇨ Reiki-Behandlungen: Das nach Maiglöckchen duftende Königsblau etwa wirke „entspannend auf die Hormondrüsen im Gehirn", die überlichtschnelle „Energien aus dem Universum" aufzunehmen in der Lage seien.[555]

Auf „noch höherer Schwingungsebene als die Pomander" setzen die sogenannten „Meister-Quintessenzen" des Aura Soma an, wiederum vierzehn Fläschchen mit diesmal gedecktfarbigen Ölen, die eine „spirituelle Brücke bilden, um mit Energien in Berührung zu kommen, die bestimmten spirituellen Meistern zugeordnet werden"[556]: Die hellviolette „Saint-Germain-Quintessenz" etwa führe zu einer „Wende in schwierigen Lebenssituationen" und erhöhe zugleich das „Ich-Bin-Prinzip", wohingegen die dunkelrote „Meister-Christus-Essenz" eine „Wiedergeburt des Lichtes und der Liebe in unseren Herzen" bewirke.[557] Zu den weiteren „Meistern" zählen Lao-Tse (dunkelblau), Orion (hellblau) und Pallas Athene (rosenpink). Die Quintessenz-Öle werden tropfenweise auf den Puls aufgetragen und ebenso wie die Pomander in die Aura eingefächelt.[558]

Das komplette Sortiment an Aura-Soma-Ölen kostet rund 2.500 Mark, eine Beratung bzw. Behandlung schlägt ab 150 Mark zu Buche (nach oben gibt es keine Grenze). Ein Grundkurs in Aura Soma an zwei Wochenenden kostet (beispielsweise bei dem Münchner Aura Soma-Lehrer Jörg „Jagata" Schaad) 970 Mark; zwei Aufbaukurse zum Abschluß als „Aura Soma Berater" belaufen sich auf weitere je 900 Mark. Gesamtkosten für das rechtlich völlig wertlose „Abschlußzertifikat": 2.770 Mark.[559]

Das Geschäft mit den bunten Fläschchen boomt. Nach dem Tod Vicky Walls 1991 übernahmen deren Mitarbeiter Mike und Claudia Booth den internationalen Aura-Soma-Vertrieb. Sie erweiterten das Sortiment um eine Vielzahl farbiger Lotionen, Hautcremes, Badezusätzen und dergleichen mehr. Daneben gibt es neuerdings eigene Lampengestelle, in die die Aura-Soma-Flaschen eingespannt werden können: Die jeweilige Farbenergie könne dergestalt auf den Körper oder sonstwohin projiziert werden. Die verschiedenen Öl-/Wasser-Farbkombinationen sind mittlerweile auch in Miniaturfläschchen - als Anhänger um den Hals zu tragen - erhältlich: Als „Batterien für die Seele (...) schwingen [sie] auf der gleichen Wellenlänge wie dein wahres Ich".[560] Darüberhinaus brachten Booth und Booth ein umfängliches

Merchandising-Programm auf den Markt: jede Menge Bücher, Broschüren, Videos, T-Shirts mit Aura-Soma-Logo, Autoaufkleber etc.; auch Tonbandkassetten mit „geistig geführten Farbmeditationen". In einer *International Academy of Colour Therapeutics* bieten sie eigene Ausbildungsgänge zum „Aura-Soma-Studium von Farbe und Licht" an.

Selbstredend zog der enorme Erfolg des Aura Soma eine Vielzahl an Trittbrettfahrern nach sich. Die sogenannten „avaTara-Farbmanifestationen" etwa stellen nichts anderes dar als ein auf 52 Farbkombinationen plus 13 „Lightrayessenzen" reduziertes Aura-Soma-Sortiment; vertrieben werden die avaTara-Produkte (die nichts mit Harry Palmers ⇨ Avatar-Training zu tun haben) von einer gewissen Marion Zacks. Einen Schritt weiter geht die Nürnberger Heilpraktikerin ⇨ Helga „Suzan" Wiegel, die sogenannte „Aura-Soma-Tinkturen" vorstellt: buntgefärbtes Wasser (mit einem geringfügigen Zusatz an Alkohol), das *inwendig* einzunehmen sei. Laut Wiegel seien die Tinkturen mit „Schwingungen von Pflanzen, Edelsteinen und Metallen angereichert", königsblaues Wasser etwa sei hilfreich gegen Migräne, türkisfarbenes fördere das „wahre ICH zutage".[561] Nachweisbare Wirkstoffe sind in Wiegels „Tinkturen" ebensowenig enthalten wie in all den sonstigen auf dem Markt angebotenen Lichtwesen-, Erzengel- oder Integrationsessenzen.

5.6. Ayurveda

Die Zeit der indischen Weisheitskünder und Gurus, die seit Anfang der 1970er Jahre auf den Westen niedergekommen waren, ist längst vorbei. Ehedem höchst einflußreiche Figuren wie Phabhat Ranjana (*Ananda Marga*), Maharaj Ji (*Divine Light Mission*) oder Lekh Raj (*Brahma Kumaris*) sind heute kaum mehr jemandem ein Begriff. Und Bhagwan-Osho Rajneesh oder „Seine Göttliche Gnade" Bhaktivedanta Swami Prabupadha (*Hare Krishna*), Riegenführer der „Nachthemdvatergestalten"[562], sind schon vor Jahren ins Nirvana abgetreten. Nur Shri Chinmoy macht gelegentlich noch mit seinen „Peace-Konzerten" von sich reden, daneben ⇨ Sant Thakar Sing (*Kirpal Ruhani*) mit seinen Sex- und Gewaltexzessen. Und natürlich Maharishi Mahesh Yogi, der als einer der ersten Gurus entdeckt hatte, wie man im Westen Geld macht. Mit seiner Transzendentalen Meditation ist er nach wie vor erfolgreich im Psycho-Geschäft zugange, seit geraumer Zeit versucht er gar, mit Hilfe einer eigenen *Naturgesetzpartei* politischen Einfluß zu gewinnen.[563]

Anfang der 1980er hatte der Maharishi den „Weltplan für vollkommene Gesundheit" vorgestellt, eine Mixtur aus Transzendentaler Meditation und Bestandteilen traditioneller indischer Heilkunst. Das hinduistische Heilsystem des Ayurveda wurde so auch im deutschsprachigen Raum bekannt. Zahlreiche Heilpraktiker sowie zunehmend auch Ärzte und Privatkliniken arbeiten heute nach ayurvedischen Prinzipien (beziehungsweise dem, was sie darunter verstehen).

Ayurveda, das rund dreieinhalbtausend Jahre alte „Wissen um ein langes Leben", ist Teil der vier heiligen Schriften (Vedas) des Hinduismus. Der menschliche Organismus, so die grundlegende Vorstellung, spiegle das kosmische Ordnungssystem des Universums wider, das wie dieser zusammengesetzt sei aus den fünf Elementen Feuer (Thejas), Wasser (Jala), Luft

(Vayu), Erde (Prithivi) und Äther (Akasha). Hergeleitet aus diesen Elementen bestimmten drei energetische Regelsysteme, Doshas genannt, den Organismus: Vata (Luft/Äther) regle Atmung, Bewegung und Nerventätigkeit, Pitta (Feuer/Wasser) Verdauung und Stoffwechsel, Kapha (Wasser/Erde) das Immunsystem. Das Verhältnis der Doshas zueinander bestimme die Konstitution und die individuellen Eigenschaften des Menschen. Selbst die kleinste Störung in der harmonischen Abstimmung der drei Doshas führe zu Krankheitssymptomen, vor allem aber zur Ablagerung giftiger Schlacken (Ama) im Organismus. Mittels einer eigenen Pulsdiagnose (Nadivigyan) wird das aktuelle Verhältnis der Doshas zueinander ermittelt. Um deren rechte Balance, abgeleitet mithin aus dem astrologischen Horoskop des Patienten (Prakriti-Analyse), wiederherzustellen und die angesammelten Schlacken auszuleiten, werden bestimmte Reinigungsverfahren (Panchakarma) verwendet, wie Fasten, Bäder, Einläufe, Erbrechen oder Aderlaß. Hinzu kommen Massagen, Yoga- und Atemübungen, Farb- und Musiktherapie, sowie der Einsatz einer Vielzahl eigener Arzneimittel.[564]

Ob diese Vorstellungen außerhalb des kulturellen Kontexts, in dem sie entstanden sind, Sinn machen, ist umstritten. Überprüfungen ayurvedischer Diagnose- oder Therapieverfahren nach westlichem Standard lassen jedenfalls erhebliche Zweifel an deren Wirksamkeit aufkommen.[565] Selbst indische Wissenschaftler, wie etwa Abraham Kovoor, halten sie für ausgemachten Unsinn.[566] Ernsthafte Belege für das angeführte „Indikationsspektrum", demzufolge ayurvedische Behandlung nicht nur bei körperlichen Erkrankungen wie Diabetes oder Hepatitis angezeigt sein soll, sondern vor allem bei psychosomatischen Beschwerden wie Migräne, Neuralgien oder Magenschleimhautentzündung, gibt es bislang nicht; ebensowenig für die angeblich phantastischen Behandlungserfolge bei psychischen Störungen. Den diesbezüglichen Behauptungen in Maharishi-Ayur-Ved-Broschüren darf zurecht mißtraut werden: Laut einer Maharishi-Studie soll Bronchialasthma sich in 78% der Fälle gebessert haben, rheumatoide Arthritis in 88%, chronische Sinusitis (Nebenhöhlenentzündung) gar in 100%.[567] Zu mißtrauen ist auch den ayurvedischen Präparaten, die zur Behandlung von Krebs und AIDS empfohlen werden. Die Fachzeitschrift *Ärztliche Praxis* sprach in diesem Zusammenhang von den „miesen Geschäften mit HIV-Infizierten" durch „selbsternannte Gesundheitsexperten der Maharishi-Sekte" und wies im übrigen darauf hin, daß die Methode der Transzendentalen Meditation (die wesentlicher Bestandteil von Maharishi Ayur-Ved ist) zu „psychischen Schäden oder zu einer Persönlichkeitsstörung führen" könne.[568] Die HIV-Infizierten angebotenen „Maharishi Amrit Kalash"-Präparate, deren Zusammensetzung nicht bekannt sei und die in Deutschland nicht als Arzneimittel zugelassen seien, entbehrten jedes Wirksamkeitsnachweises.[569] Überhaupt hält die Medikamentenlehre des Ayurveda einer seriösen Analyse kaum stand. Vor allem die traditionelle Vermengung der einzelnen Präparate mit Mineralien und Metallen, insbesondere mit dem hochgiftigen Quecksilber, ist nach heutigem Erkenntnisstand nicht mehr zu vertreten.[570] Die Behauptungen, das Quecksilber - anzuraten vor allem zur Behandlung von Leukämie - werde in einem komplizierten „Destillationsprozeß" zu einer ungiftigen, aber hochwirksamen „Silbermedizin" (Bhasma) umgewandelt,[571] sind gefährlicher Unfug. (Tatsächlich besteht das „Umwandlungsverfahren" in simplem Erhitzen des jeweiligen Stoffes und anschließendem Vermischen mit Öl, Buttermilch und dergleichen; auch Arsen, Blei und andere toxische Stoffe werden auf diese Weise „entgiftet".[572])

Ob der durchaus mögliche Entspannungseffekt von Abhyanga (Ganzkörperölmassage), Svedana (Kräuterdampfbad) oder Pranayama (Atemübungen) den Preis von 8.645 Mark für eine Zwei-Wochen-Kur (Maharishi-Ayur-Ved) rechtfertigt, muß jeder Patient selbst entscheiden. Die Kassen bezahlen ayurvedische Behandlungen üblicherweise nicht.

Im *Maharishi-Gesundheitszentrum* Bad Ems werden eigene Ayur-Ved-Kuren für Manager angeboten: Bluthochdruck etwa verbessere sich in 56% aller Fälle, das Risiko, an Herzinfarkt oder Herzbeschwerden zu erkranken, verringere sich bereits im Zuge einer einmaligen Panchakarma-Reinigungsbehandlung um immerhin 17,8%; überdies zeige sich nach einer ayurvedischen Kur „größere Belastbarkeit" und „verstärkte Freude an der eigenen Leistung".[573] Automobil-Manager Ernst Piech begeistert sich: „Eine brillante Idee für die Gesunderhaltung großer und mittelständischer Unternehmen". Eine 10-tägige Ayur-Ved-Behandlung für Manager kostet im *Maharishi-Kurhotel* Traben-Trarbach 7.125 Mark zuzüglich 1.400 Mark zum Erlernen der „Transzendentalen Meditation".[574] Auch die Ayurveda-Vielschreiber Ulrich Bauhofer und Ernst Schrott sind Vertreter der Maharishi-Lehre.

Maharishi-Ayur-Ved hat indes das Monopol für ayurvedische Behandlungen längst verloren. Seit Ende der 1980er Jahre bereist regelmäßig ein gewisser Shri Balaji Tambe (*1943) die Lande, um als „ayurvedischer Arzt" für sein angeblich „größtes Gesundheitszentrum für ayurvedische Medizin in Indien" die Werbetrommel zu rühren.[575] In diesem *Atma Santulana Therapy Centre*, etwas südlich von Bombay gelegen, behandelt er zahlungskräftige Westkundschaft mit einem kruden Amalgam aus Ayurveda und new-age-esoterischem Hokuspokus. Krankheiten werden bevorzugt mit dem Pendel diagnostiziert, die Therapie besteht in erster Linie aus dem „chanten" (singen) heilkräftiger Meditationslaute. Die Deutung des Horoskops spielt eine ebenso zentrale Rolle in Tambes Therapie, wie Fastenkuren, selbsterfundene Yoga-Übungen (Kriyas) sowie die vedische Erkenntnis, die er in sogenannten „Tantra, Sex & Love"-Workshops verbreitet, die Frau sei dem Manne „von Natur aus untertan".[576] Menstruierende Frauen sind in seinem Therapiezentrum ebenso unerwünscht wie jedwede Form von Kritik.[577] Tambe, vor seiner inneren Berufung zum Lebenslehrer und Wunderheiler als Manager einer Möbelfabrik in Poona tätig, hat mittlerweile ein weitverzweigtes Netz an West-AnhängerInnen aufgebaut (die von ihm, ähnlich wie bei Rajneesh, andere Namen erhalten): Über sogenannte Aumec-Institute (Aum = Symbol für das „Vollkommene", ec = *esoteric connection*) in München und Hamburg werden neue Kunden geworben, die „an einer grundlegenden Dekonditionierung ihrer alten Verhaltensmuster, einer Transformation ihrer Persönlichkeit sowie einer ganzheitlichen Harmonisierung ihrer Lebensenergien interessiert sind".[578] Hierzu dient mithin das gemeinsame Senden von Gedankenenergien - täglich von 19 Uhr bis 19.10 Uhr - an das spirituelle *Atma Santulana Zentrum* in Indien: „Hier werden die eintreffenden Gedankenwellen gesammelt, um dann ihren guten Zweck zu erfüllen."[579] Mitte der 1980er eröffnete Tambe-Schülerin „Kumud" Schramm, vom Meister persönlich zur „Atma-Santulana-Expertin" (Visharad) ernannt, in Frankfurt eine eigene *Aum-Hari-Yogaschule* (an der sie u.a. „Dipl.-YogalehrerInnen" ausbildet); in den 1990ern folgten schwäbische Tambe-Adepten (unter Leitung von Reinhard „Ravidas" Korn) mit der Eröffnung eines *Aum-Kurzentrums für Ayurveda*, in dem streng nach Vorgabe des *Atma Santulana Zentrums* gearbeitet wird. Eine zweiwöchige „Ayurveda-Verjüngungskur" kostet hier rund 4.000 Mark.[580] Über einen eigenen *Santulan*-Versand werden Tambes Ayurveda-Produkte und -Accessoires vertrieben. Selbst auf der EXPO 2000 war Tambe (neuerdings promoviert und mit bedeutungssteigerndem Akzent auf dem Namen, also Dr. Shri Balaji També) mit Propagandamaterial vertreten.

Seit Anfang der 1990er bietet in einem *Institute for Energy Understanding and Experience* in Spangenberg eine Gruppe um den Inder Shiri Premji Vijay Einzelarbeit und Ausbildung in dessen sogenannter „Aman-Therapie zur Wiederherstellung des Urfriedens" an. Aman stellt ein völlig beliebiges Konglomerat „östlicher Heilmethoden" dar, es wird mit Elementen aus Akupunktur, Shiatsu und vor allem Ayurveda gearbeitet.[581] Ein ernstzunehmendes Konzept existiert ebensowenig wie für die Ayurvedakurse des Düsseldorfer *Datta-Yoga-Kreises*, die, angereichert mit Astrologie, Kriya-Übungen und Meditation, von den Anhängern des indischen Gurus Sri Ganapathi Sachchidanada veranstaltet werden.[582]

Das Hindu-Heilverfahren des Ayurveda wird inzwischen auch von Ärzten oder Sanatorien angeboten, die weder der Maharishi- noch einer sonstigen Sektenorganisation zugehören. Die private Ayurveda-Klinik Kassel beispielsweise bietet verschiedenartige Panchakarma-Kuren bei „schwerwiegenden chronischen Krankheiten" an. Zum Indikationsspektrum zählen mithin Herz-Kreislauf-Erkrankungen (Angina pectoris u.a.), Stoffwechselstörungen (Diabetes u.a.) sowie eine ganze Reihe psychischer und psychosomatischer Erkrankungen (vegetative Dystonie, Depression, Angstzustände u.a.). Eine dreiwöchige Therapie (Rheuma) kostet bis zu 12.500 Mark.[583] Auch bei Praktikern, die in seriöserem Gewande auftreten, gilt indes der warnende Hinweis: Wer ausschließlich auf Ayurveda vertraut, riskiert, daß „schwere Erkrankungen übersehen werden und eine angemessene Behandlung versäumt wird".[584] Da im übrigen die Wirksamkeit ayurvedischer Verfahrensweisen nicht ausreichend belegt ist, ist von diesen zur Behandlung (zumindest) schwerer Erkrankungen allemal abzuraten.[585]

Gesondert zu erwähnen, insbesondere seiner flächendeckenden Propaganda wegen, ist das unweit Fulda (Hessen) ansässige *Mahindra-Institut*, laut Werbeprospekt ein „Ort der Heilung und Regeneration", an dem „qualifizierte und verantwortungsbewußte Ausübung der traditionellen indischen Medizin" geboten wird. Aufschlußreich ist insofern, daß sich im Team des *Mahindra-Instituts* kein Arzt findet (noch nicht einmal ein ayurvedisch approbierter), als Geschäftsführer firmieren ein Yoga-Lehrer und eine Kosmetikerin (beide Anhänger eines missionschristlich geprägten Gurus namens „Mahindra" Pedro de Souza aus Goa/Südindien, der gelegentlich zu Seminarveranstaltungen anreist); die „Medizinische Leitung" obliegt einem Heilpraktiker. Eine fünftägige „Svashta"-Kur beispielsweise mit allerlei Massagen und ayurvedischer „Lebensberatung" kostet 2.070 Mark. (Trotz seiner enormen Sätze firmiert das *Mahindra-Institut* als gemeinnützige GmbH, was die zuständigen Steuerbehörden zu einer etwas genaueren Überprüfung veranlassen sollte.) Über eine hauseigene *European Academy of Ayurveda* führt das *Mahindra-Institut* auch Aus- und Fortbildungsgänge durch: Ein einwöchiges „Ayurveda-Basis-Studium in Theorie und Praxis" kostet 1.390 Mark, eine auf zwei

Jahre angelegte „Ausbildung in Traditioneller Indischer Medizin" - bei Lichte besehen: vierzig Unterrichtstage verteilt auf neun Blockeinheiten - beläuft sich auf 10.850 Mark (jeweils zuzüglich Unterkunft/Verpflegung). Geleitet wird das „in Europa einmalige Studium" - fakultativ können zwei- bzw. dreitägige Kurse in „Vedischer Astrologie" (Jyotish) oder „Indischem Feng Shui" (Vastuvidya) dazubelegt werden - von zwei indischen „Ayurveda-Ärzten" (einer davon ausgewiesener Astrologe), einem Heilpraktiker und einem „Ganzheitlichen Zahnarzt"; hinzu kommt ein weiterer Astrologe aus den USA. Im Ausbildungsprogramm des *Mahindra-Instituts* liest sich das so: „International bekannte Ärzte und Fachdozenten aus Indien, USA und Deutschland lehren Ayurveda-Medizin auf interessante, lebendige und komprimierte Weise in Theorie und Praxis. Gemäß dem ayurvedischen Grundsatz, die Gesundheit des Gesunden zu erhalten und die Krankheiten des Kranken zu heilen, vermittelt das berufsbegleitende Fachstudium die Ayurvedische Philosophie, Anatomie, Physiologie, Pathophysiologie, Pathologie, Diagnostik, Therapiestrategie, Pharmakologie, Diätetik und Lebensführung auf authentische und anschauliche Weise."[586] Das überreichte „Abschlußdiplom", das den Absolventen zum „Medizinischen Ayurveda Spezialisten" graduiert, hat rechtlich keinerlei Wert: Insbesondere befugt es nicht zur Ausübung von (ayurvedischer oder sonstiger) Heilkunde.

Interessant in Hinblick auf die Qualifikation von Ayurveda-Praktikern sind auch die „Studiengänge", die von der Frankfurter *Seva-Gesellschaft für natürliche Heilverfahren* (mit Dependance in München) angeboten werden: An zwei Wochenenden zuzüglich zwei Wochenenden zum Üben können Laien eine komplette „Diplom-Ausbildung" zum „Clinischen Ayurveda-Therapeuten" absolvieren, die sie zur „fachgemäßen Ausführung einer ayurvedischen Behandlung" befähige (3.147 Mark). Zwei weitere Wochenenden qualifizieren zusätzlich in ayurvedischer Pharmakologie, Psychiatrie und Chirurgie (4.976 Mark) und gelten als Zulassung zu einem vierwöchigen „Studium" am *Florida Vedic College* mit dem Abschluß eines „Doktor des Ayurveda". Als Drahtzieher dieser äußerst zweifelhaften Angebote gilt der selbsternannte Schweizer „Ayurveda-Arzt" Hans Rhyner, als „Ausbilder" der *Seva-Gesellschaft* firmiert neben Rhyner selbst unter anderem der Chefarzt der Kasseler Ayurveda-Klinik, Hans-Joachim Rudolph. Ein Hinweis darauf, daß die *Seva*-„Ausbildung", unabhängig von der Fragwürdigkeit ihrer Inhalte, nicht zur Ausübung von Heilkunde befugt, fehlt. Auch der in Esoterikkreisen weithin bekannte Naturapostel und Astrologe „Prof. a.D." Otfried „Devanando" Weise bietet über *Seva* Seminare zu „Ayurveda, Ernährung & Lebensstil" an (zweieinhalb Tage inklusive Einzelberatung: 730 Mark).[587] Anderweitig doziert Weise über die Numerologie eines von ihm selbst entdeckten „magischen Mantras" (Abfolge sinnloser Meditationsilben), durch das „die wichtigsten Grundlagen der Zeitlosen Weisheit zutage [treten], die allen Religionen und Weltanschauungen zugrunde liegt".[588]

Selbst in Indien oder über indische Einrichtungen absolvierte Ayurveda-Kurse garantieren *per se* für gar nichts: Auch hier werden von zahllosen Titelmühlen für viel Geld gänzlich wertlose Urkunden verhökert, die inhaltliche Qualifikation ist vielfach gleich null. Da sich indes mit indisch (dito: chinesisch, tibetisch etc.) aufgemachten Zertifikaten, unabhängig ihres tatsächlichen Wertes, eine Menge Renommee gewinnen läßt (und sei es nur als Wandschmuck der jeweiligen Heil- oder Lebenshilfepraxis), erfreuen sich „Diplome", wie sie etwa die *Open International University for Alternative Medicines* verleiht, größter Beliebtheit. Besagte „University" hat ihren Sitz in Kalkutta/Nordindien und bietet Fernlehrgänge mithin in Yoga und Ayurveda an (daneben auch in: Bach-Flower Remedies, Medical Astrology, Magnetotherapy, Reiki Healing etc.). Die Kurse, bestehend jeweils aus ein paar photokopierten Blättern, kosten (einschließlich beigefügter Diplomurkunde) je 205 US-Dollar. Für 500 US-Dollar kann man sich zum „Doctor in Alternative Medicines" graduieren lassen, für 700 US-Dollar gar zum „Doctor of Science in Alternative Medicines". Als Initiator und Leiter der Briefkasteneinrichtung firmiert ein gewisser Prof. Dr. Dr. S.K. Agarval, seines Zeichens Homöopath und praktizierender Geistheiler (sowie Patron der *Hare-Krishna-Society*). Zu den affiliierten Einrichtungen zählt das *Light-Institute* Chris Griscoms in New Mexico, Unterstützung, so Agarval, finde seine *Open International University* mithin durch Kofi Annan, Desmond Tutu und den Dalai Lama (letzterer ließ sich in der Tat von Agarval eine Ehrenmedaille umhängen). Im „Advisory Board" (Beratergremium) Agarvals findet sich u.a. Walter Frank, redaktioneller Mitarbeiter der Geisterpostille *Die Andere Realität*. Unnötig zu erwähnen, daß auch die Kurse der *Open International University for Alternative Medicines* - vergleichbare Pseudo-Universitäten und Fernkursuseinrichtungen gibt es weltweit zu tausenden - zu *nichts* qualifizieren und zu *nichts* befugen.[589]

5.6.1. Kahuna

Die an Ayurveda vorgetragene Kritik ist desgleichen an all den anderen Verfahren bzw. Verfahrensfragmenten zu üben, die aus schamanistisch geprägten Heiltraditionen (Tibeter, Afghanen, Philippinos, Indianer, Eskimos etc.) herausgebrochen und - meist ohne tiefergehende kulturanthropologische und/oder medizinische Erfahrung oder Kompetenz der einzelnen Praktiker - hierzulande als „ursprüngliche" Natur- oder Volksheilverfahren propagiert werden.

Die Nürnberger Heilpraktikerin ⇨ Helga „Suzan" Wiegel beispielsweise, vormalige Mitarbeiterin der esoterischen Praxis ⇨ Erhard Freitag, bietet sich seit Anfang der 1990er als Expertin für hawaiianische Kahuna-Heilkunde an. Ihre einschlägigen Kenntnisse entstammen im wesentlichen einer Art Urlaubsbekanntschaft mit einem hawaiianischen Geistheiler, von dem sie, laut Eigenwerbung, beauftragt worden sei, den „Aloha-Spirit" in Europa zu verbreiten. Als Aura-Soma-, Bach-Blüten- und Reiki-Therapeutin hielt sie sich hierzu für besonders geeignet.

Kahuna ist der Begriff für die Schamanen und Geistheiler Hawaiis. Deren Maßnahmen, bekannt als Huna-Magie, bestehen in erster Linie in Übungen zur Reinigung und energetischen Aufladung der Aura. Atem- und Visualisierungstechniken spielen dabei eine Rolle, daneben allerlei Gebete und Segnungen. Darüberhinaus werden besondere Kahuna-Heilmittel eingesetzt, wässrig-alkoholische Auszüge bestimmter Pflanzenteile (ähnlich ⇨ Bach-Blütentropfen), die die angegriffene Aura wieder aufbauen sollen.[590] Wiegel vertreibt diese Heilmittel über ihre Nürnberger Praxis *Lichtinsel*. Von der jeweiligen „Essenz" (20ml 41 Mark) wird ein Tropfen in knapp einem viertel Liter Wasser aufgelöst; dieses Heilwasser wird dann schluckweise getrunken. Laut Anweisung ist das Fläschchen mit der Essenz vor Gebrauch in der rechten Hand zu halten und siebenmal gegen das Hand-Chakra der linken Hand zu schlagen, um die Heilkraft „aufzuschütteln". Die Essenz „Awa" etwa lege sich „wie ein hauchdünner goldgelber Film über die äußerste Schicht der Aura" und helfe dergestalt nicht nur gegen seelische Spannungen, sondern auch gegen Bettnässen und Inkontinenz. Wiegel betreibt hawaiianische Heilkunde nicht nur in eigener Praxis, sondern bereist damit auch einschlägige Esoterik- und Gesundheitsmessen; inzwischen hat sie sogar ein eigenes *Handbuch der Kahuna-Medizin* herausgebracht.[591] Zu den „autorisierten Huna-Lehrern" zählt sich auch ein gewisser „Sathyam" Schwenninger, der mit „Reiki auf dem Hintergrund des Huna-Schamanismus" aufwartet.[592] Interessant auch das Kahuna-inspirierte Angebot des Kronberger „Persönlichkeitsentfaltungstrainers" Volker Kipper, nach eigenen Angaben „Professor am Ayurved Medical College der Universität Poona/Indien": Zwei Wochen „spirituelles Erleben und Heilen" unter seiner persönlichen Anleitung, einschließlich „Schwimmen und Spielen mit Delphinen" sowie „Kontaktaufnahme mit ihrer Gruppenseele", belaufen sich auf 5.145 Mark.[593]

Die importierten Heilverfahren sind in der Regel völlig unüberprüft und daher zur Behandlung gleich welcher Erkrankung nicht zu empfehlen. Keineswegs, wie Kritikern immer wieder vorgeworfen wird, bedingt sich solch grundsätzliche Ablehnung in wissenschaftlicher oder gar eurozentristischer Überheblichkeit schamanistischen oder sonstig traditionellen Heilverfahren gegenüber. Vielmehr erscheint deren Praxis - auch von hierzulande auftretenden „Heilern" aus dem jeweiligen Kulturkreis - als völlig unverantwortlich, solange keine zuverlässigen Daten über die Wirkungen und eventuelle Nebenwirkungen vorliegen. Irgendwelche unüberprüfbaren Anekdoten über angebliche Heilerfolge oder der Verweis auf lange Tradition reichen nicht aus. Die im Bereiche der wissenschaftlichen Medizin und Psychotherapie ganz selbstverständliche Forderung nach klinischer Überprüfung der eingesetzten Verfahren und Medikamente muß auch für Natur- und Volksheilverfahren, gleich welcher Herkunft, gelten. Insbesondere den „traditionellen" Medikamenten und Heilpräparaten muß mißtraut werden: Nicht nur (apriorisch ersichtlich) völlig Unsinniges und Wirkungsloses wird da angeboten wie Wiegels hawaiianische „Wasseressenzen", sondern auch Hochgefährliches: In vermeintlich harmlosen „Kräuterkügelchen" etwa, die, in warmem Wein oder Wasser aufgelöst, bei Fieber, Rheuma, Schlaganfall und Trübung der Augen helfen sollen, fanden US-Experten große Mengen hochgiftiger Arsen- und Quecksilberverbindungen (pro Kügelchen bis zu 36 mg Arsen und 621 mg Quecksilber). Bei Anwendung von zwei Kügelchen pro Tag (so die Empfehlung für Erwachsene) müsse man mit schweren Vergiftungen rechnen. In anderen „Natur"-Arzneien aus Fernost wurden außer Schwermetallen auch pharmakologische Agenzien (u.a. männliche Hormone) gefunden.[594]

5.6.2. Tibetische Heilkunst

Unter all den indianischen, philippinischen, sibirisch-schamanischen oder sonstig „ursprünglichen" Heilweisen, die der Lebenshilfemarkt feilhält, bedarf die „Heilkunst vom Dach der Welt" gesonderter und etwas ausführlicherer Beschreibung: Tibetische Medizin (bzw. das, was unter diesem Begriff verkauft wird) erfreut sich im deutschsprachigen Raum seit Anfang der 1990er Jahre stetig wachsender Wertschätzung. (Gemeint sind hierbei weniger Verfahren wie die ⇨ „Fünf Tibeter" oder Tibetan Pulsing, die lediglich in tibetischem Gewande daherkommen, tatsächlich aber mit tibetischen Traditionen nicht das Geringste zu tun haben, als vielmehr medizinische bzw. psychotherapeutische Praktiken, die in der Tat in tibetisch-buddhistischen Vorstellungen und Überlieferungen gründen.)

Mitte der 1970er waren die ersten Abhandlungen über die tibetische Heilkunde in englischer und deutscher Sprache erschienen, die außerhalb ethnologischer Seminare allerdings auf wenig Resonanz stießen. Erst zu Beginn der 1990er, bedingt durch das massenhaft aufkommende Tibet-Interesse, das die Verleihung des Nobelpreises an den Dalai Lama nach sich zog, begann man in der westlichen Alternativheilerszene sich auch für das „Heilwissen aus dem Land des Schnees"[595] zu begeistern. Umgehend wurden in den USA und in mehreren europäischen Ländern entsprechende „Institute" gegründet, „Tibetische Medizin" erlebte innerhalb kürzester Zeit einen rasanten Aufstieg.

Wesentlichen Anteil an dieser Entwicklung hatte eine Handvoll tibetischer „Mönchsärzte", vornedran die beiden Leibärzte des Dalai Lama, Lobsang Wangyal und Tenzin Choedrak, die von einer Dependance zur nächsten reisten und ambulante Sprechstunden abhielten. Darüberhinaus veranstalteten sie Vorträge, Workshops, gar eigene Ausbildungs- und Trainingskurse: Ein Dr. Pema Dorjee vom *Tibetan Medical and Astrological Institute* in Dharamsala beispielsweise bot über die in München ansässige *DANA-Gesellschaft zur Erhaltung tibetischer Kultur und Medizin e.V.* eine komplette Fortbildung *in zwei Wochenenden* (!) an: Anamnese, Diagnose (selbst die angeblich nur in jahrelanger Praxis zu erlernende Pulsdiagnose) und Therapie chronischer Krankheitsbilder und Gemütsstörungen; dazu eine Einführung in die besondere Ethik buddhistischen Heilens. Kosten der zwei Wochenenden: 900 Mark.[596] Zahllose Heil- und sonstige Gesundheitspraktiker erweiterten nach dem Besuch solcher Wochenendkurse ihre Angebotspalette um „Tibetische Medizin". (Inzwischen kann man sich sogar per Video in tibetischer Medizin unterweisen lassen: Ein aus drei 90-Minuten-Bändern bestehendes Komplettset [einschließlich Pulsdiagnose] kostet 99 Mark.[597])

Jede Menge „Fachliteratur" wurde auf den Markt geworfen (von der Unzahl an Artikeln in Zeitschriften und Magazinen gar nicht zu sprechen). Wie üblich im Supermarkt der Alternativheilkunde verfügen die jeweiligen AutorInnen nicht notwendigerweise über tiefergehende fachliche Kenntnis, vielfach schreiben sie einfach zusammen, was ihnen an sekundärer oder tertiärer Literatur so in die Finger kommt. Die einzelnen Publikationen kommen denn auch entsprechend trivial daher, ganz abgesehen davon, daß sie streckenweise wortwörtlich voneinander abgekupfert sind (als gemeinsame Quelle scheint Terry Cliffords *Tibetan Buddhist Medicine and Psychiatry* von 1984 zu dienen); sie unterscheiden sich inhaltlich, in ihrer Aufmachung und vor allem in ihrer gänzlich unreflektierten und unkritischen Herangehensweise in praktisch nichts voneinander. Einzig originell ist das 1996 erschienene *Buch der Heilung*, das ein angeblich vor 2.800 Jahren (!) in einem tibetischen Kloster tätig gewesener Lama-Arzt namens Ti-Tonisa, wiedergeboren im 20. Jahrhundert, in Trance niedergeschrieben habe. Das „Heilwissen des alten Tibet", so Ti-Tonisa, beruhe auf einer Tradition von zumindest „achttausend bis zehntausend Jahren". Überlebende des untergegangenen Kontinents Atlantis, die es seinerzeit, göttlich gefügt, ins tibetische Hochland verschlagen habe, hätten mit ihrer hochentwickelten Medizin die Grundlagen dafür geschaffen.[598] Neben der Astrologie preist Ti-Tonisa vor allem das Handlesen als vorzügliches Diagnose-Instrument: Eine nach unten abknickende „Kopflinie" etwa (gemeint ist die mittlere der quer über die Handfläche verlaufenden Beugungsfurchen) deute auf „sexuelle Abartigkeit und/oder Homosexualität" hin, verlaufe sie nach oben, auf „Wahnsinn, Materialismus und/oder die Neigung, Mordtaten zu verüben".[599] Auch der gleichermaßen unsinnigen ⇨ Irisdiagnostik kommt hoher Stellenwert zu: Aus der Farbe und Beschaffenheit der Regenbogenhaut des Auges ließe sich nicht nur „Hysterie, Epilepsie, Idiotie und Besessenheit" erkennen, sondern auch „übermäßige Masturbation".[600] Allemal liege die Ursache von Krankheit in „Sünden und Unzulänglichkeiten der Seele".[601] Eine Enzephalitis (Gehirnentzündung) etwa sei das Resultat von zuviel Sex in früheren Leben. Die therapeutischen Maßnahmen Ti-Tonisas erschöpfen sich in ein paar yogischen Atemübungen, dazu „magnetisierende" Handauflegung sowie eine simple Form von Hypnose. Auch wenn - und gerade weil! - das *Buch der Heilung* Ti-Tonisas außerhalb jedes vernünftigen Diskurses liegt, gilt es in Heilpraktiker- und Alternativheilerkreisen als durchaus ernstzunehmende Quelle.

Die Tibetische Heilkunde stellt ein hermetisch in sich geschlossenes System dar. Laut Legende verfügt sie über eine ungebrochene Tradition von zumindest zweieinhalbtausend Jahren, die auf den „historischen" Buddha selbst zurückreiche. Tatsächlich ist sie keineswegs so „altehrwürdig" wie sie vorgibt: Ihre Ursprünge datieren längstens ins 11. Jahrhundert zurück, in dem ein Wunderheiler namens Yuthog die schamanischen Riten des bis dahin in Tibet vorherrschenden Geister- und Dämonenglaubens des Bön mit Bruchstücken indischer beziehungsweise chinesischer Heilkunst, wie sie durch Übersetzungen einschlägiger Texte schon seit dem 8. Jahrhundert in Umlauf waren (zumindest in der herrschenden Adelsschicht), zu einer Art medizinischem Kompendium zusammenführte, das als die „Vier Tantras" (tibetisch: *Gyüschi)* bekannt wurde.

Unter der Ägide des Fünften Dalai Lama (1617-1682) und seines nachfolgenden Regenten Sangye Gyatso (1653-1705) wurden die „Vier Tantras" als Grundlage ausgegeben eines neu erstellten Lehrgebäudes, das die unterschiedlichen Ideen und Praktiken, die sich über die Jahrhunderte entwickelt hatten, nach Gutdünken ordnete und zusammenfaßte. Sangye Gyatso legte den neuentwickelten Kanon in Schriftform nieder und ließ ihn mittels einer Serie von neunundsiebzig Schaubildern illustrieren. Die Begründung der neuen Lehre in den „Vier Tantras", die man als direkt von Buddha hergeleitet vorgab und damit jeder möglichen Kritik entzog, bewirkte, daß die tibetische Heilkunde seit den Tagen ihrer Kanonisierung *keinerlei* Weiterentwicklung mehr erfahren hat; selbst ins Auge springende Widersprüche und Ungereimtheiten blieben völlig unangetastet stehen. Bis heute verbringen die angehenden (Mönchs-)Ärzte die ersten Jahre ihrer Ausbildung ausschließlich damit, die Lehrtexte aus dem 17. Jahrhundert - es handelt sich um 156 Kapitel mit 5.900 Versen - auswendig zu lernen. Jedes Hinterfragen, jede Überarbeitung oder Erweiterung dieser Texte und der dazugehörigen Bilder würde als Sakrileg gewertet, ganz abgesehen davon, daß der klösterliche

Drill spätestens zum Abschluß der Ausbildung den letzten Funken eigenständigen Denkvermögens ausgelöscht hat. Die vielgerühmte „Disputation" tibetischer Mönche ist alles andere als eine diskursive Auseinandersetzung um strittige Fragen; sie besteht schlicht darin, einander in streng ritualisiertem Wettstreit *mittels auswendig gelernten Zitatenmaterials* zu übertrumpfen. Kritisches Denken, Fragen und Argumentieren wird gerade dadurch kategorisch unterbunden. Allein die Menge stur zu paukender Lehrtexte und zu memorierender Schaubilder - hinzu kommt eine Unzahl astrologischer und (pseudo-)lunarischer Kompendien - bedeutet einen Studienaufwand von zehn bis fünfzehn Jahren.

Wie die Heilkunst des ⇨ Ayurveda beruht auch die tibetische Medizin, bekannt als *Sowa Rigpa*, auf der Vorstellung, der menschliche Organismus spiegle das Ordnungssystem des gesamten Kosmos wider und sei wie dieser zusammengesetzt aus den fünf Elementen Feuer, Wasser, Luft, Erde und Raum. Hergeleitet aus diesen Elementen bestimmten drei energetische Regelsysteme („Körpersäfte") jedwedes organismische Geschehen: *Lung* (Wind: Luft/Raum) steuere Atmung, Bewegung und Nerventätigkeit, *Tripa* (Galle: Feuer/Wasser) Verdauung und Stoffwechsel, *Bäkän* (Schleim: Wasser/Erde) das Lymph- und Immunsystem. Das Verhältnis der drei Regelsysteme und ihrer jeweils fünf Untersysteme zueinander bestimme die Konstitution und die individuellen Eigenschaften des Menschen. Schon die kleinste Abweichung im harmonischen Zusammenspiel von *Lung, Tripa* und *Bäkän* führe zu organismischen Störungen und Erkrankungen. Ursache solcher Abweichung sei allemal eines der drei „Geistesgifte": Eine *Lung*-Abweichung entstehe aus Gier (symbolisiert durch einen roten Hahn), eine *Tripa*-Abweichung aus Haß, Aggression oder Neid (symbolisiert durch eine grüne Schlange) und eine *Bäkän*-Abweichung aus Verblendung und Unwissenheit (symbolisiert durch ein schwarzes Schwein). Mittels Pulsdiagnose könnten die ursprüngliche „Drei-Säfte-Konstitution" sowie eventuelle Abweichungen davon festgestellt werden, was Hinweise auf eine vorliegende oder sich anbahnende Erkrankung gebe (latent ist der Mensch nach tibetisch-buddhistischer Auffassung ohnehin ständig krank: Durch seine Unwissenheit trage er die „Wurzeln von Krankheit und selbstverursachtem Leid" stetig mit sich herum). Menschen mit zuviel *Lung* etwa seien „dünn und von bläulicher Hautfarbe. (...) Sie werden nicht sehr alt. Ihr Charakter gleicht dem des Geiers, des Raben und des Fuchses."[602]

Gleichwohl es in der tibetischen Heilkunde (angeblich) achtunddreißig verschiedene Diagnoseverfahren gibt, werden in der Regel nur zwei davon eingesetzt. Das zentrale Verfahren ist besagte Pulsdiagnose: Mittels kurzen Abtastens der Arterie am Handgelenk des Patienten sei der Arzt in der Lage, Abweichungen im harmonischen Verhältnis der drei Körpersäfte zueinander und daraus resultierende Störungen und Erkrankungen zu erkennen. Was genau da „ertastet" wird, bleibt ein Geheimnis. In der einschlägigen Literatur ist stes nur von einer „Meisterleistung an Feingefühl" die Rede, die „sehr viel Erfahrung und Intuition" erfordere. Vollmundig und ohne irgendeinen Beleg anzuführen wird behauptet, die tibetische Pulsdiagnose sei „ein erstaunlich präzises Verfahren, dessen Ergebnisse leicht dem Check-up eines westlichen Mediziners standhalten können. (...) Selbst Krebs ist mit der Pulsdiagnose oft schon im Anfangsstadium erkennbar."[603]

Zur „Diagnose“ legt der Arzt drei Finger auf die Arterie am Handgelenk des Patienten: „Der Zeigefinger ertastet Lungen und Dickdarm, Herz und Dünndarm sowie den Oberkörper und das Element Feuer. Der Mittelfinger beurteilt Leber und Gallenblase, Milz und Magen, sowie den Mittelkörper und das Element Erde. Der Ringfinger fühlt linke und rechte Niere, Blase, das Reservoir für den Samen bzw. die weiblichen Organe sowie den Unterkörper und das Element Wasser.“[604] Dreiundvierzig verschiedene Pulsarten seien zu ertasten, die Hinweis gäben auf insgesamt 84.000 verschiedene Krankheiten. Selbstredend sei auch die Lebenserwartung beziehungsweise der Todeszeitpunkt des Patienten exakt ablesbar. Selbst karmische Belastung und/oder Besessenheit von bösen Dämonen sei mittels Pulsdiagnose im Handumdrehen zu erkennen. In verklärendem Tonfall beschreibt eine westliche „Sachbuch“-Autorin eine Pulsuntersuchung bei Tenzin Choedrak, dem „Leibarzt“ des Dalai Lama: „Während die Finger seiner Hände an anderer Stelle drücken und loslassen, offenbaren sich dem Meister die feinsten Schwingungen meiner Organe und meines Seelenlebens, (...) die Magie seiner Hände und seiner Stimme durchdringen mein Innerstes. Ich fühle mich vollkommen durchschaut.“[605]

Tatsächlich „offenbart“ sich dem tibetischen Arzt überhaupt nichts, die Pulsdiagnose ist reiner Humbug. Dies bestätigt sich nicht zuletzt an der bei männlichen beziehungsweise weiblichen Patienten unterschiedlich vorzunehmenden Diagnose: Durch die „seitenverkehrte Anlage der inneren Organe“ [sic!] müsse die Beschaffenheit von Herz, Leber, Milz etc. beim Mann am linken, bei der Frau hingegen am rechten Handgelenk abgelesen werden. Der Umstand, daß tibetische Ärzte den Puls auch ferndiagnostisch, das heißt: *in Abwesenheit des Patienten,* untersuchen können, weist das Verfahren endgültig als kompletten Unfug aus. Behauptungen, mittels Untersuchung des Pulses der Eltern könne das Geschlecht (und das Karma!) eines noch nicht geborenen Kindes bestimmt werden - sogar schon vor dessen Zeugung -, bedürfen keines Kommentares.

Ebenso unsinnig wie die Diagnose des Pulses ist die des Urins, die zur weiteren Abklärung eines bereits erhobenen Befundes gelegentlich herangezogen wird. Der Urin des Patienten wird dabei in ein eigenes Gefäß abgefüllt und mit einem Holzstab oder einem Bambusquirl aufgeschäumt. Aus der Art und Größe der Schaumblasen ließen sich nun differenziertere Schlüsse auf den Zustand der drei Regelsysteme sowie daraus sich herleitende organische Mißbefindlichkeiten und sonstige Störungen ziehen. Auch Farbe und Geruch des Urins seien sehr aufschlußreich. Wie der frühere Leibarzt des Dalai Lama, Yeshi Donden, erläutert, habe der „Urin eines gesunden Menschen als Farbe im großen und ganzen das helle und fröhliche Gelb der Butter vom 'Dri' (weibliches Gegenstück zum Yak). Der Geruch gleicht dem der Sahne, die sich auf der Oberfläche der Milch sammelt.“[606]

Die tibetische Heilkunde beschreibt (angeblich) 84.000 verschiedene Krankheiten. Diese sind zusammengefaßt in vierhundertvier Kategorien, von denen dreihundertunddrei die prinzipiell heilbaren Erkrankungen beinhalten. Zwei Drittel davon ließen sich allein durch richtiges Denken und Verhalten beziehungsweise durch ärztliche Behandlung oder die Verabfolgung richtiger Arznei beheben. Das restliche Drittel sei durch böse Geister und Dämonen hervorgerufen - insgesamt gebe es exakt 1080 davon -, hier sei die Durchführung exorzistischer Reinigungsrituale vonnöten. Die verbleibenden einhunderteine Kategorien seien karmisch bedingt und damit - zumindest in diesem Leben - unheilbar; die „Behandlung" dieser Krankheiten, beispielsweise Krebs oder Epilepsie, besteht darin, mittels religiöser Übung das Anhäufen weiteren „negativen Karmas" zu verhindern, was eine Fortsetzung der Erkrankung in folgenden Inkarnationen nach sich zöge.

Zu den Behandlungsmethoden der tibetischen Medizin zählt neben allgemeinen und diätetischen Verhaltensmaßgaben vor allem die Verabreichung von Arzneimitteln; hinzu kommt der gelegentliche Einsatz von Abführmitteln, Brechmitteln, Inhalationen oder Klistieren. Über die „internen" Behandlungen hinaus kennt die tibetische Heilkunde eine ganze Reihe „externer" Maßnahmen, von Schröpfkuren und Aderlaß hin zu Akupunktur, Moxibustion und Kauterisation. Eingebunden sind sämtliche Behandlungsformen in ein magisch-mystisches Brimborium von Handauflegungen, Gebeten, Visualisierungsübungen sowie dem Rezitieren wundertätiger Heilmantras; gelegentlich, so heißt es in einschlägigen Lehrbüchern, verwandle der Arzt sich selbst in den „Medizinbuddha"[607]. Interessanterweise wird in der Behandlung psychiatrischer Erkrankungen vielfach sexuelle Aktivität verordnet. Wie es in einem Standardwerk über tibetisch-buddhistische Medizin (ausdrücklich empfohlen vom Dalai Lama) heißt: „Eines der Symptome psychiatrischer Wind-Erkrankung besteht darin, daß die kranke Person oftmals nackt sein und ihre Kleider ausziehen will. (...) Dies ist alles verursacht durch Gier und deren Beziehung zu Wind. Sexuelle Aktivitäten mögen einer Person helfen, indem die Gier befriedigt wird; sie werden deshalb zusammen mit Medizin verschrieben." Und weiter: Jedermann sollte „in sehr süßen Worten der Zuneigung und Anteilnahme mit der kranken Person reden - einbezogen und vor allem der Arzt".[608]

Die teils äußerst brachialen „externen" Verfahren bedürfen näherer Erläuterung: Die tibetische Variante der Akupunktur beruht auf ganz anderen Vorstellungen als ihr chinesisches Vorbild. Es wird in der Regel nur eine einzige Nadel gesetzt, meist irgendwo im Nacken. Die Nadel, ein angeblich aus purem Gold bestehendes Instrument in der Stärke eines Schaschlikspießes, wird dem Patienten bis zu einem Zentimeter tief eingestochen. Wie der Alternativmediziner Egbert Asshauer in seinem Werk über „Tibets sanfte Medizin" ausführt, sei eine „bevorzugte Stelle die kleine Fontanelle am Hinterkopf, in welche die Nadel regelrecht eingerammt wird. Dort wird sie dann einige Minuten belassen."[609] Mit dieser äußerst schmerzhaften Prozedur werden nicht nur epileptische oder apoplektische Anfälle behandelt, sondern neurologische (bzw. psychische) Auffälligkeiten jeder Art - Probleme also, die nach tibetischer Vorstellung durch Besessenheit oder sonstige dämonische Einflüsse verursacht seien. Ein Wirksamkeits-, geschweige denn: Risikonachweis fehlt völlig. Ohnehin scheint es sich bei derlei „Akupunktur" eher um Exorzismus zu handeln als um Therapie. Asshauer: „Der Patient sitzt dabei oder steht gar und zuckt gewöhnlich nicht einmal zusammen. Nur die Schweißperlen, die ihm von der Stirn rinnen, verraten, daß es sehr weh tun muß. Asiaten sind eben sehr viel leidensfähiger als wir im Westen."[610] (Anzumerken ist an dieser Stelle, daß auch die Akupunkturlehre der traditionellen chinesischen Medizin [TCM] in sich äußerst widersprüchlich ist: Nicht nur die Vorstellung irgendwelcher Meridiane oder Energieflüsse ist bis heute ohne jeden Beleg geblieben, auch die behauptete analgetische und/oder therapeutische Wirksamkeit der TCM-Akupunktur ist alles andere als gesichert.[611])

Auch die sogenannte Moxibustion dient in erster Linie der Behandlung von „Geisteskrankheiten". Es werden hierbei aus getrocknetem Beifußkraut kleine Kegel geformt und an bestimmten Stellen des Körpers, bevorzugt auf dem Brustbein oder auf dem (rasierten) Hinterkopf, aufgesetzt. Die Krautkegel werden nun entzündet und komplett abgebrannt. Die Patienten müssen gelegentlich von mehreren Helfern festgehalten werden. Das verbrannte Hautgewebe wird abgeschabt, die zurückbleibenden Narben werden später mit Stolz hergezeigt. Gelegentlich werden Akupunktur und Moxibustion auch gemeinsam eingesetzt: Das Moxakraut wird dabei kegelförmig um die Nadel herumgewickelt und, nachdem diese eingestochen ist, angezündet. Die Hautverbrennungen fallen bei dieser Methode etwas glimpflicher aus. Bei der Behandlungstechnik der Kauterisation, angewandt bei „schweren Formen dämonischer Besessenheit", beispielsweise Depression, werden glühende Brenneisen eingesetzt. Dünne Metallstäbe mit einer vergoldeten oder verkupferten Brennfläche von bis zu einem Zentimeter Durchmesser an der Spitze werden über einem Feuer erhitzt und an bestimmten Stellen des Körpers, vor allem entlang der Wirbelsäule, aufgesetzt. Auch hier wird das verbrannte Gewebe anschließend mit einem Messer ausgeschabt.[612]

Die „externen" Verfahren des *Sowa Rigpa* werden nur an Tagen eingesetzt, die mittels astrologischer Berechnungen als hierfür „günstig" ermittelt wurden. Der enormen Schmerzen (und körperlichen Schädigungen) wegen, mit denen sie einhergehen, werden sie (in der Regel) nicht an Patienten aus dem Westen angewandt. Ohne Einschränkung werden hingegen Medikamente verabfolgt - auch und gerade an westliche Kundschaft -, deren Herstellung ebenfalls strengen astrologischen Vorgaben unterliegt. An die zweitausend Arzneimittel sollen sich im tibetischen Apothekenfundus befinden (im Exil werden allerdings nur 200 davon hergestellt), zusammengesetzt nach traditionellen Rezepturen aus jeweils bis zu hundert verschiedenen Inhaltsstoffen. Hierzu zählen pflanzliche und tierische Bestandteile jedweder Sorte (z.B. getrocknetes Schafshirn, aber auch Rhinozeroshorn, gemahlene Tigerzähne und immer wieder: tierischer und menschlicher Kot), daneben Metalle, Minerale, Erden, Salze: kaum ein Stoff, der sich nicht in einer der Pillen wiederfände; und kaum eine Erkrankung, die sich, laut tibetischer Heilmittelkunde, damit nicht erfolgreich behandeln ließe. Selbst Krebs und AIDS (obgleich „karmisch bedingt" und somit eigentlich unbehandelbar) seien in den Griff zu bekommen.[613]

Von besonderem Interesse sind die sogenannten „Juwelenpillen", die unter anderem aus Gold- und Silberpartikeln sowie pulverisierten Edelsteinen hergestellt werden. Diese Pillen (ein Stück kostet bis zu fünf US-Dollar) gelten als Wunderheilmittel, mit denen jeweils ein breitgefächertes Spektrum an Krankheiten behandelt werden könne. Die sogenannte „Wertvolle wunscherfüllende Juwelenpille" (tibetisch: *Rinchen Ratna Samphel)* beispielsweise, zusammengesetzt aus (angeblich) über achtzig Bestandteilen wie Gold, Silber, Kupfer, Eisen, Schwefel, Quecksilber, Korallen, Perlen, Türkis und Lapislazuli, wirke unter anderem „gegen die Auswirkungen jeder Art von Vergiftung, verursacht durch Nahrungsmittel, Pflanzen, Insekten, Tiere oder Chemikalien. (...) Alle Arten von Nervenkrankheiten mit Symptomen wie Zittern und körperlicher Empfindungslosigkeit, ständigem Harndrang, (...) sowie neuralgische Schmerzen“ seien damit behandelbar; sie eigne sich „zur Kontrolle hohen Blutdrucks, bei Herzkrankheiten, Blutgerinnseln, inneren Geschwulsten und Krebs im Anfangsstadium.“[614] Die „Große Eisenpille“ (tibetisch: *Chakril Chenmo)* hingegen, bestehend mithin aus dem Drüsensekret eines Moschushirschen, der Gallenflüssigkeit eines Elefanten, aus Safran, Sandelholz, Eisenspänen und Asphaltteer, sei angezeigt bei „allen Arten von Augenproblemen“; darüberhinaus bei „Ansammlung unreinen Blutes in Leber und Milz, sowie bei Magengeschwüren“.[615]

Gerade das extrem breite Band der jeweiligen Indikation, verbunden mit sehr schlecht definierten Krankheitsbildern, läßt die Wirkkraft der „Juwelenpillen“ (desgleichen aller sonstigen Präparate der tibetischen Medizin) äußerst zweifelhaft erscheinen. Bis heute ist *kein einziges* tibetisches Arzneimittel auf seine Wirkungen hin wissenschaftlich untersucht worden (die wenigen bislang vorliegenden *case studies* werden den Anforderungen moderner pharmakologischer Forschung nicht ansatzweise gerecht). Interessanten Aufschluß gibt insofern ein Blick auf den wissenschaftlich relativ gut untersuchten Heilmittelbestand der traditionellen *chinesischen* Medizin, aus dem die tibetische Apotheke sich zu großen Teilen herleitet. Viele der untersuchten chinesischen Arzneidrogen, so der Sino-Mediziner Paul Unschuld, besässen in der Tat pharmakologisch aktive Wirkstoffe. Die Frage, ob deren heute nachweisbare Wirkungen mit den historisch postulierten Effekten übereinstimmten, sei freilich bislang nur selten zufriedenstellend beantwortet worden. Besonders problematisch sei die Bewertung traditioneller Rezepturen: „Die moderne Pharmakologie besitzt alle Möglichkeiten, einzelne Substanzen auf Inhaltsstoffe und Wirkverhalten zu untersuchen, die Analyse der synergistischen Effekte in einer Zusammenstellung mehrerer Substanzen bereitet jedoch Schwierigkeiten.“ Trotz umfangreicher *Screening*-Programme, wie sie seit Jahrzehnten von westlichen Pharmakonzernen durchgeführt würden, habe bislang kaum eine Handvoll chinesischer (desgleichen ayurvedischer) Arzneidrogen den Weg in die moderne Medizin finden können. Hingegen fand man in angeblich naturheilkundlichen und insofern vermeintlich harmlosen Präparaten vielfach große Mengen äußerst giftiger Arsen- oder Mercuriumverbindungen.

Auch die tibetischen Arzneimittel setzen sich aus teils höchst obskuren Bestandteilen, beispielsweise reinem Schwefel, Quecksilber oder Blei zusammen. Aussagen über die synergistische Wirkung der einzelnen Komposita, die aus bis zu hundert Inhaltsstoffen bestehen, kann niemand treffen, am wenigsten die Lama-Ärzte, die niemals Untersuchungen dazu angestellt haben, sondern sich auf die Autorität Buddhas beziehungsweise ihrer auswendig gelernten Lehrtexte berufen. Trotz aller vollmundigen Behauptungen: Man weiß über die Wirkung und Nebenwirkung der einzelnen Präparate *gar nichts.* Auch der „Erste Internationale Kongreß für Tibetische Medizin“, der unter Vorsitz des Dalai Lama Ende 1998 mit großem Ballyhoo in Washington D.C. veranstaltet wurde, brachte insofern keinerlei weitere Erkenntnis.

Die Behauptung, die tibetischen Medikamente setzten ihre Heilkräfte entsprechend der Position des Mondes frei – außer im Notfalle seien sie nur an lunarisch glücksverheißenden

Tagen einzunehmen -, trägt auch nicht eben zu einem seriösen Erscheinungsbild bei. Den letzten Anschein von Seriosität verspielt Dalai Lama-Leibarzt Tenzin Choedrak, wenn er behauptet, Erfolg oder Mißerfolg einer Behandlung werde weniger durch diese selbst bestimmt, als vielmehr durch die „karmische Beziehung" zwischen Arzt und Patient: „Wenn diese Beziehung gut ist, wird die vom Arzt verschriebene Medizin effektiv sein. Wenn zwischen Arzt und Patient kein karmisches Verhältnis besteht, dann ist die Medizin manchmal trotz der guten Motivation des Arztes nicht sehr effektiv."[616] An anderer Stelle heißt es, es reiche vielfach völlig aus, dem Lama-Arzt nur gegenüberzusitzen; allein schon die „Reinheit seiner Aura und seine Ausstrahlung" bewirkten Gesundung.[617]

Die tibetischen Heilverfahren und -präparate sind nur unzureichend oder überhaupt nicht überprüft und daher zur Behandlung gleich welcher Erkrankung oder Störung grundsätzlich nicht zu empfehlen. Sie haben bislang *in keinem Fall* einen ernstzunehmenden Wirksamkeitsnachweis erbracht, über mögliche Nebenwirkungen und Risiken weiß man schlechterdings gar nichts. All die Behauptungen über teils phantastische Heilerfolge sind reine Propaganda. Entgegen aller Werbeverlautbarungen ist auch das vielgepriesene Präparat „Padma 28" keineswegs unumstritten. Die nach „alter tibetischer Rezeptur" in der Schweiz hergestellten Pillen - sie bestehen wesentlich aus Baldrian, Vogelknöterich und Gips (Kalziumsulfat) - werden mit angeblich durchschlagendem Erfolg zur Behandlung von Arteriosklerose (vor allem bei „Raucherbein") eingesetzt; auch von Wirksamkeit bei Erkrankungen der Herzkranzgefäße, bei chronischer Hepatitis B sowie bei wiederkehrenden Atemwegserkrankungen ist die Rede; selbst die Metastasierung von Krebszellen soll durch Padma 28 verhindert werden können.[618] Die auf (angeblich) abenteuerlichem Wege in die Schweiz gelangte Rezeptur wird dort von einer eigenen *Padma AG* vermarktet; in der Schweiz ist Padma 28 (der Sanskritbegriff bedeutet Lotusblüte [auch: Vagina], die Ziffer ist schlicht eine Dispensatoriumsnummer) frei verkäuflich, in Österreich gilt das Präparat als Nahrungsergänzungsmittel; in der BRD ist es nicht zugelassen. Der Hamburger Alternativmediziner Egbert Asshauer gibt ganz offen zu, er verabfolge „Patienten mit einer HIV-Infektion, die noch symptomlos oder aber im sogenannten Prä-AIDS-Stadium sind (das heißt, bevor die Krankheit voll ausgebrochen ist), Padma 28. Es besteht der Eindruck, daß dadurch das Immunsystem so gestärkt wird, daß sich das volle Krankheitsbild erst Jahre später entwickelt."[619] Ein paar Zeilen später behauptet er, „immunologische Untersuchungen mit modernster Technik haben den Nachweis einer entsprechenden Wirksamkeit der Kräuterpillen bei AIDS-Kranken erbracht".[620] Welche Untersuchungen das denn gewesen sein sollen, teilt Asshauer nicht mit.

Gesondert zu erwähnen ist der in der Szene äußerst beliebte „Dorje", ein dem tibetischen Buddhismus entstammender Ritualgegenstand, der als magisches Instrument schlechthin gilt. Ursprünglich Szepter des Brahmanengottes Indra dient der Dorje (tibet. = Phallus) als Symbol des „männlichen Prinzips" oder auch „göttlicher Allmacht": kaum eine Heil- oder Lebenshilfepraxis, in der er nicht in der ein oder anderen Form zu finden wäre. (Im einschlägigen Zubehörhandel sind Dorjes, gefertigt aus Messing, Kupfer oder Kristall, in unterschiedlichen Größen [vom 4-5 cm großen

Amulett zum Umhängen bis hin zum „Donnerkeil“ von einem halben Meter Länge] zu Preisen zwischen 20 und 7.000 Mark erhältlich.)

Der Dorje (sanskr. = Vajra) wird angeblich ständig von kosmischer Energie durchflossen: „Nehmen Sie den Dorje in die Hand und richten Sie ihn mit einer Spitze auf sich. Jetzt fließt die Energie entweder zu Ihnen, oder von Ihnen weg. Drehen Sie den Dorje herum und Sie werden merken, daß sich der Energiefluß verändert hat. So können Sie nur durch das Drehen des Dorjes Energie zuführen oder auch ableiten. (...) Eine weitere erprobte Form des Einsatzes ist, den Dorje quer vor die Brust (Thymusdrüse) zu halten (oder auch zu tragen). So wirkt er als Schutz. Ankommende Energien werden so um den Körper herumgeleitet. (...) Sie können ihn auch quer vor sich hinlegen und er wird das, was direkt auf Sie zukommt, auch Elektrosmog, ableiten.“ Bevorzugt wird der Dorje zu therapeutischen Zwecken eingesetzt: aufgelegt auf die Chakren oder auf körperliche „Störzonen“ reinige er diese und öffne sie für den Fluß heilender Energien.[621]

Tatsächlich bewirken Dorjes *überhaupt nichts*; ebensowenig die sonstigen aus dem tibetischen Buddhismus (oder von wo auch immer) hergeleiteten Kultgegenstände, wie etwa Phurbas (Ritualdolche) oder Kartiks (Ritualbeile).

Im Jahre 1997 kam unter dem Titel *Das Wissen vom Heilen* ein Dokumentarstreifen des Filmemachers Franz Reichle in die Kinos, in dem zwei Leibärzte des Dalai Lama samt diesem selbst ihre Ansichten über Krankheit und Gesundheit ausbreiteten. Dieser Film verlieh der in Alternativheilerkreisen ohnehin schon hochgeschätzten Tibetischen Heilkunde weiteren enormen Auftrieb. Die Anzahl an Heilpraktikern, die plötzlich „Tibetische Medizin“ im Behandlungsangebot führten, nahm schlagartig zu. Wie üblich in diesen Kreisen wurde und wird die Frage nach klinischer Qualifikation nicht gestellt (ganz unabhängig vom Wert des jeweiligen Verfahrens), als entscheidend gilt die innere „Berufung“. Viele der einschlägigen Praktiker halten denn die Teilnahme an einem DANA-Wochenendkursus oder dergleichen auch für völlig hinreichend; ein Urlaubsabstecher nach Dharamsala ersetzt ohnehin jedes Diplom. Glücklicherweise scheinen die Methoden der Moxibustion und der Kauterisation hierzulande nicht eingesetzt zu werden, die Behandlung beschränkt sich in der Regel auf das Verordnen tibetischer Arzneimittel; diese werden unmittelbar aus dem *Tibetan Medical & Astrological Institute* in Dharamsala (bzw. einer privaten *Stiftung für tibetische Medizin* in Amsterdam) bezogen und - unter Mißachtung sämtlicher arzneimittelrechtlicher Vorschriften - an hiesige PatientInnen weiterverkauft.

Als unübertreffliches Heil- und Schutzmittel galt und gilt der Tibetischen Medizin alles, was irgendwie mit einem Lama in Kontakt stand; vor allem den Körpersekreten dieser Männer wurde und wird besondere Wirkkraft zugeschrieben. Wie Tibet-Kenner Heinrich Harrer berichtet, „bestreichen die Lamas ihre Patienten mit ihrem heiligen Speichel; oder es werden Tsampa [tibetisch: Gerstenmehl, C.G.] und Butter mit dem Urin der heiligen Männer zu einem Brei verrührt und den Kranken eingegeben. Harmloser sind die aus Holz geschnitzten Gebetsstempel, die in Weihwasser getaucht und auf die schmerzende Stelle gedrückt werden. Besonders beliebt als Amulette gegen Krankheit und Gefahr sind kleine Götterfiguren, die

die Lamas aus Lehm pressen. Aber nichts steht als Heilmittel höher im Wert als ein Gegenstand aus dem Besitz des Dalai Lama."[622] Als Heilmittel am begehrtesten, wie Harrer berichtet, sei der „Urin des Lebenden Buddha".[623] Während des Aufenthaltes „Seiner Heiligkeit" in Beijing Mitte der 1950er Jahre, so ein Zeitzeugenbericht, seien dessen Ausscheidungen täglich in einem goldenen Topf gesammelt und per Kurier nach Lhasa geschickt worden; dort habe man sie zu Medikamenten verarbeitet.[624]

Von heutigen Lama-Ärzten, vor allem solchen, die den Westen bereisen, wird vehement bestritten, daß es solche Praxis gebe oder jemals gegeben habe. Derlei Berichte seien nichts als „übelwollende Propaganda der Chinesen".[625] Allerdings kann man nicht nur im *Tibetan Revolution Museum* in Lhasa sondern auch in Heinrich Harrers Privatmuseum im österreichischen Hüttenberg (das jeder tibetkritischen Haltung unverdächtig ist) Arzneimittel besichtigen, die aus den Exkrementen hochrangiger Lamas hergestellt sind.

5.7. Bach-Blüten-Therapie

Entwickelt in den 1930er Jahren durch den englischen Homöopathen Edward Bach (1886-1936) versteht die nach ihm benannte Therapie sich heute nicht nur als Allheilmittel gegen jedwede körperliche Erkrankung, sondern als ganz besonders „segensreich bei psychischen und psychosomatischen Störungen".[626]

Nachdem Bachs Vorstellungen nach dessen Tod im Jahre 1936 sehr schnell in der Versenkung verschwunden waren, wurden sie Ende der 1970er im Zuge der aufkeimenden New-Age-Bewegung von dem Esoterikjournalisten ⇨ Wulfing von Rohr wieder ausgegraben und in der Folge von der Hamburger Heilpraktikerin Mechthild Scheffer gewinnbringend vermarktet. Populär gemacht durch die Boulevard- und Regenbogenpresse erfreut die Scheffersche Bach-Blüten-Therapie sich seit Mitte der 1980er größter Beliebtheit quer durch sämtliche Bevölkerungsschichten. Eine völlig unkritische Promotion in drei aufeinanderfolgenden Sendungen *Schreinemakers live* (SAT1) im Juni 1995 ließ sie zum absoluten Renner unter den „alternativen Heilverfahren" werden.[627]

Bach zufolge besteht jeder Mensch aus einer unsterblichen Seele, einer sterblichen Persönlichkeit und einem „Spirituellen Selbst", das zwischen Seele und Persönlichkeit vermittle. Mit Hilfe des „Spirituellen Selbst" suche die Seele in der Persönlichkeit jene Aufgaben zu verwirklichen, die dem jeweiligen Menschen als Teil eines größeren kosmischen Energiefeldes aus ebendiesem zugewiesen wurden. Etwaige Störungen im Verhältnis zwischen dieser Aufgaben und dem tatsächlichen Lebensvollzug äußerten sich im Auftreten „negativer Seelenzustände", die ihrerseits als körperliche Erkrankungen in Erscheinung träten. Genau achtunddreißig solcher Negativzustände gebe es, von Angst, Eifersucht und Haß hin zu Mißtrauen, Unsicherheit und Verzagtheit; auch Kritiksucht zähle dazu. Um zu gesunden gelte es, die hinter jeder Erkrankung stehenden „negativen Gedanken und Gefühle" mittels übergeordneter Schwingungen zu harmonisieren, so daß sie „hinwegschmelzen wie Schnee in der Sonne".[628] Hierzu bietet Bach ein Sortiment an achtunddreißig Blütenessenzen an, deren jeweilige „Schwingungsfrequenz" mit je einer der negativen Seelenverfassungen korrespondiere: „Bestimmte wildwachsende Blumen, Büsche, Bäume höherer Ordnung haben durch ihre hohe Schwingung die Kraft, unsere menschlichen Schwingungen zu erhöhen und unsere Kanäle für die Botschaften unseres spirituellen Selbst zu öffnen, unsere Persönlichkeit mit den Tugenden, die wir nötig haben, zu überfluten und dadurch Charaktermängel auszuwaschen, die unsere Leiden verursachen."[629]

Bei den Essenzen handelt es sich um „Wasserauszüge" aus verschiedenen Pflanzen. Allerdings werden keine Wirkstoffe in herkömmlichem Sinne extrahiert, vielmehr werden die Blüten oder Pflanzenteile lediglich für kurze Zeit in Quellwasser eingelegt, das sich in einem Prozeß „natürlicher Alchimie" mit dem „Schwingungsmuster" der jeweiligen Pflanze anreichere. Entscheidend für den Prozeß sei das strikte Einhalten ritueller Vorschriften: Beispielsweise müssen die Pflanzen an einem sonnigen, wolkenlosen Tag vor 9 Uhr früh gesammelt werden; nach dem Einlegen in das Wasser müssen sie mit einem Zweig derselben Pflanze herausgeholt werden. Das „angereicherte" Wasser wird mit der gleichen Menge Alkohol (Cognac oder Brandy) versetzt und im Verhältnis 1:240 mit Wasser verdünnt[630]: Aus fünf Litern Wasser, in die kurz ein paar Blätter eingelegt wurden, entstehen dergestalt 250 Liter Bach-Blüten-Essenzen, die, abgefüllt in 25.000 sogenannte „stockbottles" (à 10ml), für 15 bis 20 Mark pro Fläschchen verkauft werden. Die „hochkonzentrierten" Essenzen der „stockbottles" müssen vom Anwender selbst auf Einnahmestärke verdünnt werden: 3 Tropfen auf ein 30ml-Fläschchen, das zu 3/4 mit Wasser und zu 1/4 mit Alkohol aufzufüllen ist.[631] (Bei rund 250 Tropfen pro „stockbottle" werden aus den ursprünglichen fünf Litern Wasser auf diese Weise über 60.000 Liter Wasser mit einem Alkoholanteil von etwa 12%.)

Laut Legende habe Bach, ein Anhänger der Lehre C.G. Jungs, jene Pflanzen „intuitiv" ausgewählt, die „positive archetypische Seelenkonzepte verkörpern und genau *die* Schwingung besitzen, die uns fehlt, wenn wir uns in einem negativen Zustand befinden"[632]: Rotbuchen-Essenz etwa wirke bei Arroganz, Geißblatt bei Pessimismus und Heidekraut bei Grübelsucht; Kastanie sei ratsam bei „mangelnder Einsicht in die eigenen Fehler" und Weide beim „Gefühl, im Leben zu kurz gekommen zu sein".[633] Für besondere Notfälle gibt es sogenannte „Erste-Hilfe-Tropfen" (*rescue drops*), eine „Essenz" aus fünf verschiedenen Pflanzen, deren Einnahme Schock, Panik und Ohnmacht verhindern soll. In einem „Lehrbuch" werden Bach-Blüten auch bei Vergewaltigung und Mißhandlung empfohlen.[634] Mechthild Scheffer, Begründerin des aktuellen Blüten-Booms, hält sie gar für geeignet, karmische Blockaden aus früheren Leben aufzulösen[635] (⇨ *Reinkarnationstherapie*). Selbstredend empfehlen sich die Blütentropfen auch zur Bewältigung pädagogischer Probleme: Beispielsweise sei Kindern, die nicht gern alleine spielten, mit Odermennig beizukommen, „boshaften" und „eigensinnigen" hingegen mit Stechpalme oder Weinrebe; Bettnässer seien mit Kirschpflaume zu behandeln, Kinder, die „grundlos weinen", mit Einjährigem Knäuel.[636] Auch bei Lese- und Rechtschreibproblemen empfehle sich die Einnahme von Bach-Blüten, vorzugsweise der Rescue-Drops. (Der österreichische Kinderpsychotherapeut Heinz Zangerle weist in einem Aufsatz von Ende 1999 darauf hin, daß nahezu 75% der Kinder, die, quer durch alle Indikationsstellungen, in seiner Praxis vorstellig würden, von ihren Eltern mit Bach-Blüten „vorbehandelt" worden waren.[637])

Zur Anwendung der Bach-Blüten bedarf es keinerlei heilkundlicher Vorkenntnisse, jedermann kann sich unter den angebotenen Tinkturen die geeignete selbst heraussuchen. Über umfängliche Literatur - mehrere dutzend Bach-Blüten-Ratgeber sind inzwischen auf dem Markt - wird hierzu Rat und Weisung erteilt: Die Auswahl kann beispielsweise anhand vorgefertigter Symptomtabellen getroffen werden,[638] die passende Essenz läßt sich aber auch auspendeln oder mit Hilfe von Orakelkarten finden.[639] Überdies bieten zahllose Heilpraktiker und dergleichen ihre Beratungsdienste an.

Vielfach wird Bach-Blüten-Therapie in Verbindung mit anderen „feinstofflichen" Heilverfahren wie ⇨ Aroma-, Farb- oder Kristalltherapie angewandt. Der Hanauer Heilpraktiker Dietmar Krämer, nach eigenen Angaben seit seinem 15. Lebensjahr hellsichtig, hat die achtunddreißig Bach-Blüten in „sensitive" Entsprechung zu ätherischen Ölen und Edelsteinen gesetzt. Das Schwingungsmuster beispielsweise von Tausendgüldenkraut, hilfreich bei mangelnder Durchsetzungskraft, sei identisch mit dem von Thymianöl und Rosenquarz[640]: „Das neue Konzept vereinfacht Diagnose und Anwendung sehr: Ätherische Öle und Edelsteine können nun nach den einfachen Indikationen der Bach-Blüten verordnet werden."[641] (Neuerdings finden sich unter der Bezeichnung „Quintessenz-B" eigene Präparate im Handel, die die „Schwingungsenergien von Blüten und ätherischen Ölen und die Elixierkraft von Edelsteinen" kombinieren.[642]) Auch Entsprechungen zwischen Bach-Blüten und dem astrologischen Horoskop will Krämer gefunden haben, daneben bestimmte Hautzonen, auf die Bach-Blüten-Tinkturen direkt aufgetragen werden können: „So können seelische Probleme, z.B. Schuldgefühle, genau dort behandelt werden, wo sie sich körperlich manifestieren. Auch vorbeugende Behandlungen über die Hautzonen sind möglich."[643]

Die Blütenessenzen sollen tropfenweise (vier Tropfen aus dem Einnahmefläschchen auf ein Glas Wasser, viermal täglich) eingenommen werden, helfen angeblich aber auch, wenn man ein Fläschchen davon bei sich trägt oder neben sich ans Bett stellt.[644] Auch fünf Tropfen auf ein Vollbad seien hilfreich. Mittlerweile gibt es sogar „Heilsalben" zu äußerlicher Anwendung, bei denen Bach-Blüten in eine neutrale Cremegrundlage eingearbeitet sind. Die Tropfen können selbstverständlich auch anderen, Kindern oder Ehepartnern etwa, ohne deren Wissen ins Essen oder in ein Getränk geträufelt werden.

Entgegen aller Behauptungen Scheffers und ihrer Anhänger: Bach-Blüten-Therapie ist nichts als eine betrügerische Mischung aus Quacksalberei, Aberglauben und Geschäftemacherei: Die Blütenessenzen, vergleichbar homöopathischen Mitteln in Hochpotenz, tragen (außer dem Alkohol) keinerlei Wirkstoff in sich, es läßt sich nicht der geringste Unterschied zwischen den einzelnen Präparaten feststellen. Auch die Behauptungen der „Übertragung von Schwingungsmustern" sind gänzlich unbelegt. Es gibt außer der „Intuition" Bachs keinerlei Erklärung für den Zusammenhang zwischen bestimmten Blüten und angeblich damit korrespondierenden Seelenverfassungen beziehungsweise Erkrankungen; auch eine Erklärung für die besondere Zubereitungsweise der Essenzen fehlt völlig.

Bach-Blüten-Therapie kann für einzelne Patienten durchaus gefährlich werden, wenn sie etwa im Vertrauen auf deren Wirksamkeit eine erforderliche und sinnvolle Therapie versäumen. Ansonsten kann den Bach-Blüten, ähnlich wie hochpotenzierten Homöopathika, bei gläubiger Erwartungshaltung der Patienten eine unspezifische Placebowirkung zukommen, mehr jedoch nicht.[645] Ans Kriminelle heranreichend sind insofern Behauptungen wie die, Bach-Blüten-Tropfen hätten sich „durch ihre Fähigkeit, über die Psyche das Immunsystem zu harmonisieren", als „besonders hilfreich" erwiesen in der Behandlung von Allergien oder akuten Infektionserkrankungen.[646] Im übrigen entbehren all die Behauptungen, Bach-Blüten zeigten „zuverlässige Wirkung auch bei Säuglingen, Tieren und Pflanzen", mit denen man das Placebo-Argument zu entkräften sucht,[647] jedweden ernsthaften Belegs.

> Das Münchner *Forum Kritische Psychologie* (FKP) hat der Bach-Blüten-Gemeinde schon Mitte der 1990er folgendes Angebot unterbreitet: Da die achtunddreißig Blüten-Essenzen erwiesenermaßen kein einziges Molekül irgendeiner Wirksubstanz enthielten, dennoch aber eine spezifische Wirkkraft vorgegeben werde, empfehle sich zur Klärung des Sachverhaltes ein unter wissenschaftlichen Bedingungen durchgeführter Doppelblindversuch. Eine Prämie in Höhe von 10.000 Mark werde ausgesetzt für die erfolgreiche Durchführung folgenden Experiments: „Nach Entfernen der Etiketten von zehn beliebig ausgewählten handelsüblichen Bach-Blüten-Fläschchen sind - unter Zuhilfenahme jedes beliebigen Analyseverfahrens - die darin enthaltenen 'Essenzen' korrekt zu benennen. Bei Erfolglosigkeit haben die Versuchsteilnehmer lediglich die Kosten der Versuchsanordnung zu tragen."[648] Unmittelbar nach der Ausschreibung ging eine ganze Reihe an Schmähbriefen im Büro des FKP ein, mit Vorwürfen von Ignoranz, Verbohrtheit und „mechanistischen Brettern vorm Kopf", für das Experiment selbst aber meldete sich niemand.

Dem anhaltenden Erfolg der Bach-Blüten-Therapie tut die kritische Diskussion beziehungsweise das vernichtende Urteil von Medizinern und Psychologen[649] keinen Abbruch, ganz im Gegenteil: Blüten-Kurse zählen inzwischen zum festen Programmbestand auch seriöser Einrichtungen der Erwachsenenbildung. Der Fachbereichsleiter einer nordrhein-westfälischen Volkshochschule beispielsweise wies Kritik an einem geplanten Kurs für Bach-Blüten-Therapie mit der (höchst aggressiv vorgetragenen) Belehrung zurück, es handle sich hierbei keineswegs um ein esoterisches Pseudoheilverfahren, sondern um einen wirksamen Ansatz der Naturheilkunde, der ebendeshalb zwingend in das Programm einer VHS gehöre.[650]

Seit einiger Zeit muß die Original-Bach-Blüten-Therapie sich allerdings zunehmender Konkurrenz erwehren: Eine Unzahl eigenständiger Blüten-Systeme - die jeweiligen Tinkturen werden unwesentlich anders hergestellt als bei Bach - wird auf den profitablen Markt geworfen, von Bailey-, Deva- und Green-Man-Trees-Essenzen über Findhorn- und Harebell-Remedies hin zu Himalaya-Flower-Enhancers oder Living-Australia-Essences; besonders aus den USA kommt massiver Druck: Dutzende verschiedener Systeme werden von dort aus angeboten, von Alaska-, Desert- oder Hawaii-Flowers hin zu Kalifornischen Blüten-Essenzen, die eigene Mittel gegen Geschlechtskrankheiten (Banane) oder Strahlenschäden (Knoblauch) bereithalten.[651] Gegen die Einnahme „ausländischer" Essenzen wendet sich der Allgäuer Heiler Chlodwig Haslebner, der aus der Erkenntnis, daß „dort, wo die Krankheit entsteht, auch die entsprechende Heilpflanze wächst", ein Sortiment aus acht heimischen Blütenessenzen zusammengestellt hat. Auf vergleichbar „mikromagnetische" Weise hergestellt wie Bach-Blütentropfen bietet er „Essenzen" aus Schlüsselblumen, Johanniskraut, Eisenhut und so weiter an, die nicht nur das „altüberlieferte Wissen alpiner Kräuterfrauen" und somit die „Heilkraft der Heimat" in sich trügen, sondern überdies die „Weisheit des chinesischen ⇨ I-Ging": 64mal untereinander kombinierbar eröffneten sie einen direkten Zugang zu dessen „64 Wandlungsphasen und damit zu den unterschiedlichsten Gemütsstimmungen des Menschen". Mithin deshalb seien die Allgäuer Produkte allen anderen Blütenessenzen um ein Vielfaches überlegen. Kosten eines 10ml-Fläschchens: 21,50 Mark, das Gesamtset, bestehend aus acht Fläschchen Blütenessenzen sowie zwei Fläschchen „Erste-Hilfe-Tropfen", ist für 185 Mark zu haben[652] (Haslebners *Asklepios-Naturheilmittelversand* gehört über die ⇨ *Bayerische Gesellschaft für Ganzheitliche Medizin* der umstrittenen „Wankmiller-Sekte" zu). Unter dem Etikett „Yggdrassil®" bietet auch die Fürther Heilpraktikerin Ute Janson ausschließlich „deutsche Blütenessenzen" an.[653]

5.7.1. Homöopathie

Als weitestverbreitetes Konzept und Verfahren „alternativer" Heilkunde gilt die Homöopathie (die zur ⇨ Bach-Blütentherapie große Ähnlichkeit aufweist). Homöopathische Präparate werden auch und insbesondere bei psychischen Mißbefindlichkeiten und Störungen - vielfach als Selbstmedikation - eingesetzt.[654]

Begründet vor rund zweihundert Jahren von dem sächsischen Arzt Samuel Hahnemann (1755-1843), hat die Homöopathie sich bis heute praktisch nicht verändert oder weiterentwickelt. Grundlegend für die Lehre Hahnemanns ist das sogenannte Simile-Prinzip: „Ähnliches möge mit Ähnlichem geheilt werden" (*Simila similibus curentur*). Danach sei das passende Heilmittel für ein bestimmtes Leiden dasjenige, das, verabfolgt in höherer Dosis, bei einem gesunden Menschen die Symptome ebendieses Leidens erzeuge: „Wähle um sanft, schnell, gewiß und dauerhaft zu heilen, in jedem Krankheitsfalle eine Arznei, welche ähnliches Leiden (*homoion pathos*) für sich erregen kann, als sie heilen soll."[655] Hahnemann war durch einen (zufälligen) Selbstversuch auf dieses Prinzip gestoßen: Er hatte festgestellt, daß die Einnahme von Chinarinde, wie sie aus der Behandlung von Malaria bekannt war, bei ihm (scheinbar) zu malariaartigen Fieberzuständen führte. In der Folge erprobte er an sich selbst und an seinen Familienmitgliedern die Wirkung verschiedenster Pflanzen und Mineralien, die er in hohen Dosen solange verabreichte, bis irgendwelche Symptome auftraten; in hochverdünnter Form, so seine Idee, sollten die verabreichten Stoffe als Heilmittel gegen Krankheiten wirken, die mit ebensolchen Symptomen einhergingen. Auch heute noch werden Homöopathika über derartige „Arzneimittelprüfung am Gesunden" getestet.[656]

Das Simile-Prinzip, tragende Säule der Homöopathie, gilt längst als widerlegt.[657] Schon Hahnemann selbst war mit seinem Chinarinden-Experiment einem Irrtum aufgesessen: Chinin, der Wirkstoff der Chinarinde, ruft keineswegs Fieber hervor, sondern, ganz im Gegenteil, senkt die Körpertemperatur. Hahnemann hatte offenbar eine (seltene) allergische Reaktion erlebt, die ihn zu seinem Trugschluß verleitete. Für das Auffinden geeigneter Therapeutika ist die Simile-Regel völlig unbrauchbar: Beispielsweise können Eisenpräparate zwar eine Eisenmangel-Anämie beseitigen, rufen aber in höherer Dosis keine Anämie hervor. Dagegen kann Blei eine Anämie hervorrufen, ohne zur Therapie geeignet zu sein.[658]

Über 20.000 homöopathische Medikamente unterschiedlichster Verdünnungsgrade sind heute auf dem Markt, die über dutzende verschiedener Symptom-Nachschlagewerke den Beschwerden des einzelnen Patienten zugeordnet werden können.[659] (Vielfach werden die richtigen Präparate allerdings auch ausgependelt oder über den ⇨ kinesiologischen Muskeltest ermittelt. Weitverbreitet ist auch das Verfahren des australischen Heilpraktikers Philip Bailey, der den fünfunddreißig gängigsten Homöopathika [willkürlich] bestimmte Charakterbilder zuschreibt: über eine [Selbst-]Einordnung des Patienten in eines dieser Bilder ließe sich das jeweils erforderliche Medikament bestimmen.[660]) Die Herstellung der Homöopathika unterliegt strengen rituellen Vorschriften. Als Rohmaterialien werden Pflanzen, Mineralien, Teile von Tieren, aber auch Eiter und Krankheitserreger verwendet, aus denen (in willkürlicher Konzentration) sogenannte „Ursubstanzen" hergestellt werden.[661] (Hundemilch, Schlangenkot, Bettwanzen, faules Rindfleisch oder Tränen einer Jungfrau, wie noch in den 1950er Jahren beschrieben,[662] scheinen heute nicht mehr verwendet zu werden; rohe Rinderhoden, Spanische Fliege, zerdrückte Honigbienen hingegen schon noch; auch Erdkrötenschleim, heilkräftig gegen „häufige Erektion".[663]) Die Ursubstanzen werden nun schrittweise verdünnt (= potenziert), entweder im Verhältnis 1:10 (D = Dezimalsystem) oder im Verhältnis 1:100 (C = Centesimalsystem).

Das Procedere, um es zu wiederholen, folgt strengstem Ritual: Für eine D1-Verdünnung wird ein Teil Ursubstanz mit neun Teilen eines Gemisches aus 2/3 Mineralpulver und 1/3 Milchzucker versetzt und in einem Mörser 6-7 Minuten lang verrieben, dann 3-4 Minuten gescharrt, erneut 6-7 Minuten verrieben und nocheinmal 3-4 Minuten gescharrt. Für eine D2-Verdünnung wird ein Teil dieses Gemisches abgenommen, mit neun Teilen Milchzucker versetzt und erneut in der beschriebenen Manier gerieben und gescharrt. Für eine D3-Verdünnung wird der D2-Schritt wiederholt. Für eine D4-Verdünnung wird ein Teil des D3-Gemisches in ein Glasbehältnis gefüllt, mit neun Teilen eines Wasser-/Alkoholgemisches (meist Weingeist) versetzt und - ab diesem Schritt wichtigster Teil der Prozedur - exakt zehnmal kräftig geschüttelt (d.h. auf ein Lederkissen geschlagen). Zur Herstellung einer D5-Verdünnung wird ein Teil der D4-Lösung abgenommen, mit neun Teilen Wasser/Alkohol versetzt und erneut zehnmal geschüttelt. Durch „gehöriges Reiben und Schütteln", so Hahnemann, würden selbst solche Mittel „durchdringend" wirksam, die „im rohen Zustande nicht die geringste Arzneikraft im menschlichen Körper äußern".[664]

Mit der D5-Lösung (bzw. jeder folgenden und in gleicher Weise vorgenommenen Verdünnung) werden nun - in willkürlicher Menge - kleine Milchzuckerkügelchen (Globuli) besprüht, die nach dem Trocknen das fertige homöopathische Arzneimittel darstellen. (Bei einigen Präparaten wird auch schon ab der ersten Verdünnung mit einem Wasser-/Alkoholgemisch [gelegentlich auch mit reinem Wasser] gearbeitet; das Vorgehen freilich bleibt das gleiche: Für D1 wird ein Teil Ursubstanz mit neun Teilen der gewählten Lösungsflüssigkeit versetzt und zehnmal geschüttelt, für D2 wird ein Teil dieser D1-Verdünnung mit weiteren neun Teilen der Lösungsflüssigkeit versetzt und erneut zehnmal geschüttelt. Das

Verfahren wird wiederholt, bis der gewünschte Verdünnungs- bzw. Potenzierungsgrad erreicht ist.) Einige der Lösungen werden auch nicht auf Globuli gesprüht, sondern in flüssiger Form verabfolgt, andere werden mit verschiedenen weiteren Lösungen zu „Regenaplex"-Präparaten (nach Stahlkopf) kombiniert. D6 jedenfalls bedeutet die Auflösung eines Teiles Ursubstanz in 1.000.000 Teilen Lösungsmittel. Das Verdünnen in Centesimalpotenzen erfolgt analog in Hunderterschritten: Für C1 wird ein Teil Ursubstanz mit neunundneunzig Teilen Lösungsmittel verrieben oder verschüttelt, C6 bedeutet folglich ein Teil Ursubstanz in einer Billion Teilen Lösungsmittel. Einige Homöopathika werden auch in LM- oder Q-Potenzen verdünnt, bei denen die Verdünnung in Schritten von 1:50.000 vorgenommen wird.

Nach homöopathischer Vorstellung verstärke sich die Wirkung des Mittels, je höher es potenziert sei, das heißt: je weniger Wirkstoff es enthält. (Der Begriff „Potenzieren" ist insofern höchst irreführend: Er bedeutet nichts anderes als eine Verdünnung des Wirkstoffes.) D6 entspricht etwa dem Verhältnis von zwei Tropfen Ursubstanz auf eine gefüllte Badewanne, D12 einem Tropfen auf das gesamte Wasser des Bodensees. Ab D23, einer Verdünnung von $1:10^{23}$, ist rein rechnerisch kein einziges Molekül der Ursubstanz mehr in der Lösung vorhanden. D31 entspricht dem Verhältnis von einem Tropfen zur Masse der Erde, D47 zu der des Sonnensystems und D100 des gesamten Universums. Wie Skeptiker Andreas Dill lakonisch anmerkt, bedeute die Potenz D120 die „Wahnwitzigkeit - welche Untertreibung! - der Verteilung eines Tropfens Urtinktur auf 100 Trillionen Universen".[665] Desungeachtet operieren Hochpotenzler mit Verdünnungen von D1000 und darüber, ein französisches Homöopathenteam will gar ein Jod131-Präparat in der Potenz von C1000 ($1:100^{1000}$) fabriziert und: seine Wirksamkeit nachgewiesen haben.[666] (Eine C1000-Potenz bedeutet ein Teil homöopathischer Ursubstanz aufgelöst in einer Menge an Teilen, die einer Zahl von 100 mit tausend angehängten Nullen entspricht, 1000mal in ein jeweils neues Gefäß umgefüllt und exakt 10.000mal kräftig geschüttelt.)

Läßt sich die Wirkung von Tiefpotenzen bis D6 noch mit einem, wenngleich stark verdünnten, so doch nachweisbaren Inhaltsstoff begründen, so fehlt für die vorgebliche Wirksamkeit von Hochpotenzen, in denen kein einziges Molekül davon mehr enthalten ist, jede plausible Erklärung. Die von Homöopathen favorisierte „Imprint-Theorie", derzufolge durch das intensive Reiben, Scharren und Schütteln der Lösung Energie zugeführt werde, durch die dieser die „Information" der Ausgangssubstanz „eingeprägt" werde, ist absurd. (Bezeichnend ist insofern auch die gelegentlich angeführte Hilfsargumentation, für Homöopathika gelte dasselbe Gesetz wie für das „Wasser von Lourdes": Es sei wissenschaftlich erwiesen, daß „das Lourdes-Wasser spezielle Informationen beinhaltet und beliebig reproduzierbar ist. Ein paar Tropfen Lourdes-Wasser in einen Liter Leitungswasser geträufelt, ergibt für diesen Liter die gleiche Information und Wirkung wie ein Liter Original-Lourdes-Wasser".[667]) Ebenso absurd ist die Vorstellung, mit jedem weiteren Potenzierungsschritt (d.h. mit jeder weiteren Verdünnung) würde die Wirkung der Lösung sich „dynamisieren", sprich: verstärken. Falls dem so wäre, müßten sich bei der Verdünnung mit Wasser auch die in diesem enthaltenen Bestandteile wie Natrium, Kalzium, Kalium oder Eisen mitverstärken. Vielen Homöopathika liegen

35%ige Alkohollösungen als Ursubstanz zugrunde; konsequenterweise müßte sich auch die Wirkung des Alkohols beim Verschütteln steigern, was aber nicht der Fall ist.[668]

Es gibt keine einleuchtende Erklärung, weshalb ein verdünnter oder überhaupt nicht mehr vorhandener Stoff irgendeine Wirkung haben soll, während die im Lösungsmittel selbst vorhandenen Stoffe unwirksam bleiben sollen (besonders grotesk, wenn etwa eine Natrium-Ursubstanz in Wasser verdünnt wird, in dem von Natur aus Natrium enthalten ist). Unerklärbar bleibt auch, weshalb eine verschwindend winzige Dosis einer Substanz als Heilmittel wirken soll, während man täglich ein Vielfaches davon über die Nahrung aufnimmt. Die weitverbreitete Behauptung, die Homöopathie sei ein „exaktes zuverlässiges Verfahren", dem eine „klare Logik" innewohne,[669] ist insofern schlicht Humbug; dieser wird nicht geringer, wenn behauptet wird, homöopathische Präparate wirkten nicht auf den Organismus, sondern auf die geistige „Lebenskraft" des Menschen: „Da die Lebenskraft nun nichts Materielles ist, sondern etwas Energetisches, Dynamisches, dürfen auch die Medikamente, die sie wieder zur Harmonie bringen sollen, nicht materiell sein."[670]

Gleichgültig ob materiell, immateriell oder sonst etwas: Es spricht nicht eben für ein „exaktes Verfahren", wenn ein und dieselbe Krankheit mit ganz verschiedenen Mitteln behandelt wird, und umgekehrt, ein und dasselbe Mittel bei ganz unterschiedlichen Krankheiten wirksam sein soll. Das vieleingesetzte Mittel „Nux Vomica" (Brechnuß) beispielsweise soll u.a. gegen Verdauungsbeschwerden, Hämorrhoiden, Kater, Migräne, verklebte Augenlider, Erkältungen, Darmverschluß, Prostatabeschwerden, Nierenkolik, Impotenz, Hexenschuß, Harnträufeln, Fetthaut und Akne helfen; darüberhinaus sei es angezeigt bei: „hypochondrischen, streitsüchtigen Männern, Managern, Nachtschwärmern" sowie „Erotikern mit Neigung sich zu erkälten".[671] Ans Kriminelle heranreichend sind die Ratschläge des szenebekannten Heilpraktikers und Homöopathen Ravi Roy, Kinder gegen Infektionskrankheiten, namentlich Diphtherie, mit homöopathischen Mitteln „impfen" zu lassen.[672] Der Peitinger *Michaels*-Verlag, Vertreiber zahlloser Bücher über Tesla-Energien, über Antigravitations- und Zeitreise-Experimente (u.a. auch über Jasmuheens ⇨ Lichtnahrungsprozeß), gibt in einer eigenen Edition sogenannte „Homöopathische Ratgeber" heraus, unter denen sich mithin eine Broschüre zu homöopathischer Vorsorge bei „Tropenreisen" findet; daneben finden sich Broschüren über homöopathische Behandlung von Neurodermitis, von Schäden durch radioaktive Verstrahlung oder von AIDS.[673] Vollends im Bereich des Kriminellen bewegen sich die Ratschläge der Homöopathin Anja Schmidt beispielsweise zur Selbstbehandlung von „Reisedurchfall und Amöbenruhr": Bei „chronischem Durchfall, Blut und Schleim im Stuhl" empfehle sich die Einnahme von „Mercurius" (Quecksilber), bei "Kollaps, Schwäche und kaltem Schweiß" die von „Veratrum album" (weiße Nieswurz), jeweils in der Potenz C30. Im übrigen, so Heilpraktikerin Schmidt, sei von Antibiotika Abstand zu halten, denn: diese „schädigen die Darmflora im Zweifelsfalle eher, als ihr zu nützen".[674]

Homöopathika, jedenfalls solche in höheren Potenzen (über D12), haben *keinerlei* nachweisbare Wirkung. Keine der von Homöopathen bislang vorgelegten Studien konnte überzeugen. Die französischen Autoren Hill und Dayon haben Anfang der 1990er vierzig kontrollierte klinische Untersuchungen ermittelt und analysiert. Nur drei davon waren methodisch einwandfrei, alle anderen wiesen erhebliche Mängel auf. Zwei der drei Studien kamen zu einem für die Homöopathie negativen Resultat, bei der dritten schrieben die Autoren selbst, ihre Ergebnisse könnten nur Anlaß sein für weitere „rigorose" Untersuchungen.[675] Auch die von der Homöopathen-Szene bis heute als Beleg angeführten Versuche des Pariser Biologen Jacques Beneviste, der bei einem bis auf D120 verdünnten, also völlig wirkstofflosen „Serum" einen spezifischen Effekt beobachtet haben wollte, wurden schon einen Monat nach ihrer Veröffentlichung widerlegt; zum Team, das die gravierenden Mängel in Benevistes Versuchsanordnung aufdeckte, gehörte der amerikanische Trickspezialist James Randi, der auch schon Löffelbieger Uri Geller enttarnt hatte.[676]

Für Homöopathika verwendete Schwermetalle wie Arsen, Quecksilber, Blei oder Kadmium können in niedrig potenzierten Präparaten zu chronischen Vergiftungen führen. Es gibt bis heute keinerlei ernstzunehmenden Hinweis darauf, daß diese Giftstoffe therapeutisch brauchbar sein könnten. Vielmehr wurden die früher in der Dermatologie gängigen Arsen- und Quecksilbermittel längst aus den Behandlungsprogrammen genommen, seit man von ihren stark toxischen (bei Arsen auch krebserzeugenden) Wirkungen weiß. Auch niedrigpotenzierte Pflanzenhomöopathika (bis etwa D8) können Vergiftungserscheinungen und/oder Allergien auslösen. Entgegen aller Behauptung sind homöopathische Präparate (bis D12) - unabhängig davon, daß eine spezifische Wirkung in der Regel nicht nachgewiesen werden kann - keineswegs nebenwirkungsfrei.[677]

Nach dem Arzneimittelgesetz von 1976 zählt die Homöopathie, neben der anthroposophischen Heilkunde und der Phytotherapie (Pflanzenheilkunde), zu den sogenannten „besonderen Therapierichtungen", deren Heilmittel nicht den strengen Prüfungsanforderungen unterliegen, die an reguläre Arzneimittel gestellt werden. Homöopathika müssen bis heute *keinerlei* Wirksamkeitsnachweis erbringen, lediglich bei Mitteln mit rezeptpflichtigen Inhaltsstoffen bis D3 sind Wirkung, Nebenwirkung und Unbedenklichkeit zu belegen.

Der Fachbereich Humanmedizin der Universität Marburg sprach sich 1993 in einer öffentlichen Erklärung gegen die Irrlehren der Homöopathie aus: „Homöopathie hat nichts mit Naturheilkunde zu tun. Oft wird behauptet, der Homöopathie liege ein 'anderes Denken' zugrunde. Dies mag so sein. Das geistige Fundament der Homöopathie besteht jedoch aus Irrtümern (Ähnlichkeitsregel, Arzneimittelbild, Potenzieren durch Verdünnen). Ihr Konzept ist es, diese Irrtümer als Wahrheit auszugeben. Ihr Wirkprinzip ist Täuschung des Patienten, verstärkt durch Selbsttäuschung des Behandlers."[678] Oder wie die Skeptiker Rainer Wolf und Jürgen Windeler es formulieren: „Homöopathie ist eine in sich geschlossene, irrationale, dogmatische, autoritäre Heilslehre, verbunden mit einem Personenkult, der keine Kritik zuläßt. Entsprechend hat die Homöopathie seit ihrer Erfindung praktisch keine Fortschritte gemacht."[679] Über die Gründe, weshalb sich führende Politiker wie etwa Ex-Bundesgesundheitsminister Horst Seehofer (CSU) oder Antje Vollmer (Die Grünen), von Ex-Bundespräsident Karl Carstens samt Ehefrau Dr.med. Veronika Carstens ganz zu schweigen, trotz solcher Befunde schützend vor die Homöopathie stellen, kann nur spekuliert werden.[680]

Die unbestreitbaren Erfolge der Homöopathie begründen sich in den ausgezeichneten Placeboeffekten, die mit ihr zu erzielen sind.[681] Vor allem in der ausführlichen Anamnese erfährt der Patient ein Maß an Zuwendung, das allein, unabhängig von der Methode, schon Heilkräfte freisetzen kann; die gläubige Erwartungshaltung an eine „ganzheitlich", „sanft" oder „natürlich" auftretende Heilkunde tut ein übriges. Die selbst unter Skeptikern weitverbreitete Auffassung, der Homöopathie könne insofern durchaus ein gewisser Wert zukommen,[682] darf allerdings nicht ohne Widerspruch bleiben: Solche Auffassung verstellt den Blick darauf, daß die massenhafte Begeisterung für obskurantistisch-magische Verfahren (wie Homöopathie, Bach-Blütentherapie etc.) auch und gerade eine Kritik an der wissenschaftlichen Heilkunde bedeutet, die den psychischen Bedürfnissen rat- und hilfesuchender Menschen ganz offenbar nicht oder nicht angemessen zu entsprechen in der Lage ist.

Ansonsten beruht der „Erfolg" der Homöopathie vielfach darauf, daß eine große Zahl krankhafter Störungen, beispielsweise Erkältungen, Verdauungsprobleme, Ermüdungs- und Erschöpfungszustände, Kopfschmerzen unbekannter Ursache oder Schlafstörungen durch Schonung, einfache Hausmittel oder ganz ohne jede Behandlung wieder verschwinden (ein erkälteter Mensch, wie es im Sprichwort heißt, erhole sich ohne Medikamente nach vierzehn Tagen, mit Medikamenten in zwei Wochen[683]). Patienten mit solchen Leiden suchen häufig „alternative" Heiler auf, die dann, ebenso wie sie selbst, natürliche oder spontane Heilungsverläufe (bzw. zyklische Besserungen) als Ergebnis der jeweiligen „Behandlung" interpretieren. Auch Realitätsverzerrungen spielen eine Rolle: Selbst wenn keine objektive Verbesserung nachweisbar ist, können Anhänger alternativer Heilverfahren sich selbst davon überzeugen, daß ihnen geholfen wurde. Der kanadische Hirnforscher Barry Beyerstein beschreibt dieses Phänomen der „Kognitiven Dissonanz" so: „Keine Besserung zu erhalten, nachdem man Zeit, Geld und Ruf in eine alternative Behandlung (und vielleicht in die dahinterstehende Weltanschauung) investiert hat, würde einen Zustand der inneren Disharmonie entstehen lassen. Weil es psychologisch zu beunruhigend wäre, sich selbst und den anderen einzugestehen, daß alles Verschwendung war, besteht ein großer psychologischer Druck, einen ausgleichenden Wert in der Behandlung zu finden."[684] Sollte im übrigen eine Behandlung *partout* nicht anschlagen, sei laut Homöopathie-Papst George Vithoulkas allemal der Patient selbst schuld: Es sei dann eben sein Karma, nicht geheilt zu werden.[685] Vithoulkas ist Träger des „Alternativen Nobelpreises" und kaum vermeidbarer Referent auf einschlägigen Kongressen und Veranstaltungen.

Zu den gesondert zu erwähnenden homöopathischen Ansätzen zählt die sogenannte „Lebens-Energie-Therapie/LET®", wie sie an der oberbayerischen *raum & zeit-Akademie* gelehrt wird. Unter LET ist das Konzept des Wiener Medizinaußenseiters Erich Körbler (gest. 1994) zu verstehen, das dieser selbst als „Neue Homöopathie" bezeichnet hatte und das auf feinstoffliche Wirkkräfte als „Prinzip aller Naturheilverfahren von Akupunktur bis Homöopathie und von Kinesiologie bis Zilgrei" abstellt. Als größte Leistung Körblers gilt die Entwicklung einer Einhand-Wünschelrute („Universalrute") für geomantische Untersuchungen, daneben die Entdeckung des sogenannten „Psychomeridians", eines Energiekanals, auf dem die „Informationen des gesamten Lebens eines Menschen gespeichert" seien. Insgesamt stellt sich sein Konzept der „Neuen Homöopathie" als wirres Konglomerat aus esoterischer, paramedizinischer und pseudoquantenphysikalischer Begrifflichkeit dar, von dem nicht zu Unrecht keinerlei wissenschaftliche Notiz genommen wurde. Eine „Ausbildung" zum „diplomierten Lebens-Energie-Berater/Neue Homöopathie nach Erich Körbler/LEB®/N.H." an besagter *raum & zeit-Akademie* (auch bekannt als *Ausbildungszentrum für Lebens-Energie und Psychophysikalische Medizin*) umfaßt sechs Wochenenden und kostet knapp 3.000 Mark; desgleichen ein halb so lange dauernder Aufbaukurs zum „diplomierten Lebens-Energie-Therapeuten/LET®/N.H.". Weitere „Ausbildungen" führen wahlweise zum Titel eines „diplomierten Sensitiven Lebens-Energie-Beraters/Englische Psychometrie und Atemenergetik/S/LEB", eines „diplomierten Lebens-Energie-Beraters/Geomantie/LEB/N.G." oder eines „diplomierten Lebens-Energie-Beraters/Tier/LEB/T" (Dauer: je 3x4 Tage/Kosten: 3.600 Mark). Rechtlicher Wert der „Abschlußdiplome", auch der für „Lebens-Energie-Meßtechniker/LMT" oder „Lebensmittel- und Materialverträglichkeitsprüfer/LMP": null.[686]

Verlautbarungsorgan der Körbler-Anhänger ist die Zeitschrift *raum & zeit*, die sich, herausgegeben im Eigenverlag von einem Hans-Joachim Ehlers, zur Aufgabe gemacht hat, „Informationen zu veröffentlichen, die besonders von Fachzeitschriften, aber auch von den Massenmedien verschwiegen werden". Dazu zählen neben teils hanebüchensten „Erkenntnissen" zu Elektrosmog, Gentechnik oder AIDS mithin auch Informationen über den sogenannten „PSYPHY-*biometer*", ein Gerät („das einzige auf dem Weltmarkt"), über das sich im Handumdrehen homöopathische Simile und zugleich deren bestwirksame Potenzierung ermitteln ließen: „Was dies für den Praktiker bedeutet", so *raum & zeit* mit Hinweis auf ein gesondertes Kursangebot, „muß nicht extra erwähnt werden".[687]

Als gänzlich unsinnig gelten muß vor allem auch die eingangs erwähnte und in der Szene hochgelobte „Psychologische Homöopathie" nach Philip Bailey, die auf der Grundlage der fünfunddreißig wichtigsten Homöopathika entsprechende Charakterbilder samt dazugehörigen Störungen entwirft, die, zirkelschlüssig, mit eben diesen Präparaten zu behandeln seien.[688] Der „Thujen-Charakter" beispielsweise (benannt nach dem Zypressengewächs, aus dem das entsprechende Heilmittel hergestellt wird) sei „in besonderem Maße verbunden mit Sumpf, Tod, Dunkelheit und Grauen und düsterer, bizarrer Sexualität und Häßlichem"; er liebe „schummriges Licht, beschäftigt sich gerne mit Gedanken an Schwarze Magie, Schwarze Messen, Voodoo und dergleichen mehr. Auf Jahrmärkten fährt er gerne mit der Geisterbahn" (nicht zuletzt seien Thujengewächse bevorzugt auf Friedhöfen zu finden). Oftmals führe er ein Doppelleben: Tagsüber gehe er einem ehrbaren Beruf nach, nachts hingegen fröne er dem Laster, bevorzugt dem Gummifetischismus. Es mache sich dieses „Gespalten-Sein" mithin dadurch bemerkbar, daß sein Harnstrahl sich beim Wasserlassen ständig in zwei Hälften teile. An „äußeren Stigmata" zeige er ein „vermehrtes Auftreten von Leberflecken, dunklen, blumenkohl-ähnlichen, gestielten, verhornten oder auch fleischfarbenen, wabbligen Warzen und schwammigen Auswüchsen. (...) Frauen leiden darüber hinaus vielfach unter Zysten oder

Verklebungen der Eierstöcke". Charakterbildtypisch seien zudem Zahnhalsgeschwulste, Hautkrebs sowie eine Abneigung gegen Kartoffeln. Der „gewiefte Homöopath" wisse sofort, was zu tun sei: Durch die Gabe von Thuja-Präparaten ließen sich die den psychischen Symptomen zugrundeliegenden Schuldgefühle und Bestrafungswünsche samt der damit einhergehenden körperlichen Probleme in kürzester Zeit und dauerhaft auflösen.[689]

Angepriesen als einer der „begnadetsten Homöopathen Deutschlands" *(Paracelsus-Report)* zieht der Murnauer Heilpraktiker Peter Raba (*1936) zunehmendes Augenmerk auf sich: Seine Seminare (organisiert mithin über die ⇨ *Paracelsus*-Heilpraktikerschulen) gelten als unverzichtbare Fortbildung für den „spirituell" angehauchten Homöopathen. In kurzer Folge hatte Raba ab 1998 drei umfängliche „Lehrbücher" vorgelegt (*Homöopathie: Das Kosmische Heilgesetz*, daneben *Eros und sexuelle Energie durch Homöopathie* sowie *Göttliche Homöopathie: Vom notwendigen Erwachen im 3. Jahrtausend)*, in denen sich, zu einem Gesamtpreis von 528 Mark, endlose Abhandlungen (und Gedichte!) wiederfinden „über die Natur ausgewählter homöopathischer Arzneien und ihre Beziehung zu archetypischen menschlichen Fehlhaltungen". In einschlägigen Szenepublikationen wird Raba als „Karajan der Homöopathie" gefeiert, seine Schriften werden zum „Millenniums-Werk" und „Geschenk eines Genies an die Menschheit des 3. Jahrtausends" hochgejubelt: „Klare Wissenschaftlichkeit und Physik auf der einen Seite, Lyrik, Mystik und Naturerkenntnis auf der anderen: Welch ein Kaleidoskop homöopathischer Heilkunst!"[690] Was es mit den aufgeblasenen Folianten (herausgegeben im Murnauer *Andromeda*-[Selbst-]Verlag) tatsächlich auf sich hat - der Band *Göttliche Homöopathie* ist zu einem Aufpreis von 152 Mark auch handsigniert und mit Goldprägung erhältlich -, zeigt sich bei näherer Hinsicht: Bevorzugt stellt Raba auf „Träume als psychohomöopathische Gleichnisse" ab (und bewegt sich damit im Rahmen der völlig überholten, unter Esoterikern aber weitverbreiteten „Traumanalyse" nach Freud oder Jung, die er zugleich ins Groteske trivialisiert und verzerrt). Eine „gelungene" Traumarbeit beschreibt er wie folgt: Einer 35jährigen Frau, die nach dem plötzlichen Tod ihres neugeborenen Sohnes unter regelmäßigen Migräneanfällen gelitten habe, habe er ein homöopathisches Präparat aus Grubenotterngift (Lachesis LM 12) verschrieben. Es hätten sich daraufhin bei der Frau „ungeheuere Hitzeschübe durch aufsteigende Lebensenergie" eingestellt, die „den Organismus umzuschmieden begannen"; insbesondere sei sie durch diese Hitze an einen „bis dahin sorgfältig gehüteten Wall" herangeführt worden: den der verdrängten Erinnerung an sexuelle Übergriffe durch ihren Vater (der verstarb, als sie 14 Jahre alt war). Sie habe im Zuge der Therapie von der Wickeltasche ihres verstorbenen Kindes geträumt, die „das Aussehen eines Bastkörbchens [hatte], wie man es aus Schilderungen über die Aussetzung des kleinen Moses im alten Ägypten zu kennen glaubt, einer Art 'Cocon mit Deckel'. (...) Darin lag nun aber merkwürdigerweise nicht ihr Sohn, sondern die Leiche ihres - jünger als gewohnt aussehenden - Vaters, der sie mit starren Augen betrachtete und ihr mit Blicken folgte. (...) Bedeckt war der Cocon mit einer Art durchsichtiger

Cellophanhaut - einer Art 'Klarsichthülle'." In der Traumarbeit sei ihr bewußt geworden, „daß sie von ihrem Vater aufgerufen war, nun endlich 'klar zu sehen'": Letztlich habe sie erkannt, daß ihr Vater identisch sei mit ihrem verstorbenen Sohn. Der Vater habe dies im Traum bestätigt: Es sei ihm von seinem Karma auferlegt worden, „den gleichen Geburtskanal" noch einmal zu benutzen, den er „ehemals bei seiner Tochter entweiht" habe. Nur habe er diesmal „von der gegenüberliegenden Seite durch sie hindurch kommen müssen, um eine andere Facette von Liebe kennenzulernen, als die, welche er fälschlicherweise bei seiner Tochter, die sie ehemals war, gesucht hätte". Wie „Traumanalytiker" Raba schreibt, habe er die Frau mit dieser (Suggestiv-)Erkenntnis entlassen können, „natürlich mit der Anweisung, ihre Lachesis-Tröpfchen weiterhin einzunehmen".[691]

Abschließend erwähnt sei die in der einschlägigen Presse hochgepriesene sogenannte „Linde-Studie" von 1997, die über eine Art Meta-Analyse von neunundachtzig placebo-kontrollierten klinischen Prüfungen homöopathischer Arzneimittel den letztgültigen Beleg für die Lehre Hahnemanns erbracht haben wollte.[692] Die „Studie" ist inzwischen längst widerlegt (ohne daß dies in der Jubelpresse entsprechend publiziert worden wäre): Keine der ohnehin nur in 34% der Fälle positiven Wirksamkeitsüberprüfungen konnte bislang anderweitig reproduziert werden. Wie die Kritiker Strubelt und Claussen betonen, „können die positiven Ergebnisse vermutlich, zumindest teilweise, auf den bekannten Publikationsbias und die meist vor der Auswertung und Bewertung der Ergebnisse vorgenommene Entblindung [des Doppelblindverfahrens, C.G.] zurückgeführt werden".[693]

5.8. Bioenergetik

Unter „Bioenergetik" werden gemeinhin all jene Ansätze verstanden, die den Körper in die psychotherapeutische Arbeit mit einbeziehen. Als Stammvater aller „körperbezogenen Psychotherapie" gilt der Freud-Schüler Wilhelm Reich, der mit der sogenannten Orgontherapie ein eigenes Behandlungskonzept entwickelte. Auch wenn dieses Konzept in seiner „originären" Form heute kaum mehr Verwendung findet (zumindest im deutschsprachigen Raum), gelten die Reichschen Ideen, beziehungsweise der Verweis darauf, als Grundlage einer Vielzahl mehr oder minder eigenständiger Verfahren der Psychoszene.

5.8.1. Orgontherapie

Der Wiener Arzt Wilhelm Reich (1897-1957) galt lange Jahre als Musterschüler Sigmund Freuds. Nach einer steilen Karriere innerhalb des psychoanalytischen Establishments wurde er allerdings seiner zunehmend unorthodoxen Vorstellungen wegen Anfang der 1930er aus diesem verbannt. Reich entwickelte ein eigenständiges Konzept, das wesentlich auf der Beobachtung basierte, daß alle erfolgreich behandelten Klienten im Zuge ihrer Therapie ein befriedigendes Sexualleben entwickelten, die erfolglosen hingegen nicht. Reich glaubte, als Ursache für den Erfolg therapeutischen Bemühens die Fähigkeit des Klienten zu „orgastischer Entladung" entdeckt zu haben, die sich in der Auflösung muskulärer Panzerungen und der Wiederherstellung des darin blockierten Flusses an Lebensenergie freisetze. Diese Energie, keineswegs (wie bei Freud) in metaphorischem Sinne, sondern als physikalische und objektiv meßbare Größe verstanden, bezeichnete Reich als „Orgonenergie“, sein Verfahren zu deren Freisetzung als „Orgon-“ oder „Vegetotherapie“. (Gleichwohl ihm „Orgasmotherapie“ sehr viel treffender schien, nahm er, als Konzession an die „Schamhaftigkeit der Welt in sexuellen Dingen“, von dieser Bezeichnung Abstand.[694])

Unter „Panzerung“ versteht Reich chronische muskuläre Verkrampfungen als körperliche Seite der Verdrängung frühkindlich psychosexueller Konflikte - Unterdrückung beziehungsweise Nicht-Befriedigung oraler, analer oder genitaler Bedürfnisse -, deren psychische Seite sich in charakterlichen Verhärtungen darstelle. Ausgehend von der Vorstellung prinzipieller Identität von Körper und Seele schlägt er vor, „den komplizierten Umweg über die psychischen Gebilde wenn nötig zu vermeiden und direkt von der körperlichen Haltung ins Gebiet der Triebaffekte durchzubrechen“.[695] Zur Behandlung liegt der nicht oder nur leicht bekleidete Klient mit angewinkelten Knien auf einer Matte; er wird angewiesen, bewußt durch den Mund zu atmen und seine Atmung zunehmend zu intensivieren. Durch dergestalt energetische „Aufladung“ des Organismus werde enormer innerer Druck auf die Panzerung ausgeübt, der durch äußere Einwirkung des Therapeuten weiter verschärft wird: Mit größtem Krafteinsatz drückt dieser Daumen, Fäuste oder Ellbogen solange auf die „verpanzerte“ Muskulatur, bis der Klient die Krampfspannung nicht länger aufrechterhalten kann und das darin festgehaltene verdrängte Gefühl sich in unwillkürlicher Entladung Bahn bricht: „*Angst* ist die Basis aller Verdrängung und steht hinter allen Verspannungen. (...) Eine Heilung erfolgt dadurch, daß man (den Klienten) zwingt, dieser Angst gegenüberzutreten und die verbotenen Gefühle zum Ausdruck zu bringen. Das wichtigste Gefühl, das hervorgerufen werden muß, ist *Wut*.“[696]

Vom Kopf abwärts wird der Körperpanzer - Reich unterscheidet sieben ringförmige Muskelgruppen um Augen, Mund, Hals, Brust, Zwerchfell, Bauch und Becken - systematisch bearbeitet. Der Klient wird ermuntert zu schreien, um sich zu schlagen, in die Matratze zu beißen oder sich auf beliebig sonstige Weise hemmungslos gehen zu lassen. Zur „Befreiung“ des Beckens „fordern [wir] den Klienten auf, zu treten, oder zu stampfen, um die anale Wut zu entladen, und mit dem Becken zu stoßen, um die phallische Wut herauszulassen. (...) Die unterschiedlichen Verkrampfungen müssen gelöst werden. Hierzu wird der Klient angeleitet, seine Schließmuskeln wiederholt zu entspannen und zu kontrahieren. Sobald dies gelingt, bewegt sich das Becken nach jedem Ausatmen spontan nach vorn, und man bezeichnet dies als *Orgasmusreflex*. Der Organismus ist nun in der Lage, sich vollständig hinzugeben“[697] und daher „außerstande, eine Neurose aufrechtzuerhalten, da Neurosen nur auf der Basis von Energie-(Libido-)Stauungen existieren“.[698] Die Therapiedauer zur völligen Wiederherstellung „orgasmischer Potenz“ liege zwischen zwei und vier Jahren.

Unterstützt wird die Therapie Reichs durch die sogenannten Orgonakkumulatoren, mit Eisenplatten abgedeckte, schrankähnliche Holzkästen - portablen Freiluftplumpsklos nicht unähnlich -, deren Innenwände mit mehreren Schichten abwechselnd organischen und anorganischen Materials ausgeschlagen sind. Reich hielt diese Kästen, die er nach seiner

Emigration in die USA (1937) entwickelte, für Batterien zur Sammlung und Speicherung kosmischer Energie. Er berichtete von phantastischen Heilerfolgen bei Patienten, die sich der gebündelten Orgonstrahlung ausgesetzt hatten, insbesondere im Kampf gegen Krebs wollte er phänomenale Durchbrüche erzielt haben. Reich stieß seiner Orgonexperimente wegen zunehmend auf Kritik, in der Wissenschaft galt er längst als Verrückter. Die amerikanischen Behörden ließen Anfang der 1950er seine Akkumulatoren zerstören und seine gesamten Unterlagen vernichten. Da er sich nicht an das Verbot der Benutzung seiner Orgonkästen hielt, wurde er 1956 zu einer zweijährigen Gefängnisstrafe verurteilt, im Zuge derer er 1957 starb. (Kritiker der Psychoszene sucht man gerne unter Hinweis auf diesen „Mord" an einem „genialen Visionär" mundtot zu machen.)

Ob Reich tatsächlich verrückt war (oder in späteren Jahren wurde), läßt sich nicht mehr beurteilen. Seine abstrusen Orgonakkumulatoren und seine zunehmende Verstrickung in Verschwörungstheorien - unter anderem glaubte er die Erde von bösartigen Außerirdischen bedroht, die die Atmosphäre mit tödlicher negativer Orgonenergie vergifteten (1954 wollte er gar eines der feindlichen UFOs höchstpersönlich vertrieben haben) - deuten allerdings sehr auf wahnhaftes Geschehen hin. (Die psychoanalytischen Schriften Reichs, die er vor seiner Emigration in die USA verfaßte, insbesondere seine Studie zur *Massenpsychologie des Faschismus* [1933], sind von seinen späteren Orgon-Verirrungen klar getrennt zu sehen; auch der Wert seiner in den späten 1920ern begründeten [sozialistischen] Sexualaufklärungsarbeit ist unbestritten.)

Für die behauptete Wirksamkeit der Vegeto- oder Orgontherapie (auch als SKAN-Arbeit bekannt) liegt bis heute kein ernsthafter Nachweis vor, hingegen wird von seriösen Praktikern seit je auf das Risiko schwerster körperlicher und/oder psychischer Störungen hingewiesen, das mit den tiefen Eingriffen in das organismische Geschehen einhergehe. Besonders gefährlich sind die Techniken in der Hand mangelhaft qualifizierter „Neo-Reichianer", die nicht befähigt sind, mit möglicherweise auftretenden Krisensituationen angemessen umzugehen.[699] Vielfach erscheinen derlei Neo-Reichianer auch als Opfer ihrer eigenen Praktiken, sprich: nicht mehr recht zurechnungsfähig: Als szenetypische Figur gilt insofern der Worpsweder Heilpraktiker Anton-Peter Neumann, der in seinem *Studio für Körperpsychotherapie und Transformation* orgonenergetische Arbeit nach Reich anbietet (verknüpft mit ⇨ Kristalltherapie [„Heilung durch Information"] und einer selbsterfundenen Art von ⇨ Meditation [„Neue Pforten in den Geist"]): „Wir lernen Lebensenergie direkt sinnlich wahrzunehmen und als Strömung im Körper zu fühlen. (...) Die erfahrbare Bewegung von Energiewellen im Körper führt in den Bereich von 'Bliss', d.h. absoluter, ekstatischer Glückseligkeit." In einem eigens für seine Klientel zusammengebastelten Orgonakkumulator würden gar „Engel-Energien" freigesetzt, die hinführten zum Erleben des „Eins-Seins mit Gott". Für seinen - laut Werbetext - „jenseits von Mystik und Esoterik" sich bewegenden Ansatz hat Neumann sogar einen eigenen Begriff geprägt: „Streaming - zurück zu den kosmischen Wurzeln". Seit 1998 bietet er bundesweit entsprechende Seminare und Workshops an.[700] Die Baupläne für seinen „Engel-Energie-Akkumulator" seien im übrigen von Wilhelm Reich persönlich aus dem Jenseits übermittelt worden: Dieser habe sich dazu des Worpsweder

Neumann-Kompagnons Jürgen Fischer bedient, dem er sie „auf medialem Wege" diktiert habe (⇨ *Channeling*). Fischer baut seither *en gros* entsprechende Energieakkumulatorenkästen (und weitere „spirituell-orgonomische" oder „orgon-plasmatische" Gerätschaften wie etwa den sogenannten „Orgon-Energie-Transformator"), die er auf Esoterikmessen (u.a. dem ⇨ Bremer Großkongreß „Visionen menschlicher Zukunft") und über das Internet vertreibt (Kosten eines „Möbel-Akkus": ab 3.990 Mark).[701] Zudem gibt er umfangreiches Schrifttum sowie CDs über seine medialen Gespräche und Interviews mit Reich heraus (z.B. „Willi on Earth Again" oder - besonders witzig -: „Neues vom Himmel-Reich").[702] Laut Fischer empfehle Reich, der „im Jenseits in einer wissenschaftlichen Arbeitsgruppe" zugange sei, auf die Orgon-Kästen größere Mengen von Halbedelsteinen aufzukleben: „Nehmen Sie Rosenquarze. Rosenquarze haben eine gewisse Schwingungs-Potenz (nicht -Frequenz!). Diese Schwingungsebene ist stimmungsgleich mit der Herzebene der höheren Engelwelt und bringt die Engel-Energie in den Akkumulator hinein. Das potenziert sich dabei auch noch." Im übrigen könnten mit Hilfe des „Engel-Energie-Akkumulators" simple Massageöle mit der „energetischen Information der fünf Erzengel" aufgeladen und damit zu allheilenden „Engel-Remedies" umgewandelt werden.[703]

Der „reinen Lehre" nach Wilhelm Reich (d.h. nach dessen diesseitigem Vermächtnis) haben sich die Berliner Orgontherapeuten Hebenstreit, Lassek & Runge verschrieben, die seit Ende der 1990er mit großem publizistischem Aufwand deren wissenschaftliche Rehabilitation zu betreiben suchen. Über ihr *Zentrum für Orgontherapie und lebensenergetische Medizin* (mit Dependancen in Hamburg und Zürich) bieten sie einschlägige Behandlungen an (einschließlich Nutzung des Orgonakkumulators, den sie u.a. bei Krebs für angezeigt halten).[704] Gleichermaßen werbeaufwendig, allerdings ungleich weniger orthodox, tritt das in Hannover ansässige *Institut für Energologie* in Erscheinung, an dem ein gewisser A. Kapur „Grundlagenforschung" betreibt hinsichtlich „jeder Form und Art von Energie, die mit dem Menschen und seiner Existenz in Zusammenhang steht". Über ein eigenes Kurs- und Workshop-Programm sucht Kapur seine „völlig neuen Ansätze (...) ganzheitlicher und erfolgreicher Diagnostik- und Therapiemethoden" unters Volk zu bringen. Bei Lichte besehen stellen diese, trotz allen Marken- und Begriffsschutzbrimboriums, unter dem sie daherkommen (©, ® und ™), nichts anderes dar als das szeneübliche Sammelsurium altbekannter Techniken (vor allem aus Bioenergetik [einschließlich Charakteranalyse], Atemtherapie und Yoga); dazu, sehr originell: „Selbstfindung über das Höhere Selbst".[705]

Neben den schrankförmigen Orgonakkumulatoren findet auch die sogenannte „Vitronschale" Verwendung, eine Art Rundwanne, die gleich diesen in der Lage sei, kosmische Energie (hier als „Vitron" bezeichnet) zu akkumulieren und an eine darinliegende Person abzugeben. Die Behauptung von Vitronschalen-Vertreiber Günter Skwara, mit seiner Wanne sei der „Durchbruch bei der Anwendung der Orgontechnologie" gelungen, nunmehr sei „der Sieg über den Krebs und viele andere Krankheiten möglich",[706] liegt auf derselben Ebene wir die Verlautbarungen der Engel-Energetiker Neumann und Fischer. Orgon oder eine vergleichbare Energie gibt es nicht; Schränke oder Wannen, in denen man solch nicht-existente Energie zu akkumulieren sucht, sind insofern doppelter Unsinn.[707]

Nicht unerwähnt bleiben darf ein portabler „Orgonakkumulator" in Gestalt einer kleinen Keramikpyramide (9x9x13cm), den die Münchner Firma *Fuchs Bio-Energie-Systeme* (neuerdings *Vit-Theragon®*) vertreibt: Im Wohnbereich aufgestellt säubere der (völlig hohle) „Pyragon-Biophotonen-Schwingungsverstärker" diesen von „Eiterbakterien, Fäulnisbakterien und T-Bazillen" (gemeint sind „Todesbazillen", C.G.), darüberhinaus von „Milbenkot" und sonstigen „degenerierten Orgonenergien" (insbesondere Elektrosmog). Mit der Pyragon-Pyramide ließen sich auch durch T-Bazillen verseuchte Nahrungsmittel bestrahlen und damit genießbar machen. Kosten: 239,80 Mark[708].

5.8.2. Biodynamik

Der Orgontherapie Reichs am nächsten verwandt ist der Biodynamische Ansatz (neuerdings auch Erogenetik genannt) der norwegischen Physiotherapeutin Gerda Boyesen (*1922), mit dem diese seit Mitte der 1970er auf ständiger Werbetour quer durch Europa unterwegs ist.

Wie Reich sieht auch Boyesen unverdaute frühkindliche Konflikte als Ursache für den Aufbau muskulärer Panzerung. Ein Kind beispielsweise, das für den Ausdruck von Wut bestraft und damit gezwungen werde, diese niederzuhalten, tue dies durch Muskelanspannung; könne diese Spannung nicht aufgelöst, sprich: das darin festgehaltene Gefühl nicht entladen werden, verdichte sie sich Schicht für Schicht zu einem muskulären (und damit charakterlichen) Panzer, der den freien Fluß der Lebensenergie hemme und damit den Menschen krank mache: „Je stärker der Panzer wird, umso schwerer fällt es einem, den Streß im Leben zu verdauen. Die Folge ist, daß man noch stärkerem Druck ausgesetzt ist und den Panzer noch weiter verstärkt."[709]

Boyesen kapriziert sich vor allem auf den von ihr entdeckten „Eingeweidepanzer", der die natürlichen Darmbewegungen (Peristaltik) beeinträchtige. Das Auflösen dieses Panzers und die Wiederherstellung der peristaltischen Funktion „reinigt den Körper buchstäblich von den Einflüssen der Überbleibsel eines emotionalen Geschehnisses; [... dadurch] befreit sich der lebendige Kern des Organismus von seinen Einengungen, und die unneurotische, primäre Persönlichkeit wird freigesetzt, wieder entdeckt und kann sich endlich behaupten und äußern".[710]

Die biodynamische Technik besteht im wesentlichen aus einer tiefgreifenden Massage (*Deep Draining*) des Bauchbereiches, mit dem Ziel, den Eingeweidepanzer zu „schmelzen" (*Visceral Manipulation*). Mittels eines auf den Bauch des Klienten aufgesetzten Stethoskops (Hörrohr) verfolgt der Therapeut fortlaufend dessen Darmgeräusche und leitet daraus die jeweils folgenden Eingriffe ab. Grundlegend hierfür seien „Einfühlungsvermögen und Intuition. Für seine Interventionen verwendet der Therapeut als zentrales Instrument die Wahrnehmung seiner eigenen Empfindungen und Gefühle. Sie sind Richtlinien, um zu begreifen, was der Klient als nächstes braucht."[711] Dieser wird ermuntert, zuzulassen, was immer nach Ausdruck dränge. Unwillkürliche Impulse, leichtes Zittern eines Körperteils etwa, werden über Berührung ins Gewahrsein gebracht, der Klient wird aufgefordert, die Regung weiter „wachsen zu lassen". Ein kaum merkliches Zucken der Mundwinkel kann dergestalt zu einer Gefühlsentladung wütenden Geschreis oder auch tiefen Schluchzens werden. Die freiwerdende „Energie" wird vom Therapeuten über Massage in das Gedärm des Klienten zurückgelenkt: „Eine Zunahme von Fürzen ist auch ein Zeichen dafür, daß sich innere Verfestigungen lösen."[712]

Biodynamik wird üblicherweise in Form einmaliger Wochenend-Workshops angeboten, daneben aber auch als mehrjähriger Langzeitprozeß. Boyesens Tochter Monalisa ist mit einem biodynamischen Selbsthilfeprogramm auf Reisen, das unter der Bezeichnung „Bio-Release" ein Set an Massage-, Entspannungs- und Streßbewältigungsübungen bereithält. Die „Ausbildung" zertifizierter Biodynamik-Therapeuten dauert drei Jahre, bedeutet inhaltlich aber nicht viel mehr als den Besuch einiger Boyesen-Workshops. Ernstzunehmende Zulassungsvoraussetzungen gibt es nicht, auch Qualitätskontrolle (Supervision) ist nicht in nennenswerter Form vorgesehen. (Ein Ausbildungsinstitut [*Europäische Schule für Biodynamische Psychologie*/E.S.B.P.E. e.V.] wurde erst 1993 geschaffen, vorher gab es keinerlei verbindliche bzw. überprüfbare Strukturen.) Zahllose „Körpertherapeuten" - mit oder ohne Boyesen-Ausbildung - arbeiten mit dem Hörrohr, ohne angeben zu können, was genau sie da eigentlich abhören; dem Stethoskop kommt in einschlägigen Kreisen nahezu Fetisch-Charakter zu. Für die behauptete Wirksamkeit der Biodynamik gibt es keinerlei ernstzunehmenden Beleg. Die theoretischen Versuche des Boyesen-Clans - neben den Töchtern Monalisa und Ebba ist auch Sohn Paul mit im Geschäft - fallen weit hinter Reich zurück.[713]

Der als „Psychoorganische Analyse" (POA) bekannte Ansatz Paul Boyesens reichert das Biodynamische Konzept der restlichen Boyesens mit etwas C.G. Jung und ein paar Standardbegriffen der Humanistischen Psychologie an; tragfähiger wird das Ganze dadurch nicht. Auch die Aufstockung mit gestalttherapeutischen, systemischen oder sonstig willkürlich herangezogenen Elementen, wie sie Anton und Irmtraud Eckert in ihrer „Psychodynamischen Körper- und Energiearbeit" (auch als „DYADE-Training" bekannt) vornehmen, läßt die Biodynamik nicht tauglicher werden. Der Begriff „Orgodynamik", wie er vor allem im Rajneesh-Kontext häufig zu finden ist, weist auf eine Verknüpfung neoreichianischer bzw. biodynamischer Techniken mit ⇨ Tantra hin, der Begriff „Hypnodynamische Körperpsychotherapie in Trance" auf eine Verbindung mit Hypnose.

Eine „Ausbildung" in einem der zahllosen „Körpertherapieverfahren" geht in der Regel mit enorm hohen Kosten einher. Meist stehen diese Kosten in umgekehrt proportionalem Verhältnis zur vermittelten Qualifikation (ganz abgesehen davon, daß die jeweiligen Trainings durchwegs nicht zur Ausübung entsprechender Therapie befugen). Eine Ausbildung beispielsweise in „Intuitiver Körper- und Energiearbeit" (12 Workshops), geleitet von der Heilpraktikerin und *Andere Realität*-Referentin Brigitte Quadflieg-Sieben, kostet 12.600 Mark (zuzüglich Unterkunft und Verpflegung). Das erteilte Abschlußzertifikat, um es zu wiederholen, befugt rechtlich zu *nichts*.

5.8.3. Biosynthese

Mit einem eigenen Ansatz suchte sich ab Mitte der 1970er auch der britische Neoreichianer David Boadella (*1931) einen Anteil im Psychogeschäft zu sichern. Er erweiterte die Boyesen-Entdeckung des „Eingeweidepanzers" um die Entdeckung des „Gehirnpanzers", der sich „in

Form von gestörten zerebrospinalen Rhythmen, als Störungen der bioelektrischen Ladungsprozesse im Gehirn (der transzephale Strom) oder aber als Störung des Flusses der Gehirnhormone" zeige (⇨ *Craniosakrale Therapie*) und verantwortlich sei mithin für Beeinträchtigungen des Sehvermögens (⇨ *Radix*) sowie zwanghaftes Denken oder Schizophrenie. Neben ausdrücklicher Bezugnahme auf die Grundlagentexte Wilhelm Reichs sowie der psychoanalytischen Vordenker Otto Rank und Melanie Klein stellt Boadella bezeichnenderweise auf den „klinischen Theologen" [sic!] Frank Lake ab, der in den 1950er Jahren über seine hochriskanten (und wissenschaftlich völlig unbrauchbaren) Regressionsexperimente mit LSD (später dann mit Hyperventilation [⇨ *Holotrope Therapie*]) bekannt geworden war; auch der amerikanische Transzendentalist Stanley Keleman samt seinen Querverbindungen zur ⇨ Initiatischen Therapie Karlfried Graf Dürckheims spielt eine tragende Rolle im theoretischen Konstrukt der Biosynthese, die, laut Boadella, in erster Linie auf dem „inneren Grund" des Menschen, sprich: in einer „transpersonalen Dimension" stattfinde. Insofern nimmt auch das biosynthetische Postulat der Existenz eines „transsomatischen Energiekörpers" (= Aura) um den physischen Körper herum nicht wunder: Krankheit zeige sich allemal in dessen „verminderter Leuchtkraft".[714]

Mittels aufgeblasener (psychoanalytischer) Terminologie gelang es „Dr. h.c." Boadella, sein Verfahren mit dem Anschein der Wissenschaftlichkeit zu umgeben und in England sowie den USA durchaus erfolgreich zu etablieren. (Der akademische Titel Boadellas stammt von der *Open International University of Complementary Medicine*, einer Briefkasteneinrichtung in Colombo/Sri Lanka.) Im deutschsprachigen Raum spielt Biosynthese nach wie vor nur eine nachrangige Rolle, zumal die vorgeburtlichen und transpersonalen Aspekte Boadellas sehr schnell von den Boyesens aufgegriffen und in den eigenen Ansatz eingebaut wurden. Durch offensive Teilnahme an sämtlichen Psychotherapiekongressen, bei denen man ihn auftreten läßt, versucht Boadella indes seit Mitte der 1990er, sich auch hierzulande Geltung zu verschaffen; in der Schweiz begründete er ein *Internationales Institut für Biosynthese*, an dem er inzwischen eigene „Diplom-Kurse" veranstaltet. Gegen eine Bewertung der Biosynthese als Verfahren, das die „Minimalkriterien für eine wissenschaftlich fundierte Therapieform nicht ansatzweise erfüllt", wie sie Autor Goldner in einem *Spiegel*-Beitrag Ende 1998 vorgenommen hatte, zog Boadella mit hochaggressiver (allerdings erfolgloser) Vehemenz zu Felde.[715] Schon zuvor war Goldner in der Biosynthese-Zeitschrift *Energie & Charakter* kompletter Ahnungslosigkeit geziehen worden.[716]

Mit der Psychosynthese, einem (in den USA weitverbreiteten) synkretistischen Ansatz des Freud-Renegaten Roberto Assagioli (1888-1974), hat Boadellas Biosynthese nur insofern zu tun, als beide Verfahren den Nachweis ihrer Brauchbarkeit bislang schuldig geblieben sind;[717] ansonsten hat die Begriffsähnlichkeit nichts zu sagen.

5.8.4. Bioenergetische Analyse

In Weiterentwicklung der Reichschen Orgontherapie stellte der Sportlehrer und spätere Arzt Alexander Lowen (*1910) - in den 1940er Jahren enger Mitarbeiter Wilhelm Reichs - 1956 das Konzept der Bioenergetischen Analyse (kurz: Bioenergetik) vor, deren Grundzüge er aus einem einzigen Fallbeispiel herleitete: seinem eigenen. In seinen theoretischen Überlegungen bezieht Lowen sich auf die Annahme Reichs einer funktionalen Einheit von Körper und Seele. Das psychische Trauma finde seinen Ausdruck immer in körperlicher Panzerung, deren Analyse (*body reading*) die darin fixierte Charakterstruktur und die dahinterstehende Lebensgeschichte offenbare.

Ähnlich wie Reich spricht auch Lowen von fünf Grundstrukturen, die sich als Reaktion auf frühe Traumata beziehungsweise die Frustration frühkindlicher Bedürfnisse formierten: Ein Mensch mit „schizoidem" Charakter habe bei oder kurz nach der Geburt die Erfahrung des Nicht-Angenommenseins gemacht mit der Folge, daß sein Körperbewußtsein abgespalten wurde; er lebe vorwiegend „im Kopf", sein meist magerer, unproportionierter Körper scheine nur mit Mühe zusammengehalten. Aufgabe der Therapie sei die Konfrontation mit dem frühen Schrecken und der Freisetzung der „eingefrorenen" Wut. Der „orale" Charakter hingegen resultiere aus der frühkindlichen Erfahrung des Verlassenwordenseins, die zum Gefühl ständiger Bedrohung der eigenen Existenz und damit einhergehend zu mangelhaftem körperlichem Halt geführt habe; es gelte, Aggression und Wut vor allem gegen die Mutter zum Ausdruck zu bringen. Auch beim „masochistischen" Charakter gehe es um aufgestaute Wut gegen die Mutter, die dem kleinen Kind viel zu früh untragbare Last aufgebürdet habe; gedrückte Schultern, enorme Spannung im Rücken und im Beckenbereich seien die körperlichen Merkmale, Selbstlosigkeit und Unterwürfigkeit in Beziehungen die charakterlichen. Ein Mensch mit „psychopathischem" Charakter sei in früher Kindheit extremen Gefühlen der Scham oder Machtlosigkeit ausgesetzt worden; sein Körper wirke wie „aufgeblasen", er müsse jedermann in jeder Situation überlegen sein. Aufgabe der Therapie sei es, den Klienten seine Verwundbarkeit erfahren zu lassen. Dem „zwanghaften" Charakter sei durch Zurückweisung seiner Bedürfnisse nach Nähe früh „das Herz gebrochen" worden; er habe einen „stählernen" Brustkorb entwickelt, könne sich in Beziehungen, insbesondere auch in seiner Sexualität, nicht hingeben; auch bei ihm gelte es in erster Linie, Zorn auf die Mutter freizusetzen.[718] Dergestalte „Charakteranalyse" - obgleich natürlich weitaus differenzierter formuliert, so doch in der Substanz nicht recht viel aussagekräftiger - diene dem Klienten als Information über den (unbewußten) Hintergrund seiner aktuellen Probleme und insofern als Zielvorgabe der therapeutischen Arbeit.

Lowen entwickelte über hundert Körperübungen zur Freisetzung „eingefrorener" Gefühle, deren zentrale das sogenannte „Grounding" (Erdung) darstellt: Der Körper wird in Form eines Bogens nach hinten gelehnt, wobei die Füße schulterbreit auseinanderstehen; die Schultern befinden sich über den Füßen, das Becken wird so nach vorne geschoben, daß zwischen Füßen, Becken und Schultern eine Kurve entsteht. Die Arme werden nach hinten genommen und die Fäuste auf den oberen Gesäßrand aufgestützt. Durch tiefes Atmen wird der Körper mit „Energie" aufgeladen.[719] Nach kurzer Zeit des Stehens in dieser Streßposition beginnen erst die Beine, dann die Bauchdecke, letztlich der ganze Körper unkontrollierbar zu vibrieren und zu flattern. Der Therapeut fordert den Klienten auf, den Atem weiter zu vertiefen und mit beliebigen Geräuschen und in beliebiger Lautstärke seine aufkommenden Gefühle auszudrücken (was in Bioenergetikgruppen mit nicht selten bis zu fünfzig Teilnehmern ein Hölleninferno an Gekeuche, Geschrei und Gebrülle auslöst). Jeder Bioenergetiker verfügt über ein eigenes Repertoire an Streßübungen: Weitverbreitet ist die Verwendung der „Atemtonne", eines etwa 60 cm hohen gepolsterten Schemels, über den der Klient sich in einem Bogen zurücklehnt; daneben jedwede Art des Einprügelns auf Kissen und Polster, mit bloßen Fäusten, Bambusstöcken, Tennis- oder Baseballschlägern, des Stoßens und Tretens gegen eine Matratze, des „Würgens" von Handtüchern und dergleichen. Immer ist die Abreaktion verbunden mit entsprechend verbalem Ausdruck: „Ich bring dich um ... du verdammte Drecksau ... warum hast du mir das angetan ... hör endlich auf." Nach intuitivem „Gespür" greift der Therapeut in das Geschehen ein: Flacher oder stockender Atem etwa wird durch teils extremen Druck auf den Brustkasten „intensiviert", wodurch sich weiteres Abreagieren festgehaltener Gefühle induziere. Nicht selten kniet der Therapeut mit seinem gesamten Körpergewicht auf der Brust des Klienten und läßt erst los, wenn dieser buchstäblich kurz vor dem Ersticken ist. Daneben kommen auch Techniken zum Einsatz (vor allem bei „psychopathischer" Charakterstruktur), die den Klienten an seine „Verletzlichkeit" heranführen sollen: Er wird etwa angewiesen, sich rücklings und mit angezogenen Beinen auf die Matte zu legen und wie ein Kleinkind die Arme nach der Mutter auszustrecken; dazu soll er saugende Mundbewegungen machen und wimmernd um Hilfe rufen.[720] Der Therapeut legt sich - nach Intuition - dazu, um dem Klienten „in seiner tiefen Regression das Gefühl des Gehalten- und Getragen-Seins zu vermitteln, das er vielleicht zeitlebens vermißt hat, weil er es nicht vermittelt bekam oder nicht annehmen konnte".[721] Die Resultate solcher Übung sind in der Regel ähnlich dramatisch wie die des aggressiven Ausagierens.

Die bioenergetische Analyse, ursprünglich als Einzelbehandlung konzipiert, sieht eine therapeutische Weiterbearbeitung der freigesetzten Gefühle, Erinnerungen und Phantasien ausdrücklich vor. Unabhängig davon, daß nur die wenigsten Bioenergetiker (bzw. Praktiker, die sich als solche ausgeben) die hierzu erforderliche psychoanalytische oder gestalttherapeutische Qualifikation aufweisen könnten, verhindert allein schon das heute übliche Setting solch notwendige Integrationsarbeit. In der Regel findet bioenergetische Therapie in Gruppen statt, die sich entweder über einen vereinbarten Zeitraum hinweg regelmäßig treffen (meist über ein halbes Jahr mit wöchentlich einer Sitzung), oder aber in einmaligen Workshops, deren Dauer von einem Wochenende bis hin zu 10-tägigen „Marathons" reicht. Die Möglichkeit zur Arbeit mit dem Einzelnen sind hier sehr beschränkt. Auch in den bioenergetischen „Übungsgruppen", wie sie etwa über Volkshochschulen oder Gesundheitsparks angeboten werden, werden ausschließlich Grounding-, Atem- oder Streßübungen durchgeführt, auf therapeutische Vor- oder Nacharbeit wird weitgehend verzichtet. Bioenergetische Übungen - teils aus Lowens Kompendium entnommen,[722] teils von den jeweiligen Praktikern frei erfunden - bereichern heute nahezu jeden Selbsterfahrungs-Workshop. Die in jedem Falle dramatischen Schrei- und Schluchzaktionen gelten vielfach als therapeutisches Gütesiegel der jeweiligen Inszenierung. Bioenergetik wird gelegentlich, vor allem im Rajneesh-Kontext, auch unter Begriffen wie „Pulsation" oder „Emotional Release" angeboten. Eine zweieinhalbwöchige Ausbildung in „Osho-Pulsation" kostet 3.180 Mark.

Eine Sonderform bioenergetischer Arbeit stellt das sogenannte „Somatic Experiencing" dar, das, vorgestellt von dem amerikanischen Körpertherapeuten Peter Levine, die Folgen traumatischer Widerfahrnisse in wenigen Therapiestunden zu beheben verspricht: Den nach der akuten Bedrohung im Körper verbliebenen Überresten hochgespannter Bioenergie, so Levine, müsse eine Möglichkeit der Abfuhr gegeben werden. Mittels eigens entwickelter *Discharge*-Übungen - in Nachahmung wilder Tiere, die sich nach Beendigung einer Gefahr „abschütteln" und damit „entladen" - werde die überschüssige Hypererregung, in der die Traumasymptome festgehalten würden, abgebaut.[723] Seit einiger Zeit wird die Traumatherapie Levines auch im deutschsprachigen Raum angeboten. (Ein insgesamt 36-tägiger Ausbildungskurs, veranstaltet über das oberbayerische Esoterikzentrum ⇨ ZIST, kostet 11.340 Mark.)

Einen therapeutischen Effizienznachweis bioenergetischer Analyse oder Übung (einschließlich Levines „Somatic Experiencing" oder auch des „Radionics"-Konzepts eines gewissen Mark Gallert, der sich auf die „feinstoffliche" Wirkebene seines Tuns kapriziert) gibt es bis heute nicht. Die Behauptung Wolf Büntigs, Vorreiter der Bioenergetik im deutschsprachigen Raum, das Verfahren sei besonders angezeigt bei „Krankheitsbildern, bei denen Kontaktschwierigkeiten, (...) Depersonalisation und Bewußtseinsabspaltungen bis hin zur Psychose einerseits oder aber psychosomatische Störungen andererseits im Vordergrund stehen", ist wissenschaftlich durch nichts belegt; ganz zu schweigen von den Behauptungen über bioenergetische Erfolge in der Krebstherapie.[724]

Die theoretischen Grundlagen der bioenergetischen Analyse, insbesondere die Einteilung in fünf Charakterstrukturen, sind äußerst fragwürdig und mit dem Erkenntnisstand der modernen Psychologie und Psychotherapieforschung nicht vereinbar. Im übrigen unterschätzen (oder ignorieren) viele Bioenergetiker die enorme Suggestivkraft ihrer „Charakteranalysen", durch die sie die Inhalte der kathartischen Entladungen ihrer Klienten wesentlich vorprogrammieren: Erfährt der Klient beispielsweise, er sei masochistisch fixiert und müsse daher aufgestaute Wut gegen die Mutter freisetzen, wird sich ebendies mit dem Baseballschläger in Szene setzen. Bestehende Probleme werden hierdurch eher überdeckt als aufgearbeitet. Schon in den 1970ern warnte Hilarion Petzold: „Die Leute weinen, schreien, zittern, aber ändern in ihrem Leben nichts. Sie öffnen sich nur oberflächlich, erwerben Muster theatralischen und hysterischen Agierens und bekommen in immer neuen Workshops kurzzeitige unverbindliche Zuwendung, die ihnen ermöglicht, ihre neurotische Karriere zu verlängern."[725]

Bioenergetische Übungen können noch Wochen und Monate später zu tiefen Krisen führen. Vielfach fühlen sich die Teilnehmer von Workshops anschließend desorientiert, klagen über wochenlange „Durchhänger". Workshops ohne Möglichkeit kontinuierlicher Weiterarbeit unter kompetenter klinischer Betreuung müssen als völlig verantwortungslos gelten. Nicht unerwähnt bleiben darf die massive Gefahr von Zerrungen, Überdehnungen, Gefäß- und Nervenverletzungen, die bioenergetische Körperarbeit in sich trägt. Menschen, die sich derartiger Behandlung unterziehen wollen, sollten unter keinen Umständen irgendwelche „Interventionen" an ihrem Hals, am Kehlkopf oder an der Halswirbelsäule zulassen.

Grundsätzlich ist von körperorientierter Behandlung und/oder Übung abzuraten, wenn diese nicht eingebunden in ein solides klinisches Gesamtkonzept vonstatten geht; ordentliche Qualifikation des Therapeuten - eine Ausbildung als Heilpraktiker oder dergleichen kann nicht ansatzweise als solche gelten - ohnehin vorausgesetzt.[726] Als völlig unverantwortlich müssen Videokurse gelten, auf denen „Bioenergetikübungen zum Selbermachen“ vorgestellt werden.

Ein unter dem Namen „Psychoenergetik“ szenebekanntes Therapieverfahren hat mit Bioenergetik nichts zu tun, auch wenn es gelegentlich damit ineinsgesetzt wird: Bei der Psychoenergetik handelt es sich um ein selbstzusammengebasteltes Methodenkompilat des schweizerischen Theologen und Jungianers Peter Schellenbaum, der mit Weisheiten aufwartet wie: „Wir [können] das die Selbstheilung Fördernde potentiell aus allem integrieren, was die Psychotherapie, z.B. jene, die sich auf der Objektbeziehungstheorie gründet, oder die Körperpsychotherapie oder die systemische Therapie, in den letzten Jahrzehnten entwickelt hat. Ziel des psychoenergetischen Arbeitens ist weder die kathartische Entladung noch Ausgleich zu früheren Frustrationen durch Nachversorgung, sondern jetzt angezeigte Lernschritte und Neuentwicklung bisher gehemmter Lebensbewegungen entsprechend der Energiespur des Klienten. (...) Statt in seinen Interventionen einem bestimmten Entwicklungsmodell der menschlichen Psyche zu folgen, verneigt er [der Therapeut, C.G.] sich vor dem Geheimnis seines Klienten und folgt so integer als möglich der Spur seiner Energiesignale.“[727] Was das alles heißen soll, bleibt, wie so oft, unerschließlich. Verschiedentlich wird auch „Psychoenergetische Therapie“ angeboten, die mit Schellenbaum nichts zu tun hat, sondern, ähnlich wie die sogenannte „Harmopathie“, eine (bioenergetische) Eigenerfindung des jeweiligen Praktikers darstellt.

5.8.5. Core-Energetik

Im deutschsprachigen Raum gewinnt der Ansatz von John Pierrakos (*1921), eines Reich-Schülers und langjährigen Mitarbeiters Lowens, zunehmend an Bedeutung. In Pierrakos' „Core-Energetik“ wird die Bioenergetische Analyse ins Esoterische und Transpersonale hin ausgeweitet. Die von Reich postulierte Orgonenergie, die im pragmatischen Herangehen Lowens eher als Metapher gilt, wird bei Pierrakos zur zentralen Größe. Aufbauend auf den Okkult-Experimenten Walter Kilners (⇨ *Aura Healing*) entwickelte er eigene Filterscheiben, mit deren Hilfe der Fluß des Orgon sichtbar gemacht werden soll.

Aus der (vermeintlichen) Beobachtung der kosmischen Orgonströme, die über sieben Energietrichter (Chakren) in das aurische Energiefeld des Körpers einflössen, leitet Pierrakos diagnostische Schlüsse auf charakterliche Strukturen her, die sich in Blockaden bestimmter Chakren abzeichneten. Die Auflösung dieser Strukturen mittels spezifischer bioenergetischer Übungen lege den innersten Kern (amerik. = core / akronym: *C*entre *O*f *R*ight *E*nergy[728]) des Menschen frei, sein „spirituelles Selbst“, das nun in fließenden Energieaustausch mit anderen Menschen und dem Kosmos treten könne. Die Idee zu Core-Energetik bezog Pierrakos aus Eingebungen, die seiner Ehefrau Eva Broch-Pierrakos von einer „spirituellen Kraft“ zuteil geworden sein sollen[729] (⇨ *Channeling*). Neuerdings kapriziert er sich in seinen Workshops vornehmlich auf die „Dynamic Forces of Eros, Love & Sexuality".[730] Als Statthalter Pierrakos' im deutschsprachigen Raum firmiert der Esoterikbuchhändler und Verleger Siegmar Gerken, dessen Programm in erster Linie aus Auren-, Chakren- und Geistheilliteratur besteht. Als „Lehrtherapeut" für Core Energetics führt Gerken auch eigene Workshops durch. Daneben zählt der Münchner Körpertherapeut und Hellinger-Anhänger Lorenz Wiest zur Führungsmannschaft der Core-Energetiker.

Der obskuren Energietrichter-(Chakren-)Arbeit Pierrakos' sehr ähnlich findet sich seit einiger Zeit ein sogenanntes „Essence Training" auf dem Markt, entwickelt und vorgestellt als „Wissenschaft vom Erwachen" von den (Ex-)Rajneesh-Anhängern „Ritama" Davidson und „Kabir" Jaffe. Letzterer gibt Weistum zum besten wie:: „Indem wir mit den Geheimnissen der Existenz unser Aufblühen unterstützen, werden wir zu unserem eigenen Schöpfer. Wir arbeiten direkt an der Entfaltung der 'Essenz'. (...) Die Arbeit wird zum großen Spiel mit dem Leben, sobald wir die Kunst erlernt haben, der Großartigkeit unserer Seele Ausdruck zu verleihen."[731] Jaffe/Davidson bieten ihr Essence-Training u.a. über den ⇨ *Frankfurter Ring* an; den Absolventen offerieren sie die Möglichkeit, an der von ihnen begründeten *International University of Consciousness and Inner Sciences* (IUCIS) auf Hawaii (rechtlich völlig wertlose) Doktorgrade zu erwerben.

5.8.6. Radix / Bates-Training

Das von dem amerikanischen Neo-Reichianer Charles „Chuck" Kelly (*1922) Anfang der 1970er vorgestellte „Radix-Training" spielt in Europa eine weitaus geringere Rolle als in den USA. Es unterscheidet sich weder theoretisch noch in seiner Praxis wesentlich von der Arbeit Lowens und Pierrakos'. Bekannt wurde Kellys bioenergetischer Ansatz im deutschsprachigen Raum in erster Linie durch seine Verbindung mit dem Bates-Augentraining. Eigener Augenprobleme wegen hatte Kelly sich besonders auf die Untersuchung energetischer Blockaden im Kopfbereich kapriziert, die, so seine These, ursächlich seien für die Beeinträchtigung der Sehfähigkeit. Frühe Überforderung führe dazu, daß das Kind, um diese nicht mehr wahrnehmen zu müssen, seine Augen mittels chronischer Muskelspannung „verschließe": Es entwickle einen „Okularblock", der sich in Kurz- oder Weitsichtigkeit beziehungsweise in Schielen zeige. Zur Berarbeitung dieses Blocks bezog Kelly die von dem New Yorker Augenarzt William H. Bates (1860-1931) in den 1920er Jahren entwickelten „Sehschule" in seine Arbeit mit ein.

Das Bates-Training, wie es sich im Rahmen von Radix-Arbeit, zunehmend aber auch als eigenständiges Angebot, auf dem Psychomarkt findet, beruht auf der unzutreffenden Vorstellung, Sehfehler seien durch krankhafte Spannungszustände der äußeren Augenmuskeln verursacht. Tatsächlich beruhen diese auf einer zu langen oder zu kurzen Form des Augapfels oder auf fehlerhafter Anpassung der Linse an den Nah- beziehungsweise Fernbereich.[732] Bates-Augentraining, seit jeher als unsinnig ausgewiesen und längst in der Versenkung geglaubt, erfuhr mithin durch die Arbeiten Kellys eine ungeahnte Renaissance. Bestehend im wesentlichen aus körperlicher Entspannung und einer Reihe rhythmischer Blickübungen wird mit dem (unhaltbaren) Versprechen, „ohne Brille sehen zu lernen", selbst an Volkshochschulen um Kundschaft geworben.[733] Sogar der gleichermaßen unsinnige wie hochgefährliche Ratschlag Bates', zur Behebung von Sehproblemen regelmäßig in die Sonne zu schauen, wird erneut aufgegriffen: Ein 27jähriger Mann hatte die Anweisung eines alternativmedizinischen Ratgebers[734] befolgt und den Blick in die Sonne täglich gesteigert, bis er an einem Tag zweimal etwa fünf Sekunden nach oben schaute. Bei der Einlieferung in die Uniklinik Homburg hatte er durch eine Netzhautschädigung fast das gesamte zentrale Sehvermögen eingebüßt.[735] Die unqualifizierten „Augentrainings" nach Bates oder Kelly haben nichts zu tun mit sinnvollen Übungen (etwa zur Schielbehandlung), wie sie an Augenkliniken unterrichtet werden. Gänzlich unbrauchbar sind auch die Praktiken des in Alternativheilerkreisen (z.B. im ⇨ *Frankfurter Ring*) vielgelobten amerikanischen (Para-)Ophtalmologen Jacob Liberman, der behauptet, der Grund für Sehschwäche liege „nicht in den Augen, sondern im Unterbewußtsein";[736] zur Behandlung wird der Klient mit verschiedenem Farblicht bestrahlt, bei der sogenannten Robert Kaplan-Methode („Heilung der Augen - Heilung der Seele") wird er zudem zu einer Art ⇨ Rebirthing-Atmen angehalten, denn: „Sehschwächen und Augenkrankheiten sind zumeist Ausdruck tieferliegender Imbalancen".[737] Mit seriöser Sehtherapie nichts zu tun hat auch das „Sehkrafttraing" des amerikanischen Energieheilers ⇨ Martin Brofman, das im wesentlichen aus ein paar Visualisierungs- und positivdenkerischen Affirmationstechniken besteht (⇨ *Aura Healing*).

Seit geraumer Zeit werden auf Esoterikmessen und über den einschlägigen Versandhandel sogenannte „Rasterbrillen" angeboten, die Sehfehler zu korrigieren und die Sehkraft entscheidend zu bessern versprechen: „Ohne Brille bis ins hohe Alter". Auch zur Entspannung der Augen nach Bildschirmarbeit, TV-Konsum oder Belastung durch Kunstlicht wird die Rasterbrille empfohlen. Ernsthafte Belege für die Wirksamkeit dieser „Brillen", in deren undurchsichtigen Plastik-„Gläsern" ein Rasternetz kleiner Löcher angebracht ist, gibt es nicht; die angeblich durchgeführten ⇨ kinesiologischen Tests besagen überhaupt nichts. Die Behauptung, man könne (ungeachtet der Art einer Sehstörung) „sofort scharf sehen ohne Brille mit eingeschliffenen Gläsern", ist grober Unfug. Das Anpreisen der Rasterbrillen auch als „Sonnenbrillen" - die perforierten Plastikgläser bieten *keinerlei* Schutz gegen UV-Strahlung - muß als nachgerade kriminell gewertet werden. Eine Rasterbrille ist ab 59 Mark erhältlich.[738]

Zu erwähnen ist an dieser Stelle auch die sogenannte „Irlen-Brille", deren Gläser mit angeblich hundertfünfzig Farbtönen beschichtet sind. Erfunden von der Amerikanerin Helen Irlen wird diese Brille als Wundermittel zur schnellen und billigen Behandlung u.a. von Legasthenikern angepriesen. Einen ernstzunehmenden Beleg für die Wirksamkeit der Farbtonbrillen - Kosten: rund 700 Mark - gibt es nicht.

5.8.7. Hakomi / Life Energy Process

Unter der Bezeichnung Hakomi stellt sich ein relativ neuer Ansatz körperorientierter Psychotherapie vor, der, entwickelt von dem Amerikaner Ron Kurtz (*1934), seit Mitte der 1980er zunehmende Verbreitung findet. Hakomi - der Begriff soll der Sprache der Hopi-Indianer entlehnt sein und zugleich „Wer bist du?" wie auch „Der, der du bist!" bedeuten -

setzt sich aus beliebig herausgegriffenen Theorie- und Verfahrenselementen reichianischer Prägung in willkürlicher Verbindung mit gleichfalls beliebig herausgegriffenen Gedankenelementen buddhistischer und taoistischer Prägung zusammen.[739] Die Praxis des Hakomi, die sich prinzipiell derselben Technik bedient wie die anderen Verfahren der Bioenergetik, unterscheidet sich von diesen lediglich durch etwas behutsameres Vorgehen. Ein Nachweis über die Wirksamkeit fehlt auch hier (desgleichen bei „Souling", einer [nicht-autorisierten] Art von „Partner-Hakomi").

Als ausdrücklich „spirituell orientierte Körperpsychotherapie" versteht sich auch der Ansatz des amerikanischen Psychologen Stèphano Sabetti, mit dem dieser Ende der 1970er auf der Bildfläche erschien. Unter der Bezeichnung „Life Energy Process®" (L.E.P.) verknüpfte Sabetti „westliche" Bewegungs- und Übungsfomen (Bioenergetik, Tanz etc.) mit Bestandteilen „östlicher" Leibesertüchtigung (Yoga, Karate) und versah das Ganze mit einem (ähnlich aus irgendwelchen Bruchstücken zusammengesetzten) philosophischen Überbau. Mit großem Werbeaufwand suchte er sich gegen die seinerzeit boomenden Rajneesh-Therapiezentren zu behaupten, was ihm allerdings nicht gelang. Obgleich er eine eigene Gesprächsmethodik entwickelte (Process Inquiry®) und unermüdlich irgendwelche Varianten seines L.E.P.-Ansatzes erfand (z.B. L.E.P. im Pool = Acquasus®, L.E.P. + Stimmarbeit = Vocia®, L.E.P. + „Virtuelles Lernen" = Energypedagogy®, L.E.P. + Tanz = Dansergia®, L.E.P. + Shiatsu = Shinkido®, L.E.P. + Yoga = Sphurana®, L.E.P. + Managementberatung = Organetics®) und diese in ein ausgeklügeltes Trainingsprogramm einband, blieb ihm der große Durchbruch versagt: Nach wie vor tingelt er mit einem Grüppchen Getreuer, vorneweg Antonia Lüdke, Oswald Horn und Widmantas Skutta, durch provinzielle Therapie- und Seminarhäuser. Ein Zwei-Tage-Kurs mit Sabetti kostet zwischen 430 und 500 Mark.[740]

Nicht zu verwechseln ist Sabettis Ansatz (der gelegentlich auch als Life Energy Therapy®/L.E.T. firmiert) mit der „Lebens-Energie-Therapie/LET®", wie sie zum Programm der oberbayerischen ⇨ *raum & zeit-Akademie* gehört.

5.9. Bioresonanztherapie

Vorgestellt Ende der 1970er von dem (scientologynahen) Arzt Franz Morell und dem Elektriker Erich Rasche fand die Bioresonanztherapie vor allem in der Heilpraktikerszene in kürzester Zeit weite Verbreitung. Heute gilt das auch als Mora-, Multicom-, Multiresonanz- oder Kippschwingungstherapie bekannte Verfahren als nahezu unabdingbarer Bestandteil „alternativer" Heilbehandlung.

Vom Körper abgestrahle „krankmachende Schwingung", so Morell und Rasche, werde über das von ihnen entwickelte Bioresonanzgerät in „heilsame Schwingung" umgepolt und dem Körper zurückgeführt. Der Patient, der zu diesem Zweck zwei mit dem Gerät verbundene „Elektroden" in den Händen hält, hat, ebenso wie der Behandler, weiter nichts zu tun: Das Gerät finde selbständig „genau jene Schwingungen heraus, die (...) den Heilungsprozeß in Gang setzen".[741] Eine Serie von sechs bis zehn Sitzungen à 15 bis 20 Minuten sei erforderlich, jede nur denkbare Erkrankung oder Funktionsstörung zu beheben oder auch vorbeugend zu behandeln; insbesondere psychische und psychosomatische Störungen seien dergestalt leicht in den Griff zu bekommen. Beziehungsprobleme ließen sich mit sogenannten Bioresonanztropfen behandeln: Wasser wird mit den „Schwingungen" des einen Partners präpariert und im Konfliktfalle dem anderen tropfenweise unters Essen gemischt. Auch die Belastung durch Erdstrahlen könne durch Bioresonanzbehandlung behoben werden.[742] Weiterentwickelte Geräte (Multicom), so die Behauptung ihrer Hersteller, nutzten die „Schwingungen" homöopathischer Heilmittel - die geschlossenen Fläschchen werden hierzu in einen mit dem Gerät verkabelten Behälter gestellt -, die über die „Handelektroden" in den Körper (bzw. die Aura) eingeleitet würden. Auch die „Schwingungen" von Edelsteinen, Metallen und Farbkarten könnten dergestalt zugeführt werden. Daneben operieren die Geräte (angeblich) mit „Softlaser" und „Reizstrom" und seien in der Lage, „Breitband-Magnetfeld-Schwingungen" zu erzeugen.

Zur Erklärung der Wirkungsweise ihrer Geräte nehmen deren Vertreter gerne Anleihen bei astrologischen und ayurvedischen Vorstellungen, auch die (längst widerlegte) Photonentheorie Fritz-Albert Popps wird bemüht (⇨ *Farbtherapie*). Mit aufgeblähter Terminologie wird der Anschein von Wissenschaftlichkeit erweckt, die Rede ist von „sechsdimensionalen Hyperwellen", von „Supraleitung" oder „Elektronen-Plasma-Strom". Im übrigen sei die Funktionsweise der Geräte Firmengeheimnis. Die *Stiftung Warentest* rät von Bioresonanztherapie - unter welchem Namen auch immer sie betrieben wird - entschieden ab: Sie müsse als Spekulation und Irreführung des Kunden gelten.[743] Ungeachtet dessen sind einschlägige Gerätschaften in zahllosen Heilpraxen zu finden. (Im März 2000 erhielt die Bioresonanztherapie wieder einmal eine breite Werbebühne: In der - wie üblich: von keinerlei Kritik angeflogenen - ARD-Talkshow *Fliege* durften Patienten und Gerätevertreter von ihren „phantastischen Heilerfolgen" berichten.)

Auch das in der Szene hochgelobte „Reba"-Verfahren, benannt nach seinem Erfinder *Re*imar *Ba*nis, ist nichts anderes als mit physikalischer Begrifflichkeit verbrämter Esoterikunfug. Das „Reba-Testgerät" erzeuge ein „Polyfrequenzspektrum, das elektronische Felder in bestimmter Höhe" aussende und insofern mit dem „energetischen Feld des Patienten in Resonanz" trete. Auf diese Weise könne dessen aurisches Schwingungsspektrum gemessen werden, was Rückschlüsse auf psychoenergetische Energieflußblockaden erlaube. Zugleich könnten über das Reba-Gerät die den Blockaden entsprechenden „Emotionalmittel" gefunden werden - Banis hält hierzu ein Set von achtundzwanzig heilenergetisch aufgeladenen Wasser-/Alkoholpräparaten (ähnlich ⇨ Bach-Blüten-Tropfen) bereit -, deren Wirksamkeit über erneute Reba-Testung des Patienten kontrolliert werde.[744]

> Neben dem Betrieb wundertätiger Apparaturen wird großes Geschäft auch mit deren Verkauf gemacht. Auf Esoterikmessen und über den einschlägigen Versandhandel werden die unterschiedlichsten Geräte für die therapeutische Praxis (aber auch für den Hausgebrauch) angeboten.
>
> Zu den weitestverbreiteten Wunderheilgeräten zählt der sogenannte „Medea-7-Orgonstrahler". Es handelt sich dabei um ein spitz zulaufendes knapp 25cm langes Aluminiumrohr (vergleichbar einem etwas überdimensionierten Kugelschreiber), das, auf

eine Tischhalterung montiert, über ein Kabel mit einem Behälter für „Bioaktiv-Ampullen" verbunden ist; diese Ampullen sind mit kochsalzhaltigem Leitungswasser gefüllt, das nach Angaben des Erfinders der Apparatur mit „universeller Lebensenergie" aufgeladen sei. Diese Energie werde über das Kabel und den Metallstift auf den kranken Körperteil geleitet, zur generellen Vorbeugung müsse die Spitze des Stifts auf den Solarplexus zeigen. Auch Fernheilung könne durchgeführt werden, hierbei sei der „Strahler" auf ein Photo der zu heilenden Person zu richten. Zur Wirkungsoptimierung könnten in die abschraubbare Spitze des (ansonsten völlig leeren) „Strahlers" auch kleine Bergkristalle oder dergleichen gesteckt werden. Erfinder Arno Herbert (*1940), der von seinem 568 Mark teueren Gerät (der Materialwert dürfte bei weit weniger als fünfzig Mark liegen) bislang über 20.000 Stück abgesetzt haben will, bewirbt dieses regelmäßig mit doppelseitigen Großanzeigen in der Szenezeitschrift *Die Andere Realität.* Getarnt als redaktionelle Beiträge werden da endlos irgendwelche Erfolgsberichte vorgestellt über wundersame Heilung von Neurodermitis, Herpes, Knochenmarkskrebs oder Gehirntumoren, von psychischen und psychosomatischen Störungen jedweder Art. Als Anzeigengroßkunde durfte Herbert mithin auf dem von der Zeitschrift 1998 organisierten „Weltkongreß der Indianer und Schamanen" in Neuss - in szenetypisch hybrider Manier auch als „Alternativer Umweltgipfel für Ökologie und Spiritualität" angekündigt - sogar als Referent auftreten.[745] Über die Wirkungsweise des „Orgonstrahlers" erteilt Herbert keine weitere Auskunft, einem Journalisten allerdings offenbarte er, den Begriff „Orgon" habe er nur dessen Bekanntheitsgrades wegen gewählt, eine Verbindung zu Wilhelm Reich bestehe nicht: „Dessen Orgon war doch blauer Dunst. Meines ist Licht."[746] In Werbetexten wird freilich gerade auf Reich und seine ⇨ Orgonakkumulatoren bezug genommen: Analog zu diesen sei der „Medea-7" in der Lage, freifließende Lebensenergie aus dem Kosmos aufzusaugen und konzentriert abzustrahlen. Der Physiker Horst Löb von der Universität Gießen hierzu: „Physikalisch-technisch besehen ist der Orgon-Strahler nichts als eine billige Attrappe."[747] Aufgrund eines wissenschaftlichen Gutachtens, das Löb zusammen mit der Rechtsmedizinerin Irmgard Oepen vorgelegt hatte - es war darin die völlige Wirkungslosigkeit des Gerätes ausgewiesen worden -, verfügte die Staatsanwaltschaft Ansbach strenge Auflagen hinsichtlich zukünftiger Werbegestaltung: Seit 1998 muß Herberts Versandfirma *Bio-Aktiv* ausdrücklich darauf hinweisen, daß die „Medea-7-Produkte ohne wissenschaftlichen Wirkungsnachweis" sind und „laut Schulmedizin nur Placebowirkungen" haben können; desweiteren wurde sie mit einer Geldbuße belegt.[748] Wie Oepen und Löb anmerken, brauche man indes „auf Einsicht von seiten des Herstellers der Medea-7-Produkte sicher nicht zu hoffen. Denn er ergänzt die gerichtlich angeordneten Texte mit der trotzigen Erklärung: 'Wir sind anderer Meinung - Welcher Meinung sind Sie?'"[749] (In der Tat scheint derlei Aufklärung wenig zu fruchten: ein kritischer Beitrag in *sternTV* im Dezember 1998 brachte der Redaktion einen der größten Nachläufe erboster Zuseher seit Bestehen der Sendung; auch ein Hinweis von Autor Goldner in einer vier Monate später ausgestrahlten *sternTV*-Sendung auf die komplette Unwirksamkeit des Orgonstrahlers zeitigte zahllose, teils bitterböse Zuschriften. Kurze Zeit später veröffentlichte *Esotera* eine redaktionelle Notiz, derzufolge es „ungarischen Wissenschaftlern“ gelungen sei, mit Hilfe eines Orgon-Strahlers die Vermehrung von Tumorzellen zu verlangsamen; zugleich wurde Orgon-Kritikerin Oepen schmählich diffamiert.[750])

Neben dem Orgon-Strahler hält Herberts Versandhandel den sogenannten „Orgon-Schwingungspotenzierer“ im Angebot, erforderlich zur Aufladung der Wasser-Ampullen für den Orgonstrahler. Kostenpunkt: 986 Mark. Ein „Biofeld-Analyse- und Balancierungsgerät“ (zu unbekanntem Nutzen) kostet gar 8.510 Mark. Nahezu geschenkt erscheint da das „Bioamulett“ zu 29,80 Mark, das zum Schutz gegen Erdstrahlen, Wasseradern und elektrische Felder angeboten wird; das „Bioamulett“ besteht aus einem kleinen Stück Plastik mit aufgedruckten Aluminiumstreifen. Neben dem Verkauf der Bio-Aktiv-Geräte werden auch Geschäfte mit der erforderlichen Unterweisung in deren Gebrauch gemacht: Heilpraktikerin Gudrun Rodewald etwa bietet eigene Seminare zur Anwendung des Orgonstrahlers an; darüber hinaus orgonenergetisches Facelifting mit Hilfe des sogenannten „Pulsa-Care“-Geräts, über das der Gesichtshaut „bioelektrische Micro-Ampère-Heilströme“ zugeführt würden, die, laut Werbung, eine „allmähliche Verjüngung des Gewebes bewirken“.[751] Zum Zwecke der Verjüngung werden überdies orgonenergetisch aufgeladene „Merlin-Cremes“ angeboten.

Mit 420 Mark etwa preiswerter als der „Medea-7-Strahler“ ist das (diesem weitgehend identische) Konkurrenzprodukt „Onergon N“ der niedersächsischen Firma *Esotech*. Über die Fähigkeiten des „Medea-7“ hinaus eigne sich der „Onergon N“ auch als Bioresonanzgerät; zudem sei er in der Lage, Brillen, Zahnprothesen und künstliche Gliedmaßen „energieradionisch“ aufzuladen und so problemfrei tragbar zu machen.[752] Preislich unschlagbar ist der portable „Orgon-Strahler PT1“, den die Münchner Firma *Fuchs Bio-Energie-Systeme* (neuerdings *Vit-Theragon*®) auf den Markt gebracht hat. Das „nur“ 79 Mark teuere Gerät besteht aus einer knapp 6 cm langen Metallhülse, die ständig Orgonenergie aufnehme und, in der Hand- oder Hosentasche getragen, diese an den Körper weitergebe. Der „PT1“ stabilisiere nicht nur das Immunsystem, er sei überdies wirksam gegen Schweißgeruch[753] (⇨ *Orgontherapie*).

Die Firma *Bio-Electronics* wirbt für einen sogenannten „Paracon Bio-Aktivator“, ein Gerät in der Größe eines Fünfmarkstückes, das mittels eines eingebauten Mini-Akkus ein elektromagnetisches Feld zu erzeugen und, als Anhänger um den Hals getragen, jedwede psychische und psychosomatische Störung zu beheben in der Lage sein soll. Kosten des Bio-Aktivators: 298 Mark.[754] 180 Mark kostet das sogenannte „Kosmoton“, laut Werbung einer Firma *Mindpower-Versand* ein „kosmobiologisches Schutzgerät für Mensch, Tier und Pflanze“. Es handelt sich dabei um ein mit esoterischer Symbolik versehenes Blechmedaillon von etwa 6 cm Durchmesser mit eingebauter Mini-Batterie. In diesem Gerät sei aufgrund „naturwissenschaftlicher Forschung“ ein „dreistrahliges Mikrokosmossystem mit dem siebenfachen Mikrosonnensystem kombiniert", wodurch es „universal kosmisch tonisierend" wirke.[755] Noch preisgünstiger ist mit 138 Mark der „Magnetan-Wellengenerator" der Firma *SEB GmbH*, ein batteriebetriebenes Gerät in Zigarettenschachtelgröße, das angeblich elektromagnetische Schwingungen zwischen 1 Hertz und 19 Hertz erzeugt und, auf den Kopf gelegt, diese „auf die Gehirnwellenaktivität transferiert". Je nach transferierter Schwingung diene das Gerät zu „Mental-Astral-Projektion, Psyche-Soma-Integration, Regulierung von Organfrequenzen bei psychosomatischen Erkrankungen oder Superlearning".[756]

Interessant sind auch die Elektronikgeräte der niederbayerischen Firma *BioTec-Produkte*, die ansonsten Wünschelruten und dergleichen im Angebot führt. Der sogenannte „Dr. Metz-Explorer" beispielsweise, ein batteriebetriebenes Gerät in der Größe einer plattgedrückten Zigarettenschachtel, führe über den „Einsatz von pulsierenden Magnetfeldern" zu einer „Regulierung des gestörten magnetischen Potentials" im Sexualbereich: Unauffällig in der Hosentasche oder im Slip getragen steigere das Gerät „den Wunsch nach mehr Zärtlichkeit und sorgt für mehr aktive Liebesfreude". Inklusive Bedienungsanleitung kostet der Sex-„Explorer" 99 Mark.[757] Ein anderes *BioTec*-Gerät ist der „Quo Vadis Quicktester", der auf „Signale aus dem Unterbewußtsein" des Benutzers reagiere und insofern schnell, eindeutig und zuverlässig anzeige, wofür dieser sich entscheiden solle. Kosten: 199 Mark.[758] Die Beispiele derlei bestenfalls als Esoterikspielzeug brauchbarer Gerätschaften könnten endlos fortgeführt werden.

5.9.1. Tachyonen

Seit Mitte der 1990er werden in den Verlautbarungsorganen der Szene mit großem Aufwand sogenannte Tachyonen-Produkte beworben, angeblich mit „subatomaren Energieteilchen" aufgeladene Heilmittel, die über den einschlägigen Versandhandel bezogen werden können. Kaum ein Szene-Insider, der nicht irgendwo am Körper einen „tachyonisierten" Gegenstand trüge.

Der Begriff „Tachyonen" (von griech.: tachys = schnell, iénai = gehen) wurde Mitte der 1960er von einem (Para-)Physiker namens Gerald Feinberg geprägt, der damit elektrisch geladene Teilchen bezeichnete, die sich, seiner Theorie zufolge, mit Überlichtgeschwindigkeit - also außerhalb physikalischer Faßbarkeit - bewegten. Aufbauend auf Feinbergs Vorstellungen entwickelte der Amerikaner David Wagner einen „Konverter", mit dem er die Energie der (tatsächlich gar nicht existierenden) Tachyonen für die „körperliche und geistige Heilung und Entwicklung des Menschen" nutzbar zu machen suchte. Er behauptete, eine Möglichkeit gefunden zu haben, beliebige Materie „im subelektronischen Level" so zu „restrukturieren", daß sie als „Antenne für Tachyon-Energie" fungieren und dergestalt „unsere Wiedereingliederung in die kosmische Ordnung" bewirken könne: „Da Tachyonen als partikulare Energieformen strukturiert sind, existieren sie auch auf unserer eigenen Ebene, und somit kann sich unser Körper-Geist-Komplex über ein Tachyon-Feld Zugang zur Nullpunkt-Energie verschaffen. Damit erhielten wir die Möglichkeit eines *Attunements* (einer Angleichung) zwischen unserem eigenen energetischen Kontinuum und der kosmischen Lebenskraft."[759] In endlosen Abhandlungen, durchzogen von einem Wust para- und pseudophysikalischer Begrifflichkeit, wird der Eindruck erweckt, Tachyonenenergie sei nichts weniger als das „Tor zur Medizin der Zukunft“[760]: „Die Tachyonen interagieren direkt mit den Subtilen Organisierenden Energiefeldern (SOEFs). Diese verwandeln Tachyonenenergie in all die verschiedenen Frequenzen des Universums. Alle Formen im Universum werden aus Frequenzen zusammengesetzt, die von den SOEFs zusammengehalten werden. SOEFs werden direkt von den Tachyonen energetisiert. Sie sind die Form der formlosen Nullpunktenergie, die überall im Universum vorhanden ist. (...) Die SOEFs (verwandeln) die Tachyonen in die exakte Frequenz, die benötigt wird für die optimale Gesundheit.“[761] Bei Lichte besehen machen derlei Ausführungen nicht den geringsten Sinn.

Wie genau der „Tachyonisierungsprozeß“ vonstatten gehen soll, wird in der einschlägigen Literatur nicht erklärt. Rein technisch, so zumindest wird es dargestellt, werde die jeweilige Materie bzw. das jeweilige Objekt drei Wochen lang einem „elektrischen Vakuum“ ausgesetzt, wodurch (auf näher nicht nachvollziehbare Weise) die „Moleküle so ausgerichtet [werden], daß sie in höchster Harmonie im Einklang mit der Natur stehen“.[762] Was das im Einzelnen heißen soll, bleibt völlig unerschließlich, was allerdings keine weitere Rolle spielt: Tatsächlich passiert nämlich *überhaupt nichts*. Tachyonisierte und nicht-tachyonisierte Materie unterscheiden sich physikalisch *in nichts* voneinander. Das Ganze ist als reiner Humbug zu werten. (In gewisser Hinsicht freilich zählt der Tachyonisierungsprozeß Wagners in der Tat, wie dieser in aller Bescheidenheit verlautbart, „zu den bedeutendsten Erfindungen des Jahrhunderts“: Er führt vor, wie aus buchstäblich *nichts* Geld zu machen ist.)

Neben tachyonisiertem Wasser (zum Einnehmen) oder Aromaöl (zum Einreiben) werden insbesondere kleine Pyramiden oder Kegel aus buntem Glas vertrieben, die, „submolekular zu Antennen für Tachyon-Energie umstrukturiert“, in der Lage seien, deren „extrem hohe Schwingung“ aufzunehmen; aufgelegt auf den Körper würden sie ihre hochkonzentrierte Energie an diesen abgeben und dergestalt jedwede Blockaden auflösen. So werde etwa die „Rate der fehlerhaft ablaufenden Stoffwechselprozesse“ verringert, wodurch die „DNS ihre Erbinformation besser in den Stoffwechsel übertragen [kann], was das Risiko, an diversen Krankheiten wie Rheuma u.a. zu erkranken, senkt“.[763] Laut Tachyonen-Fachmann Sascha Witschonke zeige die Erfahrung, daß sich selbst „unheilbare, degenerative Krankheiten, wie Osteoporose, Multiple Sklerose, Aids und Krebs mit dieser Energie heilen lassen“; die Zufuhr von Tachyonen-Energie habe überdies eine „emotionale und mentale Bewußtwerdung“ zur Folge.[764]

Ein Set aus sieben farbigen Tachyon-Glasscheibchen zum Auflegen auf die Chakren kostet im einschlägigen Versandhandel 535 Mark. Mit 1.298 Mark etwas teurer ist der sogenannte „Tachyon-Cocoon“ (bestehend aus zwei tachyonisierten Gewebegurten, die längs um den Oberkörper geschnallt werden, vier tachyonisierten runden Glasscheiben [Ø 10 cm] zum Auflegen auf Hände und Füße sowie einem mit tachyonisierten Glasperlen gefüllten Säckchen zum Auflegen auf die Augen), der, laut Werbung den „gesamten Körper mit einem intensiven Tachyon-Feld in 3-D-Wirkung umhüllt“.[765] Besonders hervorzuheben ist das sogenannte „Silica-Gel“, ein Präparat aus tachyonisierter Kieselerde: „Durch die Einlagerung des tachyonisierten Siliziums (in die Knochen) erhöht sich allmählich die Fähigkeit des

Körpers, selbst Tachyon-Energie aufzunehmen. (...) Man wird durch die Einnahme dieses Produkts selbst zur 'Tachyon-Zelle'" und damit zum direkten Empfänger kosmischer Heilenergie.[766] Besonders zu empfehlen sei das Gel für Babies und Kleinkinder. Ein 15 ml-Fläschchen kostet 74 Mark.

Zu den Hauptvertreibern von Tachyon-Produkten - neben den genannten Erzeugnissen gibt es tachyonisierte Schlafdecken, Seidentücher, Schals, Stirn- und Armbänder etc. - zählt der Filderstädter *Via Terra*- (bzw. Galaxy No.1-)Versand, eigene Handbücher gibt es über den Aitranger *Windpferd*-Verlag (der ansonsten jede Menge Engel-, Reiki- und Wunderheilbüchern im Angebot führt). Der im niedersächsischen Waldfeucht ansässige *Hans-Nietsch*-Verlag hat sich völlig auf Tachyon-Produkte spezialisiert: Neben entsprechender Literatur bietet er ein umfängliches Tachyon-Warensortiment, von Schuheinlagen (zur Öffnung des Energiedurchflusses [und gegen Schweißfüße]) über Gürtel (zur Harmonisierung des Emotionalkörpers) hin zu Ohrsteckern (zur Synchronisation der Gehirnhälften). Interessant ist ein nur bei *Nietsch* erhältliches Tachyon-Gleitgel („Passion Dew"), das, aufgetragen auf das männliche Glied, das „Feuer auflodern und das Spiele der ekstatischen Energien zu neuen Höhen ansteigen" lasse; ideal auch für „tantrische Rituale" (30 ml zu 64 Mark). Selbstredend ist auch ⇨ „Professor" Kurt Tepperwein mit im Geschäft: Er verkauft tachyonisierte Polo-Shirts sowie tachyonisiertes Tafelwasser.

In sogenannten „Quality of One™"-Kursen kann man sich zum „Tachyon-Practitioner", wahlweise auch zum „Tachyon-Heiler", ausbilden lassen; ein Wochenendkurs einschließlich Zertifikat beläuft sich auf 425 Mark. Als Kursabsolvent erhält man die Befugnis, einen sogenannten „TLC-Bar" zu erwerben, einen angeblich „künstlich gewachsenen Quarzkristall", der mithin als magisches Schutzschild fungiere. Auf Bestellung ist auch ein von Tachyonen-Guru Christian Opitz höchstpersönlich geschliffener Wunderkristall erhältlich, über den es möglich sei, „alle Chakren vertikal" zu stellen (was immer das heißen mag).[767] Als Trainer treten in erster Linie der Ex-Joseph-Murphy-Seminarleiter Heinrich Johannes (*Hans-Nietsch-Organisation*) sowie ein gewisser Herbert „Parameshwara" Hoffmann (*Advanced Tachyon Technologies*) in Erscheinung; daneben natürlich David Wagner selbst (u.a im schwäbischen Esoterikhotel ⇨ Sonnenstrahl).

Wie die *Gesellschaft zur wissenschaftlichen Untersuchung von Parawissenschaften* (GWUP) anmerkt, werde der Begriff „Tachyonen", ungeachtet des Umstandes, daß es bis heute keinerlei Hinweis auf die Existenz derart überlichtschneller Teilchen gebe, „in der esoterischen Ideen- und Anbieterwelt als nebulöses Wort für eine geheimnisvolle Energieform mißbraucht, die sich der Interessent mit Hilfe verschiedener Produkte zunutze machen soll. Es handelt sich hierbei jedoch um reine, mit pseudowissenschaftlichen Worthülsen gestützte Scharlatanerie."[768] Angesichts der extrem hohen Preise für die gänzlich nutzlosen Tachyon-Produkte kann mit Recht das Einschreiten der Staatsanwaltschaft gefordert werden (⇨ *Gerichte contra Scharlatanerie*).

Auch der physikalische Begriff der „Quantenmechanischen Nullpunktenergie des Vakuums" (= „Freie Energie") wird von Esoterikern gerne vereinnahmt, mit der (physikalisch unsinnigen) Behauptung, diese könne aus dem Kosmos bezogen und als unversiegbare Energiequelle für die Menschheit nutzbar gemacht werden[769] (⇨ *Orgonenergie*). Als reiner Betrug müssen insofern die auf jeder Esoterikmesse angebotenen sogenannten „Tesla-Energie-Platten" gelten (benannt nach dem Erfinder Nicola Tesla): violettfarbene rechteckige Aluminiumplättchen verschiedener Größe, deren „atomare Struktur" so verändert sei, daß sie „in Resonanz mit der Urenergie des Universums" stehe; anwendbar seien die Plättchen „zum Auflegen auf schmerzende Stellen, zum Energetisieren von Lebensmitteln und Wasser (...), zum Ausgleichen elektromagnetischer Störfelder (oder) als Schutzamulett".[770] Tatsächlich bewirken die „Tesla-Platten" *überhaupt nichts*. Dasselbe gilt für die sogenannten „Hakakehl-Energie-Platten", deren (angeblicher) Germaniumanteil als „Biophotonenspender" eine „nachhaltige Stabilisierung der bioenergetischen Qualität bei Menschen, Tieren und Natur" hervorrufe. Eine Hakakehl- oder Lichtkraft-Platte in der Größe von 11,7x19cm, mit der man nicht nur Wasser und Nahrungsmittel sondern auch Medikamente energetisch aufladen könne, kostet, vertrieben über einen *Aquavita-Versand für Ökotechnologie und Gesundheitsprodukte*, 120 Mark.[771] Der Materialwert dürfte bei weit unter fünf Mark liegen.

Die These gezielter „Unterdrückung" und „Verhinderung" der Tachyon-Energie und anderer Formen „Freier Energie" gilt als integraler Bestandteil rechtsextremer Weltverschwörungstheorien[772] (⇨ *Ganzheitliche Verblödung*).

5.9.2. Pyramidenenergie

Weitverbreitet in esoterischen Kreisen ist die Nutzung von Pyramidenenergie. In Analogie zu den Pyramiden in Ägypten wird allen vierseitig-konischen Körpern magische Kraft zugeschrieben. Wie vor allem ⇨ Radiästheten behaupten, blieben Lebensmittel, die in einem pyramidenförmigen Behälter aufbewahrt würden, länger frisch oder Rasierklingen würden sich selbst schärfen; auch Heilungsprozesse sollen sich unter einer Pyramide beschleunigen.[773] Viele „Feinstoff-Praktiker" halten eine Pyramide zur energetischen Reinigung und Aufladung von Edelsteinen, Tarotkarten oder dergleichen für unverzichtbar, ein sogenanntes *Weltenhüter-Institut* in Scharnhorst bietet insofern eigene „Ra-Trainings" zum Erlernen des Umgangs mit Pyramidenenergie an.

Der einschlägige Accessoirehandel führt eine Vielzahl an Pyramidenkonstruktionen unterschiedlichster Ausfertigung im Angebot. Ein *Keppeler-Versand* in Augsburg etwa offeriert „stark wirksame Spezialpyramiden" für „esoterische Anwendungen, Meditation, Verstärkung parapsychischer Kräfte, Aufladung von Nahrungs- und Genußmitteln, Pendeln und Edelsteinen; (sowie) Verbesserung der Vitalität". Es handelt sich hierbei um etwa 20 cm hohe pyramidenförmige Gestelle aus Kupferdraht, wahlweise auch versilbert oder vergoldet erhältlich, unter welche die energetisch aufzuladenden Nahrungsmittel oder Gerätschaften gelegt werden. Zur Steigerung übersinnlicher Kräfte, wichtig etwa bei Runenbefragung oder Tarotkartenlesen, kann das Pyramidengestell auch aufgesetzt werden. Mittels gesondert zu beziehender Ansteckstäbe kann die Pyramide auf bis zu 1,75 Meter Höhe verlängert werden, so daß man sich zu „therapeutischer Aufladung" daruntersetzen kann. Die „Original Keppeler-Pyramiden" seien „speziell für den mitteleuropäischen Raum entwickelt und bis zu 10mal stärker als der übliche Cheops-Typ".[774]

Stabilere „Energiepyramiden" aus zusammengesetzten Leitungsrohren (wie sie im Baumarkt erhältlich sind) führt das hessische *Kyborg Institut für Spirituelle Kunst und Magie* im Sortiment (Kosten der bis zu neun Meter hohen Messing- bzw. Plastikkonstruktionen: zwischen 650 und 3.500 Mark). Bei Lichte besehen besteht das *Kyborg-Institut* (= *K*undalini-*Y*oga *B*ased *Or*ganisation) nur aus einer Person: einem gewissen „Brahm Atma Singh", alias: Harald Alke, der, laut Selbstauskunft, die Bauanleitung für seine Pyramidengestelle direkt von dem altägyptischen Gott Horus übermittelt bekommen habe. Horus habe ihm auch sonstiges Weistum überantwortet, mit dem Auftrage, es der Welt zu künden: Neben dem Verkauf seiner Pyramiden bietet Alke insofern verschiedenste Schriften feil, dazu allerlei therapeutische Dienstleitungen und Kurse (u.a. eine 2x3 Tage dauernde „Ausbildung" zum „Diplom-Psychoenergetiker"). Seit ihm 1997 die Werbung mit der angeblichen Wundertätigkeit seiner Energiepyramiden gerichtlich untersagt wurde - kein gesundheitliches oder sonstiges Problem, das er nicht zu beheben versprochen hatte -, hält er sich in seinen Annoncen etwas zurück und preist diese nur noch als „magische Kunstobjekte" an. In seinen Workshops (desgleichen in seinen Internet-Verlautbarungen) ist von solcher Zurückhaltung freilich nichts zu spüren.[775]

Pyramiden finden auch als „raumenergetische" Accessoires Verwendung: Das Esoterik-Versandhaus *Bauer* führt beispielsweise einen sogenannten „Pyramidenstern" im Katalog, ein 24Karat-vergoldetes Drahtkonstrukt in der Form zweier mit der Grundfläche gegeneinandergesetzter Pyramiden (Gesamthöhe: 26cm/Kosten: 230 Mark). O-Ton *Bauer*: „Der Pyramidenstern erzeugt aufgrund seines geometrischen Aufbaus ein hochschwingendes Energiefeld. In jeder nur möglichen Erscheinungsform des Lebens befindet sich der platonische Körper als Heilige Geometrie, also auch im Menschen, der daher mit dem Pyramidenstern als vertraute Frequenz in Resonanz geht. Die Zellinformation des lichten Urzustandes der Ganzheit, sowohl körperlich als geistig, wird aktiviert und führt zu mehr Lebensqualität. (...) Energiedefizite und Überschüsse werden in einen harmonischen Zustand eingeschwungen"[776] (⇨ *Feng Shui*).

Die ägyptischen Pyramiden, denen die Schmuckstücke, Drahtgestelle und Feng-Shui-Accessoires nachempfunden sind, werden von vielen Esoterikern als kosmische Kontaktstellen gesehen, die außerirdische Intelligenzen vor rund 12.000 Jahren bei ihrem Besuch der Erde errichtet hätten. Universelle Gesetzmäßigkeiten und Heilkräfte seien in ihnen verborgen, die sich desgleichen in jedem maßstabgetreu verkleinerten Modell zur Wirkung brächten.[777] (Der amerikanische Prophet Edgar Cayce [1877-1945] behauptete, er selbst habe in einer früheren Inkarnation als Hoherpriester Ra-Ta ab dem Jahre 10.490 v.u.Z den Bau der Cheops-Pyramide geleitet, die bis zum Jahre 1998 u.Z., der Wiederkehr Christi, als Speicher des gesammelten Menschheitswissens diene. Wie schon bei seinem ersten Erdendasein werde Christus erneut in der Pyramide auf seine Aufgabe vorbereitet.[778]) Moderne Forschung weist nach, daß es sich bei den ägyptischen Pyramiden um gigantische Mausoleen - und sonst gar nichts - handelt, errichtet in Fronarbeit in der 4. Dynastie ab 2670 v.u.Z. Alle Spekulationen um außerirdische Baumeister oder um kosmische Maße und esoterische Funktionen sind reines Hirngespinst.[779]

5.10. Biorhythmik

Ein langjähriger Brieffreund Sigmund Freuds, der Berliner Hals-Nasen-Ohrenarzt Wilhelm Fließ (1855-1928) glaubte um die Jahrhundertwende entdeckt zu haben, daß sämtliche Vorgänge des menschlichen Lebens in periodischen Zyklen ablaufen. Nicht nur Geburts- und Todestage oder zeitliche Abstände einer Geschwisterreihe unterlägen bestimmten zyklischen Gesetzmäßigkeiten, sondern vor allem Krankheiten ließen konstante periodische Abläufe erkennen. Körperliche Symptome, so meinte er, unterlägen einem 23-Tage-Rhythmus, psychische Symptome einem 28-Tage-Rhythmus. Nach einer ersten Veröffentlichung zu dieser Idee im Jahre 1897 erschien 1906 sein Grundlagenwerk *Der Ablauf des Lebens*[780].

Gleichfalls um die Jahrhundertwende führte der Wiener Psychologe Hermann Swoboda ganz ähnliche Studien durch. Er entwickelte eine Art Rechenschieber, mit dem biorhythmisch kritische Tage berechnet werden konnten. Swoboda, ein Analysand Freuds, wurde von Fließ öffentlich bezichtigt, ihm seine Ideen der „zwiefachen Periodizität aller Lebensvorgänge" gestohlen zu haben. Seine Vermutung, Swoboda habe von Freud davon erfahren, dem er in umfänglichem Schriftwechsel von seinen Arbeiten berichtet hatte, wurde von diesem auf eindringliches Befragen hin auch zugegeben. Fließ brach daraufhin seinen Kontakt zu Freud ab.[781]

Zur Fließschen Periodenlehre eines 23-tägigen Körper- sowie eines 28-tägigen Seelen-Rhythmus kam 1928 die Entdeckung des österreichischen Ingenieurs Friedrich Teltscher eines sogenannten „Intellekt-Rhythmus" mit einer Periode von 33 Tagen hinzu. Selbst einen vierten Rhythmus von 38 Tagen, den sogenannten „Feinsinnigkeits-Rhythmus", der den Geschmacks- und Schönheitssinn beeinflusse, will Teltscher entdeckt haben.[782]

Im Zuge der Esoterik- und Alternativmedizinbewegung wurden die längst vergessen geglaubten Texte von Fließ und Swoboda Ende der 1970er Jahre wieder hervorgeholt und zur heutigen Biorhythmenlehre neu aufbereitet.[783] Die Vorstellung eines K-(Körper)-Rhythmus mit 23-tägiger Periode, der Energie, Angriffslust, Ausdauer und Widerstandskraft beeinflusse, eines S-(Seelen)-Rhythmus mit 28-tägiger Periode, der Gefühl, Stimmung, Intuition, schöpferische Fähigkeiten beeinflusse, sowie eines G-(Geistes-)-Rhythmus mit 33-tägiger Periode, der Reaktionsschnelligkeit, Konzentrationsfähigkeit, Kombinationsgabe beeinflusse, ist heute hochpopulär. (Dem von Teltsch gefundenen „Feinsinnigkeits-Rhythmus" mit 38-tägiger-Periode wird keine Bedeutung zugemessen.) Alle drei Perioden gehen laut Biorhythmik von der Geburtsstunde aus und verlaufen in sinusförmigen Kurven. Trägt man diese Kurven auf einer Meßgeraden auf, entstehen Schnittstellen. Tage, an denen die Kurven einander schneiden oder die Meßgerade kreuzen, gelten als „kritisch". Tage, an denen die Kurven ihren Höchst- beziehungsweise Tiefstpunkt erreichen, sollen für körperliche, seelische oder geistige Aktivität besonders geeignet beziehungsweise ungeeignet sein.[784]

Es werden Tabellen, elektronische Kurvenzeichner und Taschenrechner zum Kauf angeboten, mit deren Hilfe man die „kritischen" Tage im Lebensablauf vorhersehen kann.[785] Insbesondere im Sport spielt Biorhythmenanalyse eine bedeutende Rolle: Bei der Aufstellung von Fußball- oder sonstigen Mannschaften werden die Leistungskurven der einzelnen Sportler berücksichtigt. Viele Ärzte lehnen Operationen an biorhythmisch kritischen Tagen ab, amerikanische und japanische Flug- und Busgesellschaften werden angewiesen, die Biokurven ihrer Piloten und Fahrer bei deren Einsatz zu überprüfen. Der Absturz einer Maschine der *United Airlines* in Chicago am 8.12.1972 soll nachweislich darauf zurückzuführen gewesen sein, daß „der Captain in allen drei Rhythmen eine niedrige Phase [hatte], der Kopilot sich in körperlich und intellektuell doppelt kritischem Rhythmus [befand] und der Flugingenieur emotional und körperlich in einer niedrigen Phase [war]“.[786] Auch Manager verlegen wichtige Termine in biorhythmisch günstige Zeiten und Studenten versuchen, Prüfungen mit einer Hochphase ihres G-Rhythmus abzustimmen.[787] In der esoterischen und alternativmedizinischen Therapie kommt der Biorhythmenlehre eine herausragende Bedeutung zu: „Indem wir uns mit der Beziehung zwischen unserem biorhythmischen Muster und unserem Verhaltensmuster vertraut machen, können wir lernen, die unerwünschten Veränderungen auszugleichen, die auf die Wirkung der Biorhythmen zurückzuführen sind.“[788] Im übrigen sollte grundsätzlich keine eheliche Bindung ohne Aufstellung eines Vergleichsrhythmogramms eingegangen werden.[789]

Zahlreiche wissenschaftliche Studien haben den Nachweis erbracht, daß die Vorstellungen der Biorhythmiker gänzlich unsinnig sind.[790] Insbesondere gilt der Anspruch als widerlegt, mittels biorhythmischer Analysen könnten zufallsunabhängige Aussagen über das Auftreten selbstverschuldeter Unfälle getroffen werden. Auch ein Zusammenhang zwischen Schulnoten und biorhythmischen Kurven konnte nicht gefunden werden, desgleichen keinerlei Beleg für die Behauptung, aus den Rhythmogrammen zweier Menschen könne das Gelingen beziehungsweise Scheitern einer Beziehung vorhergesagt werden: „So eindrucksvoll das enorme Datenmaterial und die vielfältigen Rechnereien überzeugter Biorhythmiker zweifellos vielen erscheinen“, wie Skeptiker Jörg Bambeck schreibt, „es ist nichts anderes als imposanter, numerologischer Humbug.“[791] Mit den tatsächlich nachweisbaren biologischen Zyklen und Rhythmen des Körpers, wie etwa der regelmäßig wiederkehrenden Produktion bestimmter Hormone, hat die Lehre der Biorhythmik nichts zu tun.[792]

5.11. Bodywork

Eine Vielzahl mehr oder minder manipulativer Methoden findet sich auf dem Psychomarkt, die über eine Um- oder Neustrukturierung des Körpers eine Freisetzung darin festgehaltener Potentiale zu bewirken vorgeben. Überwiegend handelt es sich dabei um Ansätze aus den 1950ern oder aus noch früheren Zeiten, die, eigentlich längst in der Versenkung verschwunden, im Zuge des New-Age wieder ausgegraben und mit Hilfe großen publizistischen Aufwands zu neuer - oder auch erstmaliger - Wertigkeit aufgebläht wurden.

Auffällig an den Bodywork-Verfahren ist der Umstand, daß fast alle nach ihren Erfindern benannt sind. Solch narzißtische Praxis ist als durchaus symptomatisch zu werten: Anstatt eine tragfähige Theorie oder überprüfbare Nachweise für die angebliche Wirksamkeit der einzelnen Verfahren vorzulegen, wird lediglich mit Anekdoten rund um die Gründerfigur aufgewartet. Meist sollen diese ihre Methode aufgrund eigenen Leidens und der Unzulänglichkeit der Schulmedizin, sie davon zu befreien, entwickelt haben. Allein dieses (vorgebliche)

Schöpfen aus persönlicher Leiderfahrung scheint die Erfinder gegen jede Kritik zu immunisieren. Vielfach verweisen Bodywork-Praktiker auf (vermeintliche) Parallelen ihres Ansatzes zur ⇨ Bioenergetik, aus denen sich *eo ipso* auch dessen Berechtigung herleite.

5.11.1. Alexander-Technik / Alta Major / Zilgrei

Schon um die Jahrhundertwende entwickelte der australische Shakespeare-Protagonist Frederick M. Alexander (1869-1955) ein System an Entspannungs- und Lockerungsübungen, mit deren Hilfe linkische und unvorteilhafte Bewegungsmuster abgelegt und der Körper in physiologisch „richtiger" Manier „rekonditioniert" werden könne. Alexander-Arbeit versteht sich neben direkter Korrektur von Fehlhaltungen vor allem in der Nachahmung und meditativen Einübung „müheloser" Bewegungsabläufe, wie der Therapeut sie vorführt.[793] Als Grundsatz gilt: „Den Rücken lang machen, den Kopf frei schwebend waagrecht, die Schultern breit machen - und lächeln!"[794]

Alexander-Technik ist insbesondere unter Bühnenkünstlern weitverbreitet, für die sie von gewissem Wert sein mag. Die Behauptung von Alexander-Praktikern, das „Berichtigen" der körperlichen Haltung gehe allemal einher mit „größerer Bewußtheit und Natürlichkeit", gar mit der Entdeckung des „wahren Selbst"[795], ist durch nichts belegt.

Als eine Art Trivialkopie der (ohnehin wenig substanzreichen) Alexander-Technik stellt sich die Alta-Major-Methode der Münchner Heilpraktikerin Helche „Divo" Köppen-Weber vor, mit der diese seit Mitte der 1980er in Seminaren und Workshops unterwegs ist. „Eigene Leiderfahrungen" seien Pate gestanden bei der Entwicklung ihrer „Vision der Aufrichtung des Menschen zum Licht und zur Wahrheit", die ihr, selbstredend, durch „innere Führung" zuteil geworden sei.[796] „Alta Major" bezeichnet den „Übergangspunkt" von der Halswirbelsäule zur Schädelbasis, an dem sich, laut Köppen-Weber, die „zentrale Schaltstelle zwischen Körper und seelisch-geistigem Leben" befinde. Die „Wiederaufrichtung" der Wirbelsäule von diesem (physiologisch nicht existenten) Punkt her - zehn bis zwanzig Therapie- und Übungsstunden seien hierzu erforderlich - beseitige nicht nur sämtliche Rückenprobleme, vielmehr führe das damit einhergehende innere „Aufrecht- und Aufrichtig-Werden" zur „Entdeckung des Lebenssinns" und damit zur Schaffung eines gänzlich „neuen Menschen".[797] Als Co-Autor Köppen-Webers firmiert der unvermeidliche ⇨ Wulfing von Rohr.

Ende der 1980er kam im deutschsprachigen Raum ein weiteres Verfahren der Haltungskorrektur auf den Markt, das in den USA schon ein Jahrzehnt zuvor publik gemacht worden war. Dieses Verfahren, zusammengestellt von dem US-Chiropraktiker Hans Greissing und einer gewissen Adriana Zillo, vormals Patientin Greissings, besteht aus einem simplen Set an Haltungsübungen, wie sie in ganz ähnlicher Form aus anderen Körpertherapieverfahren sowie dem ⇨ Yoga bekannt sind; diese Haltungen werden mit bestimmten („dynamogenen") Atemübungen kombiniert, durch die insbesondere das Zwerchfell aktiviert werden soll. Gleichwohl Greissing und Zillo, letztere eine italienischstämmige Hausfrau und Hobby-Yogalehrerin, ihren Ansatz als „wissenschaftlich erprobt" ausgeben, ist dieser nichts als eine völlig willkürliche Aneinanderfolge einzelner Übungsteile. Einen theoretischen Grundgedanken gibt es ebensowenig wie einen ernstzunehmenden Wirksamkeitsnachweis. Am originellsten an dem Verfahren ist noch die Bezeichnung der einzelnen Übungen mit Vogelnamen: Schwanenübung, Eisvogelübung, Kranichübung usw. Im deutschsprachigen Raum ist das Verfahren weitverbreitet, es existiert sogar ein eigener „Berufsverband". Die „Respiro-Dynamogenik" (nach *Zil*lo und *Grei*ssing) firmiert hierzulande unter dem Begriff „Zilgrei-Therapie".[798]

Erwähnt sei an dieser Stelle die „Wirbelsäulentherapie nach Dieter Dorn", ein in esoterisch angehauchten Heil- und Massagepraxen vielfach anzutreffendes Verfahren, das dort als Panazee gegen körperliche und psychische Probleme (nahezu) jeder Art angepriesen wird. Dorn, ehedem Betreiber eines Sägewerks im Allgäu, war der Legende nach Anfang der 1970er von einem alten Bauern der Nachbarschaft mit ein paar Handgriffen von akuten eigenen Rückenproblemen kuriert worden. Er habe dies als „göttlichen Fingerzeig" verstanden, nunmehr selbst als Heiler tätig zu werden, was er denn die folgenden fünfundzwanzig Jahre auch tat. Bei der Behandlung nach Dorn werden die Wirbel durch seitlichen Druck auf Dorn- oder Querfortsatz „eingerichtet" und gleichzeitig Arme oder Beine des Patienten „ausgependelt".[799] Bei Lichte besehen stellt solche Form der „Therapie" nichts anderes dar, als eine äußerst verkürzte und damit trivialisierte (indes keineswegs weniger riskante) Form von Chiropraktik. Das gleiche gilt für die „Wirbelsäulen- und Bandscheibentherapie nach Rudolf Breuß" oder das sogenannte „Continuum Movement" nach Emile Conrad (das auch und vor allem bei rückenmarksgeschädigten Patienten völlig ungerechtfertigte Hoffnungen weckt). Auch die „Rhythmisch-Energetische Gelenkbehandlung" (REGB) nach Heinrich Luck, die auf fernöstliche Meridian- und Energieflußvorstellungen abstellt und insofern als nachgerade wundertätig bei Gelenk- und Wirbelsäulenproblemen gepriesen wird („Mit REGB können alle degenerativen Gelenkerkrankungen therapiert werden [...] und die einmal gewonnene Bewegungsfreiheit bleibt erhalten"[800]), bietet nichts substantiell anderes.

Unabhängig davon, daß chiropraktische Maßnahmen *jedweder Art* orthopädisch äußerst umstritten sind, reicht eine Dorn-, Breuß- oder Conrad-interne „Ausbildung" zu fachlich korrekter Behandlung von Wirbelsäulenproblemen ebensowenig hin wie eine „Ausbildung" als Heilpraktiker (⇨ *Schnellkurse unter der Lupe*). Wirbelsäulenbehandlungen gehören grundsätzlich nicht in den Bereich esoterischer oder sonstig „alternativer" Heilkunde. Eine komplette „Fachweiterbildung" in Wirbelsäulentherapie nach Dorn ist, beispielsweise am hessischen *Institut Kolassa*, in einem Zwei-Tage-Seminar zu absolvieren.[801] (Als nachgerade kriminell ist insofern die ARD-Talkshow Jürgen Flieges vom 2.10.2000 zu werten, in der es ausdrücklich um Rückenbeschwerden ging: Neben dem Leibarzt des Dalai Lama, Tenzin Choedrak, der Ernährungsumstellung und das Abbrennen vom Moxa-Kegeln auf irgendwelchen Nerven- und Energiebahnen empfahl [⇨ *Tibetische Medizin*], trat der unterfränkische „Ischiasheiler" Willi Seibert auf, der, ohne die geringste medizinische oder physiotherapeutische Qualifikation - eigenen Angaben zufolge ist er ehemaliger Seemann -, seit Jahren (Rücken-)Schmerzbehandlungen „mit hundertprozentiger Erfolgsgarantie" (da von Gott bevollmächtigt) durchführt. Vor laufender Kamera durfte Seibert an einem Studiogast mit (angeblich) mehr als dreißigjähriger Leidensgeschichte herumdilettieren, sprich: unter großen Krafteinsatz an irgendwelchen Neuralpunkten herumdrücken. Fliege bejubelte den vermeintlichen Erfolg der Seibertschen „Behandlung" - der malträtierte Studiogast berichtete in der Tat von einem Rückgang der Schmerzen - mithin als Erfolg seiner höchstpersönlichen Bemühungen, Heilkunde unterschiedlichster Ansätze „zum Wohle der Menschheit" zusammenzuführen. Die Frage nach möglicherweise wirkenden Kräften von (Auto-)Suggestion und/oder ⇨ Kognitiver Dissonanz wurde nicht einmal angerissen, ebensowenig die nach den Risiken der Seibertschen Brachialbehandlung. Über die rechtlich relevante Frage, ob Seibert sich mit seiner unbefugten Ausübung von Heilkunde und vor allem mit seinem mehrfach abgegebenen „Heilungsversprechen" nicht eines Verstoßes gegen das Heilpraktikergesetz schuldig mache - desgleichen Fliege selbst samt seiner Produktionsfirma *Teletime*, die ihm die Bühne dazu boten - wurde großzügig hinweggesehen. Das *Forum Kritische Psychologie* München hat Strafanzeige gegen Seibert [der nahe Aschaffenburg eine eigene „Ischiaspraxis" betreibt] und Fliege gestellt [⇨ *Gerichte contra Scharlatanerie*].[802])

5.11.2. Gerda-Alexander-Technik / Funktionelle Entspannung / Konzentrative Bewegungstherapie (KBT)

Mit der Alexander-Technik in jeder Hinsicht leicht zu verwechseln ist die Gerda-Alexander-Technik, die, entwickelt in den ausgehenden 1930er Jahren von einer Rhythmiklehrerin dieses Namens, die Herstellung einer ausgewogenen körperlichen Grundspannung zum Ziel hat. Bekannt auch unter dem Begriff „Eutonie" (griech. = gute Spannkraft) bietet Gerda Alexander (1908-1994) eine Vielzahl an Empfindungs- und Bewußtwerdungsübungen, die Zustände körperlichen Unter- oder Überspanntseins unmittelbar erfahrbar machen: „Etwas tun und es spüren ist das Motto unserer Arbeit."[803] Gerne werden dabei Bambusstöcke und Gymnastikbälle eingesetzt. Das in der Übung Erlebte wird im Gespräch - neuerdings bedient man sich hierzu ausdrücklich auch gesprächstherapeutischer Techniken (nach Carl Rogers) - ausgetauscht.[804]

Als Methode des Streßabbaus und zur Korrektur von Körperhaltungen können einzelne Übungen der Gerda-Alexander-Technik durchaus wertvolle Dienste leisten. Unabdingbare Voraussetzung hierfür ist allerdings die Einbindung in ein klinisches Gesamtkonzept sowie ausreichende Kompetenz und Erfahrung des Therapeuten. Die Körperübungen können tiefe emotionale Empfindungen aufbrechen, zu deren Bearbeitung eine einfache Eutonie-Ausbildung nicht ansatzweise befähigt (auch wenn diese inzwischen auf viereinhalb Jahre ausgedehnt wurde und mit einer Graduierung zum „Dipl.-Eutonie-Pädagogen G.A." abschließt. [Vielfach treten InhaberInnen eines G.A.-Diploms als „Dipl. Pädagogen" auf und erwecken damit den Anschein eines akademischen Abschlusses.]) Als eigenständiges Therapieverfahren können die stets etwas angestaubt wirkenden Eutonie-Übungen, entgegen aller Behauptung, nicht gelten.[805]

Nahe verwandt mit der Gerda-Alexander-Technik ist die aus den späten 1940ern stammende „Funktionelle Entspannung" (FE) der Gymnastiklehrerin Marianne Fuchs (*1908), die in erster Linie auf die „Rhythmisierung der Atemdynamik" abstellt.[806] Auch das FE-Modell kommt reichlich altbacken daher, in seit seinen Anfängen kaum veränderter Begrifflichkeit heißt es in einem 1999 vorgelegten Text: „Im Mittelpunkt der Funktionellen Entspannung steht der Leib, mit dem der Mensch sich und die Welt erlebt und mit dem er sich in der Welt verhält. Am Atemrhythmus, in seinem Bewegtsein und Sich-Bewegen-Lassen stellt sich der Leib am deutlichsten dar. Dementsprechend ist die Entspannung des Zwerchfells (...) das zentrale Anliegen der Methode.“[807] Der Funktionellen Entspannung nach Fuchs kann therapiebegleitend ein gewisser Wert zukommen, als eigenständige „körperbezogene Psychotherapiemethode“, die sie laut Selbstdarstellung sein will,[808] kann sie indes nicht angesehen werden.

Zu erwähnen ist letztlich die Methode der Konzentrativen Bewegungstherapie (KBT), deren Ursprünge in der Arbeit der Berliner Gymnastiklehrerin Elsa Gindler (1885-1961) liegen.[809] Gindler entwickelte ein bewegungspädagogisches Konzept, das dem individuellen Ausdruck des Übenden mehr Raum zu geben suchte: Anstatt vorgegebene Empfindungs- und Bewußtwerdungsübungen durchzuführen, sollte dieser seine ureigenen Bewegungsantriebe erspüren und in frei bestimmte Bewegungen umsetzen. KBT versteht sich insofern als „bewußte Körperwahrnehmung im Hier und Jetzt“.[810] Das in der Übung Erspürte wird in nachfolgenden Gesprächen weiter bearbeitet. KBT zählt zu den bevorzugten Methoden sozialpädagogisch angeleiteter Selbsterfahrungsgruppen, kaum eine Volkshochschule, die nicht entsprechende Kurse im Angebot führte; auch in psychosomatischen und psychiatrischen Einrichtungen dient KBT als durchaus brauchbares Hilfsverfahren. Als eigenständiges Therapiesystem kann KBT allerdings nicht gelten, auch wenn in Werbeverlautbarungen immer wieder solcher Anspruch erhoben wird. Dasselbe gilt für die im deutschsprachigen Raum seit einiger Zeit um sich greifenden Ansätze nach Cary Rick (Bewegungsanalytische Therapie) oder ⇨ Rolando Toro (Biodanza).

5.11.3. Trager-Work / Feldenkrais-Methode

Erst seit relativ kurzer Zeit wird im deutschsprachigen Raum das an der amerikanischen Westküste schon seit Ende der 1970er Jahre weithin bekannte „Tragering“ angeboten. Es handelt sich dabei um ein System aktiver und passiver Körperarbeit, das der Autodidakt Milton Trager schon in den 1940er Jahren vorgestellt hatte, das aber erst im Zuge der aufkeimenden New-Age-Bewegung auf Resonanz stieß. Die aktive Technik des Trager-Work wird als „Mentastik“ bezeichnet, eine Folge pendelnder Gymnastikbewegungen. Die passive Technik besteht aus einer relativ simplen Ganzkörpermassage, die die aufgeblasene Bezeichnung „Psychophysische Integration“ trägt. Mittels einer Art Meditation, „Hook-up“ genannt, sollen die Erfahrungen des „Tragering“ verinnerlicht werden. ⇨ Kirlian-Photographie liefere den Nachweis positiver aurischer Veränderung.[811] Zu den Hauptwerbeträgern des „Tragering“ zählt der szenebekannte T'ai-Chi-Vorturner Chungliang Al Huang. In Verbindung mit ⇨ Reiki ist Trager-Work als „Vital-Therapie“ bekannt.

Große Parallelen zum Tragering weist die sogenannte Feldenkrais-Methode auf, die, gleichfalls entwickelt in den 1940er Jahren, auch erst in den 1970ern zu größerem Bekanntheitsgrad gelangte. Heute zählt die nach ihrem Erfinder, dem Nuklearphysiker Moshé Feldenkrais (1904-1984), benannte Methode zu den weitestverbreiteten „neuen“ Körpertherapieverfahren und als solche zum Standardprogramm an Volkshochschulen und öffentlichen

Gesundheitszentren. Ziel der Feldenkrais-Arbeit ist die Bewußtwerdung fehlkonditionierter Haltungs- und Bewegungsmuster, wie sie etwa in dem „unphysiologischen" Diktum „Brust raus, Bauch rein" zur Erscheinung kommen. Mittels behutsamer Zug- und Kreisbewegungen an Kopf, Rumpf und Gliedmaßen des Klienten sucht der Therapeut dessen eingeschränkte beziehungsweise verkümmerte Bewegungsmöglichkeiten zu erweitern und ihm dergestalt ein Gespür zu eröffnen für die „eigentlichen" Spielräume seines Körpers. In angeleiteter Übung soll der Klient lernen, diese Räume nutzbar zu machen und dadurch zu einer „freieren" Persönlichkeit heranzuwachsen.[812] Feldenkrais-Arbeit ist auch als „Funktionale Integration" bekannt.

Qualifizierte Anleitung vorausgesetzt (eine Feldenkrais-interne Ausbildung reicht hierzu nicht hin) kann die Methode zweifellos dazu beitragen, die körperliche Beweglichkeit entscheidend zu bessern; ob dies notwendigerweise mit der Entwicklung eines „starken Selbst" mit „reifem Gefühls- und Sinnenleben" einhergeht, wie Feldenkrais postuliert,[813] ist allerdings fraglich. Belege für derlei psychotherapeutische Wirksamkeit liegen jedenfalls nicht vor.[814] Auch die besonders für körperlich und/oder geistig behinderte Kinder vielgepriesene Verbindung von Feldenkrais-Arbeit und Kontakt zu Pferden („Hippo-Therapie") konnte die hochgesteckten Erwartungen nicht erfüllen: Über den bloßen Erlebniswert des Reitens auf einem Pferd hinaus gibt es bislang keinen Nachweis therapeutischer Effizienz.

Dem Feldenkrais-Ansatz nicht unähnlich erscheint die sogenannte „Integrale-Körperbild-Therapie" der Atemlehrerin Waltraud Dunckern, die über ein Set an Körper- und Konzentrationsübungen die „Neuronenmaschine unseres Gehirns" anregen und damit „neurophysiologische Reifungs- und sensomotorische Lernprozesse" in Gang setzen will. Insbesondere stellt Dunckern auf „therapeutisches Zeichnen" ab: Über linkshändiges Zeichnen würden in der rechten Gehirnhälfte neue Schaltkreise angelegt, was zur Herausbildung eines integralen Körperbildes mit entsprechender Identitätsfindung beitrüge.[815] Ihre neurophysiologischen Erkenntnisse legt Frau Dunckern im hauseigenen *Dunckern*-Verlag vor, über den sie auch eine Reihe selbstverfaßter Kinderbücher herausgibt. In eigenen Lehrinstituten in Weilheim und Potsdam führt sie entsprechende Aus- und Fortbildungen durch. Ernsthafte Belege für die Wirksamkeit ihres Verfahrens gibt es nicht.

5.11.4. Rolfing / Soma / Rosen-Work

Entwickelt in den 1950er Jahren von der amerikanischen Biochemikerin und Hobby-Homöopathin Ida Rolf (1896-1979) stellt das nach ihr benannte „Rolfing" eine tiefgreifende Bindegewebsmanipulation dar, die dem Körper zu seiner „idealen Struktur" verhelfen soll. Diese sei gegeben, wenn die einzelnen Segmente - Kopf, Schultergürtel, Rumpf, Bauch, Becken, Beine und Füße - dergestalt um eine (imaginäre) senkrechte Achse herum angeordnet seien, daß der Körper in seinem ständigen Kampf gegen die Kräfte der Gravitation mühelos aufrecht gehalten und frei bewegt werden könne.

Unfälle, Krankheiten, Verletzungen, desgleichen emotionale Belastung, Streß und insbesondere die Imitation elterlicher Bewegungsmuster beeinträchtigten die rechte Position der Körperabschnitte zueinander. Die muskuläre Daueranspannung, die die Aufrechterhaltung und Balancierung des mangelhaft strukturierten Körpers erfordere - beispielsweise ziehe ein nach vorne gekipptes Becken ein Hohlkreuz, eine nach hinten gezogene Brustwirbelsäule sowie einen nach vorne gereckten Kopf nach sich -, führe zu Verhärtungen und Verklebungen der Muskelhäute (Myofaszien), wodurch die ungünstige Haltung fixiert und weiter verschärft werde.

Durch Lockern und Auflösen der myofaszialen Verhärtungen (*Myofascial Release*) weiche nicht nur die körperliche Verspannung, vielmehr wichen auch die „eingefleischten" Muster geistiger und seelischer Starre, die mit dieser einhergingen. Durch die „Integration" der einzelnen Körpersegmente kämen äußere wie innere Haltung „ins Lot", neue Fähigkeiten von Wahrnehmung und Ausdruck würden gewonnen[816] (Rolfing ist insofern auch als „Strukturelle Integration" bekannt). In zehn exakt strukturierten Sitzungen bearbeitet der Rolfer den Körper des Klienten mit teils extrem tiefgreifenden Massagetechniken; mit den Händen, den Knöcheln, gar den Ellbogen dringt er in das Gewebe ein und sucht (angeblich) faszial verklebte Muskelpartien voneinander zu lösen (gelegentlich wird Rolfing auch als „Living Anatomy" bezeichnet). Die Arbeit auf dem Massagetisch wird durch Manipulation im Sitzen und Stehen (*Body Sculpturing*) sowie im Gehen ergänzt (*Movement Integration*), um den Körper auf seine „Idealform" hinzumodellieren.[817] Üblicherweise wird während des Rolfens nicht gesprochen, eine Bearbeitung auftretender Gefühle ist nicht vorgesehen.

Ida Rolfs naive Vorstellung „verklebter Muskelhäute" ist durch nichts belegt, sie widerspricht jeder wissenschaftlichen Erkenntnis. Die teilweise äußerst schmerzhaften Eingriffe in das Bindegewebe führen häufig zu Muskel- und Gefäßverletzungen, schlimmstenfalls sogar zu entzündlichen Prozessen in den „behandelten" Organen. Blutergüsse und wochenlang anhaltender „Muskelkater" zählen zu den „harmloseren" Folgen. Die physiotherapeutische Qualifikation der Rolfer reicht nicht hin, Kontraindikationen zu erkennen und/oder mit möglicherweise auftretenden Komplikationen sachgemäß umzugehen; aufgerissenes „Seelenmaterial" bleibt unbearbeitet. Für labile Menschen können derartige Eingriffe ins psychophysische Geschehen hochgefährlich werden: Es kann zu massiven Orientierungsstörungen und selbst zu psychotischen Wahneinbrüchen kommen. Für die behaupteten Heilerfolge des myofaszialen „Umstrukturierens" gibt es keinerlei Beleg.[818]

Da der Begriff „Rolfing" urheberrechtlich geschützt ist und sich daher nicht jedermann als „Rolfer" ausgeben darf, wurde von findigen Bodyworkern (die sich die Lizenzgebühren an das *Rolf-Institute* in Colorado/USA sparen wollten) Anfang der 1990er das Behandlungssystem „Soma" (griech. = Körper) kreiert.[819] Die zehn Soma-Sitzungen, auch unter dem Namen „Neurophysiologische Integration" geläufig, sind denen des Rolfing weitgehend identisch. Auch das sogenannte „Hellerwork"-Training stellt nicht viel anderes dar als umetikettiertes Rolfing. Zu erwähnen ist überdies das sogenannte „Zero-Balancing", das über strukturierte Akupressurbehandlung vor allem von Wirbelsäule und Brustkorb den dort gehemmten „Fluß der Energien" zu befreien verspricht.

Weniger tiefgreifend als Rolfing, diesem jedoch vom Ansatz her sehr ähnlich, findet sich seit geraumer Zeit auch die sogenannte „Rosen-Methode" auf dem Markt. Entwickelt von einer Marion Rosen, die ihr Verfahren als „Atem- und Entspannungsarbeit" deklariert, sollen mit Hilfe relativ simpler Massagetechniken chronische Muskelverspannungen beseitigt werden: „Durch Berühren bekommt der Muskel die Möglichkeit, sich seiner Verspannung zu erinnern. Er kann loslassen. Dieses Loslassen bringt auch ein Loslassen im geistig/seelischen Bereich mit sich."[820] Im Vergleich zu Rolfing ist die „Rosen-Methode" weit weniger riskant, als (körper-)psychotherapeutisches Verfahren, als das sie ausgegeben wird, hat sie indes ebensowenig Wert. Bestenfalls kann „Rosenwork" als eine Art Entspannungsmassage gelten - ordentliche Massageausbildung des Praktikers/der Praktikerin vorausgesetzt - mehr aber nicht. Dasselbe gilt auch für all die anderen Massageverfahren, beispielsweise „Esalen-Massage", „Swedish Massage" oder „Hawaiian Healing Massage" (Lomi-Lomi-Nui), die in den Szeneblättern vielfach unter ausdrücklich therapeutischem Vorzeichen angeboten werden. Nicht selten ist hierbei die Grenze zu Dienstleitungen des (semi-)professionellen Sexgewerbes fließend: Die Begriffe „Tantra-Massage" oder „Yin-Yang-Massage" können durchaus auch auf prostitutive Angebote hinweisen (unter dem Signet „Cosmic-Tantra®" beispielsweise preist eine „junge, hübsche, geniale Tantra-Partnerin aus Berufung" ihre „rituellen Ganzkörpermassagen" sowie „sinnlich zelebriertes Liebesritual der erotischen Superlative" an[821] [⇨ *Tantra*]). Erwähnenswert, sozusagen als Antithese zum Brachialverfahren des Rolfing, ist die sogenannte „Pränataltherapie" nach Robert St. John, bei der Füße, Hände und Kopf auf sehr sanfte, nachgerade „subtile" Weise massiert werden. Der mögliche Entspannungseffekt solcher Massage ist unbestritten, als Therapieverfahren kann sie natürlich nicht gelten; ebensowenig ein als „Facial Harmony" bekanntes Vorgehen, das sich, unter Einsatz eigens komponierter Musik (zur „Aktivierung der inneren Energieströme"), auf den Gesichts,- Hals- und Nackenbereich beschränkt.[822]

Entgegen aller Behauptung kann auch das unter dem Begriff „TouchLife" flächendeckend beworbene Konzept der Massagepraktiker Frank „Boaz" Leder und Silvia „Kali" von Kalckreuth nicht als (klinisches) Therapieverfahren gesehen werden. Leder (der neben seiner „Ausbildung" zum „Spirituellen Therapeuten" bei Rajneesh-Schüler ⇨ Michael „Somendra" Barnett zumindest über eine staatliche Anerkennung als medizinischer Masseur und Bademeister verfügt) und Kalckreuth (über deren Qualifikation nichts bekannt ist) verknüpfen herkömmliche (d.h. weitgehend schmerzfreie) Massage mit ein paar Atem-, Meditations- und Energietechniken und führen mit dem jeweiligen Klienten ein (mehr oder minder psychologisches) Nachgespräch. Die von Leder und Kalckreuth betriebene *TouchLife-Schule für Ganzheitliche Massage* in Hofheim (bei Frankfurt/Main) gilt als führendes Ausbildungsinstitut für spirituell angehauchte „Massagetherapie" im deutschsprachigen Raum.[823]

5.11.5. Posturale Integration / Rebalancing

Ähnlich findig wie die Soma-, Heller- oder Rosenworker hatte sich schon Mitte der 1970er der kalifornische Hippie- und Sex-Philosoph Jack Painter (*1933) erwiesen, der unter dem Signet „Posturale Integration" (P.I.) den Ansatz der Rolfer um ein Sortiment bioenergetischer, atem- und gestalttherapeutischer Übungen erweiterte. P.I. versteht sich insofern als „synergetischer" Ansatz, der „gleichzeitig auf der körperlichen, emotionalen, geistigen und spirituellen Ebene" des Klienten arbeite.[824] Was das heißen soll, bleibt, wie üblich, im Dunklen. P.I. sieht zehn bis fünfzehn strukturierte Sitzungen vor, in denen, im Gegensatz zu Rolfing oder Soma, ausdrücklich auf „emotionale Entladung" hingearbeitet wird.[825] Die Qualifikation der P.I.-Therapeuten ist ähnlich fragwürdig wie die der sonstigen Bodywork-Szene. Zu dieser zählt beispielsweise der Weilheimer Schreiner und Arbeitserzieher Matthias Pletzer-Doll, der über ein eigenes *Physiopsychologisches Institut* Therapie und Ausbildung in einem von ihm selbst erfundenen Verfahren anbietet, das Bindegewebsmassage mit ein paar weiteren Psychotechniken (Bioenergetik, Atemarbeit, Auramassage u.a.) kombiniert; eine Ausbildung in „Physiopsychologie" mit dreimal vier einwöchigen Blocks kostet 16.560 Mark und befugt, unabhängig von etwaiger inhaltlicher Qualifikation, ebensowenig zu therapeutischer Tätigkeit wie ein Trainingskurs am Münchner *Institut für Strukturelle Körpertherapie*, über das sich der Heilpraktiker Erich von Derschatta mit einer gleichfalls selbsterfundenen „Synthese aus tiefer Körperarbeit und psychotherapeutischen Elementen" andient.[826] Vergleichbar den genannten Verfahren ist die in den USA weitverbreitete und auch im deutschsprachigen Raum gelegentlich anzutreffende sogenannte „Lomi-Therapie", bei der die passive Körperarbeit mit einer Vielzahl willkürlich zusammengestellter weiterer Techniken (Gestaltübungen, Yoga, Aikido, Atemarbeit etc.) angereichert wird; erwähnenswert ist ferner die sogenannte „Ars Movendi Strukturtherapie", die sich mithin aus Rolfing, Osteopathie und „feinstofflicher Energiearbeit" zusammensetzt; daneben die „Damun-Technique of Bodily Reequilibrium", die, erfunden von einer gewissen María Gemma Sáenz, ihr Augenmerk vor allem auf die Wirbelsäule richtet (⇨ *Alta Major*): die einzelnen Wirbelkörper, so Sáenz, verhielten sich wie eine „emotionale Datenbank", in der sämtliche Probleme und Traumata des Lebens gespeichert und über entsprechende Massagearbeit abruf- bzw. auflösbar seien. Der 1. Lendenwirbel beispielsweise stehe für „Mutter", der 4. für „Vater", der 1. Brustwirbel für Geld, der 5. für „Sexuelle Beziehungen", der 8. für „Konflikte mit sich selbst" usw.[827] Belege für derartige Vorstellungen gibt es nicht.

Wie prinzipiell jedes Verfahren, das einigermaßen Anteile auf dem Psychomarkt erobert hat, wurden auch Rolfing bzw. P.I. von der ⇨ Osho-Rajneesh-Bewegung vereinnahmt. Unter der Bezeichnung „Osho-Rebalancing" wird seit Anfang der 1980er ein Konglutinat aus Elementen sämtlicher Bodywork-Ansätze (Rolfing, P.I., Tragering etc.) angeboten, das, im Gegensatz zu diesen, weder eine bestimmte Anzahl an Sitzungen noch eine bestimmte Vorgehensweise vorsieht. Welche Teile des Körpers in welcher Reihenfolge „myofaszial umorganisiert" werden müssen, wird vom Therapeuten „intuitiv" festgelegt.[828] Allerdings gibt es unter den Osho-Rebalancern auch Praktiker, die das „10-Sitzungs-System" der Rolfer exakt kopieren. Eine komplette Ausbildung mit zweimal 30 Trainingstagen, verteilt auf ein knappes Jahr, kostet 13.180 Mark.[829] Um es zu wiederholen: Da therapeutische Körperarbeit allemal unter die gesetzlichen Bestimmungen zur Ausübung der Heilkunde fällt, befugt derlei Ausbildung rechtlich zu überhaupt nichts.

5.11.6. Aqua-Energetik

Zu größerer Popularität haben seit Mitte der 1990er auch die sogenannten „Neuen Wassertherapien" gefunden, die, abgekupfert von Elementen einer in den 1970ern in Kalifornien weitverbreiteten Form ⇨ bioenergetischer Arbeit im Wasser (Aqua-Energetik), im Umfeld der ⇨ Osho-Rajneesh-Bewegung entstanden waren. Beim „WasserTanzen" (WATA) im beheizten Pool führt der Therapeut - gelegentlich arbeiten auch zwei Therapeuten zusammen - den Körper des Klienten in angeblich aus dem ⇨ Aikido hergeleiteten Kreis- und Spiralbewegungen durch das Wasser.[830] Begriffe wie „Aqua-Healing", „AquaSoma", „Delphining" oder auch „Was-ah-bad-ah" (Katharina Gottschalk) bedeuten nichts anderes: Der Klient, versehen mit einer Nasenklemme, überläßt sich völlig passiv den (willkürlichen) Bewegungen, die der Therapeut mit ihm ausführt. Beim „Oceanic-Aqua-Balancing" wird der Klient im Wasser massiert, gedehnt, gerolft und wie beim WasserTanzen in allerlei Weise hin- und herbewegt, um letztlich, zusammengekauert wie ein „Fötus", vom Therapeuten für einige Zeit im Arm gehalten zu werden. Hierdurch stellten sich ganz automatisch „pränatale Gefühle oder Geburtserlebnisse" ein. Die „mutterleibähnliche Welt des Pools", so „Aqua-Energetiker" Paul Bindrim, „fördert eine Regression und auf diese Weise die Entladung immer weiter zurückliegender schmerzhafter Ereignisse, von denen immer tiefgreifende Wirkungen auf die Formung der Persönlichkeit ausgehen".[831] Da die „primären" Erfahrungen durch das „ruhige Halten" zugleich auch integriert würden, bedürfe es einer gesonderten Nach- oder Weiterbearbeitung nicht. Im übrigen vollziehe sich der therapeutische Wandel in erster Linie auf aurischer Ebene: Im Gegensatz zu Therapie „an Land", die vor allem auf den „Ätherkörper" einwirke, werde „im Wasser zuerst die mentale Aura aktiviert. (...) Durch die Reorganisation im Gehirn entstehen neue Synapsen, sie ermöglichen neue Gedankeninhalte (...), eine Bewußtseinserweiterung findet statt."[832] Über ein eigenes *Institut für aquatische Körperarbeit* werden „Aquatic-Bodyworker" ausgebildet, mehrere dutzend davon bieten bereits ihre Dienste an. Einige führen auch klassisches ⇨ Unterwasser-Rebirthing im Angebot, selbstredend werden mit großem Aufwand ⇨ Unterwassergeburten propagiert. Eine Ausbildung zum „Aqua-Relax-Trainer", angeboten am Bayreuther *Zentrum für Aqua Wellness* (In-Balance-Team), dauert vier Tage und kostet 1200 Mark.[833]

Als eigenständiges Verfahren „aquatischer Körperarbeit" firmiert das sogenannte Wasser-Shiatsu (WATSU), das, vorgestellt von einem Chiropraktiker namens Harold Dull, aus simpler Akupressurmassage im Warmwasserbecken besteht; in Verbindung mit Elementen aus dem ⇨ Tantra (zur „Freisetzung sexueller Energien") ist das Ganze als TANTSU bekannt.

Unter der Rubrik „Wassertherapien" ist auch die sogenannte „Delphin-Therapie" zu erwähnen, die sich, populär gemacht über sentimental-tendenziöse Berichterstattung in den Boulevardmedien (einschließlich Biolek), vor allem für autistische oder zerebral geschädigte Kinder andient.[834] Über einen sogenannten *Dolphin-Aid e.V.* in Düsseldorf werden die Kinder nach Florida verbracht, wo sie zwei Wochen lang täglich für einige Zeit mit Schwimmflügeln in ein Becken mit ausrangierten Show-Delphinen gesetzt und von diesen ein wenig herumgezogen werden. Die Kosten liegen bei rund 24.000 Mark pro Kind. Unabhängig von dem Erlebniswert an sich (vor allem für die Begleitpersonen) hat derlei „Delphin-Therapie" keinerlei nachweisbaren Effekt. Die Behauptung des Autorennfahrers Prinz Leopold von Bayern, der als Schirmherr von *Dolphin Aid* fungiert, die Delphine besäßen irgendwelche höheren Diagnostik- oder Heilkräfte („Das Tier geht gezielt auf den Einzelnen ein. Wie bei Ultraschallwellen kann es sofort feststellen, welche Probleme das Kind hat." [835]), sind Unfug: Delphine verfügen, entgegen ihrer nachgerade mystischen Verklärung als Symboltiere der New-Age-Bewegung,[836] über keine der ihnen angedichteten Fähigkeiten; sie sind nicht wesentlich intelligenter als Hunde (und werden genauso abgerichtet).[837] Im übrigen ist das Halten von Delphinen in Betonbecken - ob nun für Zirkusshows oder für *Dolphin-Aid* - nichts als widerliche Tierquälerei (die in merkwürdigem Kontrast steht zum Spiritualitätsgefasele der Delphinverehrer). Kontakt zu Tieren *kann* eine Therapie unterstützen, allerdings nur, wenn er über einen längeren Zeitraum hin als *Beziehung* angelegt ist; eine einmalige Begegnung wie in der Menagerie bewirkt gar nichts.

Als szeneüblicher Schnickschnack müssen auch die Abenteuer- und Selbsterfahrungsreisen gewertet werden, die „geistigen Kontakt" zu Delphinen „in ihrer natürlichen Lebenswelt" versprechen, wie sie etwa das *Institut für Multidimensionales BewußtSein* bei Nürnberg („Celebration: Schwimmen und Tauchen mit Delphinen in Israel") oder der hessische Veranstalter *Kronberger Seminare e.V.* („Meditation in der Schwingung der Delphine auf Hawaii") anbieten. Zwei Wochen zu 5.145 Mark.

5.11.7. Shiatsu

Unter Shiatsu ist eine Mitte der 1920er in Japan erstmals vorgestellte (angeblich aber auf über zweieinhalbtausendjähriger taoistischer Heilertradition fußende) Akupressurmethode zu verstehen, bei der vor allem mit dem Daumen, aber auch mit den sonstigen Fingern, mit dem Ellbogen, den Knien und Füßen Druck (je fünf bis sieben Sekunden) auf bestimmte Punkte des „Energieflußsystems" im Körper des Behandelten ausgeübt wird (je nach Schule gibt es zwischen 360 und mehr als 1000 solcher Punkte). Ziel ist es, Blockaden der in bestimmten Bahnen oder Kanälen fließenden Energie (jap. = Ki) aufzulösen bzw. deren Zirkulation zu stimulieren. Shiatsu (jap. = Fingerdruck) bezieht sich insofern auf Vorstellungen, wie sie aus der chinesischen Akupunkturlehre bekannt sind.

In Europa bzw. im deutschsprachigen Raum trat Shiatsu erst Ende der 1970er in Erscheinung, bekannt gemacht durch einen umtriebigen Japaner namens Wataru Ohashi (*1944), der das Verfahren in zahllosen Workshops und Kursen sowie einer Unzahl an Artikeln und Buchpublikationen einer breiten Öffentlichkeit nahebrachte.

Im Zuge seines enormen Erfolges legte Ohashi zunehmend unerträgliche Guru-Allüren an den Tag, die ihn gegen Ende der 1980er zu einer szeneintern äußerst umstrittenen Figur werden ließen. Sein Verfahren, auch als Zen-Shiatsu oder als Ohashiatsu bekannt, zählt indes nach wie vor zu den in Alternativheilerkreisen weitestverbreiteten Ansätzen körperorientierter Arbeit. (Die im deutschsprachigen Raum tätigen Shiatsu-Praktiker wurden mehrheitlich von Ohashi selbst ausgebildet, der Rest in erster Linie von Rajneesh-Sannyasin, die sich umgehend dessen profitversprechenden Ansatzes bemächtigt hatten.)

Shiatsu wird seit je als eigenständiges Therapieverfahren angepriesen, das sich, vor dem Hintergrunde jahrtausendealter Überlieferung, seit Jahrzehnten ausgezeichnet bewährt und zudem als völlig risikofrei herausgestellt habe. Millionen von Patienten mit einer Vielzahl chronischer und akuter Krankheitsbilder, selbst in schulmedizinisch „austherapierten" Fällen, seien erfolgreich damit behandelt worden, von Asthma und Neurodermitis hin zu Immunschwäche- und Stoffwechselerkrankungen jeder Art; vor allem aber bei Depressionen, Schlafstörungen und Impotenz habe sich Shiatsu als Mittel der Wahl erwiesen.[838] (In der Tat scheint das zentrale Anliegen des Shiatsu - zumindest das Tokujiro Namikoshis, der 1925 das erste Shiatsu-Institut in Tokio gegründet hatte - darin zu liegen, den „Verlust der sexuellen Kräfte zu verhindern": Eine Vielzahl der vorgestellten Techniken dreht sich ausschließlich um das „eheliche Geschlechtsleben": „Druck auf die Magengrube mit drei Fingern [zehnmal während je fünf Sekunden] belebt die Lendengegend und trägt zur Hebung der Potenz bei", desgleichen „fester Druck zuerst rund um den After und dann auf das Perineum [zwischen dem After und den Genitalien]". Vorbeugend empfehle sich regelmäßig „festes Drücken der Hoden - einmal für jedes Lebensjahr". Darüberhinaus führt Namikoshi eine ganze Reihe an „Maßnahmen bei Frigidität der Frau" auf: „1. Die Frau nehme Bauchlage ein. 2. In Richtung nach abwärts drücke man mit dem ganzen Gewicht beidseitig auf den 3., 4. und 5. Lendenwirbel. 3. Dann übe man sanften Druck auf die Punkte auf dem Gesäß aus (gemeint sind je vier Punkte auf beiden Seiten des Kreuzbeins, C.G.). 4. Man schließe mit einer gründlichen Shiatsu-Behandlung der Vorderseite des Halses über der Schilddrüse, der Brüste und der Innenseite der Schenkel". Druck auf die Schilddrüse trage im übrigen auch zur „Vergrößerung der Brüste" und damit zur Steigerung der weiblichen Attraktivität bei. Schon vor über viertausend Jahren, so Namikoshi, sei „instinktiv" entdeckt worden, daß Frauen auf diese Weise „ihren Liebreiz und die Neigung ihres Herrn und Gebieters erhalten konnten".[839])

Für die behauptete Wirksamkeit des Shiatsu (in chinesischer Variante als Tuina [und in Abgrenzung zu Ohashi auch als „Shendo", „Energy-Point-Massage" oder „Premoprehension-Therapy"] bekannt) gibt es keinerlei Beleg, auch für die Existenz der angenommenen Meridiane und Akupunkturpunkte bzw. des angenommenen Energieflusses fehlt bis heute jeder tragfähige Nachweis.[840] Unabhängig von allemal möglichen Entspannungs- und/oder Placeboeffekten des Shiatsu: Einzelne Anweisungen, beispielsweise der Druckausübung auf die Schilddrüse, sind (ganz abgesehen von Namikoshis sexistischen Ausfällen) als äußerst gefährlich zu werten.

Nicht unerwähnt bleiben darf an dieser Stelle das sogenannte Kuatsu, ein dem Shiatsu eng verwandtes Akupressurverfahren, das vor allem in Kampfsportkreisen gelehrt wird (⇨ *Budo*). Sollte, wie es in einem Lehrbuch Meister Deshimaru Roshis heißt, ein Kämpfer durch die Folgen eines „falschen Schlages" (?) das Bewußtsein verloren haben oder sein Herzschlag aussetzen, so müsse man nur „lange und kräftig den Punkt Gokoku drücken", genau zwischen Daumen und Zeigefinger. Der Bewußtlose wache dadurch sofort wieder auf. Sollte er indes nicht aufwachen, sei ein anderer Punkt zu drücken, der „Kikai-Tanden, etwa sechs bis sieben Zentimeter unter dem Nabel gelegen". Dies wirke mit hundertprozentiger Zuverlässigkeit. Ein Meister des Kuatsu, so Deshimaru Roshi weiter, könne mittels einer besonderen, allerdings geheimgehaltenen Technik sogar „jemanden wieder aufwecken, der gerade eben gestorben ist“.[841] Interessant sind auch die Kuatsu-Anweisungen von Karate-Großmeister Horst Weiland (der wesentlich zur Verbreitung fernöstlichen Kampfsports im Westen beigetragen hat): „Durch Würgen oder Schlag auf den Kehlkopf wird der Kehlkopf eingedrückt. Verletzten aufrecht stehen lassen, eine Hand im Nacken und von vorne mit der anderen Hand kräftig und kurz auf die Schädeldecke schlagen“. Diese Technik wirke weit über die energetische Ebene des Ki hinaus, denn: „Durch Stauchung der Wirbelsäule springt der Kehlkopf wieder in seine Normallage.“[842]

5.12. Budo

Budo oder Bushido bedeutet, aus dem Japanischen übertragen, soviel wie „Weg des Kriegers“. Es sind darunter zusammenfassend die verschiedenen Disziplinen „Fernöstlicher Kampfkünste“ (Judo, Karate, Taekwondo usw.) zu verstehen, die seit Ende der 1960er Jahre auch im deutschsprachigen Raum Fuß fassen konnten.

Die einzelnen Nahkampfdisziplinen des Budo wurden erst gegen Ende des 19. und zu Beginn des 20. Jahrhunderts zu in sich geschlossenen Systemen zusammengefaßt, ihre Entwicklung diente ausschließlich militärischen Zwecken. (Das im deutschsprachigen Raum weitverbreitete Taekwondo etwa wurde erst in den 1950er Jahren im Zuge des Korea-Krieges entwickelt.) Heute gilt Karate- oder Taekwondo-Training weltweit als fester Bestandteil der Ausbildung von Militär- und Sicherheitskräften. Zunehmender Verbreitung erfreuen sich diese Kampfformen auch als Sportdisziplinen, 1988 kam Taekwondo sogar zu olympischen Ehren. Neben den (inhaltlich einander weitgehend identischen) Kampfsystemen des sogenannten „harten“ Budo wie Karate, Taekwondo oder Kung-Fu (bzw. Wing-Tsun), deren Wesentliches aus im Ernstfalle tödlichen Fauststößen und Fußtritten besteht, sind auch die Kampfformen des sogenannten „sanften“ Budo wie Judo oder Aikido weitverbreitet, bei denen Hebel-, Wurf- und Würgetechniken im Vordergrund stehen (darüberhinaus gibt es zahllose Mischformen wie etwa Jiu-Jitsu, Hap-Ki-Do, Kun-Tai-Ko usw.). Neben den Disziplinen waffenlosen Nahkampfes zählt auch Kobudo zum fernöstlichen „Weg des Kriegers“: das Erlernen des Umganges mit traditionellen Waffen wie etwa dem Schwert oder der Lanze; aber auch und vor allem: das Training „straßenkampftauglicher“ Waffen wie Nunchaku (Schlag-/Würgeholz) oder Butterfly-Messer.[843]

Über die Bedeutung von Budo als Sport beziehungsweise als sportive Methode der Selbstverteidigung hinausgehend, stellen seit Mitte der 1970er Jahre auch psycho- und körpertherapeutische Modelle ganz ausdrücklich auf die asiatischen Kampfkünste ab. Wie bei so vielen „Therapie“-Experimenten gilt auch hier als Vorreiter vor allem die Bewegung um den indischen Sekten-Guru ⇨ Bhagwan-Osho Rajneesh, in der die *Martial Arts* (engl. = Kriegskünste, benannt nach dem römischen Kriegsgott Mars) von jeher eine bedeutende Rolle spielten. Unter therapeutischen Gesichtspunkten praktiziertes Budo versteht sich vor allem als „Katalysator“ in der Arbeit mit „ausdrucksgehemmten“ Menschen. Das massiv nach außen gerichtete aggressive Handeln, das Schlagen und Treten in einen Sandsack oder Gegner, beschleunige jedweden therapeutischen Prozeß: Hemmungen, fordernd auf die Welt oder andere Menschen zuzugehen, bauten sich dabei ab, an ihrer Stelle entstehe gesundes Selbstbewußtsein. Gleichzeitig vermittle die Übung des Budo einen kontrollierten Umgang mit Aggression. Durch die absolute Konzentration auf den gegenwärtigen Augenblick, in einem Freikampf etwa oder beim Zerschlagen eines Dachziegels, diene Budo zudem meditativer Selbsterfahrung in den Grenzbereichen der eigenen Möglichkeiten. Die Einbindung des Budo in die spirituellen Traditionen des Ostens belege seinen meditativen und letztlich auch zutiefst friedfertigen Charakter.[844] In den Worten von Budo-Autor Michael Grundmann: „Die asiatischen Kampfsportarten wollen (...) einen langfristigen Erziehungsprozeß in Gang setzen. (...) Wir können die tiefere Qualität dieser Sportarten nicht begreifen, wenn wir im Karate, Judo oder Kung-Fu nur Körperaktionen sehen wie Treten, Schlagen und Werfen. (...) Es erfordert ein starkes Nach- oder Umdenken, wenn man solche Kampfkunstmaximen hört wie 'Durch Schlagen zum Frieden' oder 'Die Niederlage ist ein Sieg'."[845]

Ob das Training fernöstlicher Faustschläge und Fußtritte tatsächlich zu einem bewußteren oder kontrollierteren Umgang mit aggressiven Impulsen beiträgt, steht zu bezweifeln. Naheliegender ist vielmehr, daß Budo auf Gewalt als prinzipielle Option im Umgang mit Konflikten nachgerade konditioniert.[846] Die These, durch Selbstverausgabung in harter sportlicher Betätigung ließen sich aggressive Energien auf harmlose Weise abbauen (Katharsis-Hypothese), wird inzwischen nicht mehr ernsthaft vertreten; diese auf den biologistischen Verhaltensforscher Konrad Lorenz zurückgehende Vorstellung gilt längst als widerlegt.[847] Das Erleben höchster Konzentration bei einem Bruchtest oder die Selbsterfahrung der totalen Erschöpfung nach tausend hintereinander ausgeführten Fauststößen lassen sich, unabhängig von der Frage, wozu das gut sein soll, auf weniger ambivalentem Wege auch erzielen.

Angeblich liegt der besondere Wert der Budo-Kampfdisziplinen begründet in ihrer Jahrtausende zurückreichenden inneren Verbindung zu den Traditionen des Taoismus und des (Zen-)Buddhismus.[848] Obgleich solche Verbindung durch nichts belegt ist - all die Behauptungen über die „wahren und tiefen spirituellen Wurzeln der Kampfkünste"[849] sind reiner Mythos, mit dessen Hilfe deren gänzlich unsublimiertes Gewaltwesen sich vorzüglich kaschieren läßt -, wurden die *Martial Arts* im Zuge der New-Age-Bewegung zum hervorragenden Medium therapeutischer Selbstfindung hochstilisiert. Vor allem Karate hatte es der Szene angetan, in zahllosen Kursen und Workshops begab man sich ab Ende der 1970er auf den „Weg der leeren Hand" (jap. = Karate-Do) und die Suche nach der geheimnisvollen Kraft des „Ki" (auch als „Qi" oder „Chi" bekannt ⇨ *T'ai Chi)*, die sich auf diesem freisetze. Mit Hilfe dieser Kraft sei es dem Geiste möglich, jede Materie zu beherrschen, seien „solch extreme Leistungen, wie das Durchschlagen von Granitblöcken mit der bloßen Hand erklärbar"[850]; selbst die Kunst, sich zu dematerialisieren und an anderem Orte wieder zusammenzusetzen, vermittle sich in der Übung des Budo.[851] Ein „Dipl. Lebensberater" Peter Helmut Weck etwa veranstaltete Wochenendseminare, bei denen man zusammen mit der koreanischen Kampfkunst des Taekwondo auch die Kunst der Telepathie erlernen konnte; zwei Tage inklusive ⇨ Feuerlauf: 980 Mark.[852]

Für die Kampfsportszene in „normalen" Vereinen und Sportschulen, die sich seit jeher dem (vermeintlich ungerechtfertigten) Vorwurf der Verherrlichung und Förderung von Gewalt ausgesetzt sah - Karate-Weltmeister Jeff Speakman beschreibt seinen „Sport" durchaus treffend: „Wir lernen, wie man Knie bricht, Gelenke zerschlägt, Augen eindrückt und Kehlen zerreißt"[853] -, kam das Interesse des New-Age sehr gelegen, brachte es doch eine Fülle neuer und schlagkräftiger Gegenargumente mit sich. Selbst ein knallhartes Kampfsport-Magazin wie das amerikanische *Inside Karate* klärte seine Leserschaft auf: „Kampfkünste, gleich welcher Disziplin, sind ein spirituelles Unterfangen. Kampfkünste und Spiritualität sind so untrennbar wie Feuer und Hitze. Die Kampfkünste ohne spirituelle Grundlage sind wie ein Gesicht ohne Augen; der Geist jedoch der Kampfkünste kann nicht gelehrt werden, er muß durch das Selbst begriffen werden und dies erfolgt nur nach langem Studium und langer Meditation."[854] Wer Zweifel an solch „wahrer und tiefer Spiritualität" hege, so der koreanische Taekwondo-Großmeister Kwon in bezeichnender Apodiktik, sei schlicht unreif für deren Verständnis.[855] Albrecht Pflüger, Leitfigur der bundesdeutschen Szene, beschreibt Budo als einen „Weg zur körperlichen und geistigen Meisterung des ICH's" [sic!].[856] Was darunter zu verstehen ist, erläutert Zen-Meister Deshimaru-Roshi: „In den Kampfkünsten muß man die Elemente und die Erscheinungsformen durchdringen und nicht an ihnen vorbeigehen. In diesem Sinne sind die Kampfküste ausgesprochen männlich, denn der Mann durchdringt die Frau. Im Kampfe muß der Geist sein wie der Mond, doch der Körper und die Zeit ziehen vorbei, wie der Lauf des Wassers. Will man die Beziehungen zwischen Geist, Bewußtsein und dem wahren ICH erklären, so ist dies genau wie die Beziehung zwischen dem Mond, seinem Spiegelbild und dem Wasser der Flusses. (...) Das Wesen unseres Geistes, unseres ICH, ist genauso wie das Spiegelbild des Mondes auf dem Wasser. Dieses tiefe Wissen unseres ICH ist Buddha."[857] Das Herumgestochere im Metaphysischen nahm immer groteskere Züge an. In einem Text der Münchner Volkshochschule zur „Psychologie des Taekwon-Do" hieß es beispielsweise: „Die Entspannung zwischen materieller und immaterieller Welt ermöglicht in der körperlichen Übung und Ausbildung den geistigen Aufstieg in dem die Gleichartigkeit naturhafter und geistiger Gesetze in der Transformationsfähigkeit für Übungen zum Ausdruck kommt."[858]

Der eklatante Widerspruch zwischen dem wortreich beschworenen „meditativen" Charakter des Budo und der ausgesprochen rohen und chauvinistischen Trainingspraxis, die zumindest den „harten" Disziplinen unvermeidbar zueigen ist, ließ Karate relativ schnell wieder aus den Programmheften verschwinden; zumal sich rasch herausstellte, daß das Erlernen auch nur ansatzweise „brauchbarer" Fauststöße und Fußtritte - ganz offenbar ging es vielen Budo-Begeisterten weniger um höhere Selbsterkenntnis, als vielmehr um den instantanen Erwerb überlegener Schlag- und Durchsetzungskraft - in einem Wochenendkurs nicht zu bewerkstelligen war. In den „spirituellen" Zentren, in denen langfristige *Martial-Arts*-Ausbildung nach wie vor angeboten wird, gibt man sich heute keine große Mühe mehr, deren offenkundigen Wehrsport-Charakter zu kaschieren: Es geht um individuelle Kampfesertüchtigung - vielleicht auch Lust an Gewalt - und sonst gar nichts. Unverhohlen werden auch Schutzstaffeln für die eigene Einrichtung oder Organisation herangebildet: „Osho-Do" beispielsweise, eine in Rajneesh-Gruppen praktizierte Kombination aus verschiedenen knochenharten Budo-Disziplinen, beschreibt sich als „moderne Kampfkunst, (...) geboren aus der Notwendigkeit unsere Gemeinschaft nach außen zu verteidigen".[859]

> Auch Judo als angeblich „sanfte" Kampfsportdisziplin kann von der grundsätzlichen Kritik an den *Martial Arts* nicht ausgenommen werden. Wie Olympiasieger Frank Wieneke, heute Judo-Bundestrainer, in einem Interview offenbarte: „Wenn ich Sport treibe, bin ich ein anderer. Mein Gegner war für mich immer nur ein Gerät, das war nie ein Mensch für mich, den habe ich nie als Mensch gesehen, da hat er schreiend vor mir liegen können. (...) Ich habe auch schon Leuten die Bänder am Arm gerissen und hatte Leute im Armhebel und habe die so weit durchgebogen, bis ich die Sehnen habe zischen hören. Pomm, pomm geht das."[860] Dazu passend das Standardargument der Verbandsfunktionäre: Wem derlei nicht passe, der dürfe halt keinen Kampfsport ausüben: „Judo fordert den ganzen Menschen einschließlich der Risikobereitschaft, sich dabei zu verletzen und ggf. das Genick zu brechen." Die Regel verbiete keinen Würgegriff, also liege es „nicht in der Verantwortung des einen Kämpfers, daß der andere Kämpfer bewußtlos wird, sondern dies ist eine logische Folge im Judokampf".[861] Die Rechtsprechung schlägt sich auf die gleiche Seite: Wer die Regeln einer Kampfsportart durch seine Teilnahme anerkenne, müsse auch die möglichen Risiken durch das Verhalten des jeweiligen Gegenparts hinnehmen; bei einer Kampfsportart müsse von den Ausübenden eine fahrlässige Körperverletzung in Kauf genommen werden.[862] Nicht wenige Judo- oder Karatekämpfer mußten die Begeisterung für ihren „Sport" mit bleibenden körperlichen (vor allem zerebralen) Schäden - einige gar mit ihrem Leben - bezahlen.[863]

Für die „übernatürlichen" Fähigkeiten, derer Budo-Kämpfer teilhaftig sein sollen - ein Mythos, der durch zahllose drittklassige Kung-Fu-Filme genährt wird, in denen unverwundbare Akteure aus dem Stand und mit mehrfachem Salto auf meterhohe Hausdächer zu springen oder tonnenschweres Felsgestein zu stemmen in der Lage sind -, fehlt jeder Beleg.[864] Beim Zerschlagen von Steinplatten oder Verbiegen von Eisenträgern, wie dies auch von fahrenden Zirkustruppen, meist im Gewande von (Shaolin-)Mönchen, vorgeführt wird, sind stets simple Showtricks im Spiel.[865]

> Der Mythos der unbesiegbaren (Shaolin-)Kämpfer läßt sich historisch herleiten. Er steht in Zusammenhang mit dem ab Ende des 17. Jahrhunderts über mehrere Generationen hinweg ausgefochtenen Guerillakrieg Chinas gegen die Besatzungsherrschaft der Mandschu, der in erster Linie von den buddhistischen Klöstern des Landes aus organisiert worden war. Es wurde dort ein Riesenheer an Untergrundkämpfern ausgebildet, das den Mandschu erbitterten Widerstand leistete. Es ging dieser Wehr allerdings weniger um Hilfe für die unterdrückte Landbevölkerung, wie der Mythos gerne behauptet, als ausschließlich um die Verteidigung der monastischen Pfründe und Machtressorts. Mit irgendwelcher Spiritualität, wie der Mythos gleichfalls behauptet, hatte das paramilitärische Training nicht das geringste zu tun. Zu den pro-

minentesten Klöstern des Landes zählte seit je das im Jahre 495 u.Z. begründete Kloster Shaolin (in der heutigen zentralchinesischen Provinz Henan), das insofern zum Inbegriff des Kung-Fu-Mythos wurde. In den ab Anfang der 1970er produzierten Machwerken der Hongkonger Film-Industrie wurde dieser Mythos aufgegriffen (z.B. „Die 36 Kammern der Shaolin") und ins gänzlich Groteske verzerrt.[866] In der hiesigen Esoterikszene als „Experten des Shaolin-Kung-Fu" (wahlweise auch des „Shaolin-Qi-Gong") auftretende Kursleiter wie Shi De Ren oder Shi Xing Gui haben mit der Tradition des Klosters von Shaolin nichts zu tun. Ähnlich wie die durch die Lande ziehenden Showtruppen vermarkten sie schlicht den Mythos, der sich darum rankt.

Seit geraumer Zeit hat man auch in Managerkreisen die besonderen Werte des Budo für sich entdeckt, vornehmlich die des Ken-Do, der „Hohen Schule des Schwertkampfes". Abgeschaut von japanischen Top-Managern, bei denen solches seit jeher zur nationalen Gepflogenheit zählt, staffiert man sich zunehmend auch hierzulande zum Feierabend-Samurai, um sich unter martialischem Gebrüll gegenseitig ein Holzschwert um die Ohren zu hauen. Vielzitierte „philosophische" Grundlage hierfür ist ein Text des Samurai-Kriegers Myamoto Musashi (1584-1645), das sogenannte *Go Rin No Sho* oder *Buch der Fünf Ringe*. Die Samurai-Tugenden, die dem einzelnen Manager beim Ken-Do-Kampf eingehämmert werden, entsprechen idealiter jenen, die ihn als ebensolchen qualifizieren: Einsatzbereitschaft, Durchsetzungs- und Siegeswillen bis zum Äußersten, intuitive Kampfreflexe und Skrupellosigkeit.[867] Der Augsburger ⇨ „Mental-Trainer" Toni Fedrigotti, Leiter eines *Instituts für Strategisches Selbst-Management*, wirbt für seine Drei-Tage-Seminare (650 Mark) ausdrücklich als „Meister des 5. Dan im Taekwondo", als welcher er die Teilnehmer zu „visionärer Zielsetzung mit Power" zu führen verspricht.[868] (Über seinen *Axent*-Verlag vertreibt Fedrigotti zudem ⇨ positivdenkerische Literatur und *subliminal tapes* [u.a. von Erhard Freitag].) Als besonderer Gönner und Förderer des Budo tat sich zu Lebzeiten der damalige bayerische Ministerpräsident Franz-Josef Strauß (CSU) hervor; Ex-Verteidigungsminister Gerhard Stoltenberg (CDU) brachte seinerzeit seinen Stolz darüber zum Ausdruck, daß unter seiner Ägide Budo auch in die Bundeswehr Einzug gehalten habe.[869]

Die in der Psychoszene gelegentlich anzutreffenden Kampfkunstformen des Capoeira (Brasilien), Escrima (Philippinen) oder Gatka (Indien) unterliegen derselben Kritik wie Karate oder Taekwondo.[870]

5.12.1. Aikido

Von Hause aus in „spirituellem" Drapé verkauft sich die Disziplin des Aikido. Der Name dieses hochspezialisierten Nahkampfsystems bedeutet soviel wie „Weg der Harmonisierung kosmischer Energie". Entwickelt zu Beginn dieses Jahrhunderts von dem Japaner Morihei Uyeshiba (1883-1969) diente Aikido zunächst ausschließlich militärischen Zwecken. Uyeshiba hatte sein Kampfsystem allerdings von Anfang an mit einer derartigen Fülle an buddhistischen und taoistischen Mystizismen umnebelt, daß dessen militärischer Charakter weitgehend verborgen blieb; dem oberflächlichen Betrachter muß Aikido als Quelle des Seelen- und Weltfriedens schlechthin erscheinen.[871]

Im deutschsprachigen Raum wird Aikido seit Ende der 1960er Jahre betrieben, eingeführt von Großmeister Katsuaki Asai. Aikido versteht sich als Paradedisziplin des sogenannten „sanften" Budo, im Gegensatz zu den „harten" Disziplinen (Karate, Taekwondo, Kung-Fu) kommt ihm das gepflegte Image besonderer Aggressions*losigkeit* zu. Es werden keine Schläge oder Fußtritte eingesetzt, vielmehr läßt der Aikido-Kämpfer den Gegner durch geschickte Ausweichbewegungen ins Leere laufen oder setzt ihn mittels raffinierter Wurf- und Hebeltechniken außer Gefecht. Bei alledem, so heißt es, wende Aikido lediglich die aggressive Energie des Angreifers gegen diesen selbst zurück, sei also eine rein defensive Kampftechnik. Ernsthafte Verletzung des Gegners sei völlig ausgeschlossen.[872] Weit mehr noch als die anderen Disziplinen des Budo stellt Aikido auf die Entwicklung kosmischer Ki-Kräfte (= Chi) ab, die es angeblich erlauben, einen Gegner zu kontrollieren oder auch zu töten, ohne ihn zu berühren.[873]

Die Aikidostunde wird in der Regel mit einer kurzen Meditation eingeleitet. Nach Anweisung des Lehrers werden bestimmte Bewegungs-, Balance- und Koordinationsübungen durchgeführt, die zunächst alleine und dann mit einem Partner trainiert werden. Wesentlicher Bestandteil des Trainings ist die „Fallschule", in der geübt wird, aus jeder Position zu Boden zu fallen und den Körper „abrollen" zu lassen. Einzelne Kampf-, Ausweich- und Falltechniken werden durch fortlaufende Wiederholung „automatisiert", Ziel ist der „freie Kampf", der möglichst emotionslos vonstatten gehen soll: Der wahre Kämpfer, wie es in einer einschlägigen Publikation heißt, sei befähigt, „mit demselben Gleichmut einen Menschen zu töten wie ein Hühnchen zu schlachten".[874] Neben dem waffenlosen Kampf werden im Rahmen von Aikido-Training auch Schwertziehen (Iai-Do), Schwertkampf (Ken-Do) und Bogenschießen (Kyu-Do) geübt.

All das „metaphysische" Brimborium, das in den Aikido-Dojos (jap. = Übungshalle) kultiviert wird - vielfach ist ein eigener Shinto-Altar mit Weihestätte für Uyeshiba aufgebaut -, täuscht allerdings nicht darüber hinweg, daß auch hier eine hochaggressive und aggressionsfördernde Disziplin militärischen Nahkampfes trainiert wird. Der Unterschied zu den *offensichtlich* aggressiven Formen der asiatischen „Kriegskünste" besteht in erster Linie darin, daß das Gewalttätige nicht so sehr ins Auge springt. In seiner „harten" Variante des sogenannten Yoshinkai-Aikido fällt auch dieser Unterschied weg.[875]

5.13. Channeling

Channeling ist eine moderne Form medialer Kontaktaufnahme mit jenseitigen Wesenheiten. Geht es den „klassischen" spiritistischen Zirkeln in erster Linie um Kommunikation mit den Seelen verstorbener Verwandter oder Bekannter, wird beim Channeling eine Verbindung mit „höheren Ratgebern" gesucht. Das Medium verfällt hierbei in eine Art Trance und dient als Übermittler oder „Kanal" (amerik. = channel) für das jeweilige „höhere Wesen", das sich nun durch seinen Mund in verschiedenen Offenbarungen und Ratschlägen mitteilt. In erster Linie wird medialer Kontakt hergestellt zu Gott, Christus oder Maria, daneben auch zu den Erzengeln oder verschiedenen Heiligen. „Erleuchtete Meister" wie Leonardo, Goethe oder

Gandhi werden ebenso „gechannelt", wie C.G. Jung, Einstein oder John Lennon. Verschiedene Medien kontaktieren angeblich höhere Intelligenzen von anderen Planeten oder Galaxien, gelegentlich auch Außerirdische, die in UFOs die Erde umkreisen.

Seit Anfang der 1980er Jahre im deutschsprachigen Raum das sogenannte „Seth-Material" veröffentlicht wurde, umfängliche Botschaften aus dem Jenseits, erlebt Channeling einen ungeheueren Boom. Immer neue Bücher mit „gechannelten" Botschaften bekannter und unbekannter Geistwesen füllen den Markt. Neben allgemeingültigen Ermahnungen, Belehrungen und Warnungen, beispielsweise in Hinblick auf Weltkriege oder Naturkatastrophen, beziehen sich die Aussagen „live" auftretender Channelingmedien auch auf sehr persönliche Fragen und Probleme des einzelnen Ratsuchenden. Channeling versteht sich ausdrücklich als spirituell-psychologische Hilfestellung, der weitaus höhere Wertigkeit zukomme als herkömmlicher Therapie.[876]

Besagtes Seth-Material, so die Legende, besteht aus den Durchsagen eines jenseitigen Wesens, das sich erstmalig 1963 zu Gehör gebracht habe. Als Medium sei ihm die amerikanische Kurzgeschichtenschreiberin Jane Roberts (1929-1984) zu Diensten gewesen, der es zunächst als Geist eines unlängst an ihrem Wohnort verstorbenen Englischlehrers erschienen sei; später dann habe es sich als Teil einer sehr viel umfänglicheren „Energiepersonalessenz" vorgestellt, die als Seth (nach dem ägyptischen Gott, der Osiris tötete und in Stücke riß) bezeichnet zu werden wünsche. In wöchentlich zweimaligen Sitzungen teilte Seth durch die jeweils in Trance verfallende Roberts jede Menge jenseitiger Erkenntnisse mit, die von deren Ehemann stenographisch aufgezeichnet und ab 1966 regelmäßig publiziert wurden. (Mit dem Tod von Jane Roberts im Jahre 1984 war die Seth-Manie keineswegs beendet: Bis heute werden immer neue, angeblich noch nie zuvor veröffentlichte Botschaften des „bedeutendsten metaphysischen Lehrers des 20. Jahrhunderts" auf den Markt gebracht.[877])

Zu den endlos ausgewalzten Botschaften Seths gehörte die Offenbarung, daß jeder Mensch durch sein Denken seine eigene Wirklichkeit erschaffe; desweiteren, daß jeder Mensch ein multidimensionales Wesen sei, das zugleich in einer Vielzahl von Wirklichkeiten lebe. Auch Gott sei von multidimensionaler Existenz, der Mensch sei allerdings zu beschränkt, dies zu begreifen. Gleichwohl er unzählige Male wiedergeboren werde, erfahre der Mensch sämtliche Leben gleichzeitig, Vergangenheit, Gegenwart und Zukunft fielen im Jetzt zusammen. In weiteren endlosen Tiraden ließ Seth sich über den „dreieinigen Christus" aus, der das „innere Selbst" repräsentiere, im Gegensatz zu den Hauptcharakteristika des „egoistischen Selbst", die repräsentiert seien durch die zwölf Apostel, aufgespaltene Persönlichkeitsanteile Christi, der im Jahre 2075 in seiner dritten Person auf die Erde zurückkomme.[878]

Seths Botschaften wurden keineswegs, wie man hätte annehmen können, als aufgespaltene Persönlichkeitsanteile Roberts' gewertet, sondern von einer begeisterten Leserschaft zur Offenbarung schlechthin verklärt: *Gerade* ihres „spirituellen Tiefganges" wegen konnten sie auf keinen Fall von Roberts selbst stammen, mußten also tatsächlich von einer jenseitigen Wesenheit übermittelt worden sein. Auch den ungezählten Nachfolgern und Trittbrettfahrern, die mit gechannelten Botschaften jeder nur erdenklichen Entität aufwarteten, wurde unbesehen „Authentizität" attestiert.

Die Dethlefsen-Schülerin ⇨ Bozenka Venediger (*1945) beispielsweise channelt ein Geistwesen namens „Aaron", das durch sie „Neueste Nachrichten aus dem Makrokosmos" übermittelt: „Alle Lebewesen, die sich in die göttliche Ordnung durch ihren freien Willen nicht einfügen können oder wollen, fallen aus der Ordnung und werden in die vielen Welten des Makrokosmos, die ihrer jeweiligen Schwingung entsprechen, geworfen. Im Hinblick auf die Erde sind es Menschen, gefallene Engel, also Dämonen, und alle anderen Lebewesen. Je größer die Mißachtung der Ordnung, desto größere Unfreiheit des aus der Ordnung gefallenen Wesens. Die Ordnung in den makrokosmischen Welten wird verwaltet durch das Konzil der Wächter - die höchsten Engel um den Thron Gottes, reine Licht-Wesen, die den göttlichen Willen sofort verwirklichen. Cherubime, Seraphime, Fürsten, Lords, Vorsteher, Genien, Intelligenzen und alle Engelsordnungen sowie noch viele andere Heerscharen des Lichtes. Zu den Vollstreckern des göttlichen Willens gehören selbstverständlich die hoch entwickelten Menschen mit göttlichem Bewußtsein, die Raumschiffe fahren und durch ihre Patrouillen für Ordnung durch Einhaltung der kosmischen Gesetze, auch auf der Erde bekannt, in ganzen Welten sorgen. Sie sind auch das makrokosmische Gericht, das zuständig für Menschen aus allen Welten ist. Diese höchste makrokosmische Regierung sind hochentwickelte Menschen, Meister, Heilige, Adepten und Engel."[879]

Abgesehen von pathologisch verworrenen Ergüssen à la Roberts oder Venediger läßt sich allerdings auch den etwas sinnfälliger vorgetragenen Jenseitsbotschaften keinerlei höhere oder außergewöhnliche Einsicht entnehmen. Bestenfalls stellen sie eine inhaltlich nur lose verbundene Abfolge äußerst simpler, vager und sich ständig wiederholender Ideen und Gedankenfragmente dar. Wie der amerikanische Psychologe James Alcock anmerkt, verzapfen die Channeler durchgängig „den ungeheuerlichsten Schmarren, den man sich nur denken kann, oftmals vorgetragen in kindisch-lachhaftem Akzent und bepackt mit immer den gleichen Klischees".[880]

In den weitverbreiteten Botschaften des (imaginierten) Mohawkhäuptlings ⇨ White Eagle, die dieser aus dem Jenseits über das britische Medium Grace Cooke (1892-1979) verlautbarte, heißt es etwa: „Wir kommen aus den geistigen Welten, um euch eine Botschaft der Liebe und Hoffnung zu bringen. Ihr alle leidet auf vielfache Weise, die einen unter Schmerzen und körperlichem Unbehagen, manche unter seelischen Belastungen und Ängsten. (...) Wir kommen, um euch zu trösten, um euch mit neuem Lebensmut zu erfüllen und um euch zu sagen, daß all die Prüfungen, unter denen ihr leidet, nichts weiter als Lektionen sind, die euch aufgegeben werden, um euch auf ein Land der Schönheit und der neuen Möglichkeiten, ein Land himmlischen Glücks vorzubereiten. (...) Dein schwacher Punkt ist dein Eigenwille. Der Weg ist für alle der gleiche. Jene, zu denen du um Trost und Führung aufschaust, sind denselben Weg gegangen, den auch du jetzt zu gehen hast. Auch sie mußten ihr Selbst bezwingen und das Christuslicht in ihr Leben einströmen lassen. (...) Laß deinen irdischen Verstand daran nicht herumdeuteln. Unterwerfe dich dem göttlichen Gesetz, gib dich hin, und du wirst Frieden und Freude finden. Du wirst nicht mehr daran zweifeln, daß alles in deinem Leben richtig und gut ist."[881] Sowohl in den USA als auch in Europa bestehen zahlreiche *White-Eagle-Lodges*, deren Mitglieder die von Cooke übermittelten Lehren verbreiten. Ebenso wie Krishna, Buddha, Jesus oder Geheimrath von Goethe gehöre White Eagle der „Großen Weißen Bruderschaft" an, einer Riege erleuchteter und ins Nirvana aufgestiegener Meister, deren Aufgabe es sei, die Menschheit in ein „Goldenes Zeitalter" zu führen (⇨ *Braune Aura*). Neben der Ankündigung „goldener Städte voller Seligkeit und Frieden, wie ihr es euch nicht vorstellen könnt", liegt White Eagles Sonderaufgabe offenbar in der Propaganda esoterischer Heilverfahren. Ausdrücklich empfiehlt er Handauflegen und Farbbestrahlung, daneben Astrologie, Bach-Blüten und das Absingen des „White-Eagle-Heil-Mantras".[882] Zahllose ⇨ Wunder- und Geistheiler beziehen sich auf die Autorität des Häuptlings. Cooke, die seit ihrem elften Lebensjahr die Durchsagen White Eagles channelte, also immerhin sechsundsechzig Jahre lang, berichtet in ihren Büchern auch von früheren Inkarnationen als Priesterin bei den Mayas und im alten Ägypten, als welche sie gleichfalls unter dessen spiritueller Tutelage gestanden habe.

Zur Prominenz der bundesdeutschen Channeler-Szene zählt eine gewisse Hildegard Matheika (*1948), die, gemanagt von ihrem Ehemann, im Wohnmobil von einer Esoterikmesse zur nächsten reist. Kurz nach dem Ableben Prinzessin Dianas gab Frau Matheika bereits deren Botschaften aus dem Jenseits durch (ganz offenbar haben parasitäre Existenzen eine besondere Affinität zueinander): Es gehe ihr gut und sie komme bald wieder. Beispielhaft herausgegriffen aus der Unzahl aktueller Channeling-Medien sei letztlich die Münchner Ex-Sekretärin und Heilpraktikerin Gaby Gödel, die seit Mitte der 1990er umfängliche Botschaften aus höherer Dimension in die Welt entläßt. Eine Durchgabe etwa von Erzengel Uriel hört sich folgendermaßen an: „Heilig, heilig, heilig, heilig, heilig, heilig. Wahrlich ich spreche euch - ich, der ich bin der Bote des allgegenwärtigen, ewigen Seins - Uriel. Ich bin die Stimme des allgegenwärtigen, ewigen Seins und entbiete euch das: Gott zum Gruße. (...) Gehet und wisset, niemals, niemals, niemals seid ihr anheim gegeben dem Verlorenen. Niemals, niemals, niemals seid ihr preisgegeben dem Tode. Gehet und glaubet, denn ihr seid das Leben selbst. Gehet in diese Welt und seid die Liebe und das Schwert des Lichtes. (...) Heilig, heilig, heilig. Gott zum Gruße, ihr rechtmäßigen Träger des Schwertes des Lichtes. Gott zum Gruße, ihr, die ihr euch öffnet für das, was ist die Liebe. Gehet und werdet, gehet und seid."[883]

Sektenbegründer leiten ihre Autorität vielfach von gechannelten Botschaften her, die ausschließlich durch sie flössen. Erika Bertschinger-Eicke (*1929) etwa, Leiterin der 1980 von ihr selbst gegründeten christlichen Sekte *Fiat Lux* (lat. = „Es werde Licht"), hält sich für „das einzig noch übriggebliebene Sprachrohr Gottes". Unter dem Sektennamen „Uriella" offenbart sie ihrer Anhängerschaft in regelmäßiger „Volltrance" die Durchsagen Jesu Christi. In diesen ist durchgängig die Rede von drohenden Seuchen, Hungersnöten und Erdbeben, von riesigen apokalyptischen Fluten und verheerenden Feuersbrünsten; vom Erdinnern her breiteten sich dämonische Viren aus, Wasser und Lebensmittel würden vergiftet und im übrigen stehe der dritte Weltkrieg bevor: „Die allerletzte Alarmstufe ist erreicht! Gewaltig werden die Elemente in Aufruhr kommen, so daß es nur mit einem Riesenaufgebot an Engellegionen auch möglich ist, über diese Urgewalten Herr zu werden, die durch Luzifer ins Leben gerufen wurden und von seinen Kumpanen noch im Griff gehalten werden." Rettung liege allein in der „Beugung unter den göttlichen Willen", das heißt: in der „genauesten" Befolgung der durch Uriella sich mitteilenden Botschaften und Weisungen. Da Gott allemal die „innere Loslösung von materiellen Werten" gefalle und zudem „der Wirtschaftszusammenbruch vor dem Schlüsselloch" stehe, sei es von größter Wichtigkeit, alles „Geld von den Konten ab[zu]heben". Unabdingbar sei harte Arbeit, allerdings ohne Einsatz von Maschinen oder Computern, die „für Gott ein Greuel" seien; auch mißfiele ihm, wenn die „Fiat Lüxler" auf Matratzen schliefen. Neben „völliger Enthaltsamkeit" von Alkohol, Nikotin, Koffein und Fleisch, so die Anordnung Gottes, dürften auch keinerlei Medikamente (außer die von Uriella verordneten) eingenommen werden (⇨ *Wunder- und Geistheilung*). Sexualität müsse unbedingt gemieden und stattdessen „geistige Dualliebe" (was immer das sein soll) praktiziert werden: „Heute haben bereits X-x-x-tausende von jungen Mädchen im Alter von 18-22 Jahren schon Unterleibskrebs, weil sie kein enthaltsames Leben führen wollen." Ohnehin seien über zwei Drittel aller Menschen an Krebs erkrankt, allerdings wisse „die Mehrzahl der Erdenbürger gar nicht, daß sie Zellen kanzeröser Natur in ihrem Körper trägt". Wer allerdings „mit beharrlicher Entschlossenheit, Mut, Tapferkeit, Treue, Hingebung und Opfergeist" Gottes Weisungen folge, gehöre zu jenem „Drittel der Menschheit", das „ins Neue Äon hineingenommen" werde.[884] „Jetzt wird selektioniert", verkündet Uriella und beschreibt wortreich die Raumschiffe Gottes, durch die die „Entrückung" der Auserwählten vorgenommen werde: „Diese runden Flugobjekte sind alle unbemannt. Sie werden ferngesteuert, und zwar von den Mutterraumschiffen, auf denen die Kugeln landen werden. Sobald die Tür des betreffenden runden Flugkörpers geschlossen wird - nachdem sich 6 Erdenkinder darin plaziert haben -, wird dieses Flugobjekt durch elektromagnetische Kräfte in eines der zwölf Mutterraumschiffe hinaufgezogen. (...) Diese Kugeln werden auf der ganzen Erde landen. Aufrufe, diese kleinen Raumschiffe zu besteigen, werden dann über eure technischen Medien erfolgen. Damit meine ich Radio, Television und Funk. Ein jedes Menschenkind hat daher die Möglichkeit, gerettet zu werden. Jedoch nur jene werden diesem Appell Folge leisten, die Mein göttliches LICHT in sich tragen. (...) Nur ein solcher Mensch, dessen Körper verfeinstofflicht wurde durch ein Leben nach den Göttlichen Gesetzen, die JESUS CHRISTUS durch Seine Stimme über Botschaften an die Menschen verbreitet, kann in Meine Raumschiffe einsteigen."[885] Probleme bei der Evakuierung könnten lediglich die „Ufos der Nazis" bereiten. (Gleichwohl Uriella die „große Selektion" samt „Entrückung" in einer Durchgabe von 1991 für Ende 1999 prophezeit hatte, suchte *Fiat Lux* Mitte 1999 über eine Kandidatur von Uriella-Ehemann Hermann-Eberhard Eicke für den Gemeinderat des Ortes Ibach im Schwarzwald, an dem das Hauptquartier der Sekte ansässig ist, politischen Einfluß [vor allem auf lokale Immobilientransaktionen] zu gewinnen. Eicke, genannt „Icordo", wurde aufgrund der großen Zahl in Ibach gemeldeter *Fiat Lux*-Anhänger tatsächlich gewählt.)

Auch die bereits zitierte Bozenka Venediger, die in Ebermannstadt ein *Gral-Lichtzentrum für höhere Bewußtseinsschulung* betreibt, weiß von UFOs zu berichten. Diese „unterstehen Jesus Christus und gehören einer Raumflotte an, die für die Errettung der Erde zuständig ist. Ashtar Sheran ist Oberbefehlshaber der Raumflotte von 12.000.000 Raumschiffen, die zu unserer Galaxis gehören. Es gibt aber auch andere Raumschiffe aus anderen Welten und Galaxien, die hierher aus verschiedenen Gründen kommen". Ausdrücklich weist das durch Venediger gechannelte Geistwesen die Menschheit an: „Dazu lesen Sie bitte alle UFO-Bücher aus dem Ventla-Verlag, und lernen Sie Medium zu werden, um durch Telepathie mit Ihrer geistigen Führung und anderen Lehrern aus dem Makrokosmos Kontakt herzustellen." [886]

Channeling ist keineswegs ein Phänomen der neueren Esoterik. In einschlägigen Schriften, und dies nicht zu Unrecht, werden alle Schamanen, Geistheiler und Propheten als „Channeler" bezeichnet, man verweist auf das Orakel von Delphi, auf Moses oder auf Jesus Christus.[887] Als Begründer des „modernen" Channeling gilt der schwedische Geisterseher ⇨ Emanuel Swedenborg (1688-1772), der sich von den Seelen Verstorbener ein komplettes neues Religionssystem diktieren ließ. Der Spiritismus zog in Europa und in den USA weiteste Kreise und erreichte in den Jahren zwischen 1860 und 1920 Ausmaße, die selbst den heutigen Verbreitungsgrad esoterischer Vorstellungen und Praktiken noch bei weitem übertreffen: An jedem Eck und Ende traten selbsternannte Medien auf, die Botschaften aus dem Jenseits übermittelten, das ausgehende Jahrhundert, wie Friedrich Engels lakonisch anmerkte, war der „Geisterklopferei und Geisterseherei anscheinend rettungslos verfallen". [888]

Zu den produktivsten Geisterklopfern ihrer Zeit zählte ohne Zweifel die gebürtige Ukrainerin Helena P. Blavatsky (1831-1891), die, gewissermaßen im Alleingang, die theoretischen Grundlagen der Theosophie entwickelte (⇨ *Braune Aura*). In sieben Büchern und nahezu 1000 Artikeln legte sie ihre Erkenntnisse vor, die ihr, nach eigenen Angaben, überwiegend auf spiritistischem Wege zuteil geworden seien. Das theosophische Standardwerk *Die Stimme der Stille* etwa beruhe auf einer über zweieinhalbtausend Jahre alten Schrift, die, eingraviert in neunzig goldene Tafeln, in einem tibetischen Kloster verwahrt werde. Blavatsky behauptete, sie habe bei einem Besuch dieses (nur in ihrer Phantasie existierenden) Klosters diese Tafeln gesehen, sich den Inhalt von neununddreißig davon gemerkt und später niedergeschrieben. Mit Hilfe höherer Mächte sei sie in der Lage gewesen, den aus alttibetischen Hieroglyphen und Kryptogrammen bestehenden Text zu übersetzen. *Die Geheimlehre* (ein Kolossalwälzer verworren ineinandergeschachtelter Fragmente östlicher und westlicher Esoterik-Traditionen) sei ihr gänzlich von diesen Mächten übermittelt worden. [889] (Der gegenwärtige 14. Dalai Lama im übrigen, selbst Vertreter abstrusester Okkultismen, fördert die Neuherausgabe von Blavatsky-Schriften nach Kräften.)

> Um die Jahrhundertwende waren Kontakte zu Außerirdischen, bevorzugt vom Mars, äußerst populär. Die protokollierte Befragung eines Mars-Geistes über ein Medium aus dem Jahre 1920 liest sich wie folgt:
> F (Fragesteller): Haben Mars und Saturn schon vor der Erde Menschen im Fleische gehabt?
> M (Medium): Ja, es war das gleiche wie bei euch, bloß, daß die Bewohner des Saturns ausstarben und jene vom Mars nur noch in zwei Erdteilen sich befinden, da ihre Atmosphäre so schlecht ist (...)
> F: Haben die Marsmenschen eine hohe Kultur oder sind sie Naturmenschen?

M: Sie haben in Bezug der Gotteserkenntnis mehr Einsicht und Glauben und ihre Technik und Wissenschaft reicht weiter als eure (...)
F: Haben die Marsbewohner Häuser wie wir?
M: Nein, sie haben ihre Paläste im Erdinnern (...)
F: Sind die Marsbewohner kleiner als wir?
M: Nein, im Gegenteil zu euch Riesen, (...) 3 Meter sind oft keine Seltenheiten! (...)
F: Was haben die Marsbewohner für eine Religion?
M: Ja, sie haben eine viel höhere Religion wie ihr, es gibt nur einen Glauben, nämlich so, wie ihr im Katholizismus, aber auf andere Art (...)
F: Wieviele Erdteile hat der Mars?
M: Der Mars hat fünf Erdteile. (...) Zwei davon sind bewohnt, und zwar Eupartus und Lipontus. (...) Die Bewohner brauchen nicht viel zu arbeiten, da diese Erdteile mit ungefähr sieben Millionen Quadratkilometern bemessen sind und die Bewohner zirka 245 Millionen sind (...)
F: Sind die Menschen dort gut?
M: Ja, es gibt gute Menschen dort, da es bei ihnen Gold im Überfluß gibt (...)
F: Haben die Marsbewohner auch Luftschiffe?
M: O, ja (...)
F: Sind ihre Luftschiffe den Zeppelinen gleich oder den Flugmaschinen?
M: Sie sehen den Zeppelinen gleich, bloß daß 20 bis 40 Motoren daran sind und so ein Riese oft 500 bis 700 Meter lang ist (...)
F: Sind die Ärzte in Operationen auch so weit voran?
M: Ja, sie machen solche, aber nur bei Verwundung, Gliederbrüchen usw. Für innere Krankheiten bedienen sie sich der Heilmedien. (...) Sie arbeiten alle mit Medien und Geisterkundgebungen jeden Tag sind nichts ungewöhnliches (...)
F: Können die Marsbewohner auch Lateinisch?
M: Ja, alle! (...)
F: Wie kommen die Marsbewohner zur lateinischen Sprache?
M: Diese Sprache stammt doch vom Mars. Der Marsmensch bestand vor dem Erdenmenschen und durch Eingabe von Geistern wurde sie den Erdenmenschen übermittelt (...).[890]

Heutige Botschaften Außerirdischer, wie sie in einer Flut an Publikationen ihr gläubiges (und zahlungskräftiges) Publikum finden, sind vielfach nichts anderes, als Aufgüsse aus Publikationen der 1920er Jahre; wirklich originelle Beiträge aus dem Kosmos gibt es selten. Von anhaltend hoher Popularität sind seit geraumer Zeit Botschaften aus dem Sternbild der Plejaden - über 400 Lichtjahre von der Erde entfernt -, die durch eine Barbara Marciniak gechannelt werden: Vor langer Zeit schon hätten Invasoren aus dem Weltraum den Planeten Erde in Besitz genommen und seine Bewohner unterworfen. Sie hätten sich als Schöpfer des Universums ausgegeben und sich zu falschen Gottheiten aufgespielt, die gesamte Menschheit sei von ihnen manipuliert und versklavt worden. Die Tage der Ausbeutung und Unterdrückung aber seien gezählt, mit Hilfe jener Erdenbewohner, die zur „Lichtfamilie" gehörten, könnten die Fremdlinge vernichtet und die Erde zu einem „Neuen Morgen" geführt werden.[891] Wen oder was man sich unter den außerirdischen Besatzungsmächten vorzustellen habe, verdeutlicht der Schweizer Eduard „Billy" Meier (*1937), der seit Jahren regelmäßigen Kontakt zu den Plejaden unterhält. Meier, laut Selbstauskunft schon mehrfach mit plejadischen UFOs unterwegs gewesen, betreibt in einer Drei-Häuser-Einöde namens Hinterschmidrüti das sogenannte *Semjase Silver Star Center*, über das er die Zeitschrift *Stimme des Wassermannzeitalters* herausgibt. In dieser Schrift sowie in eigenen „Prophetien" berichtet er von seinen gechannelten Gesprächen mit den Plejadiern, vor allem mit „Semjase", einem weiblichen Wesen, das extra für ihn aus dem Siebengestirn angereist sei. Neben Ankündigungen eines „bestialischen Todes", der der Menschheit bevorstehe, sofern sie sich nicht zum „Rein-Geistigen" wende, müßten in erster Linie die Urheber allen Übels benannt werden: Da gebe es einen „Menschenversklaver-folterer-schänder", der „millionenfachen Tod" bringe und niemand anderer als der Papst sei, der „die Menschheit tief bewußt ins Unglück dammt". Weit schlimmer noch als die „kardinalischen Machenschaften" sei aber der mit diesen verbündete Staat Israel: „Insbesondere bestätigt sich nun auch, was seit altersher gesagt wurde, daß das israelische Volk niemals ein Volk war und sein wird, sondern daß es sich bei dieser Masse Menschen einzig und allein um eine riesenhafte Gruppe ausgearteter und teils verbrecherischer Elemente handelt, die zeit ihres Bestehens auf der Erde nur Unfrieden, Falschheit und Krieg stifteten. Hervorgegangen aus Ausgestoßenen (...) bildeten (sie) das Scheinvolk der Hebräer, der Zigeuner, die sich größenwahnsinnig und aus Selbstsucht und Egoismus ein auserlesenes Volk nannten, das über allen irdischen Völkern eine hocherhobene und beherrschende Stellung einnehmen sollte, Jahrtausende hinweg seine Ziele stets erreichte, jedoch immer nur durch Mord, Brandschatzung, Freundschaftsverrat und Intrigen usw., worin die Israelis, wie sie heute genannt werden, wahre Meister geworden sind." Semjase gibt auch konkrete Anweisungen: „Zu diesem Zeitpunkt werden die Deutschen dann endlich erkennen, daß ihre Wiedergutmachungsbemühungen bis zu jener Stunde völlig falsch waren und daß sie mit Israel ein Schlangengezücht an ihrem Busen genährt haben. Ein Schlangengezücht von ganz besonders giftiger Art, das stets nur darauf aus war, mit Lug, Trug und Intrigen alles an sich zu reißen, wessen sie habhaft werden konnten, wie das seit Jahrtausenden der Fall war."[892] Meier steht in engem Kontakt zu dem UFOlogen Michael Hesemann, in dessen *Magazin 2000* er immer wieder auftaucht. Neuerdings publiziert er seine Plejaden-Botschaften auch in dem Neuwieder (neuerdings: Horhausener) Verlag *Die Silberschnur*, der mithin dem wegen (antisemitischer) Volksverhetzung verurteilten Esoterikpropagandisten ⇨ Trutz Hardo-Hockemeyer gehört. Auch Hesemann tut sich, neben Elisabeth Kübler-Ross und Channelingmedium Phyllis Carmel, gerne über *Silberschnur* kund: Hinsichtlich des von UFO-Kontaktlern häufig beschriebenen Interesses der Außerirdischen an den menschlichen Fortpflanzungsorganen weiß er: „Die Menschen werden aus ihrem Alltag geholt, (...) sie werden von kleinen Humanoiden an Bord eines Raumschiffes gebracht, zuerst einer gründlichen medizinischen Untersuchung unterzogen. Dann entnimmt man ihnen Spermien oder Eizellen. (...) Der Kernpunkt aller Entführungsfälle ist die Fortpflanzung, die Produktion von Kindern, einer neuen Rasse."[893] Auch über die UFOs selbst weiß Hesemann Bemerkenswertes zu berichten: Sie seien „kugel- oder scheibenförmig“, „blitzschnell“ und offenbar auch „zu holographischen Projektionen in der Lage, was jene Berichte erklärt, die besagen, daß diese Lichtbälle sich in menschliche Wesen 'verwandelten'. Einer der interessantesten Fälle einer solchen 'Verwandlung' oder Projektion ereignete sich 1917 in Fatima, Spanien [sic!], und ging als klassische Marienerscheinung in die Annalen ein.“[894] (Nachtrag zu Eduard „Billy“ Meier: Durch die Recherchen des amerikanischen UFO-Kritikers Karl Korff war 1997 aufgeflogen, daß von Meier vorgelegte Photos einer angeblichen „Plejadierin“ in Wirklichkeit eine Tänzerin der amerikanischen *Dean-Martin-Show* zeigten, die schlicht vom Bildschirm abphotographiert worden war; auch andere Meier-Photos erwiesen sich als Schwindel: So hatte er beispielsweise Ablichtungen eines Faßdeckels als UFO-Schnappschüsse ausgegeben. Angesichts der erdrückenden Beweislage gibt Meier inzwischen zu, daß die Bilder tatsächlich gefälscht seien; allerdings nicht von ihm, sondern von geheimnisvollen Außerirdischen, die sie ihm bösartigerweise untergeschoben hätten. Seine neueren Photos seien echt.[895])

Interessant sind auch die Botschaften, die „Sternengeschwister“ von einem „Kristallplaneten“ namens Hylax im Andromedanebel über das bereits erwähnte Trancemedium Gaby Gödel an die Menschheit richten. Obgleich die Hylaxianer, laut Durchgabe via Gödel, bereits in der „fünften Dimension der Entwicklungsstufen“ leben und energetische Kontaktstrahlen zur Erde senden können, sind sie offenbar nicht in der Lage, intergalaktische Entfernungen richtig zu bemessen: Hylax, so die gechannelte Ortsangabe, sei „auf der hinteren Seite des Nebelringes gelegen, den ihr wahrnehmt, (...) in euerem Maße ausgedrückt, 356 Millionen Lichtjahre von euch entfernt“. Tatsächlich ist der Andromedanebel nur 2,2 bis 2,4 Millionen Lichtjahre von der Erde entfernt und hat einen Durchmesser von gerade einmal 160.000 bis 200.000 Lichtjahren. Auch andere „Sternengeschwister“, mithin vom Sirius und aus dem Sternbild Orion, aber auch von der Wega und den Plejaden (die keineswegs so aggressiv seien, wie Billy Meiers Semjase-Durchsagen glauben machen) werden von Gödel gechannelt, selbst Botschaften von einem Planeten Ni, der von riesigen hyperintelligenten Echsen bewohnt sei (in der Beschreibung Gödels: „aufrecht gehende Reptilien mit Schuppenhaut und einem Schwanz [hinten], 3,50 Meter groß und mit drei Fingern an jeder Hand“), werden durch sie übermittelt.[896] (Die gesammelten Channelingprotokolle Gödels sind für rund 500 Mark pro Jahr im Abonnement erhältlich.)

Die Mehrzahl der „gechannelten“ Botschaften bezieht sich auf „jenseitige“ oder „kosmische“ Vorgänge, deren Wahrheitsgehalt nicht nachgeprüft werden kann. Einige der Durchsagen haben allerdings auch sehr Diesseitiges zum Inhalt, gelegentlich sogar mit konkret angegebenen Zeiträumen. Eine Überprüfung dieser Durchsagen zeitigt dürftige Ergebnisse: das Wiederauftauchen des versunkenen Kontinents von Atlantis beispielsweise, das durch den amerikanischen Propheten und Wunderheiler Edgar Cayce (1877-1945) für die späten 1960er vorhergesagt worden war, ist bis heute nicht geschehen. Der durch die Amerikanerin JZ (sprich: DscheiSi) Knight (alias: Judith Hampton, *1946) seit 1977 gechannelte „Ramtha“, Geist eines Priesters, der vor 35.000 Jahren auf Atlantis gelebt habe, hätte die Verzögerung in der Wiederkehr des Kontinents womöglich aufklären können; Ramtha indes zog es vor, sich nicht dazu zu äußern. Die stattdessen getätigten Mitteilungen des in der Szene äußerst populären Atlantiers - die Schauspielerin Shirley MacLaine, zu Zeiten auch in Hinterschmidrüti zugange, hält sich für die Inkarnation eines früheren Ramtha-Bruders - sind allerdings auch nicht viel tragfähiger als die Cayces: Für 1985 kündigte er einen großen Krieg an, in den die USA verwickelt sein würden, außerdem sollte in der Türkei eine Pyramide entdeckt werden, deren Fundament bis zum Mittelpunkt der Erde reiche; 1988 sollte ein großer Holocaust die Erde heimsuchen, die Bewohner zahlreicher Großstädte sollten durch eine gigantische Epidemie umkommen, und so fort.[897] Obgleich nichts davon stattfand, verfügte Ramtha-Medium JZ Knight bis Ende der 1980er über eine Anhängerschaft, deren Zahl in die hunderttausende ging.[898] Erst nachdem sich gravierende finanzielle Unregelmäßigkeiten herausstellten, nahm die Zahl der Gläubigen etwas ab.[899] Zeitgleich trat eine Berlinerin namens Julie Ravel (alias: Herta Schindehütte) in Erscheinung, die sich als neues Medium Ramthas ausgab. Zusammen mit ihrer als *LichtOase* firmierenden Anhängerschaft bezog sie ein altes Schloß in Oberösterreich, konnte sich aber nicht lange ihrer einträglichen Kontakte zu Ramtha erfreuen. JZ Knight erhob Klage gegen die unliebsame Konkurrentin und erreichte tatsächlich eine Verhandlung vor dem Landgericht Linz (die Revision fand sogar vor dem Obersten Gerichtshof statt): Knight erhielt recht, Ravel-Schindehütte darf seit 1997 nicht mehr behaupten, mit Ramtha in Kontakt zu stehen.[900] (Schon im Vorfeld der gerichtlichen Auseinandersetzung hatte Ramtha über letztere mitgeteilt, er habe sich auf eine „höhere Schwingungsebene" begeben, sei also nicht mehr identisch mit dem bisherigen Ramtha und führe insofern ab sofort den Namen „Maghan"[901]; das Ergebnis der Rechtsprechung hatte dies freilich nicht beeinflußt. Gerichte in der Bundesrepublik und in der Schweiz verneinen im übrigen die Existenz von Geistern und weisen derartige Prozesse ab.) Im Zuge der gerichtlichen Auseinandersetzung der beiden Medien erlebte der Ramtha-Boom eine ungeahnte Renaissance: Im Auftrage ihres nunmehr wieder exklusiv gechannelten Geistführers organisierte JZ Knight eine Welttournee, die sie im Sommer 1999 auch in die Bundesrepublik führte:[902] In einem neuntägigen Seminar (im Allgäuer Esoterikhotel ⇨ *Sonnenstrahl)* tat sich Ramtha nicht nur zu allerlei Fragen und Problemen der Teilnehmer kund, vielmehr wurden diese nach seinen Maßgaben selbst in verschiedene Techniken des Empfangens höherer Botschaften eingewiesen; eine der Grundübungen besteht darin, „durch eine bestimmte Atemtechnik [gemeint ist ⇨ Hyperventilation, C.G.] und Händehaltung Energie durch die Siegel (Chakren) in das Gehirn [zu bringen], so daß bestimmte Hormone ins Gehirn ausgeschüttet werden und mehr Gehirn geöffnet wird".[903] Dutzende von (englischsprachigen) Ramtha-Büchern und CDs finden sich auf dem einschlägigen Markt, an die zwanzig davon wurden ins Deutsche übersetzt.

Auch das von Uri Geller gechannelte Geistwesen „Hoova" erwies sich als nicht sehr verläßlich: Die Ende der 1960er für „bald nach 1972" angekündigte Landung einer UFO-Flotte steht bis heute aus.[904] Selbst eine aus der UFOlogen-Szene heraus organisierte „synchrone Meditation" auf einhundertvierundvierzig „heiligen Plätzen" rund um den Globus am 31.12.1989, bei der die außerirdischen Raumschiffkommandanten medial gebeten wurden, endlich zu landen, schlug fehl.[905] Hätte man die Botschaft der „Spirituellen Erdenweltführerin" Ruth Norman von 1984 ernstgenommen - Frau Norman channelt unter dem Namen „Uriel" (*U*niversal *R*adiant *I*nfinite *E*ternal *L*ight) seit Ende der 1960er verschiedene Geistwesen und Außerirdische -, hätte man sich das Ganze ohnehin sparen können: Laut Uriels Durchsage würden die dreiunddreißig Raumschiffe erst im Jahre 2001 landen, passenderweise gleich im Garten neben dem Hauptquartier der von ihr gegründeten *Unarius Academy of Science* in San Diego. Norman hält ihre Botschaften prinzipiell für weitaus brauchbarer als die Cayces, Gellers oder sonst irgendeines Mediums: Immerhin habe sie bereits vierundfünfzig Erdenleben absolviert, in früheren Inkarnationen sei sie Buddha, Sokrates, Karl der Große, König Arthur und Peter der Große gewesen; während des früheren Erdenlebens ihres (1971 verstorbenen) Ehemannes als Jesus Christus sei sie Maria Magdalena gewesen.[906] Ähnlich pathologische Verlautbarungen entstammen einem *Sternenlichtzentrum* im hessischen Bad Eilsen, dessen Betreiber Jens und Christine Degner sich im „Auftrag von Alpha Centauri" an die Welt wenden: „Wir gehören zur inkarnierten santinisch-venusischen Bodentruppe. Unsere Sternengeschwister haben uns den Auftrag gegeben, eine spirituelle Schule zu gründen und unser Wissen und unsere Hilfe weiterzugeben." Diese Hilfe besteht aus dem Verschaffen von „Kontakt zu anderen Welten", aus „hellsichtiger Beratung" sowie dem „Lösen von mentalen, emotionalen und spirituellen Schocks und Blockaden". Auch „Herzöffnung" (was immer das sein soll) steht auf dem Programm der „wunderbaren göttlichen Wesen" (Selbstbeschreibung der Degners), die sich zudem als spirituelle Nachhilfelehrer für „lernblockierte" Kinder andienen.[907] Nicht weniger gestört kommt ein gewisser Gerd-Jürgen Burde daher, der über seine *Antaris-Akademie der Sternengeborenen* Wochenendseminare über die von ihm gechannelten Ereignisse bis ins Jahr 2011 veranstaltet. Seine Kenntnisse bezieht Burde von einer „außerirdischen Intelligenz aus einer anderen Dimension namens Antaris". Dieser Hohepriester aus der siebten Dimension sei in Lemurien, Atlantis und Ägypten inkarniert gewesen, er, Burde, habe dabei jeweils als sein Schüler gedient.[908] Neben der Veranstaltung verschiedener Seminare vertreibt Burde in einem Schneeballsystem Videos über UFO-Landungen; in seiner Werbebroschüre taucht neben Chris Griscom und Erich von Däniken auch der „renommierte deutsche Astrophysiker" Johannes von Buttlar auf. Dieser kennt sich in den Gesetzen des Esoterikmarktes offenbar gut aus: „UFOs sind wie Titten - verkaufen sich immer gut."[909]

Eine Sonderstellung in der Gilde selbsternannter Auguren nimmt der Bochumer Hans J. Andersen ein, der über einen eigenen *Verlag für Vorzeits- und Zukunftsforschung* regelmäßige Mahnungen, Warnungen und Katastrophenprophezeiungen in die Welt entläßt. 1994 trat er mit einem Buch an die Öffentlichkeit, das, so Andersen, ⇨ Nostradamus selbst aus dem Jenseits diktiert habe. Dieser habe sich dazu der Heilpraktikerin Siegrid Harbig bedient, die in einem früheren Leben seine, Nostradamus', zweite Frau gewesen sei. Er, Andersen, habe die medial übermittelten Botschaften dann zu einem Buch zusammengefaßt. Um das Jahr 2000, so Nostradamus via Harbig, sei ein Polsprung zu gewärtigen, in dessen Folge Atlantis wieder auftauchen werde. Halb so groß wie Australien werde es südlich von Grönland den Fluten entsteigen. Australien hingegen werde zu drei Vierteln untergehen, auch Südamerika. Der Westen der USA werde im Meer versinken, auch England, nicht aber Schottland.[910] All diese Schrecken würden die Menschheit Anfang des neuen Jahrtausends überrollen, aber auch schon im Jahre 1995 (wie Andersen 1994 prophezeite) werde Furchtbares geschehen: Von „schweren Katastrophen" ist da die Rede, von „infernalen Szenarien der Endzeit". Ganz konkret werden der Ausbruch des Vesuv sowie schwere Erdbeben in der Region Neapel für die zweite Aprilhälfte 1995 prophezeit. Zur Bestätigung bemüht Andersen astrologische Daten: „Am 24.4.95 wird Mars in der Halbsumme zwischen Sonne und Pluto stehen, zugleich die Sonne auf der uranischen Entsprechung für Neapel."[911] Kurt Allgeier, seinerzeit Chefredakteur der Passauer *Astro-Woche*, unterstrich Andersens Vorhersage. Er wies auf den „Übertritt Plutos vom Skorpion in den Schützen" hin, was „heftige Naturkatastrophen im April/Mai" (gemeint war das Jahr 1995) befürchten lasse. (Der Umstand, daß im angegebenen Zeitraum nichts dergleichen passierte, tat und tut den Geschäftemachern mit der Angst keinerlei Abbruch.) Zudem, wie Allgeier vorsorglich nachschob, habe schon 1917 die Mutter Gottes in Fatima „die große Züchtigung der Menschheit" angekündigt, die zur Jahrtausendwende hereinbreche: „Millionen und Abermillionen Menschen werden von einer Stunde auf die andere ums Leben kommen. Wer noch lebt, wird die Toten beneiden."[912]

Seit Ende der 1990er finden im Odenwald eigene Channeling-Festivals statt, zu denen sich die internationale Creme der Szene einfindet, beispielsweise das brasilianische Star-Medium „Mãnia-Antarielle" (Channel der „Großen Weißen Bruderschaft") oder die Amerikanerin Ronna Hermann (Channel für Erzengel Michael); musikalisch umrahmt wird das Ganze mithin von der Kasseler Mantren- und „Herzlieder"-Klampfe Gudula Blau („Du meine Seele singe"). Das Festival findet regelmäßig zum Mai-Vollmond statt, da an diesem Tag „Christus, Buddha, Sanat Kumara und alle Aufgestiegenen Meister ihren Segen über unseren Planeten ausgießen".[913] Ob nun mit oder ohne Segen aus höherer Sphäre: Der verkündete Blödsinn bewegt sich durchgängig am Rande der offenen Psychiatrie.

Das Phänomen des Channeling - abgesehen von den „Medien", die ähnlich wie ⇨ Hellseher und Wahrsager einfach irgendetwas daherschwätzen - beruht auf einer Art Trance, die mehr oder minder willentlich herbeigeführt werden kann. Die Induktion vollzieht sich über Selbsthypnose (Meditation/Gebet) und/oder über Eingriffe in das Atemgeschehen (Hyperventilation oder Atemanhalten). Dergestalt wird das Wahrnehmungsfeld verengt und zugleich enorme Phantasietätigkeit freigesetzt (⇨ *Reinkarnationstherapie*); bei oberflächlicher Trance bleibt der Rapport zu einer Verbindungsperson erhalten, „Halbtrancemedien" können auf gestellte Fragen direkt reagieren. „Volltrancemedien", bei denen der Kontakt zur Außenwelt unterbrochen wird, sind sich ihrer Durchsagen (angeblich) nicht bewußt. Die Botschaften aus dem Jenseits oder von höherer Sphäre werden in der Regel verbal übermittelt, bei Halbtrancemedien kommt gelegentlich auch das Oui-Ja-Board zum Einsatz, ein rundes Brett, auf dem in sechsunddreißig Kreissegmenten die Buchstaben des Alphabets sowie die Zahlen von null bis neun aufgezeichnet sind. Das Medium hält einen Holzzeiger in der Hand, der nun - vermeintlich von dem gechannelten Geist - zu den einzelnen Buchstaben geführt wird. Ein Protokollant schreibt die Buchstabenfolge auf, die letztlich irgendeinen (mehr oder minder sinnfälligen) Text ergibt.[914] Auch mit Hilfe einer sogenannten Planchette (franz. = Miederstäbchen) wird gerne gechannelt: Es handelt sich hierbei um ein kleines dreibeiniges Gestell, bei dem zwei Beine mit je einem Laufrädchen versehen sind und an dessen drittem Bein ein Bleistift befestigt ist. Das Medium kann mit diesem Gerät über ein Blatt Papier fahren und dabei Buchstaben oder sonstige „Botschaften" aufzeichnen. Channeling mit der Planchette wird üblicherweise als „Automatisches Schreiben" bezeichnet.

Die angeblichen Durchsagen von Personen und Wesenheiten außerhalb des Channelingmediums erweisen sich bei näherer Hinsicht allemal als diesem immanente Persönlichkeitsbestandteile. Wie Freud schon erkannt hatte, sind die „gechannelten" Botschaften nichts anderes, als aus dem Bewußtsein des Mediums verdrängte oder abgespaltene Anteile des eigenen Seelenlebens. In Trance, unter Ausschaltung der Zensur des Bewußtseins, können diese Anteile hervortreten, tragen aber, wenn sie nicht therapeutisch bearbeitet und integriert werden, zur Entwicklung und/oder Verfestigung einer schizoiden Charakterstruktur bei. Der simpelste und zugleich schlagkräftigste Beweis dafür, daß niemand von außerhalb irgendwelche Botschaften durchgibt, besteht darin, daß Medien mit verbundenen Augen nicht in der Lage sind, über das Oui-Ja-Board irgendetwas zu formulieren.

„Echte" Volltrancemedien weisen durchwegs die Charakteristika schwerer schizophrener Persönlichkeitsstörungen auf. Schizophrenieverdächtig sind die oft zusammenhanglosen, sprunghaften Gedanken, die kurzen Assoziationen, das Danebenreden bis hin zur hochgradigen Zerfahrenheit des Wortsalates; auch das endlose Reden ohne Punkt und Unterlaß, oft in geschraubter, bizarrer, pathetischer, schwebend-unbestimmter oder umständlicher Sprache. Typisch für Schizophrenie ist vor allem auch der gestörte oder fehlende Affekt: Channelingmedien prophezeien völlig teilnahmslos die grauenhaftesten Katastrophen. Das oftmals gegen die Annahme einer pathologischen Störung vorgebrachte Argument, Channelingmedien könnten die Kontaktnahme mit den jeweils halluzinierten „Stimmen", „Geistern" oder „Wesen" willentlich herbeiführen und jederzeit auch beenden,[915] spricht keineswegs dagegen. Diese vermeintliche Kontrolle kann durchaus Teil des schizophrenen, das heißt: privatlogischen Gesetzen gehorchenden Wahnsystems sein, beispielsweise als „Prophet" oder „Kanal Gottes" nur zu bestimmten Zeiten oder Anlässen „Durchsagen" zu erhalten.[916] Im Übrigen scheinen die Channelingmedien (zumindest einige davon) ihre „übersinnlichen Fähigkeiten" keineswegs nach Belieben „an- und abstellen" zu können, vielmehr leben sie offenbar *zugleich* in der wirklichen wie in einer wahnhaften Welt (in der Psychiatrie ist dieses Phänomen als „doppelte Buchführung" bekannt[917]). Gelegentlich gehen sie sogar mit eben diesem Krankheitssysmptom hausieren: Eine gewisse Edeltraud Schröder etwa preist sich in großformatigen Werbeanzeigen als „ständig hellhöriges und hellsehendes Volltrancemedium" an, darüber hinaus als „Onlinechannel", das über „jederzeitigen Kontakt zu den geistigen Geschwistern und Santinern vom Planeten Metharia" verfüge.[918] „Im Namen Jesus Christus" [sic!] verspricht sie „Heilung bei psychischen und geistig/seelischen Erkrankungen": Sie selbst nehme in „Tieftrance die Belastung" auf sich, „hellsichtig die Führung [zu] übernehmen, um den verirrten Geist ins Licht zu führen".[919] (Gelegentlich ist in einschlägigen Blättern das Angebot „Christotherapie" zu finden, das auf gechannelte Hilfe „von ganz oben" hinweist.) Auch Channelingmedium Marita Lautenschläger rühmt sich ihres „alltäglichen" Kontaktes zur „geistigen Welt": „Ich empfange und spreche mit den unterschiedlichsten Wesenheiten. Dieses sowohl verbal als auch telepathisch. Das hängt davon ab, wo ich mich befinde. Diese Verbindungen können jederzeit zustande kommen. Ich muß mich also nicht in Trance versetzen. Ich beziehe unsere geistigen Freunde in mein reales Leben mit ein, denn sie sind so real wie wir alle. Sie befinden sich nur auf einer anderen Ebene. Ich kann die verschiedenen Wesenheiten sowohl sehen und fühlen, wie auch hören. Manchmal alles gleichzeitig, und dann wieder das eine oder andere. (...) Verstorbene empfange ich am meisten während eines Termins. Sie möchten, daß ich ihre Durchsage an meine Klienten weitergebe. (...) Gespräche mit Verstorbenen sind für mich völlig normal."[920] Hinzu kommt, daß die meisten Channelingmedien über eine Art „Manager" verfügen (bei „Uriella" etwa Ehemann „Icordo"), über den sie mit der realen Welt (Terminvereinbarungen, Honorarabrechnungen etc.) in Bezug stehen: Der Umstand womöglich *ständig* anflutender Wahneingebungen bleibt von daher unauffällig; abgesehen davon, daß die Channelingmedien sich weitgehend in einem (autistisch-sektoiden) Kontext von Anhängern und Gleichgesonnenen bewegen, in dem ihre Wahnhaftigkeit nicht als solche wahrgenommen, sondern, ganz im Gegenteil, als Offenbarung höherer Einsicht gefeiert wird. „Uriella" verfügt im übrigen über ihre Fähigkeit, direkt mit Jesus Christus Kontakt auszunehmen, erst seit einem Reitunfall im Jahre 1973, bei dem sie sich ein schweres Schädel-Hirn-Trauma zugezogen hatte; seither trägt sie auch keine normale Kleidung mehr, sondern tritt - als Braut Christi - durchgängig in einem weißen, mit Rüschen und Pailletten besetzten Erstkommunionskleidchen in Erscheinung. Ob sie das „einzig echte Sprachrohr des Herrn" ist, wie sie meint und allenthalben kundtut, steht dahin. Der Anspruch jedenfalls, Durchgaben von höchster Stelle zu erhalten, wird von einer Vielzahl an Medien erhoben. So behaupten etwa auch die im Allgäu tätigen Heilpraktikerinnen Ellen Hub und Dagmar Bock, unter persönlicher Anleitung Jesu Christi zu stehen: „In tiefer Einheit mit ihm und der Weißen Schwestern- und Bruderschaft, der Erzengel und unter der Obhut des Thronraumes (...) geht es um unser bedingungsloses 'Ja' zur Quelle, um totale Ausrichtung unseres Alltags im Denken, Sprechen und Handeln, im Fühlen und Wollen auf eine Wirklichkeit, auf die allgegenwärtige Präsenz der Göttlichkeit in uns und um uns herum, (...) bis wir letztlich nur noch einen Willen kennen: Unseren Kanal, unseren Körper als Werkzeug für die reine Christusenergie zur Verfügung zu stellen."[921]

Für psychisch instabile Menschen kann der Umgang mit Channelingmedien hochgefährlich werden. Unabhängig davon, daß die als Durchsagen aus dem Jenseits verkauften Halluzinationen von der gläubigen Kundschaft als sakrosankte Verhaltensmaßgaben gewertet werden (⇨ *Hellsehen*), kann allein schon die vermeintliche Kontaktaufnahme mit irgendwelchen Geistern und höheren Mächten - insbesondere wenn es um Kontakt zu verstorbenen Angehörigen geht - zu fatalen Folgen führen: Noch Tage, Wochen und Monate nach dem Channeling kann es zu massiven Orientierungsstörungen bis hin zu einem Abgleiten in psychotische Wahnvorstellungen kommen.

> Als völlig unverantwortlich muß der Auftritt des britischen „Mediums" Paul Meek in der RTL-Sendung *Mysteries* vom 31. März 1997 gelten: Meek behauptete vor Millionenpublikum, in unmittelbarem Kontakt mit verstorbenen Angehörigen einzelner Studiogäste zu sein, die durch ihn Botschaften für diese übermittelten. Moderator Jörg Draeger, ansonsten Entertainer einer dümmlichen TV-Spielshow („Geh' aufs Ganze!"), jubelte derartig hochgefährliche Scharlatanerie - bei labilen Menschen kann

hierdurch akutes psychotisches Geschehen ausgelöst werden - zur „wunderbaren Trauerarbeit“ hoch. In der Folgesendung am 3. Juli 1997 durfte Meek erneut in aller Ausführlichkeit für sich werben, die billigen - aber emotional hochwirksamen - Showtricks, mit denen er gearbeitet hatte (er war offenkundig vorab mit Informationen über einzelne Studiogäste versorgt worden), wurden selbstredend nicht aufgelöst.[922] Die katastrophale Massenwirkung derartiger Sendungen braucht nicht gesondert betont zu werden. (Inzwischen ist Meek zu einer Art Superstar der Szene aufgestiegen, kaum eine Ausgabe der Geisterpostille *Die Andere Realität*, in der er sich nicht mit höherer Erkenntnis zu Wort meldete: „Wann immer Du Dich in einer schwierigen Situation befindest - oder glaubst, das Leben nicht länger ertragen zu können - dann solltest Du daran denken, daß Du alles das für genau diesen Zeitpunkt selbst bestimmt hast. Du selbst hast mit Hilfe Höherer Intelligenzen dieses Leben genauso wie es ist, geplant. Nichts geschieht willkürlich, alles ist einem Zweck, Form und Plan unterworfen“ [sic!].[923])

Die zahllosen „Channelingmedien“, die im deutschsprachigen Raum ihre zweifelhaften Dienste als „Lebensberater“ oder „spirituelle Lehrer“ andienen, sind durchwegs Fälle für die Psychiatrie und/oder Staatsanwaltschaft. Zu den Absahnern der Szene, zusammengefaßt auf einem Kongreß „Hellsehen und Channeling“ im September 1997 (Kißlegg/Allgäu), gehören Figuren wie Dorit Becker, Elisabeth Dude oder Edith Zeile; daneben Phyllis Carmel, bei der Gene Roddenberry, Erfinder der Kultserie *Raumschiff Enterprise* regelmäßig Rat und Inspiration eingeholt haben soll. (Roddenberry ist inzwischen verstorben, kann sich also gegen derartige Vermarktung seines Namens nicht mehr zur Wehr setzen.) Als „wissenschaftlicher“ Schirmherr des Kongresses, veranstaltet von der Esoterikpostille *Die Andere Realität*, fungierte der Ravensburger Physikprofessor Werner Schiebeler, der als Geister- und Jenseitsforscher seit Jahren zu den Stammreferenten der Szene zählt. Auch die ⇨ Akasha-Chronisten Peter Frankenberg und Edmund Hoffmann führten ihre Künste vor, dazu der Geistheiler Dieter Binder sowie die „Materialisationsmedien“ Sandy Sinclair, Ralph Jordan und Robin Foy, die behaupten, sich selbst verschwinden und an anderer Stelle wieder auftauchen lassen zu können.[924] Sämtliche Medien ließen sich nicht nur zu Fragen von allgemeiner Gültigkeit aus, sondern konnten auch zu Einzelsitzungen gebucht werden, bei denen sie persönliche Ratschläge aus dem Jenseits - wahlweise durch Kontaktnahme mit Geistführern, Engeln und dergleichen oder mit verstorbenen Angehörigen des jeweiligen Kunden - channelten. Die Teilnahmegebühr für den dreieinhalbtägigen Kongreß lag bei 380 Mark zuzüglich der Honorare für Einzelchannelings. Nachgerade kriminell erschien das Vorhaben, erstmalig ein Channelingseminar eigens für Kinder durchzuführen. Zur Begründung meinte Seminarleiter Walter Frank: „1. grassiert das 'Tischrücken' und andere spiritistische Praktiken ohnehin in den Schulen, und es ist pädagogisch gewiß besser - und vor allem wirksamer! - auf diese Dinge einzugehen und aufzuklären, als sie zu unterdrücken, (...). 2. sind sich heute ja alle, die wirklich Bescheid wissen, darüber einig, daß es sich bei all diesen 'Para'-Phänomenen um ganz natürliche Dinge handelt, weil alles, was es gibt, eben nur im Rahmen der natürlichen Gegebenheiten überhaupt auftreten kann - PSI-Phänomene gehören also eigentlich in den naturkundlichen Unterricht. 3. ist für 'Insider' das wachsende Interesse bei Jugendlichen und sogar Kindern eher ein Hinweis auf 'alte Seelen', denen spirituelle Zusammenhänge sozusagen 'instinktiv' vertraut sind (...). 4. werden diese Jugendlichen ihren Wissensdrang ohnehin stillen, an welche Quellen sie auch dabei geraten. Es erscheint uns also auch deshalb angeraten, fundierte und seriöse Informationen anzubieten." Kinder jedes Alters waren eingeladen, ihre „spirituellen Kräfte" zu entwickeln.[925] Der *Deutsche Kinderschutzbund* sprach sich entschieden gegen derlei Okkultpraktiken aus und warnte vor den möglicherweise auftretenden unwägbaren Spätfolgen. Das Münchner *Forum Kritische Psychologie* setzte die zuständige Staatsanwaltschaft in Kenntnis, die den Kongreß - auch in Hinblick auf Verstöße gegen die Bestimmungen zur Ausübung der Heilkunde - zu überwachen zusagte.[926] Tatsächlich war dann vor Ort kein Behördenvertreter zu sichten, in einer nachgeschobenen Erklärung des Landratsamtes hieß es lapidar, man habe (hellseherisch?) „keine strafrelevanten Verstöße und keine Angriffe gegen Leib und Gesundheit" feststellen können. Das ganze sei „Schabernak, gegen den nichts zu machen ist". Das geplante Channeling mit Kindern fiel dennoch aus: zu hoch waren die Wellen, die kritische Presseberichte im Allgäu geschlagen hatten. Wortreich verlautbarten die Veranstalter (*Die Andere Realität* und das Seminarhotel *Sonnenstrahl)*, Séancen mit Kindern seien ohnehin nie vorgesehen gewesen, unter den rund 500 Teilnehmern hätten sich auch gar keine Minderjährigen befunden. Allerdings, so Sonnenstrahl-Chef Benno Scheyer, sei medialer Kontakt zu Toten eine „ganz natürliche Erscheinung. Das kann auch für ein Kind nicht schädlich sein."[927]

Veranstaltungen, bei denen die Teilnehmer selbst zum „channeln" verstorbener Angehöriger oder irgendwelcher sonstiger Wesen aus dem Jenseits, aus dem All oder von woher auch immer angeleitet werden, müssen allemal als kriminelle Verantwortungslosigkeit gelten (auch wenn die Teilnehmer freiwillig mitmachen und sogar dafür bezahlen). Besagte Edeltraud Schröder etwa führt über ihren (gemeinnützigen!) *Metharia e.V.* in Eckernförde „Intensiv-Seminare" zur Ausbildung von Channelingmedien durch: „Erleben sie Ihre eigene Medialität unter dem Schutz der Gotteswelt."[928] Diese „Gotteswelt" (was immer das sein soll) sieht Schröder, von ihren Anhängern „Edel" genannt, durch sich selbst repräsentiert. Bei dem *Metharia e.V.* handelt es sich um eine höchst einflußreiche ufologische Sekte, die von einem Planeten namens „Metharia" im Sternbild Alpha Centauri halluziniert, der von den „Santinern" bewohnt sei. Diese seien von Gott beauftragt, den Planeten Erde vor dem Untergang zu bewahren - so hätten sie etwa im Mai 1996 das Austreten von Radioaktivität aus dem Reaktor in Tschernobyl gestoppt -, oder falls es dafür schon zu spät sei, die Menschheit zu evakuieren. Hierzu seien Millionen von Raumschiffen, einige mit einem Durchmesser von 4.600 km, im Anflug beziehungsweise bereits im Orbit stationiert; Oberbefehlshaber dieser Flotte sei ein gewisser Ashtar Sheran. Im übrigen sei der Stern von Bethlehem nichts anderes gewesen als ein Raumschiff der Santiner, die Jesus auf der Erde abgesetzt hätten; nach seinem Kreuzestod hätten sie seinen Leichnam auf ihr Schiff zurückgebeamt und dort wieder zum Leben erweckt. Der *Metharia e.V.* vermittelt in „medialen Schulungs-Intensiv-Seminaren" neben Channeling auch die „santinischen Heilsmethoden" von Bach-Blütentherapie, Geistheilung mit Od-Energie, Astrologie, Pendeln, Aura-Soma und vieles mehr; ein gewisser Klaus

Hennig, auch auf besagtem Kißlegger Kongreß zugange, berichtet unter seinem Sternennamen „Giobathra" vom Heils- und Erlösungsplan der Santiner.[929]

Eine Abklärung, ob der einzelne Teilnehmer psychisch stabil genug ist für solchen „Trip", erfolgt nicht, ganz unabhängig davon, daß kaum eine Figur der Channelingszene hierzu befähigt wäre. *Metharia*-Leiterin „Edel" Schröder wurde 1997 wegen Verstoßes gegen das Heilpraktikergesetz zu einer Geldbuße verurteilt: Sie hatte „Fernheilungen" angeboten, für die sie sich die Photos kranker Menschen zuschicken ließ, denen sie dann - gegen Spendenzahlung - „Heilenergie" übermittelte.[930] (Die Verlautbarungen Schröders weisen im übrigen fatale Parallelen auf zu den Lehren des Sektenführers Marshall Applewhite, der sich, zusammen mit seiner Gruppe *Heaven's Gate*, im März 1997 per Video von der Welt verabschiedete, um, von seinem Zentrum bei San Diego aus, mit dem Kometen Hale-Bopp ins Jenseits zu *beamen*; Applewhite und achtunddreißig seiner Anhänger aßen vergifteten Pudding und starben.[931])

Die etablierten Kirchen tun sich in der kritischen Bewertung gerade des Channeling besonders schwer, weicht doch der ausdrücklich geförderte (Lourdes, Fatima usw.) oder zumindest tolerierte Glaube an „Privatoffenbarungen" (Botschaften von Engeln, Heiligen, Maria etc.) von denen der Esoterikszene nur unwesentlich ab. Selbst die ansonsten durchaus fortschrittlich auftretende *Evangelische Zentralstelle für Weltanschauungsfragen* (EZW) meint, die „spiritistische Annahme", im Channeling „offenbarten sich Verstorbene oder andere Geistwesen telepathisch oder durch andere Einwirkung, kann nicht ausgeschlossen werden"; allerdings sei eine „psychologische und paranormale Erklärung wahrscheinlicher": So ließen sich „die erstaunlichen Äußerungen der großen Medien als schöpferische Leistungen des Unbewußten in Verbindung mit krypto- und hypermnestischen sowie außersinnlichen Informationen verstehen [Kryptomnesie = Erinnerung ohne Kenntnis der Erinnerungsquelle; Hypermnesie = gesteigerte Erinnerungsfähigkeit, C.G.]: die hypnotische Konzentration regt das Medium zu all diesen Leistungen an. Dafür spricht auch die Beobachtung (...), daß die übermittelten Botschaften nicht über das hinausgehen, was uns durch normale Erkenntnis oder durch unbewußte sowie paranormale Einsicht bekannt ist. Keine einzige wissenschaftliche Entdeckung, weder die Entzifferung der Hieroglyphen noch die Formel für Penicillin, wurde von Jenseitigen mitgeteilt. So sehr sie vom Medium als eigenständige Wesen empfunden werden, so wenig Eigeninitiative zeigen sie. Vieles beantworten sie nicht, und das, was sie offenbaren, wirkt wie ein Spiegelbild des Mediums, bleibt im Rahmen seiner Bildung und Kultur, ist oft allgemein, häufig banal, nicht selten kindisch, überspitzt und boshaft ('Foppgeister'); es äußert sich genauso, wie der aus dem Unbewußten herausdrängende Anteil einer 'multiplen Persönlichkeit'."[932]

Allerdings, so die Weltanschauungsbeauftragten beharrlich, könnten durchaus auch „tiefe ethisch-religiöse Einsichten und Erfahrungen in die Visionen, Eingebungen und automatischen Äußerungen der Medien einfließen". Für deren Richtigkeit und Erkenntniswert bürge „nicht die Tatsache, daß sie jemand visionär oder automatisch erlebt hat (also die Wahrnehmungsweise), sondern nur der Inhalt. Dieser muß sich als konform mit 'normaler' religionsphilosophischer und theologischer Erkenntnis erweisen". Im Klartext: Gechannelte Botschaften könnten durchaus auf höherer Eingebung beruhen, wenn sie einen theologisch korrekten Inhalt aufwiesen. Bei den Offenbarungen von Spiritisten sei diesbezüglich besondere Vorsicht geboten, „denn in den meisten Fällen steht hier der sinnenfällige, spürbare Kontakt mit einem Jenseitigen und nicht die an Bild und Schauder uninteressierte Verbundenheit mit dem ganz anderen und ganz nahen Gott im Vordergrund“.[933]

5.13.1. Ein Kurs in Wundern

Zu den populärsten Ratgebern aus dem Jenseits zählt der sogenannte „Kurs in Wundern“ bestehend aus drei insgesamt 1180 Seiten umfassenden Wälzern, die in (angeblich) siebenjährigem Channeling einer geheimnisvollen „Stimme“ (die sich weiter nicht vorstellte) von der amerikanischen Parapsychologin Helen Schucman (1905?-1981) zu Papier gebracht wurden. Der „Kurs“ besteht aus einer Ansammlung trivialer Lebensweisheiten und Kalendersprüche, meist christlichen Untertons, die teils in Prosa, teils in Gedichtform vorgetragen werden. Endlos ausgewalzt dreht sich alles um die Erkenntnis, daß jeder Mensch über die Fähigkeit verfüge zu lieben, mitzufühlen und zu verzeihen. Schucman bereitete den gechannelten „Text“ zu 365 Lektionen auf, eine für jeden Tag des Jahres. Der „Kurs für Wunder“ stellt für viele Menschen den Einstieg in die Esoterikszene dar.[934]

Alternativ zur (anstrengenden) Lektüre des Schucman-Konvoluts besteht die Möglichkeit, dessen Inhalte über entsprechende Workshops und Seminare kennenzulernen. Wolfgang Kändler beispielsweise, Spiritueller Lehrer und Rebirthing-Therapeut aus Bonn, veranstaltet Kurse zum „Kurs“, den er für „eines der bedeutendsten geistigen Lehrwerke unserer Zeit“ hält. Ziel seines Seminars sei es, „behutsam den Schleier zu entfernen, den wir selbst zwischen uns und der Wahrheit gezogen haben, um unsere Größe, unsere Liebe und unsere Verantwortung nicht erkennen zu müssen. Wir gehen intensiv an die für uns sehr provokativen Grundweisheiten von ‘Ein Kurs in Wundern’ ein [sic!]. Eine dieser Grundweisheiten besagt, daß wir selber durch unsere Gedanken - besonders von Schuld und Angst - die Ursache all unserer Probleme und Leiden - auch körperlicher Art - gemacht haben. Diese Weisheit anzunehmen versetzt uns in die Lage, eine andere Ursache zu wählen, die dann unserer inneren Heilung dienen wird.“[sic!][935]

Auch die am Starnberger See in Oberbayern ansässigen „Bewußtseinsforscher“ Dagmar und Jürgen Taliaferro-Beyse (Schüler von ⇨ Chris Griscom) stellen in ihrer als „Fenster zum Himmel“ bezeichneten Arbeit in erster Linie auf Schucmans Wunderkurs ab; daneben bieten sie in ihrer Heilpraxis ⇨ „Enneagramm-“ und ⇨ „The Work“-Sitzungen, ⇨ „Wirbelsäulentherapie nach Dorn“ sowie „Antibakterielle Silber-Kolloid-Therapie“ an.[936] (Das von den Taliaferro-Beyses „wiederentdeckte“ Silber-Kolloid-Verfahren, einsetzbar „innerlich und äußerlich bei Viren, Bakterien, Pilzen und Amöben“ [nach anderen Quellen selbst bei AIDS], ist ebenso unsinnig wie gefährlich: Patienten können im Vertrauen auf die vorgebliche Wirksamkeit der in destilliertem Wasser verteilten Silberpartikel eine erforderliche und sinnvolle Therapie versäumen; im übrigen besteht die Gefahr einer schleichenden Argyrie [Vergiftung durch Silbersalzablagerungen in Augen und inneren Organen].[937] Ein „Kurs in Wundern“ hilft dann auch nichts mehr.)

5.14. Edelsteintherapie

Seit im Zuge der New-Age-Esoterik die „Edelsteinmedizin“ der mittelalterlichen Mystikerin Hildegard von Bingen wieder ausgegraben wurde, boomt der Glaube an die „Heilkraft“ von Steinen und Kristallen.[938] Eine Vielzahl eigener Leitfäden und Lehrbücher findet sich auf dem Markt,[939] kaum eine Heilpraxis, in der nicht edelsteintherapeutische Beratung oder Behandlung im Angebot stünde. Auf Esoterik-Verkaufsmessen, in einschlägigen Buchläden sowie über einen eigenen Versandhandel finden sich Steine jedweder Art und Provenienz. Seit 1995 gibt es sogar einen eigenen Interessensverband, der der Steinheilkunde jene „gesellschaftliche Anerkennung“ zurückzuverschaffen sucht, die sie (angeblich) seit je innegehabt habe und die ihr erst „mit dem aufkommenden Materialismus und den modernen Wissenschaften“ verlorengegangen sei.[940]

In umfänglichen Auflistungen werden die spezifischen Heilkräfte der einzelnen Steine dargestellt, in denen angeblich ein „gewaltiges Energiepotential oder Kraftfeld konzentriert [ist], das durch seine Farbe, Muster, Einschlüsse, Form, Größe, Wachstumsstruktur und Schliff eine konstante Schwingungsfrequenz hat, die der der Aura [angebliches Energiefeld um den Körper, C.G.] ähnelt“.[941] Durch Auflegen bestimmter Steine auf bestimmte Stellen des Körpers sei es möglich, die Aura - und somit den gesamten Organismus - energetisch aufzuladen und dadurch zu heilen. Achat beispielsweise empfehle sich bei Aggressivität, Bergkristall bei vagen, nicht benennbaren Ängsten; Citrin wirke gegen Depression, Schlafprobleme und Nervosität, darüberhinaus gegen Juckreiz im Analbereich. Fluorit sei hilfreich bei Störungen der Gehirnfunktion, einschließlich Parkinson und Alzheimer, Karneol stoppe Blähungen und Lapislazuli wirke sich positiv auf den Haarwuchs aus. Magnetit sei besonders angezeigt bei Personen, die „das Gespräch ständig auf sexuelle Themen“ lenken oder eine unwiderstehliche Neigung verspüren, „unanständige Witze zu erzählen“; darüberhinaus bei „Aufstoßen in Form von rüpelhaft lautem Rülpsen“ sowie „wollüstigem Kribbeln an den Geschlechtsorganen“. Rubin wirke bei „starkem Überdruß gegen alles und jeden“, bei Drehschwindel und heftigem Brechreiz, Saphir gegen nervöse Zuckungen, Hitzewallungen und Räusperzwang. Hilfreich sei Saphir auch bei Meditationsübungen: „Man braucht sich dabei nur in der richtigen Weise auf den Stein zu setzen“, der bei der Frau „direkt unterhalb der Klitoris“, beim Mann hingegen „am Hodenansatz“ zu liegen kommen müsse; allerdings dürfe Saphir nicht unkontrolliert über einen längeren Zeitraum hinweg verwendet werden, da die Gefahr einer „Überdosierung“ bestehe. Smaragd schütze gegen Schluckauf, Türkis gegen „ungebetenen Besuch aus anderen Sphären und schwarzmagische Attacken“ und Zirkon gegen „extreme Müdigkeit“, „grundlose Heiterkeit“ oder auch das „Verlangen, etwas zu zerstören“. Einige der Steine, vor allem Bergkristall und Smaragd, ließen sich überdies zur Steigerung von Sensitivität und Hellsichtigkeit einsetzen.[942]

Zur Behandlung legt der Therapeut je nach Diagnose verschiedene Kristalle und Steine auf den (in der Regel unbekleideten) Körper des Klienten auf; insbesondere die sieben Chakren (angebliche Energiezentren) zwischen Stirn und Unterleib, aber auch Akupunkturmeridiane und Mondlinien (angebliche Energieverläufe) werden bestückt. Zu unspezifischem „Aufbau universeller Heilfrequenz“ wird der ganze Körper „intuitiv“ oder auch nach ritueller

Vorgabe mit unterschiedlichen Steinen belegt.[943] Die Therapie, oftmals untermalt mit heilkräftiger Meditationsmusik und verstärkt durch ⇨ Reiki oder Aura-Healing, dauert in der Regel 20 bis 60 Minuten, es wird meist ein Minimum von fünf Sitzungen - Kosten à 120 bis 250 Mark - veranschlagt.

> Vielfach besteht die Behandlung auch in angeleiteten ⇨ Visualisierungen und Phantasiereisen. Arteriosklerotischen Patienten beispielsweise wird ein Karneolstein auf die Herzgegend gelegt, anschließend werden sie auf einen Trip folgender Machart geschickt:
> „Erlaube Dir, anzunehmen, was der Edelstein Dir schenkt. Schaue mit Deinen inneren Augen hin, wie sich sein vitales Orange mit Deiner Aura vermischt. Wenn Du Deine inneren Türen öffnest, wird die orangefarbene Energie Schicht für Schicht Deinen Körper berühren und bis zu den tiefsten Tiefen Deines Herzens vordringen. (...) Stelle Dir vor, daß der Karneol unzählige kleine Putzer-Wesen und Reinigungsfeen in sich vereint, die auf verschiedenen Ebenen arbeiten können. (...) Bitte den Hüter des Karneols, die Putzer-Wesen auszusenden, die für die irdisch-dichte Ebene zuständig sind. Wenn Du magst, dann erschaue bildlich aus dem Karneol viele kleine Wesen ausströmen, die mit Schrubber, Besen und anderen Reinigungsgeräten ausgestattet sind. (...) Einige begeben sich in den Herzbeutel und reinigen diesen, andere beginnen an den Muskeln, wieder andere an den Herzklappen. (...) Wenn diese mit ihrem Dienst in Dir zu Ende gekommen sind, dann danke ihnen, und sie werden wieder zu ihrer Karneol-Zentrale zurückkehren. (...) Lasse das Erlebte noch in Dir nachwirken, und empfinde Dank für die Energien Deines Karneols. Finde in Licht, Liebe und Dankbarkeit auch wieder in die Außenwelt zurück."[944]

Edelsteine gehören zur Grundausstattung nahezu jeder esoterischen Praxis (ein Schächtelchen mit vierundzwanzig getrommelten Halbedelsteinen [zwischen 0,8 und 3,5 Gramm] ist als Startset um 138 Mark erhältlich, das dazugehörige Lehrbuch um 29,80 Mark[945]). Vielfach werden dem Klienten zu Beginn der Sitzung ein paar „einstimmende" Steine aufgelegt, gelegentlich werden passende Steine auch einfach irgendwo im Raum placiert: „Durch seine Gegenwart in unserem Umfeld ruft er [der Stein, C.G.] unseren Willen hervor, ganz zu sein und regt in uns einen Prozeß der Umwandlung auf vielen Ebenen an."[946] Auch im ⇨ anthroposophischen Umfeld spielt die (angebliche) Heilkraft von Mineralien eine bedeutende Rolle; der über seine Kosmetikprodukte bekannt gewordene Rudolf Hauschka etwa ließ sich umfänglich darüber aus.[947]

Von besonderer Bedeutung ist in einschlägigen Kreisen der sogenannte Larimar, ein türkisblauer Stein, der nur in der Dominikanischen Republik gefunden wird. Da nach weitverbreitetem Glauben die Karibikinsel ein Überrest des vor 12.000 Jahren untergegangenen Kontinents Atlantis sei, werden dem Larimar, auch „Atlantisstein" genannt, besondere „Heil- und Transformationskräfte" zugesprochen. Überdies habe der amerikanische Hellseher Edgar Cayce (1877-1945) in seinen Prophezeiungen von einem wundertätigen „blauen Stein" gesprochen und damit unzweifelhaft den Larimar gemeint. Die in der Dominikanischen Republik oder auf Haiti für Pfennigbeträge zu erwerbenden Steine werden im esoterischen Zubehörhandel mit Gewinnspannen von bis zu zehntausend Prozent verhökert.

Der Umgang mit Edelsteinen gilt auch als vorzügliche Methode der Selbstheilung. Empfohlen wird das Tragen spezifischer Heilsteine direkt am Körper, entweder als Anhänger oder in der Hosentasche, bis sich das zu behandelnde Problem aufgelöst oder eine bestimmte Erkenntnis eingestellt habe.[948] Obgleich selbst beim Tragen in der Hosentasche allemal „die gesamte Aura in Resonanz mitschwingt",[949] sei es doch weit effektiver, die Steine direkt dort anzubringen, gegebenenfalls mit einem Pflaster, wo Schmerzen oder Verkrampfungen aufträten. Selbstverständlich könnten die Steine auch prophylaktisch auf bestimmten „Energiepunkten" getragen werden: Menschen mit Gedächtnisproblemen sollten einen Diamanten kurz oberhalb der linken Kniescheibe festkleben, Angstneurotiker einen Jadestein über der rechten Niere,[950] bei Selbstmordgedanken helfe ein Citrin auf dem Bauchnabel.[951] Ganz nach Vorbild der ⇨ Heiligen Hildegard könnten auch Edelstein-Tinkturen hergestellt werden: „Zu diesem Zweck legt man einen energetisch gereinigten Edelstein für mindestens 5 Stunden in ein Glas Wasser. Anschließend nimmt man den Stein heraus und trinkt das so erhaltene Edelsteinwasser schluckweise über den Tag verteilt."[952] Amethystwasser etwa sei hilfreich gegen Autismus und Epilepsie, Lapislazuliwasser hingegen befreie das Lymphsystem von Giftstoffen; Moonstone wirke gegen Angst, Türkis gegen Anorexie (Magersucht) und Rosenquarzwasser verbessere die Fruchtbarkeit.[953] Ein Autor empfiehlt gar, die Steine zu pulverisieren und in Flüssigkeit einzunehmen: Alkoholismus etwa ließe sich beheben, indem man dem Suchtkranken Topas-Pulver in den Wein schütte.[954] Anstatt eines Nachweises für derlei wundertätige Wirkkraft wird lapidar die Autorität Hildegards beschworen, die in Zweifel zu ziehen - letztlich entstamme das Wissen um die Steine höherer Eingebung - einem Sakrileg gleichkäme. Ein *Institut für Ayur-Veda-Edelsteintherapie* führt einen „Tee" aus pulverisierten Steinen im Sortiment, durch den die „kosmische Intelligenz als Information des Lebens zur ganzheitlichen Unterstützung des Selbstheilungsmechanismus verfügbar" werde; daneben einen „Edelsteinstrahler" - eine Taschenlampe mit aufgesetztem Stein -, der „positive Schwingungen" abstrahle. Ein komplettes „Edelstein-Therapieset" kostet 5.200 Mark plus Mehrwertsteuer.[955] Etwas preisgünstiger (aber genauso unsinnig) ist die im esoterischen Zubehörhandel angebotene „Zi-Zhu-Heillampe", bestehend aus einem simplen Infrarotstrahler, dem eine kleine Mineralplatte vorgesetzt ist. Erfunden wurde das knapp 1.000 Mark teure Gerät von einem gewissen Shi Zhongming, weltweit seien bereits mehr als 10 Millionen davon im Spitälern, Arztpraxen und Therapiezentren im Einsatz.[956]

Laut esoterischer Vorstellung besitzen Edelsteine die Eigenschaft, „Schwingungen von außen aufzunehmen und zu speichern. (...) Bei ihrer Verwendung zu Therapiezwecken bleiben an ihnen jedesmal die negativen Schwingungen der gestörten Zonen haften, an denen sie aufgelegt wurden."[957] Es sei daher zwingend erforderlich, die Steine vor und nach jeder Behandlung energetisch zu reinigen. Hierzu werden sie entweder eine viertel bis halbe Stunde unter fließendes Wasser und anschließend mehrere Stunden ins Sonnenlicht gelegt (heliopathische Reinigung) oder sie werden über Nacht in Meersalz eingegraben (halopathische Reinigung). Energetisch stark verunreinigte Steine müssen eine Woche lang in Erde vergraben und anschließend einen ganzen Tag in die Sonne gelegt werden, ein Verfahren, das sich auch bei gebrauchtem Schmuck dringend empfehle: Steine, die von anderen Personen getragen worden seien, seien allemal mit deren Schwingungen behaftet: „Nicht selten kommt es vor, daß jemand auf diese Weise Krankheiten oder negative Gemütszustände eines verstorbenen Familienangehörigen, dessen Erbschmuck er trägt, übernimmt."[958] Besonders ratsam sei eine Reinigung und Aufladung mittels ⇨ Pyramidenenergie: Die Steine werden eine bestimmte Zeit unter ein Kupferdrahtgestell gelegt, das maßstabsgetreu der (entweder von Atlantiern oder Außerirdischen gebauten) Cheops-Pyramide in Ägypten nachempfunden ist.[959]

Für die Zuordnung bestimmter Steine zu bestimmten Störungen oder Erkrankungen gibt es keinerlei nachvollziehbare Begründung, einzelne Autoren warten folgerichtig auch mit ganz unterschiedlichen Angaben auf. Empfiehlt der eine Rubin gegen „Nervosität und Aktivitätsdrang", so der andere gegen „paralytische Ängste und Paralyse des Körpers"; verordnet der eine Zirkon bei „Tumoren in Ohr-, Nasen- und Halsgängen", so der nächste bei „häufigem Aufstoßen". Auch die Auswahl der Steine ist völlig willkürlich, der eine setzt auf weitgehend unbekannte Steine wie Chrysokoll oder Uwarowit, ein anderer auf Korallen und Perlen.[960] Bezeichnend sind die Experimente des Hanauer Heilpraktikers und Homöopathen ⇨ Dietmar Krämer zur Findung beziehungsweise Bestätigung - er selbst nennt dies „Arzneimittelprüfung" - spezifischer Steinheilkräfte: „Ausgangspunkt meiner Versuche war die Beobachtung, daß beim Auflegen eines Steins (...) ein Resonanzeffekt in der Aura auftrat und diese enorme Energie abstrahlte. In der Annahme, daß die menschliche Aura in diesem Fall wie ein Verstärker wirkte, der die Eigenschwingung des Steins in intensivierter Form wiedergab, legte ich bei meinem Sohn einen Hämatit auf (...) und versuchte wahrzunehmen, welche Wirkung die von *seiner Aura* abgestrahlte Energie auf *meinen Körper* und *meine Psyche* ausübte. Hierbei erlebte ich konkrete, deutlich spürbare Symptome", die exakt mitgeschrieben wurden. „Nach einer erneuten Reinigung des Steins bekam ich den Stein auf dieselbe Zone gelegt, und mein Sohn schrieb die von ihm erlebten Symptome mit. Der anschließende Vergleich unserer Manuskripte zeigte meist eine weitgehende Übereinstimmung. (...) Die von der Testperson erlebten Symptome sind dieselben, die der jeweilige Stein bei seiner Anwendung zu heilen vermag."[961] Krämer hat die von ihm gefundenen Heileffekte bestimmter Steine mit den Heileffekten anderer „feinstofflicher" Systeme in Bezug gesetzt: Jedem Stein entspreche exakt ein Metall, eine Bach-Blüte, eine Farbe, ein Ton sowie ein Aromaöl - allesamt spezifische Einflußgrößen, die, exakt appliziert an den entsprechenden Chakren, Akupunkturmeridianen oder Mondlinien und unter fakultativer Berücksichtigung der entsprechenden Planetenstände therapeutische Wirksamkeit garantierten. Auf umfangreichen Tabellen sind die von Krämer gefundenen Entsprechungen abzulesen: Depressive Patienten beispielsweise, ebenso wie Patienten mit Würgereiz oder krampfartigen Schmerzen im Unterleib, werden mit einem *en detail* vorgezeichneten Bündel „feinstofflicher" Maßnahmen behandelt: Zunächst werden - entsprechend der astrologischen Kenntnis des Praktikers: unter Berücksichtigung des Uranusstandes - Wegwarte-Essenzen nach Bach verabfolgt, dann wird auf den „Lungenmeridian" (längs entlang der Brust), auf die „Mondlinien Nr. 6" (an Kopf und

Becken) sowie auf „Chakra Nr. 5" (am Hals) Anis-Aromaöl aufgetragen; anschließend werden ebendarauf Diamant- und Aluminiumstückchen verteilt, die letztlich mit der Farbe Dunkelgelb bestrahlt und mit dem Ton „fis" beschallt werden.[962] Über umfängliche Buchpublikationen und entsprechende Internetpräsenz bringt Krämer seine Vorstellungen unters Volk; seine private Hanauer Heilpraxis firmiert als *Internationales Zentrum für Neue Therapien* (C.I.N.T.). Die heilpraktische Kombination von Steinen, Farben, Klängen etc. ist auch unter dem Begriff „Kosmotherapie" bekannt.[963] (⇨ *Blütentherapie/Farbtherapie/Klangtherapie)*

Für die behaupteten Effekte der Edelsteintherapie - ob nun mit oder ohne Krämers anankastische Querverbindungen - fehlt jeder Beleg. Hinzu kommt, daß es sich bei einer Vielzahl der auf dem Esoterikmarkt angebotenen „Edel"steine um gefärbte Billigsteine oder synthetische Imitate handelt. Abgesehen von möglichen Placeboeffekten hat das Auflegen oder Tragen von Steinen, ganz zu schweigen von der Einnahme irgendwelcher „Edelsteintinkturen", keinerlei Wirkung.[964] Dasselbe gilt für die sogenannte Metalltherapie, bei der, analog zur Edelsteintherapie, kleine Erz- oder Blechstückchen verschiedener Metalle, von Aluminium bis Zinn, aufgelegt oder als „Metalltinkturen" verabreicht werden[965]: Wasser beispielsweise, in das für einige Zeit Gold eingelegt oder in dem feinste Goldpartikel verrührt wurden, lenke positive Energie in die Aura, „Silberwasser" wirke gegen Epilepsie und stimuliere den Verstand (!)[966]. Selbstverständlich ist auch die Verbindung von Edelsteintherapie mit Astrologie kompletter Unsinn: Ob nun Widder, wie astrologisch vorgeschrieben, Granat-, Karneol- oder Rubinamulette tragen oder nicht, ist - außer für den einschlägigen Fachhandel - völlig gleichgültig.

> Zu Beginn des Jahres 2000 tauchten als Modetrend plötzlich sogenannte „Power-Bracelets" auf, Armbänder mit exakt einundzwanzig auf eine elastische Schnur aufgefädelten Perlen (*Beads*) aus Halbedelsteinen. Ursprünglich handelt es sich bei diesen Bändern um Meditations- oder Gebetsketten (Malas), wie sie etwa im ⇨ tibetischen Buddhismus üblich sind (prominentester Träger, allerdings mit Holzperlen [bei seinen Vorgängern waren es aufgefädelte Fingerknochen junger Mädchen]: der Dalai Lama[967]). Bekannt wurden die „Powerarmbänder" durch den Vorzeige-Buddhisten und Dalai Lama-Fan Richard Gere, der auf ihre wundertätige bzw. glücksbringende Wirkung schwört. Im esoterischen Zubehörhandel waren sie schon seit längerer Zeit erhältlich, zum großen Renner wurden sie allerdings erst, als die New Yorker Schmuckdesignerin Zoe Metro darauf aufmerksam wurde und sie in die Modeszene einführte. Inzwischen sind sie in jedem Kaufhaus erhältlich: Perlmutt, Onyx und Aventurin für Geld, Macht und Erfolg, Rosenquarz, Karneol und Bergkristall u.a. für sexuelle Ausstahlung. Vielfach kommen die Kunden mit dem Pendel oder der Wünschelrute, um energetisch geeignete „Glücksbänder" zu finden (von denen selbstverständlich auch mehrere übereinander getragen werden können). Selbst der Juwelierhandel ist auf den Zug mit den „Power-Bracelets" aufgesprungen: Edel-Glücksbänder mit Korallen-, Südsee- oder Tahitiperlen kosten 25.000 Mark und darüber. Jenseits des modischen Aspekts haben die Perlenbänder, gleichgültig woraus sie bestehen, na-

türlich keinerlei Effekt: Sie schützen vor und helfen gegen gar nichts. (Konsequenterweise gibt es inzwischen auch „Original-Power-Beads“ aus Glas oder Plastik.)[968]

5.14.1. Kristalltherapie

Bergkristall nimmt innerhalb der Edelsteintherapie eine Sonderstellung ein. Vielfach wird ihm „universelle Heil- und Wirkkraft“ zugesprochen, die sich nach Erkenntnis des Münchner *Jobal-Instituts für Atlantische Heilweisen* darin begründet, daß „Kristalle eine Brücke zwischen physischen und spirituellen Dimensionen [sind]. Kristallenergie hat ihren Ursprung im Zentrum des Universums. Dies ist kein physischer Ort, sondern eine Kristallmatrix, die Impulse der idealen Form in alle Bereiche sendet. Vor vielen Milliarden Jahren (...) wurde von dieser Kristallmatrix aus eine Lichtsaat tief in die Schichten der Erde eingepflanzt. Im Zusammenwirken mit den vier Urelementen Feuer, Erde, Luft und Wasser manifestierte sich diese Lichtsaat als Kristall.“[969] Gedankenenergetisch aktivierter Kristall, so das *Jobal-Institut*, kanalisiere universelle Energiefrequenzen und erhöhe dergestalt die magnetische Schwingung; darüber hinaus reinige er die Energiestruktur und richte sie auf göttliche Frequenz aus, denn: „der Kristall ist immer eins mit sich selbst und der universellen Quelle. Er ist die erleuchtete Form des Mineralreichs.“[970] Insofern sei er ganz besonders geeignet zur Säuberung der Aura oder zur Steigerung von Sensitivität und Hellsichtigkeit.[971] Verschiedentlich wird der Bergkristall allerdings auch etwas profaner gesehen: Einige Praktiker halten ihn für angezeigt bei Schwindelgefühl und Summtönen im Ohr,[972] andere bei Übelkeit und Durchfall.[973] Als Grundlage all dieses Unfugs gelten die „Lehrbücher“ von Ra Bonewitz (*Kosmos der Kristalle*) und Daya Sarai Chocron (*Heilen mit Edelsteinen*).

Zu therapeutischer Behandlung (*Crystal Healing*) werden dem Klienten an bestimmten Körperstellen Kristalle aufgelegt, wodurch sich innerhalb weniger Minuten ein hochschwingendes Energiefeld aufbaue: „In jeder Zelle existiert zwischen Zellkern und Zellhülle ein leerer Raum, in dem sich im Laufe unseres Lebens alle Erfahrungen in Form von Dunkelheit oder Licht ansammeln. Liebe und Licht schwingen in einer höheren Frequenz als Leid und Schmerz. Lehnen wir einen Bereich unseres Selbst oder unseres Körpers lange Zeit ab, verdunkelt sich der Zwischenraum in den betroffenen Zellen, Schlacken bilden sich. (...) Kristalle bringen Licht direkt in diese Zellen und beschleunigen so ihre Frequenz. Die dunklen Schlacken [sprich: Krankheitserreger, C.G.] können diesen Raum nicht länger bewohnen und werden ausgeleitet über Lymphe, Nieren und Darm.“[974] Nach etwa zwanzig Minuten sei das Energiefeld des Körpers auf die Schwingungsfrequenz der Kristalle abgestimmt. Laut Eigenbekundung behandelt *Jobal*-Heilpraktikerin Verena Trautwein auf solche Weise (zuzüglich ⇨ Reiki sowie Farb- und Klangtherapie) auch Patienten mit schweren Störungen und Erkrankungen: Ein Patient mit Asthma und Stauballergie bekomme über zehn Wochen hinweg Kristalle auf das zweite, dritte und vierte Chakra (angebliche Energiezentren auf Unterleib, Bauch und Brust) gelegt, um „Löcher und Risse in der Aura“ zu schließen; einer Klientin mit wahnhaften Symptomen würden Kristalle auf Genital, Brust und Stirn gesetzt, wodurch sie „beginnt, ihre Inkarnation und Aufgabe auf der Erde zu akzeptieren“.[975] Heilpraktikerin Trautwein verbreitet diese keineswegs ungefährlichen (weil sinnvolle Behandlung womöglich verhindernden) Vorstellungen in eigenen „Kristall-Seminaren". Von nachgerade krimineller Idiotie sind die Auslassungen des amerikanischen Chiropraktikers und ⇨ Kinesiologen John Lubecki zur „Behandlung von Infektionskrankheiten": „Alles, was man tun muß ist, einen sehr großen Kristall in der Hand zu halten und ihn auf den eigenen Körper zu richten. Dann geht man etwa eine Minute lang damit über den Körper. (...) Wenn man die Haut in gleichmäßigen Abständen mit dem Kristall berührt, verstärkt das zusätzlich die Wirkung." Die „verstärkten Schwingungen" eines Kristall seien in der Lage, jedwede Parasiten, Bakterien und Viren abzutöten.[976] Lubecki publiziert passenderweise mithin im ⇨ *Ewert*-Verlag.

Selbstredend bietet der esoterische Fach- und Versandhandel eine Vielzahl einschlägiger Accessoires: ein Kristallpendel etwa als „Katalysator bei der Entfaltung des menschlichen Potentials" oder einen „Energie-Sensor" (bestehend aus einem Handgriff aus Bergkristall, an dem eine etwa 15 cm lange Stahlfeder mit einer kleinen Kugel am Ende befestigt ist), mit dem man in der Lage sei, die „Verträglichkeit von Nahrungsmitteln, die Ausstrahlung von Menschen oder deren aktuellen Gesundheitszustand in Erfahrung zu bringen. (...) Die erfühlten Energien äußern sich in der Schwingung des Sensorkopfes, wenn Sie das Gerät in einem Abstand von 15-20 cm über das zu testende Objekt halten. Je nach Ausschlagsrichtung und -intensität gewinnen Sie Aussagen über positive oder negative Schwingungsenergien" (⇨ *Radiästhesie*). Kristalle in Pyramidenform, die sich angeblich besonders „zum Auflegen auf die Energiezentren des Körpers" eignen, finden sich ebenso im Angebot wie Halsketten oder Ohrhänger, durch die man „Licht und positive Energien senden und empfangen" könne.[977] Vielfach werden zur „Harmonisierung der Aura" oder zur „Energetisierung von Meridianen und Chakren" auch zauberstabähnliche Geräte verwendet, in deren Spitze ein Kristall eingearbeitet ist. Die Berührung mit solchem Kristallstab bringe „Ordnung in die Zellen des erkrankten Organismus".[978] Ein „PreziOsana®-Crystal-Healing®-Set", bestehend aus sieben derartigen „Heilsteinstrahlern", ist ab 1.950 Mark erhältlich. Als Guru der „Kristall-Energiearbeit" gilt der Amerikaner Ron Carson, der seit Jahren auch im deutschsprachigen Raum exorzistische Gruppenrituale veranstaltet. Mit Hilfe von Kristallen befreit er die Teilnehmer von „Fremdenergien" und „geistigen Beeinflussungen aus früheren Leben". Kosten eines viertägigen „Spirit Releasement": 800 Mark[979] (⇨ *Clearing*).

Zu erwähnen ist letztlich ein spezielles „Kristallpulver", das die Esoterikversandfirma *Vit-Theragon* im Angebot führt: ein angeblich „universal informiertes Vitalisierungsprodukt" (tatsächlich handelt es sich um simplen Vogelkäfigsand), das, in Tütchen oder Päckchen abgefüllt, im ganzen Hause zu verteilen sei. An die Wasserleitung gehängt bewirke es eine unmittelbare Energetisierung (und zudem Entkalkung) des Wassers, am Sicherungskasten befestigt eine „positive Umwandlung elektrischer Störfelder". Besonders wirksam sei es in Gestalt eines „Heilpflasters": Bei „Arthrose, Arthritis, Rheuma und anderen schmerzhaften Erkrankungen (...) verkleben Sie mit einem Klebeband ein kleines Tütchen in der Größe von 4x4 cm. Das Tütchen verpacken Sie in ein zurechtgeschnittenes Papiertaschentuch und legen es auf die betroffenen Körperstellen auf. Bei Allergien, Neurodermitis usw. gehen Sie ebenfalls auf diese Weise vor. Bei Schmerzen, deren Herkunft und Ursache nicht lokalisiert werden können, kleben Sie das Päckchen auf den Solarplexus (2 cm über dem Bauchnabel)."[980]

5.14.2. Hildegard-Therapie

Laut Legende waren der Benediktiner-Äbtissin Hildegard von Bingen (1098-1179) schon ab frühester Kindheit „Visionen“ zuteil geworden, die sich ab ihrem vierten Lebensjahrzehnt zu mystischer Einsicht unter anderem in das Wesen der Sünde, der Vergebung und die Natur des Kosmos verdichteten. In einer ihrer späteren Visionen sei sie von einer Stimme beauftragt worden, ihre Einsichten aufzuzeichnen, was zur Niederschrift von neun Büchern, über siebzig Gedichten und mehr als dreihundert Briefen führte. Neben allerlei theologischen Auslassungen und Prophezeiungen befaßte sich Hildegard in zwei Büchern mit medizinischen Fragen und Heilmethoden. Im Mittelpunkt ihres Konzepts stehen Beten und Fasten, daneben verschreibt sie bestimmte Pflanzen- und vor allem Edelsteintinkturen, deren jeweilige Rezeptur sie in ihren Visionen „von höherer Warte“ empfangen haben will. Ob dies zutrifft, muß dahingestellt bleiben, jedenfalls weist Hildegards Edelstein-Heilkunde deutliche Parallelen zu einer seinerzeit in Adels- und Klerikerkreisen weitverbreiteten Schrift mit dem Titel *Lapidarius* auf, die der französische Benediktinermönch Marbod (1035-1123), später Bischof zu Rennes, über die Wirkung von Steinen auf den menschlichen Organismus verfaßt hatte.[981] (Überhaupt ist unklar, ob die Hildegard zugeschriebenen medizinischen Werke tatsächlich von ihr stammen; es existieren keine Originalschriften, das Buch *Physica* wurde erstmals 1533 in Straßburg gedruckt. Noch mehr Unsicherheit herrscht über das zweite Buch *Causae et Curae*.[982])

In erster Linie empfiehlt Hildegard, die Steine in Wasser einzulegen und dieses dann zu trinken. Schwache Augen beispielsweise, Herzbeschwerden und Darmstörungen seien mit Wasser zu behandeln, in dem ein von der Sonne erwärmter Bergkristall eine Stunde lang gelegen habe; solches Kristallwasser solle schluckweise den Tag über getrunken werden.[983] Achatwasser helfe bei Schlafwandeln und Insektenbissen, Zirkonwasser (Hyazinth) bei Wahnvorstellungen, krankhaftem Lachen und übersteigertem Sexualtrieb.[984] Karneol, ein bräunlich-roter Stein, wird von Hildegard gegen Nasenbluten empfohlen; anstatt in Wasser müsse er allerdings in erwärmten Wein eingelegt werden, von dem der Betroffene trinken solle. Auch Onyx wird in Wein eingelegt, aus dem dann mit Mehl und Hühnereiern eine Suppe gegen Magenleiden zubereitet wird;[985] Onyx sei im übrigen auch hilfreich gegen Priapismus (krankhafte Dauererektion).[986] Diamant, so Hildegard, verscheuche den Teufel: „Es gibt Menschen, die ihrem Wesen nach und auch unter teuflischem Einfluß böswillig sind und darum gerne auch schweigen. Wenn sie aber reden, haben sie einen bohrenden Blick und geraten manchmal außer sich, wie wenn sie von Wahnsinn gelenkt würden. (...) Solche Leute sollen oft, oder noch besser fast dauernd, einen Diamant in den Mund nehmen. Die Wirkung dieses Steins ist so groß und kräftig, daß er Bösartigkeit und das Böse auslöscht, das im Menschen steckt.“[987] Auch bei Infektionskrankheiten wie Grippe oder Malaria rät sie, den Heilstein, in diesem Falle einen Smaragd, direkt in den Mund zu nehmen, Epileptikern solle bei einem Anfall ein Smaragd in den Mund geschoben werden.[988] Depressive sollen Aquamarin oder Jaspis auflegen, dazu Veilchen in Wein trinken und den Körper mit Fenchelsaft einreiben. Dazu empfiehlt Hildegard regelmäßiges Beten sowie eine Art Autogenes Training: „Federleichte Seele, bleib stark und kleide dich in eine Rüstung aus Licht.“[989]

Seit Anfang der 1970er Jahre propagieren der österreichische Arzt Gottfried Hertzka (gest. 1997) und der Heilpraktiker Wighard Strehlow die von ihnen so bezeichnete „Hildegard-Medizin“ und vertreiben unter diesem Signet ein Sammelsurium an Pflanzenpräparaten, Edelsteinen und Nahrungsmitteln, daneben (angeblich) natürliche Kosmetika, Kleidungsstücke, Plumeaus sowie sonstige Bedarfsartikel „für gesunde Lebensführung“. Mit den Schriften Hildegards hat dieser Versandhandel nur noch entfernt zu tun, desgleichen die Flut an Publikationen, die sich seit Mitte der 1980er - und potenziert anläßlich ihres 900. Geburtstages im Jahre 1998 - über den Buchmarkt ergießt. Die Ratschläge und Rezepturen, die Hertzka und Strehlow in ihrer *Großen Hildegard-Apotheke* für sämtliche nur denkbaren Erkrankungen vorlegen, entbehren jedes seriösen Wirksamkeitsnachweises.[990] Solchen Nachweis halten die beiden Autoren allerdings auch gar nicht für erforderlich, ist doch die „Hildegard-Medizin“ ihrer Auffassung nach „göttlichen Ursprungs“ und insofern erhaben über jeden Diskurs.[991] „Wer Hertzkas Buchtitel ‘So heilt Gott’ vertraut“, so die *Stiftung Warentest* in schärfster Verurteilung solcher Praxis, „und sich ausschließlich der ‘Hildegard-Medizin’ überantwortet, gefährdet unter Umständen sein Leben. So zum Beispiel indem er Hertzkas Meinung folgt und auf jede medizinische Diagnose verzichtet, oder wenn Diabetiker der Empfehlung folgen, ihr Hungergefühl mit einem Diamanten zu lenken.“[992] (Das Oberlandesgericht Karlsruhe hat Anfang 1995 eine Klage Hertzkas gegen diese Formulierung zurückgewiesen.[993]) Das Medizinverständnis Hildegards basiert auf mittelalterlichen Vorstellungen mit magisch-okkultem Einschlag, insbesondere ihre Edelsteinmedizin entbehrt jeder rationalen Grundlage. Solche Vorstellungen nun zur Grundlage einer zeitgemäßen Behandlung von Epilepsie, Herzklappenentzündung, Krebs oder Querschnittlähmung zu machen, muß als unverantwortliche Scharlatanerie gewertet werden. Noch nicht einmal Hildegards Ernährungslehre steht auf stabilen Beinen: So gehören etwa, wie die *Stiftung Warentest* ausführt, „die von Hertzka dem Dinkel zugeschriebenen wundersamen Wirkungen (...) ins Reich der Fabel. Schon seine botanischen und geschichtlichen Begründungen für den Wert dieses Getreides haben mit der erforschten Wirklichkeit nichts gemein.“[994] Überdies würden für die Hildegard-Produkte teils grotesk überhöhte Preisen verlangt: So kosteten beispielsweise 100 Gramm Ringelblumenblüten in geprüfter Qualität, für die in der Apotheke sechs Mark zu bezahlen seien, im Hildegard-Versand über 90 Mark.[995] Die Hildegard-Medizin, so die Bochumer Medizingeschichtlerin Irmgard Müller, sei ein „Konstrukt profitbewußter Marktstrategen“ und sonst gar nichts.[996]

5.15. Encounter

Der amerikanische Begriff Encounter bedeutet soviel wie Begegnung. Carl Rogers (1902-1987) verwandte diesen Begriff schon in den 1940er Jahren für seine therapeutische Arbeit, die, in ausdrücklichem Gegensatz zu dem streng hierarchischen und von der Welt isolierten Verhältnis zwischen Therapeut (Analytiker) und Patient, auf die gleichberechtigte Begegnung „von Mensch zu Mensch“ innerhalb einer größeren Gruppe setzte.

Das Konzept Rogers' gelangte Ende der 1960er zum Durchbruch. Es verstand sich als revolutionär neuer Ansatz, in dessen Mittelpunkt das Akzeptieren von Gefühlen als legitime Anleitung zum Handeln sowie die darin begründete Freisetzung menschlichen Potentials standen. Unter Stichworten wie *personal growth* oder *human potential movement* galt Encounter-Gruppenarbeit als therapeutische Möglichkeit auch und gerade für „gesunde" Menschen, über freien Gefühlsausdruck zu vollerem Menschsein zu gelangen. Hauptvertreter der Encounterbewegung, die Anfang der 1970er Jahre vor allem an der amerikanischen Westküste florierte, war Will Schutz.[997] Das kalifornische Therapiezentrum *Esalen*, an dem er seine Gruppen veranstaltete, erlangte mithin dadurch weltweite Berühmtheit.

Encountergedanken bestimmen bis heute das Geschehen in Therapie- und Selbsterfahrungsgruppen, in denen die Interaktion der Teilnehmer im Vordergrund steht.[998] Der Begriff selbst ist allerdings (zumindest im deutschsprachigen Raum) weitgehend verschwunden, er findet sich nur noch im Umfeld der Rajneesh-Bewegung, die ihn in den 1970er Jahren schon okkupiert - und irreparabel in Verruf gebracht - hatte.

Zu den ersten europäischen Veranstaltern von „Encountergruppen" (bzw. dem, was sie darunter verstanden) zählten die Engländer Paul Lowe und Michael Barnett, die Mitte der 1970er als Swami Teertha bzw. Swami Somendra im Ashram des indischen Gurus Bhagwan Rajneesh auftauchten, um dort, außerhalb jeglicher Kontrolle, ihre fragwürdigen Experimente fortzuführen. Zunehmend ersetzten sie das von tiefer Empathie - und vor allem von profundem klinischem Verständnis - getragene Herangehen Rogers' und Schutz' durch rücksichtslos-konfrontatives „Niederreißen emotionaler Barrieren", das nicht selten mit völligem Zusammenbruch einzelner Gruppenteilnehmer einherging. Unter der Leitung von Teertha und Somendra wurden die Encountergruppen zum zentralen Konditionierungs- und Disziplinierungsinstrument des Rajneesh-Kults. Teertha und Somendra, inzwischen wieder unter ihren bürgerlichen Namen Lowe und Barnett, sind nach wie vor im Psychogeschäft zugange: Lowe tingelt als spiritueller Vortragsreisender durch die Lande und Barnett begründet ein „Therapiezentrum" nach dem anderen. Nach dem Niedergang seiner italienischen *Energy University* Ende der 1980er hatte er sich mehrere Jahre in einem Schloß in Südfrankreich breitgemacht, *Energy World* genannt, wo er unter anderem dreiwöchige „Ausbildungskurse" in „Michael-Barnett-Energie-Arbeit" veranstaltete: eine willkürliche Ansammlung beliebig zusammengewürfelter Therapie- und Meditationstechniken (vorwiegend aus dem Rajneesh-Fundus), angereichert mit allgemeinsemantischen Platitüden („Energiearbeit ist eine spirituelle Methode, die tiefe Erfahrungen nicht nur akzeptiert und fördert, sondern es darüber hinaus auch ermöglicht, in jene Wirklichkeit zu schauen, in der sie ihren Ursprung haben"[999]) sowie ein paar selbsterfundenen (stets sexualkonnotierten) Übungen wie „DiamondYoga" oder „RadiantTouch". Kosten: 4.800 Mark.[1000] Nachdem *Energy World* Ende 1996 von den französischen Behörden geschlossen worden war, gerüchteweise wegen Steuerhinterziehung, verlagerte er seinen Sitz zunächst in die Schweiz; seit Sommer 2000 residiert er in einer Jugendstil-Villa in Freiburg. Barnett, stets umgeben von einer Schar heillos überdrehter Adepten (szenebekannt als „Wild-Goose-Company", neuerdings auch: „OneLife-Team"), gefällt sich, wie je, in der Pose des Übergurus: Wie zu Zeiten des alten Poona scheint sein „therapeutisches“ Vorgehen in erster Linie von persönlichen Vorlieben und Launen sowie seinem aktuellen Interesse an einzelnen Gruppenteilnehmerinnen bestimmt. Im übrigen, so ein Beobachter, brülle er seine „teuer bezahlenden Gäste in Jähzornanfällen nieder und tituliert das Ganze auch noch als spirituelle Lernerfahrung“.[1001] Kritik ist nach wie vor völlig unmöglich.

Was sich heute (zumindest in Rajneeshkreisen) unter dem Begriff Encounter vorstellt, unterscheidet sich prinzipiell nicht von den Sex- und Gewaltexzessen der späten 1970er Jahre. Es wird zwar nicht mehr aufeinander eingeprügelt und auch sexuelle Übergriffe finden nicht mehr (zumindest nicht mehr in geplanter Form) statt, dennoch kommt es nach wie vor zu massiven Grenzüberschreitungen. In den Gruppen wird eine äußerst affektbesetzte Atmosphäre hergestellt, die allein schon als Grenzüberschreitung zu werten ist: Nacktheit trägt ebenso dazu bei wie Marathonsitzungen mit systematischem Schlaf- und Nahrungsentzug.

Da die meist in Wochenend- oder Fünf-Tage-Workshops veranstalteten Encountergruppen in der Regel keine Möglichkeit der Nachsorge beziehungsweise kontinuierlicher Weiterarbeit bieten, laufen die Teilnehmer Gefahr - und dies noch Wochen und Monate nach der Gruppe - des Auftretens erheblicher Orientierungs- und/oder Identitätsstörungen. Hinzu kommt, daß über den Druck der Gruppe oftmals viel zu viel aufgerissen wird, was für den Einzelnen unabsehbare Spätfolgen, vergleichbar denen einer Vergewaltigung, nach sich ziehen kann. Da die wenigsten Encounter-Leiter über eine ausreichende klinische Qualifikation verfügen, können auftretende Probleme übersehen oder falsch eingeschätzt werden. Zu kompetenter Krisenintervention wäre allerdings ohnehin kaum einer befähigt.

In Gegensatz zum ursprünglichen Anspruch „antihierarchischer Begegnung“ wurde und wird (Rajneesh-)Encounter durchwegs in äußerst autoritärer Weise praktiziert. Der Ablauf ist exakt vorgegeben, dem Teilnehmer steht keinerlei Recht auf Mitgestaltung oder gar Kritik zu. Es darf zwar exzessiv geschrien, geheult und gestrampelt werden, die „Freisetzung der Gefühle“ endet aber spätestens da, wo sie sich gegen den Therapeuten und/oder die Organisation richten. Encounter-Workshops, wie sie im Umfeld der Rajneesh-Bewegung angeboten werden, beispielsweise im fränkischen *Therapiezentrum Mitte*, dienen in erster Linie der Konditionierung auf deren sektoides Selbstverständnis. Bezeichnenderweise wird Encounter hier mit ⇨ Rebirthing nach Orr („Mitte-Atemarbeit“) sowie der höchst manipulativen ⇨ Familienaufstellung nach Hellinger verknüpft. Das „Therapeutenteam“ rund um „Suviro“ Faisst (*1949) setzt sich überwiegend aus Rajneesh-Anhängern der ersten Poona-Generation zusammen.[1002] Von der humanistisch geprägten Ethik Carl Rogers’ (wie sie sich etwa auch in der von Ruth Cohn [*1912] entwickelten Themenzentrierten Interaktion [TZI/ *Workshop Institute for Living Learning*] zeigt, einem pädagogisch-therapeutischen Gruppenverfahren, das auf dem Postulat von Autonomie und respektvollem Miteinander in der Bewältigung anstehender Probleme beruht[1003]) sind derlei Gruppen Lichtjahre entfernt.

Auch das sogenannte Focusing nach Eugene Gendlin, einem langjährigen Mitarbeiter Carl Rogers’, wird von einschlägigen Szenepraktikern (zumindest als Begriff) schamlos mißbraucht: Geht es dem Focusing (als Hilfsverfahren etwa in der Gesprächspsychotherapie) darum, den Klienten zu einem „Hineinspüren in seine innere Erlebniswelt“ anzuhalten und dazu, seine jeweiligen Empfindungen nicht einer sofortigen Analyse oder Bewertung zu unterziehen, sondern sie zu einem nicht-kognitiven Aspekt der Problemlösung heranwachsen zu lassen (der dann natürlich kognitiv einzuordnen ist),[1004] wird das Konzept Gendlins (oder auch nur der Verweis darauf) vielfach eingesetzt, um eine kritische Analyse und Bewertung des aktuellen Therapiegeschehens zu unterdrücken.

Unter all den Seminaren, Workshops und Trainings, die sich seit Anfang der 1990er auf dem Psychomarkt breitgemacht haben, scheint das sogenannte „holon-training“ der *Gesellschaft für Tiefenökologie e.V.* (mit einer Reihe dezentraler Kontaktbüros) noch am ehesten in der Tradition des ursprünglichen *human potential movement* zu stehen und sogar Elemente der Ökologiebewegung (allerdings auch der „Transpersonalen Psychologie“) integriert zu haben. Wesentlich beeinflußt von der amerikanischen Religionswissenschaftlerin Joanna Macy und dem norwegischen Umweltaktivisten Arne Naess will das „holon training“ (von griech.: hólos = ganz) Therapieformen anbieten, „die unsere Beziehungen mit der größten Gemeinschaft heilen, der aller Lebewesen“.[1005] Ausgangspunkt, wie Szenekenner Hans-Jörg Hemminger schreibt, sei eine „neue Einstellung zu Natur und Umwelt, zu Geist, Körper und Seele, zu Wissenschaft und Technik, zu Gesellschaft und Mitmensch“. Alle Bausteine des angestrebten „neuen Bewußtseins“ sollen untereinander verbunden werden und in Beziehung gesetzt zu östlichen Traditionen, zu Geheimlehren und Mythen sowie zu sämtlichen Weltreligionen. Das erhoffte Resultat, so Hemminger, sei der „ganzheitliche Mensch, der sich mit dem Kosmos verbunden fühlt. Innerhalb dieses Gedankengebäudes wird Gott als unpersönliche Kraft gedacht und der Mensch als Teil des Göttlichen, es handelt sich also um eine pantheistische Spiritualität mit transformatorischem Anspruch“. Bei Lichte besehen offenbar noch nicht einmal um das: In den Wochenendworkshops und längerfristig angelegten „holon“-Kursen findet sich nichts anderes als ein ideologisch massiv überfrachtetes (und im übrigen völlig willkürlich zusammengefügtes) Sammelsurium einschlägiger Szenetechniken (Encounter, Gestalt, Rebirthing, Sensitivity Training, Visualisierungen etc.), die im Rahmen eines klinischen Gesamtkonzepts und in der Hand kompetenter Therapeuten durchaus wichtige Instrumente der Persönlichkeitsentfaltung sein *können* (mit Ausnahme von ⇨ Rebirthing); die indes in der Hand herumdilettierender „Tiefenökologen“ (was immer das sein soll) auch fatale Folgen zeitigen können. Wie Hemminger kritisch anmerkt, setze die *Gesellschaft für angewandte Tiefenökologie* mit der „fachlich unzureichenden und ideologisch überladenen Methodisierung und Technisierung von ökologischen Einsichten, spirituellem Erleben und künstlerischen Ausdrucksformen (...) das Machbarkeitsdenken der Neuzeit, das sie anprangert, auf der anderen Seite selbst fort. (...) Außerdem wirkt das Programm der Gesellschaft merkwürdig apolitisch. Man hat den Eindruck, es handle sich beim holon-training um eine für das New Age-Denken typische individuelle Engführung des Problemlösens. Dadurch wird zumindest potentiell Raum geschaffen für ein autoritäres Politikverständnis. Die individuelle Bewußtseinsentwicklung scheint die mühsamen demokratischen Entscheidungsprozesse überflüssig zu machen; die Macht soll danach in den Händen der ökologisch und spirituell fortgeschrittenen Elite liegen.“[1006]

5.15.1. Dynamische Psychiatrie

Unter dem Begriff „Dynamische Psychiatrie“ wird gemeinhin die Arbeit der *Deutschen Akademie für Psychoanalyse* (DAP e.V.) verstanden, die 1969 ins Leben gerufen wurde. Als zentrale Figur der DAP galt von Anfang an der Berliner Arzt und Psychoanalytiker Günter Ammon (1918-1995), der zeit seiner beruflichen Tätigkeit fachlich wie auch persönlich sehr umstritten war. Es gelang Ammon, mit der DAP eine weitreichende Organisation aufzubauen, in der seine psychoanalytisch begründete Lehre der Gruppendynamik in aller Konsequenz, das heißt: bis ins intimste Privatleben der Mitglieder hinein, gelebt wurde.

Die von ihm propagierte „psychologische Revolution“ gegen die Zwänge der bürgerlichen Gesellschaft, einschließlich der (vielfach) unmenschlichen Verhältnisse in der seinerzeitigen Psychiatrie, sprach in den frühen 1970er Jahren vor allem gesellschaftskritische Ärzte, Psychologen und Sozialarbeiter an. Ammon wurde zu einer Art „Modetherapeut“ linker Intellektueller, für die es plausibel erschien, daß zur politischen Revolution eine psychologische hinzukommen müsse. (Mit der italienischen Anti-Psychiatrie-Bewegung um Franco Basaglia, mit der sie oftmals ineinsgesetzt wurde und wird, hatte die Dynamische Psychiatrie Ammons allerdings nichts zu tun; eher mit der Psychosynthese des Freud-Renegaten Roberto Assagioli, bei der Ammon sich theoretisch bedient zu haben scheint.)

Der Zulauf zur DAP war enorm. In zahlreichen Städten, vorneweg Berlin, wurden DAP-Ausbildungsinstitute gegründet, es wurden ambulante Therapie- und Selbsterfahrungsangebote organisiert, Balint-(Supervisions-)Gruppen zusammengestellt, DAP-Kindergärten etabliert. In München wurde 1978 eine eigene Fachklinik für Psychiatrie eröffnet, in Niederbayern betrieb man eine Tagesklinik; auch in Süditalien (bei Salerno) wurde ein Therapiezentrum gegründet.

Schon gegen Ende der 1970er jedoch zeichneten sich innerhalb der DAP auffällig sektiererische Tendenzen ab, die in eklatantem Widerspruch standen zu ihrem gesellschaftskritischen und emanzipatorischen Auftreten. Das Selbstverständnis der gesamten Organisation verengte sich zusehends auf die Lehre und Person Ammons. Kritik von innen wie auch von außen ließen die Bedeutung der DAP in den 1980ern erheblich schwinden, ein gesundheitsbehördlicher Versuch, die Organisation auf juristischem Wege auszuhebeln und die Münchner Klinik zu schließen - eine Vielzahl ehemaliger Patienten und Mitarbeiter hatte von Willkür, Demütigung und Ausbeutung berichtet -, mißlang allerdings kläglich.[1007]

Die DAP betreibt nach wie vor ihre Einrichtungen in München und Berlin, desgleichen ihre Dependance in Süditalien. Zahlreiche Ammon-Schüler, der DAP mehr oder weniger eng verpflichtet, sind in eigenen Praxen tätig, viele mit deutlicher Affinität zu esoterischen Denkmodellen. (Auch Ammon selbst hatte sich in seinen letzten Lebensjahren mit einschlägigen Kongreßauftritten an die New-Age-Szene anzubiedern versucht.) Seit je verfügte die DAP über eine beträchtliche Anzahl formal qualifizierter Ärzte und Psychologen, die nach außen hin für Seriosität bürgen konnten. In aller Regel hatten (und haben) diese Mitarbeiter ihre klinisch-therapeutische Ausbildung ausschließlich DAP-intern absolviert, was den Eindruck der Seriosität erheblich relativiert: Ihrer mangelnden Transparenz wegen waren diese Ausbildungen (zumindest zu Lebzeiten Ammons) in Fachkreisen stets nur unter großem

Vorbehalt anerkannt worden. (Seit Mai 2000 bietet die DAP über ein hauseigenes Lehr- und Forschungsinstitut staatlich anerkannte [!] Ausbildungsgänge zum Psychologischen Psychotherapeuten sowie zum Kinder- und Jugendlichenpsychotherapeuten an. [1008])

Ammons Konzept, das bis heute keiner erkennbaren Revision unterzogen wurde, geht davon aus, nicht nur gestörtes, sondern auch Alltagsverhalten sei durch psychische Defekte aus früher Kindheit geprägt. Therapie sei folglich für jeden Menschen notwendig. Ziel sei es, die gesamte Persönlichkeit mit ihren durch frühe seelische Defizite verursachten Strukturschäden abzubauen, um das Wachstum einer neuen, abgerundeten Persönlichkeit zu ermöglichen. Das therapeutische Vorgehen stützt sich insofern auf psychoanalytische (in DAP-Terminologie: humanstrukturelle) Gruppendynamik: Ammon entwickelte eine Doktrin der „immerwährenden Therapie", in der buchstäblich jede Verhaltensäußerung eines Patienten einer konfrontativen Deutung unterzogen wird. Auch Mitarbeiter und Ausbildungskandidaten konnten unter seiner Ägide von einem Tag zum nächsten in die Rolle des Patienten verwiesen werden. Ziel dieser in der Regel sehr dominant vorgetragenen Deutung war es, die Abwehr des Patienten gegen Einsichten über sich selbst „aufzusprengen". Als erfolgreich beendet galt eine Therapie, wenn der Patient jeden Widerstand gegen die „Aufdeckung" seiner seelischen Defekte aufgegeben hatte. (Ungeachtet des Umstandes, daß Ammons therapeutisches Vorgehen seit je in der Kritik stand - insbesondere seine aggressiven Konfrontationspraktiken stießen unter Fachleuten auf teils schärfste Ablehnung -, wurden die Kosten meist von den Kassen übernommen.)

Eine Therapie nach Ammon bestand und besteht in der Regel aus einer Kombination ambulanter Einzel- und Gruppentherapie mit Gruppenarbeit in Blockform, die sich jeweils über einige Tage bis hin zu mehreren Wochen erstrecken kann. Die Gesamtdauer der Therapie liegt in jedem Einzelfall bei mehreren Jahren. (Laut Aussagen ehemaliger Mitarbeiter wurden [zumindest zu Zeiten Ammons] einzelne Patienten systematisch in psychische Abhängigkeit von der Organisation getrieben: Es habe „Gruppentherapien" von weit über zehnjähriger Dauer gegeben, Kontakte zu Personen außerhalb der DAP seien rigoros unterbunden worden. [1009])

Die DAP legt heute großen Wert auf ein gewandeltes Erscheinungsbild (das allerdings kaum eine Distanzierung von der Person oder Doktrin Ammons beinhaltet). Bis heute versteht man das humanstrukturelle Konzept - ganz in Ammonscher Selbstüberschätzung - als einzig erfolgversprechenden Ansatz überhaupt. (Ammon selbst hatte sein Verfahren nicht nur bei neurotischen oder psychosomatischen „Allerwelts-"Störungen angewandt, sondern auch und insbesondere bei schweren psychiatrischen Erkrankungen [daher der Begriff „Dynamische Psychiatrie"].) Ein wissenschaftlich tragfähiger Effizienznachweis des DAP-Ansatzes fehlt, trotz aller Propaganda, die solchen längst erbracht zu haben vorgibt und trotz einer Vielzahl an Publikationen (herausgebracht über den hauseigenen *Pinel-Verlag für Humanistische Psychiatrie und Philosophie*), bis heute.

Mit der sogenannten Dynamischen Psychotherapie, einem tiefenpsychologisch fundierten Konzept nach Annemarie Dührssen (*1916), das diese in den 1950ern vorgestellt hatte und das, in den 1980ern entsprechend überarbeitet, heute zu den seriöseren (wenngleich nur wenig verbreiteten) Verfahren psychoanalytischer Therapie zählt, hat die Dynamische Psychiatrie der DAP nichts zu tun.[1010]

5.16. Enlightenment Intensive

Das Konzept des Enlightenment Intensive, basierend auf Elementen traditioneller ⇨ Zen-Meditation sowie der Selbsthilfemethode des sogenannten Co-Counselling, wurde Ende der 1960er von dem Kalifornier Charles Berner vorgestellt. In Gruppen zwischen zehn und hundert Teilnehmern werden innerhalb streng strukturierter Exerzitien ständig sich wiederholende Meditationsübungen durchgeführt.

Weltweite Verbreitung fand die Methode durch die Rajneesh-Bewegung, in deren Blütezeit während der 1970er und frühen 1980er Jahre sie zum Standardprogramm des Ashram in Poona sowie der zahlreichen angeschlossenen Meditationszentren zählte. Heute hat die Bedeutung des „klassischen" Enlightenment Intensive stark abgenommen, in abgekürzter Form finden die spezifischen Meditationsübungen allerdings im Rahmen von Selbsterfahrungs- und Therapie-Workshops - insbesondere im Osho-Rajneesh-Umfeld - nach wie vor Verwendung.

Das „klassische" Enlightenment Intensive dauert zumindest drei Tage, in seiner ursprünglichen Form bis zu zwei Wochen. Zwischen 6.00 Uhr morgens und 23.00 Uhr nachts sitzen sich die Teilnehmer für jeweils vierzig Minuten in Zweiergruppen gegenüber. Einer der Partner spricht über das vorgegebene „Meditationsobjekt" - die Frage: „Wer bin ich?" -, während der andere kommentarlos zuhört. Nach jeweils exakt fünf Minuten werden die Rollen gewechselt. Nach dem achten Wechsel wird in vorgegebener Weise der Partner getauscht und die Übung, im Laufe des Tages zehn- bis zwölfmal wiederholt, beginnt erneut. Es werden nur kurze Pausen zur schweigenden Essenseinnahme eingelegt. Selbst die Nachtruhe wird zu Meditationsübungen unterbrochen.

Jedweder Versuch, den rigide vorgezeichneten Ablauf kritisch zu hinterfragen, wird radikal unterbunden. Weg und Ziel des Enlightenment Intensive sei *gerade* das Sich-Einlassen wider jede Vernunft, die „Loslösung von der exzessiv rigiden kognitiven Struktur des Individuums".[1011] Wie in den meisten esoterischen Meditations- und Therapieansätzen gilt auch und insbesondere im Enlightenment Intensive der kognitive Verstand (*mind*) als Ursache allen Übels: „Der Verstand ist etwas Unnatürliches", so der indische Kultguru Osho Rajneesh, durch ihn „verliert man den Kontakt mit der eigenen Unschuld, man wird verseucht, verschmutzt."[1012] Enlightenment Intensive trage dazu bei, den „Versuchungen und Drohungen zu widerstehen, mit denen uns die meisten Menschen in die Normalität [des Verstandes C.G.] zurückziehen wollen".[1013]

Im streng vorgegebenen Rahmen des Enlightenment Intensive kann auf individuelle Bedürfnisse und Notwendigkeiten des einzelnen Teilnehmers nicht eingegangen werden. Integrierende Nachbearbeitung der während der Exerzitien gemachten Erfahrungen ist nicht vorgesehen. Für psychisch labile Menschen - dies gestehen aufgrund einer Reihe brisanter

Zwischenfälle selbst die Veranstalter von Enlightenment Intensives zu[1014] - kann die Methode hochgefährlich werden.

Neuerdings wird Enlightenment Intensive auch über das Geisterblatt *Die Andere Realität* beworben; als Expertin firmiert die Fürther Heilpraktikerin Dorit Rudolph, die ihre therapeutische Arbeit wie folgt beschreibt: „Mystiker, Yogis und Meditierende aller Kulturen wenden sich nach innen, um dort eine Antwort auf die Frage 'Wer bin ich?' zu finden. (...) Gemeinsam versuchen wir, diese Frage zu ergründen: Wer/was bin ich, was ist ein anderer (...). In einem 3-tägigen Retreat, unterstützt von einem streng strukturierten Tagesablauf, beschäftigen wir uns ausschließlich mit einer dieser Grundsatzfragen. Durch sich gegenseitiges Fragen und Fragenlassen arbeitet man sich langsam aber unaufhaltsam Schicht für Schicht in die Tiefe, bis schließlich der Kern, das 'ICH BIN' erscheint." [sic!][1015]

5.16.1. Avatar

Als neuntägiger, exakt strukturierter Kompaktkurs stellt sich das sogenannte „Avatar-Training" vor, bei dem, ähnlich wie beim Enlightenment Intensive, der Teilnehmer lerne, „durch genau aufeinander abgestimmte Übungen die Verbindung zu sehen zwischen dem, was er erlebt und der Überzeugung, die diese Erfahrung geschaffen hat".[1016] Diese Übungen werden in Werbeverlautbarungen als „Integral der Weisheit des Ostens" angepriesen: „In ihrem Verständnis von Wahrheit und Bewußtsein gleicht die Avatar-Philosophie den höchsten Formen des Hinduismus (Advaita-Vedanta) und des Buddhismus (Zen, Mahamudra, Abhidhamma). Sie bereite für den modernen Westen auf, „was schon Buddha, Shankara und Padmasambhava wußten: 'Nie gab es etwas außerhalb von dir, nie wird dem so sein'."[1017]

Der Sanskrit-Begriff „Avatar" (= Niederkunft des Göttlichen) bezieht sich ursprünglich auf die Inkarnation des Hindugottes Vishnu in Gestalt des Weltenerretters Krishna. Das Avatar-Training, wie es 1987 von dem New Yorker Ex-Scientology-Funktionär Harry Palmer vorgestellt wurde - laut Legende habe ihn die Idee dafür in einer ⇨ Samadhitank-Sitzung überkommen -, hat damit nichts zu tun.[1018] Es geht Palmer ausschließlich darum, mit dem usurpierten Begriff sich und seinem System höhere Wertigkeit zu verleihen. Tatsächlich besteht das Avatar-Training aus nicht viel mehr als einem Sammelsurium simpler Meditationstechniken, (pseudo)konstruktivistischer Gedankenspielereien und stereotyper Wiederholung bestimmter Affirmationssätze. Wie Avatar-Kritiker Udo Schuster anmerkt, sei für Palmer „anscheinend keine Banalität zu gering und keine Plattheit zu groß, als daß sie nicht über ein abstruses Theoriegebilde zu Geld gemacht werden kann".[1019] Avatar-O-Ton: „Wer ist das, der in diesem Augenblick diese Zeile liest? Allgemein antworten wir auf diese Frage mit unserem Namen und/oder mit der Wahrnehmung unseres Körpers. Und wer ist das, der in diesem Moment seinen Namen nennt, seinen Körper wahrnimmt? Wenn Sie dieses Spiel fortsetzen, werden Sie nach einer gewissen Zeit keine sinnvollen Antworten mehr finden und dennoch feststellen, daß da in Ihnen etwas einfach immer weiter wahrnimmt, unmittelbar, ohne die Notwendigkeit, Sinn oder Identität herzustellen."[1020] Solche Feststellung führe zur Einsicht, „daß die Welt, die man erlebt, durch das eigene Bewußtsein geformt ist und nicht umgekehrt,"[1021] eine Erkenntnis, aus der sich die „grenzenlose Freiheit" eröffne, jederzeit selbst entscheiden zu können, wer man „wirklich" sein möchte: „Indem Sie sich den Identitäten bewußt werden [sic!], die Ihnen den direkten Zugang zu Ihrem ursprünglichen Wesen verwehren, werden ungeahnte Energien frei."[1022] Avatar sei dazu da, „Begrenzungen auszuräumen, die Sie daran hindern, das zu tun, was Sie wirklich gerne tun würden".[1023]

Das gesamte Avatar-Ideengebäude, so Kritiker Schuster, vermittle Allmachtsphantasien und eine neue selbstdefinierte Ethik, die keinerlei moralische Prinzipien mehr anerkenne: „Wahrheit ist, was Sie als Wahrheit kreieren" (Palmer). Das hinter diesem Entwurf stehende sozialdarwinistische Menschenbild erinnere stark an das Leitwort des Okkultfaschisten Aleister Crowley: „Tue was Du willst".[1024] Attraktiv erscheint das pseudophilosophische Gewäsche der Avatar-Kurse wohl in erster Linie für Menschen, die nie tatsächliches Denken gelernt haben. In seiner konstruktivistisch kaschierten Einfalt (Probleme werden einfach „diskreiert" [= ent-schaffen] und schon sind sie weg) fällt das Avatar-Konzept streckenweise noch hinter das ⇨ Positive Denken Joseph Murphys (*Das Wunder Ihres Geistes*) oder Dale Carnegies (*Sorge dich nicht, lebe!*) zurück. Mittels gnadenloser Phrasendrescherei wird Tiefgang suggeriert: „Schließlich bringt uns Avatar zu einer Erfahrung unbegrenzten Gewahrseins. Zu einer Erfahrung des Seins jenseits aller Überzeugungen, jenseits aller Gedankenprozesse in der Stille des unendlichen Ursprungs. Aus dieser Stille erschafft man einen Augenblick der Existenz nach dem anderen: wie es war, wie es ist, wie es sein wird. Alle Freuden, alle Leiden, alle Möglichkeiten und alle Begrenzungen manifestieren sich aus dieser Stille - hier und jetzt. Zu verstehen, daß du der Punkt bist, an dem alle Realitäten zusammenströmen, ist wahre Einsicht."[1025]

Avatar, auch als „ReSurfacing" bekannt, wird heute in einem weitverzweigten *Franchise-System* angeboten (© *Star's Edge International*). Zu den Hauptvertretern im deutschsprachigen Raum zählen Quadrinity-Lehrerin Beatrix Weyck und Reinkarnationspraktiker Frank „Archan" Scherrieble (der sich neuerdings mit einem eigenen [Avatar-]Konzept namens „Omega" andient); daneben Peter Liebrecht und Karsten Grimberg. Avatar-Trainer entstammen vielfach dem Osho-Rajneesh-Dunstkreis, einige auch dem von Positivdenker ⇨ Erhard Freitag.

Die Kosten für den 9-Tage-Kurs betragen 3.500 Mark, ein 9-tägiger „Meisterkurs", der zur Leitung eigener Avatar-Trainings berechtigt, kostet 5.000 Mark. Ein sogenannter „wizzard course" - Kosten: weitere 5.000 Mark - wird von Palmer persönlich geleitet. Als „Avatar-Wizzard" im deutschsprachigen Raum firmiert u.a die Hamburger Hawaiian-Healing-Masseuse Sieglinde „Meera" Sitzmann.

Dem Avatar-Training sehr ähnlich findet sich seit Geraumem ein sogenanntes „Liberty-Training" auf dem Markt, das erstaunlicherweise dessen intellektuelles Niveau noch zu unterbieten vermag. Erfunden und propagiert von der Stuttgarter Heilpraktikerin ⇨ Gabriele Böhm bietet das „Liberty-Training" den „Weg zur Direkterfahrung der eigenen grenzenlosen Freiheit, denn die Freiheit ist nicht erlernbar, sondern ein uns innewohnendes Attribut unserer Seele und somit nur wirklich erreichbar, wenn wir uns der Seele bewußt werden. (...) Lernen wir dieses Potential in uns zu erwecken, spüren wir soviel Kraft, daß wir nie wieder glauben, irgend etwas würde uns überfordern, sondern erleben vielmehr, daß wir in der Lage sind, mit einem Gedanken mehr zu erreichen, als manch anderer in einem ganzen Leben!"[1026] Auch die als „Quantenpsychologie" apostrophierten Workshops des Amerikaners Stephen Wolinsky („Der Weg über die Psychotherapie hinaus") oder die sogenannte „Psycho-Chaos-Praxis" einer gewissen „Avatara Devi" (bürgerlicher Name unbekannt), bestehen aus nicht viel mehr als Avatar-ähnlichen Übungen eingebunden in Avatar-ähnliches Geschwätz.

5.16.2. The Work

Zu den Charakteristika der Szene zählt die ständige Suche ihrer Protagonisten nach immer neuen Themen und Trends, über die die Masse der Anhänger bei der Stange gehalten werden kann und über die sich womöglich weitere Interessentenkreise erschließen lassen. Bevorzugt werden Themen aufgegriffen, die sich anderweitig, vor allem in den USA, als profitträchtig abzuzeichnen beginnen. Die Vorgehensweise ist simpel und immer die gleiche: Tritt ein Thema, etwa über eine Buchpublikation oder über einen Bericht in einem einschlägigen Magazin, erstmals in größere Erscheinung, ist umgehend eine Heerschar an Trittbrettfahrern zur Stelle, die, in zeitlichem Wettlauf gegeneinander, mit dessen sekundärer Vermarktung beginnt (und vielfach damit die letztliche Publizität des Themas erst erzeugt). Zahllose Figuren der Szene durchforsten regelmäßig den Markt an Neuerscheinungen, um ein möglicherweise trendiges Thema oder Verfahren schnellstmöglich mit einer abgekupferten Publikation zu besetzen. Eine Vielzahl an Klein- und Kleinstverlagen, oftmals Ein-Mann-Selbstverlage der jeweiligen Autoren, lebt von nichts anderem, als sich an geklaute Themen und Trends anzuhängen; und auch in den größeren Verlagshäusern der Szene finden sich Titel zuhauf, die in schamlosester Manier aus bereits anderweitig vorliegenden Publikationen abgeschrieben sind.

Augenfällig nachzuvollziehen ist dieses Vorgehen etwa anhand der Unzahl von Mondphasenbüchern, die unmittelbar nach dem ersten Verkaufserfolg von Paungger/Poppe den Markt überschwemmten; desgleichen bei der Unmenge an Feng-Shui-Literatur, die, ebenso wie die Jahre davor die Aura-Healing-, Bach-Blüten- oder Channeling-Literatur, urplötzlich in den Buchhandlungen auftauchte. Nirgendwo wird so gnadenlos abgekupfert und geklaut wie in der Esoterik- und Psycholiteratur, wobei die jeweiligen „Autoren" nicht nur von keinerlei Unrechtsbewußtsein angeflogen sind, vielmehr ihre Chuzpe auch noch ideologisch zu überhöhen wissen. In einem der insofern bezeichnenden Ratgeber-ABCs aus dem ⇨ *Peter-Erd*-Verlag findet sich unter der Überschrift: „Modelling - Warum das Ei des Kolumbus immer wieder neu erfinden?" ungeniertes Abkupfern zur *via regia* des Erfolges erhoben: „Wir alle wenden Modelling an, denn das 'Nachmachen' ist eine zutiefst menschliche Angelegenheit. Wie machen es die anderen, die Profis, die Stars? Modellieren ist ein Königsweg zu Glück und Erfolg. (...) Was die Modelling-Technik Ihnen sagen will ist: wenn etwas für andere möglich ist oder war, dann ist es auch für Sie möglich und machbar."[1027]

Einer der Großmeister derarigen „Modellings" war und ist der Münchner Heilpraktiker ⇨ Erhard Freitag (*1940), der sich Ende der 1970er des greisen Positivdenkers Joseph Murphy bemächtigte und für diesen eine Tournee durch Deutschland und die Schweiz organisierte. Murphy erklärte in der Folge Freitag zu einem „hervorragenden Psychologen, der durch seine Inspiration und seine geistige Kraft die Gesetze des Lebens vertritt",[1028] woraus dieser nach dem Tod seines kalifornischen „Lehrers" im Jahre 1981 die Ermächtigung bezog, dessen reichhaltiges Schriftwerk im deutschsprachigen Raum zu vermarkten, sprich: unter eigenem Namen Bücher über Positives Denken zu publizieren, die sich inhaltlich nur sehr unwesentlich von Murphys Vorlagen unterschieden. Während Freitag sich auf das Ausschlachten des Murphy-Erbes beschränkte, wurde und wird von anderen Autoren verhackwurstet, was immer sich anbietet.

Zu den insofern szenetypischen Figuren zählt der vormalige Kulissenschieber und Theaterkleindarsteller ⇨ Rüdiger „Moritz" Boerner (*1945), der Ende der 1970er im Umfeld des Rajneesh-Kults auftauchte, um, nach einem längeren Aufenthalt in Poona, seither auf jeden auch nur ansatzweise profitträchtigen Szenetrend mit aufzuspringen. Als Anhänger der von Rajneesh (seinerzeit) propagierten Selbstfreisetzung über Freisetzung der Sexualität drehte er Anfang der 1980er zwei „spirituell" verkleisterte Pornofilme, ein geplanter dritter Streifen wurde aus Geldmangel nicht mehr realisiert (dafür stellte Boerner später ein nicht weniger peinliches Tagebuch seiner persönlichen Sexeskapaden ins Internet). Ende der 1980er heuerte er als „Hypnosetherapeut" in der Münchner Praxis Erhard Freitags an (deren Niedergang er durch ihm zur Last gelegte sexuelle Übergriffe auf Patientinnen wesentlich mitbedingte). Nach dem (vorläufigen) Ende der Praxis Freitag produzierte er in von dort abgekupferter Manier eine Reihe an Trancekassetten, daneben legte er verschiedene Textkompilate zu aktuellen Trendthemen vor, mithin über Positives Denken, über Channeling oder spirituelle AIDS-Therapie (*Die Chance AIDS*). 1999 brachte er über den Münchner *Goldmann*-Verlag ein Taschenbuch auf den Markt, das eine in den USA seit Mitte der 1990er um sich greifende Selbsterleuchtungsmethode namens „The Work" vorstellt.

Erfinderin von „The Work" ist die kalifornische Hausfrau und Ex-Immobilienmaklerin Byron Katie (*1943), die aufgrund eines spirituellen „Erwachenserlebnisses" Mitte der 1980er eine Methode entwickelt habe, sich sozusagen selbst zu erwecken.

> „The Work" besteht aus einem simplen Fragebogenverfahren, auf dem zur (vorgeblichen) Klärung *jedwedes* anstehenden Problems zunächst sechs Fragen zu beantworten sind:
> 1. Wen oder was magst Du nicht? 2. Wie sollen sie sich ändern? 3. Welchen Rat hast Du für sie? 4. Brauchst Du etwas von ihnen? 5. Was denkst Du über sie? 6. Was willst Du mit dieser Person oder Sache oder Situation nie wieder erleben?
> Nun sind an die aufgeschriebenen Antworten je vier Fragen zu stellen, deren jeweilige Antworten wiederum notiert werden müssen: 1. Ist das wahr? 2. Kann ich wirklich wissen, daß das wahr ist? 3. Was geht in mir vor, wenn ich diesen Gedanken denke? 4. Wer oder wie wäre ich ohne diesen Gedanken?
> Im nächsten Schritt werden die sechs ursprünglichen Antworten ebenso wie die Antworten auf die vier Folgefragen „umgekehrt" und in entsprechender Formulierung erneut aufgeschrieben. Wie Katie beispielhaft anführt, werde aus: „Paul sollte mich verstehen" in der Umkehrung: „Ich sollte Paul verstehen" oder „Ich sollte mich verstehen". Von den jeweils mehreren Möglichkeiten der Umkehrung sei „jede einzelne genauso wahr oder wahrer, als das, was Du geschrieben hast. Berichtige nun Dein Ur-

teil über Dich, und berichtige Dein Urteil über den, den Du beschuldigt und versucht hast zu ändern. (...) Freu Dich auf die Umkehrungen, sie sind stets Dein Rezept für Glücklichsein."[1029]

Im Klartext bedeutet das „Glücksrezept" Katies die Totalaufgabe jedweder Kritik an bestehenden Mißständen, beziehungsweise die Umkehrung jedweder Kritik zu einem Eingeständnis eigenen Defizits: „Untersuche, *was auch immer Dir wehtut*, Du wirst feststellen, daß der Schmerz auf ein Nichtakzeptieren dessen, was ist, zurückgeht, nicht etwa auf die Tatsachen, die Deinen Schmerz zu erzeugen scheinen. Deine Natur ist Freude, Liebe und Freiheit und Du kommst in den vollen Genuß Deiner Natur, wenn Du den ständigen inneren Kampf gegen die Realität aufgibst."[1030] Der Wille, mißlichen Verhältnissen Widerstand entgegenzusetzen und engagiert für eine Veränderung einzutreten, wird als Ursache neurotischen Unglücklichseins diffamiert, die zynische Akzeptanz von Ungerechtigkeit, Ausbeutung und Gewalt hingegen als „Weg zu Erfüllung und Freiheit" gepriesen. „The Work" ähnelt insofern dem ⇨ TNI-Programm Frank Natales, das seinerseits dem Bodensatz der Botschaften ⇨ Werner Erhards (*est*) und L. Ron Hubbards (*Scientology*) entstammt; auch ⇨ Harry Palmers pseudophilosophische Spruchbeutelei (*Avatar*) klingt an.

Natürlich, so Boerner in vorauseilender Entschärfung des Vorwurfes, das Konzept von „The Work" sei, abgesehen von seinem Zynismus, nicht nur von haarsträubender Banalität, sondern auch noch zusammengeklaut, sei vieles an Katies Arbeit „aus anderen geistigen Richtungen bekannt, aber niemand vermochte es wohl bisher in so reiner Form herauszudestillieren".[1031] Trotz (oder gerade wegen) der zum Prinzip erhobenen Einfalt des Verfahrens entwickelte sich „The Work" in den USA in kürzester Zeit zu einer Art Kultbewegung; ausgehend von Katies Hauptquartier in Barstow/Kalifornien wurden bis Mitte der 1990er quer durch Nordamerika zahllose regionale Anlaufstellen geschaffen. Auch in Europa konnte „The Work" Fuß fassen, laut Boerner, der entscheidend dazu beitrug (zumindest im deutschsprachigen Raum), verbreite sich Katies Ansatz seit Ende der 1990er „wie ein Virus" [sic!] in der Szene, denn: „im Unterschied zu komplizierten psychologischen Systemen funktioniert 'The Work' sofort im Leben eines jeden, der es mit offenem Herz und Verstand ausprobiert".[1032] Byron Katie selbst veranstaltet weltweit 14-tägige „Certification-Workshops" mit nicht selten bis zu hundert TeilnehmerInnen. Kosten pro Teilnehmer: 4.000 US$ (um es zu verdeutlichen: In ihren Zwei-Wochen-Workshops setzt Katie jeweils fast eine halbe Million US-Dollar [!] um); darüberhinaus hat sie einen florierenden *Merchandising*handel etabliert, über den ihre Bücher, Videos und MCs vertrieben werden (mithin ein Opus, das sie zusammen mit einer befreundeten Ex-Nonne verfaßt hat und das unter dem Titel *Schrei in der Wüste: Das Erwachen der Byron Katie* seit 1999 auch in deutscher Sprache erhältlich ist: ein zu Papier gebrachter Erguß derartigen Blödsinns, wie er selbst in der insofern nicht eben armen Szene nur selten zu finden ist. Angesichts einer Küchenschabe, die ihr über den Fuß gelaufen sei, habe sie sich urplötzlich eins mit dem Insekt gefühlt. Anstatt dieses Erlebnis ihrer psychischen Erkrankung zuzuschreiben [deretwegen sie jahrelang hospitalisiert war], wird es als „spirituelles Erwachen" gedeutet: „Augenblicklich", so Katie über Katie, „wurde sie zum Bewußtsein der Wirklichkeit in ihrer Gesamtheit. Ihr eröffneten sich die Metapher der Zeit, deren Anfang und Ende, sowie der Endpunkt dessen, was wir Evolution nennen. Sie war Sein in voller Entfaltung. [...] Ihr war bewußt, SIE SELBST war das vollkommene EINE, die vollkommene Wirklichkeit [...]"[1033]).

Boerner, der sich nach dem Besuch eines Workshops bei Katie in Kalifornien deren Vermarktung in Europa zu sichern suchte, betrieb großen publizistischen Aufwand, seine „geliebte Lehrerin" (als welche er sie umgehend vereinnahmte) samt ihrer „Super-Methode zur Erleuchtung" auch hierzulande bekannt zu machen: „Byron Katie (...) hat mit dieser Methode zunächst sich selbst aus dem Sumpf von Krankheit, Neurose, gescheiterter Ehe mit Depression gezogen und zu einer gesunden, absolut freien Meisterin ihrer selbst entwickelt und hilft seitdem Tausenden, ihren Weg zu finden, innerlich und äußerlich frei zu werden und letztendlich Erfüllung zu erlangen."[1034] Auf seiner eigens eingerichteten *webpage* läßt er sich in ans Pathologische grenzendem Schwulst über Katie aus: „Natürlich denken viele, die mit ihr in Berührung kommen, zunächst, sie sei etwas besonderes, sie sei 'erleuchtet', ein Meister, ein Avatar, ein Engel, oder so etwas wie der wiedergeborene Jesus. (...) Ich habe die Erfahrung gemacht, daß sie so unberechenbar ist wie das Leben selbst, so unvorhersehbar, so wild und unzuverlässig wie der Wind, so majestätisch, unbestechlich und stolz wie die Natur, so undurchschaubar und unbeeinflußbar wie die Gottheit. Sie ist der vollkommene Spiegel Deiner selbst, die Leere, die Dich umgibt, die Mauer, die nicht wankt und weicht".[1035] Was bei einem derart überirdischen Wesen zu erlernen ist, liest sich (auszugsweise) wie folgt: „Ich bin Du. Wenn du mich anschaust, siehst du dich selbst. Wer mich nicht erkennt, gibt damit lediglich zu verstehen, daß er nicht weiß, wer er ist. Es gibt nur das Eine. Erkenne dich selbst, und du findest das Eine. Du bist mehr als dein kleines Selbst. Es gibt keine Trennung. (...) Es gibt nichts, was ich nicht bin. Das Eine besteht aus purer Liebe" undsoweiterundsofort.[1036]

Boerner selbst tingelt seit Mitte 1999 als eine Art Deutschlandrepräsentant Katies durch die einschlägigen Seminarzentren (z.B. ⇨ *Frankfurter Ring*). Über seine *webpage* preist er „The Work" als spirituelle Heil- und Erkenntnismethode schlechthin: „Der immense positive Effekt manifestiert sich häufig in spontanen Verhaltensänderungen, die wohl durch die Mitwirkung des Herzens oder des Gefühls erklärt werden kann. Derartige Veränderungen werden sonst nur durch langwierige Therapie, einschneidende Erlebnisse oder lange Lebenserfahrung erzielt."[1037] In zweitägigen Seminaren verbindet er eine Einführung in „The Work" mit einem willkürlich zusammengebastelten Konglomerat aus ⇨ Rebirthing, Körperarbeit und Hypnose. Katies erste Europa-Tournee Anfang 2000 führte sie passenderweise in die esoterische Rechtsaußen-Kommune Findhorn in Schottland; ihre umjubelten Deutschlandauftritte wurden publizistisch von *Esotera* begleitet.

5.17. Enneagramm

Das Enneagramm stellt eine geometrische Figur dar, die aus den Verbindungslinien von neun (ennéa: griech. = neun) in gleichem Abstand auf einer Kreislinie eingezeichneten Punkten besteht. Durch die Verbindung der Punkte 3-6-9 innerhalb des Kreises entsteht ein Dreieck, durch die Verbindung von 1-2-4-5-7-8 ein Sechseck.

Ursprünglich das Sinnbild eines islamischen Mystikerordens, der darin die neun Aspekte des Angesichts Gottes sah, wurde das Enneagramm von dem russischen Okkultprediger Georgei Ivanovitch Gurdjieff (1866?-1949) aufgegriffen, der es als eigene Erfindung ausgab und zum Symbol seines 1915 in Moskau gegründeten (und 1922 nach Paris verlagerten) *Instituts zur harmonischen Entwicklung des Menschen* machte. Gurdjieffs Lehren haben bis heute zahlreiche Anhänger, die sich in eigenen *Gurdjieff-Ouspensky-Zentren* zusammenfinden. Im Mittelpunkt steht Gurdjieffs sogenannte „Schock"-Methodik, mit deren Hilfe der Schüler aus seinem „Dämmerschlaf" zu höherem Bewußtsein erweckt werden soll. Dazu zählt vor allem härteste körperliche Arbeit - bevorzugt wird hierbei völlig Sinnloses angeordnet, wie etwa das Ausheben und Wiederzuschütten einer Erdgrube -, daneben auch Arbeiten, die als erniedrigend empfunden werden, beispielsweise Latrinenputzen mit einer Zahnbürste. Hinzu kommen spezifische Atem-, Konzentrations- und Bewegungsübungen (⇨ *Sufitanz*) sowie eine eigene „Meditationstechnik", bei der der Schüler auf Kommando mitten in seiner jeweiligen Bewegung zur Statue erstarrt und minutenlang, bis auf ein weiteres Kommando, so stehenbleibt (⇨ *Dynamic Meditation*). Ziel des Gurdjieffschen „vierten Weges", jenseits der traditionellen „Leidenswege" des Fakirs, des Mönchs und des Yogis, sei der schockartige Verlust allen bisherigen Selbstverständnisses und dadurch die Hinfindung zu wahrer Selbsterkenntnis; die wiederum zu Unsterblichkeit führe. Gurdjieffs Lehre wurde vor allem durch seinen Schüler, den Theosophen Pyotr Demianovitch Ouspensky (1878-1947) verbreitet.[1038] Mitte der 1970er Jahre wurde das Enneagramm auch zum Symbol der Bewegung um Bhagwan-Osho Rajneesh, der eine Vielzahl Gurdjieffscher Techniken in sein eigenes Verfahrenssortiment einbaute.

Das Enneagramm, wie es in heutigen Esoterikkreisen benutzt wird, ist eine simple Aufteilung menschlichen Wesens in neun mögliche Charaktere. Über die Beantwortung von Fragebögen könne jeder Mensch einem dieser neun Typen zugeordnet werden, woraus sich (zirkelschlüssig) Erkenntnisse über die vorgegebenen Persönlichkeitseigenschaften und insofern Maßgaben für eine mit diesen übereinstimmendere Lebensführung herleiten ließen. Durch die Dreiecks- und Sechsecksverbindungen ließen sich zudem Harmonien beziehungsweise Disharmonien zu Menschen anderen Typs erkennen. In umfänglichen Repertorien - angeblich geschöpft aus jahrhundertealter Tradition, tatsächlich aber von modernen Autoren willkürlich zusammengestellt - werden die einzelnen Typenmerkmale aufgelistet: Der „Reformator" oder „Moralist" (1) etwa verfolge hohe ethische Werte und habe ein besonderes Gespür für natürliche Ordnung, seine „emotionale Fehlhaltung" sei der Zorn; der „Helfer" oder „Schmeichler" (2) sei besitzergreifend und manipulativ; aus Stolz könne er nicht zugeben, daß er selbst Hilfe von anderen brauche; der „Karrierist" oder „Konkurrent" (3) sei narzißtisch fixiert auf sich selber; seine Fehlhaltung sei die Lüge (als Beispiel hierfür wird

Oskar Lafontaine angeführt); der „Künstler" oder „Melancholiker" (4) neige dazu, sich von anderen unverstanden zu fühlen, der „Denker" und „Wissenschaftler" (5) zu exzentrischem Eskapismus; der „Loyalist" (6) sei pflichtbewußt und autoritär, der „Generalist" (7) optimistisch, der „Führer" (8) dominant und der „Phlegmatiker" (9) faul. Menschen der Kategorie 2, 3 und 4 seien soziale „Herztypen", 5, 6 und 7 zurückgezogene „Kopftypen", 8, 9 und 1 sexuelle und feindselige „Bauchtypen"; 1er kämen gut aus mit 7ern, schlecht aber mit 4ern, mit denen dafür 2er gut auskämen, die mit 8ern nicht könnten, und so fort.[1039] Interessant sind weitere Zuordnungen, wie sie in der Szenezeitschrift *Esotera* aufgelistet werden: 6er-Typen hätten eine besondere Affinität zu Deutschland, zum Schäferhund und zur Farbe beige-braun (als Beispiel gälte Kardinal Ratzinger); die passiven und nachlässigen 9er-Typen (Papst Johannes XXIII.) dagegen repräsentierten sich durch das Faultier sowie durch „afrikanische Stämme", Mexiko und Österreich.[1040]

Zu den Hauptprotagonisten enneagraphischer Charakteranalyse zählt neben den amerikanischen New-Age-Vordenkern Eli Jaxon-Bear und ⇨ John C. Lilly vor allem der ⇨ Hoffman-Quadrinity-Vorreiter Claudio Naranjo[1041]. Im deutschsprachigen Raum wurde das Enneagramm Anfang der 1990er von dem Franziskanermönch Richard Rohr und dem evangelischen Pfarrer Andreas Ebert bekannt gemacht. Ihr Buch über die *Neun Gesichter der Seele*, verlegt im evangelischen *Claudius*-Verlag, wurde mit über 300.000 verkauften Exemplaren zu einem ungeahnten Bestseller und zog eine Vielzahl an Trittbrett-Publikationen nach sich. In christlich angehauchten Exerzitien und Einkehrtagen findet das Enneagramm ebenso regelmäßige Verwendung wie in kirchlicher Seelsorgearbeit und „spiritueller" Psychotherapie.[1042]

Die Aussagekraft der Enneagramm-Typologie, vergleichbar mit astrologischen, numerologischen oder sonstigen Kategorisierungsversuchen - seit einiger Zeit macht unter dem Namen „Enertree" ein Verfahren die Runde, das auf zwölf „Baumprinzipien" abstellt -, ist gleich null. Bestenfalls kann das Enneagramm, etwa in Form des Brettspieles, als das es im esoterischen Zubehörhandel angeboten wird, zur Partyunterhaltung dienen.

5.17.1. MBTI

Eng wesensverwandt mit dem Enneagramm ist der sogenannte Meyers-Briggs-Typen-Indikator (MBTI), der auf die Typenlehre C.G. Jungs abstellt. Der menschliche Charakter, so die grundlegende Idee, sei von vier „Präferenzen" geprägt: 1. durch eine Neigung entweder zu Extraversion (E) oder zu Introversion (I); 2. durch eine Neigung entweder zu sinnlicher (S) oder zu intuitiver (N) Wahrnehmung und 3. entweder zu analytischer (T) oder gefühlsmäßiger (F) Beurteilung; 4. durch eine Neigung eher zu Beurteilung (J) oder zu Wahrnehmung (P). T-Typen beispielsweise „fühlen sich in Bereichen wohl, in denen kühles, präzises Kalkulieren und technische Begabung gefordert sind. Sie neigen zu langfristiger Planung, wobei sie nach strategischen Gesichtspunkten operieren und unpersönliche Ergebnisse vorziehen". F-Typen hingegen „haben ein Grundbedürfnis nach Harmonie und fühlen sich in den Bereichen wohl, in denen Verständnis und Verständigungsbereitschaft hohe Werte darstellen". Menschen mit J-Präferenz „haben stets das Bedürfnis, Dinge abschließend zu regeln. Sie bevorzugen einen organisierten Lebensstil". P-Menschen dagegen „lieben es, Unbekanntes zu erforschen".[1043] Mit Hilfe von Testfragebögen kann jede Person die eigenen vier Präferenzen ermitteln und sich so einem von sechzehn möglichen Persönlichkeitstypen zuordnen. Diese sind durch einen Buchstabencode repräsentiert, über den sich in einem eigenen Inventar die Charakterisierung des jeweiligen Typs nachschlagen läßt: ISTJ-Menschen (introvertiert-sinnlich-analytisch-beurteilend) etwa zeichneten sich durch Zuverlässigkeit und Genauigkeit aus, sie „sind gründlich, nehmen es haargenau, gehen systematisch vor, arbeiten hart, (...) lassen sich nicht voreilig auf etwas ein, aber sobald sie etwas zu ihrer eigenen Sache gemacht haben, lassen sie sich nicht mehr davon abbringen. (...) Personen dieses Typs suchen sich oft einen Beruf, der mit Buchhaltung zu tun hat, als Ingenieur, Jurist, oder in der Produktion." ISFP-Menschen seien unauffällig und konfliktscheu, INTPs ebenfalls zurückhaltend, dafür aber „logisch bis zur Haarspalterei". INTJs seien Sturköpfe, INFJs Träumer, ESTJs reine Praktiker und Realisten. Der ESFP-Typ treibe Sport und interessiere sich für gutes Essen.[1044]

Ziel jeder Beratung oder Therapie müsse sein, dem Menschen, der „mit einer Voreinstellung zugunsten einer der genannten Funktionen auf die Welt" gekommen sei, diese zu verdeutlichen und ihn - Jung nennt dies den Prozeß der „Individuation" - daran anzupassen: „Der MBTI wurde geschaffen, um die Beschreibung und das Verständnis unseres Selbst verbessern und präzisieren zu helfen. Je genauer wir uns unser Selbst zu beschreiben lernen, desto klarer und schärfer wird unser Blick für die vielen Spannungen und Kräfte, die unser Leben bestimmen. (...) Unser Ziel ist es, diese Spannungen schließlich in ein angemessenes dynamisches Gleichgewicht zu bringen."[1045]

Beispielsweise offenbare sich der von Geburt an vorgezeichnete Sexualcharakter eines Menschen über seine ST-, SF-, NT- oder NF-Präferenz: „Sex ist für STs vorrangig eine Fortpflanzungsmöglichkeit; sexuelle Beziehungen gehen sie hauptsächlich ein, um den Fortbestand der eigenen Familie zu sichern. Anders als die meisten SFs würden STs Sex nie als eine Form der Entspannung betrachten. Sex gehört in die Nacht, nur ins Schlafzimmer, hat so ruhig wie möglich zu sein und auch so selten wie möglich stattzufinden" (laut MBTI gelte Helmut Kohl als typischer ST). SFs hingegen hätten „kein Interesse an Zurückhaltung", am wenigsten im sexuellen Bereich; bevorzugt sähen sie sich Horrorfilme und Pornos an (Boris Jelzin).[1046]

Die „psychologische Typentheorie" des MBTI könne allerdings nicht nur im familiären und partnerschaftlichen Bereich nutzbringend eingesetzt werden, nach Angaben der Unternehmensberater *Blank & Bents* eigne sie sich ganz vorzüglich auch zur Personalführung: „Wer sowohl optimale Produktivität als auch optimale Entwicklung erreichen will, profitiert von seinem Wissen der verschiedenen Persönlichkeitstypen." Ein Personalchef, der die Typologie seiner Mitarbeiter kenne - wichtig auch bei Neueinstellungen -, sei in der Lage, diese sehr viel zielgerichteter zu verwenden: N-Typen etwa, obgleich befähigt, „in großen Zusammenhängen (zu) denken" seien doch „unpraktisch, zu unabhängig und egozentrisch"; T-Typen „erklären zuviel und stellen zuviele Fragen". Wenn also „eine Aufgabe möglichst schnell und korrekt zu erledigen ist, bietet sich ein Team aus SJ-Typen an".[1047] Der tatsächliche Aussagewert des MBTI entspricht dem des Enneagramm: null.

5.18. est-Training / Landmark Forum

Eine besondere Form des strukturierten Therapiemarathons ist das sogenannte est-Training, das, vorgestellt Anfang der 1970er durch den Amerikaner John Paul Rosenberg, in wenigen Jahren zum Psychokultverfahren[1048] schlechthin avancierte (⇨ *Hoffman-Quadrinity-Prozeß*). Mehrere hunderttausend Teilnehmer, vor allem aus USA und Westeuropa, absolvierten das viertägige Training, das nicht weniger versprach, als die Lebensqualität des einzelnen radikal umzuwandeln, hin zu „Liebe, Gesundheit und voller Selbstentfaltung".[1049]

An zwei aufeinanderfolgenden Wochenenden treffen sich die jeweils bis zu 250 Teilnehmer in extra angemieteten Konferenzräumen großer Hotels. Sie sitzen wie in einem Theater in Reihen hintereinander und werden an den vier Trainingstagen jeweils von 9 Uhr morgens bis etwa 2 Uhr früh einem ununterbrochenen Verbalbombardement - vergleichbar den Predigten amerikanischer TV-Evangelisten - ausgesetzt. Ein Team aus mehreren Trainern versetzt die Teilnehmer in extremen Streß - so ist etwa das Aufsuchen der Toilette außerhalb der Pausen streng untersagt -, zudem werden sie mit unflätigsten Beschimpfungen und Obszönitäten überhäuft. Laut Erhard sei ebendies unabdingbar, um die „Abwehr" der Teilnehmer zu durchbrechen.[1050] Ergebnis des 60-Stunden-Marathons sei neben „verbesserter Gesundheit" und einem „wiederwachten Gefühl von Freude und Spannung" vor allem ein „deutlicheres Bewußtsein von Bedeutung, Ziel und Richtung im Leben".[1051]

Das est-Training stellt ein theoretisch wenig fundiertes Konglomerat methodischer Fragmente aus ⇨ Positivem Denken, Encounter und Hypnosetherapie dar, zuzüglich einiger Elemente aus Zen und indonesischem Subud-Mystizismus. Das fertige Konzept, wie die Legende sagt, sei Rosenberg in einer Art Erleuchtungserlebnis während einer Autofahrt zuteil geworden. Der frühere Gebrauchtwagenhändler und Scientologe[1052] Rosenberg, der schon Anfang der 1960er Jahre seinen Namen in Werner Erhard geändert hatte (Werner nach dem Atomphysiker Werner Heisenberg und Erhard nach dem deutschen Kanzler des Wirtschaftswunders Ludwig Erhard), nannte das Konzept „est" (stets in Kleinbuchstaben geschrieben), was nicht nur Hinweis geben sollte auf dessen angeblich existentialistischen Charakter (est = lat.: es ist), sondern in anagraphischer Weise auch auf ihn selbst: *E*rhard-*S*eminars-*T*raining[1053]. Rosenberg-Erhard führte das erste est-Training 1971 in Kalifornien durch, vier Jahre später gebot er bereits über weltweit mehr als dreißig Zentren mit (angeblich) über 200 festangestellten und einem Heer von über 6.000 freiwilligen Mitarbeitern.[1054]

Nach einem ungeheueren Höhenflug - Erhard phantasierte von zu erreichenden 40 Millionen Teilnehmern binnen weniger Jahre[1055] - begann die Bedeutung des „klassischen" est-Trainings Anfang der 1980er rapide zu schwinden und ist heute auf Null gesunken. In modifizierter Form und unter anderen Bezeichnungen wie etwa „Breakthrough Foundation" oder „Transformation Technologies" fand und findet das Konzept allerdings weiterhin zahlungskräftige Kundschaft. Seit Anfang der 1990er vertreibt Erhard seine Ideen über eine von ihm lizenzierte *Landmark Education Corporation* in San Francisco, die mittels eines weltweiten Netzes an Filialstellen jährlich - nach eigenen Angaben - rund 30 Millionen US-Dollars umsetzt.[1056] Der deutsche Ableger, eine in München ansässige GmbH, veranstaltet regelmäßig in mehreren Großstädten des In- und deutschsprachigen Auslands das sogenannte

„Landmark-Forum": in dreieinhalbtägigen Seminaren werden die durchschnittlich 100 bis 150 Teilnehmer mit einem Marathon-Programm konfrontiert, das strukturell und inhaltlich große Parallelen zum est-Training der frühen 1970er Jahre aufweist. Auch die Versprechen von „einmaligen Einsichten und Verbesserungen", von „Durchbrüchen in neue Dimensionen des Lebens" sind altbekannt; und dies nicht nur des szenetypischen Sprachduktus wegen: „Sie erweitern Ihre Effektivität und vertiefen Ihre Befriedigung in grundlegenden Bereichen Ihres Lebens. (...) Sie durchbrechen die Grenzen, an die selbst die besten Denkansätze, Überzeugungen und Theorien stoßen. (...) Sie erreichen eine merkbare Steigerung Ihrer Produktivität und der Qualität Ihrer Ergebnisse."[1057] Teilnahmegebühr: 850 Mark. (Nach Landmark-Angaben sollen bereits mehr als 600.000 Menschen das Forum absolviert haben. Umsatz: weit über eine halbe Milliarde Mark.[1058])

Über das „Forum" hinaus bietet *Landmark Education* einen viereinhalbtägigen Fortgeschrittenen-Kurs (*Advanced Course*) an, in dem „Du eine Vision von deinem Leben entwikkeln [wirst], die sich von Deiner Vergangenheit unterscheidet und Deinem Leben unmittelbar Freude gibt" (1.500 Mark); daneben einen dreieinhalbtägigen Kommunikationskurs, der dazu befähige, „mit Klarheit, Kraft, Schnelligkeit und Leichtigkeit zu kommunizieren" (975 Mark), einen über zwei Abende laufenden „More Money Workshop", in dem man vorgeblich die Wurzeln aller finanziellen Probleme zu entdecken und zu lösen lernt (385 Mark) sowie einen über mehrere Wochen laufenden Abend-Workshop zum Thema „Beziehung - die Grundlagen von Liebe, Romantik und Partnerschaft" (250 Mark).[1059]

Die Kursleiter, wie es in einer Mitte der 1990er versandten Werbebroschüre der *Landmark Education* heißt, „haben ein intensives, sehr anspruchsvolles etwa siebenjähriges Vollzeitstudium und eine praktische Ausbildung hinter sich". Welcherart siebenjähriges Studium das denn sein soll, wird allerdings nicht erläutert.[1060] In den (vorliegenden) Broschüren der *Landmark Education GmbH* wird die Lizenz-Verbindung zu Werner Erhard durchgängig unterschlagen. Kritiker werden ausdrücklich gewarnt: „Landmarks Geschäftspolitik ist das Ergreifen passender Maßnahmen, um zutreffende Darstellungen (in den Medien) voranzutreiben und unzutreffende Darstellungen, aggressiv wenn nötig, zu korrigieren."[1061] Der Ingolstädter Student Martin Lell beispielsweise, der die Gehirnwäschemethoden des Psychokonzerns angeprangert hatte, wurde umgehend verklagt. Lell hatte von der systematischen „Zerrüttung der Gefühlswelt bis hin zur Aufgabe der eigenen Person" berichtet, die er selbst in einem Seminar von *Landmark Education* erfahren hatte: Nach dem Drei-Tage-Crashkurs mit je fünfzehn Stunden „Therapie"-Marathon war er, von akuten Panikanfällen verfolgt, physisch und psychisch zusammengebrochen.[1062] Unter Berufung auf die grundgesetzlich verankerte Meinungsfreiheit wurde die Klage gegen das von Lell in Buchform veröffentlichte Protokoll seiner Tortur allerdings ebenso umgehend abgewiesen.[1063]

Eine verschärfte Version des est-Trainings stellt die sogenannte „One-Incorporation" dar, ein 2x2-Tage-Marathon, der auf die Lehre eines gewissen Oury Engloz abstellt. One-Incorporation bedient sich massivster Manipulationstechniken, vor allem extremer körperlicher Ausdauerübungen bei gleichzeitiger Verunmöglichung von Rückzug, Ruhe oder Schlaf; daneben einer Palette an Beschimpfungen und Erniedrigungen sowie forcierter Selbstkritik vor der Gruppe. Absicht des rund 3.500 Mark teuren Kurses sei es, wie Kritiker anmerken, „Menschen zu formen, die für ihre Ziele 'über Leichen gehen'".[1064]

5.18.1. Motivations- und Persönlichkeitsseminare

Tausende von Seminaranbietern drängen sich auf dem lukrativen Psycho- und Lebenshilfemarkt; viele davon haben sich auf „Motivationsseminare" spezialisiert (Alpha-Training, LifePurpose, SuccessConsulting usw.), bei denen Top-Trainer Tageshonorare von 30.000 Mark und darüber einstreichen können. Zahllose Firmen fördern und unterstützen den Seminarboom. Wie die Szenekritiker Frank Nordhausen und Liane Billerbeck schreiben, gäben diese „ein Heidengeld für Kurse aus, um ihre Angestellten und Manager zur geistigen Stärkung über heiße Kohlen laufen oder sich von Bäumen abseilen zu lassen" (⇨ *Feuerlauf*). Der Hintergrund solchen Engagements ist - erwartungsgemäß - rein betriebswirtschaftlicher Natur: „Da die großen Konzerne inzwischen über die gleiche moderne Technik und gute Organisationsstrukturen verfügen, sind die Kreativität und die geistigen Potentiale ihrer Mitarbeiter zu einem wichtigen Mittel der (gegenseitigen) Konkurrenz geworden; deshalb wird in diesen Bereich investiert."[1065]

Fast täglich treten neue *Coaching*-Anbieter auf den Plan, die ihrer potentiellen Kundschaft das Blaue vom Himmel herunterversprechen: „Der Kurs" (wie es etwa in einer Ausschreibung von Seminarleiter Michael Walleczek heißt) „erlaubt Ihnen, Ihre eigene Spontaneität, Kreativität und natürliches Charisma zu entfalten", er stelle einen Ansatz vor, der „Ergebnisse ermöglicht, weit über dem, was jeder einzelne zu Beginn erwartet".[1066] In sämtlichen Begriffsvarianten ist die Rede von „fundamentalem Umdenken", von „lebendigen Schöpfungsprozessen", von „intelligentem Führungsbewußtsein"; unvermeidbar auch von „hirngerechtem Arbeiten" bzw. der „Gleichschaltung der beiden Gehirnhälften". Vielfach wird die (angeblich) synergistische Wirkung des jeweiligen Ansatzes beschworen: „Mit einer lebendigen, ganzheitlichen Synthese aus Management, körperbezogener Selbsterfahrung und Meditation, aus gezielter Aufarbeitung familiärer Prägungen und den Handwerkszeugen erfolgreicher Projektgestaltung, bereiten wir den Boden für die Kristallisation des eigenen Lebensanliegens und dessen Umsetzung im Rahmen einer ökologisch-ganzheitlichen Weltanschauung."[1067] Ungeachtet indes aller Phrasendrescherei: In der Regel führen die einzelnen Angebote über das o.a. ⇨ est-/Landmark-Konzept um kein Iota hinaus.

Zu den im deutschsprachigen Raum erfolgreichsten Psycho- und Motivationstrainings (für Manager) zählt das Anfang der 1980er begründete „BLOCK-Training", eine viereinhalbtägige Gruppenklausur, die sich als „Das Völlig Andere Persönlichkeitstraining" vorstellt. Laut Werbebroschüre biete DER BLOCK (immer in Großbuchstaben) ein Training, „das intensiv und effizient die verborgenen Stärken der Persönlichkeit zur Entfaltung bringt". Denn: „DER BLOCK zeigt und trainiert den richtigen Einsatz von Energie. Im Verlauf intensiver Arbeit wird jedem Teilnehmer bewußt, wie sehr unsere Blockaden - Ängste, Hemmungen, Spannungen, Vorurteile, Gewohnheiten, Verdrängungen und Vermeidungen - buchstäblich unsere Lebensenergie auffressen. (...) Es gibt nur einen Weg zu mehr Lebensenergie, und der führt durch die Blockaden. Diesen Weg trainiert DER BLOCK. In vielen

Übungen. In harter Arbeit. In intensiven Prozessen." Werbewirksam werden die (angeblichen) Aussagen ehemaliger Teilnehmer danebengestellt: „Voraussetzung für Wachstum ist die Bereitschaft dazu, viele unserer ungeahnten brachliegenden Ressourcen freizulegen und sie bewußt auszuschöpfen. Ich fühle mich nach dem BLOCK als neuer Mensch, mit ungleich mehr Lebensenergie." Oder: „Das BLOCK-Training war für mich seines rationalen Ansatzes und der konsequenten Durchführung wegen eine äußerst positive Erfahrung. Dieses Training sollte jeder, der in Führungsverantwortung ist, mitgemacht haben."

Tatsächlich, so die Werbebroschüre, stehe DER BLOCK für eine durchschnittlich mehr als 70%ige Zunahme an „Persönlichkeitsstärke und Führungsqualitäten", er fördere „konzentriert und zuverlässig" Fähigkeiten wie:

- Generell eine konstruktive optimistische Einstellung zum Leben
- Ein stärkeres Selbstwertgefühl und eine entsprechend größere Wertschätzung auch anderer Menschen
- Konstruktives Denken und klare Zielvorstellungen
- Spaß an der Sache, Leistungsfreude und Ausdauer
- Ein ausgeprägtes Wahrnehmungsvermögen
- Fähigkeit zu Kooperation und Kommunikation mit anderen Menschen
- Kompetenz bei der Konfliktbewältigung
- Innere Ruhe, innere Stärke, erhöhte Streßstabilität
- Fähigkeit, sich selbst zu führen
- Natürliche Autorität
- Mehr Mut zum Neuen, Selbstvertrauen, Flexibilität.[1068]

Ob das alles in einem viereinhalbtägigen Training bewerkstelligt werden kann, gar mit „überraschender Langzeitwirkung", wie es heißt, steht dahin. Kritiker des BLOCK-Trainings beschreiben dieses jedenfalls als „Mogelpackung", die überdies „absolut autoritär und totalitär" daherkomme. (Der Psychologe Steven Goldner war dieser öffentlich vorgetragenen Bewertung wegen Ende 1996 von BLOCK verklagt worden; die Richter wiesen die Klage der Psycho-Firma jedoch ab.[1069]) Zu Beginn des Seminars, das an einem abgelegenen - und den Teilnehmern vorab nicht bekanntgegebenen - Ort in Österreich (nahe Mondsee/Salzburg) stattfindet, müssen die Teilnehmer sämtliche persönlichen Dinge wie Brieftasche, Wagenschlüssel, Uhren, Schmuck, Zigaretten etc. abgeben und den Rest „ordentlich" auf das Bett legen, so daß „alles gut sichtbar ist".[1070] Es gibt Arbeitssitzungen mit heillos überzogener Zeitdauer, wenig Schlaf, extrem karge Kost, die Seminarteilnehmer dürfen weder rauchen noch Alkohol trinken, nicht einmal Kaugummi kauen. BLOCK: „Es sind Arbeitstage, keine Erholungstage." Den Anweisungen der Seminarmitarbeiter ist stets und unverzüglich Folge zu leisten, Pünktlichkeit, Ordnung und Sauberkeit gelten als oberste Maximen. „Wie katholische Internatsschüler", so Nordhausen und Billerbeck, „sollen die Klienten beim Essen 'aufrecht und nicht aufgestützt' sitzen und im Verlauf des Kurses auf keinen Fall masturbieren. 'Sexuelle Aktivitäten, inklusive Selbstbefriedigung, sind während des Seminars nicht erlaubt', schreibt Regel 4 vor. Um als 'Gewinner' aus dem Training zu gehen, sollen sich die Probanden 'ganz wörtlich' an die Anweisungen des Trainers halten, auch wenn sie 'evtl. den

Sinn noch nicht erkannt' hätten."[1071] Steven Goldner kritisiert vor allem, daß die Teilnehmer „außer in Notfällen" nicht miteinander sprechen dürfen: „Das heißt, daß sie sich nicht austauschen können, wenn ihnen etwas negativ aufstößt. Jegliche Meinungsbildung untereinander ist ausgeschaltet" (Regel 5: „Insbesondere Plaudern und Flüstern ist untersagt!"). Wie beim Kommiß wird morgens per Trillerpfeife geweckt (Regel 12: „Sei innerhalb von 15 Minuten nach dem Morgensignal an dem angegebenen Ort!"), anschließend erfolgt ein Geländelauf über exakt eine Meile (rund 1,6 km), gefolgt von endlosen ⇨ T'ai-Chi-Übungen, bevor es dann, nach einem spartanischen Frühstück, ans Seminarprogramm geht; stets spielt die Trillerpfeife eine entscheidende Rolle. Die ganze Atmosphäre wird bewußt unpersönlich, ungemütlich und lustfeindlich gehalten. Der BLOCK-Drill, wie kritische Stimmen denn auch formulieren, sei allenfalls geeignet für „Militärfreunde oder harte Masochisten"[1072]: Egal was man mache, es sei immer falsch. Jeder Widerstand werde kategorisch unterdrückt bzw. auf persönliche Defizite zurückgeführt. Wer sich nicht an die Regeln halte, werde behandelt wie ein Aussätziger. Der ständige Druck seitens der Trainer, das Redeverbot, die bis auf die Minute perfekt getimte (und völlig absurde) Szenerie: „Das zermürbt und irgendwann liegen dann die Nerven blank." Erschreckt berichtet ein BLOCK-Absolvent von der großen Bereitschaft selbst gestandener Manager, sich den autoritären Befehlen zu unterwerfen: „Obwohl sie unzufrieden waren, haben sie den Mund nicht aufgemacht."[1073] Die Teilnehmer werden total entmündigt, so Steven Goldner, „anschließend sind sie für jeden Strohhalm dankbar". So müsse sich etwa jeder Teilnehmer vor die Gruppe stellen und irgendwelche schrecklichen Dinge aus seiner Kindheit berichten; intimste Details kämen dabei zur Sprache, es werde „Rotz und Wasser" geheult. Letztlich folge eine als „Wiedergeburt" bezeichnete Übung, nach der sich die Teilnehmer in den Armen lägen: „Die sind dann nur noch ein Bündel ausgesaugter Leute. Psychologisch gesehen, werden alte Narben aus der Kindheit aufgerissen und die Leute mit den offenen Wunden dann aus dem Seminar entlassen."[1074] Goldner hält solches Vorgehen schlicht für skandalös. Ein ehemaliger Teilnehmer bringt es auf den Punkt: „Nach meinem Empfinden ist das ein faschistisches System, was die da aufziehen. (...) Aber du hast keine Chance. Entweder du mußt das ertragen, oder du mußt gleich wieder gehen. Ich wollte damals nicht aufhören, damit sie mir nachher nicht sagen können, du hast es ja nicht erlebt."[1075] Reichlich grotesk erscheint da die Werbeaussage eines begeisterten Absolventen (umrahmt von Denksprüchen LaoTses, Marcel Prousts oder Benjamin Disraelis): „Das BLOCK-TRAINING ist die wirksamste Medizin gegen stromlinienförmiges Menschentum, Sektentum und Abhängigkeit von Dingen und Menschen."[1076]

Nach Steven Goldners Beobachtung verwenden die BLOCK-Trainer (ebenso wie die Trainer anderer Seminare für „Persönlichkeitentfaltung"- oder „Leadershipdevelopment") durchwegs „Methoden aus der Psychotherapie, ohne dafür eine Qualifikation zu haben. Das ist so, als ob Sie dem Bäcker an der Ecke ein Chirurgenmesser in die Hand drücken und ihn dann in den OP stellen."[1077] In der Tat erscheint fraglich, ob die Qualifikation des BLOCK-Trainer-Teams den Erfordernissen der eingesetzten Psychotechnik Genüge zu leisten vermag (oder ob es darauf überhaupt ankommt): In den Selbstdarstellungen der einzelnen TrainerInnen ist jedenfalls viel von T'ai Chi, Qi-Gong und Yoga die Rede, von NLP, Bioenergetik (gar

Orgodynamik) oder Transaktionsanalyse; einige der Trainer verfügen über Studienabschlüsse in Volks- oder Betriebswirtschaftslehre, andere (stattdessen) über eine „dreijährige Ausbildung als BLOCK-Trainer"; eine Trainerin ist Sozialpädagogin mit (angeblich) psychoanalytischer Ausbildung. Durchgängig ist auch die Rede von Trainings in „systemischem Coaching" oder in „Persönlichkeitsentwicklung", auch von „Trainingserfahrung in den Bereichen Kommunikation, Teamentwicklung und Verhalten" (was immer das jeweils sein soll). BLOCK-Begründer Walter Kauffmann, langjähriger Vertriebschef beim Hamburger *Otto-Versand*, verweist auf „Studien der Psychologie und Volkswirtschaft" sowie auf verschiedene psychologische Weiterbildungen, die er absolviert habe. Von klinischer Qualifikation, die zu einem seriösen Umgang mit der eingesetzten Technik befähigen könnte, findet sich auch bei ihm wenig. (Im übrigen: Der Hinweis, das BLOCK-Training sei „keine Psychotherapie und auch kein Therapieersatz", enthebt die Veranstalter bzw. die vor Ort tätigen „Trainer" nicht der Erfordernis, im Besitze einer Erlaubnis zur Ausübung der Heilkunde [nach dem HeilPrG] sein zu müssen: Sobald Maßnahmen gesetzt [und/oder Übungen angeordnet] werden, die dazu angetan sind, für den Klienten den *Eindruck* diagnostischer bzw. therapeutischer *Intention* erwecken - im BLOCK-Programm ist etwa die Rede von der „Befreiung des Körpers und der Psyche von Spannungen" [gemeint sind u.a. verdrängte Ängste, C.G.] -, muß solche Erlaubnis vorliegen.)

Wenig vertrauenserweckend erscheinen insofern auch die (gleichfalls viereinhalbtägigen) „BLOCK 2 Aufbauseminare", in denen „psychische Blockaden auf anderem Wege" angegangen würden (als in BLOCK 1), nämlich mit „psychologisch erprobten und höchst effizienten Körperübungen und Meditationen" (gemeint sind in erster Linie Übungen aus dem Bereich der ⇨ Bioenergetik). Als Leiter des „körperorientierten Aufbautrainings", das zu „noch mehr Selbstbewußtsein, Krisenstabilität, Lebensfreude und innerer Ruhe" führe, firmieren die „Persönlichkeitstrainer" Susanne und Wolfgang Merz. Ungeachtet des zweifelhaften Wertes bioenergetischer Übungen *an sich* ist deren massiver Einsatz in einem Viereinhalb-Tage-Workshop - ohne klinisches Gesamtkonzept und ohne Möglichkeit kompetenter klinischer Nachsorge - völlig unverantwortlich.

Die Kosten für die BLOCK-Trainings liegen pro Teilnehmer bei 3.120 Mark (für Firmen: 3.420 Mark); BLOCK 2 ist mit 2.880 Mark etwas billiger. Bei 70 Trainingskursen pro Jahr und einer angenommenen Gruppenstärke von 15 bis 18 Teilnehmern pro Kurs setzt die BLOCK-Trainingsgesellschaft *per annum* rund dreieinhalb Millionen Mark um. Zu den Firmen, die in einer eigenen Referenzliste aufgeführt sind, folglich Mitarbeiter zu BLOCK entsenden oder entsandt haben, zählen ADAC, *Berliner Bank AG*, *Bertelsmann AG*, BMW AG, *Boehringer Mannheim GmbH*, *Hewlett Packard GmbH*, *Hypobank AG*, *Klinge Pharma GmbH*, *Mercedes Benz AG*, *Minolta GmbH*, *Nestlé Deutschland GmbH*, *Olivetti Systems Network*, *Volkswagen AG*, *Westdeutsche Landesbank*, *Zürich Kosmos Versicherungen AG*.[1078] In der BLOCK-Hauszeitung *Die Meile: Forum für Freunde des BLOCK* finden sich in der Illustration zu einem BLOCK-Tagungsbericht Photos u.a. von Karl-Otto Pohl (Ex-*Bundesbank*-Präsident), Konrad Schily (Rektor der privaten Anthroposophenhochschule

Witten-Herdecke), Horst Föhr (Ex-*Treuhand*-Vorstand) und Wulf Schulemann (*Reemtsma*-Vorstand).[1079]

Andere Angebote, etwa das (vergleichsweise harmlose) „LifeCoaching" der Bielefelder Managementtrainer Maria und Stephan Craemer (laut Selbstdarstellung Absolventen eines langjährigen Studiums der „Ontologie" [was immer das in diesem Zusammenhang sein mag]) oder das „Persönliche Erfolgs-Training" (PET) des Schweizer Seminarleiters Ernst Lemmer (das nach dessen Tod im Jahre 1996 von einer ganzen Reihe an „Nachfolgern" vereinnahmt wurde und seither unter einer Vielzahl unterschiedlichster Etiketten vermarktet wird), unterscheiden sich von BLOCK nur unwesentlich. Wie Nordhausen und Billerbeck ausführen, verlaufen derlei „Persönlichkeitsseminare" im Grunde nach immer dem gleichen Muster: „Zunächst werden die Menschen mit eisernen Regeln wie im Strafvollzug in ihrer persönlichen Freiheit eingeschränkt. Mit autoritärem Gehabe nach Art der schwarzen Pädagogik werden sie brutal erniedrigt und (...) in ihrer Würde verletzt. Schlafentzug und der forcierte Terror der Gruppendynamik machen sie fix und fertig. Dann wird das neue Erfolgs-Ich durch Selbst- und Fremdsuggestionen aufgebaut. Simple Gruppenerfahrungen und allgemeine Plattheiten werden mit Bedeutung aufgeladen und das Seminar zum Wendepunkt des Lebens erklärt. (...) Ein Großteil der teuer bezahlten Seminarzeit vergeht mit Psycho-Tricks, ausgeführt meist von therapeutisch dilettierenden Autodidakten. Ihre Methoden sind häufig eine wirre Mischung aus 'positivem Denken' und diversen Therapieformen etwa aus dem Repertoire der Gestaltpsychologie - immer beliebt: der 'Heiße Stuhl', jene Psycho-Technik, bei der jemand vor die Gruppe tritt und 'auseinandergenommen' wird. Der Bankkaufmann Hans Schuster verwendet in seinem UPT-Training [= *Unternehmensberatung, Personalentwicklung, Training GmbH*, eine der bestetablierten Seminarorganisationen im deutschsprachigen Raum, C.G.] beispielsweise Gruppendynamik, Bioenergetik, Psychodrama, Meditation und Atemtechniken [gemeint ist eine Art ⇨ Rebirthing, C.G.]. In einem Fragebogen forscht er die Teilnehmer über ihre intimen Gewohnheiten aus ('Geräusche - lachen, reden, schreien, stöhnen - beim Sex bedeuten mir...'; 'Meine Einstellung zur Selbstbefriedigung ist...'). 'Das war für mich wie die totale Diktatur', sagte eine Teilnehmerin dem Magazin 'Stern' über ein solches Seminar. 'Ich fühlte mich wie in einer Sekte'."[1080]

Gesondert erwähnenswert ist der unter dem Begriff „CreativPower®" firmierende Ansatz des Management-Consulting-Trainers Franz Minister, den dieser über sein *Wissenschaftliches Trainingszentrum für neue Denk- und Arbeitsmethoden* im niederbayerischen Johanniskirchen in die Welt entläßt. Laut Seminarausschreibung stelle „CreativPower" eine einzigartige Methode zur „Entwicklung ungenutzter aber vorhandener Potentiale" dar: „Wer kennt nicht die Diskrepanz zwischen der Leistungsfähigkeit eines modernen PC's und seiner umfangreichen Software und die begrenzten Nutzungen der Anwender. 10% bis 20% an Potential werden im privaten Bereich ausgeschöpft, 80% bis 90% liegen brach. Fürwahr ein profanes [?] Abbild unseres Umgangs mit unserem Gehirn."

In aufgeblasener (und sehr an die Propaganda von *Scientology* angelehnt erscheinender) Diktion spricht Minister von der Nutzung der „schier unerschöpflichen Reserven" (des Gehirns), von „Persönlichkeitsentwicklung" und „Leistungsfähigkeit" und fragt (mit Blick auf seine „CreativPower"-Methode): „Ist das der Quantensprung? Ist das der Zugang zum kollektiven Gedächtnis?"[1081] Er selbst ist offenbar davon überzeugt, jedenfalls hält er sein Verfahren für geeignet, eine ungeahnte „Erweiterung des Bewußtseins" herbeizuführen: „CreativPower (...) ermöglicht dem Anwender unter Aufhebung der Zeit-Raum-Bindung den Zugang in die ungenutzten und unbekannten Welten der 4. Dimension, jenseits der Alltagserfahrungen", den Eintritt in einen „Hyperraum" höherer (wahlweise auch: spiritueller) Erkenntnis, aus dem Erfinder, Wissenschaftler und Forscher (dito: Top-Manager) ihre bahnbrechenden Ideen und Informationen bezögen. Was das im Einzelnen heißen soll, bleibt, wie üblich unter den Schwatzbeuteln der Szene, unerschließlich. O-Ton Minister: „In der Methode des CreativPower findet der psychokinetische Kraftvektor, dessen Einfluß man in der Quantenphysik direkt beobachten kann oder aber beim positiven/negativen Denken unmittelbar erfahren kann, zur Erzeugung sogenannter psychischer Kraftfelder eine entscheidende Grundvoraussetzung. Erst wenn diese Felder stark genug sind, können die 'Antennen' zum gezielten Empfang von Informationen außerhalb von Raum und Zeit gerichtet werden." Ein 5-Tage-Seminar bei Franz Minister, einschließlich einer Methode zur „Hemisphären-Synchronisierung" (des Gehirns), kostet 2.980 Mark (für Firmen: pro Teilnehmer 4.250 Mark zuzüglich MwSt.).[1082]

Interessant an Ministers Seminarausschreibungen sind die umfänglich aufgelisteten akademischen Meriten und Berufserfahrungen, mit denen er, in Abgrenzung zu dem Heer an selbsternannten Trainern, die sich ohne qualifizierende Ausbildung auf dem Markt breitgemacht haben, seine besondere Seriosität zu unterstreichen sucht: Laut Selbstbeschreibung sei er „summa cum laude" promovierter Wirtschafts- und Sozialwissenschaftler mit den Studienschwerpunkten Unternehmensführung, Personalführung und Marketing, als welcher er über umfängliche Erfahrung verfüge u.a. als „Geschäftsführer der Minister-Fachschulen mit 12 angeschlossenen Niederlassungen, die als bundesweit anerkannter Bildungsträger vorwiegend Bildungsmaßnahmen für die Bundesanstalt für Arbeit durchführen", als Leiter des *Dr. Minister Instituts für Management Consulting und Training*, als Leiter des *CreativPower Instituts Dr. Minister*, darüberhinaus als „Lehrbeauftragter für Personalführung an der LDT Nagold" sowie als „Lehrbeauftragter an der Technischen Universität Wien". Beratungs- und Trainingsschwerpunkte seines *Dr. Minister-Instituts* seien: „Gewinn- und expansionsorientierte Unternehmensführung, Problemlösungs- und Konfliktmanagement, Engpaßfaktoranalyse, Unternehmens- und Mitarbeiterführung, Ausbildung von Trainern, Kommunikation, Verhandlungsführung für Top-Manager, Gesprächstechnik für Marketing-Mitarbeiter, Rhetorik in Vortrag und Verkauf, CreativPower Methode, Entwicklung von Willensstärke, Leistungsoptimierung durch das richtige Verhältnis von Anspannung und Entspannung. Intrinsische Motivationsentwicklung, Gezieltes Erfolgsmanagement, Intuitive Wahrnehmung und Ideenfindung, Optimale Problem-

lösungs- und Entscheidungsfindung".[1083] Erkenntnis: Auch ein „summa cum laude" abgeschlossenes Studium garantiert für gar nichts.
Auf die Umtriebe Ministers aufmerksam gemacht wurde Autor Goldner durch die Simbacher Sonderpädagogin Adelinde Grad (*AK Sekten/Psychokulte*, Passau), die einen Minister-Vortrag zum Thema „Quantensprung des Bewußtseins in das nächste Jahrtausend" an der Volkshochschule Pfarrkirchen besucht hatte. Was Frau Grad für ihr Eintrittgeld erhielt war, wie sie schreibt: „1. Eine einfallslose Phantasiereise in mein früheres Leben; 2. Ein Vortrag über die Bedeutung von 'morphogenetischen Feldern'; 3. Die Erkenntnis, daß meine kritischen Fragen den Herrn Dr. Minister aus dem Häuschen bringen und die positiven morphogenetischen Felder im Raum zerstören; 4. Der kluge Rat, daß ich nur gesund bleiben kann, wenn ich mich dem CreativPowerClearing unterziehe; 5. Die endgültige Erkenntnis, daß die VHS bald zur Volksverdummungsanstalt verkommt, die auch noch mit unseren Steuergeldern finanziert wird." Nach zwei Stunden „hohlen Geschwätzes" habe sie die Veranstaltung verlassen.[1084]

Selbstredend muß man bei der Klassifizierung der Persönlichkeitsseminare differenzieren, und dies nicht nur, wie Wirtschaftsprofessor Walter Simon meint, „zwischen harmlosen Uringurglern oder Wünschelrutengängern und den dogmatischen Sektenpriestern und den Sklavenjägern der Hubbard-Truppe"[1085]; vielmehr gilt es zur Kenntnis zu nehmen, daß nicht wenige der Seminarangebote, teils ohne daß die jeweiligen Trainer sich dessen bewußt wären bzw. dies wahrhaben wollten, hochgefährlichen Sprengstoff in sich tragen: Durch den wahllosen Einsatz irgendwelcher Psychomanipulationstechniken kann es bei einzelnen Teilnehmern noch Wochen und Monate später zu schweren Persönlichkeitsveränderungen kommen. Welchen Gewinn Seminare wie BLOCK, PET, UPT und dergleichen für die jeweiligen Firmen abwerfen, die ihre Manager und Angestellten dorthin schicken, bleibt ohnehin unerschließlich.

Zweifelsohne gibt es auch seriösere Angebote auf dem Markt der Persönlichkeitsseminare. Wie bei jeder anderen Selbsterfahrungs- und/oder Therapiegruppe auch gilt es, sich vorab kundig zu machen: Über die Inhalte des Trainings, die Qualifikation des Trainers, das Preis-Leistungsverhältnis etc. Kritische Literatur zum Thema gibt es genügend (⇨ *Was tun?)*. Den Aussagen in den Werbeprospekten der Szene ist ebenso prinzipiell zu mißtrauen wie den dazugehörigen Figuren, die „gut gekleidet, tief gebräunt, dynamisch, erfolgreich" stets so aussehen, als seien sie eben einem Roman von Amelie Fried oder Hera Lind entstiegen.[1086] Apropos: Der als „Münchner Westentaschen-Guru" apostrophierte Erfolgstrainer Hannes Scholl, ehedem Photomodell und Kleindarsteller in TV-Werbespots, der seit Ende der 1980er mit großem Erfolg esoterisch-okkult angehauchte Persönlichkeits- und Bewußtseinserweiterungsseminare veranstaltet hatte und Mitte der 1990er aufgrund gezielter Indiskretion seiner Ex-Lebensgefährtin schwer in Verruf geraten war - seine *Hannes-Scholl-Gesellschaft* mußte 1996 Konkurs anmelden -, ist längst wieder im Geschäft: Inzwischen nennt er sich „Ayura" und bietet aus dem oberbayerischen Schloß Eurasburg heraus erneut Seminare und Kurse an:

Sein neugegründeter Verein nennt sich *Durchbruch e.V.*, angeblich verfügt er wieder über eine beträchtliche Anhängerschaft.[1087]

5.19. Farbtherapie

In den heilkundlichen Überlieferungen nahezu jeder Kultur spielt „Farbmagie" eine wichtige Rolle: In der Volksmedizin Chinas beispielsweise wurden Darmerkrankte mit gelber Farbe bestrichen, Epileptiker setzte man auf violette Teppiche, Scharlachkranke wurden in rote Tücher eingewickelt. Die traditionelle indische Medizin des ⇨ Ayurveda bedient sich heilkräftigen Wassers, das mit Hilfe von Sonnenlicht und farbigem Glas energetisch „aufgeladen" wird.[1088] Auch im alten Ägypten sowie in Griechenland sollen ähnliche Praktiken bekannt gewesen sein, ausdrücklich ist in der abendländischen Heiltradition aber erstmalig bei dem römischen Schriftsteller Plinius Secundus (?-81 u.Z.) die Rede von der Heilkraft der Farben.

Goethe beschäftigte sich ausgiebig mit der Wirkung von Farben auf die menschliche Psyche. Sein 1810 erschienenes Buch *Die Farbenlehre* soll er für sein eigentliches Lebenswerk gehalten haben, weit bedeutungsvoller als seine gesamten literarischen Arbeiten.[1089] Die moderne Farbtherapie geht im wesentlichen auf die Untersuchungen des Amerikaners Edwin D. Babitt zurück, der in seinem Werk *The Principles of Light and Colour* von 1878 die Heilkräfte einzelner Farben sowie praktische farbtherapeutische Behandlungsmöglichkeiten beschrieb. Farbtherapie war um die Jahrhundertwende äußerst populär, 1912 veröffentlichte der Astrologe Oskar Ganser das Buch *Chromotherapie* (chroma: griech. = Farbe), in dem er seine „iatromathematischen" Erkenntnisse (iatrós: griech. = Arzt) über die Verbindung von Planeten und Tierkreiszeichen mit bestimmten Farben und damit korrespondierenden Organen im menschlichen Körper vorlegte.

Mangels nachweisbarer Erfolge verlor die Farbtherapie ab den 1920er Jahren zunehmend an Bedeutung. Mit dem Persönlichkeitstest des Schweizer Psychologen ⇨ Max Lüscher (*1923) erlebte sie allerdings Anfang der 1950er Jahre eine ungeahnte Wiedergeburt. Im Gefolge dieses gerade auch bei Laien äußerst populären Testverfahrens erschien Mitte der 1950er ein Übersichtsband *Heilkräfte der Farben*,[1090] der der Farbtherapie zu erneutem Ansehen verhalf. Verbreitet durch die Alternativ- und New-Age-Bewegung erlangte diese ab Mitte der 1970er einen enormen Bekanntheitsgrad.

1979 veröffentlichte der Heilpraktiker Heinz Schiegl ein umfängliches Lehrbuch zur „Colortherapie", in dem er nicht nur detaillierte Anweisungen zur Selbstbehandlung mit Farblicht gab, sondern gleich ein Set an Farbfiltern zum Aufsatz auf die Nachttischlampe beilegte. Zudem stellte er professionelle Farbstrahlgeräte vor, beispielsweise das „Colortron I" zur Ganzkörperbestrahlung: ein Apparat mit sechs Glühbirnen, denen verschiedenfarbige Filter vorgesetzt werden können.[1091] Zur Behandlung wird der entkleidete Patient einfach dem Farblicht ausgesetzt, mittels gebündelter Lichtkegel können aber auch einzelne Körperteile gezielt bestrahlt werden. Zu Beginn der Behandlung wird der Körper in der Regel mit grünem Licht bestrahlt, die eigentliche Therapie erfolgt mit der Farbe, deren „Heileigenschaft" der jeweils diagnostizierten Störung oder Erkrankung zugeordnet ist. Stoffwechselstörungen ließen sich etwa mit Rot behandeln, Nervosität und Suchtleiden mit Blau, desgleichen sexuelle Ausschweifungen; Impotenz und Frigidität hingegen seien mit Orange zu behandeln, Immunschwäche mit Grün, Magen-, Galle und Leberleiden mit Gelb,[1092] bei Krebs sei Rosa wirksam, bei einer Glatze Violett.[1093] (Bei anderen Autoren werden [erwartungsgemäß] völlig andere Farben empfohlen: Laut Heilpraktiker Adolfo Wagener etwa wirke Violett weniger gegen Haarausfall als vielmehr gegen Alkoholismus und Hypochondrie; Orange helfe, ganz im Gegensatz zu Schiegls Angaben, die „sexuelle Kraft [zu] sublimieren" und das Immunsystem zu stärken, schließe überdies Löcher in der Aura und lade den Ätherkörper auf; ratsam sei Orange insbesondere auch bei Virus-Infektionen [!], chronischem Rheuma und Gallenproblemen.[1094])

Etwas weniger altmodisch als das „Colortron I", dafür aber genauso unwirksam, kommt der sogenannte „Promed® Light Therapist" daher: Das Farblicht wird hier über ein Set an Leuchtdioden erzeugt. Je nach Erkrankung und therapeutischer „Schule" dauert die Farblichtbehandlung, auch als „Eichotherm-Therapie" bekannt, unterschiedlich lange: von fünf Minuten bis zu einer ganzen Stunde, täglich einmal oder mehrfach wiederholt, sieben, zehn oder dreißig Tage hintereinander, mit Abständen von ein paar Tagen, von Wochen oder Monaten.[1095]

Neben der Behandlung durch einen Therapeuten werden zur Eigentherapie auch „Farbbrillen" mit auswechselbaren bunten Gläsern angeboten, die (angeblich) die „Schwingungen der Farben über die Augen direkt in das Gehirn eindringen" lassen und dort die gewünschte Reaktion auslösen.[1096] Mittels der sogenannten „Promed-F5-Farbtherapie-Brille" etwa - ein Plastikgestell mit fünf verschiedenfarbigen Plastikeinsätzen - könnten „psychische Belastungen, Streß, Alltagssorgen, psychische Irritationen und Niedergeschlagenheit schon nach kurzer Zeit gelindert oder aufgehoben werden". Kosten: 198 Mark.[1097] Auch die Einnahme von „farbaktiviertem Wasser" wird angeraten: Zu dessen Herstellung empfehle sich „stilles Mineralwasser", das 15-20 Minuten mit Farblicht zu bestrahlen sei.[1098] Ratsam sei auch das gezielte Tragen von Kleidungsstücken der jeweiligen Heilfarbe. Für eine „äußerst tiefgreifende Methode" hält Heilpraktiker Dietmar Krämer überdies das „absichtliche Tragen einer abgelehnten Farbe, um sich mit den abgelehnten Seelenkonzepten auseinanderzusetzen, für die diese Farbe steht".[1099] Auch die innere Vergegenwärtigung bestimmter Heilfarben sei hilfreich: Rosa etwa sei Balsam „für alle Seelen, die sich einsam fühlen, die einen geliebten Menschen durch den Tod verloren haben, die ohne Liebe leben müssen, (...) die unter depressiven Zuständen und zu starker Ich-Bezogenheit leiden". Indianerhäuptling White Eagle (ein „gechanneltes" Geistwesen) empfiehlt aus dem Jenseits folgende Visualisierung: „Fühle dich gebadet in den rosigen Wassern des Heilssees der Sonnenfarben. Ihre reinigende und heilende Kraft durchdringt und erfüllt dich mit göttlicher Energie. Empfinde, wie neuer Lebensmut dich beseelt, wie Wärme und Freude mit diesen flammenden rosa und zart-orangen Strahlen in dich einfließen. Es sind Farben, die dem Element Feuer entsprechen. Farben der mächtigen Engel der Liebe, welche die lebensspendende schöpferische Kraft in unser aller Leben ist und zugleich die Flamme der Andacht, Demut und Hingabe in unserem Herzen"[1100] (⇨ *Channeling*). Verschiedene Autoren raten zur Bestrahlung von Badewasser, selbst Lebensmittel und Medikamente sollen sich durch Farblichtbestrahlung energetisch aufladen lassen.[1101] Auch in der anthroposophischen Medizin ⇨ Rudolf Steiners spielen farbtherapeutische Elemente eine wesentliche Rolle: Das Malen mit bestimmten Farben wird gezielt zur Krankheitsbewältigung angeregt.

Ein plausibles theoretisches Konzept für die Farbtherapie existiert nicht. Neben Bezugnahme auf chinesische oder ayurvedische Überlieferungen verweist man in deren Ermangelung gerne auf die Farbenlehre Goethes und insbesondere auf die Arbeiten Max Lüschers. Auch die Theorien des Physikers Fritz-Albert Popp werden vielfach angeführt, der behauptet, der menschliche Körper sei von einem „Biophotonenfeld" umgeben, das sämtliche organismischen Abläufe regle; mittels bestimmter Farbschwingungen sei es möglich, in dieses Kraftfeld Informationen zur Behebung etwaiger Funktionsstörungen des Organismus einzuschleusen.[1102] In der Naturwissenschaft gilt Popps Biophotonen-Theorie längst als widerlegt,[1103] für sonstige Behauptungen, „nach neuesten Forschungen [sei] die Haut in der Lage, Farbschwingungen aufzunehmen und deren Wirkung ins Innere des Körpers weiterzuleiten",[1104] fehlt jedweder Beleg.

Heilpraktiker Krämer stellt in umfänglichen Schriftwerken die Farbbestrahlung von Akupunkturpunkten und Chakren (Energiezentren nach chinesischer bzw. ayurvedischer Auffassung) vor. Farbtherapie wirke ausschließlich auf „energetischer Ebene", beeinflusse also den aurischen „Ätherkörper" (⇨ *Aura Healing*). Besonders wirksam sei die von ihm selbst entwickelte Mondlinientherapie, bei der zur „Verbindung zwischen unserer emotionalen Ebene (Astralkörper) und unserer energetischen Ebene (Ätherkörper)" besondere Punkte am Unterleib farbbestrahlt werden[1105]: Tiefrot diene der Therapie von Trägheit und Energielosigkeit, Gelbgrün bei Arbeitsunlust, Türkis bei übermäßigem Grübeln und „Sich-Sorgen-Machen".[1106] Mittels einer „sensitiven Diagnose" wird das zu behandelnde Problem erfaßt: Beispielsweise wird eine „mentale Energie auf das zu diagnostizierende Chakra projiziert und die anschließende Reaktion der Aura analysiert. (...) An der Energieabstrahlung der Aura läßt sich dann abschätzen, wie stark das jeweilige Chakra gestört ist."[1107] Zur Therapie werden bestimmte Farben, Bach-Blüten, Töne, Edelstein- und Metallenergien zugeführt. Eine Störung des „Wurzelchakras" beispielsweise, des Energiezentrums „3 Fingerbreit hinter dem Hodenansatz" bzw. „am Unterrand der Vagina" sei mit Orange- und Türkis-Licht zu behandeln, Jade und Jaspis sei aufzulegen, dazu Molybdän und Silber, es seien die Töne h und cis' zuzuführen sowie eine Bach-Blütenkombination aus Gefleckter Gauklerblume, Herbstenzian und Ulme zu verabfolgen; da das Wurzelchakra mit dem Mond in Beziehung stehe, gelte es auch astrologisch-lunatistische Gesichtspunkte zu berücksichtigen.[1108]

Andere Esoterik-Autoren vertreten die Auffassung, durch „Überschwemmung der Aura mit Tugendfarben" sei es möglich, „alte Verhaltensmuster und unerwünschte Charakterzüge aufzulösen". Die Farblichtbestrahlung müsse über dem Solarplexus vorgenommen werden, da sich dort der „Sitz der Seele" befinde. Zu den Tugendfarben zählen Lavendelgrau für Geduld, Hellgrün für Wunschlosigkeit, Königspurpur für Glauben und Rosabeige für Gnade.[1109]

Die Zuordnung bestimmter Farben zu bestimmten Störungen oder Erkrankungen ist völlig willkürlich, die Darstellungen einzelner Autoren widersprechen einander teils diametral. Keine Farbe hat eine allgemeine therapeutische Wirkung - ebensowenig wie irgendein Ton oder Klang (gleichgültig ob auf der Blockflöte, dem Synthesizer oder auf „tibetischen Klangschalen" erzeugt) -, für die behaupteten Heileffekte fehlt durchgängig jeder seriöse Nachweis. Kritiker gestehen der Farblichtbestrahlung und Farbakupunktur bestenfalls eine mögliche Placebowirksamkeit zu.[1110] Esoterische Farbtherapie hat nichts zu tun mit den Infrarot- oder Ultraviolettbestrahlungen, wie sie in der physikalischen Medizin eingesetzt werden.

5.19.1. Lüscher-Test

Die heute weitverbreitete Farbtherapie wird vielfach mit dem Farbtest des Schweizer Psychologen Max Lüscher (*1923) in Verbindung gebracht, den dieser Anfang der 1950er vorgestellt hatte. Im Gefolge des sogenannten „Lüscher-Tests" war auch die längst abgeschriebene Farbtherapie zu neuem Ansehen geführt worden.

Die Testperson stellt aus dreiundsiebzig Kärtchen mit verschiedenen Farbmustern - in einer Kurzform des Tests sind es nur acht Farben - eine Reihenfolge ihrer „Lieblingsfarben" her; die Reihung wird zweimal durchgeführt. Aus der Folge der gewählten Farben wird anhand eines umfänglichen Auswertungs- und Deutungskataloges auf die Persönlichkeit gefolgert.[1111] So sei der „Blautyp" mithin von dem Wunsch nach Betäubung und Vergessen beseelt, der mit exzessiver Sexualität, Alkoholismus oder Schlafmittelmißbrauch, bei Frauen auch mit „Flucht ins Kinderkriegen", in Zusammenhang stehe.[1112] „Wer Violett bevorzugt, möchte eine magische Beziehung eingehen. Er wünscht, bezaubert zu werden, aber er möchte auch selbst einen Zauber und suggestiven Charme ausüben, denn in der magischen Identifikation ist der Subjekt-Objekt-Gegensatz aufgehoben."[1113] Violett werde deutlich bevorzugt von pubertierenden Schulkindern, Iranern, Ostafrikanern, schwangeren Frauen, Homosexuellen und der sozialen Unterschicht.[1114] (Die Formulierungen Lüschers legen nahe, daß er die angebliche Violettpräferenz dieser Gruppen tatsächlich für einen Beweis seines Interpretationsvorschlages hält.[1115]) Neuerdings sollen sich aus der Farbwahl sogar Schlüsse auf zu verwendende homöopathische Heilmittel ziehen lassen.[1116]

Der Lüscher-Test (begrifflich aufgeblasen als „Medizinische Psychodiagnostik") zählt zu den bekanntesten aller Psychotestverfahren, er findet, trotz ausgewiesener Unbrauchbarkeit, bis heute Verwendung. Vor allem psychologische Laien, mithin in der Unternehmensberatung, setzen ihn gerne ein. Lüscher selbst, der noch 1989 eine weitere Testvariante veröffentlichte,[1117] versteht sein Standardverfahren nach wie vor als wissenschaftlich fundiertes Diagnostikum. Kritik scheint ihn ebensowenig anzufechten wie der Umstand, daß sein Verfahren im wissenschaftlichen Diskurs keinerlei Rolle mehr spielt. (Seit Geraumem referiert Lüscher da, wo er am ehesten hingehört: unter Esoterikern. Er tritt unter anderem als Workshopleiter im schwäbischen ⇨ *Johanniterhof* auf, einem der führenden Tagungshäuser der Szene. Sein Verfahren selbst wurde längst von der Esoterikszene vereinnahmt. Astrologie-Veteran Kurt Allgeier beispielsweise reüssierte mit einem „Indischen Farb-Orakel", das nicht das geringste mit irgendwelchen indischen Traditionen zu tun hat, vielmehr eine beliebig verhackstückte Abart des Lüscher-Tests darstellt: Bevorzuge in einer Partnerschaft der eine die Farbe gelb und der andere dunkelgrün, so seien „die Interessen doch sehr verschieden und schwer auf einen Nenner zu bringen. Die gegenseitige Zuneigung ist starkem Wechsel unterworfen. [...] Oft bleibt die Verbindung nur eine reine Zweckgemeinschaft ohne allzuviel Tiefgang."[1118] Auch die in Esoterikkreisen weitverbreitete ⇨ Aura-Soma-Therapie arbeitet nach dem Prinzip Lüschers, nur verwendet man anstelle der Farbkärtchen Flaschen mit verschiedenfarbigen Flüssigkeiten.)

Der Lüscher-Test berücksichtigt nicht, daß die Farbauswahl durch Tagesbefindlichkeit sowie aktuelle Modetrends beeinflußt wird: Das Resultat kann sich von Tag zu Tag ändern. Der Deutungskatalog ist überdies völlig willkürlich. Der Test verfügt über keinerlei ernstzunehmenden Aussagewert.[1119] (Auch der Wert anderer „Charaktertests", wie etwa Baumtest, Rorschachtest, Thematischer Apperzeptionstest oder ⇨ MBTI, liegt bei null.[1120])

Mit Kritik weiß Lüscher nicht eben souverän umzugehen: In einem Beschwerdeschreiben an den *Pattloch*-Verlag (der die erste Ausgabe der vorliegenden Arbeit herausgebracht hatte) zog er unter Hinweis auf (angeblich) mehr als siebzig wissenschaftliche Untersuchungen zu seiner Farb-Diagnostik beleidigt Autor Goldners „Kompetenz und Charakter"(!) in Frage.[1121] Tatsache bleibt, so auch die *Gesellschaft zur wissenschaftlichen Untersuchung von Parawissenschaften* (GWUP), daß das Lüschersche Testverfahren nach derzeitigem Kenntnisstand „nicht einmal eine Grobklassifikation der Farbwähler und erst recht keine Früh- oder sonstige Diagnose" zuläßt.[1122]

5.19.2. Esogetische Farbpunktur

Ein weithin bekannter Vertreter der Farbtherapie ist der Heilpraktiker Peter Mandel (*1941), der in seinem Bruchsaler *Institut für Esogetische Medizin* (Verknüpfung von *Eso*terik und Ener*getik)* ein eigenständiges Behandlungssystem mit Farblicht entwickelt hat. In seiner sogenannten Farbpunktur werden, analog zur chinesischen Akupunkturlehre, bestimmte Energiepunkte und Meridiane mittels verschiedenfarbiger Stablampen beleuchtet: Anstatt der Nadeln wird für kurze Zeit ein dünner Farbstrahl zugeführt. Unter Bezugnahme auf eine (nicht näher ausgewiesene) Studie in Nowosibirsk (UdSSR), in der der Beweis erbracht worden sei, daß Akupunktur-Meridiane Licht leiten können, glaubt Mandel, Farbstrahlen, die er an deren Anfangs- beziehungsweise Endpunkten aufbringt, in den Organismus einschleusen zu können.[1123] Krankheit, so seine grundlegende These, sei der „Verlust der Fähigkeit der einzelnen Zelle, sich selbst in ihrem Schwingungsverhalten zu regulieren". Die durch Farbpunktur zugeführte „harmonische Farbschwingung veranlaßt die Zelle nach dem Resonanzgesetz zu einem kohärenten Schwingungsverhalten, einer Voraussetzung für 'störungsfreie' Biokommunikation".[1124]

Zur Feststellung der Störung sowie der zur Therapie benötigten Farbschwingungen bedient Mandel sich eines selbstentwickelten ⇨ Kirlian-Photoapparates, der die „Aura" beziehungsweise das „Biophotonenfeld" (Popp) des Klienten abbilde (⇨ *Aura Healing*). Über Vorher-/Nachher-Aufnahmen zeige sich, ob die „diagnostisch-therapeutischen Überlegungen und Maßnahmen richtig waren". Mehr als 250.000 Photos ließen keinen Zweifel daran, daß mit der Farbpunktur „eine der wirksamsten biophysikalischen Therapiemethoden" geschaffen worden sei, die mit „herausragenden Therapieerfolgen" unter anderem bei akuten und chronischen Schmerzzuständen, Asthma bronchiale, Erkrankungen des Urogenitalsystems sowie psychischen Krankheitsbildern aufwarten könne.[1125]

In umfangreicher Seminar- und Ausbildungstätigkeit in Deutschland und in der Schweiz verbreitet Mandel seine esogetisch-medizinischen Vorstellungen. Ein eineinhalbtägiges Seminar „Farbpunktur" (mit bis zu neunzig Teilnehmern) kostet 660 Mark zuzüglich Unterkunft. Über einen eigenen Versandhandel vertreibt er Lehrbücher, Geräte und Produkte. Ein „Perlux-Farbpunktur-Set" mit einem „Lichtgriffel" in der Größe eines Kugelschreibers, einer Ersatzbirne und vierzehn aufsteckbaren Farbspitzen kostet knapp 1.500 Mark. Daneben führt er ein reichhaltiges Sortiment an esogetischen Emulsionen und Ölen im Angebot, die laut Werbebroschüre „regulierenden, ganzheitlichen Einfluß auf wichtige Informations- und Energiezentren unseres Körpers" nehmen. Ein 30 ml-Fläschchen Kräuteröl kostet knapp 30 Mark. Farbklang-Therapie-Kassetten zu „Psychosomatischem Ausgleich" oder zum „Aufbau körpereigener Abwehr" („Das Immunsystem wird quasi im Zeitraffer überprüft und stabilisiert") werden à 45 Mark angeboten, ein Kassetten-Viererpack „Esogetische Klangbilder" schlägt mit 120 Mark zu Buche. Ein eineinhalbstündiges Video zur Einführung in die „Energetische Terminalpunkt-Diagnose" kostet knapp 300 Mark.[1126]

Die Esogetische Medizin entbehrt jeder naturwissenschaftlichen Grundlage. Die angestrengten Versuche Mandels, seinen obskurantistischen Vorstellungen durch aufgeblasene Terminologie den Anschein von Wissenschaftlichkeit zu verleihen, nehmen streckenweise groteske Züge an. Die Arbeiten seiner theoretischen Bezugsgrößen Popp (Biophotonen), Kirlian (Aura-Photographie) und Voll (Elektroakupunktur) sind längst *ad absurdum* geführt.[1127] Es gibt keinerlei ernstzunehmenden Hinweis, daß Farblichtbestrahlung à la Mandel *irgendeinen* Einfluß auf organismisches Geschehen habe.

Auch die chinesische Akupunkturtherapie (Einstechen von Nadeln in bestimmte „Energiepunkte" des Körpers), auf die Mandel sich bezieht, ist keineswegs als medizinisch gesichertes Verfahren zu werten.[1128] Ganz im Gegenteil, die zweifellos bestehenden Erfolge durch Akupunkturbehandlungen deuten auf reine Placeboeffekte hin: Doppelblindstudien haben bestätigt, daß sogenannte Schulakupunktur (gezieltes Setzen der Nadeln nach Atlas oder Punktsuchgerät) und Placeboakupunktur (beliebiges Setzen der Nadeln an irgendwelchen Stellen des Körpers) gleichwertige Ergebnisse liefern. Abgesehen von unspezifischen Reizkomponenten sind es in erster Linie suggestive Faktoren, die die Akupunkturwirkung erklären.[1129] Eine Farblichtbestrahlung nicht-existenter Akupunkturpunkte ist doppelt absurd.

In seiner Hauspostille *Profil* wirbt Mandel nicht nur für seine eigenen Methoden, sondern propagiert auch andere teils äußerst zweifelhafte Verfahren. Einer Leserin, deren dreieinhalbjähriger Sohn sich oft mit eitrigen Mandel- und Ohrenentzündungen herumplagt, rät Mandel-Mitarbeiter Wilczynski neben einer einminütigen Farbpunktur mit gelbem Licht von je zwei Punkten auf der Brust und an den Hüften zu homöopathischen Präparaten, zur

Inhalation ätherischer Öle sowie bei Ohrenentzündung zum Abbrennen von Ohrenkerzen; dazu „im akuten Fall“ zu Eigenblut- oder Eigenharntherapie.[1130]

5.20. Festhaltetherapie

Bezeichnend für die Affinität der Psychoszene zu autoritären Konzepten ist die weitläufige Begeisterung für die sogenannte „Festhaltetherapie“, entwickelt und propagiert von der tschechischen Psychologin Jirina Prekop (*1930). Das eigentlich zur „Behandlung schwieriger Kinder“ gedachte Verfahren wird vielfach auch in der (primär)therapeutischen Arbeit mit Erwachsenen eingesetzt. Passenderweise wird Festhaltetherapie hier vielfach verknüpft mit ⇨ Rebirthing und/oder der hochmanipulativen ⇨ Familienaufstellung nach Bert Hellinger.[1131]

Festhaltetherapie, so Prekop, sei die schlichtweg ideale Methode, widerspenstige Kinder, die der Liebe ihrer Eltern mit Aufmüpfigkeit oder Trotz begegneten oder diese gar rund um die Uhr durch ständiges Herumtoben tyrannisierten, ordentlich auf Vordermann zu bringen. Das „psychisch gestörte“ Kind müsse einfach solange in engster Umarmung festgehalten werden, auch und gerade gegen erbittertsten Widerstand, bis es diesen aufgebe und sich nicht mehr zur Wehr setze. Falls die Kräfte des Erwachsenen oder Therapeuten nicht ausreichten, könne ein eigener Festhaltegurt - eine Art Zwangsjacke für zwei - verwendet werden. („Wie heißt sich Handschuh auf Deitsch, wo sich nicht hat fünf Finger, sondern nur ein Finger? - Richtig, Fäustling!“, mit diesem Standardsatz suggeriert Prekop die Natürlichkeit der Zwangsjacke.[1132]) Das Festhalten müsse möglichst oft, mindestens aber einmal täglich durchgeführt werden, die Dauer der Prozedur liege bei jeweils etwa vier Stunden; im Einzelfalle sei allerdings auch längeres Halten, sechs Stunden und darüber, erforderlich, allemal solange, bis das Kind „seine Wut ausgeschrien und seinen Kummer ausgeweint“ habe.[1133]

Prekop beschreibt ihr Verfahren als Allheilmittel gegen jedwede psychische Störung, höchst erfolgreich auch einzusetzen in der Behandlung von geistig Behinderten und Autisten. An theoretischer Begründung hat sie, außer ständigem Verweis auf den Instinktivisten und Konrad-Lorenz-Intimus Nikolaas Tinbergen, nicht viel zu bieten: Das verhaltensauffällige (= psychisch gestörte) Kind, so ihre Behauptung, befinde sich in einem Motivkonflikt zwischen der Angst vor und dem Wunsch nach Kontakt. Durch das Festhalten löse sich dieser Widerspruch auf und das Kind entwickle sich offen für soziale Beziehungen. Keineswegs sei das Festhalten die brutale Vergewaltigung, als die sie vielleicht erscheine (und als die böswillige Kritiker sie hinstellten), vielmehr vermittle sie dem Kind ein Gefühl von Orientierung und absoluter Sicherheit. Nur von außen besehen setze es sich zur Wehr, in Wahrheit aber, wie sich letztlich in seiner „Entspannung“ zeige, wolle und brauche es genau diese Form von Geborgenheit.[1134] (Im übrigen eigne sich das Festhalten ganz vorzüglich auch als „Therapie“ unbotmäßiger Ehefrauen.)

Als Vorläuferverfahren der Festhaltetherapie gilt die sogenannte Z-Prozeß-Beziehungstherapie (auch bekannt als Rage Reduction-Therapy [= Wutablaßtherapie]), die, entwickelt in den frühen 1960er Jahren von dem US-Psychologen Robert Zaslow, vor allem an der Westküste der USA weite Verbreitung fand. Zum (angeblichen) Abbau von Widerstand gegen den therapeutischen Fortschritt wird der Klient von Helfern bewegungslos am Boden festgehalten und zugleich zu Blickkontakt mit dem Therapeuten gezwungen. Die hierdurch erzeugte „totale Wut" des Klienten führe zu einer Klimax, nach deren Überschreitung dieser sich offen für die therapeutische Beziehung zeige. Zaslow, der in seinen theoretischen Auslassungen ausdrücklich auf mittelalterliche Teufelsaustreibungen abstellte, setzte sein Verfahren auch bei „behandlungsrenitenten" Kindern ein (beispielsweise zur Sauberkeitserziehung), sein Schüler Donald Saposnek ab Anfang der 1970 auch bei Autisten.[1135] Im deutschsprachigen Raum spielte der Z-Prozeß zu keinem Zeitpunkt eine nennenswerte Rolle, in den USA gilt das Verfahren mittlerweile als ausgestorben.

Auch die Festhaltetherapie selbst wurde ursprünglich in den USA erprobt - Hauptvertreterin war die New Yorker Psychologin Martha Welch -, konnte sich aber weder dort noch sonst irgendwo richtig durchsetzen. In einer Vielzahl an Arbeiten war der himmelschreiende Wahnwitz angeprangert worden, Kinder solange in unnachgiebigem Klammergriff festzuhalten, bis sie in Lethargie verfallen. Nur in der Bundesrepublik fand das Verfahren weite Verbreitung. Wenngleich das „erzwungene Halten" (*forced holding*) auch bei hiesigen Erziehungswissenschaftlern und Psychotherapeuten als „Wiederkehr der schwarzen Pädagogik" auf teils heftigste Kritik stieß, avancierte Prekops Buch *Der kleine Tyrann* (1988) zum unangefochtenen Familien-Bestseller. Wieviel da seither in bundesdeutschen Wohnzimmern herumexperimentiert und an kaum wiedergutzumachendem Schaden angerichtet wurde, läßt sich nicht einmal erahnen. Untersuchungen hierzu gibt es keine.[1136] Am Stuttgarter *Institut für Kindertherapie und Familienberatung (Mothering Center)* werden eigene „Workshops" für Eltern, Erzieher und Lehrer in „Festhalten", „Konsequenter Erziehung" sowie ⇨ „Edu-Kinestetik" veranstaltet. Selbst in öffentlichen Gesundheitszentren, wie etwa der *Vestischen Kinderklinik* in Datteln, werden entsprechende Kurse durchgeführt, auch an der *Deutschen Akademie für Entwicklungs-Rehabilitation* in München, am *Casriel-Institut* in Hadamar sowie an verschiedenen Volkshochschulen.[1137] Über eine (steuerbegünstigte) *Gesellschaft zur Förderung des Festhaltens e.V.* sowie eine eigene Zeitschrift *Holding Times* werden Prekops Ideen weiter verbreitet.

Auch auf der „Internationalen Fachkonferenz für Humanistische Medizin", die, veranstaltet vom oberbayerischen Esoterikzentrum ⇨ „ZIST" (*Zentrum für Individual- und Sozialtherapie*), seit Anfang der 1990er alljährlich in Garmisch-Partenkirchen stattfindet, durfte Prekop wiederholt für ihre Festhaltetherapie werben. Wortreich stellte sie jeweils ihr Vorgehen als „zutiefst christlich-ganzheitlich" vor, als „Urform der Nächstenliebe". (Die Bezeichnung „Humanistische Medizin" für die Garmischer ZIST-Konferenzen muß ohnehin als Falschetikettierung gelten: Weder geht es dabei um Humanismus [im Geiste etwa von Leibniz, Rousseau oder Voltaire], noch um Medizin [in wissenschaftlichem Sinne]. Vielmehr werden unter der Leitung von Wolf Büntig [⇨ *Bioenergie*] beliebige Sammelsurien halb- und parawissenschaftlicher Verfahren präsentiert, unter den Referenten findet sich alles, was Rang und Namen hat in der Szene: Thorwald Dethlefsen, Stanislav Grof, Rüdiger Dahlke, John Pierrakos, Bert Hellinger, daneben Geistheiler Tom Johanson oder Bach-Blüten-Veteranin

Mechthild Scheffer.) Seit Sommer 1993 veranstaltet Jirina Prekop über ZIST auch eigene Weiterbildungsprogramme: „Festhalten als Lebensform und Therapie". Kosten des dreitägigen Seminars: 560 Mark.[1138]

Wie der *Deutsche Kinderschutzbund* feststellte, bietet die „Festhaltetherapie" die perfekte Maskerade und Rechtfertigung für Gewalt: unerträgliche Machtanmaßung, kaschiert als therapeutisch notwendige Maßnahme.[1139] Dies gilt gleichermaßen für das „Festhalten" von Kindern wie für das „Festhalten" von Teilnehmern in Therapiegruppen (auch wenn diese ihre „Einwilligung" dazu erteilt und extra dafür bezahlt haben). Anfang 1996 erstattete der Marburger Psychologe Daniel Soll Strafanzeige gegen Prekop wegen des Verdachts des „öffentlichen Aufforderns zur Mißhandlung von Schutzbefohlenen"; da allerdings nur direkt Geschädigten ein Klagerecht zusteht, wurde das Verfahren eingestellt.[1140]

5.20.1. Familienaufstellung nach Hellinger

Zu den absoluten Rennern der alternativen Psychoszene zählt seit Geraumem die „Familienaufstellung" Bert Hellingers, ein von Fachtherapeuten heftig kritisiertes, äußerst autoritäres Gruppenverfahren. Ehedem Priester einer katholischen Ordensgemeinschaft in Südafrika bereist Hellinger (*1925) seit Beginn der 1990er die Lande, um in Großveranstaltungen von nicht selten mehreren hundert TeilnehmerInnen seine selbstentwickelte Variante (vorgeblich) systemischer Therapie vorzustellen.

Theoretische Grundlage seiner Arbeit ist die ebenso simple wie reaktionäre Vorstellung, es gebe im Innenverhältnis jeder Familie eine „Ursprungsordnung", in die jedes Mitglied sich widerspruchslos einzufügen habe: Die Frau sei dem Manne untergeordnet, das zweitgeborene Kind dem erstgeborenen. Jede Störung dieser Ordnung führe zu Krankheit. Desgleichen eine Störung der kindlichen „Hinbewegung" zu den Eltern: Kinder wollen, laut Hellinger, ihre Eltern bedingungslos lieben, gleichgültig, was auch passiert ist. Ziel der Therapie sei es, die natürliche „Ordnung der Liebe" wiederherzustellen durch gebührende Ehrerweisung dem jeweils Ranghöheren gegenüber. Sei dies geschehen, lösten sich jedwede Konflikte und Krankheiten auf.

Hellinger arbeitet mit Einzelpersonen im Rahmen einer aus dem Auditorium *adhoc* zusammengestellten Gruppe. Der jeweils „arbeitende" Klient wird aufgefordert, unter Zuhilfenahme anderer Gruppenteilnehmer, die stellvertretend die Position von Familienmitgliedern einnehmen, seine „Herkunftsfamilie" aufzustellen. In einer Art räumlicher Metapher soll sichtbar werden, wer innerhalb der Familie wem wie nahe stand. Anders als in der etablierten Familientherapie, die seit jeher derlei Techniken einsetzt, erhält der Klient bei Hellinger keine Möglichkeit, seine Gedanken und Gefühle weiter zu erschließen; vielmehr agiert ausschließlich Hellinger (bzw. der Hellinger-Therapeut): Er verändert die Position der einzelnen „Familienmitglieder" beliebig zu einer von ihm so bestimmten „Lösungskonstellation" und konfrontiert den Klienten mit apodiktisch vorgetragenen Interpretationen und Anweisungen. Diesem bleibt lediglich die Wahl, diese anzunehmen oder nicht. Eine weitere Erörterung oder therapeutische Bearbeitung findet nicht statt. Im Gegenteil: Etwaiges Nach- oder Hinterfragen wird von Hellinger kategorisch unterdrückt.[1141] Ein Inzest-Opfer wird etwa angewiesen, sich als „kleines Mädchen“ vor seine „Mutter“ zu knien und zu sagen: „Mama, für Dich tue ich es gerne!“. Ende der Vorstellung.[1142]

Hellingers Vorgehensweise, gelegentlich als „systemische Familienaufstellung“ bezeichnet, wird in esoterischen Publikationen aufs Höchste gepriesen, der „Ganzheitsmediziner“ ⇨ Ingfried Hobert zählt sie, zusammen mit Bach-Blütentherapie, Kinesiologie und Schamanischen Ritualen, gar zu den „Heilweisen für das neue Jahrtausend“. Von Hellingers Arbeit scheint Hobert allerdings wenig Ahnung zu haben, ansonsten verwechselte er nicht ständig die Begriffe Systemik (das Familiensystem betreffend) und Systematik.[1143] Letztere läßt sich in Hellingers Arbeit bei bestem Willen nicht entdecken. Die häufig anzutreffende Behauptung, Hellingers Ansatz gründe in der (seriösen) Familientherapie Virginia Satirs,[1144] ist durch nichts belegbar.

Suitbert „Bert“ Hellinger bildet in seinem Verfahren keine Therapeuten aus, Praktiker, die „Familienaufstellung nach Hellinger“ anbieten, sind - unabhängig von der Fragwürdigkeit derartiger Inszenierungen - durch nichts und niemanden (zumindest nicht durch Hellinger selbst) dazu autorisiert.

> Ein bezeichnendes Licht auf die Risiken unkonventioneller Therapieverfahren - und die Persönlichkeitsstruktur vieler Praktiker in diesem Bereiche - wirft ein Fall, der sich im Oktober 1997 in Zusammenhang mit Bert Hellingers „Familienaufstellung“ ereignete:
>
> Hellinger führt seine Shows mithin vor Auditorien von 500 und mehr Teilnehmern vor; die Klientel für seine Inszenierungen auf offener Bühne rekrutiert er unmittelbar aus eben diesem Teilnehmerkreis. Vom Hintergrund seiner jeweiligen Klienten und Klientinnen hat er nicht die geringste Ahnung, ordentliche Anamnese oder Diagnostik ersetzt er durch „höhere Eingebung“. Auch im Falle einer jungen Frau und vierfachen Mutter, die er anläßlich eines Großseminars in Leipzig auf die Bühne holte, wußte er *nichts* von ihrer Familiengeschichte, außer daß sie sich von ihrem Mann getrennt hatte und dieser mit der Trennung nur schlecht zurande kam. Hellinger attakkierte die Frau auf massivste Weise: Auf ihren Mann zeigend verkündete er: „Dort sitzt die Liebe“, auf sie zeigend: „Und hier sitzt das kalte Herz“; danach ins Publikum gewandt: „Die Kinder sind bei der Frau nicht sicher, die gehören zum Mann.“[1145] Gleichwohl diese ungeheuerlichen Invektiven gänzlich aus der Luft gegriffen waren, trafen sie doch durch die selbstherrliche Apodiktik, in der Ex-Ordenspriester Hellinger auftritt, wie Giftpfeile in die Seele der jungen Frau. Wortlos verließ sie die Veranstaltung, kritzelte ein paar Worte des Abschieds auf einen Notizblock - und nahm sich das Leben.
>
> Selbst wenn die junge Frau, eine Ärztin, bereits vorher suizidal gefährdet gewesen sein sollte, was Hellinger behauptet, entlastete ihn dies nicht. Ganz im Gegenteil: Es zeigt, wie völlig unverantwortbar es ist, in einer 10-minütigen „Therapie-Show“ jedwede Ich-Grenze des einzelnen Rat- und Hilfesuchenden einzureißen und ihn von oben herab mit irgendwelchen „höheren Wahrheiten“ (ganz unabhängig von deren eventuellem Wahrheitsgehalt) zu konfrontieren. Hellingers Vorgehen, so die Einschätzung vieler

Fachleute, grenzt an psychische Vergewaltigung, auch wenn die Teilnehmer sich „freiwillig" der Prozedur aussetzen, gar noch extra dafür bezahlen. Er hat keine Ahnung (und wohl auch kein Interesse daran zu erfahren), wie diese seine „Eingebungen" verarbeiten. Ausdrücklich betont er, er brauche keine Rückmeldung seitens seiner Klienten. Hellinger kümmerte sich nicht um die junge Frau, als diese wortlos den Saal verließ. Kurz zuvor hatte er dem Publikum noch *über* sie gesagt: „Die Frau geht, die kann keiner mehr aufhalten (...). Das kann auch sterben bedeuten."[1146] Wenige Stunden darauf war sie tot. Auf die spätere Frage, ob er denn nicht hätte erkennen können, daß die Frau sich in einer tiefen Krise befunden habe, meinte er: „Wie denn, ich kannte sie ja nur drei Minuten." Im übrigen beinhalte jede Therapie auch gewisse Risiken. In einem der zahlreichen Bücher über den Hellingerschen Ansatz wird denn auch auf solche Risiken beim Aufstellen ausdrücklich hingewiesen: „Wenn einer der Mitwirkenden aus der Tür will oder aus der Tür geht, heißt das: Er ist selbstmordgefährdet."[1147]

Bevor die Frau sich das Leben nahm, verabschiedete sie sich schriftlich von ihren Lieben. Ganz in Hellingerschem Sprachduktus schreibt sie: „Vielleicht gibt es Menschen, die soviel Schuld auf sich laden, daß sie kein Recht mehr haben, hier zu bleiben. Und wenn es für die Kinder die Ordnung herstellt, will ich meinen Teil dazu tun, auch wenn es nicht das ist, was ich mir wünsche." Von suizidaler Gefährdung vor dem Hellinger-Seminar kann indes keine Rede sein: Die junge Ärztin hatte für wenige Tage danach einen Umzug geplant und vorbereitet und hatte sich sogar schon für mehrere medizinische Weiterbildungskurse 1998 angemeldet. Hellinger bedauert den Fall, sucht zugleich aber der Klientin selbst die Schuld zuzuschieben: „Ja, ich bin hart mit ihr umgegangen. Das ging schon an die Grenze. Aber ein gewisses Risiko muß man in Kauf nehmen. Ich gehe oft bis an die Grenze, und an der Grenze gibt es dann oft den Umschwung. In diesem Fall bin ich wohl zu weit gegangen. (...) Ich bedauere, was geschehen ist. Aber die Reaktion der Frau war unverhältnismäßig (...). Sie hätte mich um etwas bitten können, dann hätte ich handeln können - das hat sie aber nicht gemacht."[1148]

Andreas Fincke von der *Evangelischen Zentralstelle für Weltanschauungsfragen* in Berlin fragt nach dem tragischen Todesfall sehr zurecht: „Verstoßen solche Großveranstaltungen nicht überhaupt gegen die Würde des Hilfesuchenden? Wer verhindert, daß Hellinger vor 500 begeisterten Zuschauern seiner eigenen Wirkung erliegt und Allmachtsphantasien entwickelt? Ist die Geschichte aus Leipzig ein bedauerlicher Einzelfall, oder passiert dergleichen häufiger? Wie lassen sich solche Entgleisungen in Zukunft verhindern?"[1149] Mithin zur Klärung dieser Fragen leiteten die Angehörigen des Suizid-Opfers rechtliche Schritte gegen Hellinger ein. Auch die Befugnis Hellingers zur Ausübung der Heilkunde (nach dem HeilPrG) erscheint zweifelhaft: Eine Priesterweihe kann diese nicht ersetzen, auch nicht sein vor Jahren absolvierter Kurs in Primärtherapie bei Arthur Janov.

Anfang 1998 berichtete Autor Goldner in dem schweizerischen Psychologiemagazin *Intra* über Hellingers Ansatz und den Todesfall in Leipzig.[1150] Die Reaktion der LeserInnenschaft auf diesen Beitrag war symptomatisch. Nur selten zuvor gab es eine derartige Flut an Anfragen und Zuschriften, teils anerkennend, daß endlich einmal Klartext gesprochen wurde gegen die Umtriebe der „Familienaufstellerszene", die sich sehr zu Unrecht mit seriösem systemischem oder familientherapeutischem Herangehen ineinssetze, aber auch kritisierend, daß erst ein Mensch zu Tode kommen mußte, bevor eine breitere Öffentlichkeit von deren Risiken erfuhr. Die Mehrzahl an Zuschriften und Anrufen beschränkte sich indes darauf, Autor Goldner zu beschimpfen: Man zieh ihn der „totalen Ignoranz", „ideologisch verblendeter Verbohrtheit", gar eines „inquisitorischen Fanatismus, schlimmer noch als in der Kirche". Häufig wurden auch Ferndiagnosen erstellt, die Goldners unbewußte oder verdeckte Motivation enthüllten: vor allem „grenzenloser Haß auf alles Spirituelle", aber auch „Konkurrenzneid" oder „krankhaftes Hirnficken" (was immer das sein mag). Dazu kamen (meist anonyme) Schimpftiraden, die zu wiederholen der Anstand verbietet. Ein Anrufer mutmaßte, Goldner sei „Agent der Mossad" (israelischer Geheimdienst) oder gar Scientologe. Inhaltlich wurde *kein einziges* Argument gegen den Artikel vorgebracht, lediglich die *Weise* wurde bemäkelt, in der Hellinger angegangen worden sei: Der Text sei zu polemisch gewesen, zu wenig ausgewogen; Hellinger habe es „nicht verdient, so behandelt zu werden", wo er doch „soviel Gutes" bewirkt habe. Auf den Todesfall in Leipzig ging kaum jemand ein und wenn, dann in abwiegelnder Manier: sowas könne immer mal passieren. Im übrigen gebe es „keinerlei kausalen Zusammenhang" zwischen Hellingers Invektiven und dem Suizid der Klientin. Goldner wurde vorgehalten, seine Aussagen seien „schlichtweg falsch oder irreführend". Was genau falsch dargestellt worden sein sollte, wurde nicht gesagt. Desweiteren wurde ihm vorgehalten, Hellinger habe soviel an Leben gerettet und soviel an Lebensqualität geschaffen, da sei es ein Unding, ihm aus einem „Lapsus" (!), wie er schließlich jedem widerfahren könne, einen Strick zu drehen. Den schieren Zynismus solchen Rechtfertigungsversuches - es geht um den Tod einer jungen Frau! - merkte man offenbar nicht. „Bert Hellingers Person und Arbeit", wie der Herausgeber von *Intra,* Sandro Looser, im Editorial der Folgeausgabe seines Magazins schrieb, „scheint ganz offensichtlich das psychotherapeutisch interessierte Publikum zu spalten. Von einigen SchreiberInnen haben wir auch Hinweise erhalten, warum das so sein könnte. In einem Brief heißt es sinngemäß, Hellinger spreche in den Menschen den insgeheimen Wunsch an, die Verantwortung für die eigene Identität an eine vorgegebene Ordnung abzugeben. Diese Entlastung führe bei vielen Menschen offenbar zu einer Besserung ihres Befindens. (...) Kein Wunder, daß hier Welten aufeinanderprallen: Wer das Bild des emanzipierten Menschen (ob Klient oder TherapeutIn) hochhält, dem muß der Gedanke an jegliche Unterwerfung an eine vorgegebene Ordnung - von der andere zu wissen vorgeben, wie sie aussieht - zuwiderlaufen."[1151] Auch Sandro Looser wurde wüst beschimpft.

> Der tragische Todesfall von Leipzig unterstreicht nicht nur die Notwendigkeit einer rückhaltlosen Aufklärung über die Machenschaften der Szene, sondern auch deren radikale Eindämmung durch geeignete gesetzliche Maßnahmen. Es steht zu hoffen, daß das geplante Lebenshilfegesetz in baldiger Zukunft die parlamentarischen Hürden übersprungen haben wird (⇨ *Was tun?).*

Im deutschsprachigen Raum bieten mehrere hundert „Therapeuten" ihre jeweils selbstgestrickten „Familienaufstellungen nach Hellinger" an. Da Hellinger, um es zu wiederholen, selbst keine Ausbildungen durchführt, sind diese Praktiker durch nichts und niemanden autorisiert. (Die häufig anzutreffende Werbebehauptung, man sei „langjähriger Schüler Hellingers", heißt in der Regel nichts anderes, als daß man ein paar Workshops bei ihm besucht und gegebenenfalls das ein oder andere seiner Bücher gelesen hat.) Zu großen Teilen handelt es sich bei den Hellinger-Exegeten um Figuren aus dem Osho-Rajneesh-Umfeld, die sozusagen „von Hause aus" eine tiefverwurzelte Affinität zu autoritären Gruppenverfahren mitbringen; von ernstzunehmender Qualifikation oder dem Vorliegen einer Befugnis zur Ausübung der Heilkunde kann vielfach keine Rede sein. Am schwäbischen ⇨ *Johanniterhof* beispielsweise, der Nachfolgeeinrichtung des Esoterikzentrums *Etora* auf Lanzarote, wird „Familienaufstellung nach Bert Hellinger" gleich in zweifacher Ausfertigung angeboten: zum einen von der NLP-Trainerin Christiane „Adavanta" Jacobsen und zum anderen von dem Rebirthing- und Money & Love-Therapeuten Günter „Sarito" Griebl samt Ehefrau Silvana „Samadhi". Auch in den verschiedenen Osho-Rajneesh-Zentren zählt „Familienstellen" inzwischen zur Grundausstattung, u.a. bietet hier eine gewisse Victoria „Sneh" Schnabel ihre Dienste an. Die schwäbische Reinkarnationstherapeutin und Geistheilerin Iris „Shanti" Sautter, gleichfalls Anhängerin des Osho-Kults, veranstaltet „Familienaufstellung" in einwöchigen Ferienseminaren auf Korfu. Kosten: 1.240 Mark netto. Gipfel der Chuzpe ist allerdings ein „Heilerkurs", den die ⇨ *Bayerische Gesellschaft für Ganzheitliche Medizin* anbietet. Hier können sich psychologische und therapeutische Laien in *einem einzigen Wochenende* (!) in „Systemischer Generationsperspektive nach Bert Hellinger" schulen lassen. Der „ganzheitlich-philosophische Ausbildungsgang" kann wahlweise mit weiteren Wochenendkursen, unter anderem in Gesicht- und Handlesen, Traumarbeit oder Hypnose, aufgestockt werden. Leiter der Hellinger-„Ausbildung" ist Peter Kriester, vormals Gemüsegärtner und „Körpertherapeut" am Esoterikzentrum *Coloman*. Besagte *Gesellschaft für Ganzheitliche Medizin* ist nichts anderes als eine private Esoterik- und Heilpraktikerschule im Allgäu, die als Geldbeschaffungseinrichtung der äußerst umstrittenen „Wankmiller-Sekte" gilt.[1152]

Vor dem Hintergrund der Kritik, die nach dem Todesfall von Leipzig an Hellingers Verfahren in Fach- und Boulevardmedien geübt worden war, gründete sich in München eine *Arbeitsgemeinschaft Systemische Lösungen nach Bert Hellinger*, deren selbstgestellte Aufgabe (laut Werbeartikel in *Esotera*) darin bestehe, „Hellingers Methode seriös nach außen zu vertreten und ihre Verbreitung und Fortentwicklung auf eine achtsame Weise zu fördern"; desweiteren in der „Entwicklung von Kategorien für die Aus- und Weiterbildung"[1153] (die, wie man damit zugibt, bis dahin nicht existierten!). Nicht weniger als neunzig Therapeutinnen und Therapeuten, die im deutschsprachigen Raum Hellinger-inspirierte Dienste anbieten, vorneweg Jirina Prekop (⇨ *Festhaltetherapie*), finden sich auf einer von der Arbeitsgemeinschaft versandten Liste. In der von einer erstaunlich großen Anzahl akademisch vorgebildeter Praktiker durchsetzten Hellinger-Riege tauchen mithin Professor Matthias Varga von Kibéd (LMU München) oder Professor Franz Ruppert (Katholische Stiftungsfachhochschule München) auf; daneben auch der oben erwähnte Peter Kriester oder die Rajneesh-Therapeuten Schnabel und Griebl/Griebl. Bemerkenswert ist auch der Umstand, daß die Züricher Psychologieprofessorin Gertraud Schottenloher „Familienstellen nach Bert Hellinger" unter dem Signet der Rajinder-Singh-(Sekten-)Organisation ⇨ *Wissenschaft der Spiritualität* anbietet. Der in München und bei ZIST praktizierende Gestalttherapeut (und ehemalige LMU-Gastprofessor) Hunter Beaumont, ursprünglich Ausbilder am renommierten Gestalttherapie-Institut in Los Angeles, half Hellinger, den US-Markt zu erschließen: Im Frühjahr 1998 organisierte er für diesen eine - angeblich höchst erfolgreiche - Promotion-Tour quer durch die Staaten. Auch auf dem „2. Weltkongreß für Psychotherapie" im Sommer 1999 in Wien war Hellinger vertreten, gänzlich ungeniert durfte er sich gleich in drei (Werbe-)Veranstaltungen verbreiten. Vereinzelte kritische Nachfragen (mithin von Sophie Freud) wurden entweder ignoriert oder in autoritärer Manier abgebügelt.[1154]

Tatsächlich wird „Familienstellen nach Hellinger" - neuerdings auch als „Clanning" (= Bezugnahme auf den Familien-Clan) bezeichnet - im deutschsprachigen Raum in wachsendem Umfange angeboten: Hunderte Annoncen einschlägiger Praktiker finden sich in den Esoterik- und Szeneblättern. Exemplarisch erwähnt sei insofern die Hamburger „Psychotherapeutin" Doris Schneider, die seit einiger Zeit in großangelegten Tourneen durch die Lande zieht und in Wochenendseminaren „Systemische Familienaufstellung nach Bert Hellinger" anbietet (zweieinhalb Tage/350 Mark). Zur Frage etwaiger klinischer Qualifikation oder rechtlicher Befugnis zur Ausübung von Heilkunde ist in den Werbebroschüren Frau Schneiders nichts vermerkt.

Seit Anfang 2000 bietet das bayerische Esoterikzentrum ⇨ ZIST eine knapp zweijährige Fortbildung für Ärzte, Psychologen, Sozialarbeiter - und Heilpraktiker [!] - in „Familienstellen nach Bert Hellinger" an. Geleitet wird das (tatsächlich nur fünf Fünfeinhalbtage-Workshops umfassende) Training von Hellinger-Freund Beaumont (der laut Ausschreibung für die „spirituellen Aspekte des Familienstellens" zuständig ist), darüberhinaus u.a. von dem Theologen Jakob Schneider und dem Psychoanalytiker Albrecht Mahr; auch die langjährige ZIST-Mitarbeiterin Eva Madelung, ihres Zeichens Heilpraktikerin und Primärtherapeutin, ist mit von der Partie. Kosten der Fortbildung: 7.240 Mark.[1155]

5.21. Feuerlauf

„Sie erleben die Möglichkeit, Dinge zu tun, die Sie bisher für unmöglich hielten. Sie können Ihre Grenzen überschreiten und erfahren, daß Sie GRÖSSER sind als Ihre Ängste und Zweifel." Im Werbeprospekt des oberbayerischen *Cristall-Zentrums für bewußte Lebensgestaltung* wird ein „Feuerlauf-Workshop" angepriesen: die „spirituelle Reinigung durch die Kraft des Feuers".[1156] Es geht um den „Tanz über glühende Kohlen", um die „umwälzende Erfahrung, das Unmögliche zu vollbringen".[1157] Die Ankündigungen der einzelnen Veranstalter überschlagen sich fast: Kein Problem, sei es körperlich, geistig oder seelisch, das nicht durch die „spirituelle Erfahrung eines Feuerlaufes" einen „alchimistisch-transformatorischen Wandel" erführe: Ein geläuterter, gleichsam neu geborener Mensch entsteige der Glut des Feuers wie weiland Phönix der Asche.

Nicht nur in esoterisch angehauchten Psycho-Gruppen wird dem Feuerlauf gehuldigt, auch Neu-Heiden, Germanen- und Keltentümler, sowie mehr oder minder rechtslastige Öko-Gruppierungen[1158] veranstalten - bevorzugt zu Vollmond-, Sonnwend- oder Neujahrsfeiern - derartige Spektakel (zu den ältesteingesessenen Neuheidengruppen, die regelmäßig Feuerläufe inszenieren, zählt der Frankfurter ⇨ *Yggdrasil-Kreis e.V.*, der sich bereits seit Ende der 1970er um den Erhalt „germanischen Brauchtums" kümmert). Daneben läuft man gerne auch im Rahmen von Managementtrainings über glühende Kohlen,[1159] selbst Sportvereine und Fitness-Center bieten heutzutage Feuerlauf-Seminare an zur Steigerung von Selbstvertrauen und „mentalem Vermögen". Mit dem breit angekündigten Live-Gehopse Margarethe Schreinemakers (SAT1) über einen kokelnden Glutteppich im Sommer 1994 erlebte der Feuerlauf weiteren Aufschwung. Hans-Reimar Klemm, Feuerlauf-Lehrer und Leiter des erwähnten *Cristall-Zentrums* in Oberbayern, der als „Experte im Studio" zugange war, konnte sich über die kostenfreie TV-Werbung nur freuen: „Tausende von Menschen" habe er mittlerweile „erfolgreich durchs Feuer geführt". Zusammen mit seiner Ehefrau Ulrike, einer ehemaligen Altenpflegekraft und heutigen Rebirthing- und Reiki-Heilerin, veranstaltet Klemm seine Feuerläufe regelmäßig auch für die freie Wirtschaft: Angeblich haben bereits „zahlreiche namhafte Unternehmen, wie z.B. VW, Hypobank, Siemens etc." ihre Mitarbeiter zu den Klemmschen „Teammotivationstrainings mit Feuerlauf" entsandt.[1160]

Feuerlauf, wie er in den Psycho- und Selbsterfahrungs-Workshops landauf, landab veranstaltet wird, stellt, wie so vieles, was von New-Age-Geschäftemachern aus seinem gewachsenen Kontext gerissen und gnadenlos vermarktet wird, einen extrem trivialisierten Abklatsch ethnischen Kulturgutes dar: Bekannt seit Menschengedenken - Euripides etwa berichtet vom Tanz der Dionysos-Priesterinnen über glühenden Kohlen - ist die archaische Tradition des Feuerlaufes heute noch lebendig beispielsweise in Ritualen zur Ehren der tamilischen Göttin Amman oder auch im nordgriechischen Kult der Anastenárides. Mit diesen Traditionen haben die Feuerläufe des New-Age wenig bis gar nichts gemein, auch wenn sie immer wieder darauf bezug nehmen. Ein Volker Kipper (*1956) etwa, Feuerlauf-Lehrer und „Mentaltrainer" des hessischen Esoterik-Instituts *Kronberger Seminare e.V.*, stellt seine Veranstaltungen ausdrücklich in „indianische" Tradition[1161]: Gelegentlich führt er gar eigene Feuerläufe zugunsten einer ominösen „Paraguay-Hilfe" durch.[1162] Höchst aufschlußreich ist im übrigen Kippers Selbstdarstellung: Keineswegs sei er nur Feuerlauf-Trainer, vielmehr auch „Spiritueller Lehrer und Dozent für ganzheitliche Persönlichkeitsentfaltung, Erfolgspsychologie, Atem- und Sprachtherapie, Energiearbeit und praktische Meditation"; überdies „Professor am S.S.T. Ayurved Medical College/Universität Poona, Indien". In seinen Werbebroschüren tritt er insofern ungeniert als „Prof. Volker Kipper" mit „Lehrauftrag in Medizinischer Psychologie" auf. Die University of Poona mochte nicht bestätigen, daß ihrem Lehrkörper eine Person dieses Namens zugehöre.[1163]

Im Verlaufe des jeweiligen Workshops wird im Freien gemeinsam ein großer Scheiterhaufen aufgeschichtet und unter großem Ballyhoo entzündet. Stundenlang, während nun draußen das Feuer lodert, wird drinnen allerlei Psycho-Hokuspokus inszeniert. Genau nach Plan wird „gechantet" (vorgeblich ethnisches Liedgut intoniert), rhythmisch in die Hände geklatscht und auf den Boden gestampft; zwischendurch wird heftig hyperventilierend geatmet (⇨ *Rebirthing*) und unter Wagner-Klängen wird deutscher Mythos entsponnen (Siegfried in der Waberlohe). Alles, was irgendwie mit „Feuer" zu tun hat, kommt irgendwie vor: Walpurgisnacht, Fegefeuer, selbst die Hexe von Hänsel und Gretel, die ja bekanntlich im Ofen verbrennt.[1164] Der Münchner Neo-Schamanin ⇨ Kaye Hoffman verdankt man folgende Erkenntnis: „Die auflodernde Flamme überwindet die Schwerkraft und steigt nach oben, dem Himmel entgegen. Die Flamme ist somit das Symbol für das Streben des Menschen nach Höherem, für seine Sehnsucht nach Größe und Ewigkeit. Bezeichnenderweise haben bis heute die italienischen Faschisten ein Flammenbündel in ihrem Parteiabzeichen."[1165] Letztlich schreibt man seine eigenen Probleme auf einen Zettel, den man, siebenmal gefaltet!, dem Feuer übergeben will. Und, nicht zu vergessen: Man denkt sich ein individuelles „Feuer-Mantra" aus („Ich schaffe es!"), mittels dessen der „reinigende Weg durch das Feuer" nun angetreten werden soll.

Aus den Überresten des inzwischen abgebrannten Scheiterhaufens wird ein Teppich aus vor sich hinkokelnden Kohlen gerecht, eineinhalb Meter breit und vielleicht sechs Meter lang, über den nun die Teilnehmer des Workshops fürbaß tanzen oder schreiten sollen. Dies tun sie denn auch, freilich geschwinden Fußes und eher hopsend, auch wenn die Seminarleiter angestrengt die elegisch-getragene, wahlweise auch ekstatische Atmosphäre der Szene beschwören. Sie selbst allerdings zappeln auch nicht gerade in meditativer Gelassenheit über die Glut. Am Ende der sechs Meter angelangt, stecken sie ihre Füße in einen Kübel mit kaltem Wasser, um sich dann - tatsächlich etwas ekstatisiert, gelegentlich gar tränenüberströmt - in die Arme zu sinken. Geschafft! Das Unmöglich ist möglich geworden: Angst in schiere Power verwandelt![1166]

Rein physikalisch ist der Feuerlauf keineswegs das überirdische Miraculum, als das er stets gepriesen wird.[1167] Zunächst beträgt die Temperatur der rotglühenden Kohle nicht 700° C, wie behauptet,[1168] sondern nur 120 bis 450° C.[1169] Für Bruchteile von Sekunden kühlt der Fußschweiß des Feuerläufers eine sehr dünne Kohleschicht ab - Kohle leitet Hitze sehr schlecht -, erkennbar an den dunklen Stellen, die die Schritte auf der Glut hinterlassen; überdies ist der Fuß des Läufers durch eine dünne Ascheschicht auf der Sohle geschützt. Eine riskante Überhitzung der Fußsohlen erfolgt nicht. Die Zeit, die der Fuß die heiße Kohle berührt, darf freilich pro Schritt nicht mehr als etwa 0,8 Sekunden betragen. Der Lauf über den Kohleteppich hat maximal drei Bodenberührungen pro Fuß, anschließend erfolgt der Sprung mit den Füssen ins kalte Wasser.[1170] „Über glühende Kohlen zu gehen", so der Physiker Heimo Kos, „ist so schwer, wie über kalte Kohlen zu gehen!"[1171] Das einzige Risiko besteht darin, daß womöglich Kohlestückchen zwischen den Zehen hängenbleiben, durch die es zu schmerzhaften Brandblasen kommen kann. Ein Wunder wäre es, wenn ein Feuerläufer für einige Sekunden in der Glut stehenbleiben oder unversehrt über eine entsprechend heiße Metallplatte laufen könnte. Berichte, denen zufolge eben dies beobachtet worden sei - in Griechenland etwa seien Feuertänzer minutenlang in weißglühender Kohle gestanden oder gar gekniet[1172] -, konnten nicht bestätigt werden.

Irgendwelcher „mentalenergetischen Vorbereitung“, wie von Feuerlauf-Veranstaltern als unabdingbar beschworen,[1173] bedarf es also ebensowenig, wie des gleichfalls vielzitierten „tranceähnlichen Bewußtseinszustandes“,[1174] der durch eben solche Vorbereitung erzielt werde. Eine wissenschaftiche Untersuchung der erwähnten Anastenárides-Feuertänzer - es handelt sich hierbei um eine Laienbruderschaft, die in Verehrung des Hl. Konstantin vom 21. bis 23. Mai jedes Jahres über eine rotglühende Kohlenfläche tanzt - zeigte, daß ein „schadloses Überqueren der Holzkohlenglut ohne Vorbereitungszeremoniell, ohne jegliche psychophysische Ausnahmezustände, ohne Verknüpfung mit religiösen Glaubensinhalten, ohne spezielle Gehtechnik und andere Hilfsmittel barfuß in normaler Alltagsverfassung möglich ist“.[1175] Ob die unter Umständen in der Tat erforderliche Selbstüberwindung beim ersten Betreten der Glut nun irgendwelche Auswirkungen hat auf fürdere Lebensgestaltung, bleibt zu bezweifeln. Für die Klemm-Behauptung, den meisten Teilnehmern bedeute die Erfahrung des Feuerlaufes einen „Wendepunkt in ihrem Leben“[1176], fehlt jedenfalls jeder ernstzunehmende Beleg. Auch die Behauptungen einer *International Firewalking Association*, Feuerlauf trage wesentlich bei zur „Überwindung der persönlichen Ängste und Blockaden, die uns davon abhalten, das zu werden, was wir wirklich sind“,[1177] sind völlig unsubstantiiertes Geschwätz (⇨ *Mentaltraining*).

Die ersten „New-Age“-Feuerläufe fanden Anfang der 1980er in Kalifornien statt, veranstaltet von einem Werbefachmann und Managementtrainer namens Anthony Robbins, der damit die „sämtliche Begrenzungen des menschlichen Geistes überschreitenden Effekte“ seines ⇨ Neurolinguistischen Programmierens (NLP) zu unterstreichen suchte.[1178] Robbins ist in erster Linie durch seinen 500-Seiten-Wälzer *Das Power-Prinzip* bekannt geworden, der Führungskräfte mit „grenzenloser Energie“ auszustatten verspricht;[1179] im deutschsprachigen Raum ist nach Robbins-Vorbild der Holländer Emile Ratelband zugange, der mit neurolinguistischem Ballyhoo und Feuerlauf (wahlweise auch: Glasscherbenlauf) den Top-Managern der großen Konzerne (IBM, *Toshiba*, VW) sozialdarwinistischen Durchsetzungswillen beibiegt: „Die Besten werden siegen.“[1180] Vor seinem von *Birkenbihl-Media* (neuerdings: *add!brain AG)* promoteten Aufstieg zum hochdotierten „Persönlichkeitstrainer“ war Ratelband Wurstbrater in einer Imbißbude. Als „Pionier der heutigen Feuerlaufbewegung“ in Deutschland läßt sich der o.a. Hans-Reimar Klemm feiern, der Ende der 1980er das Robbins-Konzept abgekupfert und importiert hatte (⇨ *Motivations- und Persönlichkeitsseminare*).

Heute wird Feuerlauf als Beweis für alles und jedes eingesetzt. Ein österreichisches *Institut für Kreative Lebens- und Laufbahngestaltung* beispielsweise veranstaltet Feuerläufe, um damit die Wirksamkeit der „Biokybernetik“ zu belegen, sprich: den Absatz irgendwelcher „High-Tech-Biofeedback-Geräte“ zu fördern, die es vorgeblich ermöglichen, innerhalb kürzester Zeit etwas zu lernen, „wozu ein indischer Yogi 30 Jahre braucht“.[1181] Gemeint ist mithin die wundersame körperliche „Immunität" feuerlaufender Yogis, die diesen durch intensive Meditation zuteil geworden sein soll, eine „paranormale Fähigkeit, vom Feuer nicht verletzt zu werden".[1182] Derlei „Feuerimmunität" ist reiner Mythos.[1183]

Der Preis für ein Feuerlauf-Wochenende liegt bei rund 400 Mark. Eine zweieinhalbwöchige „Ausbildung zum Feuerlauftrainer" wird für 5.000 Mark angeboten.[1184]

5.22. Fünf 'Tibeter'

Als Verkaufshit schlechthin des esoterischen Buchhandels gilt ein kleines Büchlein mit dem Titel *Die Fünf 'Tibeter'*, das in kürzester Zeit (allein in der BRD) mehr als eineinhalb Millionen mal über den Ladentisch ging. Fünf simple Körperübungen, hergeleitet angeblich aus alten tibetischen Mönchsritualen, versprechen „anhaltende Jugend, Gesundheit und Vitalität".[1185]

Laut verlagsgestreuter Legende seien die fünf Übungen erstmalig im Jahre 1939 aufgetaucht, als Bestandteile eines Tibet-Romans (*The Eye of Revelation*) von Peter Kelder. Dieser Roman habe nahtlos an dem Bestseller von James Hilton *Der verlorene Horizont* (1933) angesetzt, der die Abenteuer eines gewissen Colonel Bradford auf der Suche nach dem sagenhaften Shangrila beschreibt. In Kelders Roman sei Bradford von tibetischen Lamas in den fünf Übungen unterwiesen worden. Der Roman sei im Laufe der Jahre verlorengegangen, auch von Kelder wisse man nichts genaueres. Vielleicht handle es sich um einen mehrere hundert Jahre alten Mönch aus irgendeinem Himalayakloster, der die Übungen unter Pseudonym niedergeschrieben habe. 1985 jedenfalls brachte ein amerikanischer Verlag unter dem Titel *The Ancient Secret of the 'Fountain of Youth'* eine „modernisierte und erweiterte Ausgabe" des Kelder-Romans heraus, dessen deutsche Version seit Jahren auf den Bestsellerlisten steht.

Die *Fünf 'Tibeter'*, vergleichbar einer Abfolge einfachster Yogaübungen, können innerhalb weniger Minuten erlernt und genau so schnell absolviert werden. Laut Lehrbuch dienen sie einer „Reinigung und Revitalisierung auf allen Ebenen", vor allem der „Harmonisierung von Chakra- und Meridianenergien". Zudem erhöhe sich die „Fließgeschwindigkeit der Gehirn- und Rückenmarkflüssigkeit", was zur Behebung einer Vielzahl von Störungen beitrage.[1186] Wesentliches Ergebnis kontinuierlichen Übens aber sei die Wiederkehr der Jugend. Seitenweise abgedruckte Dankesbriefe begeisterter Anwender dokumentieren den phantastischen Jungbrunnen-Effekt der *Fünf 'Tibeter'*: „Ich fühle mich nicht nur jünger, ich bekomme auch von Leuten, die mein Alter (73) kennen, zu hören, daß ich zwanzig Jahre jünger aussehe."[1187]

> 1. Übung: Aufrecht stehen und Arme ausbreiten. Um die eigene Achse nach rechts drehen, bis leichter Schwindel auftritt.
> 2. Übung: Flach auf den Boden legen, Gesicht nach oben, Handflächen neben dem Gesäß. Beine in senkrechte Stellung bringen, der Rücken bleibt dabei am Boden. Knie anwinkeln. Zurück zur Ausgangsposition.

3. Übung: Mit aufrechtem Körper auf dem Boden knien, Zehen aufstellen. Hände neben dem Gesäß. Kopf und Wirbelsäule nach hinten beugen. Zurück zur Ausgangsposition.
4. Übung: Auf den Boden setzen, Beine ausgestreckt, Handflächen neben dem Gesäß. Kopf nach hinten sinken lassen, gleichzeitig Körper heben (Brücke), so daß Arme gestreckt und Knie abgewinkelt bleiben. Rumpf und Oberschenkel bilden eine Gerade parallel zum Boden. Anspannen aller Muskeln. Zurück zur Ausgangsposition.
5. Auf den Bauch legen, Arme durchgedrückt, so daß der Oberkörper angehoben ist. Kopf zurückneigen. Dann Körper an der Hüfte abbiegen und Gesäß anheben (umgekehrtes „V"). Kinn gegen die Brust drücken. Zurück zur Ausgangsposition.
Die Übungsfolge soll täglich ausgeführt werden, zunächst in dreimaliger Wiederholung jeder Übung, sukzessive gesteigert hin zu je 21maliger Wiederholung. Durch die Tibeter-Übungen, wie die amerikanische New-Age-Prophetin Chris Griscom weiß, „beschleunigt sich unser Aura-Feld, so daß sich unser Bewußtsein automatisch zu höheren Oktaven der Erkenntnis bewegt".[1188] Ebendies bewirke den Verjüngungseffekt. Mit einer weiteren Erklärung zu diesem Effekt kann der Herausgeber der amerikanischen 'Tibeter'-Ausgabe, Harry R. Lynn, aufwarten: Durch die Übungen werde das „Todeshormon" blockiert, das die Hypophyse ab der Pubertät produziere.[1189] ⇨ Kirlian-Photos könnten dies bestätigen. Die *Fünf 'Tibeter'* seien insofern eine ideale Ergänzung zur Geistheilmethode des ⇨ Reiki.
Eine sechste Übung erweitert die traditionellen *Fünf 'Tibeter'*. Sie diene dazu, die „Sexualenergie zu einem höheren Nutzen umzuleiten"[1190]: 6. Aufrecht hinstellen und alle Luft aus den Lungen entweichen lassen. Nach vorne beugen, Hände auf die Knie und letzten Rest Luft aus den Lungen pressen. Ohne zu atmen in aufrechte Stellung zurückgehen. Hände auf die Hüften legen und Schultern nach oben schieben. Bauch einziehen und Brust anheben. Stellung so lange als möglich beibehalten. Durch die Nase ein- und durch den Mund ausatmen. Zurück zur Ausgangsposition. Nur dreimal wiederholen.

Dutzende von Seminarveranstaltern bieten Kurse zum Erlernen der *Fünf 'Tibeter'* an. Auch das frühere Schlager- und heutige Esoteriksternchen Penny McLean (= Gertrud Wirschinger) führt *'Tibeter'*-Kurse durch, allerdings muß bei ihr die erste Übung an den Schluß gestellt werden. Zudem hat sie das „alte Geheimnis aus den Hochtälern des Himalaya" um eine eigene siebte Übung ergänzt.[1191] Mittlerweile gibt es sogar eigene Kurse zum/zur „Fünf-Tibeter-TrainerIn": Eine einwöchige Ausbildung am ⇨ *Frankfurter Ring e.V.*, geleitet von einer gewissen Maruscha Magyarosy, kostet, einschließlich Zertifikat, 1.600 Mark; anschließend kann man/frau einen vierteiligen „Aufbaukurs" zum/zur „InnerFitness-TrainerIn" absolvieren: Die *Fünf 'Tibeter'*-Übungen werden dabei mit ein paar Fragmenten aus Yoga, Massage, Bioenergetik, Rebirthing, Positivem Denken, Mentaltraining sowie „Übungen zum Ausgleich der Gehirnhälften" verknüpft. Kosten: auf Nachfrage.[1192]

Der oberbayerische *Integral*-Verlag hat den Mega-Erfolg der *Fünf 'Tibeter'* gewinnbringend vermarktet. Inzwischen gibt es eine Vielzahl an Nachfolgebüchern, dazu *'Tibeter'*-

Übungen auf Tonbandkassetten und CD, auf Video und in Blindenschrift. Selbst ein eigenes „Fünf-Tibeter-Aromaöl" wird verkauft. Unnötig zu erwähnen, daß in der tibetischen Literatur Übungen wie die der *Fünf 'Tibeter'* völlig unbekannt sind.[1193]

5.22.1. Prophezeiungen von Celestine

Ein ähnlicher Superbestseller wie *Die Fünf 'Tibeter'* liegt in den *Prophezeiungen von Celestine* vor, einem angeblich vor über zweieinhalbtausend Jahren von unbekannter Hand verfaßten und erst vor wenigen Jahren nahe des Ortes Celestine in Peru ausgegrabenen Papier, in dem (angeblich) zu lesen stand, es werde Ende des 20. Jahrhunderts von entscheidender Bedeutung für die spirituelle Entwicklung der Menschheit sein. Die *Prophezeiungen*, an die Öffentlichkeit gebracht von dem amerikanischen Gelegenheitsschriftsteller James Redfield, umfassen neun „Erkenntnisse über den Sinn des Lebens", die, ähnlich wie die *'Tibeter'*-Übungen, an Trivialität kaum zu unterbieten sind: Es gebe keine Zufälle, alles verlaufe nach vorgegebenem Muster, Gott sei eine Erfahrung und kein Dogma. Dazwischen Merksätze wie: „Unsere Kultur [wird] die schicksalshaften Fügungen ernst nehmen, sobald die kritische Masse erreicht ist. (...) Wenn eine ausreichende Menge von Leuten ernsthaft beginnt zu hinterfragen, was das Leben eigentlich bedeutet, so werden wir es auch herausfinden."[1194] (Dieser Merksatz aus der zweiten Prophezeiung stellt auf den in Esoterikkreisen vielkolportierten Mythos des „Hundertsten Affen" ab, demzufolge es nur einer bestimmten Anzahl spirituell bewußter Menschen bedürfe, um den Funken auf die ganze Menschheit überspringen zu lassen. Solch elitäre Vorstellung leitet sich her von einer längst widerlegten „Beobachtung" aus den 1950er Jahren: Angeblich habe eine Gesamtpopulation von Makakenaffen urplötzlich ein intelligentes neues Verhalten gezeigt - Kartoffelnwaschen -, nachdem eine gewisse Zahl an Individuen dieses erlernt hatte.[1195]) Interessant auch folgende Erkenntnis von Celestine: „Wir tanken uns auf, wachsen, tanken und wachsen erneut. So treiben wir Menschen die Evolution des Universums zu immer höheren Schwingungen."[1196]

Selbst der esoterikfreundliche Rezensent Rainer Kakuska hält die *Prophezeiungen* für „Allerweltsweisheiten aus dem Ramschladen der Spiritualität (...), in schlechte Fiktion verpackt und unplausibel erzählt".[1197] Dennoch wurde Redfields „unbeholfener Mindfuck" (Kakuska) weltweit über fünf Millionen mal verkauft, es gibt ein *Celestine Journal*, ein Praxis-Handbuch, eigene Workshops und Arbeitskreise. Inzwischen schob Redfield eine „Zehnte Prophezeiung" nach, in der es um das Leben nach dem Tod geht, nach Ansicht des Esoterik-Versandhauses *Bauer* ein „Wegweiser ins neue Jahrtausend".[1198]

5.23. Graphologie

Die Unverwechselbarkeit der Handschrift regte schon in der Renaissance zur Deutung an. Mitte des 19. Jahrhunderts entwickelte der Franzose Jean-Hippolyte Michon (1806-1881) erstmalig ein System zum Vergleich von Schriftzügen und Charaktermerkmalen, das von dem deutschen Philosophen Ludwig Klages (1872-1956) zu einer eigenständigen „Wissenschaft" ausgebaut wurde (⇨ *Braune Aura*). Seit Beginn des 20. Jahrhunderts wurde Schriftdeutung sogar an Universitäten gelehrt und gehörte bis Mitte der 1960er Jahre zum selbstverständlichen Handwerkszeug der akademischen und klinischen Psychologie. Seit allerdings feststeht, daß damit lediglich Zufallstreffer erzielt werden können, hat ihr Einfluß erheblich abgenommen. Aus den Universitäten ist sie seit 1970 verbannt.[1199] Für esoterische Lebensberater und Heilpraktiker indes gilt Graphologie nach wie vor als sicheres Instrument der Diagnostik und Persönlichkeitsbeurteilung. (Noch in Ausgabe Mai 2000 rückte *Esotera* sie ins Zentrum des Interesses, ganz so, als sei sie nie als unbrauchbar ausgewiesen worden.[1200])

Gedeutet werden Zeilenführung und Druckstärke der Schrift, Bewegungsschwung, Schleifenbildung, Schriftgröße und anderes mehr. Grundsätzlich seien die oberen Längen hinweisgebend auf das „Geistige", das Mittelband der Schrift auf das „Gemüt" und die unteren Längen auf das „Materiell-Triebhafte". Die näheren Interpretationsvorgaben unterscheiden sich allerdings bei verschiedenen „Schulen" ganz erheblich voneinander. Nach Meinung der einen deute eine steile Schrift auf einen aufrechten Charakter hin, Linksneigung der Buchstaben auf Ichbezogenheit, und langgezogene Unterlängen seien Hinweis auf heftige Sexualität,[1201] wohingegen eine andere dieselben Merkmale für ein Anzeichen von Vernunft, Spannung und Realvermögen hält; Triebverlangen zeige sich in den Unterlängen nur dann, wenn diese „unregelmäßig, breit, teigig und verschmiert" seien.[1202] Laut „Menschenkundler" ⇨ Werner Altpeter ließen sich vor allem aus den i-Punkten und t-Strichen ganz entscheidende Schlüsse ziehen: ein hoch gesetzter i-Punkt deute auf Idealismus und Begeisterungsfähigkeit hin, ein tief gesetzter auf Mißtrauen und Schwerfälligkeit; ein vorgesetzter t-Strich auf einen unbeherrschten, unzuverlässigen Charakter, ein rechts ansteigender auf Rechthaberei, ein abfallender gar auf Brutalität.[1203] Ein *Graphologen-Berufsverband e.V.* bietet eine 10-stündige Ausbildung (per Kassetten-Fernkursus) zu 1.250 Mark an.[1204]

Obwohl die Wertlosigkeit der Schriftdeutung seit langem nachgewiesen ist,[1205] lassen immer noch rund zehn Prozent aller Arbeitgeber - die Graphologen sprechen von jedem zweiten[1206] - Bewerbungsschreiben entsprechend begutachten.[1207]

Jenseits aller Diskursfähigkeit bewegen sich ⇨ radiästhetische Schriftanalysen, wie sie etwa der „Kraftfeldforscher" Hartwig Fritze vornimmt. Mit Hilfe seiner Wünschelrute sei er in der Lage, genaue charakterologische Aussagen über die Person zu treffen, deren Schrift er „ausmute". Selbst die Frage, ob eine Person noch lebe oder bereits verstorben sei, lasse sich mittels radiästhetischer Untersuchung eines originalen Schriftzuges dieser Person beantworten: „Wenn man von jemandem lange nichts gehört hat und wissen möchte, ob er noch lebt, dann braucht man sich nur mit der Rute einem offen auf dem Tisch liegenden Brief der betreffenden Person zu nähern. Schlägt die Rute aus, lebt die Person, rührt sich die Rute nicht, ist sie tot."[1208]

5.24. Handlesen

Wie einschlägige Esoterik-Publikationen behaupten, sei die Kunst der Chiromantie (von griech.: cheír = Hand und manteía = Wahrsagekunst) nachweislich so alt wie die Menschheit.[1209] Ob dies zutrifft, kann dahingestellt bleiben: der auch bei Astrologie, I-Ging oder Tarotkartenlegen stets wortreich vorgetragene Hinweis auf (angeblich) jahrtausendealte Überlieferung dient ohnehin nur der Suggestion, die jeweiligen Methoden gründeten sich in bewährtem Erfahrungswissen, dem ebendeshalb sakrosankte Qualität zukomme.

Aus den Linien und sonstigen Merkmalen der Hand werden nicht nur diagnostische und prognostische Schlüsse auf aktuelle Erkrankungen gezogen - von Anämie, Hämorrhoiden und Wurmbefall hin zu Schizophrenie und Selbstmordneigung -, vielmehr werden auch „Krankheitsdispositionen" herausgelesen, die erst in der Zukunft zum Tragen kommen sollen. Selbst Homosexualität lasse sich aus der Hand ablesen.[1210] Bevorzugt werden überdies Charakteranalysen und Schicksalsvorhersagen erstellt.[1211] Eine gewisse Systematik wurde der Chiromantie von dem französischen Okkultisten und Rosenkreuzer Gérard Encausse (1865-1917) verliehen, der sich unter dem Namen Papus auch zu Fragen des ⇨ Tarot ausgelassen hatte. Papus, ebenso wie Karlfried Graf Dürckheim (1896-1988), Begründer der ⇨ Initiatischen Therapie, sah in den Handlinien das Schicksal eines Menschen vorgezeichnet. Laut Dürckheim könne man die Hand als „Landkarte der Lebensreise" ansehen, aus der insbesondere auch Hinweise auf deren Ende zu entnehmen seien.[1212] Der Handlinienleserin Christiane Eisler-Merz dankt sich folgende Einsicht: „In der deutschen Sprache sind die Worte 'Hand' und 'Handlung' sicher nicht ohne Grund ähnlich, denn wir handeln mit der Hand. (...) Heute wird aus der Hand allgemein weniger der Lottogewinn, das große Glück oder der Märchenmann vorausgesagt, als vielmehr der Charakter des Menschen. Viele Unklarheiten erhellen sich durch Bewußtmachung der Kräfte und Möglichkeiten und durch das Aufzeigen oft noch ungenutzter Talente. Man kann schicksalsentscheidende Momente erkennen."[1213] Vielfach ist die Handliniendeutung eng verflochen mit ⇨ astrologischen Vorstellungen: Die Planeten oder Häuser des Horoskops werden mit bestimmten Handarealen ineinsgesetzt. Eine starke Entwicklung etwa des „Merkurberges" (unterhalb des kleinen Fingers) deute auf ein „anmaßendes, hinterlistiges Wesen" hin, starke Linien auf dem „Marsberg" (zwischen Daumen und Zeigefinger) auf einen „tyrannischen und jähzornigen Charakter". Ein schwacher „Venusberg" (Daumenballen) verweise auf „fehlende Seelengröße und kaltes Gemüt", eine „Kopflinie bis in den Mondberg hinein" (Querlinie bis zur Handaußenkante) auf „depressive Veranlagung".[1214]

Die Vorstellungen der Chiromanten - in „seriösem" Gewande auftretend bezeichnen sie sich auch als Chirologen - sind reiner Unfug: Es besteht keinerlei Zusammenhang zwischen den Handlinien eines Menschen und irgendwelchen akuten oder potentiellen Störungen oder Erkrankungen; in Hinblick auf den Charakter, auf Begabungen, zu gewärtigende Probleme etc. - gar auf das „Schicksal" - läßt sich nicht das geringste aus den Handlinien oder sonstigen Merkmalen der Hand herleiten.[1215] Völliger Unsinn ist es beispielsweise, aus der Länge der Finger auf Intelligenz zu schließen.[1216]

Handliniendeuter, auch als „palm reader" bekannt (palm: engl.: = Handfläche, reader = Leser), arbeiten mit den perfiden Tricks der ⇨ Hellseherzunft: Ihre Aussagen erschöpfen sich zunächst in Vagheiten und Platitüden, verbunden mit der simplen Wiedergabe von Informationen, die sie aus der Beobachtung ihrer Kundschaft gewinnen. Ist dergestalt Vertrauen geschaffen (⇨ *Barnum-Effekt*), warten sie mit frei zusammenphantasierten Aussagen über angebliche Krankheitsdispositionen, bevorstehende Schicksalsschläge oder gar die verbleibende Lebensspanne beziehungsweise den Todeszeitpunkt des Kunden auf, die diesen die zugleich angebotenen Hilfsdienste - weiterführende Beratungs- oder Therapiestunden - bereitwillig annehmen lassen. Derlei weithin übliche Praxis, die bei Menschen mit gläubiger Haltung zu fatalen Prozessen einer „sich selbst erfüllenden Prophezeiung“ führen kann, ist schlicht als kriminell zu werten (⇨ *Gerichte contra Scharlatanerie*).

5.24.1. Psychophysiognomik

Auch die sogenannte Psychophysiognomik (von griech. physis = Natur und gnósis = Erkenntnis), die aus bestimmten Gesichtsmerkmalen Aussagen über den Charakter oder das Lebenspotential eines Menschen herleitet, wird, längst im Orkus verschwunden geglaubt, von Vertretern des New Age wieder hervorgeholt und zu ungeahntem neuem Ansehen geführt. Begründet wurde der pseudowissenschaftliche Ansatz des Gesichtslesens von dem Hildesheimer Porträtmaler Carl Huter (1861-1912), der, aufbauend auf den „Erkenntnissen“ des Züricher Pfarrers Johann Kaspar Lavater (1741-1801), dreierlei Menschentypen unterschied: 1. Das „Ernährungsnaturell“, Menschen mit vollem, fleischigem Rumpf und kleiner Stirn, wie sie häufig unter Wirten, Metzgern und „bei ausreichender Intelligenz im höheren Wirtschaftsleben“ anzutreffen seien: „gutmütige Naturen, sofern nicht das eigene Wohlergehen angetastet wird“. 2. Das „Bewegungsnaturell“, Menschen mit großem, knochigem Körperbau und langem, hagerem Gesicht, wie man sie vor allem bei Polizei und Militär finde; sie zeichneten sich durch „starken Willens- und Tatdrang“ aus. 3. Das „Empfindungsnaturell“, Menschen mit feingliedrigen Formen und ovalem Gesicht, das von einer breiten Stirnregion beherrscht sei: „diese Menschen fühlen sich zu geistiger und künstlerischer Arbeit hingezogen“. Eine Mischung der Naturelle 1 und 2 bringe den „Bauerntyp“, 1 und 3 den „Beamtentyp“ sowie 2 und 3 den „Industrietyp“ hervor, eine gleichmäßig schwache Naturellausprägung hingegen den „indifferenten, weibischen Typ“, dem jede Lebenskraft mangle. Die übermäßige Ausprägung eines Naturells führe zum „Zerstörertyp“, der sich durch „stark unregelmäßige Gesichtszüge, stechenden Blick und sonstige Abnormitäten“ auszeichne. Diese Typen „wirken gern als Kritiker und Umstürzler, es ist ihnen nichts heilig“. Unter ihnen finde sich auch der „Verbrechertyp“.[1217] (Auch der italienische Arzt Cesare Lombroso, ein Zeitgenosse Huters, hatte die These vertreten, „geborene Verbrecher“ seien an bestimmten körperlichen Merkmalen zu erkennen.)

Huters abstruse Naturell-Lehre wurde von den Nazis begeistert aufgegriffen, allen voran von den Rassehygienikern Hans Smolik und Werner Altpeter. In einer 1934 erschienenen Studie dekretierte Altpeter, wichtigstes Merkmal geistiger Entwicklung sei das Größenverhältnis zwischen Kopf und Körper: „Größere geistige Kraft wird sich immer in dem größeren Kopf offenbaren. Dabei haben Männer meist einen größeren Kopf.“ Große Ohren hingegen seien Hinweis auf „Gleichgültigkeit und Energielosigkeit“, auf „Rohheit“, wenn sie auch noch vom Kopfe abstünden; der „notorische Verbrecher“ sei an seinen oftmals verkümmerten Ohren erkennbar.[1218] „Zartgeschwungene Lippenpaare“ seien Zeichen „beseelten Ausdrucks“, wohingegen der „elementare, vorgeschobene Mund einer Negerin Zeichen der seelenlosen Wildheit und triebhafter Empfindungen“ sei. Wichtige Aufschlüsse gäben vor allem die Nasenformen: „Bei weniger entwickelten Völkern findet man immer breite, unförmige, unschöne Nasen. (...) Ist eine solche Nase auch noch groß und nach unten weit herabgezogen, dann sind Habgier, Herrschsucht, raffinierte Berechnung und Halsabschneiderei angezeigt."[1219] Altpeters *Menschenkunde für jedermann* brachte es im Wiesbadener *Falken*-Verlag auf immerhin zwölf Auflagen - nach 1945 wohlgemerkt -, in Heilpraktikerschulen quer durch die Republik gilt sie bis heute als Standard. Auch heute noch werden da Thesen verfochten, es habe „das nordische Blauauge (...) eine ganz andere Bedeutung als das ostbaltische. Es gibt sogar hellbraune Augen mit nordischem Ausdruck. Und doch steht das Blauauge an sich höher als das dunkle."[1220] (Ungeachtet aller Kritik baut der *Falken*-Verlag die Pseudowissenschaft psychophysiognomischer „Menschenkunde" in seinem Programm sogar noch aus: In einem 1999 erschienenen Werk *Die Kunst in Gesichtern zu lesen* heißt es etwa, Männer mit „gerader Nase und gerade Spitzer" seien „wahre Ästheten [...], sie besitzen einen profunden Sachverstand für Kunst und schöne Dinge"; ganz anders dagegen Männer mit einer langen, an der Spitze abwärts geneigten Nase: Männer mit solcher „Roma-Nase" [O-Ton!] seien angriffslustig und ständig auf der Suche nach sexueller Herausforderung; sei ihre Nasenspitze extrem nach unten geneigt, weise dies auf Unzuverlässigkeit und Gefühlskälte hin. Eine „Hakennase" bedeute eine „untrügliche Witterung für Geld und gute Geschäfte"; im übrigen würden „Hakennasen nicht nur den Erfolg, sondern stets auch den finanziellen Vorteil suchen - und finden"; in jungen Jahren könnten sie zudem „sehr exzessive sexuelle Neigungen" entwickeln. Interessant auch die Erkenntnis über Menschen mit „vorstehenden, nach außen gewölbten Lippen": Von solchen Menschen solle man sich „keine besondere Intelligenz" erwarten.[1221])

Als Hauptvertreter der reinen Huter-Lehre tritt der Münchner Johannes Kummer in Erscheinung, der über seine *Schule für Menschenkenntnis* fortlaufende Lehrveranstaltungen in psychophysiognomischer Charakterkunde abhält; wesentlicher Bestandteil dieser Kurse sind auch „phrenologische" Schädelformuntersuchungen (die auf die Experimente eines gewissen Franz-Josef Gall [1758-1828] zurückgehen).[1222] Engelbert Helbing, ein weiterer „Schädelkundler", taucht bevorzugt im Programm der österreichischen Esoterikfarm *Agathenhof* auf (⇨ *Braune Aura*). (Erwähnenswert ist in diesem Zusammenhang, daß der Anfang der 1930er eingerichtete „Rassensaal" des Naturhistorischen Museums in Wien - eine Ansammlung akribisch vermessener Knochen und Schädel „fremdrassiger" Menschen, aus der zwischen 1938 und 1942 eine eigene „Judenschau" hervorgegangen war - erst im Jahre 1996 [!] geschlossen wurde.[1223])

An einem *Institut für Psychophysiognomie* bei Braunschweig kann man sich in zwölf Wochenenden in Huterscher „Gesichtsausdruckskunde" fortbilden lassen (3.000 Mark). Sehr viel schneller, nämlich in einem (!) Wochenende, geht dies über die ⇨ *Bayerische Gesellschaft für Ganzheitliche Medizin*[1224] und sehr viel einfacher über das Wuppertaler ⇨ *Institut Kappel:* Der angehende „Diplom-Antlitzdiagnostiker" wird hier per „Fernkursus" geschult (975 Mark).[1225] Auch eigene Lehrvideos zum Selbststudium sind auf dem Esoterikmarkte verfüglich; Kosten: ab 85 Mark. (In einschlägigen Heilpraxen [und Personalbüros] wird gerne auch „Antlitzdiagnose nach Hickethier" vorgenommen, die sich von der Huterschen „Gesichtsausdruckskunde" prinzipiell nicht unterscheidet.)

In der Schweiz konnte Psychophysiognomik bis vor kurzem noch als universitäres Kursfach belegt werden. An der Universität Bern durfte sich Dozent Erwin Oertle unangefochten über die „häßliche Krümmung der jüdischen Nase" als Zeichen „rassischer Entartung" auslassen. Oertle ist Mitglied des *Schweizerischen Vereins für Menschenkenntnis*, der in geistiger Nachfolge des Antisemiten und Huter-Schülers Amandus Kupfer die Psychophysiognomik mit allerlei astrologischen und graphologischen Elementen verknüpft. Auf Druck der Berner Regierung wurde Oertle inzwischen aus dem Universitätsbetrieb entfernt.[1226] (In einem der Machwerke Kupfers [herausgegeben im Jahre 1980] wird - ohne jede kritische Anmerkung - Huters psychophysiognomischer Vergleich australischer Ureinwohner mit Schimpansen kolportiert.[1227]) Zu den Größen der Szene zählt auch der Heilpraktiker „Professor" ⇨ Kurt Tepperwein (*1932), dem die Erkenntnis zu verdanken ist, ein spitzes Ohrläppchen deute allemal auf starke sexuelle Triebhaftigkeit hin. Eine Stirnglatze beim Mann sei Symptom sexueller Probleme, eine waagrechte Falte zwischen Mund und Nase der Frau weise auf Frigidität hin.[1228] Im Herbst 1997 wurde Tepperwein der „1. Deutsche Esoterikpreis" verliehen.

Eine neuerschienene „Studie" des amerikanischen Bestsellerautors Henry B. Lin weiht die Leserschaft in die „Geheimnisse des Gebißlesens" ein. Laut Lin könne man nicht nur aus Nasen-, Ohren- oder Lippenform auf den Charakter eines Menschen schließen, sondern in erster Linie aus der Farbe und der Symmetrie seiner Zähne: Ein gelbes oder fleckiges Gebiß sei allemal Indiz für Unehrlichkeit und unkorrektes Finanzgebaren, spitz zulaufende Eckzähne deuteten auf Grausamkeit und Raffgier hin; Menschen mit auffälligen Spalten zwischen den Zähnen seien vertrauensunwürdig, im Zickzack stehende Zähne seien Hinweis auf Frust im Liebesleben.[1229] Die französische „Ganzheitszahnheilkundlerin" Michele Caffin weist vor allem auf die Bedeutung der Schneidezähne hin: Die vorderen Schneidezähne des Oberkiefers stünden für den männlich-aggressiven (rechts) bzw. den weiblich-rezeptiven (links) Archetypus, die des Unterkiefers analog für den realen Vater bzw. die reale Mutter; Karies an diesen Zähnen zeige entsprechende Probleme an. Überstehende Schneidezähne wiesen auf zu großes Dominanzstreben hin, nach hinten stehende auf zu große Unterwürfigkeit. Seien die seitlichen Schneidezähne deutlich kleiner als die vorderen, sei dies untrügerisches Anzeichen mangelnder Durchsetzungskraft.[1230]

5.25. Hellsehen / Wahrsagen

An die 100.000 Hellseher und Wahrsager betreiben allein in Deutschland ihr Geschäft mit der Zukunftsdeutung.[1231] Kein menschliches Anliegen, vorneweg Gesundheits-, Beziehungs- und Geldprobleme, bei dem sie nicht mit dem Versprechen sofortiger und umfassender Hilfe ihre übersinnlichen Dienste anböten. Werbeforen sind Szenezeitschriften wie *Astro-Woche, Venus* oder *Die Andere Realität*. Die Umsätze liegen bei mehreren hundert Millionen, Tendenz steigend.

Wahrsager bedienen sich einer Vielzahl „mantischer" Hilfsmittel, weitestverbreitet sind heute ⇨ Tarotkarten, Runen und das I-Ging; vielfach wird auch aus den Handlinien, dem Kaffeesatz, einem aufgeschlagenen Ei oder - bevorzugt unter sogenannten „Hexen" - aus einer Kristallkugel „gelesen". Die Methodenvielfalt der „Readings" ist unbegrenzt, wahrsagen läßt sich prinzipiell anhand jeder zufälligen Gegebenheit. Aus der Geschichte der Wahrsagerei sind hunderte einschlägiger Verfahren bekannt, die, versehen mit beeindruckend „wissenschaftlichen" Bezeichnungen, eine gläubige - und vor allem zahlende - Kundschaft fanden (und teils heute noch finden). Die Zukunft wird vorhergesagt aus dem Flug von Vögeln (Ornithomantie) oder der Bewegung von Schlangen (Ophiomantie), aus dem Verhalten von Ratten (Myomantie), Katzen (Felidomantie) oder Pferden (Hippomantie), aus der Betrachtung der Eingeweide von Opfertieren (Splanchnomantie), besonders von Fischen (Ichthyomantie), aus dem Verbrennen von Holzscheiten (Xylomantie) oder Lorbeerzweigen (Daphnomantie), dem Streuen von Salz (Halomantie), der Beobachtung von Wolken (Nephelomantie), des eigenen Nabels (Omphalomantie) oder der Gebilde, die entstehen, wenn man geschmolzenes Wachs (Ceromantie) oder Blei (Molybdomantie) in Wasser gießt; nicht zu vergessen: aus der Deutung hysterischen Gelächters (Gelomantie) sowie der Inaugenscheinnahme von Urin (Uromantie).[1232]

Einige der moderneren Hellseher verzichten ausdrücklich auf solcherlei „Hexen-Hokuspokus" und suchen dadurch ihrer Tätigkeit ein seriöseres Image zu verpassen. In der Tat bedarf es all der Hilfsmittel nicht, sie dienen lediglich dazu, die Kundschaft suggestiv auf „magisches Geschehen" einzustimmen. Diesem Zwecke dient auch das Ambiente: abgedunkelter Raum, symbolträchtiges Interieur, Räucherwerk, Meditationsmusik und dergleichen mehr. Vielfach legen sich Hellseher einen suggestiven „Künstlernamen" zu (z.B. „Madame Urania" oder „Lousi Al-Alousi, das Wunder aus Bagdat" [sic!]), verbunden mit entsprechendem persönlichem Habitus: Weitverbreitet unter Wahrsagerinnen ist das Auftreten als „Hexe" oder „Zigeunerin", gelegentlich verbunden mit nachgeahmtem „slawischem" Sprachduktus. Sehr viel zeitgemäßer aufgemacht gibt sich etwa die Pfaffenhofener Hellseherin Margot Ilmberger, die ihre Dienste über eine eigene *Praxis für mediale Lebensberatung und innovatives Bewußtsein* anbietet. In ihren professionell aufgemachten Broschüren heißt es in moderner Werbeagentur-Sprache: „Mit Präzision werden aktuelle Lebensumstände und daraus reflektierende, zukünftige Entwicklungsabläufe interpretiert. (...) Die Entscheidungshilfen zur Lösung individueller Probleme dienen der Bewußtwerdung Ihrer Wahlfreiheit, sich selbstverantwortlich durch neue Einsichten und Perspektiven einer neuen Dimension zu öffnen". Inhaltlich unterscheiden sich Ilmbergers „paravisionäre"® Praktiken - Engelkontakte, Kartenlegen, Channeling etc. - natürlich in nichts von dem Zauberkastenbrimborium eines Lousi Al-Alousi.

Der Grund, weswegen die hellseherischen Aussagen von den Kunden in der Regel als zutreffend gewertet werden, liegt in erster Linie in deren gläubiger Erwartungshaltung, die die Wahrnehmung erheblich beeinträchtigt: Es fällt nicht auf, daß die jeweiligen Aussagen und Prognosen so vage und vieldeutig gehalten sind, daß sie auf alles mögliche bezogen werden können (⇨ *Barnum-Effekt*). Im Bestreben, hundertprozentige „Glaubwürdigkeit" zu etablieren - sofern ihm diese nicht apriorisch ohnehin entgegengebracht wird -, läßt sich der Hellseher über die Vergangenheit und/oder Lebensgegenwart des Klienten aus, wobei er neben Allgemeinplätzen („Sie sind rechtschaffen, aufrichtig, herzlich, anpassungsfähig, haben Sinn für Humor" usw.) auch konkretere Angaben, hergeleitet aus dessen äußerem Erscheinungsbild, aus körperlichen Merkmalen und Andeutungen, vorträgt. Für geübte Beobachter gibt es eine Vielzahl an Daten, die mit relativ großer Treffsicherheit bestimmte Rückschlüsse erlauben (Mode, Frisur, Gesichts- und Handpflege, Ehering etc.). Die meisten Wahrsager beherrschen zudem die Kunst, aus unbewußten Muskelbewegungen ihres Kunden, vor allem im Gesicht, Zustimmung oder Ablehnung abzulesen („Cumberlandismus"): Wer „ja" oder „nein" denkt, führt kaum merkliche Kopf- und/oder Augenbewegungen („Carpenter-Effekt") aus, die dem geschulten Beobachter Aufschluß über innere Vorgänge geben. Auch die Kunst des Paraphrasierens trägt zur Überzeugung des Kunden bei, der Hellseher wisse tatsächlich etwas über ihn: Er merkt nicht, daß dieser in umformulierter Weise schlicht das wiedergibt, was er selber gesagt hat.[1233]

Die Prophezeiungen für die Zukunft, im Augenblick der Sitzung ohnehin nicht überprüfbar, sind frei daherphantasiert. In der Regel werden sie in raunender Möglichkeitsform vorgetragen: „Ich sehe in der nächsten Zeit eine gewisse Gefahr für Sie, eventuell durch einen Unfall. Seien Sie also vorsichtig in den nächsten Wochen, dann können Sie größeren Schaden womöglich vermeiden! In der nächsten Zeit dürfte Sie eine Nachricht erreichen, die Sie zunächst in ihrer Bedeutung nicht richtig einschätzen. Sie werden in der nächsten Zeit eine Ortsveränderung erwägen, die mit persönlichen Veränderungen verbunden ist. Überlegen Sie vorher gut, ob nicht die negativen Folgen die positiven überwiegen! In bezug auf Ihre Gesundheit stehen Ihnen möglicherweise Gefährdungen bevor."[1234] Eingewoben in derlei immer „zutreffende" Allerweltsfloskeln werden auch konkrete Aussagen getätigt, die sich entweder zufällig bewahrheiten oder aber vom gläubigen Kunden soweit zurechtgebogen werden, daß sie mit tatsächlich Eingetroffenem übereinstimmen: „Eigentlich hat er mir ja einen Autounfall vorhergesagt, aber ein Sturz von der Leiter ist ja was Ähnliches."[1235] Nach dem Prinzip selektiver Wahrnehmung werden solche „Treffer" als unumstößlicher Beleg für die übersinnlichen Kräfte des Hellsehers gewertet, wohingegen nicht zutreffenden Aussagen beziehungsweise solchen, die sich in schlechterdings keiner Weise zu einem „Treffer" hininterpretieren lassen, keine weitere Beachtung zukommt. Schon Johannes Kepler (1571-1630) hatte - in der Sprache seiner Zeit - festgestellt: „Das Fehlgehen der Vorhersagen vergißt man, weil es nichts Besonderes ist; das Eintreffen behält man nach der Weiber Art."[1236] Überdies können selbst nicht eingetroffene Prophezeiungen als Beweis für die Fähigkeit des Wahrsagers herangezogen werden: Da dieser seine Voraussicht dräuender Ereignisse stets mit einem „schutzmagischen" Ratschlag verbindet, kann durch dessen Befolgen das Vorhergesagte abgewendet werden; tritt es also nicht ein, ist das Beleg des wertvollen Rats.

Tatsächlich aber müssen derartige Ratschläge, die von den Kunden in der Regel als „höhere Offenbarung" und damit als sakrosankte Verhaltensmaßgabe gewertet werden, als unverantwortlicher Humbug gelten. Ohne die geringste Ahnung von der Lebenssituation des Kunden zu haben - oftmals findet die Hellseherei am Telephon statt - wird beliebige Weisung für teils weitestreichende Entscheidungen erteilt. Wahrsager sind durch nichts qualifiziert, etwaige psychische Probleme, aus denen heraus Kunden sich an sie wenden, richtig einzuschätzen; Ratsuchende können in schwerste Krisen gestürzt werden, zumal die Klientel von Hellsehern in ihrem Glauben an deren übersinnliche Kräfte sich ohnehin im Grenzbereich psychischer Gesundheit bewegt. Gänzlich kriminell wird es, wenn Hellseher Krankheiten oder sonstiges Unheil - gelegentlich selbst das Todesdatum - vorhersagen, was im Sinne sich selbst bewahrheitender Prophezeiung zu verhängnisvollen Konsequenzen führen kann: Die Angst vor dramatischen Widerfahrnissen kann diese tatsächlich herbeiführen. Als besonders zynisch erscheint auch die „Einblicknahme" in „frühere Leben" der Kundschaft mit der Präsentation dort gefundener „karmischer Schuld", die, Ursache aller gegenwärtigen Probleme, nur mit Hilfe der Hellseherin abgetragen werden könne. Vorreiterin solcher Praxis ist die selbsternannte „Reinkarnationsanalytikerin" Petra Augustin, die über ihr *Institut für Persönlichkeitsförderung* sogar „Fachausbildungen in therapeutischem Hellsehen" veranstaltet.[1237]

Die Wahrsager unterliegen durchgängig entweder einer Selbsttäuschung - sie halten ihre Halluzinationen für Präkognition (Vorauswissen) -, oder aber sie agieren als Betrüger. Beispielsweise war eine Hellseherin spezialisiert auf werdende Mütter, denen sie vorhersagte, ob ein Bub oder ein Mädchen zu erwarten sei. Bei der Beratung trug sie jeweils das Gegenteil in ihr Notizbüchlein ein. Beschwerte sich eine falsch beratene Kundin, zog sie dieses hervor und bewies „eindeutig", daß sich die Fragestellerin verhört haben mußte.[1238] Da immer wieder Berichte über rechtskräftig wegen Betrugs oder wegen unerlaubter Ausübung der Heilkunde verurteilte Hellseher an die Öffentlichkeit gelangen, gehört zur Eigenpropaganda der Szene der stete Verweis auf die „schwarzen Schafe" und „Scharlatane" in den eigenen Reihen, zu denen man selbst natürlich nicht zähle. Am wenigsten ein gewisser „Conte E.M.L. di Tasca", der neben „Hellsehen, Kartenlegen, Exorzismus und Allzweck-Magie" auch „Parapsi" (!) anbietet.[1239]

Wann und wo immer hellseherische Voraussagen überprüft wurden, desgleichen sämtliche sonstigen PSI-Fähigkeiten wie Telepathie (Gedankenlesen), Tele- oder Psychokinese (Bewegen von Gegenständen durch Gedankenkraft) oder Materialisation (durch Gedankenkraft produzierte Gegenstände),[1240] konnten sie widerlegt oder als Schwindel beziehungsweise Trick nachgewiesen werden. Wie Okkult-Spezialist Wolfgang Hund anmerkt, sind „Tricks, mit denen ein Hanussen zur Zeit des Dritten Reiches ganze Theatersäle zur Hysterie brachte, heute in Kinderzauberkästen zu finden".[1241] (Im übrigen sind auch die Tricks von Löffelbieger Uri Geller längst als solche entlarvt.[1242]) Auch das „zweite Gesicht" und „Wahrträumen" haben sich als Trugwahrnehmungen oder Betrug herausgestellt.[1243] Sich bewahrheitende Zukunftsvorhersagen sind entweder Zufall oder basieren auf ohnehin offensichtlichen oder wahrscheinlichen Entwicklungen: Es bedarf keiner übersinnlichen Kräfte, um etwa Ende 1999 vorherzusagen - großaufgemachte Prognose der Hellseherin Hildegard Habelt -: In der Politik werde das „Amigo-System das Millenium überleben „und man werde auch künftig mit neuen Skandalen und Verwicklungen von Landes- und Bundespolitikern rech nen müssen".[1244] Für die Existenz tatsächlicher PSI-Phänomene (benannt nach dem ersten

Buchstaben des griechischen Wortes psyché = Seele) gibt es, trotz unzähliger gegenteiliger Behauptungen,[1245] bislang keinerlei Beleg.[1246] Das von der Wochenzeitung *Die Zeit* seit 1974 ausgesetzte Preisgeld in Höhe von 100.000 Mark für den Nachweis derartiger Kräfte wurde bis heute nicht abgeholt. (Interessant ist der Nachweis seiner Unfähigkeit, in die Zukunft zu blicken, den ein Wahrsager unfreiwillig führen mußte: Während er schlief, schnitt ihm seine Frau [eines ehelichen Zerwürfnisses wegen] das Geschlechtsteil ab und spülte es die Toilette hinunter; er hatte dieses *mishap* nicht vorhergesehen.[1247])

Wahrsager bieten ihre Leistungen für Stundenhonorare ab 250 Mark an, nach oben hin sind keine Grenzen gesetzt. So läßt sich etwa der Münchner Hellseher und Parapsychologe Shandro Ramagani seine Visionen - 1994 etwa sah er voraus, daß der Papst das folgende Jahr nicht überleben werde - nach eigenen Angaben mit 2.500 bis 10.000 Mark pro Sitzung vergüten.[1248] Vielfach werden zu abenteuerlichen Preisen auch (gänzlich unsinnige) Heil- oder Schutzamulette verkauft.

> Einer der prominentesten Hellseher der Nachkriegszeit, der als „Hanussen II" auftretende Pforzheimer Geschäftemacher Wilhelm Gerstl (*1926), ist aufgrund seines flächendeckenden Vertriebs angeblich heil- oder schutzkräftiger Accessoires mehrfach wegen Betrugs vorbestraft; dennoch verkauft er nach wie vor über niederländische, österreichische und schweizer Deckadressen (EDV, EVD, Para-Holding u.a.) seine „magischen Ringe", „Goldpendel" und „Dracomagnet"-Anhänger, daneben Glücksbroschen, Plaketten mit Hanussen-Bild, Bücher, Broschüren, CDs, Kassetten: ein schier unerschöpfliches Sortiment völlig wertlosen und mit kaum glaubhafter Dreistigkeit verhökerten Okkultkrempels.[1249] Zum Verkauf seiner Produkte, beispielsweise des „Goldpendels", überschwemmt er arglose Hausfrauen mit endlosen Suggestivtraktaten wie: „Das Pendel stellt in Ihrer Hand ein Machtinstrument dar. Sie können gestohlene Dinge wiederfinden, Kindersegen vorherbestimmen, sich vor Unglück bewahren, einen Blick in die nähere und weitere Zukunft werfen und viel Gutes für sich und Ihre Mitmenschen tun. (...) In vielen historischen Niederschriften ist nachzulesen, daß Menschen durch das Pendel reich, mächtig und glücklich geworden sind." Mit dem Pendel „erkennen Sie Krankheiten, (...) wählen Sie für Ihren Organismus das richtige Medikament, (...) heilen Sie seelische Leiden", darüber hinaus „stellen Sie gefährliche Erdstrahlen fest" und „finden Erdschätze". (...) „Jetzt ist der Augenblick gekommen, da Sie zu Ihrem Leben JA sagen müssen: Ergreifen Sie das Unfaßbare, machen Sie sich die übernatürlichen Kräfte untertan, verwenden Sie Ihr 'GOLDENES' Pendel in allen Lebenslagen, und die Welt wird Ihnen gehören. (...) Öffnen Sie das Tor zu einem Leben so reich wie nie zuvor. Das 'GOLDENE' Pendel ist der Schlüssel dazu."[1250]
>
> Ungeniert schwätzt Hanussen-Gerstl seiner zahlenden Kundschaft auch sein sogenanntes „Lebensbuch" auf, ein Abonnement aus Halbjahresprognosen, die hellsichtige Auskunft über Partnerschaft, Gesundheit, Geldangelegenheiten usw. erteilen. Gerstels „Lebensbuch", bestehend aus jeweils knapp dreißig Seiten Computerausdruck, wartet beispielsweise mit dem Ratschlag auf, sich unter keinen Umständen mit

Behörden einzulassen: „Davor muß ich Sie besonders warnen! Sie wären ganz sicherlich in der Position des Schwächeren. Geben Sie lieber nach und zeigen Sie sich reuig!" Dazu gibt es monatlich einen „Leitspruch" (z.B. „Seine Pflicht zu erkennen und zu tun ist die Hauptsache") sowie die jeweiligen Gewinnzahlen fürs Lotto.[1251] Nicht wenige KundInnen wurden durch ihren Glauben an die Maßgaben Hanussens in den finanziellen (und psychischen) Ruin getrieben.[1252] Die zuständige Pforzheimer Staatsanwaltschaft kämpft seit über zwanzig Jahren gegen Gerstl, der indes, trickreich nach allen Seiten hin abgesichert (selbst den Begriff „Gold" bei seinem tatsächlich aus Messing bestehenden „'GOLDENEN' Pendel" setzt er in Anführungszeichen), kaum zu fassen ist. Staatsanwalt Schwierk: „Was Herr Hanussen macht, ist zwar Bauernfängerei - aber der Tatbestand des Betrugs erfordert den Betrug über Tatsachen. Hier wird nur über Hoffnungen betrogen"[1253] (⇨ *Gerichte contra Scharlatanerie*).

Der originale „Eric Jan Hanussen", ein aus Wien stammender Varietékünstler namens Hermann Steinschneider (*1889), war in den 1920er Jahren zum bekanntesten Magier, Hypnotiseur und Hellseher seiner Zeit aufgestiegen. Mit Erfolg biederte er sich bei der SA an, wurde zum persönlichen Berater (und Geldgeber) führender Nazis; auch Röhm und Göring sollen von den Spenden des „Fördermitglieds" profitiert haben. Aufgrund seines zunehmend bedrohlich werdenden Insiderwissens - u.a. war er in die Pläne zur Reichstagsbrandlegung vom 27.2.1933 eingeweiht und hatte daher „hellsichtig" schon Ende 1932 immer wieder „ein großes Haus brennen" sehen - wurde er am 7.4.1933 von der SA umgebracht.[1254]

Erwähnenswert ist auch die vielzitierte „Akasha-Chronik", aus der zahlreiche Hellseher ihre Informationen zu beziehen vorgeben. Es handelt sich hierbei um das theosophische Konstrukt eines „Weltengedächtnisses", in dem „sämtliche Informationen aus Vergangenheit, Gegenwart und Zukunft" enthalten seien. Wie der „ganzheitliche Lebensmanager" und Akasha-Chronist Peter Frankenberg ausführt, hinterlasse „jede Tat, da sie aus Energie be steht, in einem Hyperraum oder mentalen Ebene eine Spur oder Erinnerung. Dieses energeti sche Muster ist dort wie in einem Computer gespeichert. (...) Da es in dieser Speicherebene keine Zeit und Raum wie in unserer Realität gibt, breiten sich die Schwingungen u.a. auch nach hinten, d.h. in die Vergangenheit aus. Ein Ereignis in einer nicht näher definierten Zukunft kann also Schwingungen in die Gegenwart senden." Vor „Jahrtausenden" schon sei es daher besonders Eingeweihten möglich gewesen, sämtliches künftige Geschehen des Uni versums auf Palmblättern aufzuzeichnen. Der Zugang zu dieser Chronik, die in einer Geheimbibliothek in Südindien aufbewahrt werde, sei nur ausgewählten Menschen möglich.[1255] Ob diese Bibliothek tatsächlich existiere - mancherorts vorgezeigte „Kopien" der Palmblatt-Texte weisen lediglich allgemeine yogische Lebensregeln auf - sei allerdings nebensächlich. Die darin enthaltenen Informationen seien rein energetischer Art, könnten also ohnehin nur auf medialem Wege abgerufen werden. Im Auftrage seiner Kundschaft unternimmt Lebensmanager Frankenberg Astralreisen zur Akasha-Bibliothek und schlägt dort nach, was dieser bevorstehe. Auch der amerikanische Hellseher Edgar Cayce (1877-1945) bezog seine Kenntnise überwiegend aus derartigen Trips. Eigenen Angaben zufolge habe er dazu seinen Körper verlassen und sei auf einem schmalen Lichtstrahl durch den Äther (sanskr. = Akasha) geflogen; letztlich sei er an einem Hügel mit einem Tempel darauf angekommen, in dessen Innerem sich ein riesiger Lesesaal befunden habe, gefüllt mit Büchern über das Leben jedes einzelnen Menschen. Er habe lediglich das gewünschte Buch aus dem Regal nehmen müssen [1256] (⇨ *Reinkarnationstherapie*). Auch Rudolf Steiner schlug gepflegentlich in der Akasha-Chronik nach, unter anderem, um Details über die verschollenen Zivilisationen von Atlantis und Lemuria in Erfahrung zu bringen[1257] (⇨ *Anthroposophie*).

In einem zwölftägigen „Omega-5000-Training", veranstaltet von der Münchner *Schule für Intuitives Bewußtsein*, kann der interessierte Adept lernen, selbst Einblick in die Akasha-Bibliothek zu nehmen. Für eine Kursgebühr von 4.900 Mark erlernt er zudem die „Arbeit mit Engelwesen" und erwirbt die Fähigkeit, „sich gegen Krebserkrankung abzuschirmen". [1258] Die Gefahr, daß die Teilnehmer an solchem „Training" aus den induzierten Wahnvorstellungen nicht mehr herausfinden, wird von den Kursleitern nicht gesehen oder bewußt ignoriert.

> Der „Besuch der Akasha-Bibliothek" erfolgt über eine sogenannte ⇨ Visualisierungsreise, die mittels tranceinduzierender Entspannungs- und/oder Atemübungen eingeleitet wird:
> „Nun stellen wir uns über unserem Kopf Lichtstufen vor, die wir langsam emporsteigen. Diese Stufen führen uns immer höher, immer weiter nach oben. (...) Ganz oben, in Licht eingehüllt, stoßen wir auf einen Tempel, eine Kathedrale, eine Moschee oder eine Synagoge. (...) Dieses himmlische Heiligtum ist das Schönste und Prächtigste, was Sie jemals gesehen haben ... wuchtige Steinstufen führen hinauf ... Sie steigen langsam die Stufen empor, bis Sie zu einem Portal gelangen ... Nun gehen Sie hinein ... Sie betreten mit Ehrfurcht und Demut das himmlische Heiligtum. (...) Nun suchen Sie an der linken Wand die Tür, die zu Ihrer geistigen Bibliothek führt ... Wenn Sie angekommen sind, öffnen Sie die Tür. (...) Hier entdecken Sie einen mit Büchern und Regalen gefüllten Raum. (...) Sie lesen Ihren Namen in goldenen Buchstaben auf einem Regal. (... Sie entnehmen) ein Buch aus einem früheren Leben, das noch heute eine starke Wirkung auf Sie hat. (...) Sie schauen sich das, was jetzt kommt, ohne Furcht an, denn es ist ja bereits geschehen: Für Ihr Unterbewußtsein bringt es keine Überraschungen. (...) Da Sie hier in Ihrer geistigen Bibliothek unendliche Möglichkeiten haben, alle Ihre Leben zu erforschen, können Sie (...) ein besonders wichtiges Leben zwischen Tod und Wiedergeburt (ansehen) oder einen Lebensabschnitt aus diesem Leben, beispielsweise: das Überschreiten der Schwelle, das Gericht oder das Planen des nächsten Lebens. (...) Sie können hier in Ihrer geistigen Bibliothek jede Frage (...) stellen. Die Antworten werden immer in Form von Gedanken, als Bild, als Symbol oder in schriftlicher Form erscheinen. Wenn Sie alles gesehen und die Antworten erhalten haben, (...) gehen (Sie) langsam den gleichen Weg, den Sie gekommen sind, zurück ... Sie verlassen das himmlische Heiligtum und gehen die Steinstufen hinunter. Allmählich kehren Sie ins normale Bewußtsein zurück." [1259]

Exkurs

Nostradamus

Unter den unzähligen Hellsehern und Orakeln, die bis heute der Menschheit die Zukunft kündeten, kommt dem französischen Pestarzt und Astrologen Michel de Nostradame (1503-1566) besondere Bedeutung zu. Mit frappierender Akkuratesse - „ein Kanzler, dick wie ein Ochse" werde dereinst die Lande beherrschen (XI/25) - scheint Nostradamus, so sein nach damaliger Usance latinisierter Name, die über die Menschheit hereinbrechenden Katastrophen vorhergesehen zu haben. Selbst von Helmut Kohls Abwahl im Herbst 1998 und seinem Niedergang im Zuge der CDU-Spendenaffäre habe der Seher gewußt: „Der große Hintern wird in den Rhein gestürzt" (VI/40). Bis zum Ende des vierten Jahrtausends reichen Nostradamus' meist düstere Prophezeiungen, die er in einem Gemisch aus Altfranzösisch, Latein und eigenen Wortschöpfungen niederschrieb.

In 942 Vierzeilern sowie ein paar Sechszeilern, zusammengefaßt in zehn als „Centurien" bezeichneten kleinen Büchlein, läßt Nostradamus sich über das Fatum kommender Gezeiten aus. Von „Hunger, Pest, Krieg, mühevollem Darben" (II/19) ist da schier endlos die Rede, von „so großer Seuche, daß von drei Teilen der Welt mehr als zwei dahinsiechen" (Vorrede an König Henri II.). Zu derlei Horrorvisionen bedurfte es freilich keiner besonderen Sehergabe, sie waren schlicht die Widerspiegelung der elenden Verhältnisse im Frankreich des 16. Jahrhunderts. Zudem war in dieser von epidemischen Krankheiten, von ständigen kriegerischen Wirren und nicht zuletzt vom Wüten der katholischen Inquisition bis an den Rand des Wahnsinns und darüber hinaus verängstigten Epoche das Metier der Hellseherei eine weitverbreitete Einkommensquelle. Selbst aufgeklärte Zeitgenossen wie der Arzt und Schriftsteller Rabelais (1494-1533) oder der Astronom Johannes Kepler (1571-1630) verdienten sich - wider besseres Wissen und aus rein wirtschaftlicher Not - mit Sterndeutung und Wahrsagerei ein Zubrot.[1260]

Über 400 Interpreten, teils mit hochwissenschaftlichem Anspruch (und einander durchwegs wenig gesonnen), haben sich bis heute darum bemüht, die apokryphen Verse des Michel de Nostradame zu enträtseln. Durchgängig - freilich erst im Nachhinein - entdeckten sie, daß all die bedeutenden Ereignisse der Weltgeschichte bereits *en detail* in dessen *Les Propheties* von 1568 vorhergesagt worden seien: Die Enthauptung des englischen Königs Charles I. im Jahre 1649, die Hinrichtung Marie Antoinettes 1793, das Ende Napoleons auf St. Helena 1821. Aus folgendem Vierzeiler wurde - *posthoc* natürlich - die Geburt Adolf Hitlers im österreichischen Braunau herausgelesen: „In der Nähe der norejischen Berge / Wird ein Großer geboren aus dem Volk, das zu spät gekommen ist; / Er wird Sarmatien und Pannonien verteidigen, / So daß man nicht wissen wird, wie er schließlich endet" (III/85).

Seit jeher wurden die Prophezeiungen des Nostradamus (die mit wenigen Ausnahmen keinerlei Zeitangaben beinhalten) auf alles möglich hingetrimmt. Ab 1939 etwa erstellte der Astrologe Karl Friedrich Krafft im Auftrage des Goebbelsschen Propagandaministeriums neue Exegesen der Nostradamus-Texte, die, übersetzt in die Sprachen der Kriegsgegner (französisch, englisch, holländisch, kroatisch usw.), als Flugblätter in den Einmarschgebieten verteilt wurden.[1261] (An dieser Stelle sei erwähnt, daß auch Hans Bender [1907-1991], der später den ersten und bislang einzigen Lehrstuhl für Parapsychologie an der Universität Freiburg besetzte, von 1941-1943 in einem SS-Forschungsprojekt paranormale Phänomene auf Kriegsverwendungstauglichkeit hin getestet haben soll.[1262] Zu den heutigen Wortführern in Sachen PSI zählt der Bender-Schüler Elmar Gruber, der über zahlreiche Publikationen und TV-Auftritte, unter anderem als ständiger Berater der Rainer-Holbe-Show *Phantastische Phänomene*, den Glauben an die Existenz paranormaler Vorgänge mit „wissenschaftlichen" Argumenten zu unterfüttern sucht[1263] [⇨ *Braune Aura*].)

Anfang der 1980er wurde der Nostradamus-Boom durch den französischen Autor Jean-Charles Fontbrune (richtig: Pigeard de Gurbert) erneut angekurbelt.[1264] Fontbrunes Neudeutung, millionenfach verkauft, rief eine Vielzahl an Trittbrettfahrern auf den Plan, die jeweils noch neuere und noch treffendere Deutungen auf den Markt warfen. Ist in einem der Originalverse etwa von „Stechmücken auf dem Schlachtfeld" die Rede (V/85), so wird dies in einem 1982 erschienenen Buch recht frei mit „Düsenbombern" übersetzt, mit denen die Sowjetunion in einem Blitzkrieg Deutschland überfallen werde; nach astrologischer Berechnung nostradamischer Angaben im Sommer des Jahres 1987.[1265] Im Jahre 2050 erfolge die Wiedervereinigung der beiden deutschen Staaten, denn: „Das Reich des Tollwütigen, der den Weisen spielte, wird geeinigt" (Vorrede an König Henri II.).[1266] Auch die neueren Deutungen Manfred Dimdes, der die (seiner Meinung nach systematisch verschlüsselten) Nostradamus-Texte mit Hilfe eines Computers zerlegte und wieder zusammensetzte, haben sich als unsinnig herausgestellt.[1267]

Bislang ist keine einzige der voraussagenden Deutungen eingetroffen; auch nicht das Unheil, das Nostradamus der Welt für das Jahr 1999 gekündet habe: In einem der wenigen mit Zeitangaben versehenen Verse heißt es: „Im Jahr 1999, im siebten Monat, kommt vom Himmel ein großer Schreckenskönig. Er wird den großen Herrscher von Angolmois zur Macht bringen. Davor und danach wird Mars regieren durch Glück" (X/72). Zahllose Exegeten und Interpreten setzten diese Prophezeiung mit der totalen Sonnenfinsternis ineins, die, zeitlich einigermaßen dazu passend, für den 11. August des Jahres anstand und durch die, ihrer Meinung nach, Nostradamus' Sehergabe unwiderlegbar bestätigt werde: Kaum ein Katastrophenszenario, von Erdbeben, Überschwemmungen und Atomkrieg bis hin zur Landung feindlich gesonnener Außerirdischer, das nicht von *doomsday*-Propheten jeder Sorte unter Bezugnahme auf den Renaissance-Seher skizziert worden wäre. Aus dem Begriff „Angolmois" beispielsweise wurde durch simple Buchstabenumstellung „Mongole" herausgelesen, verbunden mit der (völlig willkürlichen) Deutung, die Chinesen würden mit einem Luftangriff den Dritten Weltkrieg auslösen.[1268] Sogar für den drohenden Weltuntergang mußten Nostradamus' Centurien herhalten (auch wenn diese, was die jeweiligen Endzeit-Interpreten völlig außer Acht ließen, bis zum Jahre 3797 [!] reichen).

Wie selbst die *BILD*-Zeitung, die wie die meisten Boulevard- und Esoterikblätter über Wochen und Monate hinweg in unverantwortlichster Manier irrationale Ängste und Hysterien geschürt hatte, am 12. August 1999 feststellten mußte, war die Welt tags zuvor nicht untergegangen („Hurra, wir leben noch!"). Im Gegensatz zu den modernen Exegeten nostradamischer Prophezeiungen, die sich dumm und dämlich verdienen mit ihren Ankündigungen kommenden Unheils - im Jahre 2000 falle New York einer Atombombenexplosion zum Opfer, „an der gemessen Hiroshima und Nagasaki Kleinigkeiten gewesen sein müssen“ [1269] (der selbsternannte „Experte“ ⇨ Kurt Allgeier, von dem diese Mitte 1999 abgegebene Prognose stammt, hatte dasselbe im Jahre 1982 schon einmal für 1987 vorhergesagt [1270]) -, hatte Nostradamus' Sohn Michel wenig Fortune mit seiner vom Vater übernommenen Seherkunst: Er hatte der Stadt Le Pouzin eine Feuersbrunst vorhergesagt, und, als es nicht brennen wollte, selbst Feuer gelegt; 1574 wurde er deshalb hingerichtet. [1271]

Wie der Mathematiker Volker Guiard schreibt, seien „im Zusammenhang mit Nostradamus nur noch zwei Fragen von wissenschaftlichem Interesse: Einerseits die nach den damaligen Motiven des Nostradamus, derartige Texte zu verfassen, andererseits jene nach den psychosozialen Bedingungen dafür, daß Menschen immer wieder vom 'Nostradamus-Fieber' ergriffen werden und derartigen 'Offenbarungen' unkritisch Glauben schenken“. Die Beiträge heutiger „Nostradamus-Forscher“, von Allgeier und Brennan hin zu Dimde, Hewitt und v. Rohr, haben, wie Guiard zurecht anmerkt, „höchstens humoristischen Wert“. [1272] Einzig lesenswert ist die dezent-ironische Arbeit James Randis: *The Mask of Nostradamus* (die bedauerlicherweise nur auf Englisch vorliegt); [1273] daneben eine literaturwissenschaftliche Studie Bernd Harders, die zu dem Ergebnis kommt, Nostradamus markiere „jene für das Zeitalter der Renaissance typische Schnittstelle, an der mythisches und rationales Denken sich trennten, alter Aberglaube sich mit neuer Wissenschaft vermischte“. Letztlich könne Nostradamus als eine Art „zeitgenössischer Science Fiction-Autor gesehen werden, der mit seinen Zukunftsvisionen die soziale und politische Gegenwart des 16. Jahrhunderts beschrieb und kommentierte. (...) Damit läßt er sich einordnen in den Kanon sonstiger Prophezeiungen, von der Bibel bis zu den heutigen Star-Medien à la Elizabeth Teissier.“ [1274]

5.26. Hoffman-Quadrinity-Prozeß

Seit über dreißig Jahren gilt der Hoffman-Quadrinity-Prozeß in Esoterikkreisen als „Geheimtip“. In einem achttägigen, [1275] streng strukturierten Therapiemarathon durchlaufen die Teilnehmer einen „Crash-Kurs für die Seele“ [1276], aus dem sie laut Prospekt des Düsseldorfer *Hoffman-Instituts* „befreit aus der negativen Verflechtung mit der Vergangenheit“ [1277] hervorgehen. Vorgestellt wurde der „Prozeß“ erstmalig 1967 durch den Amerikaner Robert „Bob“ Hoffman.

Ende der 1960er Jahre herrschte an der Westküste der USA ein beispielloses Umbruchklima. Insbesondere im Bereiche der Selbsterfahrung traten zahllose Weisheitskünder auf den Plan, die mit guruhafter Attitüde ihre jeweils ganz persönlichen Mixturen aus Psychotechnik, religiösem Sektierertum und Hippiephilosophie zum besten gaben. In den Legenden, die sich um diese Gestalten rankten, war stets von mystischen Erleuchtungserlebnissen die Rede, durch die diesen ihre jeweilige Lehre von „höherer Warte“ zuteil geworden sei. Der Vorteil solcher „Erleuchtung“ lag auf der Hand: jedermann mit entsprechender Chuzpe konnte sich per Selbstakklamation zum Guru erklären und ins lukrative Psychogeschäft miteinsteigen;

die verkündete Lehre, hergeleitet aus „göttlicher Eingebung“, war *eo ipso* jenseits möglicher Kritik.

Heute noch bekannt und von mehr oder minder großer Bedeutung ist beispielsweise das ⇨ „Rebirthing“ Leonard Orrs, eines kalifornischen Bonvivants, den 1969 in seiner Badewanne die Erkenntnis überkommen habe, „physisch unsterblich“ zu sein; fürderhin hielt er sich dazu aufgerufen, diese Einsicht gewinnbringend zu vermarkten. John Paul Rosenberg, mäßig erfolgreicher Gebrauchtwagenhändler aus Philadelphia, sei während einer Autofahrt schlagartig erleuchtet worden; unter dem Pseudonym Werner Erhard begründete er das legendäre ⇨ „est-Training“, heute bekannt unter anderem als „The Forum“.

Auch Bob Hoffman (1922-1997), Herrenschneider von Beruf, wußte die Entstehungsgeschichte seines Quadrinity-Prozesses mit Metaphysischem zu garnieren. Wie die Legende berichtet, habe er mit einem Freund, Siegfried Fischer, eine Vereinbarung getroffen, wer von beiden zuerst sterbe, werde dem anderen aus dem Jenseits praktikable Tips fürs Geschäft übermitteln. Fischer starb und habe tatsächlich, wie versprochen, seinem hinterbliebenen Freund Hoffman auf medialem Wege Anweisungen zukommen lassen: die Grundlagen des Quadrinity-Prozesses. Konsequenterweise hieß das Verfahren zunächst „Fischer-Hoffman-Prozeß“, der Name des jenseitigen Mitbegründers wurde indes bald fallengelassen.[1278]

Trotz aller „höheren Eingebung“ aber wäre der Quadrinity-Prozeß, wie die meisten Psycho-Pop-Kulte der 1970er Jahre, vermutlich längst in der Versenkung verschwunden, hätte Hoffman nicht einen prominenten Fürsprecher und Förderer gefunden: Claudio Naranjo. Dieser, ein veritabler Psychiater, hatte sich als Pionier des amerikanischen „Human Potential Movement“ einen Namen gemacht, bevor er sich Anfang der 1970er der von Abe Maslow und Anthony Sutich begründeten „Transpersonalen Psychologie“ anschloß. Fortan bestimmten mystisch-transzendente Begriffe wie „Rückbindung zum göttlichen Ursprung“ und dergleichen sein Denken. Mit nahezu missionarischem Eifer suchte Naranjo, die akademische Psychologie ins Transpersonale hin zu erweitern (⇨ *Enneagramm*). Ganz besonders kaprizierte er sich auf Hoffmans Quadrinity-Prozeß. Der Grund hierfür lag vor allem in dessen Abstellen auf „abendländische Traditionen“. Im Gegensatz zu den sonstigen Psychokultverfahren, die sich in erster Linie vor buddhistischem oder hinduistischem Hintergrund bewegten, war der Quadrinity-Prozeß von judäo-christlichen Werten durchzogen, vor allem von dem Gebot, Gott und die Eltern zu lieben, was Naranjo, einen katholisch geprägten chilenischen Immigranten, besonders ansprach. Er verstieg sich in seiner Begeisterung für Hoffman so weit, seine posthoc-Erklärungen für dessen wenig substanzreiche Ideen gar mit der Platonschen Aufarbeitung sokratischer Gedankengänge zu vergleichen.[1279]

Der Quadrinity-Prozeß wird inzwischen weltweit angeboten, seit 1986 über mehrere, inhaltlich nur unwesentlich voneinander abweichende Institute auch im deutschsprachigen Raum. In der Klausur abgelegener Seminarhäuser werden die Teilnehmer - die Gruppenstärke variiert zwischen 15 und 50 - von einem Team an Hoffman-Therapeuten durch den Prozeß geführt. An Theorie wird nicht viel geboten: Der Begriff „Quadrinity“ beziehe sich auf die „Vierheit des menschlichen Selbst“: Körper, Intellekt, Gefühl und Spiritualität. Üblicherweise führten Intellekt und Gefühl einen Dauerkrieg: Trotzig und uneinsichtig wie ein kleines Kind widersetze sich das Gefühl den vernünftigen Anweisungen des erwachsenen Intellekts. Schlachtfeld sei der Körper, in dem diese Zerrissenheit sich als Krankheit äußere. Das spirituelle Selbst könne gar nicht wahrgenommen werden. Der Quadrinity-Prozeß füge die Teile des Selbst zu einer Ganzheit, eben der Quadrinität, zusammen, zum „Einssein des Selbst mit dem Licht".[1280]

Am Abend des Anreisetages erfolgt eine zweistündige Demonstration der Hoffmanschen Grundthese, daß, bis auf wenige glückliche Ausnahmen, alle Menschen seelisch schwer gestört seien. Wie in einem Inquisitionstribunal sitzt die Therapeutenriege dem Halbrund der Teilnehmer gegenüber. Der Prozeß beginnt: „Wie Scharfschützen", so der Bericht einer Teilnehmerin, „fallen sie über uns her, um uns schonungslos die Maske vom Gesicht zu reißen".[1281] Die Vorgehensweise ist simpel: Prinzipiell jede Äußerung oder Nicht-Äußerung des einzelnen Teilnehmers wird zum neurotischen Verhaltensmuster erklärt, das, von den Eltern übernommen, den „eigentlichen" Wesenskern verdecke. Wer sich zurückhält, bekommt in barschem Tone zu hören: „Verstecken ist nichts als ein Muster! Woher hast du das?" Wer sich zur Wehr setzt, wird lautstark angefahren: „Widerstand ist ein verdammtes Scheißmuster. Woher hast du das? Von Vater oder Mutter?" Unsicherheit, Angst, Zweifel, Verweigerung, Scham, Wut, Kritik - alles (angeblich) von den Eltern kopierte negative Muster.[1282]

Ist die Abwehr der Teilnehmer erst einmal durchbrochen, ist es ein leichtes, sie auf das Heilsangebot des Quadrinity-Prozesses einzuschwören; zumal solch konfrontatives Niederreißen jeden Schutzes mit Totalregression und, bedingt dadurch, einer Glorifizierung der Therapeutenriege sowie der vorgestellten Methode einhergeht: „Virtuos wie Jongleure im Zirkus werfen sie [die Therapeuten, C.G.] unsere Neurosen in die Luft, für jedermann sichtbar, für einen selbst schmerzhaft fühlbar. Im ganzen Raum Betroffenheit. Angst vor Bloßstellung. Gepaart mit der Sehnsucht, in die eigene Wahrheit gestoßen zu werden."[1283]

Die Teilnehmer werden aufgefordert, Listen mit den immer wiederkehrenden Verhaltensweisen der Eltern zu erstellen, ihren Mustern, Angewohnheiten, Eigenarten, um dann in der Auswertung vor Augen geführt zu bekommen, daß „wir tatsächlich nichts [sind] als ein totales Abziehbild unserer Eltern".[1284] Die erste Abendsitzung dauert bis in die frühen Morgenstunden. Aufstehen um 6.30 Uhr. Auch die Folgetage des Quadrinity-Prozesses sind geprägt durch Schlafentzug und körperliche Extrembelastung. Durch spartanische Verköstigung wird der Streßlevel zusätzlich erhöht.

Der erste Arbeitstag beginnt mit dem Auftrag, alle mißlichen und schmerzhaften Erfahrungen des bisherigen Lebens schriftlich aufzulisten. Diese „negative Autobiographie" ergänzt den endlosen Katalog von Fragen, die bereits im Vorfeld des Prozesses zu beantworten und an das *Hoffman-Institut* einzusenden waren. Was mit diesen Kladden intimster Details über Krankheiten und psychische Probleme der einzelnen Teilnehmer geschieht - auch Sexualgewohnheiten und -praktiken werden detailliert abgefragt -, bleibt im Dunkeln. Die Frage danach wäre wohl schnell als „Scheißmuster" entlarvt. Nach Erstellung der Autobiographie werden die Teilnehmer mittels einer Visualisierungsübung - eine Art ⇨ Katathymes Bilderleben - in ihre frühe Kindheit zurückversetzt, um dort die „Ablehnung durch ihre

Eltern" zu spüren. Schon nach wenigen Worten der Induktion, verbunden mit hyperventilierendem Atmen, fangen viele an zu schluchzen, einige weinen und schreien hemmungslos. Am Abend erhält jeder Teilnehmer ein Kuscheltier für die Nacht.

Auch der zweite Tag bedeutet zunächst Schreibarbeit. Es gilt, die fünfunddreißig „schlimmsten Wesenszüge der Mutter" auf kleine Kärtchen zu schreiben: „ständig ermahnt sie mich", „ihr ist nur die Meinung der Nachbarn wichtig", „ihr ewiges Selbstmitleid". Anschließend ist ein exakt zwölfseitiger „Haßbrief" an sie zu verfassen: „Mutter, ich hasse deine Heuchelei, ich hasse deine aufgesetzte Liebe, (...) ich hasse deine Scheiß-Selbstgerechtigkeit, (...) erstick an deiner eigenen Scheiße. (...) Du hast mich eingeschüchtert und mich mit Doppelbotschaften in ein scheißiges, kleines, verängstigtes, verschwommenes Halbmännchen verwandelt, eine halbe Portion wie du..."[1285] In einer mehrstündigen Marathonsitzung schreit jeder der Teilnehmer die fünfunddreißig negativen Eigenschaften seiner Mutter - übernommene Muster! - aus sich heraus. Bei jedem Anklagepunkt wird mit einem Baseballschläger auf ein großes Polster eingeprügelt. Ein Teilnehmer: „Ich tobe, schreie und brülle den Haß auf meine Mutter aus mir heraus, zum äußersten entschlossen. (...) Die Luft wird knapp, und ich ringe mit keuchenden Atemzügen. Einer der Therapeuten schreit mich an: 'Gib jetzt nicht auf! Da mußt du durch! Das ist deine Mutter, sie will nicht raus!' Ich bäume mich mit letzter Kraft auf. 'Ja, das sind Muster!' (...) Der Kampf dauert elendiglich lange. Meine Schläge sind kraftlos und schwach. Aber ich schlage und schlage. Ich werde nicht aufhören, egal wie lange es dauert. Das Muster muß weichen."[1286] Am folgenden Tag wird die Prozedur mit dem Vater auf der Anklagebank wiederholt. Bis zum Umfallen werden die väterlichen Negativ-Muster „herausgepitcht" (to pitch = schleudern). In einem nächtlichen Ritual werden die Haßbriefe an die Eltern verbrannt.

Nach der vernichtenden Anklage beider Elternteile folgt am nächsten Tag die Phase der Verteidigung. Mittels einer Visualisierungsübung werden die Teilnehmer in eine Art Trance versetzt. Als Zwölfjährige sollen sie ihren Eltern begegnen, die ebenfalls zwölf Jahre alt sind. In einem Dialog „von Kind zu Kind" werden die Eltern nun nach ihren Kindheitserfahrungen befragt. Das Ergebnis dieses „Dialoges" wird zu Papier gebracht, exakt zwanzig Seiten pro Elternteil. Erkenntnis: Auch die Eltern sind Opfer von Mustern, die sie von ihren Eltern übernommen haben. Eine Teilnehmerin: „Ich muß weinen. Mein Vater. Eben noch wollte ich ihn vor Wut erschlagen, jetzt möchte ich ihn umarmen, küssen und ihm sagen, daß alles gut ist."[1287] Es folgt eine flammende Verteidigung der Eltern, schriftlich, je zwanzig Seiten. Der Folgetag steht unter dem Vorzeichen des Vergebens. Bei Trauermusik und brennenden Altarkerzen visualisieren die Teilnehmer den Tod ihrer Eltern. Schluchzen und Schmerzensschreie. Gemeinsam sucht man nun - tatsächlich - den nächstgelegenen Friedhof auf, um dort die Erfahrung des Verlustes der Eltern zum Exzeß zu treiben. Jeder Teilnehmer legt am Grab „seiner Eltern" das Gelübde ab, alle alten Muster fahrenzulassen und hinfort den „rechten Weg" zu gehen. Auch sich selbst gilt es tot im Grabe liegend zu visualisieren: „Stell dir vor, du bist 5 oder 10 Jahre älter als jetzt und hast die Erfahrungen, die du im Prozeß gemacht hast, mißachtet und entwertet. (...) Du siehst dich unten im Grab liegen und schaust in deiner Vorstellung herauf und siehst, wer zu deiner Beerdigung gekommen ist, und hörst, was sie über dich sagen."[1288]

Immer wieder brechen Teilnehmer den Prozeß vorzeitig ab. Viel zuviel wird in viel zu kurzer Zeit aufgerissen. Gelegentlich werden Teilnehmer auch nach Hause geschickt, wenn sie sich dem rigide vorgezeichneten „Prozeßgeschehen" nicht unterordnen wollen oder können. Der Gedanke womöglich notwendiger Nachsorge scheint für Hoffman nicht zu existieren. In seinen Worten: „Ich verspreche dir, daß du, wenn du die Werkzeuge (des Quadrinity-Prozesses) benutzt, immer stärker wirst, und wenn nicht, dann halt eben nicht."[1289] Auf nachgerade zynische Weise wird die Verantwortung für Erfolg oder Mißerfolg dem einzelnen Teilnehmer aufgebürdet. Das Angebot, bei nachträglich auftretenden Problemen das jeweilige *Hoffman-Institut* kontaktieren zu dürfen, ist hierbei wenig hilfreich: die therapeutische Qualifikation der einzelnen Mitarbeiter erschöpft sich vielfach in Hoffman-interner „Ausbildung", die zu Krisenintervention beziehungsweise seriöser Nachsorgearbeit nicht ansatzweise befähigt. Wie bei den meisten Vertretern therapeutischer Alternativverfahren scheint akademische Grundqualifikation Nebensache zu sein, desgleichen eine seriöse klinische Ausbildung; entscheidend ist offenbar eher die Bereitschaft, sich in die Ideologie und das streng hierarchische Gefüge der Organisation einzuordnen. Nicht zuletzt deshalb erscheint fraglich, ob die Hoffman-Therapeuten sich der Gefährlichkeit ihres Tun überhaupt bewußt sind: Derartige „Crash-Kurse" (to crash = zertrümmern) können nicht nur zu massiven Angstreaktionen, zu Agitiertheit, Depression oder Wahrnehmungsverzerrungen führen, sondern im Einzelfall zu völligem Zusammenbruch - und dies noch Monate nach dem „Prozeß".[1290] Der Frankfurter Psychiater Peter Gathmann: „Den Leuten wird in solchen Kursen ein tiefes Loch in die Seele gerissen, das wir dann nur mühsam flicken können."[1291] Insbesondere die zur Tranceinduktion eingesetzte Methode hyperventilierenden (⇨ Rebirthing-)Atmens ist hochgefährlich. Durch die Erhöhung der Atemfrequenz - die Teilnehmer werden aufgefordert, schneller und ohne Pause zu atmen - wird mehr CO_2 (Kohlendioxyd) abgeatmet, als im Stoffwechsel entsteht: Es kommt zu einem Abfall der CO_2-Spannung im Plasma, der Mineralhaushalt gerät durcheinander. Überdies treten Verkrampfungen der Hände und Gesichtsmuskeln auf, der Herzschlag verändert sich, der Puls steigt rapide; gleichzeitig nimmt die Gehirndurchblutung ab, was zu massiven Bewußtseinsstörungen, letztlich sogar zum völligen „Blackout", führen kann.[1292] Derlei Extremerfahrungen mit Einbruch halluzinatorischer beziehungsweise wahnhafter Vorstellungsbilder können für den gesunden Menschen vielleicht eine Art „Trip" sein, für den somatisch Kranken (z.B. Herz-Kreislauf-Labilität) oder für psychosomatische Patienten (Asthma, Colitis usw.) sind sie höchst riskant. Vor allem für Menschen mit (womöglich unerkannter) neurotischer oder psychiatrischer Erkrankung bergen die ateminduzierten Regressionen des Quadrinity-Prozesses massive Gefahren: Sie können in eine „maligne Regression" führen, das heißt: in psychotische Dekompensation oder suizidale Krisen.[1293] Schon mehrfach wurde von Teilnehmern berichtet, die in psychotischen Wahn abglitten und, teils noch während des „Prozesses", teils auch erst später, zu stationärer Behandlung in psychiatrische Kliniken eingewiesen werden mußten.[1294] Im Herbst 1995 etwa war ein Prozeß-Teilnehmer während einer Visualisierungssitzung in eine psychotische Episode geraten - er hatte Wahnvorstellungen des hereinbrechenden Weltunterganges -, woraufhin er nach Abschluß des Prozesses eine langwierige psychiatrische Behandlung auf sich nehmen mußte.[1295] Bei einem anderen Prozeß mußte eine dekompensierte Teilnehmerin in der Klinik mit Elektroschock aus dem Zustand eines zweijährigen Kindes zurückgeholt werden.[1296] Der Einschätzung der Züricher Autorin und Quadrinity-Teilnehmerin Miriam Neidhardt ist nichts hinzuzufügen: „Diese Therapie - sofern man in diesem Zusammenhang davon sprechen darf - kann zu den psychosektoiden Therapiearten gezählt werden. Dies zeigt sich an der rigiden und autoritären Struktur sowie an den klassischen Gehirnwäsche-Mechanismen (in Hoffmans Worten 'Mind-Cleaning'!), die unter dem Vorwand der individuellen Reifung schwerwiegende Schäden bei den KlientInnen verursachen können. (...) In dieses System werden die unterschiedlichsten Menschen mit autoritativen, faschistoid anmutenden Mitteln hineingepeitscht und durchgeprügelt, um auf der anderen Seite als Prothesen wieder rauszukommen. (...) Ich wußte nicht mehr, wer ich war. Ich durfte ja auch nicht mehr sein, wer ich war."[1297] Interessant ist in diesem Zusammenhang, daß Quadrinity sich als besonders geeignet für „Manager und die es werden wollen" anpreist: „Wer heute in Führungspositionen seiner Verantwortung gerecht werden will, bedarf vor allem jene vorbildliche innere Ethik und Klarheit, die den Mitarbeiter/-innen eines Unternehmens eine ganzheitliche Vision und neue Motivation vermitteln kann. Der Quadrinity-Prozeß ist ein Coaching zur Entfaltung und Pflege dieser Charaktereigenschaften."[1298]

Der vorletzte Tag versetzt die Teilnehmer in eine gänzlich entgegengesetzte Stimmung: Es soll der „schönste Tag des Lebens" werden. Kinderspiele und Kinderlieder, eine Visualisierungsübung führt ins Schlaraffenland und zum Weihnachtsmann. Dann wird Kindergeburtstag gefeiert: „Jeder bekommt eine eigene Torte mit Kerzen und seinem Namen drauf. Dazu gibt es Cola, Fanta, Pommes, Buletten, Würstchen und viele bunte Bonbons. Alle singen 'Balla-balla' und stopfen Schokolade in sich rein, bis ihnen schlecht wird."[1299]

Während des Prozesses werden Fragen nach dem hinter dem Gesamtablauf stehenden Konzept nicht erörtert. Auch Bob Hoffmans Buch *Entfaltung der Liebe* gibt hierzu wenig Aufschluß. Auf knapp 300 Seiten ergeht er sich in tiefenpsychologisch angehauchten Laienvorstellungen, insbesondere der breit ausgewalzten These, die grundsätzliche Ursache emotionaler Probleme liege in der negativen Programmierung, die man als Kind von den Eltern übernommen habe. Und daß es zur Erlangung von Freiheit und Autonomie eines nochmaligen Hinabtauchens in die Kindheit bedürfe. Ein plausibles Konzept fehlt. Anstatt in überprüfbarer Weise die behauptete Wirksamkeit des Verfahrens zu belegen, werden gänzlich unreflektierte „Fallgeschichten" aufgelistet, in denen die Teilnehmer „existentielle Durchbrüche" erzielt haben sollen und Probleme wie „Angst, Schuld, Sucht, Verzweiflung", aber auch „psychosomatische Krankheiten wie Magersucht, Freßsucht, Migräne, Impotenz, Frigidität, Verfolgungswahn und viele Allergien" verschwunden seien oder sich maßgebend verringert hätten.[1300] Und das alles in nur einer Woche.

Auch die angestrengten Versuche Naranjos, dem Quadrinity-Prozeß eine sinnfällige Grundlage zu verleihen, sind wenig befriedigend. Wortreich zieht er Parallelen zu Psychoanalyse und Humanistischer Psychologie, eine eigenständige Theorie kann aber auch er nicht liefern. In deren Ermangelung beschreibt er Hoffman als „Schamanen“, dessen visionäre Arbeit in wissenschaftlichen Kategorien nicht faßbar sei.[1301] Entscheidend sei ohnehin nur das Ziel des Prozesses: die Liebe zu den Eltern wiederherzustellen, die sowohl als Garantie als auch als Gradmesser für psychische Gesundheit gelte. Alttestamentarische Gebote anstatt eines therapeutisch tragfähigen Konzepts. Kein Wunder, daß der kalifornische Szene-Rabbiner Zalman Schachter-Shalomi Quadrinity als den „besten und effektivsten psychologischen Prozeß“ beschreibt, der zur Zeit verfügbar sei.[1302] Auch die Lobeshymnen von Esoterik-Vielschreiber Rüdiger Dahlke, Hoffmans Konzept liefere „in einer Zeit, die keine Zeit hat, in kürzester Zeit Möglichkeiten, die weit über die Beschränkung des momentanen Zeitgeistes hinausweisen“, verwundern nicht.[1303] Fragen nach den „Langzeituntersuchungen“, von denen stets großspurig die Rede ist,[1304] wurden von keinem der angeschriebenen *Hoffman-Institute* beantwortet; ganz offenbar existieren diese auch nur in der Phantasie der Quadrinity-Betreiber.[1305]

> Der letzte Tag des Prozesses vermittelt die Quadrinity-Technik des „Recycling“, die es erlauben soll, hinkünftig auftauchende negative Muster in Eigenregie aufzulösen:
> „Entspannen Sie sich. Schließen Sie die Augen. • Stellen Sie sich jetzt eine Kaffeemühle vor, wie es sie früher gegeben hat. Man hat sie zwischen die Beine geklemmt, die Bohnen wurden oben hineingegeben und dann gemahlen. (...) Nehmen Sie ein erkanntes „Muster“ (z.B. Unsicherheit), stecken Sie es in die MUSTERMÜHLE und zermahlen Sie es gründlich, (...) bis das Muster zerstört ist. • Das Mahlergebnis nehmen Sie dann mit der Lade aus der Mühle und geben es in einen Mikrowellenherd. Schließen Sie die Tür, drücken den STARTKNOPF und lassen Sie Energie hineinfließen. Sehen Sie zu, wie die Energie das Muster in SAMENKÖRNER verwandelt! Warten Sie, bis die Tür automatisch aufspringt. • Entnehmen Sie der MIKROWELLE die SAMENKÖRNER und streuen Sie diese auf den Boden und sehen Sie zu, wie sofort Blumen, Gräser oder Pflanzen wachsen. Spüren, fühlen und genießen Sie die Verwandlung. Während dieses Prozesses kann sich ein neuer Begriff oder ein Gefühl im Bewußtsein (z.B. Selbstsicherheit) herausschälen. • Gehen Sie mit dem neuen, verwandelten Begriff oder Gefühl durch das Leben. (...) Sollten Sie jetzt feststellen, daß das Recyceln bei Ihnen nicht funktioniert hat, dann liegt das eher daran, daß Sie in einem Muster gefangen sind, als daß die Methode des Recycling nicht funktioniert. Finden Sie das Muster (z.B. Widerstand) und recyceln Sie es!“[1306]
> Die Münchner Quadrinity-Absolventin Ingrid Hack baute die Technik des „Recycling“ Ende der 1990er zu einem vorgeblich eigenständigen Therapieverfahren aus. Das gesamte Verfahren, „Reallighting“ genannt, besteht aus einem dreiundzwanzig Schritte umfassenden Visualisierungsritual, bei dem, ebenso wie beim Quadrinity-„Recycling“, die abzulegenden „negativen Muster“ in einer Mühle zu Pulver zermahlen werden, das dann in Samen umgewandelt und ausgesät werden muß. Neu ist in dem Hackschen Langtext lediglich die Einführung jenseitiger Hilfskräfte: Nach der Umwandlung der Muster in Samenkörner „kommt dein Schutzengel und hebt dich einfach empor. (...) Du schwebst mitten durch das Licht hindurch, läßt dich tragen

und geleiten und genießt es. (...) Du schwebst mit dem Engel an einen ganz persönlichen Ort der Kraft, [...wo] schon ein Stück Land zum Aussäen für dich vorbereitet [ist]. Da gehst du hin und säst aus, (...) dein Schutzengel reicht dir eine Kanne mit klarem Quellwasser (...)." Undsoweiterundsofort.[1307] Die Methode ermögliche „unmittelbaren Zugang zum eigenen inneren Heilungswissen", insofern spielen auch Homöopathie, Blütenessenzen etc. eine tragende Rolle. Hack hält ihr Verfahren für einen „ganzheitlichen Prozeß", der sonstige therapeutische Arbeit praktisch erübrigbar mache. (Es paßt ins Bild, daß sie, gemeinsam mit Auralesern, Channelingmedien und Geistheilern, im Programm des Kongresses „Medialität, Spiritualität und Gesundheit" [veranstaltet von der Jenseitszeitschrift *Die Andere Realität*] auftaucht.[1308]) Auch das unter dem Signet „Mental Recycling Aktiv" bekannte Selbsthilfeprogramm der österreichischen Quadrinity-Propagandisten Ingrid und Kurt Bauer stellt nichts wesentlich anderes vor als das Hacksche „Reallighting"[1309] (⇨ *Visualisierungsreisen*).

Die eingangs verfaßte „negative Autobiographie" wird durch eine positive ersetzt. Auch ein Liebesbrief an die Eltern wird geschrieben. Als Höhepunkt und Abschluß des Prozesses werden mittels einer Visualisierungsübung die ehedem widerstreitenden Bestandteile des Selbst zur „Ganzheit der Quadrinität" zusammengefügt: emotionales, intellektuelles, sprituelles und körperliches Selbst umarmen einander „wie in einer alchimistischen Hochzeit".[1310] Plausibilität ist nicht gefragt, am wenigsten da, wo von der „Entwicklung parapsychischer oder paranormaler Fähigkeiten" infolge der „Freilegung unseres gesamten psychischen Potentials" die Rede ist.[1311] Stattdessen erhält jeder Teilnehmer eine Urkunde mit der Bestätigung, den Prozeß erfolgreich bestanden zu haben.

Unterzieht man den Quadrinity-Prozeß einer genaueren Analyse, erweist er sich als nicht viel mehr, denn eine maßlos trivialisierte Kopie des - ohnehin nicht sehr substantiierten - primärtherapeutischen Ansatzes von ⇨ Arthur Janov (dessen Arbeiten just zum selben Zeitpunkt auf den Markt kamen, als Bob Hofmann sein Konzept aus dem Jenseits empfing): Kathartische Extremerfahrungen sollen das negative Selbstbild wandeln - „Urschmerz" bei Janov -, das in früher Kindheit entwickelt wurde.[1312] Angereichert wird Quadrinity durch Fragmente der in den 1960ern in Kalifornien populären Bonding-Therapie Dan Casriels, auch New-Identity-Process genannt, bei der es darum geht, auftauchende Gefühle unter Einsatz spezifischer Schrei- und Schlagübungen unmittelbar zum Ausdruck zu bringen.[1313] Ein wenig Hypnotherapie und Psychodrama runden das Bild ab. An dieser Stelle sei erwähnt, daß Hoffman Mitte der 1980er Jahre beabsichtigte, seinen Quadrinity-Prozeß zusammen mit Kult-Guru Bhagwan Rajneesh weiter voranzutreiben.[1314] Rajneesh allerdings bezichtigte Hoffman des „Ego-trips" (!) und nahm von dessen Idee einer Zusammenarbeit Abstand. Kurze Zeit darauf veranstaltete er in Poona strukturierte Therapiemarathons, die er - vermutlich hielt er das für besonders witzig - als „Anti-Hoffman-Process" bezeichnete.[1315]

Bob Hoffman bietet mit seinem Quadrinity-Prozeß ein Methodenkompilat, das sich in seinen einzelnen Bestandteilen längst schon als unbrauchbar erwiesen hat und auch in der - völlig beliebigen - Bündelung dieser Teile nicht an Wert gewinnt. Seine theoretischen Versuche sind indiskutabel. Wie die *Evangelische Zentralstelle für Weltanschauungsfragen* in

Berlin meint, habe sich Herrenausstatter Hoffman seine beruflichen Vorerfahrungen auf clevere Weise zunutze gemacht. Es gehöre zum Geschäft der Bekleidungsbranche, Lagerbestände neu zu verpacken, um sie dann teuer absetzen zu können.[1316] Die „8-Tage-Therapie" kostet pro Teilnehmer 4.370 Mark.[1317] Das von Naranjo in den USA vorgestellte etwas preisgünstigere 4-Tage-Kondensat des Quadrinity-Prozesses wird in Europa bislang nicht angeboten. Dagegen gibt es eine ganze Reihe an Nachahmern und Trittbrettfahrern, die mit - inhaltlich etwas abgewandelten - Discount-Prozessen aufwarten: Seit Mitte der 1990er etwa bietet ein findiger Ex-Quadrinity-Therapeut auf eigene Rechnung einen sogenannten „One-Process" an. Kosten der fünftägigen „Initiation in die Liebe": 1.600 Mark plus Unterkunft und Verpflegung.[1318] Dem Quadrinity-Prozeß vergleichbar sind zudem all die HunaVita-Trinity-, Metanoia-, Der 3. Weg- oder Omega-Prozesse, die quer durch die Lande veranstaltet werden; auch der von Ex-Hoffman-Lehrern entwickelte LeadersQuest-Prozeß („Mit delphinischer Eleganz und Leichtigkeit zu beruflichem und privatem Erfolg") weist auffällige Parallelen zu Quadrinity auf, die Kosten für den 8-Tage-Kurs liegen mit 4.700 Mark allerdings noch über denen der *Hoffman-Institute*.[1319] Besonders grotesk ist der sogenannte „Befreiungs-Prozeß" eines in Österreich ordinierenden „Dr. Rai Samananda" (angeblich promovierter Jurist), der „100%ige seelische Reinigung" bei Drogensucht, Krebs, Depression, Schizophrenie und Größenwahn (!) *in einem einzigen Tag* garantiert. Seit einiger Zeit gibt es unter der Bezeichnung „Phönix-Prozeß" auch einen Hoffman-Folgekurs.

Eng verwandt mit dem Hoffman-Quadrinity-Prozeß ist auch der sogenannte „Transzendenz-Prozeß", den der (Ex-)Rajneesh-Sannyasin und Tarotkartenleger Gerd „Bodhygyan" Ziegler zusammen mit einer Ulrike „Luna" Müller anbietet. Ziegler und Müller halten ihren 8-Tage-Kurs, in den laut Eigenwerbung „jahrzehntelange Erfahrungen und intensive Forschungsarbeit eingeflossen" seien, für nichts weniger als eine „Begegnung mit unserem wahren Wesen, der Quelle von allem, was wir suchen".[1320] Ausgewalzt auf mehrere drei- bis zehntätige Seminare und verteilt auf ein ganzes Jahr wird der Transzendenz-Prozeß als „Vision der Freude" (VdF) vermarktet, laut Ausschreibung „einer der schönsten und erwiesenermaßen wirksamsten Prozesse auf dem Weg zu sich selbst. Nicht Theorie und komplizierte Wissensvermittlung, sondern erlebte Realität ist die Grundlage unseres persönlichen Wachstums und der Entfaltung unseres vollen persönlichen Potentials." Geleitet wird „Vision der Freude" in wechselnden Kombinationen von „Vatika" Jacob, „Thofa" Müller und „Bodhygyan" Ziegler selbst.[1321]

Gegen kritische Stimmen gehen die einzelnen Quadrinity-Institute und ihre Anhänger in ähnlicher Weise vor, wie man dies von sektoiden Gruppen wie *Scientology* oder auch dem *Verein für Psychologische Menschenkenntnis* (VPM)[1322] kennt: von konzertierten Protestbriefaktionen (mit persönlicher Beschimpfung und Diffamierung des jeweiligen Kritikers) über Anwaltsdrohschreiben hin zu (angekündigten) Klagen wegen Beleidigung, Verleumdung oder Geschäftsschädigung.[1323]

5.27. I-Ging

I-Ging ist der originale Name für das chinesische *Buch der Wandlungen*, ein Orakelkompendium, dessen Ursprünge etwa dreitausend Jahre zurückliegen. In symbolhaft-verschlüsselter Weise bietet es Lösungswege für jedwedes Problem an.

Das I-Ging basiert auf der taoistischen Idee der polaren Kräfte von Yin und Yang, die in ihrer dynamischen Wechselbeziehung den kosmischen Prozeß ständigen Wandels bewirken (sollen). Symbolisiert werden diese Kräfte durch zwei unterschiedliche Strichlinien, einen durchgehenden „männlichen" Yang-Strich und einen in der Mitte unterbrochenen „weiblichen" Yin-Strich. Zu Sechsergruppen zusammengefaßt sind vierundsechzig Grundzeichen (Hexagramme) möglich, denen jeweils ein bestimmter Symbolbegriff zugeordnet ist, beispielsweise: „Das Empfangende" (Kun), „Die Zersplitterung" (Bo) oder „Die große Macht" (Da Dschuang).[1324]

Durch sechsmaliges Werfen einer Münze - Kopf ist Yang, Zahl ist Yin - kann man eine gestellte Frage mit einem I-Ging-Hexagramm sowie dem dazugehörigen Begriff in Bezug setzen und diesen anhand umfänglicher Deutungsanweisungen und Kommentare zu einer passenden Antwort übersetzen, wodurch der Fragesteller „Aufschluß über die Qualität der kosmisch vorhandenen Energien in bezug auf seine gestellte Frage" gewinne.[1325] Beispielsweise wird der Symbolbegriff „Die Auflösung" (Huan) durch folgenden Begleittext näher erläutert: „Die Auflösung. Gelingen. Der König naht seinem Tempel. Fördernd ist es, das große Wasser zu durchqueren. Fördernd ist Beharrlichkeit."[1326] Dieser Text wird weiter kommentiert: „Zur Überwindung des trennenden Egoismus der Menschen bedarf es der religiösen Kräfte. Die gemeinsame Feier der großen Opferfeste und Gottesdienste, die zugleich den Zusammenhang und die soziale Gliederung von Familie und Staat zum Ausdruck brachten, war das Mittel, das die großen Herrscher anwandten, um die Herzen in gemeinsamer Wallung des Gefühls durch heilige Musik und Pracht der Zeremonien zum Bewußtsein des gemeinsamen Ursprungs aller Wesen zu bringen, wodurch die Trennung überwunden, die Erstarrung aufgelöst wurde. (...) Zu solcher Auflösung der Härte des Egoismus ist aber nur jemand fähig, der selbst von allen egoistischen Nebengedanken frei in Gerechtigkeit und Beständigkeit verharrt."[1327] Wie dieser Kommentar nun weiter interpretiert und zu einer Antwort auf die Frage oder das Problem des Ratsuchenden hingebogen wird, bleibt diesem selbst - bzw. seinem esoterischen Berater - überlassen (⇨ *Hellsehen*). Die von „professionellen" I-Ging-Praktikern zusätzlich verwendeten Begleittexte zu den einzelnen Hexagramm-Linien, die zuzuordnen ein hochkompliziertes Wurfverfahren der Münzen erfordert - traditionellerweise werden statt des Münzenwerfens in streng vorgegebenem Ritus Schafgarbenstengel abgezählt -, sind nicht weniger abstrus: „Er löst sich von seiner Schar. Erhabenes Heil! Durch Auflösung folgt Anhäufung. Das ist etwas, an das Gewöhnliche nicht denken", kommentiert von: „Wenn man an einer Aufgabe arbeitet, die ins große Ganze geht, muß man alle Privatfreundschaften beiseite lassen. Nur wer über den Parteien steht, leistet etwas Ausschlaggebendes. Wer diesen Verzicht auf das Nahe wagt, wird die Fernen gewinnen."[1328]

I-Ging-Gläubige - vor allem C.G. Jung trägt großes Verdienst an der Verbreitung des chinesischen Orakels im Westen - behaupten die Existenz eines übergeordneten Zusammenhanges zwischen innerseelischen Vorgängen des Fragestellers und gleichzeitig (synchronistisch) dazu ablaufenden äußeren Ereignissen. Gemäß dieser Vorstellung fallen die Münzen nicht zufällig auf Kopf oder Zahl, sondern entsprechend der seelischen Befindlichkeit beziehungsweise dem vorgegebenen Schicksal der werfenden Person. In esoterischen Kreisen wird dem I-Ging großer Wert zugemessen als „unparteiischer Lebensberater, dessen Weisheit sich seit Jahrtausenden bewährt hat".[1329]

Tatsächlich ist die Vorstellung irgendwelcher „Synchronizität" absurd, die jeweiligen Fragen und Antworten werden durch rein zufällige Abläufe in Verbindung gebracht. Darüber hinaus gibt es bei verschiedenen Exegeten ganz unterschiedliche Anweisungen zur Interpretation der Symbolbegriffe und Begleittexte. Wie sämtlichen anderen Orakelverfahren auch (⇨ *Handlesen, Tarot* usw.) kommt dem I-Ging keinerlei ernstzunehmende Aussagekraft zu.

Interessant sind die Auslassungen des I-Ging-Fachbuchautors René van Osten, der sich mit Vehemenz gegen „amateurhaften Umgang" mit dem chinesischen „Schatzhaus des Wissens" wendet: „Viele Menschen, die von der inneren Gesetzmäßigkeit allen Geschehens, und damit der Symbolsprache des I-Ging keine Ahnung haben, betreiben mit dem Buch der Wandlungen einen phantastisch-mystischen Wahrsagekult, der völlig am Kern der Sache vorbeigeht, nämlich der Erkenntnis eines universalen Weltbildes, das ihrem Leben Sinn und Richtung verleiht. Daß man dieses I-Ging mittels verschiedener Orakelinstrumente auch befragen kann, ist richtig und gut, heißt aber, auch würdig und damit in der Lage zu sein, die Antworten richtig zu verstehen und wertungsfrei anzunehmen. Und hier beginnt die größte Anforderung, nämlich die Überwindung des Ich-verhafteten Egos und damit die wahre Befreiung leidverursachender Hindernisse, die durch Unwissenheit erzeugt werden. Deshalb ist die Arbeit mit dem I-Ging verbunden mit Bewußtseinsarbeit im höchsten Sinne: nämlich der Auseinandersetzung mit dem Großen und Ganzen, dem Funktionieren dieser Welt." Um „ganz ohne Orakelinstrumente" auszukommen - gemeint sind Münzenwurf und Schafgarbenstengelzählen -, bedient sich van Osten der ⇨ Astrologie (!): „Dabei werden mittels der Daten von Geburtsstunde, Tag, Monat und Jahr, die im Moment der Geburt vorherrschenden kosmischen und irdischen Bedingungen durch eine ausgeklügelte Berechnungsmethode fixiert. Heraus kommen die sogenannten Lebenshexagramme der aufsteigenden und absteigenden Lebenshälfte, aus denen wiederum unterschiedliche Voraussagen auf Stunden, Tage, Monate und Jahre des Lebens gemacht werden können." Auch die ⇨ Numerologie hält er für hilfreich, auf das „Wissen des I-Ging" Zugriff zu erhalten und damit den „'Geheimnissen des Lebens' auf die Spur zu kommen". Ergebe sich aus den Berechnungen beispielsweise das Hexagramm 63 („Nach der Vollendung" [Gi Dsi]), so künde dies laut van Osten „vom Erreichen eines Zieles", es weise allerdings auch „ganz deutlich auf Blasenentzündungen mit häufigem Harndrang, feuchte Hitze im Magen, Nierenschwäche, Lähmung durch Schlaganfall, Herzwassersucht, Beschwerden im unteren Rücken- und im Magen- und Darmbereich hin".[1330]

5.28. Katathymes Bild-Erleben

Bereits Ende der 1940er Jahre begann der Göttinger Psychoanalytiker Hanscarl Leuner (1919-1995) eine Technik zur künstlichen Erzeugung von Tagträumen zu entwickeln, deren Inhalte er, ähnlich wie die spontanen Tag- oder Nachtträume seiner Patienten, einer tiefenpsychologischen Deutung unterzog. Die erst nach heftiger Kollegenschelte eingestellten Versuche, derartige Traumbilder mit Hilfe von LSD hervorzurufen (⇨ *Psycholytische Therapie*), ersetzte er durch ein System suggestiv vorgegebener Standardmotive, das er Mitte der 1950er unter der Bezeichnung „Katathymes Bilderleben" (KB) als eigenständiges psychotherapeutisches Verfahren vorstellte. Der Begriff „katathym" (griech.= vom Gemüte herab) bezieht sich eigentlich auf krankhafte Wahnvorstellungen, wird von Leuner aber im Sinne heilkräftigen Tagträumens verwendet. Gelegentlich wird KB auch unter dem Begriff „Symboldrama" geführt.

In der therapeutischen Sitzung wird der Klient über einfache Entspannungstechniken (z.B. Autogenes Training) in einen leichten Trancezustand versetzt und aufgefordert, sich mit geschlossenen Augen in ein bestimmtes „Bild" einzufinden. Beispielsweise gibt der Therapeut das Motiv „Wiese" vor, das vom Klienten aufgegriffen und nach Belieben ausphantasiert wird; was immer ihm vor Augen tritt, bringt er unmittelbar zu Wort. Der Therapeut lenkt das Geschehen mit suggestiven Fragen und Einwürfen:

> Therapeut: Versuchen Sie sich doch einmal eine Wiese vorzustellen, irgendeine Wiese oder was sonst vor die Augen kommen will.
> Klientin: Ich sehe eher ein Stoppelfeld mit abgebrannten Stoppeln, die Erde ist schwarz, verbrannt, hin und wieder steht noch eine Stoppel aus der Erde heraus. Es ist sehr öde, sehr verlassen, sehr verkommen.
> Therapeut: Und wie ist das Wetter?
> Klientin: Grau, der Himmel ist grau, ist bedeckt.
> Therapeut: Schauen Sie sich bitte einmal um, wie das Ganze begrenzt ist.
> Klientin: An der einen Seite des Stoppelfeldes ist ein Wald und an den anderen Seiten ist es von einem Zaun eingegrenzt, von einem Jägerzaun.
> Therapeut: Und wie wirkt das Ganze stimmungsmäßig auf Sie?
> Klientin: (...) Das Feld bedrückt mich, der Zaun bedrückt mich, er engt mich irgendwie ein; - er kommt, - er kommt auch immer näher auf mich zu, macht das Feld kleiner, und ich möchte auf den Wald zulaufen. Ich kann nicht, ich bin mit den Füßen verwurzelt in dieser verbrannten Erde, ich möchte die Füße herauszerren aus dem Boden, aber es geht doch nur schwer. Der Boden ist zäh, und er zieht meine Füße immer wieder zurück, und der Zaun kommt langsam immer näher, und ich bekomme Angst, daß er mich ganz einschließt.
> Therapeut: Ja, vielleicht gehen Sie doch einmal an den Rand des Waldes, gehen am Waldrand entlang und werden da irgendwo ein Bächlein finden.
> Klientin: Ja, ich sehe ein Rinnsal eher als ein Bächlein (...)
> Therapeut: Und bitte versuchen Sie doch einmal, das Rinnsal zu verfolgen.

> Klientin: Ja, wo der Wald zu Ende ist, verbreitert sich das Rinnsal und wird zu einem Strom, ein großer Strom mit Stromschnellen.
> Therapeut: Wie wirkt der Strom auf Sie, stimmungsmäßig, gefühlsmäßig?
> Klientin: Reißend und vernichtend, herabzerrend, verschlingend, ja mitreißend. (...) Ich komme an einen Wasserfall, er fällt ganz steil eine Wand ab, eine Felswand, das Wasser fällt herunter, kommt aber unten nicht an. Es hört in der Mitte dieser Felswand auf, Eiszapfen werden daraus. Es friert, das Wasser friert, in der Mitte (...)
> Therapeut (...) An dieser Stelle wollen wir zunächst abbrechen. Sie nehmen nun die Übung zurück nach Art des Autogenen Trainings. Bitte ballen Sie beide Fäuste, nun beugen und strecken Sie die Arme dreimal kräftig, - - - und bitte ganz tief einatmen und die Augen öffnen. Dann sind Sie wieder vollkommen da, zurückgekehrt aus der inneren Bilderwelt in die Wirklichkeit. Der Kopf ist klar. Sie sind hellwach und frisch.[1331]

Die Klientin wird nun aufgefordert, über ihr Erleben frei assoziativ zu berichten, der Therapeut liefert dazu tiefenpsychologische Deutungen. In der Regel wird der bis zu vierzig Minuten dauernde „Bilderteil“ einer Sitzung in einem zehnminütigen Gesprächsteil „bearbeitet“. In die therapeutische „Deutung“ fließen, O-Ton Leuner, folgende Gedanken ein: Das Stoppelfeld, im Gegensatz zum üblicherweise auftauchenden Bild einer blühenden Wiese, zeige eine „vom Absterben gezeichnete Szenerie der Natur, (...) darin signalisiert sich stimmungsmäßig so etwas wie Trostlosigkeit, Traurigkeit, also Depression. (...) Wiederum ist diese Gesamtszene nicht total hoffnungslos, sondern ein Hoffnungsschimmer geht von einem Teil des katathymen Panoramas aus, nämlich von der Baumwelt, vom Wald. (...) Der Bach drückt in der Regel so etwas wie das Moment der fließenden seelischen Entwicklung, der inneren Kontinuität und das Wasser so viel wie ein spendendes, fruchtbares Element aus. Im vorliegenden Fall ist davon allerdings wenig übriggeblieben. Der organische Fluß des Bachlaufes ist gebrochen durch den Absturz der Wassermassen in dem Wasserfall, und das spendende, fruchtbare Element des Wassers ist eigentlich geradezu aufgehoben, ins Gegenteil verkehrt, wenn das Wasser, zu einem Eiszapfen erstarrt, ein hohes Maß an Kälte ausdrückt. Wir können vermuten, daß die Betreffende in ihrer Kindheit persönliche Kälte erfahren haben muß, (...) worunter der emotionale Fluß ihrer eigenen Psyche leidet. (...) Geradezu alarmierend wirkt schließlich der einengende Zaun, der auf sie zukommt. (...) Das Moment der Einengung kann Beziehung haben zu Angst und zu einer zwanghaften Strukturkomponente in der Persönlichkeit. (...) Das Festgewachsen-Sein an der Erde ('Mutter Erde') mag irgendwie mit der starken Bindung an die Mutter und deren Erziehungsprinzipien und Idealen in Zusammenhang stehen, aufgrund deren ihre eigentliche Beweglichkeit und Eigenständigkeit behindert ist.“[1332]

In der „Unterstufe“ des KB wird mit den aufeinander aufbauenden Motiven „Wiese“, „Bach“, „Berg“, „Haus“ und „Waldrand“ gearbeitet, denen jeweils eine besondere Bedeutung zugeschrieben wird. Der „Berg“ etwa stehe für die Art des Klienten, mit Problemen umzugehen: „Besonders ehrgeizige Menschen imaginieren einen hohen, mühsam zu ersteigenden Berg. (...) Störungen des Aufstiegs können darin bestehen, daß der Weg morastig ist und der

Patient immer wieder abrutscht, daß der Weg überhaupt nicht auf einen Berg führt, sondern (wie bei einem deprimierten Patienten) immer tiefer in einen dunklen Wald hinein. (...) Ein anderes Charakteristikum kann die Vermeidung des Aufstiegs überhaupt sein. Besonders hysterisch strukturierte Patienten haben Phantasie genug, statt des mühseligen Schritt-für-Schritt-Aufstieges diesen in der Phantasie zu überspringen, um den Therapeuten damit zu überraschen, daß sie 'schon oben angekommen sind'." Psychodynamisch besehen bedeute die Bergbesteigung „so viel wie Identifikation mit einer wichtigen väterlichen Figur aus dem Leben des Betreffenden. Indem der Patient den Gipfel des Berges erreicht, stellt er sich gewissermaßen auf die dem Vater zuerkannte Position."[1333] Das „Haus" stehe als „Metapher der eigenen Person" des Klienten, der aufgefordert wird, die verschiedenen Räume darzustellen: „Besondere Bedeutung kommt dem Schlafzimmer zu als einem Intimbereich, in dem vielfältige Details über die partnerschaftliche Beziehung des Patienten bis hin zur erotisch-sexuellen Bindung zum Ausdruck kommen. Von besonderem Interesse ist die Frage, ob zwei Betten vorhanden sind und wie sie zueinander stehen oder ein Französisches Bett. (...) Aber auch eine Untersuchung des Inhaltes der Schränke, der Nachttischchen oder anderer Möbel fördert interessante Hinweise. (...) Da bei neurotischen Menschen das ödipale Problem, also die Bindung des Sohnes an die Mutter und der Tochter an den Vater, häufig nicht gelöst ist, finden wir in diesen Fällen auch ein Nebeneinander der Kleider oder Schuhe einer Patientin mit denen eines älteren Mannes, der ihr Vater sein könnte, und umgekehrt eines jungen Mannes mit Kleidern einer älteren Frau, die seine Mutter sein könnte."[1334] Der „Waldrand", an dem das Erscheinen irgendwelcher Tiere oder Märchenfiguren (Räuber, Riesen, Feen, Zwerge, Hexen etc.) suggeriert wird, erlaube dem Klienten „relativ gezielt unbewußtes Material zu fördern". Ziel der Arbeit sei es, „sich darstellende Symbolgestalten aus dem Wald heraus auf die Wiese zu bringen, gewissermaßen aus dem Unbewußten in die Helle der Bewußtheit".[1335]

Die fünf Motive der „Grundstufe", so Leuner, böten ein „therapeutisches Repertoire, mit dessen Hilfe allein eine voll ausgeprägte und qualitativ hochstehende Kurztherapie [15 bis 50 Sitzungen, C.G.] durchgeführt werden kann". In der „Mittelstufe" wird der Klient aufgefordert, Motivvorgaben zu „Bezugspersonen", „Sexualität", „Aggressivität" und „Ich-Ideal" zu „bebildern". Das Motiv „Sexualität" wird bei weiblichen Klienten eingeführt durch die suggerierte Vorstellung, auf einer einsamen Straße zu wandern und von einem Autofahrer mitgenommen zu werden. Männlichen Klienten wird als Eingangsbild suggeriert, sie pflückten von einem Rosenbusch eine Rose ab: Die Ausprägung der Blüten, das Zögern des Patienten, seine Angst, sich zu stechen usw. gäben wichtige Aufschlüsse über sein Seelenleben. Beim Motiv „Aggressivität" wird der Klient angehalten, einen Löwen zu imaginieren, der sich entweder in einem Käfig, in einem Zirkus oder am Rande des Dschungels bewegt.

Die „Oberstufe" gibt drei weitere Motive vor: Über das Bild der „Höhle" bzw. des „Schlammloches" sollen, ähnlich wie am „Waldrand", „Symbolgestalten freigesetzt (werden), die vorzugsweise archaischen Charakter haben. Während das Höhlenmotiv den weiblichen Genitalaspekt im Sinne des Muttermundes und die Höhle selbst den Uterus verkörpert, steht das Sumpfloch symbolisch dem Thema der unreifen bzw. stark infantilen Sexualität im

Sinne der Analerotik nahe. Symbolgestalten, die aus dem Sumpfloch kommen, haben meistens Beziehungen zum ödipalen Problem, bei weiblichen Patienten zur väterlichen sexuellen Welt, bei männlichen zur mütterlichen."[1336] Hinzu kommen die Bilder des „Vulkans" und des „Folianten", eines alten Buches; gelegentlich wird auch mit Märchenmotiven gearbeitet.

Die (berufsbegleitende) Ausbildung der KB-Therapeuten, aufbauend auf einem abgeschlossenen Fachstudium, umfaßt in der Regel drei Jahre. Allerdings ist nur bei Ärzten oder Diplompsychologen, die KB über die Kasse abzurechnen befugt sind, zu erwarten, daß sie solch einigermaßen fundierte Ausbildung (unabhängig vom bestreitbaren Wert tiefenpsychologischen Herangehens an sich) absolviert haben. In der Praxis werden vielfach einzelne KB-Elemente zur Anreicherung anderer Verfahren benutzt, die Qualifikation dazu sprechen sich die jeweiligen „Therapeuten" oft schon nach dem Besuch eines einzigen Wochenend-Workshops zu. Das esoterische ⇨ *Zentrum für Naturheilkunde* in München etwa, eine Privatschule für Heilpraktiker, leistet dem massiven Vorschub: Unter den zahllosen „Fortbildungen" in Astrologie, Geistheilung oder Tarotkartenlesen findet sich auch ein zweitägiger KB-Kurs, bei dem die Teilnehmer (angeblich) lernen, „in der Welt der Imagination (...) Handlungen und Leistungen [zu] vollziehen, die heilenden Charakter haben";[1337] Leiterin des Kurses ist die Reinkarnationstherapeutin Gina Kaestele, Ex-Mitarbeiterin von Positivdenker Erhard Freitag und langjährige Schülerin der New-Age-Prophetin Chris Griscom. Derart „ausgebildete" Praktiker sind natürlich nicht ansatzweise befähigt, mit möglicherweise sich freisetzendem Affektmaterial angemessen umzugehen, unabhängig davon, daß sie keine Ahnung von Diagnose- und/oder Indikationsstellung haben. Sie bedeuten ein enormes Risiko für ihre gutgläubige Klientel: Durch den (unqualifizierten) Einsatz von KB können sich bei Menschen mit Depressionen, Ängsten oder auch latenter Schizophrenie die Beschwerden akut verschlimmern, es kann zum Abgleiten in psychotische Wahnvorstellungen kommen.[1338] Leuner selbst warnt vor den Gefahren des KB, wenn etwa eine „maskierte narzißtische bzw. Borderline-Persönlichkeit nicht rechtzeitig erkannt wird und durch Anwendung des Verfahrens regressive oder infantile Anteile des Ich den Patienten mit archaischem Bildmaterial überschwemmen".[1339]

Aber selbst in der Hand „ordentlich" qualifizierter KB-Therapeuten kann das Verfahren nicht den Versprechungen genügen, unter denen es antritt. Obgleich KB bereits seit über vierzig Jahren betrieben wird und seit Jahren als kassenanerkanntes Verfahren gilt, liegen bis heute nur zwei (!) Effizienzstudien vor: Die eine davon legt eine Wirksamkeit bei der Behandlung von psychosomatischen Störungen und Angstzuständen nahe, ermangelt aber eines Kontrollgruppenvergleiches; die andere zeigt lediglich, daß in der Behandlung von Phobikern kein Unterschied zu Systematischer Desensibilisierung besteht. Die Befundlage, wie Therapieeffizienzforscher Klaus Grawe feststellt, „ist nicht eben eindrucksvoll".[1340] All die Behauptungen, KB habe sich als besonders geeignet erwiesen zur Behandlung von „charakterneurotischen Anpassungsstörungen, Zwangsneurosen, narzißtischen Störungen, Herzneurosen, Magersucht" etc.[1341], entbehren jeden ernsthaften Belegs.

Insgesamt kommt KB, fixiert auf Leuner und die von diesem vertretene Psychoanalyse der 1950er und frühen 1960er Jahre, sehr altbacken daher: Es ist ziemlich unwahrscheinlich, daß das „Mitgenommenwerden im Sportwagen" bei heutigen Frauen - sofern es das je tat - noch irgendwelche Sexualphantasien auslöst. Auch in einem Mitte der 1990er erschienenen Buch zu „innovativem" KB, in dem viel von „neuen Wegen", „neuen Motiven", „neuen Bezeichnungen" die Rede ist, finden sich Erkenntnisse wie die, daß das Bild eines Bettes (in der Behandlung präpubertärer Knaben) auf „sexuelle Bedürfnisse" hinweise, „obwohl das Latenzalter eher eine Phase der sexuellen Schonzeit ist"; desweiteren bedeute das Bett den „Mutterschoß, in den sich der Bub mehr als das Mädchen zurücksehnt".[1342] Das altmodische (um nicht zu sagen: reaktionäre) Erscheinungsbild des Verfahrens - es hat große Ähnlichkeit mit der völlig überholten (unter Esoterikern aber häufig praktizierten) Traumarbeit nach Freud oder Jung - darf allerdings nicht über die beschriebenen Risiken hinwegtäuschen.[1343] KB wird neuerdings auch als „Katathym-imaginative Psychotherapie" (KiP) bezeichnet, was inhaltlich aber keine erkennbare Fortentwicklung bedeutet. Auch die als „Imageneering" oder „Personal Totem Pole Process" bekanntgewordenen Ansätze, desgleichen die sogenannte „Psychoanamnese" (ein vorgeblich eigenständiges Verfahren der Kurzzeittherapie), stellen nichts anderes dar, als begrifflich etwas umgemodeltes KB.

Seit geraumer Zeit wird im deutschsprachigen Raum auch die sogenannte „Musikgeleitete Imaginationstherapie" (*Guided Imagery & Music*/GIM) angeboten, ein von der amerikanischen Musiktherapeutin Helen Bonny entwickeltes Verfahren (auch als „Bonny-Methode" bekannt), das als Vehikel der katathymen „Innenweltreise" ausgewählte Musikstücke verwendet. Wie in der regulären KB-Arbeit wird der Klient aufgefordert, frei assoziativ über seine beim Hören der jeweiligen Musik auftauchenden Gedanken, Gefühle und inneren Bilder zu berichten; der Therapeut dirigiert den Verlauf des katathymen Erlebens über tiefenpsychologisch-suggestive Fragen und Einwürfe.

Gelegentlich wird das Katathyme Bilderleben verwechselt mit dem „Aktiven Klarträumen" des Frankfurter Psychologen Paul Tholey (*1937), mit dem es allerdings nur marginale Gemeinsamkeit aufweist. Tholeys Versuch, über bewußte Kontaktnahme zu den Gestalten nächtlichen Traumgeschehens diese zur Mitwirkung an der Lösung aktueller Lebenspro bleme zu bewegen, kann bestenfalls als Hilfstechnik im Rahmen eines (gestalt)therapeuti schen Gesamtkonzepts Geltung zukommen.[1344]

5.28.1. Visualisierungsreisen

„Bildern" gilt als wesentlicher Bestandteil esoterisch ausgerichteter Selbsterfahrungsgruppen. Die Teilnehmer werden hierbei (oftmals über Tonband) durch thematisch vorbestimmte Visualisierungen geführt, die ihnen selbst nur wenig Spielraum zur Entfaltung eigener Phantasie lassen. Auf einer „Lichtreise" etwa, in der es mithin um die Begegnung mit einem „Spirituellen Führer" geht, wird nach Induktion einer leichten Trance suggeriert, die Teilnehmer befänden sich auf einer blühenden Wiese:

> „Schau dich um. Dort steht eine Gruppe großer Gänseblümchen. Siehst du sie? (...) Pflücke eins mit einem langen Stengel. Nimm den Stengel zwischen deine Handflächen. Fühle die warme Sonne auf deiner Stirn. (...) Fang an, den Stengel des Gänseblümchens schneller und schneller zwischen deinen Handflächen kreisen zu lassen,

> schneller und schneller und schneller und schneller. Und schau (Pause), es hebt dich sanft vom Boden und den Sonnenstrahl hinauf. Das schnelldrehende Gänseblümchen hat eine magische Wirkung. Du schwebst nach oben, höher und höher und höher und noch höher. Du näherst dich der Sonne. Und jetzt stehst du auf festem Boden genau vor der Sonne. (...) Jetzt schwebst du in die Sonne hinein und gehst in ihr umher. Atme die Energie der Sonne tief ein. (...) Schau, ein schöner Fremder oder eine schöne Fremde - jemand, den oder die du noch nie gesehen oder von der oder dem du noch nie gehört hast, jemand, den du nicht kennst, ein neutraler Freund kommt auf dich zu, (...) laß dich jetzt in die Arme deines neuen Freundes gleiten, denn du bist soeben deinem Spirituellen Führer begegnet, deinem Mentor. Manche nennen ihn oder sie den Schutzengel. Dein Spiritueller Führer breitet jetzt die Arme aus. (...) Bitte deinen Spirituellen Führer oder Deine Spirituelle Führerin dir telepathisch seinen oder ihren Namen zu sagen. (...) Dein Spiritueller Führer oder deine Spirituelle Führerin legt jetzt die Hände über den Kopf deines Spirituellen Selbstes und wirkt in einer liebevollen Segnung als Sender, Wandler und Spender von Energie, die vom Licht durch ihn oder sie auf dein Spirituelles Selbst übertragen wird."[1345]

Im Gegensatz zur Arbeit des ⇨ Katathymen Bilderlebens werden die bei „geführten Meditationen" oder „Visualisierungen" gemachten Erfahrungen nicht weiter bearbeitet. Das Risiko unerwünschter Folgeerscheinungen wird dadurch enorm erhöht.

Als nicht unbedenklich gelten insofern auch die „Trancereisen" auf Kassetten und CDs (neuerdings auch auf Video bzw. CD-ROM), die der esoterische Fachhandel zu jedem nur erdenklichen Thema bereithält: Verdauungs-, Sucht-, Schlaf-, Rücken-, Gewichts- oder Frauenprobleme, Allergien, Migräne, gar Krebs: keine Störung oder Erkrankung, für die nicht etwa ⇨ Rüdiger Dahlke eine „Heilmeditation" anböte.[1346] Bei unbegleitetem Gebrauch solcher *tapes* - unabhängig davon, daß die behaupteten Heileffekte durch nichts belegt sind - besteht die Gefahr, daß die Benutzer aus der induzierten Trance nicht oder nicht vollständig in die Realität zurückfinden. Besonders problematisch sind Tranceinduktionen, die über eine Manipulation des Atems vonstatten gehen: Von Tonträgern mit „Atemmeditationen", wie sie etwa Rebirthinglehrer ⇨ Konrad Halbig vertreibt, ist entschieden abzuraten.[1347]

Zu den Visualisierungsreisen, im Kontext (pseudo)schamanistischer Arbeit auch als „Tattwa-Therapie" bekannt, zählen mithin sogenannte „Farbheilmeditationen": „Nun stellen Sie sich vor, wie durch Ihren Scheitel ein strahlend weißes Licht in Ihren Körper einströmt. Jede Zelle Ihres Körpers wird von diesem weißen Licht erfüllt. (...) Durch das Einatmen des Lichts reinigen wir unsere Aura und erhöhen die Schwingungen. Jetzt atmen wir nacheinander statt des Lichtes Farben ein, zuerst Rot, ein intensives, leuchtendes Rot, das in alle unsere Poren einströmt. Das ganze Sein ist erfüllt von dieser Farbe. Rot ist die Farbe des Wurzel-, Basis- oder Muladhara-Chakras. Jetzt verblaßt das Rot, und wir atmen auf diese Weise die Farbe Orange ein. (...) Nun atmen wir auf die gleiche Weise die Farbe Gelb ein" und so weiter über Grün, Blau, Lila hin zu Violett.[1348] Über einen möglichen Entspannungseffekt hinaus ist der Wert solcher „Heilmeditationen" äußerst beschränkt.

Zu erwähnen ist an dieser Stelle die sogenannte Phyllis-Krystal-Methode, ein im deutschsprachigen Raum weitverbreitetes Verfahren, das wesentlich auf Visualisierungsarbeit beruht. Publik gemacht von einer britischen Hausfrau gleichen Namens geht es vor allem darum, eine Verbindung zum eigenen „Höheren Bewußtseins" - von Krystal als „Hi C" (= Higher Consciousness) bezeichnet - zu entwickeln und sich von dessen Weisheit leiten zu lassen. Ähnlich wie im ⇨ Hoffman-Quadrinity-Prozeß werden die Teilnehmer von Phyllis-Krystal-Gruppen „durch ein verspätetes Pubertätsritual geführt, das [sie] befähigen kann, überkommene Fesseln zu Eltern oder anderen Autoritätsfiguren (...) zu lösen".[1349] (Interessant ist insofern, daß Frau Krystal ausdrücklich als Anhängerin des indischen Sektengurus Sathya Sai Baba firmiert).

Seriös durchgeführte Visualisierungsübungen, wie sie aus der Psychoneuroimmunologie bekannt sind, können, beispielsweise in der Krebstherapie, durchaus hilfreich sein. Esoterische Trancereisen, zumal auf Tonband, haben damit nichts zu tun.

5.28.2. Synergetik-Therapie

Mit großem Werbeaufwand stellte Ende der 1980er der (Ex-)Osho-Rajneesh-Anhänger Bernd Joschko (*1951) sein selbstentwickeltes Verfahren der Synergetik-Therapie vor, eine auf musikinduzierter Entspannung beruhende „Arbeit mit inneren Bildern". Joschko, vormals Nachrichtentechniker beim Bundeskriminalamt, hatte im Zuge seines Kontaktes mit der Rajneesh-Szene seine innere Berufung als Therapeut entdeckt und in der Folge, mit finanzieller Unterstützung seines Vaters, das *Synergetische Therapiezentrum Kamala*, eine Art Privatklinik mit 45 Betten in der Nähe von Gießen (angeblich auf einem „Akupunkturpunkt der Erde" gelegen), begründet.

Joschkos Verfahren - bei Lichte besehen eine trivialisierte Form des ⇨ Katathymen Bilderlebens - wird von diesem mit einem Wust an Begrifflichkeiten aus Synergetik und Chaostheorie umgeben, mit denen er den Eindruck wissenschaftlicher Fundiertheit zu erwecken sucht; sein penetrantes Herumreiten auf irgendwelchen Autoritäten dient demselben Zweck: „In der Synergetik-Therapie werden die von Herman Haken gefundenen Naturgesetze der Synergetik - der Lehre vom Zusammenwirken - angewandt. Der Physikprofessor und Mathematiker Haken entdeckte in seiner Lasertheorie das Selbstorganisationsprinzip und konnte dieses auch mathematisch nachweisen."[1350] Joschko, so Joschko über sich selbst, habe eben dieses Prinzip in langjähriger Forschungsarbeit „auf die Funktionsweise des Gehirns" übertragen und dadurch eine Methodik geschaffen, mit der die „Medizin erstmalig eine wissenschaftliche Grundlage [hat], die alle neuen Systemansätze beinhaltet und nicht mehr auf der körperlichen Ebene Symptome bekämpfen muß, sondern direkt auf der Primärebene die Entstehung von Krankheiten ursächlich auflösen kann".[1351] In aller Bescheidenheit weist Joschko darauf hin, daß nicht nur er Großes geleistet habe, auch „der Chemiker und Physiker Prigogine und der Biochemiker Eigen erforschten Selbstorganisationsprozesse und bekamen Nobelpreise dafür".[1352]

Was in der Synergetik-Therapie tatsächlich gemacht wird, ist - in fast lachhaftem Kontrast zu Joschkos Großgetöne - denkbar simpel: Der Klient, versehen mit einer Augenbinde, liegt auf einer Pritsche. Mittels einer Entspannungskassette wird er in einen leichten Trancezustand versetzt und angeleitet, sich eine nach unten führende Treppe vorzustellen; an deren Ende befinde sich ein Gang mit einer Reihe an Türen, von denen er eine zu öffnen und den dahinterliegenden Raum zu beschreiben beauftragt wird. Er wird aufgefordert, mit den hierbei auftauchenden Bildern in eine Art Dialog zu treten, d.h., was immer ihm begegne, „direkt und in der Gegenwartsform" anzusprechen. Laut Joschko reduziere der „freilaufende synergetische Suchprozeß die immense Informationsmenge im Gehirn auf fraktale Informationsmuster und führt diese mit wenigen, aber wichtigen Organisationsparametern in einen Selbstorganisationsprozeß über. (...) So kann die Struktur eines jeden Konflikts oder jeder Krankheit vom Klienten selbst in einer freifließenden Innenweltreise mit Hilfe des begleitenden Therapeuten herausgearbeitet werden." Dessen Aufgabe bestehe in erster Linie darin, die jeweiligen Innenweltbilder des Klienten gezielt zu „destabilisieren". Joschko: „Alle in der Psyche eines Menschen enthaltenen Informationsmuster wie z.B. Kindheitserinnerungen, Symbol- und Reinkarnationsbilder sowie Bilder aus dem Kollektivpool und Informationen aus dem Morphogenetischen Feld (Sheldrake) stehen in ständiger Wechselwirkung miteinander und können durch Selbstorganisation in ihrer Informationsstruktur dauerhaft verändert werden. Sie verändern sich zu einer evolutionär höherwertigen Ordnungsstruktur und ziehen Selbstheilung auf der Körperebene nach sich. (...) Diese Grundannahme nutzt die Synergetik-Therapie zur Aufdeckung der im Gehirn des kranken Menschen verankerten fraktalen, neuronalen Informationsstrukturen. Verändert nun der Klient eigenverantwortlich unter Anleitung des Synergetik-Therapeuten (...) alle auftauchenden Innenweltbilder, so führt dies folgerichtig zu Selbstheilungsprozessen durch Selbstorganisation."[1353]

Konkret geht diese Veränderung - von Joschko als „Strukturkippung" bezeichnet - so vor sich, daß der Therapeut der inneren Bilderwelt des Klienten nach Belieben irgendwelche Aspekte oder Figuren, beispielsweise ein hilfreiches Tier oder eine gute Fee hinzufügt, oder durch das „Einlaufenlassen von Farbe" in das jeweilige Bild eine atmosphärische Veränderung herbeiführt: „Zielsetzung ist primär, den vorhandenen Ordnungszustand an den - in der Chaosforschung genau definierbaren - Springpunkt zu bringen, wo die Entstehung von Turbulenzen den Phasenübergang von Ordnung zum Chaos charakterisieren." Gelegentlich verwenden die Synergetik-Therapeuten hierzu auch einen eigenen Stock, mit dem sie, ähnlich wie Zen-Meister, dem Klienten auf den Kopf schlagen. Die auf diese Weise „destablisierte Energiestruktur" lasse ein „deterministisches Chaos" entstehen, aus dem heraus sich „zwangsläufig eine neue Ordnung entwickelt: Gesundheit ist Schicksal. Alle 'Schattenseiten' verwandeln sich automatisch und ergeben einen neuen Kontext." Die neue Wissenschaft der Psychoneuroimmunologie unterstreiche diese Arbeitsebene, da sie „allen psychischen Ereignissen eine neuronale Prägung zuschreibt und diese sind direkt mit immunologischen Reaktionen verknüpft, die wiederum gleichzeitig auf die Organebene und die körperlichen Strukturebene weiterwirken."[1354]

Neben der „freien Assoziation", bei der der Klient die Inhalte seines visualisierten Raumes zumindest teilweise selbst vorgibt, arbeitet die Synergetik-Therapie auch mit feststehenden Bildern, etwa dem des „Inneren Löwen", dem auf der „Trancereise" zu begegnen sei, oder mit dem Bild der „Inneren Frau" (bei männlichen Klienten) respektive des „Inneren Mannes" (bei weiblichen Klienten). Derlei Bilder, so Joschko, dienten dem Training bzw. der Nachentwicklung bestimmter Fähigkeiten (Löwe: Aggession/Durchsetzungskraft).

Trotz aller Zweifelhaftigkeit der Synergetik-Therapie hat diese außerordentlich hohe Popularität gewonnen. Der Grund dafür liegt insbesondere in der flächendeckenden und aufwendigen Werbung, die Joschko seit je betreibt; auch in seiner Vereinnahmung sämtlicher nur denkbaren Szenegurus, auf die er sich - ob in jedem Fall mit deren Einwilligung sei dahingestellt - in seinen Werbebroschüren bezieht: Paul Lowe (Teertha), Frank Natale, Gerd Ziegler, Alan Lowen, John Pierrakos, Stèphano Sabetti, Margo Naslednikov, Ji Kwang Dae Poep Sa Nim, Gerda Boyesen, Felicitas Goodman, Phyllis Lei Furumoto (Reiki-Großmeisterin) und zahllose andere. Die Seriosität suggerierende Begrifflichkeit und Aufmachung seines Verfahrens, deren Pseudowissenschaftlichkeit der Laie kaum durchschauen kann, tut ein übriges.

Joschko und die von ihm ausgebildeten „Therapeuten", die mehrheitlich weder über eine Qualifikation noch eine Zulassung zur Ausübung der Heilkunde verfügen, arbeiten mit einem simplen Trick zur Umgehung der rechtlichen Bestimmungen: Sie definieren ihre Tätigkeit schlicht als „Anleitung zur Selbstheilung", die als solche nicht dem Heilpraktikergesetz unterliege. Vor diesem Hintergrund bietet Joschko ungeniert „Therapieaufenthalte" in seinem *Kamala-Zentrum* an (eine Woche mit sieben Einzelsitzungen 2.230 Mark), die er „bei nahezu allen Krankheiten und psychischen Störungen" für angezeigt hält (von Asthma und Herzrhythmusstörungen über Neurodermitis, Multiple Sklerose und Tinnitus hin zu AIDS und sämtlichen Formen von Krebs; darüberhinaus bei Depressionen, Folgen von Unfällen oder Schock, sexuellem Mißbrauch, Lern- und Verhaltensstörungen, Suchterkrankungen undsoweiterundsofort[1355]). Die Patienten des *Synergetischen Therapiezentrums* werden konsequenterweise nicht als solche sondern als „Gäste" bezeichnet. 33.000 Gäste-Übernachtungen, so Joschko in einer Werbeverlautbarung von 1999, habe sein Haus in den zurückliegenden zehn Jahren zu verzeichnen gehabt. Und dies offenbar ohne daß das zuständige Gesundheitsamt oder die Staatsanwaltschaft einen Grund gesehen hätten, einzuschreiten.

Seit Mitte der 1990er bildet Joschko, zusammen mit einer gewissen Bettina Kimpflbeck („Spezialistin für sexuelle Störungen"), auch Synergetik-Therapeuten aus. Auch hier wird großer Wert auf die Feststellung gelegt, daß „diese selbständige Arbeit nicht dem Heilpraktikergesetz [unterliegt], da nicht behandelt wird". Die Grundausbildung in Synergetik-Therapie, zugängig für Laien ohne die geringste medizinische oder psychologische Vorbildung, dauert fünfundzwanzig Tage, zahlreiche „TherapeutInnen" quer durch die Bundesrepublik bieten inzwischen entsprechende Dienstleistungen an. Die von Joschkos hauseigenem Team vorgelegten „Forschungsergebnisse" über synergetische „Heilungsprozesse auch bei sogenannten unheilbaren Krankheiten" entbehren jeder wissenschaftlichen Tragfähigkeit. Mit seriös angewandter Psychoneuroimmunologie hat Synergetik-Therapie nicht das geringste zu tun.

5.29. Kinesiologie

Im Zentrum der „Angewandten Kinesiologie“ (kínesis: griech.= Bewegung) steht der sogenannte „Muskeltest“ (*Muscle Coaching*), entwickelt in den 1960er Jahren von dem amerikanischen Chiropraktiker George Goodheart (der dabei auf ein längst obsoletes Verfahren nach van Assche zurückgriff): Der Therapeut fordert den Klienten auf, einen Arm im rechten Winkel zur Seite zu halten, legt dann seine Hand auf dessen Handgelenk und versucht, den Arm gegen den Widerstand des Klienten nach unten zu drücken. Normalerweise kann dieser dem Druck ohne weiteres standhalten, der Arm bleibt im Schultergelenk „eingerastet“. Halte der Klient nun in der anderen Hand eine „schädliche Substanz“ - ein giftiges Nahrungsmittel (z.B. Zucker) oder ein ungeeignetes Medikament -, so ließe sich der Testarm leicht nach unten drücken. Der „Stressor“ blockiere die durch den Körper fließende Energie, sämtliche Muskeln - der Test wird nur aus Gründen der Praktikabilität am Oberarm durchgeführt - würden schlagartig geschwächt. Krankheiten jeder Art könnten auf diese Weise „blitzschnell“ diagnostiziert werden: Der Klient legt seine Hand auf einen möglichen Problembereich seines Körpers und läßt den Armtest an sich vornehmen; bei tatsächlicher Störung erweise sich der Muskel sofort als „schwach“. Allein der Gedanke an ein möglicherweise erkranktes Organ schwäche den Testmuskel, sofern dieses in der Tat erkrankt sei. Der Therapeut befragt hierzu den Klienten detailliert nach seinem körperlichen Gesundheitszustand und führt zugleich den Muskeltest durch: Ein geschwächter Muskel signalisiere allemal ein Problem in dem fraglichen Bereich, denn: „Der Körper lügt nie“.[1356] Selbstverständlich könnten auch seelische Befindlichkeitsstörungen auf diese Weise diagnostiziert werden: So erlaube etwa die Aufforderung, an den Ehepartner zu denken, über einen gleichzeitig durchgeführten Muskeltest eine exakte Aussage über den Zustand der Beziehung. Der Muskeltest - über einen Bestseller des australischen Goodheart-Schülers John Diamond (*Your Body Doesn't Lie*) Anfang der 1980er zu weltweiter Popularität geführt (und seither auch als „Diamond-Methode“ bekannt) - wird von zahllosen Heilpraktikern zur Diagnose sowie zur Indikationsstellung bestimmter Medikamente oder Heilverfahren eingesetzt: „Kinesiologie heißt nicht zu raten, zu vermuten, aus Erfahrung zu empfehlen, sondern sich über den Muskeltest Gewißheit zu verschaffen. Dieses Höchstmaß an Objektivität gibt die Sicherheit, daß das, was man tut, wirklich auf den Betreffenden abgestimmt ist und zum Erfolg führt.“[1357] Zur Findung eines geeigneten (vorzugsweise homöopathischen) Medikaments, eines Bach-Blütenmittels, eines Heil-Edelsteins und dergleichen, nimmt der Klient ein Fläschchen beziehungsweise einen Stein nach dem anderen in die Hand und läßt den Muskeltest ausführen: Das Mittel, bei dem der Arm in der Schulter „eingerastet“ bleibe, erweise sich ebendadurch als geeignet.

Goodheart-Schüler John Thie stellte Anfang der 1970er ein kinesiologisches Therapieprogramm vor, das unter dem Namen „Touch for Health“ (Gesund durch Berührung) energetische Blockaden im Körper aufzulösen vorgibt, die, bedingt durch eine Vielzahl bewußter und unbewußter „Stressoren“, Ursache sämtlicher körperlicher und seelischer Probleme seien. Als Stressor gilt der Kinesiologie jeder störende oder schädigende Einfluß - meßbar durch den Muskeltest -, unabhängig davon, ob der Betroffene ihn überhaupt wahrnimmt und/oder tatsächlich als solchen empfindet. Zur Behandlung werden auf der Grundlage der chinesischen Meridianlehre bestimmte Punkte mittels einer Art Akupressurmassage - weitgehend identisch mit der japanischen Fingerdruckmassage des ⇨ Shiatsu - gedrückt. Zur Therapie beispielsweise von Darmparasiten müsse „man nur den ersten Punkt des Milzmeridians reiben. Dieser Punkt liegt auf der Innenseite des großen Zehs, nahe des Nagels“.[1358] Eine Einzelbehandlung kostet rund 100 Mark, eine 12-tägige „Ausbildung“ zum „zertifizierten Instruktor des International Kinesiology College“ 2.390 Mark. Sehr viel preisgünstiger ist da ein zweiteiliger Video-„Intensivkurs“, den der „Psychokinesiologe“ Dietrich Klinghardt für 89 Mark auf den Markt gebracht hat.

Der Amerikaner Paul E. Dennison erweiterte die kinesiologische Angebotspalette um die sogenannte „Edu-Kinestetik“, ein Set simpler Gymnastikübungen („Schwingen mit dem Oberkörper“ oder „Mit den Armen eine liegende 8 in die Luft malen“), die, verbunden mit sogenannten „Brain-Gym“-Übungen, den „Schwerkraft-Antischwerkraft-Energiefluß“ ausbalancieren und damit eine „Verbindung der beiden Gehirnhälften“ herstellen sollen.[1359] Mit „Edu-Kinestetik“ und „Brain-Gym“ macht Kinesiologie sich seit Jahren im lukrativen Nachhilfe- und Lernförderungsmarkt breit, auf dem allein in Deutschland jährlich zwei bis drei Milliarden Mark umgesetzt werden.[1360] Als szenetypisch gilt insofern die Münchner „Lernberaterin P.P.“ Daniela Kreitmeir, die über eine eigene *Praxis für Pädagogik und Kinesiologie* Hilfe anbietet u.a. bei „emotionaler Belastung, Streß, körperlichen Auffälligkeiten, Lernstörungen, Konzentrationsschwäche und Lebenskrisen“. Anstelle eines Qualifikationsnachweises verweist Frau Kreitmeir auf ihre Mitgliedschaft in der *Europäischen Gesellschaft für Praktische Pädagogik e.V.* (einem gänzlich unbedeutenden Privatverein).[1361]

Mit Brain-Gym-Übungen der folgenden Art sollen „Lernblockaden“ und „legasthenische Störungen“ abgebaut werden: „Mit je 2 Fingern den Rand des Schambeins und mit weiteren 2 Fingern die Unterlippe für 30 sec. halten. Dies hilft, besser geerdet zu sein, hält den Körper entspannt und den Geist wach. Es ermöglicht, nach unten zu sehen, ohne daß die Augenenergien abschalten (‘Erdknöpfe’, Zentralmeridian); Mit 2 Fingern das Steißbein und mit 2 weiteren Fingern die Oberlippe für 30 sec. halten. Dies verhilft zu einer besseren Raumorientierung und hält dich offen für Informationen von außen (‘Raumknöpfe’, Gouverneursmeridian); Dehne und ziehe die Ohren sanft von innen nach außen und von oben nach unten. So kannst Du besser zuhören (‘Denkmütze’).“[1362] Edu-Kinestetik wird von unzähligen Lehrern und Heilpädagogen praktiziert, bis heute ist das Verfahren in einigen Bundes ländern offizieller Bestandteil der Lehrerfortbildung. Das *Bayerische Staatsinstitut für Schulpädagogik und Bildungsforschung*, ausnahmsweise einmal Vorreiter in Sachen Esoterikkritik, hat Ende 1997 in einer eigenen Aufklärungsbroschüre Kinesiologie bzw. Edu-Kinestetik als „derartige Versimplifizierung und Verfälschung der Vorgänge des zentralen Nervensystems“ bezeichnet, daß die „Aufnahme so erklärter diagnostischer und therapeutischer Techniken zum Umgang mit Kindern in hohem Maß beunruhigen muß“. Es handle sich um gänzlich unseriöse Verfahren, die unter dem Deckmantel einer „praktischen Pädagogik“ unbrauchbares esoterisches Gedankengut verbreiteten. Höchst „befremdend“ sei es, wie damit „bei Betroffenen nicht erfüllbare Hoffnungen“ geweckt würden.[1363] Auch der *Bundesverband Legasthenie* wies in einem Rundschreiben darauf hin, die von Dennison und seinen Anhängern behauptete Wirksamkeit kinesiologischer Übungen sei ohne jeglichen Nachweis. Die Gemeinde gläubiger Edu-Kinesteten erinnere im übrigen an eine „sektenähnliche Vereinigung“[1364], eine Einschätzung, die der Schulpsychologe Hermann Meidinger ausdrücklich bestätigt: „Werden Sekten auch an dem Ausmaß gemessen, mit dem sie ihre Anhänger verführen, so können die Versprechen, mit denen Kinesiologen ihre Jünger ‘fangen’, durchaus nahelegen, die Kinesiologie zu diesen Gruppierungen zu zählen.“[1365] Weniger umständlich Wolfgang Hund vom *Bayerischen Lehrerinnen- und Lehrerverband*, der die Sache auf den Punkt bringt: Edu-Kinestetik sei schlicht ein „faules Ei“.[1366] (Im übrigen weist auch der Umgang Kinesiologiegläubiger mit Kritik in sektoide Richtung: Eine inhaltliche Auseinandersetzung findet nicht statt, Kritikern, selbst langjährig erfahrenen Fachleuten, wird prinzipiell vorgeworfen, sie hätten keine Ahnung von der Materie.[1367])

Ungeachtet der vorgetragenen Kritik - der *Berufsverband Deutscher Psychologen* (BDP) etwa warnt Eltern und Schulen, Kinesiologie sei nicht nur unnütz und teuer, sondern auch schädlich, wenn damit wertvolle Zeit für wirkliche Hilfe vertan werde[1368] - finden kinesiologische bzw. edu-kinestetische Praktiken zunehmende Verbreitung (mithin auch in der sprachtherapeutischen und logopädischen Praxis [die sich vielfach einer ganzen Reihe unhaltbarer Verfahren, vorneweg ⇨ NLP und Qi-Gong, bedient]). Es vollziehe sich, wie der österreichische Szenekritiker Heinz Zangerle anmerkt, ein von wirtschaftlichen Interessen angekurbeltes „‘roll-back’ zu alten, wissenschaftlich längst überwunden geglaubten“ Konzepten: Unter Rückgriff auf angestaubte Theorien aus den 1950er Jahren würden nahezu alle kindlichen Störungen mit „mangelndem Zusammenspiel der beiden Gehirnhälften“ oder einer „Blockade des Energieflusses“ erklärt; insofern werde bei der Diagnose wie auch bei der Behandlung „unter Verzicht auf eine Anamnese vorschnell allein am Kind als dem Symptomträger“ angesetzt. Der werbewirksam eingesetzte Begriff der „Ganzheitlichkeit“ sei vor diesem Hintergrund „glatter Etikettenschwindel“.[1369] Gänzlich unangefochten von solcher Kritik findet etwa die (in Fachkreisen durchaus renommierte) Sprachheilpädagogin Maria Meilinger, die sich und ihre Arbeit als wissenschaftlich „immer auf dem neuesten Stand“ hervorhebt, überhaupt nichts dabei, in ihrer kassenzugelassenen [!] *Praxis für Sprachtherapie und Psychotherapie* (bei München) nach wie vor und gänzlich unverhohlen auch kinesiologische Methodik einzusetzen (desgleichen wissenschaftlich ebenso unhaltbare Verfahren wie Hörtraining nach Warnke oder Neurofunktionelle Reorganisation nach Padovan [ein dem o.a. „BrainGym“ sehr ähnliches Verfahren]); selbst kinesiologische Aus- und Fortbildungsseminare finden nach wie vor in ihrer Praxis statt.[1370]

Zum kinesiologischen Verfahrenssortiment zählen überdies die sogenannten „Three-In-One-Concepts“ (entwickelt von den Kaliforniern Gordon Stokes und Daniel Whiteside): ein- bis viertägige Workshops, in denen zu bestimmten Schwerpunktthemen jeweils Sammelsurien teils hanebüchenster Vorstellungen nebst dazugehörigen Übungen präsentiert werden: „Under The Code“ bietet einen Schnellkursus in „Menschenkenntnis“ (einschließlich Schädelformanalyse), „Advanced One Brain“ führt in Bach-Blüten-, Chakren- und Edelsteinarbeit ein und „Structural Neurology“ soll zur „Arbeit mit Phobien, Suchtverhalten, Zwangsvorstellungen und Formen der Schmerzarbeit“ befähigen.[1371] Über hundert Themen-Workshops finden sich im Angebot der Kinesiologen, darunter „Childhood, Sexuality and 'Aging'" und „Taking Care of Business". Die Kosten eines Vier-Tage-Kurses liegen bei 650 Mark (zuzüglich Scriptgebühren), eine „Ausbildung" zum „Three-In-One"-Seminarleiter beläuft sich auf 5.720 Mark.[1372] (Als weitere vorgeblich „eigenständige" Verfahren werden u.a. „Applied Physiology" [Richard Utt], „Health Kinesiology" [Jimmy Scott] oder „Systemische Kinesiologie" (Annie Tilmant) gehandelt, die, außer einer Erweiterung des kinesiologischen Begriffsrepertoires, inhaltlich nichts Neues bieten.) Die „Three-In-One"-Kurse sind zur Vermittlung pädagogischer oder therapeutischer Kompetenz gänzlich ungeeignet. Sie befähigen und/oder befugen in klinischer Hinsicht zu gar nichts. Von nicht geringer Anmaßung ist insofern die Düsseldorfer Heilpraktikerschule *Ahnert* (Partnerschule von ⇨ *Thalamus*), die sich - ähnlich wie seit je die Dianetikwerbung von *Scientology* - zur Bewerbung ihrer Kinesiologietrainings eines Porträts von Albert Einstein bedient.[1373]

Die *Stiftung Warentest* rät von kinesiologischen Methoden, gleich welcher Form, entschieden ab: „Diagnostik mit Kinesiologie bringt das Risiko mit sich, daß Gesunde für krank und Kranke für gesund erklärt werden, daß unnötige Medikamente eingenommen, aber notwendige und wirksame Behandlungen versäumt werden."[1374] Es gibt keinerlei Nachweis für die angebliche Aussagekraft des Muskeltests; dessen Ergebnisse, wie unabhängige Studien zeigten, sind in erster Linie abhängig von der suggestiven Einwirkung des Heilers auf den Klienten.[1375] Das szeneübliche Vorgehen, die „Effizienz" alternativtherapeutischer Verfahren oder Heilmittel über kinesiologische Vorher-/Nachher-Muskeltests zu „belegen", ist reine Augenwischerei (und ebenso unbrauchbar wie all die sonstigen - meist zirkelschlüssig aufeinander verweisenden - „Belege" via Kirlianphotographie, Radiästhesie, Elektroakupunkturelle Hautwiderstandsmessung [nach Voll] etc.).

Die kinesiologische „Touch-for-Health"-Akupressur hat über einen allemal möglichen unspezifischen Entspannungseffekt hinaus keinerlei nachweisbare Wirkung. Für die tatsächliche Existenz der angenommenen Energiemeridiane oder Akupunkturpunkte gibt es bis heute keinen tragfähigen Beleg.

5.29.1. Audio-Psycho-Phonologie

Zur Behandlung psychosozial, motorisch oder auch sprachlich auffälliger Kinder wird in der Alternativheilerszene das Verfahren der sogenannten Audio-Psycho-Phonologie in den höchsten Tönen gepriesen, das, vorgestellt Anfang der 1960er von dem französischen Hals-Nasen-Ohren-Arzt Alfred A. Tomatis (*1920), Schulschwierigkeiten wie Dyskalkulie oder Legasthenie ebenso zu beheben verspricht wie Aufmerksamkeitsdefizite, Hyperaktivität oder Hyperkinesie („Zappelphilipp"-Syndrom); auch bei Entwicklungsverzögerungen Frühgeborener oder nach Geburtskomplikationen könnten enorme Erfolge erzielt werden, selbst autistische Verhaltensweisen, organische Behinderungen (Down-Syndrom) und Cerebralschäden seien mit der Tomatis-Methode behandelbar.

Tomatis behauptet, die Ursache für Entwicklungsdefizite oder für gestörtes Verhalten liege allemal in mangelhaft ausgeprägtem Horchvermögen: Werde der Fötus *in utero* nicht ausreichend durch die Stimme der Mutter stimuliert - bereits mit viereinhalb Monaten seien die Hörnerven voll funktionsfähig -, könne das Zentrale Nervensystem nicht wie erforderlich ausreifen, was *post natum* zu einer Vielzahl an Störungen und Wachstumsverzögerungen führe; deren Therapie bestehe logischerweise im Nachvollzug der intrauterin nicht vollständig absolvierten Entwicklungsschritte auditiver Wahrnehmung. Eine dergestalte Verbesserung der Horchfähigkeit, so Tomatis, gehe automatisch mit einer beschleunigten Entwicklung und einer positiven Veränderung des Verhaltens einher.[1376] Tomatis entwickelte hierfür ein eigenes Gerät, das sogenannte „elektronische Ohr", über das er dem Patienten ausgewählte Musik zuspielt (bevorzugt Mozart oder Gregorianik), deren tieffrequente Anteile (unter 4000 Hertz) herausgefiltert sind; gelegentlich wird auch die entsprechend gefilterte (Tonband-)Stimme der Mutter verwendet. Durch derlei individuell abgestimmte Reize würden die Hörzellen im Innenohr gezielt trainiert, was für die geordnete nervale Weiterleitung empfangener hochfrequenter Schallwellen an das Gehirn von entscheidender Bedeutung sei. Die insofern verbesserte - oder überhaupt erstmalige - Wahrnehmung hoher Frequenzen stimuliere das Gehirn in seiner Funktionsfähigkeit, wodurch Entwicklungsdefizite und Verhaltensstörungen sich dauerhaft ausglichen: „Geist, Seele und Körper werden ganzheitlich angesprochen und so die gesamte Persönlichkeit positiv beeinflußt." [sic!][1377]

Eine audio-psycho-phonologische Therapie nach Tomatis verläuft in zumindest drei Blöcken: Im ersten Block wird fünfzehn Tage hintereinander täglich zwei Stunden lang mit dem „elektronischen Ohr" gearbeitet, dann werden drei bis fünf Wochen Integrationspause eingelegt. Im zweiten Block wird acht Tage hintereinander täglich zwei Stunden gearbeitet, gefolgt von vier bis sechs Wochen Pause. Der dritte Block entspricht dem zweiten und kann, je nach Erfordernis (das vom Behandler festgestellt wird), eine nach oben offene Folge weiterer Acht-Tage-Einheiten nach sich ziehen. Die Kosten für die ersten drei Blöcke liegen bei rund 4.500 Mark.

Selbstredend wird die Tomatis-Methode - auch als „Listening Training Program" (LTP), „Audio-Psycho-Phonologie" (APP) oder schlicht als „Tomatis-Horchkur" bekannt - auch als Therapie für Erwachsene angeboten. Sie sei geeignet bei Kommunikations- und Selbstwertproblemen, bei Ängsten, chronischer Müdigkeit, Depression und einer Vielzahl weiterer psychischer und psychosomatischer Beschwerden. Unabdingbar sei eine Tomatis-Therapie für Schwangere, die dem Kinde dadurch eine mangelhafte Ausprägung des Horchvermögens nebst daraus erwachsenden späteren Problemen ersparen könnten. Gänzlich unverzichtbar sei sie auch für Sänger und Instrumentalisten, die auf diese Weise ihr Gehör fortbilden und verfeinern könnten. (In der Opern- und sonstigen Bühnenwelt hat Tomatis nachgerade „göttlichen" Status inne: Weltstars jedweder Sparte pilgern regelmäßig in seine Pariser Praxis.)

Das Tomatis-Verfahren der Audio-Psycho-Phonologie wird von Fachleuten äußerst kritisch gesehen. Von der HNO-Ärzteschaft Frankreichs offiziell abgelehnt, mußte Tomatis 1979 aus der Ärztekammer austreten und gilt seither nicht mehr als Arzt.[1378] Sein sogenanntes „elektronisches Ohr" wurde in einem Gerichtsverfahren entmystifiziert als einfacher Audiometer, dem keinerlei Therapiewirksamkeit zukomme. Auch die französische *Académie Nationale de Médicine*, die oberste ärztliche Aufsichtsbehörde des Landes, stellte nach eingehender Untersuchung fest: „Beim augenblicklichen Stand der Wissenschaft muß Herr

Tomatis den Wert seiner Methode noch beweisen. Unsere Aufgabe ist es, (...) auf den äußerst zweifelhaften Nutzen der Tomatis-Methode aufmerksam zu machen."[1379] In der *Yellow-Press* ebenso wie in Esoterik-Publikationen wird das Tomatis-Verfahren indes als eine der „genialen Erfindungen des Jahrhunderts" gepriesen, deren Anwendungsmöglichkeiten „ins Unerschöpfliche gewachsen" seien. In weltweit über zweihundert Instituten würden die Menschen von einer Therapie profitieren, die „im Schlafe gelingt".[1380]

In der BRD gibt es inzwischen sogar eine *Deutsche Fachgemeinschaft für Audio-Psycho-Phonologie* (FAPP), die sich um die Verbreitung der Tomatis-Lehren bemüht. Der *Bundesverband Legasthenie* führt das Horch-Training nach Tomatis, ebenso wie vergleichbare Verfahren (die sich von diesem allerdings vehement abgrenzen) nach Fred Warnke (Psychoakustik/Ursachentherapie) oder Christian A. Volf (Schall-/Klangtherapie/Neuroreflextherapie), auf seiner Liste wissenschaftlich fragwürdiger Ansätze. Gerade die von Warnke entwikkelten und über eine eigene *MediaTECH-Electronic GmbH* vertriebenen Therapiegeräte stoßen in Fachkreisen zunehmend auf Kritik: So verkauft Warnke u.a. ein 1.400 Mark teueres Behandlungsset, bestehend aus einem simplen Elektriker-Montagerohr aus Plastik, das auf der Hand balanciert wird, um die „Auge-Hand-Koordination" zu verbessern, sowie dem sogenannten „Brain-Boy", einem elektronischen Gerät in Zigarettenschachtelformat, das optische und zugleich akustische Reize zu produzieren vermag. Die Wahrnehmung dieser Reize („Blitze und Klicks") muß der Benutzer mittels Tastendrucks verifizieren. Im 1.400-Mark-Set mitgeliefert wird zudem ein handelsüblicher CD-Spieler mit Zusatzgerät zum sogenannten „Hemisphärentraining", bei dem eigens auf CD aufgenommene Geschichten via Kopfhörer abwechselnd auf dem linken bzw. rechten Ohr gehört werden können[1381] (⇨ *Hemi-Sync*). Einen tragfähigen Wirkbeleg für die Psychoakustik gibt es, trotz aller Wissenschaftsterminologie, mit der Warnke sich und seine Geräte umgibt, nicht. Wie der österreichische Kritiker Heinz Zangerle anmerkt, könne Warnke attestiert werden, „ein Meister der Vermarktung seiner Materialien" zu sein (die laut *MediaTECH* in über 1000 bundesdeutschen Therapieeinrichtungen im Einsatz seien): Er scheue nicht einmal davor zurück, einzelnen Patienten seine Geräte „per Ferndiagnose" als besonders indiziert anzuempfehlen.[1382] Seine Ratgeberbücher verlegt Warnke passenderweise im Freiburger *Verlag für Angewandte Kinesiologie*, in dessen Programm sich u.a. auch die Brain-Gym-Übungen Paul Dennisons finden.

Mit Hör- und Stimmübungen, wie sie in logopädisch-therapeutischem Rahmen durchgeführt werden, haben die beschriebenen Praktiken nichts gemein. Auch das in Esoterikkreisen vielfach angebotene „Psychoresonanztraining", annonciert auch als „Stimmklangarbeit" oder (unzutreffenderweise) als „Stimmtherapie", hat mit logopädisch-stimmtherapeutischer Arbeit nichts zu tun. Bestenfalls kann das Chanten, Tönen oder Oberton-Singen („Übungen für die Resonanzfelder des Instruments Körper"[1383]) als eine Art Selbsterfahrung dienen.

5.30. Lunatismus

Schon im Altertum, bei Aristoteles etwa, wurde ausgiebig über den Einfluß des Mondes (lat. = luna) auf menschliche Geschicke spekuliert. Abenteuerlichste Behauptungen wurden aufgestellt und wieder verworfen, einig war man sich aber quer durch sämtliche Schulen, daß dem Mond entscheidend prägende Kräfte zukämen. Bis heute zählt der Glaube an derlei Kräfte zu den weitestverbreiteten (paranormalen) Überzeugungssystemen.

Immer wieder machen Schlagzeilen die Runde von gehäuften Verkehrsunfällen bei Vollmond, von gesteigerten Selbstmordraten, von vermehrten Verbrechen aller Art. Folkloristisch angehauchte „Sachbuch-Autoren" sprechen einzelnen Mondphasen Einfluß auf das Wetter, auf Erdbeben oder den Ausbruch von Großbränden zu. Psychische Auffälligkeiten, von depressiver Verstimmung über Schlafwandeln hin zu unkontrollierbaren Aggressionsschüben, sollen bei Vollmond ebenso verstärkt auftreten, wie sich auch das Sexualverhalten von Mensch und Tier dramatisch verändern soll: die Rede ist gar von Lyncanthropismus, dem Umgehen von Werwölfen. Auch das Geschlecht von Neugeborenen soll abhängig sein von Mondeinflüssen, der Intelligenzquotient, der Menstruationszyklus. Chemische Reaktionen sollen bei Vollmond anders verlaufen als bei Neumond, Operationen entsprechend der Mondphase eher ge- oder mißlingen. Der Kurs des Dollars soll vom Mondstand abhängig sein, auch das Verschwinden von Schiffen im Bermuda-Dreieck. Bei Vollmond könnten Hellseher besonders gut in die Zukunft sehen, Heiler besonders gut heilen.[1384] Vor allem die ⇨ Anthroposophie Rudolf Steiners (*Demeter)* schwört auf lunare Einflüsse: zu bestimmten Mondphasen gepflanzt oder geerntet seien Feldfrüchte besonders nahrhaft, Heilpflanzen besonders wirksam; Holz verfaule nicht, wenn es gemäß Mondkalender geschlagen werde.[1385] Selbst auf die ⇨ Reinkarnation wirke sich der Mond aus, wie Steiner offenbarte: „Durch die Art und Weise, wie der Mensch an dem Mond vorbeikommt, wird [für sein nächstes Leben, C.G.] nicht nur sein Geschlecht bestimmt, sondern seine Haarfarbe und seine Augenfarbe. Ist der Mensch zum Beispiel als Frau an dem Vollmond vorbeigegangen und setzt sich nachher noch dem Neumond aus, so kann er als Frau blaue Augen und blonde Haare bekommen."[1386]

1991 brachte die Tiroler Bergbauerntochter Johanna Paungger (*1954) zusammen mit dem Münchner Horoskopeschreiber Thomas Poppe ein Buch über die „Anwendung des Mondkalenders im täglichen Leben" auf den Markt.[1387] Die gesammelten Bauernregeln „vom richtigen Zeitpunkt" für Arbeiten in Haus und Garten, für Körperpflege oder Zahnarztbesuch wurden zu einem Top-Bestseller sondergleichen. Übersetzt in acht Sprachen erzielten sie innerhalb weniger Jahre eine Gesamtauflage von über 2,5 Millionen Exemplaren, Paunggers Mondratgeber avancierte zu einem der erfolgreichsten Esoterikbücher aller Zeiten.[1388] Eiligst schoben andere Verlage eigene Mondbücher hinterher - gleich dutzendweise wurden Mondfibeln, Mondkalender und Mond-ABCs auf den Markt geworfen -, die sich von Aufmachung und Inhalt her nur unwesentlich von Paunggers Erfolgsbuch unterschieden. Ganz offensichtlich - und von den Verlagen wohl auch so beabsichtigt - haben die Nachfolgeautoren kräftig aus diesem abgeschrieben: Heißt es etwa bei Paungger zum Thema Zahnbehandlung, Brücken, Plomben und Kronen, die bei zunehmendem Mond eingesetzt würden, fielen früher wieder aus,[1389] so formuliert Mond-ABC-Autor Jörg Linditsch, Füllungen hielten besser, wenn sie bei abnehmendem Mond gelegt würden.[1390] Allerdings gibt es auch Diskrepanzen: Hält Paungger eine Zahnbehandlung an Tagen, an denen der Mond im Zeichen des Wassermannes stehe, für besonders ungünstig, so gibt Linditsch (Abschreibfehler?) genau das Gegenteil an.[1391] Einen Beleg für ihre Behauptungen bleiben sämtliche Mond-Autoren schuldig. Das Wissen um die Kräfte des Mondes, so Paungger, bedürfe keinerlei Rechtfertigung, es beweise sich ausschließlich durch sich selbst.[1392] Das Ansinnen, die Zuverlässigkeit dieses „Wissens" anhand statistischer Erhebungen zu überprüfen, weist sie harsch zurück.[1393] Die Mondregeln - diese Behauptung hält sie offenbar für sakrosankt - bezögen „ihre Gültigkeit aus der Intuition und Wahrnehmung, nicht aus Willkür, Vermutung, Theorie oder Glaube".[1394] Auch Paungger/Poppe schoben regelmäßig weitere Mondfibeln nach, in denen sie ihre lunatistischen Erkenntnisse u.a. mit ⇨ Bach-Blüten-Therapie, Biorhythmenlehre, Feng-Shui und Homöopathie verknüpften.[1395] Neuerdings vertreiben sie sogar einen „Original Mond-Kräutertee" in - je nach Mondphase - vier verschiedenen Mischungen.

Für die Behauptung, ein abnehmender (bzw. Neu-)Mond habe einen grundlegend anderen Einfluß auf irdisches Geschehen als ein zunehmender (bzw. Voll-)Mond, gibt es bis heute keinerlei plausible Erklärung, geschweige denn einen Beleg. Gravitationskräfte, wie vielfach angeführt, können keine Rolle spielen, da diese sich in den unterschiedlichen Mondphasen nicht verändern: Die Masse des Mondes ist immer die gleiche, unabhängig davon, ob man ihn sieht oder nicht. Auch die veränderte Menge an Sonnenlicht, die der Mond je nach Phase auf die Erde reflektiert, spielt in Relation zur Gesamtmenge des täglich auf die Erde treffenden Sonnenlichtes keine Rolle; auf irgendwelche geheimnisvollen „Strahlen", die der Mond selbst aussende, gibt es keinerlei Hinweis. In keinem der zahllosen Mond-Ratgeber werden derlei grundlegende Fragen angesprochen, vielmehr wird wild drauflos phantasiert, unabhängig davon, daß das Ganze schon *vom Ansatz her* keinerlei Sinn macht.

Neben der Herleitung von Verhaltensanweisungen aus zu- beziehungsweise abnehmender Mondphase beziehen sich die lunatistischen Ratgeber wesentlich auf die Stellung des Mondes im Tierkreis (⇨ *Astrologie*). Im Laufe seines exakt 29,53 Tage dauernden (siderischen) Umlaufes um die Erde steht der Mond für jeweils knapp zweieinhalb Tage in einem der zwölf Tierkreiszeichen, aus deren astrologischer Bedeutung bestimmte Prognosen und Handlungsdirektiven hergeleitet werden (aus pragmatischen Gründen wird die Verweildauer des Mondes willkürlich in einigen Zeichen auf zwei Tage verkürzt, in anderen auf drei Tage verlängert). Jedes Tierkreiszeichen, das der Mond durchwandere, beeinflusse bestimmte Organe und Körperteile sowie sehr spezifisch auch das geistige und seelische Befinden: Im Widder etwa nehme der Mond Einfluß auf Kopf, Gesicht und Augen, man sei anfällig für Kopfschmerzen und Migräne. Bei Stiermond sei man hartnäckiger, bei Krebsmond überempfindlicher als sonst. Jungfraumond schränke die Kreativität ein, bei Mond im Skorpion reagiere man mißtrauisch und bei Mond im Wassermann solle, wer zu Krampfadern neige, langes Stehen vermeiden. Auf eigenen Kalendern sind die von der jeweiligen Phase des Mondes und seinem Stand im Tierkreis abgeleiteten „richtigen Zeitpunkte" für bestimmte Handlungen oder Unterlassungen exakt festgelegt: von Blumengießen und Gemüseernten über

Hautpflege, Holzhacken und Komposthaufenanlegen bis hin zum Haareschneiden und Fingernägellackieren. Termine für Arztbesuche und Operationen werden ebenso vorgegeben wie solche zum Viehaustrieb, Schafescheren oder Schweinekastrieren - was den Ratschlägen die (vermeintliche) Authentizität echter „Bauernweisheit" verleiht.[1396]

Tatsächlich ist diese „Weisheit" - sofern sie nicht von den Ratgeberautoren frei erfunden wurde - ebenso reine Folklore, wie etwa der Tip, zur Behandlung von Warzen verknoteten schwarzen Zwirn in der Erde zu vergraben oder sich zur Behandlung von Hämorrhoiden mit blankem Hinterteil in eine Ackerfurche zu setzen.[1397] Wie sich in einer Vielzahl wissenschaftlicher Studien zeigte, entbehrt der Glaube an den Einfluß des Mondes jedweder Grundlage. Noch nicht einmal das vielzitierte Schlafwandeln wird durch den Erdtrabanten ausgelöst, sondern durch jede beliebige Lichtquelle: Eine Straßenlaterne genügt vollkommen.[1398] Auch die weit verbreitete „Hebammenweisheit", bei Vollmond würden mehr Kinder geboren als zu anderen Mondphasen, schon Plutarch (46-125 u.Z.) glaubte dies beobachtet zu haben, ist durch nichts belegt. Lunare Einflüsse auf die Geburt zählen zu den bestuntersuchten Phänomenen überhaupt; schon 1829 wurde die erste empirische Untersuchung dazu durchgeführt, der bis Mitte dieses Jahrhunderts zahlreiche, teils großangelegte Forschungsreihen mit hunderttausenden überprüfter Geburtsdaten folgten. Da sich in *keiner einzigen* dieser Untersuchungen eine Mondwirksamkeit auf die Geburt hatte feststellen lassen, war das Thema Anfang der 1950er für die Wissenschaft (zumindest im deutschsprachigen Raum) erledigt.[1399] In einer erneuten Welle des Interesses an lunatistischen Phänomenen wurden in den USA und Kanada ab Mitte der 1960er Jahre weitere Untersuchungen angestellt, die allerdings gleichfalls zu Ungunsten der Mondhypothese endeten.[1400] Mitte der 1990er analysierte die Darmstädter *Gesellschaft zur Wissenschaftlichen Untersuchung von Parawissenschaften* (GWUP) über 40.000 Geburtsdaten aus europäischen und Entwicklungsländern bis zurück ins 19. Jahrhundert. Der Glaube an Mondeinflüsse auf die Geburt bestätigte sich dabei als reiner Aberglaube.[1401] 1999 kam eine weitere Studie hinzu: An der Universitätsklinik Graz wurde untersucht, ob - wie Lunatisten behaupten - die Sterblichkeit frisch Operierter in Zusammenhang mit der Phase des Mondes stehe, zu der der jeweilige Eingriff vorgenommen worden war: Bei Vollmond Operierte müßten insofern eine höhere Mortalitätsrate (gemessen je 30 Tage nach der Operation) aufweisen als zu anderen Mondphasen Operierte. Tatsächlich zeigte sich bei der an 14.970 Patienten vorgenommenen Studie, daß es *keinerlei* Unterschiede gab: rund 1,2% der Operierten starben, unabhängig von Alter, Geschlecht, OP-Indikation - und Mondstand.[1402] Um es zu wiederholen: All die Behauptungen, wie sie ungeachtet der Fülle diese widerlegender Daten allenthalben weiterverbreitet werden, Schmerzempfindlichkeit, Blutung, Heilungsverlauf etc. seien abhängig vom Stand des „magischen Planeten" [sic!], sind barer Unsinn: Der Mond hat nicht den geringsten Einfluß auf den Verlauf von Operationen oder die folgenden Genesungsprozesse.[1403]

Gleichwohl es keinerlei Beleg für die Annahmen der Mondanhänger gibt, halten diese doch mit Verve daran fest. Einer der Hauptgründe hierfür liegt im eklatanten Mangel an physikalischem Wissen über die tatsächlich vom Mond ausgehenden Kräfte. Fehlerhafte Vorstellungen über die Gezeiten führen zum Trugschluß, diese Kräfte hätten auch Einfluß auf das „Wasser“, aus dem der menschliche Körper zu großen Teilen bestehe. Esoterikautorin Claudia Graf: „Nach der Evolutionslehre kommen wir alle aus dem Wasser, unterliegen also seit unseren Anfängen den mondbewegten Fluten und Gezeiten, der dynamischen, immerwährenden Bewegung.“ Im menschlichen Körper, so Graf, gebe es in Korrespondenz zu den Gezeiten jeweils eine Art Mini-Flut und Mini-Ebbe, die sich entscheidend auf die Befindlichkeit des Einzelnen auswirkten.[1404] Derlei Vorstellung ist absurd: Nach physikalischer Gesetzmäßigkeit ist die Anziehungskraft umso geringer, je kleiner die Masse des anzuziehenden Objekts ist. Wie Lunatismus-Kritiker Edgar Wunder ausführt, träten „im Atlantik bekanntlich recht starke Gezeiten auf, im Mittelmeer nur äußerst schwache, im Bodensee gar keine und in meiner Badewanne auch nicht. (...) Im Falle eines Menschen wäre aber nicht einmal die Körpergröße anzusetzen, weil sich das Wasser im menschlichen Körper nur innerhalb von Zellen frei bewegen kann.“[1405] Ein weiterer Grund für die weite Verbreitung lunatistischen Aberglaubens ist die selektive Berichterstattung der Medien: „Es war Vollmond, aber es passierte nichts“ gibt keine Schlagzeile, auch wenn es der Realität entspräche. Journalisten der Boulevard- und Regenbogenpresse konstruieren immer wieder Zusammenhänge bestimmter Mondphasen mit zufällig zu diesem Zeitpunkt auftretenden Verbrechen, Unfällen oder Umweltkatastrophen. Für die *Bild*-Zeitung, Vorreiterin in der Verbreitung lunatistischen Unfugs, war etwa ein bestimmter Vollmond nicht nur schuld am Amoklauf eines Killers in einer Kneipe, sondern auch an einem 1:5-Debakel des Fußballvereins Werder Bremen.[1406] Desweiteren spielt die selektive Wahrnehmung und Erinnerung eine Rolle, die Menschen, die häufig oder besonders intensiv mit dem Gegenstandsbereich lunatistischer Behauptungen in Kontakt kommen, auch eher von diesen überzeugt sein läßt: Polizisten glauben eher an Mondeinflüsse auf die Häufigkeit von Unfällen oder Verbrechen, obwohl auch hier nachweislich keinerlei Zusammenhang besteht.[1407] Gynäkologen und Hebammen - und natürlich Mütter! - glauben unbeirrbar an den Mondeinfluß auf Geburten. In einer Studie wurde den Ärzten einer Geburtsstation in Grenoble eine Analyse der Geburtenverteilung ihrer eigenen Klinik vorgelegt, die eindeutig ergab, daß keinerlei Zusammenhang mit den Mondphasen bestand. 85% der befragten Ärzte wollten dieses Ergebnis schlicht nicht wahrhaben, sie beharrten weiterhin auf ihren subjektiven „Erfahrungen“.[1408]

Hinzu kommt - und dies erklärt auch den Erfolg der Mondratgeber -, daß lunatistische Vorstellungen sehr einfach strukturiert sind: Es gibt nur eine zu- und eine abnehmende Phase mit jeweils einem Kulminationspunkt (Voll- bzw. Neumond). Erklärung oder Ausrichtung von Verhalten nach dem Mond ist also sehr unkompliziert, selbst dann, wenn die in zwei- bis dreitägigem Abstand wechselnden Tierkreisbedeutungen hinzukommen. Es bedarf nicht, wie etwa in der Astrologie, ständig neuer Berechnungen und Interpretationen, aus einem einmal erstellten Kalender lassen sich problemlos die Tagesdirektiven ablesen. Selbstverständlich läßt sich der Glaube an Mondeinflüsse auch zu Rechtfertigungs- oder Entschuldigungsgründen für Fehlverhalten, beispielsweise für rücksichtsloses Autofahren bei Vollmond, funktionalisieren. Für Frauen mag die besondere Attraktivität lunatistischer Überzeugungen auch in deren mythischer Qualität begründet liegen: Mithin aufgrund der zeitlichen Analogie seines Umlaufes um die Erde und des weiblichen Menstruationszyklus wird der Mond - von New-Age-Anhängerinnen gerne als „Mondin" bezeichnet - seit alters als weibliche Gottheit (Mene, Selene, Luna u.a.) verehrt.[1409] Esoterisch angehauchte Feministinnen zelebrieren Hexentänze und magische Mondrituale, wortreich wird „matriarchales Urwissen" um die „Mondin" beschworen.[1410] Einen tatsächlichen Zusammenhang zwischen Menstruation und Mondumlauf gibt es nicht.[1411] Als reiner Unfug ist natürlich auch die von ⇨ Thorwald Dethlefsen zitierte Methode zu werten, anhand eines „spezifischen Mondrhythmus, der vom Geburtsdatum der Frau abhängig ist, die fruchtbaren und unfruchtbaren Tage der Frau und außerdem die Tage, an denen eine Befruchtung zu einer Knaben- oder Mädchengeburt führt", berechnen zu wollen.[1412] Ein Mondkalender des bayerischen *Raab*-Verlages liefert für nachwuchsorientierten Beischlaf sogar exakte Terminvorgaben: vom 8. Juni 21.59 Uhr bis 11. Juni 9.44 Uhr etwa wird's ein Bub, ab dann bis 13. Juni 22.36 Uhr ein Mädchen, ab dann wieder ein Bub und so fort (gemeint ist hier das Jahr 1997).[1413] Selbstredend wurde auch in der ARD-Talkshow *Fliege* Werbung für derlei Nonsens gemacht.

Ausdrücklich erwähnt sei der weitverbreitete Glaube, ein Schnitt oder sonstige Behandlung der Haare an Tagen, an denen der Mond zunehme oder gar im Zeichen des Löwen stehe, mache eine Frisur besonders haltbar und/oder fördere gesunden Haarwuchs. Solcher Glaube, fleißig gefördert vom Coiffeur-Gewerbe, ist kompletter Unsinn: Er beruht auf simpler Analogie der Mähne eines realen Löwen mit eigener gewünschter Haarpracht. Mit dem Mond oder dem Stand sonstiger Himmelskörper hat der Haarwuchs - desgleichen der Wuchs von Blumen, Bäumen, Ackerfrüchten etc. - nicht das geringste zu tun.

5.31. Märchentherapie

Als Ableger ⇨ anthroposophischer Pädagogik gilt die „Märchentherapie" Jean Ringenwalds (*1943), der als ehemaliger Waldorf-Religionslehrer und Pfarrer der Stuttgarter *Anthroposophischen Christengemeinschaft* ein im deutschsprachigen Raum weitverzweigtes Netz sogenannter *Troubadour-Zentren* aufgebaut hat. In den Veranstaltungen und Seminaren der Troubadoure, so deren Selbstdarstellung, gehe es um Erhalt und Vermittlung jener „zeitlosen Werte", wie sie in den Überlieferungen und Mythen der (nordischen) Völker enthalten seien.[1414] Wie Ringenwald betont, gebe er mit seiner Märchenarbeit „Eltern, Erziehern und Lehrern ein pädagogisches und therapeutisches Instrument in die Hände, das ohnegleichen ist": eine „menschengemäße, intuitive und spirituelle Lebensschule".[1415]

> In einem (willkürlich herausgegriffenen) Märchen Hans Christian Andersens etwa ist von einem armen Mädchen die Rede, das ein Paar rote Tanzschuhe geschenkt bekam, über die es sich so freute, daß es in der Kirche das Vaterunser vergaß. Daraufhin wuchsen die Schuhe an den Füßen des Mädchens fest und es mußte fortwährend tanzen. Als Karen „auf die offene Kirchentür zutanzte, sah sie dort einen Engel in langen weißen Kleidern, mit Flügeln, die ihm von den Schultern bis zur Erde reichten. (...) 'Tanzen sollst du!' sagte er. 'Tanzen auf deinen roten Schuhen, bis du blaß und kalt wirst, bis deine Haut zusammenschrumpft wie ein Gerippe. Tanzen sollst du, tanzen!' (...) Tanzen tat sie und tanzen mußte sie, tanzen in der dunklen Nacht.

> Die Schuhe trugen sie davon, über Dornen und Stoppeln, sie riß sich blutig, und sie tanzte über die Heide hin zu einem kleinen, einsamen Haus. Hier, wußte sie, wohnte der Scharfrichter. (...) 'Schlage mir nicht den Kopf ab!' sagte Karen. 'Denn dann kann ich meine Sünde nicht bereuen! Aber schlage mir meine Füße mit den roten Schuhen ab!' Und dann beichtete sie ihre große Sünde, und der Scharfrichter schlug ihr die Füsse mit den roten Schuhen ab; aber die Schuhe tanzten mit den kleinen Füßen über das Feld dahin in den tiefen Wald hinein. Und er schnitzte ihr Holzfüße und Krücken (...) und sie küßte die Hand, die das Beil geführt hatte und ging über die Heide davon. 'Nun habe ich genug für die roten Schuhe gelitten!' sagte sie (...) und sie ging rasch auf die Kirchentür zu; aber als sie dahin kam, tanzten die roten Schuhe vor ihr her, und sie entsetzte sich und kehrte um. (...) Am nächsten Sonntag gingen alle zur Kirche, (...) aber sie sah traurig mit Tränen in den Augen auf ihre Krücken, und dann gingen die anderen hin, aber sie ging allein in ihre kleine Kammer". Letztlich brach ihr das Herz und sie starb, aber „ihre Seele flog auf den Sonnenstrahlen zu Gott, und dort war niemand, der nach den roten Schuhen fragte".[1416]

Bei den gleichfalls vielzitierten Gebrüdern Grimm geht es nicht weniger grausam und blutrünstig zu: Die böse Hexe will Hänsel „in Scheiben" schneiden und dann in die Suppe tun, während sie „das Mädchen als Beilage zu verbraten" gedenkt. Junge Männer, die zu Dornröschen wollen, müssen in der Hecke „eines qualvollen Todes sterben", Rotkäppchen wird vom Wolf verschlungen und Aschenputtels Stiefschwestern schneiden sich Zehen und Fersen ab, um in den Glasschuh zu passen. Die eine Stiefmutter vergiftet ihre Tochter mit einem Apfel, die andere verwünscht „weit und breit alle Quellen und Brunnen", damit die Kinder verdursten. Undsoweiterundsofort.[1417] All das, wie schon Bruno Bettelheim dekretierte, benötigten Kinder dringend, um „Individuationsprozesse" und „Reifungsvorgänge" voranzutreiben. Sie selbst, so der alte Mann psychoanalytischer (Brachial-)Pädagogik, verlangten nach dem Grimmschen oder Bechsteinschen Horror, Märchen ohne Gewalt seien ihnen - den Kindern wohlgemerkt! - völlig uninteressant.[1418]

Die sogenannte „Märchen- und Lichttherapie" der Troubadoure - über mehr als fünfzig Ortsgruppen und Kontaktadressen, über zwei eigene Zeitschriften, einen eigenen Buchverlag mit zahlreichen Publikationen sowie umfängliche Präsenz im Internet weithin verbreitet - dreht sich wesentlich um die Erzeugung von Gefühlen der Angst und Schuld, denen, so die eingehämmerte Botschaft, nur durch totale Anpassung und Unterordnung entgangen werden könne. Die „sieben Schritte", die jeder Mensch im Zuge seiner Selbstwerdung zu tun habe und die das Märchen in sieben „Urbildern" aufzeige (1. Königlicher Ursprung [Geburt/ Kindheit] - 2. Trennung [Jugend] - 3. Begegnung mit einem Helfer [junges Erwachsenenalter] - 4. Kampf und Sieg [Erwachsener] - 5. Rückkehr [ab 50] - 6. Ankunft [Alter] - 7. Krönung [Tod]) stellen das Leben dar als eingezwängt in eine (anthropologisch) strikt vorgezeichnete Verlaufsstereotypie: Jede Abweichung vom vorgegebenen Weg bedeute Krankheit, Rückkehr auf diesen Gesundung; Krönung und damit höchstes Ziel des „königlichen Schulungsweges": der Tod. Hinzu kommen die üblichen Klischees von Gut-Böse, Mann-Frau und so weiter, eingebunden in ein magisch-irrationales Weltbild mit schwülstiger Naturmystik, reaktionärer Eliteverklärung und antiemanzipatorischem Vorsehungsglauben. Passenderweise, wie eine Recherche schon Mitte der 1990er ergab, findet sich unter den Autoren der von den Troubadouren herausgegebenen *Märchen-Zeitschrift* auch ein gewisser Henning Eichberg, der zu den Wortführern der „Neuen Rechten" zählt.[1419] Auch Ex-NSDAP-Mitglied Werner Georg Haverbeck, langjähriger Präsident des rechtsextremen *Weltbundes zum Schutz des Lebens* (WSL), stand offenbar seit je in engem Kontakt zu Ringenwald: Das von Haverbeck - wie Ringenwald vormalig Pfarrer der *Anthroposophischen Christengemeinschaft* - gegündete *Collegium Humanum* (CH) teilte jahrelang seine Geschäftsräume in Vlotho mit den Troubadouren (was diese heute mit Vehemenz bestreiten). Ringenwald selbst tritt bevorzugt auf Burg Stettenfels bei Heilbronn auf, dem Veranstaltungsort zahlreicher Neonazi-Kongresse[1420] (⇨ *Braune Aura*).

Selbst die (in ihrer jungianischen Mythenrezeption völlig überholte) *Europäische Märchengesellschaft* distanziert sich von den Troubadouren, denen man vorwirft, die Märchen nur zu kommerziellen Zwecken auszuplündern.[1421] Mit seriös angelegter Poesie- und Bibliotherapie, wie sie für die Arbeit mit alten Menschen, aber auch für die Begleitung Schwerkranker und Sterbender entwickelt wurde,[1422] hat „Märchenarbeit" Jungscher und insbesondere Ringenwaldscher Prägung nichts zu tun (ganz abgesehen davon, daß sie in gänzlichem Widerspruch steht zu den Erkenntnissen moderner volkskundlicher Mythenforschung: Keineswegs stellen Märchen uraltes Weistum dar, in dem sich irgendwelche anthropologischen Grundkonstanten - „Archetypen" [Jung] oder „Urbilder" [Ringenwald] - widerspiegelten, vielmehr sind sie allemal künstlich geschaffene Konstrukte zur Vermittlung und Kontrolle normativer Wertvorstellungen. Deutlich wird dies mithin in Ringenwalds völlig willkürlichem Umgang mit „historischem" Märchenmaterial, das er nach Gutdünken zerstückelt, umarbeitet und, zusammen mit eigenen Erfindungen, jedem beliebigen Kontext anpaßt [was im übrigen die Gebrüder Grimm mit ihrem hugenottischen Quellenmaterial auch gemacht haben]).

Es geht bei den Troubadouren allerdings nicht nur um die Verbreitung reaktionärer Ideologie oder um kommerzielle Interessen: Jean Ringenwald, Gründer und Leiter der sektoid strukturierten Märchenorganisation, geriet Mitte 1999 enorm unter Beschuß: Vor dem Hintergrund des mysteriösen Suizids eines märchen- und mythenbegeisterten Jungen, der, 14jährig, in die Fänge der Troubadoure geraten war, kam Ringenwalds intern seit Jahren bekannte Pädophilie ans Tageslicht. Wie es in einem Beitrag des ARD-Nachrichtenmagazines FAKT hieß, ziehe die Gruppe Troubadour - naturgemäß - vor allem Kinder in ihren Bann: „Deutschlandweit ist sie unterwegs, in Schulen, Kulturzentren und auf Messen. Mit Theater, Puppenspiel und bunten Märchenheften. Der Kopf der Truppe [gemeint ist Ringenwald, C.G.] nutzt die Anziehungskraft des Märchens, um viele Jugendliche anzuwerben. (...) Vom westfälischen Vlotho aus dirigiert Jean R. seine Märchenseminare, Ferienlager und Kinderfeste. (...) Jean R. ist Experte im Umgang mit Menschen. Der gebürtige Franzose kommt aus der 'anthroposophischen Christengemeinschaft', war jahrelang Priester dieser freien Kirche. Doch offenbar hat er schon früh sein hohes Amt mißbraucht": Laut FAKT-Recherchen sei er aufgrund seiner „pädophilen Neigungen, die er auch bei ihm anvertrauten

Kindern auszuleben suchte", vom Dienst suspendiert worden.[1423] Nach wie vor konnte er indes ungehindert in anthroposophischen Zeitschriften für seine *Troubadour-Zentren* werben und ungeniert in Waldorfeinrichtungen auftreten. Auch ein ehemaliger Mitarbeiter erhebt schwere Vorwürfe gegen Ringenwald: vor allem dessen als „Liebesdienst" apostrophierter „Einweisungen" von Kindern und Jugendlichen in ihre Sexualität wegen, bei der die Grenze des Erlaubten und Zuträglichen weit überschritten worden sei, habe er sich schon Anfang der 1990er von diesem getrennt. Ringenwalds erwachsene Söhne, die seit Mitte der 1980er jeden Kontakt zu ihrem Vater meiden, bestätigen den Vorwurf: auch sie seien als Kinder fortgesetzt von diesem sexuell mißbraucht worden.[1424] Gleichwohl Ringenwald seine pädophilen Neigungen und Interessen der *Anthroposophischen Christengemeinschaft* gegenüber schon Anfang der 1980er ganz offen zugab - er war tatsächlich ebendieser Neigungen wegen seiner Ämter enthoben worden -, sahen die Anthroposophen dem Aufbau der *Troubadour-Zentren* tatenlos zu; über eineinhalb Jahrzehnte hinweg boten sie seinen „Märchenfestivals", „Naturgeisterseminaren" und „Jugendinitiationen" ungehinderte Entfaltungsmöglichkeit. (Anfang 2000 wurde Ringenwald vom Amtsgericht Herford wegen Kindesmißbrauchs zu zwei Jahren Gefängnis mit Bewährung verurteilt: Obgleich der Beklagte nicht den Anflug von Unrechtsbewußtsein zeigte - er hatte die ihm zur Last gelegten sexuellen Übergriffe freimütig eingeräumt -, hielt das Gericht etwaige Bewährungsauflagen für erübrigbar. Ringenwalds Umtrieben tat die Verurteilung insofern keinerlei Abbruch.[1425] [Sektenkritiker Kurt-Helmut Eimuth hätte zumindest ein Werbeverbot für dringlich angezeigt gehalten.[1426] Die gegen ihn erhobenen Vorwürfe weist Ringenwald als „absurd" zurück angesichts des Umstandes, wie er kurz nach dem Prozeß obstinierte, daß in den „christlichen Kirchen, den Schulen und Sportvereinen [...] bekanntlich bis zu 30% der Kinder- und Jugendbetreuer pädophile Neigungen haben".[1427]])

Auch außerhalb des anthroposophischen Kontexts konnte Ringenwald seine Kreise stetig ausweiten. Neben seinen Großveranstaltungen auf Burg Stettenfels oder auch auf Schloß Goldrain bei Meran (Südtirol) finden allenthalben kleinere „Märchen- und Lichtfeste" statt, auch Oster-, Johanni- oder Michaelifeiern werden von ihm und seinen Troubadouren ausgerichtet. Unter dem Programmtitel „Finde zu Deiner Natur" werden neben den bereits erwähnten „Jugendinitiationen" sogenannte „Liebesbeziehungsseminare" veranstaltet, denn: „Nur die Liebe verwandelt und heilt".[1428]

Kindergärten, Schulen und Vereine, aber auch Firmen und jedwede Privatveranstalter können sich auf Wunsch einen Troubadour mieten, auch als „spirituelle Lebensbegleiter" stehen Ringenwald und seine Gefolgsleute bereit. Über Jahre hinweg traten sie in der Esoterikpyramide ⇨ *Etora* auf Lanzarote auf, seit deren unrühmlichem Ende 1997 finden sie sich im Programm der Nachfolgeeinrichtung ⇨ *Johanniterhof* im schwäbischen Villingen-Obereschbach wieder.

Ein 1993 von Ringenwald gestellter Antrag auf Anerkennung des *Märchenzentrums Troubadour* als Träger der Jugendhilfe nach § 75 des Kinder- und Jugendhilfegesetzes wurde vom zuständigen Landratsamt abgelehnt.[1429] Unangefochten davon betreibt er nach wie vor den Aufbau einer *Troubadour-Lebensschule für Kinder und Jugendliche*, die, analog zu den

Waldorfschulen, eine Alternative zum staatlichen Schulbetrieb darstellen soll: Die Lebensschule „will frei sein und nicht dem Staat oder der Wirtschaft (dem Geld) hörig sein, (...) sie will Kindern ermöglichen, sich ein ganzheitliches Weltbild zu machen und nicht ein materialistisches, doppelmoraliges und einseitiges Weltbild eintrichtern, sie will stets das Lebensziel und die Lebensaufgabe, die jedes Kind in diese Welt bringt, im Blickfeld halten und jedes Kind fortwährend dabei unterstützen, sie will sich immer am Leben des Menschen und der Erde orientieren und nicht an den Theorien und Systemen, die morgen sowieso ungültig sein werden". Als Lehrer käme nur in Betracht, wer „sich fortwährend mit seinem Höheren Selbst verbindet und daraus seine Kraft, sein Licht und seine Liebe schöpft, wer immer mehr entdeckt, daß es nur eine Kraft (Gott) im Universum gibt, die wirklich alles und alle beinhaltet".[1430]

Der 1983 begründete *Troubadour e.V.* firmiert bis heute als gemeinnützige, d.h. steuerbefreite Körperschaft (eingetragen ins *Register Deutscher Spendenorganisationen*); allein mit dem Vertrieb der beiden hauseigenen Märchenzeitschriften (für Kinder: *Die Goldene Kugel)*, mit Textbüchern und Meditationsanleitungen, mit Videos, MCs sowie Fernkursen zum Selbststudium werden Umsätze in Millionenhöhe erzielt: Ein 84-teiliger „Märchen- und Lichtkurs für zu Hause" beispielsweise wird gegen eine „Spende" von zumindest 45 Mark für je zwei Kursteile abgegeben (der Gesamtkurs, einschließlich einer vierteiligen Schulung übersinnlicher Wahrnehmung, eines siebenteiligen Liebes- sowie eines ebenfalls mehrteiligen Sterbetrainings, beläuft sich folglich auf [zumindest] 1.880 Spenden-Mark).[1431] Hinzu kommen die Teilnahmegebühren für die Festivals und sonstigen Veranstaltungen sowie der Aus- und Fortbildungsseminare für „Märchentherapeuten" (ein fünftägiger Kurs „Meditative Geburtsvorbereitung" beispielsweise [mit Kontaktnahme zur Seele des noch nicht geborenen Kindes] kostet knapp 750 Mark, eine drei mal drei Wochen dauernde „Märchenschulung" rund 10.000 Mark). Das Hauptquartier der Organisation, eine über fünf Hektar große Anlage im Weserbergland, stellt - in eklatantem Widerspruch zu Ringenwalds ständigem Lamento, die Troubadoure fristeten ein Leben am Existenzminimum und bedürften insofern dringender Spendenunterstützung - einen zig-Millionen-Wert dar.

Nicht nur für die Steuerbehörden dürfte der *Troubadour e.V.* von Interesse sein, auch die zuständigen Staatsanwaltschaften müßten hellhörig werden: Obgleich nur die wenigsten Troubadoure zur Ausübung von Heilkunde befugt sind, treten die meisten neben ihrer reinen Erzähl- und Vortragstätigkeit auch als Märchen*therapeuten* auf: Unter ausdrücklich klinischen Vorzeichen wird eine „psychologische Verwandlungs- und Werde-Therapie" angeboten. Auch wenn Ringenwald, im Versuche, die Bestimmungen des HeilPrG zu umgehen, seinen Ansatz als „spirituelle Lebensschule" ausweist, die diesen nicht unterliege, ist die märchentherapeutische Praxis der Troubadoure, ungeachtet der Frage nach ihrer methodischen Tauglichkeit, *de facto* als therapeutisches Herangehen zu werten, dessen Ausübung einer entsprechenden Erlaubnis bedarf. Ringenwald selbst legt den Beweis dafür vor, daß seine Troubadoure sehr wohl therapeutisch (im Sinne des HeilPrG) tätig sind: In bezeichnend hybrider Wortwahl spricht er davon, in welchem Ausmaß seine Märchentherapie Hilfe zu leisten vermöge: „Krankheiten und Probleme sind Chancen ohnegleichen für die innere

Entwicklung, für die Liebesbeziehungen, für den Erfolg im Beruf und für die Gesundheit des Leibes und der Seele. (...) In allen inneren wie äußeren Problemen, physischen und psychischen Krankheiten, wendet sich die Märchentherapie nicht zunächst den Problemen oder Krankheiten zu, sondern dem Gewahrwerden des 'Königlichen Ursprungs', des Ur-Wesens des Menschen, dessen, was ihn immer ganz, dauerhaft, vertrauensvoll-in-sich-ruhend und gesund macht". Was darunter zu verstehen ist, führt (Ex-)Anthroposoph Ringenwald wie folgt aus: „Der Mensch, wie jedes Wesen und jedes Ding, stammt aus der *Ur-Kraft*, aus dem Universellen Reinen Bewußtsein, aus dem *Ur-Licht*, aus dem Höheren *Selbst*, aus *Gott*. Folglich ist der Mensch selber ein Bewußtseins-, ein Licht-, ein göttliches Wesen. Es ist seine Natur, er ist aus dieser *Ur-Substanz* in allen Teilen seines Wesens geschaffen und alles, was um ihn herum ist oder ihm entgegenkommt, besteht aus dieser *Ur-Substanz*."[1432] Nach dem ersten „Urbild des Lebens und des Märchens" (Königlicher Ursprung) durchschreitet der Patient unter Anleitung des Troubadour-Therapeuten und anhand des jeweils ausgewählten Märchens die weiteren sechs „Urbilder" seiner Existenz (Trennung - Begegung mit einem Helfer - Kampf und Sieg - Rückkehr - Ankunft - Krönung), was ihn, so Ringenwald, „wieder das Ur-Vertrauen entdecken, stärken und täglich handhaben [läßt]. Dies ist die unerläßliche Bedingung für Selbstvertrauen, Selbstsicherheit und Selbstverantwortung im Leben." Mangelndes Vertrauen in den vorgegebenen Lebensweg zeige sich in „größeren Schwierigkeiten, besonders in schweren Krankheiten physischer oder psychischer Art, z.B. Krebs, bei Depression usw.", die Ringenwald allen Ernstes mit seinen Märchengeschichten für behandelbar hält. Zur Methodik der Troubadour-Therapeuten zählt neben der Arbeit an den sieben „Urbildern" auch die „Lichtmassage" der angeblich damit korrespondierenden sieben „Energiezentren" (Chakren) des Patienten (⇨ *Aura-Healing*); darüberhinaus die praktische „Liebe-Tätigkeit" der Troubadoure (was immer das sein mag).[1433] Auch wenn Ringenwalds Ansatz noch so abstrus daherkommt: Sofern er selbst und die zahllosen Troubadoure, die unter seinem Fähnchen durch die Lande ziehen, keine Erlaubnis zur Ausübung der Heilkunde nach dem HeilPrG vorweisen können, machen sie sich strafbar und können entsprechend belangt werden.

Auch außerhalb der Troubadour-Szene werden Märchen als therapeutisches Allheilmittel gepriesen. Mancher Heilpraktiker verordnet seinen Patienten zusätzlich zur Einnahme von ⇨ Bach-Blütentropfen oder homöopathischen Zuckerkügelchen das Meditieren über einer zum Krankheitsbild „passenden" Geschichte, um dergestalt die inneren Konflikte, die sich in der Krankheit ausdrückten, zu lösen. Auch im ⇨ Katathymen Bilderleben spielt das Märchen eine bedeutende Rolle: „Märchenfiguren eignen sich als Spiegel der Selbst- und Objektrepräsentanzen und damit zur Projektion und Identifikation besonders gut". Der Klient wird über Autogenes Training oder dergleichen in einen leichten Trancezustand versetzt und aufgefordert, sich ein beliebig auszuwählendes „Märchen" zu vergegenwärtigen. Aus der Sicht einer der handelnden Figuren soll er nun dessen Inhalt erzählen, was, wie die Psychoanalytikerin Heide Dellisch erläutert, in besonderem Maße die Chance eröffne eines „narzißtischen Auftankens und oraler, analer und ödipaler Triebbefriedigung". Was das heißt, beleuchtet sie am Beispiel eines 11jährigen „retardierten und minderwüchsigen Bettnässers", der sich als

Riese Gulliver im Lande Liliput sieht, wo er das Feuer im Schloß der Prinzessin löscht: „Das gesamte aktuelle reale und neurotische Dilemma des Buben wird kompensatorisch in diesem Wunschtraum grandios ins Gegenteil verkehrt. (...) Er ist der bewunderte Held Gulliver, größer, gescheiter und mächtiger als alle anderen, größer als der Vater. Er bekommt nicht täglich ärgerliche Vorwürfe seitens der Mutter wegen des nassen Bettes, nein - die Prinzessin-Mutter wird durch 'sein Wasser' gerettet und ist ihm dankbar. Der bisher recht zwanghafte Bub wagte es, durch die Märchensymbolik verhüllte Größenideen und anal-urethrale und inzestuös-sexuelle Phantasien auszuleben. (...) In der Originalerzählung ist die Prinzessin trotz der Rettung vor dem Feuer über das Löschen des Gulliver alles andere als erfreut, da das Wasser in ihren Gemächern großen Schaden angerichtet hat. Hier läßt sich im Nichterwähnen die abgewehrte anale Schmutzlust und Aggression erkennen."[1434]

Die „Heilkraft" von Märchen, Mythen, Erzählungen wird auch am Freiburger *Galli-Institut* beschworen, an dem diese im Stegreiftheater gespielt werden. Institutsleiter Johannes Galli hält dies für eine „umfassende Methode der Persönlichkeitsentfaltung": „Belastende Probleme, verhärtete Strukturen und Situationen aus dem Leben können im Stegreifspiel lebendig dargestellt werden. Nur das Spiel schafft eine Distanz zur Situation, wie sie im wirklichen Leben nicht gegeben ist. So wird durch die Galli-Methode Raum für Lösungsmöglichkeiten geschaffen."[1435] Gegen Theaterspiel als Möglichkeit der Selbsterfahrung ist grundsätzlich nichts einzuwenden; der therapeutische Anspruch Gallis ist allerdings heillos übertrieben, ganz abgesehen davon, daß seine Kursleiter in erster Linie als Schauspieler oder Clowns ausgebildet sind und nicht als Therapeuten. Zu den Gastdozenten des *Galli-Instituts* zählen Esoterikgrößen wie Franz Alt, Rüdiger Dahlke, Burkhard Kiegeland oder Kurt Tepperwein.

5.32. Meditation

Meditative Übungen der Versenkung und Betrachtung lassen sich in jeder religiösen Tradition finden. Ausgeprägt in einer Vielzahl sehr unterschiedlicher Techniken und Formen suchen sie alle einen Zustand „innerer Stille" herbeizuführen. Die bekanntesten Meditationsformen haben ihren Ursprung im Osten: Yoga stammt aus dem Hinduismus, Zen aus der in Japan fortentwickelten Form des chinesischen Ch'an-Buddhismus. Allerdings finden sich auch in der abendländisch-christlichen Tradition systematische Anleitungen zu kontemplativer Einkehr: Die Exerzitien des Ignatius von Loyola beispielsweise, des Begründers der *Gesellschaft Jesu* (Jesuitenorden), weisen vergleichbare Gedanken und Ziele auf wie Yoga oder Zen.[1436]

Die Entwicklung der „alternativen" Psychoszene in den USA und in Europa ab Mitte der 1960er Jahre geht Hand in Hand mit dem Bekanntwerden östlicher Meditationstechniken. Vorreiter war der indische Guru Maharishi Mahesh Yogi, der durch die Beatles im Westen zu größter Popularität gelangt war. Maharishis Methode der Transzendentalen Meditation verbreitete sich in rasantem Tempo und zog eine Unzahl an Psychokulten und Sekten nach sich, die mit hinduistisch angehauchten Meditationspraktiken arbeiteten. Zu den bekanntesten der heute noch (mehr oder minder) aktiven Gruppen zählen *Brahma Kumaris* und die Hare-Krishna-Bewegung, daneben die Organisationen um Sri Chinmoy und Bhagwan-Osho Rajneesh. Meditation im Stile des Zen-Buddhismus wurde im Westen mithin durch die ⇨ Initiatische Therapie Karlfried Graf Dürckheims bekannt gemacht.[1437]

Meditation gilt als zentraler Bestandteil transpersonalen und esoterisch-spirituellen Therapieverständnisses, sie dient der Vorbereitung und Begleitung jeder auf „überpersönliche" oder „überweltliche" Ziele hin ausgerichteten Arbeit. Auch in wissenschaftlich begründete und sehr „diesseitige" Therapieverfahren haben meditative Elemente Eingang gefunden; weitgehend herausgelöst aus ihrem ideologischen Kontext werden sie ganz pragmatisch (und durchaus erfolgreich) zu Entspannung und innerer Zentrierung eingesetzt. Meditation zählt heute zum Standardangebot an Volkshochschulen und öffentlichen Gesundheitszentren.

Absicht und Ziel jeder Meditation ist es, den ständigen Fluß von Gedanken, Vorstellungen und Ambitionen zu unterbrechen und sich „in Stille zu üben". Zu den bekanntesten Verfahren zählt das buddhistische Za-Zen: Der Meditierende sitzt mit überkreuzten Beinen auf einem Kissen, seine Hände ruhen ineinandergelegt im Schoß, wobei die Daumen einander berühren. Die Augen sind leicht geöffnet und auf einen Punkt am Boden in etwa einem Meter Entfernung gerichtet. Der Atem geht leicht und langsam. Aufsteigende Gedanken und Gefühle werden registriert, aber nicht weiter beachtet oder verfolgt. Sinn der Meditation ist „sitzen, um zu sitzen".[1438] Im Rahmen der Za-Zen-Meditation wird gelegentlich auch empfohlen, den Fluß des eigenen Atems zu beobachten und ungeachtet gedanklicher Ablenkung immer wieder zur Beobachtung des Atems zurückzukehren (Vipassana).[1439] Von größter Bedeutung sei die „Zucht" regelmäßiger und täglicher Übung.[1440] In mehrtägigen Zen-Sesshin wird die Übung des Za-Zen auf bis zu 18 Stunden täglich ausgedehnt, unterbrochen nur von kurzen Gehmeditationen (Kin-Hin), damit der Kreislauf nicht kollabiert.[1441]

Einige Meditationsformen bedienen sich der Betrachtung spezieller Bilder (Mandalas), andere der ständig sich wiederholenden Rezitation bestimmter Laute (Mantras), beispielsweise des berühmten „OM Namah Shivaya" (Gepriesen sei Shiva), das nach Angaben Swami Vishnu Devanandas „den Geist reinigt, Schmerzen, Sünden und Unkenntnis vertreibt sowie Freiheit, Gesundheit, Schönheit, Kraft, Vitalität, Intelligenz und eine magnetische Aura verleiht". Allerdings erst nach 125.000maliger Wiederholung.[1442] Auch die Mitglieder der *Hare-Krishna*-Bewegung sind angewiesen, in endloser Wiederholung - täglich exakt 1728mal - ihr Meditationsmantra zu rezitieren: „Hare Krishna, Hare Krishna, Krishna Krishna, Hare Krishna, Hare Hare, Rama Rama, Hare".[1443] (Die im katholischen Kontext gebräuchlichen Anrufungslitaneien oder Rosenkranzgebete stellen im Grunde auch nichts anderes dar als mantrische Meditationen.) Vielfach dient die konzentrierte Betrachtung einer Kerze, einer Wasserschale oder irgendeines sonstigen Objekts, um in den Zustand des „No-Mind" zu gelangen (katalysatorisch wirke hierbei die Gegenwart des jeweiligen „Meisters" oder „Lehrers" [zumindest in Form eines aufgestellten Photos]). Gelegentlich werden auch Visualisierungen benutzt, beispielsweise die Vorstellung, beim Einatmen steige ein Lichtstrahl die Wirbelsäule empor bis zum Scheitel und fließe beim Ausatmen über die Vorderseite des Körpers wieder nach unten.[1444]

Das reaktionäre Potential meditativer Nabelschau und Selbstbescheidung zeigt sich im Werbetext einer *Geistigen Schule für inneren Wandel* für ein „meditationstherapeutisches" [!] Kursangebot: „Die Menschen werden von Gott in unangenehme Situationen geführt, damit unsere Seele die Möglichkeit wahrnimmt sich weiterzuentwickeln. (...) Durch die Entscheidung zur Selbsterkenntnis lernt der Mensch wieder mit uraltem Wissen und mit Seiner Gnade seine eigentliche Aufgabe anzunehmen". Passenderweise führt besagte *Geistige Schule* in Freiburg auch astrologische Kurse im Sortiment.[1445]

Neben den zahlreichen Varianten der Sitzmeditation gibt es eine Vielzahl „körperaktiver" Formen. Der indische Sektenguru Bhagwan-Osho Rajneesh hat weit über einhundert „dynamische" Meditationstechniken zusammengestellt, zu deren bekanntesten die morgens zu praktizierende „Dynamic Meditation" zählt. Diese Meditation gehört in vielen Therapiezentren (auch außerhalb des Osho-Rajneesh-Kontexts) zum Standardprogramm.

> Die einstündige Meditationsübung besteht aus fünf Phasen. Die ersten drei Phasen sowie die fünfte Phase werden von speziell hierfür komponierter Musik (von Georg „Chaitanya Hari" Deuter) begleitet, die vierte Phase wird in absoluter Ruhe verbracht. In der ersten Phase (10 Minuten) gilt es, „chaotisch", sprich: so schnell und heftig als irgend möglich, durch die Nase zu atmen, wobei sich die Aufmerksamkeit auf das Ausatmen richtet. Die Anweisung zur zweiten Phase (10 Minuten) lautet: „Explodiere! Laß' alles raus, was raus muß. Werde total verrückt, schreie, brülle, kreische, springe, schüttle dich, tanze, lache, schmeiß' dich auf den Boden. Halte nichts zurück, halte deinen Körper ständig in Bewegung. Ein bißchen Schauspielerei hilft dir meist, reinzukommen. Erlaube deinem Verstand unter keinen Umständen, sich in das einzumischen, was passiert. Sei total." In der dritten Phase (10 Minuten) ist mit erhobenen Händen auf und ab zu springen und dabei mit möglichst tiefer Stimme das Mantra „HOO!HOO!HOO!" zu rufen: „Jedesmal wenn du mit flachen Füßen auf dem Boden landest, laß' den Ton tief in dein Sex-Zentrum hämmern. Gib' alles was du hast, erschöpfe dich total." Die vierte Phase (15 Minuten) bedeutet ein „Einfrieren" in genau der Position, die man gerade innehatte: „Arrangiere deinen Körper nicht irgendwie um. Jedes Husten, jede Bewegung wird den Energiefluß zerstören und der ganze Effekt ist verloren. Beobachte wie ein Zeuge alles, was mit dir passiert". In der fünften Phase (15 Minuten) wird ausgelassen getanzt.[1446]

Die in ideologiefreiem Rahmen durch Meditation möglicherweise zu erzielenden körperlichen und seelisch-geistigen Entspannungseffekte sind unbestreitbar.[1447] Als Ersatz für Psychotherapie, wie von Meditationslehrern oftmals behauptet, kann die unspezifische Wirkung von Meditation allerdings nicht dienen. Das „chaotische" Atmen der Dynamischen Meditation kann für labile Menschen hochgefährlich werden (⇨ *Rebirthing*).

Exkurs

Kirpal Ruhani

In sektiererischen Gruppen wird Meditation oftmals als Methode der Gehirnwäsche und Indoktrination eingesetzt. Die auch im deutschsprachigen Raum ansässige Psychosekte *Kirpal Ruhani Satsang Society* (bekannt auch als *Holosophische Gesellschaft* oder *Lichtheim*) des indischen Gurus Sant Thakar Singh etwa verlangt von ihren weltweit (angeblich) rund 500.000 Anhängern tägliches Meditieren. Erwachsene müssen sich neben ihrer Arbeit jeden Tag für zumindest drei Stunden regloser und schweigender Sitzmeditation unterziehen. Wie Videoaufnahmen belegen, wurden im Zentrum des Gurus in Neu-Delhi die Kinder der Sektenangehörigen gezwungen, täglich stundenlang mit verbundenen Augen im Yogasitz zu „meditieren". Sie bekamen Schläge, wenn sie vor Erschöpfung umkippten. Neugeborenen wurden zu „Meditationszwecken" die Augen verbunden und die Ohren mit einer Silikonmasse ausgegossen (angeblich um den „inneren göttlichen Ton" zu hören).[1448] Wie Thakar Singh ausführt, müßten „die Meditationsstunden liebevoll eingehalten werden. Dies wird helfen, jegliche negative Entwicklung fernzuhalten und wird euch mit Tugend und Demut erfüllen."[1449]

Begründet wurde die Sektenorganisation, die unter immer wieder neuen Bezeichnungen und Umbenennungen sei Mitte der 1950er ihre Kreise zieht, von dem in Indien weithin verehrten Guru Sant Kirpal Singh (1898-1974), der, bezugnehmend auf eine hundert Jahre zuvor schon von einem gewissen Shiv Dayal Singh etablierte „Lehre der Heiligen" (*Sant Mat/ Radhasoami Satsang),* mit einem abstrusen, an Hinduismus und Sikhismus angelehnten Welterrettungsanspruch daherkam. Das Erbe Kirpal Singhs übernahm 1976 dessen langjähriger Paladin, besagter Sant Thakar Singh, der Kirpals Sohn Darshan, der eigentlich als Nachfolger vorgesehen war, auf intrigante Weise an die Wand spielte. Die Sekte spaltete sich in der Folge in mehrere einander konkurrente Fraktionen mit jeweils eigenem Guru auf.[1450] (Eine weitere der auch hierzulande bekannten und aktiven Gruppierungen aus der *Sant Mat*-Tradition ist die sogenannte *Universale Religion* um einen gewissen Soami Divyanand; eine andere, allerdings schon Mitte der 1960er durch den Amerikaner Paulji Twitchell [1908-1971] vollzogene Abspaltung konsolidierte sich als *Eckankar* [sanskr.: ek = eins, an = om = göttlicher Ton, kar = Karma]. Die auch als *Eck-Bewegung* oder *Wissenschaft der Seelenreise* bekannte Gruppierung, der es in erster Linie um Befreiung von karmischen Verstrickungen geht, unterhält im deutschsprachigen Raum eine Vielzahl an Meditations- und Studienzentren [in denen kostspielige Kurse und Lehrbriefe verkauft werden]; als aktueller Meister firmiert ein gewisser Sri Harold Klemp [*1940].[1451])

Anfang der 1990er Jahre geriet Thakar Singhs *Kirpal Ruhani Satsang* in die bundesdeutschen Schlagzeilen, als gegen den Guru staatsanwaltliche Ermittlungen eingeleitet wurden: Neben Betrug in großem Stile und Veruntreuung von Geldern wurden ihm u.a. Mißhandlung, Vergewaltigung und Folter von Sektenangehörigen zur Last gelegt; in die Bundesrepublik, in der er bis dahin rund sechzig Dependancen unterhalten hatte, darf Thakar Singh nicht mehr einreisen. Seine Organisation, von Kritikern als gefährlich bis totalitär eingestuft,[1452] ist allerdings nach wie vor auch hierzulande aktiv.[1453]

Als wahrer Linienhalter Sant Kirpal Singhs versteht sich heute dessen Enkel Sant Rajinder Singh (ein Sohn Darshan Singhs), die von ihm geführte Sektenorganisation tritt nach zahllosen internen Fraktionierungen und Fusionen heute als *Wissenschaft der Spiritualität* (*Science of Spirituality)* in Erscheinung; die weltweit verbreitete Initiations- und Meditationslehre Rajinder Singhs ist bekannt als *Weg des inneren Lichts* (*Surat Shabd Yoga*). Zentrale Meditationstechnik des *Surat Shabd* ist die Konzentration auf ein imaginäres „Drittes Auge" in der eigenen Stirnmitte. Allein in der Bundesrepublik verfügt die Sekte über rund zwanzig Meditationszentren und Anlaufstellen (die neuerdings auch als *Verein[e] für Bildung und Kultur* [BUK] firmieren).

Zu den Steigbügelhaltern Rajinder Singhs im deutschsprachigen Raum zählt der Esoterik-Aktivist Wulfing von Rohr, mithin Herausgeber von Rajinder-Singh-Texten im schweizerischen *Urania*-Verlag. Rohr ist in der Szene kein Unbekannter: Über lange Zeit hinweg war er Thakar Singh als eine Art „Europa-Repräsentant" zu Diensten gewesen,[1454] erst Mitte der 1980er distanzierte er sich von dem Guru und seiner Organisation. Er ist Autor, Co-Autor oder Herausgeber zahlreicher Schriften aus der Esoterikecke, u.a. verbreitet er sich über Astrologie, Reiki und Tarot, über Nostradamus, Palmblattbibliotheken, Mondzyklen und Karma: Kaum ein einschlägiges (und im Buchhandel erfolgreiches) Thema, zu dem nicht über kurz oder lang auch ein Rohrscher Abrieb zu finden wäre; selbst zur Frage nach der „wirklichen Lehre Jesu" und der insofern „verborgenen Botschaft der Bibel" weiß Rohr, laut Selbsteinschätzung: „einer der besten deutschsprachigen Kenner der Esoterik und verwandter Gebiete",[1455] tiefschürfend Auskunft zu erteilen. (Es paßt ins Bild, daß er für ein 1997 neuaufgelegtes ⇨ Blavatsky-Werk einen schwülstigen Begleittext schrieb.) Daneben rühmt Rohr sich der „Entdeckung" des Homöopathen Edward Bach (bzw. dessen gänzlich unsinniger ⇨ „Bach-Blütentherapie") sowie der New-Age-Prophetin und *Fünf-'Tibeter'*-Eingeweihten ⇨ Chris Griscom (die sich u.a. über die Vorteile radioaktiver Verstrahlung für die geistige Entwicklung der Menschheit ausläßt). Rohr schreibt regelmäßig für verschiedene Esoterikmagazine und setzt sich gepflegentlich als Referent auf Esoterikmessen oder als Moderator der Baseler PSI-Tage in Szene. Im Herbst 1999 trat er über seinen Verein *LifeForum e.V.* als Organisator einer „Friedenskonferenz" in München in Erscheinung, bei der, unter Vorsitz Rajinder Singhs, Referenten wie Lech Walesa, Travis Rejman *(Parliament of World's Religions)* oder Nadeem Elyas *(Zentralrat der Muslime in Deutschland)* sich zum Thema „Visionen für die Einheit der Menschen im neuen Jahrtausend" ausließen. Auf der Konferenz - angekündigt war auch der Dalai Lama, der aus nicht bekannten Gründen dann aber doch nicht auftauchte - durfte ganz ungeniert auch eine Vertreterin der rechtslastigen Weltuntergangssekte *Brahma Kumaris* Werbung für ihren Verblödungskult betreiben.[1456]

Im Rahmen der ZDF-Reihe *Terra X* produzierte Rohr eine Dokumentation über die Anasazi-Indianer im Süden der heutigen USA (wobei er später von der Sendeanstalt verpflichtet wurde, daß „bei irgendwelchen Veröffentlichungen nicht sein Name in Verbindung mit seiner Tätigkeit beim ZDF erscheint"[1457]). Für den *Goldmann*-Verlag gibt er eine Taschenbuchreihe („Magisch Reisen") über angebliche „Orte der Kraft" heraus.

5.32.1. Initiatische Therapie

Die Initiatische Therapie wurde Anfang der 1950er Jahre von dem Leipziger Religionsphilosophen Karlfried Graf Dürckheim (1896-1988) und seiner langjährigen Mitarbeiterin und späteren Ehefrau, der Psychologin Maria Hippius-Dürckheim (*1909) begründet. In Todtmoos-Rütte, einem kleinen Ort im Hochschwarzwald, errichteten sie eine „Bildungs- und Begegnungsstätte", die als Zentrum der heute weitverzweigten „existential-psychologischen" Bewegung (EXIST) gilt.

Initiatische Therapie, basierend auf Dürckheims Studien fernöstlicher Mystik, versteht sich in erster Linie als „Übungsweg". In der regelmäßigen Wiederholung bestimmter Übungen (Exerzitien) offenbare sich das „wahre Selbst" in transpersonalen Dimensionen, die weit über die pragmatischen Bezüge des Alltags hinausreichten. Zu den initiatischen Übungen zählen östliche Disziplinen wie ⇨ Aikido, ⇨ T'ai-Chi und Bogenschießen (KyuDo) sowie insbesondere die bewegungslose Sitzmeditation des ⇨ Za-Zen. Dürckheim: „Der Schüler des Zen beginnt den Tag mit Za-Zen und beschließt ihn mit Za-Zen. Und wann immer er einen Augenblick Zeit hat - und mehr und mehr findet er solche Augenblicke -, geht er in Za-Zen. Und wenn er des Nachts aufwacht und nicht gleich wieder einschläft, richtet er sich auf, kreuzt die Beine und übt Za-Zen. Kein Meditieren eines Inhaltes eines heiligen Wortes oder Bildes, einfach *Sitzen*, mit dem ausdrücklichen Bemühen, sich auch aller Bilder und Gedanken zu entledigen, also möglichst im 'Nichts' zu sitzen."[1458] In sämtlichen Exerzitien ist die meditative Haltung des Übenden entscheidend, das Verfahren selbst ist nachrangig.[1459] Wozu das alles gut sein soll, weiß auch Dürckheim nicht zu sagen, der Sinn erschließe sich, wenn man „mit größter Regelmäßigkeit und in der rechten Weise wenigstens einige Monate lang geübt hat", entweder „ganz von selbst" oder eben nicht.[1460]

Wesentliches Medium der Initiatischen Therapie ist überdies das von Maria Hippius-Dürckheim entwickelte „Geführte Zeichnen". Bestimmte Bewegungsformen, beispielsweise das Öffnen und Schließen eines Kreises mit einem Tuschepinsel, sollen „Erfahrungen archetypischen Gehaltes" vermitteln und den Einzelnen Anschluß finden lassen an eine übergeordnete Wirklichkeit. Entscheidend ist auch hier die ständige Wiederholung der Übung. Weitere Exerzitien bestehen in Tanz, Gestalten mit Tonerde („Arbeit am Tonfeld" nach Heinz Deuser, bei der in einem Rahmen flach ausgestrichener Ton mit geschlossenen Augen gestaltet wird) sowie einer spezifischen Form „feinstofflicher" Leibarbeit (gelegentlich auch als „haptonomische" Arbeit bezeichnet). Initiatische Therapie weist große Parallelen auf zu den sogenannten „Seinserfahrung"-Workshops, die der Musiker Michael Vetter (szenebekannt durch seine Oberton-Konzerte) seit Ende der 1980er veranstaltet.[1461]

Initiatische Therapie arbeitet ausschließlich auf transpersonaler Ebene. Eine Auseinandersetzung mit bestehenden Problemen auf „realer" Ebene ist nicht vorgesehen. Die angeblichen Heilerfolge bei neurotischen und insbesondere psychosomatischen Störungen, gewissermaßen als Nebeneffekt der meditativen „Einswerdung mit dem Absoluten" (was immer das sein soll), sind wissenschaftlich durch nichts belegt. Die Nazi-Vergangenheit Graf Dürckheims - er war Mitglied der SA und NS-Kulturattaché in Japan gewesen - wird in dessen Anhängerschaft bis heute verdrängt.

Als Außenstelle der schwarzwälder Bildungsstätte Dürckheims firmierte über lange Jahre hinweg ein sogenanntes *Exist-Rütte*-Zentrum in München, das heute als *Zentrum Metafor - Die Integrale Lebensschule e.V.* von Dürckheim-Schüler Norbert Mayer betrieben wird. Dieser verbindet Initiatische Therapie u.a. mit ⇨ Schamanischen Heilungsritualen, ⇨ Vision-Quest sowie „Intrauteriner Lösungsarbeit" (gemeint ist: ⇨ Holotropes Atmen); darüber hinaus mit der ⇨ „Systemischen Familientherapie Bert Hellingers" sowie der Samuraikunst des „Schwertziehens" (IaiDo). Ehefrau Hildegard-Nora Henke-Mayer, ausgewiesene Huna- und Geistheilerin (Schülerin von Rosalyn Bruyere), reichert das *Metafor*-Programm entsprechend an.[1462] Interessant, daß Mayer, eigenen Angaben zufolge bereits seit 1975 hauptberuflich als Therapeut tätig, erst 1996 eine Zulassung als Heilpraktiker erwarb. Offenbar hielten es weder das zuständige Gesundheitsamt noch die Staatsanwaltschaft je für angezeigt, in der mehr als zwanzigjährigen Praxistätigkeit Mayers dessen Befugnis zur Ausübung der Heilkunde zu überprüfen.

5.32.2. Naikan

Seit Anfang der 1990er Jahre wird im deutschsprachigen Raum das sogenannte „Naikan" angeboten, eine Art ⇨ Zen-Meditation, die, begründet in den 1940er Jahren von dem japanischen Geschäftsmann Isshin Yashimoto, vor allem in Managerkreisen zum „Geheimtip" geworden ist.

Naikan basiert auf der sogenannten Mishirabe-Übung einer buddhistischen Klein-Sekte: Der Adept begibt sich in einen abgeschlossenen Raum, um dort, laut traditioneller Vorschrift quasi „ohne zu essen, zu trinken und zu schlafen", eine Woche lang über die Frage zu meditieren: „Wenn ich jetzt stürbe, wohin würde ich gehen?" In eigenen Naikan-Häusern absolvieren die Teilnehmer mehrtägige Kurse, während der sie rund vierzehn Stunden pro Tag auf dem Boden oder einem Stuhl sitzen, um sich, abgeschirmt durch einen Reisstroh-Paravent, kontemplativer Innenschau zu widmen (Jujukinkai-Meditation). Im Mittelpunkt der Betrachtung steht das Verhältnis zu bedeutenden Personen des Lebensumfeldes, zu Eltern, Kollegen, Vorgesetzten und so weiter, das ausschließlich im Lichte dreier Standardfragen untersucht wird: 1. Was hat die jeweilige Person in einem bestimmten Zeitabschnitt für mich getan? 2. Was habe ich für sie getan? 3. Welche Schwierigkeiten habe ich ihr gemacht? Stündlich kommt der Naikan-Therapeut vorbei, um das Ergebnis der Betrachtung abzuhören und, sofern dieses nicht zufriedenstellend ausfällt, weitere Innenschau anzuordnen. Ziel der Übung ist die Schaffung eines „neuen Standards zur Selbstbeurteilung": „Man fühlt sich schuldig, aber dankbar; unwürdig, aber trotz seiner Unwürdigkeit geliebt. (...) Die Bewertung der Tagesereignisse wandelt sich von 'Warum mußte das passieren?' zu 'Wie dankbar bin ich für was immer heute passiert ist, und was habe ich für die Menschen meiner Umgebung getan?'"[1463]

Es verwundert nicht, daß Yashimoto, der den Angestellten seines Unternehmens regelmäßige Naikan-Übung verordnete, dieses, zumindest der Legende nach, binnen kurzer Zeit zum japanischen Branchenführer ausbauen konnte. Die der Naikan-Übung zugeschriebenen psychotherapeutischen Heileffekte - im deutschsprachigen Raum wird Naikan ausdrücklich als Therapieverfahren angepriesen[1464] -entbehren jeglicher ernstzunehmenden Grundlage.

Naikan wird therapeutisch auch nicht tragfähiger durch die Kombination mit verschiedenen Massagetechniken, zu deren gegenseitiger Applikation die Kursteilnehmer angeleitet werden. Naikan bedient sich insbesondere der Akupressurmethode des ⇨ Shiatsu, bei der auf bestimmte Körperstellen gezielter Fingerdruck ausgeübt wird. Durch derlei Druckpunktmassage, so die Naikan-Propaganda, „lösen sich tiefste (bis in die Psyche reichende) Verspannungen. Ziel: Balancieren der körpereigenen Energien, wodurch sich symptomatische Krankheitsbilder lösen können". Dieselbe Absicht verfolgt eine weitere Druckpunkttechnik, Do-In genannt, die zur „Stärkung des Immunsystems" beitragen soll.[1465] Über einen allenfalls möglichen Entspannungseffekt hinaus kommt weder dem Shiatsu noch dem Do-In irgendein spezifischer therapeutischer Wert zu.

Dem Naikan sehr ähnlich präsentiert sich das sogenannte „Seicho-No-Ie", bei dem, bezugnehmend auf die Lehre eines gewissen Dr. Taniguchi, in viertägigen Seminaren Meditationsübungen, Gemütsläuterungssitzungen, Ahnengedenkfeiern und Gebete einander abwechseln.

5.33. Mindmaschinen

Anfang der 1990er quollen die Szenemagazine nachgerade über mit Werbeanzeigen und -berichten über sogenannte Mind-Machines, computergesteuerte Geräte mit der Verheißung „sofortigen Streßabbaus", „gesteigerter Lebensenergie", der „Harmonisierung von Körper und Geist" und dergleichen mehr. Besonders die „Steigerung der Intelligenz" wurde angepriesen: „Wozu Einstein tagelang brauchte, das schaffen Sie hier in einer halben Stunde".[1466] In jeder größeren Stadt der Bundesrepublik etablierten sich sogenannte „Mind-Salons" oder „Brain-Relax-Studios", in denen die zahlende Kundschaft sich mit Hilfe solcher Geräte der „inneren geistigen Entwicklung" hingeben konnte. Wie in einem Bräunungsstudio lag der Kunde in einer kleinen Kabine und absolvierte das 15 bis 75-minütige Computerprogramm; am besten wurde gleich ein 10er-Pack gebucht: Kosten 300 bis 500 Mark. Nach heftiger Kritik an den Mind-Machines - die Rede war mithin von der Gefahr epileptischer Anfälle oder auch psychotischer Wahneinbrüche[1467] - verschwanden diese „Salons" ebenso schnell wieder von der Bildfläche, wie sie aufgetaucht waren. Die Geräte selbst blieben allerdings in Betrieb: In zahllosen Heilpraxen und Esoterikzentren gelten sie bis heute als unverzichtbarer Bestandteil jeder Behandlung. Vielfach wird auch nachgerüstet: Die Ex-Betreiber eines Münchner Mind-Salons (*Open Mind)* etwa führen als *Gesellschaft für High-Tech-Entspannung mbH* nach wie vor entsprechende Hard- und Software im Angebot.[1468]

„Synchro-Energizing" nennt sich das Programm der Mind-Machines: Der Kunde setzt eine Art undurchsichtiger Skifahrerbrille auf, in die farbige Lämpchen eingebaut sind. Diese flackern nun wirr durcheinander, was angeblich der Erzeugung von Alpha- und Theta-Wellen im Gehirn dient. Gleichzeitig wird er über Kopfhörer von einem penetranten Piepston behämmert, der mit „meditativen" Geräuschen unterlegt ist: Vogelgezwitscher, Meeresrauschen oder auch „Tibetanischen Klangfarben" aus dem Synthesizer. All dies führe zu einer „totalen Relaxation des Mind": „Per Knopfdruck wird von Depression auf Euphorie umgeschaltet, werden Alltagsstreß und Unwohlsein 'weggereizt', ziehen wieder Freude und Glück in das Leben des geplagten Menschen ein."[1469]

Ernstzunehmende Untersuchungen existieren weder über Wirkungsweise noch Wirksamkeit der „mikroprozessorgesteuerten" Geräte, die mit Suggestivnamen wie „Relaxman", „inno-Med" oder „MindXPlorer" aufwarten. Das Standardwerk der Mindmaschinen-Szene, der Bestseller *Megabrain* des Amerikaners Michael Hutchinson bietet lediglich ein Sammelsurium an willkürlich zusammengebastelteten Versatzstücken aus Medizin, Physik, Computerwissenschaften und Religionsphilosophie, unterlegt mit ein wenig Science Fiction.[1470] Trotzdem, vielleicht auch gerade seiner Trivialwissenschaftlichkeit wegen, löste es einen nachgerade epidemisch um sich greifenden Mindmaschinen-Boom aus. Hutchinson, bislang wenig erfolgreicher Gelegenheitsschriftsteller, betont ausdrücklich, er verfüge über keinerlei wissenschaftlichen Hintergrund. Daß er sich auch ohne einen solchen über die hochkomplexen neurophysiologischen und neuropsychologischen Zusammenhänge in der Funktion des menschlichen Gehirns ausläßt, ist Werbung schlechthin für die von ihm angepriesenen und vermarkteten Mindmaschinen, deren Gebrauch zu solch intellektueller Superleistung befähige. Es suggeriert sich jedem Leser, auch er habe das Potential zu einem „Megabrain", er brauche sich lediglich eines „MindXPlorers" zu bedienen. Ein von Rolf Herkert herausgebrachtes Büchlein *Mindmaschinen* geht über die Ausführungen Hutchinsons kaum hinaus[1471]: Auch hier finden sich lediglich pseudowissenschaftliche Fragmente, verquickt mit allerlei Merkwürdigkeiten aus der New-Age-Esoterik; völlig grotesk sind die Vorstellungen der selbsternannten „Elektro-Schamanen" Gerlach und Müller-Sprude.[1472]

Die angebotene Theorie der Mindmaschinen-Promoter ist dürftig. Man stellt auf gesicherte neurophysiologische Phänomene ab und leitet nach Gutdünken irgendwelche Folgerungen daraus ab. So geht man - zunächst korrekterweise, wenn auch stark vereinfachend - davon aus, daß im Gehirn elektromagnetische Felder mit Strömen unterschiedlicher Frequenzbereiche zu messen seien, in ihrer Gesamtheit als „Gehirnwellen" bezeichnet. Diese Wellen mit einer Frequenz zwischen 1 und 30 Hertz seien eingeteilt in vier Bereiche, die sogenannten Beta, Alpha-, Theta- und Delta-Wellen. Bei normalem Wachbewußtsein lägen die Gehirnströme im Bereiche der Beta-Wellen (13-30 Hz). Im Zustand wohliger Entspannung tauchten Alpha-Wellen (8-12 Hz) im Gehirn auf, das dann auch besonders aufnahmebereit und lernfähig sei. Noch tiefere Entspannung, wie etwa im Schlaf oder in meditativer Versenkung, zeitige Theta-Wellen (4-7 Hz), man sei in diesem Zustand besonders schöpferisch. Delta-Wellen (1-3 Hz) träten vornehmlich im Tiefschlaf auf, könnten sich aber auch in hypnotischer Trance einstellen; sie seien besonders wichtig für die Aktivierung von Selbstheilungskräften und zur Erhaltung und Stärkung des Immunsystems.

Unabhängig davon, daß es sich bei dieser Darstellung um eine grob verzerrende Schematisierung hochkomplexer Prozesse handelt - so treten „Gehirnwellen" unterschiedlicher Frequenzen in verschiedenen Bereichen des Gehirns gleichzeitig auf -, ließe sich bis hierher den Mindmaschinen-Vertretern noch folgen. Nun aber wird behauptet, die Mindmaschinen seien in der Lage, das Gehirn in einen vorgegebenen Schwingungszustand versetzen, wodurch ganz automatisch der gewünschte Entspannungszustand mit den dazugehörigen psychischen Befindlichkeiten bzw. geistigen Fähigkeiten eintrete. Das Verfahren, „Frequenz-Folge-Reaktion" (FFR) genannt, sei ebenso einfach wie genial: Die Maschine produziere die auf den Probanden einwirkenden optischen und akustischen Reize ganz einfach in der gewünschten Frequenz - das heißt, die Impulsfolge wird sukzessive verlangsamt -, und das Gehirn folge von selbst in den Alpha-, Theta- und Deltabereich.[1473] Obgleich diese Banalvorstellung neurophysiologischer Prozesse sogar mit den relativ groben Meßmethoden des Elektroenzephalogramms (EEG) zu widerlegen ist, werden doch die Mindmaschinen-Promoter nicht müde, gerade die „Frequenz-Folge-Reaktion" zu betonen. Selbst das Eingeständnis der ansonsten mit Mind-Machines durchaus sympathisierenden Autoren Bambeck und Wolters, diese Vorstellung habe sich als „Hirngespinst" erwiesen, wodurch deren „vielleicht wichtigster Grundpfeiler (...) sich auflöst",[1474] bringt sie nicht von ihren Behauptungen ab; auch nicht die Kritik, derlei Vorstellung basiere auf unzulässig physikalistischer Reduktion intrapersonalen und intersubjektiven Geschehens auf irgendwelche Gehirnströme, ganz so, als seien „Geist, Gehirn, Gedankenwelten" (so der Titel einer Spezialzeitschrift)[1475] beliebig austauschbare Begriffe.

Auch die sonstigen Behauptungen über Funktionsweise und Wirksamkeit der Mindmaschinen entbehren jedweden Beleges. So solle beispielsweise regelmäßiger Gebrauch einer Mindmaschine zu einer Zunahme der zerebralen Neuronenvernetzung führen, der Verbindung der einzelnen Gehirnzellen zueinander, was mit einer anhaltenden Steigerung der intellektuellen Fähigkeiten einhergehe. Auch die Produktion von Neuropeptiden werde angeregt, in Sonderheit der sogenannten Endorphine, die sowohl schmerzhemmend, als auch leistungs- und luststeigernd wirken können; hierzu gibt es sogar eine eigene Maschine („Endo-Stim"), mit der die Gehirnströme auf eine (Lust-)Frequenz von exakt 7,83 Hertz gebracht würden. Über eine „Synchronisierung der beiden Gehirnhälften", bewirkt durch eingespeiste ⇨ Hemi-Sync-Kassetten mit unterschiedlich hohen Staccato-Tönen für das linke (400 Hz) bzw. das rechte Ohr (410 Hz), stelle sich „luzides Denken" ein, die Fähigkeit wachzuträumen und damit hellsichtige Visionen zu entwickeln. Kaum eine Behauptung, die zu abwegig wäre, als daß sie nicht in Verbindung mit Mindmaschinen auftauchte: „Die Mind-Machine Vol. 4 wurde, neben den üblichen Tiefenentspannungs- und Meditationsmöglichkeiten, speziell für Astralreisenprogramme entwickelt, welche es jedermann ermöglichen, seinen Astralkörper auf eine Zeitreise in die Vergangenheit oder Zukunft zu schicken. Dort haben Sie die Möglichkeit, alles über ihre Vergangenheit und Ihre Zukunft zu erfahren. Sie werden in der Lage sein, (...) Ausflüge in die Zukunft zu unternehmen, um die ganze Palette Ihrer Fragen zu lösen. Sie können sogar Kontakt mit Verstorbenen aufnehmen, oder auch die Hilfe von guten Geistern und Dämonen in Anspruch nehmen. Was bisher als unmöglich und phantastisch galt, ist jetzt für jedermann ohne Vorkenntnisse nachvollziehbar."[1476] Mit Mindmaschinen sei es gar möglich, Wesen aus anderen Welten zu ⇨ „channeln": „Ich komme von einer weit entfernten Galaxie. (...) Du bist über reine Energie mit mir in Kontakt. Alles ist Energie, endlose, grenzenlose Energie, ohne Anfang und ohne Ende."[1477]

Ganz unabhängig von derlei esoterischem Allotria sind auch die Behauptungen von „Ultratiefenentspannung" oder „Steigerung geistiger Fitness" unter größtem Vorbehalt zu sehen, ganz zu schweigen von angeblichen Erfolgen bei Angstzuständen, Depressionen, vegetativen Störungen oder gar in der Drogentherapie. Es gibt hierfür keinerlei ernstzunehmenden Beleg. Von Mindmaschinen-Vertretern wird gerne auf „wissenschaftliche Untersuchungen" hingewiesen, in denen die Wirksamkeit der optisch-akustischen Geräte unter Beweis gestellt worden sein soll. Es handelt sich hierbei um eine „Studie" des Managementtrainers Gerhard Bittner, (ehedem) Betreiber eines eigenen Mindmaschinen-Zentrums in Essen (*Projekt-Gold-System*). Bittner testete die acht marktführenden Mindmaschinen, in erster Linie allerdings, was deren technische Daten, die Ausstattung, Handhabung und das Design anbelangt. Darüber hinaus führte er auch einige Versuche mit Testpersonen durch, deren wesentliches Resultat in der Erkenntnis bestand, daß man bei regelmäßiger Anwendung einer Mindmaschine „entspannter, klarer, wacher" werde. Bittner: „Ich meditiere seit zehn Jahren, mache Yoga, Zen und progressive Muskelentspannung - doch die Mindmaschine schlägt alle Methoden um Längen." Und: „Optisch-akustische Gehirnmaschinen sind nicht gefährlich, obwohl wissenschaftliche Langzeitstudien noch fehlen."[1478] Auch der zweite Vorzeige-Wissenschaftler der Mindmaschinen-Szene, der Wiener Rudolf Kapellner, war lange Jahre Betreiber eines eigenen Studios. Den „Forschungsergebnissen" seines *Focus-Institutes* ist ähnlicher Wert beizumessen wie den Untersuchungen des Essener *Projekt-Gold-System.*

Ganz im Gegensatz zu Bittners und Kapellners Behauptungen bedeuten die Mindmaschinen ein enormes Risiko für den Benutzer. Derartige Manipulation neurophysiologischer Prozesse kann beim einzelnen zu erheblichen Störungen der Wahrnehmungs- und Konzentrationsfähigkeit führen, bei psychisch labilen Menschen möglicherweise zu völlig unkontrollierbaren Reaktionen. Menschen mit Herz-Kreislaufschwäche oder Epileptiker können lebensbedrohliche Schäden davontragen. Der *Berufsverband Deutscher Psychologen* (BDP) warnt deshalb ausdrücklich vor den Gefahren der Mindmaschinen: „Anders als bei den etablierten Bio-Feedback-Geräten gibt es hier keine Möglichkeit, unvorhergesehene Abläufe zu kontrollieren und das Ganze wenn nötig zu stoppen." Beim derzeitigen Erkenntnisstand sei von derlei Experimenten dringend abzuraten: „Als die Elektroschocks in den fünfziger Jahren erstmalig angewandt wurden, waren auch viele begeistert. Heute kennt man die gravierenden Nachteile. Mit Gehirnströmen ist nicht zu spaßen."[1479] Nachdem in einer Reihe kritischer Artikel die unverantwortliche Praxis der Mind-Salons angeprangert worden war, jeden zahlungsbereiten Kunden an ein Gerät anzuschließen, gleichgültig, wie riskant das im Einzelfalle sein mochte, wurden die örtlichen Gesundheitsämter aufmerksam. Ein Mind-Salon konnte bis dahin von jedermann betrieben werden, medizinische oder klinisch-psychologische Kenntnisse waren nicht erforderlich. Die Geräte selbst rangierten unter „elektronischem Spielzeug", für das keinerlei Betriebsgenehmigung vorliegen mußte. Um diesen rechtlichen Freiraum nicht zu gefährden, hängte man in den Mind-Salons eiligst Warnschilder auf (ähnlich wie am Kassenhäuschen einer Geisterbahn), Epileptiker, Personen mit Herzschrittmachern, Schwangere und Personen in psychotherapeutischer Behandlung sollten die Geräte besser nicht benützen. Ansonsten blieb alles wie bisher. Bis heute unterliegen die Mindmaschinen und ihre Betreiber keinerlei behördlichen Auflagen.

Nachdem die Mind-Salons mit Abebben der ersten Begeisterungswelle einer nach dem anderen wieder von der Bildfläche verschwunden waren, tauchten die Geräte, deren Anschaffungskosten je nach Ausstattung zwischen 1.500 und 10.000 Mark gelegen hatten, in Heilpraxen, Esoterikzentren - und Fitneßinstituten - wieder auf. Bald kamen zudem preisgünstigere Mind-Machines für den Hausgebrauch, teils nicht größer als ein Walkman, auf den Markt. Ganz gezielt wurden diese Geräte in Zeitschriften und Publikationen beworben, die bevorzugt von älteren Menschen gelesen werden (an denen die öffentliche Diskussion um das Risiko von Mindmaschinen womöglich vorbeigegangen war). Altersspezifische Schlaf- und Verdauungsstörungen sollten ebenso behoben werden können wie depressive Verstimmungen oder Angstzustände.[1480] Auch Jugendliche wurden gezielt angesprochen mit Begriffen wie „Neopsychedelik" oder „Brain-Wave-Surfing": Einfach mit der Maus des PC in den eigenen Gehirnwellen Achterbahn fahren - billiger und effektiver als MDMA oder DMT (Designerdrogen). Ganz zu schweigen, wie ein „Dr. Incredible" schwärmte, was im Gehirn als „biologischem Flugsimulator" alles passiere, wenn man sich unter solchen oder ähnlichen Drogen auf einen Mindmaschinen-Trip begebe, wenn „im Kopf ein 12-dimensionales Kaleidoskop detoniert".[1481]

Neben den Mind-Machines in Taschenformat wurden von Einzeltüftlern auch immer aufwendiger gestaltete Großgeräte konstruiert. Eine schwäbische Firma etwa brachte das sogenannte „Alpha-Proton" auf den Markt, das die optisch-akustischen Reize mit dem Stimulus einer vibrierenden Liege kombiniert. Der Kanadier David Graham entwickelte den sogenannten „Graham-Potentializer", eine um ihre Längsachse in variabler Weise rotierende Liege (Hollywoodschaukel auf Achterbahn), auf der der Klient überdies den Wirkungen eines Elektromagnetfeldes sowie einer optisch-akustischen Mindmaschine ausgesetzt ist.[1482]

Die Frage, was tatsächlich passiert, wenn man, angeschlossen an eine Mindmaschine, von den hin und her flackernden Lämpchen und dem Trommelfeuer an Tönen und Geräuschen beschossen wird, weiß bislang niemand. Viele Benutzer sprechen davon, daß ihr Gehirn, da sich aus der Flut an Eindrücken keinerlei sinnfällige Gestalt herausfiltern lasse, nach einiger Zeit einfach „abschalte". Derlei „Abschalten", vor allem des als lästig empfundenen „mind", mag in der Tat als angenehm erlebt werden, wie auch Szene-Vordenker Kapellner betont: „Mindmaschinen machen Spaß".[1483] Mit und in ihnen, so der einschlägige Duktus, löse sich alles auf, die Grenzen von Raum und Zeit, die Grenzen des eigenen Ich, die Grenzen individuellen Bewußtseins: „Sie beginnen im Strom des Lebens und Ihrer eigenen Seele zu treiben. Sie lassen alle Begrenzungen los und verschmelzen mit den größeren Dimensionen des Seins."[1484] Nicht umsonst auch die Begeisterung der Szene für das Komplementärgerät zu den Mindmaschinen, den sogenannten ⇨ Samadhi-Tank.[1485]

Allerdings ist das „Abschalten“ mittels Mindmaschine oder Samadhi-Tank keineswegs die gepriesene „Verschnaufpause“, geschweige denn das „kreative Chaos“, aus dem Lösung oder Klärung entstehen könnte. Konflikte lösen sich nicht dadurch, daß man einfach nicht mehr hinsieht. Nach dem Trip: dieselben Ängste, dieselben Zwänge, dieselben Selbstzweifel und Schuldgefühle, dieselben Beziehungsprobleme. Also zurück in die Maschine oder den Tank: Abschalten, Wegtreten, Nicht-mehr-da-sein. Die Parallelen, auch was die Gefahr einer Abhängigkeit anbelangt zwischen Drogen und derartigen Geräten (die oftmals Hand in Hand konsumiert werden), zeigen sich deutlich.

Neben den genannten Mind-Machines firmieren weitere neurophysiologische Manipulationsgeräte unter diesem Begriff, beispielsweise Elektrostimulationsapparate, die dem Gehirn über Elektroden (die meist an die Ohrläppchen angeknipst werden) elektrische Stromimpulse verabfolgen. Der sogenannte „Stim 2000“ etwa gibt im 0,4-Sekunden-Intervall Impulse von 25 bis 500 Mikroampere ab, mit denen ein Frequenzspektrum von 0,5 bis 120 Hertz angesteuert werden kann. Für die Behauptungen, durch derlei Stimulation des Gehirns würden vermehrt „Glückshormone“ (Endorphine) produziert, was mit „Freude, Glücksgefühl, Zufriedenheit, Schmerzlosigkeit etc.“ einhergehe und sich sogar in der Behandlung von Depression bewährt habe,[1486] fehlt jeder seriöse Beleg; desgleichen für die Behauptungen, Elektrostimulation sei besonders angezeigt zum Medikamenten- und Drogenentzug[1487] oder zur Behandlung von AIDS.[1488] Die verschiedenen Verfahren der Elektrostimulation (auch und gerade von Akupunkturpunkten, die es tatsächlich gar nicht gibt) haben sich hinlänglich als unbrauchbar herausgestellt.[1489]

Als reiner Betrug müssen Kleingeräte wie etwa der „Magnetan-Wellengenerator“ der Firma *SEB GmbH* in Hausdülmen gewertet werden, ein batteriebetriebenes Gerät in Zigarettenschachtelgröße, das angeblich elektromagnetische Schwingungen zwischen 1 Hertz und 19 Hertz erzeugt und, auf den Kopf gelegt, diese „auf die Gehirnwellenaktivität transferiert“. Je nach transferierter Schwingung diene das Gerät zu „Mental-Astral-Projektion, Psyche-Soma-Integration, Regulierung von Organfrequenzen bei psychosomatischen Erkrankungen, Superlearning“ und vielem mehr.[1490] Tatsächlich erzeugt oder bewirkt das 138 Mark teuere Gerät gar nichts; dasselbe gilt für einen neuerdings im esoterischen Zubehörhandel angepriesenen „Global Mind SleepBooster“ zum Unter-das-Kopfkissen-Legen (99 Mark), der über eine eingebaute Antenne „ein Signal in homöopathischer Stärke“ abstrahle, und dadurch den Benutzer „im Schlaf mit neuer Energie“ auftanke.[1491]

Kompletter Unfug ist auch das sogenannte „Genesis-Modul“, ein Gerät, das angeblich die aktuelle „Bioenergie“ des Klienten mißt, in New-Age-Musik umwandelt und als Melodie über Lautsprecher zurückgibt.[1492]

5.33.1. Biofeedback / Suggestopädie

Aus dem Begriff „Mindmaschinen“ auszuklammern (obgleich vielfach darin subsumiert) sind sogenannte „Biofeedback-Geräte“, bei denen nicht direkt in neurophysiologisches Geschehen eingegriffen wird.

Einer Anekdote zufolge geht das heutige Biofeedback auf den amerikanischen Erfinder J. H. Bair zurück, der um 1900 herausgefunden hatte, daß Menschen nur dann lernten, mit den Ohren zu wackeln, wenn sie bestimmte Feedback-Informationen erhielten; zum Zwecke solcher „Rückmeldung biologischer Signale" bastelte er ein eigenes elektrisches Gerät. In der klinischen Arbeit basiert Biofeedback auf einer Beobachtung, die man in der Behandlung von „Hysterikerinnen" bereits Ende des 19. Jahrhunderts gemacht hatte: Man hatte entdeckt, daß der Hautwiderstand der Patientinnen sich im Verhältnis zu ihrer psychischen Befindlichkeit veränderte. Es war dies die grundlegende Beobachtung für die Entwicklung der Psychophysiologie, die davon ausgeht, daß körperliche und seelische Vorgänge einander wechselseitig beeinflussen können.

Die Entwicklung des modernen Biofeedback setzte allerdings erst Mitte der 1960er ein: Mit Hilfe elektronischer Sensoren können Atmung, Blutdruck, Gehirnströme, Hautwiderstand, Herzfrequenz, Muskelspannung und Körpertemperatur gemessen und durch Umwandlung in optische oder akustische Signale etwaige Veränderungen direkt wahrnehmbar gemacht werden. Beispielsweise wird zur Beschleunigung einer Entspannungsreaktion das Elektromyogramm (EMG) verwendet, das die Muskelspannung des Klienten über eine Ableitung von der Stirn-, Unterarm- oder Kaumuskulatur mißt. Die Spannung wird auf einem Bildschirm als Linie dargestellt, die jede physiologische Veränderung durch entsprechenden Kurvenverlauf wiedergibt. Der Klient kann seine An- oder Entspannung über das optische Signal direkt verfolgen, d.h. er bekommt unmittelbare Rückmeldung (Feedback) über den Tonus seiner Muskulatur. In kurzer Zeit, so die Theorie, könne er lernen, die Muskelspannung (oder jede andere vegetative Körperfunktion) willentlich zu beeinflussen. Schließlich soll die erworbene Entspannungsfähigkeit auch ohne Feedbackgerät eingesetzt werden können.

In erster Linie dient Biofeedback dazu, die Behandlung psychosomatischer Störungen wie Spannungskopfschmerz oder Migräne zu unterstützen, daneben wird das Verfahren auch bei Schlafstörungen, Bluthochdruck, Nervosität und Angstzuständen eingesetzt. In den 1970er Jahren machte die Methode des sogenannten „Streßmanagements" von sich reden, die Biofeedback mit Klinischer Hypnose und Verhaltenstherapie verknüpft.

Biofeedbackgeräte finden auch als sogenannte „Lügendetektoren" Verwendung: Über eine Messung des Hautwiderstandes gegen aufgelegten elektrischen Strom ließe sich erkennen, ob ein Proband die Wahrheit sage oder nicht; lüge er, löse dies eine Streßreaktion aus, die sich unmittelbar in einer Veränderung der Meßwerte abzeichne. Tatsache ist freilich, daß die Veränderung des Hautwiderstandswertes (oder sonstiger Parameter) eine Vielzahl an Gründen haben kann: als Methode der „Wahrheitsfindung", so auch der Bundesgerichtshof in einem Urteil von 17.12.1998, sei ein „Lügendetektorentest" völlig ungeeignet.[1493] (Auch der von *Scientology*-Auditoren zu „dianetischer Behandlung" benutzte „E-Meter" stellt nichts anderes dar als eine Art „Lügendetektor": Über zwei mit einem Elektrodenkabel verbundene Metalldosen, die der Proband [= „Preclear"] in den Händen hält, wird die Veränderung des Hautwiderstandes in Zusammenhang mit einer vorgegebenen Liste an Fragen gemessen [z.B. „Wenn du mit deinem Vater sprechen könntest, über was würdest du sprechen?"]. Systematisch werden auf diese Weise emotional negativ besetzte Bereiche [= „Engramme"] aufgespürt und solange weiter befragt, bis sie keinen E-Meter-Ausschlag mehr erzeugen. Unabhängig von der ethischen Fragwürdigkeit solchen Vorgehens - Kritiker nennen es schlicht Gehirnwäsche - ist das scientologische Auditing auch aus klinischen Gründen indiskutabel: es verfügt über keinerlei Entwicklungstheorie, Diagnostik, Praxeologie, über *nichts*, was eine seriöse Therapie ausmacht.[1494] Das E-Meter-Gerät selbst, wie die Universität Tübingen schon in den 1970ern [!] feststellte, entspreche „bei weitem nicht den heute üblichen wissenschaftli chen Geräten zur Messung von Hautwiderständen.[1495] Ohnehin steht das neurophysiologische bzw. -psychologische Selbstverständnis von *Scientology* weitenteils in völligem Widerspruch zu moderner wissenschaftlicher Erkenntnis: Die Hubbardschen Vorstellungen etwa zu den Funktionsweisen des Gehirns sind die eines Laien [aus den 1950ern] und längst als unzutreffend ausgewiesen.[1496])

Die Wirksamkeit von Biofeedback - neuerdings dient unter ausdrücklicher Bezugnahme auf ⇨ NLP auch die Augenbewegung als Parameter - wird in der Regel viel zu hoch eingeschätzt. Vergleichsstudien zeigen, daß die erzielten Wirkungen mit anderen Verfahren (z.B. Progressive Muskelentspannung nach Jacobson) besser beziehungsweise genausogut aber ökonomischer herbeigeführt werden können.[1497]

Auf der Methodik des Biofeedback basiert auch das sogenannte „Superlearning", über das sich das Erlernen von Fremdsprachen (oder sonstiger Lehrstoffe) wesentlich beschleunigen soll. Entwickelt schon Ende der 1960er von dem Bukarester Hochschullehrer Georgi Lozanov, erzielte das Verfahren, vorgestellt unter dem Namen „Suggestopädie", allerdings kaum Resonanz. Erst zwanzig Jahre später erlebte Lozanovs Technik einen ungeheueren und bis heute anhaltenden Boom, als „Superlearning" ist es zur Methode schlechthin des Sprachenlernens geworden: Dem Lernwilligen wird über Kopfhörer Musik (klassischerweise: spanische Gitarrenmusik) zugespielt, die ihn in einen (Alpha-)Entspannungszustand versetzt; sobald er diesen erreicht hat - Parameter ist die Geschwindigkeit des Atmens, die über einen Fühler unter der Nase gemessen wird -, werden ihm die zu lernenden Vokabeln zugespielt: „Superlearning zapft Ihre ruhenden Leistungs- und Energiequellen an, verbindet Bewußtsein und Unterbewußtsein: Sie lernen leichter, schneller, intensiver"[1498] (die Rede ist von 100 bis 150 Vokabeln, die ohne größeren Aufwand pro Tag zu memorieren bzw. zu assimilieren seien). In der Tat läßt sich in entspanntem Zustande besser lernen, die behauptete Wirksamkeit der Superlearning-Programme (auch als „Subliminal Teaching" bekannt) ist indes heillos übertrieben. Vielfach wird der Begriff „Superlearning" auch (mißbräuchlich) verwendet für das Angebot einer lediglich etwas „entspannteren Lernatmosphäre", bei der - ohne Einsatz irgendwelcher Biofeedbackgeräte - zwischen die Lernblocks autogene oder sonstige Entspannungsübungen eingebaut werden.

5.33.2. Samadhi-Tank

Entwickelt in den 1960er Jahren von dem amerikanischen „Bewußtseinsforscher" John C. Lilly stellt der Samadhi-Tank eine sargähnliche Wanne mit dicht abschließendem Deckel dar, in der man, sämtlicher Außenreize depriviert, das heißt, in absoluter Stille und Dunkelheit und gewissermaßen „ohne Schwerkraft“, auf einer 35 °C warmen hochprozentigen Salzwasserlösung schwimmt. Der Name Samadhi-Tank ist abgeleitet von dem Sanskrit-Begriff für „kosmisches Bewußtsein“, der ebenfalls gebräuchliche Name „Floatation-Tank“ bezieht sich auf das Gefühl schwerelosen „Schwebens“ (amerik. = floating), das sich in der Wanne einstellt.[1499] Lilly entwickelte den Tank zur Erweiterung seiner ⇨ „Nahtod“-Erfahrungen, die er mit LSD (in extrem hohen Dosen) erzeugt hatte. 1966 wurden seine Drogenexperimente verboten, auch seine Tank-Idee geriet ins Abseits.[1500] (Im Gedächtnis blieb Lilly vor allem durch seine Experimente mit Delphinen, denen er [gänzlich ungerechtfertigt] eine Art mystisch-transzendentes Bewußtsein zusprach und sie dadurch zu Bannerträgern des New Age machte.[1501])

Wiederentdeckt und in der Szene weithin bekanntgemacht wurde Lillys Tank in erster Linie durch die Osho-Rajneesh-Bewegung, die Ende der 1970er in ihren zahlreichen Meditations- und Therapiezentren eine ganze Reihe solcher „Wunderwannen“ (mithin zur Induktion von ⇨ „Primärerlebnissen“) in Betrieb hatte. Der Aufenthalt im Samadhi-Tank liegt bei etwa eineinhalb bis zwei Stunden pro Sitzung. Für die behaupteten therapeutischen oder sonstigen Effekte - die Rede ist nicht nur von „Ultratiefentspannung“, sondern vor allem von „mystischen Erfahrungen intrauterinen (bzw. kosmischen) All-Eins-Seins“ - gibt es keinerlei ernstzunehmen Beleg, hingegen wurde immer wieder über die mangelnde Hygiene in den Tanks geklagt (das Floaten geht vielfach mit unwillkürlicher Blasen- und/oder Darmentleerung einher). Da Gesundheitsämter und TÜV aus diesem Grunde den öffentlichen Betrieb von Samadhi-Tanks erheblich einschränkten, findet sich die Möglichkeit des Floatings heute nur noch in Therapiezentren der „gehobeneren“ Klasse, die sich technisch ausgefeilte Deprivationstanks wie etwa den knapp 50.000 Mark teueren „Space-Shuttle“ leisten können.[1502]

Die Behauptung von „Hirnforscher“ Johannes Holler, der Tank habe sich „nicht nur als wirksames Instrument zur Verbesserung mentaler Funktionen bewährt, sondern ist das am intensivsten und besten dokumentierte Gerät zur Bewußtseinserweiterung und zur Selbsterkenntnis“,[1503] ist völlig aus der Luft gegriffen. Bei psychisch labilen Menschen kann die Erfahrung der totalen Isolation in einem Samadhi-Tank psychotische Wahnzustände auslösen.

In esoterisch angehauchten Wellness- und Beautyfarmen werden neuerdings ganze Kleinpools mit hochkonzentriertem Salzwasser befüllt, in denen die Kundschaft „wie im toten Meer“ auf dem Rücken floaten kann. Dazu werden „sphärische“ Klänge abgespielt, farbiges Licht pulst durch den Raum; mancherorts werden auch (Meditations-)Bilder an die Decke projiziert. Über einen allemal möglichen Entspannungseffekt hinaus hat derlei „Liquid-Sound-Therapy“ (gelegentlich auch als „Thalasso-Therapie“ [thálatta = griech.: Meer] bezeichnet) keine weitere Wirksamkeit.

5.34. Molecular Brain-Food / Levitiertes Wasser

Besonders zu erwähnen sind die in Esoterikkreisen vielverwendeten Präparate aus Spirulina- und Chlorella-Algen, denen nachgerade wundertätige Wirkung vor allem hinsichtlich der Funktion von Gehirn- und Nervenzellen zugeschrieben wird. Obgleich keinerlei ernstzunehmender Nachweis für solchen (oder irgendeinen anderen erwähnenswerten) Effekt dieser sogenannten „Nahrungsergänzungsmittel" vorliegt, wird mit Algen- oder Planktontabletten großes Geschäft gemacht: 120 Stück „Bluegreen Omega" beispielsweise, die in der Herstellung Pfennigbeträge kosten, werden zu Preisen von 50 Mark und darüber gehandelt.[1504]

Auch das Anfang der 1990er in der Disco-Szene weitverbreitete „Designer-Brain-Food" (auch als „Molecular Brain-Food" bekannt), mit dem Gewinne in astronomischer Höhe eingefahren worden waren, hat auf dem Esoterikmarkt überlebt. Entwickelt schon Ende der 1970er von den amerikanischen Alt-Hippies Durk Pearson und Sandy Shaw, die die Vitamin-/Koffein-Pillen als Wundermittel für längeres Leben, geistige Brillanz und gesteigerte Orgasmusfähigkeit beschrieben hatten,[1505] wurde das Brain-Food insbesondere unter ⇨ Mindmaschinen-Benutzern zum Renner schlechthin. Es rege, so wurde behauptet, die Funktion der Neurotransmitter an, jener chemischen Stoffe, die im Gehirn Botschaften von einer Zelle zur nächsten übermitteln und steigere so Intelligenz und Bewußtsein um ein Vielfaches. Alles Humbug, so das Münchner *Max-Planck-Institut*, die Wirkung einer Brain-Food-Tablette, auch wenn sie mit noch so suggestiven Namen wie etwa „rise-and-shine" oder „fast-blast" versehen sei, entspreche bestenfalls der einer Tasse Kaffee. All die phantastischen Wahrnehmungs- und Leistungssteigerungen, von denen da die Rede sei, seien nichts als Einbildung.[1506] Als reiner Betrug ist ein „Vitamin-Mineralstoff-Aminosäure-Konzentrat" namens „Brain Shield" zu werten, das über die esoterische Versandfirma *Primke Dinah* vertrieben wird: Das Brausepulver bilde „in unserem Hirn psychoaktive Substanzen", die den Organismus gegen Umweltverschmutzung, Ozonbelastung und sogar gegen Radioaktivität schützten. Ein Döschen des Wunderpulvers kostet knapp 100 Mark.[1507]

Ohne jede Substanz sind auch die Behauptungen, die neuerdings über ein angeblich zellverjüngendes „Lebenskristall-Getränk" kursieren. Mit Hilfe eines Wusts (pseudo-)molekularbiologischer Begrifflichkeiten und dem permanenten Hinweis, das Ganze sei von einem amerikanischen Professor und „Pionier der heutigen Wissenschaft" entwickelt worden, wird Seriosität suggeriert: Schon Anfang der 1980er habe der Professor in seiner Forschung an verschiedenen Pflanzen das „Geheimnis des Lebens" entdeckt, eine „vier-Kohlenstoff-Nitrogen-Verbindung, die sich im Zentrum des Chlorophylls befindet. Bei seinen weiteren Forschungen gelang es ihm, Nukleotide von den Grundbausteinen des Lebens zu produzieren. Er ordnete sie in einfache geometrische Formen und nannte sie 'Lebenskristalle'. (...) Der vier-Kohlenstoff-Nitrogen-Motor im Lebenskristall erzeugt die persönliche Frequenz eines jeden Lebewesens und bestimmt die Sequenzen von Adenin und Guanin im DNA-Molekül, wodurch sich u.a. entscheidet, ob ein Mensch, Säugetier oder eine Pflanze wird" [sic!]. Was es mit den von einem „Professor Dr. Merkl" entdeckten „Lebenskristallen" (*Life Crystals*®) im Einzelnen auf sich hat, läßt sich den verworrenen Werbestatements nicht weiter entnehmen; jedenfalls seien sie in besagtem „Lebenskristall-Getränk" enthalten und in der Lage, „über die

Zellmembran unter Umgehung der Mitochondrien direkt in den Zellkern vorzudringen, wo unsere genetische Information gespeichert ist. Das Getränk ernährt damit nicht nur die Zellen, sondern auch die Gene selbst. Dadurch werden die Zellen befähigt, neue gesunde Generationen von Zellen entstehen zu lassen. So ist zu erklären, wie der 67jährige Professor Merkl trotz mehrerer Herzinfarkte das Herz eines 29jährigen haben kann."[1508] Tatsächlich handelt es sich bei dem in der Szene als Wunderheilmittel gehandelten (offiziell freilich als Nahrungs[ergänzungs]mittel ausgewiesenen) „Lebenskristall-Getränk" um eine simple Mixtur aus verschiedenen Fruchtsäften, Wasser und Obstweindestillat, die für einige Zeit dem Sonnenlicht ausgesetzt (und dadurch einem Gärungsprozeß unterzogen) wurde. Eine Flasche des auch als „Sumer-Elixier" bezeichneten Mostgetränks kostet 125 Mark.[1509] Höchst suspekt sind auch die „Spagyrischen Kräuterweine", die unter der „Leitung des international anerkannten Alchemisten, Astrologen und Therapeuten Dr. Junius" hergestellt würden; angeblich wohne diesen Weinen eine „starke energetische Kraft" inne, die sich wohltuend auf „Geist, Psyche und Körper" auswirke. Ob den über die Szenezeitschrift *Mensch & Sein* vertriebenen Getränken (vier 0,5-Liter-Flaschen 95 Mark) tatsächlich ungewöhnliche Kärfte innewohnen, steht dahin.[1510]

Mitte der 1990er erregte der Marburger Apotheker Gregor Huesmann Aufsehen mit einer bislang einmaligen Initiative: Unter dem Titel „Scheiß des Monats" sollten die Verbraucher auf „Lug und Trug der Werbeaussagen" von Herstellern „unwirksamer, überteuerter und Wunder verheißender Arznei- und Pseudoarzneimittel" hingewiesen werden. Zum Auftakt seiner Aktion prangerte Huesmann ein aus Haifischknorpeln hergestelltes Pulver (HAIfit) an, das sich, wie viele ähnliche Produkte, „durch einen hohen Preis (122 Mark pro Packung) und keinerlei arzneiliche Wirkung" auszeichnete.[1511] Die Herstellerfirma des HAIfit-Pulvers verklagte Huesmann auf Unterlassung und bekam (aus Wettbewerbsgründen) recht, die Aktion „Scheiß des Monats" darf nicht wiederholt werden. Mit ihrer Schadensersatzklage kamen die Pulverhersteller allerdings nicht durch.[1512] Laut Huesmann werde dem Verbraucher insbesondere durch Zeitschriften und Fernsehmagazine eine Heilwirkung völlig unsinniger Produkte vorgegaukelt. Vor allem in den täglichen TV-Talkshows komme es zu teils gefährlicher Fehlinformation.

Für die neuerdings propagierten Wundereffekte von Grapefruitsamen - daraus hergestellte Essenzen sollen nicht nur gegen Magen-Darm-Erkrankungen, Scheiden-, Hals- und Ohrenentzündungen, Depression, vorzeitiges Altern und AIDS hilfreich sein, sondern auch gegen Schweinepest und Rinderwahn[1513] - liegen keinerlei ernstzunehmende Belege vor; ebensowenig für die angeblichen (Wunder-)Heileffekte von L-Carnitin (ein Vitamin-B-Derivat) oder von Präparaten aus bzw. mit Bestandteilen von Aloe Vera, Teebaumöl, Schwarzkümmel, Kombucha (Teepilz) oder Ling-Zhi („Langlebenspilz"), wie sie in den einschlägigen Medien (und Reformhäusern) angepriesen werden. Das gleiche gilt für die sogenannten ⇨ „Tachyon-Produkte", vorgeblich mit „überlichtschnellen Energieteilchen" aufgeladene Heilmittel, die der esoterische Versandhandel feilbietet.

Auch Wasser wird besondere Heilkraft zugesprochen; allerdings nicht im Sinne Pfarrer Kneipps, der seine Patienten mit Wassertreten und Körpergüssen zu kurieren suchte, vielmehr im Sinne neoreichianisch abgedrehter Spinner, wie etwa des Zierenberger Wünschelrutengängers Eckhard Weber, der, eigener Auskunft zufolge, ein entsprechendes Aufbereitungsverfahren entwickelt habe: Mit Hilfe des „Weber-Isis-Wasser-Aktivators", eines Gerätes, das in der Lage sei, kosmische Energie zu akkumulieren und diese „ähnlich einem Laserstrahl gebündelt und mit Lichtgeschwindigkeit" auf das Wasser zu übertragen, werde dieses zum Träger höherer Heilkräfte. Das Gerät, eine etwa 25cm lange Metallröhre (vergleichbar dem ⇨ Medea-7-Orgonstrahler), wird einfach an das jeweilige Wasserleitungsrohr angeschnallt, wo es zum einen eine „Löschung von Schadinformationen" und zum anderen eine „energetische Aufbereitung" des Wasser bewirke (in einen Odeltank gehängt diene es auch der „Homogenisierung der Gülle von Rindern und Schweinen").[1514] Gleichfalls zwischen Schwachsinn und Betrug bewegt sich das sogenannte „Wasserbelebungsgerät WB15", das von einer Firma *INVE-Ganzheitliche Schwingungstechnik* vertrieben wird. Das in die Hauptleitung zu installierende Gerät (in der Größe und Form eines Verbrauchszählers) besteht aus einer simplen Kammer, unter der das Leitungswasser hindurchfließt; in der Kammer befinden sich zwei Magnete sowie sechs kleine Ampullen, gefüllt mit 1. vorenergetisiertem Leitungswasser, 2. Bach-Blütenwasser, 3. Bergkristallwasser, 4. Topaswasser, 5. Quellwasser aus den Voralpen sowie 6. grün-/blauem Aura-Soma-Öl (zur farbenergetischen „Einschwingung"). Das „Ladungsmuster" der Magneten sowie der Ampulleninhaltsstoffe sei „so stark", daß „die Wassermoleküle des vorbeifließenden Leitungswassers (...) sich zu einer Struktur formieren, die alle Naturheilmethoden einschließlich der klassischen Homöopathie in ihrer Wirkung auf den Organismus unterstützen. (...) Dies wird sichtbar durch bioelektronische Methoden (Akupunkturmessungen, Elektrobioresonanz, Kirlian-Fotografie etc.)". Dergestalt „belebtes" Wasser sei insbesondere angezeigt zur „Stärkung immunologischer Prozesse". Das - völlig wirkungslose - Gerät kostet 1.140 Mark.[1515]

Zu den Verkaufsschlagern des Esoterikmarktes zählt freilich das sogenannte „Levitierte Wasser": Es handelt sich dabei um reguläres Leitungswasser, das über eine besondere Apparatur „entklumpt" und anschließend mit „Oberflächenenergie" aufgeladen werde, wodurch es sich zu einem Allheilmittel für sämtliche nur denkbaren Erkrankungen und Störungen wandle.[1516] Das von der Wasserleitung unabhängige Levitationsgerät besteht aus einem mit Deckel versehenen Glas- oder Metallzylinder (vergleichbar einem Haushaltsmixer), in den normales Leitungswasser eingefüllt wird; mittels eines Rotors wird das Wasser in dem Zylinder hochgewirbelt (= levitiert), um in einem eingebauten Fallrohr wieder nach unten zu fließen. Nach fünf Minuten Rotation habe sich das Leitungswasser „physikalisch energetisiert und regeneriert" und sei zu besagtem Heilmittel geworden, das zu Preisen von bis zu zwei Mark pro Liter über eigene Vertriebsstellen („Wasserhöfe") verkauft wird. Geräte für den Hausgebrauch kosten bis zu 6.000 Mark. Entwickelt wurde das Verfahren der Wasserlevitation schon Anfang der 1980er von einem gewissen Wilfried Hacheney, zum Verkaufserfolg wurde es allerdings erst in den 1990ern. Daß in den Werbebroschüren anstelle einer schlüssigen Theorie oder eines überprüfbaren Wirksamkeitsnachweises nur Nebulöses über „chinesischen Taoismus" oder die „schamanistischen Kenntnisse der Maori" zu finden ist - Erfinder Hacheney wird selbst als „moderner Schamane" gepriesen -, scheint niemanden zu stören, ganz im Gegenteil: Hunderttausende von Benutzern schwören auf die Kräfte des „levitierten Wassers".[1517] In der Schweiz wurde die propagandistische Behauptung, das „Energiewasser" sei in irgendeiner Weise therapeutisch wirksam, Mitte 1999 verboten. Das *Eidgenössische Bundesamt für Gesundheit* stellte fest: „Levitiertes Wasser bringt nichts. (...) Das Ganze hat mehr mit Esoterik zu tun als mit Wissenschaft."[1518] Während sich die Anbieter in ihren Werbeverlautbarungen seither etwas zurücknehmen, werden die Internetseiten überschwemmt mit Berichten begeisterter Nutzer, die von phantastischen Heilerfolgen bei Neurodermitis, Migräne, Übergewicht, Akne etc. schwärmen; selbst von Krebsheilungen ist die Rede. Zu den Marktführern der bundesdeutschen Szene zählt die Firma *Aquaedukt*.[1519]

Ein TÜV-Prüfsiegel am Gerät erlaubt im übrigen keinerlei Rückschluß auf dessen Wirksamkeit in Hinblick auf die angepriesene Leistung: Derartige TÜV-Bescheinigungen beziehen sich lediglich auf einen technisch ungefährlichen Einsatz des Geräts bzw. auf dessen Fertigungsqualität.

Urintherapie

Zu erwähnen ist letztlich die in Esoterikkreisen vielgepflogene „Urintherapie", bei der der eigene Urin (wahlweise auch der von Kühen, Schafen oder sonstigen Tieren) getrunken oder intramuskulär injiziert wird. Unter Bezugnahme auf irgendwelche „Volksweisheiten" wird dem Urin, vor allem dem ersten Strahl am Morgen, nachgerade wundertätige Heilwirkung bei einer Vielzahl von Störungen und Erkrankungen zugesprochen. Auch zur Prophylaxe sowie zur „allgemeinen Energetisierung" wird die regelmäßige Einnahme von Urin - „ein Trinkglas gleich nach dem Aufstehen" - empfohlen.[1520] Wer sich scheut oder ekelt, diesen zu trinken (zur Geschmacksverbesserung wird angeraten, etwas Zitronen- oder Apfelsaft zuzusetzen) und/oder über keine Möglichkeit der Injektion verfügt, kann zu einer weiteren Einnahmevariante greifen, bei der man den Urin „mit Hilfe des kleinen Fingers in beide Nasenlöcher einschnupft und dies etwa drei- bis viermal wiederholt. Diese Möglichkeit bietet sich, (...) wenn kein Gefäß (...) zur Verfügung steht, indem man den Finger in den Urinstrahl hält - ideal für unterwegs. (...) Die Wirkung stellt sich in wenigen Sekunden ein; man fühlt sich frischer und energiereicher".[1521] Ernstzunehmende Belege gibt es, totz aller propagandistischen Umtriebe der Urin-Propheten Carmen Thomas und Hans Höting, nicht. Im Gegensatz zu ⇨ tachyonisiertem oder levitiertem Wasser, das überhaupt nichts bewirkt, kann sich die Einnahme von Urin äußerst nachteilig auswirken: Es kann zu Infektionen bis hin zu schweren Vergiftungserscheinungen kommen.[1522] Auch die externe Behandlung etwa von Allergien oder Neurodermitis mit Urin ist sehr skeptisch zu sehen, Nachweise für eine entsprechende Wirksamkeit existieren nicht. Desungeachtet wird von Heilpraktikern quer durch die Republik die „Heilkraft des Urins" beschworen (inzwischen gibt es sogar eine *Deutsche Gesellschaft für Harntherapie*). Alternativmediziner ⇨ Ingfried Hobert rät vor allem dazu, die Haare mit Urin zu waschen: Dazu „sollte der Urin gesammelt werden, um ihn zunächst für drei Tage in einem geschlossenen Gefäß reifen zu lassen" [sic!]. Die Waschungen sollten 2-3mal pro Woche durchgeführt werden, was eine „Verbesserung der Haarstruktur" bewirke.

Für ein Vollbad empfiehlt Hobert einen Liter Urin pro Wanne, ratsam mithin zur „Stärkung des Immunsystems"; demselben Ziel diene auch besagte „Trinkkur" mit Morgenurin.[1523] Hoberts Behauptung, die Urintherapie stelle ein „über Jahrtausende erprobtes Naturheilverfahren" dar, das „in allen Kulturen und seit Urzeiten (...) mit großem Erfolg" angewandt werde, ist grober Unfug. Als überdies hochriskanter (um nicht zu sagen: krimineller) Unfug ist ein Ratschlag aus dem Szenemagazin *Pulsar* zu werten, sich bei Sehproblemen „mehrmals täglich Eigenurin in die Augen (zu) träufeln".[1524]

5.34.1. PcE-Zellaktivierung

Als „Zaubermittel" gegen den Alterungsprozeß - und zugleich als Methode der Bewußtseinserweiterung - macht seit einiger Zeit ein Verfahren des Wiener „Biokybernetikers" Gerhard Eggetsberger Furore, das auf der Einnahme sogenannter „Energiekost" sowie einem Set spezifischer „Drüsenübungen" beruht.

Die angeblich zellverjüngende Kost besteht aus einem Cocktail von täglich 6-10 Spirulina-Algentabletten, 3-6 Gramm Vitamin C, 2-3 Litern kohlensäurefreien „energetisierten" Wassers, einigen Tassen Grüntees, 1-4 Teelöffeln „kolloidalen Gold- und Silberwassers" (destilliertes Wasser mit mikroskopisch feinen Gold-/Silberpartikeln) sowie 1-2 Teelöffeln eines Magnesium-/Milchzucker-/Vitamin-B2-Pulvers (zur „Darmsanierung") und soll zusätzlich zu einer „energiereichen Basisernährung" aus biologisch angebauten Agrarprodukten und „selbstgezogenen Sprossen und Keimen" eingenommen werden (⇨ *Brain-Food).* Hinzu kommen sechs selbsterfundene „Energieübungen zur Zell- und Drüsenaktivierung" (die etwas an Mantak Chias ⇨ Tao Yoga erinnern, auf das auch ausdrücklich bezug genommen wird):

> 1. Mit gerader Wirbelsäule auf einer Stuhlkante sitzen. Anspannen der Muskeln im Beckenboden (genauer: des Pubococcygeusmuskels zwischen After und Geschlechtsorganen), Einatmen, bis 10 zählen; dann Entspannen, Ausatmen, wieder bis 10 zählen. Nach 30maliger Wiederholung dieser Sequenz 30maliges schnelles An- und Entspannen des Pubococcygeusmuskels in Intervallen von ein bis zwei Sekunden (Aktivierung der Geschlechtsdrüsen), 2. Aufrechtstehen und 20-30maliges Klopfen mit den Fäusten auf den Bereich der Nieren (Aktivierung der Nebennieren), 3. 20-30maliges Klopfen mit einer Faust auf das Brustbein (Aktivierung der Thymusdrüse), 4. 20 kreisende Massagebewegungen mit Daumen und Zeigefinger unter dem Kehlkopf (Aktivierung der Schilddrüse), 5. Wiederholung von Übung 1 mit gleichzeitigem Blick nach oben (Aktivierung von Epiphyse und Hypophyse), 6. Aufrechtstehen und Seitwärtsheben der Arme, bis sie mit dem Körper ein Ypsilon formen; Position 20 Atemzüge lang halten (Aktivierung der Zirbeldrüse).[1525]

Den positiven Effekt seines Verfahrens will Eggetsberger über einen selbstentwickelten „Vitaltest" nachgewiesen haben, mit dem er die Energieleistung zweier Akupunktur-„Sondermeridiane" zu messen vorgibt: Diese Meridiane, deren einer, vom Damm - d.h. von besagtem Pubococcygeusmuskel - ausgegehend, den Körper über den Rücken und den Scheitel bis zur Oberlippe und deren anderer, gleichfalls vom Damm ausgehend, den Körper über die Brust bis zur Unterlippe umlaufe, regulierten alle Yin-Yang-Energieprozesse des Organismus und stellten insofern vorzügliche Parameter für das „Jungbrunnen-Potential" der jeweiligen Mittel und Methoden dar. (Mit einem ähnlichen Testverfahren, wie *Esotera*-Autor Ulrich Arndt berichtet, seien ihm früher schon Messungen von ⇨ „Kundalini-Aktivierung" [„Die enträtselte Schlangenkraft"] und weiterer „PSI-Phänomene" [„Die Potentiale der Erleuchtung"] gelungen.[1526]) Tatsächlich gibt es keinerlei Hinweis auf die Existenz derartiger Energiebahnen.

An seinem *Institut für angewandte Biokybernetik und Feedbackforschung* in Wien bietet Eggetsberger eigene Einführungskurse und Seminare zu seinem Verfahren an, für das er aufgrund der besonderen Bedeutung der *P*ubo*c*occygeusmuskel-*E*nergie die Bezeichnung „PcE-Zellaktivierung" geprägt hat. (Eine Ausbildung beispielsweise zum „PcE-Mentaltrainer" dauert drei Tage und kostet, einschließlich eines Diploms, 720 Mark.) Des enormen Verkaufserfolges seiner Kurse und Produkte wegen hat er diese inzwischen markenrechtlich schützen lassen, sein Institut (das er zusammen mit seiner Ehefrau und einem befreundeten Pärchen betreibt) firmiert neuerdings als *International PcE®-Network™/IPN*. Neben seinen Kursen und allerlei Schrifttum führt er eine Reihe spezifischer PcE-Produkte im Sortiment: beispielsweise das für die Zellverjüngung (vor allem der Zirbeldrüse) erforderliche „kolloidale Goldwasser" (500ml/85 Mark [reicht bei einer „Kuranwendung" gerade für einen halben Tag]) oder das zur Darmsanierung nötige Magnesium-/Vitaminpulver (300g/85 Mark); auch PcE-Aphrodisiaka sind erhältlich - Eggetsberger beforscht nicht nur den Pubococcygeusmuskel sondern auch Orgasmusprobleme -: ein 50-Gramm-Tütchen Yohimbinrinde ist für knapp 20 Mark zu haben. Sehr viel mehr ins Geld geht der Erwerb eines der Eggetsbergerschen Biofeedbackgeräte: der batteriebetriebene „PcE-Trainer" etwa, ein Gerät zur Messung des „aktuellen energetischen Zustandes von Zellgruppen", beläuft sich auf immerhin 1.130 Mark. Wozu genau solche Messung (bzw. die ganze Apparatur) gut sein soll, läßt sich den Werbeverlautbarungen des IPN nicht entnehmen.[1527]

Die Szenezeitschrift *Esotera* preist Eggetsbergers PcE-Zellaktivierung als „Quintessenz gesunden Lebens" und rühmt dessen Pionierleistungen bei der Suche nach der „Energie ewiger Jugend";[1528] die Regenbogen- und Boulevardpresse - wie üblich - überschlägt sich fast vor Begeisterung. Tatsächlich haben weder die obskuren „Drüsenübungen" noch die dazugehörigen „Energiekost"-Praktiken Eggetsbergers irgendwelche der ihnen angedichteten „zellverjüngenden" oder „bewußtseinserweiternden" Effekte. Das Ganze ist als ebenso kostspieliger wie nutzloser Firlefanz zu bewerten.

5.35. Neurolinguistisches Programmieren (NLP)

Das Neurolinguistische Programmieren (NLP) wurde zu Beginn der 1970er Jahre von den amerikanischen Kommunikationstheoretikern Richard Bandler (*1950) und John Grinder (*1940) entwickelt. Basierend (angeblich) auf der Beobachtung sogenannter „therapeutischer Magier" (Milton Erickson, Fritz Perls und Virginia Satir), die mit wenigen Interventionen ganz offenbar tiefgreifenden Wandel bei ihren Klienten bewirken konnten, seien die dem jeweiligen Vorgehen zugrundeliegenden Kommunikationsmuster „entschlüsselt" worden. Bandler und Grinder, so die Legende, hätten diese Muster in ihre Bestandteile - Sprache, Gestik, Körperhaltung - zerlegt und zu einem System lehr- und lernbarer Techniken wiederzusammengesetzt. Theoretische Überlegungen seien dabei völlig im Hintergrund gestanden, es sei ausschließlich um den Versuch gegangen, Modelle erfolgreicher Kommunikations- beziehungsweise Therapiepraxis zu kopieren. Der Begriff Neurolinguistisches Programmieren weist auf den ursprünglichen Ansatz von Bandler und Grinder hin: über ein *linguistisches*, also sprachlich vermitteltes *Programm neuro*physiologische Vorgänge zu beeinflussen.[1529] Gelegentlich firmiert das Ganze auch unter dem Kunstbegriff „Metalog".

Innerhalb der Psychoszene erfreut sich die (äußerst simple) NLP-Technologie weiter Verbreitung, zahllose (Laien-)Praktiker dilettieren damit an teils schwersten Störungen - Ängste, Zwanghaftigkeiten, psychosomatische Erkrankungen, Partner- und Sexualprobleme etc. - herum. Die NLP-„Qualifikation" erfolgt über Kurzzeit-Workshops, die über eine ganze Reihe einander konkurrenter Institute und Verbände angeboten werden: Der „Grundkurs" dauert in der Regel zwei Tage, zum „Practitioner" kann man sich in zwei Wochen ausbilden lassen, in weiteren zwei Wochen zum „Master Practitioner" (Gesamtkosten: zwischen 7.000 und 10.000 Mark). Billiger sind NLP-Ausbildungen per Fernkursus, am Wuppertaler ⇨ *Institut Kappel* etwa wird ein Lehrgang zum zertifizierten „NLP-Trainer" für 1.400 Mark angeboten.

Eine der am häufigsten angewandten NLP-Techniken beruht auf der Entdeckung Iwan Pawlows (1849-1936) der physiologischen und psychischen Konditionierbarkeit des Menschen. Wahrnehmungsreize von außen lösen eine bestimmte gefühlsmäßige Reaktion aus: Ein Photo aus dem Urlaub beispielsweise mag angenehme Erinnerungen hervorrufen, das Schrillen einer Schulglocke eher unangenehme. Auch Gerüche, Geschmacksempfindungen oder Berührungen gehen „automatisch" mit dem Auftauchen bestimmter Gefühle einher und bringen oft längst vergessen Geglaubtes ins Bewußtsein. Dieses Phänomen der Verbindung einer Sinneswahrnehmung mit einem „dazugehörigen" Gefühl setzt NLP gezielt ein: Der Klient wird aufgefordert, sich sein Problem lebhaft zu vergegenwärtigen. In dem Augenblick, in dem er durch Mimik oder Körperhaltung das negative Gefühl zeigt, das er mit diesem verbindet, drückt der Therapeut irgendeinen Punkt an der Schulter oder am Knie des Klienten. Er „ankert" damit das Gefühl, das erneut auftaucht, wenn er die Schulter oder das Knie mit demselben Druck nochmal berührt. Im nächsten Schritt wird der Klient aufgefordert, sich eine Situation zu vergegenwärtigen, in der er genau die Fähigkeit oder Kraft hatte, die ihm zur Lösung seines aktuellen Problems fehlt. Sobald sich in der Mimik ein positives Gefühl abzeichnet, „ankert" der Therapeut dieses durch Druck auf die andere Schulter oder das andere Knie. In einem dritten Schritt fordert er den Klienten auf, sich vorzustellen, es stünde ihm für sein Problem eben diese Fähigkeit zur Verfügung. Durch gleichzeitigen Druck auf beide Schultern oder Knie holt er beide „geankerten" Gefühle heran, so daß diese ineinander „verschmelzen". Hierdurch werde (auf unerklärliche Weise) der in der aktuellen Problemsituation blockierte Zugang zu den „eigentlich" stets vorhandenen Lösungskräften frei.[1530]

Durch derlei „Zaubertricks", verbunden mit allerlei suggestivem Showbrimborium, können Symptome tatsächlich (zumindest kurzfristig) zum Verschwinden gebracht werden. Da allerdings die Ursache der dahinterstehenden Probleme nicht behoben wird, können diese sich auf längere Sicht verschärfen. NLP reduziert das hochkomplexe Interventionsverhalten einiger klinisch herausragend qualifizierter und langjährig erfahrener Therapeuten auf ein paar wenige Manipulationstechniken, was Heilpraktiker oder sonstige Laien mit absolviertem NLP-Kurs dazu verleiten kann, sich „therapeutisch" auch an schweren psychischen Störungen oder Erkrankungen zu schaffen zu machen. Die Behauptung, NLP sei eine Art übergeordneter „Meta-Therapie", die die Ansätze von Erickson, Perls und Satir in sich integriere und dadurch gewissermaßen erst auf den Begriff bringe, entbehrt jeder Grundlage, spiegelt allerdings das hybride Selbstverständnis der Szene wider: Ständig ist da von „Brillanz", „Genialität" und vor allem „POWER" die Rede, NLP zeige „den Unterschied zwischen dem Exzellenten und dem Durchschnittlichen".[1531]

Der in der Psychoszene häufig anzutreffende Begriff „Hypnosetherapie" umfaßt in der Praxis meist nicht viel mehr als simple NLP-Technik (verbunden mit ⇨ positivdenkerischen Suggestionen). Mit klinischer Hypnose, wie sie mithin von Milton Erickson entwickelt wurde (und international von einer nach diesem benannten Therapiegesellschaft vertreten wird), hat dies kaum etwas zu tun. Allerdings bürgt auch die Bezeichnung „Hypnose nach Milton Erickson" nicht unbedingt für Seriosität: Der Begriff ist nicht geschützt, kann, also von jedem Praktiker frei benutzt werden.

Im Gegensatz zu den „modellierten" Therapeuten, die auf eine persönliche Beziehung zu ihren Klienten größten Wert legen, findet beim NLP eine Bezugnahme auf die Person des Klienten ausdrücklich nicht statt. Der notwendige Rapport wird auf rein technischem Wege hergestellt, etwa durch Kopieren des Tonfalles, des Sprachduktus oder der Körperhaltung des Klienten. Gerade diese unter dem Begriff „Syntonics" bekannten Techniken zur künstlichen Schaffung eines „Vertrauensverhältnisses" macht NLP für die Psychoszene (dito: Gebrauchtwagen- und Teppichhändlerszene) so attraktiv.

Zu großer Popularität hat dem NLP mithin der frühere holländische Würstchenverkäufer ⇨ Emile Ratelband verholfen, der sich seit Anfang der 1990er als Erfolgstrainer internationaler Großkonzerne einen Namen gemacht hat. 1998/99 rudicarellte Ratelband sich für einige Zeit sogar durchs Fernsehen: In einer eigenen RTL2-Show namens „Tsjakka" - es soll dies eine Art Motivationsschrei darstellen - gab er vor, Menschen mit phobischen Angstzuständen innerhalb kürzester Zeit von ihren Problemen zu befreien. Ratelbands Vorgehen besteht in einer kruden Mischung aus NLP, Positivem Denken und gnadenlos manipulativen Expositionstechniken, wie sie aus den Kindertagen der Verhaltenstherapie bekannt sind (z.B. Konfrontation mit Vogelspinnen oder meterlangen Würgeschlangen); verbunden mit endlosem Suggestivgeschwafel: „Du kannst das! Du bringst das fertig!". (Selbst Querschnittgelähmten verspricht er, sie könnten wieder laufen.[1532]) Sollte es sich in den TV-Shows nicht um gestellte Szenen gehandelt haben (was anzunehmen ist), sondern um tatsächliche Problemfälle, müßte Ratelband - in seinen Live-Veranstaltungen geht er nicht anders vor - unverantwortlicher Scharlatanerie geziehen werden (die natürlich auch die Frage nach seiner rechtlichen Befugnis zur Ausübung der Heilkunde aufwürfe). Das pseudotherapeutische Kaspertheater des holländischen Wurstbraters, und darauf kommt es hier an, unterscheidet sich indes nicht sonderlich von der Praxis der Mehrzahl an NLP-„Therapeuten".

In Abgrenzung zu dem teils hanebüchenen Herumdilettieren mit ein paar zusammengeklaubten Techniken, wie es für die NLP-Szene *en gros* bezeichnend ist, hat sich seit Mitte der 1990er eine Fraktion an NLP-Praktikern herausgebildet, die größten Wert auf ein seriöseres Erscheinungsbild legt. Unter dem Begriff NLPt (= Neuro-Linguistische Psychotherapie) präsentiert man eine „systemisch-imaginative Psychotherapiemethode mit integrativ-kognitivem (wahlweise auch: holographisch-integrativem, C.G.) Ansatz", deren Wirksamkeit (in der Behandlung u.a. von Phobien, Depressionen, Aggressionsverhalten, neurotischen und psychosomatischen Störungen, selbst von paranoidem Denken) über eine (von einem *Österreichischen Trainingszentrum für NLP* vorgestellte) Evaluationsstudie hinreichend belegt sei. In klassischer NLP-Manier - und anstelle der Vorlage einer tragfähigen Theorie und/oder Praxeologie - wird substanzvorgaukelndes *term-* und *name-dropping* betrieben: NLPt stelle grundlegend ab auf 1. die „Kybernetik des Geistes von Gregory Bateson, insbesondere der logischen Ebenen des Lernens und der Unified Field Theory als Weiterentwicklung (Robert Dilts)", 2. die „sozial-kognitive Lerntheorie von Albert Bandura mit dem von Bandler und Grinder praktisch weiterentwickelten Modell-Ansatz", 3. die „Transformationsgrammatik von Noam Chomsky und die darauf aufbauenden und unter dem Einfluß der Postulate von Alfred Korzybski und Glasersfeld durch Bandler und Grinder weiterentwickelten Modelle der Sprache (Metamodell und Miltonmodell)", 4. die „Annahme einer grundsätzlichen Zielorientierung menschlichen Handelns (Pribram, Galanter, Miller, TOTE, 1960)", 5. die „auf William James zurückgehende Theorie der sinnspezifischen Repräsentationssysteme als Grundbausteine der Informationsverarbeitung und des subjektiven Erlebens", und 6. die „aus der Praxis des Modellierens von Perls, Satir und Erickson resultierende Grundannahme funktionalautonomer Persönlichkeitsanteile mit bewußten und unbewußten Prozeßkomponenten".[1533] Was immer das im Einzelnen heißen und bedeuten soll, bleibt unerschließlich. In Österreich wenigstens scheinen die Vertreter des NLP dergestalt Eindruck gemacht zu haben: NLP (resp. NLPt) gilt dort als offiziell anerkanntes Therapie- bzw. Lebensberaterverfahren.

Seit geraumer Zeit wird unter dem Begriff NLE (NeuroLinguistic Education) auch eine „pädagogische" Variante des NLP propagiert. In Kindergärten und Horten quer durch die Republik sucht man Erzieherinnen zur Teilnahme an je neunteiligen Wochenendkursen zum NLEducator I (4.050 Mark) und NLEducator II (4.860 Mark) zu bewegen. Die Inhalte der Kurse entsprechen weitgehend denen des NLP. Auf dem weiten Markt einschlägiger Angebote findet sich auch eine „NLP-Rechtschreibtherapie" (nach Klaus H. Schick), die NLP-Technik u.a. mit ⇨ edu-kinesthetischen Übungen verknüpft.[1534]

Die innerhalb der Szene vieldiskutierte Frage, ob die Ausübung von NLP in der Bundesrepublik unter das Heilpraktikergesetz falle oder nicht, wurde durch ein staatsanwaltliches Verfahren gegen den Frankfurter Esoterikaktivisten ⇨ David Luczyn beleuchtet, der sich über

Jahre hinweg in einschlägigen Blättern als NLP-Master-Practitioner angepriesen hatte, bei dem man in Einzel- und Gruppensitzungen Ängste, Phobien und sonstige Probleme sozusagen „im Handumdrehen" loswerden könne. Es wurde verdeckt gegen ihn ermittelt, er wurde erwischt und wegen Verstoßes gegen das HeilPrG belangt. Letztlich mußte er ein relativ hohes Bußgeld bezahlen und seine werbewirksamen Annoncen einstellen bzw. modifizieren.[1535] In der NLP-Zeitschrift *MultiMind* zog er in wüsten Beschimpfungen über Autor Goldner her, den er (unzutreffenderweise) für verantwortlich hielt, die Sache ins Rollen gebracht zu haben. Im übrigen erläuterte er, belehrt durch das zuständige Gesundheitsamt, „was denn ein NLPler eigentlich darf und nicht darf: Also, er darf weder Therapie machen noch Heilung versprechen. Er darf sich nur um Probleme und Verhaltensweisen kümmern, die kurzfristiger, also aktueller Natur sind und keine Verbindung zu einer psychischen oder psychosomatischen Krankheit erkennen lassen. (...) Auch Symptome von gravierendem Ausmaß sind tabu. Macht jemand eine Timelinearbeit [= NLP-Variante (pseudo-)schamanistisch angehauchter Regressionstechniken (nach M. Hackl), C.G.] und stößt dabei auf traumatische Kindheitserfahrungen, wird es schon kritisch. (...) Man muß auch nicht unbedingt einen Ermittler zu Besuch haben, um Probleme zu bekommen. Auch ein unzufriedener Kunde kann einen anzeigen."[1536] Heute firmiert Luczyn als „spiritueller Lebensberater".

5.35.1. Provokative Therapie

Provokative Therapie wurde Anfang der 1960er von dem Amerikaner Frank Farrelly (*1931) vorgestellt, der nach einer wenig erfolgreichen Karriere als Amateurboxer mehrere Jahre als Sozialarbeiter in psychiatrischen Anstalten tätig gewesen war. In seiner Arbeit mit chronisch Schizophrenen und Depressiven, mit Drogenabhängigen und „kriminellen Psychopathen", so seine Selbstdarstellung, habe er mit verschiedenen Möglichkeiten experimentiert, diese zum psychologischen „Schlagabtausch" herauszufordern. Eine Vielzahl angeblich „hoffnungsloser" Fälle habe er dergestalt aus der Psychiatrie hinaus„provoziert". Seit Ende der 1980er bereist Farrelly regelmäßig die Bundesrepublik, um hier Workshops zu veranstalten. Therapeuten verschiedenster Ausrichtung nehmen an diesen Veranstaltungen teil und bauen Aspekte der Provokativen Therapie in ihre eigene Arbeit ein. Seit Anfang der 1990er gibt es in München sogar ein eigenes Ausbildungsinstitut.

Als „Markenzeichen" der Provokativen Therapie gilt „humorvolles" Agieren des Therapeuten (bzw. das, was Farrelly darunter versteht). Die in deutscher Sprache erschienene Einführung in seinen Ansatz trägt insofern den lapidaren Titel *Lachen lernen*[1537]: Die über das Lachen geschaffene emotionale Distanz zu den Problemen, so Farrelly, verringere deren lähmende Bedeutung und lasse sie für den Klienten „bearbeitbar" erscheinen. Provokative Therapie suche den Klienten gezielt dazu zu bewegen, „eingefahrene Gleise" zu verlassen und sich neuen Erfahrungen auszusetzen. Wesentliches Instrument hierzu sei die paradox-provokative Herausforderung, auch „sokratische Ironie" genannt. Der Therapeut paktiere als des „Teufels Advokat" (Advocatus Diaboli) mit der „negativen Seite" des Klienten und bringe dessen finsterste Gedanken und Ängste zur Sprache. Er tue dies mittels gezielt eingesetzter Provokationen - neben widersinnigen Erklärungen, Ratschlägen und Theorien sind dies bevorzugt auch (sexualkonnotierte) Angriffe „unter die Gürtellinie" -, die er solange fortführe, bis der Klient sich „losreißt", um einen „eigenen, vernünftigen Lösungsweg für sein Problem zu finden". Farrelly nennt dieses Vorgehen „psychologisches Judo"[1538] (was die Sache freilich nur unzureichend trifft: besser wäre „psychologisches Punching" [Begriff aus der Boxsprache, der das Einprügeln auf einen Sandsack bezeichnet]).

Provokative Therapie ist insofern immer Einzelarbeit (mit oder ohne Gruppenpublikum). Die Sitzung beginnt in der Regel mit einer Beleidigung, die gezielt auf einen wahrnehmbaren oder vermuteten Problembereich des Klienten abstellt. Beispielsweise wird eine korpulente Frau aufgefordert, sich vorsichtig zu setzen, da ihr dicker Hintern ansonsten den Stuhl demoliere. Auch die vorgetragenen Probleme werden in „gezielt-vor-den-Kopf-stoßender-Manier" angegangen und/oder systematisch ins Lächerliche gezogen. Die Aufgabe des Therapeuten, so Farrelly, liege darin, dem Klienten - unter Verwendung jeder nur erdenklichen Zote und der gesamten Bandbreite an Vulgärbegriffen - all die negativen Denkweisen und Überzeugungen vor Augen zu führen, von denen sein aktuelles Dilemma bestimmt sei.

> Farrelly selbst beschreibt folgende Therapiesituation:
> Eine junge Frau leidet darunter, daß eine ihrer Brüste wesentlich kleiner ist als die andere. Sie vermeidet daher jeden Kontakt zu Männern.
> Therapeut: „Sie meinen, es ist Ihnen peinlich und Sie schämen sich, wenn herauskommt, daß Sie eine komische linke Titte haben?"
> Klientin (peinlich berührt und mit hängendem Kopf): „Ich mag nicht, wie Sie das sagen, aber ja, so ungefähr ist es."
> Therapeut: „Also das ist der Grund, weshalb Sie die Hälfte der Menschheit meiden. (Kleine Pause) Nun, zum Teufel, wenn ich mir's recht überlege, finde ich Ihr Verhalten ganz richtig. Wenn Sie nämlich irgendwelche Männer träfen - Männer sind nun mal Männer und die wollen natürlich an Ihnen rumfummeln (die Klientin nickt) - und wenn die nun Ihre Bluse aufmachen, dann gibt's nur drei mögliche Reaktionen."
> Klientin (neugierig, aber gleichzeitig peinlich berührt): „Welche?"
> Therapeut (sehr ernsthaft): „Nun, eine Reaktion könnte sein, daß er die Bluse schnell wieder zuknöpft und sagt: 'Tut mir leid, ich wußte ja nicht, daß Du ein Krüppel bist'. Eine zweite Reaktion könnte sein, daß er ganz heiß wird und sagt: 'Toll, ich wollte es immer schon mal mit einem Krüppel machen!' Und die einzige weitere Reaktion, die ein Mann zeigen könnte, nachdem er die Bluse aufgeknöpft hat, wäre wohl die, daß er auf Ihre komische Titte starrt und ruft: 'Nicht bewegen! Ich hole schnell meine Polaroid-Kamera - meine Freunde werden's sonst nie glauben, wenn ich's ihnen erzähle'."
> Klientin (nach einiger Zeit und mit schwachem Lächeln): „Ja, ich habe das Gefühl, daß genau das passieren würde, aber ich werde es nie wirklich herausfinden, wenn ich bloß hier sitze und mit Ihnen drüber rede."[1539]

Provokative Therapie versteht sich als Kurzzeittherapie, die in der Regel nicht mehr als acht bis zehn Behandlungsstunden umfaßt. Die jeweiligen Behandlungen sind - zumindest bei Farrelly selbst - auf 20 bis 30 Minuten begrenzt. Als besonders erfolgversprechend beschreibt sie sich in der Behandlung von Depressionen, Phobien, Zwängen und Süchten; darüber hinaus in der Behandlung sexueller Störungen.

Ob Provokative Therapie tatsächlich das Wunderverfahren darstellt, als das sie gepriesen wird, erscheint mehr als zweifelhaft: Kann Farrelly selbst seine Flegeleien vielleicht noch als Paradox dahinterstehenden Wohlwollens glaubhaft machen - offenbar ist sein Repertoire auf das Werfen von Unflat beschränkt und er verhält sich insofern in der Tat authentisch -, so wirken seine Interventionsmuster künstlich und aufgesetzt, wenn sie von anderen angewandt werden. Problematisch sind sie allemal: Provokative Therapie beruht in weiten Teilen darauf, den Klienten so „in die Ecke zu treiben“ oder zu beschämen, daß er sich nicht mehr getraut, seine Probleme einzugestehen. Sie stellt eine Art psychologisches Haberfeldtreiben dar, in dem der Therapeut stets der Treiber ist: Er kann den Klienten nach Gutdünken „in den Arsch ficken“, um Farrellys Sprache zu gebrauchen, eine Umkehr der Kommunikation (sprich: der Machtverhältnisse) ist nicht möglich. Die Probleme, deretwegen der Klient sich in Behandlung begeben hat, können sich durch die permanente Verletzung seiner Schamgrenzen und die massive Manipulation, der er in der Therapie ausgesetzt wird, erheblich verschärfen.

Provokatives (herausforderndes) Vorgehen, das zum unabdingbaren Instrumentarium jeder fundierten Therapie zählt (und das, ordentliche Indikationsstellung und eine tragfähige Beziehung zwischen Therapeut und Klient vorausgesetzt, natürlich auch zum Einsatz kommt), zur eigenständigen Therapieform hochzustilisieren, verkehrt dessen potentiellen Wert ins Gegenteil: den Klienten mit aller Gewalt „aus dem Gleis zu werfen“, wie Farrelly und seine Adepten es ohne Rücksicht auf dessen jeweiligen Hintergrund (und insofern auf unkalkulierbares Risiko hin) tun, ist als völlig unverantwortliches und letztlich zynisches Vabanque-Spiel mit der seelischen Integrität anderer zu werten. Mit Hypnose nach Milton Erickson, wie immer wieder behauptet wird, oder mit der Rational-emotiven Therapie nach Albert Ellis, beides Verfahren mit humanistisch-psychologischen Untertönen, hat die Provokative Therapie nichts zu tun (dagegen treten Farrelly und sein Verfahren immer wieder in ⇨ NLP-Kreisen in Erscheinung). Die „parapsychologischen“ Praktiken Farrellys - angeblich schöpft er seine (pseudo)therapeutischen Invektiven aus Hellsichtigkeit und übersinnlicher Heilkraft (*psychic phenomena*) - sind ebenso indiskutabel wie seine Versuche, diese ebendadurch einer vernünftigen Kritik zu entziehen.

Erwartungsgemäß scheinen Farrelly und seine Anhänger nur sich selbst zu erlauben, provokativ zu sein. Außenstehende haben den Mund zu halten und dürfen bestenfalls beifällig lachen, wenn der Meister einen seiner Gossenwitze reißt. In ihrer Reaktion auf ein paar kritische Leserbriefe zu einem seitenlangen Werbeartikel in *Psychologie Heute,* verfaßt von den Leitern der Münchner Dependance Farrellys, Eleonore Höfner und Hans-Ulrich Schachtner (die ihre Funktion wohlweislich verschwiegen und so taten, als hätten sie völlig unvoreingenommen über Provokative Therapie geschrieben),[1540] zeigten diese sich alles andere als „humorvoll“: Ein Leserbriefschreiber (und Teilnehmer an einem PT-Workshop) hatte angemerkt, Farrellys Interventionen seien „unterschwellig durchzogen von frauenverachtenden Sexismen, das vermeintlich Provokative ist sein ununterbrochenes Herumwerfen mit vulgären Sexualbegriffen wie ‘fucking’, ‘screwing’ oder ‘cocksucking’“,[1541] ein anderer hatte die klinische Wertigkeit des Verfahrens an sich („Witze statt Therapie?“) in Frage gestellt,[1542] worüber Höfner und Schachtner offenbar gar nicht lachen konnten: „Provokative Therapie hätte ihren Namen nicht verdient, wenn sich nicht Händchentätschel-Therapeuten darüber alterieren würden. Wie schön, daß nun auch dieses Mal die üblichen Klischeereaktionen kamen, die mit den einfachen Formeln ‘Humor = Zynismus’ und ‘fehlende Helferattitüde = mangelnder Kontakt zum Klienten’ etwas abwehren, das einfach zu viel Mut und Feingefühl erfordert, um Kleingeister (...) nicht zu erschrecken.“[1543] Farrelly wie Höfner bieten (Ausbildungs-)Kurse in Provokativer Therapie neuerdings auch über das bayerische Esoterikzentrum ⇨ ZIST an. Höfner setzt sich zudem als psychologische Expertin der *Fliege*-Talkshow in Szene.

Seit Mitte der 1990er rückt „Humor in der Therapie“ zunehmend in den Blickpunkt klinischen Interesses. Ausgehend von der Pionierarbeit des amerikanischen Arztes Hunter „Patch“ Adams, der als erster „Clown-Doctor“ einen ungeahnten Zugang zu seinen Patienten fand, etablierte sich unter dem Begriff „HumorCare“ ein fachübergreifendes Forum gelotologischer (lach-/humorwissenschaftlicher) Therapieforschung, das alljährlich in Basel eine internationale Konferenz ausrichtet. Zu den Begründern der Bewegung zählt der Stanford-Psychiater William Fry, der selbst seit Jahren als Profi-Clown zugange ist. Mit der seriösen Forschungsarbeit der Gelotologen hat Farellys Provokative Therapie ebensowenig zu tun wie mit der Arbeit der inzwischen auch im deutschsprachigen Raum zahlreich vertretenen „Clown-Doktoren“ (eigens ausgebildete professionelle Schauspieler, Musiker, Pantomimen und Künstler), die, mit buntem Kittel und roter Nase, regelmäßige „Visiten“ bei schwerkranken Kindern durchführen: „Die Clown-Doktoren gehen paarweise von Kind zu Kind und suchen den persönlichen und individuellen Kontakt mit ihm. (...) Die Kinder übertragen ihre Ängste und Hoffnungen auf die Clown-Doktoren. Diese wiederum bauen ihr Spiel auf dieser Übertragung auf. Nur so können sie die negativen Aspekte der Krankheit in Kraft und Optimismus verwandeln.“[1544] Die humanistisch intendierte Arbeit der „Clown-Doctors“ (desgleichen die Arbeit etwa des Bonner Chefarztes Rolf Hirsch, der humor- und zugleich respektvollen Umgang mit PatientInnen in die Geriatrie einschleuste) ist mit Farrellys Vorgehen gänzlich inkompatibel.

Erwartungsgemäß suchte und sucht auch die Esoterikszene das Feld zu besetzen: In Ausgabe Mai 2000 von *Esotera* wurde „Lachen als Therapie“ zum Titelthema erhoben.[1545] Tatsächlich kommt Humor innerhalb der Szene nur selten vor. Was die einzelnen Protagonisten dafür halten, ist vielfach nichts anderes als Ausdruck ihrer Gestörtheit, das Lächerliche ihres Tuns nicht wahrnehmen zu können bzw. ihres Zynismus, sich in Kenntnis ihrer Ahnungslosigkeit als Therapeuten und Lebenslehrer aufzuspielen. Auch die Ansätze selbst taugen in der Regel (und bestenfalls) für Live-Satire. Bezeichnend ist insofern die sogenannte „Mystic Rose Meditation“, von Erfinder ⇨ Osho Rajneesh als „wichtigstes und fundamentalstes Verfahren der Selbsttransformation" beschrieben (das jede weitere Therapie erübrige): Eine Woche lang wird täglich drei Stunden lang am Stück gelacht („Fange mit dem Ruf 'Yaa-Hoo' an, mehrere Male, und lache dann einfach drauflos, ganz ohne Grund"); in der Folgewoche wird täglich drei Stunden lang geweint („Du schließt einfach die Augen und gehst tief in die Gefühle hinein, die dich zum Weinen bringen"); in der dritten Woche wird täglich drei Stunden lang eine Art Zen-Meditation durchgeführt („Werde zu einem Beobachter auf dem Berg, der einfach alles nur beobachtet, was vorbeizieht").[1546]

5.36. Polaritätstherapie

Die Entdeckung des Elektromagnetismus im 18. Jahrhundert führte zu einer Vielzahl an Heilverfahren, die sich „magnetischer" Kräfte bedienten. Der berühmte Wiener Wunderheiler ⇨ Franz Anton Mesmer (1734-1815) etwa glaubte, durch das Berühren eines Patienten mit besonderen Eisenstäben könne das „magnetische Fluidum" in dessen Körper wieder ins rechte Lot gebracht werden. Mesmers Ideen sowie Anleihen aus der Okkultismus-Bewegung des ausgehenden 19. Jahrhunderts standen Pate für die Polaritätstherapie, die in den 1930er Jahren von dem englischen Chiropraktiker Randolph Stone (1890-1981) entwickelt wurde.

Polaritätstherapie, in Kurzform auch Polarity genannt, ist bei Anhängern „alternativer Heilweisen" sehr beliebt. Da weder das Konzept noch die technische Ausführung größere Anforderungen stellen, gilt sie zahllosen Möchtegern-Therapeuten als Einstieg in „energetische Körperarbeit". In den USA gibt es ein Ausbildungsinstitut, an dem Polarity in einem einwöchigen Kursus erlernt werden kann, im deutschsprachigen Raum werden vereinzelt von Heilpraktikerschulen Wochenendlehrgänge veranstaltet; ansonsten läßt sich die äußerst simple (wenngleich in sich völlig widersprüchliche) Technik auch aus Lehrbüchern erlernen.[1547]

Stone, der sich als „Naturheilarzt" mit verschiedensten medizinischen Außenseiterverfahren beschäftigte, ging davon aus, daß der Körper des Menschen in verschiedenen Schaltkreisen von kosmischer Energie durchzogen sei, die wie elektromagnetische Wellen zwischen jeweils zwei Polen fließe. Aufgabe der Polaritätstherapie sei es, den womöglich gestörten Energiefluß zwischen den Polen „oben" (-) und „unten" (+) sowie „links" (-) und „rechts" (+) durch eine Art Handauflegung wieder in Gang zu bringen. Für die praktische Arbeit entwarf Stone eine „Magnetfeldkarte" des menschlichen Körpers, aus der die positiven und negativen Felder exakt abgelesen werden können. Beispielsweise gilt die rechte Körperhälfte als positiv (Yang), die linke als negativ (Yin) aufgeladen. Zur Harmonisierung der Energieströme berührt der Therapeut die einzelnen Körperstellen des Klienten mit seiner jeweils gegensätzlich aufgeladenen Hand. Eine umfassende Harmonisierung des gesamten Organismus - als Minimum werden in der Regel zwölf Sitzungen veranschlagt - befreie von Anspannung, Unruhe und Streß und trage dadurch zu größerer Lernfähigkeit, Kreativität und Lebensfreude bei; auch ernsthafte psychische Probleme wie Ängste, Depressionen oder Sexualstörungen könnten durch Polarity behoben werden.[1548] Hierzu stellt der Therapeut einen „Stromkreis zwischen sich und dem Patienten her und lädt durch seinen Überfluß an

Vitalität den Patienten wieder auf. Das ist fast so, als lade man seine Autobatterie auf, wenn die Spannung nachläßt."[1549] Woher der Therapeut diesen „Überfluß" beziehen soll, wird nicht gesagt. Eine Einzelstunde kostet zwischen 100 und 180 Mark.

Allein schon aus der „Magnetfeldkarte" Stones läßt sich der blanke Unsinn der Polaritätstherapie ersehen: Beispielsweise gilt der Oberkörper (-) in Polarität zum Unterleib (+) als negativ geladen, die Brust (+) hingegen in Polarität zum Rücken (-) als positiv; die linke Seite der Brust (-) gilt in Polarität zur rechten (+) als negativ, der obere Teil (+) in Polarität zum Bauch (-) aber als positiv. Eine Erklärung für diese Widersprüche liefert Polarity ebensowenig wie für die angebliche Polarität von Genitalien (-) und Gesamtkörper (+) oder die negative Aufladung der linken (-) versus positive der rechten Hand (+), deren Zeige- und Ringfinger (-) in Polarität zu den positiv geladenen restlichen Fingern (+) jeweils negativ geladen seien.[1550]

Der Mönchengladbacher Polarity-Therapeut Wilfried Teschler hat in Verbindung mit Vorstellungen aus der ⇨ Fußreflexzonen-Therapie eine eigene Behandlungsmethode entwickelt. Er unterteilt die Fußsohlen in horizontale und vertikale Yin- und Yang-Zonen, die zu gesamtorganismischer Energieharmonisierung über eine Art Druckpunktmassage stimuliert werden. Interessant die diagnostischen Handreichungen der Teschlerschen Fuß-Polaritätstherapie: „Beim Plattfuß ist das Bedürfnis vorherrschend, der Mutter, im leiblichen sowie im übertragenen Sinne, der Erde nahesein zu müssen. Dieser Mensch (...) sucht die Symbiose mit der Mutter, möchte in ihren schützenden Schoß zurück. (...) Das Grundgefühl ist durch Sinn-Leere und Hoffnungslosigkeit geprägt. Auf diesen Grundgefühlen baut sich dann oft ein hoffnungslos verwirrtes und verirrtes Leben auf"[1551] - das freilich durch Polarity-Fußsohlenbehandlung wieder ins Lot gebracht werden könne.

Inzwischen hat Teschler seine Methode von der Behandlung der Fußsohlen auf die Behandlung des ganzen Körpers ausgedehnt: Seine selbstentwickelte „Polaritätsmassage", eine Art Akupressur bestimmter Punkte in imaginierten geometrischen Formen (Quadrat, Dreieck etc.) wirke auf die „körperlichen, psychischen und geistigen Aspekte der behandelten Person entsprechend des jeweiligen Bedarfs und der Notwendigkeiten", wie sie sich aus deren „energetischer Blaupause" herleiteten. Die „prinzipiellen energetischen Strukturen und dynamischen Inhalte" dieser Blaupause - und damit die Blaupause für die Behandlung - ließen sich über das Geburtshoroskop des jeweiligen Klienten feststellen.[1552] Über eine eigene *Schule für Polarity-Körperenergiearbeit* in Hennef/Sieg werden entsprechende „Ausbildungsgänge" angeboten (Einführungsseminar + Basisausbildung an 10 Wochenenden [einschließlich AstroEnergetic, Inkarnationslehre und Tarot]: knapp 2.400 Mark).

Eng verwandt mit Teschlers Polaritätsmassage (und sozusagen in chinesischem Gewande) kommt ein Behandlungssystem namens „Jin Shin Do" daher, bei dem miteinander korrespondierende Akupunkte (angeblich auf symmetrisch über den gesamten Körper verlaufenden Energiebahnen sitzende Stimulationspunkte) mittels Akupressurmassage verbunden werden (⇨ *Shiatsu*).

Die Vorstellungen Stones und seines geistigen Nachfolgers Teschler sind absurd: Polaritätstherapie (gelegentlich finden sich gleichbedeutend auch die Begriffe „Polarity-Synergy-

Therapy" oder „Magnetfeldtherapie") kann - außer einem eventuellen Placeboeffekt - überhaupt nichts bewirken.[1553]

Auch der sogenannte Bio-Balancer der niederbayerischen Versandfirma *BioTec-Produkte* bewirkt gar nichts. Unter den Kopf wird eine dünne Kupfermatte (in der Größe eines Taschentuches) gelegt, an der ein Kabel mit einem Handgriff befestigt ist, der mit der linken Hand gehalten werden muß; desgleichen wird eine Matte unter das Gesäß gelegt, deren Kabelgriff in die rechte Hand zu nehmen ist. Laut Prospekt werde dadurch „das Fließen der menschlichen Energie zwischen den positiven und negativen Energiezentren verstärkt", was das „lebenswichtige Gleichgewicht der Bioenergie" wieder herstelle. Kosten der zwei Kupfermatten: 149 Mark[1554] (⇨ *Bioresonanztherapie*).

5.37. Positives Denken

Die Idee des Positiven Denkens läßt sich bis zu Immanuel Kant (1724-1804) und darüber hinaus bis zur französischen Aufklärung zurückverfolgen. Der Königsberger Philosoph beschrieb die Kraft jener Gedanken, mit denen Menschen sich selbst Mut zusprechen.

Ideengeschichtlich hergeleitet aus dem Deutschen Idealismus entstanden Ende des 19. Jahrhunderts unabhängig voneinander und etwa zeitgleich in den USA und in Europa zwei Schulen des Positiven Denkens: zum einen die Lehre des amerikanischen Philosophen und Transzendentalisten Ralph Waldo Emerson (1803-1882), die, zusammen mit den Ideen des Naturapostels Henry David Thoreau (1817-1862) und den Schriften des Autors Prentice Mulford (1843-1891), zur Grundlage der bis heute bestehenden „Positive-Thinking"-Bewegung in den USA wurde; und zum anderen die Lehre der „Positiven Lebensgestaltung" des französischen Apothekers und Wunderheilers Emile Coué (1857-1926). Dieser glaubte, die tägliche Wiederholung bestimmter Suggestionsformeln - zum Beispiel: „Ca passe" (Es geht vorüber) - führe zur „Selbstbemeisterung" jedweder Erkrankung und Störung.[1555] Coué hatte zu Beginn des 20. Jahrhunderts enormen Zulauf, enthusiastisch aufgenommene Vortragsreisen führten ihn quer durch Europa und in die USA. Seine Ideen der Autosuggestion gelten als wegbereitend für die Entwicklung des Autogenen Trainings. 1921 wurde von Oskar Schellbach (1901-1970) ein Institut zur Verbreitung des „Mentalen Positivismus" gegründet, aus dem mit dem *Großdeutschen Erfolgsring* Ende der 1920er Jahre eine ganze Volksbewegung hervorging. Ebenso wie der deutsche *Neugeist-Bund*, zu dessen führenden Vertretern Karl Otto Schmidt (1903-1977) zählte, wurde diese Bewegung von den Nazis gleichgeschaltet.[1556] Die von Schmidt seit 1924 und nach dem Krieg erneut herausgegebene Zeitschrift *Die weiße Fahne* ging 1970 in dem Monatsmagazin *Esotera* des Freiburger *Bauer*-Verlages auf, das seither als Zentralorgan neugeistiger und positivdenkerischer Strömungen und Gruppierungen gilt.[1557]

Das heutige Positive Denken basiert in erster Linie auf den Schriften der amerikanischen Prediger Joseph Murphy (gest. 1981) und Norman Vincent Peale (gest. 1993) sowie des Lebenshilfeautors Dale Carnegie (gest. 1955; interessant ist die Strategie der Erben Carnegies, so zu tun, als sei der Meister noch am Leben und schreibe immer weiter: ständig erscheinen neue „Carnegie-Bestseller"). Im deutschsprachigen Raum gilt als Hauptvertreter des Positiven Denkens der Münchner Heilpraktiker Erhard Freitag (*1940), der als persönlich ordinierter „Meisterschüler" Murphys firmiert: Mit seinen *Goldmann*-Taschenbüchern will er bis dato über sechs Millionen Leser erreicht haben. Die Empfehlungen der „modernen" Positivdenker unterscheiden sich nicht wesentlich von denen, die Wunderheiler Coué zu Beginn des 20. Jahrhunderts zusammengestellt hatte: „Sie sollten ihr ganzes Leben lang, allmorgendlich beim Erwachen und allabendlich, sobald sie im Bette liegen, die Augen schließen und 20mal nacheinander, an den Knoten einer Schnur mechanisch abzählend, ohne ihre Aufmerksamkeit an irgendetwas bestimmtes zu heften, unter Bewegung Ihrer Lippen und laut genug, um ihr eigenes Wort zu hören, den folgenden Spruch hersagen: 'Es geht mir jeden Tag und in jeder Hinsicht immer besser und besser.'"[1558]

Murphy, Peale und Freitag haben die eher allgemein gehaltenen Anweisungen Coués aufbereitet und etwas differenziert. So gibt es spezielle Suggestionsformeln (Affirmationen) für jede nur denkbare psychische oder körperliche Störung oder Erkrankung. Die (Freitag-) Formeln, mit denen angeblich selbst Geschlechtskrankheiten, Krebs und AIDS geheilt werden können, müssen täglich und möglichst oft aufgesagt werden: „Als erstes sollten wir uns von dem Gedanken verabschieden, AIDS sei unheilbar. Ihn sollten wir ersetzen durch die Suggestion: 'Mein Körper ist ein Tempel, ein Ort des Friedens und der Harmonie. Goldenes Licht strömt von oben durch alle meine Nerven und Bahnen meines Blutes. Licht reinigt mein Blut und meine Körpersäfte und ich fühle, wie die Kraft des Lebens von allen Seiten in meinen Körper dringt. (...) Ich danke der Existenz, daß die wunderbaren Heilkräfte des Lebens durch mich ihren Ausdruck finden". Bei „Geburtsfehlern" seien Suggestionen ratsam wie: „Das Gesetz des Karma bindet den Unwissenden und macht den Wissenden frei. (...) Ich habe mir meine Eltern ausgesucht. So wie ich gekommen bin, existiert für mich die beste Möglichkeit zu wachsen, mich geistig weiterzuentwickeln. (...) Mit Lachen nehme ich das Leben an." Gehirntumore, verursacht allein durch „falsches Denken, Starrköpfigkeit und Unwilligkeit", sprächen auf ganz ähnliche Suggestionen an. Wichtig sei allemal die Bezugnahme auf höhere Mächte: Bei Blähungen etwa sei die Suggestion erfolgversprechend: „Der Plan der Schöpfung vollzieht sich durch mich. Gott und ich sind immer erfolgreich"; bei Durchfall empfehle sich: „Alles ist in göttlicher Ordnung. (...) Ich freue mich, das Leben ist schön."[1559] Im übrigen gilt der Ratschluß Murphys: „Wenn Sie krank sind, denken Sie daran, daß Ihnen Gottes unendliche Heilkraft, an der Sie kraft Ihres Geistes teilhaben, *jetzt* zur Verfügung steht. (...) Vertrauen Sie uneingeschränkt Gott als des Inbegriffs des unendlichen Geistes und der Gotteskraft in Ihnen."[1560] Selbstredend lassen sich die positiven Suggestionen - vor allem laut Freitag - auch zu profanen Zwecken einsetzen: „Die meisten Menschen glauben, daß harte Arbeit die beste Methode sei, um an Geld zu kommen. Doch je weniger verbissene Konzentration du darauf verwendest, Geld zu verdienen, desto leichter kommt das Geld zu dir." Empfehlenswerte Suggestionen: „Um mich ist Fülle. Wohin ich sehe ist Reichtum. (...) Ich bin jemand der hat."[1561]

Positives Denken wird in erster Linie als Selbsthilfemethode empfohlen. Darüberhinaus wird es in verschiedenen Heilpraxen auch als Therapieverfahren eingesetzt. Die Therapie (nach Freitag) umfaßt zwanzig Behandlungsstunden. Während der ersten zehn Stunden wird der Klient mit autogenen Entspannungstechniken vertraut gemacht. Die Therapie besteht im wesentlichen darin, daß ihm Tonband-Kassetten mit positiven Suggestionen vorgespielt werden, deren Ablauf sich endlos wiederholt. Im zweiten Teil der Therapie erarbeitet der Klient ein Set an persönlichen Suggestionsformeln, mit denen er in Eigenarbeit sein konkretes Problem angehen soll. Der Therapeut hilft bei der Formulierung der Affirmationen. Eine Behandlungsstunde kostet knapp 250 Mark, zwanzig Stunden sind *en bloc* zu buchen.[1562] Positives Denken, beziehungsweise der Einsatz von Affirmationen, ist integraler Bestandteil der meisten esoterischen Therapieverfahren; insbesondere der ⇨ Hoffman-Quadrinity-Prozeß oder ⇨ Rebirthing stellen ganz ausdrücklich darauf ab.

Neben zahlreichen Selbsthilfebüchern, in denen die positiven Sinnsprüche für jedes Problem vorformuliert sind,[1563] gibt es auch Kartensets mit Affirmationen, aus denen man sich täglich eine auswählt, oder Taschenkalender, die für jeden Tag mit einem neuen Spruch aufwarten. Selbst eine „Happy-Watch" wird angeboten, auf deren Zifferblatt die Suggestion zu lesen ist: „Ich bin stark, frei und gesund." Ein über den Esoterikversand *Bauer* vertriebener Wecker mit eingebautem Sprachprozessor spielt zum Aufwachen einen zuvor eingegebenen Affirmationsspruch ab, beispielsweise: „Ich habe eine tiefe Quelle der Stärke in mir." Dieser Spruch wird zur programmierten Weckzeit solange wiederholt, bis man das Gerät ausstellt. Kosten des „In-Einklang-mit-der-Traumwelt"-Batterieweckers: 289 Mark.[1564] Hinzu kommen hunderte verschiedener Tonband-Kassetten bzw. CDs mit Affirmationen zu jedem beliebigen Thema und Problem, von „Ich will reich sein" und „Schlank ist schön" hin zu „Schluß mit dem Haarausfall", „Keine Angst vorm Fliegen" und „Nie mehr impotent".[1565]

Tonband-Kassette/CD „Hilfe bei Ängsten"

Ich fühle mich jetzt frei und gelöst.
Ich bin in vollkommener Harmonie.
Ich blicke mit Optimismus und Mut in die Zukunft.
Ich bin voller Kraft und Energie.
Ich bin erfüllt von Lebensmut und Lebensfreude.
Ich denke positiv, meine Ausstrahlung ist positiv.
Mein mutiges Vertrauen drückt sich in allen meinen Gedanken und Handlungen aus.
Ich erledige alles immer sofort.
Ich bin in jeder Situation geborgen und sicher.[1566]

Eine technische Besonderheit des Positiven Denkens sind Tonträger, auf denen die positiven Suggestionen angeblich so in Musik oder Naturgeräusche „eingewoben" sind, daß sie bewußt nicht wahrgenommen werden können. Die Botschaften seien ausschließlich dem „Unterbewußtsein" hörbar und könnten daher umso wirksamer Einfluß nehmen. Auf jedem dieser sogenannten ⇨ Subliminal Tapes (als deren Vorläufer die in den 1930ern schon gebräuchlichen „Seelephonie"-Platten Oscar Schellbachs angesehen werden können) befinden sich angeblich hunderte unhörbarer „Heil-Suggestionen", gelegentlich sollen sie sogar in Zeitraffer oder rückwärts gesprochen aufmoduliert sein. Der Preis für eine Kassette bzw. CD liegt zwischen 25 und 40 Mark.

Positives Denken wird als universelle Heilmethode zur Überwindung seelischer und körperlicher Erkrankungen beschrieben. In einschlägigen Kreisen wird immer wieder das Beispiel der amerikanischen Bestsellerautorin Louise L. Hay angeführt, die sich durch positivdenkerische Umwandlung ihrer Gedanken selbst von Vaginalkrebs geheilt haben will. Eigener Darstellung zufolge habe Hay die Grollgedanken gegen ihren Vater, von dem sie im Alter von fünf Jahren vergewaltigt worden sei - daher der Vaginalkrebs (!) -, in Liebe aufgelöst, woraufhin ihr Karzinom innerhalb kürzester Zeit und zur Überraschung aller Ärzte vollständig verschwunden sei. Von einer Todgeweihten mit nur noch drei Monaten Überlebenschance habe sie sich durch die Kraft positiven Denkens völlig kuriert - und nicht nur das: Sie habe die allvernichtende Todesenergie ihrer Krankheit ins schiere Gegenteil verwandelt, in eine Quelle überströmender Lebensenergie. (Selbstredend könne mit dieser Energie auch AIDS geheilt werden.) Von Hays Büchern (die allesamt einen penetrant pseudofeministischen Unterton aufweisen) sollen weltweit angeblich 50 Millionen Exemplare verkauft worden sein.[1567]

Die Annahme, negative Gedanken machten krank und positive gesund, ist - zumindest in derlei platt-mechanistischer Vorstellung - definitiv falsch. Wie die Kognitive Verhaltenstherapie, auf die die Vertreter des Positiven Denkens sich paradoxerweise gerne beziehen, betont, komme es im Zuge des therapeutischen Prozesses darauf an, verzerrte oder irrationale Gedanken durch „realitätsangemessenere" zu ersetzen.[1568] Positives Denken stellt gerade auf das Gegenteil ab: Die Realität wird durch eine „rosarote Brille" geschönt. Eine tatsächliche Auseinandersetzung mit dem Problem des Klienten findet nicht statt; durch die positivdenkerische Ausblendung und Verdrängung kann es sogar zu dessen Verschärfung kommen.[1569] Ansonsten, wie der Tübinger Psychologe Dirk Revenstorf meint, sind „suggestive Banalitäten an sich vielleicht nicht besonders gefährdend, wenn auch verdummend. Aber kann man Verdummung verbieten?"[1570]

Die positivdenkerischen Affirmations-Kassetten - ob nun hörbar oder nicht - haben keinerlei nachweisbare Wirksamkeit. Bestenfalls kann ihnen ein Placebo-Effekt zukommen. Bei den Subliminal-Kassetten konnte in Tonstudio-Tests „unterhalb" der hörbaren Musik *überhaupt nichts* festgestellt werden. Zudem könnten die Suggestionen, die angeblich im Infraschallbereich von etwa 0,5 bis 1,5 Hertz „aufmoduliert" sind, über handelsübliche Lautsprecher gar nicht wiedergegeben werden, da diese auf Bereiche lediglich zwischen etwa 35 und 20.000 Hertz ausgelegt sind. Subliminal-Kassetten, auch die neuerdings angebotenen „Holosync-Tapes", die angeblich im Ultraschallbereich wirken, müssen als bewußte Irreführung beziehungsweise Betrug eingestuft werden (dasselbe gilt natürlich auch für *subliminals* oder *holosyncs* auf CDs).[1571]

Das in esoterischen Kreisen dogmatisch geforderte „positive Denken" verbietet und unterdrückt jedwede Kritik, sei sie noch so angemessen oder notwendig. Der Zwang, jederzeit „positiv" denken, fühlen und sprechen zu müssen - nicht zu verwechseln mit einer lebensbejahenden persönlichen Grundhaltung -, erweist sich bei näherer Hinsicht nicht nur als vorzügliches Kontroll- und Disziplinierungsinstrument (wer Kritik äußert, fliegt raus), sondern auch als Instrument geistiger Verblödung: In der esoterischen Findhorngemeinschaft etwa, die „Positivdenken“ zum Gesetz erhoben hat, gilt die These: „Wenn eine Frau von ihrem Mann geschlagen wird, dann hat sie in einem Vorleben etwas Böses getan und die Schläge dienen ihrer Evolution des Bewußtseins.“[1572] Es verwundert insofern nicht, daß viele Findhornianer unter Depressionen leiden. Besonders grotesk - aber durchaus szenetypisch - die Erläuterungen aus einem positivdenkenden „Lebenshilfeprogramm“: „Krankmachende Gedanken müssen vermieden werden, denn durch falsches Denken kommen Krankheiten: Kritiksucht führt zu Arthritis, Groll führt zu Krebs und Tumoren, Ärger zu Entzündungen. (...) Ein neues Gedankenmuster dafür ist: ‘Freude, Freude, Freude! Liebevoll lasse ich Freude durch Herz und Sinn, Leib und Erleben fließen.’“[1573] Nicht viel weniger grotesk sind die sogenannten „Wünsche-werden-wahr-Trainings“ (WWW-Training), bei denen, veranstaltet von einem Karl „Rajyogi“ Wiesner, die Teilnehmer merken sollen, daß sie keine Schafe sondern Tiger sind[1574]: infantil-positivdenkerisches Herbeiwünschen einer anderen Realität anstatt ernsthafte Auseinandersetzung mit anstehenden Problemen. Ganz ähnlich verhält es sich mit dem sogenannten „Wunscherfüllungsbuch“ (aus dem ⇨ *Ewert*-Verlag), das dem Benutzer alles, was er „wirklich aus vollem Herzen“ wünsche und in dem Buch aufschreibe, auf magische Weise zu erfüllen verspricht.[1575]

Eine neuere Untersuchung des Münsteraner Psychologen Günter Scheich belegt: „‘Positives Denken’ verfehlt nicht nur das, was es verspricht, sondern es bewirkt oft genug genau das Gegenteil: ‘Positives Denken’ macht krank!“ Bei einer Vielzahl psychischer Störungen - vor allem bei Antriebsstörungen, Ängsten oder Depression - dürfte Positives Denken „der beste Weg in eine Verschlimmerung der Krankheit“ sein. Hochgefährlich werde es, wenn beispielsweise „ein Manisch-Depressiver in einer euphorischen Phase die Versprechungen von Murphy, Peale und Co. für bare Münze nimmt und sich noch weiter euphorisieren läßt. Solche kranken Menschen werden vor allem durch die diffusen Versprechungen einer Verbundenheit mit dem All, mit Gott oder wem auch immer sowie einer allgemeinen Unendlichkeit und Machbarkeit angesprochen. Sie leben diese Gefühle aus, fühlen sich unantastbar und supertoll, manchmal mit der Folge, daß sie in dieser Phase völlig euphorisch handeln (...), um dann irgendwann zusammenzubrechen. Sie können dann unter schwersten Depressionen mit akuten Selbstmordabsichten in einer stationären psychiatrischen Einrichtung landen.“[1576]

> Eine erwähnenswerte Besonderheit des Positivdenkens sind die flächendeckend beworbenen Fernlehrgänge des Schweizer *Pegastar-Instituts für modernes Lernen*, die im Franchisesystem von zahllosen Subunternehmern vertrieben werden. Auf Abruf erhält der Interessent ein (kostenfreies) Büchlein zugesandt mit der angeblichen Lebensgeschichte von *Pegastar*-Begründer Helmut J. Ament, der es mit Hilfe eben der von ihm erfundenen Methode „vom Arbeitslosen zum mehrfachen Millionär“ geschafft habe. Über das Büchlein, das mit jeder Menge Photos aus dem Erfolgsleben Aments illustriert ist - Ament vor seinem Schloß, vor seinem Ferrari, vor seinem Privatflugzeug etc. - wird der potentielle Kunde zum Kauf eines Fernkurses „Die univer-

sellen Gesetze des Erfolges“ animiert. Dieser Kurs besteht aus zwei Plastikordnern, in denen auf rund 650 Loseblättern ein Sammelsurium banalster Ratschläge und positivdenkerischer Verhaltenstips dargeboten wird zu Themen wie „Streßbewältigung“, „Denken Sie sich gesund“, „Ziele in kürzester Zeit realisieren“ und so weiter, einschließlich der Erkenntnis: „99% aller Kritik ist Neid“. Ein weiterer Lehrgang „Esoterische Einweihung“, ebenfalls 650 Seiten im Ordner, wartet mit beliebig zusammengewürfelten Hirngespinsten und Übungen auf zu Reinkarnation, Heilmagnetismus, Astrologie, Telepathie, Ätherkörper sowie „Bewußtseinsversetzung in das eigene Akasha-Prinzip“. Kosten der Fernlehrgänge: je 708 Mark.[1577]
Schon für sehr viel weniger Geld gewährt der schweizerische „Erfolgsautor“ René Egli Einblick in die „universelle Lebensgesetzmäßigkeit“, wie sie sich ihm in jahrzehntelanger Auseinandersetzung mit der „Funktionsweise des Lebens“ erschlossen habe: „Das Leben ist Überfluß. Wer im Mangel lebt, hat sich vom Leben getrennt.“ Das von ihm entdeckte „LOL^{2}A-Prinzip“ (LO [=Loslassen] + L^2 [=Liebe mal Liebe] + A [=Aktion]), auf dem auch die Lehren Laotses, Buddhas oder Jesu Christi beruhten, beinhalte nichts weniger als die „Formel für Reichtum“. Diese zeige, wie „jeder Mensch - jeder! - am Überfluß des LEBENS teilhaben kann“. Egli zieht seine Ratschläge aus der rechtsuntersten Schublade der Psychokiste: Was immer man an Energie aussende, so seine These, erhalte man in verstärkter Form zurück. Folge: Wer arm sei, habe Armutsbewußtsein ausgesandt, verdiene also keinen Wohlstand. Niemand falle wirtschaftlichen oder sozialen Mißständen zum Opfer ohne selbst entsprechend negative Energie ausgesandt zu haben; noch nicht einmal einem Verbrechen falle man zufällig anheim. Aussenden positiver Energie bedeutet in Eglis Lehre positivdenkerisches Ausblenden realer Probleme - und im übrigen konsequent gelebten Egoismus: „Werfen Sie den unnötigen Ballast Ihrer Schuldgefühle - sofern Sie solche haben - schnellstmöglich ab. Stellen Sie sich vor, wie Sie einen riesigen Sack von Ihren Schultern weg in einen tiefen Abgrund schmeißen.“[1578] Zur Vermittlung und Umsetzung der LOL^{2}A-Erkenntnis gibt es vier Arbeitsbücher, die, vertrieben über ⇨ *Ewert*, zusammen für rund 150 Mark erhältlich sind (auf der *Esotera*-Bestsellerliste wurden diese Bücher über Monate hinweg auf Spitzenplätzen geführt). Daneben veranstaltet Egli an seinem *Institut für Erfolgsimpulse* im schweizerischen Oetwil eigene LOL^{2}A-Seminare; die Teilnahmegebühren hierfür liegen allerdings entschieden höher.

Das Positive Denken darf nicht verwechselt werden mit der sogenannten Positiven Psychotherapie nach Nosrat Peseschkian, einem an den Grundlagen der Humanistischen Psychologie orientierten Verfahren, das seit je um wissenschaftliche Tragfähigkeit und Seriosität bemüht ist.[1579] Peseschkians persönliche wie professionelle Integrität ist ebenso unbestritten, wie inzwischen vorliegende Effizienznachweise seines Ansatzes.[1580] Zu kritisieren ist allenfalls, daß der gebürtige Iraner, offenbar in Unkenntnis der hiesigen Psychoszene, sich nicht konsequent genug gegen parawissenschaftliche bzw. esoterische Trittbrettfahrer abgrenzt, die sich an den dokumentierten Erfolg seines Verfahrens anzuhängen suchen. Auch mit der Rational-emotiven Therapie nach Albert Ellis, die sich mit dem „inneren Dialog“, mit den selbstquälerischen Gedanken und negativen Selbstbewertungen des Klienten befaßt, hat das Positive Denken nichts zu tun.[1581] Vielfach firmiert Positives Denken auch unter dem Begriff „Hypnosetherapie“: Die hierdurch suggerierte Nähe zu klinischer Hypnose (wie sie beispielsweise die *Milton-Erickson-Gesellschaft* vertritt) ist reine Augenwischerei.

Positives Denken ist Grundbestandteil von Erfolgs- und Motivationskursen, wie u.a. Jürgen Höller, Paul McGhee, Erich Lejeune oder Vera Birkenbihl sie anbieten. Lejeune (*1944), laut Eigenwerbung „Deutschlands Motivator Nummer eins“, ist die mit Abstand penetranteste Figur unter den „Erfolgstrainern“: Flächendeckend grinst einem sein Glatzkopf von Plakatwänden und Litfaßsäulen entgegen, vom Cover einschlägiger Hochglanzmagazine, aus unzähligen (Werbe-)Beiträgen der Boulevard-, *Yellow-* und sogar Sportpresse (er ist Hauptsponsor eines Fußball-Bundesligaclubs); nicht zu vergessen vom Deckel seiner Bücher (z.B. *Du schaffst, was du willst!*), aus großformatigen Zeitungsanzeigen sowie einer eigenen Talkshow („Stadtgespräche“ auf tvm), in der er sich jeweils eines mehr oder minder prominenten Studiogastes als Staffage seiner Selbstinszenierung bedient. Was Lejeune in die Welt entläßt, ist das szeneüblich von keinerlei tieferem Gedanken angeflogene Sammelsurium positivdenkerischer Platitüden und Suggestivparolen, wie es, völlig identisch, auch bei Carnegie, Peale oder Ratelband zu finden ist: „Träumen und planen Sie Ihren echten Erfolg. Ihre Zielstation heißt Erfolg und Lebensfreude. Buchen Sie Ihr Ticket zum Zielbahnhof Glück! (...) Was Sie brauchen, ist ein unverrückbarer Berg an positiven Erfahrungen, zu dessen Gipfel ein großes Schild führt: 'Was immer ich mir vorgenommen habe, ich schaffe es!' Ja, glauben Sie daran, daß Ihnen Ihr Erfolg wirklich zusteht“ usw. usf.[1582] Wie Kritiker Scheich sehr zu recht anmerkt, zeigen Positivdenker (wie Lejeune) durchgängig „ein eindimensionales Denken und eine geradezu impertinente Ignoranz gegenüber den aktuellen Forschungsergebnissen. (...) Suggestion kann keine Defizite (etwa mangelnde Fähigkeiten, fehlende Bewältigungsstrategien, ungünstige Lebensbedingungen) aufwiegen, sie kann auch keine Erfahrungen ungeschehen machen. (...) Die Verkünder des ‘positiven Denkens’ versprechen immerwährendes Glück oder schmerzfreie Problembewältigung und erwecken hierdurch ungeheuere Erwartungen. Sie erreichen damit aber genau das Gegenteil von dem, was sie eigentlich bezwecken wollen. Wer besonders viel erwartet, der wird auch besonders enttäuscht und frustriert sein, wenn das Erhoffte dann nicht eintritt. Die unweigerlich eintreffenden Mißerfolge produzieren beim Rezipienten Schuld- und Versagensgefühle. Dieser Prozeß endet in einem Teufelskreis: Denn um das Versagen ‘auszubügeln’, bemüht sich der Anhänger des ‘positiven Denkens’ mit noch mehr Energie um das angestrebte Ziel - mit der Folge, daß er immer enttäuschter wird.“ Positives Denken, so Scheich, sei schlicht Selbstbetrug und als Methode ein Schwindelunternehmen.[1583] Der reaktionäre Charakter all der pseudodialektischen - und bestenfalls fußballkompatiblen - Positivdenkerei zeigt sich in Kalendersprüchen wie diesem von Erich J. Lejeune: „Wer schwach ist, gewinnt nie; wer gewinnt, ist nie schwach“[1584] (⇨ *Motivations- und Persönlichkeitsseminare*). Kein Wunder, daß die niederbayerische CSU sich von Jürgen Höller coachen läßt.

Nur der Vollständigkeit halber: Mit Positivismus hat Positives Denken nur insofern zu tun, als dieser den Versuch darstellt, Denken und Sprache aus metaphysischer Verirrung - mithin also von jenem (sofern es überhaupt als solche ernstzunehmen ist) - zu befreien.

Exkurs

Der Fall des Erhard Freitag

Das sogenannte *Institut für Hypnoseforschung* des Münchner Positivdenkers Erhard Freitag geriet Ende der 1980er Jahre ins Kreuzfeuer der Kritik.[1585] Ehemalige Patienten und Therapeuten berichteten von kaum glaubhaften Zuständen in dieser nach eigenem Bekunden „größten psychotherapeutischen Praxis Europas". Bei der Mehrzahl der über dreißig dort beschäftigten „Therapeuten" habe es sich um psychologisch oder klinisch völlig unqualifiziertes Personal gehandelt, viele seien dem Dunstkreis der Bhagwan-Sekte zuzurechnen gewesen. Praxisleiter Freitag habe sich einer rechtlichen Grauzone bedient, die es ihm als Heilpraktiker erlaubt habe - seiner Auslegung der entsprechenden Gesetze zufolge -, seine „Heiltätigkeit" an sogenannte „Assistenten" zu delegieren, die nicht weiter qualifiziert sein müßten.[1586]

Psychotherapie, so wurde berichtet, sei für Freitag - vor seiner inneren Berufung zum Therapeuten und „Minister of Divine Science" soll er als Verkäufer (gerüchteweise für Bratpfannen) tätig gewesen sein - und seinen Mitarbeiterstab nichts anderes gewesen, als ein Endlos-Suggerieren von Banalphrasen und esoterischen Kalendersprüchen: „Ich bin ein offener Kanal, durch den göttliche Energie strömt. (...) Ich bin ein strahlendes Wesen aus Licht und Liebe. (...) Gott spricht, denkt und handelt durch mich."[1587] Zwanzig Stunden (à 225 Mark) seien als Minimum zu buchen gewesen, Vorauszahlung selbstverständlich. Derartige „Therapie", so die Kritik aus Fachkreisen, sei in der Regel nicht nur völlig nutzlos, vielmehr würden sich die Probleme, deretwegen die Patienten hilfesuchend in die Praxis kämen, noch dadurch verschärfen, daß ihnen pausenlos eingeredet werde, es gebe diese gar nicht; oder aber sie bräuchten sich nur auf ihr „göttliches inneres Licht" zu besinnen und die erwünschte Lösung stelle sich ganz von selbst ein.[1588] Was Freitag, der seine Klientel mithin über einschlägige Artikel in der Regenbogenpresse rekrutiert(e),[1589] unter praktischer „Therapiearbeit" versteht, zeigt sich deutlich an folgendem Beispiel: Frauen mit Übergewicht rät er, sich auf das Photo eines Pin-Up-Girls das Photo des eigenen Kopfes zu kleben und davor zu meditieren: „Präge Dir Deine neuen Körperformen jetzt ganz genau ein." Dazu empfiehlt er Suggestionen wie: „Ich bin Aphrodite, edel an Gestalt. (...) In meiner vollkommenen Gestalt liegt tiefes Entzücken, der Frieden des angenommenen Seins. In meiner Gestalt findet die Liebe, das Glück in Verzauberung ihren Ausdruck."[1590] Bei zu kleinem Brustumfang seien Suggestionen ratsam wie: „Ich erfreue mich meiner Weiblichkeit (...). Die Schönheit der Schöpfung drückt sich durch mich aus. Männer schauen meinen Busen gerne an, weil er schön und reizend ist."[1591] Irgendwelche „Foschung", die an Freitags Institut betrieben worden wäre, habe nicht festgestellt werden können; es habe noch nicht einmal ordentlich geführte Patientenkladden gegeben, geschweige denn seriös angelegte Untersuchungen.

Autor Goldner, der im Zuge einer verdeckten Recherche - er hatte sich als therapeutischer Mitarbeiter anstellen lassen -die Mißstände in Freitags Praxis an die Öffentlichkeit gebracht hatte, versuchte man umgehend, mit einer Klage in Millionenhöhe mundtot zu machen. Vertreter Freitags war die Kanzlei von Prominentenanwalt Rolf Bossi. Nach über einjähriger Prozeßdauer vor dem Landgericht München wurde Freitags Klage abgewiesen. Das Gericht bestätigte, Freitag beschäftige überwiegend fachlich unqualifiziertes Personal.[1592] Neben dem grundsätzlichen Mangel an therapeutischer Qualifikation und Kompetenz in der Praxis Freitags kam vor Gericht auch ein besonders gravierender inhaltlicher Vorwurf zur Sprache. Goldner hatte an die Öffentlichkeit getragen, verschiedene Freitag-Therapeuten hätten ihre besondere Machtstellung dazu ausgenutzt, sexuelle Beziehungen zu ihren Patientinnen herzustellen Es wurde dem Gericht eine Reihe an Beweisen vorgelegt: etwa die eidesstattliche Versicherung einer früheren Patientin, einer der Freitag-Mitarbeiter habe sie schon während der Sitzung sexuell bedrängt und sie, noch während des Verlaufes der Therapie, zu Hause aufgesucht und die Nacht bei ihr verbracht. Sie sei anschließend ganz verzweifelt gewesen und habe sich vor noch viel größeren Problemen gesehen als vor Beginn der Therapie. Der „Therapeut" Swami Kshan (Christian Rosenblatt) gab dies vor Gericht ganz offen zu. Aufgrund der „besonderen erotischen Anziehung" der Patientin sei er „auf den ersten Blick in sie verliebt" gewesen. Er gab auch zu, sie nachts besucht zu haben. Die therapeutische Qualifikation dieses Swami Kshan bestand, wie sich vor Gericht herausstellte, aus dem Besuch „zweier Volkshochschulkurse über Psychologie". Ein anderer Therapeut war von einer Sekretärin „in flagranti" überrascht worden, als er sich in einem Therapieraum an einer Patientin zu schaffen machte. Bei diesem „Therapeuten" handelte es sich um den einschlägig bekannten Rüdiger „Moritz" Boerner, der Anfang der 1980er als Hersteller esoterisch verbrämter Pornofilme von sich reden gemacht hatte. Boerner galt als einer der Freitagschen „Star-Therapeuten". Ein ehemaliger Mitarbeiter bekundete vor Gericht, innerhalb der Praxis sei es ein „offenes Geheimnis" gewesen, daß Boerner nicht nur im Einzelfalle sexuelle Kontakte zu Patientinnen hergestellt habe. Ob Freitag vom Treiben seiner Mitarbeiter gewußt hatte, blieb offen. Die Aussage einer ehemaligen Sekretärin des Institutes, Freitag habe sich über Boerners Verhalten „amüsiert" gezeigt, läßt dies allerdings vermuten. Die Schuld schiebt er ohnehin den Patientinnen zu: „Ein großer Prozentsatz der Frauen, die sich an einen Therapeuten wenden, suchen unbewußt nicht nur ein offenes Ohr. Er ist vielleicht der erste Mensch in ihrem Leben, der ihnen uneingeschränkt zuhört; daraus entstehen oft viele andere untergründige Wünsche und Sehnsüchte."[1593]

Entsprechende Atmosphäre herrschte durchgängig auch in Freitags Millionenpraxis in München: Schwülstiges Interieur mit schweren Seidentapeten und herumstehenden Gold-Buddhas, verdunkelte Räume, Schwaden von Räucherstäbchen und dergleichen sollten die Patienten „in eine andere Welt entrücken". Obgleich noch ein weiterer Fall sexuellen Kontaktes dokumentiert werden konnte und mehrere ehemalige Mitarbeiter bezeugten, daß innerhalb der Praxis immer wieder von sexuellen Übergriffen einzelner Therapeuten die Rede war, gab das Gericht Freitag in erster Instanz recht, der behauptet hatte, derlei habe es nie gegeben. In zweiter Instanz allerdings vor dem Oberlandesgericht München erwies sich, daß die Kritik an Freitags Institut sehr zurecht erfolgt war: Trotz allen Positivdenkens (Murphy: „Sind Sie in ein langwieriges, kompliziertes Gerichtsverfahren verwickelt, [...] vergegenwärtigen Sie sich den glücklichen Ausgang, und die Lösung wird kommen"[1594]) hatte Freitag den Prozeß vollumfänglich verloren.[1595]

Welch katastrophale Folgen sexuelle Übergriffe von Therapeuten auf die betroffenen Patientinnen haben können, ist mittlerweile aus einer Vielzahl an Untersuchungen bekannt.[1596] Dennoch sind solche „Therapeuten" bis heute strafrechtlich praktisch nicht belangbar.[1597] Heilpraktiker können noch nicht einmal aus einer berufsständischen Kammer ausgeschlossen werden, da es solche nicht gibt. (Die zahllosen „Berufsverbände", denen Heilpraktiker sich anschließen können [aber nicht müssen], sind in der Regel nichts als *Alumni*-Zusammenschlüsse der einzelnen HP-Schulen; Kammerfunktion haben sie nicht.)

Im Zuge des verlorengegangenen Prozesses – Freitag wurde in einem gesonderten Verfahren wegen falscher eidesstattlicher Versicherung zu einer hohen Geldstrafe verurteilt[1598] – wurde die Praxis Ende 1989 geschlossen. Keineswegs allerdings war damit der „Schwachsinn des Positiven Denkens"[1599] vom Tisch. In einer Art „Hydra-Effekt" ließ sich nach dem Niedergang Freitags ein großer Teil der mehr als dreißig Mitarbeiter und Mitarbeiterinnen in eigenen Praxen und Instituten nieder. Unter teils abenteuerlichen Namen und in inhaltlich mehr oder minder kaschierter oder modifizierter Form wurde Freitags Erfolgskonzept fortgesetzt.

Freitag-Therapeutin Helga „Suzan" Wiegel beispielsweise eröffnete in München ein sogenanntes *AION-Institut* und später in Nürnberg eine Heilpraxis names *Lichtinsel*, in der, laut Eigenwerbung, „die Christus-Kraft zur Heilung von Körper, Geist und Seele wirkt". Weshalb „Christus-Kraft", war und ist weiter nicht ersichtlich: Über die einschlägige Palette von Reiki, Bach-Blüten, Aura-Soma und Pendeln hinaus bietet sie sich seit Anfang der 1990er auch als Expertin für hawaiianische Heilkunde an. Ein Kahuna-Wunderheiler habe sie beauftragt, den „Aloha-Spirit" in Europa zu verbreiten. Sie vertreibt hawaiianische Wundermittel und publizierte ein eigenes „Kahuna-Lehrbuch", in dem sie Anweisungen zur „Reinigung und Aufladung der Aura" vorstellt.[1600]

Freitag-Therapeutin Gina Kaestele reüssierte als Europa-Repräsentantin der amerikanischen *Deva-Foundation*, eines Ablegers der New-Age-Prophetin Chris Griscom und ihres *Light Institutes* in New Mexico und bot als solche Geistheilung, Reinkarnationstherapie und Tarotkartenlesen an.[1601] Daneben trat sie als Dozentin am esoterisch ausgerichteten *Zentrum für Naturheilkunde München* (private Heilpraktikerschule) auf, an dem sie unter anderem einjährige Ausbildungen in „Reinkarnationstherapie nach der Methode Chris Griscom" veranstaltete.[1602] Als Ratgeberautorin legte sie (bei *Herder)* zwei Taschenbücher vor mit Affirmationstechniken à la Freitag („Ich bin beim Autofahren ruhig und sicher") sowie einem Sammelsurium hanebüchenster Ratschläge und Übungen. Zur „Bewältigung von Ängsten und Unsicherheiten" empfiehlt sie beispielsweise, beim Einatmen das Wort „Angst" und beim Ausatmen das Wort „weg" zu denken oder sich auf einer Tafel mit goldenen Buchstaben die Worte „Ruhe“ und „Kraft“ vorzustellen; hilfreich sei auch, die Augen zu schließen und sich vorzustellen, „durch Ihre Füße sögen Sie die Farbe Blau aus der Erde empor, nach oben bis in die Mitte Ihres Leibes. Von dort kann das Blau beruhigend und kräftigend nach überall hin ausstrahlen.“[1603] Entscheidend aber sei die „Umwandlung der Verneinungspersönlichkeit durch den Aufbau einer Bejahungspersönlichkeit“: „Bewegen Sie sich zum Rhythmus eines schönen Musikstückes, und stellen Sie sich vor, das Wort 'Ja' innerlich wie eine leise Melodie zu hören, während Sie sich gleichzeitig tanzend zu der Musik bewegen.“[1604] 1996 gründete sie in München ein eigenes *Institut Imago*, in dem sie „Arbeit mit Imaginationen und Tagtraumbildern“ anbietet.[1605]

Freitag-Therapeut Eckhart Wunderle (Swami Eckhart) gründete in München das *Institut für Spirituelle Psychologie*, über das er neben Clearing, Holotropem Atmen und Reinkarnationstherapie auch „Jahres-Intensiv-Trainings“ zur „Befreiung von der Dominanz des Egos“ bzw. zur „Öffnung der Herzenergie“ veranstaltet.[1606] „Cheftherapeut“ Matthias „Vivado“ Oesterheld begründete zusammen mit den Freitag-Therapeuten Klaus und Carola Karok die *Alte Mühle*, ein esoterisches Therapiezentrum (Bach-Blüten, Bioenergetik, Reiki etc.) in Niederbayern,[1607] wohingegen Freitag-Therapeutin Dorothea Bünermann auf Esoterikmessen als Verkäuferin für Pendel und Wünschelruten gesichtet wurde.[1608] Marita Pfeil und Vera Högl brachten ihre bei Freitag erworbenen Kenntnisse in Esoterikzentren wie das oberbayerische *Coloman* oder *Etora* auf Lanzarote ein, Inge „Ina“ Hammerl führte Selbsterfahrungskurse mit „Atem- und Chakraarbeit, Trance und Suggestionen“ durch und Christian „Kshan“ Rosenblatt verdingte sich als Kursleiter für „spirituelles Kajakfahren“.

Interessant die weitere Karriere von Startherapeut Rüdiger „Moritz“ Boerner, der neben seiner Heilertätigkeit in der Praxis Freitag bislang als „Regisseur“ zweier umstrittener Pornofilme aufgefallen war: Bei *Catch Your Dreams* (1982) handelt es sich um einen auf dem Index stehenden Streifen, bei dem, eingebunden in eine banale Rahmenstory - ein junger Mann fällt in Ohnmacht und lebt im Traum seine sexistischen Phantasien aus - eine Sexaktion sich übergangslos und trivial an die nächste reiht; der zweite Boerner-Film *Tantra-Abenteuer meiner Seele* (1985) dokumentiert eine Gruppensitzung der Rajneesh-Therapeutin „Margo“ Naslednikov, in der unter (pseudo-)psychotherapeutischen Vorzeichen verschiedene Rituale und Sexpraktiken vorgeführt werden. Beide Filme sind nach Einschätzung von Kritikern eher dazu angetan, verklemmten Voyeurismus zu bestärken, als einen Beitrag zu leisten zu sexueller oder persönlicher Selbstfindung.[1609] Nach dem Ende der Praxis Freitag suchte Boerner in großangelegten Werbekampagnen Kinder zwischen fünf und vierzehn Jahren für Experimente mit „märchenhaften Tonkassetten“ zu ködern.[1610] Diese Trance-Kassetten, die angeblich „Konzentrationsfähigkeit und Leistungskraft im Unterbewußtsein verankern“, riefen geharnischten Protest von Kinderpsychologen sowie des *Bayerischen Lehrerinnen- und Lehrerverbandes* auf den Plan: Eine „Schweinerei“ sei es, wie da mit der Not lernschwacher Schüler Geschäfte gemacht würden.[1611] Die Kassetten, so hieß es, bedienten sich der üblichen Trance-Tricks: „Meeresrauschen, dann wabert Musik und labert eine gequetschte Stimme in gequälter Sprache irgendwas vom Schweben 'irgendwohin oder nirgendwohin'.“[1612] Kinderpsychologin Mibette de Brauw: „Schlimm, wie schrecklich naiv Eltern sind, die sich von solchen Kassetten eine Hilfe erhoffen."[1613] Auch als Autor trat Boerner hervor, neben Werken über Channeling (Kontaktnahme mit jenseitigen Wesen) und spirituelle AIDS-Therapie finden sich unter seinem Namen auch Paperbacks zu Positivem Denken oder zu Trancearbeit (die allesamt ganz erhebliche Parallelen zu bereits vorliegenden Bestsellern anderer Autoren aufweisen); daneben war und ist er immer wieder einmal mit einschlägigen Artikeln in der Rajneesh-nahen Zeitschrift *Connection* vertreten (er war selbst jahrelang Anhänger des Kults um Bhagwan-Osho Rajneesh gewesen). Boerner, der sich gerne als „Hypnosetherapeut" ausgibt, verfügt weder über eine klinische Ausbildung noch ist er zur Ausübung von Psychotherapie befugt. Zusammen mit dem Szene-Musiker „Shanitprem" brachte er 1995 ein Entspannungs- und Affirmationsprogramm auf CD-ROM heraus, das über den heimischen Personal Computer zu betreiben ist.[1614] 1999 veröffentlichte er bei *Goldmann* ein Taschenbuch über eine in den USA seit Mitte der 1990er um sich greifende Selbsterleuchtungsmethode, die, vorgestellt von einer kalifornischen „Lebenslehrerin" namens Byron Katie, unter dem sinnigen Begriff ⇨ „The Work" bekannt ist. Mit dem an Banalität kaum zu unterbietenden Ansatz Katies tingelt er seither durch die einschlägigen Seminarzentren.[1615]

Freitags Ehefrau Gudrun, eine ehemalige Sekretärin, trat - ohne irgendwelche therapeutische Qualifikation oder Befugnis - als eigenverantwortliche Leiterin von Selbsterfahrungsseminaren in Erscheinung. In einer ihrer Werbebroschüren heißt es über die „phantastische Wirkung" dieser Seminare, sie veränderten „Deine gesamte Realität. Dein Leben wird leichter, ebenso wie das Leben um Dich herum. Gott wohnt in Dir und umgibt Dich und spiegelt sich in jeder Facette der Schöpfung", denn: „Du bist eine Blüte am Baum des Bewußtseins, untrennbar mit dem Ganzen verbunden. Indem Du dich mit Deinem höheren Selbst verbindest, hebst Du die Schwingungen des Gesamtbewußtseins an."[1616] Daneben produzierte Gudrun Freitag Meditations-Kassetten zu den Themen „Vergeben, Versöhnen, Verzeihen" sowie „Leben, Lieben, Sein".[1617]

Schon zu Blütezeiten des Freitag-Institutes hatten sich immer wieder Mitarbeiter abgesetzt, um unter eigenem Namen - und vor allem: auf eigene Rechnung - in der Therapieszene wieder aufzutauchen. (Die Arbeitsbedingungen für die Mehrzahl der Freitag-Therapeuten waren indiskutabel: kein Urlaub, keine Sozial- und Krankenversicherung, jederzeitige fristlose Kündbarkeit, Minimalhonorare, die zudem nach Gutdünken gekürzt werden konnten; da die meisten Mitarbeiter keine Befugnis zu eigenständiger Ausübung von Psychotherapie hatten, waren sie froh, bei Freitag tätig sein zu können.[1618]) Klaus Biedermann beispielsweise, fünf Jahre lang „Cheftherapeut" bei Freitag, gründete ein *Institut Innenreich*, in dem er unter anderem „kybernetisches Mentaltraining" veranstaltet;[1619] zusätzlich rief er in Ruhstorf eine *Private Akademie für Psychologische Bildung* ins Leben, an der er „Dipl. Mentaltrainer und Psychotherapeuten" ausbildet;[1620] daneben ein *Privates Institut für angewandte Kommunikation* zur Ausbildung u.a. von „Märchentherapeuten". Später sah man ihn als „Experten" in der „Barbel Schäfer"-Talkshow.

Günther „Mahasattva" Bayer vertreibt über einen eigenen *De-Hypno*-Verlag „Fantasiereisen", selbsthergestellte MCs mit aufgesprochenen Suggestivtexten;[1621] darüberhinaus Meditations- und Trancekassetten, die er zusammen mit Georg „Chaitanya Hari" Deuter, bekannt als Hofmusikus des Bhagwan-Ashram in Poona, produziert; laut Eigenwerbung seien diese Kassetten in der Lage, „direkt mit dem Unbewußten [zu] kommunizieren";[1622] desweiteren ist Bayer als NLP-Mastertrainer zugange (zu Beginn der 1990er trat er regelmäßig auch als Gruppenleiter im rajneeshnahen Therapiezentrum ⇨ *Weißer Lotus* bei Salzburg in Erscheinung). Christine „Adavanta" Jacobsen veranstaltet unter dem Fähnchen *Janus* Therapieseminare in verschiedenen Esoterikzentren. Ihr „Konzept" besteht aus einem völlig ungeordneten Konglomerat von NLP, Atemarbeit, Psychodrama, Tanz und Massage, basierend, wie es in einem Werbeartikel heißt, auf der ihr eigenen „weiblichen, spirituellen Intuition". Hinzu kommt Tarotkartenlegen, „Arbeit mit dem Höheren Selbst", sowie neuerdings „Familienaufstellen nach Hellinger".[1623]

Freitag selbst, der sich nach dem verlorenen Prozeß laut Medienberichten „todkrank" nach Teneriffa zurückgezogen hatte,[1624] blieb nicht lange untätig. Unmittelbar nach Schließung seiner Praxis hatte ein Kreis engster Mitarbeiter in München ein neues *Institut für Integrative Therapie* gegründet, in dem unter der Leitung von Freitags früherer „rechter Hand", der Heilpraktikerin Marion Kaminski, dessen profitables Konzept weitgehend unverändert fortgeführt wurde. Freitag selbst, der zunächst etwas im Hintergrund geblieben war, trat sehr bald wieder öffentlich in Erscheinung: über das neugegründete Institut Kaminskis bot er „Ausbildungen für spirituelle Therapeuten" an, zudem veranstaltete er quer durch die Republik Vortragsreisen und Seminare.[1625] Zusammen mit seiner Frau Gudrun brachte er bei *Goldmann* einen aufgeblasenen Band mit dem Titel *Sag Ja zu deinem Leben* heraus, ein heillos verworrenes Herumgestolpere zwischen Norman Vincent Peale, Joseph Murphy und Carlos Castaneda.[1626] Von „planetarischem Denken" ist da die Rede, von „übergeordneter Intelligenz", von „karmischen Prinzipien": über weite Strecken macht das Buch nicht den geringsten Sinn. Und wo erkennbar wird, was gemeint ist, macht Freitag seinem Ruf alle Ehre. Thema Krebs zum Beispiel: „Der Schöpfer denkt sich was dabei, wenn er Leiden zuläßt." Was er sich denkt, weiß Freitag gleich mitzuliefern: Es gehe um nichts weniger als die „Überwindung der Illusion vom Tod". Folglich: „Wir sollten für unsere Leiden dankbar sein." Und: „Nur du magst es in deinem Trotz nicht so sehen, daß dir ständig Gutes widerfährt." Dazwischen dann Merksätze wie: „Niemand kann an den Gestaden deiner Seele baden in dem Ozean der Liebe, der du bist, wenn es durch dich nicht geschieht." Oder: „In deiner Tiefe hallt der Ruf nach Sein, ruht die Kraft von Nichts zum Ist." Freitag führt sich selbst als Paradebeispiel seines Positivdenkens vor. Noch Jahre nach dem Niedergang seines Münchner Instituts wähnte er die „größte psychotherapeutische Praxis Europas" sein eigen. Daß er diese im Zuge des oben beschriebenen Prozesses zusperren mußte, blendet(e) er einfach aus: „Je mehr du übst, Geschehnisse aus einer Position der Raum- und Zeitlosigkeit heraus zu betrachten, desto weniger wird dir negativ erscheinen." Mit der Folge: „Ich erkenne, daß ich Gott bin."

Neben umfangreicher Vortragstätigkeit und Auftritten auf Esoterikmessen und in TV-Talkshows führte Freitag seit 1993 zusammen mit seiner Frau „Spirituelle Selbsterfahrungsseminare" durch: Freitag und Freitag verstanden sich hierbei als „ein Team von Suchenden, die auf ihrem spirituellen Weg auf Gefährten warten, die gleich uns lernen wollen, zu finden.

(...) Die JA sagen zu sich, der Welt, Gott. Die gleich uns wissen, nur Liebe ist ein verzehrendes Feuer, das alles, was ihrer nicht gemäß ist, auflöst. (...) Wir sind ein Team, das aufgehört hat, Therapeut zu sein, um der Liebe das Feld zu überlassen. Nur sie heilt Dich, kann Dich wirklich führen zur Einheit, zur Erkenntnis: Der Vater und ich bin eins." [sic!] Kosten eines Wochenendseminars mit Gudrun und Erhard Freitag: 500 Mark.[1627] (Anfang 1997 rangierte Freitag seine langjährige Ehefrau Gudrun aus und ersetzte sie durch die mehr als zwanzig Jahre jüngere Carmen Fendt, die in der Folge „Co-Therapeutin" spielen durfte. Gudrun F., ganz spirituelle Weggefährtin, zog gleich, indem sie Unfeines über Steuer- und Sexmoral ihres Ex herumtratschte. Zugleich führt sie dessen Erfolgsrezept in eigener Regie fort. Seit geraumer Zeit finden ihre „Mystik-und-Ritual"-Kurse mithin auf Teneriffa statt; zusammen mit dem Klangschalentherapeuten Peter Hess tritt sie zudem als spirituelle Reiseleiterin [u.a. nach Nepal] in Erscheinung.)

Erhard Freitag selbst ist nach wie vor auch im profitablen Geschäft mit ⇨ Subliminal-Kassetten/CDs zugange, die er über die Augsburger *Edition Kraftpunkt* (neuerdings: *Axent*-Verlag/Toni Fedrigotti) vertreibt. Auch auf Video sind seine Erkenntnisse erhältlich. Mitte der 1990er begründete er einen „Rat der Weisen", in den er die führenden Dünnbrettbohrer der Szene, von Rainer Holbe, Chris Griscom und Ole Nydal hin zu Anand Naslednikov, Arnold Keyserling und Kurt Tepperwein berief; auch der 1992 verstorbene Pseudo-Medizinmann Sun Bear wurde aus den „ewigen Jagdgründen" herbeizitiert, mit der Bitte, „in einer neuen irdischen 'Verkörperung' wieder unser Lehrer zu sein". Bis auf die Publikation eines *Goldmann*-Paperbacks (redigiert von Wulfing von Rohr) und die Einrichtung eines Spendenkontos hat Freitags „Rat der Weisen e.V.", laut Merkblatt des Vereins ein „Zusammenschluß von bewußten und gleichgesinnten Menschen, die von der Weisheit des Herzens geführt werden und mittels positiver Gedanken und Taten dazu beitragen, Impulse zur Heilung der Welt zu geben", weiter nicht von sich Hören gemacht.[1628] Neuerdings - und passenderweise - bringt Freitag seine gesammelten Platitüden über den *Ewert*-Verlag unters Volk, der neben allerlei weltenverschwörerischen und ufologischen „Geheimakten" auch die antisemitischen Hetzschriften Jan van Helsings herausgebracht hat (⇨ *Braune Aura*).

Seit 1999 ist Freitag auch im Internet vertreten: Über eine aufwendig gestaltete *Homepage* sucht er KlientInnen für sein offenbar wiedererstandenes *Institut für Hypnoseforschung*, sprich: seine reetablierte private Heilpraxis in München, zu werben. Seitenweise stellt er Texte ins Netz, die in ihrer Peinlichkeit nahtlos an seine Verlautbarungen früherer Tage anknüpfen: „Die von mir entwickelte Hypnotherapie ist nach meiner Erfahrung die beste und auch schnellste Methode die Ursache Ihrer Probleme zu finden und aufzulösen." Hypnotherapie, wie sie an seinem Institut „lege aris" [sic!] betrieben werde, sei die „Medizin der Zukunft" etc. pp. Wie gehabt behauptet er, als „Sachverständiger und Gutachter in Gerichtsverhandlungen" tätig zu sein, angeblich bekomme er „Kriminelle (...) frisch von der Anklagebank" zur Therapie zugeteilt; auch Ärzte und andere Therapeuten überwiesen Patienten an ihn, wenn ihnen deren medikamentöse oder psychotherapeutische Behandlung zu langwierig erscheine. (Anmerkung des Autors: Ärzten ist die Zusammenarbeit mit Heilpraktikern standesrechtlich untersagt.) Im übrigen bewirbt er sich gänzlich ungeniert mit einem

Stiftung Warentest-Artikel über (klinische) Hypnose, ganz so, als habe seine Arbeit irgendetwas damit zu tun.[1629] Sein Verfahren bezeichnet er neuerdings als „Transpersonale (wahlweise auch: Spirituelle) Hypnosetherapie", sich selbst als „Mystiker der Neuzeit". In großformatigen Anzeigen buhlt er um neue Kundschaft, in der Obskurantenpostille *Die Andere Realität* unterhält er sogar eine eigene (Werbe-)Kolumne.[1630] Als „Co-Therapeutin" firmiert seit neuestem eine gewisse Zarah Flaschberger.

5.37.1. Hemi-Sync

Ausgehend von der (extrem verkürzten) Theorie unterschiedlicher Aufgabenverteilung der beiden Gehirnhälften - die linke Hälfte arbeite in einem „logisch-analytischen" Modus, die rechte hingegen in „intuitiv-holistischer" Weise - entwickelte der Amerikaner Robert Monroe eine technische Methode, die beiden *Hemi*sphären zu *sync*hronisieren. Im wesentlichen besteht diese Methode aus dem Zuführen unterschiedlich hoher Staccato-Töne über Kopfhörer: das linke Ohr wird mit Piepstönen von 400 Hertz, das rechte mit Tönen von 410 Hertz beschossen (⇨ *Mindmaschinen*). Gleichzeitig werden positive Suggestionen zu verschiedenen Themenbereichen verabfolgt. Das Verfahren bewirke unter anderem eine Steigerung der Konzentrations- und Problemlösungsfähigkeit. Über den Parapsychologen und Geisterseher Harald Weßbecher vertreibt das amerikanische *Monroe-Institute* im deutschsprachigen Raum ein Set mit 42 Hemi-Sync-Tonbandkassetten (1.188 Mark).[1631] Seriöse Belege für deren Wirksamkeit gibt es ebensowenig wie für Weßbechers sogenannten „Blue Liners-Shuttle", eine Art Metallsarg mit Einstiegsluke, in dem man, abgeschottet von sämtlichen Außenreizen, mit Hemi-Sync-Kassetten beschallt wird. Angeblich sollen sich dergestalt neue Bewußtseinszustände entfalten und „Astralreisen" möglich werden (⇨ *Samadhi-Tank*). Daß in dem „Shuttle" auch psychotisches Wahngeschehen ausgelöst werden kann, scheint Weßbecher, der überdies als ⇨ Channelingmedium eines Geistwesens „Harald II" auftritt, nicht zu ahnen.[1632] (Neuerdings bezeichnet er seine Kurse als „DES-Trainings" [= *D*ynamische *E*ntfaltung des *S*elbst].) Zu den prominenteren Vertretern der Hemi-Sync-Methode zählt neben Weßbecher ein gewisser Klaus Rarrasch, der über sein Engagement für das *Monroe-Institute* hinaus als „international tätiger Kommunikations- und NLP-Experte" firmiert. In drei- bis viertägigen „Gateway Excursions" oder „Hemi-Sync-Intensives" verspricht er seiner zahlenen Kundschaft wahlweise „Zugang zum Höheren Selbst" oder „Kontakt mit der geistigen Welt jenseits der Todesschwelle".[1633] Auch Rarrasch scheint sich des Risikos für die Teilnehmer seiner Seminare (die sich ohnehin am Rande psychischer Gesundheit bewegen, ansonsten nähmen sie nicht freiwillig an derlei Kursen teil) nicht bewußt zu sein. Über seine Vetriebsfirma *FreeSoul* bietet er das sogenannte „Neurophon" an, ein angeblich hemisphärensynchronisierendes und meridianbalancierendes Lernbeschleunigungsgerät, über das mithin die telepathischen Fähigkeiten des Benutzers gesteigert würden.[1634]

Auch ⇨ Subliminalkassettenhersteller Lutz Mehlhorn macht sich die Monroe-Methode zunutze: über den Freiburger Esoterik-Verlag *Bauer* bietet er unter dem Signet „Durch positive Botschaften zum wahren Selbst" ein sogenanntes „Hypno-Synchron-Kassettenprogramm" an, das in sich „Techniken aus der Hypnotherapie Milton Ericksons, dem Neurolinguistischen Programmieren (NLP) und der Synchronisation beider Gehirnhälften (Hemi-Sync)" vereinige. Über Kopfhörer dudelt zunächst einschlägige New-Age-Musik. Nach kurzer Zeit beginnt eine Stimme auf dem einen Ohr eine Geschichte zu erzählen, in die nach wenigen Sätzen auf dem anderen Ohr eine andere Stimme mit einer anderen Geschichte einfällt. Die derart entstehende „Doppelinduktion" ermögliche es, „gleichzeitig mehrere Ebenen des Unterbewußtseins anzusprechen und tiefgehende Veränderungen in die Wege zu leiten": „Mit der Hypno-Synchron-Methode lösen sich Ihre Probleme wie von selbst." Die Kassette „Positive Problemlösung" etwa „führt direkt in ein Hörerlebnis, bei dem das Unterbewußtsein lernt, neue Strategien zu entwickeln", eine andere Kassette „vermittelt den täglichen Austausch mit den kosmischen, feinstofflichen Energien und lehrt, wie wir sie durch unseren Körper hindurchfließen lassen und so jeden Tag aufs neue gestärkt werden". Ernstzunehmende Nachweise für solch wundertätige Wirkung liegen nicht vor.[1635] Desgleichen ohne jeden Wirkbeleg sind all die sonstigen „Gehirnwellensynchronisationsprogramme", die sich unter teils abenteuerlichsten Bezeichnungen (Brain-Disco, Mind-XPert, Brainwave Synthesizer, Day Dreamer etc.) auf dem Markt finden; gänzlich indiskutabel sind die „Meditationskassetten" des amerikanischen Positivdenkers und New-Age-Gurus ⇨ Frank Natale, mit denen die beiden Hirnhemisphären in „bi-lateralen Einklang" versetzt werden sollen.[1636]

Außerhalb jeder Diskursfähigkeit kommen auch die sogenannten „Frequenz-Modulationsklänge" des Computerprogrammierers Brian John Vale daher, die, erhältlich auf 12 MCs (319 Mark), ebenfalls eine Harmonisierung der beiden Gehirnhälften zusagen. Angeblich „aus dem Göttlichen empfangen" seien die „Töne und Frequenzen" in der Lage, „uns mit verschiedenen Zuständen des Bewußtseins zu verbinden" und so sämtliche Barrieren zu durchbrechen, die „unser Mind geschaffen hat".[1637] Vertrieben werden die Kassetten über den *KOHA*-Verlag von ⇨ Lichtnahrungsvertreter Konrad Halbig.

5.37.2. Mentaltraining

Im Rahmen sportiver oder sonstiger Leistungsförderdung ist vielfach von Mental-, Motivations- oder Erfolgstraining die Rede. Im Wesentlichen besteht solches Training darin, den jeweils angestrebten Erfolg „vor dem geistigen Auge" als bereits erzielt zu imaginieren. Der Sportler beispielsweise wird - meist über eine verkürzte Form Autogenen Trainings - in einen Zustand leichter Entspannung versetzt und aufgefordert, sich in seiner Phantasie den bevorstehenden Wettkampf so auszumalen, daß er selbst als Sieger daraus hervorgeht („Stell Dir vor, Du stehst ganz oben auf dem Treppchen und bekommst gerade den Pokal überreicht"). Nicht nur Spitzensportler, vor allem auch Manager und Geschäftsleute, so die Werbewebpage eines einschlägigen Anbieters (*Latta-Trainings*), „nutzen seit Jahren die mentalen Techniken, um ihre Probleme zu lösen und ihre Ziele konstruktiv und höchst effizient zu erreichen". Denn: „Das Denken ist die Basis einer jeden Realität."[1638]

Das Erlernen des Mentaltrainings - im Grunde nichts als plattes ⇨ Positivdenken in Verbindung mit simpler Entspannungs- und Visualisierungstechnik - wird in eigenen Wochenend-Workshops angeboten (Kosten: ab 480 Mark, nach oben offen); daneben gibt es eine Vielzahl an MCs oder CDs, die vor dem Hintergrund entspannungsinduzierender Musik spezifische Imaginationsanweisungen zu jedem nur denkbaren Thema und Zweck anbieten. Lebenslehrer „Professor" ⇨ Kurt Tepperwein etwa führt ein achtteiliges Kassettenset „Mentaltraining I+II" zum Preis von 198 Mark im Sortiment, das den Benutzer „vertraut [macht] mit den ewig gültigen Gesetzen der Gedankenverwirklichung und ihrer Anwendung". Darüber hinaus veranstaltet er quer durch die Republik eigene Trainingstage, an denen er seine selbsterfundene „Technik der mentalen Manifestation" unterrichtet: „Sie lassen sich nicht mehr von Tatsachen beeindrucken, sondern schaffen sich die Realität, die Sie wünschen. (...) Den Umständen ist es nicht möglich, sich NICHT entsprechend zu ändern, denn durch mentale Manifestation aktivieren Sie 'wirklichkeitsschaffende Energie'! Sie haben die Vollmacht, die höchste Kraft des Universums, die *schöpferische Urkraft*, beliebig in Tätigkeit zu setzen und hervorzubringen, was immer Sie wollen (...) und die Realität MUSS das Erwünschte hervorbringen." Kosten pro Tag 298 Mark plus MWSt.[1639] Dick im Geschäft ist auch „Motivationstrainer Jörg Löhr, der seine „Erfolgsgeheimnisse" („Wie Gewinner denken und handeln") auf einem CD-„Powerpack" (8 CDs 179 Mark) feilbietet. Selbstredend gibt es auch Mentaltrainingsgeräte, die sich der Lämpchen-Technologie der ⇨ Mindmachines (undurchsichtige Brillen mit eingebauten Leuchtdioden) bedienen (z.B. „GlobalMIND").

Trotz aller Propaganda: Mentaltraining ist in seiner behaupteten Wirkung durch nichts belegt, die angeblich leistungssteigernden Effekte positiver Ergebnisvisualisierung gibt es nicht (zumindest nicht so, wie die Erfolgstrainer sich das vorstellen). Insofern spielt es keine große Rolle, daß die Mehrzahl der Anbieter auf dem Psychomarkt über keinerlei ernstzunehmende Qualifikation verfügt. Die Trainings für Trainer umfassen in der Regel nicht viel mehr als ein verlängertes Wochenende, die Kosten stehen meist in umgekehrt proportionalem Verhältnis zu den vermittelten Inhalten: Kurt Tepperwein beispielsweise bietet eine dreitägige Ausbildung zum „Diplom-Mentaltrainer" für knapp 3.500 Mark an.[1640] Sehr viel billiger geht das Ganze über das ⇨ *Institut für berufliche Weiterbildung* (IBW) in Weil am Rhein, an dem man sich schon für 530 Mark zum „Fachlehrer für Mentaltraining" (einschließlich Lehrbefähigung zu Autogenem Training) diplomieren lassen kann; wie es im Studienführer des IBW heißt, könne der Absolvent des Lehrganges andere qualifiziert in Theorie und Praxis des Mentaltrainings unterrichten und insofern „eine interessante Tätigkeit [ausüben], die entweder in Fitneßstudios, bei Volkshochschulen, Krankenkassen oder als freier Seminarleiter angeboten werden kann und immer mehr Zulauf gewinnt".[1641] Die IBW-Ausbildung erfolgt *per Fernkursus* und besteht aus gerade einmal zwei Lehrbriefen. Und noch nicht einmal das hanebüchenste Pseudo-Diplom ist erforderlich: jedermann kann sich nach Gutdünken und per Selbstakklamation zum „Mentaltrainer" graduieren (⇨ *Motivations- und Persönlichkeitsseminare*).

Interessant sind die Exzesse, die der Erfolgsdruck des modernen Leistungssports hervorbringt. Kaum ein Trainer, der seine Spieler oder sonstigen Wettkämpfer nicht auch über „Mentaltraining" anzuspornen suchte. Vielfach wird den Sportlern suggeriert, sich den eigenen Sieg vorzustellen in Gestalt der Niederlage des Gegners, der, systematisch abgewertet und

„entmenscht", als „blutig im Staube liegend" und dergleichen visualisiert werden soll. Beispiele gibt es zur Genüge: Der (laut Selbstbeschreibung) „erfolgreichste Fußballtrainer aller Zeiten", Udo Lattek, pflegte seine Mannschaft (seinerzeit: FC Bayern) auf den Gegner „heiß" zu machen mit Hilfe ausgesuchter Brutal-Videos: So habe er etwa, wie Musterschüler Michael Rummenigge ausplauderte, aus *Rocky III* (mit Sylvester Stallone) sämtliche Gewalt-, Blut- und Prügelszenen zu einem Sonder-Video zusammengeschnitten und vor dem Spiel im Mannschaftsbus vorgeführt.[1642] Jack Sherill, Cheftrainer der Football-Mannschaft der *Mississippi-State-University*, bereitete sein Team auf ein wichtiges Spiel vor mit der Maßgabe, der Gegner sei auf dem Spielfeld zu „kastrieren". Um zu verdeutlichen, was er damit meinte, schnitt er vor versammelter Mannschaft einem Stier die Hoden ab.[1643] Der frühere Bundestrainer eines großen deutschen (Budo-)Sportverbandes forderte seine Schützlinge vor Wettkämpfen auf, sich in allen Details vorzustellen, der Gegner habe eben ihre Frauen oder Mütter vergewaltigt.[1644] Der Phantasie der Mental-, Motivations- und Erfolgstrainer sind keine Grenzen gesetzt. Und da das Ganze eben nicht - oder nur sehr begrenzt - wirkt, müssen die Reize immer weiter heraufgeschraubt werden. Zu den überzeugten Anhängern von Mental- und Motivationstraining (nach Höllerschem Vorbild) zählt auch Ex-Fußballcoach Christoph Daum.

5.38. Primärtherapie

Der amerikanische Sozialarbeiter Arthur Janov (*1911) hatte Ende der 1960er Jahre - mehr oder minder zufällig - bei einem von ihm in der Psychiatrie betreuten Patienten eine verblüffende Beobachtung gemacht. Alleine die Aufforderung, nach seinen Eltern zu rufen, ließ ihn wimmernd zu Boden sinken: „Plötzlich wand er sich gequält auf dem Boden. Sein Atem ging schnell und stoßweise: 'Mama, Pappa!' tönte es in lauten Schreien fast unfreiwillig aus seinem Mund. Er schien sich in einem Koma oder hypnotischen Zustand zu befinden. Sein Winden ging in kleine Zuckungen über, und schließlich stieß er einen durchdringenden, todesähnlichen Schrei aus. (...) Das ganze Vorkommnis dauerte nur wenige Minuten. (...) Alles, was er hinterher sagen konnte, war: 'Ich habe es geschafft! Ich weiß nicht was, aber ich kann fühlen!'"[1645] Janov, der ähnlich „primäre" Verläufe auch bei anderen Patienten beobachten konnte, entwickelte in der Folge ein therapeutisches System - er nannte es *Primal Therapy* - mit dazu passendem theoretischem Überbau (für den er sich sehr frei bei den Arbeiten Wilhelm Reichs und Sandor Ferenczis bediente, die lange vorher schon mit kathartisch herbeigeführten „Primärerlebnissen" experimentiert hatten). Seine Bücher avancierten weltweit zu ungeahnten Bestsellern - vermutlich haben mehr Menschen den *Urschrei* gelesen als irgendein anderes Buch über Psychotherapie -, Primärtherapie wurde zur Modetherapie der 1970er Jahre. John Lennon und Yoko Ono gehörten zur ersten Generation von Primärklientel und machten Janovs Arbeit entsprechend populär.

Die theoretischen Grundlagen der Primärtherapie ähneln sehr der Neurosenlehre der frühen Psychoanalyse. Freud hatte zu Beginn seiner Arbeit die Auffassung vertreten, der Neurotiker leide in erster Linie an verdrängten Erinnerungen an traumatische Erlebnisse aus seiner Kindheit (Schmerz, Angst, Gefühl der Verlassenheit etc.). Diese unverarbeiteten Erlebnisse seien im Unbewußten nach wie vor gegenwärtig und äußerten sich in einer Vielzahl neurotischer Symptome. Janov vereinfachte dieses Konzept und erweiterte es um die Annahme, daß nicht nur frühkindliche Traumata den Menschen entscheidend prägten, sondern vor allem Traumata peri- und pränataler Art; gemeint sind damit körperliche und psychobiologische Beeinträchtigungen, die zwischen Empfängnis und der ersten Zeit nach der Geburt auf den Fötus einwirkten. Janov geht davon aus, daß der Fötus ab dem Zeitpunkt der Empfängnis über eine Art Bewußtseinsspeicher verfüge, in dem sämtliche traumatischen Erfahrungen festgehalten würden (er will sogar die Gehirnregion [!] ausfindig gemacht haben, in der dieser Speicher seinen Sitz habe). Je früher solche Erfahrungen gemacht würden, desto einschneidender wirkten sie sich auf die weitere Entwicklung aus. Zu den Traumatisierungen des Fötus - von leichter Reizung bis zu echter Schädigung - zählt neben Krankheit oder Drogenkonsum (Zigaretten/Alkohol/Medikamente) der Mutter etwa auch die Erhöhung der adrenalinen Alkaloide, wie sie bei Streß oder Angst in den Blutkreislauf gelangen. In erster Linie aber geht es um „psychische" Traumata, bedingt durch bewußte oder unbewußte Ablehnung des Fötus seitens der Mutter, die sich auf psychobiologischem Wege auf diesen übertrage. Die Nicht-Befriedigung oder Frustration primärer Bedürfnisse, vor allem des Bedürfnisses nach bedingungsloser Annahme und Liebe, ließen im Körper eine Art Urschmerz zurück, der den Organismus von seiner potentiellen Lebensbahn abdränge und zu neurotischen Störungen und Erkrankungen führe. Dieser Urschmerz müsse erinnert und noch einmal durchlebt werden, so daß sich in kathartischen Entladungen - dem Urschrei - der Weg zum „wahren Selbst" eröffne.[1646]

Die primärtherapeutische Praxis fordert in der Regel vorab einen schriftlich ausgearbeiteten Lebenslauf. Es folgt eine körperliche Untersuchung sowie ein Eignungsinterview. Die Therapie selbst findet in einem extra dafür vorgesehenen fensterlosen, schalldichten und gepolsterten Raum statt. Der Klient wird aufgefordert, sich auf den Boden zu legen und frei assoziativ aus seiner Kindheit zu erzählen. Gerät er an eine schmerzhafte Erinnnerung - laut Primärtheorie allemal Reflexionen prä- oder perinataler Traumata -, wird er aufgefordert, diese weiter zuzulassen. Alleine diese Erlaubnis, verbunden mit tiefgreifender Körpermanipulation (z.B. Extremdruck auf den Solarplexus) sowie hyperventilierenden Atemtechniken (⇨ *Rebirthing*), kann Gefühle unbekannter Intensität freisetzen: „Tränen, Schluchzer und Agonie stellen sich ein. Häufig ist der Körper außer Kontrolle. (...) Der Patient drückt seine Gefühle aus: 'Halt mich fest', 'Hab mich lieb', 'Sei lieb zu mir'. Er macht das nicht absichtlich, die Worte strömen aus ihm heraus. Manchmal fehlen die Worte, nur Stöhnen und Schluchzen sind zu vernehmen."[1647] Gelegentlich steigern sich die Ausbrüche in infernalisches Kreischen, Schreien und Brüllen. Eine derartige Primärerfahrung dauert durchschnittlich eine Stunde, gefolgt von ein bis zwei Stunden Entspannung. Eine weitere therapeutische Bearbeitung des „Primals" erfolgt zunächst nicht, am wenigsten auf kognitivem Wege. Das Intensiverlebnis alleine wird als integrativ angesehen. Janov und seine Anhänger halten dieses Verfahren für das „einzige Heilmittel für psychische Störungen", allen anderen Therapien wird unterstellt, sie seien grundsätzlich von Schaden.

In einer zwei- bis dreiwöchigen Intensivphase, durchgeführt meist in einem abgeschlossenen Therapiezentrum, arbeitet der Klient täglich für zwei bis drei Stunden - bei manchen Praktikern auch bis zu 10 Stunden täglich - mit seinem Therapeuten, der für eventuell notwendige Krisensitzungen rund um die Uhr für ihn verfüglich ist. Der Klient verläßt hierzu seinen üblichen Lebensraum, Beruf, Familie und Wohnort und unterzieht sich der Therapie in einer Art Klausur, ohne Kontakt zu anderen Menschen, ohne zu lesen, fernzusehen oder Radio zu hören. Die Kosten für eine derartige Intensivphase liegen bei rund 3.000 Mark. Die bis Mitte der 1970er Jahre in den USA übliche Praxis, Primärerfahrungen, zumindest in „therapieresistenten Fällen", mit LSD oder anderen halluzinogenen Drogen herbeizuführen (⇨ *Psycholyse*), ist im deutschsprachigen Raum verboten. (In der Schweiz wurde bis Anfang der 1990er ganz legal mit LSD und MDMA [in der Psycho- und Partyszene bekannt als Ecstasy] experimentiert.[1648]) Nach der individuellen Intensivphase setzt der Klient seine Arbeit in einer primärtherapeutischen Gruppe fort, an der er zunächst zwei- bis dreimal pro Woche teilnimmt. Später, über einen Zeitraum von ein bis zwei Jahren, nimmt er einmal wöchentlich an der Gruppe teil. In primärtherapeutischen Gruppen ist der Kontakt zueinander nicht wesentlich, jeder Teilnehmer arbeitet mit und an sich alleine. Lediglich gegen Ende der jeweiligen Sitzung werden die gemachten Erfahrungen in der Gruppe mitgeteilt.

Die Wahrscheinlichkeit, daß Primärerfahrungen wesentlich durch suggestive - bewußte oder auch unbewußte - Beeinflussung seitens des Therapeuten zustandekommen, ist groß. In der Primärtherapie läuft es meist auf den Kampf gegen eine ständig sich einmischende Mutter und einen überautoritären Vater hinaus. Der Patient wird angehalten, sich auf dem Boden wälzend, seinen rasenden Zorn auf seine Eltern hinauszubrüllen, von denen er sich vernachlässigt oder mißverstanden glaubt. Daß allein derlei (künstlich induzierte) Affektfreisetzung irgendwelchen Wandel bewirke, wurde selbst unter linientreuen Primärtherapeuten schon bald angezweifelt.[1649] Sehr beliebig und je nach Kenntnisstand des einzelnen Praktikers wird der Janovsche Ansatz daher seit Anbeginn mit Elementen aus Transaktionsanalyse, Psychodrama oder Gestalttherapie angereichert beziehungsweise werden umgekehrt primärtherapeutische Elemente zur Bereicherung anderer Verfahren herangezogen (⇨ *Hoffman-Quadrinity-Prozeß*).

Arbeit auf der Primärebene war und ist der zentrale Therapieansatz des ⇨ Osho-Rajneesh-Kults. Seit Ende der 1970er Jahre wurde Primärtherapie unter verschiedenen Rajneesh-internen Bezeichnungen, beispielsweise „Early Life", „Childhood Deconditioning" oder auch „Rajneesh Primal Transformation", sowohl in den Hauptquartieren der Psychosekte in Poona und Oregon als auch in den zahlreichen Rajneesh-Meditations- und Therapiezentren weltweit betrieben und trug in den 1980ern entscheidend dazu bei, daß das Verfahren nicht in der Versenkung verschwand. Die heutige Primär-Szene ist zu großen Teilen dem Osho-Rajneesh-Umfeld zuzuordnen. Abweichend von Janovs Vorgaben wird Primärtherapie hier in erster Linie in Form von Wochenend-Workshops oder auch drei- bis zehntägiger Gruppen-"Marathons" angeboten, in der Regel ohne Möglichkeit darüber hinausreichenden Weiterarbeitens. Zu den Marktführern im deutschsprachigen Raum zählt (Ex-)Sannyasin und Rebirthing-Lehrer Hermann „Nadam" Munk, der, zusammen mit zwei Heilpraktikerinnen, in seinem *Center Chiemgau* „orthodoxe" Primärtherapie anbietet.[1650] Erwähnenswert in diesem Zusammenhang ist auch (Ex-)Sannyasin Henning „Devabhakta" von der Osten, der seit Jahren über das oberbayerische Therapiezentrum ZIST Primärkurse anbietet (ein 5-Tage-Kurs bei ZIST kostet 1065 Mark).

Ohne Einbindung in ein klinisches Gesamtkonzept mit kontinuierlicher Fortführung der therapeutischen Arbeit sind primärtherapeutische Eingriffe völlig unverantwortlich. Aber selbst „vorschriftsmäßige" Primärarbeit kann äußerst gefährlich werden, durch das hyperventilierende Atmen, auch „LSD-Breathing" genannt, können Bewußtseinsstörungen, Schwindelgefühle und sogar Ohnmachtsanfälle auftreten. Eben diese, gelegentlich als rauschartig erlebten Extremerfahrungen, die sich durch das manipulierte Atmen einstellen, bilden die subjektive Grundlage der Primärtherapie: Bewußtseinseintrübungen mit kompensativen Phantasiekonstrukten werden als „Vergegenwärtigung" peri- oder pränataler Widerfahrnisse und Gefühle - die sogenannten „Primals" - gedeutet. Die Frage, ob diese „Primals" nun als authentische „Erinnerung" zu gelten haben, wie die Primärtherapie postuliert, oder eher als symbolhaftes Geschehen, ist klinisch völlig ohne Relevanz: als subjektives Erleben - unabhängig davon, ob es sinnvoll ist, sie zu erzeugen - sind sie allemal authentisch und bedürfen, ähnlich wie Träume oder Phantasievorstellungen, therapeutischer Bearbeitung und Integration. Solch notwendige Bearbeitung ist allerdings in Wochenend-Workshops oder einmalig stattfindenden Marathons weder vorgesehen noch möglich, die Teilnehmer werden ohne irgendwelche Nachsorge nach Hause geschickt. Die tiefen Eingriffe ins organismische Geschehen können allerdings noch Wochen, Monate und selbst Jahre später zu psychotischer Entgleisung oder in suizidale Krisen führen. Akutes Risiko bedeuten auch die körperlichen Interventionen, mit denen auf oftmals abenteuerlichste Weise versucht wird, irgendwelche Primärerfahrungen hervorzurufen. Im Frühjahr 1993 verstarb ein 31-jähriger Schweizer während einer Primärtherapie an Herzversagen. Er war im Rahmen der Behandlung über längere Zeit mit dem Gesicht nach unten gegen eine Matratze gedrückt worden und hatte einen akuten Sauerstoffmangel mit anschließendem Herzinfarkt erlitten. Die angewandte Primärtherapie wurde von den zuständigen Behörden bis auf weiteres verboten. In Berlin hatte es kurz zuvor einen ähnlich gelagerten Fall gegeben: Im Zuge einer Primärbehandlung war ein Mann in einen Teppich eingerollt worden - eine vor allem in Rajneesh-Kreisen (ehedem) recht gebräuchliche Methode, ein „primäres" Gefühl „intrauterinen Eingeengtseins" zu induziereln. Der Patient erstickte.[1651] (Die Szene scheint aus solchen Vorfällen nichts zu lernen: Erst im Mai 2000 starb ein 10-jähriges amerikanisches Mädchen, das der „Therapeut" zur Behebung irgendwelcher „Verhaltensstörungen" den Adoptiveltern gegenüber in dunkle Laken eingewickelt hatte; diese sollten den beengenden Uterus der leiblichen Mutter symbolisieren, aus dem die kleine Patientin sich „herauskämpfen" sollte; zur Verschärfung des „Primärgefühls" wurde ihr ein Kissen aufs Gesicht gedrückt. Das Mädchen fiel in ein Koma, aus dem es nicht mehr erwachte.[1652])

5.38.1. Psycholyse

In den 1960er Jahren führte der tschechische Psychiater Stanislav Grof in den USA zahlreiche Experimente mit der psychedelischen Droge LSD durch, um gezielt transpersonale, sprich: über das persönliche Bewußtsein hinausführende Erfahrungen zu bewirken[1653] (⇨ *Holotrope Therapie*). Er hielt das 1943 von dem Schweizer Chemiker Albert Hofmann entdeckte Halluzinogen für ein psychotherapeutisches Wundermittel. Nach heftiger Kollegenschelte mußte Grof seine LSD-„Forschungen" aber ebenso einstellen wie zeitgleich im deutschsprachigen Raum der Göttinger Psychiater Hans-Carl Leuner, der ähnliche Versuche angestellt hatte[1654] (⇨ *Katathymes Bilderleben*).

Schon Ende der 1950er Jahre hatten Drogen-Experimente an der amerikanischen Elite-Universität *Harvard* Furore gemacht. Die später des Lehrkörpers verwiesenen Dozenten Timothy Leary und Richard Alpert hatten Versuche mit Studenten unternommen, mittels LSD erweiterte oder veränderte Bewußtseinszustände zu erforschen. Leary (gest. 1996) und Alpert wurden nicht nur zu Kultfiguren der Hippie-Szene, ihre „Forschungsergebnisse" trugen auch wesentlich zur Entwicklung der „Transpersonalen Psychologie" sowie zum Aufkeimen des New-Age bei. Alpert, bekannt geworden unter seinem „spirituellen" Namen Baba Ram Dass, spielte als „Lebenslehrer" bis zu seinem Rückzug ins Private Ende der 1990er eine tragende Rolle innerhalb der New-Age-Esoterik.

Der Wert halluzinogener Drogen in therapeutischem Zusammenhang wird von einigen Vertretern der transpersonalen sowie der esoterisch-spirituellen Psychologie nach wie vor hochgehalten. Neben LSD wird insbesondere der Modedroge MDMA, auch bekannt unter den Szenenamen XTC oder Ecstasy, großer therapeutischer Wert zugemessen. MDMA wurde 1914 schon entwickelt, ursprünglich als Droge zur Unterdrückung von Hunger. Heute gilt MDMA als ausgesprochene Partydroge, die in einschlägigen Kreisen leicht erhältlich ist. Da im deutschsprachigen Raum der Gebrauch halluzinogener Drogen gesetzlich streng reglementiert ist, findet der Einsatz von LSD oder MDMA in therapeutischem Kontext offiziell so gut wie nicht mehr statt. Auch in der Schweiz, in der ein Arbeitskreis um Leuner alljährlich interdisziplinäre Symposien zur Psycholytischen Psychotherapie (lyein = griech.: auflösen) veranstaltete, ist der Einsatz von Drogen zur künstlichen Herstellung „psychedelischer" Imaginationen seit 1993 verboten. Bis dahin wurden derlei Experimente sogar von den Kassen finanziert.[1655]

5.38.2. Holotrope Therapie

Innerhalb der esoterisch-spirituellen Vorstellungswelt des Rajneesh-Kults spielen transpersonale Erfahrungen des „Hinausschreitens aus den Begrenzungen von Raum, Zeit und personaler Identität" eine tragende Rolle. Primärtherapie, wie sie in Rajneesh-Kreisen betrieben wird, weist insofern große Parallelen auf zum Ansatz des Mitte der 1960er in die USA emigrierten tschechischen Psychiaters Stanislav Grof (*1931), der, vor dem Hintergrund umfänglicher Experimente mit LSD (⇨ *Psycholyse*), die „holotrope", sprich: „auf das Ganze (griech. = hólos) sich hinbewegende (griech. = trépesthai)" Natur des Menschen freizusetzen gedenkt, die „gekennzeichnet [ist] durch die Identifikation mit einem grenzenlosen Bewußtseinsfeld, das zu verschiedenen Aspekten der Realität ohne die Vermittlung der Sinne unbegrenzten Zugang hat".[1656] Diese „mystische Erfahrung kosmischer Allverbundenheit", üblicherweise nur unter Einfluß psychedelischer Substanzen, in Trance oder in Todesnähe zu gewärtigen, soll über den Einsatz holotroper Psychotechniken herbeigeführt werden (der Einsatz von Drogen wie MDMA und LSD wurde Grof von den amerikanischen Behörden untersagt). Bezeichnenderweise stellt Grof in seinen Hirngespinsten immer wieder auf (tibetisch-)buddhistische Begriffe ab: Karma und Wiedergeburt zählen zu seinen zentralen Themen, die Existenz früherer und künftiger Leben ist für ihn eine „unbestreitbare Tatsache" (⇨ *Tibetische Heilkunde*).

Durchgangsbereich zwischen den personalen Erfahrungen der individuellen Lebensgeschichte und transpersonalen Erfahrungen „überindividueller, kosmischer Einheit" ist nach Grof die Geburt. Die Ursache für die meisten neurotischen oder psychopathologischen Erkrankungen liege in einer Störung des Geburtsprozesses - laut Grof verlaufe der Geburtsvorgang *per se* traumatisch für das Neugeborene -, bestimmte Depressionen etwa seien bedingt durch Probleme beim Einsetzen der ersten Wehen, Sado-Masochismus durch Verzögerungen in der Austreibungsphase. Durch das bewußte Wiedererleben des gesamten Prozesses könne der Organismus entsprechende Selbstheilungskräfte freisetzen. Entscheidend für die Holotrope Therapie sei allerdings die „innere Konfrontation mit den Mysterien von Tod und Wiedergeburt", in die, so Grof, die Vergegenwärtigung der perinatalen Erfahrungen, des „tödlichen" und zugleich zu eigenständigem Leben führenden Durchganges aus einer Welt in eine andere, einmünde. In dieser Konfrontation realisiere sich dem Einzelnen ein transpersonales „Vernetztsein mit der gesamten Schöpfung", das nicht nur Rückblick in die Vergangenheit, sondern auch Vorausschau in die Zukunft erlaube.

Zentrale Technik Grofs ist ein extrem beschleunigtes Hechelatmen, passenderweise „LSD-Breathing" genannt, über das in der Tat massive Bewußtseinsveränderungen hervorgerufen werden können (⇨ *Rebirthing*). Nach vorbereitender ⇨ bioenergetischer Körperarbeit, die den Organismus gezielt in Streß versetzt, wird der leichtbekleidete oder nackte Klient angewiesen, bewußt schneller zu atmen als gewöhnlich. Aufpeitschende Musik in großer Lautstärke unterstützt die hyperventilierende Selbstverausgabung des Klienten, der sich mitunter schreiend oder wimmernd auf dem Boden wälzt. Der Therapeut greift nicht in den Prozeß ein, bestenfalls ermutigt er den Klienten, sich voll auf das aktuelle Geschehen einzulassen. Eine derartige Sitzung dauert etwa eineinhalb bis zwei Stunden. Sie wird beendet mit angeleiteter Tiefenentspannung. Das stille Malen von Meditationsbildern (Mandalas) soll der Integration des Erlebten dienen. Weitere Bearbeitung findet üblicherweise nicht statt.

Absicht der Holotropen Therapie ist ausdrücklich das Vergegenwärtigen der eigenen (nach Grof: allemal als Trauma erlebten) Geburt. Die Klienten berichten nach den Sitzungen in der Regel von dramatischen und qualvollen „Durchbruchserfahrungen" hin zu „Gipfelerlebnissen" unbeschreiblichen „Einsseins" mit sich selbst und der Welt. Was im einzelnen darunter zu verstehen sei, entziehe sich allerdings näherem Diskurs: „Primäre Erfahrungen auf der 'tiefsten' oder mystischen Ebene des transpersonalen Bewußtseins sind nicht zu beschreiben. Jede Beschreibung zieht Grenzen, und derartige Erfahrungen liegen jenseits von

Logik, Selbst, jenseits von Göttern, von Worten, jenseits allen Dualismus. Wenn es ein Ende für die Erforschung des Primären gibt, so kann es durch die Herstellung soliden Kontaktes mit dieser Ebene erreicht werden, die, wie jeder Mystiker und Schamane bestätigen wird, unterhalb oder am Grunde von allem liegt, was wir zu wissen meinen."[1657] Obgleich besagtes „Einssein" unmöglich in Worte zu fassen sei, läßt Grof sich doch breit darüber aus: In holotropem Bewußtseinszustande könne man „seelisch-geistige Tode und Wiedergeburten oder Empfindungen der Einheit mit anderen Menschen, mit der Natur, mit dem Universum erleben"; man könne „archetypischen Wesen" begegnen - Göttern, Dämonen, geistigen Helfern -, „mit körperlosen Seelen kommunizieren" oder „Erinnerungen an frühere Inkarnationen" wachrufen. Letztlich erkenne man, daß „wir alle mit dem gesamten Feld der Raumzeit und mit der kosmischen Schöpfungsenergie wesensidentisch sind".[1658] Diese Erkenntnis relativiere alle Kriterien für Gut und Böse: „In allen Situationen, in denen das Element des Bösen etwa als Haß, Grausamkeit, Gewalt, Elend und Leiden vorkommt, ist das schöpferische Pinzip mit sich selbst beschäftigt. Der Angreifer ist identisch mit dem Angegriffenen, der Diktator mit dem Unterdrückten, der Vergewaltiger mit dem Vergewaltigten und der Mörder mit dem Opfer."[1659]

Ungeachtet des abgrundtiefen Zynismus solcher „Erkenntnis": die „holotrope" Erfahrung des „Einsseins mit dem Absoluten" entstammt keineswegs, wie Grof meint oder vorgibt, den „numinosen Dimensionen des Seins". Klinisch besehen (was Grof als Arzt wissen müßte) ist sie nichts anderes als das Resultat eines künstlich herbeigeführten Präkollaps, ausgelöst durch eine hyperventilationsinduzierte Verringerung der Gehirndurchblutung[1660]: Durch den massiven Eingriff ins Atemgeschehen kommt es zu einem Abfall der CO_2-Spannung im Blut; einhergehend damit zu neuromuskulärer Hypersensibilität mit anormalen oder auch hysteroiden Körperempfindungen, einer Aktivierung des Sympathikus mit Pulsanstieg und Veränderungen in der regionalen Durchblutung. Vor allem die Blutzufuhr zum Gehirn wird beeinträchtigt, was von leichten Schwindelgefühlen bis hin zu erheblichen Bewußtseinseintrübungen führen kann; vielfach treten Wahnbilder auf, die - ergebnisleitende Intention des gesamten Geschehens - von (vermeintlich) „holotropen" Inhalten geprägt sind: „Ich wurde von einem kosmischen Blitzstrahl von ungeheuerer Kraft getroffen, (...) meine einzige Realität [war] eine Masse wirbelnder Energie von gewaltigen Ausmaßen, die alles Sein in einer gänzlich abstrakten Form zu enthalten schien. Sie hatte die Helligkeit von Myriaden Sonnen, und doch lag sie nicht auf demselben Kontinuum wie sonst ein Licht, das ich aus dem alltäglichen Leben kannte. Sie schien reines Bewußtsein, reine Intelligenz und reine schöpferische Energie zu sein und alle Polaritäten zu transzendieren. Sie war unendlich und endlich, göttlich und dämonisch, schrecklich und ekstatisch, schöpferisch und zerstörerisch..."[1661] Gelegentlich führt das Ganze zu einem völligen „Blackout".

Derlei über Manipulation des Atems (oder auch anderweitig) herbeigerufener „Meditationstrip" stellt nicht nur für körperlich labile Menschen ein unwägbares Risiko dar; Menschen mit psychischer Anfälligkeit können durch derlei Praktiken in psychotische oder suizidale Krisen geraten (und dies noch Wochen und Monate später). Wochenend-Workshops ohne Möglichkeit kontinuierlicher Weiterarbeit an dem aufgerissenen „Primärmaterial" müssen als völlig verantwortungslos bezeichnet werden. Der Einsatz von Drogen, wie er „unter der Hand" immer noch vorkommt, ist in jedem Fall abzulehnen.

Holotrope Therapie wird sowohl in Einzelarbeit als auch in Gruppen angeboten. Die Dauer der Therapie und die Behandlungsabstände variieren erheblich, oftmals wird lediglich eine einzige Sitzung durchgeführt - Grof hält dies für durchaus hinreichend - oder eine Wochenendgruppe ohne Möglichkeit der Nacharbeit besucht. Eine geregelte Ausbildung der Therapeuten gab es über Jahrzehnte hinweg nicht: Grof führte im deutschsprachigen Raum in unregelmäßigen Abständen Fortbildungsveranstaltungen durch. Nach dem Besuch solcher Workshops - Voraussetzungen für die Teilnahme gab es keine - nahmen zahllose Praktiker „Holotrope Therapie" bzw. aus deren Gesamtkontext gegriffene Einzeltechniken in ihr Verfahrenssortiment auf. Innerhalb der Esoterikszene gilt Grof als unumstrittene Kultfigur, seine Schriften dienen vielfach als „wissenschaftlicher" Bezugsrahmen für jedwedes pseudowissenschaftliche Vorgehen. Eine strukturierte Ausbildung nach Grof wurde in der BRD erst im Frühjahr 2000 begonnen.

Das Konzept der Holotropen Therapie ist wissenschaftlich nicht haltbar, die Rückführung etwa bestimmter psychopathologischer Phänomene auf Störungen in bestimmten Phasen des Geburtsprozesses („perinatale Geburtsmatrizen") ist durch nichts belegt. Der Umstand, daß die während des „LSD-Breathing" in der Regel auftauchenden (Wahn-)Bilder sich häufig auf die Geburt beziehen, ist bedingt durch das inhaltliche Selbstverständnis des Ansatzes. Es kann prinzipiell *jedes* Erleben suggeriert werden, gelegentlich wird insofern auch der eigene Tod „vergegenwärtigt" (⇨ *Reinkarnationstherapie*). Im übrigen ist Grofs Vorstellung eines „ungestörten embryonalen Daseins", aus dem der Fötus durch die Geburt gewaltsam herausgerissen werde, durch die moderne Neugeborenenforschung längst widerlegt. Keineswegs verläuft *jede* Geburt, naturgesetzlich sozusagen, traumatisch - es widerspräche dies dem evolutionsbiologischen Prinzip der Funktionsoptimierung -, vielmehr sind es in erster Linie psychosoziale und kulturelle Faktoren, die den Geburtsvorgang nachteilig beeinflussen *können*. Die Grofsche Beschreibung der Geburt als eine der „schlimmsten Erfahrungen, die ein Mensch haben kann", entbehrt jeder rationalen Grundlage.

Grofs Behauptungen sexueller (Fehl-)Prägung während der Geburt sind schlicht absurd: „Unsere erste Begegnung mit der Sexualität [findet] in einem äußerst prekären Rahmen statt, in einer Situation, wo unser Leben bedroht ist, wo wir ebenso Schmerz leiden wie Schmerz bereiten. (...) In den Endstadien der Geburt können wir auch mit diversen biologischen Stoffen in Kontakt kommen - mit Blut, Schleim, Urin und sogar Kot", Erfahrungen, die „tiefe Abdrücke in der Psyche" hinterließen und im späteren Leben eine wichtige Rolle spielten. Die „eigentümliche Vermischung von sexueller Erregung mit körperlichem Schmerz, Aggression, Todesangst und biologischen Stoffen" führe zu Bewußtseinsinhalten, die „pornographisch, anomal, sadomasochistisch, skatologisch [= fäkalienbezogen, C.G.] oder gar satanisch sind".[1662]

Anfang der 1980er gründete Grof zusammen mit seiner Frau Christina (Schülerin des indischen Gurus Muktananda) das *Spiritual Emergence Network* (S.E.N.), einen auch in Deutschland vertretenen Zusammenschluß „spirituell" ausgerichteter Therapeuten und

Wunderheiler, die Menschen in „psychospirituellen Krisen“ ihre fachliche Unterstützung andienen. Plötzlich einbrechende paranormale Phänomene wie (vermeintliche) Hellsichtigkeit, Telepathie, das Hören von Stimmen oder das Gefühl der Besessenheit werden nicht als Symptome einer womöglich tiefgreifenden (psychotischen) Störung - etwa in der Folge einer holotropen Atemsitzung oder eines Primal-Marathons - gewertet, sondern als Anzeichen „spirituellen Erwachens“. Anstatt die betroffenen Menschen einer sinnvollen medizinischen und/oder psychotherapeutischen Behandlung zuzuführen, werden sie von S.E.N.-Praktikern vielfach weiteren holotropen oder sonstig „bewußtseinserweiternden“ Verfahren unterzogen.[1663] Zum Vorstand von S.E.N.-Deutschland zählen die Transpersonalisten Ingo-Benjamin Jahrsetz, Pieter Loomans und Edith Zundel, daneben auch der Leiter der psychosomatischen Fachklinik *Heiligenfeld* (Bad Kissingen), Joachim Galuska. Im Beirat finden sich Willigis Jäger sowie der Religionswissenschaftler und Dalai Lama-Intimus Michael von Brück. (Durchaus vergleichbar mit der Arbeit von S.E.N. ist die zu Beginn der 1960er von dem katholischen Priester Adrian van Kaam in den USA entwickelte „Transzendenztherapie“, die auf der Grundlage einer „formativen Spiritualität“ Menschen in existentiellen Lebenskrisen Unterstützung durch Stärkung ihres jeweiligen religiösen Überzeugungssystems zu geben sucht.[1664]) Als Verlautbarungsorgan der Szene dient die im Petersberger Verlag *Via Nova* erscheinende *Zeitschrift für Transpersonale Psychologie und Psychotherapie*, herausgegeben von den S.E.N.-Aktivisten Galuska und Zundel. (Nicht verwechselt werden darf das *Spiritual Emergence Network* mit dem in Hennef ansässigen *Spiritual Help Service*, über den Kontakte zu ⇨ Channelingmedien hergestellt werden, die ihrerseits Kontakte zu Verstorbenen herstellen: ein Service für „Problemlösungen und Trauerbewältigung“.[1665])

Zu erwähnen ist an dieser Stelle das Angebot der sogenannten *De'Ignis-Fachklinik für christliche Psychiatrie und Psychosomatik gGmbH* im Schwarzwald, deren Selbstverständnis darin liegt, bei „spirituellen Krisen und Sinnfindungskrisen (...) auf dem Hintergrund unseres christlichen Menschenbildes die therapeutischen Hilfestellungen der Bibel zur Basis einer stationären medizinisch-psychotherapeutischen Behandlung zu nehmen“. Diese beruht konsequenterweise auf der Annahme, die „Grundstörung des Menschen“ liege allemal in einer „Trennung von Gott (...). Misslingen die verschiedenen Versuche, den zentralen Mangel an Geborgenheit in Gott zu kompensieren, entwickeln sich Störungen auf der Haltungs- und Handlungsebene. Diese können sich in Krankheitssymptomen körperlicher, seelischer und geistlich/spiritueller Art äußern.“ Die „christozentrische Therapie“ der Klinik - neben medikamentöser und physiotherapeutischer Behandlung stellen Psychodrama, Kreatives Gestalten und „spirituell ausgerichtete Musiktherapie“ die tragenden Säulen dar, darüberhinaus „morgendliche Andacht mit Gebet und Gesang“ sowie täglich eine „themenzentrierte Lehreinheit zu geistlichen und lebenspraktischen Grundfragen“ - versteht sich insofern als „ganzheitlicher“ Ansatz, darauf angelegt, die „Tiefendimensionen des Menschen (zu) erreichen“. Sie diene folglich nicht nur als Methodik der Wahl bei besagten „spirituellen Krisen“, sondern bei sämtlichen psychischen Erkrankungen in Zusammenhang mit „'ekklesiogenen' Neurosen, Charakterfehlprägungen durch pathogene religiöse Einstellungen, Persönlichkeitsdeformierungen durch Sektenzugehörigkeit oder Verwicklung in Okkultismus (sowie) religiösen Wahnbildungen" [sic!]; daneben bei jederart sonstiger neurotischer, psychosomatischer oder depressiver Störung oder Erkrankung. Vor allem auch bei Suchterkrankungen und endogenen Psychosen (in Remission) empfehle sich therapeutische Orientierung an der „Bibel als Gottes Wort", sprich: eine christozentrische Behandlung. Die Kosten für eine Therapie an der *De'Ignis*-Klinik (75 Betten + Ambulanz) werden in der Regel von den Kassen übernommen.[1666]

In der BRD wurde, beginnend im Frühjahr 2000, ein eigener „Ausbildungsgang" in „Transpersonaler Psychologie und Psychotherapie" ins Leben gerufen, dessen Curriculum wesentlich um die Grofschen Ideen und Praktiken herum angelegt ist. Die Leitung des in Freiburg veranstalteten 14-teiligen Kurses obliegt besagtem S.E.N.-Vorstandsmitglied Ingo Jahrsetz (nach eigenen Angaben: „Certified Grof Holotropic Breathwork Practitioner"), die Gesamtkosten belaufen sich pro Teilnehmer auf 14.850 Mark netto). Zu den „Ausbildern" zählen u.a. der ⇨ Alice-Bailey-Adept Jean-Paul Beffort sowie der ⇨ Mantak-Chia-Schüler Rainer Pervölz; daneben die Jung- und Dürckheim-Verehrerin Edith Zundel (die „das Geistige im Menschen mit dem Geistigen im Kosmos" zu verbinden zum höchsten Ziel transpersonalpsychologischen Herangehens erklärt und im selben Atemzug behauptet, es sei ebendies dem „Welt- und Menschenbild der Aufklärung verpflichtet"[1667]). Interessant ist die fachliche Qualifikation der „Ausbilderin" Marlen Böhler, die neben einem Training in „Biodynamischer Körperarbeit" eine Fortbildung in „Chakra- und Energiearbeit" bei der amerikanischen Geistheilerin Rosalyn Bruyere anführt (die seit Geraumem auch als „offizielles" tibetisches Orakelmedium firmiert).[1668]

5.39. Radiästhesie

Der Begriff Radiästhesie, hergeleitet aus dem lateinischen radius (= Strahl) und dem griechischen aísthesis (= Empfindung), bezieht sich auf das Erspüren feinstofflicher „Vibrationen" oder „Strahlungen", die mit physikalischen Meßgeräten nicht erfaßt werden können. Als radiästhetische Instrumente gelten Pendel und Wünschelrute.[1669]

Zwei französische Provinzpfarrer und Wünschelrutengänger, Abbé Bouly und Abbé Mermet, verhalfen um die Jahrhundertwende dem Pendeln zu enormer Popularität: Als „modernes Reis der alten Kunst des Gehens mit der Rute", so glaubten sie, stelle es ein bei weitem empfindlicheres und genaueres Instrument der Radiästhesie dar als dieses selbst.[1670] Der Legende nach seien die beiden Pfarrer in der Lage gewesen, über einer Landkarte Wasser und Bodenschätze auszupendeln oder auch vermißte Personen exakt zu lokalisieren; vor allem aber hätten sie Krankheiten mit Hilfe des Pendels sehr viel präziser zu diagnostizieren gewußt, als dies Ärzten mit herkömmlichen Methoden möglich gewesen sei.[1671] Bouly und Mermet organisierten zahlreiche Vorträge und Kongresse – selbst der Vatikan soll ihre Arbeit unterstützt haben –, so daß sich die Praktik des Pendelns zu einer Art Massenbewegung entwickelte, die quer über den Kontinent Verbreitung fand. Abbé Mermet erlangte in den 1920er Jahren Weltberühmtheit.[1672]

1933 wurde in England eine hochreputierliche *Gesellschaft für medizinische Radiästhesie (British Society of Dowsers)* gegründet, die sich der wissenschaftlichen Erforschung des Pendels als Diagnoseinstrument widmete.[1673] Auch in Deutschland erfreute sich die Radiästhesie hohen Ansehens. Ab Ende der 1930er suchten die Nazis die vermeintlich übersinnlichen Kräfte des Pendels für den Endsieg zu nutzen: In einem eigenen *Pendelinstitut der deutschen Kriegsmarine* in Berlin wurden ab 1941 mit großem Aufwand Seekarten zur Ortung gegnerischer U-Boot-Flottillen ausgependelt. Der Erfolg war null.[1674]

Pendeln zählt in Esoterikkreisen nach wie vor zu den weitestverbreiteten und beliebtesten Praktiken. Ein Pendel besteht üblicherweise aus einer etwa 25 bis 30 cm langen Schnur oder dünnen Kette, an deren Ende ein kleines Gewicht - Material und Form sind völlig unerheblich - befestigt ist; der Pendler hält das freie Ende der Schnur mit Daumen und Mittelfinger fest und führt diese dann über das vordere Zeigefingerglied, so daß das Gewicht nach unten hängen kann. Die Hand wird ruhig gehalten, der Blick ruht auf dem Pendel, das, ohne willentliche oder bewußte Beeinflussung, sich nach kurzer Zeit hin und her oder im Kreise zu bewegen beginnt. Diese Bewegungen werden vom Pendler nach Belieben „codiert", beispielsweise definiert er einen waagrechten Ausschlag oder ein Kreisen im Uhrzeigersinn als „Ja" auf eine gestellte Frage und einen senkrechten Ausschlag oder ein Kreisen im Gegenuhrzeigersinn als „Nein".

Das Pendel, das (vermeintlich) als Instrument kosmischer Energieflüsse und damit unabhängig von der Person oder Meinung des Pendlers jede gestellte Frage mit „übergeordneter Zuverlässigkeit" beantworte, wird vor allem zu heilpraktischer Diagnosestellung, aber auch zur Findung einer angemessenen Therapie oder eines geeigneten Medikaments eingesetzt: „In der Hand eines geübten Pendlers zeigt das Pendel genaue Energiemuster an, die in ihrer Endanalyse die einzige uns bekannte Wahrheit sind. (...) Das Pendel ist ein Werkzeug, mit dem Sie in die tieferen, versteckteren Ebenen des Seins vordringen können, (...) in jenen Teil, der die Wahrheit kennt, weil es die Wahrheit ist."[1675] Zur Krankheitsdiagnose wird der Körper (bzw. die Aura) des Patienten von oben nach unten abgependelt. Stellt sich auf die „mentale" Frage „Ist in diesem Körperteil etwas nicht in Ordnung" ein „Ja"-Ausschlag des Pendels ein, gilt dies als untrügerischer Hinweis auf eine (potentielle) Störung oder Erkrankung. Derlei Diagnose kann sogar in Abwesenheit des Patienten gestellt werden: Es bedarf lediglich eines Diagramms des menschlichen Körpers oder einer einfachen Tabelle sämtlicher Körperteile, neben die eine Haarsträhne, eine Urinprobe oder dergleichen oder ein Photo des jeweiligen Patienten zu legen ist. Sofern erforderlich, wird der festgestellte Problembereich mittels einer anatomischen Skizze oder einer Auflistung der zugehörigen Organe, Nerven, Skeletteile etc. weiter eingegrenzt. Ist die Störungsquelle letztlich genau lokalisiert, kann über einer Tabelle möglicher Ursachen (Entzündung, Überaktivität, Degeneration etc.) ausgependelt werden, worum es sich im einzelnen handelt.[1676] Desgleichen läßt sich über einer Liste möglicher Medikamente das Geeignete herausfinden: „Dies kann geschehen, indem eine Schachtel mit Arzneimitteln in die Reichweite der linken Hand gestellt wird. Dann läßt man das

Pendel über einem Zeugnis oder einer Probe des Patienten leise schwingen. (...) Während er mental die Frage stellt, welche Arznei der Patient braucht, bewegt der Praktiker den Zeigefinger seiner linken Hand von Arznei zu Arznei, bis sein Pendel [mit einem 'Ja'-Ausschlag, C.G.] anzeigt, daß die Arznei für das gesundheitliche Problem des Patienten geeignet ist."[1677] Homöopathische oder Bach-Blüten-Präparate werden mithin auf diese Weise ermittelt - und dies keineswegs nur von Heilpraktikern, sondern durchaus auch von approbierten Ärzten -, desgleichen anzuwendende Heilverfahren wie ⇨ Aura Soma-, Edelstein- oder Farbtherapie. Selbstverständlich ist es auch möglich, das Pendel in Hinblick auf eigene Angelegenheiten zu befragen.

Modernes Pendeln bedient sich einer Vielzahl eigens hergestellter Pendelkarten (*dowsing charts*); aufgedruckt finden sich fächerartig gegliederte Halbkreise, deren Segmente ein Sammelsurium an Antwortmöglichkeiten zu bestimmten Fragen offerieren. Das Pendel wird über den Mittelpunkt des Kreisdurchmessers gehalten und schwingt nach „mental" gestellter Frage in eines der Segmente aus. Neben Karten zur Diagnosestellung oder Findung einer geeigneten Heilmaßnahme existieren derartige Vordrucke für jeden nur erdenklichen Lebensbereich. Es gibt Karten mit einer Auflistung von Berufen und Jobs, von Freizeitbeschäftigungen, Sportarten oder von Ländern, in denen man Urlaub machen soll; eine Karte mit numerierten Segmenten empfiehlt sich zur Ermittlung der Lottozahlen und selbst Karten zur Erschließung früherer oder künftiger Inkarnationen finden sich im Angebot.[1678]

In Esoterikkreisen ist die Sitte weitverbreitet, selbst die kleinste Entscheidung mit dem Pendel abzuklären. Möbelstandorte werden ausgependelt, Kleidungsstücke, Kontakte zu anderen Menschen, selbstredend wird das Pendel vor jeder sexuellen Interaktion befragt.[1679] Auch die täglichen Lebensmittel und deren Menge werden per Pendel bestimmt; selbst und gerade in der Erziehung des Nachwuchses wird eifrig gependelt: „Befragt man das Pendel in Anwesenheit des Kindes über wichtige Angelegenheiten, können die Eltern vermeiden, als 'böse' angesehen zu werden, wenn das Pendel 'nein' anzeigt. Eine unpersönliche Antwort kann das Kind eher akzeptieren, denn es gibt keinen Menschen, dem man die Schuld daran geben kann."[1680] Das Pendel wird auch eingesetzt, um Kontakt mit jenseitigen Wesen herzustellen (⇨ *Channeling*). Meist wird hierzu ein sogenanntes „Oui-ja-Board" (oui: franz. = ja) benützt, ein rundes Brett, auf dem in 36 Kreissegmenten die Buchstaben des Alphabets sowie die Zahlen von null bis neun aufgezeichnet sind. Der kontaktierte Geist aus dem Jenseits kann nun über den Ausschlag des Pendels Botschaften buchstabieren.

> Der Okkultismus-Beauftragte des *Bayerischen Lehrerinnen- und Lehrerverbandes* (BLLV), Wolfgang Hund, wirft der Jugendzeitschrift *Bravo* vor, leichtfertig, unkritisch und sensationslüstern für esoterische Praktiken zu werben. Viele Lehrer seien es leid, „immer wieder den Scherbenhaufen zusammenzukehren", wenn dem Heft beispielsweise Tarotkarten beigelegt würden oder die jugendliche Leserschaft zum Auspendeln ihres Schicksals angeleitet werde. Seminarrektor Hund, nebenberuflicher Zauberkünstler („Der Große Hundini"), leistet seit Jahren Aufklärungs- und Fortbildungsarbeit für Lehrkräfte vor Ort, die vielfach völlig hilflos vor den verstörten Ju-

gendlichen stehen, die mit irgendwelchen „Okkultphänomenen" experimentiert haben.[1681]

Als Beispiel für die pädagogische Verantwortungslosigkeit der Münchner *Bravo*-Redaktion führt Hund einen über acht Wochen laufenden Photo-Fortsetzungsroman (*Im Bann des Teufels*) an, der „ohne die geringsten Fragezeichen oder Hinweise auf Gefährdungen Praktiken hochjubelt, die auch für Erwachsene nicht als 'Spiel' oder 'Experiment' zu gelten haben": Gebrauchsanweisungen zur Anrufung Satans, die Darstellung bluttriefender „Schwarzer Messen", Voodoo-Zauber. Das „Witch-Board" (gemeint ist das Oui-ja-Board), ein Hilfsmittel zur Kontaktaufnahme mit jenseitigen Wesen, gebe laut *Bravo* „Antwort auf jede Frage, die euch interessiert". Die *Bravo*-Chefredaktion argumentierte, derlei Okkult-Serien seien reine Unterhaltung; die jugendliche Leserschaft wisse sehr wohl zwischen Tatsachen und Fiktion zu unterscheiden. Tarotkartenlegen oder Pendeln seien harmlose „Spielerei mit dem Kribbeligen", die wohl von keinem Jugendlichen ernstgenommen werde. Und wenn, dann nicht aufgrund der *Bravo*-Lektüre.[1682] Der *Deutsche Presserat* schloß sich dieser (sehr zweifelhaften) Auffassung an und wies die Beschwerde Hunds gegen *Bravo* zurück.[1683]

Laut Untersuchung des Münchner *Forum Kritische Psychologie* hat fast die Hälfte aller Jugendlichen - die überwiegende Mehrzahl davon Mädchen - bereits mit „Übersinnlichem" herumexperimentiert; bevorzugte Verfahren seien Gläserrücken und Pendeln. Häufig stellten die Jugendlichen Fragen nach dem eigenen Todesdatum; im Sinne einer Sich-selbst-erfüllenden-Prophezeiung sei es dann durchaus möglich, daß ein Jugendlicher genau an dem Tag, den ihm das Pendel als Todestag vorhergesagt hatte, mit seinem Moped gegen einen Baum fährt.[1684] Tatsächlich sind auch Hunds Ordner voll mit schauerlichen Vorfällen: In Forchheim etwa hatte der vermeintliche Geist eines verstorbenen Freundes dem 15jährigen Thomas sowie dessen Freund Markus beim Gläserrücken erzählt, wie „süß" das Sterben sei; zwei Wochen darauf waren die beiden Jugendlichen tot: Sie hatten sich mit Auspuffgasen das Leben genommen. Bei einer anderen „Geisterbeschwörung" in Rothenburg brach unter den 12-16jährigen Schülern, die diese inszeniert hatten, Panik aus: Die Jugendlichen waren davon überzeugt, der Satan sei unter ihnen anwesend. Hund: „Mädchen wälzten sich auf dem Boden, zwei von ihnen wurden von einem Notarzt in die Psychiatrie eingewiesen."[1685]

Nicht nur in *Bravo* oder *Bravo-Girl* werden Jugendliche mit okkulten Praktiken vertraut gemacht.[1686] *Micky Maus,* angeblich auflagenstärkste „Jugendzeitschrift" der Welt, steht diesbezüglich nicht hintan: Auch hier kann die jugendliche Leserschaft lernen, wie „wichtige Entscheidungen" mittels eines „magischen Pendels" getroffen werden können. Eine Anleitung zum Selbstbau wird ebenso mitgeliefert, wie eine Pendelkarte, über der „ohne dein bewußtes Zutun (...) das Pendel bald zu schwingen beginnen" wird. „Jetzt kannst du deinem Pendel auch schon eine beliebige Frage stellen, die sich durch eine 'Ja'- oder 'Nein'-Schwingung beantworten läßt."[1687]

> Wolfgang Hund, der als Trickfachmann auch vor Schulklassen vermeintlich Übersinnliches als faulen Zauber entlarvt, bekam Ärger mit dem *Berufsverband Magischer Zirkel von Deutschland* (MZvD), dem er lange Jahre als Zauberkünstler angehört hatte. Anstatt Hunds Anliegen zu unterstützen, junge Menschen über Okkultismus aufzuklären, wurde er verbandsintern mit einer hohen Geldstrafe belegt, da er „spiritistische Phänomene" (z.B. Schweben eines Tischchens) öffentlich erklärt und damit gegen die Satzung des Verbandes verstoßen habe. Hund ist inzwischen aus dem MZvD ausgetreten.[1688]

Entgegen der Meinung gläubiger Radiästhesisten hat der Ausschlag des Pendels (desgleichen die Bewegung von Gläsern beim Gläserrücken über einem Oui-ja-Board) keinerlei „fluidale", „odische", „mediumistische" oder sonstig paranormale oder unerklärliche Ursache. Er bedingt sich vielmehr durch ideomotorisch induzierte Muskelimpulse: Schon in den 1960er Jahren konnte nachgewiesen werden, daß allein die Vorstellung oder Suggestion einer Bewegung - beispielsweise das Schwingen eines Pendels in eine bestimmte Richtung - zu geringfügigen, bewußt nicht registrierten Bewegungsimpulsen in jenen Muskeln führt, die zur Verwirklichung dieser Vorstellung erforderlich sind. (Über diesen sogenannten „Carpenter-Effekt" hinaus spielen auch rhythmische Impulse aus Muskeltonusänderungen sowie Impulse aus orthotropen Reaktionen von Atmung und Kapillarpuls eine Rolle.) Den Resonanzgesetzen der Physik gehorchend, schaukeln sich die minimalen Impulsstöße zu einer harmonischen Schwingung des Pendels auf. Es komme, wie der Naturwissenschaftler Wolfgang Reimann es beschreibt, „zum Ausschlag des Pendels dann, wenn der Pendler (...) unbewußt eine Art Reflexbogen vom Gehirn zur Handmuskulatur schließt. Der Effektor reagiert adäquat, d.h. er erteilt dem Pendel Bewegungsimpulse, die der Pendler als von ihm unabhängig durch geheimnisvolle Kräfte erzeugt sieht."[1689] Die Tatsache, daß das Pendel durch unbewußte Muskelimpulse des Pendlers zum Schwingen gebracht wird - sofern nicht Betrug im Spiel ist - und nicht durch irgendwelche „Strahlen" oder „Energieströme", läßt sich experimentell leicht belegen: Sobald man die Pendelschnur nicht über den Zeigefinger, sondern über ein feststehendes Objekt laufen läßt (wodurch die Auswirkung der ideomotorischen Impulse aufgehoben wird), stoppt der Pendelausschlag.[1690]

Dem Pendeln kommt *keinerlei* Aussagekraft zu. Vielmehr muß die Diagnose von Krankheiten oder die Auswahl von Medikamenten oder Heilverfahren per Pendel als unverantwortliche Scharlatanerie gewertet werden.[1691] Gänzlich unsinnig ist natürlich auch Einsatz des Pendels zu ⇨ graphologischen Zwecken: „Die Schwingungen des siderischen Pendels über der Handschrift, mag sie noch so alten Datums sein (...), bezeugen 1. das Geschlecht, 2. gesunde oder krankhafte Veranlagung, 3. Temperament und 4. Erregungszustand im Moment der Aufnahme." Selbst auf die „sexuelle Veranlagung, auf Prostitution oder Homosexualität" weise der Pendelausschlag hin. Im übrigen verursachten „Pendelschwingungen über den Handschriften abnorm veranlagter Menschen dem Experimentator physische Schmerzen oder Unbehagen".[1692]

Die gleiche Aussagekraft wie das Pendel - nämlich null - besitzt das zweite populäre Radiästhesie-Instrument, die sogenannte Wünschel- oder Glücksrute. Bekannt bereits seit dem späten Mittelalter besteht die Rute traditionellerweise aus einem gegabelten Haselnuß- oder Weidenzweig, der, in beiden Händen gehalten, über bestimmten Reizzonen ausschlage (moderne Ruten bestehen aus einem dünnen Metallbogen oder einem V- bzw. Y-förmigen Drahtgestell).[1693] Ging es früheren Rutengängern um das Erspüren (Muten) von Wasseradern oder Bodenschätzen, so wird die Rute heute vor allem zum Auffinden angeblich krankmachender „Erdstrahlen" - insbesondere Krebs soll durch solche „Strahlen" verursacht sein - eingesetzt. Daneben dient die Wünschelrute, in der modernen Heilpraxis auch als „Energiesensor" oder als „Biotensor" bekannt (bestehend aus einem Handgriff aus Bergkristall, Holz oder Kork, an dem eine etwa 15-40 cm lange Stahlfeder mit einer kleinen Kugel oder einem Metallring am Ende befestigt ist),[1694] zu „klinischen" Diagnosezwecken: Körperliche und psychische Krankheiten ließen sich mit ihrer Hilfe zuverlässig früherkennen. Der Radiästhet führt hierzu seine Rute am Körper beziehungsweise an der Aura des Klienten entlang: Rutenausschlag an einer bestimmten Stelle wird als Störung im zugeordneten Bereich gedeutet. Auch die sogenannte „Psychometrie" gehört in den Bereich des diagnostischen Mutens: Gegenstände aus dem persönlichen Besitz des Klienten, bevorzugt Kleidungsstücke oder Photos, werden auf positive oder negative „Vibrationen" hin untersucht, die dieser auf ihnen hinterlasse. Störungen sollen auf diese Weise selbst in Abwesenheit des Untersuchten festgestellt werden können.[1695] Ein Wochenendkurs beispielsweise am Bielefelder *Büro für Radiästhesie*, an dem die verschiedenen Verfahren des „Ausrutens" erlernt werden können, kostet 420 Mark.[1696] Mit solchermaßen erworbener Befähigung kann man sich als Rutengeher selbständig machen und in einschlägigen Blättern seine Dienste anbieten. Die Ausbildungskosten sind schnell amortisiert: die Untersuchung etwa eines Wohnraums auf darunterliegende Wasseradern, geopatische Verwerfungen, Elektrosmog und Radioaktivität beläuft sich pro Zimmer auf 150 bis 200 Mark.

Eine Vielzahl wissenschaftlicher Untersuchungen hat längst die Unsinnigkeit der Radiästhesie (auch Rhabdomantie oder Geobiologie genannt) unter Beweis gestellt.[1697] Der Ausschlag der Wünschelrute bedingt sich nicht durch etwaige „Strahlen", sondern - wie beim Pendeln, Gläser- oder Tischchenrücken - durch unbewußte (ideomotorische) Bewegungen des Radiästheten. Zu dem beschriebenen „Carpenter-Effekt" kommt beim Wünschelrutengehen das sogenannte „Kohnstamm-Phänomen" hinzu: Die angespannte Haltung der Hände und Arme löst nach relativ kurzer Zeit einen Muskelklonus aus, ein (geringfügiges) krampfartiges Zucken, das die Rute zum Ausschlag bringt.[1698] Rutengänger können außer Zufallstreffern *keinerlei* Erfolge aufweisen, die Wünschelrute hat keinerlei Aussagekraft.[1699] (Die Ergebnisse des vom *Bundesministerium für Forschung und Technologie* geförderten und in der Esoterikszene vielzitierten „Münchener Wünschelruten-Projekts" der Physiker Herbert König und Hans-Dieter Betz [1988], das „echte", wenn auch nur marginale, Fähigkeiten von Rutengängern nicht ausschließt, haben sich längst als unhaltbar herausgestellt[1700]: Eine 1995 in den USA durchgeführte Kontrollanalyse wertet die Daten von König und Betz als „unrealistische Folklore".[1701])

Auch wenn zwei Drittel aller Bundesbürger daran glauben beziehungsweise sich davor ängstigen[1702]: Für die Existenz irgendwelcher „Erdstrahlen", die von Wünschelrutengängern

„gemutet" werden könnten (und die sie eigener Behauptung zufolge auch muten können), fehlt jeder ernstzunehmende Beleg.[1703] Beim Aufspüren tatsächlich existenter elektromagnetischer Felder versagen die Radiästheten ebenso kläglich wie bei all ihren Versuchen, Wasser, Bodenschätze oder sonst irgendetwas zu muten. (Im übrigen gibt es für die - vor allem in Boulevard- und Esoterikmedien - vielbehauptete Schädlichkeit elektromagnetischer Hochfrequenzfelder, des sogenannten „Elektrosmogs", bis heute keinerlei Beleg. Das Wort „Elektrosmog" suggeriert durch die Analogie zu Smog [Kunstwort aus *smoke* und *fog*, das eine Kombination aus Abgasen und Nebel bezeichnet] und zu anderen realen Umweltgefahren wie etwa Radioaktivität ein besonderes Gesundheitsrisiko. Wie der Umweltmediziner Peter Kröling ausführt, sei diese Analogie ebenso irreleitend wie der Begriff selbst, der dazu beigetragen habe, daß sich weite Kreise der Bevölkerung von einem Phänomen fürchten, auf dessen reale Existenz es trotz jahrzehntelanger Forschung nach wie vor keine Hinweise gebe.[1704] Und selbst wenn es solches Risiko gäbe [was theoretisch möglich bleibt]: Mit einer Wünschelrute ließen sich die entsprechenden elektromagnetischen Felder nicht aufspüren.)

Sofern nicht unlautere oder betrügerische Absicht vorliegt (die allemal bei den paraphysikalischen „Abschirmgeräten", „Strahlenschutzdecken" oder „Kupferarmbändern" unterstellt werden darf, die der Esoterikmarkt feilbietet[1705]), fallen Radiästheten - ebenso wie ihre Kundschaft - einem jahrhundertealten Aberglauben zum Opfer, der sich wesentlich aus einer Fehlinterpretation samt daraus hergeleitetem Zirkelschluß speist: Aus dem beobachtbaren Ausschlag der Rute wird auf die Existenz von (Erd-, Wasser-, Elektro- oder sonstigen) Strahlen geschlossen, die aufgespürt zu haben, die Fähigkeit der Rute beweise. Um es zu wiederholen: Mit einer Wünschelrute kann *gar nichts* ermutet werden.

Auch auf die Existenz geomantischer Energielinien (*leylines*), die die Erde in der Art eines Meridiansystems umgeben sollen, gibt es keinerlei Hinweis. Der weitverbreiteten „Gaia-Hypothese" (benannt nach der griechischen Göttin der Erde) des britischen Chemikers James E. Lovelock, derzufolge diese Energielinien ein Netz „pulsierender Adern" darstellten, von denen der „lebendige und atmende Organismus Erde" überzogen sei, kommt allenfalls allegorische Bedeutung zu;[1706] desgleichen den vielfach kolportierten Behauptungen über die Existenz besonderer „Kraftplätze", Orte an denen diese (angeblichen) Meridiane zusammenfließen oder sich überschneiden sollen. Der Glaube, frühere Kulturen, vor allem deren Schamanen oder Druiden, hätten Zugang zu irgendwelchem Geheimwissen gehabt, das sie Menhire, Steinkreise oder Pyramiden exakt auf derlei „Orten der Kraft" errichten ließ, ist durch nichts zu erhärten. Der von Geomanten (von griech. ge = Erde und manteía = Weissagung) angeführte „Beleg" ist die (völlig wertlose) radiästhetische „Vermessung" solcher Orte, zu denen auch Dome, Wallfahrtskirchen und Klosteranlagen zählen, mit Wünschelrute oder Pendel. Auch hier sitzt man dem Trugschluß auf, der Rutenausschlag bewirke sich durch irgendwelche „Strahlen" oder „Meridianenergien". Ungeachtet dessen führt eine 1995 gegründete Schule namens *Hagia Chora* (griech. = Heiliges Land) im bayerischen Mühldorf „Diplom"-Lehrgänge in Geomantie (neuerdings auch in ⇨ Feng-Shui) durch;[1707] über ein eigenes *Axis Mundi*-Büro bietet *Hagia Chora*-

Begründer Hans-Jörg Müller einschlägige Dienstleistungen („Geomantische Lebensraumoptimierung und Landschaftsplanung") an.

Wie der Frankfurter Esoterik-Autor ⇨ David Luczyn behauptet, stellten insbesondere romanische Bauwerke „wahre energetische Kleinode" dar: „Jeder, der einmal zufällig oder bewußt an so einem Platz gestanden hat, weiß oder ahnt, was er bewirkt. Man fühlt sich erhoben, aufgeladen, zentriert, wird ruhig und klar oder spürt sogar ein Kribbeln oder Ziehen. Hellsichtige Menschen beobachten eine Vergrößerung der Aura." Zur Erklärung hierfür dient er die (hanebüchene) Vorstellung an, ein „hochschwingender Ort" rege die „Zellschwingung" an und führe dergestalt zur „Frequenzerhöhung der Körperzellen", worin „Heilkraft, Inspiration und intuitives Erfassen übergeordneter Zusammenhänge" liege.[1708] Regelmäßig führt Luczyn „Expeditionen zu Orten der Kraft" durch. Seit geraumer Zeit ist er auch als Werbetrommler für das Mitte der 1970er in Norditalien gegründete Sektenzentrum *Damanhur* zugange, dessen unterirdische Tempelanlage in den Piemonteser Bergen angeblich auf drei einander kreuzenden Kraftmeridianen errichtet wurde. Gründer Damanhurs, mit rund 700 Mitgliedern (und angeblich über 20.000 Anhängern) eine der größten esoterischen Kommunen der Welt, ist der Turiner Wunderheiler Oberto Airaudi (*1950), der schon in jungen Jahren zahllose Traktate über versunkene Mysterien und Geheimkulte in die Welt entlassen hatte (z.B. *Cronaca del Mio Suicidio*). Geprägt war und ist Airaudi wesentlich von theosophischem Gedankengut, das sich seit Ende des 19. Jahrhunderts gerade in Turin, seinerzeit Metropole des europäischen Okkultismus, festgemacht hatte und bis heute dort fortwirkt.[1709] Zentrales Diktum *Damanhurs* ist die Lehre der Wiedergeburt: Im Rahmen umfänglicher Experimente, so Airaudi, sei es bereits mehrfach gelungen, verstorbene Sektenmitglieder in die Gemeinschaft zurückzuholen. Als wesentliches Hilfsmittel hierzu diene besagter unterirdischer Tempel, ein über dreieinhalbtausend Quadratmeter großes Labyrinth an Geheimgängen, Korridoren, Krypten und Hallen, das, angelegt (angeblich) nach altägyptischen Vorlagen in Gestalt einer gigantischen Spirale, die hierfür nötigen kosmischen Energien freisetze. Auch Astral- und Zeitreisen seien in diesem Spiraltempel möglich.[1710] Wo *Damanhur* politisch einzuordnen ist, ist unschwer zu erkennen: die „Stadt des Lichts" wird mit der rechtslastigen *Forza Italia* in Verbindung gebracht. Die bundesdeutsche Anlauf- und Rekrutierungsstelle *Damanhurs* in Berlin (*Oromè* = „Heilige Sonne") wird von einem gewissen Dietmar Klawitter geleitet, der auch entsprechende Reisegruppen zum Besuch der Tempelstadt zusammenstellt. Auch das *Institut für Persönlichkeitsentfaltung* im hessischen Kronberg veranstaltet Reisen nach *Damanhur*, eine fünftägige Fahrt einschließlich Teilnahme an einem Tempelritual kostet 920 Mark.

Interessant sind auch die radiästhetischen Exkursionen, die der Grazer Wünschelrutengeher Harald Walter an „Wallfahrtsorte des Nationalsozialismus" [sic!] veranstaltet. Bevorzugt untersucht er mit seinen Kursteilnehmern die „speziellen Energien" von Obersalzberg und Adlerhorst, die man heute noch „am eigenen Leib spüren" könne. „Unsere Wünsche und Motive", wie er in seinen Werbefaltblättern daherraunt, „entscheiden darüber, wie wir mit dieser Kraft umgehen". Ein Wochenend kurs rund um Hitlers Alpendomizil (Freitag-Nachmittag bis Sonntag-Mittag) kostet ohne Unterkunft/Verpflegung knapp 500 Mark.[1711]

5.39.1. Feng-Shui

Äußerst populär ist das radiästhetische Vermessen von Wohn- und Arbeitsplätzen, um die Auswirkung „schädlicher Erdstrahlen" - insbesondere auf den Schlafbereich - zu eliminieren. Seit Mitte der 1990er wird hierzu auch die chinesische Feng-Shui-Lehre (sprich: Fong-Shü-eh) herangezogen, die über eine Unzahl einschlägiger Publikationen bekannt gemacht wurde.[1712]

Feng-Shui (chin. = Wind und Wasser), auch unter Ti-Li oder Kan-Yü bekannt, läßt sich als fernöstliches Pendant zur europäischen Tradition der Geomantie verstehen. Angeblich von taoistischen Weisen vor rund 2000 Jahren aus noch sehr viel älteren Quellen zusammengefaßt, gründet die Lehre des Feng-Shui in der Vorstellung, der Mensch müsse, um gesund und glücklich zu sein, sich und sein Lebensumfeld in Einklang bringen mit der alldurchdringenden Vitalkraft des Kosmos. Der freie Fluß dieser Vitalkraft, Ki oder auch Ch'i genannt (⇨ *Reiki/Tai-Ch'i*) und fortwährend sich zeugend aus den polaren Kräften Yin („weiblich") und Yang („männlich"), könne durch Beachtung der „kosmischen Gesetze" angeregt beziehungsweise durch deren Mißachtung gehemmt werden, wodurch sich „gutes" respektive „schlechtes" Feng-Shui mit entsprechendem Gesundheits- und Glücksbefinden des einzelnen einstelle.[1713] (Die Ursprünge des Feng-Shui liegen eigentlich im taoistischen Ahnenkult Chinas: Das Auffinden des „richtigen" Bestattungsortes eines Verstorbenen, an dem dieser sich wohlfühle, wird als unabdingbare Voraussetzung für „gutes Feng-Shui" der Hinterbliebenen gesehen.) In ganz Süd- und Südostasien gilt die Beachtung der Feng-Shui-Tradition (in regionalen Varianten [und Widersprüchen]) bis heute als Selbstverständlichkeit.

In westlichen Esoterikkreisen dient die Lehre des Feng-Shui in erster Linie „kosmischer" Wohnraumgestaltung. Möbel werden so aufgestellt, daß sie gutes Feng-Shui erzeugen: Schreibtische etwa müssen nach Norden zeigen, Betten nach Osten (Kinderbetten allerdings nach Westen). Als wichtigstes Instrument gilt ein eigener geomantischer „Kompaß", Lo-p'an genannt, über den, je nach Ausführung des Gerätes und Kenntnis des Benutzers, die vier Himmelsrichtungen abgeglichen werden mit den fünf Elementen (Feuer, Wasser, Luft, Erde, Holz), den acht Tri- bzw. vierundsechzig Hexagrammen des ⇨ I-Ging, der Sonnenekliptik, der Bahn des Mondes sowie den astrologischen Daten der Hausbewohner;[1714] aus dem Ergebnis der Lo-p'an-Berechnungen werden Maßgaben für erforderliche Umbauten bzw. die Applikation energieausgleichender Hilfsmittel hergeleitet: hierzu gehören vor allem Spiegel, die, placiert an strategisch entscheidenden Stellen, schlechtes Feng-Shui vermeiden hülfen, daneben Beleuchtungskörper, Pflanzen, Windspiele und vielerlei Accessoires mehr. Besonders ratsam sei ein Aquarium - im Eingang fast jedes China-Restaurants zu finden -, das schlechte Feng-Shui-Energie vertreibe (notfalls reiche auch ein Bild, besser: eine Tapete, auf der irgendein Gewässer, am besten: ein Wasserfall zu sehen sei).[1715] Grundsätzlich gelte es, Yin-Plätze (z.B. eine dunkle Ecke) mit Yang-Gegenständen (z.B. einer hellen Lampe) und *vice versa* zu „harmonisieren". Im Zweifelsfalle kann der jeweilige energetische Charakter auch ausgependelt oder gemutet werden.[1716] Ein unter Esoterikern weitverbreitetes Handbuch rät dringend, die Toilettentür gut zu verstecken, ansonsten verschwinde der Wohlstand des Hauses gleichsam durch die Kanalisation.[1717]

Inzwischen hat sich im deutschsprachigen Raum eine eigene Szene an (selbsternannten) „Feng-Shui-Beratern" etabliert, die ihre Dienste zur Überprüfung beziehungsweise Um- oder Neugestaltung des persönlichen Lebensumfeldes oder des Arbeitsplatzes anbieten. Besonders bei der Einrichtung von Kinderzimmern sind Feng-Shui-Berater sehr gefragt. Auch exorzistische Rituale (Tun-Fu) zur energetischen Reinigung von Wohnräumen - Vormieter oder Vorbesitzer hinterließen stets schlechtes Feng-Shui - werden zunehmend durchgeführt: Die Feng-Shui-Berater laufen hierbei durch die Räume und lesen (in phonetischer Übertragung) einen 84-teiligen chinesischen „Reinigungsgesang" vor (von dessen Bedeutung sie in der Regel nicht die geringste Ahnung haben): „Nam mor see ghee le do yee min aw lay yair - Po lo ghee de see fu la ling tor por - Nam mor nor la gheen chee..."[1718] Mittlerweile findet sich unter dem Namen „Vastu" (bzw. „Vasati") auch eine indische Variante des Feng-Shui auf dem Markt, selbst eine keltische und neuerdings eine aztekische Form der Lebensraumgestaltung werden angeboten. Abgerechnet wird üblicherweise nach Quadratmetern des untersuchten Wohnraumes, wobei die Kosten zwischen 25 und 100 Mark pro m^2 (im Einzelfall auch darüber) variieren.

Eine Ausbildung zum (diplomierten) Feng-Shui-Berater läßt sich *en passant* absolvieren: An den *Thalamus*-Heilpraktikerschulen etwa werden Zwei-Tage-Kurse zu 320 Mark angeboten, eine Ausbildung an der *Qi Mag Schule International* in Oppenheim dauert zwei Wochenenden, kostet hingegen (einschließlich Unterkunft) 1.976 Mark.[1719] Zu den anspruchsvolleren Kursen zählen die des *Internationalen Forums Feng Shui e.V.* in Bergisch-Gladbach: Sie erstrecken sich auf viermal fünf Tage und kosten 6.300 Mark.[1720] Die vielfache Bezugnahme auf irgendwelche Meister, Doktoren oder Professoren aus China, die den jeweiligen Kurs konzipiert oder zumindest autorisiert hätten, ist in der Regel reine Augenwischerei.

Selbstredend haben sich sofort nach dem Aufkommen des Feng-Shui im deutschsprachigen Raum findige Rajneesh-Sannyasin des Trends bemächtigt und eigene Kursangebote und Dienstleistungen ins Programm genommen. In Köln etwa betreiben die Rajneesh-Anhängerinnen „Ahuti" Müller und „Savera" Reppel ein sogenanntes *Feng-Shui-4-You*-Institut, über das sie durch „ausführliche Analyse der positiven und negativen Einflüsse" auf Wohn- und Arbeitsräume eine „Harmonisierung der acht Lebensaspekte" der jeweiligen Bewohner bzw. Benutzer (1. Karriere, 2. Spiritualität, 3. Familie, 4. Reichtum, 5. Status, 6. Ehe/Partnerschaft, 7. Kreativität, 8. Hilfreiche Menschen) zu bewirken versprechen.[1721] Wie der Okkultismuskritiker Gereon Hoffmann schreibt, stellten die „komplizierte Theorie und die Vielfalt der verwendeten Begriffe lediglich eine Vortäuschung von Wissenschaft" dar, Feng-Shui sei schlicht als Pseudowissenschaft zu bezeichnen.[1722] Im übrigen liefert fast jedes Lehrbuch (und insofern fast jeder Volkshochschulkurs) andere Begriffsinterpretationen.

Die Behauptung der im deutschsprachigen Raum führenden Feng-Shui-Berater Margrit Lipczinsky und Helmut Boerner, es gebe nichts, was sich nicht mit der alten taoistischen

Lehre in den Griff bekommen ließe - „Feng-Shui wirkt, ob man daran glaubt oder nicht“[1723] - ist reiner Unfug.

5.40. Rebirthing

Lange Jahre galt Rebirthing als Paradedisziplin des New-Age. Seit das Verfahren allerdings Anfang der 1990er erheblich unter Beschuß geriet[1724] - mithin vor dem Hintergrund des Todes einer Asthmapatientin, die von einer Wiesbadener „Wunderheilerin“ mit Rebirthing behandelt worden war[1725] - war in esoterischen Publikationen und Anzeigenblättern, die bis dahin überquollen von Angeboten rebirthender Praktiker, kaum mehr etwas darüber zu finden. Bei näherer Hinsicht stellte sich freilich heraus: Nur der Begriff „Rebirthing“ war verschwunden, die Methode selbst wurde nach wie vor, unter anderer Bezeichnung oder als nicht eigens ausgewiesener Bestandteil von Meditations- oder Selbsterfahrungs-Workshops, angewandt. Heute, einige Jahre nach dem Wiesbadener Todesfall, wird Rebirthing zunehmend wieder unter seiner Original-Bezeichnung angeboten.

Unter Rebirthing ist zunächst eine relativ simple Atemtechnik zu verstehen, deren Wesentliches darin besteht, möglichst keine Pause zwischen den jeweiligen Atemzügen eintreten zu lassen. Es gilt, „verbunden“ oder „kreisförmig“ zu atmen. Besonderer Akzent liegt auf dem Einatmen, das vor allem in den Brustraum geschehen soll.[1726] Obgleich solche Technik in der Tat eher harmlosen Charakters zu sein scheint, stellt sie doch, wie *jede* Form der Atemmanipulation, einen tiefen Eingriff in das organismische Geschehen dar. Die unmittelbare Beeinflußbarkeit des Organismus durch Beeinflussung des Atems war erstmalig von ⇨ Wilhelm Reich experimentell untersucht worden.[1727] Durch dessen orgonomische ebenso wie durch die bioenergetischen Verfahren seines Schülers ⇨ Alexander Lowen[1728] und besonders durch die hyperventilations-induzierenden Formen der Primärtherapie nach ⇨ Arthur Janov[1729] haben Atemtechniken zur Mobilisierung von Regression und zur Manipulation von Bewußtseinszuständen auch in die Psychoszene Eingang gefunden. Rebirthing bezieht sich ganz ausdrücklich auf reichianische und neo-reichianische Traditionen, ohne diesen Bezug allerdings näher auszuweisen. Stattdessen beschreibt es sich als deren „bahnbrechende Fortentwicklung“.[1730] Versehen mit dem Etikett der „Ganzheitlichkeit“[1731] setzt es sich mit dem gesamten Spektrum therapeutischer Herangehensweisen in Bezug. Von der Psychoanalyse und der Verhaltenstherapie über die Verfahren der Humanistischen hin zu solchen der Transpersonalen Psychologie: Rebirthing sieht sich als eine der „wirkungsvollsten, fundiertesten und umfassendsten Therapieformen der heutigen Zeit“.[1732] Weit mehr noch als dies aber sei Rebirthing ein „spiritueller Weg der Selbstfindung“, ein „Bad in der Weisheit und Liebe Gottes“.[1733] Es sei die Essenz der mystischen und religiösen Überlieferungen jedweden Kulturkreises und Zeitalters. Wortreich ist die Rede von den ekstatischen Atemriten archaischer Religionen, von den Atemtechniken des indischen und tibetischen ⇨ Yoga, von den Zhikr-Techniken der ⇨ Sufis: All dies werde in Rebirthing integriert und ebendadurch gewissermaßen erst auf den Begriff gebracht.[1734]

Rebirthing wurde Mitte der 1970er Jahre von dem kalifornischen Möchtegern-Bonvivant Leonard Orr (*1938) entwickelt, dem es, wie die Legende sagt, durch „göttliche Eingebung" zuteil geworden sei. In einem Holzzuber mit warmem Wasser sitzend hätten ihn plötzlich „vorgeburtliche Erinnerungen" überkommen. Er fühlte sich, wie er schreibt, „wie im Uterus seiner Mutter". Gleichgültig, ob es sich nun um „reale" Erinnerung oder um LSD-induzierte Halluzinationen handelte: Der ihm eigene Geschäftssinn ließ Orr sofort das enorme Potential erkennen, das in der Vermarktung „vorgeburtlicher Erlebnisse" steckte. Gerade an der Westküste der USA herrschte Ende der 1960er und Anfang der 1970er Jahre ein beispielloses Aufbruchsklima, insbesondere auch, was neue Wege der Selbsterfahrung und Psychotherapie anbelangte. Neben dem durchaus ernstzunehmenden Anspruch, mit dem vielerorts versucht wurde, verkrustete Strukturen aufzubrechen und mit Neuem zu experimentieren, trat auch eine Unzahl selbsternannter Lebenslehrer und Gurus auf den Plan, die bedenkenlos Kapital schlugen aus dieser Bewegung. Im Bestreben, in das florierende Psycho-Geschäft miteinzusteigen, trieb Orr seine Badewannen-Untersuchungen voran. Wie er selbst berichtet, sei er oft stundenlang grübelnd in seinem Zuber gelegen. Der „Durchbruch" gelang ihm mit der Idee, sich versehen mit einer Nasenklemme und einem Schnorchel *unter Wasser* aufzuhalten: Nicht nur intensivierten sich dadurch seine „intrauterinen Erinnerungen", er konnte als deren Offenbarung sogar seine eigene Geburt - daher der Begriff „re-birthing" - wiedererleben.[1735] Umgehend und ohne irgendwelche weitere Absicherung begann Orr, diese „Entdeckung" gewinnbringend zu vermarkten. Ab Sommer 1974 veranstaltete er in San Francisco sogenannte „Rebirthing-Seminare", bei denen er seine „Klienten" in einen Warmwasserbottich steigen und dort nach vorgeburtlichen Erfahrungen suchen ließ. Bald allerdings merkte er, daß gar nicht, wie angenommen, das Untergetauchtsein im warmen Wasser das Entscheidende war. Die beabsichtigte Regression bewirkte sich vielmehr durch die besondere Art des hyperventilierenden Schnorchel-Atmens. In der Folge verlagerte Orr das Rebirthing daher ins Trockene. Die Atemweise blieb prinzipiell dieselbe, allerdings unter Weglassung des Schnorchels und mit Vorzug auf Nasenatmung.

Solch bloße Atemtechnik zur Induktion tranceähnlicher Regressionszustände war indes nichts sonderlich Neues (und daher wenig profitträchtig): Aus der bioenergetischen oder primärtherapeutischen Arbeit etwa waren Methoden des forcierten Atmens bereits hinlänglich bekannt, die, im Gegensatz zum Rebirthing-Atmen, sowohl theoretisch als auch empirisch einigermaßen begründet erschienen. Um diesen Mangel auszugleichen, erklärte Orr das Rebirthing einfach zum „Integral sämtlicher bisher entwickelten Therapieformen", in dem deren Gesamtheit an Theorie und klinischer Erfahrung sich auf *eine* Formel verdichte: Der alte Traum der Menschheit sei wahrgeworden.[1736]

Orr hatte beobachtet, daß durch „pausenloses", beschleunigtes Atmen (vermeintlich) verschüttete Erinnerungen und Bilder wachgerufen werden konnten, letztlich sogar Empfindungen aus peri- und gar pränatalem Erleben. Gerade das erneute Hindurchgehen durch die - allemal traumatischen - Erfahrungen der eigenen Geburt, so der zentrale Gedanke des Rebirthing, löse all die „negativen Lebensprogrammierungen" auf, die sämtlich in ebendiesen ihre Ursache hätten: Ein buchstäblich neugeborener, freier, glücklicher Mensch sei die Folge. Die

Vorstellung des Geburtstraumas als Wurzel aller Probleme und Störungen ist ebenfalls nicht neu. Sie findet sich bereits bei Sigmund Freud und wurde von seinem Schüler Otto Rank weiter ausgeführt.[1737] Orr nun pathologisiert den Geburtsvorgang in die Totale: in ihm liege die entscheidende Ursache für *jede* Art von Störung. Unbestritten kann die Geburt in einem der heutigen Kreißsäle eine wenig angenehme Erfahrung sein, für das Baby ebenso wie für die Mutter. Wie neuere Untersuchungen nahelegen, nimmt bereits der Fötus in der Gebärmutter weit mehr und sehr viel differenzierter wahr, als bislang angenommen wurde. Dies gilt natürlich auch für den Geburtsvorgang selbst.[1738] Mit großer Sicherheit besteht auch ein Zusammenhang zwischen prä- und perinatalem Erleben und der späteren Entwicklung eines Menschen. In vielen psychosomatischen Symptomen spiegeln sich ganz offenbar traumatische Erfahrungen vor und während der Geburt wider (z.B. Asthma, Bronchitis, Migräne). Die immer noch bestehende Lehrmeinung frühkindlicher Amnesie dürfte in der Tat nichts anderes sein als Mythos.[1739] Solch *übliche* Beeinträchtigung oder Traumatisierung ist allerdings nicht Naturgesetz, es widerspräche dies dem evolutionsbiologischen Prinzip der Funktionsoptimierung. Wie die Neugeborenen-Forschung zeigt, weist ein normal geborener Säugling in aller Regel keinerlei Traumaanzeichen auf.[1740] Traumatisierend für das Neugeborene sind bei einer „Normal"-Geburt allenfalls die äußeren (zivilisatorischen) Umstände, unter denen es zur Welt kommt (Temperaturschock, Lichtschock, zu frühe Abnabelung usw.). Um solches zu vermeiden, finden zunehmend Methoden der „sanften Geburt" Verbreitung, wie sie der französische Frauenarzt Fréderic Leboyer entwickelt hat.[1741] Neben einer Schädigung vor oder während der Geburt kann der Fötus natürlich auch traumatisiert werden durch eine entgleiste Mutter-Kind-Beziehung.[1742]

Die wesentliche Fragestellung ist nun, ob die Technik des Rebirthing, wie sie vorgibt, in der Tat ein Beitrag sein kann zur Heilung prä- oder perinataler Traumata beziehungsweise deren Folgen. Um es zu wiederholen: Rebirthing ist in erster Linie eine Atemtechnik. Der auf dem Rücken liegende Klient wird angewiesen, seinen Atem „kreisförmig", das heißt ohne Pause zwischen Ein- und Ausatmen, fließen zu lassen, allerdings mit Betonung auf dem Einatmen. Zudem soll er schneller atmen als gewöhnlich und vorwiegend in den Brustraum. Der Therapeut greift lediglich bei etwaigen Unterbrechungen des fortlaufenden Atemflusses oder bei zu oberflächlicher Atmung ein. Beispielsweise übt er so lange Druck auf den Brustkorb des Klienten aus - manche Rebirther knien sich mit vollem Körpergewicht darauf -, bis dieser in akute Atemnot gerät; nach Lösung des Drucks vertieft sich die Atmung von selbst. Eine derartige Sitzung dauert etwa eineinhalb Stunden, üblicherweise sind zehn Einheiten vorgesehen.[1743]

Was in den Sitzungen geschieht (bzw. geschehen soll), wird in der Rebirthing-Literatur in der Regel durch rein subjektive Erfahrungsberichte wiedergegeben: „Plötzlich atmete ich sehr tief und sehr schnell, wie nie zuvor in meinem Leben. Ich hatte das Gefühl, zerrissen zu werden. (...) Ich wurde durch einen schwarzen Tunnel in Bewußtseinsräume aus Angst, Panik, Energieexplosionen, unbändiger Freude, Weite und unendlicher Liebe geschleudert. Mein Atem jagte mich mit rasender Geschwindigkeit in immer schneller werdenden Drehungen durch den Strudel meines eigenen Bewußtseins, hinein in das brodelnde Meer meines Unterbewußtseins. (...) Hier brodelte und kochte es, irgendetwas brach sich Bahn. (...) Dann plötzlich war alles vorbei. Wie aus einer dunklen Höhle ging ich hinaus in die Welt voller hellem warmem Licht. Frische, Freiheit und Geborgenheit umfluteten mich."[1744] Derlei Berichte (die den größten Teil der einschlägigen Literatur ausmachen) bedienen sich durchgängig des gleichen sprachlichen Duktus. Mit dickaufgetragenem Pathos („Mein Bewußtsein hatte eine Schallmauer durchbrochen") wird der Eindruck profundester Selbsterkenntnis und tiefgreifendsten therapeutischen Wandels erweckt, was die Frage nach klinischer Über prüfung als völlig überflüssig erscheinen läßt.

Das Angebot an Theorie ist dürftig und im wesentlichen nichts anderes, als eine trivialisierte Kopie des Reichschen Orgasmusmodells: Das Rebirthing-Atmen bewirke eine „Erhöhung der energetischen Ladung", die zu einer „Klimax" mit „Entladung von Spannung" führe, in der (auf unerklärlich-kathartische Weise) das „Bewußtsein von negativen Inhalten entleert" werde.[1745] Diese Idee lehnt sich an das Janovsche Postulat des „Urschmerzspeichers" (*primal pool)* an, der geleert werden müsse, um zur Freisetzung und Entfaltung des eigenen Potentials zu gelangen.[1746] Selbst innerhalb der Primärtherapie gilt solches Postulat allerdings längst schon als überholt.[1747]

Auch wenn sich einzelne Rebirther darüber nicht im Klaren sind oder dies abstreiten,[1748] ist der ganze Prozeß, ähnlich dem forcierten Atmen der ⇨ Primärtherapie oder dem sogenannten ⇨ Holotropen Atmen nach Stanislav Grof (auch als „LSD-Breathing" bekannt),[1749] doch ganz ausschließlich durch Hyperventilation in Gang gesetzt. Beim Rebirthing-Atmen wird die alveoläre Lungenventilation erhöht. Durch die Erhöhung der Atemfrequenz mit inspiratorischer Verschiebung der Atemruhephase wird mehr Kohlendioxyd abgeatmet, als im Stoffwechsel entsteht: Es kommt zu einem Abfall der CO_2-Spannung im Blutplasma (Hypokapie) und zu einer massiven Störung des Säure-Basen-Haushaltes (respiratorische Alkalose). Einhergehend damit kommt es zu neuromuskulärer Übererregbarkeit mit tetanischen Symptomen (Parästhesien, Verkrampfung der Hände und Gesichtsmuskeln usw.) sowie zu einer Aktivierung des Sympathikus (Pulsanstieg, EKG-Veränderungen mit Extra-Systolen). Überdies treten Veränderungen in der regionalen Durchblutung auf: Vor allem die Gehirndurchblutung nimmt ab, was klinisch zu einem Präkollaps (Bewußtseinsstörungen, Schwindelgefühle) oder gar zu einer Ohnmacht („Blackout") führen kann.[1750] Eben diese gelegentlich als „rauschartig" empfundenen Extremerfahrungen, die sich durch das manipulierte Atmen einstellen, machen die Faszination des Rebirthing aus. Derlei Eingriffe ins Atemgeschehen können allerdings keineswegs als harmloser Zeitvertreib gelten, vielmehr können sich nachgerade fatale Folgen zeitigen: mithin besteht die Gefahr eines Lungenemphysems.[1751] Orr selbst bezeichnet Hyperventilation als den entscheidenden therapeutischen Faktor des Rebirthing-Prozesses: „Wir haben in zehntausenden von Fällen herausgefunden, daß das beschleunigte Atmen das Hyperventilationssyndrom, einschließlich der tetanischen und sonstiger Begleitsymptome, auflöst anstatt es zu verursachen."[1752] Die vielfach auftretenden tetanischen Starrkrämpfe hält Orr für harmlos: „Verkrampfen gehört offenbar zu dem Lernprozeß des Atmens. Für die meisten Menschen ist diese Erfahrung angenehm und heilend."[1753] Jene Patienten allerdings, die selbst nach einer Serie von zehn Sitzungen immer noch Krämpfe bekämen, „haben meistens ein ziemlich schlimmes Geburtstrauma erlebt, oder sie haben einen Todestrieb, oder sie wurden als Kinder geschlagen".[1754] An den genannten Folgen des Rebirthing trügen die Patienten also selbst schuld. Rebirther Karl Raab: „Die Tetaniker halten an den Dingen, die sie unter Schmerzen und Krämpfen zu vermeiden suchen, auch noch fest!! Sie hängen an ihrem eigenen psychischen Müll."[1755] Und das könne man schließlich nicht der Rebirthing-Technik zum Vorwurf machen.[1756]

Der Umstand, daß das im Rebirthing-Prozeß sich vergegenwärtigende „Primärmaterial" häufig „geburtsbezüglich" ist, hat wohl weniger mit der Atemtechnik an sich zu tun, als vielmehr mit der ergebnisleitenden Intention, in der diese eingesetzt wird. Wie alleine der Begriff „Rebirthing" nahelegt, geht es ausdrücklich um das Wiedererleben der eigenen Geburt: alles Geschehen wird dementsprechend interpretiert. Die Frage, ob die „erinnerten" Szenen und Konstellationen „authentisch" sind, wie die Rebirthing-Theorie behauptet, oder eher von symbolischem, metaphorischem Charakter, ist (klinisch) von keinerlei Relevanz: Als subjektives Erleben sind sie allemal authentisch und bedürfen einer entsprechenden therapeutischen (phänomenologisch-hermeneutischen) Bearbeitung, was indes das Rebirthing gerade nicht vorsieht. Einige Rebirthing-Apologeten haben das enggefaßte Theorem des Geburtstraumas als Wurzel allen Übels etwas erweitert: Wohl komme diesem determinante Bedeutung für das Leben eines Menschen zu, es gebe jedoch auch traumatische Einflüsse, die bereits *vor* der Geburt wirksam würden. In den Sitzungen dieser Therapeuten taucht daher auch regelmäßig „intrauterines" Erinnerungsmaterial auf. Solche „Erinnerungen" können immer weiter in Richtung Empfängnis zurückgetrieben werden. Auf einem Rebirthing-Kongreß berichtete eine Teilnehmerin, sie habe sich im Zuge einer Atemsitzung daran erinnert, wie sie sich als Ei im Uterus ihrer Mutter gegen eine Vielzahl aufdringlicher Spermien habe zur Wehr setzen müssen. Sie habe diesen Kampf verloren (!), was sich in ihrem späteren Leben in einem steten Gefühl des Unterlegenseins, vor allem Männern gegenüber, manifestiert habe. Durch Rebirthing sei ihr dieser Zusammenhang bewußt geworden und sie habe ihn so lösen können.[1757] Selbst hinter den Augenblick der Befruchtung könne zurückgeatmet werden: Das Wiedererinnern „früherer Leben" ist wesentlicher Bestandteil des Rebirthing-Ansatzes (⇨ *Reinkarnationstherapie*). Gelegentlich ist auch von Erinnerungen an vormalige Existenzen in Tier- oder Pflanzenform die Rede; ein fortgeschrittener Adept berichtete auf besagtem Kongreß gar von einer „früheren Existenz" als „Meteorit", als welcher er aus den Tiefen der Galaxis auf die Erde gekommen sei. Selbst Erinnerungen an materieloses „reines Sein" werden erörtert.

Allerdings gibt es auch Rebirther, die sich von solch esoterischem Firlefanz distanzieren und versuchen, sich einen eher wissenschaftlich-seriösen Anstrich zu geben. Außer einer etwas elaborierteren Terminologie haben aber auch diese rein gar nichts zu bieten, was den Anspruch rechtfertigen könnte, Rebirthing sei „eines der stärksten Heilmittel, die die Psychotherapie entwickelt hat".[1758] Anthropologie, Persönlichkeitstheorie, Neurosenlehre, Entwicklungstheorie, Diagnostik, Interventionslehre und so weiter: völlige Fehlanzeige. Die Grundlagen des Rebirthing, wie Szenekenner Hilarion Petzold schreibt, sind „klinischer Unfug".[1759] Die Atemtechnik an sich ist allerdings ein sehr potentes - und damit auch gefährliches - Instrumentarium. Sie ist in der Lage, „im Körper verdrängtes traumatisches Material“[1760] zum Vorschein zu bringen, das, wenn es nicht richtig bearbeitet und integriert wird, zu einem völligen Zusammenbruch des Klienten führen kann.

Die Interventionstechniken des Rebirthing vermitteln intensives emotionales Aufgewühltsein, das für den gesunden Menschen vielleicht eine Art „Psycho-Trip“ sein mag, vielleicht auch ein Anstoß, wie er durch Grenzerfahrungen erfolgen kann. Für den somatisch kranken Menschen (z.B. Herz-Kreislauf-Labilität) oder für psychosomatische Patienten (Asthma, Colitis usw.) sind die Eingriffe ins Atemgeschehen allerdings höchst riskant. Monate und selbst Jahre später können noch schwere und schwerste Störungen auftreten. Besonders für psychisch labile Menschen stellt Rebirthing eine massive Gefahr dar: Es können „maligne Regressionen“ auftreten, mit Depression bis hin zu akuten suizidalen Krisen; auch psychotische Entgleisungen kommen vor, die den Patienten nicht mehr aus der Regression herausfinden lassen. Verschiedentlich mußten Teilnehmer an Rebirthing-Wochenenden klinisch behandelt werden.[1761] Die *Stiftung Warentest* warnt ausdrücklich vor den Gefahren solcher Kurse.[1762]

Den Vertretern des Rebirthing scheinen diese Gefahren nicht bewußt zu sein. Sie halten noch nicht einmal ein therapeutisches Durcharbeiten des aufgerissenen Materials für erforderlich. In der ihnen eigenen Banalrezeption des Reichschen Orgasmusmodells gehen sie (unsinnigerweise) davon aus, die der „Energieentladung“ folgende „Entspannung“ sei „automatisch integrativ“. Der ganze Prozeß sei daher „absolut harmlos“.[1763] Einer kontinuierlichen Nach- oder Weiterarbeit bedürfe es nicht. Viele Rebirther sehen ein vor- oder nachbereitendes Gespräch gar als „therapeutischen Kunstfehler“ an: „Der verstärkte kreisförmige Atem allein hat die Kraft, das unbewußte Material zu aktivieren und auch wieder zu integrieren.“[1764] Wie gefährlich solche Einstellung sein kann, wird deutlich beim Blick auf die Bereiche, in denen Rebirthing angewendet werden soll: Es empfehle sich bei „allen psychosomatischen und neurotischen Störungen und Erkrankungen; bei Herzrhythmusstörungen und Bluthochdruck; bei Asthma, Magen-Darm-Erkrankungen und als Begleittherapie bei Krebserkrankungen“;[1765] daneben bei „Übergewicht, Schlafstörungen, Drogenabhängigkeit, Job- und Beziehungsproblemen, Folgen von Vergewaltigung usw.“[1766] Selbst bei Gewalttätigkeit, Homosexualität und Kriminalität habe sich Rebirthing heilend ausgewirkt.[1767] Ganz besonders ratsam sei es für Schwangere, die dadurch ihrem Neugeborenen das Geburtstrauma ersparen könnten.[1768] Die - je nach Autor unterschiedlichen - „Indikationslehren“ des Rebirthing sind durchwegs als aufgeblasener Unsinn zu werten, für die behaupteten Heilerfolge liegen keinerlei ernstzunehmende Nachweise vor. Die Thesen über Homosexualität sind indiskutabel.

Unterwassergeburt

Die amerikanische Rebirtherin Binnie Dansby, die 1980 die (angeblich) erste dokumentierte Unterwassergeburt in den USA geleitet hat, führt seit Ende der 1980er im deutschsprachigen Raum Seminare und Ausbildungen unter dem Signet „Heilung der Geburt - Transformation des Lebens" durch. Sie hält das Trauma der Geburt, das „in jeder Zelle unseres Körpers" erinnert werde, für die Ursache sämtlicher emotionalen Störungen; diese könnten auf dem Wege des Rebirthing schnell und elegant aufgelöst werden. Ohne irgendwelche medizinische Qualifikation oder Kompetenz - Frau Dansby war Modeberaterin, bevor sie von Leonard Orr zur „Meisterrebirtherin" ausgebildet wurde - führt sie Rebirthingsitzungen vor allem mit schwangeren Frauen durch. Die Auflösung des eigenen Geburtstraumas, so ihr Credo, erlaube der Schwangeren, angstfrei zu gebären, wodurch sie ihrem Baby das (ansonsten unvermeidliche) Trauma seiner Geburt erspare. Allerdings laufe das Neugeborene Gefahr, allein durch die äußeren Einflüsse einer konventionellen Geburt (Lichtschock, Temperaturschock, Milieuschock usw.) traumatisiert zu werden. Nur in einer Geburt unter Wasser könne das Baby ohne Trauma zur Welt kommen.[1769] Mithin verbreitet durch die Rebirthing-Szene - in epischer Breite beschreibt Orr die entsprechend durchgeführte Geburt seiner Tochter Spirit[1770] - stieß „Unterwassergeburt" in esoterisch angehauchten Hebammen- und Schwangerenkreisen auf begeistertes Interesse.

Hinzu kam, daß 1989 die amerikanische New-Age-Prophetin ⇨ Chris Griscom in einem opulenten Bildband die Niederkunft mit ihrem Sohn Bapu im Meer vorgestellt hatte.[1771] Der Band avancierte schnell zu einer Art Kultbuch, Bapus Geburt zum Inbegriff des „Neuen Bewußtseins". Wie die sechsfache Mutter Griscom betont, sei ihrem Sohn die Unterwassergeburt ein Akt „spiritueller Einweihung" gewesen: Nicht nur sei er völlig ohne Geburtstrauma zur Welt gekommen, er sei ebendadurch auch „übersinnlicher Kräfte" teilhaftig geworden. So sei es ihm etwa ein leichtes, die „Aura" anderer Menschen zu lesen oder Kontakt zu deren „Höherem Selbst" aufzunehmen. Nicht nur die Blättchen der New-Age-Szene, auch die einschlägigen Hausfrauen-Postillen überschlugen sich fast vor Begeisterung: „Spektakuläre Geburt in der Karibischen See",[1772] „Neue Wege zu einer Kindheit ohne Angst"[1773] und dergleichen mehr. Die gynäkologischen Praxen und Kliniken wurden bestürmt von Frauen, die ihre Niederkunft auch als „spirituellen Bewußtseinsakt" gestalten wollten. Derart um sich greifendes Allotria rief bald den geharnischten Widerspruch von Gynäkologen und Geburtshelfern auf den Plan. Vor dem Hintergrund einer Anfang 1992 durch die Boulevardpresse geisternden Ankündigung, eine Frau wolle ihr Kind im Schwimmbecken eines Hotels zur Welt bringen, hatte die *Deutsche Gesellschaft für Perinatale Medizin* großes Geschütz gegen die „sträfliche Modetorheit" aufgefahren. In einer eigenen Presseverlautbarung wurde vor den unkalkulierbaren Risiken für das Neugeborene gewarnt: Es drohe eine Infektion der Lungen durch Inhalation von Wasser, daneben Sauerstoffunterversorgung durch Abschnürung der Nabelarterien sowie eine Unterbrechung der Blutversorgung der Placenta; überdies könnten auftretende Notsituationen womöglich nicht rechtzeitig erkannt werden. In Frankreich sei bereits ein Kind bei einer Unterwassergeburt ertrunken.[1774]

Allerdings scheint man mit dem kategorischen Verdikt der Unterwassergeburt als verantwortungslosem Unfug das Kind mit dem Bade auszuschütten. Zu sehr ist die herrschende Entbindungspraxis in Kliniken und Krankenhäuser reformbedürftig, als daß die Suche nach frauen- und neugeborenenfreundlicheren Wegen *ex cathedra* einfach unterbunden werden dürfte. Sinnvolle Gedanken zu einer „Geburt ohne Angst", wie sie in den 1930er Jahren schon der englische Frauenarzt Dick Read oder in den späten 1960ern der (inzwischen komplett szenevereinnahmte) Franzose Fréderic Leboyer[1775] formuliert hatten, finden nur zögerlich Eingang in die etablierte Geburtshilfe. Psychologische Bedürfnisse der Gebärenden werden bis heute vielfach ebensowenig berücksichtigt wie die des Neugeborenen. Es gilt, den Anspruch vieler Frauen nach einer „sanften Geburt" ernstzunehmen, *gerade* um hanebüchenen Auswüchsen à la Griscom oder Dansby wirksam begegnen zu können. Leboyers Nachfolger Michel Odint vertritt die Auffassung, die Frau solle selbst entscheiden, wie sie gebären wolle (was inzwischen auch die WHO empfiehlt): auf allen Vieren, hockend, auf einem Stuhl, in einem Bett oder eben in einem mit warmem Wasser gefüllten Becken. Odint beschrieb als erster den entscheidenden psychophysiologischen Vorteil von Wassergeburten: Entspannung - und damit einhergehend Schmerzlinderung.[1776] In einer ganzen Reihe von Kliniken, auch in der Bundesrepublik, wurden zu Beginn der 1980er Jahre schon Möglichkeiten für Wassergeburten geschaffen.

Die Frage nach Unterwassergeburt - wie sie lange vor ihrer Entdeckung durch die Rebirther und dem medienwirksamen Esoterik-Gekreiße Chris Griscoms schon bekannt war - ist also sehr differenziert zu betrachten. Wassergeburten, wie sie hierzulande zunehmend praktiziert werden, haben mit der Griscomschen (in der Tat unverantwortlichen) Selbstinszenierung ebensowenig zu tun wie mit den Experimenten des Russen Igor Tjarkovskij, mit denen der Begriff „Wassergeburt" oft assoziiert wird. Tjarkovskij, ein ehemaliger Sportcoach, hatte seit den frühen 1960er Jahren am *Gesamtstaatlichen Forschungsinstitut für Körperkultur* in Moskau verschiedene Wasserversuche mit Neugeborenen und Kleinkindern durchgeführt. Mitte der 1980er Jahre - unter dem Einfluß der durch das Land schwappenden New-Age-Welle - fanden diese Versuche in der hiesigen Regenbogenpresse großes Echo. Tjarkovskij glaubt, daß „wassergeborene und wassergewöhnte Kinder einen besseren Start in die Zukunft" hätten. Angeblich könnten solche Kinder schon mit drei Monaten stehen und mit vier laufen; auch die intellektuelle Entwicklung ginge viel rascher vonstatten als bei konventionell geborenen Kindern, ganz abgesehen von den „übersinnlichen Fähigkeiten zu Hellsichtigkeit, Telepathie und Telekinese", die Wasserkindern zueigen sei.[1777] Nicht nur seiner parapsychologischen Hirngespinste wegen fand Tjarkovskij keinerlei Unterstützung seriöser Wissenschaftler; auch sein selbstentwickeltes Trainings- und vor allem Abhärtungsprogramm, dem er die wassergeborenen Kinder unterzog („je kälter das Wasser, desto besser"), konnte so recht niemanden begeistern, noch nicht einmal sowjetische Sportfunktionäre.

Gebären unter Wasser trägt nach Auskunft des Bensberger *Vinzenz-Palotti-Hospitals*, an dem schon seit Anfang der 1980er solche Möglichkeit besteht, keine Risiken in sich, unter der Voraussetzung, daß pathologische Geburtsverläufe ausgeschlossen werden: „Geburten werden im Wasser genauso überwacht wie außerhalb, auch hier findet 'Geburtsmedizin' statt."[1778] Bei Komplikationen könne sofort eingegriffen werden, zusätzlich sei eine Dauerbetreuung durch die Hebamme gewährleistet. Der Vorteil von Wassergeburten sei in erster Linie psychologischer Natur: Gerade Schwangere mit vormals sehr belastenden Geburtserlebnissen fänden im Wasser die nötige Entspannung und Ruhe. Im Wasser (das Becken hat die Größe und Form eines Badezubers) sei die Schwerkraft gemindert, die Frauen könnten leichter die Position ändern, wenn die Wehen kämen. Auch die Schmerzen seien im warmen Wasser oftmals sehr viel gelinder, der Einsatz betäubender Medikamente sei folglich geringer oder gar nicht erforderlich. Unter Wasser pulsiere die Nabelschnur rund zehn Minuten weiter, das Neugeborene könne sich behutsamer auf Lungenatmung umstellen; im warmen Wasser erlebe es zudem keinen zu abrupten Milieu- und Temperaturschock.

Die *Weltgesundheitsorganisation* (WHO) fordert seit Jahren eine gezielte Förderung jener geburtshilflichen Methoden und Einrichtungen, die „mit dem Einsatz von Technologie kritisch umgehen und emotionale, psychische und soziale Aspekte in den Vordergrund stellen".[1779] Die (ärztlich überwachte) Geburt im Wasser stellt *eine* Möglichkeit dar, diesem Anspruch näherzukommen. Mit Griscoms oder Dansbys Vorstellungen und Praktiken hat das allerdings nichts zu tun: Unterwassergeburt ohne qualifizierte medizinische Betreuung ist als völlig unverantwortlich zu werten. Ebenso unverantwortlich ist Rebirthing als Geburtsvorbereitung: Schwangere dürfen sich unter *keinen Umständen* darauf einlassen.[1780] Die von Dansby eigens herausgebrachten *Affirmationen für die Schwangerschaft* sprechen für das dumm-hybride Selbstverständnis der Rebirth-Szene: „Ich bin ein Werkzeug, um neues Leben hervorzubringen" oder „Ich bin verbunden mit göttlicher Intelligenz, die weiß, was gut für mich ist."[1781]

Nur die wenigsten Rebirther verfügen über einen medizinischen oder psychosozialen Grundberuf oder irgendeine solide klinische Ausbildung. Orr hält dergleichen auch für erübrigbar, seiner Ansicht nach arbeiten „alle Rebirther aus ihrer eigenen göttlichen Autorität heraus".[1782] Wohin solch „höhere Befugnis" führen kann, zeigte sich am Fall der erwähnten Wiesbadener Wunderheilerin. Ohne irgendwelche medizinische oder therapeutische Kenntnis hatte diese bei einer 51jährigen Asthmapatientin eine Rebirthingbehandlung durchgeführt. Die Atemnot im Todeskampf der Patientin deutete sie als „Ausdruck einer Ablehnung sexueller Überbeanspruchung durch den Ehemann". Ausdrücklich weigerte sie sich, einen Notarzt zu rufen. Zu ihrer Verteidigung berief sie sich vor Gericht auf mediale Kontaktnahme mit der Verstorbenen im Jenseits, die ihre Unschuld bestätigt habe. (Nach einer psychiatrischen Begutachtung wurde die seinerzeit 47jährige „Heilerin" wegen fahrlässiger Tötung und Verstoßes gegen das Heilpraktikergesetz zu neun Monaten Freiheitsstrafe verurteilt, die zur Bewährung ausgesetzt wurde.[1783])

Um angemessen mit den intensiven emotionalen Prozessen umgehen zu können, die sich möglicherweise durch das Rebirthing-Atmen in Gang setzen, bedarf es profunden psychotherapeutischen Wissens. Darüber hinaus muß medizinische Fachkenntnis vorhanden sein, um bei einem Zwischenfall, der durch den Eingriff ins Atemgeschehen jederzeit auftreten kann, kompetent intervenieren zu können. Die angebotenen „Ausbildungen" - noch bis Anfang der 1990er konnte man sich in *einem einzigen* Wochenend-Workshop zum „Rebirther" qualifizieren - können die verantwortungsvolle Handhabung einer derart tiefgreifenden psychophysischen Technik nicht gewährleisten. Auch die inzwischen angebotenen zwei- oder gar dreijährigen „Trainings" können nicht als ausreichende Qualifikation (weder rechtlich noch inhaltlich) angesehen werden: Keineswegs handelt es sich dabei um Vollzeitausbildungen, vielmehr werden ein paar Wochenend-Workshops lediglich über einen Zeitraum von zwei oder drei Jahren verteilt. Vielfach wird dabei die Atemtechnik des Rebirthing mit weiteren Szenemethoden verquickt, vorzugsweise mit der höchst manipulativen Kommunikationstechnik des ⇨ Neurolinguistischen Programmierens (NLP) oder auch mit ⇨ Kinesiologie oder ⇨ tantrischen Sex-Übungen; gelegentlich wird auch der Rahmen etwas variiert: Man betreibt das Rebirthing etwa in eiskaltem Wasser, oder, abwechselnd dazu, im türkischen Dampfbad. Bei einigen Ausbildungen zählt auch ⇨ Feuerlauf mit zum Programm. All solche Kapriolen lassen indes weder das Rebirthing noch seine Vertreter klinisch qualifizierter geraten, auch nicht der astrologische Kursus, der als Bestandteil eines 4-Wochen-Trainings zum „Qualified Rebirther" angeboten wird.[1784] Unabhängig von der mangelhaften Qualifikation der meisten Rebirther erscheint als besonders riskant das sogenannte Gruppen-Rebirthing, an dem gelegentlich bis zu einhundert Personen teilnehmen. Im allgemeinen Chaos des Keuchens, Schreiens und Kreischens wäre es völlig unmöglich, einen Notfall bei einem Klienten rechtzeitig wahrzunehmen. Die vielerorts übliche Verpflichtung der Teilnehmer, vor der Sitzung ein Haftungsausschlußpapier zu unterzeichnen, alles geschehe auf „eigenes Risiko", steigert die Verantwortungslosigkeit der Rebirther in reinen Zynismus (auch wenn solches Papier rechtlich bedeutungslos ist).

Wie der Wiesbadener Todesfall drastisch vor Augen führte, sind die Rebirther (in der Regel) nicht nur inhaltlich völlig unqualifiziert zur Ausübung therapeutischer Tätigkeit, sie machen sich auch strafbar. Sofern sie nicht approbierte Ärzte sind beziehungsweise eine Formalerlaubnis als Heilpraktiker nachweisen können, sind sie nicht befugt, Rebirthing oder eine seiner Varianten (Vivation, Quantum-Light-Breath, PranaEnergetic usw.) zu betreiben. Es ist hierbei völlig unerheblich, unter welchem Etikett Rebirthing firmiert: Um die gesetzlichen Bestimmungen zu umgehen, wird vielfach behauptet, Rebirthing sei gar nicht Therapie, sondern vielmehr eine „Taufe mit der Kraft des Heiligen Geistes" (Orr),[1785] die selbstredend nicht unter das Heilpraktikergesetz falle. Auch der Umstand, daß seit Anfang der 1990er viel von „sanfter" und „integrativer" Arbeit gesprochen wird, in der manipulative Eingriffe oder auch Hyperventilation gar nicht (mehr) vorkämen,[1786] ist vor diesem Hintergrund zu sehen.

Die Rebirthing-Szene hat sich im wesentlichen zur Blütezeit der Bhagwan-Bewegung (1978-1983) konstituiert. Als eine der bevorzugten Therapien des Ashram in Poona war Rebirthing von den Sannyasin (Rajneesh-Anhänger) in deren zahlreichen Meditationszentren weltweit verbreitet worden.[1787] Simpel in der Technik und unmittelbar in der Wirkung bot sie sich für die exaltierten Therapieinszenierungen der Rajneesh-Bewegung geradezu an. Insbesondere konnte jeder Sannyasin plötzlich selbst als „Therapeut" tätig werden, ein paar Sitzungen „Selbsterfahrung" und Bhagwans „spirituelle Führung" reichten als Qualifikation vollauf: „Die wahre Qualifikation eines Therapeuten kann ohnehin nur Gott beurteilen."[1788] Frei von beunruhigenden Fragen nach klinischer Kompetenz konnte jedermann sich in narzißtischen Größen- und Allmachtsphantasien gefallen und nach Gutdünken drauflos„therapieren". Kaum eine Form der Gewalt und Vergewaltigung, die nicht im Gewande des „therapeutischen Experiments" betrieben worden wäre.[1789]

Die Hauptvertreter der heutigen Rebirthing-Szene entstammen zu großem Teile dem (Ex-)Rajneesh-Umfeld. Die weltweite Dominanz der Psychoszene durch (Ex-)Sannyasin hat Rebirthing (bzw. seine Varianten) zu deren zentraler Therapieform werden lassen. Im deutschsprachigen Raum sollen über 5.000 Rebirth-Praktiker tätig sein.[1790] Es handelt sich dabei um eine hochgradig unprofessionelle Szene,[1791] auch wenn sie einige Akademiker in ihren Reihen führt und mancherlei Anlauf unternimmt, sich professionelle Konturen zuzulegen.[1792] Hieran ändert auch der bemühte Eifer etwa des Osnabrücker Erziehungswissenschaftlers Gerhard Schusser nichts, der sich dazu versteigt, Rebirthing die Wertigkeit einer „Meta-Therapie“ zuzuerkennen.[1793] Hauptvertreter des Rebirthing in der Bundesrepublik sind die Orr-Schüler und (Ex-)Rajneesh-Sannyasin Günther „Sarito“ Griebl und seine Frau Silvana „Samadhi“, die in München unter dem Signet „Truth-Simplicity-Love“ das sogenannte *Theta-Institut* betreiben (der Institutsname leitet sich vom ersten Buchstaben [Theta] des griechischen Wortes für Gott [Theós] her);[1794] daneben die Orr-Schüler Ines Bullmann und Martin Ruschemeier, die seit Anfang der 1980er in ihrem Würzburger *Haus für Ganzheitliche Selbstverwirklichung* (HGS) einschlägige Seminare und Fortbildungen veranstalten.

Die sonstigen Bestandteile des Rebirthing, obgleich in der einschlägigen Literatur als unentbehrlich beschrieben, sind bestenfalls als Staffage zu werten. Im Vordergrund steht hier die sogenannte „Affirmationstechnik“, eine Ansammlung selbstsuggestiver Sprüche (z.B. „Ich bin eine wunderbare, liebenswerte Person“ oder „Alles, was mir geschieht, habe ich selber verlangt“), mittels derer das Unbewußte „positiv umprogrammiert“ werden soll (⇨ *Positives Denken*). Die Affirmationen seien vier Wochen lang täglich 20mal aufzuschreiben, zwischen den Sätzen sei bewußt tief zu atmen. Daneben sollen sie auf Tonband (am besten mit Endlosschleife) gesprochen und während des Schlafes oder während der Autofahrt gehört werden: „Dies radiert die alten Gedankenmuster aus und bewirkt die erwünschte Änderung.“[1795] Die Affirmationen sind in einem Set vorformulierter Kärtchen zusammengestellt.

Rebirthing bringt behandlungsmethodisch nichts Neues. Neu ist lediglich die obskurantistische Ideologie, vor deren Hintergrund seine Vertreter daherkommen: Als „spirituelle Wegbegleiter“ bieten sie ein umfängliches Sammelsurium an religiös beziehungsweise mystizistisch angehauchten Heilsversprechungen. In deren Mittelpunkt steht die Lehre von der „physischen Unsterblichkeit“, die durch Rebirthing erlangt werden könne: „Auch wenn wir darauf konditioniert sind zu glauben, der Tod sei unausweichlich, ist es dennoch möglich, ewig zu leben.“[1796] Wortreich ist die Rede von spirituellen Meistern, die „nachweislich“ bereits seit mehreren hundert Jahren auf Erden weilen. Jesus etwa sei mittels Rebirthing von den Toten auferstanden.[1797] Über eine eigene *Eternal Flame Foundation* wird die Orrsche Unsterblichkeitslehre, verbunden mit Thesen über die „Erotik des Geldes“, verbreitet.[1798] Als europäische Statthalter der amerikanischen *Eternal-Flame*-Begründer Charles und Bernadeane Brown firmieren die Orr-Ableger Griebl sowie New-Age-„Anlageberater“ Egbert Sukop.[1799]

Darüber hinaus beschreibt Rebirthing sich als Allheilmittel gegen jedwede Erkrankung. Selbst bei Krebs und AIDS sei es das Therapeutikum schlechthin. Griebl: „Fast zur selben Zeit, in der die vernichtende Krankheit AIDS aufgetaucht ist, hat man auch das spirituelle Heilmittel Rebirthing entdeckt.“[1800] In der „Durchdringung jeder einzelnen Zelle des Organismus mit der heilenden Kraft des Universums" sei es den Rebirthern sogar möglich, den „biologischen Alterungsprozeß umzukehren"[1801] - eine Behauptung, die bei Orrs letzter großangelegter Deutschland-Tournee Anfang der 1990er auf groteske Weise ihre Widerlegung fand: Orr, auffällig gealtert, trat kahlgeschoren auf mit einer taubeneigroßen Geschwulst am Hinterkopf, die er sich ganz offenbar nicht hatte „wegrebirthen" können.[1802] Begleitet wurde er von seinem Münchner Paladin Konrad Halbig, der sich, Mantren klampfend, in der Folge zu einer Art Deutschland-Repräsentant des kalifornischen Altmeisters aufschwang. (Halbig, seit Mitte der 1980er als „Rebirthingtherapeut" zugange - selbstredend ohne irgendeine ernstzunehmende Qualifikation vorweisen zu können -, war im Frühjahr 1990 in öffentliche Kritik geraten: Eine Patientin hatte ihn beschuldigt, in seiner Münchner Praxis Polaroid-Nacktaufnahmen von ihr gemacht zu haben; rechtliche Konsequenzen: keine.[1803]) Zusammen mit Orr veröffentlichte Halbig eine ganze Reihe einschlägiger Schriften, für das über den ⇨ *Ewert*-Verlag vertriebene Gemeinschaftswerk *Ende der Sehnsucht* wurde passenderweise ⇨ Jan-Udo Holey als Vorwortschreiber gewonnen.[1804]

> Gleichfalls über *Ewert* entläßt Halbig Ratschläge zu „alternativer Krebstherapie" in die Welt: In seinem 1995 erschienenen *Krebshandbuch* (unter den Autoren: Rüdiger Dahlke und Wolf Büntig) werden mithin die Methoden der „Geistheilung", der anthroposophischen „Misteltherapie" oder der „Behandlung nach der Hl. Hildegard" angedient,[1805] getoppt von den absurden Vorstellungen des selbsternannten Krebsspezialisten Ryke Geerd Hamer (*1935), der Mitte der 1990er traurige Berühmtheit durch den „Fall Olivia" erlangte: Er hatte den Eltern eines krebskranken 9jährigen Mädchens aufgeschwatzt, dieses sei nur durch seine Methode der „Neuen Medizin" zu retten: Krebs sei (wie jede andere Krankheit auch) Folge eines Schocks bzw. intrapsychischen Konflikts, den es - unter Nicht-Behandlung der Krankheit selbst - zu lösen gelte. Im Falle Olivias sah die Therapie vor, daß die Mutter ihren Beruf aufgebe - mangelnde Zuwendung sei mithin schuld an der Erkrankung der Tochter gewesen - und sich ganz ihrem Kinde widme. Auf Anraten Hamers nahmen die Eltern ihre Tochter aus dem Wiener Krankenhaus, in dem sie behandelt worden war und übergaben sie in seine Obhut. Das Wiener Jugendamt entzog ihnen daraufhin das Sorgerecht, worauf sie mit dem Kind, unterstützt von Anhängern der ⇨ *Fiat-Lux*-Sekte, über Kärnten in eine der Hamerschen Dependancen nach Malaga flüchteten. Über öffentlichen Druck - und nachdem sich der Zustand Olivias rapide verschlechtert hatte - konnten sie zur Rückkehr nach Österreich bewogen werden, wo man das Mädchen, dessen Tumor inzwischen auf die Größe eines Fußballs und fast ein Drittel des Körpergewichts angewachsen war, medizinischer Behandlung zuführte. (Nach Operation und Chemotherapie gilt Olivia heute als gesund.) Hamer, dem bereits 1986 seine Approbation als Arzt entzogen worden war, hatte seine wahnhaften Ideen unangefochten weiterverbreiten können (u.a. über seinen sogenannten *Amici-di-Dirk*-Verlag) und über die Jahre eine sektenhafte Organisation (mit Anlaufstellen selbst in den USA und in Kanada) um sich herum aufgebaut. 1997 wurde er vom Landgericht Köln zu einer 19-monatigen Haftstrafe ohne Bewährung verurteilt. Seit seiner vorzei-

tigen Entlassung ist er untergetaucht. Olivias Eltern, Helmut und Erika Pilhar, die das Sorgerecht für ihre Tochter zurückerhalten haben, betreiben in Wien einen regen Versandhandel mit Werbeschriften von und über Hamer und dessen „Neue Medizin“.[1806]

Seit geraumem unterhält Konrad Halbig unter dem Signet *KOHA* einen eigenen Verlag, dessen Programm vor allem aus den Lehren der australischen ⇨ Lichtnahrungsprophetin Jasmuheen sowie Kassettensets mit gechannelten „Gehirnharmonisierungsfrequenzen“ besteht; daneben gibt er, zusammen mit dem ehemaligen Grünen und *Ewert*-Vertreter Ulrich Heerd, dem pseudolinks angehauchten Esoterikaktivisten Marcus Haseitl und der Rebirthinglehrerin Karin Schnellbach, seit 1999 ein Quartalsmagazin *Matrix 3000* heraus, in dem neben allerlei Weltverschwörungstheorien auch Neuigkeiten zu lesen stehen über das von ⇨ JZ Knight gechannelte Geistwesen Ramtha, über Nina Hagens „meditative Klangräume“ („...demutsvoll mag man sich niederknien und gemeinsam mit ihr das OM NAMAHA SHIVAYA singen - Herr Dein Wille geschehe“) oder über „gepulste elektromagnetische Wellen“, mit denen der amerikanische Geheimdienst CIA die Menschheit fernsteuere; zu den Autoren von *Matrix 3000* zählt neben Jan-Udo Holey bezeichnenderweise auch ⇨ Bert Hellinger;[1807] darüber hinaus der amerikanische Szeneguru Drunvalo „Drun“ Melchizedek, der als Abgeordneter der (theosophischen) „Großen Weißen Bruderschaft“ einem *Melchizedek-Orden Alpha & Omega* vorsteht. Auf seinen Seminarveranstaltungen propagiert er in erster Linie das sogenannte „Mer-Ka-Ba“-Training (auch: „Flower of Life“), eine angeblich auf altägyptischen (nach anderen Quellen: altjüdischen) Mysterienkulten basierende Mixtur verschiedener bewußtseinsverändernder Techniken, die interdimensionales und interplanetares Reisen ermöglichten. (Tatsächlich besteht das Ganze aus nichts anderem als mehr oder minder forciertem Rebirthing, verbunden mit ein paar Visualisierungssuggestionen.) In die Szene eingeführt wurde Mer-Ka-Ba von dem esoterisch-rechtsextremen Erfolgsautor Bob Frissell, der zusammen mit Leonard Orr in dessen kalifornischem Rebirth-Trainingszentrum entsprechende Seminare veranstaltet hatte. Deutschsprachig verlegt wurde Frissell von Holey und dem Leiter der Nürnberger ⇨ Andromeda-Buchhandlung Peter Herrmann[1808].

Neben all dem esoterischen Allotria wendet Rebirthing sich ganz ausdrücklich auch materiellen Dingen zu: In sogenannten „Money & Love“- oder „Reich-Sein“-Seminaren werden Strategien vermittelt, wie man auf möglichst einfache und schnelle (aber nicht notwendigerweise ethisch vertretbare) Weise zu Geld kommt. Skrupellosigkeit wird zum Programm erhoben.[1809] Einer der prominentesten Vertreter des Rebirthing, der Amerikaner ⇨ Phil Laut, war vor seiner Berufung zum „Lebenslehrer“ Finanzberater eines großen US-Computerkonzerns gewesen. Er ist Herausgeber des Rebirthing-Standardwerkes *Money Is My Friend*.[1810] Das von ihm propagierte Verfahren, das die Orr-Technik ein wenig modifiziert, ist unter dem Namen „Vivation“ bekannt.

Die Rebirthing-„Seminare" selbst und insbesondere die „Trainings" und „Ausbildungen" sind beredtes Beispiel für die Art und Weise, wie man die „schnelle Mark" macht. Ist eine Einzelsession mit 100 bis 250 Mark noch relativ preiswert, so wird es für ein Zwei-Tages-Seminar „Physische Unsterblichkeit" für 400 Mark oder „Kaltwasser-Rebirthing" mit 540 Mark schon teurer. Eine vierwöchige Ausbildung zum „Qualified Rebirther" bei Günter und Silvana Griebl kostet 6.845 Mark. Entscheidend ist, daß derlei „Ausbildung" weder klinisch noch rechtlich zu irgendetwas qualifiziert. Das überreichte „Abschlußzertifikat" ist gerade soviel wert wie das Papier, auf das es gedruckt ist.[1811] Eine Rebirthing-Ausbildung im Wiesbadener *Zentrum für Ganzheitliche Beziehungen* kostet gar 11.430 Mark.[1812]

Symptomatisch für die Rebirthing-Szene sind auch die regelmäßig wiederkehrenden Kettenbriefe und Pyramidenspiele (z.B. „Pilotenspiel"), die von dieser gewinnbringend in die Welt gesetzt werden. Betrügereien in kleinem wie in großem Stil nahmen zu Zeiten derart überhand, daß ein prominenter Vertreter des Rebirthing, der Stuttgarter Henner Ritter (*Padma-Zentrum für PranaEnergetic*) sich genötigt sah, zur Mäßigung aufzurufen und seine Kollegen sogar mit Strafanzeige bedrohte. In einem Rundschreiben an die „International Rebirth-Commune" beklagt (Ex-)Rajneesh-Sannyasin Ritter, durch solche Machenschaften werde „die ganze Bewegung und Technik in Diskredit gebracht".[1813] (Seit 1997 ist das Organisieren von Pyramidenspielen nach § 6c des Gesetzes gegen unlauteren Wettbewerb grundsätzlich strafbar.[1814] Angesichts der nach wie vor zu beobachtenden Zunahme von Pyramiden- und Kettenspielen [organisiert nicht nur aber insbesondere aus der Esoterikecke heraus] empfahl die ⇨ *Enquetekommission „Sogenannte Sekten und Psychogruppen"* in ihrem Abschlußbericht von Juni 1998 dem Bundestag, einen selbständigen Straftatbestand für deren Initiatoren und Teilnehmer zu schaffen: Derartige Gewinnspiele verursachten Millionenschäden und trieben nicht selten - unter unlauterem Einsatz verhaltenspsychologischer Beeinflussungstechniken - einzelne Bürger in den völligen Ruin.[1815])

Aus den oben aufgeführten Gründen wird Rebirthing seit Anfang der 1990er vielfach unter verdecktem Namen betrieben. Besonders die Rajneesh-Zentren sind äußerst kreativ im Erfinden immer neuer Bezeichnungen für ihre immer gleichen Therapiegruppen: Rebirth-Technik ist nicht nur wesentlicher Bestandteil von „Atmen + Fühlen", „Ins Leben Atmen" oder „Heilkraft des Atems", sondern wird auch in „Tantric Pulsation" („mittels Atem und tantrischen Ritualen wird deine sexuelle Energie befreit") oder „Wut tut gut" („Raum mit deinen Gefühlen in Kontakt zu kommen") eingesetzt.[1816]

Auch bei Henning „Devabhakta" von der Osten, einem der Urgesteine des Psychogeschäfts (u.a. bei ZIST), verbirgt sich hinter Workshops wie „Befreit leben!" nichts anderes als Rebirthing (angereichert mit ein paar Elementen aus der Primärtherapie). Selbst die Rebirth-Pioniere Günther und Silvana Griebl suchten den Begriff Rebirthing - zumindest nach außen hin - über Jahre hinweg zu meiden. Bis Mitte der 1990er boten sie etwa zweiwöchige Seminare („Das Leben lieben lernen") auf Lanzarote an, in deren Ausschreibung lediglich davon die Rede war, daß „wir (...) in den Lavahöhlen 'im Bauch der Mutter Erde' Atemrituale zelebrieren" (3.380 Mark); in der Ausschreibung für weitere Griebl-Seminare („Leben-Lieben-Lachen"), ebenfalls auf Lanzarote, fehlte überhaupt jeglicher Hinweis auf

Atemarbeit, geschweige denn auf Rebirthing, gleichwohl ebendies die Grundlage der Griebl-schen Seminar- und Gruppenarbeit darstellt.[1817] In neueren Publikationen und Werbeannoncen ist indes neben „Intuitivem Atmen" oder „Sphärischem Atmen" auch wieder von „Original-Rebirthing nach L. Orr" die Rede. Der Begriff scheint wieder gesellschaftsfähig: Die Heilpraktiker Ingrid und Christopher Schneider (*Apfeldorfer Seminare*) beispielsweise bieten seit 1997 regelmäßig Kurse und Ausbildungen in „Reiki-Kinesiologie-Rebirthing" (samt Einweihung in „Geld- und Reichtumsbewußtsein") an,[1818] und auch die Orr-Adepten um Konrad Halbig ziehen wie gehabt als „Rebirthinglehrer" durch die Lande. Allerdings scheint man sich zunehmend von der Person Orrs - mehr als zwanzig Jahre lang unbestrittener Guru und Vordenker der Szene - absetzen zu wollen: In einem einschlägigen Blättchen stand unlängst zu lesen, Orr habe ganz offensichtlich zu lange im warmen Wasser seiner Badewanne gelegen: Mittlerweile, man könne es nicht anders sagen, sei er doch reichlich „trottelig" geworden.[1819] Was Orrs rapider körperlicher und geistiger Abbau in bezug auf seine Lehre der „physischen Unsterblichkeit" bedeutet, wurde freilich nicht diskutiert.

Auf eine kritische Anfrage an die Volkshochschule Salzburg (Österreich) Mitte der 1990er, weshalb dort Rebirthing (durchgeführt von dem Siegsdorfer Reiki-Heiler und Feuerläufer ⇨ Reimar Klemm) immer noch zum regulären Kursprogramm zähle, beschied Fachbereichsleiter Othmar Ruby, er halte die „Polarisierung zwischen 'New Age' und 'kritischem Rationalismus' nicht mehr so richtig in unsere Zeit" gehörig; die Salzburger Volkshochschule wolle mit „moderner Bildungsarbeit" das „Image vermeiden, in den 70er Jahren stecken geblieben zu sein".[1820] Bundesdeutsche Volkshochschulen, an denen Rebirthing bis Mitte der 1990er vielfach angeboten wurde, haben sich inzwischen nahezu durchgängig davon distanziert.

Rebirthing und seine Varianten haben nichts zu tun mit seriöser Atemtherapie (auch Pneopädie genannt), wie sie beispielsweise von der *Berliner Schule* um Ilse Middendorf („Erfahrbarer Atem") entwickelt wurde.[1821] Allerdings wurde auch die Middendorf-Arbeit inzwischen von halbseidenen Szene-Praktikern vereinnahmt, so daß selbst dieser Begriff nicht mehr für Seriosität bürgt. Im übrigen wird Frau Middendorf gelegentlich auch selber in esoterischen Kreisen gesichtet, beispielsweise als Referentin des internationalen Kongresses „Visionen menschlicher Zukunft" im Herbst 1997 in Bremen. Veranstalter des Kongresses - unter den Referenten Szeneprominenz wie Franz Alt, Gerda Boyesen, Chungliang Al Huang, Arnold Keyserling oder Barbara Rütting -: das Esoterikmagazin *Forum*. Middendorf und ihre Ableger haben auch keine Scheu, selbst in den schrägsten Publikationen der Esoterikszene Werbung für ihre Atemarbeit zu betreiben. Als Erweiterung des Middendorfschen Ansatzes gilt die „Psycho-Physische Atemarbeit" nach Erika Kemmann-Huber, die diesem ein paar körpertherapeutische Übungen und eine Art Druckpunktmassage hinzufügt. Die in Berlin ansässige *Arbeits- und Forschungsgemeinschaft für Atempflege e.V.* (AFA), eine im Jahre 1958 bereits gegründete Dachorganisation, bemüht sich seit je um ein seriöses Erscheinungsbild der von ihr vertretenen Einrichtungen und Einzelmitglieder. Ein gemeinsames Curriculum der in der AFA zusammengeschlossenen Atemschulen (u.a. *Institut für Psychotonik*/Glaser, *Schule für Personale Therapie*/Graubner, *Lehrwerkstatt Lauscher-Koch*/Veening, *Schule für Atem und Stimme*/Schlaffhorst-Andersen) sowie eine eigene Berufsordnung suchen solchen Eindruck zu festigen. Allerdings finden sich auch Anbieter reichlich dubioser Praktiken unter dem Schirm der AFA: Die Münchner „Atem- und Leibtherapeutin" Helga Kessler etwa, eigenen Angaben zufolge „Dipl. Pädagogin (AFA)" und aktives Mitglied des Verbandes, verknüpft Atemarbeit mit „Energie- und Lichtarbeit nach Ron Lavin" (der sich als Schüler der amerikanischen Geistheilerin ⇨ Rosalyn Bruyere versteht). In den Werbeverlautbarungen Kesslers heißt es: „Meine Arbeit setzt an der leiblichen, geistig-seelischen und sozialen Einheit des Menschen an. (...) Spürt der Mensch sich in seinem Leib und in seinem Dasein und ist damit genügend geerdet, wird mit höheren Energien gearbeitet. Chakras und Aura werden von blockierenden Energien aus Gegenwart und Vergangenheit befreit und durch eine Öffnung zum Höheren Selbst wird die Heilung durch feinere Energien unterstützt."[1822] Abgesehen von derlei Firlefanz: Seriöse Atemarbeit (nach Glaser, Veening, Schlaffhorst/Andersen etc.) kann, eingebunden in ein pädagogisches bzw. klinisches Gesamtkonzept und bei ausreichender Kompetenz und Erfahrung des jeweiligen Therapeuten, hohen Wert als unterstützendes (Heilhilfs-)Verfahren beanspruchen; die behauptete Wertigkeit als eigenständiges Therapieverfahren kann ihr indes in keiner ihrer Varianten zugesprochen werden. Vielfach maßen sich Atemtherapeuten an, sprachheilpädagogische oder logopädische Behandlungen durchzuführen, zu denen sie weder befähigt noch befugt sind. Zu den eher skurrilen Ausformungen atemtherapeutischer Arbeit zählt auch die sogenannte „Terlusollogie" (benannt nach den auf die Erde [*ter*ra] und damit den Menschen einwirkenden kosmischen Kräften von Mond [*lu*na] und Sonne [*sol*]). Das von einer Kinderärztin namens Charlotte Hagena angeblich aus keltischer Tradition hergeleitete Verfahren bietet eine eigene Bewegungs- und Ernährungslehre und beschreibt sich insofern als „ideale Gesundheitsprävention". Einen Nachweis für die angeblich wundertätige Wirkung des terlusollogischen Ansatzes gibt es nicht.

Nicht unerwähnt bleiben darf an dieser Stelle die sogenannte „Atembefreiung" nach Leland Johnson, ein (angeblich) methodenübergreifendes Therapieverfahren, das seit einiger Zeit zunehmende Verbreitung findet. Johnson, in den 1960ern Mitbegründer des *Gestalt-Institute of Houston*/Texas, setzt sich seit Jahren bevorzugt im deutschsprachigen Raum in Szene. Bereits Anfang der 1980er veranstaltete er über ein (ambulantes) *Gestalt-Institute of Houston in Europe* erste „Ausbildungen" (u.a. bei ⇨ ZIST) in einem von ihm selbst entwickelten Ansatz, den er unter dem Signet „Living Gestalt & Körperbewußtsein" verkaufte. Zusammen mit seiner Schülerin Auguste Waldschmidt, einer vormaligen Krankenschwester, bietet er nun seit Mitte der 1990er über das sogenannte *Integra-Bildungszentrum* im schwäbischen Dinkelscherben eigene Ausbildungskurse in besagter „Atembefreiung" an. Diese bewirbt er in großformatigen Anzeigen mit Sprüchen wie: „In der vollkommenen Atembefreiung gleitest du in den Raum deines Herzens und spürst die Tränen der Freude und die Weisheit deines Herzens."[1823] Bei Lichte besehen stellen Johnsons Atem-Kurse (2x5 Tage + 6 Wochenenden + 8 Einzelsitzungen) nichts anderes dar, als willkürlich zusammengewürfelte Sammelsurien verschiedenster Atem-, Yoga- und Massagetechniken (einschließlich „Chakren-Balance", „Jin-Shin-Jyutsu" und ähnlich obskurem Herumgefummele an irgendwelchen

„Energiezentren“ und „Meridianen“). Mit seriöser Atemtherapie hat das alles nichts zu tun. Darüber hinaus veranstaltet Johnson einjährige „Diplom-Kurse“ in „Transpersonalen Therapien“ (Plural!), die gleichfalls aus nichts anderem bestehen als einem - völlig beliebigen - Methodenkompilat, das er um sein sehr eigenwilliges Verständnis von Gestalttherapie herumbastelt. Die „Diplom-Kurse“ umfassen jeweils vier Wochenenden plus einen anschließenden Sieben-Tage-Block auf irgendeiner Mittelmeerinsel (Kosten: 4.400 Mark). Unter den Gastdozenten in Johnsons Dinkelscherbener Bildungszentrum finden sich neben dem (völlig szeneabsorbierten) Papst der „Sanften Geburt“, Fréderic Leboyer und „Seinserfahrungs lehrer“ Michael Vetter auch zwei der penetrantesten Schwätzer der Szene: der Mann/Frau-Liebestransformationsratgeber und Erleuchtungswegweiseexperte Ron Smothermon sowie der (offenbar allgegenwärtige) Astro-, Numero- und Ökotrophologielebensweisheitslehrer „Prof. a.D.“ Otfried „Devanando“ Weise.[1824]

5.40.1. Lichtnahrung

Seit Ende der 1990er zieht eine australische Heilskünderin unter dem spirituellen Namen „Jasmuheen“ (= „Duft der Ewigkeit“) auch in Europa und in den USA zahlreiche Menschen in ihren Bann. Jasmuheen, eine frühere Sparkassenangestellte namens Ellen Greves (*1956), behauptet, seit Jahren keinerlei Nahrung mehr zu sich genommen zu haben; selbst auf Flüssigkeit könne sie verzichten. Seit sie keine physischen Stoffe mehr aufnehme, bedürfe sie auch keines Schlafes mehr.

Eigenen Angaben zufolge ernähre sie sich von „Prana“, einer Art kosmischer Energie, von der, wie auch die ⇨ Akasha-Chronik (ein mystisches „Weltengedächtnis“) berichte, in früheren Zeiten sämtliche Wesen gelebt hätten. Heute gebe es nur noch wenige Yogis und Heilige, die ganz ohne Nahrung und Schlaf auskämen, die Bewegung der „Pranier“ (auch „Breathairianer“ genannt) sei indes - mithin durch ihr Bemühen - weltweit wieder im Zunehmen begriffen: „Wenn man durch die bewußte Programmierung seinen Geist meistert, kann man die Form des Körpers beliebig verändern. Das nennen wir ‘Re-Imaging’. (...) Die Vorstellung, Gewicht zu verlieren und zu sterben, wenn wir nichts essen, ist nur ein Glaubenssatz. Die Gesellschaft lehrt uns, daß wir eine ausgewogene Ernährung, Vitamine und so weiter brauchen, um gesund zu bleiben. Aufgrund ihrer Glaubenssätze ist das für die Allgemeinheit auch richtig. Von Prana, also von Licht zu leben, hat jedoch mehr mit unserem spirituellen Weg und Erwachen zu tun und als Folge davon können wir tatsächlich vom Licht erhalten werden. Der physische Körper ist der Diener des Mentalkörpers, der wiederum dem spirituellen Körper dient. Wenn wir unsere Glaubenssätze und unsere Geisteshaltung ändern, können wir uns einfach darauf programmieren, ein bestimmtes Gewicht zu halten, und dann wird es so sein.“[1825]

Jasmuheen-Greves hatte bereits vor ihrem Aufstieg zur Lichtnahrungsprophetin einer kleinen Gemeinde an ⇨ Channeling-Gläubigen im australischen Byron Bay telepathisch empfangene Botschaften aus höheren Sphären verkündet. Eine der gechannelten Wesenheiten, ein gewisser „Lord Sananda“, habe laut Jasmuheen folgendes zu wissen getan: „Wenn Du das Licht mit jedem Heiligen Atemzug einatmest, atme - mit der Energie Deines Atems -

reine Liebe in die Reiche um Dich herum aus. Atme das Licht ein und fühle wie es jede Zelle Deines Körpers füllt; dann, wenn Du ausatmest, gib jene Göttliche Liebe - die jede Zelle erhält - frei, mit der Absicht und dem Verlangen nach Liebe und Frieden (...). Lasse sie durch jede Pore hinausströmen, in die Herzen derjenigen die Du triffst und Du wirst sehen, wie Deine Welt sich transformiert. Indem Du Dich auf Liebe richtest, wirst Du Liebe. Indem Du Liebe aussendest, wird die Liebe - als übermitteltes Signal - sich zu Dir zurück magnetisieren."[1826]

Anfang 1992 habe Jasmuheen-Greves, eigenen Angaben zufolge, per Channeling Anweisungen für ein Leben ohne stoffliche Nahrung erhalten. 1993 gründete sie die sogenannte *Self Empowerment Academy*, über die sie diese Anweisungen - im Wesentlichen geht es um einen 21-tägigen „Transformationsprozeß" - weltweit zu vermarkten begann (seit 1998 betreibt sie insofern auch eine *Cosmic Internet Academy*). Der Ablauf dieses Prozesses ist simpel: Die ersten sieben Tage verbringt man ohne irgendetwas zu essen oder zu trinken, die zweiten sieben Tage nimmt man nur schluckweise Wasser oder stark verdünnte Säfte zu sich, die dritten sieben Tage trinkt man schluckweise etwas weniger verdünnte Säfte und gibt sich ansonsten der Ruhe hin.[1827] Am Ende der drei Wochen habe sich die molekulare Struktur des Organismus bleibend umgestellt, es sei hinfort nicht mehr erforderlich, irgendwelche stoffliche Nahrung aufzunehmen. Auf Wunsch könne man freilich auch langsam zu normalen Eßgewohnheiten zurückkehren, die meisten Prozeßabsolventen, die wieder zu essen begännen, täten dies aber nicht aus Notwendigkeit heraus, sondern „weil sie es leid sind, anders zu sein und unter sozialem Druck. (...) Es gibt Menschen, die weder essen noch trinken. Aber die meisten Pranier sitzen immer noch gerne bei einem Täßchen Tee zusammen, sie tun dies vor allem der sozialen Kontakte wegen."[1828]

Prana- bzw. Lichtenergie, wie Jasmuheen wortreich erläutert, sei die „Nahrungsquelle für das kommende Jahrtausend": Der Lichtnahrungsprozeß sei insofern nichts weniger als die Lösung des Welthungerproblems.[1829] Im übrigen bedeute der dreiwöchige Prozeß eine Art spiritueller Einweihung, durch die sich telepathische Kontaktnahme mit eben den „aufgestiegenen Meistern" erlaube, die den 21-Tage-Prozeß via Jasmuheen übermittelt hätten. Es seien dies jene „heiligen Männer, die ihre Schwingung auf feinere Frequenz eingestellt haben, durch die sie außerhalb dessen sind, was unserem 'normalen' physischen Sehvermögen zugänglich ist. Um sie zu 'sehen', müssen wir unser spirituelles Sehorgan aktivieren, unser drittes Auge sowie unseren Hypothalamus - den inneren Fernseher, der energetisch an das Aufstiegschakra angeschlossen ist und von diesem gespeist wird. (...) Aufgrund der Natur ihres unermesslich erweiterten Bewußtseinszustandes agieren die aufgestiegenen Meister simultan und multidimensional und können jederzeit Millionen von Lebensformen und Lebensschwingungen leiten und beeinflussen."[1830] In endloser Schwadronade und in eben diesem Tonfall bringt Jasmuheen-Greves sich über tausende von transkribierten Druckseiten hinweg zur Mitteilung - jede Menge davon ins Internet gestellt -, wobei nie so recht klar wird, was da „gechannelte" Durchsagen irgendwelcher „Geistwesen" sein sollen und was ihre jeweiligen Kommentare dazu: „Das Modell, das ich kreiert habe, umfaßt eine Realität der Universellen Gesetze, der Frequenzbereiche des Bewußtseins, der Lichtwesen und des Aufsteigens. Es ändert sich so, wie ich wachse und hin zu meiner eigenen Göttlichkeit wiedererwache";[1831] dazwischen kommt auch mal ⇨ Rebirthing-Altmeister Leonard Orr zu Wort, der wie gewohnt von „physischer Unsterblichkeit" daherspinnt und davon, daß es den „Tod nur so lange gibt, wie wir an ihn glauben".[1832] Interessant im übrigen, daß einige der von Jasmuheen gechannelten „aufgestiegenen Meister" zumindest namensidentisch sind mit jenen „transhimalajischen Meistern", von denen ⇨ Helena P. Blavatsky ihr umfängliches Theosophenwerk empfangen habe. Zu Jasmuheens Meistern zählt vornehmlich ein gewisser „Babaji", der sich von jenseitiger Plane aus regelmäßig im Diesseits verkörpere; er tue dies in Gestalt immer desselben indischen Heiligen, der insofern seit Jahrhunderten auf Erden wandle. Der aktuellen Inkarnation Babajis verdankt mithin auch Leonard Orr seine tieferen Kenntnisse um das Geheimnis des Immortalismus.

Im deutschsprachigen Raum erlangte Jasmuheen erstmals größere Öffentlichkeit durch einen Auftritt in der RTL-Show *Schreinemakers live* vom 12. Juni 1997 (später trat sie u.a. auch bei *Hans Meiser* und in einem völlig unreflektierten ZDF/arte-Beitrag auf). In einschlägigen Kreisen kommt ihr seither größte - wenngleich nicht ungeteilt affirmative - Aufmerksamkeit zu; gänzlich unkritische Wertschätzung erfährt sie lediglich innerhalb der Rebirthing-, Reiki- und Geistheilerszene. Promoted wird Jasmuheen in erster Linie über ⇨ Konrad Halbigs *KOHA*-Verlag (eine Untergliederung des rechtslastigen Peitinger *Michaels*-Verlages), der ihre ins Deutsche übersetzten Bücher und Videos (dazu verschiedene von Jasmuheen produzierte CDs mit „tantrischer Musik" [„The Secret of Love"] oder mit „Engelchören" [„Angelic Harmony"]) herausgibt. Rebirthinglehrer Halbig unterhält zudem einen *Freundeskreis „Lichtnahrung"* samt eigener Zeitschrift *(Prana News)*, die sich ausschließlich um Jasmuheen und ihren 21-Tage-Prozeß dreht (acht Ausgaben pro Jahr). Auch in dem Quartalsmagazin *Matrix 3000* findet Jasmuheen breite Werbeflächen; in der Redaktion des Blattes: Konrad Halbig und *KOHA*-Verlagskollegin Karin Schnellbach. Seit Mitte 1998 ist auch Jasmuheens eigenes Verlautbarungsorgan *The Elraanis Voice* auf deutsch erhältlich. Im Internet finden sich zahllose Werbeartikel zum Lichtnahrungsprozeß, selbstredend auch die szeneüblichen Lobeshymnen begeisterter Absolventen. Über eine sogenannte *M.A.P.S.-(= Movement of an Awakened Positive Society-)Akademie*, eine Dependance Jasmuheens im oberbayerischen Apfeldorf, bietet Heilpraktiker Christopher Schneider regelmäßig den „21-Tage-Prozeß" an, den er für einen therapeutischen und spirituellen „Königsweg" hält: „perfekt, ganzheitlich, genial und powerful".[1833] Inzwischen führt Schneider (der zudem als Kinesiologe und Geistheiler firmiert) sogar siebentägige „Ausbildungsseminare" zum „Lichtnahrungsretreatleiter" im Sortiment, das sich ansonsten aus Rebirthing-, Reiki- und Moneymaking-Kursen („Vom Armuts- zum Reichtumsbewußtsein") zusammensetzt. (Das österreichische *M.A.P.S.-Lichthaus* [bei Eisenstadt], auch als *Institut für Lebensfreude und Selbstverwirklichung*, *Neue-Erde-Akademie* oder *Cosmic Peace Agency* bekannt, untersteht der Leitung einer gewissen Lygia Simetzberger, die zur Vorbereitung des Lichtnahrungsprozesses neben der Übung der ⇨ *Fünf 'Tibeter'* die tägliche Einnahme eines Teelöffels Petroleum empfiehlt [vermutlich ohne die geringste Kenntnis dessen möglicherweise krebserregender Toxizität].[1834])

Ende 1999 ließ sich Jasmuheen-Greves, wie schon zweimal zuvor, eine großangelegte Tournee quer durch die Bundesrepublik, Österreich und die Schweiz organisieren, auf der es in erster Linie um Werbung für ein bei Halbig neuerschienenes Buch gehen sollte. Wenige Wochen vor Tourneebeginn stieß sie indes auf heftigen Gegenwind: In mehreren Zeitungen wurde über drei Todesfälle berichtet, die sich in Zusammenhang mit dem „Lichtnahrungsprozeß" ereignet hatten: eine 53jährige Australierin, eine 49jährige Engländerin (aus der Findhorn-Kommune) und ein 31jähriger Deutscher waren während des Prozesses oder kurz danach gestorben.[1835] Schon im April des Jahres hatte die Szenezeitschrift *Esotera* in einem überraschend kritischen Beitrag über „Lichtnahrung à la Jasmuheen" berichtet. Chefredakteur Gert Geisler hatte sowohl im Editorial als auch in einem von ihm höchstselbst verfaßten fünfseitigen Leitartikel auf die „abenteuerlichen Ansichten" der Australierin hingewiesen, auf die „zahlreichen schreienden Ungereimtheiten und unbewiesenen Behauptungen", die in ihren Publikationen zu finden seien und Hofmedicus Rüdiger Dahlke „dringlich vor dieser Radikalkur und ihren möglichen Spätfolgen" warnen lassen.[1836] Der Grund für Geislers unerwartet harsche Kritik lag freilich nicht im Blödsinn des „Breathairianismus" (= „Atemluftismus") *an sich* - in *Esotera* findet seit je selbst unsinnigster Firlefanz ein Forum wohlwollender Darstellung -, vielmehr suchte man sich ganz offensichtlich der szeneintern bereits Anfang des Jahres bekannt gewordenen Todesfälle wegen eiligst von der *Person* Jasmuheen-Greves zu distanzieren.

Inhaltlich wird die Jasmuheensche Behauptung, ein Leben ohne Nahrungsaufnahme sei grundsätzlich möglich, in *Esotera* ausdrücklich fortgesponnen. Geisler führt eine Reihe indischer Yogis und europäischer „Heiliger" an, bei denen Nahrungslosigkeit „zweifelsfrei dokumentiert" sei; mithin die „hierzulande berühmte Stigmatisierte Therese Neumann von Konnersreuth (Oberpfalz), die in den letzten 17 Jahren vor ihrem Tod im Jahre 1962 nur von einer Hostie täglich und etwas Wasser lebte".[1837] Auch Jasmuheen bezieht sich wortreich auf die „Heilige Theresa von Konnersreuth". (Tatsächlich wurde der „Fall Konnersreuth" selbst innerkirchlich längst als „Lug und Trug" entlarvt: Therese Neumann war zeit ihrer vorgeblichen Askese verdeckt ständig mit Nahrungsmitteln versorgt worden, was gläubige Katholiken und Esoteriker [sowie neuerdings die Jasmuheen-Gemeinde, derzufolge Neumann gar vierzig Jahre lang keine Nahrung zu sich genommen habe[1838]] nicht davon abhält, das angebliche „Wunder" allenthalben zu kolportieren.[1839] Vorneweg Esoterikautor und Alternativmediziner Rüdiger Dahlke, der seine Überzeugung kundtut, daß „langfristige Nahrungslosigkeit möglich ist. Bei Therese von Konnersreuth zum Beispiel, aber auch in anderen Fällen, ist das Phänomen eindeutig belegt."[1840] Auch die in der Szene kursierenden Geschichten um irgendwelche Sadhus [Asketen] in Indien oder im Himalaja, die in der Lage seien, sich jahre-, jahrzehnte- oder gar jahrhundertelang von nichts anderem als von kosmischer Energie am Leben zu erhalten, können nicht als Beleg für ein Leben ohne Nahrungsaufnahme gelten. Derlei übernatürliche Fähigkeiten gibt es nicht, der künstlich kultivierte Glaube daran ist Volksverdummung und dient allemal kommerziellen Interessen.[1841] Auch die vielgepriesene „Entdeckung" eines angeblich 600 Jahre alten Himalaja-Yogi durch Esoterikvielschreiber Johannes von Buttlar ist nichts als - gut verkäuflicher - Humbug.[1842])

Prinzipiell, so *Esotera* geistreich, könne der menschliche Körper „sich auf vieles einstellen". Jasmuheens 21-Tage-Prozeß und letztlich auch fortdauernde Ernährung durch Prana seien insofern durchaus machbar, allerdings nur für entsprechend (fasten)trainierte Menschen und unter Zufuhr von ausreichend Flüssigkeit (ansonsten drohe akutes Nierenversagen). Dahlke weiß auf die Frage, wie lange ein Mensch ohne Essen und Trinken auskommen könne, zu bescheiden, er selbst habe bereits zweimal vierzig Tage lang gefastet: „Das macht überhaupt kein Problem. Es hängt total von der Vorerfahrung ab." Zu weiterer Illustration wird ein Yogapraktiker aus Bonn angedient, der seit mehr als eineinhalb Jahren nichts mehr gegessen habe. Für das Phänomen der „Prana-Ernährung", so Dahlke, gebe es keine „materialistische Erklärung", weswegen „die Wissenschaftler das auch immer ablehnen [werden]. Daß man von deren Seite an das Prana herankommt, das sehe ich nicht."[1843] Im übrigen, wie *Esotera*-Chefredakteur Geisler ausführt - offenbar hält er das für einen dialektischen Gedanken -, müsse „auch der übersättigte Mitteleuropäer sich fragen, ob jemand allein deshalb spiritueller ist, weil er nicht ißt".[1844]

Auf den Leserbriefseiten in der Juni/1999-Ausgabe von *Esotera* setzte sich der Tenor des Geisler-Artikels fort: Es sei „grundsätzlich nichts für unmöglich" zu halten, also auch nicht ein Leben ohne Nahrung. Unzweifelhaft gebe es hochentwickelte Menschen und Heilige, die sich „von Luft und Liebe allein erhalten" könnten.[1845] Insofern sei an Jasmuheens Prozeß lediglich der „unglaubliche Hochmut" zu bemängeln, wie Esoterikpublizist ⇨ Peter Michel (*Aquamarin*-Verlag) dekretiert, „zu glauben, man könne, gewissermaßen so nebenbei in drei Wochen, auf eine Stufe springen, für die ein eingeweihter Yogi oder Lama mehrere Leben benötigte". Nachgerade „unfaßbar" erscheine ihm (ausgerechnet Michel!), „welchen Unsinn die sogenannten 'Esoteriker' zu glauben bereit sind".[1846]

Vor dem Hintergrund der szeneuntypisch äußerst heftigen Insider-Kritik sah Jasmuheen-Verleger Halbig sich zu eiligster Schadensbegrenzung genötigt. Auf der *Esotera*-Leserbriefseite kotaute er, wie wichtig doch kritische Berichterstattung sei, „damit der 21-Tage-Prozeß nicht leichtfertig und ohne gründliche Vorbereitung angefangen wird".[1847] Nachdem kurz vor Beginn ihrer Tournee das Nachrichtenmagazin *Focus* die drei Todesfälle aufgegriffen hatte, hielt es auch Jasmuheen selbst für angezeigt, über ihr *Elraanis*-Magazin die Risiken ihres Lichtnahrungsprozesses zumindest anzudeuten: „Die Durchführung des Prozesses kann körperliche Schäden nach sich ziehen. Das muß jedem klar sein, der erwägt, ihn trotzdem durchzuführen."[1848] (Vorsorglich schon hatte sie in den Vorspann ihrer deutschsprachigen Publikationen den Hinweis einrücken lassen: „Die Autorin und der Verlag können für keinerlei Verluste oder Schäden, die irgend jemand direkt oder indirekt durch die in diesem Buch enthaltenen Informationen entstehen könnten, verantwortlich oder schadenersatzpflichtig gemacht werden."[1849]) Ein wenig später veröffentlichter Beitrag von *Matrix 3000*-Chefredakteur Marcus Haseitl ging freilich schon wieder in die Offensive: der *Focus*-Artikel wurde als „unsäglich" und „nicht sorgfältig recherchiert" geschmäht, sein Wahrheitsgehalt sei „offenkundig mehr als fragwürdig". Jasmuheen ließ erklären, sie sei in den Prozeß der drei zu Tode Gekommenen „zu keiner Zeit" involviert gewesen.[1850] „Prozeßbegleiter" Christopher Schneider faselt an gleicher Stelle, der Prozeß sei von „Symptomen" begleitet, die „ganz der persönlichen Biographie (Geschichte, Karma, Verstrickungen, Prädispositionen)" entsprächen: „Jeder, der mit diesem Thema [gemeint ist der Tod, C.G.] nicht in völliger Freiheit ist, wird im Prozeß Situationen erleben, die ihn damit konfrontieren."[1851] Im Klartext: Die drei Todesopfer seien selbst schuld gewesen, sie hätten entsprechende „karmische Verstrickungen" mitgebracht, die durch den Prozeß lediglich aktualisiert worden seien.[1852] Auch Jasmuheen betont: „Der Tod eines Menschen steht von vorneherein fest, ist vorgesehen"; es sei insofern das „Karma der Verstorbenen" gewesen, im Zuge des Prozesses zu sterben. Im übrigen sei der ein oder andere Todesfall unter mehreren tausend erfolgreichen Absolventen des Lichtnahrungsprozesses durchaus zu verschmerzen, gemessen an der Chance, den Welthunger zu beenden.[1853]

Jasmuheens geplante Deutschland-Österreich-Schweiz-Tournee konnte unbeanstandet stattfinden; vor allem auf den Basler PSI-Tagen hatte sie einen medienwirksamen Großauftritt.[1854] Nicht überprüfbaren Szeneangaben zufolge sollen bis Mitte 1999 allein im deutschsprachigen Raum rund dreieinhalbtausend Menschen den 21-Tage-Prozeß mit Erfolg absolviert haben.[1855] Über die Dunkelziffer „erfolgloser" bzw. gesundheitlich geschädigter Teilnehmer ist nichts bekannt. Allemal zeige die Realität, wie Kritiker Michael Utsch anmerkt, daß „gerade labile und seelisch erkrankte Menschen wie beispielsweise Magersüchtige von dem Programm angesprochen werden".[1856] Es wäre insofern dringend erforderlich, daß Jasmuheens Auftritte einer gesundheitsbehördlichen (und staatsanwaltlichen) Beobachtung unterzogen würden.

Jasmuheen-Greves wurde Ende 1999 von der Neuseeländischen *Vereinigung der Rationalisten und Humanisten* eingeladen, sich einem Experiment zu unterziehen: Sofern sie - unter Aufsicht - einen Monat keine Nahrung zu sich nehme und anschließend noch einen Kilometer laufe, erhalte sie einen Betrag von umgerechnet 95.000 Mark. Bereits zuvor hatte sie einen ähnlichen Versuch nicht durchgehalten: Für das australische Fernsehen sollte sie ihre Fähigkeit demonstrieren, sieben Tage ohne Nahrung und *ohne Flüssigkeit* auszukommen: Nach fünfeinhalb Tagen wurde das Experiment auf Anordnung der begleitenden Ärzte abgebrochen, da ernsthafte gesundheitliche Schäden für die Probandin, insbesondere akute Nieren- und Leberschädigung, zu befürchten standen.[1857]

Ob Jasmuheen an dem 30-Tage-Experiment der neuseeländischen Rationalisten teilnehmen wird, steht dahin; da sie, eigenen Aussagen zufolge, „kein Interesse an Macht, Ruhm oder Geld" habe und insofern „perfekt als Yogi in einer Höhle" leben könnte,[1858] dürfte die Wahrscheinlichkeit nicht sehr hoch liegen. Wie sich ihre vorgebliche Bedürfnislosigkeit mit dem luxuriösen Lebensstil vereinbart, den sie zur Schau trägt, muß gleichfalls dahinstehen. (Bezeichnend insofern ihr ständiger Hinweis auf den größten Vorteil von Lichtnahrung: „Das Geld, das man für Essen spart, kann man für Klamotten ausgeben."[1859] Wie dies mit dem „gut gefüllten Kühlschrank" zu vereinbaren ist, den Journalisten in ihrem Haus in Brisbaine entdeckten,[1860] konnte sie freilich nicht erklären.)

Anfang 2000 wurden zwei enge Mitarbeiter Jasmuheen-Greves' wegen Totschlags verurteilt: Sie wurden von einem australischen Gericht für schuldig befunden, den Tod der o.b. 53-jährigen Frau herbeigeführt zu haben, die im Zuge ihres „Lichtnahrungsprozesses" an

Nierenversagen gestorben war. Dem Einwand der Beklagten, die Frau sei einer „spirituellen Blockade" erlegen, wurde kein Gewicht zugemessen. Desungeachtet trat Jasmuheen kurze Zeit darauf eine erneute Europatournee an, die sie - gänzlich unangefochten - auch in die Bundesrepublik führte.

Erwähnensnotwendig an dieser Stelle erscheint der Hinweis, daß auch traditionelle Heilfastenkuren, wie sie von zahlreichen Seminarhäusern der Szene (beispielsweise im *Hof Oberlethe* bei Oldenburg) angeboten werden, nicht ohne Risiko sind. Derlei Fastenkuren sollten, wenn überhaupt, nur unter ständiger ärztlicher Betreuung durchgeführt werden; eine Betreuung durch Heilpraktiker, Ernährungsberater oder dergleichen reicht nicht hin.

5.41. Reflextherapie

Unter dem Begriff „Reflextherapie" wird eine Vielzahl ganz unterschiedlicher Heilverfahren verstanden, deren gemeinsame Grundannahme darin besteht, daß bestimmte Bereiche oder Punkte der Körperoberfläche über sogenannte „Reflexbahnen" mit anderen, teils weit entfernten Bereichen des Körpers, vor allem aber mit inneren Organen, in Verbindung stehen. 1893 hatte der englische Neurologe Henry Head entdeckt, daß erkrankte Organe auf bestimmten Regionen der Haut schmerzhafte Veränderungen hervorrufen. Eine der Erklärungen für diesen „Reflex" liegt darin, daß diese als „Headsche Zonen" bezeichneten Hautregionen (Dermatome) mit den jeweils korrespondierenden Organen durch Nervenbahnen verbunden sind, die demselben Segment des Rückenmarks entspringen. Durch Behandlung dieser Hautregionen etwa mit Druckmassage, mit Kälte- oder Wärmeverfahren oder mit (von der Schulmedizin abgelehnten) neuraltherapeutischen Injektionen, können die entsprechenden Organe „reflektorisch" beeinflußt werden.

Ganz anders verhält es sich bei den „Reflextherapien", die sich auf die „Zonenlehre" des amerikanischen HNO-Arztes William Fitzgerald beziehen. Dieser hatte 1913 sein Konzept der Aufteilung des menschlichen Körpers in zehn Längszonen vorgestellt, die angeblich von den Finger- bis zu den Zehenspitzen verlaufen: Jedes Organ, das innerhalb einer bestimmten Zone liege, ließe sich von jeder Stelle dieser Zone aus erreichen. Das - völlig unbelegte - Konzept Fitzgeralds erlangte in den 1930er Jahren große Popularität durch die rege Seminartätigkeit der amerikanischen Physiotherapeutin Eunice Ingham, die quer durch die USA ihre selbstentwickelte „Reflexzonenmassage" vorstellte. Heute zählt die „Eunice-Ingham-Methode", bekannt als „Fußreflexzonentherapie", zu den etabliertesten „alternativen Heilverfahren". Als Hauptvertreterin im deutschsprachigen Raum firmiert die Krankenschwester Hanne Marquardt, die über eine Vielzahl eigener „Lehrstätten" Fußreflexzonentherapeuten (110 Stunden) ausbildet. Marquardt wartet mit Weisheiten auf wie: „Im Fuß haben alle Bereiche des Menschen ihre zugeordneten Stellen, die Reflexzonen, die seine augenblickliche Verfassung bildschirmähnlich im Kleinen wiedergeben." Denn merke: „Hominis Imago In Pedibus".[1861]

Laut Ingham/Marquardt repräsentierten sich auf dem Fuß des Menschen sämtliche Körperregionen und Organe. Die Innenseite des großen Zeh etwa sei „reflektorisch" mit der Stirn- und Schläfenregion verbunden, der Fußballen darunter mit der Schilddrüse. Trete beim Massieren des Fußes an einer bestimmten Stelle Druckschmerz auf, weise dies auf eine Störung des damit korrespondierenden Organes hin. Druckmassage der Schmerzstellen trage zur Auflösung der jeweiligen Organ- oder Funktionsstörung bei. Körperliche und psychosomatische Probleme jedweder Art könnten dergestalt durch Massage der jeweiligen Fußreflexzonen behandelt werden.[1862]

Die von Fitzgerald entworfene „Zonenlehre" ist ebenso unhaltbar wie die daraus hergeleiteten Diagnose- oder Behandlungsmethoden. Es gibt bis heute keinerlei Beleg für die tatsächliche Existenz der angeblichen Reflexverbindungen. Überdies weicht die Reflexzoneneinteilung auf dem Fuß bei verschiedenen Autoren erheblich voneinander ab. Für die behauptete Wirkung der „Reflexzonenmassage", die auch an den Händen (= Palmtherapy), am Kopf und am Bauch angeboten wird - allen Ernstes auch am männlichen Genital -, fehlt jeder seriöse Nachweis; desgleichen für die sogenannte „Ohr-Akupunktmassage" (OAM), die davon ausgeht, sämtliche Reflexzonen des menschlichen Körpers seien in der Ohrmuschel repräsentiert. OAM, entwickelt von einem gewissen Heinrich Luck, sei nicht nur angezeigt bei „Störungen im motorischen und im sensiblen Nervensystem, bei Schmerzzuständen (...), Blockaden im Bereich der Wirbelsäulen- und Extremitätengelenke", sondern auch zur Beseitigung „negativer Folgen von Narkosen oder Teilanästhesien"; desweiteren habe sie sich „hervorragend bewährt in der 'Ersten Hilfe' und 'Notfalltherapie'."[1863]

Über einen gegebenenfalls möglichen Entspannungseffekt hinaus hat Reflexzonentherapie - an welchem Körperteil auch immer - ebensowenig Wert, wie all die Hilfsmittel (Massagestäbe, Qi-Gong-Kugeln, Fußroller, Schuhe mit extra Noppeneinlage etc.), die zur Stimulation angeblicher Reflexpunkte angepriesen werden. (Viele dieser Hilfsmittel sind als reiner Betrug zu werten, beispielsweise die sogenannten „Piokal-Biostimulator-Fußreflexzonen-Einlagen", die, benannt nach ihrem Erfinder *Pio*trowicz *Ka*zimierz, über die niedersächsische Versandfirma ⇨ *Esotech* vertrieben werden. Angeblich seien die Piokal-Schuheinlagen - ein Paar in Einheitsgröße kostet 45 Mark - wirksam u.a. bei Muskellähmung nach Gehirnschlägen, Prostata, Blutzucker, Stirnhöhleneiterung, Magen- und Darmkrankheiten, Haarausfall und AIDS.[1864]) Völliger Unfug ist auch das Einreiben der „Reflexzonen" mit ⇨ Aromaölen oder mit Edelsteintinkturen, wie es die sogenannte „Kristall-Reflex-Therapie" vorsieht;[1865] desgleichen das Bestrahlen mit ⇨ Farblicht, wie es unter anderem der Heilpraktiker Peter Mandel anrät.[1866]

5.42. Reiki

Wie die Legende berichtet, habe Mikao Usui, Lehrer an einer christlichen Klosterschule in Kyoto (Japan), Ende des 19. Jahrhunderts das Geheimnis jener Energie entdeckt, mit der Buddha oder Jesus geheilt haben sollen. Nach wochenlangem Fasten sei ihm die Methode des Reiki, was soviel bedeutet wie „göttliche Energie", auf einem Berg in einem „großen weißen Licht" offenbart worden: die Übertragung universeller Lebenskraft mittels Handauflegen[1867] (⇨ *Wunder- und Geistheilung*). Versehen mit dieser Offenbarung habe Usui sich in das Armenviertel Kyotos begeben, Kranke und Bettler durch Handauflegen zu heilen, so daß

„diese wieder imstande waren, für sich selbst zu sorgen, ehrlich ihr Brot zu verdienen und außerhalb des Armenviertels ein normales Leben zu führen".[1868] Usuis Nachfolger Jujiro Hayashi gründete in Tokio eine eigene Reiki-Klinik, die in den 1920er und 1930er Jahren nicht unerheblichen Zulauf aus ganz Japan verzeichnete. Eine hawaiianische Patientin, Hawayo Takata, die sich eines Krebsleidens wegen 1935 in diese Klinik begeben hatte und allein durch Handauflegung kuriert worden sein wollte, wurde zur Prophetin des Reiki im Westen; unermüdlich durchreiste sie die USA, um für die „göttliche Heilenergie" des Reiki zu werben.

Mit dem Aufkeimen der New-Age-Bewegung erlebte Reiki in den USA einen ungeahnten Boom, Handauflegen wurde zum lukrativen Geschäft. Folgerichtig spaltete sich die Reiki-Bewegung 1980 in zwei einander konkurrente Fraktionen: das „Original-Usui-System der *Reiki-Alliance*" sowie die „Radiance Technik der *Reiki Association Inc.*". Die Unterschiede zwischen den beiden Systemen, die seit Mitte der 1980er auch im deutschsprachigen Raum um zahlende Kundschaft werben, sind völlig unerheblich. Auch die zahlreichen Folgeableger, wie etwa das von einer Micaela Vannuchi Girardi erfundene und in der BRD seit Mitte der 1990er verbreitete „Panta Rhei" (erprobt angeblich bei Krebs- und AIDS-Kranken)[1869] oder das vor allem in den neuen Bundesländern populäre „Rainbow-Reiki" eines Walter Lübeck, unterscheiden sich von „originalem" Reiki lediglich in mehr oder weniger phantasievoller neuer Begrifflichkeit. Seit geraumer Zeit greift unter dem Namen „DAN-Energie" ein Reiki-Ableger um sich, der, erfunden von den schweizerischen Heilpraktikern Judith und Urs Parolo, das Handauflegen mit ein paar simplen Körper- und Atemübungen (sowie fallweise der Verschreibung homöopathischer Zuckerkügelchen) verknüpft; über verschiedene Heil- und Lebenshilfepraxen (z.B. das Freiburger *Lichtblick*-Zentrum) wird zudem eine ganze Palette an Merchandisingprodukten - DAN-Massageöle, DAN-Badezusätze, DAN-Blütentropfen etc. - angeboten. Zur Vermeidung unerwünschter Konkurrenz wurde der Begriff „DAN-Energie" sogar warenrechtlich geschützt. Interessant ist die „offizielle" Definition der DAN-Energie, die, szenetypisch, keinerlei nachvollziehbaren Sinn macht: „Die DAN-Energie ist diejenige Energie, die ihren Ausgangspunkt im göttlichen Ursprung hat und als Qualität die Heilkraft dieser Quelle verkörpert."[1870]

Reiki kann angeblich weder gelehrt noch gelernt, sondern nur von einem Meister an einen Schüler weitergegeben werden. In einem Wochenend-Seminar zum Reiki-Grad I wird mittels verschiedener Einweihungsrituale („Einstimmungen") der Körper des Schülers für die Aufnahme „kosmischer Energie" geöffnet: Diese sei ab diesem Zeitpunkt ständig und unbegrenzt verfügbar, was es dem Schüler erlaube, nun selbst heilend seine Hände aufzulegen. Nicht nur sich selbst könne er jetzt bei Problemen und Erkrankungen jedweder Art göttliche Heilenergie zufließen lassen, sondern auch anderen: In einem *Offiziellen Reiki Handbuch* sind exakt 385 Störungen beschrieben - von Allergien und Asthma über Haarausfall, Herpes und Hühneraugen hin zu Tuberkulose, Tumoren und Typhus -, die mittels Reiki behandelt werden könnten; selbst Mongoloismus sei auf diese Weise heilbar.[1871] Auch erkrankten Tieren und Pflanzen helfe das Handauflegen des Reiki und sogar „bei nicht anspringenden Autos und anderen mechanischen oder elektrischen Defekten" funktioniere die kosmische

Energiezufuhr.[1872] Selbstverständlich könnten auch Nahrungsmittel durch Reiki „entgiftet" werden.[1873] Durch eine ebenfalls im Rahmen eines Wochenend-Workshops verabfolgte Einweihung in den Reiki Grad II werden die „Energiekanäle" weiter geöffnet, nötig zur Behandlung schwererer Erkrankungen wie etwa AIDS: „Es empfiehlt sich dringend, dem ganzen Körper mindestens zweimal täglich Reiki zu geben, bis die Krankheit zurückgeht."[1874] Auch bei Koma und sogar im Todesfalle sei die Gabe von Reiki-Energie ratsam: Es ließen sich auf diese Weise karmische Verflechtungen des Betroffenen in Hinblick auf seine nächste Inkarnation bereinigen.[1875] Grad II befähige den Schüler überdies zu Fernbehandlung: „Sie brauchen den Empfänger nicht einmal zu kennen. Es reicht, wenn Sie seinen Namen und Wohnort kennen."[1876] Auch bei „sozialen oder ökologischen Problemen (...) wie Krieg oder Hunger, Abholzung des Regenwaldes usw." könne Reiki eingesetzt werden: Besonders hilfreich sei es, am „World Healing Day, Silvester, von 13.00 bis 14.00 Uhr (...) Energie zur Heilung der Mutter Erde" zu senden.[1877] In einem Grad III kann der Schüler sich selbst zum Meister weihen lassen mit der Befugnis, seinerseits Grad I und II zu verleihen.

Das Reiki-Handauflegen wird in der Regel an zwölf bis zwanzig Stellen des Körpers für je einige Minuten durchgeführt. Oft in Verbindung mit ⇨ Aroma-, Aura-Soma- oder Kristalltherapie soll dergestalt die durch den Eingeweihten als „Kanal" hindurchfließende „Heilenergie" auf den Klienten übertragen werden. Reiki-Therapeutin Doris Sommer, die eigenen Angaben zufolge ausschließlich mit HIV-Positiven und Krebskranken arbeitet, hält Handauflegen vor allem „in Verbindung mit klassischen homöopathischen Typenmitteln in einer höheren Potenz" für sehr empfehlenswert.[1878] Der Münchner Handaufleger „Satyam" Kathrein behauptet gar, mittels seines selbsterfundenen Energieheilsystems „Holistic Chi" (Reiki plus Tarot) *sämtliche* körperlichen und psychischen Krankheiten erfolgreich behandeln zu können: Von „zahlreichen Ärzten" würden PatientInnen an ihn und sein *Neo-Holistic Institute* überwiesen, auch in Kliniken zeige man größtes Interesse an seiner Mitarbeit.[1879] (Unabhängig von der szeneüblichen Aufschneiderei Kathreins - Ärzten ist es standesrechtlich untersagt, Patienten an Heilpraktiker, geschweige denn: Wunderheiler und Handaufleger, zu überweisen - erhebt sich allemal die Frage nach der rechtlichen Befugnis von Reiki-Praktikern zur Ausübung von Heilkunde ([⇨ *Gerichte contra Scharlatanerie*]).

Eine Vorstellung, was genau die (vorgeblich) kanalisierte Energie eigentlich sein soll, wo sie herkomme und wie genau ihre Übertragung vonstatten gehe, haben selbst Reiki-Anhänger nicht. Skeptiker werden in der Regel mit Sprüchen abgefertigt wie „Die Energie ist da, und es ist ihr vollkommen egal, ob Sie daran glauben oder nicht."[1880] Ob diese „Energie" - die symbolhafte oder metaphorische Bedeutung des Begriffes wird beliebig mit dem physikalischen Energiebegriff vermengt - tatsächlich existiert, ist zweifelhaft; bislang gibt es dafür jedenfalls keinerlei Beleg. Auch eine seriöse Dokumentation der angeblichen Heilerfolge des Reiki liegt bis heute, mehr als hundert Jahre nach seiner „Entdeckung", nicht vor. Die möglicherweise wohltuende beziehungsweise entspannende Wirkung des Reiki beruht ausschließlich auf der gläubigen Erwartungshaltung der Klienten: Außer einem eventuellen Placebo-Effekt hat Reiki *keinerlei* therapeutischen Nutzen, all die anderslautende Propaganda, einschließlich der Behauptung, Krankheiten und Störungen mit Reiki „fernbehandeln" zu können, ist bewußte Irreführung (und Verdummung) der zahlenden Kundschaft.[1881]

Reiki wird in Einzelsitzungen angeboten. Die Kosten für eine Behandlungsstunde liegen bei 80 bis 120 Mark. Die Einweihungen kosten für Grad I, durchgeführt in zwei Tage dauernden Gruppenkursen, zwischen 320 und 450 Mark, für Grad II in zwei- bis dreitägigen Kursen zwischen 750 und 1.300 Mark. Die Kosten für die Grad III-Meister-Einweihung, zu absolvieren ebenfalls in einem zwei- bis dreitägigen Kurs, liegen zwischen 2.500 und 10.000 Mark; in den USA beläuft sich die Meister-Einweihung gar auf bis zu 25.000 Mark. (Die „Radiance-Technik" der amerikanischen Reiki-Meisterin Barbara Ray umfaßt sogar sieben Grade, die bis zur Meisterschaft zu absolvieren sind.) Die (absurde) Höhe der Kosten für derlei „Einweihungen" - in einer sogenannten *Akademie für feinstoffliche Heilweisen und Reiki* im bayerischen Aschau werden gar Ausbildungen zum „Diplom-Reiki-Heiler"[1882] angeboten -, soll überdecken, daß diese therapeutisch zu *nichts* befähigen und rechtlich zu *nichts* befugen; zudem soll sie Eklusivität und eine Art „höherer Wertigkeit" des Verfahrens suggerieren. (Interessant insofern, daß ein „Reiki-Meister" Peter Liebrecht eine „Ausbildung" aller Grade auf Video anbietet[1883] [was freilich den geharnischten Protest anderer Reiki-Praktiker hervorgerufen hat: „Nicht jeder, der sich 'Meister' nennt, ist befähigt, Reiki weiterzuleiten und zu übertragen."[1884]]) Der in der Bundesrepublik seit Ende der 1980er erzielte Umsatz allein für Reiki-Grad-I-Einweihungen - rund 450.000 Deutsche dürften bislang „initiiert" worden sein - liegt im dreistelligen Millionenbereich (Stand 12/99);[1885] auch über das Reiki-Merchandising-Programm werden Millionenumsätze erzielt.

Die oberbayerische Reiki-Meisterin Ulrike Klemm, eine Ex-Altenpflegerin, zählt seit Jahren zu den Spitzenverdienerinnen in Sachen „göttlicher Heilkraft". Seit Geraumem beglückt sie insbesondere die Menschen der ehemaligen DDR mit Reiki, die offenbar immer noch keine Immunität gegen derlei Unfug entwickelt haben. Ein insgesamt sechseinhalbtägiger Kurs bis zum III. Grad Reiki kostet bei ihr 3.950 Mark[1886]. Billiger und schneller geht's über die Münchner ⇨ *Paracelsus*-Heilpraktikerschulen: Hier kann man in einem 3-Tage-Kurs sämtliche Reikigrade einschließlich des Meister- und Lehrergrades erwerben, und das für gerade einmal 2.250 Mark; wahlweise kann man bei *Paracelsus* auch eine „Holistic-Spiritual-Healing-Gesamtausbildung" absolvieren, die neben besagter Reiki-Einweihung aus einer je sechstägigen Ausbildung in Autogenem Training (bis zur Seminarleiterbefähigung) und Geistigem Heilen sowie einer zwölftägigen Ausbildung zum Hypnosetherapeuten besteht. Die rund 180 Stunden umfassende „Gesamtausbildung" kostet 7.300 Mark.[1887] Der Wert des verliehenen „Abschlußzertifikats" entspricht dem der sonstigen *Paracelsus*-Diplome und -Urkunden.

5.42.1. Pranaheilen

Handauflegen zur Übertragung „universeller Lebenskraft" ist unter einer Vielzahl von Bezeichnungen bekannt, beispielsweise als „Therapeutic Touch" (TT) oder als „Energy-Transfer-Therapy" (ETT);[1888] auch die sogenannte „Energie-Punkt-Arbeit" (EPA) von Reiki-Lehrer Detlef Reichwein ist nichts anderes;[1889] ebensowenig das sogenannte „Spiritual Human Yoga"

(SHY), das der vietnamesische „Meister" Liung Minh Dang (*1942) seit Anfang der 1990er quer durch die USA und neuerdings auch in Europa verbreitet. (Dang, der angeblich über eine Anhängerschaft von mehr als einer Million Menschen verfügt, wurde Anfang 1999 wegen Betrugs und illegaler medizinischer Tätigkeit verhaftet; der Popularität seines Verfahrens - es soll auch bei Krebs und AIDS wirken - tat dies keinerlei Abbruch.[1890])

Seit geraumer Zeit wird im deutschsprachigen Raum sogenanntes „Pranaheilen" angeboten, bei dem das Handauflegen gezielt über den „Chakren" (angebliche Energiezentren des Körpers) vorgenommen wird. Verschiedenfarbiges „Prana" (sanskr. = Lebensenergie) werde dabei „vom Kronenchakra [am Schädeldach, C.G.] aufgenommen und absorbiert und dann über das Handchakra [in der Mitte der Handfläche, C.G.] auf den Patienten projiziert. (...) Wieviel Prana ein Heiler übertragen kann, hängt von seiner spirituellen Entwicklung ab. Je höher der Behandler entwickelt ist, desto größer ist sein Kronenchakra und desto breiter ist sein spiritueller Kanal, der das Kronenchakra mit dem Höheren Selbst verbindet. (...) Im Taoismus wird die vom Höheren Selbst kommende Heilenergie *Himmelsenergie* oder *Qi*, im Christentum *Heiliger Geist* genannt."[1891] Zur Behandlung von „Phobien, Traumata, Besessenheit und Zwängen" sei das „Solarplexuschakra" mit hellviolettem Prana zu energetisieren, bei „Nymphomanie" hingegen das „Sexualchakra" mit blauem Prana zu dämpfen.[1892] Der chinesische Wunderheiler Choa Kok Sui, Erfinder der Pranatherapie, veranstaltet weltweit Ausbildungskurse in seiner Methode des Handauflegens. Da seiner Auffassung nach die Ursache jeder Erkrankung in einem Befall von „negativen Elementalen" liege, müsse neben der Zufuhr pranischer Energie auch eine Art Exorzismus vorgenommen werden: „Im Namen der Macht Gottes, die sich in meinem göttlichen Selbst manifestiert! Verschwindet, ihr negativen Elementale! Kehrt nicht zurück!". Die Patienten werden angeleitet, täglich einige Minuten lang folgende „Affirmation zur Selbstheilung" zu sprechen: „Ich bin nicht der Körper, nicht die Gefühle, nicht die Gedanken. Ich bin ein göttliches Wesen! Ich bin, was ich bin! Ich bin rein, heil und ganz. Ich danke Gott. So sei es!"[1893]

Laut *Esotera* „eröffnet Master Choa eine weitere Dimension der Neuen Medizin": Seine Methode des Pranaheilens biete „Zugang zu fortschrittlichen Heiltechniken, die ein ungeheueres, bei weitem nicht ausgeschöpftes Potential in sich bergen".[1894] Passenderweise publiziert der Meister mithin im Verlag von ⇨ Lichtnahrungsvertreter Konrad Halbig.

Dem Pranaheilen sehr ähnlich stellt sich das sogenannte „Magnified Healing™" vor, das, gechannelt Anfang der 1990er von der US-Geistheilerin Gisèle King, im deutschsprachigen Raum von der Heilpraktikerin und Buchautorin Nina Larisch-Haider publik gemacht wurde.[1895] Das Ganze besteht aus nichts anderem als einer simplen Abfolge von Anrufungs- und Handauflegepraktiken: „Bei Magnified Healing erschaffen wir die Energie gemeinsam mit Gott durch ein kurzes Gebet. Damit sind wir nicht Kanal für universelle Energie, sondern wir werden zu dieser Kraft in unserem ganzen Sein." Für Hellsichtige sei diese Kraft deutlich wahrnehmbar, sie ströme als hellvioletter Lichtstrahl von den Händen des Heilers in den Ätherleib des Klienten, was dazu beitrage, daß „der Energiefluß in der Wirbelsäule gestärkt, alle Zellen und Moleküle gereinigt und unser Körper auf der physischen wie auf der feinstofflichen Ebene harmonisiert" würden; zudem würden „die in uns angelegten 12

Stränge der DNS, die Hirnanhangdrüse und die Zirbeldrüse aktiviert", was letztlich eine „Heilung von Karma" bewirke.[1896] In der Regel reichten eine oder zwei Behandlungsstunden hierzu völlig aus, was Magnified Healing, so Larisch-Haider, zur „zukunftsweisenden Heilmethode" schlechthin mache. Entsprechend kurz bemessen ist auch die Ausbildungszeit: „In nur einem Wochenende wirst Du Meister und Lehrer dieser Methode!" Kosten: 770 Mark.[1897] Selbstredend wirke das Verfahren - ebenso wie Reiki - auch in Abwesenheit der zu energetisierenden Person: Larisch-Haider, die in ihrem niederbayerischen *Zentrum WIR* als „Magnified Healing Master Teacher" firmiert, bietet ihre Heilkünste gegen Aufpreis auch in Form von Fernbehandlungen an. (Bemerkenswert ist insofern ein Werbetext für einen ihrer Magnified Healing-Ausbildungsworkshops: „Uns ist es wichtig, weder Hokuspokus noch Illusionen zu verbreiten", denn: „wir halten nichts von esoterischem 'Fast-Food' (...) Zum einen vermitteln wir jedem Teilnehmer die Grundlagen der Methode. Zum anderen geben wir ihm eine persönliche Einweihung. Dadurch öffnet sich der Lichtkanal eines jeden einzelnen und er wird ein göttlicher Kanal der Magnified Healing Energie." Im übrigen finde sie es „gerade in der heutigen Zeit, in der die Schulmedizin immer mehr in eine Sackgasse gerät, unerläßlich, daß so wirksame und natürliche, ganzheitliche Heilmethoden wie Magnified Healing angewandt und verbreitet werden".[1898])

Trotz seiner *apriorisch* erkennbaren Unsinnigkeit wurde die Methode des Handauflegens (in Gestalt des in den USA hochpopulären „Therapeutic Touch") einer empirischen Überprüfung unterzogen. Wie sich in der von den US-Verbraucherschutzorganisationen *National Council Against Health Fraud* und *Quackwatch* durchgeführten Untersuchung (an der einundzwanzig Praktiker der *National Therapeutic Touch Study Group* teilnahmen) zeigte, konnten die behaupteten Leistungen erwartungsgemäß nicht erbracht werden. Therapeutic Touch ist, wie all die anderen Verfahren des Handauflegens auch, zu *nichts* nutze. Eine „weitere berufsmäßige Anwendung", so der Abschlußbericht von *Quackwatch*, sei „nicht gerechtfertigt".[1899]

5.43. Reinkarnationstherapie

Die Vorstellung, die Seele eines Menschen löse sich im Tode vom Körper und reinkarniere gleichzeitig oder zu späterem Zeitpunkt in einem anderen Körper, stellt den wesentlichen Kern hinduistischer und buddhistischer Überlieferung dar: die Lehre von Samsára, dem Rad des Lebens, einer endlosen Folge von Geburten und Wiedergeburten, die erst - und dies sei Ziel aller Mühe des Menschen - beendet werden könne, wenn die Auswirkungen der Taten früherer Leben (Karma) abgetragen und keine weiteren Taten Ursache dann notwendiger Folgen mehr seien. Erst wenn altes Karma abgebaut und kein neues mehr angehäuft werde, finde die Seele zur Befreiung, zu Moksha.

Auch in der abendländischen Kulturgeschichte findet sich die Idee der Seelenwanderung (Metempsychosis), allerdings mit weit geringerer Bedeutung als im Osten. In der Antike ist nur bei den Pythagoräern und in der Mysterienschule der Orphiker die Rede davon, am Rande auch bei Plato. In frühchristlicher Tradition spielt sie eine gewisse Rolle, der alexandrinische Kirchenvater Origenes (185-254 u.Z.) hing ihr an. Erst im Konzil von Konstantinopel im Jahre 533 wird sie offiziell als Ketzerei verworfen.[1900]

Unterschwellig freilich, im Kreise von Häretikern und Geheimorden, zieht sich die Vorstellung der Reinkarnation (lat. = Wiedereinfleischung) quer durch das Mittelalter bis hinein in die Neuzeit. In den ab Anfang des 19. Jahrhunderts auftauchenden Traktaten der sogenannten Spiritisten und später der Theosophie wird sie zum zentralen Thema (⇨ *Braune Aura*). Anders als im Osten gilt sie hier indes nicht als Alptraum, sondern versteht sich als eine Art „spiritueller Darwinismus", als Weg zur Selbstvervollkommnung nicht nur des einzelnen, sondern der gesamten Menschheit. Goethe, Heinrich Heine und Arthur Schopenhauer gelten als prominente Vertreter solch „abendländischer" Reinkarnationslehre, die zu Beginn des 20. Jahrhunderts in der ⇨ Anthroposophie Rudolf Steiners ganz besondere Ausprägung fand.[1901]

Die Vorstellung von Wiedergeburt, wie sie - gelegentlich als „Ontosophisches Modell" bezeichnet - in heutigen Esoterikkreisen gepflogen wird, betrachtet das „menschliche Leben im großen über alle Inkarnationen hinweg als einen andauernden Lernprozeß".[1902] Jede Inkarnation gleiche einem Schuljahr, in dem ein bestimmtes Lernziel zu erreichen sei. Werde nun dieses Ziel nicht erreicht oder weiche der Mensch von dem ihm vorgegebenen Wege ab, müsse das Versäumnis im nächsten Schuljahr aufgearbeitet werden. Vordenker Hans-Dieter Leuenberger: „Wenn die menschliche Individualität sich später in einer neuen Persönlichkeit wiederverkörpert, wird sie mit diesen übriggebliebenen Auswirkungen (Karma) ihres früheren Erdenlebens konfrontiert."[1903] Karma sei die Offenbarung höherer Gerechtigkeit, die dafür sorge, daß jedes Vergehen ausgeglichen werde. Auch Karma-Forscher ⇨ Peter Michel meint, wer leide, verdiene sein Leiden: Ein ungesunder oder mißgebildeter Körper etwa sei allemal Resultat ungehörigen Lebenswandels in der vorhergehenden Inkarnation.[1904] Epileptiker beispielsweise seien sexuellen Exzessen verfallen gewesen, Mongoloide dem Egoismus, Sklerotiker dem Haß und der Eifersucht.[1905] Wer sich der „Ausschweifung und Perversität" hingebe, so die britische Karma-Expertin Kaye Challoner, laufe Gefahr, „verunstaltet oder epileptisch, krankheitsbeladen, mit Gehirnschäden, mit Willensschwäche und angeborenen Neigungen zu früheren Lastern" wiedergeboren zu werden.[1906]

In einschlägigen Kreisen ist vielfach von dem amerikanischen „Propheten" Edgar Cayce (1877-1945) die Rede, der den Holocaust mit karmischen Verfehlungen der Juden erklärt und rechtfertigt.[1907] Auch gegenwärtige Szenegrößen wie ⇨ Phil Laut[1908] oder ⇨ Erhard Freitag[1909] äußern sich in diese Richtung: Die sechs Millionen Juden, die in den KZs und Gaskammern der Nazis umkamen, seien selbst an ihrem Schicksal schuld gewesen. Ende 1996 brachte der Berliner „Reinkarnationstherapeut" Tom Hockemeyer, szenegeläufig als Trutz Hardo, ein Buch auf den Markt, das sich in einer Art Roman mit den „Gesetzen von Karma und Wiedergeburt" beschäftigt.[1910] Ganz bewußt wählte Hockemeyer als Titel seines Machwerkes die Lagertorinschrift des KZ Buchenwald: „Jedem das Seine". Es sei, so Hockemeyer, der Holocaust das „Bestmögliche" gewesen, was den Juden habe widerfahren können: Er habe einen „karmischen Ausgleich" geschaffen für ihre Verfehlungen in früheren Leben und ihnen insofern „spirituelles Wachstum" ermöglicht.[1911] (Im April 1998 wurde Hardo-Hockemeyer wegen Volksverhetzung zu einer Geldstrafe von 200 Tagessätzen verurteilt; sein Buch wurde aus dem Verkehr gezogen.[1912])

TV-Moderator und Esoterik-Sprachrohr Rainer Holbe war 1990 ähnlicher Ausfälle wegen von RTL-Plus fristlos gekündigt worden. Als „Medium" hatte er sich von zwei Geistwesen Nachrichten aus dem Jenseits diktieren lassen. Diese hatten via Holbe Unfeines aus früheren Leben prominenter Zeitgenossen enthüllt, so auch über *Dalli-Dalli*-Showmaster Hans Rosenthal, der 1987 nach längerem Krebsleiden verstorben war. Rosenthal, so stand zu lesen, sei in früheren Leben ein Dieb und Mörder gewesen, seine Leiden im jetzigen Leben waren folglich nur gerechte Strafe. Überdies habe er für sein jüdisches Volk gleich mitgebüßt, das die ganze Menschheit schwer geschädigt habe.[1913] Franz Alt[1914] und Alfred Mechtersheimer[1915] wußten schnell abzuwiegeln und Holbe zu entschulden.

Esoterik-Lehrerin Penny McLean (= Gertrud Wirschinger) bringt die Gesetzmäßigkeit von Karma und Wiedergeburt auf den simplen Begriff: Die Form, wie man sich im aktuellen Leben darstelle, ergebe sich daraus, wie man sich im vorhergehenden verhalten habe.[1916] Allemal walte das Gesetz des Karma in kosmischer Gerechtigkeit: Menschen, die unter Armut, Hunger oder sonstigem Elend zu leiden hätten, würden ebendadurch ihre Vergehen aus früheren Leben absühnen, Menschen in Glück und Wohlstand hingegen den Lohn früher erworbener Meriten genießen. Auch der bekennende Esoteriker Franz Beckenbauer ist der Überzeugung, „daß das Elend des einen Lebens durch das Glück eines vorangegangenen oder kommenden aufgewogen wird".[1917] (Der britische Fußballnationaltrainer Glenn Hoddle mußte ähnlicher Auffassungen wegen 1999 seinen Hut nehmen: Er hatte in einem Interview mit der *London Times* geäußert, Behinderte hätten ihre Gebrechen selbst zu verantworten, weil sie in früheren Leben gesündigt hätten.) Nach aktuellen Umfragen glauben 16 bis 20 Millionen Bundesbürger an Reinkarnation.[1918] Zu den insofern meistgelesenen Autoren zählen der Theosoph Gottfried von Purucker sowie der Hare-Krishna-Chefideologe Ronald Zürrer.

Seit den 1950er Jahren wird die Idee der Wiedergeburt in therapeutischem Zusammenhang praktiziert. In kruder „Fortentwicklung" der Psychoanalyse, die die Ursache jedweder psychischen Störung in ungelösten Konflikten der frühen Kindheit sucht, geht die Reinkarnationstherapie, auch Past-Life-Therapy (PLT) genannt, in ihrer Ursachenforschung weiter zurück. Selbst hinter das von Freud-Schüler Otto Rank als entscheidend angesehene „Geburtstrauma", auch hinter die womöglich prägenden „pränatalen Urerfahrungen" innerhalb des Uterus. Reinkarnationstherapie treibt den Rückwärtsdrang der Psychoanalyse auf die Spitze: Noch hinter der Empfängnis, in vormaligen Existenzformen, liege die Ursache der Ursache sämtlicher gegenwärtigen Probleme. Traumatische und unbewältigte Extremerfahrungen früherer Leben wie schwere Krankheit, Folter, vor allem der eigene Tod, würden sich in die nächste Inkarnation „übertragen" und sich dort in einer Vielzahl psychischer und psychosomatischer Beschwerden niederschlagen. Ängste, Schuldgefühle, chronische Schmerzen, Allergien, Übergewicht, Epilepsie, Alkoholismus, Impotenz, Frigidität und so weiter seien allesamt (karmische) Überreste aus früheren Leben, die, eben weil die betroffene Person im „Normalbewußtsein" keinerlei Erinnerungszugang dazu habe, als Krankheitssymptome nach Aufarbeitung drängten. Die Symptome lösten sich auf, sobald ihre wirkliche Ursache erkannt und diese noch einmal „bewußt" (d.h. kathartisch) durchlebt werde.[1919] Reinkarnationstherapeutin Edith Fiore „analysiert" den Fall einer Frau, die an Migräne litt: In einem vergangenen Leben sei sie mit einem Knüppel auf den Kopf geschlagen und anschließend vergewaltigt worden.[1920] Wiedergeburtsspezialist Peter Michel: „Nur eine Konfrontation mit der traumatischen Situation in der Vergangenheit" sowie die „Bereitschaft zum Verzeihen (...) werden den Weg für einen neuen - gesunden und liebevollen - Anfang freimachen".[1921] Und Thorwald Dethlefsen: In der Reinkarnationstherapie „lassen [wir] den Patienten in jene Situation regredieren, in der er selbst die Ursache für die später folgende Leidenskette setzte".[1922]

Im Bestreben, der Reinkarnationstherapie den Anschein eines seriösen klinischen Verfahrens zu verleihen, greifen Szene-Vordenker wie Rüdiger Dahlke gelegentlich auch zu ausdrücklich nicht-esoterischer Terminologie: Es sei für die Therapie völlig unwichtig, ob es Reinkarnation wirklich gebe oder nicht, ob sich nun „Historisch-Reales" zutage fördere oder nur „zurückprojiziertes Phantasiematerial". Es gehe nicht um die Vergangenheit, sondern „um das heutige Leben".[1923] Trotz dieser relativ vernünftig klingenden Töne zählt Dahlke zu den prominenten Vertretern des Glaubens an *tatsächliche* Wiedergeburt.[1924] In seinem *Heil-Kunde-Zentrum* im niederbayerischen Johanniskirchen bietet er Reinkarnationstherapie, bei ihm auch „Schattentherapie" genannt, in Blockform an (4 Wochen/40 Stunden); seine Frau Margit ist als Co-Therapeutin mit astrologischer Kenntnis behilflich.[1925]

Die Rückführung wird in der Regel auf hypnotischem Wege vorgenommen, gelegentlich unter Einsatz von Techniken aus dem ⇨ Neurolinguistischen Programmieren (NLP) oder dem ⇨ Katathymen Bilderleben. Oftmals reichen auch einfache Entspannungsübungen verbunden mit der Aufforderung, sich ein geistiges Kino mit leerer Leinwand vorzustellen, in dem nun die verschiedenen „Lebensfilmrollen" abgespielt würden. Das weitaus riskanteste Verfahren zum „Hinabtauchen in frühere Leben" stellt das hyperventilierende Atmen des ⇨ Rebirthing dar. Die Experimente des tschechischen Psychiaters ⇨ Stanislav Grof, derlei Erlebnisse mit LSD zu bewirken, mußten nach heftigster Kollegenkritik ebenso eingestellt werden, wie die Versuche des Göttingers Hans-Carl Leuner mit der halluzinogenen Droge Psilocybin.

Im deutschsprachigen Raum ist Reinkarnationstherapie vor allem mit dem Namen des Münchener Psycho-Astrologen ⇨ Thorwald Dethlefsen verbunden, der Ende der 1960er die Arbeiten amerikanischer Jenseitsforscher wie Arnall Bloxham, Helen Wambach oder Loring Williams aufgriff und publikumswirksam aufbereitete. Nach eigenen Angaben sei er in einem „Schlüsselexperiment" selbst auf die „Heilung durch Reinkarnation" gestoßen. Seine Bücher mit seitenlangen Sitzungsprotokollen wurden in Auflagen von mehreren hunderttausend verkauft. Die Rückführungstechnik Dethlefsens besteht aus einer Reihe simpler Hypno-Suggestionen.

> Therapeut: Sie schlafen ... ganz tief ... ganz fest ... Ihr Schlaf vertieft sich ... immer tiefer (...) Ihr Körper ist entspannt ... Sie atmen ruhig und gleichmäßig ... Sie schlafen tief und fest (...). Erst wenn ich Ihnen befehle aufzuwachen, werden Sie aufwachen.

(...) Sie stehen ganz unter meinem Einfluß (...). Wir gehen nun in Ihrem Leben zurück ... Zeit spielt keine Rolle ... Sie sind 23 Jahre alt ... Sie sind 18 Jahre alt ... wir gehen weiter zurück ... Sie sind 16 Jahre alt (...). Du bist zwei Jahre alt (...). Auch wenn du immer jünger wirst und ich dich immer weiter zurückversetze, verstehst du jede Frage und kannst auch jede Frage beantworten (...) Wir gehen jetzt noch weiter zurück und zwar bis zu deiner Geburt. Du wirst also zur Zeit gerade geboren. Wie fühlst du dich?
Klient: Kalt.
Therapeut: (...) Wir gehen noch etwas weiter zurück, wir gehen drei Monate weiter zurück. Wie fühlst du dich?
Klient: Wohl.
Therapeut: (...) Wir gehen nun ein halbes Jahr weiter zurück (...). Wie fühlst du dich?
Klient: Leicht.
Therapeut: (...) Du gehst in Gedanken weiter zurück und wirst mir alles sagen und schildern können, was du dabei erlebst. Hast du schon etwas?
Klient: Einen Baum.
Therapeut: (...) Welches Jahr schreiben wir gerade?
Klient: Sechzehnhundert.
Therapeut: Wie heißt denn euer König oder Kaiser? Wem dienst du?
Klient: Heinrich.
Therapeut: In welchem Land befinden wir uns, welchem Staat? Welchem Gebiet? Wie nennt man das, wo du wohnst? Das weißt du doch. Eins-zwei-drei - du weißt es.
Klient: Schwarze Donau.
Therapeut: (...) Wir gehen in der Zeit nun wieder vorwärts.
(...)
Es folgt die Rückführung in die Gegenwart.[1926]

Schnell fanden sich zahllose Nachahmer und Trittbrettfahrer. Christiane Boustani, Baldur Ebertin, Ralf Seger, Katharina Brückner oder auch Udo Pohlner samt seiner „Surya-Deva-Therapie“ (bei der irgendwelche Lichtgeister herbeigerufen werden): Weit über 2.000 meist selbsternannte „Therapeuten“ sind inzwischen haupt- oder nebenberuflich mit Rückführung in frühere Leben zugange. Die Dunkelziffer an Hobby-Reinkarnationspraktikern läßt sich nicht einmal schätzen. Seit Mitte der 1970er schon führt die frühere Übersetzerin Ingrid Valliéres „Reinkarnations-Erfolgs-Kompakt-Programme“ durch; sie gilt heute als Grandseigneura der Szene.[1927] In sogenannten *Novalis-Seminaren* verkauft Reinhold Schneider seine spirituellen Erkenntnisse, im *Collegium Esotericum* ein gewisser Rudolf Schuricht die seinen; in einem Salzburger *Forum Esoterikum* bietet gar eine koreanische „Dharma-Großmeisterin“ namens Ji Kwang Dae Poep Sa Nim ihre Dienste zur „Eliminierung des Karma“ an.

Interessant ist auch das Angebot des *Alten Mystischen Ordens vom Rosen-Creutz* (*A.M.O.R.C.-KulturForum*) zu zwei- bis vierwöchigem „Tempelschlaf“, einem reinkarnationstherapeutischen Behandlungszyklus, der in täglich einer Sitzung „unter Leitung eines symbolkundigen Mystagogen (...) zu einer realen Erweiterung der Ich-Identifikation“ führen will: „Sie schauen sich Ihre Reinkarnationsmythen an und werden das Raster Ihrer Psyche dort wesentlich deutlicher wahrnehmen als in der aktuellen Verkörperung."[1928] (Die *A.M.O.R.C.*-Lehre, zurückgehend auf einen [historisch nicht verbürgten] Mystiker namens Christian Rosencreutz, der Anfang des 15. Jahrhunderts eine Geheimbruderschaft gegründet haben soll, behauptet, jeder Mensch werde in Zyklen von genau 144 Jahren wiedergeboren; die Lebensumstände, in die er jeweils hineingeboren werde, seien karmisch, d.h. durch sein Verhalten in vorausgehenden Inkarnationen, bedingt.[1929])

Der Bodensatz des Hanebüchenen ist damit aber noch nicht erreicht: Bei Hypnosefachmann Hubert Scharl gibt's ein Kassetten-Set „Regressions- und Reinkarnationstherapie" zum Selbermachen, desgleichen bei Weltuntergangsforscher Helmut „Whitey" Kritzinger aus Darmstadt. Bei Lebenslehrer ⇨ Kurt Tepperwein kann, „wer den Mut hat", via Tonband-Kassette „seinen eigenen Tod erleben" beziehungsweise gleich über Tonband (8 MCs) eine „Ausbildung zum Reinkarnationspraktiker" absolvieren, mit der man andere ihren Tod erleben lassen kann. An der Gelsenkirchener *Akademie für Esoterik* dauert die Ausbildung zum „diplomierten Reinkarnationstherapeuten" immerhin vier Tage, am Kronberger *Institut für Persönlichkeitsentfaltung* zwei verlängerte Wochenenden.[1930] Mit dreiwöchiger Kursdauer bietet die Hamburgerin Charlotte Gillmann eine vergleichsweise „seriöse" Ausbildung zum Diplom-Reinkarnationsanalytiker an. Kosten: 4.950 Mark zuzüglich Unterkunft (bei vollbelegtem Kurs verdient die gelernte Graphikerin Gillmann in drei Wochen rund 80.000 Mark[1931]).

Zu den prominenteren Figuren der Szene zählt auch der Münchner Heilpraktiker Mathias Wendel (*1948), der bereits seit Ende der 1970er in der Psychoszene zugange ist. Nach zehnjähriger Assistenz bei ⇨ Thorwald Dethlefsen eröffnete er 1987 sein eigenes *Kensho-Institut für Esoterische Lehren*, an dem er, eigenen Angaben zufolge, seitdem weit über tausend reinkarnationstherapeutische Behandlungsstunden pro Jahr durchgeführt habe. Seit geraumer Zeit nun dringt zunehmend Kritik an den bislang völlig abgeschotteten *Kensho*-Praktiken an die Öffentlichkeit: Insbesondere der Umstand, daß Wendel - offenbar regulärer Bestandteil seines Therapiekonzepts - immer wieder sogenannte „Schutzgeistsitzungen" verordne (exorzistische Rituale zur energetischen Reinigung angeblicher Besessenheit durch „Dunkelwesen"), die, gegen Sondergebühr, von seiner Lebens- und Geschäftspartnerin ⇨ Gaby Gödel, einem mit „Sternenbrüdern" und „Engeln" in Dauerkontakt stehenden ⇨ Channeling-Medium, durchgeführt werden, stößt, selbst in Insiderkreisen, auf wachsendes Unbehagen[1932]: Eine Patientin, die im Zuge einer auf fünfzehn Doppelstunden anberaumten „Reinkarnationstherapie" bei Wendel diese nach der neunten Sitzung abbrach, da sie sich, wie sie in ihrem Kündigungsschreiben ausführte, zum einen durch die „massive Beeinflussung mit irrationalistischen Inhalten" bedroht fühlte und zum anderen die Beschwerden, deretwegen sie sich in Behandlung begeben hatte, keinerlei Besserung erkennen ließen, wurde von Wendels Anwaltskanzlei beschieden, sie sei verpflichtet, nicht nur die tatsächlich in Anspruch genommenen Sitzungen zu bezahlen, sondern auch die restlichen sechs Sitzungen, die sie nicht in Anspruch genommenen hatte:

Der neben den o.a. Abbruchgründen geltend gemachte Einwand gegen eine Zahlungsverpflichtung, Wendel selbst habe den vereinbarten Ablauf der Therapie unterbrochen - er hatte bei der Patientin „Besetztsein" durch eine Art „seelischen Vampir" diagnostiziert, der vor einer erfolgversprechenden Fortführung der Therapie in einer eigenen Exorzismussitzung (bei Partnerin Gödel) erst ausgetrieben werden müsse (was die Patientin ablehnte) -, sei nicht geeignet, den Honoraranspruch hinfällig zu machen: „Dies deshalb nicht, weil unser Mandant aufgrund des Behandlungsvertrages mit Ihnen [gemeint ist die Patientin, C.G.] nur die Bemühung, nicht den - Ihrerseits subjektiv erhofften - Erfolg schuldete."[1933] Die Patientin zahlte, ließ die Sache aber nicht auf sich beruhen: In einem kritischen Beitrag für das ZDF-Frauenmagazin *Mona Lisa* im Oktober 1999 berichtete sie über ihre leidvollen Erfahrungen mit Wendel (wobei freilich dessen Name weggelassen wurde, das *Kensho-Institut* also nur für Insider erkenntlich war). Der Beitrag wirbelte enorm Staub auf, weitere (Ex-)Patientinnen Wendels gingen in die Offensive.[1934]
Anders als Dethlefsen setzt Wendel in seiner reinkarnationstherapeutischen Arbeit nicht auf hypno-suggestive Tranceinduktion, sondern auf die hochriskante Brachialtechnik des ⇨ Rebirthing-Atmens. Ob er als Heilpraktiker über genügend Fachkenntnis verfügt, mit hierbei jederzeit möglichen Komplikationen (akutes Lungenemphysem, Herz-Kreislaufversagen, psychotische Dekompensation u.a.) angemessen umzugehen, steht zu bezweifeln; ohnehin scheint sein „therapeutisches" Vorgehen von klinischer Kompetenz gleichweit entfernt zu sein wie von ethischem Verantwortungsbewußtsein: Übereinstimmenden Aussagen ehemaliger PatientInnen zufolge suche er neben der suggestiven Befrachtung der Sitzungen mit irgendwelchen Geistwesen schon während der ersten „Therapiestunden" - zumindest im Einzelfalle - gezielt sexuell konnotierte Trancebilder und Erregungszustände zu induzieren. Als Blaupause dienen ihm von Gödel „biomental" gechannelte Durchsagen, beispielsweise eines Geistwesens aus dem Sternbild Andromeda: „Du hast dich verwoben in den magischen Welten der Sexualität auf dieser Erde, auf der Suche gänzlich nach dem, was die Reinheit ist. Es ist dir die energetische Stärke zutiefst gegeben in deinem Sein. Dies ist ein hohes Gut, dies ist eine große Kraft, die du trägst in dir. (...) Alles, was du in dir trägst, ist geliebt. Ich sage es dir, ich sage es dir, ich sage es dir. Öffne diese Tür und öffne sie mit meiner Hilfe, so du dieses wünschst. Und so werden wir gemeinsam berühren das, was du trägst in dir (...). Und durch diese Freude wirst du heben und erlösen das, was du gegeben hast in die Welten deiner Schatten. Befreie dein eigenes Sein und so wirst du dich verbinden mit deinem eigenen Sein. So werden meine Arme geöffnet sein und wir werden uns umarmen (...). Spüre meine Liebe, nehme meine Liebe und ich nehme deine Liebe. Du wirst sein in der Freiheit. Sei in der Freiheit. Denn diese Liebe ist deine Liebe, deine Liebe ist gänzlich, dies ist deine Liebe" undsoweiterundsofort über hunderte von Seiten.[1935] Unabhängig von den unverhüllt sexualbezüglichen Anspielungen dieser extraterrestrischen „Durchgaben" (und deren pathologischem Wirrsinn an sich): Die „Channelings" und „Schutz-

geistsitzungen" Gödels, die Wendel als integralen Bestandteil seiner Reinkarnationstherapie versteht - es werden neben intergalaktischen „Sternengeschwistern" auch die Erzengel Michael und Uriel sowie Jesus Christus („Jeshua Ben Josef") gechannelt, dazu jede Menge jenseitiger Lehrer und persönlicher Schutzgeister (450 Mark pro Einzelsitzung) -, können für labile Menschen höchst gefährlich werden: Die vermeintliche Kontaktnahme mit „jenseitigen" oder „kosmischen" Personen oder „Energiewesen" kann zu unkontrollierbarem Wahneinbruch führen (zumal Menschen, die für derlei Obskurantismen zugänglich sind, sich ohnehin im Grenzbereich psychischer Gesundheit bewegen). Im übrigen veranstaltet Wendel auch eigene „Sex-Wochenenden", an denen die KlientInnen, laut Ausschreibung, „hautnah" mit Situationen konfrontiert werden, die „nicht zum üblichen 'Sexalltag' gehören". Fraglich bleibt, ob Heilpraktiker Wendel sich des enormen Risikos bewußt ist, das er für seine KlientInnen bedeutet: Seine Auslassungen in verschiedensten Esoterikpublikationen deuten freilich darauf hin, daß ihm, wie vermutlich den meisten Figuren seinesgleichen, zu entsprechender Reflexion schlicht die Voraussetzungen fehlen. (Über Gödels Geisteszustand könnte ohnehin nur ein psychiatrisches Gutachten Auskunft geben.) Eine dreiwöchige Reinkarnationstherapie bei Mathias Wendel mit täglich zwei Stunden Trancearbeit kostet 4.200 Mark.

Wendel bildet seit Jahren auch Reinkarnationstherapeuten aus, kaum ein Esoterikblättchen, in dem er nicht großformatig für sein *Kensho-Institut* Werbung betriebe. Eine Blockausbildung (4 x 7 Tage) - Voraussetzung ist das vorherige Absolvieren einer als „Weg zum Herzen" apostrophierten Einzeltherapie - kostet knapp 8.600 Mark (zuzüglich Unterkunft/Verpflegung). Bei voll ausgelastetem Kurs setzt Wendel in den 28 Kurstagen rund eine viertel Million Mark um. Frühere enge Mitarbeiter Wendels wie der Dethlefsen-Ableger und Naturheiler Klaus Meyer oder der Astrologe Nicolaus Klein sind inzwischen in eigenen Praxen tätig. In Meyers Variante der Reinkarnationstherapie ist viel von „Schuld" die Rede, der der Klient „in den Schatten der Nacht" seines therapeutischen Prozesses begegne: „Reinkarnationstherapie führt Sie zu Ihrer eigenen Verantwortlichkeit zurück, den Schuldigen in sich selbst zu suchen". Im übrigen vollziehe sich nach Meyer „echte Heilung" nur in einer Verbindung der „Herzensliebe" zwischen KlientIn und Therapeut. Als Diagnoseinstrument wird in Meyers Therapie vor allem das astrologische Horoskop herangezogen; zur Tranceinduktion dient, wie bei Wendel, das hochriskante Rebirthing-Atmen.[1936]

Reinkarnationstherapie wird meist in „Blockform" durchgeführt: 15 bis 40 Doppelstunden verteilt auf drei bis vier Wochen. Die Anzahl der Therapiestunden ist allerdings prinzipiell unbegrenzt: Es kann immer noch eine Existenzform „hinter" der jeweils gerade bearbeiteten angenommen werden. Eine Stunde kostet zwischen 140 und 500 Mark. Das Metier des oben erwähnten Ex-Gymnasiallehrers und „Reinkarnationsexperten" Tom Hockemeyer sind Gruppenrückführungen; unter seinem „spirituellen Namen" Trutz Hardo führt er auf Esoterikmessen und Wochenend-Workshops nicht selten 300 und mehr Teilnehmer in „frühere Erdenleben" zurück, zur „ganzheitlichen Heilung von Körper, Geist und Seele". Die Tranceinduktion Hardo-Hockemeyers - zum Selbermachen auch auf Tonband-Kassette erhältlich - unterscheidet sich nicht wesentlich von der Dethlefsens:

> Meine Augen sind fest geschlossen. Und nun sehe ich die Zahl „20" vor mir (...). Ich werde mich mit jeder genannten Zahl immer lockerer und lockerer fühlen. Neunzehn. Ich sehe die Zahl „19" vor meinen geschlossenen Augen (...). Achtzehn. Ich sehe die Zahl „18" vor mir (...). Siebzehn (...) Drei. Alle Muskeln meines Körpers sind jetzt entspannt, gelockert, gelockert, entspannt. Zwei. alle Nerven meines Körpers sind jetzt entspannt, gelockert, entspannt. Eiiiins, Eiiins, Eiiins. Ich fühle mich ganz eiiins, ich fühle mich sehr wohl, ich bin ganz in Harmonie. Ich werde jetzt sehr schnell jünger und dann kleiner und kleiner (...). Ich sehe ganz flüchtig Stationen meiner Kindheit. Und nun befinde ich mich im Bauch meiner Mutter und werde auch dort immer kleiner und kleiner (...) und nun befinde ich mich mit einem mal dort, wo ich war, bevor ich in den Bauch meiner Mutter gelangte. Ich sehe mich umflutet von angenehmem, goldschimmerndem Licht voll wunderbarer Liebesenergie (...). Ich sehe mich auf einmal in einen Fahrstuhl versetzt (...). Dies ist mein Reinkarnationsfahrstuhl, der mich in alle meine früheren Leben befördern kann, ganz nach Wunsch, (...) und auf einmal setzt sich der Fahrstuhl in Bewegung (...). Jetzt hält der Fahrstuhl. Die Türen gehen auf und ich sehe mich in einer sehr vertrauten Landschaft. Ich schaue mich um und erkenne zu meiner Freude, daß mir alles bekannt ist, jawohl (...) hier bin ich schon gewesen (...) und ich erinnere mich mit einemmal, wer ich bin, wie ich heiße, ich zähle bis 3, dann habe ich den genauen Namen, 1-2-3. Und ich weiß auch, in welchem Land und in welcher Gegend ich mich befinde, 1-2-3. Und auch das Jahrhundert oder gar die Jahreszahl weiß ich ganz genau, 1-2-3 (...). Und ich bitte jetzt mein Höheres Selbst, mich nun mit wichtigen Begebenheiten dieses Lebens, in welchem ich mich nun befinde, zu konfrontieren (...). Und ich bitte mein Höheres Selbst, mir zu erklären, warum dies alles geschehen mußte (...). Ich kehre nun in meinen Fahrstuhl zurück (...)[1937]

Rückgeführte berichten aus jedwedem vergangenen Zeitalter, ob bei den alten Römern, Griechen oder Chinesen, Vorausgeführte - auch das ist möglich - beschreiben Landungen auf dem Mars oder auf Alpha Centauri. (Am 7.12.1999 durfte Hardo-Hockemeyer wieder einmal TV-Werbung für sein pseudotherapeutisches Allotria betreiben: In Ulrich Meyers SAT1-Magazin *Akte 99* führte er mitgebrachte Studiogäste in „künftige Leben".[1938]) Auch Erlebnisse in Tier-, Pflanzen- oder Mineralform gibt es, ebenso wie Berichte aus Himmel, Hölle oder dem „Leben zwischen den Leben". Die Geschichten sind oftmals begleitet von heftigsten Gefühlsaufwallungen, Tonband- oder Videoprotokolle zeigen beklemmende „Authentizität".

Die Frage, ob es sich bei den jeweiligen Geschichten um „reale" Erinnerungen handelt oder um Phantasiegebilde, wäre für die klinische Arbeit (zunächst) ohne jede Bedeutung: Als subjektives Erleben des Klienten sind die auftauchenden Bilder allemal real und bedürfen, ähnlich wie Traumbilder, therapeutischer Bearbeitung, einer (nicht-interpretativen) Erschließung der verdrängten Bedürfnisse und Ängste, die sich darin mitteilen. Eben solche Bearbeitung sieht die Reinkarnationstherapie aber ausdrücklich nicht vor, unabhängig davon, daß die meisten ihrer Vertreter hierzu gar nicht befähigt wären. Der Klient wird mit der „Erinnerung“ an vermeintlich faktisches Geschehen aus früheren Leben alleinegelassen, in der unsinnigen und fatalen Annahme, hierdurch bewirke sich irgendwelcher therapeutischer Wandel. Wie ein Patient (angeblich) aussagte: „Bisher fürchtete ich mich vor Wasser, aber seit ich erlebt habe, wie ich in einem anderen Leben ertrunken bin, fürchte ich mich nicht mehr.“[1939] Wiedergeburtsanalytiker Dick Sutphen klärt „sexuelle Unverträglichkeit“ zwischen zwei Eheleuten auf: Der Mann habe Jahrhunderte zuvor dieselbe Frau vergewaltigt und zu Tode gebracht.[1940]

Die Erklärung für das Auftreten solcher Phänomene ist einfach: In Trance, auch wenn diese nur sehr oberflächlich ist, verengt sich das Wahrnehmungsfeld, während gleichzeitig enorme Phantasietätigkeit freigesetzt wird. Nach außen bleibt lediglich der Rapport zum Therapeuten erhalten, dessen Suggestionen - beabsichtigte wie unbewußte - leicht aufgenommen und in die jeweiligen Phantasiekonstrukte eingebaut werden. Unbewußte „Gefälligkeitsphantasien“ für den Therapeuten, der seinerseits (zumindest unbewußt) die Produktion bestimmter Bilder erwartet, spielen eine wesentliche Rolle. Menschen in Trance fabulieren so bestechend „logisch“ und detailliert - vielfach gehen die Geschichten auch mit großer emotionaler Erregung einher -, daß sie selbst, wie auch Augenzeugen, unverrückbar an die faktische Realität des Erlebten glauben. Hinzu kommt, daß die wesentliche motivationale Kraft, die, neben Leidensdruck, den Weg eines Menschen zu einer Psychotherapie, und insbesondere zu einer Reinkarnationstherapie, bestimmt, in dem Wunsche liegt, etwas über sich zu erfahren: Neugierde also oder Not bei der Erklärung der eigenen Existenz. Vor diesem Hintergrund kann in Trance, besonders wenn diese mit psychophysiologischen Manipulationstechniken wie ⇨ Hyperventilation induziert wurde, allerhand erlebt und damit „erklärt“ werden: Wiedergeburtserlebnisse haben mithin den Charakter von „Begründungslegenden“. Szene-Kritiker Hilarion Petzold: „Wenn uns etwas unverständlich ist in unserer Existenz, schaffen wir Legenden, um es zu begründen, erzählen wir Geschichten, um es zu erklären.“[1941] Das Material zu diesen Geschichten, beispielsweise der „Erinnerung“ an ein früheres Leben als Hofnarr bei Pippin dem Kurzen, stammt aus Bruchstücken erinnerter Erzählungen, Romane, Bilder, Kinofilme und so weiter, die in Trance zu einem Gesamtbild zusammengesetzt werden und sich zu einem ganzen „Film“ verdichten können.[1942] Selbst in oberflächlicher Trance können Gedächtnisinhalte reaktiviert werden, die dem Wachbewußtsein ansonsten nicht mehr zugänglich sind. Für derartige Kryptomnesie (griech. = verborgenes Gedächtnis) liegen mittlerweise zahlreiche Belege vor: Das Erleben vermeintlicher Präexistenzen etwa im alten Rom beruht ausschließlich auf Erinnerungsfragmenten an Filme wie „Ben Hur“ oder „Quo Vadis“ und dergleichen, die allerdings bewußt nicht mehr abrufbar oder zuzuordnen sind.[1943] (Protokolle von „Vorausführungen“ erinnern häufig an „Perry-Rhodan“- oder „Raumschiff Enterprise“-Episoden.)

Die von vielen Reinkarnationstherapeuten durchgeführten Vorausführungen (Progressionen) in die Zukunft haben mit dem Entwurf von Zukunftsszenarien, wie sie die klinische Hypnose etwa aus der Behandlung von Ängsten oder Depressionen kennt, nichts zu tun. In der klinischen Arbeit geht es nicht um einen PSI-Trip in die Zukunft, vielmehr um die Konstruktion einer imaginären Projektionsfläche, auf der sich *gegenwärtig* vorhandene Möglichkeiten abbilden. Derlei „Vorausführungen", auch „Mind-Walking" genannt, sind überdies eingebunden in ein tragfähiges therapeutisches Gesamtkonzept.[1944] (Der Begriff „Mind-Walking" wird natürlich auch in der Esoterikszene benützt und spricht insofern nicht *per se* für ein seriöses Verfahren.)

Auch wenn Tranceinduktionen à la Hardo-Hockemeyer oder Dethlefsen auf den ersten Blick als eher harmlos-groteske Inszenierungen erscheinen: Derlei „Rückführung" kann für den einzelnen Teilnehmer hochgefährlich werden. Es können akute Verwirrungszustände und Identitätskonflikte auftreten, die bis zu schweren psychotischen Entgleisungen und/oder suizidalen Krisen führen können. Hockemeyer, der wie die meisten seiner Kollegen über keinerlei klinisch-therapeutische Qualifikation verfügt, wäre nicht ansatzweise befähigt, sich abzeichnende Krisen zu erkennen, geschweige denn kompetent damit umzugehen; am wenigsten in Gruppenrückführungen mit bis zu 300 Teilnehmern.[1945] Aufgrund ihrer in der Regel völlig ungenügenden Ausbildung sind die Reinkarnationspraktiker nicht in der Lage, die Gefährlichkeit ihres Tuns richtig einzuschätzen, dies umso weniger, als ihnen Szene-Vordenker wie Harald Wiesendanger (Mitinitiator der Baseler PSI-Tage) auch noch eine Art Freibrief ausstellen mit der Behauptung, die Risiken einer Rückführung würden ohnehin überschätzt.[1946] Auch das astrologische Horoskop, das anstelle einer Anamnese (bzw. *als* Anamnese) vielfach erstellt wird, trägt natürlich nichts dazu bei, Risiken zu mindern.[1947] Von etwaigen Kontraindikationen ist nirgendwo die Rede, lediglich Wiedergeburtspraktiker Wilhelm Gabler weist auf eventuelle Schwierigkeiten hin bei „hirnorganisch geschädigten Patienten oder generell (bei) Patienten mit niedrigem Intelligenzniveau".[1948]

> Eine 35-jährige Opernsängerin litt unter der Angst, auf der Bühne könne ihr plötzlich die Stimme versagen. In der Reinkarnationstherapie „erinnerte" sie, sie sei im 15. Jahrhundert Scharfrichter in Rothenburg o.d. Tauber gewesen, als welcher sie Hunderte von Delinquenten an den Galgen geknüpft habe. Viele der Verurteilten seien unschuldig gewesen, sie habe folglich furchtbares Karma auf sich geladen. Diese Schuld äußere sich in ihrem jetzigen Leben - naheliegenderweise - in Problemen an ihrem Halse. Die Frau steigerte sich in die Vorstellung hinein, sie könne dieses Karma nur abtragen, wenn sie sich selbst antäte, was sie ihren unschuldigen Opfern angetan habe. Sie sah keine andere Möglichkeit mehr, als sich selbst zu richten und auf dem Dachboden aufzuhängen. Aufgrund akuter Sebstmordgefährdung kam sie in stationäre psychiatrische Behandlung, in der sie mehr als ein halbes Jahr verbleiben mußte.[1949]

Neben all den selbsternannten Experten und Praktikern führt die Szene auch einige akademische Grenzgänger in ihren Reihen: den isländischen (Para-)Psychologen Erlendur Haraldsson etwa oder den Ravensburger (Para-)Physiker Werner Schiebeler, die unverdrossen ihre „wissenschaftlichen Beweise" für Reinkarnation vortragen (Schiebeler publiziert bevorzugt in Trutz Hardo-Hockemeyers *Silberschnur*-Verlag).[1950] Professor Loddenkemper von der Universität Paderborn ließ auf einem Esoterikkongreß zum Thema „Leben nach dem Tod" mediale Mitteilungen Verstorbener verlautbaren, Professor Moser von der TU Graz (Österreich) gar solche des 1980 ermordeten John Lennon.[1951] Seit Jahren zählt zur Szeneprominenz auch der Bochumer Physik-Professor Walter Niesel, Erfinder feinstofflicher Energiemeßgeräte wie der Einhand-Wünschelrute,[1952] der auf besagtem Kongreß in Düsseldorf ein Trance-Medium präsentierte, durch das verstorbene Sänger Arien vortrugen. Auch ein „Professor h.c." Claus-Heinrich Bick machte auf dem Kongreß - Moderation: Rainer Holbe - von sich reden: Er habe die Region des Gehirns ausfindig gemacht, in der die Erinnerungen an frühere Leben gespeichert seien. Selbst (vormals) ernstzunehmende Mediziner wie Eli Lasch (⇨ *Wunder- und Geistheilung*) scheuten sich nicht, an diesem Aufmarsch von Jenseits- und Geisterforschern teilzunehmen, an dem auch das amerikanische Medium Paul Esch auftrat mit der Behauptung, durch Kontaktnahme mit den Geistern verstorbener Zahnärzte schiefe Zähne von Kongreßteilnehmern zu begradigen und Amalgamfüllungen in Gold umzuwandeln. Einige der Teilnehmer, vornedran Trutz Hardo-Hockemeyer, liefen nach der Esch-Séance begeistert durch die Kongreßräume (des Düsseldorfer Hilton) und ließen jedermann das Wunder in ihrem Gebiß besichtigen. Stargast des Kongresses: Uri Geller.

Nicht wenige Leinwandstars, deren Stern längst schon den Zenit überschritten hat, tauchen plötzlich als Lichtgestalten der Esoterik- und vor allem der Reinkarnationsszene wieder auf. Shirley MacLaine machte es vor: Unter spiritueller Führung von New-Age-Prophetin Chris Griscom legte sie eine blendende zweite Karriere als Autorin hin. Ihre Bücher mit der gesammelten Erkenntnis aus früheren Leben (z.B. als Hofdame bei Karl dem Großen und anschließend bei Ludwig XIV.) wurden zu Millionenbestsellern.[1953] Auch hierzulande offenbart sich der Weisheit höhere Einsicht bevorzugt aus dem Munde ehemaliger Größen des Show-Biz: Ruth-Maria Kubitschek, Cleo Kretschmer oder Ex-Nackedei Christiane Rücker teilen bereitwillig Intimstes mit aus vormaligem Dasein. (Ex-)Nachmittags-TV-Talkerin Ilona Christen läßt verlauten, sie sei im jetzigen Leben mit ihrem Bruder aus einem früheren verheiratet und Penny McLean-Wirschinger, vom Hitparadensternchen zur Lebenslehrerin mutiert, verrät, sie habe Talent und tiefes Wissen aus vielen Inkarnationen angesammelt, um jetzt anderen helfen zu können. Auch Inge Meysel glaubt fest an ein Weiterleben nach dem Tode;[1954] daher vielleicht ihr besonderes Verhältnis zu der Sterbehilfeorganisation DGHS, für die sie seit Jahren Werbung betreibt.[1955]

Nahtoderlebnisse

Die Veröffentlichungen des amerikanischen Star-Esoterikers Raymond Moody über Personen, die klinisch tot waren (Herz-/Kreislauf- und Atemstillstand) und ins Leben „zurückgeholt" wurden, gelten in einschlägigen Kreisen als unanfechtbarer Beleg für ein Fortleben nach dem Tode. Aus (angeblich) über zweitausend Befragungen Betroffener konstruierte Moody die Beschreibung einer typischen Nahtoderfahrung, die mithin gekennzeichnet sei vom Eintritt in einen langen dunklen Tunnel, von der Begegnung mit Licht oder Lichtwesen und vor allem von einem Gefühl von Frieden, Freude und Liebe.[1956] In wissenschaftlich durchgeführten Untersuchungen wurden Moodys Angaben teilweise bestätigt: Knapp zwei Drittel der Befragten berichteten von einem Gefühl des Wohlbefindens, rund ein Drittel von einem Austreten aus dem Körper; jeder vierte von einem dunklen Tunnel, jeder sechste sah Licht an dessen Ende und jeder zehnte trat in dieses Licht ein.[1957]

Im Gegensatz zur Auffassung Moodys oder auch der (spiritistisch angehauchten) „Sterbeforscherin" Elisabeth Kübler-Ross läßt sich aus den dokumentierten Nahtoderfahrungen nun keineswegs herleiten, daß „der Tod nicht das Ende, sondern ein neuer Anfang ist - ein Übergang in eine höhere Form des Bewußtseins".[1958] Vielmehr sind solche Erfahrungen an der Schwelle des Todes das Ergebnis hochkomplexer neurochemischer, hirnphysiologischer und psychologischer Prozesse: Tunnelerlebnisse mit dem Gefühl, auf ein helles Licht zuzufliegen (wie sie auch bei epileptischen Anfällen, bei Migräne, unter Drogeneinfluß oder einfach vor dem Einschlafen auftreten können) lassen sich durch einen ungerichteten Aktivitätsüberschuß in der Sehrinde des Gehirns erklären (solche Erlebnisse können allein schon durch Druck auf beide Augäpfel induziert werden). Auch die vermeintlich außerkörperlichen Wahrnehmungen (die keineswegs auf Nahtodsituationen beschränkt sind) sind durch neurochemische Veränderungen im Gehirn verstehbar. Die häufig auftretenden Glücksgefühle erklären sich mithin durch den extremen Streß in der Nähe des Todes, der zur Freisetzung von Neuropeptiden und Neurotransmittern, insbesondere endogener Endorphine, führt.[1959]

Schon in den 1940er Jahren wurden erste Experimente durchgeführt, bei denen den Probanden bestimmte Sauerstoff-Kohlendioxyd-Gemische verabfolgt wurden, die eine Erstickungssituation simulierten. Das Ergebnis, wie Sterbeforscher Hubert Knoblauch schreibt, war (schon seinerzeit) „für die, die die Nahtoderfahrung für etwas Besonderes hielten, desillusionierend. Einige [der Probanden, C.G.] sahen Lichter, Tunnel und Trichter, andere machten Außerkörperlichkeitserfahrungen, und wieder andere durchlebten noch einmal vergangene Erinnerungen auf eine Weise, die an den erwähnten Lebensrückblick erinnert [bei dem das zurückliegende Leben wie in einem surrealen Film noch einmal abgespult wird, C.G.]. Sogar ekstatische Zustände, das Gefühl kosmischen Erkennens und universeller Liebe traten auf." In Zusammenschau der zahllosen bis heute durchgeführten Untersuchungen, so Knoblauch, „müßten wir sehr leichtgläubig sein, würden wir die Nahtoderfahrung noch als harten Beweis für die Existenz eines Jenseits ansehen."[1960]

Moody und seine Mitstreiter - im deutschsprachigen Raum wartet vor allem der Schweizer Stefan Jankowicz mit entsprechenden Geschichten auf - nehmen die wissenschaftliche Nahtodforschung, die längst sehr viel plausiblere Erklärungsansätze für die Licht- und Tunnelerlebnisse von reanimierten „klinisch Toten" vorlegt, als sie selbst zu bieten haben, nicht zur Kenntnis. Seit Jahrzehnten reisen sie von einer Esoterikmesse (und TV-Talkshow) zur nächsten und erzählen ungerührt immer wieder dieselben Stories. Neuerdings indes hat Moody sich einem weiteren Betätigungsfeld zugewandt: der direkten Kontaktaufnahme mit Verstorbenen. Bei der von ihm entwickelten Methode des „Scrying" (descry: amerik. = erspähen) läßt er seine Kundschaft solange in eine Kristallkugel oder auf eine Wasseroberfläche starren, bis sie glaubt, den gewünschten Toten darin wahrzunehmen. Er hält dieses (für labile

Menschen hochgradig gefährliche) Vorgehen allen Ernstes für eine nützliche psychotherapeutische Technik zur Bearbeitung von Trauer.[1961]

Auch Hollywood hat sich längst des Genres angenommen. Nach den gigantischen Erfolgen all der ufologisch durchwaberten Filme der 1980er (von „E.T." bis „Star Wars") kamen seit Beginn der 1990er zahlreiche Streifen in die Kinos, die sich, unter Einbeziehung new-ageangehauchter Nahtod- und Sterbeforschung, um ein Fortleben nach dem Tode drehen. Zum Kassenschlager wurde etwa der Film „Ghost - Nachricht von Sam", ein schmalziges Liebesgetue, aus dem sich eine esoterisch hingebogene Charles-Bronson-Tour entwickelt: von einem, der umgebracht wird und nun als Geist wohltuende Rache nimmt. Erst nachdem dafür gesorgt ist, daß die Bösen ihrer verdienten Strafe zugeführt und von finsteren Dämonen fortgeschleppt wurden, tritt er - selbstredend durch einen gleißenden Lichtkanal - ein ins Reich ewiger Liebe. Neuere Produktionen sind die Streifen „Schatten der Wahrheit", in dem gleichfalls ein Ermordeter herumgeistert oder „Frequency", in dem ein Polizist mit einem antiquierten WalkieTalkie Kontakt zu seinem verstorbenen Vater aufnimmt.[1962]

Verfechter des Glaubens an die Wiedergeburt verweisen auch gerne auf die zahlreichen Fälle, die die amerikanischen Psychologen Ian Stevenson und Helen Wambach in den 1960er Jahren zusammengetragen haben. Stevenson etwa beschreibt den Fall eines vierjährigen Jungen aus dem Libanon, der seine Eltern schon als Kleinkind mit Berichten über Ereignisse aus seinem vorherigen Leben frappiert habe. Nachforschungen hätten ergeben, daß die Angaben des Jungen genau auf einen Lastwagenfahrer aus einem Nachbardorf paßten, der dreizehn Jahre zuvor an Tuberkulose verstorben war. Bezeichnete Stevenson seine Berichte in der amerikanischen Ausgabe redlicherweise noch als *Twenty Cases Suggestive of Reincarnation* (1966) und betonte, weder ein Einzelfall noch die Fälle in ihrer Gesamtheit könnten als Beweis für Reinkarnation herangezogen werden, so kommt in der deutschen Ausgabe *Reinkarnation: 20 überzeugende und wissenschaftlich bewiesene Fälle* (1986) der Begriff „suggestive" nicht mehr vor: Die einzelnen Fälle werden als Tatsachenberichte verkauft.[1963] Unter den Wambach-Fällen ist etwa der einer Frau, die sich an ein Großfeuer „erinnerte", das in ihrem vorherigen Leben Teile ihrer Stadt vernichtet habe; sie selbst habe seinerzeit Alarm geläutet. Tatsächlich, so das Ergebnis intensiver Nachforschung, habe es im Jahre 1896 in der Stadt gebrannt.[1964]

Der „berühmteste Fall von Reinkarnation" aber habe sich in den 1920er Jahren in Nordindien zugetragen. Wie Thorwald Dethlefsen unter Bezugnahme auf einen „Originalbericht" von 1936 darlegt, sei eine am 4. Oktober 1925 verstorbene junge Frau genau ein Jahr später, am 12. Oktober 1926, in einem Nachbarort wiedergeboren worden. Im Alter von neun Jahren sei sie an den Ort ihres früheren Lebens gebracht worden und habe dort nicht nur ihr Wohnhaus, sondern auch ihre noch lebenden Eltern aus der vorherigen Inkarnation erkannt.[1965] Auch wenn Wiedergeburtsverfechter ⇨ Peter Michel meint, die dokumentierten Fälle seien „von solch erdrückender Dichte und Überzeugungskraft", daß nur außergewöhnlich Vorurteilsverhaftete skeptisch bleiben könnten,[1966] hält doch *kein einziger* davon einer ernsthaften Überprüfung stand. Am wenigsten die von Michel selbst referierten Geschichten, etwa die eines indischen Mädchens, das sich an eine Kuh erinnern konnte, die vor ihrer Geburt im Dorf gehalten worden war; oder die eines türkischen Jungen, der bei seiner Geburt neun unerklärliche Körpermale aufgewiesen habe. In einem Polizeiarchiv sei man auf einen fünfzehn Jahre zurückliegenden Fall gestoßen, bei dem ein Mann durch neun Pistolenschüsse zu Tode gekommen war. Die exhumierte Leiche habe Einschüsse genau an den Stellen aufgewiesen, an denen auch die Hautmale des Jungen lagen.[1967] Was immer auch den einzelnen Geschichten und Erzählungen zugrundeliegen mag: Einen Beleg für Reinkarnation stellen sie jedenfalls nicht dar. Die Behauptung von Szene-Doyen Rüdiger Dahlke, daß sie „alle Zweifel ausräumen“, ist schlicht Unfug.[1968]

Der WDR-Wissenschaftsjournalist Holdger Platta hat sich die Mühe gemacht, das „Schlüsselexperiment“ Dethlefsens, den berühmt gewordenen Fall des „Guy Lafarge“, einer Überprüfung zu unterziehen. Im Juni 1968 hatte Dethlefsen erstmalig eine Versuchsperson unter Hypnose „in ein früheres Leben“ zurückgeführt. Diese hatte von einem Vorleben im 19. Jahrhundert als Gemüseverkäufer Guy Lafarge in der elsäßischen Kleinstadt Wissembourg berichtet und neben den eigenen Geburts- und Sterbedaten auch detaillierte Angaben über Eltern, Geschwister, Bekannte, Pfarrer und so weiter gemacht; auch Straßennamen, regionale Eßgewohnheiten und viele weitere Einzelheiten wurden genannt. Dethlefsens „erschüttertes“ Fazit: Ohne Zweifel hatte die Versuchsperson als Guy Lafarge bereits einmal gelebt. Das Sitzungsprotokoll wurde zusammen mit den Tonbandaufzeichnungen weiterer Rückführungen 1974 veröffentlicht und löste einen nachgerade epidemisch um sich greifenden Reinkarnationsboom aus.[1969] Gemeinsam mit dem Wissembourger Lokalhistoriker Auguste Schaaf überprüfte Platta die protokollierten Angaben des „Guy Lafarge“. Eine Sichtung von Straßenplänen, Adreßverzeichnissen und Stadtansichten, von Tauf-, Heirats- und Sterberegistern bei Kirche und Standesamt (vollständig erhalten seit 1793) ergab, daß die unter Hypnose zutage geförderten „Fakten“ zu hundert Prozent Phantasieprodukte waren.[1970] Dethlefsen selbst hatte es nicht für nötig gehalten, den Fall seriös nachzurecherchieren.

Ein weiterer spektakulärer Fall wurde exakt zurückverfolgt: In der ARD-Sendung PSI vom 2. März 1993, moderiert von Thomas Hegemann und Penny McLean-Wirschinger, führte der bereits erwähnte „Professor h.c.“ Bick die Videoaufzeichnung einer von ihm vorgenommenen Reinkarnationssitzung vor. Patient L. sah sich in Hypnose als 24-jähriger Panzerkommandant Richard Meissner, der im Zweiten Weltkrieg bei Capello in Italien durch Genickschuß eines amerikanischen Soldaten gefallen war. In erregten Wortfetzen berichtet er von seinem Tod: „Feindpanzer schießt ... Explosion ... fall 'raus ... ja, aus dem Panzer fall ich ... auf den Boden ... Schmerzen ... brennt ... Splitter ... das Bein ist ab ... der GI ... groß, korpulent ... Pistole ... läuft an mir vorbei und schießt ... Genick“. Penny McLean berief sich in einer späteren Diskussion auf 3SAT (31.1.1994) darauf, umfängliche Recherchen ihrer Redaktion hätten ergeben, daß es tatsächlich einen Panzerkommandanten dieses Namens gegeben habe, der auf die beschriebene Weise getötet worden sei. Auch Bick trat, zusammen mit seinem Patienten L., erneut im Fernsehen auf: In der Sendung *Fliege* vom 30. November 1994 bezeichnete er diesen Fall (unwidersprochen) als einzigartigen und noch nie so sicher dokumentierten Beweis für Reinkarnation. Aus den Archivunterlagen der *Deut-*

schen Dienststelle für die Benachrichtigung der nächsten Angehörigen der ehemaligen deutschen Wehrmacht in Berlin ergibt sich indes, daß die Geschichte stark bezweifelt werden muß. Es gibt in der Tat einen am 29. Januar 1944 als vermißt gemeldeten Richard Meissner, der allerdings weder 24 Jahre alt noch Panzerkommandant war; auch eine Berührung mit amerikanischen Einheiten hatte es zum Zeitpunkt seiner Vermißtmeldung nicht gegeben. Die Übereinstimmung des von dem Patienten beschriebenen Richard Meissner mit der tatsächlichen Person beschränkten sich auf den Namen sowie höchst ungefähre Orts- und Zeitangaben. Diese Daten konnten auf verschiedensten Wegen in Erfahrung gebracht worden sein, beispielsweise durch (vorherige) Einsichtnahme in das Archiv der oben genannten Dienststelle oder durch eine Vermißtmeldung in einer alten Zeitung. Alle sonstigen Angaben des Patienten L. erwiesen sich als falsch oder als nicht überprüfbar.[1971]

Auch Josef Sudbrack, Reinkarnationskritiker aus jesuitischer Sicht, betont: „Die Vorstellung einer tatsächlichen Reinkarnation ist absurd. Es handelt sich [sofern es nicht bewußt fingierte Geschichten sind, C.G.] um unterbewußte Projektionen frühkindlich-traumatischer Erlebnisse in eine *Bilder*sprache“[1972]. Ansonsten freilich tut die Amtskirche sich schwer, eine klare Position gegen die um sich greifende Wiedergeburtsgläubigkeit zu beziehen: zu sehr ähneln die eigenen Angebote und Versprechen eines Fortlebens nach dem Tode, einer „Auferstehung im Fleische“, denen der Neo-Okkultisten des New-Age. Auftritte prominenter Theologen wie etwa des Innsbruckers Andreas Resch in einschlägigen TV-Shows tragen dazu bei, die Grenzen restlos zu verwischen.[1973]

Auch die oftmals vorgetragene Behauptung, die „Erinnerung“ an frühere Leben gehe gelegentlich einher mit der Fähigkeit, in einer fremden Sprache längst vergangener Tage zu sprechen (Xenoglossie),[1974] erweist sich als nicht haltbar.[1975] Es handelt sich durchgängig um das aus der Arbeit mit Schizophrenen altbekannte Phänomen der Glossolalie (Zungenreden), bei dem beispielsweise ein an Latein anklingendes Idiom, das irgendwann, vielleicht in der Kirche, gehört wurde, nachgeahmt wird: „Mentus nudros nuachtus magna, montos tondros tandras tectra.“[1976] Die Lautgebilde ergeben freilich keinerlei (sprachlichen) Sinn.[1977]

> Eine 32-jährige Angestellte in einem Münchener Großbetrieb litt unter der Bedeutungslosigkeit ihres Jobs und unter dem Gefühl, jederzeit austauschbar zu sein; ebenso unter den ständigen sexistischen Anzüglichkeiten ihrer männlichen Kollegen. In der Reinkarnationstherapie erlebte sie sich im Jahre 1250 vor unserer Zeit als Hohepriesterin des Isis-Tempels in Karnak. Auf Tonband zu hören sind salbungsvoll vorgetragene (unsinnige) Wortschöpfungen, die von dem anwesenden Therapeuten begeistert als „altägyptischer Dialekt“ gedeutet werden. Es wurde nicht an den - selbst dem Laien augenfälligen - Kompensationsphantasien der Frau gearbeitet, vielmehr wurde diese mit der „aufbauenden Erkenntnis“ nach Hause geschickt, „eigentlich“ Isis-Priesterin zu sein. Die Folge waren enorme Identitätskonflikte und eine zunehmend sich verschärfende Depression.[1978]

Für die Behauptungen, Rückgeführte seien vereinzelt in der Lage, in fremden Schriftzeichen, etwa in altägyptischen oder tibetischen Hieroglyphen, zu schreiben[1979], fehlt jeder ernstzunehmende Beleg.

Bardo Thödol

Das 1927 von dem britischen Theosophen Walter Evans-Wentz vorgestellte *Tibetanische Totenbuch* (tibetisch: *Bardo Thödol),*[1980] auf dessen Beschreibung von Tod und Wiedergeburt im Zusammenhang mit (angeblichen) Reinkarnationsphänomenen gerne bezug genommen wird, genießt, x-fach neu aufgelegt und kommentiert, in der heutigen Esoterikszene höchste Wertschätzung (es hatte schon in den 1960er Jahren zur kanonisierten Literatur der amerikanischen LSD-Szene gehört).[1981] Padmasambhava, einer der Begründer des tibetischen Buddhismus, soll das *Bardo Thödol* gegen Ende seines Lebens (um das Jahr 780 u.Z.) irgendwo versteckt oder vergraben haben, auf daß es spätere Generationen fänden. Wie vorhergesagt sei das Buch dann ein paar hundert Jahre später von einer seiner Reinkarnationen „wiederentdeckt" worden. Tatsache ist freilich, daß keinerlei schriftliche Aufzeichnungen existieren: Das *Bardo Thödol* wurde bis ins 20. Jahrhundert hinein mündlich überliefert und 1927 von Evans-Wentz erstmalig niedergeschrieben, der es von einem tibetischen Lama diktiert bekommen haben will.

Das *Bardo Thödol* beschreibt den Weg, den jeder Verstorbene durch eine Art Zwischenreich (tibetisch: *bardo*) hin zu seiner Wiedergeburt zurückzulegen habe. Dieser Weg dauere in der Regel sieben, längstens aber neunundvierzig Tage; erst wenn das „Bardo-Wesen" des Verstorbenen, seine von Inkarnation zu Inkarnation sich fortsetzende „Bewußtseinssubstanz", den Körper endgültig verlassen habe, dürfe dieser zerlegt, begraben oder verbrannt werden. Anderenfalls drohe dem Verstorbenen eine niedrigere Wiedergeburt, als er sich durch das Karma seines zurückliegenden Lebens eigentlich verdient habe. In der Regel, so das Totenbuch, finde sich das Bardo-Wesen in einer Wiedergeburtssituation wieder, die dem angesammelten positiven oder negativen Karma des letzten Lebens entspreche: Stehe - bei gutem Karma - eine Reinkarnation als Mensch an, werde es von einem geeigneten Elternpaar in gravisphärischer Unentrinnbarkeit angezogen: Das Bardo-Wesen des Verstorbenen, sprich: sein fortbestehendes Bewußtsein, passe den Zeitpunkt ab, zu dem das Paar sich in sexueller Vereinigung befinde, um durch den Mund des Mannes in dessen Körper, das heißt: in seinen Penis, einzufahren; mit der Ejakulation dringe es zielstrebig zur Gebärmutter der Frau vor, wo es die eben befruchtete Eizelle besetze: Eine weitere Runde im ewigen Kreislauf des Lebens (sanskrit: *samsara)* nehme damit ihren Auftakt. Ziehe karmische Schuld aus dem vorherigen Leben eine Wiedergeburt in Tierform nach sich, dringe das Bardo-Wesen, je nach Verdikt, in den Uterus einer Kuh, eines Schweins oder einer Hündin ein. Schwerwiegendere karmische Vergehen führten unweigerlich in eine der sechzehn buddhistischen Höllen. Eine davon besteht aus einem „stinkenden Sumpf von Exkrementen", in dem man bis zum Hals versinke; zugleich werde man „von den scharfen Schnäbeln dort lebender riesiger Insekten bis aufs Mark zerfressen und zerpickt". In anderen Höllen werde man verbrannt, zerschlagen, zerquetscht, von Felsbrocken zermalmt oder mit riesigen Rasiermessern in tausend Stücke zerschnitten. Und das, über Äonen hinweg, immer wieder aufs Neue, bis das negative Karma abgetragen sei und sich damit eine höhere Reinkarnationsform des Bardo-Wesens erlaube.[1982] Der schweizerische Freud-Renegat Carl-Gustav Jung, der sich bekanntermaßen für jederart Obskurantismus begeisterte, schrieb einen eigenen Kommentar zu dem Totenbuch. Er habe, wie er begeistert ausführt, diesem „nicht nur viele anregende Ideen und Entdeckungen, sondern viele fundamentale Einsichten" zu verdanken, insbesondere sein Überschreiten der „sklavischen Wertschätzung 'rationaler' Erklärungen", wie sie dem westlichen Denken zueigen sei.[1983]

Selbstredend ist auch die oftmals angeführte „nachweisliche" Reinkarnation hoher tibetisch-buddhistischer Würdenträger - beispielsweise des gegenwärtigen Dalai Lama (Tenzin Gyatso), der sich als Wiedergeburt seiner dreizehn Amtsvorgänger und letztlich als Inkarnation der Mythenfigur Chenrezig vorkommt - alles andere als nachweislich. Es gibt keinerlei Hinweis darauf, daß die Lamas und Rinpoches (Lehrmeister), wie sie behaupten, tatsächlich über Erinnerungen an frühere Leben verfügten oder in künftige Leben vorausschauen könnten. Ihre „Ankündigungen", wann und wo sie im nächsten Leben wiedergeboren würden, sind nichts als nebulose Vagheiten, die, in Verbindung mit astrologischen Berechnungen und Orakelbefragungen, in jede beliebige Richtung interpretiert werden können. Die als „Wiedergeburt" verstorbener Lamas ausfindig gemachten und für geeignet gehaltenen Jungen - posthoc lassen sich die jeweiligen „Ankündigungen" immer entsprechend hinbiegen - werden im Alter von drei bis vier Jahren ihren Eltern weggenommen und einer rund 20jährigen religiösen Unterweisung unterzogen, vielfach durch dieselben Lehrer und Berater, die schon dem Verstorbenen zu dessen Lebzeiten zur Seite gestanden waren. Kein Wunder, daß ein derart indoktrinierter junger Mann sich früher oder später tatsächlich als Inkarnation seines Amtsvorgängers vorkommt.[1984]

Seit Anfang der 1980er ist ein enormer Zuwachs an Veröffentlichungen aus dem Okkultbereich zu beobachten. Insbesondere zu den Themen Reinkarnation beziehungsweise Reinkarnationstherapie gab es eine wahre Flut an Neuerscheinungen. Viele dieser Publikationen sind freilich nichts als Aufgüsse einschlägiger Texte aus den frühen 1920er Jahren, als die Reinkarnationsidee schon einmal Hochkonjunktur hatte. Wie es etwa in einer Schrift *Tote leben und umgeben uns* aus dem Jahre 1918 heißt: „Die wichtigste Frage für die ganze Menschheit ist zweifellos: Was wird aus uns nach dem Tode? Leider sind heute noch die allermeisten Menschen (...) der Meinung, daß das Was und Wie des Fortlebens der Menschengeister nach dem Tode überhaupt nicht zu ergründen sei. Durch diesen Trugschluß und den schlechten Lebenswandel, den viele infolgedessen auf Erden führen, schaffen sich Millionen und aber Millionen Menschen ein Fortleben von unbeschreiblichem Jammer und Elend."[1985] Vieles stammt auch aus Originaltexten ⇨ Rudolf Steiners, dessen *Okkulte Untersuchungen über das Leben zwischen Tod und neuer Geburt*, erschienen 1924 und neu aufgelegt 1980, ganz offenbar einer Unzahl weiterer Publikationen als Vorlage dienten.[1986] Esoterik-Autorin Penny McLean-Wirschinger sieht sich gar selbst „in eine Energieform eingebunden, eine Überenergieform, die Anteile von Rudolf Steiner hat".[1987] Insbesondere die von Steiner aufgestellten „historischen" Inkarnationsketten fanden vielfache Nachahmung. Steiner sah etwa in Novalis eine Wiederverkörperung von Raffael, Johannes und Elias, in Schiller unter anderem die eines christlichen Märtyrers im antiken Rom, in Karl Marx und Friedrich Engels Wiedergeburten eines Leibeigenen bzw. eines unredlichen Gutsbesitzers Anfang des 9. Jahrhunderts. Platon habe sich im 19. Jahrhundert als unbedeutender Wiener Professor wiederverkörpert, der dem Schwachsinn verfiel (wen er damit gemeint hatte, blieb offen).[1988] Die amerikanische Hellseherin Flower Newhouse erkannte in Theodor Roosevelt eine Reinkarnation Neros, in General Douglas McArthur eine von Julius Caesar und in Benjamin Franklin die von Sokrates,[1989] wohingegen der Engländer James S. Perkins in Adolf Hitler eine Wiederverkörperung von Gotenkönig Alarich sah.[1990] Reichsführer SS Heinrich Himmler hielt sich selbst für eine Reinkarnation des Sachsenkönigs Heinrich I.[1991] Die Steinersche These, daß sich die „gleiche geschlechtliche Inkarnation (...) höchstens siebenmal wiederholen"[1992] könne, dann sei Geschlechterwechsel angesagt, wird bis heute heftig diskutiert. Die Nahtodforscherin Elisabeth Kübler-Ross meint: „Wer wiedergeboren wird (...), wird stets wieder in einem männlichen oder weiblichen Körper inkarniert",[1993] was auch der Reinkarnationstherapeut Thorwald Dethlefsen bestätigt: „Nach Prüfung vieler Hypothesen sind wir zur Zeit der Meinung, daß eine Seele ein feststehendes Geschlecht besitzt (...). Gegengeschlechtliche Inkarnationen werden nur hin und wieder dazwischengeschoben, um bestimmte Erfahrungen zu machen oder Karma einzulösen."[1994] Laut Managementtrainerin Vera Birkenbihl sei Reinkarnation im übrigen nicht nur in künftige Zeit hinein möglich, sondern gar in vergangene: Es sei durchaus denkbar, daß einem Menschen des 20. oder 21. Jahrhunderts bewußt werde, er könne die ihm gestellte „Lebensaufgabe" im Mittelalter besser lösen, woraufhin er „im nächsten Leben" im 12. oder 13. Jahrhundert wiedergeboren werde.[1995]

Abgesehen von der Erörterung völlig unerheblicher Detailfragen unterscheiden sich die meisten Publikationen zum Thema Wiedergeburt in nichts voneinander, vielfach schreiben die Autoren seiten- und kapitelweise voneinander ab. Von bemerkenswerter Originalität ist da der Beitrag der Reinkarnationspraktikerin Hannelore Knöpfler zur Debatte um den Paragraphen 218. Frau Knöpfler, die in eigenen Seminaren die Kontaktaufnahme mit den Seelen abgetriebener Föten lehrt, beschreibt ebensolchen Kontakt als unabdingbar für Frauen, die ihre Schwangerschaft abgebrochen haben, „denn wo Frauen behaupten, daß 'ihr Bauch ihnen gehöre', manifestieren sie gleichzeitig, daß sie sich herausnehmen, über die Gesetze des Kosmos zu bestimmen". Schuldhaft hätten sie die Ankunft einer „reifen Seele" verhindert, für die gerade diese Eltern bewußt, sprich: aus karmischen Gründen, ausgesucht worden seien: „Die Beziehung von Kindern zu Eltern ist niemals zufällig. Immer haben bereits Verbindungen in einem früheren Leben bestanden. (...) Wer Leben bewußt tötet, merkt sehr bald nach der Abtreibung, daß er ein großes Stück seines SELBST getötet hat." Kosmische Verzeihung liege in tätiger Reue und der Erkenntnis, wie wichtig es sei für die „kollektive Bewußtseins-Dimension der Menschheit, daß möglichst viele Seelen JETZT auf die Erde kommen."[1996]

Originell ist auch die Offerte einer Liechtensteiner Firma, die Kapitalanlagen für das nächste Leben anbietet. Als nach eigenen Angaben weltweit einziges Unternehmen dieser Art eröffnet die Stiftung *Prometh* mit Sitz in Liechtenstein Reinkarnationsgläubigen die Möglichkeit, sich gewissermaßen selbst zu beerben. Interessenten müßten zu Lebzeiten einen Fragebogen mit persönlichen Angaben ausfüllen, der später als Identifikationshilfe diene. Glaube jemand, schon einmal dagewesen zu sein, könne er sich an die Stiftung wenden, die drei anerkannte Reinkarnationstherapeuten auf Spurensuche schicke. Falls die drei Experten den Wiedergänger übereinstimmend identifizierten, erhalte dieser seine Einlage verzinst ausbezahlt. Während die Seele Vorausblickender also auf Wanderschaft sei, so die *Stiftung Prometh*, arbeite ihr Kapital auf der Bank. Werde das Geld nach dreiundzwanzig Jahren nicht eingefordert, gehe es einem vom Anleger zu Lebzeiten notariell festgelegten Zweck zu. Die Mindesteinlage beträgt 200.000 Mark. In den USA soll ein Versicherungsunternehmen Policen anbieten für den Fall, daß man wider Willen in einem Land der Dritten Welt reinkarniere.[1997]

Erwähnenswert ist auch die neueste theoretische Variante von Reinkarnationspionier Dethlefsen, der erkannt haben will, daß es „in Wirklichkeit keine Zeit [gibt], in der Wirklichkeit ist ewiges Hier und Jetzt". Folglich gebe es „keine früheren Leben, sondern es gibt nebeneinanderliegende Leben", Parallelleben sozusagen derselben Person zur gleichen - da nicht existierenden - Zeit. In der Therapie müsse es darum gehen, „Inkarnationen" als „Identifikationen" zu begreifen, als Nebeneinander verschiedenster Simultanexistenzen, die solange zu durchleben seien, bis man die „Opfer"-Identifikation hinter sich gelassen habe und durchgestoßen sei zu der verborgen gebliebenen „Täter"-Rolle.[1998] Von daher sei etwa auch zu fordern, einen kranken oder behinderten - nach Dethlefsen: „nicht lebenswilligen" - Säugling medizinisch nicht zu versorgen, sondern sofort sterben zu lassen: „Woher holt sich ein Arzt die Berechtigung, einen nicht lebenswilligen Säugling dazu zu zwingen, am Leben zu bleiben? (...) Es ist ein natürlicher und gesunder Vorgang, daß die Natur dieses Geschöpf vom Leben wieder zurückzieht."[1999]

Hierzu paßt auch die Erkenntnis des amerikanischen New-Age-Rabbiners Yonassan Gershom, der im März 1997 auf den Goetheanum-Tagen der *Anthroposophischen Gesellschaft* in Berlin zum Thema „Reinkarnation und Karma" kundtat, ihm seien nachweisliche Wiedergänger von Holocaust-Opfern bekannt; beispielsweise eine junge Frau, deren ständige Husten- und Würgeanfälle sich in hypnotischer Rückführung als Residuen ihres Erstickungstodes in einer Gaskammer in Auschwitz herausgestellt hätten. Gershom ist Autor eines Buches mit dem abgründigen Titel *Beyond the Ashes* (= Jenseits der Asche), in dem er eine Vielzahl derartiger Fälle vorstellt. (Die deutsche Ausgabe des Buches erschien interessanterweise im Copyright des anthroposophischen *Verlages am Goetheanum*[2000].) Allen Ernstes diskutiert Gershom auch die Frage, ob „Hitlers Seele bereut" habe; er zitiert hierzu das Channelingmedium Michael Schuster, durch das Hitler sich regelmäßig aus dem Jenseits mitteile: „Ich kann nicht ungeschehen machen, was ich angerichtet habe; das ist das Dilemma und der Grund meiner Pattsituation. Ich habe keine Entschuldigung für die Juden von heute; ich konnte in mir keine Antwort finden. Ich kann nur meine eigene Qual anbieten (...). Das mag unangemessen erscheinen, aber die Entwicklung, die ich anstrebe, muß die gleiche Gesundung beinhalten, die auch in Ihrer Welt gesucht wird. Ich suche nach Liebe in mir; sehen Sie nicht, daß die Menschheit die gleiche Liebe auch sucht?"[2001] Im Interesse der „planetarischen Heilung" sei er, Gershom, bereit, „Adolf in die Arme zu schließen".[2002]

Ähnliches wie der amerikanische Szene-Rabbiner weiß auch der bereits erwähnte Wiedergeburtspraktiker Wilhelm Gabler zu berichten: Ein Nikotinsüchtiger etwa könne im Zuge einer Rückführung herausfinden, daß er „als Häftling in einem Konzentrationslager vergast wurde". In der Therapie durchlebe er „diese Situation noch mal, das heißt: körperlich, emotional und kognitiv - und er weiß, er hat's überlebt, sonst wäre er jetzt nicht auf der Couch, und das gibt ihm Sicherheit, vergangene traumatische Erfahrungen noch einmal wiederzuerleben und aufzuarbeiten".[2003] Ende Mai 1998 trat in der RTL-Talkshow *Ilona Christen* eine gewisse Barbro Karlèn auf, die sich als Inkarnation Anne Franks ausgibt bzw. vorkommt. Karlèn, die unter dem Pseudonym Sara Carpenter ihre Hirngespinste auch in Buchform verbreitet,[2004] erhielt in der Show ein von Kritik völlig unangetastetes Forum der Selbstdarstellung. Ralph Giordano hierzu: „Es gibt nichts billigeres und verabscheuungswürdigeres, als ein real-tragisches Schicksal in spirituellen Humbug zu verwandeln."[2005] Ungeachtet aller Kritik wurde im April 2000 an der anthroposophienahen Bühne des „Forum Theater" in Stuttgart ein an Karlens „Autobiographie" angelehntes Theaterstück („Offene Türen") ins Programm genommen.

Exkurs

Transkommunikation

Ein weitverbreiteter Ableger der Reinkarnations- und Jenseitsforschung ist die „Instrumentelle Transkommunikation" (ITK). Aus aufgezeichnetem Radiorauschen werden (vermeintlich) jenseitige Stimmen und Botschaften herausgefiltert. Auch das auf Video aufgenommene Flimmern von TV-Geräten wird auf Botschaften nachtodlicher beziehungsweise nichtmenschlicher Existenzformen hin untersucht.[2006] Erstmalig soll es einem Schweden namens Friedrich Jürgenson im Jahre 1958 gelungen sein, die Stimme eines Verstorbenen aus dem Jenseits auf Tonband aufzunehmen.

Eine in Mainz ansässige *Gesellschaft für Psychobiophysik e.V.* versorgt die ITK-Gemeinde mit regelmäßigen Nachrichten aus dem Jenseits beziehungsweise aus „Parallelwirklichkeiten" (einschließlich UFOs und UFO-Entführungen), ein angeschlossener *TransCom-Vertrieb* verschickt Anleitungen für Transaudio-Aufnahmen und Transvideo-Experimente zum Selbermachen.[2007] Zu den eifrigsten Verfechtern der Transkommunikation zählt nach wie vor deren Pionier Friedrich Jürgenson, der mit allerlei technischen Finessen einen regelrechten „Sprechfunk mit Verstorbenen" aufgebaut haben will.[2008] Hinzu kommt ein gewisser Viktor Bättig, der, laut Selbstauskunft, über eine umfängliche Audiothek „objektiv paranormaler Tonbandstimmen" verfüge; diese Aufzeichnungen hält er für den unumstößlichen Beleg dafür, daß „kein Mensch tot ist, wenn er stirbt".[2009] Auch Rainer Holbe pflegt bekanntlich Kontakt mit dem Jenseits (⇨ *Braune Aura*): In einem *Knaur*-Band präsentiert er „Bilder aus dem Reich der Toten".[2010]

Nach Dethlefsen können jenseitige Wesenheiten nur mit Menschen in Kontakt treten, die auf spirituell gleicher „Wellenlänge" mit ihnen liegen,[2011] jeder Versuch wissenschaftlichen Herangehens sei apriorisch zum Scheitern verurteilt. Verwunderlich an den ITK-Berichten ist daher das Sammelsurium (para)physikalischer Begriffe, mittels derer ganz offenbar *gerade* der Eindruck wissenschaftlichen Bemühens erweckt werden soll. Ernst Senkowski, emeritierter Physikprofessor und esoterischer Grenzgänger, gilt als graue Eminenz der Transkommunikationsforschung. In seinen Arbeiten ist nicht nur von einem „6- bzw. 12-dimensionalen Superuniversum" die Rede, vielmehr gibt es kaum einen Begriff der höheren (Para)Physik, von „quantentheoretischen" und „biogravitativen" hin zu „holistischen" oder „biokybernetischen" Funktionsmodellen, der nicht aufgeführt würde.[2012] Die Menge der Ton-, Bild- und Texteinspielungen, wie es in einschlägigen Publikationen heißt, habe „inzwischen derart gigantische Ausmaße erreicht, daß von einer De-facto-Verifikation des TK-Phänomens gesprochen werden kann".[2013]

Von den Anhängern der ITK werden natürlich-physikalische Erklärungen für das Zustandekommen irgendwelcher Aufzeichnungen zugunsten der Annahme jenseitiger Einspielungen prinzipiell zurückgestellt. Das Zustandekommen „nicht erklärlicher" Tonbandstimmen ist indes längst geklärt: Sofern es sich nicht um rein subjektives (und erwartungsgeleitetes) „Heraushören" objektiv nicht-existenter „Botschaften" aus simplem Rauschen oder aus „Wellensalat" handelt - hierzu zählt auch das neuropsychologische Phänomen, daß aufgezeichnete Signale bei wiederholtem Abhören den Eindruck sinnvoller Information erwecken können (vergleichbar dem Sehen von Figuren in Zufallsmustern) -, sondern um tatsächlich wahrnehmbare Sprache oder Sprachfragmente, sind diese regelmäßig zurückzuführen a) auf Einstreuungen von Rundfunk- oder Amateurfunksendern: In Niederfrequenzverstärkern, deren Eingänge nur unzureichend gegen Störstrahlung gesichert sind, kann eine Amplituden-Modulation an nicht-linearen Verstärkerteilen (Transistoren, Röhren, Dioden) der eingestreuten Sender auftreten: Das verstärkte demodulierte Signal ist am Ausgang hörbar; oder b) auf Empfang von Rundfunk- oder Fernsehsignalen: Durch atmosphärisch bedingte Überlagerungen im UKW-Empfangsbereich ist es möglich, Signale von weit entfernten Sendestationen in ansonsten leeren Kanälen zu empfangen; desweiteren ist es möglich, durch Spiegelfrequenzempfang, sprich: aufgrund mangelhafter Vorselektion (eine Eigenschaft schlechter Überlagerungsempfänger), Sender an Stellen zu empfangen, die um das Doppelte der Zwischenfrequenz tiefer liegen.[2014] Auch wenn die Quelle einer Einspielung nicht immer genau festzumachen ist: Die Annahme, es könne sich um Botschaften aus dem Jenseits oder aus einer anderen Dimension handeln, ist absurd. Das Herumexperimentieren mit vermeintlichen Jenseitskontakten kann indes durchaus auch gefährlich werden: Bei labilen Personen kann es zu psychotischen Wahneinbrüchen führen.

Berühmt geworden ist der katholische Pfarrer Leo Schmidt (gest. 1976), der mit einem Tonband Kontakt zum Jenseits aufgenommen hatte. Auf die drängende Frage, ob es denn nun ein Leben nach dem Tode gebe oder nicht, kam die krächzende Geisterantwort: „Ja, aber nur für Deppen."[2015] Wer Pfarrer Schmidt diesen Streich gespielt hatte - er selbst soll an eine tatsächliche Geisterdurchsage geglaubt haben -, wurde nie geklärt.

5.44. Runen-Lesen

Der Begriff „Rune" bedeutet im Altnordischen soviel wie „Geheimbotschaft". Runen sind ursprünglich Symbolzeichen - älteste Funde stammen aus dem Neolithikum um 4000 vor unserer Zeitrechnung -, die offenbar stets schamanistischen Ritualzwecken dienten. Um die Zeitenwende waren die Runen in germanischen und nordischen Ländern auch als Buchstaben-Alphabet (Futhark) in Gebrauch. Laut Wikinger-Mythos waren sie von Odin selbst, dem nordischen Gott des Todes, erfunden worden, als er, von einem Speer durchbohrt, für neun Tage an der Weltenesche Yggdrasil hing. Mit den Beutezügen der Wikinger verbreiteten sich die Runen über ganz Europa, erst im 14. Jahrhundert wurden sie durch die katholische Inquisition als heidnische Symbolzeichen ausgerottet.[2016]

Mit der Okkultismusbewegung des ausgehenden 19. Jahrhunderts wurde das Runenwesen wiederbelebt. Der ariosophische Rassenfanatiker und Antisemit ⇨ Guido von List entwickelte eine eigene Runen-Esoterik, die von Geheimbünden wie dem völkischen *Germanen-Orden* (1912) oder der *Thule-Gesellschaft* (1918) - beide Organisationen gelten als Vorläufer der NSDAP - begeistert aufgenommen wurden. Auch die verdoppelte Sig-Rune als „siegbringendes" Symbol der Waffen-SS leitete sich aus Lists Hirngespinsten her.[2017] Hermann Pohl, Großmeister des *Germanen-Ordens*, verkaufte während des Ersten Weltkrieges bronzene Amulettringe mit Runeninschrift an Frontsoldaten, die sich damit unter dem besonderen Schutze Odins wähnen sollten. Siegfried Adolf Kunner, ein anderer führender Okkulttäter, trieb die pathologische Runenmanie seiner Zeit auf die Spitze: Er entwickelte ein eigenes System der Leibes- und Geisteserziehung, bei dem, entfernt an Yoga erinnernd, die vierundzwanzig Runen in ausgetüftelten Körperstellungen (Stadha) nachgeahmt und dazu jodelähnliche Laute (Galdr) ausgestoßen werden.[2018] Kunners Übungen werden in esoterisch-neogermanischen Kreisen, so auf dem hessischen *Hof Arkuna*, bis heute in hoher Ehre gehalten: „Runenbrauchtum ist ursprüngliche, europäische Tradition. Bei Runenübungen wird (...) der magnetisch-ätherische Kreislauf zum Fließen gebracht. Dadurch wird das Schwingungs- und Kraftfeld des Menschen gestärkt, die Verbundenheit von Körper, Atem und Bewegung erfahren, das körperliche und seelische Gleichgewicht verbessert und eventuell bestehende Blockaden aufgelöst."[2019]

Nachdem die Runenlehre ihrer unrühmlichen Rolle im Nationalsozialismus wegen in den 1950er und 1960er Jahren sehr im Abseits gestanden war, gilt sie in heutigen Esoterikkreisen durchaus wieder als hoffähig: „Nicht die Runen sind gut oder schlecht, sondern der Mensch, der die in ihnen enthaltenen Kräfte zu lösen oder zu binden weiß."[2020] Ausdrücklich geht es Szene-Vordenker Nigel Pennick darum, das „älteste Orakelsystem Europas" von seiner „historischen Befleckung" zu befreien.[2021] Die von den Nazis „mißbrauchten" Symbole seien „neutral" zu sehen, konsequenterweise erregen Visualisierungsübungen mit den SS-Runen oder der Swastika unter Eso-Germanen auch keinerlei Anstoß: „Nehmen Sie das Hakenkreuz in Ihr Herz und lassen Sie es dort rotieren. Wenn es sich dreht, können Sie Ihren Körper verlassen."[2022]

Zur Rehabilitation „nordischer Mystik" und damit der Runenlehre trug sicher auch J.R. Tolkiens Roman-Trilogie *Der Herr der Ringe* (1965) bei, dem unter Esoterikern Kultstatus zukommt.[2023] In erster Linie werden die Runen, ählich wie ⇨ I-Ging oder Tarot, heute zu Wahrsagezwecken verwendet. Auf vierundzwanzig kleinen Täfelchen oder Steinen sind die jeweiligen Symbole abgebildet; die Täfelchen werden einzeln aus einem Beutel gezogen oder nach bestimmtem Muster verdeckt aufgelegt. Gezogene oder aufgedeckte Runen werden anhand eines eigenen Deutungskatalogs „entschlüsselt": Die Rune Wunjo etwa stehe für Freude, Uruz für Kraft, Teiwaz für Krieger. Wie diese Begriffe weiter zu interpretieren und zu Antworten auf gestellte Fragen hinzubiegen sind, ist in die Beliebigkeit des Fragestellers beziehungsweise des „Runenberaters" gestellt.[2024]

Vorsorglich weist Esoterikautor Rainer Kakuska darauf hin, daß die Beschäftigung mit Runen keineswegs auf rechte Gesinnung zu folgern erlaube: „Wer faschistoid ist, mag sich zu Runen hingezogen fühlen; daraus folgt aber keineswegs, daß jeder, der mit Runen arbeitet, ein Rechtsradikaler ist."[2025] Szene-Insider Hans-Peter Waldrich, ansonsten kritischer Aufklärung nur wenig verpflichtet, ist da vorsichtiger: „Keltentum, Germanentum und ein pseudomagischer Hokuspokus mit Runen werden hier zu einem chaotischen Allerlei gemischt, das in vieler Hinsicht an die ideologischen Wurzeln des Nationalsozialismus erinnert." Ausdrücklich warnt er vor esoterischen Gruppen wie etwa der sogenannten *Artgemeinschaft*, die in ihrer Forderung nach „Erhaltung und Erneuerung unseres biologischen Erbes" auf „rechtsradikales und rassistisches Gedankengut" zurückgreife.[2026]

> Aufschlußreich ist insofern ein (1999 erschienener) Werbetext des Berliner Verlegers und Heilpraktikers Rudolf-Arnold Spieth für sein Angebot heilgymnastischer Runen-Übungen: „Die Pflege des Erbes von Tradition, Sitten und Gebräuchen, nebst persönlich-okkulten Übungen, ist für die Stämme und Rassen nordeuropäischer Völker die Symbolik der Runen - ihrem Alphabet, das 'Futhark', und die daraus geschöpfte Magie, die Religion ihrer Ahnen durch Runen-Gymnastik zu reaktivieren, so daß daraus eine Höherentwicklung aller Fähigkeiten, die der Mensch als göttliche Gabe in sich trägt, sich zur vollen Blüte zu entfalten vermag [sic!]. All sein Erberinnern, seine Drüsenfunktionstätigkeit so in Einklang zu bringen, daß daraus die Einheitlichkeit entspringen kann, die den Menschen aktiv, stark, gesund, tüchtig, ehrlich, optimistisch, erfolgreich und jung, mit verantwortungsvoller sowie sinngemäßer Arbeit erhält - sein Leben bereichern kann. Dies zur Freude seiner Gemeinschaft und Seelenverwandten. Runen-Gymnastik, verbunden mit der Runen-Atemlehre, sind Bildekräfte eigen, die ein psycho-energetisches Potential aufschließen, welches dem Menschen der V. Stufe [gemeint ist die „germanisch-nordische Rasse", C.G. ⇨ *Braune Aura*] im Wassermann-Zeitalter zugeführt wird. Diese bringen ihn damit über ein drei- oder vierdimensionales Wahrnehmen auf der Erde, in die Sternen- oder All-Welträume anderer Planeten oder Welten. So werden Menschen wieder zu Göttern!" Spieth, der sich ganz der „Pflege von Tradition und Erbe der Kulturen nordeuropäischer Völker" verschrieben hat, bietet seine Runen-Gymnastik bundesweit in Einzel- und Gruppenunterricht an. Teilnahmevoraussetzung: „Aufrichtigkeit und Wille".[2027]

Nach außen hin gibt sich die Szene harmlos. Nichts, so die Selbstdarstellung der einzelnen Gruppierungen, läge ferner, als aus dem Interesse an Germanen- und Keltentum auf rechtsradikale oder völkische Gesinnung zu schließen; das Gros der Neuheidenszene umfasse „Durchschnittsmenschen" aller Altersstufen und Gesellschaftsschichten, die sich lediglich zurückbesännen auf die Kultur ihrer Vorfahren. Die Begeisterung für nordisches Götter- und Heldengeraune, der Glaube an die Kräfte des Blutes, an Asgard und Walhall, sei insofern völlig unpolitisch. In der Tat scheint das Interesse vieler „Neuheiden" über den vereinsmeierisch inszenierten Mummenschanz nicht weit hinauszureichen, am Wochenende um ein Lagerfeuer zu sitzen und Met aus Hörnern in sich hineinzukippen. Viele haben mit Nazismus tatsächlich nichts im Sinn. Unbestreitbar ist indes, daß derlei Gruppen besondere Anziehungskraft auch auf Dumpfbeutel und Ahnenerbebewahrer des äußersten rechten Randes ausüben und insofern ein Sammelbecken für nationalistisch und sonstig rückwärts gewandte Figuren jedweder Provenienz darstellen.

Zu den bedeutenderen unter den rund achtzig Neuheidengruppierungen des deutschsprachigen Raumes zählt der sogenannte *Armanen-Orden* (mit Hauptsitz in Köln), der sich als „religiöse Alternative Europas" vorstellt und unter dem Schlachtruf „Arier aller Länder vereinigt Euch!" auftritt. Laut Satzung verstehe sich das „germanische Volkstum", vertreten durch den Orden, als „Hauptstamm der weißen Rasse"; jeder Germane könne Angehöriger des Ordens werden, der „nach seiner Veranlagung die Voraussetzungen zu armanischem Denken, Fühlen und Handeln in sich trägt" und der „die germanischen Göttermythen als seine natürlichen Urbilder germanischer Wesensart anerkennt". Was das bedeutet, läßt sich den Texten entnehmen, die über die ordenseigene Versandbuchhandlung vertrieben werden: Neben Schriften von Alain de Benoist (*Nouvelle Droite* in Frankreich) und Julius Evola (Vordenker Mussolinis) finden sich hier auch die Machwerke des Blut-und-Rasse-Theoretikers Johann von Leers, dazu Bücher Jörg Lanz von Liebenfels', einschließlich der Lanz-Zeitschrift *Ostara*, Guido von Lists und Rudolf Steiners. List gilt als „Altmeister" des Ordens.[2028]

Neben den Armanen zählen zu den bekannteren (Ordens-)Gruppen der bereits erwähnte Frankfurter *Yggdrasil-Kreis e.V.*, der Ludwigshafener *Externsteinbund e.V.* oder der Essener *Weltbund Nordischer Kulturkreis e.V.*; gesondert zu erwähnen ist der Anfang der 1980er in München gegründete *Mitgard-Bund im Arischen Licht-Orden*, der Adolf Hitler als „göttliche Gestalt" verehrt und als „religiöses Bundessymbol" das „uralt-indogermanische Heilszeichen" des Hakenkreuzes im Signet führt.[2029]

5.45. Schamanistische Therapie

Jede Stammesgesellschaft verfügt über zumindest einen Medizinmann, Magier oder Priester, der mit den Geistern, Göttern und Ahnen der Gemeinschaft in Bezug zu stehen vorgibt. Diese „heiligen Männer", kraft ihrer „jenseitigen Kontakte" mit angeblich besonderen Fähigkeiten als Heiler ausgestattet, werden gemeinhin als Schamanen bezeichnet. Der Begriff ist aus der altindischen Gelehrtensprache des Sanskrit abgeleitet und weist auf die Ebene „unterhalb" des Sichtbaren hin (möglich ist auch die Herleitung aus der Sprache der Mandschu, in der „xaman“ soviel wie „wissen“ bedeutet). Mit Hilfe ritueller Tänze, Gesänge und Gebete, mit Trommeln und auch unter Einnahme verschiedener Drogen, versetzt sich der Schamane in eine Art Trance, in der, wie es heißt, seine Seele sich in eine „andere Wirklichkeit“ begebe, um dort Rat und Erkenntnis einzuholen.[2030]

Anfang der 1970er Jahre veröffentlichte der peruanische Schriftsteller Carlos Castaneda (1925-1998) mehrere Berichte über seine angeblich zehnjährige Lehrzeit bei dem indianischen Medizinmann und Zauberer Don Juan Matus. (Inzwischen ist längst erwiesen, daß sich Castaneda diese „Lehrjahre“ anhand von Daten anthropologischer Feldstudien zusammenphantasiert hatte: ein „Don Juan Matus“ hat nie existiert.) Durch seinen Bestseller *Reise nach Ixtlan* wurde die okkulte Welt der Schamanen mit einem Schlag einem breiten Publikum bekannt.[2031] In der Folgezeit erschien eine Unzahl schamanistischer „Lehrbücher“ auf dem Markt, in einer Modewelle ohnegleichen, die zunächst die USA, ab Ende der 1970er auch Westeuropa erfaßte, wurden allenthalben „Schamanenrituale“ und „Schamanenworkshops“ veranstaltet, selbst eigene „Schamanenfestivals“ wurden organisiert, bei denen mehr oder minder „authentische“ Medinzinmänner und Stammesälteste ihre Weisheit kundtaten. Anfang der 1980er sah die Weltgesundheitsorganisation WHO sich gar aufgefordert, Schamanismus in der Behandlung psychischer und psychosomatischer Beschwerden der westlichen Medizin gleichzustellen.

Ende der 1980er ebbte der Schamanismus-Boom etwas ab. Willkürlich zusammengewürfelte Elemente aus verschiedensten Traditionen, von Kritikern als Neo- oder Plastik-Schamanismus bezeichnet, werden allerdings nach wie vor als Begleitung von Therapiegruppen oder in Form eigenständiger Workshops („Elementartrainings“) angeboten. Der Ablauf neoschamanistischer Wochenend-Workshops ist in der Regel genau strukturiert: Es werden unter freiem Himmel rhythmische Gesänge intoniert, es wird getrommelt und getanzt, gelegentlich werden auch „magische Pilze“ (Peyote) oder andere „schamanische Drogen“ (Marihuana) eingenommen. In einer „Visionssuche“ (VisionQuest) nehmen die Teilnehmer u.a. Kontakt zu ihrem „spirituellen Krafttier“ auf. Zu monotonem Trommelrhythmus wird dieses Tier, meist Wolf, Bär oder Adler, getanzt. Auch zu Bäumen oder Felsen kann Kontakt aufgenommen werden. Wesentliches Element neoschamanistischer Rituale ist die „Indianische Schwitzhütte“ (Stone-People-Lodge). In einem mit Decken und Planen bedeckten Weidengestell in Iglu-Form kauern die Teilnehmer nackt um ein Becken glühender Steine, auf die regelmäßig etwas Wasser gegossen wird. Sie harren in diesem oft unerträglich heißen, dampfenden und dunklen Iglu bis zu drei Stunden aus. Die Enge, Feuchtigkeit und Hitze lassen (eigens suggerierte) „Erinnerungen“ an den Mutterschoß entstehen, Gefühle der „Einheit und Verbundenheit“, aber auch des unbedingten Dranges nach Befreiung. Manitou oder Wakantanka werden beschworen: „Großer Geist, hilf mir, meine Versagensängste loszuwerden“ oder „Großer Geist, hilf mir, mehr zu meiner Männlichkeit zu stehen“.[2032] Der enorme Gruppendruck verhindert vorzeitigen Abbruch des „Wandlungsprozesses“ (gelegentlich auch als „Seelenrückholung“ bezeichnet“). Nach der Schwitzhütte findet ein „Sprechkreis“ (Talking Circle) statt, bei dem alle Teilnehmer sich mitteilen können, bei dem aber keinerlei Diskussion oder Rückmeldung erlaubt ist. Einige der Neo-Schamanen setzen - je nach „Kompetenz" - körper- oder gestalttherapeutische Techniken zur Bearbeitung der gemachten Erfahrungen ein. Weitere Neo-Schamanen-Rituale sind das Baden in Eiswasser oder ein ⇨ Feuerlauf über glühende Kohlen.[2033]

Einer der regelmäßigen Veranstalter von Schwitzhüttenritualen ist der „ausgebildete Schamane" Hermann Strohmeier, Gründer und Leiter des *Bärenstamm e.V.* im niedersächsischen Extertal. Seit 1993 gibt es mit *Kreiszeit* gar eine eigene „Fachzeitung", die sich als Forum versteht mithin für „Pflanzen- und Tiergeistmedizin, Druiden und Kelten, Geomantie und die heiligen Plätze der Schamanen, Visionssuche, schamanische Experimente und Techniken, Umgang und Arbeit mit den Urkräften, Chakrentierarbeit, toltekische Magie, Castaneda und Energiearbeit, Huna, Maskenarbeit, Schamanische Reiseberichte aus der alltäglichen und nichtalltäglichen Wirklichkeit, Psychopompos, Seelenarbeit mit Lebenden und Verstorbenen, Netzwerk, Männer- und Frauenarbeit, Schamanenkreise, Workshop- und Seminarberichte, Trommelgruppen, Schwitzhütten, Rituale, (...) Wildniscamps und Aufenthalte".[2034]

Als Eminenz der Szene gilt die amerikanische Ethnologin ⇨ Felicitas Goodman, die, ohne jeden Anflug kritischer Reflexion, ihre Trancebegegnungen mit Tiergeistern und den Geistern verstorbener Schamanen beschreibt. Laut Goodman gehe das Einnehmen bestimmter Körperhaltungen während des Trancezustandes - induziert beispielsweise durch Konzentration auf das Geräusch einer Rassel oder Trommel -, mit jeweils dazugehörigen visionären Einsichten einher. Mittels dieser Haltungen könne man eintauchen in eine „andere Wirklichkeit", die sich eben nur öffne, wenn man dergestalt Einlaß suche.[2035] Im deutschsprachigen Raum zählt zu den (selbsternannten) „TranceexpertInnen" die Münchener Goodman-Schülerin ⇨ Kaye Hoffman, die auf kaum einer Esoterikveranstaltung fehlt, sich inzwischen aber auch Zugang zu durchaus reputierlichen Wissenschaftskongressen verschafft hat.[2036] Auch die (Ex-)Rajneesh-Anhängerin Silvie „Gayan" Winter hält sich für eine Expertin in Sachen „VisionQuest" und schamanistischer Trance. Darüberhinaus gibt es kaum einen Esoterikkongreß, der nicht von einem „Dance of the Deer"-(Hirschtanz-)Ritual des amerikanischen Neo-Schamanen Brant Secunda angereichert würde, der - frappante Ähnlichkeit zu Castaneda - eine angeblich zwölfjährige Lehrzeit bei einem indianischen Medizinmann und Zauberer namens Don Josè Matsuwa in der Nähe von Ixtlan (Mexiko) durchlaufen haben will.

Die einzelnen Bestandteile eines „Schamanen-Workshops" sind für körperlich oder psychisch labile Menschen nicht ohne Risiko. Die Leiter sind in der Regel nicht annähernd qualifiziert, etwaige Probleme bei einzelnen Teilnehmern zu erkennen und entsprechend aufzufangen. Auch hinsichtlich der Kulturanthropologie schamanischer Traditionen haben die meisten Neo-Schamanen keine tiefergehende (geschweige denn kritische) Ahnung, selbst die im deutschsprachigen Raum populären indianischen „Medizinmänner" Harley Swift Deer Reagan, Archie Fire Lame Deer oder Sun Bear (gest. 1992) haben keinerlei traditionelle Ausbildung durchlaufen; ebensowenig der (von Jürgen Fliege in seinem Nachmittagstalk besonders herausgestellte) „Navajo-Schamane" Francis Mitchel. Die von diesen (selbsternannten) Schamanen praktizierten Rituale sind wahllos aus ihrem ursprünglichen Kontext herausgerissen und werden völlig willkürlich eingesetzt. Der Ältestenrat der Lakota-Sioux hat sich 1989 öffentlich gegen derlei „Ausverkauf indianischer Spiritualität durch 'Plastik-Schamanen'" gewandt,[2037] zu denen vor allem auch der von einem Esoterikmarkt zum nächsten tingelnde „Zero-Chief" und Bestsellerautor Hyemeyohsts White Wolf Storm oder der „Inka-Schamane" César Malasquez zählen. Auch nicht-indianische „Schamanen" wie beispielsweise Swift-Deer-Schüler Helmut Christof, alias „Sun-Walker", alias „Berg-Mond-Wanderer", führen entsprechende Workshops durch. Christofs bevorzugtes Programmangebot ist die sogenannte „Gaia-Einweihung", die er in einer „Vision" empfangen haben will. Angeblich handelt es sich dabei um einen der „mächtigsten Heilungs- und Selbstfindungsprozesse (...), wie sie heute nur noch einige Naturvölker kennen. Dieser Prozeß hilft über innere und äußere Grenzen zu gehen und schenkt ein neues Verständnis über Eingebundensein in die Natur." Tatsächlich besteht die Gaia-Einweihung aus nichts anderem als der üblichen Abfolge von Schwitzhütte, Trancetanz, Krafttiersuche etc., verbunden mit ein paar Tantra-Übungen; mäßig originell ist auch Christofs „schamanischer Hanfheilkreis", bei dem in erster Linie ein paar Kalumets (indianische „Friedenspfeifen") die Runde machen.[2038] Der Wert derartiger Veranstaltungen - als Vorreiter, der schon Ende der 1970er rituelle „Begegnungen mit der Sonne" und dergleichen inszenierte, gilt der heute noch aktive Bernhard Langwald (*Regenbogenseminare*)[2039] - liegt bestenfalls in folkloristisch angehauchter Selbsterfahrung. Ein Wochenend-Workshop kostet zwischen 450 und 800 Mark.

Grundsätzlich ist kein traditionelles Schamanen- oder Heilersystem vor den Ausschlächtern der Esoterikszene sicher. Man klaut von Eskimos, Tibetern, Philippinos, Hawaiianern und so weiter, ohne den Hauch wirklichen Interesses an den Menschen, aus deren Kultur man sich bedient. Nicht die Ausbeutung der Indianer in Uranbergwerken interessiert, sondern ihr Medizinrad-Ritual und ihr Sonnentanz.[2040] Vielfach werden „Heiler", „Medizinmänner" oder „Schamanen" extra eingeflogen, um Promotion-Tours anläßlich einer Buchpublikation zu begleiten oder irgendein Zentrum oder eine Heilpraxis mit „höherer Weihe" zu versehen. Keineswegs muß es sich dabei um besonders qualifizierte oder kompetente Vertreter des jeweiligen Kulturkreises oder einer bestimmten schamanischen Tradition handeln, entscheidend sind eher Zufallskontakte und die Bereitschaft der „Heiler", sich entsprechend vermarkten zu lassen. Sie treten in Vorträgen, Seminaren und Workshops auf, meist in originalen Kostümen, und verbreiten den Nimbus magischer Heilkraft. Das wichtigste aber ist: Sie werten die Person oder Gruppe, der sie ihren Exkurs zu verdanken haben, als „Schüler" oder „Adepten" eines „echten Schamanen" ungemein auf; vielfach „autorisieren" sie ihre „Schüler", das jeweilige Heilverfahren eigenständig weiterzubetreiben, gegebenenfalls gar zu lehren. Anbieter exotischer Heilsysteme (Ayurveda, Kahuna etc.) berufen sich durchwegs auf irgendeine Begründer- oder Lehrerfigur, die die jeweilige Praktik mit „Authentizität" versieht - und zugleich gegen Kritik immunisiert: Die Weisung eines „Original-Schamanen" anzuzweifeln, käme für Esoterik-Anhänger einer Gotteslästerung gleich. Seit Jahren organisieren findige Veranstalter auch Pilgerreisen zu philippinischen, brasilianischen oder sonstigen Schamanen und Wunderheilern.

Auch der *Erste Weltkongreß für Psychotherapie*, eine an sich der kritischen Wissenschaft verpflichtete Großveranstaltung in Wien im Sommer 1996, schmückte sich mit einer Truppe sibirischer Schamanen. Deren völlig beziehungsloses Getrommle und Herumgewedele fand größten Zuspruch bei der versammelten Elite akademischer Psychologen. Ausdrückliches Anliegen der Kongreßveranstalter war die Öffnung auch für „nichteurozentristische Sichtweisen", folglich durften selbst Vertreter von ⇨ Naikan und ⇨ Reiki in eigenen Workshops die Werbetrommel rühren.[2041] Eine kritische Auseinandersetzung mit den schamanistischen beziehungsweise parawissenschaftlichen Verfahren fand nicht einmal ansatzweise statt. Trotz aller Kritik an Chefveranstalter Alfred Pritz hatten auch in der Neuauflage des „Weltkongresses" im Juli 1999 wieder Esoteriker jeder Coleur ihren Auftritt: Reiki-Geistheilung wurde im Programm gar als „methodische Innovation" angepriesen.[2042] Auch Margarethe Schreinemakers, ehedem erfolgreichste Talkshow-Moderatorin des deutschen Privatfernsehens, suchte mit Hilfe eines Schamanen Quote zu machen: Sie präsentierte dem gläubigen Fernsehvolk den westafrikanischen Wunderheiler „Papa Elie Hien", der mit magischem Brimborium den Schauspieler und bekennenden Esoteriker Günther Strack geheilt haben wollte: Er, Hien, habe mit der Seele Stracks gesprochen, die bereits aus dessen Körper ausgetreten und nur noch über eine ätherische „Silberschnur" mit diesem verbunden gewesen sei; es sei ihm gelungen, die Seele zur Umkehr zu überreden. Damit sie in Stracks Körper zurückkehren könne, habe er ein in heißes Wasser getauchtes Tuch auf dessen Bauchnabel gelegt: „Die Seele suchte sich den (insofern) vorbereiteten Eingang aus und kehrte durch den Bauchnabel zurück in Günthers Körper. Ohne meine Hilfe wäre er gestorben."[2043] Trotz zusätzlichen Gewedeles mit einem Ochsenschwanzfetisch verstarb Strack kurze Zeit darauf. Ungeachtet dessen reist Hien seither von einer Esoterikveranstaltung zur nächsten, um sich als „Heiler Stracks" feiern zu lassen und als solcher „uraltes afrikanisches Heilwissen" zu verkaufen.

Seit Mitte der 1990er erleben auch Castanedas schamanistische Hirngespinste ein ungeahntes Revival: Ein gewisser Victor Sànchez bereist die Lande, um in „Intensivseminaren" (4 Tage/700 Mark) einer nachgerückten Generation die „Lehre des Don Carlos" zu verkünden. Sànchez, so die Seminarausschreibung, „beantwortet die Suche von Millionen Lesern, die von den Büchern Castanedas fasziniert sind, jedoch nicht die Anleitung und klare Wegweisung fanden, die Essenz seiner Lehren in ihrem Alltag anzuwenden".[2044] Auch Castaneda selbst trat (bis zu seinem Tod im April 1998) nach längerer Pause wieder öffentlich in Erscheinung: In sogenannten „Tensegrity-Workshops" (Kunstbegriff aus: *tens*ion [Spannung] und int*egrity* [Zusammenhalt]) suchte er die „reine Lehre Don Juans" und vor allem dessen „magische Energiebewegungen" (eine Abfolge folkloristisch anmutender Gymnastikübungen) möglichst vielen Menschen nahezubringen. (Für seine Veranstaltung in der Bundesrepublik Ende Juni 1997 wurde eigens die Berliner Max-Schmeling-Halle mit mehreren tausend Teilnehmerplätzen angemietet). Die Nachfolge Castanedas traten seine bisherigen Assistentinnen Florinda Donner Grau, Taisha Abelar, Carol Tiggs und Blue Scout an, die sich als vom Meister selbst ausgebildete „Schamaninnen" verstehen.[2045] Ein „Tensegrity-Workshop" dauert drei Tage und kostet 980 Mark.

Ende 1998 veranstaltete die Gladbecker Geisterpostille ⇨ *Die Andere Realität* mit großem Tamtam einen *Weltkongreß der Indianer und Schamanen*, bei dem man alles aufmarschieren ließ, was nur irgendwie unter dem Fähnchen „Schamanismus“ zu verkaufen war: von (angeblichen) Sioux-, Lakota- und Komanchen-Medizinmännern über (angebliche) Azteken und Inkas hin zu (angeblichen) Stammesheilern aus Nepal, Sibirien, Brasilien und Afrika; selbstredend mit von der Partie: „Berg-Mond-Wanderer“ Helmut Christof, Rainer Holbe und Franz Alt. Aus Australien hatte man eigens zwei „Original Aborigenes“ namens Gnarnayarrahe und Ponjydfljydu eingeflogen, die (wie in einer der unseligen Jahrmarktmenagerien früherer Tage) herumsaßen und auf ihren Didgeridoos bliesen. Parallel zum Kongreßprogramm (dreieinhalb Tage/480 Mark) konnte man bei den anwesenden Schamanen und Medizinmännern auch Einzelstunden buchen (eine Konsultation bei Gnarnayarrahe etwa wurde mit zusätzlichen 260 Mark in Rechnung gestellt[2046]). Mit besonderem Eifer wurde die Idee des Bioregionalismus propagiert (einer Art Öko-Variante völkischer Blut-und-Boden-Ideologie), die seit Mitte der 1990er vor allem in den USA Raum zu greifen beginnt. Zentrales Diktum: Menschen, die in einer Region eingeboren seien, komme dort ein umfassendes „Erstrecht“ (was immer das heißen soll) gegenüber allen Nicht-Eingeborenen zu.[2047]

Auch das oberbayerische Esoterikzentrum ⇨ ZIST steht der neuen Schamanismuswelle aufgeschlossen gegenüber: Thema des Jahreskongresses 2000: „Wanderer zwischen den Welten“, eine Zusammenkunft von (Plastik-)Schamanen jedweder Provenienz und schamanistisch angehauchten Heimat-, Volks- und Völkerkundlern; passenderweise mit Filmbeiträgen aus dem *Max-Planck-Archiv* Irenäus Eibl-Eibesfeldts.[2048]

Ein österreichisches *Institut für kulturübergreifende Studien und Bewußtseins-Training* in Voitsberg bietet seit einiger Zeit eigene Ausbildungsgänge zum geprüften „Euro-Schamanen“ an. Die je einwöchigen Gruppentrainings, die neben dem „Herbeiführen schamanischer Bewußtseinszustände“ vor allem die Vermittlung einschlägiger „Heil- und Mantik-Methoden, Rituale, Zeremonien usw.“ umfassen, kosten pro Teilnehmer rund 1.000 Mark. Eine etwas umfänglichere Ausbildung zum zertifizierten „Schamanischen Berater und Heiler“ wird in neun drei- bis fünftägigen Workshops durchgeführt. Der angehende Heiler wird hierbei nicht nur in „schamanischen Reisemethoden“ sowie im „Rufen von und Umgang mit Helfer- und Schutzwesen“ unterwiesen, sondern auch in Aroma-, Bach-Blüten- und Edelsteintherapie, Tarotkartenlesen sowie „psychodynamischer Körper-, Emotions- und Energiearbeit“. Kosten: rund 4.000 Mark.[2049] Unnötig zu erwähnen, daß das von Institutsleiter Werner Kosmus (eigenem Bekunden zufolge „initiierter philippinischer Geistchirurg“[2050]) verliehene Heiler-Zertifikat rechtlich zu nichts befugt.

Im Ausschlachten stammesgesellschaftlicher Traditionen greift man bevorzugt auch deren musikalisches Erbe ab. Inzwischen sind CDs aus jeder nur erdenklichen kulturellen Ecke auf dem Markt, die zur atmosphärischen Untermalung von Workshops und Therapiesitzungen verwendet werden. Besonders geeignet, „Naturverbundenheit“ und „Spiritualität“ zu suggerieren, erscheint vielen Veranstaltern wohl der sogenannte „Kattajaq“, ein mit monotonem Trommelrhythmus unterlegter Singsang kanadischer Inuit-Eskimos.[2051] Im Grunde jedoch herrscht völlige Beliebigkeit: Was immer Volksmusiktraditionen hergeben, wird von der Esoterikszene vereinnahmt, ob nun südamerikanische Flöten- oder keltische Harfenmusik, ob koreanisches Trommelritual, arabische Lauten- oder indische Sitarklänge. Vielfach wird alles zusammengerührt zu nichtssagenden Klanggebilden, die unter bedeutungsschwangeren Titeln wie „Divine Harmony", „Cosmic Consciousness" oder auch „On the other Side of the Rainbow" auf den Markt geworfen werden. Tausende einschlägiger CDs sind auf dem Markt, eine Scheibe banaler als die nächste. Zu den produktivsten Herstellern musikalisch einander weitgehend identischer CDs zählt der Szenemusiker Edwin „Gomer" Evans, der für jede Streßsituation eigene „Entspannungs"klänge andient: für schreiende Babies, genervte Mütter, überspannte Manager; daneben führt er sternzeichenspezifische „Kompositionen" im Angebot.

5.45.1. Wilde Männer

In Gruppen sogenannter „Wilder Männer" (Wild-Men-Camps), die sich auf die Schriften des amerikanischen Szeneautors Robert Bly berufen, werden neo-schamanistische Rituale zur Rückbesinnung auf das „wahre Mann-Sein" veranstaltet.[2052] Zivilisations- und beziehungsgeschädigte Mittelschichtler, die meisten zwischen 30 und 45 Jahren, begeben sich auf die Suche nach ihrem verlorengegangenen (vermeintlich) „Eigentlichen", das ihnen als stark, triebhaft, heldenhaft und archaisch vorgaukelt. Durch Bürohockerei, gesellschaftliche Zwänge und vor allem durch die Emanzipation der Frauen, so Bly, sei der Mann um seine wahre Männlichkeit gebracht worden, er sei zum „Softie" verkommen, der wieder lernen müsse, „sein Schwert zu erheben und zu zeigen".[2053] Hierzu robben die Männer am Wochenende durch den Wald, beschmieren sich und einander mit Dreck, trinken Bier, trommeln und tanzen durch die Nacht.

Hauptveranstalter im deutschsprachigen Raum ist der Italo-Amerikaner John Bellichi, der den angehenden „neuen Männern" mit Sprüchen aufwartet wie: „Männliche Liebe heißt rauslassen, also geht immer nach außen. Eure Liebe ist euer Schwanz, euer harter, großer Schwanz."[2054] Als Vorbilder dienen Winnetou, Sigurd, Tarzan, Old Shatterhand, Prinz Löwenherz, auch Samuraikrieger und die U.S. Marines.[2055] Am Lagerfeuer und in der indianischen Schwitzhütte kommt man sich näher, es folgen Erörterungen des Sexuallebens, nackte Ringkämpfe, ein paar aus der Gestalttherapie abgekupferte Übungen mit Beschimpfung von Vater- und Mutterpuppen. Ein abschließender „Initiationsritus" zur Stärkung des Egos entläßt die neugeborenen „Wilden Männer" nach Hause mit der eingehämmerten Direktive: „Ihr werdet euren Frauen sagen, daß ihr der Boss seid!"[2056] Ein Wild-Men-Wochenende kostet rund 850 Mark. (Im Rahmen eigener „ProjektB"-Workshops gibt Bellichi Einführung „in die sinnliche Fülle einer kultivierten Erotik" [was immer das aus seiner Sicht heißen mag].[2057])

Auch die Therapieseminare des fränkischen Sozialpädagogen Günther „Sepp" Schleicher stellen auf die Sehnsucht zivilisationsgeschädigter Mittelschichtler nach „Naturerleben" und „Eigentlichkeit" ab. In Indianerzelten und Wohnwagen leben die Gruppenteilnehmer für einige Zeit „in freier Natur" zusammen und werden dabei in „Sitzungen ums Lagerfeuer" mit verschiedensten therapeutischen Techniken konfrontiert (Hypnotherapie, NLP, Meditation, Familienaufstellung nach Hellinger u.a.). Wesentlicher Bestandteil der Schleicher-„Therapie“ ist der Kontakt zu einer Herde eigener Islandponys, auf denen „Wanderritte zu den heiligen Plätzen unserer Vorfahren durch unberührte Mittelgebirgslandschaft“ unternommen werden: „Reitend in Einklang sein“. Zwei Wochen künstlicher Zeltlager-Romantik kosten rund 2.100 Mark.

Schleicher, seit Anfang der 1980er im Psychogeschäft zugange, steht seit je in der Kritik. Die Sektenberatungsstelle Bamberg/Eichstätt weist nicht nur auf seine mangelnde therapeutische Qualifikation hin (angeblich ist er Heilpraktiker), sondern auch auf die sektoide Struktur seiner 200 bis 300 Personen umfassenden Anhängerschaft („Seppianer“): Diese müsse sich seine Gunst unter anderem durch das Tragen einheitlicher Kleidung sowie den Kauf von Pferden erwerben.

Neuerdings bezeichnet er sich und seine Gefolgsschar als „Samain“; es sei dies ein aus keltischer Mythologie stammender Begriff für die (Halloween-)Nacht vom 31. Oktober auf den 1. November, in der, so Schleicher, „die Menschen sich trafen, um ihrer Sehnsucht nach dem Einssein zu folgen“.[2058] Was das heißen soll, erfahren seine Adepten in aller Unmißverständlichkeit: Schleicher sieht sich als Vertreter einer „natürlichen Ordnung“, er warnt vor einer „allgemeinen Gleichmacherei von Mann und Frau“, vor dem „Sumpf von Ideologien und falschverstandener Gleichberechtigung“. Konsequenterweise bietet er Therapieseminare an zur Frage: „Was ist ein ‘richtiger’ Mann, eine ‘richtige’ Frau und wann erleben wir uns ‘in Ordnung’ als Mann und Frau?“, deren Ziel es sei, „mehr zu sich, zu seinen ‘typisch männlichen’, ‘typisch weiblichen’ Impulsen zu stehen, als zu ideellen Vorstellungen. Ein sehr mutiger Weg, nicht aus Angst, ein ‘Macho’ zu sein, nicht aus Angst, ein ‘Weibchen’ zu sein, entdeckte Eigenheiten zu unterdrücken.“[2059]

Derlei ultrareaktionäre Anschauung wird von seiner Anhängerschaft unkritisch weitergeführt. Die Schleicher-Schüler Leonhard Oesterle und Gerhard Linhard etwa kündigten einen „Männer-Workshop“ folgendermaßen an: „Bedingt durch die Entwicklung in diesem Jahrhundert ist dem modernen Menschen das Verständnis für natürliche Ordnung abhandengekommen. So sieht sich der Mann immer mehr als Individuum statt als Teil einer Gemeinschaft. Dadurch entsteht eine innere und äußere Vereinsamung, die zum Chaos führt: Verlust von Würde, Homosexualität, Sinnlosigkeit, Süchte, Arbeitswut, Potenzprobleme, verzerrte Beziehungswerte. In diesem Männerworkshop wollen wir herausfinden, wie wir als Männer wieder in Ordnung kommen können.“[2060]

> Ganz auf dieser Linie liegt auch Schleicher-Adept Kalle Vogt, der sich Anfang der 1990er als Gründer und Leiter der *Nürnberger Anmachschule* hervortat, in der in Wochenendseminaren und mit praktischen Übungen Männer lernen sollten, Frauen erfolgreich „anzumachen“: „Lernen Sie Ihren Willen kreativ einzusetzen!“ Aus dem Programm des knapp 3.000 Mark teuren Kurses: „Erste Kontakte mit Frauen und Anmachübungen ‘in freier Wildbahn’ (...). Sie erkundigen sich in der Fußgängerzone bei einer Frau nach der Uhrzeit. (...) Sie schenken einer attraktiven Frau Ihrer Wahl eine Rose (...). Sie laden in einem Café die schönste Frau zu einem Getränk ein (...). Die Übungen werden teilweise in Begleitungsstunden von erfahrenen Anmachlehrern

betreut (...). Auf geht's Männer! Die Welt ist voll mit tollen Frauen. Sie müssen nur aktiv werden. Wie, das zeigen wir Ihnen mit unserem bewährten Trainingsprogramm." Nach heftigem Widerstand verschiedener Nürnberger Frauengruppen sowie der Frauenbeauftragten der Stadt mußte Vogt seine Anmachschule bald wieder schließen. (Feministischer Widerstand ist inzwischen zur Seltenheit geworden: Seit Mitte der 1990er haben sich zahllose „Flirtschulen" in bundesdeutschen Großstädten etabliert, deren jeweiliges Konzept nicht weniger reaktionär ist als das Vogtsche.)

Ungeachtet aller Kritik an Schleicher, Oesterle und Co: Anfang 1999 widmete die Szenezeitschrift *Esotera* den fränkischen Naturordnungsvertretern ein fünfseitiges Werbeporträt.[2061]

Nicht unerwähnt bleiben dürfen auch die sogenannten „pumah"-Männerjahresprojekte der Hamburger „Persönlichkeitstrainer" Sebastian Jung und Roger le Beherec, die, über ein Jahr verteilt, in sieben Wochenenden und einem einwöchigen Intensiv-Camp, zu „wahrer männlicher Identität" hinzuführen versprechen: zur „Überprüfung alter Glaubenssätze, Neubelebung energetisch unterversorgter Bereiche des Körpers, Ausdruck verborgener Gefühle" und vor allem zur „Neuerweckung der archetypischen Energien von König, Krieger, Magier und Liebhaber". Das pumah-Angebot (= *p*ersönlichkeitsentwicklung *u*nd *m*änner*a*rbeit *h*amburg) versteht sich insofern als „Integration zwischen Coaching, Persönlichkeitstraining und therapeutischer Arbeit".[2062]

Auf die Spitze getrieben wird die „Wild-Men"-Bewegung in der sogenannten „Urzeittherapie" nach Franz Konz, einem in Wochenendseminaren veranstalteten *Outdoor*-Spektakel, bei dem die Teilnehmer, genau nach Vorgabe, allerlei „Primatenverhalten" an den Tag legen: brüllen wie Gorillas, Ästeschlagen wie Schimpansen, auf Bäume klettern wie Orang Utans und dergleichen mehr: vom neurotisch verbogenen Homo sapiens (?) zurück zum vermeintlich ursprünglichen Australopithecus. Der selbsternannte Naturheiler Konz (*1927), ein ehemaliger Steuerinspektor, will mit derlei Freisetzung „urzeitlicher Energien" jedwede Krankheit in den Griff bekommen, Krebs etwa verspricht er in acht Wochen zu kurieren. Ende der 1980er schon bekam er ein Verfahren wegen Verstoßes gegen das Heilmittelwerbungsgesetz an den Hals, das allerdings sang- und klanglos eingestellt wurde. Konz' Seminare haben inzwischen Kultstatus gewonnen, seine Anhängerschaft umfaßt Zigtausende. Ein Wochenende Gorillageschrei nebst Verzehr von Gräsern und Blättern kostet 450 Mark.[2063]

5.45.2. Hexen

In weitestem Sinne sind auch die „Hexen" der New-Age-Esoterik der Neoschamanen-Szene zuzurechnen. Eine der Vorreiterinnen der Bewegung ist die Amerikanerin Miriam Simons (*1951), bekannt unter ihrem Hexennamen „Starhawk", die sich als Verfechterin einer ausdrücklich „weiblichen Spiritualität" versteht.[2064] Hierzu veranstaltet sie weltweit Workshops und Rituale, auf denen sie, teilweise mit hunderten von Teilnehmerinnen, einen gleichermaßen antiklerikalen wie synkretistischen „Kult der Großen Göttin" zelebriert. Ihre Vorstellungen eines „ökofeministischen" Umbaus der Gesellschaft - mit dem Anbruch des Wassermannzeitalters seien „männliche" Strukturen, wie sie für das vorhergehende Fischezeitalter maßgebend gewesen seien, sukkzessive durch „weibliche", sprich: höherwertige, zu ersetzen

(⇨ *Renaissance des Übersinnlichen*) - entsprechen den magischen Hexenritualen, mittels derer sie diesen vorantreiben will: „In Zeiten wenn man schwere Verantwortung übernimmt", sei es sinnvoll, folgende Übung täglich auszuführen: „Fülle einen Becher mit Wasser (...). Füge drei Prisen Salz hinzu und rühre gegen den Uhrzeigersinn um. Setze Dich hin. Mit dem Becher in deinem Schoß. Laß Deine Ängste, Sorgen, Zweifel, Haßgefühle und Enttäuschungen in Dein Bewußtsein treten. Betrachte sie als schwarzen Strom, der beim Atmen aus Dir herausfließt und von dem Salzwasser im Becher aufgelöst wird. (...) Nun hebe den Becher empor. Atme tief und fühle, wie Du Kraft aus der Erde ziehst. Laß die Kraft in das Salzwasser fließen, bis Du Dir bildlich vorstellen kannst, wie es in weißem Licht erglüht. Nippe an dem Wasser. Wenn Du es auf der Zunge spürst, wisse, daß Du die Kraft zu reinigen und zu heilen aufgenommen hast. Furcht und Kummer wurden verwandelt in die Kraft der Veränderung."[2065] Mit ökologischer und/oder feministischer Verantwortungsübernahme - wofür auch immer - haben derlei Hexenrezepte natürlich nicht das geringste zu tun. Zu den Wortführerinnen im deutschsprachigen Raum zählt eine gewisse Judith Jannberg, alias Gerlinde Schilcher, die ihr Hexenwesen in einem ausdrücklich männerfeindlichen Sexismus begründet: Sie hält Männer für „das Böse" an sich, schöpferische, lebenserhaltende Kräfte seien allein den Frauen zueigen.[2066]

Angebliche Heilrituale oder Rituale zum Finden oder Wiederzusammenführen von Partnern, wie sie von zahllosen selbsternannten „Hexen" - meist zu Vollmond ⇨ *Lunatismus* - gegen teures Honorar veranstaltet werden, sind reine Beutelschneiderei (auch wenn sie in einschlägigen Zentren, beispielsweise der *Schwarzen Hecke* in Bad Münstereifel, als „Wiedererweckung matriarchaler Kultur" gepriesen werden[2067]). Die „magischen" Rituale, unabhängig davon, ob sie selbsterfunden sind oder irgendwelchen Überlieferungen entstammen, bewirken überhaupt nichts; desgleichen sind „schwarzmagische" Verwünschungen, Behexungen oder Voodoozaubereien reiner Aberglaube. Amulette oder Talismane, gleichgültig, welchem kulturellen Kontext sie entstammen, schützen vor und helfen gegen *gar nichts*.

Bei den über zahllose Werbeanzeigen in einschlägigen Blättern angepriesenen Dienstleistungen schutz-, glücks-, geschäfts-, liebes-, wohlstands- oder heilmagischer Art, wahlweise auch der Befreiung von magischen Einflüssen und Behexungen anderer, handelt es sich um objektiv nicht erbringbare Angebote: Entsprechende Vereinbarungen (auch hinsichtlich der Honorarzahlung) sind allemal nichtig. Vielfach kann auch von Sittenwidrigkeit und/oder Betrug gesprochen werden. (So ist etwa ein Vertrag über „Partnerzusammenführung" durch den Einsatz hexerischer oder sonstig magischer Kräfte unwirksam, weil undurchführbar [§§ 812 (1), 818 (2) BGB]; wäre er durchführbar, wäre er sittenwidrig [§138 (1) StGB].[2068]) Es spielt dabei keine Rolle, daß ein großer Teil der AnbieterInnen - vornehmlich die in TV-Talkshows oder auf Esoterikmessen auftretenden „Hexen" - auffällige psychiatrische Symptomatik zeigt und insofern vielfach einen nur eingeschränkt rechtsfähigen Eindruck erweckt[2069] (⇨ *Gerichte contra Scharlatanerie*). Interessant ist insofern auch ein Blick in das Mitteilungsblatt der (professionellen) Hexenszene: *Wicca-Brief: Magazin für Hexenglauben*.

Das Vorgaukeln magischer Kräfte ist im übrigen als zynische Geschäftemacherei mit den Ängsten und Anliegen hilfesuchender Menschen zu werten. Kriminell wird es, wenn durch schamanisch-hexerische „Behandlung" eines Leidens dessen fachliche Diagnose vernachlässigt und dadurch eine angemessene Therapie versäumt wird.

Der unter dem Stichwort ⇨ Runen bereits angeführte Frankfurter *Yggdrasil-Kreis e.V.* versteht sich neben seiner neuheidnischen Germanen- und Keltentümelei ausdrücklich auch als „Hexenkonvent", der seine Mitglieder in allerlei obskurante Praktiken („Ohmen und Weissagung", „Aura und Astralwandern", „Bardische Magie" [nebst „Magia Sexualis"], „Amulett und Binderune" etc.) einweiht; der als gemeinnützig anerkannte (d.h. steuerbefreite) e.V. gibt hierzu entsprechende Fernlehrgänge sowie unter dem Titel *Abraxas* auch eine eigene Hexenzeitschrift heraus. Auf dem sogenannten *Hof Arkuna* im Taunus werden regelmäßige Kulttreffen veranstaltet (Hexentänze, Mondrituale, Zauberkreise etc.), zu denen Nicht-Mitglieder keinen Zugang haben. Film-, Photo- und Tonbandaufnahmen sind strengstens verboten.[2070]

Als publizistischer Hauptvertreter der Hexen- und Magierszene gilt der in Berlin ansässige *Richard Schikowski*-Verlag, der neben den *Magisch-Okkulten Unterrichtsbriefen* Johannes Balzlis oder H.E. Douvals gesammelten *Büchern der praktischen Magie* u.a. auch die Klassiker von Papus *(Die Grundlagen der okkulten Wissenschaft)*, Richard Cavendish *(Die schwarze Magie)* oder Gregor Gregorius *(Satanische Magie)* herausgibt. Zu beziehen sind die *Schikowski*-Werke mithin über den Nürnberger ⇨ *Andromeda*-Versandbuchhandel.

5.46. Silva-Mind-Control

Silva-Mind-Control stellt sich als „universelle Methode zur Steigerung der Kreativität und Leistungsfähigkeit des menschlichen Gehirns" vor. Entwickelt wurde die Methode in den frühen 1950ern von dem Texaner José Silva (*1914). Begeistert von dem seinerzeit in den USA herrschenden pseudowissenschaftlichen Interesse an Phänomenen außersinnlicher Wahrnehmung, führte er selbst, vor allem an seinen Kindern, einschlägige Experimente durch. Als gelernter Elektroinstallateur konstruierte er verschiedene Apparaturen, mittels derer er angeblich Gehirnströme messen konnte. Aus seinen Experimenten leitete Silva eine Methode zur Beeinflussung der Gehirnfunktionen ab, die er Silva-Mind-Control nannte.

Silva-Kurse wurden in den frühen 1960ern in fast allen westlichen Ländern veranstaltet. Der Zulauf war enorm. Bald wurde das Training standardisiert: Die Kurse umfaßten exakt vierzig Ausbildungsstunden, verteilt auf vier Tage. Angeblich haben Millionen Menschen weltweit das Silva-Mind-Control-Training absolviert. Mit dem Aufkeimen der New-Age-Bewegung und der damit einhergehenden Entwicklung einer Vielzahl an „bewußtseinserweiternden" Methoden verlor sich Mitte der 1970er das Interesse an der eher banalen Methode Silvas. Durch eine Neuauflage der Original-Texte Anfang der 1990er erlebte Silva-Mind-Control eine unerwartete Wiedergeburt.

Silva glaubte, bei seinen Experimenten festgestellt zu haben, daß im Gegensatz zum normalen Wachbewußtsein das Gehirn in entspanntem Zustand besondere Wahrnehmungs- und Problemlösefähigkeiten freisetze. Er entwickelte eine simple Autosuggestionstechnik, diesen Zustand bewußt herbeizuführen: „Schließen Sie die Augen und blicken Sie in einem

Winkel von 20 Grad nach oben". Alleine diese Augenstellung veranlasse das Gehirn, „Alphawellen" und damit ein „meditatives Bewußtsein" zu erzeugen. „Dann zählen Sie langsam, mit Abstand von ungefähr zwei Sekunden, von einhundert bis eins zurück (...). Wenden Sie die Rückzählmethode von einhundert bis eins zehn Tage lang jeden Morgen an. Dann zählen Sie je zehn Tage lang von fünfzig bis eins, von fünfundzwanzig bis eins, von zehn bis eins und schließlich von fünf bis eins." Um aus dieser Entspannung oder leichten Trance wieder herauszukommen, lehrt Silva: „Wir sagen uns innerlich: 'In einem Augenblick werde ich langsam bis fünf zählen: Eins - zwei - drei - ich bereite mich auf die Augenöffnung vor - vier - fünf - Augen offen - ich bin hellwach und fühle mich viel besser als zuvor.'"[2071]

Zusätzlich zu dieser Basistechnik werden Elemente aus der ⇨ katathymen Tagtraumarbeit sowie des ⇨ Positiven Denkens eingesetzt.[2072] Silva schrieb seinem Verfahren zahllose medizinische und vor allem psychotherapeutische Heileffekte zu: Durch seine Mind-Control-Technik ließen sich nicht nur Streßsituationen jeder Art mühelos überwinden, sondern auch schwere psychiatrische Erkrankungen, vor allem Depression. Intelligenz, Intuition und Kreativität ließen sich verbessern, Politiker und Wirtschaftsmanager könnten ihre „Führungsqualitäten mehr als verdoppeln".[2073] Als ganz besonders erfolgreich habe sich die Methode bei Nikotin-, Alkohol- oder sonstigen Drogenproblemen erwiesen. Überdies werde durch Silva-Mind-Control die Fähigkeit zu außersinnlicher Wahrnehmung, zu Hellsehen oder zu Geistheilung gesteigert. Für all diese Behauptungen gibt es bis heute keinerlei ernstzunehmenden Beleg. Bestenfalls tritt in der Übung der Autosuggestionstechnik ein gewisser Entspannungseffekt ein. Einem Vergleich mit anderen Autosuggestivmethoden wie etwa dem Autogenen Training kann Silva-Mind-Control allerdings nicht ansatzweise standhalten.

5.47. Subliminal-Kassetten

Lebenshilfe vom Tonband (bzw. von der CD oder neuerdings über eigene PC-Programme) gilt seit Mitte der 1980er als Dauerrenner. Millionen werden umgesetzt mit Kassettenprogrammen zu jedem nur erdenklichen Problem. Zu den Marktführern der Branche zählt der Münchner Heilpraktiker Erhard F. Freitag (⇨ *Positives Denken*), der dutzende verschiedener Titel im Angebot führt.

> Das Programm „Ruhig schlafen" etwa wartet in endloser Folge mit „positiven Suggestionen" auf wie: „Ich schlafe leicht ein ... mein Schlaf ist gut, friedlich und erholsam ... Schlaf ist gut..." undsoweiter. Weitere Verkaufshits Freitags: „Angstfrei leben" („Ich bin stark ... ich bin ruhig ... ich bin tapfer..."), „Frei von Streß" (Ich bin voller Friede ... ich mag mich ... ich ruhe in mir..."), „Selbstheilung" („Ich habe Kraft ... ich bin gesund ... ich bin ein Kind Gottes...") oder auch „Wohlstand" („Meine Energie sammelt sich in Geld ... Geld ist gut ... ich werde ein Magnet, der Wohlstand anzieht...").[2074]

Die „theoretische Grundlage" derartiger Suggestionsprogramme per Tonband basiert auf der Vorstellung, das menschliche Gehirn funktioniere gleich einer relativ simplen EDV-Anlage: Von Geburt an würden hier sämtliche Eindrücke gespeichert, ganz unabhängig davon, ob sie kognitiv registriert wurden oder nicht. Aus dem Insgesamt dieser Daten bestimme sich

Lebenseinstellung und Verhalten des Menschen. Nur ein verschwindend geringer Teil der aufgenommenen Daten dringe indes je ins Bewußtsein, deren größter Teil verbleibe unbewußt. Der Mensch werde folglich im Wesentlichen durch Impulse aus seinem Unterbewußtsein gesteuert.

Die „Datenbank des Unterbewußtseins" sei nun aber häufig „negativ codiert". Nicht verarbeitete schlechte Kindheitserfahrungen hätten zu unbewußten Grundmustern geführt („Ich bin dumm", „Ich werde es nie zu etwas bringen", etc.), die das ganze Leben negativ vorprogrammierten. Es gelte, solch negative Codierung zu löschen und das Unterbewußtsein positiv umzuprogrammieren. Suggestive Formeln, häufig wiederholt, seien hierzu das wirkungsvollste Mittel.[2075] Sehr hinderlich stünde allerdings solcher Neuprogrammierung via Suggestion das Wachbewußtsein im Wege, der kritische Verstand. Gleichfalls determiniert durch die negative Codierung des Unterbewußtseins lasse der Verstand nur solche Vorstellungen und Gedankeninhalte eindringen, mit denen er übereinstimme. Positive Suggestionen würden von daher schlechterdings zurückgewiesen. Eine positive Neuprogrammierung sei also nur unter Umgehung des kritischen Wachverstandes möglich. Man müsse einen Weg finden, das Unterbewußte direkt anzusprechen.[2076]

Als Ergebnis jahrzehntelanger Forschungsarbeit, wie es heißt, sei es letztendlich gelungen, solche Möglichkeit zu entwickeln: Mittels modernster Computer-Technologie sei man in der Lage, Tonbandkassetten herzustellen, deren „positive Botschaft" nur vom Unterbewußtsein wahrgenommen werden könne. Vordergründig höre man auf solchen Kassetten lediglich Entspannungsmusik, Klassik etwa à la Clayderman oder synthetische Sphärenklänge; wahlweise auch Naturgeräusche wie das Plätschern eines Baches oder Vogelgezwitscher. Unterschwellig (= subliminal) indes würden die „positiven Botschaften", unhörbar der Musik oder den Geräuschen unterlegt, direkten Einfluß auf das Unterbewußtsein nehmen und dort „krankmachende Denkstrukturen" durch „aufbauende Gedanken" ersetzen. Dergestalt sei es möglich, jede nur erdenkliche Störung sozusagen „von innen heraus" anzugehen. *Subliminal tapes*, so verkünden deren Hersteller denn auch mit großem Gestus, seien nichts weniger als das „psychologische Äquivalent zum Penicillin".[2077]

Positivdenker Freitag hat sein Programm mittlerweile komplett auf *subliminal tapes* umgestellt. Selbstredend verkauft er - im Doppelpack mit den *subliminals* - nach wie vor auch seine Bänder mit den hörbaren Suggestionen, obgleich diese von der Kassettenbranche selbst *ad absurdum* geführt wurden, die, eigenen Worten zufolge, gerade der Wirkungslosigkeit supraliminaler (= hörbarer) Suggestionen wegen den enormen Forschungsaufwand zur Entwicklung subliminaler (nicht-hörbarer) Bänder betrieben habe. Logik scheint nicht die Stärke der Branche zu sein: Es sind auch Kassetten im Handel, die die jeweiligen Suggestionen hörbar auf der einen und subliminal auf der anderen Seite anbieten; selbst Bänder, die mit hörbaren und nicht-hörbaren Suggestionen gleichzeitig aufwarten, sind erhältlich.

Insgesamt finden sich heute weit über 200 subliminale Tonband-Programme auf dem deutschsprachigen Psycho-Markt, hergestellt und vertrieben von einer Handvoll aus dem Bereich der „esoterischen Lebenshilfe" einschlägig bekannter Verlagsunternehmen. Für jedes Problem das passende *tape:* Von A wie Akne bis Z wie Zucker (Diabetes) gibt es kaum eine

Erkrankung, für die nicht etwa „Lebenslehrer" ⇨ Kurt Tepperwein ein passendes Subliminal-Programm auf Lager hätte. Ob Probleme mit der Bandscheibe oder mit Gallensteinen, mit Ischiasnerv, Krampfadern, der Leber, dem Magen oder der Prostata: alles kein Problem für das Tepperweinsche „Gesundheitsprogramm der Zukunft". Selbst schwere Störungen wie Asthma oder Eß- beziehungsweise Magersucht ließen sich per Tonband mühelos in den Griff bekommen. Natürlich auch Drogenabhängigkeit jeder Art: „Befreien Sie sich durch die positiven Suggestionen dieser Kassetten."[2078] Viele Themen überschneiden sich bei den einzelnen Herstellern. Exklusiv bei der Firma *Trance:* „Selbsthypnose-Kassetten" gegen Nägelbeißen, Haarausfall und Impotenz.[2079]

In erster Linie freilich verstehen sich die *subliminal tapes* als therapeutische Hilfestellung für Probleme rein seelischer Art. Die breitgefächerte Palette der rund dreißig Subliminal-Programme von *Potential Unlimited* reicht von „Hilfe bei Depression" („Mein Leben begeistert mich") und bei „Migräne" („Mein Kopf ist ganz klar") bis hin zu „Überzeugend sprechen" („Was ich sage hat Gewicht") und „Verkaufsstärke" („Jeder Kunde fühlt sich durch meine positive Ausstrahlung angezogen"). Auch kniffelige Fragen, „Wie man Liebe anzieht" etwa, werden subliminal beschieden: „Je mehr ich mich selbst mag, desto mehr mögen mich die anderen." Vergleichbar profunde Auskunft erhält man auf der Suche nach dem „Spirituellen Lebensweg": „Ich schaue nur nach vorne. Mein inneres Licht führt mich."[2080]

Erwähnenswert das subliminale „Selbstentfaltungs-Programm" des Freiburger Esoterik-Konzerns *Bauer.* Fünf Kassetten decken hier „sämtliche Erfordernisse" ab („Freude und Lust am Leben", „Innere Ruhe und Frieden finden" etc.). Für Sonderprobleme gibt es zwei weitere Drei-Kassetten-Programme, mittels derer man sein Liebesleben neu codieren („Eifersucht überwinden", „Glückliche und sexuell befriedigende Beziehungen") oder sich auf „wachsenden finanziellen und materiellen Wohlstand" programmieren kann.[2081]

„Un-erhört wirksam" seien die unhörbaren Botschaften an das Unterbewußtsein, so schwärmt, in penetrantem Herumreiten auf diesem vermeintlich ganz besonders originellen Wortspiel, der *Bauer*-Verlag in seinem Monatsheft *Esotera* von den eigenen Produkten. Wie *Esotera* betont, habe das Bauersche Subliminal-Programm ganz entscheidenden Vorteil gegenüber den Kassetten anderer Hersteller. Die unterlegte Musik etwa sei dem „Rhythmus des Herzschlages angepaßt" und öffne daher die Bereitschaft des Unterbewußtseins zur Informationsaufnahme. Die Frage, *wessen* Herzrhythmus die für die Kassetten verwendete New-Age-Musik denn angepaßt sein soll, verblaßt völlig angesichts der hymnischen Selbstverklärung in den Werbeprospekten: Von „kosmischer Klangmagie" ist da die Rede, von „phantastischen Oratorien, die das Bewußtsein in lichtere Kristallwelten erheben: Auf hell strahlenden Klängen in paradiesische Sphären. Eine Musik, die Sie hinaufschwingen läßt ins Reich der Engel." Wie *Esotera* den Leser weiter belehrt, könne „Musik infolge ihrer abstrakten Natur das Ego und die intellektuellen Kontrollen umgehen." Sie sei daher in der Lage, „direkten Kontakt zu tieferen Gehirnzentren" aufzunehmen und dergestalt zu einer „Harmonisierung der beiden Hirnhälften" beizutragen. Solch angestrebter „Hirnharmonisierung" trage zudem die ganz besondere Darbietung der unterschwelligen Suggestionen Rechnung: „Sie werden in der Ichform von einer Frau gesprochen und wenden sich so an den weiblich-intuitiven Teil in uns, sodann in der Duform abwechselnd von einer Frau und einem Mann, was dem Elternimago entspricht."[2082] Wären die Botschaften hörbar, könnte man (angeblich) folgendes vernehmen:

> Frauenstimme: „Ich fühle mich warm, sicher und geborgen"
> Männerstimme: „Du fühlst dich warm, sicher und geborgen"
> Frauenstimme: „Du fühlst dich warm, sicher und geborgen"
> Frauenstimme: „Heute sage ich ja zur Liebe"
> Männerstimme: „Heute sagst du ja zur Liebe"
> Frauenstimme: „Heute sagst du ja zur Liebe"
> undsoweiterundsoweiter.

Eine weitere Besonderheit des *Bauer*-Programmes sei, daß die - unhörbaren - Botschaften mittels eines sogenannten „Zeitrafferverfahrens" auf 2,3-fache Geschwindigkeit beschleunigt würden („Donald-Duck-Effekt"), was die Aufnahmekapazität des Bandes beträchtlich erhöhe. Man könne so auf jeder Kassette „circa 1000 positive, wohltuende und evolutionär lebensbestärkende Suggestionen"[2083] unterbringen. Es handle sich dabei selbstverständlich um jeweils nur einige wenige Formeln, die ständig wiederholt würden.

Ernstzunehmende Belege für die „un-erhörte Wirksamkeit" der *subliminal tapes* bleiben deren Hersteller bis heute schuldig. Wie üblich in diesem Genre werden stattdessen „Dankesbriefe begeisterter Kunden" angeführt („'Ich konnte sofort eine erstaunliche Wirkung feststellen', schreibt Frau L. aus W."). Behauptungen Freitags, bei nicht weniger als 88% der Teilnehmer einer (nicht näher bezeichneten) „Langzeitstudie" seien nach entsprechend häufigem Hören der Kassetten (über 90mal) „eindeutig positive Resultate" zu verzeichnen gewesen,[2084] müssen als ebenso unsubstantiiert gelten, wie Angaben in *Esotera* über eine Versuchsreihe mit einer Gruppe von Alkoholikern, der mehrmals täglich ein subliminales Anti-Alkohol-Programm vorgespielt worden sei: Nach drei Monaten sei der Alkoholkonsum dieser Gruppe nur noch halb so hoch gewesen, wie der in einer Kontrollgruppe.[2085] Nachfragen bei den Herstellern der Kassetten-Programme um detailliertere Informationen über die angeblichen Erfolge blieben durchgängig unbeantwortet. Auch Nachforschungen über zwei Untersuchungen an einem *Center for Independent Research* in Pennsylvania, auf die Freitag sich bezieht,[2086] blieben ohne Ergebnis: Ein Center dieses Namens konnte in den USA nicht ausfindig gemacht werden.

Zur Unterstützung all der tönernen Argumente, mit denen die angebliche Wirksamkeit der *tapes* plausibel gemacht werden soll, verweisen deren Hersteller stets und in großer Suada auf tatsächlich seit Jahrzehnten in den USA durchgeführte wissenschaftliche Untersuchungen über subliminale Beeinflussungsmöglichkeiten. Deren Ergebnisse werden indes ebenso verschwiegen, wie der Umstand, daß es sich bei diesen Untersuchungen ganz ausschließlich um visuelle Beeinflussung handelt und sie von daher für die zur Rede stehenden Fragen auditorischer Beeinflussung gar nicht von Relevanz sind.

1956 machte in den USA ein gewisser James Vicary, seines Zeichens Marktforscher, Furore mit der Behauptung, durch mehrfaches kurzes Einprojizieren (jeweils etwa 3/1000 Sekunden) von schwachlichtigen, bewußt also nicht wahrnehmbaren (= subliminalen) Werbespots „Eat Popcorn“ und „Drink Coca-Cola“ in einen laufenden Kinofilm sei es gelungen, die Zuschauer zu nachfolgend deutlich erhöhtem Konsum von Popcorn und Cola - die Rede war von bis zu 58% - anzuregen. Die amerikanische Öffentlichkeit war alarmiert: Nicht auszudenken, wenn derlei Manipulation via TV oder Kino in der Tat möglich sein sollte. Der Schriftsteller Norman Cousins äußerte die Sorge vieler Amerikaner: „Wenn der Trick uns erfolgreich Popcorn andient, wieso dann nicht auch Politiker oder irgendetwas anderes?“[2087] Der Naturwissenschaftler Jacob R. Oppenheimer befürchtete gar, die Bedrohung durch die Atomphysik sei nachgerade „trivial“ im Vergleich zu der durch die Psychologie.[2088] Die Furcht vor subliminaler Beeinflussung durch die Medien steigerte sich in der Folgezeit fast zur Hysterie. Die *Federal Communications Commission* und letztlich sogar der Kongreß mußten sich damit befassen. Die *National Association of Broadcasters* verbot den Einsatz subliminaler Werbung, noch bevor irgendwelche Kontrollstudien zu Vicarys Behauptungen durchgeführt worden waren. Auch Australien und Großbritannien untersagten unterschwellige Werbung.

Ab 1958 wurde dann eine Vielzahl wissenschaftlicher Studien durchgeführt, in denen sich jedoch keinerlei Hinweis finden ließ, daß dergestalt subliminale Beeinflussung von Käufer- oder Konsumentenverhalten tatsächlich möglich sei.[2089] Vicarys Behauptungen blieben völlig ohne Substanz. Gegenüber der Fachzeitschrift *Advertising Age* soll er Anfang der 1960er Jahre sogar zugegeben haben, daß es sich bei seinem Kino-Experiment um reine Erfindung gehandelt habe, um sein rückläufiges Marketing-Unternehmen wieder ins Gespräch zu bringen.[2090]

Das zunächst begreiflicherweise große Interesse von Werbemanagern und Verkaufsstrategen war schnell wieder abgeebbt. Zurück blieb indes in weiten Kreisen die latente Befürchtung, daß subliminale Manipulation - insbesondere über das TV - doch irgendwie machbar sei und auch praktiziert werde. Für längere Zeit hörte man dann nichts mehr von *subliminals*, bis Anfang der 1970er Jahre ein gewisser Brian Key kurzfristig auf sich aufmerksam machte mit der Behauptung, es würden, um zum Kauf bestimmter Konsumgüter zu verleiten, diese mit raffiniert verborgenen, subliminalen Signalen ausgestattet, die sexuelle Erregung hervorrufen sollen.[2091] Key entdeckte das Wort „Sex“ auf allem und jedem, selbst auf Keksen und Eiswürfeln sah er sinistre *subliminals* am Wirken. Kaum war der Rummel um diese „Entdeckung“ etwas abgeklungen - Keys Buch *Subliminal Seduction* (Subliminale Verfolgung) war in den USA monatelang auf den Bestsellerlisten gewesen -, erlebte mit dem Aufkeimen der New-Age-Bewegung Mitte der 1970er Jahre die Idee unterschwelliger Beeinflussung eine rasante und diesmal „positive“ Wiedergeburt: Nicht mehr hinterhältiger Waschmittel- oder Cola-Werbung sollten die subliminalen Botschaften nun dienen, sondern hehrsten Zielen (wie *Potential Unlimited* es formulierte): glücklicher und zufriedener zu sein, Ängste zu überwinden, gezielt Krankheiten zu heilen, jugendliche Frische und Spannkraft zu erhalten, Abhängigkeiten (Rauchen, Eßsucht, Drogensucht etc.) zu überwinden und so weiter. Dies alles sei auf einfachste Weise zu erreichen, „in kurzer Zeit und so ganz nebenbei“. Es sei keine jahrelange Bemühung mehr vonnöten, weder Disziplin noch Ausdauer. Man brauche nur noch eine der neuentwickelten Tonband-Kassetten in den Recorder einzulegen und „Wunder würden geschehen". Es sei gelungen, „positive Suggestionen" so auf ein Tonband „aufzumodulieren", daß sie, obgleich unhörbar, dem Unterbewußtsein doch deutlich wahrnehmbar seien, und nun, aus diesem heraus, ihre kraftvolle Wirkung entfalten könnten: „Eine Revolution des Geistes".[2092]

Eines besonderen Nachweises hinsichtlich der angeblichen Wirksamkeit der *tapes* bedurfte es nicht. Das weitverbreitete Mißtrauen gegen subliminale Manipulation bot einen idealen Nährboden für die Vermarktung der nunmehr ja „positiven Selbsthilfe-Programme", basierte es doch auf der grundsätzlichen Überzeugung, derartige Beeinflussung des Unterbewußtseins sei durchaus machbar. Darüber hinaus zielten die Hersteller dieser Programme zunächst auf Käuferschichten aus dem Bereiche der New-Age-Esoterik, deren Anhänger sich bekanntermaßen durch stupende Kritiklosigkeit auszeichnen, solche gar zum Ethos erheben: Je abstruser, desto glaubwürdiger. Auch Menschen, die mit „New Age" ansonsten nicht viel zu schaffen hatten, zählten bald zu den Käufern von „subliminals". Ungewollte Schützenhilfe leistete diesem Boom der New Yorker Psychologie-Professor Lloyd Silverman, der seit vielen Jahren Untersuchungen zur subliminalen Wahrnehmung durchführte. Silvermans Forschungsergebnisse schienen die - bislang rein hypothetischen - Annahmen unterschwelliger Beeinflussbarkeit zu bestätigen. Mittels eines sogenannten „Tachistoskopes", einer Art Guckkasten, hatte Silverman seinen Versuchspersonen für jeweils Bruchteile von Sekunden (1/30 bis 1/250 Sekunde) visuelle Stimuli zugeblitzt, die von diesen bewußt nicht wahrgenommen werden konnten. Er hatte nun beobachtet, daß diese - durchwegs provozierenden, sprich: auf Tabus abstellenden - Bilder (etwa ein defäkierender Hund) oder Statements (z.B. „Fuck Mommy"), obgleich bewußt nicht registriert, doch teilweise eine Reaktion bei den Probanden auslöste. Mit seinen Beobachtungen allerdings blieb Silverman weitgehend alleine, wie auch seine psychoanalytischen Erklärungsversuche für ebendiese als wenig überzeugend gelten. Ohne Rücksicht nun darauf, daß Silvermans Arbeiten weit davon entfernt sind, als wissenschaftlich fundierter Beleg für irgendwelchen Effekt subliminal vermittelter Botschaften angesehen werden zu können, werden doch die Hersteller von *subliminal tapes* bis heute nicht müde, gerade Silverman als Kronzeugen ihrer Produkte auszurufen. Daß dieser, neben dem Umstand, daß seine Ergebnisse alles andere als gesichert sind, ausschließlich mit visuellen unterschwelligen Stimuli gearbeitet hatte und seine Studien von daher hinsichtlich auditorischer *subliminals* überhaupt nicht erheblich sind, wird wohlweislich unterschlagen.[2093]

Auch ansonsten überbieten die einschlägigen Werbebroschüren sich gegenseitig mit den hanebüchensten Behauptungen, die alleine dadurch scheinbar schon als verifiziert gelten, daß jemand die Stirn besessen hat, sie aufzustellen. Von Arztpraxen und Kliniken wird da schwadroniert, von Schulen und Universitäten, von Polizei und Militär: Allenthalben würden die *subliminals* sich „mit gigantischem Erfolg" beweisen. Nachprüfbare Angaben fehlen allerdings durchgängig. In einer Supermarktkette in den USA, wie es etwa bei *Potential Unlimited* heißt, konnte angeblich durch den Einsatz subliminaler Botschaften vom Tonband („Ich stehle nicht") die Diebstahlquote um 37% gesenkt werden.[2094] In weiterer Kolportage dieser Erfolgsmeldung durch einen anderen Tonbandhersteller war dann plötzlich gar von 74% die Rede.[2095] Nachfragen blieben durch die Bank unbeantwortet. 1989 ließ man im Rahmen einer wissenschaftlich begleiteten Studie 270 Polizeischüler in Los Angeles über 24 Wochen hinweg *subliminal tapes* hören, die entweder ihre Gesetzeskenntnisse oder ihre Treffsicherheit beim Schießen verbessern sollten. Es verbesserte sich weder das eine noch das andere.[2096] Über diese Studie hinaus liegen inzwischen zahlreiche weitere Untersuchungen vor.

> Der Münchener *Arbeitskreis Humanistische Psychologie* testete ein Programm, das sich zu empirischer Untersuchung geradewegs anbietet: „Schluß mit dem Rauchen". Anders als bei den meisten subliminalen Programmen („Freude und Lust am Leben", „Sich der Liebe öffnen" etc.) läßt sich hier auf simple Art ein objektivierbarer Maßstab finden, mit Hilfe dessen deren angebliche Wirksamkeit überprüft werden kann: die Anzahl der vor beziehungsweise nach Absolvieren des Programms konsumierten Zigaretten. In einer regelmäßig zusammenkommenden Supervisionsgruppe (14 Erzieherinnen/Sozialpädagoginnen), die aus ausnahmslos starken Raucherinnen bestand (20-40 Zigaretten pro Tag), wurde vereinbart, sich über einen Zeitraum von acht Wochen dem handelsüblichen Subliminalprogramm „Nichtraucher" (*Potential Unlimited)* zu unterziehen. Alle Teilnehmerinnen waren motiviert, mit dem Rauchen aufzuhören. Die meisten hatten schon mehrfach und auf verschiedene Weise versucht, sich das Rauchen abzugewöhnen (Akupunktur, Autogenes Training etc.). Anhand der Begleitbroschüre des Programmes wurde die Gruppe von dessen Funktionsweise informiert. Der überwiegende Teil der Gruppe hatte bisher noch nie von Subliminalprogrammen gehört; bei einigen Teilnehmerinnen bestanden vage Kenntnisse, jedoch keine eigenen Erfahrungen. Es wurde, gemäß Begleitbroschüre, darauf hingewiesen, daß es nicht nötig sei, der Musik besondere Aufmerksamkeit zu widmen; es genüge, die Kassette „nur im Hintergrund laufen zu lassen", während der Arbeit etwa oder auch beim Autofahren. Einzige Bedingung war, das Programm konsequent einmal täglich, zumindest nebenbei, zu hören. Jeder Teilnehmerin wurde eine Originalkassette sowie ein Exemplar des Begleittextes ausgehändigt, der die auf dem Band verwendeten subliminalen Suggestionen zum Nachlesen enthielt; beispielsweise: „Rauchen ist für mich völlig uninteressant" oder „Mein Widerwille gegen das Rauchen verstärkt sich von Tag zu Tag". Nach acht Wochen wurden die Ergebnisse ausgewertet. Sämtliche Teilnehmerinnen berichteten, sie hätten den Versuch nur mit Mühe über den vereinbarten Zeitraum hinweg durchzuhalten vermocht. Fünf Teilnehmerinnen hatten ihn schon nach wenigen Tagen abgebrochen. Durchgängig wurde die Musik als extrem unangenehm beschrieben. Es sei während des Hörens nicht nur keinerlei Entspannung aufgetreten, sondern, wie eine Teilnehmerin es formulierte, „das ewige Gedudele hat mich den letzten Nerv gekostet". Das Rauchbedürfnis hatte sich bei keiner der Teilnehmerinnen reduziert (obgleich laut Freitags Erfolgsstatistik sich innerhalb der Versuchszeit von acht Wochen bei 62%, zumindest also bei acht Personen, positive Resultate hätten zeigen müssen[2097]). Wie einige Teil-

nehmerinnen berichteten, sei ihr Zigarettenkonsum gar noch gestiegen, insbesondere aus dem Ärger heraus, wie eine Sozialpädagogin selbstironisch mutmaßte, sich auf solchen Unsinn überhaupt eingelassen zu haben.[2098]

An der *University of California* in Santa Cruz ließ man eine Testgruppe über fünf Wochen täglich Subliminal-Kassetten zur Steigerung des Selbstbewußtseins beziehungsweise zur Gedächtnisverbesserung hören. Ergebnis: Die Bänder erzielten, wie anhand verschiedener Testaufgaben gemessen wurde, keinerlei Wirkung.[2099] Das Experiment wurde mit anderen Bändern zweimal wiederholt, die von den Herstellern behauptete Wirkung auf Bewußtsein und Verhalten konnte indes bei keinem Teilnehmer bestätigt werden.[2100] In einer Serie von drei Experimenten testeten Auday, Mellet & Williams[2101] die Wirksamkeit von subliminalen Bändern, die das Gedächtnis verbessern, Streß oder Angst abbauen oder das Selbstbewußtsein stärken sollten. Ergebnis: null. Auch die Untersuchung von Russell, Rowe & Smouse[2102] - sie testeten Bänder zur Verbesserung des Lernvermögens - erbrachte keinerlei Wirksamkeitsnachweis; ebensowenig die Studie von Eich & Hyman.[2103] Wie die Bremer Medienwissenschaftler Buddemeier und Strube zu der Überzeugung gelangen, durch *subliminal tapes* werde „ähnlich stark in den Organismus eingegriffen, wie bei der Einnahme von Antibiotika",[2104] bleibt unergründlich. Es steht anzunehmen, daß methodische Mängel oder Fehler bei den Experimenten zu solchem Trugschluß führten; vielleicht haben sie auch nur Placeboeffekte außer Acht gelassen, die allemal auftreten können.[2105] Buddemeier und Strube sind die einzigen ernstzunehmenden Autoren, die einen Effekt der *subliminals* beschreiben.

Zur Klärung der Frage, was denn nun wirklich unterhalb der hörbaren Musik, oder auch „eingewoben" in diese, auf den Bändern „drauf" sei, wurden einige davon in verschiedenen Münchner Tonstudios getestet.[2106] Bei der Mehrzahl der Untersuchungen konnte außer den wahrnehmbaren Geräuschen überhaupt nichts festgestellt werden. Lediglich bei einer Untersuchung, durchgeführt in einem Tonstudio des *Bayerischen Rundfunks*, konnte im Infraschallbereich von etwa 0,5-1,5 Hertz gelegentlich eine sogenannte „Schwebung" ausgemacht werden, eine näher nicht differenzierbare leichte Verfremdung; darüber hinaus waren unrhythmische Schwankungen der Lautstärke zu verzeichnen, die der Musik eine Art „Wahwah"-Effekt verliehen. Bei diesem einen Band war also *etwas* im Infraschallbereich festzustellen gewesen, was dies jedoch war, ließ sich weiter nicht bestimmen. Es könne sich wohl um irgendwelche beabsichtigten niederfrequenzigen Überlagerungen handeln, genauso aber auch einfach um eine schlechte Aufnahmequalität: Eine definitive Beurteilung, so der Tontechniker, sei nicht möglich. Es sei solche aber auch von keinerlei praktischer Relevanz, da die gängigen Lautsprechersysteme lediglich auf Bereiche zwischen etwa 35 und 20.000 Hertz ausgelegt seien, irgendwelche darunterliegenden Impulse auf den *tapes* folglich ohnehin nicht wiedergegeben werden könnten.

Über die „aufwendigen Mischverfahren" der *tapes* war von deren Herstellern keinerlei Auskunft zu bekommen. Dem Ergebnis der tontechnischen Untersuchung zufolge besteht das ganze Geheimnis in allersimpelstem Zusammenschneiden zweier Tonbandspuren: Auf der einen Spur sei die Musik und auf der anderen befänden sich irgendwelche - in der Lautstärke reduzierten - „Suggestionen": Zusammengeschnitten höre man dann bloß noch die höhervolumige Musik, die Suggestionen seien bestenfalls noch in „homöopathischer Dosis" vorhanden. Mit jedem einfachen Zwei-Spurgerät ließen sich auf solche Weise „subliminal tapes" herstellen.

Durch den tontechnischen Befund erübrigt sich eigentlich die Frage, ob das menschliche Ohr unterschwellige Impulse überhaupt aufnehmen kann. Anders als bei visueller Wahrnehmung, bei der Lichtreize direkt auf die Netzhaut beziehungsweise den Sehnerv treffen, müssen bei auditorischer Wahrnehmung eintreffende Schallwellen erst über eine komplizierte „Mechanik" im Ohr auf das Cortische Organ und die Hörnerven übertragen werden. Wellen mit einer Schwingung von weniger als 20 Hertz - hier liegt im allgemeinen die untere Hörschwelle - können, vereinfacht ausgedrückt, diese Mechanik nicht „in Gang setzen", man hört sie also nicht. Alle anderen Behauptungen sind schlicht Humbug.

Das Versprechen freilich, mittels einiger simpler Sprüche vom Tonband - noch dazu unhörbarer! - die „Kraft innerer Ruhe und Gelassenheit"[2107] zu erlangen, bewirkte in der Tat Wunder: Binnen kürzester Zeit entwickelte sich das Geschäft mit den *subliminal tapes* zum „big business" mit Zig-Millionenumsätzen. Der Materialwert einer Kassette liegt bei weniger als einer Mark. In aufgeblasene Verpackungen gesteckt, oft gut 20mal so groß wie ihr Inhalt, werden die Kassetten zum Preis von rund 30 Mark pro Stück verkauft. Das „Ruhig-schlafen"-Programm etwa von Erhard Freitag („Mein Schlaf ist tief und fest") kostet 39,80 Mark. Höchst empfehlenswert sei freilich die „Kombination mehrerer Titel": Die Augsburger *Edition Kraftpunkt* (neuerdings: *Axent*-Verlag), über die Freitag seine Bänder vertreibt, führt nicht weniger als 94 verschiedene Subliminal-Programme im Angebot, von „Glück-und-Harmonie-in-der-Beziehung" hin zu „Erfolgreich-Golf-spielen". Im Paket bezogen: 2.661,20 Mark.[2108] Auch der österreichische ⇨ Wunderheiler Leonard Hochenegg bringt seine *tapes* über die *Kraftpunkt/Axent* unters Volk. Wie die Vertriebsleiterin des marktbeherrschenden Herstellers von *subliminal tapes* in den USA in einem Interview lapidar meinte, sei der im Vergleich zu den Kosten einer Therapie relativ geringe Preis der Kassetten allemal einen Versuch wert. Selbst wenn es nicht funktioniere.[2109]

Das Coverdesign der einzelnen Programme verdient besondere Erwähnung: Strahlt bei den Freitag-Kassetten der Meister selbst von der Hülle im angestrengten Versuch, mittels Fönwelle und Nadelstreif sich und sein „Selbsthilfe-Programm" seriös aussehen zu lassen, so suggeriert bei *Bauer* ein stilisierter Männerkopf vor aufgehender Sonne Meditation und kontemplative Einkehr. *Potential Unlimited* deutet mit Leonardo da Vincis genialer Anatomie-Studie die Genialität der eigenen Produkte an, während bei *therapy products international* eine Kassette wie ein Raumschiff durchs All düst, wohl um auf die Zukunftstechnologie der *subliminal tapes* hinzuweisen. Die Kassettenhüllen der Firma *Trance* - Uralttrick der Werbung - operieren schlicht mit Sex: Sie zeigen halb- oder ganz nackte junge Frauen.

Einen herben Einbruch mußte die Branche hinnehmen, als Autor Goldner in der Fachzeitschrift *Psychologie Heute* den „unterschwelligen Betrug" aufdeckte.[2110] Es hagelte wütende Proteste und Beschimpfungen. Besonders erboste sich der Berliner ⇨ Lutz Mehlhorn, der für das Subliminal-Kassettenprogramm „Energiequell Unterbewußtsein" des Esoterik-Versandhauses *Bauer* verantwortlich zeichnet. Mehlhorns Erregung war verständlich: Laut Eigenwerbung hatte er bis dahin über 160.000 Bänder (à 26 Mark) verkauft (Umsatz: über vier Millionen Mark). Mit gesteigertem Werbeaufwand suchten die Hersteller von Subliminal-Programmen den Absatzeinbruch aufzufangen. Die Augsburger *Edition Kraftpunkt/Axent* setzte überdies auf methodische Nachrüstung: Angeblich wurden sämtliche der von ihr vertriebenen *tapes* mit der sogenannten „Whole-Brain-Technik" aufgebessert. Die Finesse dieser Technik besteht im Wesentlichen darin, die Suggestionen auf dem linken Stereo-Kanal rückwärts aufzumodulieren (⇨ *Reverse Speech*). Es basiert dies auf einer Idee des kalifornischen Parapsychologen Eldon Taylor, angelehnt an den Prozeß gegen die kalifornische Rockgruppe *Judas Priest*, in dem dieser zum Vorwurf gemacht worden war, durch rückwärts gesprochene Suizid-Aufforderungen auf ihren Platten den Freitod zweier Jugendlicher verschuldet zu haben (*Judas Priest* und ihre Plattenfirma *CBS Records* wurden freigesprochen). „Backmasking" nennt sich dieses Verfahren: Die rechte Hirnhemisphäre als Zugang zum Unterbewußtsein sei in der Lage, den rückwärtsgesprochenen Text automatisch umzudrehen. Die linke Hirnhälfte, Sitz der Abwehrmechanismen, werde über den rechten Kanal und ausschließlich mit bestätigenden Suggestionen („Es ist o.k., entspannt zu sein") angesprochen. Überdies würden die - unhörbaren! - Suggestionen im Kanon von einer Männer-, einer Frauen- und dann einer Kinderstimme gesprochen, sodaß das Unterbewußtsein frei auswählen könne, wem es zuhören wolle. Außerdem seien die Suggestionen, um ihre Bedeutsamkeit zu steigern, mit Echohall versehen.[2111] Also: links rückwärts, rechts vorwärts, dreierlei Stimmtypen, im Kanon und mit Echohall - und dies alles unhörbar!

Eine andere Firma, *Mediumvalue (Europe) Ltd.*, behauptet, auf ihren sogenannten Brain-MasterProm-Kassetten seien die subliminalen Suggestionen in eine „spezielle Tonmatrix" eingebettet, die angeblich „im Nu die Gehirnwellenmuster synchronisiert".[2112] Das Gehirn werde durch bestimmte Klänge und Töne automatisch in einen „Theta-Zustand" versetzt, eine „Frequenz von 4-8 Hz", in der sich „tiefe Entspannung" einstelle. Was mit Hilfe herkömmlicher Meditationspraktiken allenfalls in „15 bis 20 Jahren konzentrierter Anstrengung" herzustellen sei, bewirke die „bahnbrechende Technologie" der MasterProm-Kassetten in wenigen Minuten. In diesem „Theta-Zustand" weise das „Unterbewußtsein den höchsten Grad an Aufnahmefähigkeit auf, was die ideale Voraussetzung sei, die „effizienten Korrekturaffirmationen an die Gehirnzellen zu übertragen". Brain-MasterProm, laut Eigenwerbung die „stärkste Kassettenreihe zur geistigen Weiterentwicklung" bietet der zahlungswilligen Kundschaft neben „Superabwehrkräften", „Besserem Gedächtnis" und dergleichen auch ein „Millionärs-Erfolgskonzept", das, wie es heißt, die „auf Erfolg programmierten Charaktereigenschaften eines Selfmade-Millionärs transplantiert". Die regelmäßige Benutzung der *tapes* führe darüber hinaus zur „Entfaltung übersinnlicher PSI-Kräfte", wie auch zu einem „unheimlichen Anstieg des Geschlechtstriebs". Kosten der 12-teiligen Kassetten-Reihe: 298 Mark.

Gerade durch derlei Allotria, das den *subliminal tapes* zusätzlichen Anschein von Wissenschaftlichkeit oder Wirksamkeit verleihen soll, entlarven diese sich vollends. Kaum ein Schwachsinn, der nicht mit größter Unverfrorenheit aufgetischt würde, wenn er nur irgendwie verkaufsfördernd zu sein scheint. Da werden die auf plattesten Kybernetizismus abstellenden Subliminal-Programme („Kassette rein, wenn ein neuer Funktionsablauf gewünscht wird") in großem Gestus zur „ganzheitlich-holistischen Therapiemethode" erklärt (die in Werbeverlautbarungen auch noch als „Psychokybernetik" bezeichnet wird[2113]); einfältigst-hedonistische Kalendersprüche („ich bin ein offener Kanal, durch den göttliche Energie strömt") zum „spirituellen Quantensprung in neue Dimensionen des Bewußtseins". Gnadenlos wird die Kundschaft für dumm verkauft. Vor dem Hintergrund der *Psychologie-Heute*-Studie verlieh das SAT1-Magazin *Gesund Bleiben* den *subliminal tapes* die gefürchtete Negativ-Auszeichnung „Das Faule Ei".[2114]

Wenn Kassetten-Hersteller Erhard Freitag, juristisch vorbauend, in einem Artikel zugeben läßt, die angebliche Wirkung der *subliminal tapes* beruhe möglicherweise nur auf einem Placebo-Effekt,[2115] so bekommt sein zynisches Geschäft mit den ja *tatsächlich* bestehenden Problemen der Rat- und Hilfesuchenden einen zusätzlich widerwärtigen Beigeschmack. „In short, it's a scam": Von welcher Seite aus man das Geschäft mit den *subliminal tapes* auch ansehen mag, es ist, in den Worten von Howard Shevrin, Professor an der *University of Michigan*, ganz einfach „Beschiß".[2116]

5.47.1. Reverse Speech

Ende der 1990er machte ein Australier namens David John Oates Furore mit einer - laut Werbung in der Szene - „Entdeckung von Nobelpreiskaliber": Spiele man auf Tonband Gesprochenes langsam im Rückwärtsgang ab, tauchten „als Kommentare des Unterbewußten" sinnvolle Wörter und Sätze auf, die enthüllten, was der Sprecher „wirklich" denke und fühle. Die Reverse-Speech-Methode bedeute nichts weniger als eine „Revolution in Psychoanalyse und Psychotherapie". Auch Verbrecher könnten leicht entlarvt werden, indem man ihre Aussagen rückwärts anhöre und nach unbewußten Geständnissen absuche. Im übrigen ließen sich auch aus dem Gebrabbel von Säuglingen, rückwärts abgespielt, sinnvolle Botschaften entnehmen.[2117]

Es erübrigt sich der Hinweis, daß die Oatessche „Entdeckung", hochgejubelt mithin von der Szenezeitschrift *Esotera* und Winfried Noës *Sternenhimmel*, kompletten Blödsinn darstellt. Desungeachtet bietet ein *Privatinstitut für Rückwärtssprache und Bewußtseinsforschung e.V.* bei München sogar eigene Ausbildungen in „Rückwärtssprachanalyse" an.

5.48. T'ai-Chi

Der taoistische Begriff T'ai-Chi, auch Taiji geschrieben, bedeutet soviel wie „Höchste Energie" und bezeichnet eine exakt festgelegte Abfolge ineinanderfließender Körperbewegungen, die in meditativem Zeitlupentempo ausgeführt werden. Die Übungsfolge stellt in stilisierter Form den Kampf mit einem imaginären Gegner dar („Schattenboxen"), die einzelnen Bewegungen lassen sich als Angriffs- beziehungsweise Rückzugs- oder Verteidigungsgebärden (Yang/Yin) deuten. Ziel der Übung sei es, die in ebendiesen Gebärden sich ausdrückenden gegensätzlichen Pole von Yang und Yin zu harmonisieren und dadurch den Fluß der Lebensenergie (Chi oder Qi) anzuregen: Dem Rhythmus des Atems folgend geht eine „männliche" Yang-Bewegung (Angriff) stets in eine „weibliche" Yin-Bewegung (Rückzug) über und umgekehrt. Je nach Stilrichtung umfaßt die gesamte Übungsfolge zwischen 30 und 180 Einzelbewegungen, der Ablauf dauert zwischen fünf und fünzehn Minuten. Obgleich die Bewegungsfolge traditionell in langsamster und exakt choreographierter Form geübt wird, sollen die einzelnen Elemente auch für tatsächlichen Zweikampf verwendbar sein. T'ai-Chi wird daher von verschiedenen Autoren ausdrücklich als Kampfkunst beschrieben[2118] (⇨ *Budo*).

T'ai-Chi ist festverankerter Bestandteil des chinesischen Gesundheitswesens, dessen Tradition angeblich weit über 5000 Jahre zurückreicht. Die heute in China weithin gebräuchlichen Übungsformen des T'ai Chi wurden allerdings erst in der zweiten Hälfte des 19. Jahrhunderts zusammengestellt. Im deutschsprachigen Raum fand T'ai Chi Ende der 1970er Jahre erste Adepten - bekanntgemacht mithin durch die Rajneesh-Bewegung -, inzwischen zählt die chinesische Bewegungsmeditation zum Standard selbst drittklassiger Volkshochschulen und Fitnesscenter. Zu den werberührigsten Privatanbietern zählt das Berliner *Tai Ji Men Gesundheitszentrum*, das von einem „Professor" Lu Jin Chuan (laut Eigenwerbung: „Dr. der Traditionellen Chinesischen Medizin [TMC] und Prof. für Qi-Dao-Medizin") geleitet wird.[2119] (Bei Durchsicht der einschlägigen Werbeanzeigen fällt überhaupt auf, daß chinesische Tai-Chi- oder Qi-Gong-Lehrer [desgleichen ⇨ Feng-Shui-Lehrer], die sich irgendwo im Westen verbreiten, und sei in es in einem noch so unbedeutenden Kneippverein, bevorzugt als „Professoren" oder wenigstens „Doktoren" firmieren: Auf eine akademische Qualifikation und/oder Hochschultätigkeit [in europäischem Sinne] deuten solche Titel indes nicht notwendigerweise hin. Es handelt sich in der Regel um nicht ganz korrekte, dafür aber höchst werbewirksame Übersetzungen irgendwelcher Ehrentitel [z.B. Sifu = chin.: Lehrmeister]. Auch der von Kursveranstaltern ständig vorgetragene Hinweis, der jeweilige Meister sei bereits in zwanzigster oder noch weiter zurückreichender Generationenfolge als Tai-Chi-Lehrer zugange und/oder stünde einer bedeutenden Tradition bzw. Organisation vor, ist vielfach reine Augenwischerei. [Es gibt Esoterikzentren, in denen der angebliche „T'ai-Chi-Meister" tatsächlich Kellner des benachbarten China-Restaurants ist, der über sein eigenes morgendliches Üben hinaus keinerlei Lehrqualifikation mitbringt.] Sie alle bedienen sich des Umstandes, daß im Westen kaum jemand mit chinesischer Begrifflichkeit vertraut ist. Der Hamburger Taiji-Lehrer Jan Silberstorff etwa gibt sich als Vertreter einer *World Chen Taiji Association Germany* aus, als welcher er „originales Taijiquan aus Chenjiagou" unterrichte, und dies bereits in „21. Generation".[2120])

T'ai-Chi stellt sich als umfassendes präventives und therapeutisches System dar, durch regelmäßiges Üben ließe sich jedwedes körperliche oder seelische Problem mühelos umgehen beziehungsweise beheben; insbesondere bei sexuellen Funktionsstörungen komme der Übung des T'ai-Chi wundersame Wirkkraft zu. Mancher Autor spricht gar von übernatürlichen Fähigkeiten, die der T'ai-Chi-Übende erlange.[2121] Die Beschreibung einer T'ai-Chi-Bewegung liest sich wie folgt: „Wir drehen den Oberkörper ganz leicht nach rechts und verlagern das Körpergewicht auf das rechte Bein. Gleichzeitig erheben wir die rechte Hand auf Brustkorbhöhe, während die linke Hand nach unten kreist, bis die nach oben weisende Handfläche der linken Hand und die nach unten weisende Handfläche der rechten Hand einander gegenüberliegen, als ob sie einen Ball hielten. Das linke Bein ziehen wir dabei an das rechte Bein heran, wobei die Spitze des linken Fußes neben der Sohle des rechten Fußes den Boden berührt."[2122] Durch derlei Übungen harmonisiere sich der Fluß der Chi-Energie, der konsequent Übende bleibe bzw. werde gesund.[2123]

Unbestritten kann die kontemplativ ausgeführte Bewegungsfolge des T'ai-Chi wertvolle Dienste leisten als Technik zur Entspannung oder auch zur Entwicklung und Förderung von Körperbewußtsein (sofern man die langwierige Mühe auf sich nehmen will, die komplexen Abläufe zu erlernen). Die Behauptungen über ihren therapeutischen Wert müssen allerdings als weit übertrieben gelten, außer unüberprüfbaren Anekdoten liegt nichts zu deren Beleg vor. Für die Existenz irgendwelcher Chi-Kräfte, die durch die Übung des T'ai Chi angeregt werden sollen, gibt es bis heute keinerlei Anhaltspunkt, der Vorstellung eines Flusses solcher Kräfte im Organismus kann bestenfalls metaphorischer Charakter zukommen.[2124]

Die Zeitlupenübung des T'ai Chi dient ausschließlich meditativer Selbstvergegenwärtigung. Auch wenn die Bewegungsfolge eine stilisierte Form kämpferischer Auseinandersetzung darstellt, trägt sie doch, entgegen vielkolportierter Behauptung, in keiner Weise zu tatsächlicher Kampfesertüchtigung - im Sinne von Boxen oder Karate - bei. Auch die Behauptung gemeinsamer Wurzeln des T'ai Chi mit den Kampfdisziplinen des Budo ist durch nichts belegt. Gleichwohl lassen sich die einzelnen T'ai-Chi-Bewegungen, aus dem kontemplativen Entwurf ihrer Choreographie gerissen und versehen mit Schnell- und Schlagkraft auch zu Kampfzwecken entfremden. Solche Form des T'ai-Chi, meist als T'ai-Chi-Ch'uan (chin. = Höchste Energie der Faust) bezeichnet - als vergleichbare Systeme gelten Hsing-I-, Pa-Kua- oder Lung-Hu-Chuan -, hat indes mit Meditation und Körperbewußtsein nichts mehr zu tun; sie entspricht weitgehend der Budo-Disziplin des Kung-Fu. Vielfach tauchen die Begriffe T'ai Chi und T'ai Chi Ch'uan allerdings auch in widersprüchlicher Bedeutung auf.[2125]

Gelegentlich wird in T'ai-Chi-Schulen auch eine spezifische Form von Massage angeboten (Chi-Nei-Tsang), die auf taoistischen Prinzipien beruhe. Neben einem allemal möglichen Entspannungseffekt kann solcher „Tao-Massage" keinerlei weitergehender Heileffekt zugesprochen werden (⇨ *Bodywork*).

5.48.1. Qi-Gong

Dem T'ai Chi nahe verwandt ist das chinesische Gesundheitssystem des Qi-Gong (chin. = Arbeit an/mit der Energie), auch als Chi-Kung, I-Chuan oder Dao-Yin bekannt, dem gleichfalls präventive und therapeutische Wunderwirkung zugeschrieben wird. Qi-Gong, dessen Wurzeln angeblich mehr als 7000 Jahre zurückreichen, wird als Ursprung chinesischer Philosophie und Medizin beschrieben, auch T'ai Chi und das Kampfsystem des Kung Fu sollen darin begründet sein[2126] (⇨ *Budo*). Im deutschsprachigen Raum wird Qi-Gong seit Anfang der 1990er praktiziert, viele der inzwischen unzähligen Lehrer und Meister, die ihre Dienste als Qi-Gong-Therapeuten anbieten, haben eine Ausbildung bei „Großmeister" Zhi-Chang Li (*1943) absolviert; dieser residiert in der Nähe von Stuttgart und veranstaltet regelmäßig Wochenendkurse zum „Zertifizierten Qi-Gong-Meister". Vielfach haben die jeweiligen (West-) Qi-Gong-Meister auch nur einen Kurs an der örtlichen Volkshochschule besucht oder ihre Kenntnisse einem der zahllosen Lehrbücher entnommen, die mittlerweile auf den Markt gebracht wurden. Die Übungen des Qi-Gong sind sehr viel leichter und schneller zu erlernen als die komplizierten T'ai-Chi-Formen, was einer Selbstgraduierung zum „Meister“ sehr entgegenkommt.[2127]

Eine der umfänglichsten „Ausbildungen“ bietet die *Münchner Qi Gong-Akademie* (MQA), an der ein gewisser Quingshan Liu, laut Eigenwerbung „Arzt und Meister aus China, Präsident und Begründer der MQA, offizieller Repräsentant der Chinesischen Qi Gong-Akademie (Peking) in Europa, Gastprofessor der PUMC (der höchsten medizinischen Universität Chinas)“ sowie Träger zahlreicher sonstiger Meriten, vierwöchige Kurse zum „kompetenten Qi Gong-Lehrer“ veranstaltet, bei denen er auch in die „jahrtausendealten geheimen Techniken des Authentischen Medizinischen Qi Gong (AMQ)“ einführt. Die Kurse Lius - als Werbeforum dient ihm mithin die Geisterzeitschrift *Die Andere Realität* - kosten (einschließlich Unterkunft und Verpflegung) 10.880 Mark.[2128]

> Kann Meister Lius Selbstbeweihräucherung vielleicht noch als fernöstliche Eigenart hingenommen werden, so scheint ein gewisser Meister Ling Yi entweder seine europäische Kundschaft gnadenlos für dumm verkaufen zu wollen oder schlicht durchgeknallt zu sein: In einer Seminarausschreibung der *Freiburger Yogaschule* preist er sich folgendermaßen an: „Professor Ling Yi ist eine weltweit anerkannte Autorität der Qi Gong Wissenschaft. Er hat die Internationale Qi Gong Universität gegründet und sich über die Jahre als Wissenschaftler und Mediziner einen Namen gemacht. Er gilt als erwachter Lotus-Meister. Als 11jähriger realisierte er Zhi Xia Zhang, die heilende Hand mit violettem Licht, die aus seiner Familientradition stammt und ihm mit 16 Jahren den Beinamen Bai Xin Shen Yi, göttlicher Heiler des reinen Herzens, einbrachte. Aufgrund seiner jahrelangen Forschungen und dem daraus entwickelten Gesundheitsvorsorgesystem hat er 'Qi Gong Medizin' als ein neues akademisches Fach in China eingeführt. Er ist Experte für das Entfalten des menschlichen Potentials. In China praktizieren über 8 Millionen Menschen seine Übungen. Seit 1995 hält Prof. Ling Yi auch Vorträge in Europa. Das von ihm entwickelte Lotus Qi Gong steht in der Tradition der inneren Alchimie und integriert folgende klassischen Methoden: Entspannungs-, Atem- und Bewegungsübungen, Meditation, Gesang und Visualisierung. Die einfachen Methoden sind begleitet von tiefgründiger Theorie, Mantras, Mudras und Qi-Übertragung. Professor Ling Yi beeindruckt durch seine humorvolle und bescheidene Art.“
>
> Zu den „Basisübungen“ Ling Yis, die dazu beitrügen, „negative Fremdeinflüsse auszuleiten und Abwehr-Qi aufzubauen“, zählen u.a. „Mi Dai Gong (Reissack Qi Gong)“ sowie „Xian Qi Fa (Medizinkönig Dan Duft Qi Gong)“.[2129] Es versteht sich von selbst, daß über einen „Professor“ Ling Yi im akademischen Gesundheitswesen der Volksrepublik China nichts in Erfahrung zu bringen war.

Zahllose Übungsreihen sind überliefert - von Huo-lung-kung (Feuerdrachen) bis Hu-pung-kung (Tigerschritt) -, die jeweils eine Folge bis ins Detail vorgeschriebener aber vergleichsweise simpler Körper- und Atemübungen darstellen. Ziel ist der freie Fluß von Qi-(= Ki- =

Chi-)Lebensenergie: „Wir stehen in einem lockeren schulterbreiten Stand. Die Füße sind parallel oder eher leicht eingedreht und wir atmen ruhig durch die Nase. (...) Die Arme hängen locker an den Schultern nach unten. Aus dieser Haltung sitzen wir langsam leicht ein und führen die Unterarme ebenso langsam nach oben in eine waagrechte Position. Die Handflächen zeigen dabei nach unten (...). Die rechte Hand streicht, die Handfläche zur linken Hand gerichtet, unter dem linken Unterarm bis zum Ellbogen (...). Jetzt führt man die linke Hand auf Höhe des Kopfes nach vorne und die rechte Hand nach unten auf Höhe des Hüftknochens. Dabei wird der linke Fuß so weit wie möglich nach vorne geschoben und in eine Linie vor den rechten Fuß gesetzt. (...) Die Hände nehmen nun die Form der Drachenkralle an und der Blick bleibt auf die vordere Hand zwischen Daumen und Zeigefinger gerichtet." Diese allgemeine Heilstellung sei so lange wie möglich zu halten, dann sei die Übung zur anderen Seite hin zu wiederholen.[2130] In der Reihe der „Pao-chien-kung-Übungen zur äußeren Kräftigung" muß „die Zunge am äußeren Zahnfleisch nach rechts oben und links unten 18mal hin- und herbewegt werden. Der gesammelte Speichel bleibt zuerst in der Mundhöhle, wird 38mal durch den Mund gespült und dann in einzelnen Portionen nacheinander geschluckt."[2131] Eine weitere Übung aus dieser Reihe dient zur „Beseitigung der Impotenz und des vorzeitigen Samenergusses": „Zuerst werden die Handteller warmgerieben, und dann wird mit der linken Hand die Nabelgegend 100mal kreisförmig massiert. Dann wird in entgegengesetzter Richtung mit der rechten Hand 100mal kreisend massiert. Dabei muß der Übende mit der freien Hand den Hodensack halten."[2132] Auch die Präsidentin der *Deutschen Qi-Gong-Gesellschaft*, Zuzana Šebková-Thaller, betont ausdrücklich die sexualkraftsteigernde Wirkung des Qi-Gong (für deren Nachweis sie stets ihre siebenfache Mutterschaft anführt). Über ihren *Hernoul-le-Fin*-Eigenverlag hat sie eine Vielzahl an Büchern, MCs und CDs mit größtenteils selbsterfundenen Übungen (z.B. Qi-Gong für Schwangere) auf den Markt gebracht.[2133]

Neben den Körperübungen des Qi-Gong werden für Fortgeschrittene auch „autogene" Übungsreihen angepriesen, die sich zur Freisetzung der Qi-Energie ausschließlich konzentrativer oder imaginativer Kräfte bedienen: „Beim 'Kleinen Chi-Kreislauf', einer Übung zur richtigen Verteilung des Chi im Körper, werden bestimmte Meridianpunkte auf einer gedachten Mittellinie des Körpers imaginiert und angespürt. Der Fluß des Chi, so stellt sich der Übende vor, wird auf einer Kreisbahn von Punkt zu Punkt gelenkt, bis sich dieser Fluß schließlich zu verselbständigen beginnt."[2134] Qi-Gong-Meister sollen in der Lage sein, gebündelte Qi-Energie - zu Heil- oder auch Schadenszwecken - über jede Entfernung hinweg auf andere zu übertragen.

Für die behaupteten Wirkungen von Qi-Gong (in tibetischer Variante: Kum-Nye) gibt es keinerlei ernstzunehmenden Beleg.[2135] Die Übungen, sofern sie nicht von findigen „Fachbuchautoren" der Esoterikszene selbst erfunden (bzw. willkürlich aus irgendwelchen T'ai-Chi-, Yoga- oder Gymnastikelementen zusammengebastelt) wurden, müssen als reine Folklore gelten. Auch den hierzulande sehr populären Qi-Gong- oder Baoding-Kugeln kommt keinerlei nachweisbarer Effekt zu[2136]: Es handelt sich dabei um ein Paar etwas mehr als golfballgroßer Stahl-, Marmor- oder Jadekugeln (Durchmesser ca. 45mm, Gewicht ca. 380g), die man auf der Handfläche gegeneinander kreisen läßt. Durch die gegenläufige Bewegung der beiden „Yin-und-Yang-Kugeln" setze sich Qi-Energie frei, die einer unmittelbaren Steigerung der Konzentrationsfähigkeit, aber auch zur Behebung depressiver Verstimmungen diene. Über Stimulierung der drei Hauptmeridiane auf der Handinnenseite aktiviere das Kugeldrehen zudem die Funktion des Herzens, der Lunge sowie der Sexualität. Ratsam sei es, zumindest zweimal täglich eine halbe Stunde zu üben, am besten aber sei, wie die Chinesen seit der Zeit der Han-Dynastie vor über 2000 Jahren sich „überall und jederzeit" mit dem Kugeldrehen zu beschäftigen.[2137] Gelegentlich sind in die Kugeln kleine Metallblättchen eingebaut, die beim Üben einen weihnachtsglöckchenähnlichen Klang erzeugen; die angeblich wundertätige Wirkung dieses Yin- und Yang-Geklimpers ist durch nichts belegt.

Falun Gong

Seit Mitte der 1990er macht eine Abart des Qi-Gong auf politischer Ebene Furore. In der Volksrepublik China wurde das sogenannte Falun Gong (chin. = Rad des Gesetzes) zu einer Art Massenkult, dem sich mittlerweile Zig-Millionen Menschen zugehörig fühlen. Das Attraktive dieses Kults liegt gewiß nicht in den (äußerst trivialen) Körper- und Atemübungen an sich, die Li Hongzhi (*1952), Gründer und Führer der Bewegung, andient, auch nicht in den taoistisch oder buddhistisch angehauchten Spruchweisheiten, die er absondert; vielmehr stellt Falun Gong eine Art Heilserwartungsbewegung dar, wie sie quer durch sämtliche Kulturen beim Niedergang einer historischen Epoche zu beobachten ist. Insbesondere da, wo sich noch keine Vision einer neuen Zukunft herausgebildet hat, ziehen die Menschen sich auf und in ihre Leiblichkeit zurück, entwickeln sich körperliche Reinigungs- und Läuterungskulte. Ebendies zeigte sich auch nach dem offiziellen Ende der Kulturrevolution, als die alten Gesundheitsübungen des Qi-Gong, die jahrzehntelang als „Aberglaube und falsche Wissenschaft" verboten gewesen waren, urplötzlich wieder auftauchten und sich nachgerade fieberhaft über das Land verbreiteten. Die zahllosen Qi-Gong-Gesellschaften, die sich allenthalben etablierten, wurden zur am schnellsten anwachsenden gesellschaftlichen Kraft im postkulturrevolutionären China. Von der Partei wurde die Qi-Gong-Bewegung mit wachsender Skepsis beobachtet; als gegen Ende der 1980er zunehmend religiöse Motive in den Vordergund traten, schritt man rigoros ein: In großangelegten Kampagnen suchte man gegenzusteuern, die Ideologie des Dialektischen Materialismus hochzuhalten; darüber hinaus wurden Qi-Gong-Lehrer unter Überwachung gestellt, Veranstaltungen mit mehr als tausend Teilnehmern untersagt.[2138]

Der Erfolg war - trotz zunehmender Repression - gering: Der rasend schnelle Wandel in den Großstädten mitsamt damit einhergehendem Zerfall traditioneller ethischer Werte, die um sich greifende Massenarbeitslosigkeit und vor allem der rapide Glaubwürdigkeitsschwund der Kommunistischen Partei als ideologischer Bezugsrahmen, ließen die Menschen zu Millionen in die Arme obskurer Heilskünder flüchten. Anfang der 1990er trat besagter Li Hongzhi auf den Plan, wenig erfolgreicher Trompeter in einer Blaskapelle und Werkschutzbeauftragter einer Ölfirma, der kurze Zeit zuvor erst mit Qi-Gong in Berührung gekommen war. Er stellte ein eigenes System von (gerade einmal) fünf Übungen vor, die ihm im Zuge eines Erleuchtungserlebnisses zuteil geworden seien. Diese Übungen garnierte er mit willkürlich zusammengesetzten Bruchstücken taoistischer und buddhistischer Herkunft sowie jeder Menge obskurer und wirr-rassistischer Wahnideen: So seien die Anhänger seiner Praktiken in der Lage, sich „ohne Fahrstuhl in die Luft zu erheben" oder mit dem „dritten Auge", das er ihnen „freibohre", in die Zukunft zu blicken; überdies verleihe die Übung des Falun Gong Unsterblichkeit: Er selbst (oder einer der von ihm autorisierten Meister) pflanze dem Getreuen das unablässig sich drehende „Rad des Gesetzes" (symbolisiert durch eine umgedrehte Swastika) in den Unterleib, das „kosmische Energie" aufnehme und „schwarze (verbrauchte) Energie" abstoße; dadurch werde der Adept „eins mit dem Universum"; medizinische Versorgung sei hinfort überflüssig (es waren bis Ende 1999 bereits zahlreiche Todesfälle von Falun Gong-Anhägern zu verzeichnen gewesen, die sich auf die Heilkräfte ihrer Übungen verlassen hatten). Nikotin, Alkohol, Drogen, Popmusik, Fernsehen und außerehelichen Sex hält Meister Li für Teufelswerk; Homosexuelle würden bald „aussterben", da sie „gegen die Natur" verstießen; auch „nicht-reinrassige" (Han-)Chinesen sind ihm äußerst suspekt.[2139]

Wie Falun Gong-Kenner Thomas Ots schreibt, besitze Li Hongzhi „wie alle charismatischen Persönlichkeiten eine 'Aura'", die er gezielt zu kultivieren wisse: Schon um seine Jugendjahre ranke sich „ein undurchschaubares Geflecht von Vermutungen, Gerüchten und Märchen" (mithin verlegte er seinen Geburtstag auf den Buddhas, auch seine Biographie wurde beschönigt: So gibt er sich u.a. als ehemaliger Ministeriumsbeamter von Changchun aus.) „Stereotypisch", wie Ots ausführt, „zieht sich durch die selbstentworfene Lebensbeschreibung der Qi-Gong-Meister einer von zwei Wegen, auf denen sie ihr charismatisches Sendungsbewußtsein erlangt haben. Entweder durchlitten sie eine schwere Krankheit, durch die sie geläutert wurden und die ihnen - sehr häufig - Visionen der zukünftigen Bewegung beschert hatte. Oder sie geben an, von einem einsamen Mönche - womöglich kurz vor dessen Tod und als einziger Schüler - in sein Wissen eingeweiht worden zu sein (...). Charismatische Führerpersönlichkeiten gewinnen nicht durch die Logik ihrer Argumentation, sondern im Gegenteil durch die Unbestimmtheit ihrer Aussagen."[2140]

Die Kommunistische Partei verbot Li Hongzhis Schriften, woraufhin dieser sich in die USA absetzte, wo er - versehen mit dem Sympathiebonus des von Beijing verfolgten „Dissidenten" - in kurzer Zeit größte Popularität gewann und eine schnell anwachsende Gefolgsschar um sich sammeln konnte; auch im deutschsprachigen Raum wächst seine Anhängerschaft stetig. Inzwischen hält Li, der seine Lehren bevorzugt über das Internet feilbietet, sich für eine „größere spirituelle Autorität" als Jesus, Buddha und Mohammed zusammengenommen.[2141]

Mittlerweile regt sich indes auch Insiderkritik, das Szenemagazin *DAO* beispielsweise distanziert sich ausdrücklich von Li und seiner Organisation: „Die Heilslehre der Falun Gong-Sekte besteht (...) aus einigen banalen Übungen, die der selbsternannte Großmeister in goldglänzendem Pyjama in schlechter Haltung demonstriert und einer irren Mischung aus pseudobuddhistischer Moral, esoterischem Geschwafel und größenwahnsinnigen Behauptungen".[2142] Der Grund für die unerwartet scharf formulierte Kritik an Li liegt freilich nicht in dessen indiskutabler Lehre an sich - in *DAO* findet ansonsten selbst der größte Esoterikunfug (sofern er irgendwie „asiatisch" daherkommt) eine gänzlich kritikfreie Bühne der Selbstdarstellung -, vielmehr geht es um Abgrenzung gegen unliebsame Konkurrenz.

5.49. Tantra

Unter Tantra ist ein rund 2000 Jahre altes Kompendium an Meditations- und Kultritualen zu verstehen, deren Wurzeln sowohl in hinduistischen als auch in buddhistischen Traditionen liegen. Die bekannteste Schrift ist der *Vigyana Bhairava Tantra*, in dem der Hindu-Gott Shiva seiner Gefährtin Shakti in einhundertzwölf Versen (Sutras) offenbart, wie die sexuelle Vereinigung in göttliche Ekstase verwandelt werden kann.

Tantra (der aus dem Sanskrit stammende Begriff bedeutet soviel wie „das Wesentliche") wurde Ende der 1970er Jahre durch den indischen Psychokult-Führer Bhagwan Rajneesh (1931-1990) weltweit bekannt. Seine Vorträge über „Tantrische Liebeskunst" begründeten seinen Ruf als „Sex-Guru": „Sex ist eines der heiligsten Dinge. Durch Sex kannst du ins innerste Wesen der Existenz vordringen. (...) Vergiß die Zivilisation, sei wie ein Tier und lebe deine Sexualität total."[2143] Unter den zahlreichen Meditations- und Therapiegruppen, die in seinem Ashram in Poona veranstaltet wurden, zählte Tantra zu den beliebtesten. In diesen Gruppen ging es in erster Linie um Befreiung von unterdrückter und fehlkonditionierter Sexualität. Das ungehinderte Ausleben von Sex, so Rajneesh, sei der Weg zur Erleuchtung. Mit dem Umzug der Rajneesh-Kommune von Poona nach Oregon/USA wurde die bislang geförderte sexuelle Freizügigkeit innerhalb der Organisation abrupt beendet. Unter dem Zeichen von AIDS wurde strenge Enthaltsamkeit (bzw. hysteroide Hygienepraxis) verordnet, selbst Küssen wurde untersagt. Die dennoch weitergeführten Tantra-Gruppen verlagerten den Schwerpunkt von Sex hin zu körperorientierter Selbsterfahrung.

Nach dem Zusammenbruch des Rajneesh-Ashrams in Poona/Indien im Jahre 1981 und der Auflösung des Nachfolge-Ashrams in Oregon/USA fünf Jahre später machten sich zahllose Rajneesh-Anhänger (Sannyasin) selbständig und vermarkteten die innerhalb der Psychosekte gemachten „therapeutischen" Erfahrungen auf eigene Rechnung. Die Mehrzahl dieser als „Therapeuten" auftretenden (Ex-)Sannyasin verfügt, außer gegebenenfalls einer Rajneesh-internen „Ausbildung", über keinerlei fachliche Qualifikation. Insbesondere die Tantra-Szene ist wesentlich von Figuren aus dem Rajneesh-Umfeld beherrscht, die meist auch unter ihren Rajneesh-Namen firmieren. Zu den VorturnerInnen der Szene, zusammengeschlossen in einem *Netzwerk für tantrische Körper- und Energiearbeit*, zählen u.a. Margo „Anand" Naslednikov und Maria „Advaita" Bach; daneben die (in der Regel) nur pärchenweise in Erscheinung tretenden „Prabatho" König und „Bali" Schinko (*Aruna-Institut*), „Bijo" St. Clair und „Sunito" Plesse (*Orgoville International)* oder „Surabhi" Schaubmair und „Punit" Fischer (*Liebe Leben*).[2144]

„Sexuelle Grenzerfahrung" (bzw. was er dafür hält) offeriert auch der Berliner Heilpraktiker und (Ex-)Sannyasin Andreas „Andro" Rothe, der in seinem *Antinous-Zentrum tantrischer Entwicklung* (gelegentlich auch in einem Ressort-Hotel auf Sri Lanka) entsprechende

Kurse („Diamond-Lotus-Tantra") abhält (Diamant und Lotus sind Symbolbegriffe für das männliche bzw. weibliche Genital ⇨ *Tibetischer Buddhismus*); als wesentliche Grundlage dieser Kurse gelten hyperventilierendes Atmen (Rebirthing) und Massage, daneben ein paar (willkürlich zusammengestellte) bioenergetische Übungen sowie als „Tantragymnastik-Aerobic" bezeichnetes nacktes Herumgehüpfe zu rhythmischer Musik. „Sexualtherapie" in engerem Sinn wird laut Werbetext mit „Sourogatpartnern" [sic!] vollzogen.[2145] Woraus Rothe und seine Co-Therapeutin „Devatara" (bekannt durch spektakuläre Nacktauftritte in TV-Talkshows[2146]) ihre tantrische und/oder therapeutische Befähigung herleiten, ist unbekannt.[2147] Erwähnenswert ist letztlich die schwäbische Heilpraktikerin Theresia „Moti" König (*Die Perle der Liebe*), die sich für ihre Tantraseminare des Begriffes „Emotionale Kompetenz" bemächtigt hat und diesen als geschütztes Warenzeichen hat eintragen lassen. „Moti" König führt auch „Indianisches Tantra" (Quodoushka) im Angebot.

Interessant ist der Umstand, daß es selbst eine ⇨ anthroposophische Form von Tantra gibt: Der (Ex-)Waldorfpädagoge Arno Pillwein beispielsweise führt über den schwäbischen *Anthroposophie & Tantra Verimeer e.V.* entsprechende Wochenendkurse durch: „Bei Anthroposophie ist das Einstiegstor wissenschaftliches Denken (...). Bei Tantra ist das Einstiegstor Sinnlichkeit und Sexualität: Unser Körper ist die Manifestation unseres geistigen Wesens, hier und jetzt berührbar. Verstehen wir seine Sprache, kann er zum wertvollen Lehrer auf dem Weg zu unserer inneren Heimat werden. In der Synthese beider Wege können sich diese Pole in uns durchlichten und beleben."[2148]

Eines näheren Blickes wert sind insofern auch einschlägige Ideen und Gepflogenheiten im unmittelbaren Umfelde ⇨ Rudolf Steiners. Neben seiner Funktion als Generalsekretär der Theosophischen Gesellschaft war Steiner ab 1905 Mitglied des sogenannten *Memphis-Misraim-Ritus* gewesen, einer obskuren Freimaurervereinigung, die unter der Leitung des selbsternannten „Sexualmagiers" Theodor Reuß stand; 1906 wurde er zum stellvertretenden General-Großmeister des Ritus ernannt. Im gleichen Jahr konstituierte Reuß den sogenannten *Ordo Templi Orientis* (O.T.O.), eine weitere Logenvereinigung, der es in erster Linie um die Freisetzung „mystischer Seherkräfte" mit Hilfe tantrischer und yogischer Praktiken ging. Wie der Okkultismuskenner (und Anthroposophenfürsprecher) Peter-Robert König schreibt, sei „Zentralgeheimnis von Reuß' O.T.O. Richard Wagners 'Parsifal' [gewesen]: Der Speer wird zum Phallus, während der Gral, natürlich die Vagina, die Gralsspeise enthält: Sperma und Vaginalsekrete."[2149] Reuß war (als ausgebildeter Opernsänger) persönlich mit Wagner bekannt gewesen (nach eigener Aussage auch mit dessen Gönner Ludwig II. von Bayern), was ihn dazu bewog, das Wagnersche Œuvre einer umfänglichen sexualmagischen Deutung zu unterziehen: „Wagner ist nicht nur der größte Held, sondern auch der größte Bekenner und Prophet der Sexual-Religion der Zukunft, welche auf der obligatorischen rituellen Vollziehung des Sexual-Aktes basiert. Schon im Lohengrin begann er anzukündigen, was er im Tristan und dann ganz besonders im Ring der Nibelungen ausbaute und im Parsifal krönte: 'Die neue Heilsbotschaft der

Sexual-Religion!'"[2150] Per Verfügung vom 17.6.1907 setzte Reuß seinen Logenbruder Steiner als „Amtierenden General-Großmeister" des O.T.O. ein. Ob dieser nun tatsächlich *aktives* Mitglied des Ordens war und/oder an irgendwelchen tantrischen Riten oder Praktiken teilnahm, läßt sich weiter nicht mehr klären.[2151] Heutige Anthroposophen streiten jedenfalls jede Nähe Steiners zu Reuß und dem O.T.O. mit Vehemenz ab.[2152] (Im übrigen, wie Szenekritiker Peter Bierl [sehr zurecht] anmerkt, „vertreten AnthroposophInnen eine Auffassung von Sexualität, die so frei und lustbetont ist wie die der katholischen Kirche".[2153])

Tantra geht davon aus, daß Unterdrückung des sexuellen Energieflusses die wesentliche Ursache psychischer und psychosomatischer Störungen und Erkrankungen darstelle: „Unterdrückte, wildernde Sexualenergie kann dein Leben zur Hölle machen, tantrische Disziplin zum Himmel" (Rothe).[2154] Die Befreiung der Sexualität, insbesondere aus ihrer Fixierung auf die Geschlechtsorgane, ist das vorgebliche Grundanliegen. Als „Training für Ekstase und Liebe will Tantra Mann (Shiva) und Frau (Shakti) die Kraft verleihen", wie es in einem einschlägigen Lehrbuch heißt, „sich spirituell zum kosmischen Ganzen zu erheben, zum Eins-Sein, das sie zurückführt zu der vollkommenen Kraft kosmischer Erleuchtung, die sie innehatten, als sie noch eine Einheit waren, jenseits von aller Zeit miteinander verbunden".[2155] Margo „Anand" Naslednikov bietet näheren Einblick in das tantrische Selbstverständnis von Mann und Frau: „Das moderne Tantra liefert die Einstellung und die notwendigen Techniken zu einer grundlegenden Transformation, die damit anfängt, daß ein Mann und eine Frau sich den fundamentalen Respekt entgegenbringen, sich gegenseitig als Shiva (Mann pures Bewußtsein) und Shakti (Frau pure Energie) zu erkennen."[2156] Der zutiefst sexistische Charakter solchen Selbstverständnisses (auch wenn es sich um metaphorische Begrifflichkeit handeln mag), der Mann und Frau gerade nicht als „gleichwertige Partner in diesem Spiel der elementaren Energie" definiert, vielmehr weibliche „Energie" in den Dienst männlichen „Bewußtseins" stellt, entgeht Naslednikov (notwendigerweise?) völlig.

An den Tantra-Gruppen, bekannt unter dutzenden mehr oder minder eindeutigen Begriffen wie „SkyDancing" (Naslednikov), „LoveCreation" (Bust/Leimbach), „Orgodynamik" (Frank/Jasper) oder auch schlicht „The Art of Being" (Riek/Riek), nehmen jeweils etwa 16 bis 20 Personen teil; es gibt allerdings auch Gruppen mit 50 und mehr Teilnehmern. In der Regel wird nackt gearbeitet. Tantra wird in Abendveranstaltungen, aber auch in Wochenend-Workshops sowie in fortlaufenden oder sogenannten Jahres-Gruppen praktiziert. Derlei Gruppen haben eine je nach Vorliebe und Gutdünken der einzelnen Gruppenleiter exakt vorgezeichnete Struktur. Die Teilnehmer werden verschiedensten Techniken und Übungen aus der Palette der in Rajneesh-Kreisen bevorzugten Therapieformen ausgesetzt. Insbesondere wird mit Elementen aus Bioenergetik, Primärtherapie und Rebirthing gearbeitet, daneben spielen dynamische Meditationsübungen, Visualisierungen und „ekstatischer Tanz" eine bedeutende Rolle. Auch Massage und Shiatsu sind wichtige Bestandteile, so gibt es allein für das „Auftauen eines gehemmten Partners" eine Vielzahl eigener Akupressurtechniken (TantricShiatsu), beispielsweise Druck auf den „fünfzigpfennigstückgroßen Punkt zwischen After und Genitalien" oder sanfte Massage „um den Rand und unmittelbar innerhalb des Rektums".[2157]

Sexualität in engerem Sinne, die in den 1980er Jahren vor dem Hintergrund des Rajneesh-Verdikts nur noch am Rande praktiziert worden war, ist heute wieder integraler Bestandteil der meisten Tantra-Gruppen. Allemal werden in detailliert vorgezeichneter Form „tantrische Rituale" vollzogen: „Ihr steht euch unbekleidet gegenüber. (...) Jeder legt nun die Handfläche der linken Hand an die Genitalien des Partners. (...) Während diese Position beibehalten wird, sollten beide nun einen Strom weißen Lichts imaginieren, der oberhalb ihrer Köpfe entsteht und spiralig herunterfließt (entgegen dem Uhrzeigersinn) und an ihren Füßen im Boden verschwindet". Anschließend ist ein „Strom rosaroten Lichts" zu visualisieren, der, ebenfalls spiralenförmig, vom Boden aufsteige.[2158] An fortgeschrittenerer Stelle heißt es: Die Frau „umschließt mit Zeigefinger und Daumen den Penis und übt etwas Druck aus. Sie spricht drei Mantras [Meditationslaute „omm", „ahdi" und „ahm", C.G.], dann zieht sie die noch immer die Penisbasis umschließenden Finger weg (...). Der Mann führt vorsichtig den rechten Zeigefinger in die Vagina ein, wobei die rechte Handfläche nach oben weist, Daumen und Finger zur Faust geschlossen, damit sie nicht im Wege sind. Der Mann hält seinen Finger ganz still und konzentriert sich auf das Fühlen der Kontraktion der vaginalen Muskeln."[2159] Durch derlei Exerzitien sei Kontrolle über den Orgasmus zu erlangen, die es „dem einzelnen bzw. dem Paar erlaubt, den Höhepunkt beliebig lange hinauszuschieben", um sich, wie Tantra-Bescheidwisser ⇨ David Luczyn erläutert, „so für längere Zeit im ekstatischen Drehzahlbereich aufzuhalten".[2160] Ein Wochenend-Workshop kostet zwischen 350 und 500 Mark.

Bei den Tantra-Techniken handelt es sich um willkürlich zusammengefügte Elemente aus unterschiedlichsten Therapieansätzen, verbunden mit ebenso willkürlich zusammengesetzten Sex-Praktiken. Ein übergeordnetes Konzept fehlt. Die Mehrzahl der Therapie- und Sex-Techniken ist frei erfunden, es gibt keinerlei ernstzunehmende Untersuchung zu den möglichen Auswirkungen. Psychosexuelle Probleme oder Traumata können durch die künstlichen Ekstaserituale überdeckt und dadurch verschärft werden. Auch der extreme Gruppendruck, jedwede Grenzen der Angst und Scham zu überschreiten, kann zu enormen psychischen Komplikationen führen. Verschiedene der eingesetzten Techniken, vor allem das hyperventilierende ⇨ Rebirthing-Atmen, können für psychisch labile Menschen hochgefährlich werden: Es können - und dies noch Wochen und Monate später - psychotische Wahnzustände auftreten.[2161]

Tantra-Gruppen sind zudem ideologisch massiv überfrachtet. Vielfach werden die Teilnehmer in den sektoiden Kontext der Veranstalter hineinmanipuliert. Die Querverbindungen zu neosatanistischen Riten sind augenfällig, in denen nach den Vorgaben des Okkultfaschisten Aleister Crowley jede nur denkbare Form von Sexualität - einschließlich des Umganges mit Urin, Kot und Blut - praktiziert wird;[2162] desgleichen die Parallelen zu den Sex-Praktiken des österreichischen Fäkalfetischisten Otto Muehl und seiner AAO-Kommune: „Lebendiges Tantra", so die (rajneeshnahe) Szene-Zeitschrift *Connection,* „schreckt nicht vor Schmerz und Schmutz zurück".[2163] Interessant ist in diesem Zusammenhang die von Naslednikovs *SkyDancingTantra®-Institute* etablierte „Liebesakademie", in der es ausdrücklich darum geht, an „Lehrer, Erzieher, Trainer, Menschen in pädagogischen Berufen (...) die tantrischen Sicht- und Erfahrungsweisen heranzutragen". Denn: „Wie Sie selbst sind auch Ihre Schüler und Schülerinnen sexuelle Wesen."[2164]

Die in der Schweiz erscheinende Zeitschrift *Tantra* gilt als Zentralorgan der Szene. Bemerkenswert ist der Beitrag einer gewissen „Maitreyi" Piontek, eigener Auskunft zufolge „dipl. Sexologin und autorisierte Tao-Lehrerin", zur Frage, ob „der Mann seine Ejakulation kontrollieren können, d.h. nicht abspritzen sollte": „Das Ejakulat im Körper zu behalten, besonders bei sexueller Erregung, ist eine der heilendsten Aktivitäten überhaupt. Die Tatsache, daß jeder Milliliter Samenflüssigkeit etwa 20 Millionen Spermien enthält, spricht für das Potenzial, das ein Ejakulat in sich trägt (...). Wenn Männer lernen, diese Kraft im Körper zu behalten, kann dadurch der persönliche Energiespiegel massiv erhöht werden (...). Eine der häufigsten Nebenwirkungen ist [jedoch], daß im Körper durch das Mehr an Energie leicht Hitze entstehen kann. Setzt sich die Hitze unbewußt in einem Organ fest, zum Beispiel in der Leber, kann dadurch leicht Aggression und Gereiztheit entstehen. Setzt sich die heiße Energie im Gehirn ab, können zum Beispiel Symptome wie Konzentrationsstörungen, Nervosität oder Schlafstörungen entstehen. Es reicht nicht aus, die Ejakulation zurückzuhalten. Die Essenz der Sexualpraktiken ist die innere Alchimie, die Verfeinerung und Transformation vom Grobstofflichen zum Feinstofflichen. Das braucht Übung, Geduld und idealer Weise persönliche Anleitung. (...) Wer in der Lage ist, die Sexualität von Begrenzungen wie Samenerguß oder auch emotionalen Zuständen zu befreien, dem wird es möglich sein, die Grenzenlosigkeit der Sexualenergie zu erfahren."[2165] Seit Ende 1999 erscheint *Tantra* unter dem Signet *Yabyum: Magazin für Lust, Sinnlichkeit, Politik und Kultur* (yab & yum sind die tibetischen Begriffe für männlich und weiblich [= yin & yang]).

Gesondert zu erwähnen sind die tantrischen Übungen, die ein gewisser Mantak Chia unter dem Signet „Tao Yoga der heilenden Liebe" vorstellt.[2166] Da Menstruation beziehungsweise Ejakulation zu erheblichen Energieverlusten führten, gelte es, über „Ovar-" beziehungsweise „Hodenatmung" kosmische Chi-Energie in den Organismus aufzunehmen (⇨ *Qi-Gong*). Zur „Hodenatmung" empfehle es sich, „bequem auf einem Stuhl an der Stuhlkante zu sitzen, damit die Hoden frei hängen können. Langsam einatmen und die Hoden hochziehen. Eine Weile die Luft anhalten, wieder ausatmen und die Hoden senken. Beim Einatmen daran denken, wie der Atem in die Hoden hinabströmt und sie füllt. So lange ein- und ausatmen, bis du einen kühlen oder kalten Strom am Scrotum spürst (...). Danach die Sexualenergie von den Hoden aus die Rückenbahn hochleiten. Einatmen, Hoden kontrahieren, Sexualenergie spüren, (...) Kontraktion lösen, jedoch Sexualenergie mittels Geisteskraft im Perineum halten." Ovaratmung verläuft analog: „Atme einige Male ganz bewußt in deine Eierstöcke hinein." Die Rede ist überdies von Vaginalmuskeltraining mit Hilfe eines Marmoreis, das nach einiger Zeit der Übung ohne manuelle Hilfe aufgehoben und „eingesaugt" werden könne.[2167] Mantak Chia, der sich als Meister der Kampfkünste und Arzt ausgibt, leitet in New York ein eigenes Zentrum, in dem er Tao-Yoga-Therapeuten auch für den deutschsprachigen Raum ausbildet.

Ähnliche Praktiken wie bei Mantak Chia gibt es auch im oberbayerischen Institut *Iota*, das sich eigentlich der Ausbildung professioneller Hellseher verschrieben hat. In eigenen „Seminaren für Sexualenergie" werden Frauen in der „Lösung ihrer Orgasmusprobleme durch Transformation der Menstruationsenergie" unterwiesen; Männer erlernen gar die wundersame Technik der „Injakulation".[2168]

Von nachgerade rührender Naivität erscheint da ein 96-Seiten-Büchlein mit dem Titel *Die Herz-Umarmung*, über das ein gewisser *Maharani-Anand-Freundeskreis* in Ahlerstedt zur Heilung der Welt beitragen will: „Männer!, nehmt Eure Frauen in den Arm. Nur 10 Minuten am Tag nehmt sie in den Arm (...). Nicht mehr und nicht weniger. Herz an Herz und nur die Wärme zwischen Euch. Euer Leben wird sich von Grund auf ändern." Der *Maharani-Anand-Freundeskreis* zeige, „wie sich Mann und Frau umarmen und herzen können, ohne gleich im Bett zu landen".[2169]

Exkurs

Tibetischer Buddhismus

Die in Tibet ausgeprägte und bis heute vorherrschende buddhistische Lehre ist die des sogenannten Vajrayana (sanskr. = Diamantszepter-, Blitz- oder Phallusgefährt), eine Untergliederung des sogenannten Mahayana (sanskr. = Großes Gefährt [zur Erleuchtung]). Im Gegensatz zu sämtlichen sonstigen Schulen des Buddhismus verspricht das „Phallusgefährt" seinen Anhängern die Möglichkeit, innerhalb eines einzigen Lebens Erleuchtung zu erlangen und damit aus dem Kreislauf der Wiedergeburten auszusteigen. Vajrayana, auch tantrischer Buddhismus genannt, versteht sich insofern als weitestentwickelte Schule der buddhistischen Lehre, die alle anderen Schulen übertreffe beziehungsweise in sich integriere. Tantrismus stellt die im Westen verbreitetste Form des Buddhismus dar; als bekannteste Figur gilt der Dalai Lama.[2170]

Neben den auch in den sonstigen Schulen des Buddhismus üblichen Meditationspraktiken bietet Vajrayana eine Vielzahl tantrischer Übungen, durch die der Weg zur Erleuchtung beschleunigt werde. Das Wesentliche dieser Übungen ist rituell praktizierte Sexualität. Zugang zu den höheren Stufen des „Phallusgefährtes" hatte von jeher nur eine kleine Elite innerhalb der monastischen Hierarchie, die sich im Verborgenen eigens rekrutierter „Sexgefährtinnen" bediente. Während die einfachen Mönche zu tantrischen Praktiken lediglich in Gestalt von Visualisierungsübungen, sprich: masturbatorisch und ohne reale Frau, verpflichtet wurden und werden, hatten höhere Lamas schon immer ihre geheimen Konkubinen zur Hand.

Seitens der Lamas wurden und werden sexuelle Praktiken mit realen Frauen kategorisch abgestritten. In der Regel wird behauptet, bei den tantrischen Ritualen handle es sich *eo ipso* und *ausschließlich* um imaginatives Geschehen, um das „meditative Visualisieren der Vereinigung einer männlichen Gottheit mit einer weiblichen Gefährtin", mit dem Ziel, zu tieferen Einsichten in die „Integration polarer Gegensätze" zu gelangen. Tatsächlich sind derlei Visualisierungsübungen nur *ein* Aspekt der tantrischen Praxis, auf den fortgeschrittenen Stufen des Einweihungspfades werden eigens hierfür rekrutierte Mädchen und Frauen herangezogen.

Absicht und Zweck der (angeblich nur visualisierten) tantrischen Sexbeziehungen - die Rede ist gerne auch von „sakralem Geschlechtsverkehr" - liege keineswegs in sexueller Befriedigung. Vielmehr bediene der Vajrayana-Buddhismus sich „geschickter Mittel, mit deren Hilfe die Kraft der Begierde so gelenkt werden kann, daß sie für den spirituellen Pfad nutzbar wird und Begierde schließlich selbst das Mittel zur Überwindung der Begierde wird. (...) Mit dem Schwelgen in Sinnenfreude hat Tantra nichts zu tun."[2171] In einigem Widerspruch hierzu steht ein Sex-Kompendium, das der tibetische Lama Gedün Chöpel (1895-1951) Anfang der 1930er Jahre für seinesgleichen verfaßt hat. Unter ausdrücklicher Bezugnahme auf das indische *Kamasutra* erörtert Chöpel nicht nur allerlei Stellungen des Beischlafs und die dazugehörigen rhythmischen Bewegungen, sondern mithin auch die Kunst, währenddessen anregende Geräusche zu erzeugen; detailliert beschreibt er einzelne Techniken zur Reizung von Penis und Klitoris, in einem eigenen Kapitel gar die „Kunst des Zwickens und Kratzens" *(Art of Pinching and Scratching)*: „An den Schenkeln, am Gesäß und an den Brüsten (der Frau) hinterlasse sehr rote (und) tiefe Fingernagelkratzer. Erfühle mit ausgestreckten Fingern die Achselhöhlen (...) und die Vagina und zwicke ohne Wunden (zu hinterlassen). Es heißt, daß es zu Zeiten angezeigt ist [gemeint ist unmittelbar vor der Ejakulation, C.G.], die Schultern, den Nacken und den oberen Rücken (so) zu zwicken, daß Wunden entstehen." Die Art und Form der zu hinterlassenden Zwick- und Kratzspuren ist exakt vorgeschrieben: Man „drückt mit den Fingern ihre Brustwarzen und den Eingang der Vagina, (zudem) zwickt man hart unter Einsatz der Daumennägel. Vier Fingernagelkratzer sind dort zu hinterlassen. Diese werden als 'Pfauenfußkratzer' bezeichnet." Solange die Wunden nicht geheilt und verschwunden seien, so Chöpel, „wird die Freude der Leidenschaft nicht vergessen".[2172]

Die als „Sexgefährtinnen" in Frage kommenden Frauen müssen bestimmte Kriterien erfüllen: Laut tantrischer Lehre sollen sie mit „Anmut und Jugend" ausgestattet sein und ihrer Vagina müsse ohne Unterlaß ein „Duft wie von verschiedenen Lotusarten oder süßem Lilienholz" entströmen.[2173] In einem Tantratext werden fünf Arten von Sexgefährtinnen, gerne auch „Weisheitsgefährtinnen" genannt, unterschieden: Die Achtjährige, die Zwölfjährige, die Sechzehnjährige, daneben die Zwanzig- und die Fünfundzwanzigjährige; jede Altersstufe diene ganz bestimmten Zwecken. Lama Chöpel rät davon ab, „mit Gewalt in ein junges Mädchen einzudringen", das sich zu sehr wehre; es könne dies ihre Geschlechtsteile verletzen (was sie womöglich für weitere Praktiken unbrauchbar mache). Ratsam sei in solchem Falle, sich lediglich zwischen ihren Schenkeln zu reiben („churn about between her thighs").[2174] Allemal empfehle es sich, Kinder vor dem Geschlechtsverkehr mit etwas Honig oder mit Süßigkeiten zu beschenken;[2175] ältere Mädchen, so ein Ratschlag an anderer Stelle, ließen sich sehr probat auch mit Alkohol gefügig machen.[2176] Im übrigen, so die Lehre des Tantra, sei es durchaus rechtens, ein Mädchen, das die sexuelle Vereinigung verweigere, dazu zu zwingen.[2177] Mit Frauen fortgerückteren Alters solle tunlichst nicht praktiziert werden: ab dreißig gelten Frauen als Manifestationen bösartiger Geister; ab Ende dreißig werden sie nur noch als „Hundeschnauze, Saugfresse, Schakalfratze, Tigerdrachen, Eulengesicht" und dergleichen bezeichnet.[2178]

Ob die Rituale des Vajrayana nun besonders sinnenfreudig sind oder nicht, steht dahin. Neben der Ausübung verschiedenster Sexualpraktiken - je nach Einweihungsstufe mit imaginierten oder realen GefährtInnen - nehmen die Tantra-Adepten regelmäßig auch „Substanzen zu sich, die gemeinhin als unrein gelten"[2179]: Dazu zählen insbesondere die „Fünf Arten von Fleisch" (Stierfleisch, Hundefleisch, Elefantenfleisch, Pferdefleisch und Menschen fleisch) sowie die „Fünf Arten von Nektar" (Kot, Gehirn, Sexualsekret, Blut und Urin).[2180] Der rituelle Verzehr von Exkrementen, Sperma und bevorzugt auch von Menstruationsblut diene der Einsicht, daß „kein Ding an sich rein oder unrein ist und alle Vorstellungen von solchen Gegenständen lediglich auf falscher Begrifflichkeit beruhen".[2181] Das eigentliche Anliegen dieser Praktiken, so der hochrangige Lama Kalu Rinpoche, bestehe darin, das „dua listische Denken zu transzendieren (...), dieses oberflächliche, dualistische Haften an Erscheinungen",[2182] das die Welt in „richtig" und „falsch" unterteile.

Das Hantieren mit sowie der Verzehr von „unreinen Substanzen" - neben Kot, Urin und Blut spielen auch Speichel und Nasenschleim eine bedeutende Rolle - dient insofern als Vorbereitung auf die höchste Stufe des Tantra, die „Praxis mit Geschlechtspartnern". Diese, wie der Dalai Lama betont, dürfe erst ausgeübt werden, „wenn keinerlei sexuelles Verlangen [mehr] vorhanden ist. Die Voraussetzungen sehen ungefähr so aus: Wenn dir jemand ein Glas Wein und ein Glas Urin, eine köstliche Speise und einen Teller Kot anbietet, mußt du in einer Verfassung sein, daß du von allem essen und trinken kannst und es dich überhaupt nicht berührt, was du da gerade zu dir nimmst. Dann, vielleicht, kannst du dich dieser Praxis widmen."[2183] Bis dahin, dialektischer Salto rückwärts, müsse man fleißig visualisieren und sich im übrigen der Geschlechtsorgane in solitärer Manier bedienen. Als Visualierungssprich: Onaniervorlage erläutert „Seine Heiligkeit", es gebe vier Arten von Frauen: „Die Lotos-artige, die Reh-artige, die Muschel-artige und die Elefanten-artige. (...) Diese Unterscheidungen haben in erster Linie etwas mit der Form der Genitalien zu tun."[2184] Tatsächlich gibt es einen obligaten Initiationsritus, bei dem ein Mandala (sanskr. = Meditationsbild) in Gestalt einer Vagina verwendet wird.[2185] Als weitere Vorbereitung auf die höheren Stufen tantrischer Praxis dient die zumindest hunderttausendmalige Wiederholung der Zufluchtsformel zu den „Drei Juwelen" („Ich nehme Zuflucht zu Buddha [bzw. dem jeweiligen Lama], Dharma [sanskr. = buddhistische Lehre] und Sangha [sanskr. = Gemeinschaft der Gläubigen]"), zumindest hunderttausendmalige Niederwerfung sowie verschiedene Meditationsübungen zur „Läuterung des Geistes", einschließlich zumindest hunderttausendmaliger Wiederholung eines bestimmten hundertsilbigen Mantras („Om vajrasattva hum..."); im übrigen gilt als Voraussetzung das Ablegen unzähliger Gelübde.

Obgleich es für die betroffenen Mädchen und Frauen keinerlei Rolle spielt, ob sie der Lüsternheit eines Lamas ausgeliefert sind oder irgendwelchen religiös zurechtdrapierten Sexualriten, sei in gebotener Kürze der metaphysische Überbau beleuchtet, unter dem die jeweiligen Tantra-Praktiken daherkommen: Den tantrischen Lehrtexten geht es stets um die Transformation sexueller Energie in Macht, von Macht über einzelne Personen bis hin zur phantasmagorischen Macht, auf das Geschehen des Universums Einfluß zu nehmen. Zur Freisetzung derartiger (All-)Macht, die jede Polarität des Seins transzendiert, bedarf der *männliche* Lama spezifisch *weiblicher* Energie. Diese Energie, in den Vorstellungen des Tantrismus ein durchaus materiell zu verstehendes „Elixier“, sucht der Lama sich mittels rituellen Sex-Kontaktes zu Frauen anzueignen. In der Absorption der weiblichen Energie - diese wird vor allem in Menstruationsblut oder Vaginalsekret gewähnt - könne der Lama eine Art mystischer „Doppelgeschlechtlichkeit“ aufbauen, die die Urkräfte des Kosmos (tibetisch: *yab/yum*) in ihm integriere und ebendadurch ins Omnipotente steigere. Ziel ist es, zum *Adibuddha* zu werden, zum Herrn allen weltlichen und überweltlichen Geschehens. Interessant sind insofern die Ritualgegenstände, mit denen die Lamas bei ihren öffentlichen Zeremonien hantieren: In der Rechten führen sie stets das *phallus*symbolische Diamantszepter (sanskr.: *vajra)*, in der Linken die *vagina*symbolische Glocke (sanskr.: *gantha):* der Lama versteht sich als Herr des männlichen wie auch es weiblichen Prinzips, er ist Mann *und* Frau. Aufschlußreich ist insofern auch die Bedeutung des im buddhistischen Kulturraum allgegenwärtigen Meditationsmantras „Om Mani Padme Hum“, was soviel heißt wie: „In der Vereinigung *(hum)* des Juwels *(mani*/Phallus) mit dem Lotos *(padma*/Vulva) bin ich der Weltenbeherrscher *(om)*.“[2186] Nur wenige der buddhistischen Gläubigen, die diesen Spruch ununterbrochen vor sich hinmurmeln, dürften sich dessen sexualmagischer Bedeutung bewußt sein. Diese wird denn auch ausdrücklich verschleiert: Wie etwa Thubten Ngawang, Leiter des *Tibetischen Zentrums Hamburg*, erklärt, repräsentiere OM „Körper, Rede und Geist des Buddha“, MANI den „Pfad der Methode“, PADME dessen „Weisheitsaspekt“ und HUM bedeute, daß „etwas ungetrennt ist“.[2187] Auch wenn diese Erklärung keinerlei Sinn macht, wird sie von den Gläubigen widerspruchslos akzeptiert.

Das Entscheidende des Sexualkontaktes zwischen dem Lama und seiner „Weisheitsgefährtin“, wie der Dalai Lama darlegt, sei (zunächst) die kategorische Verhinderung des Samenergusses: Das „männliche Elixier“ müsse unbedingt im Körper zurückgehalten und dort mit dem anzueignenden „weiblichen Elixier“ verbunden werden. Laut tantrischer Lehre beginne bei sexueller Erregung das Sperma, das normalerweise in einer mondsichelförmigen Schale unterhalb der Schädeldecke aufbewahrt werde, tropfenweise aus dieser heraus- und in den Penis hinabzufließen (es geht immer nur um die *männliche* Sichtweise). An der Spitze des erigierten Penis sei der Samen festzuhalten, er dürfe unter keinen Umständen ausgestoßen werden. Die Kontrolle des Spermaausstoßes müsse durch ständiges Üben - zunächst alleine, auf höherer Stufe mit einer Gefährtin - erlernt und verbessert werden. Komme es trotz aller Kontrolle - neben Atemanhalten gilt als bevorzugte Technik das Ausüben von Druck auf den Samenleiter - zur Ejakulation, so sei das Sperma (sofern man mit realer Frau übe) mit der Zunge oder mit dem Finger aus der Vagina zu entfernen und zu schlucken. Erlaubt sei in solchem Falle auch, das Ejakulat aus der Vagina in einen Totenschädel fließen zu lassen und diesen dann leer zu schlürfen.[2188]

Das erstrebte „weibliche Elixier“, so die Vorstellung des Tantra, werde (auf magisch-mystische Weise) durch den in die Vagina eingeführten Penis aufgesogen. Das an der Spitze des Penis stehende Sperma vereinige sich mit den absorbierten weiblichen Fluiden und steige als

„Medizin ewigen Lebens" zum Schädeldach hinauf. Der Lama trage nun beide Lebenselixiere in sich, er werde „zu einem 'aus sich selbst Geborenen', [er] hat den Fluch der Wiedergeburt überwunden und sie durch die esoterische Vision der Unsterblichkeit ersetzt".[2189] Das Gebot der Spermaretention gilt allerdings nicht auf allen Stufen tantrischer Ritualpraxis. Auf den höchsten Stufen der Einweihung kann und darf der Praktiker nach Belieben ejakulieren. Mittels bestimmter Techniken, *Vajroli* genannt, sei es ihm möglich, den in die Vagina seiner „Weisheitsgefährtin" entlassenen Samen, vermischt mit deren Fluiden - Vaginalsekrete und/oder Menstruationsblut -, durch seinen „Peniskanal" zurückzuziehen. „Nachdem er ausgeströmt hat", so ein tantrischer Text, „saugt er ein und sagt: durch meine Kraft, durch meinen Samen nehme ich deinen Samen - und sie ist ohne Samen"[2190] (nach tantrischer Auffassung verfügen auch Frauen über eine Art Samen, der in besagten Fluiden enthalten sei).

Selbstverständlich, so der derzeitige 14. Dalai Lama (wie seine Vorgänger „höchster Lehrmeister des Tantra"), müsse derlei *Vajroli*-Technik mühsam erlernt und regelmäßig trainiert werden. Ausführlich erläutert er entsprechende Übungen: Eine davon besteht darin, „einen Strohhalm in das Genital einzuführen. Zuerst zieht [man] Wasser, später dann Milch durch den Strohhalm herauf. Damit wird die Fähigkeit der Umkehr des Flusses während des Geschlechtsverkehrs geübt. Wer eine sehr große Erfahrung hat, kann nicht nur den Fluß an einem sehr weit unten liegenden Punkt umkehren, sondern auch die Flüssigkeit bis zum Scheitel aufsteigen lassen, dem Ort, von dem sie ursprünglich heruntergesunken war."[2191] Eine vielkolportierte Geschichte über den 6. Dalai Lama (1683-1706) erzählt, wie dieser in Gegenwart seines Hofstaates in hohem Bogen vom Dach des Potala-Palastes heruntergepißt und seinen Urinstrahl anschließend wieder in den Peniskanal zurückgezogen habe. Mit dieser öffentlichen Vorführung seiner *Vajroli*-Fähigkeiten habe er die tantrische Korrektheit seines Liebeslebens demonstriert.[2192]

Im übrigen ist die Mixtur aus „weißer Energie" (Lama-Sperma) und „roter Energie" (vaginale Lubrikationssekrete bzw. Menstruationsblut) von großer Bedeutung für bestimmte Initiationsituale: die sogenannte „Heilige Substanz", von Tantrikern als *sukra* bezeichnet, wird mit dem Finger oder mit einem eigenen Elfenbeinlöffelchen aus der Vagina der jeweiligen Sexgefährtin herausgekratzt und in einem Gefäß gesammelt. Der Initiand bekommt etwas davon auf die Zunge geschmiert: Durch den Genuß des männlichen und des weiblichen Elixiers, so die Vorstellung des Vajrayana, sei er des Mysteriums der „Doppelgeschlechtlichkeit" teilhaftig geworden und damit im Besitze kosmischer Omnipotenz.[2193]

Der Überschreitung polarer Selbst- und Weltwahrnehmung dient auch der bereits erwähnte rituelle Umgang mit tabuierten, „unreinen" Substanzen: Das Auflösen der Unterscheidung zwischen „rein" und „unrein" integriere die in der Polarität gebundenen Energien und setze sie dadurch in potenzierter Form frei. In einem Lehrtext werden die einzelnen Substanzen aufgelistet, die diesem Zwecke dienlich sind: Kot, Urin, Speichel, Erbrochenes, Waschwasser, das nach der Säuberung des Anus übrigbleibt und dergleichen mehr;[2194] notfalls dürfe es auch fauler Fisch oder Hundekot sein.[2195] Laut Anweisung in einem anderen Text müsse der Erleuchtungssuchende Menstruationsblut aus einer Schädelschale trinken,[2196] wobei genau unterschieden wird zwischen dem Blut einer Jungfrau, einer Prostituierten, einer Ehefrau oder einer Witwe.[2197] (Kot und Urin spielen auch in der traditionellen ⇨ tibetischen Medizin eine bedeutende Rolle.)

Als besonders geeignete Stätten zur Durchführung tantrischer Rituale gelten Friedhöfe, Grabhügel, Urnenfelder, Verbrennungsplätze, bevorzugt auch Orte, an denen ein Mord stattgefunden hat oder besser noch: eine Schlacht mit vielen Toten. Der holländische Anthropologe und Buddhismusforscher Fokke Sierksma beschreibt die Meditationszelle eines tibetischen Lama, die mit Menschenhäuten ausgespannt sowie mit Menschenhaar und Menschenknochen ausgeschmückt war. Auf einer Leine hingen abgeschnittene und getrocknete Frauenbrüste; auch das Eßgefäß des Lama bestand aus der getrockneten Haut einer Frauenbrust. Die Bestandteile seiner Behausung und seiner Einrichtung, so Sierksma, hatte der Lama vermutlich von Leichenzerstücklern bezogen.[2198]

Die Ritualgegenstände der Lamas (vor allem der eremitär lebenden) bestanden und bestehen überwiegend aus menschlichen Organen und Knochen: Trinkgefäße aus menschlichen Hirnschalen, aus Oberschenkelknochen junger Mädchen geschnitzte Trompeten, zu Gebetsketten aufgefädelte Fingerknochen; im *Tibetan Revolution Museum* in Lhasa sind präparierte Schädel zu besichtigen, mumifizierte Hände, abgeschnittene und getrocknete männliche Geschlechtsteile. Daneben wird ein Dokument mit dem Siegel des Dalai Lama gezeigt (es ist nicht erkennbar, ob es sich um das Siegel des 13. oder des 14. Dalai Lama handelt), in dem von abgeschlagenen Köpfen, abgehackten Händen sowie der abgezogenen Haut von Kindern die Rede ist, die neben „Menstruationsblut einer Witwe" und „Steinen, mit denen Menschenschädel eingeschlagen wurden", für irgendein tantrisches Ritual benötigt würden.[2199]

Durch derlei Tatsachenbefunde werden die angestrengten Versuche moderner (West-) Autoren, die tantrischen Praktiken des tibetischen Buddhismus zu reiner Metaphorik umzudeuten, eindrucksvoll widerlegt. (Autor Goldner, der sich in einer eigenen Studie ausführlich mit den tantrischen Praktiken des tibetischen Buddhismus befaßt hat, ist seit deren Erscheinen massivem Psychoterror ausgesetzt: Anfang 2000 etwa erhielt er ein totes und entsprechend übelriechendes Huhn zugesandt, dem man - offenbar in ritueller Manier - den Kopf abgeschnitten hatte. Schon vorher war an den *Alibri*-Verlag, der die Studie herausgebracht hatte, ein Paket geschickt worden, das dem äußeren Anschein nach den Verdacht eines Sprengstoffpaketes erweckte: Glücklicherweise enthielt es keine Höllenmaschine, sondern „nur" eine pestilent stinkende Mischung aus Papier und Fäkalien. Daneben gab es - Schlaglicht auf die „Friedfertigkeit" des tibetischen Buddhismus - jede Menge wüster Schmähungen und sogar eine Morddrohung gegen Goldner.[2200]

5.50. Tarot

Unter Tarot ist ein Satz von 78 Karten mit symbolischen oder allegorischen Darstellungen zu verstehen, die erstmals Ende des 14. Jahrhunderts in Italien auftauchten und sich schnell über ganz Europa verbreiteten. Der Name leitet sich vermutlich aus dem französischen Begriff „taroteé“ als Bezeichnung für das gestreifte Rückenmuster der Spielkarten her; seit 1594 nannten sich die Pariser Kartenmacher „tarotiers“.[2201]

Laut Legende liegen die Ursprünge des Tarot in altägyptischen Mysterienschulen, tatsächlich aber wurde den Karten erst Ende des 18. Jahrhunderts okkulte Bedeutung zugemessen. Bis dahin waren sie lediglich zum Glücksspiel im Gebrauch. 1781 veröffentlichte der französische Theologe und Mysterienforscher Antoine Court de Gebelin (1725-1784) eine Studie über das Tarotkartenspiel, in dem er ein allegorisches Kondensat ägyptischer Geheimlehren entdeckt zu haben glaubte. Den seiner Meinung nach altägyptischen Begriff „Tarot“ übersetzte er freihändig (lange bevor die Hieroglyphensprache entziffert wurde) mit „Der königliche Weg des Lebens“.[2202] Zu den eifrigsten Schülern Gebelins zählte der Coiffeur und Perückenmacher Alliette, der unter dem Pseudonym „Etteilla“ (Umdrehung seines wirklichen Namens) der feinen Pariser Gesellschaft zu horrenden Summen die Zukunft aus den Karten vorhersagte. Als selbsternannter „Professor der Algebra“ stellte er ein eigenes Kartensystem vor, das, seiner Berechnung zufolge, von einem Urenkel Noahs „im 1828. Jahr der Schöpfung, 171 Jahre nach der Sintflut und vor 3953 Jahren verfaßt wurde (und) bis in unsere heutige Zeit überleben durfte“.[2203] Die Zahl der Anhänger und Bewunderer, die „Le Célèbre Etteilla“ - gerade im Vorfeld der Revolution von 1789 - um sich scharen konnte, übersteigt nach Auskunft der Chronisten „alle Vorstellungen“.[2204] Der katholische Diakon Alphonse-Louis Constant (1810-1875), der unter dem Pseudonym Eliphas Lévi umfangreiches okkultes Schrifttum in die Welt entließ (von dem auch ⇨ Helena Blavatsky ganz wesentlich inspiriert wurde), setzte das Kartenspiel des Tarot mit der Zahlen- und Buchstabenmystik der jüdi schen Kabbala in Bezug,[2205] eine Idee, die von dem Okkultisten und Rosenkreuzer Gérard Encausse (1865-1917), Deckname: Papus, in zahllosen Schriften weitergesponnen wurde.[2206] Der englische Papus-Anhänger Arthur Edward Waite, Mitglied des 1888 gegründeten *Golden-Dawn-Ordens*, eines theosophisch inspirierten Geheimzirkels, der sich vor allem mit Geisterbeschwörung, ägyptischer Magie und der Herstellung von Talismanen befaßte, entwickelte um die Jahrhundertwende ein eigenes Tarot-Set, das, herausgebracht 1910 von dem Londo ner Verlagshaus *Rider & Co*, auf eine begeisterte Öffentlichkeit stieß.[2207] Die Prinzipien und Bilder des sogenannten Waite-Rider-Tarot haben bis heute Geltung, die meisten der zahllosen Sets (auch *decks* genannt), die seit Anfang der 1980er auf dem New-Age-Markt erschienen sind, stellen lediglich Abwandlungen davon dar. Auch das heute noch in einigen Varianten gebräuchliche „sexualmagische“ Tarot-Deck des Okkultfaschisten und kurzzeitigen *Golden-Dawn*-Mitglieds Aleister Crowley unterscheidet sich von seinem Aufbau her nur unwesentlich von den Waite-Rider-Karten. Satanist Crowley, der sich für eine Reinkarnation Eliphas Lévis hielt - er wurde an dessen Todestag geboren -, hatte die Karten Ende der 1930er eigens zur „Einweihung in das Neue Zeitalter“ entworfen. (Auf der Rückseite zeigen die Karten des Crowley-Tarot ein Strahlenkreuz, das sich, zumindest in sehr ähnlicher Form, als Symbol der *Scientology Church* wiederfindet: Deren Gründer L. Ron Hubbard war Mitläufer des berüchtigten ⇨ *Ordo Templi Orientis* [O.T.O.] gewesen, dem ab 1922 Crowley vorgestanden war.[2208]) New-Age-Vordenker Wolfgang Dahlberg vom ⇨ *Frankfurter Ring e.V.* bezeichnet Crowley als „genialen Tarot-Interpreten“[2209] und auch *Esotera*-Autor Hans-Dieter Leuenberger meint, „Crowley war zweifellos ein genialisch, wenn nicht sogar genial veranlagter Mensch".[2210] Im einschlägigen Fachhandel sind Crowley-Texte und -Tarotkarten völlig frei erhältlich.

Der Tarot ist aufgeteilt in 22 Karten der „Großen Geheimnisse" (Große Arkana) sowie 56 Karten der „Kleinen Geheimnisse" (Kleine Arkana).[2211] Die Karten der „Großen Arkana" (Trümpfe) gelten als allegorische Darstellung „archetypischen" menschlichen Erlebens. So steht beispielsweise die Karte der „Hohepriesterin" für Wissen, die des „Mondes" für Täuschung, die des „Turmes" für Untergang. Die kleinen Arkana - sie entsprechen im Wesentlichen dem modernen Kartenspiel (Rommé, Canasta, Bridge etc.) - setzen sich aus den vier symbolischen Werkzeugen des Magiers zusammen: Stab (Kreuz, Eichel), Kelch (Herz), Schwert (Pik, Blatt) und Pentakel/Zauberkreis/Münze (Karo, Schelle). Jedem Werkzeug sind vier Hofkarten (Bube, Ritter, Dame, König) sowie zehn Zahlenkarten (Eins/As bis Zehn) zugeordnet. (Im modernen Standard-Kartenspiel werden Bube und Ritter zu einer Karte zusammengefaßt, so daß unter Hinzunahme der zum „Joker" umgewandelten Karte „Der Narr" aus den Großen Arkana ein Set aus 52+1 Karten entsteht; für Spiele wie Skat oder Schafkopfen wird das Set um die Karten Zwei bis Sechs auf 32 reduziert). Auch die 56 Karten der „Kleinen Arkana" stehen für (willkürlich) bestimmte Erfahrungsbegriffe, beispielsweise „Stab-(Kreuz)-Zwei" für Überraschung, „Kelch-(Herz)-Vier" für Langeweile oder „Münz-(Karo)-As" für Zufriedenheit.[2212]

Zur Deutung wird entweder das gesamte Tarot-Set verwendet oder nur eine der beiden Arkana. (Statt der „Kleinen Arkana" werden gelegentlich auch reguläre Spielkarten verwendet.) Zu Beginn werden die Karten vom Ratsuchenden eigenhändig gemischt: „Durch das Mischen werden die Karten mit der persönlichen Ausstrahlung des Mischenden aufgeladen und so kommt eine Verbindung zwischen den bewußten und unbewußten Ebenen des Geistes und den Karten zustande. (...) Das Mischen *muß* von der Person, die eine Deutung oder Vorhersage für sich selbst oder eine Frage auf eine Antwort wünscht, durchgeführt werden und nicht vom Wahrsager, Kartenleser oder Deuter. Die Reihenfolge der Karten wird sowohl bewußt als auch unbewußt durch die Art des Mischens vom Fragesteller bestimmt, wobei er die Karten nicht anschauen darf. Damit hat der Fragesteller einen unvorhersehbaren, doch offensichtlichen und direkten Einfluß auf die Karten, der beim Legen und in der Lesung zum Tragen kommt."[2213] (Entgegen dieser Anweisung wird Tarotberatung vielfach auch telephonisch durchgeführt.) Je nach Legesystem wird nun eine bestimmte Anzahl an Karten aus dem gemischten Stapel entnommen, die nacheinander aufgedeckt und in Hinblick auf die gestellte Frage gedeutet werden. Im einfachsten Fall wird eine einzelne Karte gezogen, bei „professioneller" Beratung hingegen werden meist mehrere Karten oder Kartenreihen für „Vergangenheit", „Gegenwart" und „Zukunft" oder für besondere Fragen wie „Wovor habe ich Angst?" oder „Was muß ich noch lernen?" aufgelegt. Auch das Legen einer Anzahl von Karten, die der Anzahl an Buchstaben im Namen des Fragestellers entspricht (Vorname = Vergangenheit und Gegenwart, Nachname = Zukunft), ist weitverbreitete Praxis. Anhand umfänglicher Deutungskompendien ist auch eine eigenständige Befragung des Tarot möglich: Beispielsweise heißt es zur Karte des „Teufels", auf der ein gehörnter Dämon mit Fledermausflügeln dargestellt ist: „Unterordnung, Verheerung, Knechtschaft, Böswilligkeit, (...) Gewalt, Schock, Verhängnis, Selbstbestrafung, Versuchung des Bösen, Selbstzerstörung, Unheil, Astraler Einfluß, Aufspaltung der eigenen Persönlichkeit bis zum Verlust der Identität".[2214] Anderweitig ist die Rede von „sexueller Maßlosigkeit, Freßlust, Alkoholismus, Rauchen, Drogen, Tablettensucht", überdies von „Gemeinheiten, Lügen, Spielleidenschaften, Besitzgier und schwarzer Magie".[2215] In den „Kleinen Arkana" dasselbe Bild: Die „Zehn der Schwerter" (Pik 10) etwa bedeute „Schmerz, Hoffnungslosigkeit und Tränen", die „Neun" verweise auf „Elend und Verzweiflung", die „Acht" auf „Große Not und Krankheit".[2216] Wie diese Auflistung an (Horror-)Begriffen nun weiter ausgedeutet und auf die jeweilige Situation und Person des Ratsuchenden hingedreht wird, ist völlig der Beliebigkeit anheimgestellt: Tarotberater gehen ähnlich vor wie Handlinienleser, Hellseher oder Horoskopedeuter (⇨ *Barnum-Effekt*).

Gemäß esoterischer Vorstellung werden die einzelnen Karten nicht zufällig gezogen oder aufgedeckt. Die jeweils erscheinende Kombination an Symbolbildern stehe vielmehr in übergeordnetem Zusammenhang mit der Lebensgegenwart der Person, die den Tarot befragt. Solch magisch-obskurantistische Vorstellung muß freilich als ebensolcher Unfug gelten wie etwa die aufgeblasene Behauptung Dahlbergs, der „Tarot kann als Spiegel des Bewußtseins eingesetzt werden, um die alten Einweihungsfragen: Wer bin ich?, Was kann ich tun? sowohl im Sinne eines systematischen Erkundens der Erfahrungsmöglichkeiten auszuloten – als auch in der Funktion einer Orientierungshilfe für den Weg: als Einweihungslehre wie auch für die therapeutische Standortbestimmung und Kurskorrektur im Alltag. Dabei enthüllt sich der spezifische Weg des Tarot als eine Entwicklung des symbolischen Transformationsvermögens, welches im Endeffekt zu wahrer Lebenskunst und dauerhaften Ergebnissen im Sinne der Erweiterung der eigenen Systemmöglichkeiten führen kann."[2217] Dahlberg veranstaltet regelmäßig Seminarreisen nach Ägypten, auf denen er Einweihung in „Lebendigen Tarot" anbietet.[2218] Als weitere Szenegröße gilt der Münchner „Vermögensberater" Hajo Banzhaf, der eine ganze Reihe an Tarotbüchern veröffentlicht hat.[2219] Über den Münchner *Kailash*-Verlag, einen Ableger des *Hugendubel*-Konzerns, gibt Banzhaf überdies „Arbeitsbücher" zum autodidaktischen Studium verschiedenster anderer Esoterikdisziplinen heraus, von Astrologie, Enneagramm und I-Ging hin zu Runenlehre, Trance und Traumdeutung. Der Wert all dieser Disziplinen für ernstzunehmende Beratungs- oder Therapiearbeit ist gleich null; für Menschen in Krisensituationen bedeuten sie gar ein erhebliches Risiko: Wenn im Glauben an die (vermeintliche) Zuverlässigkeit der Orakeldeutereien der Zeitpunkt für sinnvolle und kompetente Hilfestellung verpaßt wird, kann dies fatale Folgen nach sich ziehen.[2220] Seit 1999 verbreitet Banzhaf sich regelmäßig als esoterischer Lebenshelfer über den Privatsender *tm3*. Zu den namhafteren Kartenlegerinnen zählt auch eine gewisse Traudl Pekny, die quer durch die Republik auf sämtlichen Esoterikmessen anzutreffen ist. Wie viele Kolleginnen ihres Metiers umgibt auch Pekny sich gerne mit der Aura des Hexenhaften und tritt daher bevorzugt in entsprechender Kostümierung auf.

Die Lege- und Deutungstechniken werden in der Regel dem reichhaltigen Literaturfundus entnommen, den die Szene bereithält. Publizistischer Marktführer in Sachen Tarot ist der schweizerische Esoterikverlag *Urania*, der über hundert verschiedene Lehrbücher und Kartensets vertreibt. Neben äyptisch, chinesisch oder russisch aufgemachten Karten samt dazugehörigen Lege- und Deutungsanweisungen gibt es, in allen nur denkbaren Varianten, Zigeuner-, Hexen-, *Cat-People-* oder auch *Daughters-of-the-Moon-*Tarots; dazu Liebes-, Karma- und Reichtums-Karten, sowie pünktlich zur Jahrtausendwende: ein „Millennium-Tarot". Die Mehrzahl der Bücher und Sets entstammt dem Osho-Rajneesh-Umfeld, unter den Autoren finden sich prominente (Ex-)Sannyasin wie Mario „Prembodhi" Montano oder Gerd „Bodhygyan" Ziegler; selbstredend gibt es daher auch ein eigenes „Osho-Zen-Tarot". In einer Sonderausgabe „Tarot für junge Magier" werden (in völlig unverantwortlicher Manier) Kinder und Jugendliche an die okkultistischen Glaubenswelten der Szene herangeführt.[2221] Erwartungsgemäß hat sich auch ⇨ Wulfing von Rohr an den Tarot-Boom angehängt: bei *Urania* gibt er eine Art „Tarot-Lexikon" heraus. (Weitere rund fünfzig Tarot-Sets [einschließlich der Original Aleister Crowley-Karten] führt der bundesdeutsche Nischenverlag *Königsfurt* im Sortiment, der auch eine eigene *Tarot & Traum-Zeitung* herausgibt.)

Verschiedentlich werden auch eigene Ausbildungsgänge in der Kunst des Kartenlegens angeboten. Interessant ist insofern ein Fernlehrgang zum „zertifizierten Tarot-Berater", den ein gewisser ⇨ Matthias Bormann, Parapsychologe und selbsternannter „Religionsphilosoph" aus Radeberg, andient.[2222] Seine eigene Kenntnis des Tarot, so Bormann, sei ihm von einer „nicht-inkarnierten Wesenheit" namens „Matto" aus dem Jenseits übermittelt worden. Kosten des aus einem Kartenset sowie ein paar photokopierten Blättern bestehenden „Lehrganges" (einschließlich Anstecknadel des Bormann-„Instituts" und „repräsentativer Abschlußurkunde"): 250 Mark.[2223]

5.50.1. Numerologie / Karmadiagnose

Gemeinsame Wurzeln mit dem Tarot hat die Numerologie. In Zuge seiner kabbalistischen Zahlenschiebereien setzte ⇨ Eliphas Lévi die 22 Karten der „Großen Arkana" in Bezug zu den Buchstaben des Alphabets, denen (willkürlich) irgendwelche Zahlenwerte zugeordnet werden (nach dem „hebräischen" System bedeuten A=1, B=2, C=3 ... X=6, Y=1, Z=7, nach dem gleichermaßen populären „pythagoreischen" System hingegen A,J,S=1, B,K,T=2, C,L,U=3 ... F,O,X=6, G,P,Y=7, H,Q,Z=8; darüber hinaus finden sich in der esoterischen Praxis zahlreiche weitere Zuordnungssysteme). Von jedem Wort, insbesondere von Eigennamen, lassen sich durch fortgesetzte Addierung der Quersummen ihrer Zahlenwerte einstellige Ziffern errechnen - aus dem Namen von *Alibri*-Verleger Gunnar Schedel beispielsweise ergibt sich nach „hebräischer" Umrechnung die Zahl „5" [G(3)U(6)N(5)N(5)A(1)R(2) S(3)C(3)H(5)E(5)D(4)E(5)L(3)=50=5+0=5] -, deren Bedeutung numerologischen Nachschlagewerken entnommen werden kann (Gematrie). Die Endsumme „5" deute auf Eigenschaften hin wie: „intelligent, sympathisch, reisefreudig, abenteuerlustig, begeisterungsfähig und geschäftstüchtig", aber auch: „undurchschaubar, geheimnisvoll, sprunghaft, ungeduldig; Neigung zu Glücksspiel und windigen Spekulationen; aufbrausend, rücksichtslos, genußsüchtig; die negative Seite des Charakters kann zu einem höchst instabilen Liebesleben führen, wobei sich Exzesse, Ausschweifungen und Perversitäten zeigen können". In Hinblick auf Krankheitsdispositionen seien im Namen wiederkehrende Zahlenwerte von größter Bedeutung: im genannten Beispiel taucht die Zahl „5" fünfmal auf (für die Buchstaben N,N,H,E,E), was auf schwerwiegende Probleme im Atem- und Verdauungssystem, in den Nieren und in der Blase hinweise.[2224]

Neben den Zahlenwerten von Namen lassen sich dergestalt sämtliche persönlichen Daten, von Geburts- oder Hochzeitstagen hin zu Auto- und Telephonnummern, zu einstelligen Ziffern zusammenaddieren, aus denen Aussagen zur „wesenhaften Struktur" des dazugehörenden Menschen abgeleitet werden können. Laut Helmut „Whitey" Kritzinger, Leiter der *Esoterischen Akademie Darmstadt*, gründe sich Numerologie „in der Auffassung, daß alle Dinge im Universum nach einem einheitlichen Plan miteinander verbunden sind und Zahlen die verschiedenen Archetypen (Eigenschaften der Natur) repräsentieren. Zahlen sind Energiequalitäten, welche die Archetypen im Kosmos sowie die Charaktereigenschaften des Menschen repräsentieren (Mikrokosmos-Makrokosmos). Zahlen beinhalten Qualitäten und Zeiten. Die Zahlen 0 bis 9 gelten in diesem System als Grundzahlen und sind Korrespondenten der göttlichen Wirkungskette, denn die Zahl trägt den Sinn des jeweiligen Schöpfungsprinzips und bezeichnet das ihr zugehörige Potential"[2225] (⇨ *Enneagramm*). Kritzinger führt eigene Numerologie-Seminare zu Partnerschafts-, Berufs- und Gesundheitsfragen durch; daneben verkauft er sogenannte „Numeroskope", die aus den Namen und Geburtsdaten seiner zahlenden Kundschaft deren „persönliche Anlagen" herleiten.[2226]

Der numerologischen Analyse sehr ähnlich ist die sogenannte „Pentragrammanalyse", bei der die Geburtsdaten der zu beurteilenden Person auf einen fünfzackigen Stern (Pentagramm, Drudenfuß etc.) aufgetragen werden: auf die fünf Spitzen die ungeraden, in die Winkel die geraden Zahlen (einschließlich der „0"). Den Zahlen sind (willkürlich) bestimmte Körperteile bzw. Organe zugeordnet - Kopf (1), Pankreas (2), Magen (3), Lungen (4) usw. -, über deren genetische Disposition durch die einzelnen Ziffern des Geburtsdatums, die darauf treffen bzw. nicht treffen, diagnostische Aussagen abgeleitet werden: Treffe auf einen Punkt nur eine Ziffer bedeute dies normale, gesunde Anlage des dazugehörigen Organs; treffe keine Ziffer, sei dies Hinweis auf latente Schwäche, träfen zwei oder mehr Ziffern, müsse von einer manifesten Schwäche des zugehörigen Organs ausgegangen werden. Zudem könne über die Querverbindungen der einzelnen Pentagrammpunkte psychologisch-diagnostisch gearbeitet werden: Eine Verbindung beispielsweise der (ziffernbesetzten) Punkte Pankreas (2) und Herz (7) offenbare eine „Hysterie-Neigung", eine Verbindung von Darm (0) und Lungen (4) mithin „Partnerschaftsprobleme". Im Falle von Gunnar Schedel weist die Pentagrammanalyse seines Geburtsdatums (30.06.1964) durch je doppelt besetzte Hypophyse-(6)- und Darm-(0)-Punkte nicht nur auf Probleme in diesen Bereichen hin sondern in ihrer Verbindung auf „Innere Einsamkeit, besonders durch die Trennung von dem Christus in uns" und insofern auf „Schwierigkeiten mit der Aufnahme neuer Gedanken und Ideen".[2227]

Zur Erstellung einer „Karmadiagnose", über die herausgefunden werden könne, „welche Aufgabe ein bestimmter Mensch sich für diese Inkarnation vorgenommen" habe, werden die Ziffern des Geburtsdatums, die für das „karmische Ziel" des aktuellen Lebens stünden, sowie die über Numerologisierung in Ziffern umgewandelten Buchstaben des Namens, die für den

„Weg" stünden, auf dem dieses Ziel zu erreichen sei, in Bezug gesetzt zu den sieben Chakren (angebliche Energiezentren entlang der Wirbelsäule), die ihrerseits für bestimmte „Einflußbereiche" stünden: 1. Muladhara-Chakra = Lebenswille, 2. Svadishthana = Sexualität, 3. Manipura = Macht, 4. Anahata = Kosmische Liebe, 5. Vishudda = Kommunikation mit dem Höheren Selbst, 6. Ajna = Tor zur reinen Spiritualität, 7. Sahasrara = Weisheit/Erleuchtung (die Ziffer 8 wird als 3+5 gewertet, 9 als 3+6, 0 gar nicht); wenig oder gar nicht besetzte Chakren auf der „Ziel"-Seite wiesen auf dringende Behandlungsbedürftigkeit hin, häufig besetzte auf der „Weg"-Seite auf die „Hilfe(n), die wir diesbezüglich mitgebracht haben". Gunnar Schedels Karmadiagnose weist auf der „Ziel"-Seite (Geburtsdatum) eine auffällige Nicht-Besetzung der Chakren 2, 5 und 7 auf und auf der „Weg"-Seite (Name) eine Häufung auf den Chakren 3 (4x) und 5 (5x). Da sich die Auffälligkeiten auf Chakra 5 gegenseitig aufheben und die karmischen Aufgaben sowieso wie auf einer Leiter von unten nach oben zu erledigen sind, ergibt sich als „Ziel" der aktuellen Schedel-Inkarnation die Bearbeitung des Themas „Sexualität" (2), der als karmisch mitgebrachte Hilfe „Macht" (3) zur Seite stehe. Letztes Ziel, allerdings nicht in diesem Leben, sei die (auffällig nicht besetzte!) „Erleuchtung" (7). Die Behandlungsformen selbst umfassen das gesamte Spektrum „feinstofflicher" Heilverfahren, von Akupunktur, Bach-Blüten- und Farbtherapie hin zu „astrologisch-konstitutioneller Einzelmittelhomöopathie". Im Falle von Gunnar Schedel empfehle sich das regelmäßige Auftragen von orange/orangem Aura-Soma-Öl oberhalb der Schamhaare (Sitz des Svadishthana-Chakras) sowie das Auflegen eines Karneols an derselben Stelle (vorzugsweise in der Zeit zwischen 12 Uhr und 17 Uhr); daneben regelmäßige Einnahme von Bach-Blüten-Tropfen „Stechpalme" und homöopathischen Nux Vomica-(Brechnuß-)Präparaten in der Potenz D4.[2228]

Ungeachtet des kompletten Blödsinns von Numerologie und Karmadiagnostik: das Herumrechnen an Namens- und Geburtsdaten zählt zu den weitestverbreiteten Herangehensweisen in Heil- und Lebenshilfepraxen quer durch die Republik.

5.51. Tibetan Pulsing

Angeblich eine „alte Heil- und Therapiemethode aus den Klöstern Tibets", zählt „Tibetan Pulsing" zu den bevorzugten Methoden der Osho-Rajneesh-Bewegung. Über die (immer noch) zahlreichen Therapie- und Meditationszentren, die die Organisation weltweit unterhält, wurde Tibetan Pulsing in die westliche Esoterikszene eingeführt.[2229]

Mittels Diagnose der Iris (Regenbogenhaut des Auges) wird festgestellt, in welchem Körperteil oder Organ sich im Laufe des Lebens „Spannungen, Schmerz und Blockaden festgesetzt haben". Durch Erspüren des Pulsschlages an diesen Körperteilen und Ausüben unterschiedlich starken Druckes auf die „verstopften Nervenleitungen" werden diese „gereinigt", so daß wieder „positive Energie durch das Körpersystem" strömen kann. Tibetan Pulsing „hilft Dir (...), gezielt Deine seelischen Wunden aus der Vergangenheit zu heilen und so Deinen natürlichen harmonischen Energiefluß wiederherzustellen". Energieverstopfung im Herzen etwa deute auf „Mangel an Anerkennung und Zuwendung von unserem Vater in der

Kindheit und Pubertät" hin, was Ursache von Selbstzweifeln und Schwierigkeiten unseres Selbstausdrucks (z.B. Stottern)" sei; auch die Sucht nach Unterordnung unter Autoritätsfiguren sei hierdurch bedingt. Eine energieverstopfte Leber verursache Rückenschmerzen und führe zu Schuldgefühlen und Schwermut.

Ein systematisches „Reparieren der Kurzschlüsse, die sich im Laufe der Zeit gebildet haben", erfordere ein Bearbeiten sämtlicher Körperteile und Organe. In jeweils eintägigen Veranstaltungen werden Gallenblase, Niere, Zwölffingerdarm und so weiter behandelt; in einem dreitägigen „Fresh-Juice"-Pulsing wird „an den Bereichen [gearbeitet], die durch negative Erfahrungen beim Sex verletzt worden sind": Es gehe darum, das „Becken mit frischer Lebenslust aufzutanken". Motto eines eigens veranstalteten „Frauentages": „Ganz Frau sein - und unsere Eierstöcke tanzen lassen". Kosten für eine Jahresreinigung (einmal pro Monat) in der Gruppe: 1.990 Mark. Gegen die Münchner „Tibetan Pulsing"-Therapeutin und Rajneesh-Anhängerin Margarita „Layena" Bassols-Rheinfelder, eigenen Angaben zufolge auch Reiki-Praktikerin, Masseuse und Kinesiologin, die neben Einzelsitzungen (130 Mark/Stunde) und „Intensiven Tagesevents" auch besagte „Fresh-Juice"-Kurse und „Jahresreinigungen" anbot (und anbietet), wurde ein staatsanwaltliches Ermittlungsverfahren wegen Verstoßes gegen das HeilPrG eingeleitet. Gegen Bezahlung eines relativ hohen Geldbetrages wurde das Verfahren eingestellt.[2230]

Tibetan Pulsing wird auch unter den Begriffen „Ignition", „Empowerment of the Hara" oder „New Mind" angeboten; in Rajneesh-Kreisen ist darüberhinaus der Begriff „Taras of the Blue Moon" geläufig (Taras sind hinduistische Fabelprinzessinnen).

Iris-Diagnostik

Die mithin im Rahmen des Tibetan Pulsing eingesetzte Irisdiagnostik ist unter Alternativheilern weit verbreitet. Sie geht davon aus, daß der gesamte Organismus in der Iris repräsentiert sei, eine Idee, die bereits Ende des 17. Jahrhunderts aufkam, sich seinerzeit aber nicht durchsetzen konnte. 1881 veröffentlichte der ungarische Homöopath Ignaz von Péczely ein Lehrbuch der Diagnose von Organerkrankungen aus Farb- und Formveränderungen der Iris, das in Fachkreisen zunächst auf großes Interesse stieß, zu Beginn des 20. Jahrhunderts aber als Kurpfuscherei verworfen wurde.[2231] Im Dritten Reich erfuhr die Irisdiagnostik Rehabilitation und besondere staatliche Förderung. Seither wurden immer neue Iriskarten entwickelt, die die Regenbogenhaut mit Hilfe von Teilstrichen - analog dem Zifferblatt einer Uhr - in verschiedene Segmente einteilen; aus Unregelmäßigkeiten der Pigmentierung oder sonstigen Auffälligkeiten in einem Segment wird auf eine Störung in dem jeweils zugeordneten Organ oder Körperteil geschlossen.[2232] Die dieser Vorstellung zugrundeliegende Idee, der gesamte Organismus sei durch Nervenbahnen mit der Iris verbunden, ist falsch.[2233] Aus Farbflecken oder unterschiedlichen Strukturen der Regenbogenhaut läßt sich im Sinne der Irisdiagnostiker *überhaupt nichts* ableiten, ganz abgesehen davon, daß auf den etwa zwanzig gegenwärtig existierenden Iriskarten die Lage der angeblich repräsentierten Organe und Körperteile teils erheblich voneinander abweicht.[2234] Für die Behauptungen der Tibetan Pulser, es ließen sich über eine Irisdiagnose „energetische Blockaden" feststellen, fehlt jeglicher Beleg. Irisdiagnostik gilt als hinlänglich widerlegtes Verfahren.[2235]

In der tibetischen Medizin ist Irisdiagnostik nicht bekannt; vielmehr werden traditionell Puls-, Urin-, Zungen- und Ohrdiagnostik eingesetzt,[2236] die allerdings einer ernsthaften Überprüfung ebensowenig standhalten wie die Irisleserei. Auch eine Methode, die nur annähernd dem Tibetan Pulsing entspricht, findet sich in der traditionellen tibetischen Heilkunde nicht, unabhängig davon, daß diese eine Vielzahl an Therapieverfahren aufweist, die nach modernem medizinischem Verständnis nur wenig Sinn machen und an deren Wirksamkeit erhebliche Zweifel angezeigt sind[2237] (⇨ *Tibetische Heilkunst*).

Der Begriff Tibetan Pulsing tauchte erstmalig Mitte der 1980er auf. Der (amerikanische?) Rajneesh-Schüler Shantam Dheeraj (bürgerlicher Name unbekannt) bezeichnete damit das von ihm vorgestellte „uralte tibetische Heilwissen", das ihm auf übersinnlichem Wege zuteil geworden sei. Dheerajs Visionen sind auch Erkenntnisse der folgenden Art zu verdanken: „Der psychologische Hintergrund für AIDS ist ein tiefsitzender Haß gegen Frauen. Homosexuelle, die keinen Haß gegen Frauen haben, bekommen kein AIDS. Homosexualität ist nicht die Grundlage für AIDS, sondern der Frauenhaß. Das Gegenstück zu AIDS ist Candida [eine Pilzinfektion der Schleimhaut, C.G.]. Candida resultiert aus einem Haß gegenüber Männern. Um von Candida geheilt zu werden, mußt Du Deinen Haß auf Männer loslassen."[2238] Dheerajs Wunderheilverfahren wird neuerdings auch als „Hi-Tec-Pulsing" bezeichnet, da „wir eine Technologie von und mit höherem Bewußtsein verwenden (...). Es ist wichtig, herauszustellen, daß das, woran wir arbeiten, mechanisch ist, um das zu befreien, was nicht mechanisch ist. Und unser Werkzeug ist die Kraft der Liebe."[2239] Ein ernstzunehmender Nachweis für die behaupteten Heilerfolge der Tibetan oder Hi-Tec-Pulser liegt nicht vor.

Artverwandt mit dem Tibetan Pulsing ist das „Holistik Pulsing" [sic!] der Münchner Astro-Heilpraktiker Hans Meyer und Gabriele Schmölz, die mit „wiegenden und vibrierenden Bewegungen an bestimmten Stellen des Körpers" dessen „blockierte Energie" wieder zum Fließen bringen wollen. Insbesondere geht es um die Auflösung negativer „Lebensmuster", die sich, entsprechend dem „Bewußtseinszustand beider Eltern zum Zeitpunkt der Zeugung", in der „Geist-Körper-Entität jeder Zelle" manifestiert hätten.[2240] Eine zweiwöchige „Ausbildung" kostet inclusive Abschlußzertifikat 3.200 Mark. Sehr ähnlich ist auch das sogenannte „Vibrational Healing", das „Zugang zu unseren inneren Netzwerken und Schalttafeln" zu schaffen verspricht, um dort „Kernenergien, die nicht länger mit unserer eigentlichen Natur kompatibel sind, zu 'entschwingen'."[2241]

5.51.1. Craniosakrale Therapie

Ein dem Tibetan Pulsing artverwandtes Verfahren ist die sogenannte „Craniosacrale Therapie" (cranion = griech.: Schädel, os sacrum = lat.: Kreuzbein), die, entwickelt angeblich in den 1940ern von dem amerikanischen Chiropraktiker William Sutherland (nach anderen Quellen schon sehr viel früher von einem Osteopathen namens Andrew Taylor Still bzw. erst später von einem gewissen John Upledger), durch spezifischen Druck auf Schädel und Wirbelsäule das angeblich zu erspürende rhythmische - und im Störungsfalle eben nicht-rhythmische - Pulsen des Liquor (Hirn- und Rückenmarksflüssigkeit) beeinflussen will. Übergeordnetes Ziel sei es, eine „ausgeglichene Spannung der Hirnhäute" herzustellen. Angezeigt sei das Verfahren u.a. bei Hyperaktivität, Unruhe und Schlafstörungen, desgleichen bei Ängsten und Depressionen. Ganz allgemein würden durch den „Spannungsausgleich im Schädel die Motivation (!) und die Leistungsfähigkeit des Gehirns verbessert, sowie emotionale Blockaden aufgedeckt".[2242] Der Rajneesh-Schüler und Heilpraktiker „Punito" Aisenpreis erhebt Craniosacrale Therapie (in seiner Variante: Craniosacral Integration/CSI) gar zum Allheilverfahren: Sie bewirke nicht nur eine „verbesserte Durchblutung und Ernährung aller Körpergewebe sowie eine größere Beweglichkeit der Muskelfaszien", vielmehr sei sie hilfreich bei „emotionalem Streß und dessen Folgeerscheinungen, bei psychosomatischen Krankheitsbildern, posttraumatischen und postoperativen Problemen, sowie Störungen des zentralen Nervensystems".[2243] Es versteht sich, daß es für derlei Behauptungen keinerlei ernstzunehmenden Beleg gibt. (Interessant ist der Umstand, daß Heilpraktiker Aisenpreis neben seiner Tätigkeit als Craniosakraler Therapeut auch als „Lehrer für asiatische Kampfkünste" firmiert: Faustschläge oder Fußtritte gegen den Kopf dürften dem „Pulsen des Liquor" wenig zuträglich sein ⇨ *Budo*).

Kann Tibetan oder Holistik Pulsing noch als kostspieliger aber relativ harmloser Unfug gelten, so muß die craniosakrale Manipulation von Schädel und Wirbelsäule als kostspieliger und zugleich hochgefährlicher Unfug gewertet werden. Im Regelfalle sind sechs bis zehn je ein- bis eineinhalbstündige Sitzungen vorgesehen, die Kosten liegen bei 120 bis 180 Mark pro Stunde. Nachgerade kriminell ist das Herumgedrücke und -geziehe an Schädel und Wirbelsäule von Neugeborenen. In einem 1999 erschienenen Praxishandbuch von Daniel Agustoni (mit empfehlendem Vorwort von Rüdiger Dahlke) ist die Rede davon, „die noch sehr beweglichen Schädelnähte und Schädelknochen [des Neugeborenen, C.G.] können beim Geburtsvorgang im Falle der Scheitelbeine bis zu 1,5 cm überlappen", was zu einer „Einengung" von Arterien, Venen und Nerven des Gehirns mit daraus erwachsenden Koliken und Allergien führen könne.[2244] Eine craniosakrale Behandlung sei hier dringend angezeigt, um Fehlentwicklungen vorzubeugen. Auch bei älteren Kindern sei Craniosakrale Therapie ratsam: Konzentrations- und Lernstörungen, auch Sprachprobleme und Legasthenie (!), seien vielfach bedingt durch „Kompression und Fehlstellung der Schädelknochen", was sich in wenigen Behandlungsstunden beheben lasse. Besonders empfehle Craniosakrale Therapie sich daher auch für die logopädische Praxis. Selbst zur Aufarbeitung frühkindlicher (oder sonstiger) Traumata sei Craniosacrale Arbeit (in geringfügiger Abwandlung auch als Somato-Emotionale Entspannung/SEE bekannt) Methode der Wahl. Ein viertägiges Training bei Agustoni (⇨ *Frankfurter Ring*) kostet 850 Mark, etwas umfänglicher, dafür auch teurer, geht's bei den erwähnten Astro-Heilpraktikern Meyer und Schmölz zu: Eine dreiwöchige Ausbildung zum zertifizierten „Kraniosakralen Therapeuten" [sic!] kostet hier 4.800 Mark.[2245]

Zu den Wortführern der Szene zählt der Berliner Heilpraktiker und Osteopath Tom G. Esser, der sich einer weit über zwanzigjährigen internationalen Ausbildung und Praxiserfahrung rühmt und insofern mit der Erkenntnis aufzuwarten weiß, daß „eine erfolgreiche Behandlung immer der Berücksichtigung des ganzen Menschen mit seinen körperlichen, emotionalen und psychischen Bedürfnissen bedarf".[2246] Wie er diesen (völlig nichtssagenden, in der Szene indes an jedem Eck und Ende zu hörenden) Anspruch gerade in der Craniosacralen Therapie realisiert sieht, erschließt sich in seinen Werbeelogien nicht.

5.52. TNI / Nathal

Frank Natale (*1941), einer der zahllosen Vertreter der amerikanischen New-Age-Bewegung, bereist seit Mitte der 1980er Jahre auch Westeuropa, um in groß aufgezogenen Seminaren seine selbstentwickelten „Skills for the New Age" (Fertigkeiten für das Neue Zeitalter) zu verkünden. Diese „Skills" bestehen aus einer bunt zusammengewürfelten Mixtur verschiedenster Elemente esoterisch angehauchter Psychologie, kaum ein Bereich, aus dem Natale sich nicht bediente. Neben Visualisierungs- und Kommunikationsübungen zur Entwicklung „schöpferischen Bewußtseins" („Vom Affen zum Engel") oder „würdevoller Sexualiät" („Innere Göttinnen und Götter") gilt als wesentlicher Bestandteil seiner Seminare das ⇨ „Channeln" von Wesenheiten aus anderen Dimensionen: Als „Bio-Resonator" sei es jedem Menschen möglich, Kontakt zu derlei Wesen aufzunehmen - höhere Intelligenzen, Außerirdische, Geister von Verstorbenen etc. Daneben tritt Natale als „Schamane" und „metaphysischer Heiler" mit selbsterfundenen „Licht- und Klangtherapien" in Erscheinung. Seit Mitte der 1990er veranstaltet er neuntägige „Initiationsprozesse", die in streng strukturiertem Ablauf durch die „12 unvermeidlichen Passagen des Lebens" - von der Geburt über Pubertät und Midlife Crisis hin zum Tod - führen. Kosten der „Rites of Passage": 2.500 Mark[2247] (⇨ *Hoffman-Quadrinity*).

Über ein Netzwerk eigener TNI-Institute (*The Natale Institute*) bieten Natale-„Lehrer" auch fortlaufende Veranstaltungen an, insbesondere den sogenannten „TNI-Resultate-Kurs", der auf der Grundlage eines exakt vorgezeichneten Fragebogen-Curriculums jedwede Konditionierungsmuster abzubauen vorgibt. Zum Thema „Würdevolle Sexualität" beispielsweise sind fünf Punkte zu beantworten auf dem Niveau von: „Nimm wahr, wie Du Dich als sexuelles Wesen fühlst: armselig - mittel - gut" oder „Stelle fest, wann Du Dich sexuell zurückhältst und warum. (...) Sei bereit, dieses Verhalten loszulassen."[2248] Die TNI-Kurse werden in verschiedenen Formaten angeboten, von Wochenendseminaren (ab 590 Mark) über achttägige Intensivgruppen („The One Experience") hin zu einem einjährigen „Life Skills Training". Die TNI-„Lehrer" entstammen zu großem Teile dem Osho-Rajneesh-Umfeld und wurden von Natale persönlich „fortgebildet". Sie verstehen sich ausdrücklich nicht als Therapeuten: „Wir befassen uns nicht mit Behandlungen, oder damit, etwas zu 'reparieren' und 'in Ordnung zu bringen'. Wir sind vielmehr Begleiter, Wegweiser, die durch unser eigenes Beispiel Richtungen weisen. Wir modellieren neue Paradigmen und Werte. Wir sind Wächter, Kameraden, Kollegen und Freunde, die beraten, unterstützen, lehren, trainieren und anleiten als Begleiter, als die Ältesten des Stammes der Menschheit."[2249] (Mit derlei Wortgeschwalle sollen ganz offenbar auch die rechtlichen Bestimmungen zur Ausübung von Heilkunde umgangen werden, denenzufolge die Mehrzahl der TNI-Lehrer - einschließlich Natale selbst - in Deutschland therapeutisch nicht tätig sein dürfte.)

Völlig zu Unrecht beruft Natale sich auf humanistisch-psychologische Traditionen, seine Behauptung, er habe „unter anderen mit Fritz Perls, Abraham Maslow, John C. Lilly, Alan Watts, J. Krishnamurti und Jacob Moreno“ gearbeitet und geforscht (Zen-Lehrer Watts beispielsweise starb 1973 nach einer über 10-jährigen, zunehmend sich verschärfenden Alkoholikerkarriere, in der er mit niemandem mehr gearbeitet hatte), wirft eher ein Schlaglicht auf seine paranoid anmutende Persönlichkeitsstruktur, als daß sie beeindruckt; desgleichen seine Behauptung, er sei 1964 Projektleiter des staatlichen Zuchthauses von Nevada und ab 1967 [jeweils ohne irgendwelche fachliche Qualifikation, C.G.] „Leiter der staatlichen Programme der Abteilung für Suchtbekämpfung in New York“ sowie „Leiter des weltweit größten Therapiezentrums 'Phoenix House'“ gewesen.[2250] Natales Seminare - vergleichbar auch dem im deutschsprachigen Raum immer populärer werdenden „Sage Experience“ des Kaliforniers Jim Peal - erschöpfen sich in einem sehr unoriginellen Konglomerat positivdenkerischer Heilslehren, den Botschaften von Bhagwan-Osho Rajneesh, Werner Erhard (*est-Training*) und insbesondere L. Ron Hubbard (*Scientology*) auffallend ähnlich. Die eingesetzten Visualisierungs- und Channelingtechniken sind nicht ohne Risiko für psychisch labile Personen, die Methode des Channeling kann bis hin zu psychotischen Entgleisungen führen. Völlig verantwortungslos ist der Einsatz derartiger Techniken bei Massenveranstaltungen - Natale tritt gelegentlich in Gruppen mit mehreren hundert Teilnehmern auf -, bei denen ein akuter Notfall womöglich erst zu spät bemerkt würde. Natales „Licht- und Klangtherapien“ sowie seine „schamanistischen“ Versuche entbehren jeder seriösen Grundlage.

Der therapeutische Wert des TNI-Programms ist äußerst zweifelhaft. Das von Natale entwickelte Selbsthilfeprogramm mit Frage- und Ratschlagsbögen zur „Steigerung von Lebendigkeit, Freiheit, Freude und Erfüllung“ bewegt sich streckenweise auf indiskutablem Niveau: „Das Geheimnis, wie wir ohne krampfhaftes Bemühen einen hohen Selbstwert erlangen, liegt darin: zu wissen, daß wir immer wachsen, wenn wir uns selbst annehmen.“[2251] (Ende 1997 ging der bundesdeutsche Statthalter Natales, ein gewisser Marcus Klipper, auf offensive Distanz zu seinem Meister; dieser ließ sich seither nicht mehr in der BRD blicken. Zwei weitere Natale-Schüler bieten neuerdings auf eigene Rechnung unter dem Signet „Projekt Terra Libra“ TNI-verwandte Workshops an.)

Dem Natale-Programm zum Verwechseln ähnlich, und dies nicht nur des Namens wegen, präsentiert sich die sogenannte „Nathal-Methode“, die, begründet von einer gewissen Geertje Lathan, ihre Bezeichnung einfach deren umgedrehtem Nachnamen verdankt (tatsächlich haben die beiden Verfahren nichts miteinander zu tun). Was unter Nathal zu verstehen ist, läßt sich am ehesten Frau Lathans eigenen Darlegungen entnehmen: „Über die Nathal-Methode kommen Sie in direkten Kontakt mit höchsten raum- und zeitlosen Energien, deren Ursprung weit oberhalb des Höheren Selbst angesiedelt ist. Als unsere Schöpfer sind diese Energien in der Lage, unser gesamtes Energiefeld einschließlich unserer Hirnfrequenzen positiv zu modulieren (...). Bei alledem stellen sich die Wesen vollkommen individuell auf jeden einzelnen Menschen ein und bringen jeden einzelnen von uns in die für sie oder ihn jeweils förderlichste Situation. Die Wesen [fördern] auch unsere persönliche und spirituelle Entwicklung mit außerordentlicher Präzision."[2252] Im Zuge dergestalten „Supra-Dialogs" nähmen die kontaktierten höheren Wesen energetische Übertragungen vor, die zur Heilung jedweder körperlichen, geistigen oder seelischen Erkrankung führten; besonders ratsam sei der „externdimensionale Energietransfer" bei Allergien, Phobien und inoperablen Tumoren; desweiteren in der Begleitung Sterbender.[2253] Im Klartext: Nathal, ob nun mit oder ohne Warenzeichenschutz®, stellt nichts anderes dar als eine - noch nicht einmal besonders originelle - Abart des Channeling (einschließlich Einblick in die ⇨ Akasha-Chronik). Passenderweise trat Frau Lathan (gemeinsam mit den führenden Vertretern parapsychologischen Wirrsinns [Bernd-Dieter Neht, Karolina Hehenkamp, Dieter Binder, Christopher Schneider, Meister Liu u.a.]) im Dezember 1998 als Referentin auf einem von der Geisterpostille *Die Andere Realität* organisierten Kongreß auf.

Zusammen mit einem gewissen Philippe Evrard führt Frau Lathan von ihrem Wuppertaler *Nathal-Institut* aus Workshops im gesamten deutschsprachigen Raum durch. Kaum eine Szeneveranstaltung, auf der die beiden nicht vertreten wären. (Im April 2000 beispielsweise referierte Evrard im Rahmen eines „Alternativheilerkongresses" in der österreichischen [Hundertwasser-]Therme Blumau.) Frau Lathan, die in großformatigen Werbeannoncen für ihre Methode wirbt, firmiert allenthalben als promovierte klinische Psychologin und Professorin; an welcher Hochschule sie unterrichtet, teilte sie freilich nicht mit.[2254]

Weder mit Natale noch mit Nathal zu tun hat ein gewisser Nathanael, der sich als „Bote der spirituellen Hierarchie" (also aus dem Jenseits) über das hessische Trancemedium Ingrid Lang kundtut.

5.53. Trancetanz

Hergeleitet aus den rituellen Ekstase-Tänzen des Macumba-Kults entwickelte der brasilianische Arzt David Akstein Anfang der 1980er ein eigenständiges körpertherapeutisches Konzept: Terpsychore-Trance-Therapie, benannt nach der griechischen Muse des Tanzes. Zu ausgewählter Musik, meist Trommelrhythmen, wird der Klient vom Therapeuten „eingedreht" (wie beim Blinde-Kuh-Spielen), bis er in autonome, unwillkürliche Bewegung verfällt.[2255] Hierdurch erlebe er eine kathartische Befreiung von „gestauten, fixierten und blockierten Energiegestalten, die in ein Potential freifließender Lebensenergie übergeführt werden können".[2256]

Derlei Trancetanz, gelegentlich auch als „Sacred Dance" (Heiliger Tanz) bezeichnet, findet sich im Angebot zahlreicher Therapiezentren. Vor allem in der Rajneesh-Szene gehört er zum Standardangebot. Das Konzept Aksteins wird hier allerdings in sehr verkürzter Form dargeboten, es wird völlig willkürlich mit bioenergetischen Übungen, mit ⇨ Hyperventilation und/oder irgendwelchen (Pseudo-)Schamanenritualen verknüpft. Wahllos wird alles eingesetzt, was irgendwie „Trance" herbeiführt. Eine therapeutische Nachbereitung der meist in Wochenendworkshops durchgeführten Veranstaltungen fehlt nahezu durchgängig.

Nicht nur für psychisch labile Menschen bedeutet eine unkontrolliert herbeigeführte kinetische Trance ein hohes Risiko, noch Tage und Wochen später kann es zu Nachwirkungen in Gestalt massivster Orientierungs- und/oder Identitätsstörungen kommen; selbst psychotische Wahnzustände können ausgelöst werden. In der Regel sind die Therapeuten oder Gruppenleiter nicht ansatzweise dazu qualifiziert, auftretende Probleme zu erkennen beziehungsweise im Notfalle kompetent einzugreifen. Vielfach werden die Teilnehmer weit über die Grenzen des Vertretbaren hinaus„gepusht", Hauptsache, es kommen „blockierte Energiegestalten" in Bewegung. Im deutschsprachigen Raum hat sich die selbsternannte „Neo-Schamanin" ⇨ Kaye Hoffman (*1949) einen Namen gemacht, die, unangefochten von Fragen nach rechtlicher Befugnis, ihre eigene Kreation von Trancetanztherapie anbietet.[2257] Auch an den ⇨ TNI-Instituten Frank Natales werden Trancetanz-Workshops veranstaltet, zur „Verbindung mit unserem höheren Selbst, unserer Kraft und intuitiven Wissen" [sic!].[2258] Mit seriöser Tanztherapie, wie sie in den 1940ern von Marian Chace oder Trudi Schoop entwickelt wurde,[2259] haben derlei Veranstaltungen nichts zu tun. Auch der sogenannte „Humanstrukturelle Tanz", wie er als wesentlicher Bestandteil der ⇨ Dynamischen Psychiatrie nach Günther Ammon gilt, kann nicht als seriös gewertet werden.[2260]

Seit Ende der 1990er wird mit großem Werbeaufwand ein bewegungs- bzw. tanztherapeutisches Verfahren propagiert, das, vorgestellt von einem südamerikanischen „Lebenslehrer" namens Rolando Toro Acuna, unter dem Begriff „Biodanza" firmiert. Toro, angeblich Professor der Psychologie (wo ist nicht bekannt), hat sein Konzept mit einem derartigen Wust an schwülstig-nichtssagender Begrifflichkeit umgeben, daß es in kurzer Zeit (vor allem in Österreich) zum Modeverfahren der Szene avancierte: „Durch unseren Tanz sind wir nicht nur mit dem Kosmos, mit der Natur verbunden, wir feiern auch ein Fest der Gemeinschaft mit allen Menschen. Wir können uns im Tanz mit der Energie der Sterne, des Windes, des Wassers, der Erde verbinden. Wir können in unserem Körper das Transzendente mit dem Fleischlichen, das Innere mit dem Äußeren verbinden und der Entfremdung entgegenwirken. (...) Biodanza ist ein Weg der Erfahrung und öffnet den Raum für erfahrbare Liebe und ein Miteinander im Bewußtsein unserer Einzigartigkeit." Daneben weiß Toro sein Verfahren - bei Lichte besehen handelt es sich um nicht viel mehr als ein paar beliebig zusammengestellte Bewegungsübungen (auch im Wasser), eine Art Trancetanz sowie gegenseitige Massage - auch theoretisch zu unterfüttern: Über das von Freud entdeckte „individuelle Unbewußte" sowie das von Jung entdeckte „kollektive Unbewußte" hinaus habe er, Toro, das sogenannte „vitale Unbewußte" entdeckt: „Das 'vitale Unbewußte' ist der Psychismus der Zellen. Er beruht weder auf Vorstellungen, noch auf Symbolen und auch nicht auf Erinnerungen aus der Kindheit, sondern auf der Psyche der Organe und Zellen, die ein eigenes Zellgedächtnis, zelluläre Kooperation, Abwehrsysteme, Affinitäten und Selektivität besitzen. Dabei handelt es sich um eine funktionierende Psyche, die nicht bewußt ist und in direkter Beziehung mit dem Kosmischen steht."[2261] Was das alles heißen soll, muß dahinstehen. Mit Biodanza

> jedenfalls sei es möglich, gezielt auf den „Zellpsychismus" einzuwirken und diesen zu „harmonisieren". Ein Wochenendkurs kostet rund 420 Mark.
> Interessant ist die Erkenntnis der Toro-Schüler Langmeyer und Roppele über „die Menschen in der Dritten Welt, die trotz ihrer Armut Freude empfinden oder glücklich sind, weil der zelluläre Psychismus in Harmonie ist"; der Grund hierfür liege darin, daß sie und ihre Zellen vor allem „auf Bewegung, auf zwischenmenschlichen Kontakt, auf die vier Elemente (und) auf das Kosmische" reagieren.[2262]

Vielfach graduieren sich (ehemalige) Tänzer selbst zu „Tanztherapeuten" und bieten, ohne irgendwelche weitere Qualifikation, selbsterfundene „Tanz- und Ausdruckstherapie" an. Gelegentlich verfügen die einzelnen Gruppenleiter noch nicht einmal über tänzerische Erfahrung oder Ausbildung: Die Rajneesh-Schülerin Inge „Salama" Heinrichs etwa, eine ehemalige Graphikerin, veranstaltet über ihre Münchner *Arbeitsgemeinschaft für Spirituelle Therapie* seit Jahren tanztherapeutische Gruppen, die sie völlig willkürlich mit irgendwelchen Elementen aus ⇨ Bioenergetik, Rebirthing, Tantra oder auch mit selbsterfundenen Körperübungen anreichert.[2263] Zu Heinrichs „Arbeitsgemeinschaft" zählen ihre Töchter Henriette und Coco sowie deren Freund „Astiko" Krüger, ebenfalls Rajneesh-Anhänger und (selbsternannter) Spezialist für therapeutisches „Pornodancing". Henriette Heinrichs bietet in erster Linie Butoh-Tanz an (bzw. das, was sie dafür hält), eine in Japan entwickelte Form archaischen Körperausdrucks. Coco führt als „Body-and-Soul-Trainerin" sogenannte „Excitement Intensive"-Kurse durch, 48-Stunden-Marathons körperlicher Höchstbelastung, bei denen „du die Chance [hast], Angst in Enthusiasmus zu verwandeln"; während der Marathons wird weder gegessen noch geschlafen, zu trinken gibt es nur Bier und die sogenannte „immortality soup", ein Gemisch aus Salz und Wasser.[2264] Weder Inge Heinrichs noch ihr Clan verfügen über irgendwelche Qualifikation, die sie zu seriöser therapeutischer Arbeit befähigen könnte; desungeachtet leiten sie seit Jahren therapeutische Gruppen (u.a. Primärtherapie, Gestalt, Encounter). Wie die Mehrzahl der Gewerbetreibenden im Psychogeschäft praktizieren sie ganz offenbar auch ohne rechtliche Befugnis.[2265] Neuerdings firmieren die Heinrichs unter dem Signet *Institut für Bewußtsein und Selbsterfahrung*, mit Dependancen in München (hier sind sie auch an der Volkshochschule tätig), Darmstadt und Berlin; daneben bieten sie Seminargruppen in der Toscana und auf Gomera an.[2266]

5.53.1. Sufitanz

Innerhalb der Psychoszene zählt Sufitanz zu den weitestverbreiteten Verfahren „körperdynamischer Meditation". Zahllose Seminare und Workshops, vor allem im Osho-Rajneesh-Umfeld, werden damit angereichert. In entfernter Nachahmung islamischer Derwische (nach der Bezeichnung für ihre Wollröcke „Sufi" genannt), die alljährlich im anatolischen Konya am Grabe des Mystikers und Ordensgründers Maulana Rumi (1207-1273) rituelle Tänze aufführen (sogenannte Sema-Tänze), dreht man sich mit ausgebreiteten Armen um die eigene Achse. Die immer schneller werdende Drehung (*Whirling*), unterstützt durch sich beschleunigende Trommelrhythmen, findet ihr Ende erst, wenn der Tänzer umfällt.

Wie der Esoteriker und Studienrat Hans-Peter Waldrich erläutert, seien Derwische „in einer so erzeugten Trance völlig schmerzunempfindlich. Sie stechen sich spitze Eisen durch die Backen oder durch den Mundboden, ohne daß es zu Blutungen kommt. Die Trance ist ein Bewußtseinszustand, der von unserer normalen Verfassung grundverschieden ist und uns offenbar mit einer Wirklichkeit verbindet, die außerhalb der bekannten Naturgesetze steht. Wir 'verkopften' Mitteleuropäer haben allerdings große Mühe, einen solchen Zustand zu erreichen."[2267] Was daran erstrebenswert sein soll, sich spitze Eisen durch den Mundboden zu stechen, erklärt Waldrich nicht; auch nicht, weshalb ein Sich-im-Kreise-drehen-bis-man-umfällt unbedingt mit ekstatischen Gefühlen einhergehen soll und nicht etwa mit Schwindel, Kopfschmerz oder Übelkeit. Sufitanz wird vielfach mit sogenannten Zhikr-Ritualen verknüpft, die wesentlich in der endlosen Wiederholung von Meditationslauten sowie hyperventilierendem Atmen bestehen (⇨ *Rebirthing*).

Sufi-Tanz sollte, wenn überhaupt, unter keinen Umständen alleine und nie ohne qualifizierte klinische Betreuung durchgeführt werden. Respekt gegenüber einer „spirituellen" oder „religiösen" Tradition (gleichgültig, um welche es sich handelt) ist spätestens da fehl am Platze, wo diese mit gesundheitsgefährdenden Ritualen und Praktiken aufwartet. Gegen Tanzrituale, die nicht auf die Erzeugung kinetischer Trance abstellen, ist grundsätzlich nichts einzuwenden. Selbstverständlich auch nichts gegen Ausdruckstanz (Authentic Movement), Orientalischen Bauchtanz oder Indischen Tempeltanz (Kathak), denen vielfach (allerdings meist in heillos übertriebener Manier) therapeutische Wertigkeit zugesprochen wird.[2268]

5.53.2. Ta-Ke-Ti-Na

Großer Popularität in der Psycho- und Esoterikszene erfreut sich das sogenannte Ta-Ke-Ti-Na des Rhythmiklehrers Reinhard Flatischler: zum Schlag einer Surdo-Baßtrommel werden die Gruppenteilnehmer - nicht selten bis zu 250 Personen - zu verschiedenen rhythmischen Interaktionen zwischen der eigenen Stimme, Klatschen und bestimmten Schrittfolgen angeleitet. Auch wenn dem Ta-Ke-Ti-Na durchaus ein gewisser Wert als Methode der Selbsterfahrung zuerkannt werden kann, so ist der therapeutische Anspruch, mit dem Flatischler sich und seine Arbeit umgibt, doch maßlos überzogen: „Die Wurzeln aller Rhythmusstörungen sind psychische Probleme, ein ruheloser Geist, in dem sich das Denken verselbständigt hat oder ein erhebliches Fehlen von körperlicher Wahrnehmung. Da Rhythmus uns zu tiefliegenden Bewußtseinsschichten führt, können psychische Probleme, die dort verankert sind, heilen. Rhythmus läßt den Geist zur Ruhe kommen. Dadurch wird das Denken klar und essentiell."[2269] Selbst von der Bewältigung psychotischer Störungen mit Hilfe weniger Ta-Ke-Ti-Na-Stunden ist die Rede: Laut Flatischler führe TaKeTiNa „Dich zurück zu der Zeit, wo Rhythmus vergessen worden ist (...); ich glaube, daß die wichtigste rhythmische Zeit für das menschliche Wesen im Mutterleib passiert ist, und kurz danach. Aus dieser Zeit stammen die ersten Störungen, wo wir uns abschneiden vom Fluß des Lebens, wo wir etwas halten, was eigentlich fließen will. Du kannst im TaKeTiNa eine Wiederankoppelung an dieses uralte Wissen finden, und das ist natürlich therapeutisch ein tief heilsamer Prozeß."[2270] Ein viertägiger Workshop kostet 450 Mark.

5.53.3. Klangtherapie

Zu den bevorzugten Verfahren in Heil- und Lebenshilfepraxen zählt die Arbeit mit Klangschalen. Es handelt sich dabei um Messingschalen verschiedenen Durchmessers und verschiedener Legierung, die angeblich im tibetisch-buddhistischen Ritualwesen eine wichtige Rolle spielen. (Tatsächlich stellen die Schalen nichts anderes dar als traditionelles Küchengeschirr; ihre Verwendung zu rituellen Zwecken ist reiner Mythos.)

Die Schalen werden *en gros* aus Nordindien oder Nepal importiert und, je nach Größe, zu Preisen zwischen 60 und 1.500 Mark gehandelt. Zahllose präventive und heilende Wirkungen werden ihrem Klang zugeschrieben: zur Behandlung von Muskelverspannungen, von Nervosität, Bluthochdruck und anderen psychosomatischen Beschwerden empfehle es sich, eine Schale auf den Körper aufzusetzen und mit einem Klöppel anzuschlagen: „Ob in spielerischer oder therapeutischer Weise verwendet - der Ton der Klangschale berührt unser Innerstes, er bringt die Seele zum Schwingen. Ihr Klang löst Spannungen, mobilisiert die Selbstheilungskräfte und setzt schöpferische Energien frei."[2271] Über eigene Workshops werden „Ausbildungen" zum zertifizierten „Klangmassagetherapeuten" angeboten.

Für die regelmäßige Übung zu Hause wird der Kauf einer „persönlichen Schale" anempfohlen, die dazu beitrage, „in Einklang mit sich selbst zu kommen". Allein die Suche nach solcher Schale sei schon eine Art Einweihungserlebnis: Wie es in einem Werbetext des Filderstädter Klangschalen-Importeurs Frank Plate heißt, sei „eine Klangschale zu finden fast so, wie wenn man mit einem Menschen Freundschaft schließt (...) und man weiß sofort: der oder die ist es. Liebe auf den ersten Blick. Fast immer läßt sich sagen, die erste Schale ist ein ganz besonderer Wegbegleiter. Sie ist die erste große Liebe und das Herz des Käufers wird immer an ihr hängen. Viele Kunden berichten von den Schalen, die in der Wohnung stehen und wenn sie angeschlagen werden, auf geheimnisvolle Weise Ruhe verbreiten und helfen, ausgeglichener zu sein." Eine Klangschale sei allemal „ein Einzelstück, das es nur einmal auf der Welt gibt! Und vielleicht ist es ja gerade diese Schale, die besonders gut zu Ihnen paßt und Ihnen weiterhilft."[2272] (Es erscheint reichlich grotesk, wenn Plate einerseits die hohe persönliche - wahlweise auch: spirituelle - Bedeutung der Schalen betont und sich andererseits damit brüstet, deren letzte Original-Exemplare in indischen und nepalischen Dörfern zusammengekauft [und damit die Menschen dieses Kulturraumes ihrer Ritualgegenstände beraubt] zu haben [auch wenn sie dort gar nicht als solche gelten]: „In den letzten Jahren ist es immer schwieriger geworden, diese archaischen Klangschalen zu kaufen. In Indien und Nepal sind in der Zwischenzeit fast keine Schalen mehr zu haben. Aus diesem Grund haben wir schon 1995 damit angefangen, alte Schalen in großen Mengen aufzukaufen und hier auf Lager zu legen. Wir beziehen unsere Schalen direkt aus den Dörfern, um möglichst lange diese qualitativ hochwertigen Schalen anbieten zu können" [laut Eigenbekundung habe Plate „mehrere tausend antike Schalen auf Lager liegen"].[2273])

Bezugnehmend auf die „Grundlagenforschung" des schweizerischen Mathematikers und Musiktheoretikers Hans Cousto vertreibt Plate Klangschalen, die in der Lage seien, in „Resonanz mit den Planeten" zu schwingen und entsprechende Töne hervorzubringen.

Die Idee Coustos besteht darin, die Rotation eines Planeten um die eigene Achse (bzw. um die Sonne) als „Frequenz“ darzustellen und diese solange zu „oktavieren“, bis sie in den Bereich eines hörbaren Tones kommt: Jupiter „schwinge“ folglich in „Fis“, Mars in „D“, Venus in „A“ usw. Dergestalt lassen sich prinzipiell alle im Kosmos bzw. in der sonstigen Natur vorkommenden periodischen Vorgänge in Schwingungen umrechnen und als Rhythmen oder Töne (auch als Spektralfarben) wahrnehmbar machen. Ihren Sinn bekommt derlei „Oktavierung“ irgendwelcher „Frequenzen“ in den Wahrnehmungsbereich hinein freilich erst im therapeutischen Einsatz der jeweils hergestellten Töne. Und ebenhier verläßt Cousto den Bereich der Mathematik und begibt sich auf ⇨ astrologisches Terrain: Eigenschaften, die in der astrologischen Tradition mit den jeweiligen Gestirnen verbunden sind, werden nun auch den entsprechenden Frequenzen zugeschrieben. Der Musikwissenschaftler Wolfgang Stroh führt hierzu aus: „Wenn sich die Venus in 19414149 Sekunden um die Sonne dreht, was einer Frequenz von 0,000000051508825 Hz entspricht, so gelangt man durch 33 Oktavierungen zur Frequenz 221,2287179 Hz. Ein Ton dieser Frequenz soll nach Cousto in der Therapie die ‘nicht zielgerichtete Liebesenergie’ steigern.“[2274] (Auch nach Joachim-Ernst Behrendt, der sich, wie Cousto, mit der Herstellung und dem Einsatz kosmischer „Ur-Töne“ befaßte - und sich neben seiner seriösen musiktherapeutischen Arbeit damit in die Nähe hanebüchenen Esoterikunfugs begab -, erfülle der Venus-Ton „uns mit Liebe und Schönheit“.[2275]) Es lassen sich auf diese Weise sämtliche Planeten hörbaren Frequenzen und diese dann (astrologisch) bestimmten Wirkkräften zuordnen: Die Umlaufzeit des Mars, um ein weiteres Beispiel anzuführen, beträgt knapp 687 Tage, was, hochgerechnet in den hörbaren Bereich, einer Frequenz von 144,92 Hz entspricht; dem in dieser Frequenz hörbaren Ton „D“ werden nun - zirkelschlüssig - „marsische“ Qualitäten zugesprochen.

Die dominante Frequenz der (ihrer Größe und Legierung wegen ganz unterschiedlich tönenden) „Klangschalen“ wird mittels eines einfachen (Klavier-)Stimmgerätes festgestellt, was sie je einem der neun Planeten zuordenbar macht. Ergänzt durch die „Planetentöne“ von Sonne („H-C“) und Mond („Gis“) sowie einen „Kosmischen Grundton“ („Cis“) erlaubt sich überdies eine Zuordnung zu den zwölf Tierkreiszeichen, was die Klangschalen astrologisch verwertbar macht. Wie Plate erläutert, sei etwa „Saturn der Herrscher vom Steinbock. Eine Möglichkeit eine Schale auszusuchen wäre jetzt, den Planeten zu nehmen, der mein Tierkreiszeichen regiert. So habe ich eine Schale, die den mir mitgegebenen Wesenszügen entspricht“; Jungfraugeborenen sei insofern eine „Merkur-Schale“ anzuraten, Skorpiongeborenen eine „Pluto-Schale“.

Zu therapeutischen Zwecken bedarf es des gesamten Sortiments an vierzehn Schalen (neben den elf „Planetentönen“ plus „Kosmosgrundton“ gibt es noch den „Ton des Wassermannzeitalters“ [„F“] sowie den „Grundton der Hopi-Indianer“ [„E“]), die in exakt vorgegebener Weise auf den Körper des Klienten - dieser liegt auf dem Boden oder auf einer Massagebank - aufgesetzt werden müssen: Uranus auf die Beine, Mond auf den Bauch, Jupiter auf den Kopf usw. Bis zu acht Schalen werden auf dem Klienten verteilt und nacheinander mit einem Klöppel angeschlagen (die übrigen werden zur „Reinigung der Aura" an die Füße, ans Gesicht oder an den Scheitel gehalten): Durch die sich übertragenden Schwingungen würden „auf eine schmerzfreie Art Verspannungen gelöst, Blockaden beseitigt und die Energie kann frei durch den Körper fließen". Insbesondere zu psychotherapeutischen Zwecken eigne sich die Klangschalenarbeit vorzüglich, denn: „durch den tiefen Entspannungszustand kann während des Lösens von Blockaden auch die geistige Ursache dazu gefunden werden".

Plate hat sich seine Planetenschalen mit Markenschutz® versehen lassen, da er „schon früh erkennen [mußte], daß viele dubios ausgemessene Schalen angeboten werden (...). Als Klangtherapeut habe ich mich geärgert, wenn Schalen verkauft wurden, die überhaupt nicht dem bezeichneten Planetenton entsprechen (...). Und damit wir alle sicher sein können, daß dort, wo Planetenschale draufsteht auch Planetenschale drin ist, habe ich diesen Namen schützen lassen und werde gegen alle vorgehen, die diesen Namen unberechtigt benützen." Über seinen *Abaton Vibra*-Versand bietet er (angeblich) bis aufs Hundertstel hinter dem Komma exakt ausgemessene Schalen, daneben eigene Wochenendkurse zum „Klangmassagetherapeuten". Die Kosten für einen Einführungskurs liegen bei 250 Mark, die für das Gesamtsortiment von vierzehn Planetenschalen bei bis zu 20.000 Mark.[2276] (Ein anderer Großimporteur von Klangschalen ist der Uenzener Peter Hess, der allerdings seine Schalen in Nepal neu anfertigen läßt; zur energetischen Übertragung „alten Wissens", so Hess, werde in jede seiner Schalen „ein Stück einer alten Klangschale" miteingeschmolzen. Auch Hess firmiert unter Warenzeichenschutz, er vertreibt seine Produkte unter dem Signet ACAMA®. In seinem Sortiment finden sich auch Klangschalen aus Bergkristall, durch die sich, so seine Werbung, der „Denkprozeß um das 15.000-fache verstärkt". Als „Körperorientierter Klangmassagepsychotherapeut" verknüpft Hess seine Klangschalenarbeit u.a. mit ⇨ Kinesiologie.[2277])

Der tatsächliche Wert einer „Klangschalentherapie" - die „Planetentöne" oder „ACAMA-Vibrations" sind wahlweise auch auf CD erhältlich - liegt bestenfalls in der Induktion einer mehr oder weniger tiefen Entspannung; darüberhinausgehende Behauptungen sind durch nichts begründet (die Bezugnahme auf „Planetenfrequenzen" ist absurd). Dasselbe gilt für die Arbeit mit all den sonstigen „ethnischen" oder „schamanischen" Musik- oder Rhythmusinstrumenten, denen irgendwelche mystischen und/oder heilenden Kräfte zugesprochen werden: von Zymbeln, Gongs und Ganthas (Glocken) über Djembe- und Darbuka-Trommeln hin zu Didgeridoos, Maracas (mit Steinchen gefüllte Kalebassen) und den unvermeidlichen „Rainsticks" (mit Samenkörnern oder kleinen Steinen gefüllte abgestorbene Kakteenarme). Auch die in der Szene weitverbreiteten (Sandawa-)Monochorde - Massagetische oder Holzwannen, unter die mehrere gleichgestimmte Harfensaiten (meist Kosmos- bzw. Erdton „Cis") gespannt sind - bewirken, außer einer möglichen Relaxation, gar nichts. Die vielkolportierte Behauptung, Monochorde (auch als Somachorde bekannt) gingen auf die „Musikschule des Pythagoras von Samos" zurück, der damit „der eigentliche Begründer der Musiktherapie war", ist zum einen falsch und belegte, selbst wenn sie zuträfe, überhaupt nichts.

5.54. Wunder- und Geistheiler

Jeder dritte Bundesdeutsche glaubt daran, daß es Menschen mit übernatürlichen Heilkräften gebe; jeder vierte kann sich vorstellen, in einer Notlage selbst einen solchen Menschen zu konsultieren.[2278] Tatsächlich suchen rund zweieinhalb bis drei Millionen Bundesbürger regelmäßig Rat und Hilfe bei „professionellen" Wunder- oder Geistheilern, deren Zahl im deutschsprachigen Raum bei etwa 10.000 liegen dürfte.[2279] Die meisten dieser „Heiler" sind auf den ersten Blick als Scharlatane und Betrüger erkennbar, allerdings finden sich auch Ärzte, Apotheker, Psychologen oder Theologen darunter, deren Berufsqualifikation und oft auch -position eine richtige Einschätzung zunächst erschwert.

Zu den berühmtesten Vorläufern der heutigen Wunderheiler zählt der Wiener Arzt ⇨ Franz Anton Mesmer (1734-1815), der via Handauflegung „heilmagnetisches Fluidum" auf seine Patienten zu übertragen vorgab; daneben verabfolgte er „magnetisiertes" Wasser, das den Kranken besondere Heilkraft zukommen lassen sollte. An derlei Vorgehensweise hat sich bis heute nicht viel geändert: Nach wie vor legt man der gläubigen Kundschaft die Hände auf und nach wie vor dreht man ihr wundersam „aufgeladene" Heilmittel und Schutzamulette an. Lediglich in Nimbus und Auftreten unterscheiden sich die Wunderheiler voneinander: Dienen sich die einen in bodenständiger Manier als Gesundbeter und Warzenbesprecher an, so andere in new-age-esoterischer Aufmachung als Hellseher, Magier, Schamanen oder Reiki-Therapeuten; nicht wenige kommen im Drapé „seriöser Wissenschaftlichkeit" daher. Stets berufen sie sich auf übernatürliche oder kosmische Energien, die durch sie flössen beziehungsweise die sie in ihren Handflächen oder Fingerspitzen zu sammeln und als Heilkraft an andere weiterzugeben befähigt seien. Derlei Fähigkeit sei ihnen von höherer Warte zuteil geworden, oftmals in Form eines mystischen Widerfahrnisses oder auch im Gefolge einer schweren Krankheit; vielfach beziehen sie sich ausdrücklich auf das biblische Vorbild Jesu oder auf andere Religionsstifter oder spirituell weitentwickelte Gestalten, die allemal durch Handauflegen geheilt hätten.[2280] Die Übertragung kosmischer Heilenergie könne ohne weiteres auch in Abwesenheit der Person durchgeführt werden, der sie zugedacht sei. Es bedürfe hierzu lediglich eines Photos oder eines Gegenstandes aus ihrem persönlichen Besitz (als besonders wirksam habe sich ein Blut- oder Speicheltropfen erwiesen).

Mit Abstand am weitesten verbreitet ist die Geistheilmethode des ⇨ Reiki, die einem katholischen Ordensbruder aus Japan Ende des 19. Jahrhunderts in einer Vision offenbart worden sein soll. Reiki, eine simple Form des Handauflegens, kann angeblich weder gelehrt noch gelernt, sondern nur von einem Meister an einen Schüler weitergegeben werden. Zu diesem Zweck werden in Wochenendseminaren eigene Einweihungsrituale veranstaltet, in denen der Schüler zur Aufnahme und Abstrahlung „kosmischer Energie" befähigt wird. Die Kosten für die Einweihung zum Reiki-Meister belaufen sich auf bis zu 25.000 Mark. Sehr viel preisgünstiger bietet sich da die „Intensiv-Ausbildung zum Geistheiler mit Zertifikat" an, die ein gewisser Edmund Hoffmann (*1949) veranstaltet, nach eigenen Angaben langjähriger Schüler von Maharishi Mahesh Yogi und als solcher mit medialen und siddhischen Fähigkeiten ausgestattet (unter Siddhi versteht sich die Kunst, ohne Hilfsmittel zu fliegen). In einem viertägigen Seminar erlerne der Teilnehmer unter anderem „Materialisieren, Manifestieren,

Seelenarbeit und Fernheilung", dazu „Hellsehen, Channeling und Hellfühlen". Das Seminar, so die großformatige Ausschreibung in einem Szeneblatt, „wird Ihren inneren Reife- und Heilungsprozeß weiter voranbringen, sodaß Sie Liebe und Heilungsimpulse bewußt an Ihre Mitwelt weitergeben können". Kosten der Geistheiler-Ausbildung einschließlich Diplom: 900 Mark.[2281] Die mit Abstand preiswerteste „Ausbildung zum geistigen Heiler" führt, von Liechtenstein aus, „Professor" ⇨ Kurt Tepperwein im Angebot: um 368 Mark erhält man einen 12-teiligen Kassetten-Kurs (wahlweise auch auf drei Videos) zum Selbststudium, der dazu befähige, „nicht nur den Körper, sondern JEDEN Umstand" geistig zu heilen. Fakultativ kann man sich bei Tepperwein auch zum „Dipl. Mental-Trainer", zum „Dipl. Intuitions-Trainer" oder zum „Dipl. Erfolgs-Trainer" ausbilden lassen.[2282] Wunder- und Geistheil-Ausbildungen sind allerdings nicht die Regel (mit Ausnahme von Reiki), die Graduierung zum Heiler geschieht vorwiegend per Selbstakklamation. Die meisten Geistheiler berufen sich dennoch auf höhere Autoritäten, beispielsweise die des (imaginierten) Indianerhäuptlings ⇨ White Eagle, der sich aus dem Jenseits detailliert zu Fragen geistigen Heilens geäußert habe. Über das britische Medium Grace Cooke habe White Eagle erläutert, Heilung bestehe in erster Linie in der „Übertragung des körperlichen Magnetismus des Heilers in den Ätherleib des Patienten". Der Heiler solle diesen Magnetismus in Gestalt von „Licht" durch seine Hände strömen lassen: „Sieh', wie Strahlen des Lichtes deine Finger durchdringen, sozusagen wie die gezinkten Gabelungen eines Grasrechens. Lichtstrahlen, welche die physischen Atome des Patienten durchfließen und die dunklen Flecken der Verstopfung und Stauungen erreichen und 'auskämmen', 'fortkämmen', von dem Patienten abziehen. Sehr behutsam und sanft und indem du den Patienten kaum berührst, lege nun die Finger beider Hände gut über den Schmerz oder die Verletzung und ziehe sie die Arme und Beine hinab bis leicht über die Finger- und Zehenspitzen hinaus (...). Konzentriere dich dann mit tiefem innerem Frieden auf die glorreiche, heilende Sonne. Spüre, wie das Licht in einem Herzzentrum als Flamme im Herzen der ewigen Sonne - des Kosmischen Christus - brennt. Laß diese reine Flamme durch jede Zelle deines Seins erstrahlen, solange bis du selbst und der Patient eingehüllt sind in einen fast unvorstellbar reichen Glanz des Lichtes."[2283]

Geistheilung, wie es in einem Standardwerk des englischen Heilers Harry Edwards heißt, „ist ihrer Natur nach etwas Göttliches (...). Das geistige Heilen ist ein Geschenk Gottes an alle seine Kinder. Sie ist die größte und gewiß auch geistigste Gabe, die einem Menschen verliehen werden kann. Mit ihrer Hilfe soll der göttliche Plan von der Entwicklung der Menschenfamilie zum Geistigen verwirklicht werden."[2284] Menschen mit Sendungs- oder Auserwähltseinsphantasien, wie etwa die als ⇨ „Uriella" (Gertrud Bertschinger-Eicke) bekannte Gründerin der christlichen Sekte *Fiat Lux*, halten sich in der Regel auch für befähigt zu Wunderheilung. Bertschinger-Eicke (*1929) verkündet, der durch sie als „reinen Kanal" hindurchfließende „heilige Athrumstrahl" sei in der Lage, selbst „unheilbare Krankheiten zu löschen". Bei besagtem „Athrumstrahl" handelt es sich laut *Fiat-Lux*-Lehre um den ersten und wichtigsten von „zwölf kosmischen Strahlen", die von der „Ur-Ur-Ur-Kraft Gottvaters durch Christus als fundamentale Lebensessenz" ausgingen.[2285] Mit Hilfe dieses „Strahls" stellt Bertschinger-Eicke wundertätiges „Athrumwasser" her. In einer nur zu diesem Zweck verwendeten Badewanne quirlt sie normales Leitungswasser genau einundzwanzig Minuten lang mit einem Silberlöffel im Linksdrall und wandelt es so zu „Athrumwasser" um. Wenn man seine Füße hineinstelle, würden „viele Krankheitsstoffe, die im Begriff sind, sich in [den] Organen festzusetzen, über die Fußsohlen herausgezogen"; selbst radioaktive Strahlung werde neutralisiert.[2286] Mit siebzig Badewannenfüllungen produziert Bertschinger-Eicke pro Monat rund 15.000 Liter Athrumwasser. Ob dieses tatsächlich so heilkräftig ist, wie sie vorgibt, muß allerdings dahinstehen: In einer Analyse durch die Gesundheitsbehörden Zürich erwies es sich als hochgradig bakterienverseucht und von Dutzenden verschiedener Schimmelpilze und Eitererreger befallen.[2287] Zur Behandlung durch Bertschinger-Eicke - bis Anfang der 1990er war sie offiziell als Heilpraktikerin zugelassen[2288] - stehen die Heilsuchenden mit den Füßen in Kübeln mit Athrumwasser und bekommen, für jeweils exakt einundzwanzig Minuten, die Hände aufgelegt. Da Bertschinger-Eicke, eigenen Angaben zufolge, über die Gabe der „Bilokation" (Anwesenheit an zwei Orten gleichzeitig) verfüge, könne sie auch bei abwesenden Patienten „die tatsächliche Krankheit mit 100%iger Genauigkeit feststellen (...), ein Irrtum ist gänzlich ausgeschlossen".[2289] Auch eine Behandlung aus der Ferne sei möglich: Es werden hierzu die Photos von Kranken, die nicht in das Sektenzentrum im Schwarzwald reisen konnten, neben den Kübeln mit Athrumwasser auf dem Boden aufgestellt, was für die Übertragung des „heiligen Athrumstrahls" völlig ausreiche.[2290]

Zusätzlich zu ihrem Athrumwasser vertreibt Bertschinger-Eicke über eine Schweizer Deckadresse - in Deutschland ist ihr dies untersagt - eine Unzahl selbsthergestellter „Heilmittel". Über 600 „spagyrische" und „kosmische" Präparate finden sich in ihrer „Göttlichen Apotheke", die gegen alles und jedes, von Epilepsie und Rheumatismus hin zu Lähmungen, Tumoren oder Heroinsucht helfen sollen; bei Morbus Alzheimer etwa sei eine Tinktur mit der Bezeichnung „E-43x7-Aetherlotion Nr. 606" angezeigt,[2291] deren Inhaltsstoffe allerdings ebensowenig angegeben sind, wie die der sonstigen Wässerchen und Pillen. Der Inhalt einer Ampulle gegen AIDS erwies sich in einer Untersuchung als eine Art verwässerter Kochsalzlösung.[2292] Bertschinger-Eicke setzt mit diesen völlig nutzlosen „Heilmitteln" jährlich zweistellige Millionenbeträge um. Obgleich die deutschen Behörden bei mehreren Razzien in den Häusern der Sekte jeweils große Bestände derartiger „Medikamente" beschlagnahmen konnten, reichte die Beweislage gegen Bertschinger-Eicke bislang lediglich zu Verurteilungen wegen Steuer- bzw. Zollabgabenhinterziehung.[2293] In einem Verfahren zur Klärung ihrer Verantwortung am Tod zweier Sektenmitglieder, die bei jeweils schwerer Krankheit ihrem Rat und der „Göttlichen Apotheke" vertraut hatten, wurde sie 1996 freigesprochen. Nach Auffassung des Gerichtes liege es letztlich in der Eigenverantwortung jedes Sektenmitglieds, auf gängige medizinische Behandlung zu verzichten und sich in die heilerische Obhut der Sektenchefin zu begeben.[2294] Neben besagten Wunderheilmitteln führt *Fiat Lux* auch Spielzeug besonderen pädagogischen Wertes im Angebot: Über den sekteneigenen *Adsum - Ich bin bereit e.V.* wird in Kindergärten und Kaufhäusern beispielsweise eine „Rotkäppchenpuppe" samt auf die Lehre „Uriellas" hingetrimmter Märchenadaption vertrieben.[2295]

Unter der organisatorischen Leitung von „Uriellas" Zweit-Ehemann „Icordo" (alias: Hermann-Eberhard Eicke), vormals Friseur, der Anfang der 1990er die Rolle des 1988 tödlich verunglückten Erst-Ehemannes „Uriello" (alias: Kurt Warter), eines ehemaligen katholischen Priesters, übernommen hatte, wird der Einflußbereich der Sekte konsequent ausgebaut. Gemeinsam mit beifallklatschendem Anhang ziehen „Uriella" und „Icordo" nicht nur von einer TV-Talkshow zur nächsten, auch politisch sucht man Vorteil zu gewinnen: 1999 ließ sich „Icordo" in den Gemeinderat des Ortes Ibach im Schwarzwald wählen, in dessen Gemarkung die Sekte ihr Hauptquartier hat. Unverhüllte Absicht des Coups (der durch die große Zahl in Ibach gemeldeter *Fiat Lux*-Anhänger auch gelang) war es, auf künftige Immobilientransaktionen bzw. Baugenehmigungen innerhalb der Gemeinde Einfluß zu nehmen. Neuerdings wird *Fiat Lux* verstärkt auch in den Staaten des ehemaligen Ostblocks aktiv.

„Spagyrische" Mittel, wie sie nicht nur von Bertschinger-Eicke, sondern von einer Vielzahl an Heilern (und Pharmafirmen) hergestellt und vertrieben werden, basieren in erster Linie auf den mittelalterlichen Vorstellungen der Alchemie: Zerkleinerte Pflanzenteile werden mit Hefe vergoren oder mit Weingeist versetzt und wiederholt destilliert; der Rückstand wird verglüht und die Asche wieder im Destillat aufgelöst. Desgleichen werden Salze, Metalle, gelegentlich auch Blut oder Faeces (Kot) verascht und in Wasser gelöst. Die Mittel werden tropfenweise eingenommen oder für Umschläge verwendet.[2296] (Als Hauptvertreter mittelalterlicher Spagyrik gilt der Arzt Theophrastus Bombastus von Hohenheim [1493-1541], der, bekannt geworden unter seinem lateinischen Namen Paracelsus, in Basel und später in Salzburg tätig gewesen war.[2297]) Die „moderne" Spagyrik geht auf den selbstberufenen Wunderheiler Carl-Friedrich Zimpel (1801-1879) zurück - ein Eisenbahnangestellter ohne die geringste medizinische Qualifikation -, dessen „Heilkunde" vor allem auf „kosmische", sprich: astrologische Gegebenheiten abstellt. Bertschinger-Eickes spagyrische Kenntnisse, die sie als „Sprachrohr Gottes" von höherer Warte bezogen haben will, weisen deutliche Parallelen zu Zimpels Hirngespinsten auf.

Auch längst nach dem Ableben eines Wunderheilers könne dieser seinen Anhängern noch Heilkräfte zukommen lassen. Der in der 1950ern weithin bekannte (und wegen Verstoßes gegen das Heilpraktikergesetz verurteilte) Danziger „Heiler" Bruno Gröning (1906-1959) etwa wird in europaweit vernetzten „Freundeskreisen" bis heute als von Gott gesandter „Wunderapostel" verehrt. Über kleine Stanniolkügelchen (aus Schokoladenpapier), die er zu Lebzeiten entsprechend „aufgeladen" habe - dem Vernehmen nach mit seinem Sperma -, könne Verbindung zu seinem „Heilstrom" hergestellt werden. Die Gesamtorganisation der sektoid strukturierten Gröning-Gruppen - an die 200 davon gibt es allein in der Bundesrepublik - liegt in den Händen einer gewissen Grete Häusler, die in einer Vielzahl an Schriften eine eigenständige Bruno-Gröning-Heilslehre entwickelt hat. Man versteht sich als das „neue Volk", auserwählt, die Welt (über Stanniolkügelchen) zum Heil zu führen.[2298] Die *Bruno-Gröning-Freundeskreise* sind auf sämtlichen Esoterikmessen vertreten, wo sie für ihre Musiziergruppen und Gemeinschaftstreffen werben. Ein vom *Gröning-Freundeskreis* mit großem Aufwand produzierter Film „Der Wunderapostel" läuft seit 1997 in bundesdeutschen Programmkinos. Laut einer Meldung des *Dachverbandes Geistiges Heilen* seien bei Vorführungen des Films bei zahlreichen Kranken Wunderheilungen aufgetreten.[2299] (Tatsache ist, daß erst im Juli 2000 wieder eine Frau an einer leicht kurierbaren Infektionserkrankung starb, da sie im Vertrauen auf den Heilstrom Grönings ärztliche Behandlung verweigert hatte.)[2300]

Logurgie

Besonders spektakulär sind die „chirurgischen Eingriffe" philippinischer und brasilianischer Wunderheiler, die (vermeintlich) mit bloßen Händen in den Körper des Patienten eindringen und dort kranke Gewebeteile entfernen. Die „Operationen" hinterlassen keinerlei Narben.[2301] Jährlich über 50.000 Menschen aus aller Welt unterziehen sich solchem „Eingriff", auch aus Deutschland werden eigene Charterreisen veranstaltet.

Es ist einwandfrei nachgewiesen, daß es sich bei den „blutigen Operationen" dieser Wunderheiler um (mehr oder minder) raffinierte Taschenspielertricks handelt. Die angeblich aus dem Körper herausoperierten Gewebeteile stammen von Schlachttieren; Untersuchungen der „Tumoren" zeigten, daß es sich dabei um Schweinedarm oder Hundehoden handelte. Nachdem Anfang der 1980er der Psychiater und Wissenschaftspublizist Hoimar von Ditfurth die Tricks und Schwindeleien der Wunder-Chirurgen aufgedeckt hatte,[2302] brach das Reisegeschäft auf die Philippinen kurzfristig etwas ein. Heute sind die Logurgen - als Vermittler treten mithin der szenebekannte Heilpraktiker Klaus Krieg oder ein gewisser Dieter J. Wehrli („sehr gute Erfahrungen seit 1969") auf - wieder gut im Geschäft.

Wunder- und Geistheilung ist *allemal* als Betrug zu werten, auch wenn die einzelnen Heiler (selbstbetrügerischerweise) von ihren paranormalen Fähigkeiten und Kräften überzeugt sein mögen. Der wissenschaftliche Nachweis solcher Kräfte konnte bislang in keinem einzigen Fall erbracht werden. Hingegen wurden in einer Vielzahl an Verfahren Geistheiler rechtskräftig verurteilt, die in nachweislich betrügerischer Absicht, also wider besseres Wissen und/oder ohne Erlaubnis zur Ausübung der Heilkunde, mit dem Angebot übernatürlicher Heilkräfte oder Wundermittel hausieren gegangen waren. Beispielsweise verurteilte der Bundesgerichtshof einen Wunderheiler zu neun Monaten (auf Bewährung), der sich als „Pneumotherapeut" ausgegeben und „Geistheilung auf astraler Ebene" angeboten hatte. Seine Tätigkeit hatte darin bestanden, daß er seine Hände faltete und ein Kreuzzeichen über der Stirn des Patienten machte. Nach eigenen Angaben hatte er damit monatlich 18.000 bis 20.000 Mark an „Spenden" eingenommen.[2303] Vor dem Amtsgericht Montabaur wurde ein Heiler zu fünf Monaten Freiheitsstrafe verurteilt, der als „Priester der universalen Christuskirche im neuen Zeitalter" ein eigenes Heilzentrum sowie einen „Forschungskreis für Radiästhesie, Esoterik und Metaphysik" gegründet hatte. Als „Heilkanal Gottes" führte er bei Patienten unter anderem mit Multipler Sklerose und Krebs Handauflegungen und Fernheilungen durch.[2304] Zu einer hohen Geldstrafe wurde eine Geistheilerin vom Amtsgericht Bonn verurteilt, die Fernheilungen vornahm, wenn man ihr ein Photo des Heilungsuchenden (samt Honorar) zusandte.[2305] Auch gegen Vertreiber von Wunderheilmitteln liegen rechtskräftige Urteile vor. Ein Elektriker beispielsweise, der unter dem Rubrum „Magisch-spirituelle Weismagie" auf Kundenfang gegangen war, hatte zu Phantasiepreisen völlig wertlose Amulette und Tinkturen verkauft. Das Gericht hielt dem Angeklagten vor, nicht nur Hoffnungen der hilfesuchenden Menschen enttäuscht zu haben - die Wundermittel sollten unter anderem von Nervenleiden, Sexualproblemen, Kurzsichtigkeit und Krebs befreien -, sondern durch „falsche Versprechungen neue, nicht erfüllbare Hoffnungen geweckt" zu haben. Es habe ihm bewußt sein müssen, mit welchem Ausmaß menschlicher Probleme und menschlichen Leids sowie mit welch schweren Schicksalen er es zu tun gehabt habe. Wegen gewerbsmäßigen Wuchers in Tateinheit mit Betrug und unerlaubter Ausübung der Heilkunde wurde er vom Amtsgericht Gelsenkirchen-Buer zu einer Freiheitsstrafe von zwei Jahren verurteilt, die unter Anrechnung der Untersuchungshaft zur Bewährung ausgesetzt wurde.[2306]

Vereinzelte Verurteilungen täuschen allerdings nicht darüber hinweg, daß die behördliche Ahndung von Wunderheilerei sehr zu wünschen übrig läßt. Zahllose selbsternannte Wunder- und Geistheiler können in einschlägigen Publikationen gänzlich ungehindert ihre zweifelhaften Dienste andienen, Konsumentenschutz existiert praktisch nicht (⇨ *Was tun?).* Eine Geistheilerin namens Sofi Tachalov („Frau Sofi") etwa, die als „russisch-jüdische Paramedizinerin" firmiert, darf ungestraft behaupten, sie habe bereits „unzähligen Menschen bei schweren Leiden: Krebs, Hauterkrankungen, Migräne, Konzentrationsproblemen etc." durch Übermitteln „göttlicher Heilenergie" geholfen.[2307] Eine andere, beliebig aus der Unzahl an Anbietern herausgegriffene Geistheilerin, die bei Essen ordinierende Katherina Engelmann, behauptet, „nachweislich gute Heilerfolge" zu erzielen bei „Asthma, Migräne, Ohrenerkrankungenan, rheumatischen Beschwerden, Bronchitis, Durchblutungsstörungen, Prostataleiden, Magen- und Darmerkrankungen (Geschwüre), Leber- und Krebsleiden". Medizinische Ausbildung Frau Engelmanns: Null.[2308]

Selbst aufgedeckter Betrug muß nicht notwendigerweise zu einer Verurteilung führen. Der prominente österreichische Wunderheiler Leonard Hochenegg (*1942) etwa pflegte Patienten seine Hände auf die Stirn zu legen, woraufhin diese „eine Art Stromstoß, begleitet von einem Gefühl der Wärme oder Kälte" verspürten.[2309] Nach einer Untersuchung des *Instituts für Physikalische Medizin* der Universität Innsbruck fanden die angeblich übernatürlichen Stromstöße eine sehr natürliche Erklärung: Der rechte Schuh des Heilers enthielt im Absatz zwei Akkumulatoren, die mit einem elektrischen Schaltkreis verbunden waren; in der Schuhspitze befand sich ein Schalter, der mit dem großen Zeh betätigt werden konnte, wodurch sich eine Funkenentladung auslöste. Vor Gericht gab Hochenegg an, er habe mit dem Schuh seine „Schweißfüße" behandeln wollen. Später behauptete er, sein „Elektroschuh" sei ein miniaturisiertes Gerät zur „elektrophysikalischen Behandlung", dessen Erfolg dadurch gesteigert worden sei, daß die Patienten über die Herkunft der Ströme nicht Bescheid wußten. Die Staatsanwaltschaft ließ daraufhin die Anklage wegen Betrugs fallen.[2310] Der Popularität Hocheneggs als Geistheiler tat die Entlarvung seines Schuhtricks ohnehin keinen Abbruch, seine Tiroler Praxis floriert ebenso wie sein Vertrieb heilkräftiger Tonbandkassetten. Prominenz jeder Sparte, von Boris Becker bis Prinz Charles, zählt er (laut Eigenwerbung) zu seiner Kundschaft. Vor geraumer Zeit wurden in der Zeitschrift *Astrowoche* seine Hände in Originalgröße abgebildet, über die er der Leserschaft, aufgeteilt nach dem

Sternzeichen, zu bestimmten Zeiten kosmische Energie zu senden versprach: Widdern montags um 13.00 Uhr, Waagen dienstags um 8.00 Uhr, Skorpionen freitags um 17.00 Uhr.[2311]

Vielfach halten auch hohe Repräsentanten des Staates ihre schützende Hand über die Wunderheiler. Weithin bekannt geworden ist das (freilich erfolglos gebliebene) Engagement des FDP-Spitzenpolitikers Jürgen Möllemann, der als Bundeswirtschaftsminister dem in seinem Wahlkreis Warendorf tätigen Wunderheiler Heinz-Rolf Drevermann - einem gelernten Koch - eine offizielle Heilerlaubnis zu beschaffen suchte.[2312] Drevermann ordiniert heute unangefochten auf Ibiza. (Im übrigen scheinen [Geist-]Heilfähigkeiten auch vererbbar zu sein: Drevermann-Sohn Ralf-Rainer trat inzwischen in die Fußstapfen des Vaters; auch er rühmt sich außergewöhnlicher Heilerfolge: So sei es ihm etwa gelungen, einen sechsjährigen Buben von einem Gehirntumor zu befreien.[2313])

Die Gefahr von Wunderheilerei besteht in erster Linie darin, daß Kranke im Vertrauen und in Hoffnung auf die angepriesene „höhere Heilung" notwendige diagnostische und therapeutische Maßnahmen versäumen oder ablehnen. Ein durchaus möglicher Placeboeffekt tritt hierhinter zurück, zumal sich gezeigt hat, daß dieser mit dem allemal höheren Risiko eines Noceboeffekts einhergeht: Erlebt der Gläubige keine Besserung seiner Beschwerden, können diese sich durch das Zusammenbrechen der oftmals als „Griff nach dem letzten Strohhalm" apostrophierten Hoffnung darauf weiter verschärfen. Patienten laufen Gefahr, sich völlig „aufzugeben", wenn, so die subjektive Sicht, nicht einmal die paranormalen Kräfte des Wunderheilers Hilfe bringen konnten. Ausbleibende Heilung wird nicht diesem angelastet, sondern allemal eigener Unzulänglichkeit. Schuld- und Versagensgefühle, trotz der Behandlung immer noch krank zu sein, können auch dazu führen, daß Patienten sich umso uneingeschränkter dem Glauben an die Wunderkraft des Heilers hingeben, die ja, so der zirkelschlüssige Leitsatz, nur aus diesem heraus wirksam werden könne. Solch uneingeschränkter Glaube bedeutet in erster Linie die uneingeschränkte Bereitschaft, selbst für hanebüchensten Unsinn Geld auf den Tisch zu legen: Ein perfekter Teufelskreis der Ausbeutung, der hilfesuchende Menschen oftmals *gerade* der persönlich erlebten Erfolglosigkeit der Wunderheilerei wegen umso williger (und zahlungsbereiter) an diese glauben läßt. Die propagandistisch aufgeblasenen „Erfolgsmeldungen" der Heiler tun hierzu ein übriges.[2314]

Oftmals wird ausbleibende Heilung auch „erklärt" als entsprechende Entscheidung „höherer Mächte", in die der Patient selbst natürlich keinen Einblick habe; auch mit „karmischen Gesetzmäßigkeiten" wird argumentiert oder mit der Behauptung, der Patient habe in Wahrheit gar nicht gesund werden wollen. In jedem Falle dient der Wunderheiler sich an, dennoch und mit umso größerem Aufwand Heilung herbeizuführen. Selbst wenn ein Wunderheiler der Scharlatanerie und des Betruges überführt ist, bringt dies die Szene nicht in Gefahr. Ganz im Gegenteil: Jeder aufgedeckte Betrugsfall läßt die verbleibenden Heiler, die sich (stets im Nachhinein) mit Getöse gegen derlei „schwarze Schafe" abgrenzen, umso seriöser erscheinen. Der Parapsychologe und Publizist Harald Wiesendanger gründete Mitte der 1990er einen eigenen *Dachverband Geistiges Heilen* mit dem Ziel, „seriöse" Praktiker von „unseriösen" zu trennen, um so der „durchaus eigenständigen, wirksamen und medizinisch-wissenschaftlich überprüfbaren Behandlungsform" des Geistheilens dazu zu verhelfen, „endlich legalisiert und in ein staatliches Gesundheitssystem einbezogen" zu werden.[2315] Kriterium für „Seriosität" scheint dem Verband ganz offenbar zu sein, ob der einzelne Heiler selbst an seine Fähigkeiten glaubt oder ob er seine Kundschaft wissend betrügt. Wiesendanger jedenfalls trat bei einem Geistheiler-Kongreß 1994 zusammen mit den fragwürdigsten Gestalten der Szene auf den Plan. Unter der Moderation von Rainer Holbe und Jenseitsstimmenforscher Ernst Senkowski gaben sich über fünfzig einschlägig bekannte Referenten ein Stelldichein, von Rolf Drevermann, Johannes von Buttlar und Uri Geller hin zu Tom Johanson, Doris Forster, Eli Lasch und Trutz Hardo-Hockemeyer; daneben Georg Rieder („der Mann mit dem Röntgenblick"), die russische Geistheilerin „Prinzessin Kuragina" und UFO-Spezialist Michael Hesemann; nicht zu vergessen die philippinischen „Geistchirurgen" Jun und Juko Labo und der indianische „Medizinmann" Larson Medicinehorse.[2316] Veranstaltet wurde der Kongreß von der Geisterpostille *Die Andere Realität*, die Ende des Jahres eine eigene Demonstration zur „Legalisierung der Geistheilung" nach Bonn organisierte. Auf einem früheren Kongreß der Zeitschrift war auch der amerikanische Wunderdentist Paul Esch aufgetreten, der seiner (zahlenden) Kundschaft mit der Behauptung aufwartet, er könne durch mediale Kontaktnahme zu jenseitigen Zahnärzten jedes Gebiß sanieren: Schiefe Zähne würden sich begradigen, abgebrochene oder ausgefallene nachwachsen, Amalgamplomben würden sich in Gold verwandeln. Allerdings erst nach einer gewissen Zeit. Zusammen mit Reinkarnationstherapeut Trutz Hardo-Hockemeyer tourt Esch völlig unbeanstandet quer durch die Lande. (Harald Wiesendanger ist 1998 nach massiven internen Querelen aus seinem *Dachverband Geistiges Heilen* ausgetreten - es hatte seit Gründung des Verbandes außer ein paar Info-Ständen auf Esoterikmessen und der Herausgabe eines Mitteilungsblattes kaum vorweisbare Arbeit [und *keinen einzigen* (!) dokumentierten Erfolgsfall] gegeben[2317] -, seine Nachfolge übernahm der Rechtsanwalt Bernhard Firgau.)

> Als eine seiner wenigen Serviceleistungen bietet der *Dachverband Geistiges Heilen* seit 1996 einen 160seitigen juristischen Ratgeber, wie jedermann/frau auch ohne Zulassung nach dem Heilpraktikergesetz straffrei als „Heiler" auftreten und praktizieren könne. Für den Umgang mit Gesundheits-, Ordnungs- und Finanzamt, ebenso mit Polizei und Staatsanwaltschaft, gibt es exakte Verhaltensmaßgaben sowie vorformulierte Musterbriefe für den Fall, eine der genannten Behörden sei hellhörig geworden. Der Trick zur Umgehung der rechtlichen Bestimmungen liegt im wesentlichen in der der jeweiligen Behörde vorzutragenden Behauptung, man sei nur „gelegentlich seelsorgerisch tätig" und erhalte in diesem Zusammenhang „keine nennenswerte finanzielle Gegenleistung oder Spende".
>
> Zur Untermauerung der „seelsorgerisch/religiösen" Tätigkeit, so Ratgeber-Autor Bernhard Firgau (seit 1998 DGH-Präsident), sei empfehlenswert, sich „nicht nur pauschal auf die Bibel [zu] berufen, sondern auch einige Textstellen [zu] kennen und ihre Bedeutung erklären zu können". Handauflegen etwa sei im theologischen Sinne zu verstehen als „Segensgeste, Weiheritus und Krankensalbung", Exorzismus als „feierliches Gebet zu Gott im Namen und Auftrag Christi und der Kirche um seinen Schutz vor Unheilsmächten". Umfänglich werden einschlägige Stellen aus dem

Neuen Testament angeführt (z.B. Matthäus 8,3-4, Marcus 1,40-45 oder Lukas 9,1-6), die sich eignen, die Heilertätigkeit als „Ausübung der Religionsfreiheit" (Gebet, Fürbitte) zu deklarieren, als welche sie nicht dem Heilpraktikergesetz unterliege.[2318]

Tatsächlich erfordert Wunder- oder Geistheilerei *allemal* eine Erlaubnis zur Ausübung der Heilkunde (nach dem HeilPrG). Im Falle des „Warendorfer Wunderheilers" Rolf Drevermann stellte das zuständige Oberverwaltungsgericht Münster klar, daß auch „solche Verrichtungen unter die Erlaubnispflicht [fallen], die Gesundheitsgefährdungen mittelbar dadurch zur Folge haben können, daß ein frühzeitiges Erkennen ernster Leiden, das ein Fachwissen voraussetzt, verzögert werden kann. (...) Eine mittelbare Gefahr dieser Art besteht dabei insbesondere, wenn die in Rede stehende Heilbehandlung als eine die ärztliche Berufsausübung ersetzende Tätigkeit *erscheint*."[2319] Schon zuvor hatte der Bundesgerichtshof im Verfahren gegen den oben angeführten „Pneumotherapeuten" festgestellt, „die Meinung des Angeklagten, seine Tätigkeit falle nicht unter das Heilpraktikergesetz, da sie keinerlei wissenschaftli che Fachkenntnis voraussetze und er auch keine medizinischen Diagnosen stelle, trifft nicht zu, auch das bloße Handauflegen und kurze Bestreichen der ihm als krank oder schmerzend bezeichneten Körperstellen ist Ausübung der Heilkunde im Sinne des Gesetzes, da sie in dem Behandelten *den Eindruck erweckt*, daß seine Heilung oder Besserung mit übernatürlichen oder übersinnlichen Kräften bewirkt werden". Daran ändere auch nichts, „daß der Angeklagte vor jeder 'Behandlung' ein kurzes Gebet spricht und die Hände faltet (...). Wollte man diese Art der 'Behandlung' deshalb nicht als Ausübung der Heilkunde ansehen, weil der Angeklagte keine medizinischen Fachkenntnisse hat, dann käme man zu dem mit dem Gesetzeszweck nicht zu vereinbarenden Ergebnis, daß ein Heilbehandler sich nur möglichst weit von den Regeln ärztlicher Wissenschaft entfernen müsse, um sich gegen die Anwendung des Heilpraktikergesetzes auf sein Verhalten zu sichern."[2320] Interessant ist insofern die Argumentation des (Ex-)Geistheilerverbandsvorsitzenden Harald Wiesendanger, der das Heilpraktikergesetz schlicht für verfassungswidrig erklärt: Es verletze drei Grundrechte jedes freien Bürgers: die Berufsfreiheit, die Religionsfreiheit und das Recht auf freie Entfaltung der Persönlichkeit. Das HeilPrG sei ein „Anachronismus, der sich über die Grundrechte von Heilern wie Patienten hinwegsetzt. Solange es fortbesteht, bleibt das christliche Deutschland ein Staat, den Jesus Christus besser meiden sollte, falls er heute wiederkehren würde. Denn der Gottessohn, dem neuen Testament zufolge wohl der größte Geistheiler aller Zeiten, säße als besonders hartnäckiger Wiederholungstäter hierzulande vermutlich längst hinter Schloß und Riegel."[2321] (Auch nach seinem Abgang aus dem Geistheilerverband dient Wiesendanger mit Eifer der guten Sache: Unter dem Titel *Auswege* bietet er einen „unentbehrlichen Wegweiser für jeden Patienten, für den Ärzte zuwenig tun", sprich: ein kommentiertes Adreßverzeichnis der - seiner Meinung nach - seriösen Geistheiler des deutschsprachigen Raumes [2 Bände/95 Mark]; daneben eine Broschüre *Heilen ohne Grenzen* mit „wissenschaftlichen Belegen" für die Wirksamkeit von Fernheilung, sowie zahlreiche andere Publikationen zum Thema. Zudem redigiert er das Periodikum *Der Heiler* [das eingelegt in das Szenemagazin *Wassermann-Zeitalter* vertrieben wird] und sitzt nach wie vor im Organisationskomitee der Baseler PSI-Tage.)

Eine wesentliche Rolle bei der massenhaften Verbreitung des Glaubens an die Geistheilerei kommt der Regenbogenpresse und in den letzten Jahren zunehmend den TV-Talkshows und Vorabendjournalen zu. In sensationistischer Manier werden angebliche Wunderheilungen vorgestellt, den Heilern selbst wird ein von Kritik weitgehend unangetastetes Forum der Selbstdarstellung geboten. Als unrühmliche Vorreiterin dieses Trends gilt die (vormalige) TV-Moderatorin Margarethe Schreinemakers, die in ihren Boulevardsendungen mehrfach Geistheiler auftreten ließ. Während einer ihrer Live-Sendungen auf RTL schickte der Berliner Arzt und Wunderheiler Eli Lasch, bekannt durch seine Mitwirkung an zahlreichen Esoterikkongressen, via Bildschirm „Heilenergie" in deutsche Wohnstuben. Noch während der Sendung riefen zahlreiche Zuschauer an und berichteten vom Verschwinden unterschiedlichster Symptome. Eine TED-Umfrage ergab, daß 76% aller Zuseher „etwas" gespürt haben wollten, Kopf- und Kreuzschmerzen seien verschwunden gewesen, ein Blinder habe Farben sehen, ein Gelähmter sich teilweise wieder bewegen können. Der seinerzeitige Präsident der Berliner Ärztekammer, Ellis Huber, gleichwohl der Esoterik- und Geistheilerszene durchaus nicht ungewogen,[2322] kritisierte den Auftritt Laschs heftig: Keineswegs habe dieser irgendwelche Wunder vollbracht, vielmehr seien positive Wirkungen (sofern sie denn tatsächlich eingetreten seien) auf „bekannte Selbstheilungskräfte und autosuggestive Phänomene" zurückzuführen gewesen. Die Darstellung als Wunder ohne Hinweis auf solche Zusammenhänge sei frevelhaft, sie mache betroffene Kranke „abhängig und unmündig". Der wissenschaftlich bewiesene Placebo-Effekt werde für „selbstherrliche und egozentrische" Interessen mißbraucht. Gegen Lasch, der, unterstützt durch die Boulevardpresse, mit seinem Auftritt vor Millionenpublikum eine nachgerade hysteroide Begeisterungswelle für Wunderheilerei ausgelöst hatte, wurde ein Verfahren vor der Ärztekammer eingeleitet.[2323] Unbeeindruckt von jeder Kritik lud Schreinemakers kurze Zeit darauf Lasch erneut ein, wieder durfte er für seine Geistheilerei Reklame machen: Unter anderem behauptete er, er habe „mit seinen Gedanken einen Tumor aus dem Kopf" eines 19jährigen Patienten geschnitten.[2324] Kammerpräsident Huber, der sich geweigert hatte, mit Lasch gemeinsam bei Schreinemakers aufzutreten, wurde von dieser quäkend als „Oberfeigling" beschimpft.[2325]

Bach-Blütler, Wahrsager, Schamanen, Reinkarnationstherapeuten, Astrologen und Feuerläufer: Querbeet fanden Vertreter dubiosester Esoterikverfahren bei Schreinemakers eine werbewirksame Bühne; Kritik kam bestenfalls in Gestalt gelegentlich eingeladener Feigenblatt-Skeptiker vor, die auch ein paar Worte sagen durften. Im April 1997 trat der afrikanische Geistheiler „Papa Elie" Hien bei Schreinemakers auf, der, wie begeisterte *Yellow-Press*-Berichte vermeldeten, den Schaupieler Günther Strack von einem schweren Leiden geheilt habe. Als „wissenschaftlicher Experte" wurde Harald Wiesendanger um seine Meinung gebeten, der als seinerzeitiger Präsident des *Dachverbandes Geistiges Heilen* Wunderheiler Lasch in die Sendung vermittelt hatte.[2326] (Günther Strack starb, trotz aller Wundergläubigkeit, kurze Zeit nach der Behandlung durch „Papa Elie".) Als quotenträchtigen Stargast lud Schreinemakers gleich mehrfach die niederländische Geistheilerin „Jomanda" in ihre Show, die armwedelnd „Heil- und Liebesenergie" über den Äther sandte. Wie bei Lasch soll auch Jomandas Auftritt zu zahllosen Spontanheilungen geführt haben. In Folgesendungen traten jeweils mehrere Zuseher auf, die hiervon berichteten: Eine Frau gab an, durch Leitungswasser, das von Jomanda via TV wundertätig aufgeladen worden war, schlagartig von ihrem Herpes geheilt worden zu sein. Wem Jomandas Heilkunst indes nicht geholfen habe, so Schreinemakers in dumm-zynischer Zurückweisung jeder Kritik, sei ohnehin nicht zu helfen, denn: „Wer krank bleiben will, bleibt krank, wer sterben will, stirbt.“[2327] *SchreinemakersTV* ist seit Ende 1997 abgesetzt, der esoterische Blödsinn blüht indes ungehindert und auf allen Kanälen weiter: Anfang 1999 beispielsweise bot Jürgen Fliege in seiner ARD-Talkshow der geister- und dämonengläubigen *Findhorn-Kommune* aus Schottland, einer Psychokultgemeinschaft des äußersten rechten Szenerandes, ein von Kritik gänzlich unangetastetes Selbstdarstellungs- und Werbeforum.

Erwähnenswert in diesem Zusammenhang ist ein 1999 erschienenes Buch *Die Neuen Heiler: Wo Kranke wirklich Hilfe finden* des Esoterikpublizisten Robert Sebastian. In völlig unkritischer Werbemanier wird hier die Prominenz unter den Geist- und Wunderheilern aufgelistet (samt Adressen und Telephonnummern), von Christos Drossinakis und Greta Hessel-Lübeck hin zu Elie Hien, Heidemarie Hofmann, Victor Philippi und über zwei Dutzend weiteren Abzockern der Szene. Im Klappentext heißt es, diese „Heiler“ böten „Hoffnung für Millionen, (...) wenn kein Arzt mehr helfen kann“, denn: „Längst sind die teils unglaublichen Fähigkeiten der Geistheiler in wissenschaftlichen Untersuchungen bestätigt worden: Sie erwecken Menschen aus dem Koma, (...) sie lassen auf unerklärliche Weise bösartige Gehirntumore verschwinden; ja selbst scheinbar hoffnungslos Gelähmte befreien sie von ihrem Rollstuhl. (...) Sicher ist, daß hier eine schier grenzenlose Kraft am Werk ist, die grundsätzlich jede Krankheit heilen kann.“[2328] Das indiskutable Propagandamachwerk Sebastians - beworben u.a. in einer zehnteiligen Serie der *Freizeit Revue* - ist in den Regalen sämtlicher Buchhandlungen zu finden.

In Italien, traditionell weites Betätigungsfeld für Geist- und Wunderheilerei, wurde diese Anfang 1996 verwaltungsgerichtlich verboten. Nach Ausführung der Richter sei Geistheilen pure Scharlatanerie, die darauf abziele, Menschen zu betrügen. Die Verwaltungsrichter bezeichneten es als Pflicht der Justiz, jene Menschen zu schützen, denen es an „kultureller Ausrüstung“ fehle, sich gegen Okkultismus zu wehren. Rund 20% der Italiener hatten bislang regelmäßig einen professionellen Geist- oder Wunderheiler aufgesucht.[2329] In der Folge des Urteilsspruches kappte die italienische Telekom ihre mehr als tausend Servicenummern für „Esoterische Beratung“, über die (analog zu Servicenummern für Sex) ein Milliardengeschäft betrieben worden war.

Der Erfolg gegen die Okkultmafia in Italien ist allerdings mit Skepsis zu sehen. Die zunehmende Aufmerksamkeit des Gesetzgebers geht vor allem auf Druck seitens der katholischen Kirche zurück, die selbst höchst fragwürdige Exorzismuspraktiken betreibt bzw. duldet. Gleichzeitig mit dem Kampf katholischer Interessenverbände gegen die Wunder- und Geistheilerei blüht in Italien die kirchenamtliche Teufelsaustreiberei. Besonders seit der Seligsprechung des apulischen Kapuzinermönchs „Padre Pio“ (bürgerl.: Francesco Forgione [1887-1968]) im April 1999, der aufgrund seiner angeblichen Stigmatisierung (Wundmale an den Händen) *post mortem* zu einer Art „Superstar der Christenheit“ aufgebaut worden war -

zu seinen Lebzeiten hatte man ihm nachgewiesen, daß angeblich mit dem Blut seiner Wundmale getränkte und insofern wundertätige Stoffetzen, die er in großem Stil verkauft hatte, tatsächlich mit Hühnerblut präpariert worden waren -, erlebt der Obskurantismus in Italien einen erneuten Schub: Zigtausende von Magiern, Wunderheilern - und eben auch kirchenamtliche Exorzisten - betreiben, trotz aller verwaltungsgerichtlichen Verbote, nach wie vor ihre einträglichen Geschäfte mit dem Glauben an „fattura“ (Verwünschung), „ossesso“ (Bessenheit) oder „malocchio“ („böser Blick“).[2330]

5.55. Yoga

Der Begriff Yoga stammt aus der altindischen Gelehrtensprache des Sanskrit und bedeutet soviel wie „Anbindung“ oder „Vereinigung“; das Wort „Joch“ geht auf dieselbe Sprachwurzel zurück. Yoga gilt als Sammelbegriff für verschiedene philosophische und religiöse Traditionen des indischen und tibetischen Kulturraumes, deren Anfänge bis zu 6000 Jahre zurückreichen. Grundanliegen des Yoga ist die „Rück-Bindung (re-ligio) zum Göttlichen“.

Die ältesten bekannten Zeugnisse des Yoga (Upanishaden) sind über dreieinhalbtausend Jahre alt. Den bedeutendsten Text stellt die *Bhagavad Gita* dar, ein Lehrgedicht aus dem 3. Jahrhundert u.Z., das im Zentrum des hinduistischen Heldenepos der *Mahabharata* steht. In der *Bhagavad Gita* sind die vier Hauptformen des Yoga vorgestellt, die den Menschen mit seinem „Ursprung“ verbinden: Jnana-Yoga der spirituellen Transzendenz, Bhakti-Yoga der liebevollen Hingabe, Karma-Yoga der sozialen Pflichterfüllung sowie Raja-Yoga der inneren Konzentration; aus dem sogenannten „Achtgliedrigen Pfad“ des Raja-Yoga leitet sich der Hatha-Yoga körperlicher Vervollkommnung her. Nach hinduistischer Auffassung sind die einzelnen Wege des Yoga nicht voneinander zu trennen, im Westen allerdings werden überwiegend die Körper- und Atemübungen des Hatha-Yoga praktiziert. Die mystizistischen Aspekte des Yoga - Astralreisen zur Veränderung des Karma, Reinkarnation, Erweckung paranormaler (Kundalini-)Kräfte etc. - spielen hierzulande nur eine sehr untergeordnete Rolle.[2331] (Der in yogischem Kontext häufig anzutreffende Begriff „Kundalini“ [sanskr. = Schlange] bezieht sich auf eine angeblich jedem Menschen innewohnende „spirituelle Energie“, die, zusammengerollt wie eine schlafende Kobra, im untersten [Muladhara-]Chakra ruhe; durch Meditations- bzw. Yogaübungen könne diese Schlangenenergie geweckt und zum Aufstieg hin zum obersten [Sahasrara-]Chakra geführt werden, was mit „Erleuchtung“ bzw. der Freisetzung übernatürlicher Fähigkeiten einhergehe.[2332])

Um die Jahrhundertwende war über die ⇨ Theosophische Gesellschaft erstmalig yogisches Gedankengut nach Europa gelangt, zunächst allerdings ohne große Resonanz zu erwecken. Mitte der 1930 wurde die erste Yoga-Schule in Deutschland gegründet, erst Ende der 1960er aber wurde Yoga richtig populär. Wesentlichen Anteil hieran hatte die Subkultur der „Flower-Power-Generation“ mit ihrer ausdrücklichen Hinwendung zu östlicher Philosophie, Religion und Lebensart. Die Kontakte der Beatles und anderer Popgrößen zu indischen Gurus ließen Yoga in den USA und in Westeuropa zu einer Art Kultbewegung der frühen 1970er werden. Auch im deutschsprachigen Raum etablierten sich dutzende von Yogazentren. Teilweise standen diese Zentren unter der Leitung (oder zumindest Supervision) seriöser indischer Yoga-Lehrer wie Selvarajan Yesudian oder B.K.S. Iyengar, teils wurden sie aber auch in unverantwortlicher Weise von selbsternannten „Yogis“ aus dem Westen betrieben. Anfang der 1980er ließ der „Yoga-Boom“ deutlich nach, die Mehrzahl der privaten Yoga-Schulen verschwand von der Bildfläche. Im öffentlichen Gesundheits- und Bildungswesen indes hatte Yoga sich längst einen festen Platz erworben, in Kurkliniken und Volkshochschulen zählt Yoga-Unterricht bis heute zum Standardangebot.

Yoga als „körpertherapeutischer“ Ansatz geht davon aus, daß die meisten Krankheiten durch falsche Haltung, falsche Atmung und falsche Ernährung entstehen. Es werden daher drei Hauptpraktiken angewandt: Körperstellungen (Asanas), Atemkontrolle (Pranayama) und innerliche Reinigungen (Kriyas), deren disziplinierte Übung zu umfassender Gesundheit beitrage. Darüber hinaus bietet Yoga einen umfänglichen Katalog an Lebensregeln (Niyama), Meditationsübungen (Dhyana) sowie eine ausgefeilte Ernährungslehre. Yoga versteht sich in erster Linie als präventiv zu praktizierendes Gesundheitsprogramm, behandelt Probleme allerdings auch auf spezifischer Ebene.[2333]

Eine Yogastunde (20 bis 120 Minuten) besteht aus einer genau festgelegten Reihe von durchschnittlich 10 bis 36 Körperübungen (Asanas). Es werden langsam und in größter Konzentration verschiedene Positionen - stehend, kniend, sitzend oder auf dem Boden liegend - eingenommen und jeweils eine gewisse Zeit (10 Sekunden bis 3 Minuten) beibehalten. Bestimmte Störungen und Erkrankungen werden mittels spezifischer Stellungen behandelt, insbesondere zur „Sublimation sexueller Triebe“ stehen aus einem Fundus von (angeblich) weit über acht Millionen detailliert beschriebener Übungen zahllose Möglichkeiten zur Auswahl. Bei der Stellung Padangusthasana etwa sitzt man auf dem Boden und legt den rechten Fußknöchel auf den linken Oberschenkel; anschließend hebt man den Körper an und balanciert ihn nur noch auf den linken Zehen mit dem Ergebnis: „Pollution verschwindet innerhalb weniger Tage“.[2334] Auch die Stellung Guptasana diene der „Heilung übermäßiger Samenausscheidung“: „Setzen Sie sich so auf den Boden, daß die linke Ferse am After liegt. Dann heben Sie das Gesäß etwas an und legen den rechten Fuß derart auf den linken, daß die Zehen vom linken Oberschenkel verdeckt bleiben.“[2335] Die Stellung Dvipada Kandharasana wirke nicht nur gegen Hämorrhoiden, sondern, von Frauen geübt, auch zur Empfängniskontrolle: „Sitzen Sie am Boden und heben Sie das linke Bein von hinten auf die rechte Schulter. Dann nehmen Sie auch das rechte Bein nach hinten und legen es auf das andere Bein. Hände werden vor der Brust zusammengelegt.“[2336] Matsyendrasana beseitige Blähungen, Milz- und Lebererkrankungen sowie Diabetes mellitus; daneben würden sämtliche „Würmer zum Verlassen des Körpers gezwungen“: „Setzen Sie sich auf den Boden. Der linke Fuß wird auf den rechten Oberschenkel gelegt, so daß die Ferse nahe am Nabel ruht. Dann stellen Sie den rechten Fuß über das linke Knie auf den Boden. (...) Der linke Arm wird um das rechte Knie herumgelegt, bis die linke Hand die Zehen des rechten Fußes fassen kann. Die rechte Hand greift dann um den Rücken herum zur linken Ferse.“[2337] Die teils extreme Dehnung einzelner Körperteile - ob diese Anweisung eingehalten wird, ist allerdings fraglich - solle ohne Ehrgeiz durchgeführt werden und stets unterhalb der Schwelle „sportiver" oder schmerzhafter Anstrengung bleiben. Zu den „klassischen" und im Westen gebräuchlichsten Asanas zählen der Schulterstand (Sarwangasana), der Kopfstand (Shirshasana) oder der Lotossitz (Siddhasana). Fortgeschrittene Yoga-Praktiker führen zudem Atemübungen (Pranayama) durch, die wesentlich in Hyperventilation bestehen beziehungsweise darin, den Atem für längstmögliche Zeit anzuhalten. Die traditionellen „inneren Reinigungsübungen" (Kriyas) werden im Westen nur relativ selten praktiziert. Sie bestehen unter anderem darin, die Nasengänge oder den Darm mittels eines eingeführten Wasserschlauches zu säubern. Westliches Kriya beschränkt sich meist auf einfachere Übungen wie etwa das rhythmische Ein- und Hochziehen des Magens (Uddiyana-Bandha). Auch das Singen von Meditationslauten (Mantras), vorzugsweise der Silbe „aum", ist Teil der Kriya-Übungen. Am Schluß jeder Stunde steht die Übung der Shabasana (Leichenstellung), in der der Körper völlig entspannt wird.[2338]

Im Rahmen eines therapeutischen Gesamtkonzepts und bei entsprechender Qualifikation des Therapeuten - eine Ausbildung als „Yogalehrer" kann hierzu keinesfalls hinreichen, zumal keine verbindlichen Richtlinien über deren Inhalte bestehen - können einzelne Yogaübungen durchaus gewinnbringend eingesetzt werden. Sie können zu Entspannung und zur Entwicklung von Körperbewußtsein beitragen und damit wertvolle Dienste zur Vorbeugung und Rehabilitation bestimmter Störungen und Erkrankungen leisten. (Dasselbe gilt für yogaähnliche Übungssysteme wie etwa „Psychocalistenics", eine von dem südamerikanischen Szeneguru Oscar Ichazo [Arica] in den 1970ern vorgestellte Abfolge von Bewegungen.) Die Behauptungen indes, Yoga sei nicht nur angezeigt bei jedweden körperlichen Problemen, sondern bei „allen psychosomatischen Erkrankungen, Depressionen, Schlafstörungen, Asthma, Drogensucht und verschiedenen neurotischen Problemen", sind maßlose Übertreibung.[2339] Ohne fachlich qualifizierte Anleitung kann Hatha-Yoga zudem hochgefährlich werden: Bei nicht sachgemäß durchgeführten Übungen können schwere Schäden etwa an der Wirbelsäule entstehen; das forcierte Atmen und die Hyperventilationsübungen des Pranayama können zu massiven psychischen Störungen führen, unter Umständen kann sogar psychotisches Wahngeschehen ausgelöst werden[2340] (⇨ *Rebirthing*). Es versteht sich von selbst, daß Yoga nicht aus Lehrbüchern oder über TV-Sendungen bzw. Videos (z.B. *Easy-Yoga*) erlernt werden kann.

Allerdings bieten auch der Besuch einer Yoga-Schule oder das Belegen eines Volkshochschulkurses nicht unbedingt Gewähr für qualifizierte Unterweisung. Die „Ausbildung" der im deutschsprachigen Raum tätigen Yoga-Lehrer entspricht vielfach nicht ansatzweise den Erfordernissen einer seriösen Praxis: Am hessischen ⇨ *Mahindra-Yoga-Institut* beispielsweise umfaßt ein „Yoga-Lehrer-Basis-Lehrgang" gerade einmal drei Wochen (4.990 Mark), ein darauf aufbauendes „Studium zum Diplom-Yogalehrer" genau einundvierzig Unterrichtstage (9.630 Mark).[2341] Und noch nicht einmal dieser (relativ geringe) Aufwand ist nötig, um sich ein „Diplom" als „Yoga-Lehrer" an die Wand hängen zu können: Am *Institut für berufliche Weiterbildung* (IBW) in Weil am Rhein kann man sich *per Fernkursus* zum diplomierten Yoga-Lehrer qualifizieren; der Kurs besteht aus zwei Fernlehrbriefen und kostet 530 Mark zuzüglich 140 Mark für die Ausstellung des Diploms (eine Urkunde als „Yoga-Übungsleiter" bekommt man schon nach Bearbeitung eines einzigen Fernlehrbriefes). Laut Studienführer des IBW (vormals: *Technikum Weil am Rhein*) seien in den vierzig Jahren seines Bestehens mehr als 300.000 Absolventen „zu einem erfolgreichen Abschluß geführt" worden, nicht wenige davon vermutlich auch als „Yoga-Lehrer".[2342] Im übrigen ist der Begriff Yoga-LehrerIn nicht geschützt, jedermann/frau kann sich als solche(r) bezeichnen.

Oftmals wird in Yoga-Zentren ausdrücklich auch (psycho-)therapeutische Arbeit angeboten, zu der Yoga-Lehrer *per se* weder befähigt noch befugt sind. In der Tat läßt sich unter dem Fähnchen „Yoga" alles und jedes finden, was der Psycho- und Esoterikmarkt feilhält: Das Angebot beispielsweise des Chemnitzer *Dhanya Yoga Zentrums*, geleitet von Yogalehrerin Beate „Dhanya" Rößger, läßt kaum etwas aus: „Primärarbeit, Atemgruppen, Familienstellen nach Bert Hellinger, Aura-Soma, Selbsterfahrung, Reiki, Meditation und Tarot"; zudem „gefühls-, körper-, gesprächs- und prozeßorientierte Beratungen und Einzelsitzungen basierend auf Elementen aus Kinesiologie, NLP und Reiki".[2343] Vielerorts findet sich ein nur für Frauen angebotenes „Luna-Yoga", das „uns das Becken und die weiblichen Zyklen von Menstruation und Eisprung neu und bewußt erleben [läßt]";[2344] daneben sogenanntes „Mond-Yoga", das ausdrücklich die „Energie des Mondes, der in jedem Tierkreiszeichen eine andere Körpersphäre beeinflußt", zu nutzen weiß (bzw. dies vorgibt).[2345] Seit einiger Zeit findet sich auch klassisches „Mudra-Yoga" im Sortiment: ein Set simpler Handgebärden (z.B. Handgelenk nach oben winkeln, Zeigefinger und Daumen an der Spitze zusammenführen, die restlichen Finger abspreizen), denen magische Heilkräfte zugesprochen werden; die Wirkung etwa von Meditation oder Positivem Denken soll sich durch die „sakralen Hand- und Fingerübungen" enorm verstärken. Der *Bauer*-Verlag, Herausgeber eines eigenen Lehrbuches, spricht (verkaufsfördernd) gar von einem „neuen Wellnesstrend".[2346] Mit dem Versprechen „neue Horizonte des Heilens" zu eröffnen kommt auch das sogenannte „BodyTalk-System" daher. Tatsächlich besteht das von einem Australier namens John Veltheim propagierte Verfahren - wirksam angeblich bei chronischen Schmerzsyndromen, Allergien, Phobien etc. - aus nicht viel mehr als ein paar willkürlich zusammengewürfelten Yoga-Übungen in Verbindung mit ⇨ Kinesiologie.

Yogische Disziplin (in erster Linie Bhakti-Yoga) spielt in neohinduistischen Gruppierungen wie der *Hare-Krishna*-Bewegung oder der Psychosekte um Maharishi Mahesh Yogi (Transzendentale Meditation) eine tragende Rolle. Unter dem Deckmantel spiritueller Bewußtseinsentwicklung dient sie in erster Linie als Anpassungsinstrument an sektoide Strukturen: Die Mitglieder *Hare-Krishnas* sind beispielsweise verpflichtet, täglich exakt 1728mal ein vorgegebenes Meditationsmantra zu rezitieren: „Hare Krishna, Hare Krishna, Krishna Krishna, Hare Krishna, Hare Hare, Rama Rama, Hare".[2347] Für die aus solcher Übung angeblich erwachsenden paranormalen oder fakiristischen Fähigkeiten - Levitation (Aufhebung der Schwerkraft), Astralreisen (körperloses Reisen in Vergangenheit und Zukunft), Translokation (Verschwinden und Auftauchen an einem anderen Ort oder an mehreren Orten gleichzeitig) - gibt es keinerlei Beleg. Die vorgebliche Siddhi-Fähigkeit hochrangiger Maharishi-Jünger, ohne technische Hilfsmittel zu „fliegen", ist nichts als eine Art Froschgehopse mit überkreuzten Beinen.[2348] All die in Yogakreisen vielkolportierten Behauptungen über wundertätige oder mehrere hundert Jahre alte indische Yogis - Stichwort: „Methusalemformel" des selbsternannten Naturwissenschaftlers Johannes von Buttlar - sind reine Folklore. Buttlars gefeierte „Entdeckung" eines „600 Jahre alten Himalaya-Yogi" ist längst als Humbug entlarvt.[2349]

6. Was tun?

Wenn der Psychokult kritischen Argumenten zugänglich wäre, gäbe es ihn nicht mehr.
Jörg Bopp

Am ratsamsten wäre es natürlich, von all den Verfahren, Praktikern und Einrichtungen, die in diesem Buch aufgeführt werden, die Finger zu lassen. Das Risiko ist zu groß, an einen inkompetenten Therapeuten und/oder eine unsinnige oder auch gefährliche Methodik zu geraten. Skepsis ist allemal geboten, wenn von irgendwelchen „Schwingungen“ oder „Lebensenergien“ die Rede ist, die da gemessen oder beeinflußt werden sollen; desgleichen bei Begriffen wie „sanfter“, „unkonventioneller“, „komplementärer“ „biologischer“, „natürlicher“, „spiritueller“ oder sonstig „alternativer“ Heil- oder „Erfahrungs“-Heilkunde: In der Regel soll durch derlei Begriffe lediglich verschleiert werden, daß das jeweilige Verfahren nicht belegt ist. Insbesondere der in der Szene ständig anzutreffende Begriff der „Ganzheitlichkeit“ (meist verbunden mit „...von Körper, Geist und Seele“), der ein umfassenderes Herangehen suggeriert, als dies die wissenschaftlich abgesicherten Ansätze zu bieten haben, ist nichts als eine hohle Phrase.[2350]

> Grundsätzlich ist von Verfahren abzuraten, die sich bislang einer seriösen Wirksamkeitsüberprüfung entzogen haben, beziehungsweise keinen ausreichenden Wirksamkeitsnachweis vorlegen können. Abzuraten ist ferner von Anbietern, die über keine ausreichende Qualifikation verfügen. Hierunter fallen sämtliche Praktiker, die nicht über ein abgeschlossenes akademisches Fachstudium (Medizin, Psychologie, ggf. Pädagogik bzw. Sozialpädagogik) mit anschließender klinisch-therapeutischer Fachausbildung verfügen.
> Ausreichende Qualifikation des Therapeuten und Wirksamkeitsnachweis des eingesetzten Verfahrens geben zwar keine Garantie für ein Gelingen der Therapie, aber das Risiko seitens des Rat- und Hilfesuchenden ist minimiert.

Vermutlich fiele keinem Menschen, der sich ohne Bedenken in die Hände eines „alternativ“ qualifizierten „Psychotherapeuten“ begibt, ein, sich von einem Zahnarzt behandeln zu lassen, der seine Fachkompetenz auf ähnlichem Wege - über Fernkurse, Wochenendseminare, Heilpraktikerkurse oder einfach per Selbstakklamation - erworben hätte. Man ließe vermutlich nicht einmal sein Auto reparieren von einem Mechaniker, der ähnlich wenig Ahnung hat von Autos wie die meisten Praktiker der Psychoszene von Psychotherapie. Um es noch einmal zu wiederholen: Ein Heilpraktikerschein (nach dem HeilPrG) berechtigt zwar zur

Ausübung von Heilkunde, in Sonderheit von Psychotherapie, ist aber kein Hinweis auf irgendeine inhaltliche Befähigung.

6.1. Keine weiteren Ab- und Umwege: Hilfreiche Literatur

Es ist im Einzelfalle schwierig genug, einen fachlich qualifizierten und persönlich integren Therapeuten beziehungsweise eine entsprechende Therapeutin zu finden, da sollten teure Ab- und Umwege tunlichst vermieden werden. Rat und Hilfestellung, wie denn auf der Suche nach geeigneter therapeutischer Begleitung vorzugehen ist, gibt es hinreichend. Beispielhaft herausgegriffen seien:

- Beese, F.: Was ist Psychotherapie? Ein Leitfaden für Laien zur Information über ambulante und stationäre Psychotherapie. Göttingen, 1996 (6. Auflage)
- Berufsverband Deutscher PsychologInnen (Hrsg.): Wegweiser zur Psychotherapie. Bonn, 2000 (kostenlose Broschüre). (Der BDP hat auch einen telephonischen Informationsdienst eingerichtet: 0028/746 699.)
- Guderian, C.: Therapie: ist das was für mich? München, 1996
- Hiß, P.: So finden Sie den richtigen Therapeuten. Frankfurt/Main, 1998
- Moser, T.: Kompaß der Seele: Ein Leitfaden für Psychotherapie-Patienten. Frankfurt/Main, 1986 (Klassiker, der vor jedem Therapiebeginn gelesen werden sollte)
- Tschuschke, V.: Nützt mir Psychotherapie? Hilfen zur Entscheidung. Göttingen, 1998
- Verbraucherzentrale NRW e.V. (Hrsg.): Chance Psychotherapie: Angebote sinnvoll nutzen. Düsseldorf, 1999

Auf gleichermaßen große Schwierigkeiten stößt, wer sich einen Überblick zu verschaffen sucht über die Möglichkeiten, die der eigenen Problemlage am ehesten entsprechen. Von den zahllosen „Therapieführern", die sich als Orientierungshilfe im Labyrinth der Psychoangebote anpreisen, sind nur wenige, und auch die nur teilweise, brauchbar. Anstatt der versprochenen Orientierung erhält der Leser nicht selten eine Ansammlung weitgehend unhinterfragter Werbetexte, wie sie etwa bei *Heyne*[2351], *Kösel*[2352] oder im *Kreuz*-Verlag[2353] erschienen sind. In ihrem eklatanten Mangel an Kritik und Selbstkritik geraten diese „Therapieführer" streckenweise zur reinen Farce. Besonders ärgerlich ist ein pseudokritischer Ratgeber ⇨ Wulfing von Rohrs *Wege der Seele* aus dem *mvg*-Verlag; desgleichen ein (vom österreichischen Bundeskanzleramt gesponsorter) Titel *20 bewährte Naturheilverfahren*, in dem völlig nutzlose Ansätze wie Bach-Blüten-Therapie oder Kinesiologie so hingestellt werden, als seien sie empirisch belegt; zu allem Überfluß ist dem Buch im Umschlag eine ⇨ „Tesla-Energie-Platte" beigefügt (ein violettfarbenes Aluminiumplättchen in der Größe eines Markstücks), „zum Auflegen auf schmerzende Stellen, zum Energetisieren von Lebensmitteln und Wasser, (...) zum Ausgleichen elektromagnetischer Störfelder, als Schutzamulett" etc.[2354] Ebenso unbrauchbar: ein im Sommer 2000 erschienenes *BILD*-Buch *Körper, Geist & Seele* von Edda Constantini.

Gesonderter Erörterung bedarf ein Ende 1999 im schwäbischen *Drei Sterne*-Verlag erschienenes *Handbuch für ganzheitliche Therapie und Lebenshilfe*, das, auf mehr als 600 Seiten, „informative und kritische Beiträge“ zu liefern verspricht über „bewährte und mittlerweile in der Öffentlichkeit weitgehend anerkannte Methoden der Alternativen Therapie“.[2355] Was das von einer Werbeagentur (rbn = *R*einer *B*öning/Bernhard *N*euwald) herausgegebene Werk, entgegen aller Verlautbarungen, tatsächlich bietet, ist eine simple Aneinanderreihung von etwa sechzig Kurzbeiträgen mehr oder minder prominenter Szene-Autoren (Dahlke, Hellinger, Scheffer, Wiesendanger etc.) über das jeweils vertretene Verfahren (Reinkarnationstherapie, Blütenenergie, Familienstellen, Geistiges Heilen usw.), gefolgt von in der Summe etwa 650 standardisierten Werbekästen (je eine halbe Seite), in denen sich entsprechend tätige Therapeuten und Lebensberater sowie die dazugehörigen Verbände und Organisationen präsentieren. (Über die für diese Werbekästen zu leistenden Druckkostenzuschüsse [340 Mark pro Seite] sowie den Verkauf von weit über hundert teils ganzseitigen Inseraten war das Buch schon finanziert, noch ehe es in Produktion ging. Es konnte, ungeachtet seines 640-Seiten-Umfanges und trotz relativ aufwendiger Ausstattung mit über 700 eingescannten Porträtphotos der einzelnen AutorInnen und TherapeutInnen, für konkurrenzlose 19.80 Mark in den Handel gebracht werden [wobei selbst dieser scheinbare *dumping*-Preis noch Profit abwirft]. Alljährlich soll eine aktualisierte und erweiterte Neuauflage vorgelegt werden.)

Der Anspruch der Herausgeber Böning und Neuwald, zu einer „möglichst umfassenden Aufklärung“ beizutragen, vor deren Hintergrund der Hilfesuchende „selbstverantwortlich entscheiden und auswählen“ könne,[2356] ist, gemessen an dem Produkt, das sie letztlich vorlegen, absurd: Es werden ausdrücklich *keinerlei* Handreichungen zur Einordnung und Bewertung der einzelnen Verfahren gegeben, vielmehr wird der Leser mit einer endlosen Abfolge von Werbetexten und Werbekästen konfrontiert - dazwischengeschoben auch noch mit Werbung für einschlägige Zeitschriften, Seminarhäuser und Heilpraktikerschulen -, was ihn, entgegen der editorialen Ankündigung, gerade *nicht* ermächtigt, „sich mit wachem und kritischem Blick ein Urteil über Personen und Angebote zu bilden“. Vielmehr und bestenfalls erhält er eine Art Branchenbuch der Szene, aus dem ersichtlich wird, was es denn so alles gibt auf dem kaum mehr überschaubaren Psycho- und Lebenshilfemarkt, aus dem jedoch nicht ersichtlich wird, was von den einzelnen Angeboten und Anbietern zu halten ist (ganz abgesehen davon, daß das Spektrum an Angeboten nicht halbwegs abgedeckt wird).

Als Orientierungshilfe ist das Buch umso unbrauchbarer, als es den Herausgebern gelungen ist, neben all den astrologischen, handauflegenden oder wünschelrutengehenden Praktikern der Szene auch einige Vertreter durchaus seriöser Ansätze und Einrichtungen dazu zu bewegen, sich auflisten zu lassen: Da steht denn die *Deutsche Gesellschaft für Poesie- und Bibliotherapie* unmittelbar neben der *Deutschen Gesellschaft für Angewandte Kinesiologie*, und *keinerlei* Hinweis deutet die Tauglichkeit bzw. Untauglichkeit des jeweiligen Verfahrens an. Ohne den geringsten Anflug von

Kritik oder Selbstkritik können Vertreter selbst hanebüchenster Vorstellungen Propaganda in eigener Sache betreiben (Engelenergie, Lichtkörperbewußtsein, Orgodynamik etc.), aufgewertet durch den Umstand, daß in den Werbekästen immer mal wieder ein akademisch diplomierter Psychologe oder Sozialpädagoge auftaucht (auch - und gerade - wenn dieser sich dann in seinem Werbetext als Reiki-Meister vorstellt). Nicht wenige der aufgelisteten „Therapeuten" entstammen dem Osho-Rajneesh-Kontext, ungeniert firmieren die meisten davon unter ihren sekteninternen Namen. Ungeachtet seiner Verurteilung wegen Volksverhetzung darf auch Trutz Hardo-Hockemeyer für seine Rückführungstherapie werben (⇨ *Braune Aura*).

Im Adressenanhang des Buches stehen der *Berufsverband Deutscher PsychologInnen* (BDP) oder die *Deutsche Gesellschaft für Sexualberatung und Familientherapie* (Pro Familia) unterschiedslos in einer Reihe mit Heilpraktiker-, Homöopathen- und Anthroposophenverbänden, mit dem *Deutschen Astrologenverband*, dem *Dachverband Geistiges Heilen*, mit *Aura Soma Germany* oder der *Deutschen Gesellschaft für Ayur-Veda* (Maharishi); nicht zuletzt auch mit der sogenannten *Kommission für Verstöße der Psychiatrie gegen Menschenrechte*, einem kaum getarnten Ableger der *Scientology Church*.[2357] Ob die aufgelisteten seriösen Einrichtungen - etwa die in Bonn ansässige *Aktion für Geistige und Psychische Freiheit* (AGPF) oder die *Zentrale Informationsstelle für autonome Frauenhäuser* in Siegen - je ihr Einverständnis erklärt haben, in einem gemeinsamen Verzeichnis mit teils obskursten Sekten- und Psychokultorganisationen aufgeführt zu werden, steht dahin.

Ein einleitender Aufsatz des Frankfurter Rechtsanwaltes Harald Roth über „Juristische Aspekte der ganzheitlichen Therapie und Lebenshilfe" gibt Weisung und Rat, wie denn die Bestimmungen des Heilpraktikergesetzes auszulegen seien, auf daß der formal nicht zur Ausübung der Heilkunde befugte, sich aber dazu berufen fühlende „Therapeut" oder „Lebenshelfer" ungehindert seiner Berufung folgen könne: In Abkehr von früherer Rechtsprechung, so Roth, die jedes Tun, das bei einem Behandelten den Eindruck zu erwecken vermochte, es ziele auf Heilung oder Linderung irgendwelcher Leiden oder Beschwerden ab, der Erfordernis einer Zulassung des Behandlers nach dem HeilPrG unterstellte, könne heute „als einheitliche Grundlage der Rechtsprechung angesehen werden, daß die ausgeübte Tätigkeit als solche gesundheitliche Schäden verursachen müssen kann [sic!], oder in Auswirkungen gefährlich sein kann, weil etwa ein Leiden, dessen Diagnose ärztliches Wissen erfordert, nicht erkannt oder behandelt wird".[2358] Man ahnt, was Roth meint, der denn auch fortfährt, es sei die „strenge 'Eindruckstheorie' aufgrund der sich geänderten gesellschaftlichen und moralischen Wertvorstellungen nicht mehr zeitgemäß" [sic!]. Seiner Auffassung nach sei „die Frage - der Gang zum Heiler oder Lebensberater statt zum Schulmediziner - ein Problem der Vergangenheit. Der aufgeklärte Bürger verfügt über genügend Informationsquellen und eigene Entscheidungskompetenz, um das hier für ihn richtige zu finden." Roth zitiert zwei neuere Entscheidungen des LG Verden (Fall van Oosteroom) sowie des AG Frankfurt am Main (Fall Drossinakis), in denen die beklagten Heiler vom Vorwurf der strafbaren Ausübung der Heilkunde freigesprochen worden waren: In beiden Fällen hätten die Heiler lediglich Handauflegungen vorgenommen, um die Selbstheilungskräfte ihrer Patienten zu unterstützen. Die Gerichte seien zu dem Schluß gekommen, es könne von derartigen Praktiken keine gesundheitliche Schädigung ausgehen, zumal die Heiler ihren Patienten in einem eigenen Informationsblatt geraten hätten, weiterhin auch den Arzt zu konsultieren. Dem Heiler und Lebensberater, so Roths Folgerung, sei insofern zu empfehlen, „kein Heilungsversprechen abzugeben, den Hilfesuchenden am besten mit einem Info-Blatt umfassend aufzuklären und das Fortsetzen schulmedizinischer Heilmethoden anzuraten bzw. zu unterstützen".[2359]

Roths Hinweis, das geplante ⇨ „Lebensbewältigungshilfegesetz" sei gegen Ende der letzten Legislaturperiode Kohl „hängengeblieben", folglich herrsche eine Art „rechtsfreier Raum" für Heiler und Lebenshelfer, ist zutreffend.[2360] Auch wenn keineswegs alle Gerichte so urteilen wie die von Roth angeführten: Es ist in der Tat skandalös, daß jeder dahergelaufene Scharlatan und Möchtegern-Messias unter Beachtung einer Handvoll minimaler Tricks gute Chancen hat, sich straffrei als „Heiler" aufspielen zu dürfen. Es ist dies ein Mißstand, dem nur durch die alsbaldige Verabschiedung eines entsprechenden Verbraucherschutzgesetzes ein Ende bereitet wer den kann.

In den zurückliegenden Jahren ist wohl auch eine ganze Reihe wissenschaftlich fundierter Therapieführer erschienen, in denen eine (mehr oder minder) kritische Auseinandersetzung mit den dargestellten Methoden geführt wird. Für den Fachmann sind diese Kompendien durchaus von Wert, dem ratsuchenden Leser aber, der bündig erklärt (und bewertet) haben will, was es mit den einzelnen Begriffen und Verfahrensweisen auf sich hat, sind sie in ihrer Komplexität und vor allem ihrer Wissenschaftssprache wegen wenig hilfreich. Für den psychologischen Laien noch am ehesten empfehlenswert sind:

- Kovel, J.: Kritischer Leitfaden der Psychotherapie. Frankfurt/Main, 1985 (immer noch aktuell und lesenswert!)
- Kraiker, C./Peter, B. (Hrsg.): Psychotherapieführer: Wege zur seelischen Gesundheit. München, 1998 (5. erweiterte Auflage). (So empfehlenswert das Buch größtenteils ist, so sehr krankt es daran, daß sich *auch* wissenschaftlich unhaltbare bzw. nicht überzeugende Ansätze [Analytische Psychologie nach Jung, Logotherapie nach Frankl, Individualtherapie nach Adler u.a.] darin wiederfinden, die, geschrieben von prominenten Vertretern der jeweiligen Verfahren, nicht den aktuellen wissenschaftlichen bzw. kritischen Diskurs widerspiegeln.)
- Psychologie Heute (Hrsg.): Welche Therapie? Weinheim, 1991

Wer sich informieren möchte über den Stand der wissenschaftlichen Psychotherapieforschung - welches Verfahren bei welcher Störung eine nachweisliche Wirkung zeigt - sei verwiesen auf die Metastudie Klaus Grawes:

- Grawe, K. et al.: Psychotherapie im Wandel: Von der Konfession zur Profession. Göttingen, 1995 (4. Auflage)

Für *sämtliche* der in vorliegendem Band angeführten Verfahren fehlt bisher jede stichhaltige Wirksamkeitsuntersuchung, bzw. wurde solche quantitativ und/oder qualitativ nur in völlig unzureichendem Maße vorgenommen, bzw. fiel solche alles andere als überzeugend aus; es fehlen insofern die Minimalkriterien dafür, daß man bei diesen Verfahren von wissenschaftlicher Fundiertheit sprechen könnte.

Bei Grawe et al. finden sich unter jenen Verfahren, für die bis heute *keinerlei* ernstzunehmende Wirksamkeitsuntersuchung vorliegt, mithin auch die Analytische Psychologie nach C.G. Jung sowie die Logotherapie/Existenzanalyse nach Viktor Frankl; unter den unzureichend überprüften bzw. nicht überzeugenden Verfahren mithin die Daseinsanalyse nach Binswanger, die Individualtherapie nach Adler sowie die Transaktions-(Lebensskript-)Analyse nach Berne/Harris. Als schwach bezeichnen Grawe et al. die Wirksamkeitsbelege für Tanz- sowie Kunsttherapie, als etwas besser, aber nicht ausreichend, jene für Musiktherapie. Überzeugendere Wirksamkeitsnachweise lägen für das Psychodrama vor, als Ergänzungsverfahren auch für Progressive Muskelentspannung und Autogenes Training, für einzelne Meditationstechniken sowie (klinische) Hypnotherapie. Im Übergangsbereich zu den wissenschaftlich fundierten Therapieverfahren einzuordnen sei die Gestalttherapie, desgleichen die Paar- und Familientherapie systemischer Orientierung. Als wissenschaftlich fundiert angesehen werden könne die Psychoanalytische Therapie, als in ihrer Wirksamkeit gut bestätigt die Gesprächspsychotherapie; mit großem Abstand am besten untersucht und in ihrer Wirksamkeit nachgewiesen sei kognitiv-behaviorale Therapie.[2361] (Selbstredend, so auch Grawe et al., ist die nachgewiesene Wirksamkeit der einzelnen Ansätze je nach Anwendungsbereich sehr differenziert zu sehen.)

6.2. Solidarische Unterstützung: Kontakt- und Informationsstellen

Was aber ist zu tun, wenn man bereits teures Geld für eine unsinnige Therapie zum Fenster hinausgeworfen, womöglich gar Schaden genommen hat an Leib oder Seele?

Der erste und wichtigste Schritt ist, das zu tun, was eigentlich vorab hätte getan werden sollen: Informationen einzuholen. Es gilt zu erschließen, *wer* da eigentlich *was* mit einem gemacht hat. Kontakt- und Anlaufstellen, die diesen Schritt unterstützen, gibt es im deutschsprachigen Raum allerdings nur wenige. In erster Linie bieten sich hier die etablierten Kirchen an, die freilich nur einen kleinen Teil der Ratsuchenden zu erreichen vermögen. Obwohl einzelne Sektenbeauftragte sich durchaus redliche Mühe geben, wird kirchliche Esoterik-Aufklärung vielfach als das gesehen, was sie natürlich auch und in erster Linie ist: der Versuch, lästige Konkurrenz aus dem Felde zu schlagen und abtrünnige Schafe in die eigene Herde zurückzuführen. Zu wirklicher Aufklärung im Sinne eines herrschafts- und ideologiefreien Diskurses sind die Kirchen als „Partei" nicht in der Lage. (Unter diesem Vorbehalt kann den zahlreichen esoterik- und psychokultkritischen Schriften kirchlicher Einrichtungen, vorneweg der *Evangelischen Zentralstelle für Weltanschauungsfragen*, durchaus ein gewisser Informationswert zugesprochen werden: Veröffentlichungen etwa von Friedrich-

Wilhelm Haack, Hans-Jörg Hemminger oder Thomas Gandow können - sofern man stets im Hinterkopf behält, daß die Absicht der Autoren von einem metaphysischen Bezugssystem geleitet ist, das mit den untersuchten Phänomenen in unmittelbarer Konkurrenz steht - allemal als seriöse Quellen gelten. Durchwegs indiskutabel sind hingegen all jene Broschüren zum Thema, die an den Schriftenständen der Kirchen ausliegen, beispielsweise der *Christlichen Literatur-Verbreitung* oder der *Schriftenmission der Evangelischen Gesellschaft in Deutschland*.)

Unabhängige Beratungs- oder Hilfseinrichtungen, an die sich Hereingelegte, Übervorteilte oder sonstig Geschädigte wenden können, existieren nur in Form privater Initiativgruppen. Das seit Jahren gemeinnützig tätige *Forum Kritische Psychologie* in München etwa, das Beratung für (esoterisch) Therapiegeschädigte sowie Betreuung von Selbsthilfegruppen durchführt, muß *ohne irgendwelche* Unterstützung auskommen. Dringend notwendige Gelder zur Finanzierung des Büros beziehungsweise einer ABM-Kraft werden seit jeher verweigert mit dem ausdrücklichen Hinweis, derartige Arbeit liege im Aufgabenbereich der Kirchen. Gleichwohl die ⇨ *Enquetekommission „Sogenannte Sekten und Psychogruppen"* in ihrem Abschlußbericht von Juni 1998 die Förderung privater Beratungsstellen ausdrücklich empfiehlt (desgleichen der *Europarat* in einer Entschließung von Juni 1999[2362]), wurde bislang noch nicht einmal die Schaffung einer entsprechenden gesetzlichen Grundlage in Angriff genommen. (Ganz abgesehen davon, so das zuständige *Bundesministerium für Familie, Senioren, Frauen und Jugend* in einer Stellungnahme vom 11.2.2000, stünden ohnehin keine Haushaltsmittel zur Verfügung.[2363]) Das *Bayerische Staatsministerium für Unterricht und Kultus* teilte dem *Forum Kritische Psychologie* am 28.2.2000 mit, daß man dessen Engagement begrüße und respektiere, daß eine Förderung aber „zum gegenwärtigen Zeitpunkt aus verfassungsrechtlichen Gründen nicht möglich ist. Hinsichtlich einer Informations- und Aufklärungsarbeit bezüglich religiöser und weltanschaulicher Gruppen sowie der Angebote auf dem sogenannten Psychomarkt ist der Staat nämlich an Zurückhaltung und strikte Neutralität gebunden (...). Würde der Staat Vereine und Gesellschaften fördern, die sich kritisch mit Anbietern auf dem Psychomarkt auseinandersetzen, so sähe er sich rasch dem Vorwurf eines Unterlaufens des staatlichen Neutralitätsgebotes ausgesetzt. Die Gerichte haben in den vergangenen Jahren daher auch unmißverständlich eine solche finanzielle Unterstützung untersagt."[2364] (Wieso der Staat in seiner aktiven Förderung kirchlicher oder auch anthroposophischer Einrichtungen das Neutralitätsgebot nicht verletzt sieht, bleibt unerschließlich.) Auch andere unabhängige Beratungsstellen, wie etwa die *Aktion für Geistige und Psychische Freiheit* in Bonn oder die *Aktion Bildungsinformation* in Stuttgart, müssen sich eigenständig finanzieren.

Unabhängige Kontakt- und Informationsstellen:

- Aktion Bildungsinformation e.V., Alte Poststr. 5, 70173 Stuttgart. Tel.: 0711/299335, Fax: 0711/299330
- Aktion für Geistige und Psychische Freiheit e.V. (Dachverband sekten- und psychokultkritischer Organisationen und Betroffenen-Initiativen), Im Blankert 35, 53229 Bonn. Tel.: 0228/631547, Fax: 02644/98013, eMail: AGPF@t-online.de, Internet: http://

www.AGPF.de/ (Die AGPF bietet über Internet aktuelle Informationen sowie eine interessante Link-Liste)

- Forum Kritische Psychologie e.V., Edlingerstr. 21, 81543 München. Tel.: 089/62500957, Fax: 089/62500957, eMail: fkp-muenchen@t-online.de, Internet: http://www.t-online.de/~fkp-muenchen
- Humanistischer Verband Deutschland e.V. (Okkultismus und Sekten), Wallstr. 61-65, 10179 Berlin. Tel.: 030/61390438, Fax 030/61390450, eMail: hvd-berlin@humanismus.de, Internet: http://www.humanismus.de
- Gesellschaft gegen Sekten- und Kultgefahren, Obere Augartenstr. 26-28, A-1020 Wien. Tel.: 01/3327537, Fax: 01/3323513, eMail: gsk@xpint.at
- Netzwerk: Verein gegen destruktive Kulte, Postfach 1254, A-8020 Graz. Tel.: 0664/3357017, eMail: peter.hosak@computerhaus.at
- infoSekta, Birmensdorferstr. 421, CH-8055 Zürich. Tel.: 01/4548080, Fax: 01/4548082, Internet: http://www.infosekta.ch

Mit der in den Medien vielzitierten *Parapsychologischen Beratungsstelle* in Freiburg/Breisgau, geleitet von dem Geisterforscher und PSI-Experten Walter von Lucadou (und finanziert aus Steuermitteln), haben die genannten Einrichtungen nichts gemein; auch nichts mit der Beratungsstelle W.I.T.T. (*W*ege *In* *T*herapie & *T*raining), die „Information über die verschiedenen Therapieverfahren, Unterstützung zum Finden eines geeigneten Therapieplatzes (Einzel/Gruppe) und Beratung über Aus- & Weiterbildungen sowie Trainings" bereitzustellen vorgibt; tatsächlich handelt es sich um eine Untergliederung des Esoterikzentrums ⇨ ZIST.

Staatliche Stellen kümmern sich praktisch überhaupt nicht um die ausufernde Szene. Der innenministerielle Aktionismus etwa (vor allem aus Bayern), der seit Mitte der 1990er gegen *Scientology* inszeniert wird - nachdem man jahrelang nichts unternommen hatte, was zu einem greifbaren Ergebnis hätte führen können -, dient mithin dazu, dieses Versäumnis zu kaschieren. Mit Verfassungsschutzbeobachtung oder Verbot einzelner Exponenten ist der Sekten- und Esoterikszene nicht beizukommen. Am wenigsten dann, wenn man diesen auch noch die Möglichkeit bietet, sich werbewirksam als Opfer staatlicher Willkür und Verfolgung zu stilisieren. Eine „Aufklärungsbroschüre" der *Jungen Union* mit dem Titel „IN*SEKTEN* - Nein Danke!" zeigt auf dem Titelbild einige Insekten sowie eine Hand mit schlagbereiter Fliegenklatsche.[2365] Nicht zu Unrecht wies *Scientology*-Vorstandssprecher Franz Riedl darauf hin, es werde hiermit suggeriert, Sektenmitglieder seien Ungeziefer und Schmeißfliegen (Wortspiel: In-Sekten), die tunlichst mit einer Klatsche, unter Einsatz von Gewalt also, zu vernichten seien.[2366] Es war diese Broschüre natürlich Wasser auf die Mühlen der *Scientology*-Organisation, die sich als in Deutschland ebenso verfolgt darstellt, wie es die Juden im Dritten Reich waren: Auch diese habe man als Ungeziefer diffamiert, um desto ungehinderter gegen sie vorgehen zu können (*Scientology* schaltete mehrfach großformatige Anzeigen, u.a. in der *New York Times*, in denen solcher Zusammenhang behauptet wurde).

Wirkliche Auseinandersetzung mit Fragen der Sekten- und Esoterikszene, wie sie etwa in den Schulen dringend zu leisten wäre, findet nicht statt, beziehungsweise bleibt dem privaten Engagement einzelner Pädagogen überlassen. Lehrer und Sozialarbeiter werden in ihrer

Ausbildung nicht ansatzweise darauf vorbereitet, sie stehen pendelnden oder geisterbeschwörenden Jugendlichen meist völlig hilflos gegenüber. Stattdessen werden in offiziellen Lehrerfortbildungen Verfahren wie NLP oder Kinesiologie angeboten: Die Erkenntnisse in den einzelnen Kultusministerien über die Verfahren und Erscheinungsformen der Esoterikszene sind ganz offenbar nicht sehr weitgreifend (was weiter nicht verwundert, hält man sich vor Augen, daß die bayerische Kultusministerin Monika [Strauß]-Hohlmeier [CSU] ihre beiden Kinder - ungeachtet aller öffentlichen Kritik - in einer anthroposophischen Einrichtung eingeschult hat).

Im übrigen müßte natürlich die kritische Auseinandersetzung mit der New-Age-Esoterik immer auch eine Auseinandersetzung mit den etablierten Kirchen umfassen, deren Glaube an Engel, Teufel, Wunder oder Leben nach dem Tod sich von den Inhalten, die im Zeichen des Wassermannes vertreten werden, nicht groß unterscheidet; selbst sektenhafte und geheimbündlerische Auswüchse werden stillschweigend geduldet, wenn nicht gar ausdrücklich gefördert. Daß man solch schwierige Auseinandersetzung in der Aus- und Fortbildung von Lehrern und Sozialarbeitern scheut, ist verständlich, aber nicht entschuldbar: Die pädagogischen Fachkräfte vor Ort, die in der Lage sein sollten, Orientierung und Hilfestellung zu geben, sind oftmals selbst vollkommen orientierungs- und hilflos; oder eben auch selber esoterisch infiziert.

Obwohl es im Vergleich zu der Flut an Buchpublikationen aus der Esoterikecke nur eine bescheidene Anzahl an Arbeiten gibt, die sich kritisch mit dieser befassen, bieten diese doch einen umfassenden Überblick über Ideologie, Organisationsformen und Vorgehensweisen der Szene. Eine Liste der empfehlenswerten Bücher und sonstiger Publikationen findet sich im Anhang; als Beispiele seien herausgegriffen:

- Kern, G./Traynor, L. (Hrsg.): Die esoterische Verführung: Angriffe auf Vernunft und Freiheit. Aschaffenburg, 1995
- Petz, E.: Verblödung aus den Hinterwelten: Gegen Esoterik, Dummheit und Betrug. Wien, 1993
- Platta, H.: New-Age-Therapien: pro und contra. Weinheim, 1994 (als TB: Reinbek, 1997)
- Schweidlenka, R.: Altes blüht aus den Ruinen: New Age und Neues Bewußtsein. Wien, 1989
- Stamm, H.: Achtung Esoterik: Zwischen Spiritualität und Verführung. Zürich, 2000

Über die aktuelle Sektenszene (die in vorliegendem Band nur angesprochen wird, sofern sie sich eigener Psychotechnik bedient) informieren:

- Awadalla, E.: Heimliches Wissen - unheimliche Macht: Sekten, Esoterik und der rechte Rand. Wien, 1997
- Nordhausen, F./Billerbeck, L.: Psycho-Sekten: Die Praktiken der Seelenfänger. Berlin, 1997 (als TB: Frankfurt/Main, 1999)
- Rohmann, D.: Ein Kult für alle Fälle. Bern, 2000

Der Weg zu einer neuen Therapie ist für viele Therapiegeschädigte, die nicht nur die Probleme, deretwegen sie sich ursprünglich in Behandlung begeben hatten, nicht loswurden, sondern nun zusätzliche am Halse haben - auch wenn diese vielleicht „nur" darin bestehen, finanziell übervorteilt worden zu sein -, begreiflicherweise schwer. Wenn Mut und Vertrauen gefaßt werden können, sich noch einmal auf das Wagnis einer Therapie einzulassen, sollte diesmal eine ordentliche Vorbereitung vorangehen: Auch als Klient muß man, um sich gegen unliebsame Überraschungen zu wappnen, seine Hausaufgaben machen. Dringend anzuempfehlen ist die vorbereitende Lektüre des oben erwähnten Buches von Tilman Moser. Neben fachlicher Qualifikation und persönlich integrer Erscheinung - auch Sympathie ist wichtig für ein therapeutisches Arbeitsbündnis! - sollte der neue Therapeut (bzw. die Therapeutin) auch kritische Ahnung haben von der Esoterikszene: Ein Therapeut, der deren Begrifflichkeit nicht kennt, ist wenig hilfreich für einen Klienten, der durch ebendiese geschädigt wurde.

Nicht zuletzt kann es auch ratsam sein, beim örtlichen Gesundheitsamt Anzeige zu erstatten oder direkt die Staatsanwaltschaft in Kenntnis zu setzen (in einigen Großstädten gibt es hierfür in den jeweiligen Polizeipräsidien eigene „Opferschutzbeauftragte"). Es kann solcher Schritt beim Verarbeiten des beschämenden Gefühls, übervorteilt, ausgenützt oder betrogen worden zu sein, ganz entscheidende Hilfe leisten: Er kann dazu beitragen, die nach innen gerichtete Scham in nach außen sich richtende Wut zu verwandeln.

Auch und gerade wenn Beschwerden über esoterische Bauernfängerei bei einzelnen Behörden vielleicht nicht recht ernst genommen oder mit der nötigen Stringenz verfolgt werden - teils aus mangelnder Sachkenntnis, teils aber auch, weil den Opfern zumindest insgeheim Mitschuld zugeschrieben wird, auf derlei Unfug überhaupt hereingefallen zu sein -, gilt es, diese in die Pflicht zu nehmen. Viele Praktiker aus dem Bereich esoterischer oder sonstig randständiger Therapieverfahren sind nicht nur nicht ausreichend qualifiziert zur Ausübung von Heilkunde, sondern auch nicht dazu befugt. Sie können allein aufgrund rechtlicher Bestimmungen - wegen Verstoßes gegen das Heilpraktikergesetz - aus dem Verkehr gezogen werden. Vielfach kann auch von Betrug oder Verstoß gegen die guten Sitten ausgegangen werden. Wird die Staatsanwaltschaft von einem begründeten Verdacht in Kenntnis gesetzt, *muß* sie ermittelnd tätig werden (⇨ *Gerichte contra Scharlatanerie*).

Aber nicht nur aus seelenhygienischen Gründen kann es durchaus sinnvoll sein, juristisch gegen betrügerische Praktiker aus dem Esoterikgewerbe vorzugehen. Gelegentlich erhält man sogar sein Geld zurück, wenn man nur couragiert genug auftritt. Allemal aber gilt es, sich vor jedem Schritt rechtlich kundig zu machen - keine überstürzten Aktionen! - und solidarische Unterstützung, beispielsweise über Kontakt zu einer Betroffenen-Initiative, zu suchen.

Auch wenn das Recht, zumindest prinzipiell, auf Seiten der Geprellten und Übers-Ohr-Gehauenen ist, sind es dessen ausführende Organe nicht immer. Oftmals bedarf es eines langen Atems, die Strafverfolgungsbehörden zu konsequenten Maßnahmen zu bewegen. Hierbei kann es sich durchaus empfehlen, auf die Unterstützung der Medien zurückzugreifen, die Fälle esoterischer Bauernfängerei gerne aufgreifen und darüber Bericht erstatten. Allerdings ist der Umgang mit den Medien eine höchst ambivalente Angelegenheit: Insbesondere die Boulevardpresse, die für übervorteilte oder geschädigte Esoterikkunden jederzeit ein offenes Ohr hat, lebt auch und gerade von ihrer esoterik*gläubigen* Leserschaft, die sie mit regelmäßigen Horoskopseiten, mit Ratgeberecken zu „alternativen" Heilmethoden, mit unkritischen Berichten über Poltergeister, Erdstrahlen oder UFO-Sichtungen bedient (und dadurch auf eben die zu bedienende Esoterikgläubigkeit festschreibt). Das Interesse dieser Medien liegt prinzipiell nicht in solidarischer Unterstützung des Geschädigten - was diesem allemal vorgegaukelt wird -, sondern ausschließlich in der Verwertbarkeit der Story selbst. So kann es geschehen, daß ein Opfer, das sich in der Auseinandersetzung mit einem betrügerischen Heiler hilfesuchend an die Presse wendet, von dieser für einen Tag zur „Schlagzeile" getrimmt und anschließend sang- und klanglos fallengelassen wird. Auch Berichterstattung gegen die Interessen des Opfers kommt nicht selten vor. Insofern ist sämtlichen Medien - vor allem auch den Boulevardmagazinen des Privat-TV - mit größter Vorsicht zu begegnen.

In Kenntnis des ausschließlich sensationistischen Interesses der Boulevardmedien an einer ausschlachtbaren Story lassen diese sich allerdings auch gezielt einsetzen: Schon die veröffentlichte Notiz über eine getätigte Strafanzeige gegen einen unbefugt tätigen Wunderheiler kann dem Verlauf eines Ermittlungsverfahrens Flügel verleihen. Überdies lassen sich auf diesem Wege womöglich andere Geschädigte finden, die weitere Informationen beitragen und/oder als Zeugen auftreten können. Der entscheidende Effekt aktiver Medienarbeit aber ist, daß das innerhalb der Psychoszene betriebene Unwesen mehr in den Blickpunkt der Öffentlichkeit rückt. Wenn Hellseher oder Handaufleger damit rechnen müssen, strafrechtlich verfolgt und/oder öffentlich gebrandmarkt zu werden, sind die Tage gezählt, in denen sie sich zu Heilern aufspielen und in unverschämter Dreistigkeit als solche annoncieren und auf Kundenfang gehen können.

Die Kontaktnahme mit Medienvertretern - auch mit Journalisten seriöser Medien - will gut überlegt und geplant sein. Das Münchner *Forum Kritische Psychologie* sammelt seit Jahren Erfahrungen von Betroffenen und Opfern, die sich auf die ein oder andere Weise zur Wehr gesetzt haben und vermittelt diese Erfahrungen weiter.

TV-Talkshows

Auf jeden Fall abzuraten ist von der Teilnahme an TV-Talkshows *(daily talks)*, bei denen es, entgegen aller Behauptung, ausdrücklich *nicht* um Aufklärung oder Lebenshilfe geht. Vielmehr sind diese Shows von ihrer Gäste- und Expertenzusammensetzung her grundsätzlich so bestückt, daß, unter dem Strich, die Vertreter der Esoterik- und Psychoszene (mit Ausnahme vielleicht von Sekten) in einem positiven Licht erscheinen. Kritiker oder Geschädigte dienen lediglich dazu, den Schein ordentlicher Journalistik wahren zu helfen und eine gewisse Spannung zu erzeugen. Ernsthaft kritische Töne gegen die Esoterik sind in diesen Shows, die mithin von der systematischen Verdummung ihrer Zuseherschaft leben, *unerwünscht*.[2367]

Gegen die Teilnahme an seriösen TV- und Radiosendungen ist grundsätzlich nichts einzuwenden. Allerdings sollte solche Teilnahme nur nach genauer Absprache mit einer unbeteiligten Fachperson erfolgen; insbesondere juristische Vorab-Beratung ist dringend anzuempfehlen.

Durch den Schritt Betroffener an die Öffentlichkeit könnte den Scharlatanen der Szene ihr Tun erheblich erschwert werden. Diese können bislang in einem von Kritik weitgehend unangetasteten Freiraum machen, was ihnen gerade in den Sinn kommt; nichts ist zu hanebüchen, als daß es nicht zum „Heilverfahren" aufbereitet werden könnte. Außerhalb jeglicher Kontrolle wird da mit völlig unbrauchbaren Methoden an teils schwersten psychischen Störungen herumgemurkst. Die Mehrzahl der Praktiker - man kann es nicht oft genug betonen - verfügt weder über eine ernstzunehmende Qualifikation noch über eine Befugnis zur Ausübung der Heilkunde. All das ist in der Öffentlichkeit nicht oder zu wenig bekannt. Außenstehende sind geneigt, die einzelnen Verfahren der Szene, eher zu belächeln und als harmlose Spinnerei abzutun, oftmals ist auch eine Art wohlwollender Toleranz anzutreffen, die den teils himmelschreienden Blödsinn als wenngleich unbrauchbaren, so doch auf persönlicher Ebene ernstzunehmenden Versuch spiritueller Sinnfindung oder alternativer Heilpraxis gelten zu lassen gebietet. Nun ist es nicht jedermanns Sache, sich als Geschädigter an die Öffentlichkeit zu wenden, viele Betroffene wollen, aus unterschiedlichen Gründen, aus ihrem Fall auch keine „große Geschichte" machen. Dies ist natürlich zu respektieren. Wünschenswert wäre allerdings, wenn die jeweiligen Hellseher oder Wunderheiler nicht ungeschoren davonkämen, um weiterhin ihre zynischen Geschäfte mit hilfesuchenden und notleidenden Menschen zu machen. Über eine Kontaktnahme mit einer der angegebenen Informationsstellen läßt sich beratschlagen, was hierzu unternommen werden kann.

Auch die Wissenschaft muß sich vorwerfen lassen, in der Auseinandersetzung mit dem Geschehen an ihren Rändern bislang heillos versagt zu haben. Die Vertreter der Fachbereiche, aus denen New-Ageler bevorzugt Elemente und Begriffe zum Zusammenbau ihrer disparaten Konstrukte entwenden - vor allem Medizin, Physik und Psychologie - halten es nur vereinzelt für angezeigt, sich kritisch zu äußern. Man würde die Szene nur ungebührlich aufwerten, so die gängige Argumentation, wollte man sich ernsthaft mit ihr befassen. Das Gegenteil ist der Fall: Es ist mithin dieser Totalignoranz des akademischen Establishments zuzuschreiben, daß sich die Scharlatane, Beutelschneider und Volksverdummer so ungehindert ausbreiten konnten.

Nur ein kleines Fähnlein Aufrechter wendet sich seit Jahren gegen pseudowissenschaftliche Behauptungen und esoterische Heilslehren. Die *Gesellschaft zur wissenschaftlichen Untersuchung von Parawissenschaften* (GWUP), ein Zusammenschluß von Wissenschaftlern und wissenschaftlich interessierten Laien, setzt sich aktiv und unvoreingenommen mit Astrologen, Wünschelrutengängern, UFO- und PSI-Forschern, Hexen, Homöopathen, Wunderheilern und sonstigen Vertretern parawissenschaftlicher Glaubenssysteme auseinander und geht den erhobenen Behauptungen mit wissenschaftlicher Methodik auf den Grund. Die gewonnenen Erkenntnisse werden in einer Vierteljahresschrift *(Skeptiker)* veröffentlicht.

- Gesellschaft zur wissenschaftlichen Untersuchung von Parawissenschaften e.V., Postfach 1222, 64374 Roßdorf. Tel.: 06154/695021, Fax: 06154/695022, eMail: info@gwup.org

Nicht verwechselt werden darf die GWUP mit einer Gruppierung namens *Wissenschaftliche Gesellschaft zur Erforschung paranormaler Phänomene e.V.*, begründet 1998 von dem Horber Testpsychologen Gerd W. Höchsmann, der seine unverhohlene Akzeptanz paranormaler Geschehnisse auf ein persönliches Erlebnis in seiner Kindheit zurückführt, als er von einer traditionellen Heilerin von einer schlimmen Bißwunde im Gesicht kuriert worden sei. Höchsmann befaßte sich in den letzten Jahren sonderlich mit „Zeugen von UFO-Entführungen".[2368] Nicht verwechselt werden darf die GWUP auch mit dem sogenannten *Forum Parawissenschaften* um den Heidelberger Soziologen und Ex-GWUPler Edgar Wunder, der sich einerseits Wissenschaftlichkeit aufs Panier geschrieben hat, andererseits aber anbie dernde Nähe zur Esoterikszene pflegt.[2369]

Gerade auch der akademischen Psychologie und Psychotherapie stünde eine kritische Auseinandersetzung mit den eigenen Randbereichen (die sie durch hausgemachtes Versäumnis mithin selbst hervorgebracht hat) gut an.[2370] Die Mehrzahl der Wissenschaftler sowie der seriösen Praktiker vor Ort hat bis heute nicht die leiseste Ahnung, was sich da auf dem Psychomarkt abspielt. Es wäre wünschenswert, wenn das vorliegende Buch nicht nur zur Aufklärung von Rat- und Hilfesuchenden beitragen könnte, sondern auch dazu, verantwortungsvolle Kräfte innerhalb der wissenschaftlichen Psychotherapie und Fachpublizistik wachzurütteln.

> Mancherorts tut man inzwischen so, als sei man am Aufwachen. Mitte 1999 - nachdem man sich jahrzehntelang so viel wie gar nicht um die Sub- und Parakultur der eigenen Disziplin gekümmert hatte - fand sich ein Grüppchen an Psychologieprofessoren zusammen (Helmut Lukesch [Regensburg], Meinrad Perrez [Freiburg], Klaus Schneewind und Dieter Frey [beide München]), das die werten Kollegen und Kolleginnen zu einer „offeneren Auseinandersetzung mit dem grauen Markt an pseudopsychologischen Methoden" aufforderte. Dem Vernehmen nach bereite es dem Quartett Sorge, daß „Verfahren wie zum Beispiel Bioenergetik, Urschreitherapie, Rebirthing, Familienaufstellungen nach Hellinger, Hoffman-Quadrinity-Prozeß, NLP, Feuerlaufen, astropsychologische Personalauswahl und viele andere zunehmend von akademisch ausgebildeten Psychologinnen und Psychologen angeboten werden". Diese ließen „mit ihrem akademischen Titel diesen Methoden eine Seriosität zukommen, für die es keine sachliche Grundlage gibt".[2371]
>
> Immerhin. Auch wenn die Professoren weniger die Untauglichkeit der angesprochenen Verfahren *an sich* kritisieren, als vielmehr den Umstand, daß das Renommee der akademischen Psychologie leiden könne, wenn sie von Diplom-PsychologInnen eingesetzt würden, ist ihr Schritt anzuerkennen; andere sind noch nicht einmal dazu in der Lage. Um dem Treiben der Esoteriker (unter den PsychologInnen) Einhalt gebieten zu können, schlugen die Professoren mithin vor:
>
> - „fremdgehende" Kolleginnen und Kollegen sollten auf ihre berufsethische Verpflichtung hingewiesen und abgemahnt werden, wenn sie „mißbräuchliche rechtsrelevante Therapieangebote" unterbreiten;

- die durch Psycho- und Esoterikmethoden Geschädigten sollten in einer Dokumentation erfaßt werden;
- offensive Aufklärung durch Massenmedien - zum Beispiel in Talkshows, in denen Standesvertreter die Chance nutzen sollten, eindeutig Stellung zu beziehen;
- es sollte eine Kommission eingesetzt werden *(task force)*, die entsprechende Maßnahmen plant.[2372]

Bis auf empörtes Geschrei in der Szene tat sich freilich überhaupt nichts. Von weiterführenden Aktivitäten der vier Professoren oder sonstiger akademischer Einrichtungen ist nichts bekannt (Stand: Sommer 2000). Lediglich der Berliner Pädagogikprofessor Bernhard Dieckmann führt einen einsamen Kampf gegen die esoterische Unterwanderung von Volkshochschulen.

Besonderes Lob verdient insofern der Kongreß „Irrationalismus - Esoterik - Antisemitismus“, den der AStA der *Ludwig-Maximilians-Universität* München im Juli 2000 veranstaltete. Im Programm hieß es: „Moderne esoterische Konzepte sind die passende Erneuerung von Schicksalsergebung, elitärem Herrenmenschentum und patriarchaler Ordnungskonzeption. Nur sind sie als solche oftmals vordergründig nicht erkennbar und werden weithin akzeptiert. Mit dem Pochen auf Freiheit und Toleranz können rechte Ideen Platz für sich beanspruchen. Wie spiritistisches Gedankengut bereits dem NS-Faschismus als Ideologie dienstbar war, so fungiert es auch heute wieder als Transporteur schwarz-brauner Weltbilder. Mit schwammigen Begriffen wie dem einer ‘systemischen Betrachtungsweise’, eines vorurteilslosen ‘Neuen Denkens’, werden reaktionäre Inhalte propagiert. Scheinbar antikapitalistisch werden Überflußgesellschaft und Konsum als Götzen des Bösen ausgemacht. Im Widerspruch dazu kann sich kaum noch ein Verlag leisten, an dem gewinnbringenden Esoterik-Markt nicht teilzunehmen. Irrationale gesellschaftliche Entwicklung zu verfolgen und ihr auf wissenschaftlicher Ebene entgegenzutreten, ist Aufgabe Studierender. Es ist längst an der Zeit, auf Hochschulebene zentral eine Auseinandersetzung um die Zerstörung der Vernunft zu führen.“[2373]

Die Esoterikszene samt der ihr zugrundeliegenden Ideologie ist weder harmlos noch ist sie zu tolerieren. Ein öffentliches Auftreten Geschädigter - wie es eine Vielzahl ehemaliger Sektenangehöriger bereits mit Erfolg tut - könnte nicht nur zu persönlicher Reintegration und Genugtuung beitragen, sondern auch einen wertvollen Beitrag zur allgemeinen Aufklärung leisten. Es kann nicht darauf gewartet werden, daß über gesetzliche Maßnahmen oder behördliche Eingriffe dem unverantwortbaren Treiben der Psychoszene entgegengetreten wird. Diese besteht seit drei Jahrzehnten und expandiert weiter ins Uferlose, ohne daß irgendetwas dagegen unternommen wird. Ganz im Gegenteil: über die Eröffnung der Möglichkeit, ohne irgendwelche qualifizierte Ausbildung eine Erlaubnis zur Ausübung der Psychotherapie zu erlangen, wurde der Scharlatanerie weiterer Vorschub geleistet. Innerhalb der Europäischen Union leistet sich (neben England) nur Deutschland den skandalösen Mißstand eines „Heilpraktikergesetzes“, auf dessen Grundlage auch medizinisch oder klinisch-psychologisch völlig unqualifizierte Laien ganz legal zu „Heilern“ werden können. Die mahnenden Worte von

Jürgen Keltsch, Mitglied der *Enquetekommission des Bundestages „Sogenannte Sekten und Psychogruppen"* - immerhin gab es sowas zuzeiten -, man könne „die Dinge auf diesem Markt nicht so treiben lassen", blieben bislang ohne irgendwelchen Effekt. In der Tat: „Jede Kinderschaukel", so Keltsch, „ist TÜV-geprüft, aber im hochsensiblen Bereich der kommerziellen Lebenshilfe fehlen die Regelungen, fehlt die Ethik."[2374]

Der im Juni 1998 vorgestellte Abschlußbericht der *Enquetekommission* läßt freilich sehr zu wünschen übrig: Das mit enormem (Kosten-)Aufwand erstellte Papier - zwölf Bundestagsabgeordnete und ebensoviele Experten (darunter bezeichnenderweise Ralf Bernd Abel, langjähriger Top-Funktionär der rechtslastigen ⇨ *Deutschen Unitarier*-Sekte[2375]) waren zwei Jahre lang damit beschäftigt gewesen, den bundesdeutschen Sekten- und Psychomarkt zu sondieren - ist, wie Kritiker sehr zu Recht anmerken, nicht viel mehr als ein „wirres Konglomerat aus Banalitäten, Widersprüchen und bedenklichen Empfehlungen".[2376] Kommissionsmitglied Angela Köster-Loßsack (Die Grünen) räumt ehrlicherweise ein: „Was die einzelnen Gruppen angeht, haben wir eigentlich keine großen Erkenntnisse über das hinaus, was schon vorher bekannt war." Im übrigen, so der Bericht, gehe von den untersuchten Psychogruppen und Sekten eine Gefahr für Staat oder Gesellschaft nicht aus[2377] (eine Einschätzung, die von den einschlägigen Szenemedien natürlich mit Hurrageschrei aufgenommen wurde[2378]). Derlei (vorsätzliche?) Ignoranz der tatsächlichen Verhältnisse geht Hand in Hand mit der Verfahrensweise der seinerzeitigen Kohl-Regierung (ebenso wie jener der nachfolgenden Schröder-Regierung) in sonstigen gesundheits- und sozialpolitischen Fragen.

Immerhin stellte der Kommissionsbericht einen dringlichen Aufklärungs- und Schutzbedarf des einzelnen Bürgers fest. Dem Bundestag wurde insofern die Gründung einer Bundesstiftung zur Aufklärung und Forschung über neue religiöse Gemeinschaften und Psychogruppen anempfohlen; ferner eine Präzisierung des Gesetzes gegen Wucher sowie die Verabschiedung eines ⇨ Verbraucherschutzgesetzes für den ausufernden Markt der „Lebenshilfe". Private Beratungsstellen, so eine weitere Empfehlung, seien staatlich zu unterstützen (bis heute gibt es für solche Unterstützung indes noch keine gesetzliche Grundlage [Stand 9/2000]). Eine Verfassungsbeschwerde der (pseudo)christlichen Kultgemeinschaft *Universelles Leben* gegen die Veröffentlichung des Berichtes wurde vom Bundesverfassungsgericht abgelehnt.[2379]

6.3. Praktischer Verbraucherschutz: Das „Lebensbewältigungshilfegesetz"

Seit dem ersten Erscheinen der vorliegenden Studie im Herbst 1997 hat sich im Bereiche der Gesetzgebung einiges getan, nicht viel allerdings, was zu einem de facto verbesserten Konsumentenschutz geführt hätte. Das Ende 1997 vom Bundestag verabschiedete Psychotherapeutengesetz - Datum des Inkrafttretens: 1.1.1999 - kann bestenfalls als erster kleiner Schritt in die richtige Richtung gewertet werden (⇨ *Patientenschutz: Fehlanzeige*). Die „alternative" Psychoszene bleibt von dem Gesetz völlig unberührt, entsprechend gelassen, wenn überhaupt, wurde es in den einschlägigen Medien auch kommentiert.

Zu gewaltigem Aufruhr führte hingegen ein Beschluß des Bundesrates vom 19.12.1997, dem Bundestag einen Gesetzentwurf zur Regelung der „Rechtsbeziehungen zwischen Anbieterinnen und Anbietern und Hilfesuchenden auf dem Gebiet der gewerblichen Lebensbewältigungshilfe" vorzulegen. Da für die „Hilfesuchenden das Angebot therapeutischer sowie therapieähnlicher Verfahren unüberprüfbar und unüberschaubar" geworden sei und die Esoterikszene den „Nährboden für viele problematische Gruppen" abgebe, sei solche Regelung unverzichtbar. Initiiert hatte den Vorstoß der Hamburger Senat und insbesondere die dort tätige Scientology-Expertin Ursula Caberta: Analog zu einer Reihe an Verbraucherschutzgesetzen wie etwa dem Fernunterrichtsschutzgesetz (1976), dem Reisevertragsgesetz (1979), dem Haustürwiderrufsgesetz (1986) oder dem Verbraucherkreditgesetz (1990) solle auch der gesundheitliche Verbraucherschutz auf dem sogenannten Psychomarkt gesetzlich geregelt werden. Dieselbe Forderung war von der *Aktion für Geistige und Psychische Freiheit* (AGPF), dem Dachverband der Betroffenen-Initiativen, bereits Mitte der 1980er (!) erhoben worden, hatte aber, ebenso wie ein entsprechender Beschluß der Konferenz der Gesundheitsminister vom 21.11.1994, bis dato zu keinerlei greifbarem Ergebnis geführt.

Die neue Initiative Hamburgs schien nun Bewegung in die Sache zu bringen. Jedenfalls wurde in sämtlichen Esoterik- und Lebenshilfegazetten großer Alarm geschlagen, in nachgerade panischer Manier suchte man Front zu machen gegen das vorgeschlagene Gesetz. Es häuften sich Aussagen, dieses sei „faschistisch", die Bonner Parlamentarier wurden mit Hermann Göring, SS und Gestapo verglichen, es wurde ihnen vorgeworfen, sie wollten mit Gewalt jede Spiritualität ausrotten.[2380] In etwas gemäßigterem - und unfreiwillig komischem - Tonfall kassandrierte Szene-Sprachrohr *Esotera*: „Ein Gespenst geht um in der spirituellen und esoterischen Geschäftswelt Deutschlands: das 'Lebensberatungsgesetz'."[2381] Das Konkurrenzblatt *Forum* sprach vom „Einschlag einer Bombe", der zehntausende von Menschen in ihrer Existenz bedrohe.[2382]

Worum also geht es in dem vorgeschlagenen Gesetz? Wie bei den bisher verabschiedeten Verbraucherschutzgesetzen geht es in erster Linie um eine Reglementierung der vielfach höchst undurchsichtigen Vertragsverhältnisse zwischen Anbieter und Konsument. Wie es in der Begründung der Gesetzesvorlage heißt, habe der Markt an Angeboten zur Lebenbewältigungshilfe „in den vergangenen Jahren stark an Bedeutung zugenommen und ist dadurch gekennzeichnet, daß sachlich rationale und wirtschaftliche Erwägungen der hilfesuchenden Person beim Vertragsabschluß als Schutzmechanismen vor unangemessenen Vertragsbedingungen oft im Hintergrund stehen, weil sich das Angebot für die hilfesuchende Person als Mittel zur Bewältigung ihrer Probleme darstellt. In dieser besonderen Nachfragesituation ist typischerweise die Kritikbereitschaft und -fähigkeit eingeschränkt. Unter der Vielzahl von Angeboten, die auf diesen Markt drängen, sind auch solche, deren Dienstleistungen und Aktivitäten erheblichen Anstoß erregen. Ihnen wird vorgeworfen, durch Einsatz bewußtseinsverändernder Psychotechniken die hilfesuchenden Personen abhängig zu machen und sie wirtschaftlich auszubeuten. Dies macht es erforderlich, durch besondere Regelungen der hilfesuchenden Person die Bedingungen des abschließenden Vertrages vor Augen zu führen und transparent zu machen und sie vor voreiligen Vertragsabschlüssen zu schützen."[2383]

Es wird vorgeschlagen, daß Anbieter von Lebensbewältigungshilfe, also alle Helfer und Helfergruppen, die einer anderen Person gegenüber zur „Feststellung oder Verbesserung der seelischen Befindlichkeit oder der geistig-seelischen Fähigkeiten" irgendwelche Dienstleistungen erbringen, sei es durch „Gespräch, Unterricht, mentales und/oder körperliches Training in sogenannten Selbsterfahrungsgruppen, Kursen, Workshops oder im Selbststudium und Selbsttraining unter Verwendung schriftlicher und/oder audiovisueller Unterrichtsmittel und/oder interaktiver Maschinen", mit der jeweils hilfesuchenden Person einen *schriftlichen* Vertrag abschließen müssen. Dieser Vertrag, der das Angebot für die hilfesuchende Person durchschaubar und kalkulierbar machen soll, muß Angaben enthalten

1. über die genaue Bezeichnung und Anschrift der anbietenden Person,
2. zur genauen Beschreibung der Leistung und des angestrebten Ziels einschließlich einer kurzen Beschreibung der angewandten Methode und der theoretischen Grundlage,
3. über die berufliche Qualifikation der Helferin oder des Helfers,
4. über die Art sowie die voraussichtliche Anzahl und Dauer der Veranstaltungen,
5. darüber, ob die Veranstaltungen in Gruppen oder einzeln durchgeführt werden sollen,
6. über den Gesamtpreis sowie den Einzelpreis je Veranstaltung,
7. darüber, ob Begleitmaterial erworben werden muß und welche Kosten hierdurch entstehen,
8. darüber, ob der Vertragsgegenstand Teil eines Gesamtkonzepts ist, und über den Preis der hierzu gehörenden Leistungen.

Diese zwingenden Angaben, so die Begründung des Gesetzentwurfes, sollen für die hilfesuchende Person eine Warnfunktion erfüllen und ihr eine Beurteilung des Angebotes unter rationalen Gesichtspunkten - Qualität und Preis des Angebots - ermöglichen. Die Angaben unter 2. sollen insbesondere Klarheit über die eingesetzten Mittel schaffen, die Angaben unter 3. verhindern, daß falsche Vorstellungen über Ausbildung und fachliche Eignung des Anbieters entstehen. Die Punkte 4. bis 8. sollen der hilfesuchenden Person das Preis-Leistungsverhältnis deutlich vor Augen führen und der Verschleierung überhöhter oder wucherischer Preise vorbeugen. Ein weiterer Paragraph des geplanten Gesetzes sieht vor, daß der Vertrag erst wirksam werden soll, wenn er zwei Wochen nach Abschluß von der hilfesuchende Person nicht widerrufen wird. Dieses Widerrufsrecht, so der Gesetzentwurf, sei ein zentraler Baustein im Gefüge zum Schutz der hilfesuchenden Person. Diese solle - wie bei anderen Verbraucherschutzgesetzen auch - an möglicherweise voreilig abgegebene Abschlußerklärungen, die eventuell aufgrund von Überredung oder auch unter dem Eindruck einer Probeveranstaltung zustande gekommen seien, nicht sofort gebunden sein, sondern in die Lage versetzt werden, ihren Entschluß unter Berücksichtigung aller für eine rationale Entscheidung maßgeblichen Faktoren zu überdenken. Insbesondere solle „die Frist so ausreichend bemessen sein, daß der Effekt bereits angewandter, beeinflussender Psychotechniken abgebaut werden und fachkundiger Rat (möglicherweise von öffentlichen Aufklärungs- und Beratungsstellen) eingeholt werden kann. Der damit einhergehende Nachteil, daß die hilfesuchende Person in der Regel frühestens nach zwei Wochen in den Genuß der Lebensbewältigungshilfe kommen wird, ist demgegenüber in Kauf zu nehmen. Fälle in denen die hilfesuchende Person dringend psychischer Hilfe bedarf, werden ohnehin meist dem medizinischen Bereich zuzuordnen sein." Überdies soll, in Abweichung von § 620 BGB, eine Vertragskündigung ohne Angabe von Gründen mit einer Frist von vier Wochen zulässig sein. Wie der Gesetzentwurf ausführt, sei solches Kündigungsrecht nicht weniger wichtig als das Widerrufsrecht, „weil mutmaßlich ein nicht geringer Teil der Betroffenen trotz der vorgeschriebenen Informationen während der Widerspruchsfrist noch nicht zu der für sie zutreffenden Bewertung des Leistungsinhalts kommen wird, sondern erst während der Durchführung des Vertrages. (...) Den Hilfesuchenden soll deshalb die Möglichkeit gegeben werden, das Vertragsverhältnis jederzeit zu kündigen. Eine Kündigungsfrist von vier Wochen ist für die Hilfesuchenden überschaubar und erträglich. Eine solche Frist ermöglicht es andererseits den Anbieterinnen und Anbietern hinreichend, sich auf das Vertragsende einzustellen. Bei der Eigentümlichkeit ihres Leistungsangebotes, das auf die persönlichsten Belange des Betroffenen zielt, können sie billigerweise nicht erwarten, daß diese für einen längeren Zeitraum an Verträge über Lebensbewältigungshilfe gebunden werden." Nicht von dem geplanten Gesetz erfaßt werden sollen heilkundliche Behandlungen wie sie von approbierten ÄrztInnen, nach Heilpraktiker- oder Psychotherapeutengesetz zugelassenen PsychologInnen sowie von HeilpraktikerInnen durchgeführt werden. Desweiteren ausgenommen sind die Angebote öffentlich getragener oder jedenfalls finanzierter Volkshochschulen sowie bestimmter gemeinnütziger Einrichtungen; desgleichen die Angebote der etablierten Kirchen.

Wie zu erwarten führte der Gesetzentwurf zu riesiger Aufregung innerhalb der Szene. Eiligst wurden Initiativgruppen und Unterschriftenaktionen gegründet, eine *Interessengemeinschaft Lebenskunst* - ein Zusammenschluß verschiedener Esoterikzeitschriften - sammelte Proteststimmen gar via Internet. *Lebenskunst*-Initiator Helmut Oberlack hält das geplante Gesetz - insbesondere das dem Konsumenten eingeräumte Widerrufs- und Kündigungsrecht - für völlig unnötig. Schon heute, so seine Meinung, geschehe Lebensberatung nicht im rechtsfreien Raum, Straf- und Zivilrecht böten gänzlich ausreichenden Verbraucherschutz. So sei es nach den bisherigen gesetzlichen Bestimmungen durchaus möglich, einen Vertrag fristlos zu kündigen, wenn grob vertragswidriges Verhalten vorliege, beispielsweise ein Verstoß gegen die guten Sitten oder Persönlichkeitsrechte. Der Kündigende könne sich vor Gericht allemal Schadensersatz erstreiten.[2384] Für den szenebekannten Anwalt Christian Gambke wahren die bisherigen Regelungen nach dem BGB ein ausgeglichenes Kräfteverhältnis zwischen den Vertragspartnern: „Wenn in einem Seminar nur einer unzufrieden ist, wird er es schwer haben, Zeugen für seine Argumentation zu finden. Dann war es vielleicht einfach das falsche Seminar. Wenn es aber in sich nichts taugt, wird es auch Zeugen dafür geben. Das BGB ist schon genau auf diese Normalfälle zugeschnitten; wer einen schwerwiegenden Grund hat, kommt damit auch durch." Und noch deutlicher: „Es gibt immer Leute, die keine Verantwortung übernehmen wollen; dieses Kündigungsrecht gibt ihnen zu viele Rechte und verlagert das Risiko auf die Veranstalter."[2385]

Die Szenezeitschrift *Forum*, Werbeträger einschlägiger Lebenshilfeanbieter, lamentierte: „Anders als bisher, so sieht es der Entwurf vor, soll die Anbieter-Klienten-Beziehung, die vorher auf Vertrauen basierte, durch einen strengen Vertrag geregelt werden, in dem der Anbieter Kosten, Ziel, Dauer, Leistung und Inhalte der Behandlung definieren muß, ebenso wie seine berufliche Qualifikation": ein schlecht durchdachter „Rundumschlag", der die Existenzgrundlage sämtlicher Anbieter geweblicher Lebenshilfe träfe. Vor allem der „Bei-Nicht-Gefallen-Geld-Zurück-Bestimmung" seien die Anbieter völlig schutzlos ausgeliefert: „Jeder wankelmütige Klient kann sein Glück hier und da versuchen, ohne finanzielles Risiko." Auch das Recht einer vierwöchigen Kündigungsfrist ohne Angabe von Gründen sei unzumutbar. Es sei „schlichtweg ein Hohn, daß die Politik einerseits die Vorzüge einer neuen Dienstleistungsgesellschaft proklamiert, den Mut zur Eigeninitiative lobt und sich für einen eigenverantwortlichen Umgang mit der Gesundheit ausspricht, während sie andererseits Gesetze entwirft, die dieses Bestreben, zumindest im Bereich der gewerblichen Lebenshilfe, zunichte machen können".[2386] Ein führender Lebenshilfe-Funktionär entblödete sich nicht, den Gesetzentwurf als „antiemanzipatorisch" zu bezeichnen, da 80% der Anbieter Frauen seien, die sich neben ihrer Familie eine zweite Existenz aufgebaut hätten.[2387]

Unterstützung erhielt die Lebenshelferszene durch die seinerzeitige Bundesregierung (CDU/CSU/FDP), die in einer Stellungnahme vom 27.1.1998 „grundlegende konzeptionelle Bedenken" gegen den Gesetzentwurf vorbrachte: „Die Bundesregierung sieht keine Möglichkeit, eine allgemein geltende abstrakte Regelung zu schaffen, die den eigentlich angesprochenen Bereich der gewerblichen Lebensbewältigungshilfe genauer von denjenigen Dienstverträgen abgrenzt, für die ein Regelungsbedarf nicht besteht. Damit ergibt sich das Dilemma, daß Regelungen zum Schutz von Kunden vor unseriösen Angeboten auf dem Gebiet der gewerblichen Lebensbewältigungshilfe notwendigerweise auch seriöse Anbieter umfassen, bei denen ein Schutzbedürfnis nicht besteht (gemeint sind z.B. Personal- oder Management-Beratung, C.G.) und die gut gemeinten Schutzmaßnahmen in eine unnötige Behinderung umschlagen. In dieser Lage neigt die Bundesregierung dazu, von dem Erlaß allgemeiner prohibitiver Regelungen abzusehen." Die wenig nachvollziehbare Position der seinerzeitigen Bundesregierung, die es offenbar für wichtiger erachtete, Management-Trainer nicht zu „behindern", als Teilnehmer obskurer Psychokurse zu schützen, setzte sich fort in der Kritik an der Forderung, eingegangene Dienstleistungsverträge schriftlich abzufassen: „Mit dem Schriftformerfordernis können die Anbieter zwar auch hier (wie bei anderen Verbraucherschutzgesetzen, C.G.) gezwungen werden, ihre Leistung schriftlich zu fixieren. Gerade den in erster Linie angesprochenen organisierten unseriösen Anbietern von Lebensbewältigungshilfe wird es aber angesichts ihrer organisatorischen, finanziellen und intellektuellen Möglichkeiten ein Leichtes sein, derartige technische Anforderungen so zu erfüllen, daß die für den Kunden gefahrvollen Punkte des Vertrages verschleiert werden und die angestrebte Transparenz des Leistungsangebots und der eintretenden finanziellen und ggf. personalen Verpflichtungen des Kunden nicht eintritt. Die Bundesregierung befürchtet, daß das Schriftformerfordernis sogar zu einer – ungewollten – Begünstigung gerade der unseriösen Anbieter führen kann: Es muß damit gerechnet werden, daß diese das Schriftformerfordernis dazu nutzen werden, für sich und ihre Ziele zu werben." Hinzu komme, daß die Kunden „so stark an der Inanspruchnahme der Dienste interessiert [sind], daß sie die Verträge gewissermaßen 'blind unterschreiben'.

Unter solchen Umständen muß ein Schriftformerfordernis ebenso wirkungslos bleiben wie Mindestanforderungen an den Vertragsinhalt." Im übrigen bedeute die Schriftformerfordernis nur eine „Behinderung für seriöse Anbieter". Mit derselben Argumentation wandte die Bundesregierung sich auch gegen den Vorschlag eines Vertragswiderrufrechtes mit Frist von vierzehn Tagen: Es seien „die Kunden typischerweise in einer seelisch-mentalen Ausnahmesituation, in der sie das Angebot des Anbieters gewissermaßen koste es, was es wolle, nutzen möchten. Sie werden deshalb nicht nur den - wie in dem Entwurf vorgeschlagen - schriftlichen Vertragstext nicht kritisch lesen, sondern blind unterschreiben. Sie werden auch eine Widerrufsfrist typischerweise auch dann nicht nutzen, wenn sie - wie im Entwurf vorgeschlagen - an der Obergrenze der für derartige Rechte üblicherweise vorgesehenen Fristen (14 Tage) liegt. Ihre Kritikfähigkeit gewinnen die gefährdeten und schutzbedürftigen Kunden gewöhnlich erst zu einem Zeitpunkt zurück, zu dem die Widerrufsfrist schon längst abgelaufen ist." In groteskem Widerspruch zu diesen reichlich gewagten Behauptungen wurde bezweifelt, ob denn das vorgeschlagene besondere Kündigungsrecht mit einer Frist von vier Wochen überhaupt erforderlich sei: Dies müsse erst eingehend geprüft werden.[2388]

In betont höflicher Wortwahl wies Renate Rennebach, sektenpolitische Sprecherin der SPD-Bundestagsfraktion und Mitglied der o.a. *Enquete-Kommission „Sogenannte Sekten und Psychogruppen"* darauf hin, daß die „Bundesregierung [gemeint war die seinerzeitige CDU/CSU/FDP-Regierung, C.G.], die sich noch nicht sehr intensiv mit dem Thema beschäftigt hat, schlecht informiert ist". Die Bedenken etwa zur Schriftformerfordernis hielt und hält sie für abwegig: Wenn ein Veranstalter seine Qualifikation und Zielsetzung offenlegen müsse, dann lasse sich da gerade nichts umgehen oder verschleiern. Vielmehr werde dem Verbraucher damit klarer, auf was er sich einlasse: „Ein solches Gesetz hat auch eine Schutzfunktion für seriöse Anbieter, um sich vor unseriöser Konkurrenz abzugrenzen. (...) Was ist dabei, wenn Yoga-Lehrer ihre Ausbildung bekanntgeben und sagen, welche Methoden angewandt werden. Das ist doch alles kein Problem."[2389] Die Gesetzesvorlage sei im übrigen mit den Bedenken der Bundesregierung keineswegs vom Tisch - Gesetzgeber sei schließlich nicht diese sondern der Bundestag -, allerdings werde es vermutlich noch einige Zeit dauern, bis er die parlamentarischen Hürden gemeistert habe. Sehr zum Bedauern auch Frau Rennebachs war aus dem Entwurf der ursprünglich vorgesehene Paragraph zur Beweiserleichterung gestrichen worden, demzufolge der Anbieter hätte nachweisen müssen, daß eine in unmittelbarem zeitlichem Zusammenhang mit seiner Behandlung aufgetretene Gesundheitsschädigung der behandelten Person *nicht* durch seine angewandten Methoden verursacht wurde.[2390] Es hätte solche Beweislastumkehr eine erhebliche Schutzfunktion gegen die Scharlatane der Szene darstellen können. Obgleich dieser Punkt aus dem Gesetzentwurf vollständig gestrichen wurde, erregte er die Gemüter der gewerblichen Lebenshelfer besonders nachhaltig.

Ungeachtet des Umstandes, daß das Gesetzesvorhaben ursprünglich aus Kreisen der SPD initiiert worden war, ließ die neue Bundesregierung (SPD/Grüne) auch im zweiten Jahr nach ihrer Amtsübernahme noch keinerlei Absicht erkennen, dieses erneut aufzugreifen. Anfang 2000 wurde lediglich eine „einmütige" Forderung sämtlicher Parteien des Bundestages verlautbart, es müsse „jetzt endlich über ein Gesetz für die sogenannten 'gewerblichen Lebensbewältigungshilfe-Institutionen' beraten werden".[2391] Konsequenz: Keine. Den entscheidenden Grund für die Lethargie der Regierung Schröder/Fischer in Sachen „Lebensbewältigungshilfegesetz" sehen Kritiker bei den Grünen, in deren Reihen ausgesprochene LobbyistInnen des Psycho- und Esoterikmarktes zu finden sind.[2392]

Obgleich die Verlautbarung der Bundestagsparteien - wieder einmal - völlig unverbindlich blieb, reagierte die Szene erneut äußerst nervös. Zum Sprachrohr machte sich diesmal die Qi-Gong-Zeitschrift *Dao*, der allerdings auch nichts anderes einfiel, als, wie gehabt, das Arbeitsplatzargument hochzuhalten: Das Gesetz würde die Existenz zahlloser Lebenshilfepraxen bedrohen. Und wie gehabt wurde deren Existenzberechtigung ausschließlich mit dem Argument der Weltanschauungsfreiheit begründet.[2393] Auch das Esoterikblättchen *Grenzenlos* nahm sich des Themas an: In einem eigenen Editorial wehklagte Herausgeber Roland Häke (faktenwidrig), der Gesetzgeber unternehme „in Gestalt der SPD-geführten Regierung einen neuen Anlauf, die ganzheitlich-spirituell-alternative Szene 'auszutrocknen'".[2394] Sträflicherweise tut der Gesetzgeber ebendies nicht.

Trotz eifrigster Suche, mithin über eine Art ständiger Konferenz führender Vertreter der Szene (*Frankfurter Gespräche* [in Nachfolge der *Interessengemeinschaft Lebenskunst*]), wurde bisher kein Argument gefunden, das *inhaltlich* gegen verbesserten Verbraucherschutz auf dem Psychomarkt spräche. Auch die Frage, weshalb man mangelhaft oder gar nicht ausgebildete Praktiker bzw. längst als unbrauchbar, riskant oder gar schädlich ausgewiesene Praktiken dulden und dem Verbraucher entsprechende Aufklärung vorenthalten solle, konnte bislang nicht plausibel beantwortet werden.

Wie in den krampfhaften Bemühungen der Szene zur Verhinderung eines Verbraucherschutzgesetzes für den Psycho- und Lebenshilfemarkt deutlich wird - bei den *Frankfurter Gesprächen* denkt man plötzlich angestrengt über die Erstellung *eigener* Qualitäts- und Ethikrichtlinien nach -, geht es ausschließlich um die Sorge finanzieller Einbußen. Als „ganz klar existenzvernichtend" wird vor allem das geplante Widerrufsrecht kritisiert. Jutta Gruber, Pressevertreterin der *Frankfurter Gespräche*, bringt die Befürchtungen der Szene (ungewollt selbstentlarvend) auf den Begriff: „Wenn Lebensberater eine Geld-zurück-Garantie geben müssen, werden sie im öffentlichen Ansehen auf den Status unseriöser Tür-zu-Tür-Geschäfte von Zeitungsdrückern und Staubsaugerverkäufern herabgestuft."[2395] Mag sein. Mit demselben Argument könnten freilich Zeitungsdrücker und Staubsaugerverkäufer auch die Abschaffung des Haustürwiderrufsgesetzes fordern.

Bis zur Verabschiedung des vorgeschlagenen Gesetzes - ob und wann dies der Fall sein wird, ist noch völlig offen - ist Rat- und Hilfesuchenden, die sich unbedingt eines Angebots der Psychoszene bedienen wollen, dringlich anzuraten, mit dem jeweiligen Anbieter einen *schriftlich* abgefaßten Vertrag nach obigem Muster auf privatrechtlicher Grundlage abzuschließen. Verweigert ein Anbieter solchen Vertrag beziehungsweise die darin enthaltenen Angaben, so diskreditiert er sich selbst und sollte *unter keinen Umständen* in Anspruch genommen werden.

Verwendete und weiterführende kritische Literatur

Adorno, T. W.: Thesen gegen den Okkultismus. in: ders.: Minima Moralia: Reflexionen aus dem beschädigten Leben. Frankfurt/Main, 1969

Ders. et al.: Der autoritäre Charakter: Studien über Autorität und Vorurteil (2 Bände). Amsterdam, 1968

Aktion für Geistige und Psychische Freiheit e.V (Hrsg.): Der Hare-Krishna-Kult und was dahinter steckt. Bonn, 1982 (E.i.S.)

Aktion Psychokultgefahren e.V. (Hrsg.): Die Rechtsprechung zu Neueren Glaubensgemeinschaften: Ein systematischer Überblick. Krefeld, 1991

Dies. (Hrsg.): Im Netz der Sinnverkäufer. Krefeld, 1991

Alexander, M.: Die falschen Propheten: Schein und Wirklichkeit der Sekten. Düsseldorf, 1986

Antifaschistisches Autorenkollektiv: Drahtzieher im braunen Netz. Hamburg, 1996

AntiVisionen (Hrsg.): Schicksal und Herrschaft. Materialien zur Kritik an der New-Age-Bewegung. Hamburg, 2000

AStA FHS Sozialpädagogik (Hrsg.): Von Karma bis Lebensschutz. Bielefeld, 1992

Awadalla, E.: Heimliches Wissen - unheimliche Macht: Sekten, Esoterik und der rechte Rand. Wien, 1997

Dies.: Kraftorte - Geldquellen: Österreichischer Sekten- & Esoterikatlas. Wien, 2000

Bannach, K./Rommel, K. (Hrsg.): Religiöse Strömungen unserer Zeit. Stuttgart, 1991

Baumann, H. W. et al.: 'Jugendsekten' und neue Religiosität. Gelsenkirchen, 1982

Baumgartner, H. (Hrsg.): Verführung statt Erleuchtung: Sekten, Scientology, Esoterik. Düsseldorf, 1994

Beese, F.: Was ist Psychotherapie? Ein Leitfaden für Laien zur Information über ambulante und stationäre Psychotherapie. Göttingen, 1996 (6. Aufl.)

Bellmund, K./Siniveer, K.: Kulte, Führer, Lichtgestalten: Esoterik als Mittel rechter Propaganda. München, 1997

Bendrath, D.: Ein Messias aus Korea (Vereinigungskirche). München, 1980

Ders.: (Hrsg.): Brahma Kumaris/Raja Yoga: Darstellung, Berichte, Dokumente. München, 1985

Benz, W. (Hrsg.): Legenden, Lügen, Vorurteile. München, 1995 (7. Aufl.)

Berger, K.: New Age: Ausweg oder Irrweg? Aßlar-Berghausen, 1988

Beyes-Corleis, A.: Verirrt: Mein Leben in einer radikalen Politorganisation (EAP). Freiburg, 1994

Bienemann, G.: Gefahren auf dem Psychomarkt. Münster, 1997

Bierl, P.: Wurzelrassen, Erzengel und Volksgeister: Die Anthroposophie Rudolf Steiners und die Waldorfpädagogik. Hamburg, 1999

Bloch, E.: Das Prinzip Hoffnung. Frankfurt/Main, 1958

Ders.: Erbschaft dieser Zeit. Frankfurt/Main, 1985

Boberski, H.: Das Engelwerk: Theorie und Praxis des Opus Angelorum. Salzburg, 1993

Bochinger, C.: 'New Age' und moderne Religion. Gütersloh, 1994

Bohnke, B.: Die schöne Illusion der Wassermänner: New Age, die Zukunft der sanften Verschwörung. Düsseldorf, 1989

Bopp, J.: Vor uns die Sintflut! Streitschriften zur Jugend- und Psycho-Szene. Reinbek, 1985

Boyesen, G. et al.: Im Sog der Psychoszene: Erfahrungen und Kommentare. Stuttgart, 1988

Bürkle, H. (Hrsg.): New Age: Kritische Anfragen an eine verlockende Bewegung. Düsseldorf, 1989

Caberta, U./Träger, G.: Scientology greift an: Der Inside-Report über die unheimliche Macht des L. Ron Hubbard. Düsseldorf, 1997

Cammans, H.-M.: Okkultismus: Zwischen Suche und Sucht. Recklinghausen, 1990

Dies.: Die neuen Heilsbringer: Auswege oder Wege ins Aus? Recklinghausen, 1994
Dies.: Betroffen durch Sekten? Düsseldorf, 1997
Dies.: Ratgeber Okkultismus. Düsseldorf, 1998
Dies.: Sekten: Die neuen Heilsbringer. Düsseldorf, 1998
Carlhoff, H.-W./Wittemann, P. (Hrsg.): Neue Wege zum Glück? Psychokulte, Neue Heilslehren, Jugendsekten. Stuttgart, 1994
Carmin, E.: 'Guru' Hitler: Die Geburt des Nationalsozialismus aus dem Geiste der Mystik und Magie. Zürich, 1985
Christ, A./Goldner, S.: Scientology im Management. Düsseldorf, 1996
Coward, R.: Nur Natur? Die Mythen der Alternativmedizin. München, 1995
Cox, H.: Licht aus Asien: Verheißung und Versuchung östlicher Religiosität. Stuttgart, 1977
Cumbey, C.: Die sanfte Verführung. Aßlar, 1987 (3. Aufl.)
Daim, W.: Der Mann, der Hitler die Ideen gab: Die sektiererischen Grundlagen des Nationalsozialismus. Wien, 1985 (2. Aufl.)
Degen, R.: Lexikon der Psycho-Irrtümer. Frankfurt/Main, 2000
DGB Bildungswerk Bayern (Hrsg.): New Age und Faschismus. München, 1992
Ditfurth, J.: Feuer in die Herzen: Plädoyer für eine ökologische linke Opposition. Hamburg,1992 (erweiterte Neuauflage 1997)
Dies.: Entspannt in die Barbarei: Esoterik, (Öko-)Faschismus und Biozentrismus. Hamburg, 1996
Dönz, M.: Im Netz von Scientology verstrickt. Frankfurt/Main, 1994
Drößler, R./Freyberg, M.: Handlesen, Kartenlegen, Pendeln: Über die Scheinkunst des Wahrsagens - wahr gesagt. Leipzig, 1990
Duda, G.: Im Bann des religiösen Wahns: Die Jugendsekten: Ursprung, Wesen, Folgen, Abwehr. Pähl, 1979
Ebermann, T./Trampert, R.: Die Offenbarung der Propheten. Hamburg, 1996 (2. Aufl.)
Efler, I./Reile, H. (Hrsg.): VPM - Die Psychosekte. Reinbek, 1995
Eichmann, K./Mayer, I.: Kursbuch Psychotherapie. München, 1985
Eimuth, K.-H.: Die Sekten-Kinder: mißbraucht und betrogen. Freiburg, 1996
Ders.: Sekten-Ratgeber. Freiburg, 1997
Ders. (Hrsg.): Gott, Jehova, Krishna oder was? Frankfurt/Main, 1997
Ders./Oelke, M.: Jugendreligionen und religiöse Subkulturen. Frankfurt/Main, 1979
Engels, F.: Die Naturforschung und die Geisterwelt (1878, posthum). Berlin, 1972
Engstfeld, P. et al. (Hrsg.): Juristische Probleme im Zusammenhang mit den sogenannten Jugendreligionen. München, 1982
Evans, C.: Kulte des Irrationalen: Sekten, Schwindler, Seelenfänger. Reinbek, 1979
Ewald, T. et al.: Esoterik und New Age: Herausforderungen an die Jugend- und Erwachsenenbildung. Reihe Polis (HLZ), Nr. 20. Wiesbaden, 1996
Federspiel, K./Lackinger-Karger, I.: Kursbuch Seele. Köln, 1996
Fischer, G./Wölflingseder, M. (Hrsg.): Biologismus - Rassismus - Nationalismus: Rechte Ideologien auf dem Vormarsch. Wien, 1995
Floether, E.: Der Todeskuß: Wahn und Wirklichkeit der Bhagwan-Bewegung. Neuhausen-Stuttgart, 1985
Freund, R.: Braune Magie? Okkultismus, New Age und Nationalsozialismus. Wien, 1995
Freyhold, M.: Autoritarismus und politische Apathie: Analyse einer Skala zur Ermittlung autoritätsgebundener Verhaltensweisen. Frankfurt/Main, 1971
Fuchs, E.: Jugendsekten. München, 1979
Gandow, T.: Mun-Bewegung. München, 1993
Gascard, J.: Die Perversion der Erlösung: Eine tiefen- und sozialpsychologische Untersuchung des Massenselbstmordes von Jonestown. München, 1983
Gasper, H. et al.: Lexikon der Sekten, Sondergruppen und Weltanschauungen. Freiburg, 1994
Geppert, H.-J.: Götter mit beschränkter Haftung: Die Jugendsekten-Szene. München, 1985

Gertler, A./Mattig, W.: Stimmen aus dem Jenseits: Parapsychologie und Wissenschaft. Berlin, 1992
Gess, H.: Vom Faschismus zum Neuen Denken: C.G. Jungs Theorie im Wandel der Zeit. Lüneburg, 1994
Giese, E./Kleiber, D. (Hrsg.): Das Risiko Therapie. Weinheim, 1989
Dies. (Hrsg.): Im Labyrinth der Therapie: Erfahrungsberichte. Weinheim, 1990
Goldmann, J.: Die wahren X-Akten. Köln, 1997
Goldner, C.: Fernöstliche Kampfkunst: Zur Psychologie der Gewalt im Sport. München, 1992 (2. Aufl.)
Ders.: Die Grenze zu 'Blut-und-Boden' ist fließend, in: Platta, H.: New-Age-Therapien: pro und contra. Weinheim, 1994 (TB Reinbek, 1997)
Ders.: Gefährlicher oder fauler High-Tech-Zauber? Beobachtungen zu neurophysiologischen Manipulationspraktiken der New-Age-Esoterik, in: Carlhoff, H.-W./Wittemann, P. (Hrsg.): Neue Wege zum Glück? Psychokulte, Neue Heilslehren, Jugendsekten. Stuttgart, 1994
Ders.: Subliminale Wahrnehmung, in: Oepen, I./Sarma, A. (Hrsg.): Parawissenschaften unter der Lupe. Münster, 1995
Ders.: Dalai Lama: Fall eines Gottkönigs. Aschaffenburg, 1999
Ders.: 'Übrig bleibt ein Volk von Karma-, Schicksals- und Vorsehungsgläubigen', in: Blum, M./Nesseler, T. (Hrsg.): Epochenende-Zeitenwende. Freiburg, 1999
Grandt, G./Grandt, M.: Schwarzbuch Satanismus: Innenansicht eines religiösen Wahnsystems. Augsburg, 1995
Dies.: Waldorf Connection. Rudolf Steiner und die Anthroposophen. Aschaffenburg, 1999 (2. Aufl.)
Dies.: Erlöser: Phantasten, Verführer und Vollstrecker. Aschaffenburg, 1998
Dies./Bender, K.-M.: Fiat Lux: Uriellas Orden. München, 1992
Grawe, K.: Psychologische Therapie. Göttingen, 1998
Ders./Donati, R./Bernauer, F.: Psychotherapie im Wandel: Von der Konfession zur Profession. Göttingen, 1995 (4. Aufl.)
Groothuis, D.: Was tun gegen New-Age? Aufruf zum Widerstand. Aßlar, 1989
Gross, W. (Hrsg.): Psychomarkt, Sekten, Destruktive Kulte. Bonn, 1994
Grundmann, T./Stüber, K. (Hrsg.): Philosophie der Skepsis. Stuttgart, 1996
Gubisch, W.: Hellseher, Scharlatane, Demagogen. München, 1961
Guderian, C.: Therapie: ist das was für mich? München, 1996
Gugenberger, E./Schweidlenka, R.: Mutter Erde, Magie und Politik: Zwischen Faschismus und neuer Gesellschaft. Wien, 1987
Dies. (Hrsg.): Mißbrauchte Sehnsüchte? Esoterische Wege zum Heil. Wien, 1992
Dies.: Die Fäden der Nornen: Zur Macht der Mythen in politischen Bewegungen. Wien, 1993
Dies./Petri, F.: Weltverschwörungstheorien: Die neue Gefahr von rechts. Wien, 1998
Haack, F.-W.: Die neuen Jugendreligionen (Teil 1/2). München, 1978
Ders.: Freiheit, die sie meinen. Hamburg, 1978
Ders.: Verführte Sehnsucht. München, 1978
Ders.: Erkaufte Hoffnung: Die christlichen Sekten. München, 1980
Ders.: Führer und Verführte: Jugendreligionen und politreligiöse Jugendsekten. München, 1980
Ders.: Transzendentale Meditation: Maharishi Mahesh Yogi. München, 1980
Ders.: Wotans Wiederkehr: Blut-, Boden- und Rasse-Religionen. München, 1981
Ders.: Guruismus und Guru-Bewegungen. München, 1982
Ders.: Hinduismus und Guruismus. Augsburg, 1982
Ders.: Scientology: Magie des 20. Jahrhunderts. München, 1982
Ders.: Blut-Mythos und Rasse-Religion. München, 1983
Ders.: Jugendreligionen, Gurubewegungen, Psychokulte. München, 1983
Ders.: Eine Kastenordnung für das Abendland: Das Gesellschaftssystem der Krsna-Bewegung. München, 1984
Ders.: Das Heimholungswerk der Gabriele Wittek und die Neuoffenbarungsbewegung. München, 1985
Ders.: PSI/Parapsychologie. München, 1987 (5. Aufl.)
Ders.: Spiritismus. München, 1988 (5. Aufl.)

Ders.: Europa neue Religion: Sekten, Gurus, Satanskult. München, 1990
Ders.: Findungshilfe Religion 2000. München, 1990
Ders.: Jugendsekten. Weinheim, 1991
Ders.: Sekten. München, 1994 (6. Aufl.)
Ders./Haack, A.: Jugendspiritismus und -satanismus. München, 1988 (2. Aufl.)
Ders./Schuster, U./Ach, M. (Hrsg.): Die neuen Jugendreligionen: Aktionen, Hilfen, Initiativen. München, 1986
Hammerschmidt, M.: Instant Nirvana. Berlin, 2000
Hammerstein, O.: Ich war ein Munie. München, 1980
Hampel, W.: Schwärmer, Schwindler, Scharlatane. Berlin, 1961
Hanisch, L./Hermanns, P.: Kampf um die Seele: Von Profis und Scharlatanen. Reinbek, 1990
Harder, B.: Die übersinnlichen Phänomene im Test. Augsburg, 1996
Ders.: X-Akten - gelöst: Die Enträtselung der 'unheimlichen Fälle'. Aschaffenburg, 1999
Ders.: Nostradamus: Ein Mythos wird entschlüsselt. Aschaffenburg, 2000
Ders./Hemminger, H.-J.: Was ist Aberglaube? Bedeutung, Erscheinungsformen, Beratungshilfen. Gütersloh, 2000
Harris, M.: Fauler Zauber: Unsere Sehnsucht nach der anderen Welt. Stuttgart, 1993
Hartwig, R.: Scientology: Die Zeitbombe in der Wirtschaft. Pfaffenhofen, 1994
Dies.: Scientology: Ich klage an! Augsburg, 1994
Hassan, S.: Ausbruch aus dem Bann der Sekten. Reinbek, 1993
Hauth, R.: Die Kinder Gottes oder 'Familie der Liebe'. München, 1979
Ders.: Vereinigungskirche: 'Tong-Il Kyo' im Angriff. München, 1979
Ders.: Transzendentale Meditation: Neue Wege zum Heil? Gladbeck, 1979
Ders.: Jugendsekten und Psychogruppen von A-Z. Gütersloh, 1981
Ders.: Die nach der Seele greifen: Psychokult und Jugendsekten. Gütersloh, 1985
Heinemann, I.: Die Scientology-Sekte und ihre Tarnorganisationen. Stuttgart, 1979
Heller, F.: Colonia Dignidad: Von der Psychosekte zum Folterlager. Stuttgart, 1993
Ders./Maegerle, A.: Thule: Vom völkischen Okkultismus bis zur Neuen Rechten. Stuttgart, 1995 (akt. Neuauflage 1999)
Helms, H.: Die Ideologie der anonymen Gesellschaft. Köln, 1966
Hemminger, H.-J.: Psychotherapie: Wege zum Glück? Zur Orientierung auf dem Psychomarkt. München, 1987
Ders.: Das therapeutische Reich des Dr. Ammon: Eine Untersuchung zur Psychologie totalitärer Kulte. Stuttgart, 1989
Ders.: VPM: Der 'Verein zur Förderung der psychologischen Menschenkenntnis' und Friedrich Lieblings 'Zürcher Schule'. München, 1994
Ders.: Was ist eine Sekte? Mainz, 1995
Ders.: Scientology: Der Kult der Macht. Stuttgart, 1997
Ders.: (Hrsg.): Die Rückkehr der Zauberer: New Age - Eine Kritik. Reinbek, 1987
Ders./Becker, V.: Wenn Therapien schaden. Reinbek, 1989
Ders./Keden, J.: Seele aus zweiter Hand: Psychotechniken und Psychokonzerne. Stuttgart, 1997
Henkel, W.: Entstehung und Entwicklung der Religion: Seelen- und Geisterglaube. Neustadt, 1993
Henning, C.: Die Entfesselung der Seele: Romantischer Individualismus in den deutschen Alternativkulturen. Frankfurt/Main, 1989
Herrmann, J.: Das falsche Weltbild: Astronomie und Aberglaube. München, 1973
Ders. (Hrsg.): Mission mit allen Mitteln: Der Scientology-Konzern auf Seelenfang. Reinbek, 1992
Hillman, J./Ventura, M.: Hundert Jahre Psychotherapie und der Welt geht's immer schlechter. Solothurn, 1993
Hiorth, F.: Naturalismus. Neustadt, 1992
Hiß, P.: So finden Sie den richtigen Therapeuten. Frankfurt/Main, 1998
Höhn, M.: Sympathie für den Teufel. Kritischer Ratgeber Okkultismus. Köln, 1993
Hörmann, G./Körner, W. (Hrsg.): Klinische Psychologie: Ein kritisches Handbuch. Reinbek, 1991
Hofer, T.: Gottes rechte Kirche: Katholische Fundamentalisten auf dem Vormarsch. Wien, 1998

Holl, A. (Hrsg.): Die zweite Wirklichkeit: Esoterik, Parapsychologie, Okkultismus, Magie, Wunder. Wien, 1987
Holtz, G.: Die Faszination der Zwänge: Aberglaube und Okkultismus. Göttingen, 1984
Horkheimer, M./Adorno, T. W.: Dialektik der Aufklärung: Philosophische Fragmente. Amsterdam, 1947
Howe, E.: Uranias Kinder: Die seltsame Welt der Astrologen und das Dritte Reich. Weinheim, 1995
Hüttl, H.: Die Sri-Chinmoy-Bewegung im deutschsprachigen Raum. Graz, 1998 (E.i.S.)
Huguenin, T.: Ich kam davon. Augsburg, 1996
Huisken, F.: Erziehung im Kapitalismus: Von den Grundlügen der Pädagogik und dem unbestreitbaren Nutzen der bürgerlichen Lehranstalten. Hamburg, 1998
Hultquis, L.: Verlockende Stimmen: Erlebnisberichte aus Jugendsekten. Asslar, 1977
Hummel, R.: Gurus in Ost und West: Hintergründe, Erfahrungen, Kriterien. Stuttgart, 1984
Ders.: Reinkarnation. Stuttgart, 1989
Ders.: Vereinigungskirche: die Moon-Sekte im Wandel. Neukirchen-Vluyn, 1998
Hund, W.: Okkultismus: Materialien zur kritischen Auseinandersetzung. Mühlheim/Ruhr, 1995
Ders.: Das gibt's doch gar nicht: Okkultismus im Experiment. Mühlheim/Ruhr, 1998
Hundseder, F.: Wotans Jünger: Neuheidnische Gruppierungen zwischen Esoterik und Rechtsradikalismus. München, 1998
Hunfeld, F./Dreger, T.: Magische Zeiten: Jugendliche und Okkultismus. Weinheim, 1990
Initiative Sozialistisches Forum (Hrsg.): Diktatur der Freundlichkeit: Über Bhagwan, die kommende Psychokratie und Lieferanteneingänge zum wohltätigen Wahnsinn. Freiburg, 1984
Jenrich, P.: Die Okkupation des Willens: Macht und Methoden der neuen Kultbewegungen. Hamburg, 1985
Jeßberger, R.: Kreationismus. Berlin, 1990
Jetter, R.: Getarnter Rechtsradikalismus. Berlin, 1978
Jordan, M.: Kulte, Sekten und Mysterien. München, 1997
Jungen, H.-W.: Universelles Leben: Die Prophetin und ihr Management. Augsburg, 1996
Kaiser, E./Rausch, U.: Die Zeugen Jehovas: Ein Sektenreport. Ausgburg, 1996
Kaplan, D./Marshall, A.: Aum: Eine Sekte greift nach der Welt. München, 1996
Karbe, K.: Rehabilitation ehemaliger Mitglieder von Jugendsekten: Amerikanische Erfahrungen. Bonn, 1982
Ders./Müller-Küppers, M. (Hrsg.): Destruktive Kulte: Gesellschaftliche und gesundheitliche Folgen totalitärer pseudoreligiöser Bewegungen. Göttingen, 1983
Karner, G.: Auserwählte Außenseiter: Gurujünger im sozialen Spannungsfeld zwischen Selbst- und Fremdbild. Wien, 1992
Kaufhold, R.: Auf den Spuren des Erich von Däniken. München, 1984
Kaufmann, R.: Übermenschen unter uns. Frankfurt/Main, 1972
Keden, J. (Hrsg.): Sogenannte Jugendsekten. Neukichen-Vluyn, 1986
Ders. (Hrsg.): Sogenannte Jugendsekten und die okkulte Welle. Neukichen-Vluyn, 1986
Ders. et al.: Gurus, Geister, Heiler und Propheten: Orientierungshilfen für den Markt der Sinnanbieter. Neukirchen-Vluyn, 1991
Kern, G./Traynor, L. (Hrsg.): Die esoterische Verführung: Angriffe auf Vernunft und Freiheit. Aschaffenburg, 1995
Kilduff, M./Javers, R.: Der Selbstmordkult: Die Hintergrundgeschichte der 'Volkstempler'-Sekte und das Massaker von Guayana. München, 1979
King, D.: Nazis ohne Hakenkreuz: Der Lyndon-LaRouche-Kult. München, 1984
Kitaigorodski, A.: Magie, Telepathie und allerlei Wunder. Berlin, 1979
Klaus, T.: Der Messias mit dem Hakenkreuz. Merazhofen, 1991
Klosinski, G.: Psychokulte: Was Sekten für Jugendliche so attraktiv macht. München, 1996
Ders. (Hrsg.): Religion als Chance oder Risiko? Bern, 1994
Knackstedt, W.: Supermarkt der Heilsbringer. Wuppertal, 1996
Knaut, H.: Propheten der Angst: Berichte zu psychopathologischen Trends der Gegenwart. Percha, 1975
Ders.: Das Testament des Bösen: Kulte, Morde, Schwarze Messen: Heimliches und Unheimliches aus dem

Untergrund. Stuttgart, 1979
Köhrer, H. (Hrsg.): Jugendsekten: Eine Gefahr für Kirche, Staat und Gesellschaft? München, 1983
König, K.: Wem kann Psychotherapie helfen? Göttingen, 1993
König, R.: New Age: Wie man uns heute für morgen programmiert. Neuhausen-Stuttgart, 1987 (3. Aufl.)
Köpf, P.: Stichwort Scientology. München, 1995
Kohle, H./Beckers, H.: Kulte, Sekten, Religionen. Augsburg, 1994
Kohn-Ley, C./Korotin, I. (Hrsg.): Der feministische 'Sündenfall'? Wien, 1994
Konitzer, M.: New Age: Über das Alte im neuen Zeitalter. Hamburg, 1989
Kovel, J.: Kritischer Leitfaden der Psychotherapie. Frankfurt/Main, 1988 (6. Aufl.)
Kraiker, C./Peter, B. (Hrsg.): Psychotherapieführer: Wege zur seelischen Gesundheit. München, 1998 (5. Aufl.)
Kramer, J./Alstadt, D.: Die Guru-Papers. Berlin, 1995
Kratz, P.: Die Götter des New Age: Im Schnittpunkt von 'Neuem Denken', Faschismus und Romantik. Berlin, 1994
Krause, C.: Die Tragödie von Guayana: Der Massenselbstmord. Frankfurt/Main, 1978
Krumbholz, E.: Zerstörte Illusionen: Erfahrungen mit der Transzendentalen Meditation des Maharishi Mahesh Yogi. Bensheim, 1983
Kuhn, T.: Die Struktur wissenschaftlicher Revolutionen. Frankfurt/Main, 1967
Kunczik, M.: Die manipulierte Meinung: Nationale Image-Politik und Internationale Public Relations. Köln, 1990
Kurtz, P.: Leben ohne Religion: Eupraxophie. Neustadt, 1989
Lademann-Priemers, G.: Warum faszinieren Sekten? Psychologische Aspekte des Religionsmißbrauchs. München, 1998
Langel, H.: Destruktive Kulte und Sekten: Eine kritische Einführung. München, 1995
Lell, M.: Das Forum: Protokoll einer Gehirnwäsche. Der Psycho-Konzern Landmark Education. München, 1997
Linedecker, C.: Sektenführer des Todes: David Koresh und das Waco-Massaker. München, 1994
Magin, U.: Von Ufos entführt. München, 1991
Ders.: Geheimwissenschaft Geomantie. München, 1996
Mangalwadi, V.: Esoterische Kräfte: Ursprung, Wirkung, Gefahren (World of Gurus). Neuhausen-Stuttgart, 1988
McManus, U./Cooper, J.: 'Ich war bei den Kindern Gottes'. Marburg, 1981
Mecklenburg, J. (Hrsg.): Handbuch Deutscher Rechtsextremismus. Berlin, 1996
Ders. (Hrsg.) AntifaReader: Antifaschistisches Handbuch und Ratgeber. Berlin, 1996
Meischke, M.: Schach dem Aberglauben. Berlin, 1961
Messner, S. et al.: Beratung im Umfeld von Jugendreligionen. Göttingen, 1984
Michel, K./Spengler, T. (Hrsg.): Kursbuch 55: Sekten. Berlin, 1979
Dies. (Hrsg.): Kursbuch 82: Die Therapiegesellschaft. Berlin, 1985
Dies. (Hrsg.): Kursbuch 86: Esoterik oder die Macht des Schicksals. Berlin, 1986
Dies. (Hrsg.): Kursbuch 124: Verschwörungstheorien. Berlin, 1996
Minhoff, C./Lösch, H.: Neureligiöse Bewegungen: Strukturen, Ziele, Wirkungen. München, 1988
Moser, T.: Kompaß der Seele. Frankfurt/Main, 1986
Müller, U./Leimkühler, A.: Zwischen Allmacht und Ohnmacht: Untersuchungen zum Welt-, Gesellschafts- und Menschenbild Neureligiöser Bewegungen. Regensburg, 1992
Müller-Küppers, M./Specht, F.: 'Neue Jugendreligionen'. Göttingen, 1979
Myrell, G. et al.: Neues Denken, Alte Geister: New Age unter der Lupe. Niedernhausen, 1987
Nannen, H.: Die himmlischen Verführer: Sekten in Deutschland. Hamburg, 1979
Nordhausen, F./Billerbeck, L.: Der Sekten-Konzern. Berlin, 1994
Dies.: Psycho-Sekten: Die Praktiken der Seelenfänger. Berlin, 1997 (TB: Frankfurt/Main, 1999)
Oepen, I. (Hrsg.): An den Grenzen der Schulmedizin: Eine Analyse umstrittener Methoden. Köln-Lövenich, 1985
Dies. (Hrsg.): Unkonventionelle medizinische Verfahren. Stuttgart, 1993
Dies. et al. (Hrsg.): Parawissenschaften unter der Lupe. Münster, 1995

Dies. et al. (Hrsg.): Paramedizin: Analysen und Kommentare. Münster, 1998
Dies. et al. (Hrsg.): Lexikon der Parawissenschaften: Astrologie, Esoterik, Okkultismus, Paramedizin, Parapsychologie kritisch betrachtet. Münster, 1999
Dies./Scheidt, R.: Wunderheiler heute. München, 1989
Padberg, L.: New Age und Feminismus. Aßlar-Berghausen, 1988
Parris, D.: Dem Glauben auf den Zahn gefühlt: Ansichten eines Skeptikers. Neustadt, 1993
Pestalozzi, H.: Die sanfte Verblödung: Gegen falsche New Age-Heilslehren und ihre Überbringer. Düsseldorf, 1985 (4. Aufl.)
Ders.: Auf die Bäume, ihr Affen! Bern, 1989
Petz, E.: Verblödung aus den Hinterwelten. Wien, 1993
Petzold, H.: Die neuen Körpertherapien. Paderborn, 1987
Pfahl-Traughber, A.: Der antisemitisch-freimaurerische Verschwörungsmythos in der Weimarer Republik und im NS-Staat. Wien, 1993
Ders.: Rechtsextremismus. München, 1999
Platta, H.: New-Age-Therapien: pro und contra. Weinheim, 1994 (TB: Reinbek, 1997)
Ders.: Identitäts-Ideen: Zur gesellschaftlichen Vernichtung des Selbstbewußtseins. Gießen, 1997
Poliakov, L.: Der arische Mythos: Zu den Quellen von Rassismus und Antisemitismus. Hamburg, 1993
Pössel, M.: Phantastische Wissenschaft. Über Erich von Däniken und Johannes von Butlar. Reinbek, 2000
Potthoff, N.: Der Wise-Report: Das totalitäre Scientology-Konzept in Wirtschaft und Politik. Krefeld, 1994
Ders.: Im Labyrinth der Scientology. Bergisch-Gladbach, 1997
Prokop, O./Wimmer, W.: Der moderne Okkultismus. Stuttgart, 1976
Dies.: Wünschelrute, Erdstrahlen, Radiästhesie. Stuttgart, 1985
Psychologie-Heute-Redaktion (Hrsg.): Welche Therapie? Weinheim, 1991
Randow, G. (Hrsg.): Mein paranormales Fahrrad und andere Anlässe zur Skepsis. Reinbek, 1993
Ders.: Der Fremdling im Glas und weitere Anlässe zur Skepsis. Reinbek, 1996
Redhead, S.: Der teure Traum vom Übermenschen. München, 1993
Referat für Weltanschauungsfragen (Hrsg.): Kinder in Sekten: 'Die 2. Generation'. Wien, 1996
Reichelt, P.: Helnwein und Scientology: Lüge und Verrat: Eine Organisation und ihr Geheimdienst. Mannheim, 1997
Reinalter, H. (Hrsg.) Aufklärung und Geheimgesellschaften. München, 1989
Ders./Petri, F./Kaufmann, R. (Hrsg.): Das Weltbild des Rechtsextremismus: Die Struktur der Entsolidarisierung. Innsbruck, 1998
Reller, H./Kießig, M. (Hrsg.): Handbuch Religiöse Gemeinschaften. Gütersloh, 1993 (4. Aufl.)
Repp, M.: Aum Shinrikyo: Ein Kapitel krimineller Religionsgeschichte. Marburg, 1997
Richter, H.E.: Der Gotteskomplex: Die Geburt und die Krise des Glaubens an die Allmacht des Menschen. Reinbek, 1979
Rickens, F.: Antike Skeptiker. München, 1994
Ries, J.-U.: Auf der Suche nach einem neuen Zeitalter: Eine Auseinandersetzung mit Esoterik, Anthroposophie sowie Fragmenten eigener Utopie. Osnabrück, 1994
Rink, S./Lösch, H.: Stichwort Okkultismus. München, 1996
Rohmann, D.: Ein Kult für alle Fälle. Bern, 2000
Rosina, H.-J.: Faszination und Indoktrination: Beobachtungen zu psychischen Manipulationspraktiken in totalitären Kulten. München, 1989
Rüsen, J./Lämmert, E./Glotz, P. (Hrsg.): Die Zukunft der Aufklärung. Frankfurt/Main, 1988
Ruppert, H.-J.: New Age: Endzeit oder Wendezeit? Wiesbaden, 1986
Ders.: Die Hexen kommen: Magie und Hexenglaube heute. Wiesbaden, 1987
Ders.: Durchbruch zur Innenwelt: Spirituelle Impulse aus New Age und Esoterik in kritischer Beleuchtung. Stuttgart, 1988
Ders.: Okkultismus: Geisterwelt oder neuer Weltgeist? Wiesbaden, 1990

Rust, H.: Revolution des Spießertums. Weinheim, 1999
Ruthven, M.: Der Göttliche Supermarkt. Frankfurt/Main, 1991
Sagan, C.: Der Drache in meiner Garage oder: Die Kunst der Wissenschaft, Unsinn zu entlarven. München, 1997
Schäfer, H.: Poltergeister und Professoren: Über den Zustand der Parapsychologie. Bremen, 1995
Schaffrath, B.: Homöopathie: Eine kritische Analyse kontroverser Argumente. Ulm, 1990
Scheich, G.: Positives Denken macht krank: Vom Schwindel mit gefährlichen Erfolgsversprechen. Frankfurt/Main, 1997
Schleichert, H.: Wie man mit Fundamentalisten diskutiert, ohne den Verstand zu verlieren. München, 1997
Schlothauer, A.: Die Diktatur der freien Sexualität: AAO, Mühl-Kommune, Friedrichshof. Wien, 1992
Schmid, G.: Im Dschungel der neuen Religiosität: Esoterik, östliche Mystik, Sekten, Islam, Fundamentalismus, Volkskirchen. Stuttgart, 1992
Schmidt, W. et al.: New Age: Die Macht von morgen. Neuhausen-Stuttgart, 1987 (2. Aufl.)
Schmidt-Salomon, M.: Erkenntnis aus Engagement. Grundlegungen zu einer Theorie der Neomoderne. Aschaffenburg, 1999
Schmidtchen, G.: Sekten und Psychokultur: Reichweite und Attraktivität von Jugendreligionen in der Bundesrepublik Deutschland. Freiburg, 1987
Schneider, K.: Der kosten- aber nicht folgenlose Scientology-Test. München, 1993
Schnurbein, S.: Göttertrost in Wendezeiten: Neugermanisches Heldentum zwischen New Age und Rechtsradikalismus. München, 1993
Schöll, A.: Transzendentale Meditation: Eine Generation auf der Suche nach Autorität. Bensheim, 1979
Scholz, R.: Probleme mit Jugendsekten. München, 1993
Schorsch, C.: Die New-Age-Bewegung: Utopie und Mythos der neuen Zeit. Gütersloh, 1988
Schüller, C./ Let, P.v.d.: Rasse Mensch: Jeder Mensch ein Mischling. Aschaffenburg, 1999
Schweer, T.: Die Heilsversprecher: Der Kampf der Sekten um die Seelen. München, 1996
Schweidlenka, R.: Altes blüht aus den Ruinen: New Age und Neues Bewußtsein. Wien, 1989
Ders.: Pfadfinder im Psychodschungel. Wien, 1992
Schwertfeger, B.: Der Griff nach der Psyche: Was umstrittene Persönlichkeitstrainer in Unternehmen anrichten. Frankfurt/Main, 1998
Seidl, A.: Im seelischen Untergrund. München, 1972
Senatsverwaltung für Schule, Jugend und Sport (Berlin): Informationen über neue religiöse und weltanschauliche Bewegungen und sogenannte Psychogruppen. Berlin, 1994
Senft, G.: Gesichter der Esoterik: Ein Streifzug durch das Reich des Irrationalismus. Wien, 1991
Shermer, M./Maidhof-Christig, B./Traynor, L. (Hrsg.): Argumente und Kritik: Skeptisches Jahrbuch I. Rassismus, die Leugnung des Holocaust, AIDS ohne HIV und andere fragwürdige Behauptungen. Aschaffenburg, 1997
Dies. (Hrsg.): Endzeittaumel: Propheten, Prognosen, Propaganda. Skeptisches Jahrbuch II. Aschaffenburg, 1998
Shermer, M./Traynor, L. (Hrsg.): Heilungsversprechen: Zwischen Versuch und Irrtum. Skeptisches Jahrbuch III. Aschaffenburg, 2000
Sieper, R. (Hrsg.): Psychokulte: Erfahrungen Betroffener. München, 1986
Smith, M.: Gewalt und sexueller Mißbrauch in Sekten. Zürich, 1994
Sommer, T. (Hrsg.): Achtung, Seelenfänger: Sekten, Gurus, Psycho-Freaks. (ZEIT-Punkte). Hamburg, 4/1997
Sonntag, B.: Mein Partner ist in Therapie. Stuttgart, 1988
Sorg, E.: Lieblingsgeschichten: Die 'Zürcher Schule' oder Innen-Ansichten eines Psycho-Unternehmens. Zürich, 1991
Sozialistische Jugend Österreich (Hrsg.): Rechtsextremismus und Esoterik. Wien, 1998
Spaink, K.: Krankheit als Schuld? Die Fallen der Psychosomatik. Reinbek, 1994
Stamm, H.: Scientology: Seele im Würgegriff: Übermenschen zwischen Ausbeutung und Psychoterror. Horgen, 1982
Ders.: VPM - Die Seelenfalle: 'Psychologische Menschenkenntnis' als Heilsprogramm. Zürich, 1993
Ders.: Sekten: Im Bann von Sucht und Macht. Zürich, 1995

Ders.: Im Bann der Apokalypse. Zürich, 1998
Ders.: Achtung Esoterik: Zwischen Spiritualität und Verführung. Zürich, 2000
Steiden, H./Hamernik, C.: Einsteins falsche Erben: Die unheimliche Macht und Magie von Dianetik und Scientology. Wien, 1992
Stenger, H.: Die soziale Konstruktion okkulter Wirklichkeit: Eine Soziologie des 'New Age'. Opladen, 1993
Stiegnitz, P.: Sekten und Freikirchen. Wien, 1989
Stiftung Warentest (Hrsg.): Die Andere Medizin. Berlin, 1996 (3. Aufl.)
Stroh, W.: Handbuch der New Age Musik. Regensburg, 1994
Strohm, H.: Die Gnosis und der Nationalsozialismus. Frankfurt/Main, 1997
Stumm, G.: Handbuch für Psychotherapie und psychologische Beratung. Wien, 1988
Stumpf, H.-G.: Entgeistert: Übersinnliches, Übernatürliches. München, 1991
Süss, J.: Baghwans Erbe: Die Osho-Bewegung heute. München, 1996
Süsskind, E.: Zeugen Jehovas: Anspruch und Wirklichkeit der Wachturm-Gesellschaft. Stuttgart, 1985
Swoboda, H.: Propheten und Prognosen, Hellseher und Schwarzseher von Delphi bis zum Club of Rome. München, 1979
Taudien, H./Abel, R.: Grenzen der Religionsfreiheit: Rechtliche Möglichkeiten zur Reaktion auf die Aktivitäten neuerer religiöser Bewegungen. München, 1987
Thaler-Singer, M./Lalich, J.: Sekten: Wie Menschen ihre Freiheit verlieren und wiedergewinnen können. Heidelberg, 1997
Thielmann, B.: Der gefallene Gott: Wie ich Jim Jones und seiner Volkstempler-Sekte entkam. Wuppertal, 1979
Tibusek, J.: Gottes umwerfender Segen. Gießen, 1995
Tinner, A./Denzler, B.: Sekten im rechtsfreien Raum? Zürich, 1990
Tokarev, S. A.: Die Religion in der Geschichte der Völker. Köln, 1968
Tretow, C.: Im Netz der Seelenfänger. München, 1995
Trimondi, V./Trimondi, V. (= Röttgen, H./Röttgen, M.): Der Schatten des Dalai Lama: Sexualität, Magie und Politik im tibetischen Buddhismus. Düsseldorf, 1999
Türcke, C.: Gewalt und Tabu. Lüneburg, 1992
Türk, E./Rausch, U.: Geisterglaube: Arbeitshilfe zu Fragen des Okkultismus. Düsseldorf, 1991
Valentin, F. (Hrsg.): Umwege zum Heil? Wien, 1980
Verbraucherzentrale NRW e.V. (Hrsg.): Chance Psychotherapie: Angebote sinnvoll nutzen. Düsseldorf, 1999
Vogel, K.: Wie ein Psychokult funktioniert. Düsseldorf, 1999
Voltz, T.: Scientology und (k)ein Ende. Solothurn, 1995
Vontobel, J. et al.: Das Paradies kann warten: Gruppierungen mit totalitärer Tendenz. Zürich, 1993
Voßmerbäumer, P.: Inside Scientology. München, 1996
Vyse, S.: Die Psychologie des Aberglaubens: Schwarzer Kater und Maskottchen. Biel-Benken, 1999
Walter, W.: UFOs: Die Wahrheit. Königswinter, 1996
Webner, K.: Wesen aus dem Weltraum? Wiesbaden, 1993
Wedemeyer, F.: New Age: Fakten und Folgen. Sindelfingen, 1989
Weghorn, P./Lachner, L.: Rattenfänger in Designerklamotten. Wien, 1997
Werner, U.: Anthroposophen in der Zeit des Nationalsozialismus. München, 1999
Wiebus, H.-O.: Religionen, Sekten, Seelenfänger. Bindlach, 1998
Wiechoczek, R.: Astrologie: Das falsche Erbe vom Kosmos. Düsseldorf, 1984
Ders.: Uranus lächelt über Hiroshima. München, 1989
Wiepking, W.: 2000 Jahre sind genug. Neustadt, 1992 (3. Aufl.)
Wittchen, H.-U.: Handbuch Psychische Störungen. Weinheim, 1998 (2. Aufl.)
Wnuk-Lipinski, J.: Neue religiöse Organisationen: Jugendreligionen: Informationen, Dokumente, Meinungen, Fakten. Pirmasens, 1982
Wölflingseder, M.: Gesellschaftliche Veränderung - von oben oder von unten? Eine Studie über gesellschaftliche Veränderung aus der Sicht Paulo Freires und Fritjof Capras unter besonderer Berücksichtigung gegenwärtiger

New-Age-Strömungen. Linz, 1992
Dies.: Esoterik: Rationale Irrationalität in Zeiten ohne Sinn und Sinnlichkeit. Göttingen, 1998
Woelk, V.: Natur und Mythos. Duisburg, 1992
Yamamoto, I.: Herr über tausend Puppen: Mun und die Vereinigungskirche. Wuppertal, 1979
Zafar, H.: „Du kannst nicht fließen, wenn dein Geld nicht fließt“: Macht und Mißbrauch in der Psychotherapie. Reinbek, 2000
Zingerle, A./Mongardini, C. (Hrsg.): Magie und Moderne. Berlin, 1987
Zinke, L. (Hrsg.): Religionen am Rande der Gesellschaft: Jugend im Sog neuer Heilsversprechungen. München, 1977
Ders.: Jugendokkultismus in Ost und West. München, 1993
Ders.: Der Markt der Religionen. München, 1997
Zwerenz, G.: Magie, Sternenglaube, Spiritismus: Streifzüge durch den Aberglauben. Frankfurt/Main, 1974

Elektronische Bücher/Texte/Links:
Aktion für Geistige und Psychische Freiheit: http://www.AGPF.de
Alternativheilkunde: http://www.vrzverlag.com/esoterik/sekten/htm
Books for Skeptics: http://www.skeptic.de
Das elektronische Sektenarchiv: http://www.kultinfo.org/
Dialog Zentrum Berlin: http://www.religio.de/
Evangelische Zentralstelle für Weltanschauungsfragen: http://www.ekd.de/ezw/materialdienst/
Forum Kritische Psychologie: http://www.t-online.de/~fkp-muenchen
Gesellschaft zur wissenschaftlichen Untersuchung von Parawissenschaften: http://www.gwup.org
Humanistischer Verband Deutschland (Okkultismus und Sekten): http://www.humanismus.de
InfoSekta: http://www.infosekta.ch
Materialien und Informationen zur Zeit: http://www.miz-online.de
National Council Against Health Fraud: http://www.ncahf.org
Ökumenische Konsultation (Sekten, Religions- und Weltanschauungsgemeinschaften): http://www.religio.de/start/handbuch.html
Quackwacht (Quackwatch BRD): http://www.neuropsychiater.org
Quackwatch: http://www.quackwatch.com
Senatsverwaltung für Schule, Jugend und Sport, Berlin: http://www.sensjs.berlin.de/familie/sekten/sekten_inhalt.htm
Skeptical Information Links: http://www.discord.org/skeptical/Critiques/

Zeitschriften:
Diesseits; Humanismus Aktuell; Intra; Materialien und Informationen zur Zeit (MIZ); Psychologie Heute; Skeptiker

Der Autor bittet um Hinweise auf Bücher/Publikationen/websites, die nicht in obiger Liste enthalten sind.

Anmerkungen

1 vgl. Beckenbauer, F.: Ich: Wie es wirklich war. München, 1992, S. 177

2 Jürgen Möllemann (F.D.P.) setzte sich als seinerzeitiger Bundeswirtschaftsminister (allerdings vergeblich) dafür ein, daß der in seinem Wahlkreis Warendorf tätige Wunderheiler Heinz-Rolf Drevermann eine Erlaubnis zur Ausübung der Heilkunde bekomme. Vgl. Jedem nach seiner Facon, in: Tageszeitung vom 29.12.1992

3 vgl. Bullion, C.: Naturgesetzpartei fliegt für Deutschland, in: Tageszeitung vom 4.10.1995 (Auf Wahlveranstaltungen demonstrierten Maharishi-Jünger mittels „yogischen Fliegens" [Auf- und Abhüpfen mit verschränkten Beinen] die „Überwindung der Schwerkraft"). Laut Urteil des OVerwG Münster (Az.: 5 B 3304/93) darf die Maharishi-Organisation als „Psychosekte" bezeichnet werden, deren Praktiken zu „psychischen Schäden" führen können (vgl. auch BVerwG-Urteil Az.: 7 C 2.87).

4 Bei der Europawahl 1994 erhielt die Naturgesetzpartei immerhin 93.012 Stimmen. Vgl. Tageszeitung vom 14.6.1994

5 vgl. Forum Kritische Psychologie: Scharlatane und Beutelschneider. München, 1996 (unveröffentlichtes Manuskript; aktualisiert 1999 [Manuskript beim Verfasser])

6 vgl. Der Spiegel, 52/1994, S. 78f.

7 vgl. Abendzeitung München vom 23.12.1997, S. 9 (bezugnehmend auf eine Forsa-Umfrage)

8 vgl. Focus, 14/1996, S. 197f.

9 vgl. Stern, 8/1996, S. 184

10 vgl. Forum Kritische Psychologie: Scharlatane und Beutelschneider. München, 1996 (unveröffentlichtes Manuskript; aktualisiert 1999 [Manuskript beim Verfasser])

11 vgl. Fergusson, M.: Die sanfte Verschwörung. Basel, 1982

12 vgl. Knackstedt, W./Ruppert, H.-J.: Die New-Age-Bewegung, in: EZW-Texte, Nr. 105, 5/1988

13 Fergusson, M.: Die sanfte Verschwörung. Basel, 1982

14 vgl. Leuenberger, H.-D.: Das ist Esoterik: Einführung in esoterisches Denken. Freiburg, 1993 (6. Auflage)

15 Schrödl, C.: Wunder werden möglich (Besprechung von: Taliaferro-Beyse, D./Beyse, J.: Heilung ist deine Wahl: Spirituelle Wege der inneren Klärung. München, 1995), in: Esotera, 6/1996

16 vgl. Schweidlenka, R.: Altes blüht aus den Ruinen: New Age und Neues Bewußtsein. Wien, 1989

17 Engels, F.: Die Naturforschung in der Geisterwelt (1878), zit. in: Zwerenz, G.: Magie, Sternenglaube, Spiritismus. Frankfurt/Main, 1974, S. 148

18 vgl. Ditfurth, J.: Feuer in die Herzen. Hamburg, 1992, S. 190f.

19 vgl. Neue Akropolis (Hrsg.): 100 Jahre Helena Petrovna Blavatsky. Bibliographie. München, 1991 (Sonderdruck), S. 29f.

20 Blavatsky, P.: Die Geheimlehre: Das heilige Buch der theosophischen Bruderschaft. Berlin, 1958 (Reprint)

21 vgl. Schweidlenka, R.: Altes blüht aus den Ruinen. Wien: New Age und Neues Bewußtsein. Wien, 1989, S. 19

22 Blavatsky, H.: Die Geheimlehre. Band 2. Den Haag, o. J., zit. in: Schweidlenka, R.: Altes blüht aus den Ruinen: New Age und Neues Bewußtsein. Wien, 1989, S. 20

23 vgl. Gugenberger, E./Schweidlenka, R.: Mutter Erde, Magie und Politik: Zwischen Faschismus und neuer Gesellschaft. Wien, 1987 (2. Auflage), S. 136

24 vgl. Wilhelm, H.: Die Münchner Bohème: Von der Jahrhundertwende bis zum Ersten Weltkrieg. München, 1993

25 zit. in: ebenda, S. 156

26 vgl. Gugenberger, E./Schweidlenka, R.: Mutter Erde, Magie und Politik: Zwischen Faschismus und neuer Gesellschaft. Wien, 1987 (2. Auflage), S. 111f.

27 vgl. Schweidlenka, R.: Altes blüht aus den Ruinen: New Age und Neues Bewußtsein. Wien, 1989, S. 23 (Steiners Schriften sind von einer Vielzahl rassistischer Äußerungen durchzogen, z.B.: „Sehen Sie, so hat sich die Sache entwickelt, daß diese fünf Rassen entstanden sind. Man möchte sagen, in der Mitte schwarz, gelb und weiß und als ein Seitenhieb des Schwarzen das Kupferrote, und als ein Seitenhieb des Gelben das Braune - das sind immer die aussterbenden Teile. Die Weißen sind eigentlich diejenigen, die das Menschliche in sich entwickeln." [GA 354, S. 62f.] An anderer Stelle erregt er sich, daß „überhaupt jetzt die Neger allmählich in die Zivilisation von Europa hereinkommen". Denn: „Es werden überall Negertänze aufgeführt, Negertänze gehüpft. Aber wir haben ja sogar diesen Negerroman [...]. Wir geben diese Negerromane den schwangeren Frauen zu lesen, da braucht gar nicht dafür gesorgt zu werden, daß Neger nach Europa kommen, damit Mulatten entstehen; da entsteht durch rein geistiges Lesen von Negerromanen eine ganze Anzahl von Kindern in Europa, die ganz grau sind, Mulattenhaare haben, die mulattenähnlich aussehen." [GA 348, S. 185f.])

28 Steiner, R.: Vortrag vom 3.3.1923 in Dornach, in: Gesamtausgabe 349. Dornach, 1980 (2. Aufl.) S. 67 (vgl. Höfer, T.: Der Hammer kreist: Zur Bewertung problematischer Aussagen Rudolf Steiners, in: Flensburger Hefte 41, 6/1993: Anthroposophie und Rassismus, S. 8f.)

29 Bailey, A.: Jüngerschaft im Neuen Zeitalter. Band 1. Genf, 1974, zit. in: Schweidlenka, R.: Altes blüht aus den Ruinen: New Age und Neues Bewußtsein. Wien, 1989, S. 24

30 zit. in: Schweidlenka, R.: Altes blüht aus den Ruinen: New Age und Neues Bewußtsein. Wien, 1989, S. 24

31 vgl. Hermann, W.: Die Gründung der Thule-Gesellschaft, in: ders.: Dichter, Denker, Fememörder. Berlin, 1989. S. 42f.

32 vgl. Schweidlenka, R.: Altes blüht aus den Ruinen: New Age und Neues Bewußtsein. Wien, 1989, S. 34f.

33 vgl. Fest, J.: Hitler: Eine Biographie. Frankfurt/Main, 1973, S. 168f. Vgl. auch: Zoller, R.: Nationalsozialismus und Okkultismus? Die Thule-Gesellschaft (1994), in: http://www.ref.ch/zh/infoksr/thule.html (1.5.2000)

34 vgl. Pennick, N.: Hitler's Secret Sciences. Suffolk, 1981, zit. in: Schweidlenka, R.: Altes blüht aus den Ruinen: New Age und Neues Bewußtsein. Wien, 1989, S. 141

35 vgl. Goldner, C.: Dalai Lama: Fall eines Gottkönigs. Aschaffenburg, 1999 (Das im theosophischen Adyar-Verlag [Satteldorf] 1997 neuaufgelegte Blavatsky-Werk *Die Stimme der Stille* wurde vom Dalai Lama mit einem eigenen Vorwort versehen. Unter Bezugnahme auf seine „langjährige Verbindung zu den Theosophen" und seine Bewunderung für deren „spirituelle Bestrebungen" teilte er seine große Freude mit „über diese jetzt erscheinende deutsche Ausgabe der *Stimme der Stille* (...). Ich begrüße das Erscheinen dieser Ausgabe sehr.")

36 vgl. Kirchhoff, J.: Nietzsche, Hitler und die Deutschen: Die Perversion des Neuen Zeitalters. Berlin, 1990 (mit einem Vorwort von Rudolf Bahro)

37 vgl. Gugenberger, E./Schweidlenka, R.: Mutter Erde, Magie und Politik: Zwischen Faschismus und neuer Gesellschaft. Wien, 1987 (2. Auflage), S. 138f.

38 vgl. ebenda, S. 155

39 vgl. Schweidlenka, R.: Altes blüht aus den Ruinen: New Age und Neues Bewußtsein. Wien, 1989, S. 24

40 Trevelyan, G.: Unternehmen Erlösung: Hoffnung für die Menschheit. Kimratshofen, 1989, S. 205f. (Die deutsche Erstausgabe des 1981 unter dem Titel *Operation Redemption: A Vision of Hope in an Age of Turmoil* [Wellingborough] erschienenen Originals wurde erst nach [!] der nuklearen Katastrophe von Tschernobyl auf den Markt gebracht. Herausgegeben wurde das Buch von dem schwäbischen GreuthHof-Verlag, der in den 1980ern mit gesammelten Findhorn-Botschaften [Spangler, Caddy u.a.] und später mit dem angeblich aus dem Jenseits empfangenen 1200-Seiten-Konvolut *Ein Kurs in Wundern* enorme Verkaufserfolge erzielte.)

41 zit. in: Endrös, S./Horx, M.: New Age: Eine Bewegung hebt ab, in: Tempo, 12/1986, S. 42

42 Dethlefsen-Schüler Josef Neumeyer in: Kursbuch 86, zit. in: Schweidlenka, R.: Altes blüht aus den Ruinen: New Age und Neues Bewußtsein. Wien, 1989, S. 134

43 zit. in: Schweidlenka, R.: Altes blüht aus den Ruinen: New Age und Neues Bewußtsein. Wien, 1989, S. 134

44 z.B. in einer Sendung des ORF (Club 2) zum Thema „Seelenwanderung und Wiedergeburt" vom 15.10.1985

45 vgl. Stearn, J.: Der schlafende Prophet. München, 1985

46 vgl. Interview mit Trutz Hardo: Das Karma macht keine Ausnahme, in: Die Andere Realität, 3/1996, S. 31

47 zit. in: Albery, N.: Wie neugeboren: Das Rebirthing-Buch. Löhrbach, 1986, S. 66

48 Hardo, T.: Jedem das Seine. Neuwied, 1996

49 Interview mit Trutz Hardo: Das Karma macht keine Ausnahme, in: Die Andere Realität, 3/1996, S. 31 (In einer Stellungnahme Hardo-Hockemeyers an das Amtsgericht Neuss in Zusammenhang mit dem Ermittlungsverfahren gegen ihn wegen Volksverhetzung heißt es u.a.: „Ich bin auch im Verdacht, Volksverhetzung zu betreiben. Jene, die so etwas von mir behaupten, haben diesen Roman [...] noch gar nicht wirklich gelesen, sonst müßten sie sich schämen, eine solche Behauptung aufgestellt zu haben. Das Gegenteil ist der Fall. Was Willy Brandt mit seinem Kniefall vor dem jüdischen Mahnmal in Polen als Politiker im Namen der Deutschen tat, unternehme ich nun als deutscher Schriftsteller. Dieser Roman ist mein 'Kniefall' vor dem jüdischen Volk. [...] Mein ganzer Roman ist 'pro-jüdisch'." [AG Neuss: Az.: Z 2101 IS 1974/97])

50 vgl. Höfl-Hielscher, E.: Volksverhetzung, reinkarniert, in: Süddeutsche Zeitung vom 7.5.1998

51 vgl. Darmstädter Echo vom 27.11.1996 (Das gegen die Buchhandlung „Neue Welt/Schirner" eingeleitete Ermittlungsverfahren wegen Beihilfe zur Verbreitung des Hardo-Buches wurde inzwischen eingestellt.)

52 vgl. Kübler-Ross, E.: Warum wir hier sind (Gespräch mit Trutz Hardo). Horhausen, 1999

53 Axent (Werbebroschüre) Augsburg, 1997

54 vgl. http://www.efreitag.com/onlshop/index.htm (16.5.2000)

55 vgl. Forum Kritische Psychologie: Scharlatane und Beutelschneider. München, 1996 (unveröffentlichtes Manuskript; aktualisiert 1999 [Manuskript beim Verfasser])

56 vgl. Gugenberger, E./Schweidlenka, R.: Aquamarin und die Aura des Rassismus, in: Mutter Erde, Magie und Politik: Zwischen Faschismus und neuer Gesellschaft. Wien, 1987 (2. Auflage), S. 153f.

57 Leadbeater, C.W.: Ein Textbuch der Theosophie. Leipzig, 1915, zit. in: Schweidlenka, R.: Altes blüht aus den Ruinen: New Age und Neues Bewußtsein. Wien, 1989, S. 20

58 vgl. Gugenberger, E./Schweidlenka, R.: Mutter Erde, Magie und Politik: Zwischen Faschismus und neuer Gesellschaft. Wien, 1987 (2. Auflage), S. 154

59 Michel, P.: Brücken von Herz zu Herz: Gespräche mit: Eugen Drewermann, S.H. dem XIV. Dalai Lama, Raimon Panikkar, Pir Vilayat Khan, Václav Havel, Bede Griffith, Teddy Kollek, Rita Süssmuth. Grafing, 1994 (Rita Süssmuth ließ mitteilen, ihre Teilnahme an dem Buchprojekt bedeute nicht, daß sie sich „mit allen Objekten des Verlages identifiziert". Vgl. Pressemitteilung des Deutschen Bundestags vom 23.2.1995)

60 Beschwerde der Theosophischen Studiengruppe Berlin vom 10.9.1995

61 Deutscher Presserat (Kei/kn E 235/95) vom 12.1.1996

62 Beschwerde der Theosophischen Studiengruppe Berlin vom 10.9.1995

63 Leadbeater, C.W.: Gibt es eine Wiederkehr? Berlin, o.J., S. 120f.

64 Leadbeater, C.W.: Das Innere Leben (Bd. I) o.J. Grafing, 1990 (Nachdruck), S. 435f.

65 Aquamarin (Werbebroschüre) Grafing, 1992, S. 20

66 Willigis: Die Hüter des Karma. Grafing, 1994 (3. Auflage)

67 Weigl, G./Wenzel, F.: Die entschleierte Aura. Grafing, 1991 (2. Auflage), S. 103

68 Goldner, C.: Die braune Aura der Rita S, in: Tageszeitung vom 23.2.1995

69 Schriftsatz RA Fritz, München, vom 11.4.1995

70 Michel, P.: Karma und Gnade. Grafing, 1988, S. 71 (Michel bezieht sich hier auf Schriften von Besant und Steiner)

71 ebenda, S. 118f.

72 Challoner, K.-H.: Das Rad der Wiedergeburt. München, 1976, zit. in: Michel, P.: Karma und Gnade, 1988, S. 123

73 zit. in: Michel, P.: Karma und Gnade, 1988, S. 126

74 Michel, P.: Karma und Gnade, 1988, S. 126

75 Das Große White Eagle Heilungsbuch. Grafing, 1988 (4. Auflage), S. 31

76 vgl. Keller, H.: Der Fall Holbe bei RTL plus, in: Tageszeitung vom 28.3.1990

77 Koch, L.: Esoterisches Osterei auf Lanzarote, in: Tageszeitung vom 5.4.1990

78 PSI (Moderation: Thomas Hegemann/Penny McLean-Wirschinger), ARD, 19.1.1993 (Gertrud Wirschinger war in den 1970er Jahren als Schlagersternchen Penny McLean bekannt geworden: mit der Pop-Gruppe *Silver Convention* hatte sie Hits wie „Lady Bump“ oder „Fly Robin Fly“. Seit dem Ende ihrer Sangeskarriere verdingt sie sich als esoterische Lebenslehrerin.)

79 Helsing, J. v.: Geheimgesellschaften. Bd. 1 Rhede, 1993; Bd. 2, Rhede, 1995 (Jan van Helsing steht als Pseudonym für Jan-Udo Holey)

80 vgl. Draculas Ufo, in: Der Spiegel, 51/1996, S. 73

81 z.B. Esotera 9/1995, S. 70

82 Recht gegen rechts, in: Focus 14/1996, S. 280 (Holey und sein Verleger Ewert halten die Bände 1/2 der „Geheimgesellschaften“ keineswegs für rassistische bzw. antisemitische Hetzliteratur.)

83 vgl. Esotera 7/1996, S. 36

84 Heerds Publikationen, erschienen im Peitinger Michaels-Verlag, werden u.a. über Ewert vertrieben.

85 Leuenberger, H.-D., zit. in: Esotera 7/1996, S. 39

86 Esotera 7/1996, S. 34f.

87 Helsing, J. v.: Geheimgesellschaften. Bd. 2, Rhede, 1995, S. 166

88 vgl. Roberts, M.: Das neue Lexikon der Esoterik. München, 1995, S. 324

89 vgl. Cohn, N.: Die Protokolle der Weisen von Zion: Der Mythos von der jüdischen Weltverschwörung. Berlin, 1969

90 vgl. Helsing, J. v.: Geheimgesellschaften. Bd. 2, Rhede, 1995

91 Esotera 7/1996, S. 35

92 Esotera 9/1996, S. 12f.

93 z.B. Hesemann, M.: Botschaft aus dem Kosmos: Rückkehr der Außerirdischen. Neuwied, 1993 (Phototeil)

94 vgl. Gugenberger, E./Schweidlenka, R.: Mutter Erde, Magie und Politik: Zwischen Faschismus und neuer Gesellschaft. Wien, 1987 (2. Auflage), S. 160f.

95 Magazin 2000, Nr. 108, 1996, S. 64

96 vgl. Magazin 2000, Nr. 110, 1996, S. 8

97 Die Andere Realität 4/1995, S. 1f.

98 Die Andere Realität, 2/1996, S. 9

99 Esotera 9/1996, S. 12

100 vgl. Schliesselberger, H.: Braune Schatten der Esoterik, in: Salzburger Nachrichten vom 9.1.1997, S. 3

101 vgl. http://www.ewertverlag.de/resolut/032_041.htm (2.1.2000)

102 vgl. Helsing, J. v.: Buch 3. Gran Canaria, 1996

103 Pörksen, B.: Weltformel des Übels, in: Sonntagsblatt vom 9.8.1996, S. 38

104 vgl. Kursbuch 124: Verschwörungstheorien. Berlin, 1996

105 Esotera 9/1996, S. 14

106 vgl. Maegerle, A.: Hitler im Ufo über der Antarktis, in: Tageszeitung vom 6.7.1993

107 vgl. Serrano, M.: Das Goldene Band. Wetten, 1987

108 vgl. Maegerle, A.: Hitler im Ufo über der Antarktis, in: Tageszeitung vom 6.7.1993

109 vgl. Heller, F./Maegerle, A.: Thule: Vom völkischen Okkultismus bis zur Neuen Rechten. Stuttgart, 1995, S. 144f.

110 vgl. Epp, A.: Die Realität der Flugscheiben. Amerang, o.J.

111 vgl. Efodon e.V. (Werbematerial) Amerang, o.J. (Efodon ist nach eigenen Angaben als gemeinnütziger e.V. beim Amtsgericht Rüsselsheim unter VR 482/90 registriert.)

112 vgl. Heller, F./Maegerle, A.: Thule: Vom völkischen Okkultismus bis zur Neuen Rechten. Stuttgart, 1995, S. 147

113 vgl. Maegerle, A.: Hitler im Ufo über der Antarktis, in: Tageszeitung vom 6.7.1993

114 vgl. Kratz, P.: Die braunen Götter der 'Deutschen Unitarier': Enttarnung völkischer Rassisten, in: ders.: Die Götter des New Age: Im Schnittpunkt von 'Neuem Denken', Faschismus und Romantik. Berlin, 1994, S. 285f. (Die DUR hat in etlichen Gerichtsverfahren vergeblich versucht, Bezeichnungen wie „völkisch-ras-

sistische Sekte" oder „nazistische Tarnorganisation" verbieten zu lassen. Laut Urteil des LG Hamburg, dem sich das Hanseatische OLG im Berufungsverfahren anschloß (Az.: 3U22/91), sei die Bezeichnung „Nazi-Sekte" ausdrücklich zulässig, da sie den „erforderlichen Sachbezug" zur DUR-Wirklichkeit aufweise [Kratz, S. 287]; die DUR bestreitet dies nach wie vor vehement. Die Bundestagsabgeordnete Annelie Buntenbach [Bündnis90/Die Grünen] weist in einer Presseemitteilung vom 9.4.1997 unter Bezugnahme auf das Hamburger OLG-Urteil ausdrücklich darauf hin, daß die DUR „nicht nur von hochrangigen Nationalsozialisten gegründet worden [ist], sondern DUR-Mitglieder sind bis in die jüngste Zeit im neonazistischen Spektrum aktiv". Interessant ist insofern, daß sich ausgerechnet im Rajneesh-nahen Esoterikmagazin *Connection* [5/1997] ein mehrseitiger apologetischer Beitrag über „Die deutschen Unitarier" findet [Rink, S. 54f.], den die DUR mithin zu Propagandazwecken verwendet.)

115 vgl. Heller, F./Maegerle, A.: Thule: Vom völkischen Okkultismus bis zur Neuen Rechten. Stuttgart, 1995, S. 124f.

116 vgl. Gohr, R.: Die Psycho-Okkult-Mafia, in: Konkret, 6/1984, S. 58

117 Andromeda Versandbuchhandlung: Bestell-Listen 2/1997-6/1999

118 vgl. Gugenberger, E./Petri, F./Schweidlenka, R.: Weltverschwörungstheorien: Die neue Gefahr von rechts. Wien, 1998, S. 205f.

119 Kent, M.: Psycho-Politik: Das IV. Reich läßt grüßen. Stuttgart (E.i.S.) 1998, S. 106

120 Kent, M.: Psycho-Politik II: Herren & Sklaven 1999. Stuttgart (E.i.S.) 1999, S. 9

121 vgl. Kent, M.: Psycho-Politik: Das IV. Reich läßt grüßen. Stuttgart (E.i.S.) 1998, S. 107 (Auszug)

122 Kent, M.: Psycho-Politik II: Herren & Sklaven 1999. Stuttgart (E.i.S.) 1999, S. 9

123 ebenda, S. 26

124 Gugenberger, E./Petri, F./Schweidlenka, R.: Weltverschwörungstheorien: Die neue Gefahr von rechts. Wien, 1998, S. 213f.

125 Livraga, J. A.: Ordnung und Disziplin, wozu? in: Neue Akropolis. Nr. 10. Wien, 1982/83, zit. in: Schweidlenka, R.: Altes blüht aus den Ruinen: New Age und Neues Bewußtsein. Wien, 1989, S. 150

126 ebenda, S. 151

127 Livraga, J. A.: Ein Rätsel namens H.P.B. in: Neue Akropolis (Hrsg.): 100 Jahre Helena Petrovna Blavatsky. München, 1991 (Sonderdruck), S. 13

128 vgl. Benito, M.: Die Stanzen des Dzyan: Eine Tatsache, in: Neue Akropolis (Hrsg.): 100 Jahre Helena Petrovna Blavatsky. München, 1991 (Sonderdruck), S. 36f.

129 vgl. Goldner, C.: Dalai Lama: Fall eines Gottkönigs. Aschaffenburg, 1999

130 vgl. AK gegen die NA (Hrsg.): Sekte mit braunen Flecken. Hamburg, 1996

131 Neue Akropolis (Veranstaltungsprogramm) München, 1-3/1997

132 Neue Akropolis, München, 11.12.1996

133 vgl. Kratz, P.: Die Götter des New Age: Im Schnittpunkt von 'Neuem Denken', Faschismus und Romantik. Berlin, 1994

134 Agathenhof (Programm). Micheldorf (A), 1995/96

135 Wölflingseder, M.: Kosmischer Größenwahn, in: Kern, G./Traynor, L. (Hrsg.): Die esoterische Verführung: Angriffe auf Vernunft und Freiheit. Aschaffenburg, 1995, S. 208

136 Pietrich, M.: Die braunen Schatten des Agathenhofes, in: Antifa-Info. Wien, 3/1994, S. 17f.

137 ebenda, S. 18

138 Agathenhof (Programm) Micheldorf (A), 9/1993

139 z.B. als Referent (Hockemeyer) bzw. Moderator (Holbe) des Kongresses „Spirituelle Lebenshilfe" 10/1993

140 vgl. Wölflingseder, M.: Kosmischer Größenwahn, in: Kern, G./Traynor, L. (Hrsg.): Die esoterische Verführung: Angriffe auf Vernunft und Freiheit. Aschaffenburg, 1995, S. 208

141 dpa vom 25.1.1995.

142 Meldung der Katholischen Nachrichtenagentur vom 24.1.1995 unter Bezugnahme auf Thomas Gandow, Sektenbeauftragter der Evangelischen Kirche von Berlin-Brandenburg. Die Organisatoren der Friedensuniversität bestritten jedes kommerzielle Interesse sowie jede Nähe zu esoterischen Gruppierungen und verwie-

sen darauf, daß die „Fördergemeinschaft zur Gründung einer Friedensuniversität e.V. (FGF)" ein „gemeinnützig anerkannter eingetragener Verein" sei, „nachweislich weder kommerziell noch esoterisch ausgerichtet. Er ist geistig, weltanschaulich, politisch und religiös unabhängig." (Stellungnahme der FGF vom 7.8.1995) Die Behauptung der FGF im Vorfeld der Wiener Neuauflage ihrer Gründungsaktivitäten im Juli 1999, Gandow habe sich „von diesen falschen Behauptungen distanziert" (Schreiben des Berliner Anwaltssozietät Seelig & Preu, Bohlig, die die FGF vertritt, an den Fischer-Taschenbuch-Verlag vom 14.5.1999), ist völlig aus der Luft gegriffen.

143 vgl. Wewetzer, H.: Seriöser Dialog oder esoterischer Jahrmarkt? in: Tagesspiegel vom 25.8.1995. (In einem Bericht des *Stern* war zudem auf die Verfilzung zwischen der FGF und einer Vertriebsgesellschaft für astrologische Horoskope [Astro-Data GmbH] hingewiesen worden, die beide in Morawetz' Berliner Privatwohnung residierten. Neumann, N.: Falsche Freunde für den Frieden, in: Stern 36/1995, S. 126f. Die FGF e.V. stellte klar, ihre Berliner Geschäftsstelle befinde sich lediglich „in einem Bürokomplex, in dem zahlreiche Unternehmen, Firmen und Vereinigungen Büroräume innehaben". Schreiben des Berliner Anwaltskonsortiums Seelig & Preu, Bohlig an den Fischer-Taschenbuch-Verlag vom 14.5.1999)

144 vgl. Lerch, P.: Von Prominenten, Schamanen und dem Frieden: Friedensuniverstität im Zwielicht, in: Tageszeitung vom 9.2.1995

145 z.B. Spiegel, 24/1995 oder Tageszeitung vom 3.7.1995

146 vgl. Neumann, N.: Falsche Freunde für den Frieden, in: Stern 36/1995, S. 126f. Vgl. auch ddp/ADN vom 26.7.1995 (Über Muns „Vereinigungskirche" darf laut OLG Frankfurt/Main gesagt werden, sie propagiere ein „faschistisches System" und betreibe „Psychoterror". Vgl. Kratz, P.: Die Götter des New Age: Im Schnittpunkt von 'Neuem Denken', Faschismus und Romantik. Berlin, 1994, S. 77)

147 vgl. Gandow, T.: New Age, Buddhismus, Konferenzexperten, in: Berliner Dialog 2/1995, S. 30 (Die FGF teilte mit, „weder Dr. Paulos Mar Gregorius, noch Prof Dr. Houston Smith stehen in irgendeinem Arbeits- oder Mitgliedsverhältnis zur Mun-Sekte", vielmehr hätten sie sich „stets in dezidiert kritischer Art und Weise" mit dieser auseinandergesetzt. Stellungnahme der FGF vom 7.8.1995)

148 vgl. Der Spiegel, 5/1995

149 vgl. Lerch, P.: Von Prominenten, Schamanen und dem Frieden: Friedensuniverstität im Zwielicht, in: Tageszeitung vom 9.2.1995

150 vgl. Ditfurth, J.: Presseerklärung vom 21.9.1995 (Der frühere Politclown und heutige New-Age-Guru Rainer Langhans erklärte beispielsweise in einem Beitrag der Berliner *Tageszeitung* vom 12.4.1989: „Spiritualität in Deutschland heißt Hitler [...] im Sinne einer Weiterentwicklung dessen, was da von Hitler versucht wurde, [...] man [muß] erst mal seine Vision verstehen und dann seine ganzen Fehler sehen, um dann vielleicht irgendwann darüber hinaus zu kommen, es besser zu machen. Wir müssen sozusagen die besseren Faschisten werden. [...] Wir müssen uns die Mühe machen, [...] das Schöne zu entdecken, das eigentlich intendiert war". Auf einem öffentlichen Seminar 1991 vertrat er die Ansicht, die Nationalsozialisten und vor allem die SS hätten eine „hohe Sterbekultur" entwickelt und seien uns in der Einsicht in die „Notwendigkeit des Sterbens" weit überlegen gewesen. Zit. in: Schweidlenka, R.: Faschistische Selbsterfahrung: Ein neuer Hit des Esoterikbooms? in: Materialdienst der EZW, Nr. 4/1991, S. 119)

151 vgl. Berliner Dialog. Nr. 2, Michaelis, 1995

152 vgl. Goldner, C.: Roter Teppich für Terroristen: Shoko Asahara, in: Dalai Lama: Fall eines Gottkönigs. Aschaffenburg, 1999, S. 213f.

153 vgl. http://www.trimondi.de/deba06.html (16.05.2000)

154 Gekoppelt an Morawetzens Stiftungsgründung fanden vom 2.-4. Juli 1999 sogenannte „Wiener Friedensgespräche" statt, an denen die besagten Personen teilnahmen (bzw. als Teilnehmer angekündigt waren).

155 Schweizerische Fördergemeinschaft für die Internationale Friedensuniversität (Werbematerial) Zürich, o.J. / Programm der Wiener Friedensgespäche 1999, Berlin o.J.

156 vgl. Minhoff, C./Lösch, H.: Neureligiöse Bewegungen: Strukturen, Ziele, Wirkungen. München, 1988

157 vgl. Krug, U.: Böse Juden, liebes Vieh, in: Konkret, 6/1996 (auch: http://www.comlink.de/cl-hh/m.blumentritt/agr249.htm)

158 vgl ÖkolinX, Nr. 27, 1/1998, S. 4f. (Siepmann, gelernter Kraftfahrer, hatte schon früher esoterische Großveranstaltungen in den Sand gesetzt, u.a. 1993 das Sommercamp des „Gesundheit & Kultur e.V.". Kurz darauf etablierte er als Geschäftsführer der „Forum GmbH" den Kongreß „Visionen der Zukunft". Vgl. auch: Rhode, E.: Konkursmacher macht Kongreß, in: Tageszeitung [Bremen] vom 18.3.1994. Siepmann bestreitet, mit seinem Bremer „Visionen"-Kongreß 1997 finanziell eingebrochen zu sein (nach dem Kongreß 2000 mußte er indes aufgeben). Im Herbst 1999 trat die „Forum GmbH" als Co-Sponsor einer sogenannten „Friedenskonferenz" in München auf [29./30.10.1999], auf der sich, organisiert von dem ehemaligen Thakar-Singh-Aktivisten Wulfing von Rohr [LifeForum e.V.], u.a. Lech Walensa, Rajinder Singh [als Tagungsleiter] oder auch Trevis Rejman [Parliament of World's Religions] zu ihren jeweiligen „Visionen für die Einheit der Menschen im neuen Jahrtausend" zu Wort brachten; auch eine Vertreterin der rechtslastigen Welterrettungssekte Brahma Kumaris stand auf dem Programm.)

159 Ökologische Linke: Soziale Revolution weltweit statt esoterische Flucht ins Jenseits. Oder: Was hat Esoterik mit Faschismus zu tun? (Aktionsflugblatt) München, 1997

160 vgl. Forum Kritische Psychologie: Scharlatane und Beutelschneider. München, 1996 (unveröffentlichtes Manuskript; aktualisiert 1999 [Manuskript beim Verfasser])

161 Die Namen der einzelnen Praxen, Zentren und Institute sind, ebenso wie die der angeführten Buchhandlungen, verschiedenen Ausgaben der Szenezeitschriften *Connection* und *Esotera* sowie *Die Andere Realität* (der Jahrgänge 1997-2000) entnommen.

162 vgl. Hund, W.: 'Gibt es Grenzen des Schwachsinns in der Esoterik?' (Interview), in: Skeptiker, 2/1997, S. 58f.

163 Kosmos-Universität (Gründungsaufruf) in: Einblick, 12/1996

164 vgl. Revenstorf, D.: 'Kann man Verdummung verbieten?' in: Kirschner, T.: Positiv denken - kräftig zahlen. in: Psychologie heute, 11/1988, S. 86

165 vgl. Gugenberger, E./Schweidlenka, R.: Mutter Erde, Magie und Politik: Zwischen Faschismus und neuer Gesellschaft. Wien, 1987 (2. Auflage), S. 146

166 Etora (Programmkalender) Lanzarote, verschiedene Jahrgänge

167 vgl. Koch, L.: Esoterisches Osterei auf Lanzarote, in: Tageszeitung vom 5.4.1990 (Weder die *Etora*-Verantwortlichen noch die Teilnehmer des Ostersymposions hielten Holbes Auslassungen für antisemitisch intendiert; auch Holbe selbst sieht sich keineswegs als Antisemit.)

168 In einem umfänglichen Schriftsatz an Autor Goldner vom 6.3.1998 teilte Maiworm mit, „bis zuletzt nie mit einer ablehnenden Haltung mir oder *Etora* gegenüber konfrontiert worden" zu sein; vielmehr habe er sich „aufgrund der besonderen persönlichen Kontakte zu den Einheimischen" stets auf Lanzarote willkommen gewußt. Im übrigen habe es „einige Deutsche" gegeben, die „aus ökologischen Gründen eine Bebauung der Costa Teguise mit 'Betonklötzen' verwerflich" fanden. In diesem Zusammenhang sei auch *Etora* angeprangert worden, „zur Zerstörung der Insel mit beizutragen. Unser Betrachtungswinkel aber war und ist, daß arme Menschen, wie sie bis Mitte der sechziger Jahre fast ausschließlich auf der Insel zu finden waren, erst einmal aus der Not herauskommen wollen." Insofern habe man über die erstellten „großzügigen Apartment-Anlagen neue Hoffnung für mehr wirtschaftliche Unabhängigkeit keimen lassen". Ungeniert sucht Maiworm sein rücksichtsloses Zubetonieren der Costa Teguise als einen Akt humanitärer „Entwicklungshilfe" hinzustellen.

169 Johanniterhof (Programm) Villingen-Obereschbach, 1997

170 Sonnenstrahl (Programm) Kisslegg, 1997

171 Böning, R./Neuwald, B. (rbn-Agentur): Der Seminarhaus-Führer. Gschwend, 1997

172 Centro d'Ompio (Programm) Pettenasco (I), 1997

173 vgl. Goldner, C.: Schöne neue Welt, in: Materialien und Informationen zur Zeit, 3/1996, S. 37f.

174 ZIST (Programme) Penzberg, 1995-1999

175 ZIST (Programm) Penzberg, 7-12/1999, S. 54

176 vgl. Hemminer, H.-J./Keden, J.: Seele aus zweiter Hand: Psychotechniken und Psychokonzerne. Stuttgart, 1997, S. 69f.

177 ebenda, S. 74

178 Bayerische Gesellschaft für Ganzheitliche Medizin (Programm) Füssen, 1997

179 Erdkinderprojekt (Seminarprogramm) Eberharting, 4-9/2000

180 vgl. Süss, J.: Bhagwans Erbe: Die Osho-Bewegung heute. München, 1996

181 Osho Tao Center (Programm) München 1996/97 (Hinter all den blumigen Qualifikationsauflistungen der Osho-TherapeutInnen verschwindet der [strafrechtlich relevante] Umstand, daß nur die wenigsten davon zur eigenständigen Ausübung der Heilkunde nach dem HeilPrG befugt sind.) Das Münchner Osho Tao Center löste sich interner Probleme wegen Mitte 1999 auf, rekonstituierte sich aber unter neuer Trägerschaft (Leela e.V.) kurze Zeit darauf als Osho Darshan Center.

182 Messerschmidt, M. (Werbetext), in: Böning, R./Neuwald, B. (Hrsg.): Handbuch für Ganzheitliche Therapie und Lebenshilfe. Gschwend, 1999, S. 567

183 Awadalla, E. Kraftorte-Geldquellen: Österreichischer Sekten- & Esoterikatlas. Wien, 2000, S. 78

184 http:/www.weisserlotus.co.at (5.4.2000)

185 Eine telephonische Anfrage des Autors vom 28.3.2000 wurde nicht beantwortet (Gesprächsprotokoll)

186 vgl. Damberger, G.: Erleuchtete Geschäfte: Kiegeland-Land in Ostermiething. in: http://www.ref.ch/zh/infoksr/weisser_lotus.html (1.5.2000)

187 http://www.frankfurter-ring.org/ (30.5.2000)

188 Griscom, C. in: 2000: Magazin für Neues Bewußtsein, Nr. 80/1989, zit. in: Schweidlenka, R.: Altes blüht aus den Ruinen: New Age und Neues Bewußtsein. Wien, 1989, S. 7

189 Griscom, C.: Die Frequenz der Ekstase. München, 1987, S. 148f.

190 Gesundheit & Kultur (Programm), in: Forum, Nr. 7, 6-9/1992

191 vgl. Pestizid in Ohrenkerzen, in: Tageszeitung vom 22.10.1994

192 „Lebenskraft 97" (Programm). Grüt (CH), 1997

193 vgl. Höfl-Hielscher, E.: Ausrüstung für den Heilsweg, in: Süddeutsche Zeitung vom 24.10.1997

194 Tepperwein, K. Schicksal und Bestimmung (Kassettenprogramm). Vaduz (FL), o.J.

195 Magazin Leben (seit 1998 wird das Heft im gesamten Bundesgebiet vertrieben)

196 vgl. Ditfurth, J.: Entspannt in die Barbarei: Esoterik, (Öko-)Faschismus und Biozentrismus. Hamburg, 1996, S. 63f.

197 Knast für Kommune-Monarch, in: Tageszeitung vom 16.11.1991

198 ZEGG (Programm) Sommercamp. Belzig, 1997 (Eine weiterführende Kritik an ZEGG findet sich in: Nordhausen, F./Billerbeck, L.: Die Diktatur der freien Liebe, in: dies.: Psychosekten: Die Praktiken der Seelenfänger. Berlin, 1997, S. 166f.)

199 zit. in: Scheub, U.: Freier Sex und Sumpfblüten, in: Tageszeitung vom 28.07.1990

200 OLG Frankfurt (AZ 16 U 135/94 2/3 O 185/94), zit. in: Ditfurth, J.: Entspannt in die Barbarei: Esoterik, (Öko-)Faschismus und Biozentrismus. Hamburg, 1996, S. 51

201 vgl. Ditfurth, J.: Entspannt in die Barbarei: Esoterik, (Öko-)Faschismus und Biozentrismus. Hamburg, 1996, S. 59f.

202 vgl. Holetz, L.: Barbara Rütting: Lachen macht frei, in: Abendzeitung München vom 18.1.2000

203 Rütting, B.: Leserbrief in: Abendzeitung München vom 25.1.2000 (in Reaktion auf einen Leserbrief des Forum Kritische Psychologie München vom 22./23.1.2000, in dem Rüttings Verbindungen zu rechten Esoterikkreisen kritisiert worden waren)

204 Insight: Reisen zu den Quellen (Programmbroschüre) Euskirchen, 1996/97

205 ebenda, S. 32f.

206 vgl. Oschwald, H.: Der Kloster-Urlaubsführer. Freiburg, 2000

207 vgl. Bormann, M.: Das Geheime Wissen der Mattoistischen Priester. Radeberg, 1997 (laut Klappentext enthält das Buch „echte Geisterfotos")

208 Bormann, M.: Hexenjagd im 20. Jahrhundert (II): Tatsachenberichte über die weltweite Verfolgung religiöser Minderheiten. Radeberg, 1999 (2. Auflage), S. 130

209 ebenda, S. 103

210 ebenda, S. 99

211 ebenda, S. 103

212 vgl. Universal Life Church: We Are One (Werbebroschüre) Modesto (USA), o.J. Vgl. auch http://www.ulc.net/order.htm (26.10.1999)

213 Bormann führt das innenministerielle Verbot der ULC selbst an. Vgl. Bormann, M.: Hexenjagd im 20. Jahrhundert (II): Tatsachenberichte über die weltweite Verfolgung religiöser Minderheiten. Radeberg, 1999 (2. Auflage), S. 119

214 Staatsanwaltschaft Dresden Az.: 206 Js 63257/99 (seit Anfang 2000 sind auf Bormanns Büchern die ULC-Titel geschwärzt)

215 Thanatopsychologisches Institut (Werbeannonce), in: Die Andere Realität vom 1.5.2000, S. 21

216 LIEBE e.V. (Werbematerial) Lüneburg, o.J./persönliche Auskunft (Gesprächsprotokoll) vom 30.4.1997 (Gleichwohl Ohnimus, der über keine Erlaubnis nach dem HeilPrG verfügt, seine abstrusen Praktiken ausdrücklich als „Therapie“ verkauft, stellte die Staatsanwaltschaft Lüneburg ein Ermittlungsverfahren gegen ihn ein. Ohnimus hatte schlicht bestritten, im Sinne des HeilPrG tätig zu sein, was als Rechtfertigung offenbar genügte. [Az.: 113Js412/98] Hinsichtlich der Gemeinnützigkeit des LIEBE e.V. ist ein Rechtsstreit beim Finanzgericht Hannover anhängig. [Stand 3/1998])

217 BEDIENE Esotericum (Werbeannonce), in: Böning, R./Neuwald, B. (Hrsg.): Handbuch für Ganzheitliche Therapie und Lebenshilfe. Gschwend, 1999, S. 227

218 Hugendubel: Wege zu einem anderen Bewußtsein (Katalog) München, 1997

219 Peter Erd (Ankündigung), in: Hobert, I.: Das Heilbuch für das neue Jahrtausend. München, 1997, S. 126

220 Michel, P.: Das sirianische Sonnenschloß. Forstinning, 1982, S. 63 (Astronomische Anmerkung: Der Sternenhaufen der Plejaden, auch Siebengestirn genannt, ist über vierhundert Lichtjahre von der Erde entfernt.)

221 ebenda, S. 17

222 Stewart, W.: Der Weg zum Löwenthron: Die Kindheit des Dalai Lama. Seeon, 1999

223 vgl. z.B. Dalai Lama: Gespräche in Bodhgaya. Grafing, 1989, S. 55

224 vgl. Newsweek, 16.9.1996

225 vgl. Bundesdrucksache 13/8170 vom 9.7.1997

226 Forum Kritische Psychologie: Scharlatane und Beutelschneider. München, 1996 (unveröffentlichtes Manuskript; aktualisiert 1999 [Manuskript beim Verfasser])

227 Schreiben an das Forum Kritische Psychologie vom 12.1.1999

228 Die Rubrik „Stadtgespräche“ (Ingrid Pelz) ist regelmäßiger Bestandteil der Münchner Abendzeitung

229 vgl. Kiewel, A.: 'Nie wieder Esoterik-Talkshow' (Interview), in: Skeptiker, 1,2/1999, S. 51f.

230 vgl. Grawe, G. et al.: Psychotherapie im Wandel: Von der Konfession zur Profession. Göttingen, 1994, S. 17f.

231 vgl. Federspiel, K./Lackinger-Karger, I.: Kursbuch Seele. Köln, 1996, S. 179f.

232 Bayer. Verwaltungsgerichtshof Az.: 7 B 90/2378

233 vgl. Köbberling, J.: Trug der sanften Medizin, in: Die Zeit vom 25.4.1997, S. 33f.

234 BVerwG Az.: C 34.90 / 8 OVG A 5/88 vom 21.2.1993

235 BVerwG Az.: 3 C 21.82 vom 10.2.1983

236 ebenda

237 BVerwG Az.: C 34.90 / 8 OVG A 5/88 vom 21.2.1993

238 vgl. Fritz Perls Institut für Integrative Therapie (Jahresprogramm). Hückeswagen, 1997, S. 27f.

239 Deutsche Paracelsus-Schulen für Naturheilverfahren: Psychologische/r Berater/in (Studieninformation) München, 1999

240 vgl. Klauer, C.: „Der Staat hat versagt“ (Kommentar zum Psychotherapeutengesetz), in: Psychologie Heute, 3/1997, S. 70

241 Deutsche Paracelsus-Schulen für Naturheilverfahren: Sexualberater/Sexualtherapeut (Ausbildungsprogramm) München, 1988 / vgl. Goldner, C.: Sexualtherapie: Qualifikation in 115 Stunden? in: Münchner Stadtzeitung, 10/1988

242 vgl. Paracelsus-Report, 4/1999, S. 52

243 Deutsche Paracelsus-Schulen für Naturheilverfahren: Natur heilt (Seminarprogramm) München, 1996 (Das Programm ist von Jahr zu Jahr einem gewissen Wandel unterworfen.)

244 Paracelsus-Report, 4/1999, S. 70f.

245 Deutsche Paracelsus-Schulen für Naturheilverfahren: Geriatrie Projekt (Studieninformation) München, 1999

246 Bereits Anfang der 1990er hatte Paracelsus versucht, eine Art Altenpflegeausbildung zu etablieren. In zeitlichem Zusammengang damit hatte das Bayerische Verwaltungsgericht den Paracelsus-Schulen die Selbstbezeichnung als „Fachschulen" untersagt, da solche Bezeichnung den irreführenden Eindruck der Gleichwertigkeit staatlich anerkannten Schulen gegenüber erwecken könne.

247 zit. in: Paracelsus-Report, 4/1999, S. 36

248 vgl. Goldner, C.: Zweifelhafte Ausbildung, in: Psychologie Heute, 5/1992, S. 9f.

249 vgl. Fliegel, S.: „Unwissenschaftlich" (Kommentar zum Psychotherapeutengesetz), in: Psychologie Heute, 3/1997, S. 71

250 Thalamus-Schulen (Programm) Köln, 1996 (Das Programm ist von Jahr zu Jahr einem gewissen Wandel unterworfen.)

251 z.B. Symbolon-Institut für Gestalttherapie (Programm). Nürnberg, o.J.

252 Zentrum für Naturheilkunde (Programmkatalog). München, 1993/94 (Die Kursangebote des ZfN sind, je nach Verfügbarkeit entsprechender Dozenten, von Jahr zu Jahr einem gewissen Wandel unterworfen: einige der angeführten Esoterik-Seminare finden sich in neueren Programmen nicht mehr, andere [Radiästhesie, Feng-Shui, Kranio-Sakral-Therapie etc.] kamen hinzu.)

253 Zentrum für Naturheilkunde (Programmkatalog). München, 1993/94 (Bei angenommenen 8 Ausbildungsstunden pro Tag und 3 Stunden pro Trainingsabend kommt man auf insgesamt 247 Stunden. Wie die in der Ausschreibung ausgewiesenen 432 Stunden zustandekommen, ist nicht nachvollziehbar: Rechenfehler oder bewußte Irreführung? Die Psychotherapie-Jahrestrainings des ZfN wurden mittlerweile eingestellt, dafür wird neuerdings ein „Grundlagenjahr Psychologie/Psychotherapie" mit ca. 168 Unterrichtsstunden angeboten.)

254 Bayerische Gesellschaft für Ganzheitliche Medizin (Programm). Füssen, 1996/97

255 Januschke, P.: Füssens Parteien sollten unterwandert werden: Ehrenvorsitzender der Jungen Union doch ein Sektenführer? in: Allgäuer Zeitung vom 6.10.1982 (Die Bezeichnug „Sex-Messias" entstammt einem Beitrag von Klaus Hiemer: Eine Stadt in Angst vor radikalem Sex-Messias, in: Münchner Abendzeitung vom 23./24.3.1996)

256 Weisgerber, M.: 'Füssener Sekte' beschäftigt Justiz: Gerüchte um Sexorgien und Ausbeutung von Mitgliedern, in: Allgäuer Zeitung vom 12.3.1996

257 Neumann, C.: Behörden stehen Sekte machtlos gegenüber, in: Süddeutsche Zeitung vom 10./11.2.1996

258 zit. in: Sturm, H.: 'Provinz-Guru' strebt 'Staat im Staate' an, in: Allgäuer Zeitung vom 18.4.2000

259 Arbeitsgemeinschaft für Körper-, Psycho- und Kreativitätstherapie (Werbematerial). München, o.J.

260 Osho Tao Zentrum für Spirituelle Therapie und Meditation (Programm). München, 1993/94

261 Institut Kappel (Studienprogramm). Wuppertal, 1995

262 Studienprogramme 1997 der Institute IBW und ALH

263 Deutsche Gesellschaft für Alternative Medizin (Programm). Seelze, 1998

264 Gral-Lichtzentrum (Seminarprogramm). Ebermannstadt, 1997

265 Metharia e.V. (Werbematerial). Eckenförde, o.J. / vgl. Flach, F.: Protokoll einer Santiner-Veranstaltung. Würzburg, 1996 (unveröffentlichtes Manuskript [beim Verfasser])

266 Staatsanwaltschaft Rottweil Az.: 15 Js 1615/98 vom 22.1.1999

267 Gesell, P.-G. (Werbeannonce), in: Böning, R./Neuwald, B. (Hrsg.): Handbuch für Ganzheitliche Therapie und Lebenshilfe. Gschwend, 1999, S. 203

268 Therapeutikum/Integrale Parapsychologie (Werbeannonce), in: Esotera, 6/1998, S. 64

269 vgl. http://www.holoenergetic.ch/TX-jazumr.htm (10.4.2000)

270 vgl. Abendzeitung München vom 14.9.1996

271 vgl. Möllemann braucht Wunderheiler, in: Tageszeitung vom 16.12.1996

272 OLG Düsseldorf Az.: 5 U 319/52 vom 27.2.1953, zit. in: NJW 1953, Heft 42, S. 1553

273 LG Kassel Az.: 1 S 491/84 (das vollständige Urteil ist nachzulesen im Internet: http://home.t-online.de/home/AGPF.Bonn/magie2.htm)

274 AG Nürnberg Az.: 18 C 3560/99 vom 27.7.1999 (das vollständige Urteil ist nachzulesen im Internet: http://home.t-online.de/home/AGPF.Bonn/magie1.htm)

275 LG München Az.: 28 O 23490/92 vom 9.11.1993, zit. in: Der Spiegel, 37/1996, S. 62

276 Aktion für Geistige und Psychische Freiheit e.V.: Die Scientology-Organisation: Urteile und Anmerkungen. Bonn, 4/1997 (Die AGPF bietet im Internet eine Liste aktueller Scientology- und VPM-Urteile zur Einsicht: http://home.t-online.de/home/AGPF.Bonn/agpfbonn.htm)

277 vgl. Aktion für Geistige und Psychische Freiheit e.V.: Infos über Sekten, Kulte und den Psychomarkt: Psycho-Verträge oft unwirksam, in: http://home.t-online.de/home/AGPF.Bonn/nichtig1.htm

278 Az.: 1 StR 389/77 vom 13.9.1977, zit. in: Oepen, I./Scheidt, R.: Wunderheiler heute. München, 1989, S. 71

279 Az.: 74 Ds Js 1174/85-2/87 vom 21.6.1988, zit. in: Oepen, I./Scheidt, R.: Wunderheiler heute. München, 1989, S. 71

280 vgl. Süddeutsche Zeitung vom 31.10./1.11.1995

281 vgl. Tageszeitung vom 25.6.1998

282 AG Backwang Az: 821/99 vom16.12.1999

283 LG Mannheim Az.: (12) 4 Ns 80/91, zit. in: NJW 1993, Heft 22, S. 1488f.

284 Verwaltungsgerichtshof Baden-Württemberg Az.: 9 S 961/90 vom 9.7.1991, zit. in: Skeptiker, 4/1991, S. 106

285 OLG Karlsruhe Az.: 2 Ss 1/93 vom 25.2.1993, zit. in: Skeptiker, 1/1994, S. 23

286 AG Gelsenkirchen-Buer Az.: 6 Ls 61/83 erw. 7 Js 101/82 vom 9.4.1985, zit. in: Oepen, I./Scheidt, R.: Wunderheiler heute. München, 1989, S. 71

287 vgl. Weilheimer Tagblatt vom 13.3. und 3.4.1996, zit. in: Skeptiker, 1/1997, S. 32

288 Radiästhetische Geräte & Pendel/Milewski (Werbematerial). Aufsess, o.J. (Inzwischen hat Milewski seinen Vertrieb nach Frickingen/Allgäu verlegt.)

289 Staatsanwaltschaft Konstanz Az.: 41 Js 382/95 / LG München I Az.: 123 Js 3827/95 / AG München Az.: 8620 AR 208/96 (Urteil des AG Überlingen wegen fahrlässigen Inverkehrbringens eines Fertigarzneimittels ohne Zulassung Az.: 41 Js 382/95(40) vom 16.9.1996)

290 Kammergericht Berlin Az.: 27 U 2910/92, zit. in: Deutsche Apotheker-Zeitung, 133/1993, zit. in: Skeptiker 4/1993, S. 107

291 Schleswig-Holsteinisches Finanzgericht Az.: I 535/92 vom 22.3.1996, zit. in: Skeptiker, 4/1996, S. 142

292 Staatsanwaltschaft Landshut Az.: 35 Js 12423/95kl

293 vgl. Psychologie Heute, 6/1996, S. 9

294 LG Darmstadt Az.: 64 Js 45724.7/96 vom 11.2.1997

295 vgl. LG Kassel Az.: 1 S 491/84

296 Dyson, J./Hollmann, C.: Anthroposophische Medizin, in: Hill, A.: (Hrsg.): Illustriertes Handbuch alternativer Heilweisen. Freiburg, 1980, S. 29

297 vgl. Lange-Eichbaum, W./Kurth, W.: Genie, Irrsinn und Ruhm: Genie-Mythos und Pathographie des Genies. München, 1967. Vgl. auch: Treber, W.: Hitler, Steiner, Schreber. Emmendingen, 1966

298 Reimer, H.-D. zit. in: König, G.: Anthroposophie und Rudolf Steiner, in: Becker, H.-J./Kohle, H. (Hrsg.): Kulte, Sekten, Religionen: Von Astrologie bis Zeugen Jehovas. Augsburg, 1994, S. 196

299 vgl. König, P.-R.: Rudolf Steiner: niemals Mitglied irgendeines O.T.O., in: Flensburger Hefte, Nr. 63, IV/1998, S. 101 (Die von Reuß handschriftlich abgefaßte Ernennungsurkunde vom 17.6.1907 führt im eingedruckten Signet die Bezeichnung „Memphis and Mizraim Rite of Mansonry. Order of Oriental Templars and Esoteric Rosicrucians".)

300 vgl. Grandt, G./Grandt, M.: Schwarzbuch Satanismus: Innenansicht eines religiösen Wahnsystems. Augsburg, 1995, S. 189f. (Die Hinweise auf eine Verbindung zwischen Rudolf Steiner und dem sexualmagischen *Ordo Templi Orientis* - kaum ein anderer Aspekt ihrer Betrachtung des Steinerschen Okkultsystems, so die

Autoren Grandt und Grandt, sei mit mehr empörtem Geschrei seitens der *Anthroposophischen Gesellschaft* geahndet worden, als eben dieser - wurden in einer 1998 erschienenen Studie nocheinmal breit aufgeführt: Grandt, G./Grandt, M.: Waldorf Connection: Rudolf Steiner und die Anthroposophen. Aschaffenburg, 1998, S. 102f. Die Anthroposophen reagierten hierauf u.a. mit einer Sammlung die Grandts teils auf rein persönlicher Ebene diffamierender Tiraden und Aufsätze: Feldzug gegen Rudolf Steiner: Über O.T.O., Rassismusvorwürfe und Angriffe auf die Waldorfschulen. Flensburger Hefte, Nr. 63, IV/1998)

301 vgl. Schmidt, J.: Satanismus. Marburg, 1992, S. 142

302 vgl. Greene, C.: Der Fall Charles Manson: Mörder aus der Retorte. Wiesbaden-Nordenstadt, 1992, S. 176f. (In Greenes Studie werden Crowley und Steiner als Abkömmlinge der Theosophie in einem Atemzug genannt, S. 186.)

303 vgl. Kern, G.: Der (esoterische) Rassismus aus der besseren Gesellschaft: Die Hierarchie der 'Völker' bei Rudolf Steiner, in: Ders./Traynor, L. (Hrsg.): Die esoterische Verführung: Angriffe auf Vernunft und Freiheit. Aschaffenburg, 1995, 128f. (Wenngleich zögerlich, findet seit Anfang der 1990er auch innerhalb der Anthroposophie eine Auseinandersetzung mit den in Steiners Schriften enthaltenen Rassismen statt: 1996 setzte die holländische *Anthroposophische Gesellschaft* eine interne Untersuchungskommission ein, die in Steiners Werk immerhin 62 einschlägige Textpassagen fand, die aus heutiger Sicht als diskriminierend bzw. [nach niederländischem Recht] strafbar gelten müssen. Desungeachtet erklärte man den Vorwurf eines der Anthroposophie inhärenten Rassismus als jeder Grundlage entbehrend. Immerhin schaffte man das in holländischen Waldorfschulen bis dahin bestehende Unterrichtsfach „Rassenkunde" ab. Die Auseinandersetzung in den deutschsprachigen Ländern war noch dürftiger: Arfst Wagner etwa, Redakteur der anthroposophischen *Flensburger Hefte*, der sich schwerpunktmäßig mit der Aufarbeitung des Themas „Anthroposophie und Nationalsozialismus" befaßt, suchte die rassistischen Passagen in Steiners „Wurzelrassenlehre", in der u.a. von „triebbestimmten Negern" und „geistigen Europäern" die Rede ist, zu bagatellisieren: „Ich glaube, Steiner hat in seinem Leben nie einen farbigen Menschen zu sehen bekommen. Das finde ich sehr wichtig. Insofern nehme ich ihn in seiner Äußerung einfach nicht ernst." [zit. in: Tageszeitung vom 11.3.1995] Ähnlich äußerten sich andere führende Anthroposophen: Stefan Leber etwa, Vorstandsmitglied des *Bundes Freier Waldorfschulen*, wiegelt ab, Steiners rassistische Auslassungen über „Neger" seien lediglich „derbe Witze" gewesen, und Steiner-Biograph Christoph Lindenberg hält die inkriminierten Passagen ohnehin für nicht bedeutsam in Relation zu der Unmenge an Texten Steiners, in denen sich eben keine rassistischen Auslassungen fänden. (vgl. Tangram, 6/1999, S. 50f. in: http://www.infosekta.ch/is_index/anthroposophie1999_1.htm (9.12.1999)] Arfst Wagner gilt seit seinen Veröffentlichungen über die Rolle der Anthroposophie in der Nazizeit als „Nestbeschmutzer", er wurde aus den eigenen Reihen heraus wüst beschimpft und bedroht. Nur wenige Anthroposophen äußerten Zustimmung [vgl. Gewaltige Abgründe der Spiritualität, in: Tageszeitung vom 11.3.1995].)

304 Steiner, R.: Die Erziehung des Kindes vom Gesichtspunkte der Geisteswissenschaft: Die Methodik des Lehrens und die Lebensbedingungen des Erziehens. Dornach, 1987, S. 21f.

305 Steiner, R.: Die Geheimwissenschaft im Umriß. Frankfurt/Main, 1985, S. 428f.

306 vgl. Stiftung Warentest (Hrsg.): Die Andere Medizin. Berlin, 1991, S. 167f.

307 vgl. Federspiel, K./Lackinger-Karger, I.: Kursbuch Seele. Köln, 1996, S. 489

308 vgl. Habermann, E. et al.: Kein Freibrief für Mistel, in: Skeptiker, 2/1995, S. 65f.

309 vgl. Bettschart, R. et al.: Bittere Naturmedizin. Köln, 1995, S. 736

310 Werner, H.: Die anthroposophische Methode der Medizin, in: Weleda-Korrespondenz für Ärzte, Nr. 117, 1987, zit. in: Burkhard, B.: Anthroposophische Medizin am Beispiel Mistel, in: Shermer, M./Traynor, L.: Heilungsversprechen: Zwischen Versuch und Irrtum. Skeptisches Jahrbuch III. Aschaffenburg, 2000, S. 94

311 vgl. Bettschart, R. et al.: Bittere Naturmedizin. Köln, 1995, S. 735

312 vgl. Fintelmann, V.: Grundzüge einer anthroposophischen Krebstherapie, in: Matthiessen, P./Trautz, C. (Hrsg.): Onkologie im Spannungsfeld konventioneller und ganzheitlicher Betrachtung, in: Aktuelle Onkologie, Nr. 48, 1988

313 Steiner, R. nach Leroi, R. (Hrsg.): Misteltherapie. Stuttgart, 1987, zit. in: Burkhard, B.: Anthroposophische Medizin am Beispiel Mistel, in: Shermer, M./Traynor, L.: Heilungsversprechen: Zwischen Versuch und Irrtum. Skeptisches Jahrbuch III. Aschaffenburg, 2000, S. 96f.

314 Stiftung Warentest (Hrsg.): Die Andere Medizin. Berlin, 1991, S. 169

315 zit. in: Federspiel, K./Lackinger-Karger, I.: Kursbuch Seele. Köln, 1996, S. 487

316 Schroeder, H.-W.: Wenn man an Grenzen stößt, in: Flensburger Hefte (Hrsg.): Biographiearbeit. Heft 31 (3. Auflage) Herbst 1992, S. 167

317 ebenda, S. 168

318 Federspiel, K./Lackinger-Karger, I.: Kursbuch Seele. Köln, 1996, S. 489

319 vgl. Bierl, P.: Wurzelrassen, Erzengel und Volksgeister: Die Anthroposophie Rudolf Steiners und die Waldorfpädagogik. Hamburg, 1999, S. 67f.

320 zit. in: Hemleben, J.: (Hrsg.): Rudolf Steiner in Selbstzeugnissen. Reinbek, 1963, S. 89

321 vgl. Treichler, M.: Anthroposophische Medizin, in: Böning, R./Neuwald, B. (Hrsg.): Handbuch für Ganzheitliche Therapie und Lebenshilfe. Gschwend, 1999, S. 375f.

322 Resolution der IzAK. Paderborn, 30.11.1996

323 IzAK (Hrsg.): Stop dem Anthroposophen-Kult. Paderborn (Nr. 1 vom 1.12.1998) http://members.aol.com/Wiechoczek/IzAK.htm

324 Im Frühsommer 1999 leitete der *Bund der Freien Waldorfschulen* juristische Schritte gegen das Buch *Rasse Mensch* von P.v.d.Let/C.Schüller ein, das sich (zum gleichnamigen am 14.4.1999 auf 3sat ausgestrahlten Film) mit den verschiedenen Anknüpfungspunkten des nationalsozialistischen Rassismus befaßt (u.a Anthropologie, Humanbiologie, Religion, Kunst) und mithin auch dessen Wurzeln in der Esoterik erhellt; in diesem Zusammenhang ist auch die Rede von Rudolf Steiner und seiner Lehre. Schon zuvor waren die Alibri-Titel *Erlöser* (G. Grandt/M. Grandt) und *Waldorf Connection* (G. Grandt/M. Grandt) mit Klagen überzogen worden (vgl. Pressemitteilung des Alibri-Verlages vom 2.6.1999). Das 1997 im österreichischen Ueberreuther-Verlag erschienene *Schwarzbuch Antroposophie* (G. Grandt/M. Grandt), das laut Untertitel „Rudolf Steiners okkult-rassistische Weltanschauung" aufzeigt, wurde erfolgreich vom Markt geklagt.

325 Sieber, B./Fiedler, E.: Waldorfschulen: Enttäuschte Eltern berichten. Report/ARD vom 28.2.2000

326 vgl. http://www.akdh.ch/report/ps/ps_report.html (Aktion Kinder des Holocaust, 5.8.2000). (Sämtliche Anträge auf Einstweilige Verfügung bzw. Unterlassung wurden vor Gericht abgewiesen; ebenso sämtliche Gegendarstellungsverlangen. Lediglich in einem Punkt erhielten die Anthroposophen Recht: es darf vorläufig nicht mehr behauptet werden, jüdische Kinder würden vermehrt von Waldorfschulen abgemeldet [Stand 5.8.2000].)

327 zit. in: Reformierter Pressedienst/Schweiz vom 6.3.2000 (http//:www.refpresse.ch/agentur/meldungen/3344.htm. [10.3.2000])

328 vgl. http://www.akdh.ch/report/ps/ps_report.html (5.8.2000)

329 vgl. Rudolph, C.: Waldorf-Erziehung: Wege zur Versteinerung. Darmstadt, 1987, S. 49f. / Heinze, G.: Rudolf Steiners Entwicklungslehre und okkultistische Initiationsriten. Wuppertal, 1996

330 Bloch, E.: Erbschaft in dieser Zeit. Frankfurt, 1956, zit. in: Divis, T.: Geisterzweige und Hexenbinsen, in: ÖkolinX, Nr. 13, 1994, S. 29 (Bereits Anfang der 1980er fand auf der Grundlage ausgewerteten Archivmaterials der Vorwurf einer Affinität zwischen Nazismus und Anthroposophie bzw. Waldorfpädagogik eindeutige Bestätigung. Innerhalb der Führungsgremien der Bewegung gab es große Teile, die in den NS drängten; jene Teile, die sich distanzierten oder vor dem Faschismus warnten, blieben in der Minderheit. Vgl. Alisch, R.: Auf dem Weg zur Neuen Rechten? in: Tageszeitung vom 11.3.1995.)

331 vgl. KJR Ebersberg (Hrsg.): Rudolf Steiners Anthroposophie und die Realität der Waldorf-Pädagogik: Eine notwendige Korrektur, in: Frischling, Winter 1995/96, S. 36

332 vgl. Gohr, R.: Die Psycho-Okkult-Mafia: Vom Aufmarsch der rechten Heilslehrer, in: Konkret, 6/1984, S. 60

333 Heydebrand, C.: Der Sonne Licht, zit. in: Kayser, M./Wagemann, P.-A.: Wie frei ist die Waldorfschule. Berlin, 1991, S. 140

334 Steiner, R.: Die Erziehung des Kindes vom Gesichtspunkte der Geisteswissenschaft: Die Methodik des Lehrens und die Lebensbedingungen des Erziehens. Dornach, 1987, S. 44

335 Steiner, R.: Anthroposophische Menschenkunde und Pädagogik. Dornach, 1979, S. 135

336 zit. in: Rudolph, C.: Waldorf-Erziehung: Wege zur Versteinerung. Darmstadt, 1987, S. 49

337 vgl. Wiechoczek, R.: Anthroposophie: menschenfreundliche Fassade einer ungeistigen Verführung, in: Materialien und Informationen zur Zeit, 4/1996, S. 2

338 Huisken, F.: Erziehung im Kapitalismus: Von den Grundlügen der Pädagogik und dem unbestreitbaren Nutzen der bürgerlichen Lehranstalten. Hamburg, 1998, S. 455

339 vgl. Bierl, P.: Wurzelrassen, Erzengel und Volksgeister: Die Anthroposophie Rudolf Steiners und die Waldorfpädagogik. Hamburg, 1999, S. 69f.

340 zit. in: Binder, H.: Was steckt hinter anthroposophisch-homöopathischen Heilmitteln? in: Prekop, O.: Homöopathie. Berlin, 1995, S. 137

341 Steiner, R.: Über Gesundheit und Krankheit: Grundlagen einer geisteswissenschaftlichen Sinneslehre. Dornach, 1994, S. 102f.

342 Wiener Zeitung vom 7.3.1997

343 Die Aussage stammt von G. Lange-Wische, Referatsleiter für Gymnasien am Kultusministerium NRW. Zit. in: Focus, Nr. 16, vom 15.4.1995, S. 44

344 vgl. Rudolph, C.: Waldorf-Erziehung: Wege zur Versteinerung. Darmstadt, 1987, S. 50

345 zit. in: KJR Ebersberg (Hrsg.): Rudolf Steiners Anthroposophie und die Realität der Waldorf-Pädagogik: Eine notwendige Korrektur, in: Frischling, Winter 1995/96, S. 46 (Ebenso wie an staatlichen Schulen ist auch an Waldorfschulen „körperliche Züchtigung“ gesetzlich verboten.)

346 Reichler, C.: Kindgemäße Vorschulerziehung, zit. in: Rudolph, C.: Waldorf-Erziehung: Wege zur Versteinerung. Darmstadt, 1987, S. 108 (Waldorfpädagogin Reichler berichtet von den wundersamen Wirkungen einer Ohrfeige, die sie einem Zögling verabfolgt habe.)

347 Grabert, E.: Die Strafe in der Selbsterziehung und in der Erziehung des Kindes. Stuttgart, 1989 (10. Auflage), S. 64f.

348 vgl. Kayser, M./Wagemann, P.-A.: Wie frei ist die Waldorfschule. Berlin, 1991, S. 115

349 Steiner, R.: Allgemeine Menschenkunde als Grundlage der Pädagogik. Dornach, 1968, S. 172f.

350 Steiner, R.: Die Erziehung des Kindes vom Gesichtspunkte der Geisteswissenschaft: Die Methodik des Lehrens und die Lebensbedingungen des Erziehens. Dornach, 1987, S. 60

351 Steiner, R.: Allgemeine Menschenkunde als Grundlage der Pädagogik. Dornach, 1968, S. 139

352 zit. in: Rheinischer Merkur vom 30.7.1982

353 Steiner, R.: Die Erziehungsfrage als soziale Frage: die spirituellen, kulturgeschichtlichen und sozialen Hintergründe der Waldorfpädagogik. Dornach, 1960, S. 98f.

354 Pillwein, A. (Werbetext) in: Böning, R./Neuwald, B. (Hrsg.): Handbuch für Ganzheitliche Therapie und Lebenshilfe. Gschwend, 1999, S. 342

355 zit. in: König, G.: Anthroposophie und Rudolf Steiner, in: Becker, H.-J./Kohle, H. (Hrsg.): Kulte, Sekten, Religionen: Von Astrologie bis Zeugen Jehovas. Augsburg, 1994, S. 203

356 Pädagogische Forschungsstelle beim Bund der Freien Waldorfschulen/Lehrerseminar für Waldorfpädagogik, Kassel: Waldorflehrer sein? Waldorflehrer werden? Pädagogische Berufseinführung für Lehranfänger an Waldorfschulen (Aus-/Fortbildungsprogramm) Kassel, 1994

357 vgl. akdh.ch/ps/sp_report.htm (5.8.2000). (Der Bund der freien Waldorfschulen beeilte sich, schnellstmöglich auf Distanz zu Uehlis Werk zu gehen. Die vorgetragene Behauptung, das Buch sei ohnehin nicht verwendet worden [zumindest nicht in Berlin/Brandenburg], wurde durch Recherchen der Berliner Tageszeitung widerlegt. Vgl. Frank, A.: Einschüchterung auf Waldorf-Art, in: Tageszeitung vom 4.8.2000)

358 Füller, C.: Waldorf vor Indizierung, in: Tageszeitung vom 15.7.2000, S. 7

359 Trüper, U.: Goethe und die Hottentotten, in: Tageszeitung vom 19.7.2000, S. 17.

360 vgl. Tisserand, R.: Aromatherapie, in: Handbuch alternativer Heilweisen. Freiburg, 1980, S. 124f.

361 vgl. Stiftung Warentest (Hrsg.): Die Andere Medizin: Nutzen und Risiken sanfter Heilmethoden. Berlin, 1991, S. 196
362 zit. in: Tisserand, R.: Aromatherapie, in: Handbuch alternativer Heilweisen. Freiburg, 1980, S. 124f.
363 vgl. ebenda
364 vgl. Roberts, M.: Das Neue Lexikon der Esoterik. München, 1995, S. 72f.
365 ebenda
366 vgl. Tisserand, R.: Aromatherapie, in: Handbuch alternativer Heilweisen. Freiburg, 1980, S. 124f.
367 vgl. Stiftung Warentest (Hrsg.): Die Andere Medizin: Nutzen und Risiken sanfter Heilmethoden. Berlin, 1991, S. 196
368 vgl. Federspiel, K./Lackinger-Karger, I.: Kursbuch Seele. Köln, 1996, S. 503
369 z.B. Bettschart, R. et al.: Bittere Naturmedizin. Köln, 1995, S. 739
370 vgl. Roberts, M.: Das Neue Lexikon der Esoterik. München, 1995, S. 74f.
371 vgl. Bettschart, R. et al.: Bittere Naturmedizin. Köln, 1995, S. 739
372 vgl. Federspiel, K./Lackinger-Karger, I.: Kursbuch Seele. Köln, 1996, S. 503
373 Werbetext von W. Nothvogel für ein aromatherapeutisches Wochenendseminar im LaFelicità-Zentrum für kreative Bewußtseinserweiterung. Fürstenfeldbruck, 1993
374 vgl. Roberts, M.: Das Neue Lexikon der Esoterik. München, 1995, S. 72
375 zit. in: Federspiel, K./Lackinger-Karger, I.: Kursbuch Seele. Köln, 1996, S. 503
376 zit. in: ebenda
377 vgl. Roberts, M.: Das Neue Lexikon der Esoterik. München, 1995, S. 72
378 vgl. Fischer-Rizzi, S.: Himmlische Düfte: Aromatherapie. München, 1995 (11. Auflage), S. 249f.
379 vgl. Keller, E.: Das Große Praxisbuch der Aromalehre. Genf, 1995
380 vgl. Vroon, P. et al.: Psychologie der Düfte: Wie Gerüche unser Wohlbefinden beeinflussen und verführen. Zürich, 1996
381 vgl. Fischer-Rizzi, S.: Botschaft an den Himmel. München, 1996
382 vgl. Sikora, A. Salzsteinlampen (Werbebroschüre). München, o.J.
383 vgl. Zwerenz, G.: Magie, Sternenglaube, Spiritismus. Frankfurt, 1974
384 vgl. ebenda, S. 165f.
385 vgl. Eppe, H.: Blut und Sterne: Völkischer Rassismus und Astrologie vor 1918, in: Kern, G./Traynor, L. (Hrsg.): Die esoterische Verführung. Aschaffenburg, 1995, S. 115f.
386 vgl. Howe, E.: Uranias Kinder: Die seltsame Welt der Astrologen und das Dritte Reich. Weinheim, 1995
387 Gesellschaft für rationale Psychologie, zit.in: Bettermann, S./Paetow, S.: Horoskope: Blendkraft der Sterne, in: Focus, 52/1993, S. 117
388 ebenda
389 vgl. Knoblauch, H.: Die Welt der Wünschelrutengänger und Pendler. Frankfurt/Main, 1991, S. 112
390 vgl. Bettermann, S./Paetow, S.: Horoskope: Blendkraft der Sterne, in: Focus, 52/1993, S. 119
391 vgl. Los Angeles Times vom 28.12.1995
392 vgl. Bock, W.: Astrologie und Aufklärung: Über modernen Aberglauben. Stuttgart, 1995, S. 11
393 vgl. ebenda, S. 12 (Bock bezieht sich auf einen Bericht der Zeitschrift *Bunte* vom 19.5.1988; von H.-D. Genscher war hierzu keine Auskunft zu bekommen.)
394 vgl. König, R./Koch, E.: Die Einstellung zur Astrologie, in: Skeptiker, 3/1996, S. 99f.
395 Gesellschaft für rationale Psychologie, zit. in: Bettermann, S./Paetow, S.: Horoskope: Blendkraft der Sterne, in: Focus, 52/1993, S. 117
396 vgl. Bettermann, S./Paetow, S.: Horoskope: Blendkraft der Sterne, in: Focus, 52/1993, S. 119
397 ebenda
398 vgl. Altpeter, W.: Werde Menschenkenner: Menschenkunde für jedermann. Wiesbaden, o.J., S. 91f.
399 Riemann, F.: Lebenshilfe Astrologie: Gedanken und Erfahrungen. München, 1981 (6. Auflage), S. 40
400 vgl. Harder, B.: Die übersinnlichen Phänomene im Test. Augsburg, 1996, S. 40f.
401 vgl. Schrot & Korn, 12/1995, S. 28

402 Flüe, B.: Astrologie, in: Seifert, T./Waiblinger, A. (Hrsg.): Die 50 wichtigsten Methoden der Psychotherapie, Körpertherapie, Selbsterfahrung und des geistigen Trainings. Stuttgart, 1993, S. 40

403 Ritter, R.: Nichts ist Zufall, in: tz vom 17.11.1999, S. 24

404 vgl. Wunder, E.: Astrologische Prognosen auf dem Prüfstand, in: Skeptiker, 1/1992, S. 9f.

405 vgl. Skeptiker, 1/1994, S. 22

406 aus: Astrowoche, Nr. 9, vom 21.2.1996

407 ebenda

408 Astrowoche, Nr.5, vom 21.1.98, S. 54f.

409 vgl. Dethlefsen, T.: Das Leben nach dem Leben: Gespräche mit Wiedergeborenen. München, 1974 (4. Auflage), S. 143

410 Noë, W.: Das große Liebes-Horoskop, in: Abendzeitung München vom 16.6.1999, S. 8 (u.a.)

411 Liebe, Sex und Treue (Astrologische Prognosen), in: Bild vom 18.9.1999

412 vgl. Hermann, J.: Argumente gegen die Astrologie, in: Skeptiker, 2/1995, S. 45f.

413 Wiechoczek, R.: Akademisch getarnter Unsinn, in: Skeptiker, 1/1989, S. 8

414 Krohn, G.: Schule für Astrosophie, Astrologie und Menschenkunde/SAAM (Ausbildungsbroschüre). Worpswede, o.J.

415 vgl. Zwerenz, G.: Magie, Sternenglaube, Spiritismus. Frankfurt/Main, 1974

416 Hermann, J.: Argumente gegen die Astrologie, in: Skeptiker, 2/1995, S. 45f.

417 vgl. Klöckler, H.: Astrologie als Erfahrungswissenschaft (original: Leipzig, 1926). München, 1989

418 vgl. Eysenck, H.-J./Nias, D.: Astrologie: Wissenschaft oder Aberglaube? München, 1984

419 vgl. Hermann, J.: Argumente gegen die Astrologie, in: Skeptiker, 2/1995, S. 47f.

420 zit. in: ebenda

421 Niehenke, P. zit. in: Nienhuys, J.-W.: Wie der 'Mars-Effekt' zustande kam, in: Skeptiker, 4/1996, S. 124

422 Hand, R. zit. in: Nienhuys, J.-W.: Wie der 'Mars-Effekt' zustande kam, in: Skeptiker, 4/1996, S. 124

423 vgl. Kurtz, P.: French Committee announces results of test of so-calles Mars Effect, in: Skeptical Inquirer, 19, 1/1995, S. 4f.

424 Nienhuys, J.-W.: Wie der 'Mars-Effekt' zustande kam, in: Skeptiker, 4/1996, S. 124 (Betrugsabsicht wird Gauquelin allerdings nicht unterstellt.)

425 vgl. Sachs, G.: Die Akte Astrologie: Wissenschaftlicher Nachweis eines Zusammenhanges zwischen den Sternzeichen und dem menschlichen Verhalten. München, 1997, S. 65f.

426 vgl. ebenda, S. 147f.

427 ebenda, S. 157f.

428 ebenda (Klappentext)

429 ebenda, S. 164

430 vgl. ebenda, S. 165f.

431 Als signifikant gilt eine Abweichung vom statistischen Mittel dann, wenn die Wahrscheinlichkeit ihres Zustandekommens bei einem Prozent bzw. im Verhältnis 1:100 steht.

432 vgl. Sachs, G.: Die Akte Astrologie: Wissenschaftlicher Nachweis eines Zusammenhanges zwischen den Sternzeichen und dem menschlichen Verhalten. München, 1997 (Sachs' Berechnungen wurden zahlreiche methodische und sonstige Fehler nachgewiesen [vgl. z.B. Basler, H.: 'Die Akte Astrologie' von Gunter Sachs aus der Sicht der Mathematischen Statistik, in: Skeptiker, 3/98, 104f.]. Selbst Peter Niehenke, führender Vertreter der Astrologenszene, sah sich zu einer harschen Kritik der Sachs-Studie genötigt [vgl. Esotera 1/1998]. Eine Begutachtung durch das Statistische Bundesamt wies Sachs' Untersuchung als „statistisch methodisch sauber gearbeitet" aus. Allerdings wollten die Bundesstatistiker sich zur astrologischen Bewertung der gesammelten Daten nicht äußern: „Ob das Werk als wissenschaftlicher Durchbruch der Astrologie bezeichnet werden kann, wollen und können wir nicht beurteilen." [vgl. Süddeutsche Zeitung vom 26.1.1999])

433 Hueg, J.: Astrologieforschung, Forschungsastrologie und Heldenepos. Oder: Verhalten sich einige Statistiker wie nützliche Statisten? in: Skeptiker, 1-2/1999, S. 47f.

434 vgl. ebenda, S. 50

435 ebenda, S. 49

436 vgl. Niehenke, P.: Astrologie: Eine Einführung. Stuttgart, 1994, S. 25

437 Flüe, B.: Astrologie, in: Seifert, T./Waiblinger, A. (Hrsg.): Die 50 wichtigsten Methoden der Psychotherapie, Körpertherapie, Selbsterfahrung und des geistigen Trainings. Stuttgart, 1993, S. 39

438 Klöckler, H.: Astrologie als Erfahrungswissenschaft (original: Leipzig, 1926). München, 1989, S. 74f.

439 zit. in: Zwerenz, G.: Magie, Sternenglaube, Spiritismus. Frankfurt/Main, 1974, S. 186

440 zit. in: Das Große White Eagle Heilungsbuch. Grafing, 1988 (4. Auflage), S. 126f.

441 zit. in: French, C. et al.: Der Glaube an die Astrologie: Eine Untersuchung zum Barnum-Effekt, in: Skeptiker, 1/1993, S. 13

442 zit. in: Alcock, J.: Magisches Denken in einer wissenschaftlichen Welt: Psychologische Grundlagen für den Glauben an die Astrologie, in: Skeptiker, 1/1993, S. 11

443 vgl. French, C. et al.: Der Glaube an die Astrologie: Eine Untersuchung zum Barnum-Effekt, in: Skeptiker, 1/1993, S. 13f.

444 vgl. ebenda

445 vgl. Klein, N.: Esoterische Astrologie, in: Baumann, A. (Hrsg.): Der neue Therapieführer. München, 1992, S. 247

446 Werbeflugblatt E. Seelbachs mit Kopie eines Artikels der Süddeutschen Zeitung: Huppelsberg, M.: Himmlisch sichere Antworten, o.J., in dem Seelbach zitiert wird. Icking-Dorfen, o.J.

447 vgl. Bock, W.: Astrologie und Aufklärung: Über modernen Aberglauben. Stuttgart, 1995, S. 304

448 Riemann, F.: Lebenshilfe Astrologie: Gedanken und Erfahrungen. München, 1981 (6. Auflage), S. 43f.

449 ebenda, S. 46

450 ebenda, S. 38

451 ebenda, S. 44f.

452 zit. in: Nolte, B.: Die Sterne lügen nicht - vielleicht, in: Süddeutsche Zeitung vom 29.12.1997, S. 35

453 Schäfer, R.: Die astrosophische Deutung von Horoskopen, in: Einblick, 9/1996, S. 8

454 Klein, N.: Esoterische Astrologie, in: Baumann, A. (Hrsg.): Der neue Therapieführer. München, 1992, S. 247f.

455 Schäfer, R.: Die astrosophische Deutung von Horoskopen, in: Einblick, 9/1996, S. 9f.

456 vgl. Klein, N.: Esoterische Astrologie, in: Baumann, A. (Hrsg.): Der neue Therapieführer. München, 1992, S. 247f.

457 Svierak, A.: Astrologie zum Anfassen (Werbeprospekt). München, 1994

458 Johanniterhof: Lebens(t)räume (Seminarprogramm). Villingen-Obereschbach, 1997

459 Niehenke, P.: Astrologische Menschenkunde (Werbeprospekt). Freiburg, o.J.

460 vgl. Skeptiker, 2/1996, S. 71 (Weitere Verfahren bekam Niehenke als notorischer Nacktjogger an den Hals: bekleidet lediglich mit Turnschuhen kultiviert er seit je freikörperlichen Dauerlauf durch Breisgauer Grünanlagen. Neben seiner astrologischen Tätigkeit ist er auch als Sex-Therapeut zugange.)

461 vgl. Tageszeitung vom 20.10.1994

462 LG Paderborn Az.: 4 O 135/89 / OLG Hamm Az.: U 176/89. vgl. Wiechoczek, R.: Akademisch getarnter Unsinn, in: Skeptiker, 1/1989, S. 8 (Dipl. Psych. Niehenke hatte mit einer Arbeit über Astrologie promoviert.)

463 Bunkahle, A.: Das Medizinisch-Astrologische Repertorium (Werbebroschüre). Freiburg, o.J.

464 Erklärung des RDP: 'Die Sterne lügen nicht'. Jena, 4/1996, zit. in: Skeptiker, 4/1996, S. 139

465 vgl. Dethlefsen, T.: Schicksal als Chance: Das Urwissen zur Vollkommenheit des Menschen. München, 1979, S. 95f.

466 ebenda, S. 30

467 z.B. Venediger, B.: Einweihung in die esoterischen Lehren. Freiburg, 1994, S. 19

468 vgl. Hermann, J.: Argumente gegen die Astrologie, in: Skeptiker, 2/1995, S. 47

469 vgl. Dethlefsen, T.: Schicksal als Chance: Das Urwissen zur Vollkommenheit des Menschen. München, 1979, S. 115

470 ebenda, S. 138f.

471 ebenda, S. 123f.

472 Dethlefsen, T.: Das Leben nach dem Leben: Gespräche mit Wiedergeborenen. München, 1974 (4. Auflage) S. 140

473 Dethlefsen, T./Dahlke, R.: Krankheit als Weg: Deutung und Be-Deutung der Krankheitsbilder. München, 1989, S. 356

474 Dethlefsen, T.: Das Leben nach dem Leben: Gespräche mit Wiedergeborenen. München, 1974 (4. Auflage) S. 195

475 Dahlke, R.: Reinkarnationstherapie, in: Böning, R./Neuwald, B. (Hrsg.): Handbuch für Ganzheitliche Therapie und Lebenshilfe. Gschwend, 1999, S. 254

476 Dethlefsen, T.: Schicksal als Chance: Das Urwissen zur Vollkommenheit des Menschen. München, 1979, S. 122

477 Dethlefsen, T.: Das Leben nach dem Leben: Gespräche mit Wiedergeborenen. München, 1974 (4. Auflage), S. 195

478 ebenda, S. 140

479 ebenda, S. 141

480 ebenda, S. 143

481 Hermetische Truhe: Empfehlungen zur esoterischen Literatur. Nr. 5/1985, zit. in: Gugenberger, E./Schweidlenka, R.: Mutter Erde, Magie und Politik: Zwischen Faschismus und neuer Gesellschaft. Wien, 1987 (2. Auflage), S. 145

482 Bock, W.: Astrologie und Aufklärung: Über modernen Aberglauben. Stuttgart, 1995, S. 139

483 Dethlefsen, T.: Schicksal als Chance: Das Urwissen zur Vollkommenheit des Menschen. München, 1979, S. 126f.

484 Dethlefsen, T.: Das Leben nach dem Leben: Gespräche mit Wiedergeborenen. München, 1974 (4. Auflage) S. 148

485 Adorno, T.W.: Aberglauben aus zweiter Hand, in: Horkheimer, M./Adorno, T.W.: Soziologica II: Reden und Vorträge. Frankfurt/Main, 1962, zit. in: Bock, W.: Astrologie und Aufklärung: Über modernen Aberglauben. Stuttgart, 1995, S. 22

486 vgl. Adorno, T.W.: Studien zum autoritären Charakter. Frankfurt/Main, 1973

487 Bock, W.: Astrologie und Aufklärung: Über modernen Aberglauben. Stuttgart, 1995, S. 142

488 zit. in: Pöhlmann, M.: Mythos, Macht, Magie: Thorwald Dethlefsens 'Kawwana-Kirche des Neuen Aeon', in: Materialdienst der EZW, Nr. 12/1999, in: http://www.ekd.de/ezw/materialdienst/ed21999.html (28.4.2000)

489 vgl. Sanders, L.: Die Farben deiner Aura. München, 1990

490 vgl. Zwerenz, G.: Magie, Sternenglaube, Spiritismus. Frankfurt/Main, 1974, S. 114

491 vgl. Guiley, R.: Encyclopedia of Mystical & Paranormal Experiences. London, 1991, S. 366f.

492 vgl. Federspiel, K./Lackinger-Karger, I.: Kursbuch Seele. Köln, 1996, S. 529

493 z.B. Leadbeater, C.: Der sichtbare und der unsichtbare Mensch. Freiburg, 1985 (7. Auflage)

494 Weigl, G./Wenzel, F.: Die entschleierte Aura. Grafing, 1991 (2. Auflage), Tafeln 5 und 6

495 Venediger, B.: Einweihung in die esoterischen Lehren. Freiburg, 1994, S. 41

496 ebenda, S. 55

497 vgl. z.B. Choa Kok Sui: Durch kosmische Energien heilen. Freiburg, 1989

498 Ilona Christen, RTL vom 11.4.1997

499 Denning, M./Philips, O.: Psychischer Selbstschutz: Die Entwicklung positiver Kräfte. Freiburg, 1997 (3. Auflage), S. 46

500 ebenda, S. 47f.

501 ebenda, S. 177f.

502 http://www.heilen.net (28.3.2000)

503 vgl. Heinrich, R.: Der Exorzismus von Klingenberg: eine Geschichte von gestern? in: Materialien und Informationen zur Zeit, 3/1995, S. 25f.

504 BioTec-Produkte (Werbebroschüre 1). Eggenfelden, o.J

505 Hehenkamp, C.: Lightbody: Erwecke Deinen Lichtkörper (Werbebroschüre). München, o.J.

506 Natural-Energy-Balancing (Werbeannonce), in: ESAB 98/99, Ahlerstedt, 1997, S. 29

507 SOL-Schule für Channeling&Energiearbeit (Seminarkatalog). Bruck, 1998

508 http://www.holoenergetic.ch/HOLOENERGETIC.htm (10.4.2000)

509 IDD-Institut (Werbebroschüre). Morsbach, o.J.

510 ebenda (erheblich gekürzt und paraphrasiert)

511 Quaas, M./Reinhard, A. (Werbetext), in: Böning, R./Neuwald, B. (Hrsg.): Handbuch für Ganzheitliche Therapie und Lebenshilfe. Gschwend, 1999, S. 307 (Der Werbetext wurde semantisch etwas geordnet, da er sonst überhaupt keinen Sinn gemacht hätte.)

512 IDD-Institut (Werbebroschüre). Morsbach, o.J.

513 vgl. z.B.: Kyon (Werbeannonce), in: Gesundheit für Körper, Seele und Geist: Das ganzheitliche Branchenadressbuch für München und Südbayern. München, 1999/2000, S. 38

514 vgl. Franz, W.: Handbuch der Kirlian-Photographie. Stuttgart, 1987

515 vgl. Snellgrove, B.: Kirlian-Photographie, in: Hill, A. (Hrsg.): Illustriertes Handbuch alternativer Heilweisen. Freiburg, 1980, S. 48f.

516 vgl. Bettschart, R. et al.: Bittere Naturmedizin. Köln, 1996, S. 889f.

517 vgl. Federspiel, K./Lackinger-Karger, I.: Kursbuch Seele. Köln, 1996, S. 530

518 z.B. Krippner, S.: The Kirlian Aura: Photographing the Galaxies of Life. GardenCity, NY, 1974

519 vgl. Guiley, R.: Encyclopedia of Mystical & Paranormal Experiences. London, 1991, S. 626f.

520 AuraLightReading (Werbebroschüre). Rastede, o.J.

521 Aurafotografie mit der Aura Camera 3000 (Werbebroschüre). Pfedelbach-Gleichen, o.J.

522 vgl. Wolf, R.: Aurafotografie, in: Skeptiker, 3/1998, S. 128

523 Dokumentiert in: Forum Kritische Psychologie: Scharlatane und Beutelschneider. München, 1996 (unveröffentlichtes Manuskript; aktualisiert 1999 [Manuskript beim Verfasser])

524 Aura Light & Imaging (verschiedene Werbebroschüren). Pfedelbach, o.J./Weil am Rhein, 1997

525 vgl. Mandel, P.: Energetische Terminalpunkt-Diagnose. Bruchsal, 1993 (Neuauflage)

526 MeTePro (Werbebroschüre). Bruchsal, 3/1993

527 Institut für multidimensionales BewußtSein (Werbeannonce), in: Böning, R./Neuwald, B. (Hrsg.): Handbuch für Ganzheitliche Therapie und Lebenshilfe. Gschwend, 1999, S. 615

528 vgl. Powers, R.: Heimkehr ins Licht. Wiesbaden, 1987

529 Schneider, D.: Clearing, in: Luczyn, D.: Esoterik-Führer: Ein aktueller Leitfaden durch das Esoterik-Labyrinth. Niedertaufkirchen, 1993, S. 65

530 Fabian, U.: Unsere Kontakte mit der geistigen Welt, in: Die Andere Realität vom 1.4.1997, S. 13

531 Schneider, D.: Clearing, in: Luczyn, D.: Esoterik-Führer: Ein aktueller Leitfaden durch das Esoterik-Labyrinth. Niedertaufkirchen, 1993, S. 66

532 Fabian, U.: Unsere Kontakte mit der geistigen Welt, in: Die Andere Realität vom 1.4.1997, S. 13

533 z.B. Powers, R.: Heimkehr ins Licht. Wiesbaden, 1987

534 vgl. Federspiel, K./Lackinger-Karger, I.: Kursbuch Seele. Köln, 1996, S. 529

535 LG Aschaffenburg Az.: KLs 4 Js 6880/76 vom 21.4.1978

536 Gegen Eisenbach wurde Mitte September 2000 Anzeige erstattet: er habe, so der Vorwurf, an einer Frau seines Bistums exorzistische Dämonenaustreibungen durchgeführt und sich zugleich sexueller Übergriffe schuldig gemacht. AP-Meldung, in: Tageszeitung vom 18.9.2000

537 vgl. Oepen, I.: Medizinische und psychologische Aspekte der Besessenheit, in: Skeptiker, 3/1999, S. 115

538 zit. in: Oepen, I./Scheidt, R.: Wunderheiler heute. München, 1989, S. 66f.

539 vgl. Heinrich, R.: Der Exorzismus von Klingenberg: eine Geschichte von gestern? in: Materialien und Informationen zur Zeit, 3/1995, S. 25f.

540 vgl. Vox Fidei (Hrsg.): Stimme des Glaubens, 17/1995, S. 4
541 Goodman, F.: Anneliese Michel und ihre Dämonen. Stein am Rhein, 1987, zit. in: Oepen, I.: Medizinische und psychologische Aspekte der Besessenheit, in: Skeptiker, 3/1999, S. 116
542 vgl. Oepen, I.: Medizinische und psychologische Aspekte der Besessenheit, in: Skeptiker, 3/1999, S. 115f.
543 Müller, J.: Verwünscht, verhext, verrückt oder was? Gibt es dämonisch bedingte Störungen? Stuttgart, 1998, zit. in: Oepen, I.: Medizinische und psychologische Aspekte der Besessenheit, in: Skeptiker, 3/1999, S. 116
544 Haag, H.: Abschied vom Teufel (Interview), in: Skeptiker, 3/1999, S. 114f.
545 vgl. ebenda
546 zit. in: Schlamp, H.-J.: Geschöpfe der Hölle, in: Der Spiegel, 21/1999
547 zit. in: Heinrich, R.: Der Exorzismus von Klingenberg: eine Geschichte von gestern? in: Materialien und Informationen zur Zeit, 3/1995, S. 27
548 vgl. Wall, V.: Aura Soma: Das Wunder der Farbheilung. Frankfurt/Main, 1990
549 Moosburger, G.: Aura Soma Farbtherapie (Werbebroschüre). München, 1996
550 vgl. Aura Soma: Farben als Spiegel der Seele (Werbebroschüre). Hamburg, 1995
551 Maurer, E.: Aura Soma Farb-Lexikon: Praxisbuch für Lichtarbeitende. Petersberg, 1999 (Verlagsbroschüre)
552 Aura Soma: Farben als Spiegel der Seele (Werbebroschüre). Hamburg, 1995
553 ebenda
554 vgl. Bind-Klinger, A.: Die Aura-Soma Meisteressenzen. Grafing, 1996 (2. Auflage)
555 ebenda, S. 80
556 Aura Soma: Farben als Spiegel der Seele (Werbebroschüre). Hamburg, 1995
557 Bind-Klinger, A.: Die Aura-Soma Meisteressenzen. Grafing, 1996 (2. Auflage), S. 145
558 vgl. Dalichow, I./Booth, M.: Aura Soma. München, 1994
559 Schaad, J.: Aura Soma: Farben als Spiegel der Seele (Werbepapier). München, 1999
560 Aura-Soma Germany (Werbebroschüre). Düsseldorf, o.J.
561 vgl. Wiegel, S.: Aura Soma leicht gemacht. Münsingen-Bern, 1996 (2. Auflage)
562 Der Begriff stammt von dem Psychoanalytiker Volker E. Pilgrim: Muttersöhne. Düsseldorf, 1990
563 vgl. Bullion, C.: Naturgesetzpartei fliegt für Deutschland, in: Tageszeitung vom 4.10.1995
564 vgl. Thakkar, C.: Ayurveda: Indische Heil- und Lebenskunst. Freiburg, 1987
565 vgl. Ostendorf, G.-M.: Ayurveda: Altindische Medizin im New-Age-Zeitalter, in: Skeptiker, 2/1990, S. 8f.
566 vgl. Kovoor, A.: Begone Godmen! Encounters with Spiritual Frauds. Bombay, 1991 (5. Auflage)
567 Janssen, G.: Die Anwendung von Maharishi Ayur-Ved in der Behandlung von zehn chronischen Erkrankungen. Laag Soeren, 1988
568 Ärztliche Praxis. Nr. 94 vom 24.11.1990, S. 27 (Mit Urteil vom 23.5.1989 hat das Bundesverwaltungsgericht die Warnung der Bundesregierung als rechtmäßig erachtet, TM könne zu psychischen Schäden führen. [BVerwG Az.: 7 C 2.87])
569 vgl. Ostendorf, M.-G.: Ayurveda: Spreu und Weizen, in: Münchner Medizinische Wochenschrift, Nr. 134, 1992, S. 16
570 vgl. Ostendorf, G.-M.: Ayurveda: Altindische Medizin im New-Age-Zeitalter, in: Skeptiker, 2/1990, S. 9
571 vgl. Esotera: Ein Pulver gegen den Krebs, 1/1990, S. 22f.
572 vgl. Netzhammer, M.: Heilen mit Arsen und Quecksilber, in: Dao, 3/2000, S. 59f.
573 Maharishi Ayur Ved Gesundheits- und Seminarzentrum (Informationsbroschüre). Bad Ems, 1996
574 Maharishi Ayur Ved Kurhotel „Parkschlösschen“ (Hauszeitung). Traben-Trarbach, Winter 1996
575 Atma Santulana Therapy Centre (Werbebroschüre). Karla/India, o.J.
576 Storz, G.: Oommm, oommm und harter Sex, in: Abendzeitung München vom 27.9.1996
577 vgl. Tambe, B.: Living Meditation through Aum Swarupa (1-4). Pune/India, 1982
578 Aumec (Werbebroschüre [1]) München, o.J.
579 ebenda
580 Aumec (Werbebroschüre [2]) München, o.J.
581 Aman (Werbematerial) Spangenberg, o.J.

582 Datta Yoga Kreis (Werbebroschüre). Düsseldorf, o.J.
583 Ayurveda-Klinik (Informationsbroschüre). Kassel, o.J.
584 Bettschart, R. et al.: Bittere Naturmedizin. Köln, 1995, S. 759
585 vgl. ebenda
586 vgl. Mahindra-Institut (Ausbildungsprogramm). Birstein-Obersotzbach, 2000
587 vgl. Seva Akademie (Werbematerial). Frankfurt/Main, 1997/98
588 vgl. Zentrum für Naturheilkunde (Programmkatalog). München, 2000, S. 12
589 vgl. http://www.altmeduniversity.com/university (20.7.2000)
590 vgl. Hoffmann, E.: Huna: A Beginner's Guide. Gloucester, 1976
591 Wiegel, H.: Das Handbuch der Kahuna-Medizin: Heilkunde und Naturheilmittel aus Hawaii. Kreuzlingen, 1996 (Mithilfe: W. v. Rohr)
592 Open Mind (Werbeannonce), in: Die Kunst des Lebens, 1/1996
593 vgl. Kronberger Seminare (Programm). Kronberg im Taunus, 1/2000
594 vgl. New England Journal of Medicine. Nr. 333, 803/1995, zit. in: Skeptiker, 1/1996, S. 27
595 Samel, G.: Tibetische Medizin: Diagnosemethoden und Therapien auf einen Blick. München, 1998 (Klappentext)
596 DANA e.V. (in Zusammenarbeit mit dem Aquilea Gesundheitszentrum und der Schweisfurth-Stiftung): Tibetische Medizin: Wochenendseminare mit Dr. Pema Dorjee (Veranstaltungunterlagen). München, 1998
597 Schweisfurth-Stiftung (Hrsg.): Wangyal, L./Dolma, P.: Einführung in die tibetische Medizin (Videokurs 1-3). München, 1999
598 Ti Tonisa Lama: Das Buch der Heilung: Die Medizin des alten Tibet. Seeon, 1996, S. 12f.
599 vgl. ebenda, S. 101f.
600 ebenda, S. 187f.
601 ebenda, S. 110f.
602 Asshauer, E.: Heilkunst vom Dach der Welt: Tibets sanfte Medizin. Freiburg, 1993, S. 77
603 Samel, G.: Tibetische Medizin: Diagnosemethoden und Therapien auf einen Blick. München, 1998, S. 34
604 ebenda, S. 35
605 ebenda, S. 138
606 Donden, Y.: Tibetisches Heilwissen, zit. in: Samel, G.: Tibetische Medizin: Diagnosemethoden und Therapien auf einen Blick. München, 1998, S. 37
607 vgl. Asshauer, E.: Heilkunst vom Dach der Welt: Tibets sanfte Medizin. Freiburg, 1993, S. 180
608 Clifford, T.: Tibetan Buddhist Medicine and Psychiatry: The Diamond Healing. Delhi, 1994, S. 141 (übersetzt durch den Verfasser)
609 Asshauer, E.: Heilkunst vom Dach der Welt: Tibets sanfte Medizin. Freiburg, 1993, S. 174
610 ebenda
611 vgl. Unschuld, P.: Die chinesische Medizin im China der Neuzeit und Gegenwart, in: ders.: Chinesische Medizin. München, 1997, S. 89f.
612 vgl. Samel, G.: Tibetische Medizin: Diagnosemethoden und Therapien auf einen Blick. München, 1998, S. 50f.
613 vgl. Patchu, Y.: Die vier Tantras der Medizin, in: Esotera, 2/1995, S. 32f.
614 Tibetan Medical & Astrological Institute of H. H. the Dalai Lama: Rinchen Ratna Samphel (consumer's instructions). Dharamsala, o. J. (übersetzt aus dem Englischen durch den Verfasser)
615 vgl. Tibetan Medical & Astrological Institute of H. H. the Dalai Lama: Chakril Chenmo (consumer's instructions). Dharamsala, o. J.
616 zit. in: ebenda, S. 140
617 vgl. Patchu, Y.: Die vier Tantras der Medizin, in: Esotera, 2/1995, S. 35
618 vgl. Arndt, U.: Das Rezept Nummer '28', in: Esotera, 11/1997, S. 58f.
619 Asshauer, E.: Heilkunst vom Dach der Welt: Tibets sanfte Medizin. Freiburg, 1993, S. 223
620 ebenda, S. 224

621 Abaton Vibra/Plate, F.: Sound & Spirit (Werbebroschüre) Filderstadt, o.J.

622 Harrer, H.: Sieben Jahre in Tibet: Mein Leben am Hofe des Dalai Lama. Berlin, 1997 (23. Auflage), S. 255

623 ebenda, S. 387

624 vgl. Grunfeld, T.: The Making of Modern Tibet. London, 1987, S. 22

625 persönliches Gespräch von Autor Goldner mit einem tibetischen Arzt (Dorjee Rabten?) in München vom 7.5.1998 (Gesprächsnotiz)

626 vgl. Petersen, J.: Heile dich selbst mit Bach-Blüten. München, 1989

627 Schreinemakers live, SAT1 vom 1./8./22.6.1995

628 Bach, E.: Blumen, die durch die Seele heilen. München, 1979

629 ebenda

630 vgl. Stiftung Warentest (Hrsg.): Die Andere Medizin. Stuttgart, 1991, S. 192

631 vgl. Dr.-Bach-Blüten AG: Seelentherapie mit Blütenenergie (Informationsbroschüre). Hamburg, o.J.

632 Krämer, D.: Esoterische Therapien. Band 1. Interlaken, 1993, S. 20

633 Roberts, M.: Das Neue Lexikon der Esoterik. München, 1995, S. 107

634 zit. in: Stiftung Warentest (Hrsg.): Die Andere Medizin. Stuttgart, 1991, S. 193

635 vgl. Interview in: Die Andere Realität, 4/1991, S. 19f. (Das Gespräch mit Mechthild Scheffer führte „Reinkarnationsexperte“ Trutz Hardo-Hockemeyer.)

636 vgl. Linditsch, J.: Mit Bachblüten aus der Krise: ABC der Seelenbilder. München, 1996

637 vgl. Zangerle, H.: Mythos Legasthenie: Ein kindliches Lernproblem am esoterischen Supermarkt, in: Intra, 41, Herbst 1999, S. 36

638 z.B. ebenda

639 vgl. Lonegren, S.: Das Buch zum Pendelset. München, 1995 (6. Auflage)

640 vgl. Krämer, D.: Esoterische Therapien. Band 1. Interlaken, 1993, S. 284

641 ebenda (Klappentext)

642 Goroll, M. (Werbeannonce), in: Mensch & Sein, 6/1999, S. 49

643 Krämer, D.: Esoterische Therapien. Band 2. Interlaken, 1995 (Klappentext)

644 vgl. Stiftung Warentest (Hrsg.): Die Andere Medizin. Stuttgart, 1991, S. 192

645 vgl. Forum Kritische Psychologie: Scheffers Scheffeln: Zur Unsinnigkeit der Bach-Blütentherapie. München, 1995 (unveröffentlichtes Manuskript [beim Verfasser])

646 Lindner, H.: Bach-Blütentherapie bei Allergien, in: Forum Lebensfreude (Programm) München, 3/1999, S. 14

647 vgl. Scheffer, M.: Die Original Bach-Blütentherapie, in: Reichert, D. (Hrsg.) Humane Medizin: Den ganzen Menschen heilen. Oberhausen, 1991, S. 51

648 Ausschreibung in: Psychologie Heute, 3/1996, S. 6

649 z.B. Stiftung Warentest (Hrsg.): Die Andere Medizin. Stuttgart, 1991, S. 191f.

650 vgl. Kierspe, C.: Leserbrief, in: Skeptiker, 2/1996, S. 73 (VHS Solingen)

651 vgl. Cochrane, A./Harvey, C.: Die Enzyklopädie der Blütenessenzen. Grafing, 1996

652 vgl. Haslebner, C.: Alpenblüten (Werbebroschüre) Füssen, o.J.

653 Yggdrasil (Werbeannonce), in: Böning, R./Neuwald, B. (Hrsg.): Handbuch für Ganzheitliche Therapie und Lebenshilfe. Gschwend, 1999, S. 532

654 vgl. Burkhardt-Neumann, C.: Ähnlichkeit macht stark: Homöopathie und Selbstheilung bei seelischen Krankheiten. München, 2000

655 zit. in: Schwabe, K.: Homöopathie, in: Böning, R./Neuwald, B. (Hrsg.): Handbuch für Ganzheitliche Therapie und Lebenshilfe. Gschwend, 1999, S. 404

656 vgl. Jütte, R.: Geschichte der Alternativen Medizin: Von der Volksmedizin zu den unkonventionellen Therapien von heute. München, 1996

657 vgl. Prokop, O.: Homöopathie: Was leistet sie wirklich? Frankfurt/Main, 1995, S. 28f.

658 vgl. Oepen, I./Schaffrath, B.: Homöopathie heute, in: Skeptiker, 2/1991, S. 40

659 vgl. Burkhard, B.: Kostenentwicklung im Gesundheitswesen unter besonderer Berücksichtigung unkonventioneller Verfahren. in: Versicherungsmedizin, 45,2,47, 1993, zit. in: Prokop, O.: Homöopathie: Was leistet sie wirklich? Frankfurt/Main, 1995, S. 26

660 Bailey, P.: Psychologische Homöopathie: Persönlichkeitsprofile von großen homöopathischen Mitteln. Gmunden, 1999

661 vgl. Oepen, I./Schaffrath, B.: Homöopathie heute, in: Skeptiker, 2/1991, S. 38

662 vgl. Gardner, M.: Fads and Fallacies in the Name of Science. New York, 1957, zit. in: Prekop, O.: Homöopathie: Was leistet sie wirklich? Frankfurt/Main, 1995, S. 27

663 vgl. Wagner, M.: Homöopathie: 'Neue Wissenschaft' oder 'New Age', in: Kern, G./Traynor, L. (Hrsg.): Die esoterische Verführung: Angriffe auf Vernunft und Freiheit. Aschaffenburg, 1995, S. 178

664 Hahnemann, S.: Organon original: Organon der Heilkunst. Berg/Starnberg, 1985, zit. in. Oepen, I./Schaffrath, B.: Homöopathie heute, in: Skeptiker, 2/1991, S. 39

665 Dill, A.: Zahlengefühl: Glücksache? in: Skeptiker, 3/1991, S. 59

666 zit. in: Prokop, O.: Homöopathie: Was leistet sie wirklich? Frankfurt/Main, 1995, S. 37

667 Fuchs, K.-H.: Vitalisieren: Informieren mit der Lebensenergie, in: Vit-Theragon (Werbetext). München?, o.J.

668 vgl. ebenda

669 vgl. Burkhardt-Neumann, C.: Ähnlichkeit macht stark: Homöopathie und Selbstheilung bei seelischen Krankheiten. München, 2000 (Verlagsprospekt)

670 Schwabe, K.: Homöopathie, in: Böning, R./Neuwald, B. (Hrsg.): Handbuch für Ganzheitliche Therapie und Lebenshilfe. Gschwend, 1999, S. 405

671 zit. in: Wolf, R./Windeler, J.: Erfolge der Homöopathie: nichts als Placebo-Effekte und Selbsttäuschung? Chancen und Risiken der Außenseitermedizin, in: Shermer, M./Traynor, L.: Heilungsversprechen: Zwischen Versuch und Irrtum. Skeptisches Jahrbuch III. Aschaffenburg, 2000, S. 132f.

672 vgl. Roy, R./Lage-Roy, C.: Impfungen: Sinnvoll oder überflüssig? in: Matrix 3000, 1/1999, S. 59

673 vgl. Michaels-Verlag/Vetrieb (Programm). Peiting, Frühjahr 2000

674 Schmidt, A.: Unangenehme Urlaubsgefährten - und wie man sie wieder loswird, in: LebensArt. Nr. 3, 5/1998, S. 30

675 vgl. Oepen, I./Schaffrath, B.: Homöopathie heute, in: Skeptiker, 2/1991, S. 40

676 vgl. Maddox, J./Randi, J./Steward, W.: 'High dilution' experiments a delusion, in: Nature, 334/287, 1988 (Betrugsabsicht ist Beneviste nicht zu unterstellen.)

677 vgl. Oepen, I./Schaffrath, B.: Homöopathie heute, in: Skeptiker, 2/1991, S. 42

678 Marburger Erklärung: Homöopathie als Irrlehre und Täuschung des Patienten. in: Deutsche Apothekerzeitung, Nr. 11/1993, zit. in: Prokop, O.: Homöopathie: Was leistet sie wirklich? Frankfurt/Main, 1995, S. 103f.

679 Wolf, R./Windeler, J.: Erfolge der Homöopathie: nichts als Placebo-Effekte und Selbsttäuschung? Chancen und Risiken der Außenseitermedizin, in: Shermer, M./Traynor, L.: Heilungsversprechen: Zwischen Versuch und Irrtum. Skeptisches Jahrbuch III. Aschaffenburg, 2000, S. 141

680 vgl. Abendzeitung München vom 14.9.1996

681 vgl. Köbberling, J.: Der Wissenschaft verpflichtet, in: Skeptiker, 1/1998, S. 4f.

682 vgl. Oepen, I./Schaffrath, B.: Homöopathie heute, in: Skeptiker, 2/1991, S. 42

683 Wagner, M.: Homöopathie: 'Neue Wissenschaft' oder 'New Age', in: Kern, G./Traynor, L. (Hrsg.): Die esoterische Verführung: Angriffe auf Vernunft und Freiheit. Aschaffenburg, 1995, S. 180

684 Beyerstein, B.: Warum falsche Therapien zu wirken scheinen, in: Shermer, M./Traynor, L.: Heilungsversprechen: Zwischen Versuch und Irrtum. Skeptisches Jahrbuch III. Aschaffenburg, 2000, S. 200f.

685 vgl. Vithoulkas, G.: Homöopathie: Medizin der Zukunft, in: Wege zum Leben, 2/97, 10f.

686 vgl. http://www.raum-und-zeit.com (16.4.2000)

687 raum & zeit, Nr. 89/1997, S. 39

688 Bailey, P.: Psychologische Homöopathie: Persönlichkeitsprofile von großen homöopathischen Mitteln. Gmunden, 1999

689 vgl. Raba, P.: Thuja Occidentalis: der abendländische Lebensbaum, in: ders.: Göttliche Homöopathie: Vom notwendigen Erwachen im 3. Jahrtausend. Murnau-Hechendorf, 2000, zit. in: Paracelsus-Report, 3/2000, S. 32f.

690 zit. in: Paracelsus-Report 3/2000, S. 36f.

691 vgl. Raba, P.: Eros und sexuelle Energie durch Homöopathie. Murnau-Hechendorf, 1999 (zit. in: Grenzenlos, 4/1999, S. 32f.)

692 Linde, K. et al.: Are the clinical effects of homeopathy placebo effects? A meta-analysis of placebo-controlled trials, in: Lancet, 350, S. 834f.

693 Strubelt, O./Claussen, M.: Ist Homöopathie mehr als Placebo? in: Skeptiker 1-2/1999, S. 40f.

694 vgl. Wirth, B.: Charakteranalytische Vegetotherapie, in: Stumm, G./Wirth, B. (Hrsg.): Psychotherapie: Schulen und Methoden. Wien, 1992, S. 212

695 Reich, W.: Die Entdeckung des Orgons: Die Funktion des Orgasmus. Frankfurt/Main, 1977, zit. in: Wirth, B.: Charakteranalytische Vegetotherapie, in: Stumm, G./Wirth, B. (Hrsg.): Psychotherapie: Schulen und Methoden. Wien, 1992, S. 217

696 Baker, E./Nelson, A.: Orgontherapie, in: Corsini, R. (Hrsg.): Handbuch der Psychotherapie (Band 2) München, 1987, S. 850f.

697 ebenda, S. 853

698 ebenda, S. 849

699 vgl. Petzold, H.: Gegen den Mißbrauch von Körpertherapie: Risiken und Gefahren bioenergetischer, primärtherapeutischer und thymopraktischer Körperarbeit, in: ders. (Hrsg.): Die neuen Körpertherapien. Paderborn, 1977, S. 478f.

700 Studio für Körperpsychotherapie und Transformation (Werbeanzeige), in: Böning, R./Neuwald, B. (Hrsg.): Handbuch für Ganzheitliche Therapie und Lebenshilfe. Gschwend, 1999, S. 120

701 vgl. http://www.doit.de/Orgon.htm (6.3.2000) (Ein gewisser Thomas Kühl aus Modautal erhebt gleichfalls den Anspruch, den Original-Engel-Energie-Akkumulator nach Wilhelm Reich entwickelt zu haben.)

702 vgl. Fischer, J.: Der Engel-Energie-Akkumulator: Mediale Gespräche mit dem Entdecker der Orgonenergie. Düsseldorf, 1997

703 Fischer, J: Lebensenergie aus der Atmosphäre. Worpswese, 1996

704 vgl. Hebenstreit, G./Lassek, G./Runge, W.: Lebensenergie-Forschung: Dies Orgontherapie Wilhelm Reichs und ihre Weiterentwicklung zu einer energetisch orientierten Medizin. Berlin, 1997

705 Institut für Energologie (Werbeanzeige), in: Böning, R./Neuwald, B. (Hrsg.): Handbuch für Ganzheitliche Therapie und Lebenshilfe. Gschwend, 1999, S. 179 (auch: http://members.aol.com/energologie/ [28.3.2000])

706 Vitronstudio (Werbematerial). Rehau, o.J.

707 vgl. Oepen, I./Löb, H.: Der Orgon-Strahler, in: Skeptiker, 4/1998, S. 148f.

708 Fuchs Bio-Energie-Systeme (Werbematerial). München, o.J.

709 Southwell, C.: Biodynamische Psychologie, in: Rowan, J./Dryden, W.: Neue Entwicklungen der Psychotherapie. Oldenburg, 1990, S. 208

710 Institut für biodynamische Psychologie (London): Biodynamische Psychologie, in: Hill, A.: (Hrsg.): Illustriertes Handbuch alternativer Heilweisen. Freiburg, 1980, S. 205f.

711 Lang, G.: Biodynamische Psychotherapie, in: Stumm, G./Wirth, B. (Hrsg.): Psychotherapie: Schulen und Methoden. Wien, 1992, S. 230

712 Rosenberg, J.: Orgasmus. Berlin, 1977, S. 9

713 vgl. Boyesen, G.: Über den Körper die Seele heilen. Biodynamische Psychologie und Psychotheraie. München, 1988

714 vgl. Boadella, D.: Biosynthese, in: Rowan, J./Dryden, W.: Neue Entwicklungen der Psychotherapie. Oldenburg, 1990, S. 173f.

715 vgl. Goldner, C.: Wege zum Glück: Bedeutende Therapieverfahren im 20. Jahrhundert, in: Der Spiegel, 53/1998, S. 100

716 Köth, A.: Hochgradig gestörte Therapeuten, Helfer, Lebenslehrer? in: Energie & Charakter: Zeitschrift für Biosynthese und Somatische Psychotherapie. Bd. 17. Berlin, 6/1998 (die vorliegende Studie [1. Auflage] wertete man als „undifferenziert" und „schlecht recherchiert" ab)

717 vgl. Federspiel, K./Lackinger-Karger, I.: Kursbuch Seele. Köln, 1996, S. 458/490f.

718 vgl. Whitfield, G.: Bioenergetik, in: Rowan, J./Dryden, W.: Neue Entwicklungen der Psychotherapie. Oldenburg, 1990, S. 153f.

719 ebenda, S. 162

720 ebenda, S. 163

721 Büntig, W.: Bioenergetik, in: Corsini, R. (Hrsg.): Handbuch der Psychotherapie (Band 2) München, 1987, S. 93

722 vgl. Lowen, A.: Bioenergetik für jeden. München, 1993

723 vgl. http://www.traumahealing.com/ (28.3.2000)

724 vgl. Grawe, G. et al.: Psychotherapie im Wandel: Von der Konfession zur Profession. Göttingen, 1994, S. 176

725 Petzold, H.: Gegen den Mißbrauch von Körpertherapie: Risiken und Gefahren bioenergetischer, primärtherapeutischer und thymopraktischer Körperarbeit, in: ders. (Hrsg.): Die neuen Körpertherapien. Paderborn, 1977, S. 486

726 ebenda, S. 487

727 Schellenbaum, P.: Psychoenergetik, in: Böning, R./Neuwald, B. (Hrsg.): Handbuch für Ganzheitliche Therapie und Lebenshilfe. Gschwend, 1999, S. 77f.

728 vgl. Vieregge, J.: Core-Energetik, in: Böning, R./Neuwald, B. (Hrsg.): Handbuch für Ganzheitliche Therapie und Lebenshilfe. Gschwend, 1999, S. 41

729 vgl. Pierrakos, J.: Core Energetik: Zentrum Deiner Lebenskraft. Essen, 1987

730 Core Energetics (Programm). Wessobrunn, 1997

731 Jaffe, K.: Die Arbeit an Dir selbst, in: Die Kunst zu leben, 10/1998, S. 60f.

732 vgl. Wieser, D.: Wirklich 'besser sehen ohne Brille'? Kritisches zum Augentraining nach Dr. Bates, in: Skeptiker, 1/1992, S. 12f.

733 vgl. Bates, W.: Rechtes Sehen ohne Brille. Köln, 1990

734 Corbett, M.: Augentraining. München, 1973

735 vgl. Skeptiker, 1/1992, S. 24

736 Liberman, J.: Natürliche Gesundheit für die Augen: Sehstörungen beheben, die Sehkraft verbessern. Wessobrunn, 1998

737 Werbetext in: LebensArt, Nr. 3, 5/1998, S. 12

738 Handelsagentur Neues Leben (Werbematerial). München, o.J. (Auch wenn vereinzelt darauf hingewiesen wird, die Rasterbrille sei „UV-durchlässig", ist ihre Bewerbung als „sehr gut geeignete Sonnenbrille" unverantwortlich.)

739 vgl. Kurtz, R.: Körperorientierte Psychotherapie: Die Hakomi-Methode. Essen, 1985

740 Institute for Life Energy (Programm). Köln, 1999 (vgl. auch: http://www.kkstiftung.de/Osterberginstitut/lifenerg.htm [10.4.2000])

741 zit. in: Stiftung Warentest (Hrsg.): Die Andere Medizin. Berlin, 1991, S. 241

742 vgl. Federspiel, K./Lackinger-Karger, I.: Kursbuch Seele. Köln, 1996, S. 507

743 vgl. Stiftung Warentest (Hrsg.): Die Andere Medizin. Berlin, 1991, S. 241

744 vgl. Niemeyer, A.: Energetische Medizin: Tropfen für die Seele, in: Esotera, 5/1999, S. 58f.

745 Herbert & Breves Bio-Aktiv GmbH (Werbetext), in: Die Andere Realität, 1/1997

746 zit. in: Lessing, L.: New Age & Co: Einkauf im spirituellen Supermarkt. München, 1993

747 zit. in: Neumann, A.: Das Geschäft mit den Todkranken, in: SternTV vom 16.12.1998, in: http://www.vrz-verlag.com/esoterik/geist2htm (6.3.2000) / vgl. Oepen, I./Löb, H.: Der Orgon-Strahler, in: Skeptiker, 4/1998, S. 148f.

748 Staatsanwaltschaft Ansbach Az.: 3 Js 9846/96 vom 25.2.1998

749 vgl. Oepen, I./Löb, H.: Der Orgon-Strahler: eine funktionslose, aber offenbar gewinnbringende Attrappe, in: Skeptiker, 4/1998, S. 148f.
750 Esotera 3/1999, S. 9
751 Rodewald, G. (Werbeanzeige), in: Böning, R./Neuwald, B. (Hrsg.): Handbuch für Ganzheitliche Therapie und Lebenshilfe. Gschwend, 1999, S. 142
752 Esotech (Werbematerial). Betteldorf, o.J.
753 Fuchs Bio-Energie-Systeme (Werbematerial). München, o.J.
754 Bio-Electronics (Werbeanzeige), in: Esotera, 8/1990
755 Mindpower (Werbeanzeige), in: Esotera, 8/1990 / vgl. Skeptiker, 2/1994, S. 44
756 SEB (Werbeanzeige), in: Esotera, 6/1990
757 BioTec-Produkte (Werbebroschüre 1). Eggenfelden, o.J.
758 BioTec GmbH (Werbebroschüre 2). Eggenfelden, o.J.
759 Tachyonen: Brücke zwischen Wissenschaft und Spiritualität, in: LebensArt, 3/1999, S. 32
760 vgl. Opitz, C.: Unbegrenzte Lebenskraft durch Tachyonen: Der Weg zu körperlicher Heilung und geistiger Entwicklung. Freiburg, 1999 (5. Auflage)
761 Hoffmann, H.: Heilarbeit mit Tachyon-Energie, in: Visionen 1/2000, S. 42
762 Advanced Tachyon Technologies, in: Tachyon-Info. Waldfeucht, o.J.
763 vgl. ebenda
764 Witschonke, S.: Tachyon-Energie: Eine Therapieform der Zukunft, in: Prisma, 1/1997, S. 38
765 Advanced Tachyon Technologies, in: Tachyon-Info. Waldfeucht, o.J.
766 Hoffmann, H.: Heilarbeit mit Tachyon-Energie, in: Visionen 1/2000, S. 43
767 vgl. Gugenberger, E./Petri, F./Schweidlenka, R.: Weltverschwörungstheorien: Die neue Gefahr von rechts. Wien, 1998, S. 209f.
768 Oepen, I. et al. (Hrsg.): Lexikon der Parawissenschaften: Astrologie, Esoterik, Okkultismus, Paramedizin, Parapsychologie kritisch betrachtet. Münster, 1999, S. 294f.
769 vgl. ebenda, S. 102f.
770 Drexler, B./Herrberg, H. (Hrsg.): 20 bewährte Naturheilverfahren. Wien, 1997 („mit freundlicher Unterstützung des österreichischen Bundeskanzleramtes")
771 vgl. http://www.aquavita.de (10.4.2000)
772 vgl. Gugenberger, E./Petri, F./Schweidlenka, R.: Weltverschwörungstheorien: Die neue Gefahr von rechts. Wien, 1998, S. 209f.
773 vgl. Forbes, A.: Pyramidenenergie, in: Hill, A.: (Hrsg.): Illustriertes Handbuch alternativer Heilweisen. Freiburg, 1980, S. 175
774 Fa. Keppeler (Werbeanzeige), in: Esotera, 8/1990
775 Kyborg-Institut (Werbeannonce), in: Esotera, 1/2000, S. 68 (vgl. http://home.t-online.de/home/kyborg [28.4.2000])
776 Bauer KG: Prana-Katalog (Werbematerial). Freiburg, 7/1999, S. 2
777 vgl. Toth, M./Nielsen, G.: Pyramid-Power: Kosmische Energie der Pyramiden. Freiburg, 1978
778 vgl. Carter, M.: Prophezeiungen in Trance: Wirkungen und Offenbarungen des Edgar Cayce. Bern, 1974, S. 127f.
779 vgl. Aufstand gegen den Tod, in: Der Spiegel, 52/1995, S. 154f.
780 Fließ, W.: Der Ablauf des Lebens: Grundlegung zur exakten Biologie. Leipzig, 1906
781 vgl. Bambeck, J.: Die Biorhythmuslehre: Wissenschaft oder numerologischer Humbug? in: Skeptiker, 3/1994, S. 62f.
782 vgl. Appel, W.: Das ist Ihr Tag. München, 1984
783 z.B. Wilkes, W.: Der Biorhythmus bestimmt unser Leben. München, 1996
784 vgl. Gross, H.: Biorhythmik. München, 1988
785 vgl. Crawley, J.: Der Schlüssel zum Biorhythmus. München, 1996

786 vgl. McDonald, M.: Biorhythmik, in: Hill, A.: (Hrsg.): Illustriertes Handbuch alternativer Heilweisen. Freiburg, 1980, S. 53

787 vgl. Bambeck, J.: Die Biorhythmuslehre: Wissenschaft oder numerologischer Humbug? in: Skeptiker, 3/1994, S. 62

788 McDonald, M.: Biorhythmik, in: Hill, A.: (Hrsg.): Illustriertes Handbuch alternativer Heilweisen. Freiburg, 1980, S. 53

789 vgl. Gross, H.: Biorhythmik. München, 1988, S. 208

790 z.B. Bambeck, J.: Die Biorhythmuslehre: Wissenschaft oder numerologischer Humbug? in: Skeptiker, 3/1994, S. 62f.

791 ebenda, S. 69

792 vgl. Wheeler, A.: Biologische Rhythmen oder Biorhythmen? in: Randow, G. (Hrsg.): Mein paranormales Fahrrad und andere Anlässe zur Skepsis. Reinbek, 1993, S. 167f.

793 vgl. Barlow, W.: Die Alexander-Technik. München, 1983

794 zit. in: Federspiel, K./Lackinger-Karger, I.: Kursbuch Seele. Köln, 1996, S. 440

795 vgl. Stevens, C.: Die Alexander-Technik, in: Hill, A.: (Hrsg.): Illustriertes Handbuch alternativer Heilweisen. Freiburg, 1980, S. 225f.

796 Köppen-Weber, H.: Die Alta-Major-Methode, in: Bachmann, A.: Der Neue Therapieführer. München, 1992, S. 92

797 vgl. Köppen-Weber, H./Rohr, W. v.: Du bist der neue Mensch. München, 1989

798 vgl. Zillo, A./Greissing, H.: Neue Hoffnung: Schmerzfrei durch eine kombinierte Haltungs- und Atemtherapie. München, 1995

799 vgl. Flemming, G.: Die Methode Dorn: Eine sanfte Wirbel- und Gelenktherapie. Braunschweig, 1997

800 Luck, H.: Rhythmisch-energetische Gelenkbehandlung, in: Böning, R./Neuwald, B. (Hrsg.): Handbuch für Ganzheitliche Therapie und Lebenshilfe. Gschwend, 1999, S. 95

801 Weiterbildungsinstitut Kolassa (Werbeanzeige), in: Böning, R./Neuwald, B. (Hrsg.): Handbuch für Ganzheitliche Therapie und Lebenshilfe. Gschwend, 1999, S. 92

802 vgl. Abendzeitung München vom 4.10.2000, S. 25

803 Verband der Pädagogischen Therapeutinnen und Therapeuten für Eutonie Gerda Alexander (Werbebroschüre). Bremen o.J.

804 vgl. Alexander, G.: Eutonie: Ein Weg der körperlichen Selbsterfahrung. München, 1996

805 vgl. Federspiel, K./Lackinger-Karger, I.: Kursbuch Seele. Köln, 1996, S. 444

806 vgl. Fuchs, M.: Funktionelle Entspannung: Theorie und Praxis einer organismischen Entspannung über den rhythmisierenden Atem. Stuttgart, 1984

807 Arnim, A.: Funktionelle Entspannung, in: Böning, R./Neuwald, B. (Hrsg.): Handbuch für Ganzheitliche Therapie und Lebenshilfe. Gschwend, 1999, S. 45

808 ebenda

809 vgl. Becker, H.: Konzentrative Bewegungstherapie. Stuttgart, 1989 (2. Auflage)

810 Kropp-Keller, S.: Konzentrative Bewegungstherapie, in: Böning, R./Neuwald, B. (Hrsg.): Handbuch für Ganzheitliche Therapie und Lebenshilfe. Gschwend, 1999, S. 60

811 vgl. Trager, M./Hammond, C.: Meditation und Bewegung. München, 1996

812 vgl. Feldenkrais, M.: Das starke Selbst: Anleitung zur Spontaneität. Frankfurt/Main, 1972

813 vgl. Feldenkrais, M.: Die Entdeckung des Selbstverständlichen. Frankfurt/Main, 1987

814 vgl. Federspiel, K./Lackinger-Karger, I.: Kursbuch Seele. Köln, 1996, S. 443

815 vgl. http://www.mda.de/wk-dunckern-verlag/ (28.3.2000)

816 vgl. Schwind, P.: Alles im Lot: Der Weg zu körperlichem und seelischem Gleichgewicht. München (3. Auflage), 1988

817 vgl. Rolf, I.: Rolfing. München, 1989

818 vgl. Federspiel, K./Lackinger-Karger, I.: Kursbuch Seele. Köln, 1996, S. 450

819 vgl. Luczyn, D.: Soma, in: ders.: Esoterik-Führer. Niedertaufkirchen, 1993, S. 83

820 Rosen-Methode (Werbeannonce), in: Gesundheit für Körper, Geist und Seele. München, 1998/99
821 Cosmic-Tantra (Werbeannonce), in: Yabyum, Nr. 2, Herbst 1999, S. 8
822 vgl. Wiedmann, G.: Facial Harmony: weit mehr als Face lifiting, in: LebensArt, Nr. 3, 5/1998, S. 34
823 TouchLife (Werbetext), in: Böning, R./Neuwald, B. (Hrsg.): Handbuch für Ganzheitliche Therapie und Lebenshilfe. Gschwend, 1999, S. 486
824 Gesellschaft für Energetische & Posturale Integration (Werbeanzeige), in: Böning, R./Neuwald, B. (Hrsg.): Handbuch für Ganzheitliche Therapie und Lebenshilfe. Gschwend, 1999, S. 93
825 vgl. Painter, J.: Körperarbeit und persönliche Entwicklung. München, 1984
826 Physiopsychologisches Institut (Programm). Weilheim a.d.Teck, o.J.
827 The Damun Technique (Werbematerial). Barcelona, o.J. (Vertreter der Damun-Technique nützten den „2. Weltkongreß für Psychotherapie" im Sommer 1999 in Wien als Plattform für massive Werbung im deutschsprachigen Raum.)
828 vgl. Luczyn, D.: Rebalancing, in: ders.: Esoterik-Führer. Niedertaufkirchen, 1993, S. 80
829 Osho-Tao-Zentrum (Programm). München, 1997
830 vgl. Schröter, A./Brunschwiler, A.: WasserTanzen. Freiburg, 1996
831 Bindrim, P.: Aqua-Energetik, in: Corsini, R. (Hrsg.): Handbuch der Psychotherapie (Band 1) München, 1987, S. 49
832 Frischknecht, C.: Die Aura im Wasser (Interview mit M. Schoch), in: Waterworld, Frühjahr 1997, S. 10
833 In Balance Team (Werbematerial). Bayreuth, 2000 (vormals: Forum Atem- und Körperschule)
834 vgl. Kuhnert, K.: Jeden Tag ein kleines Wunder: Das Geschenk der Delphine. München, 2000.
835 Das Geschenk der Delphine (Interview mit Leopold von Bayern), in: tz München vom 28.3.2000, S.14
836 vgl. Lilly, J.: The Mind of the Dolphin. New York, 1967 / McIntire, J.: Der Geist in den Wassern. Frankfurt/Main, 1982 (2. Auflage) / Cochrane, A./Calle, K.: Das Geheimnis der Delphine. München, 1996
837 vgl. Crail, T.: Apetalk and Whalespeak: The Quest for Interspecies Communication. Los Angeles, 1981
838 vgl. Gienath, S.: Shiatsu, in: Böning, R./Neuwald, B. (Hrsg.): Handbuch für Ganzheitliche Therapie und Lebenshilfe. Gschwend, 1999, S. 422f.
839 Namikoshi, T.: Shiatsu: Heilung durch die Fingerspitzen: Gesundheit-Vitalität-Potenz. Rüschlikon-Zürich, 1974, S. 57f.
840 vgl. Unschuld, P.: Die chinesische Medizin im China der Neuzeit und Gegenwart, in: ders.: Chinesische Medizin. München, 1997, S. 89f.
841 Deshimaru, T.: Zen in den Kampfkünsten Japans. Weidenthal, 1979, S. 119f.
842 Weiland, H.: Vom Schüler zum Meister. Ludwigshafen, 1978, S. 163
843 vgl. Goldner, C.: Fernöstliche Kampfkunst: Zur Psychologie der Gewalt im Sport. München 1992
844 vgl. Lind, W.: Der geistige Weg der Kampfkünste. München, 1992
845 Grundmann, M.: Die Niederlage ist ein Sieg. Düsseldorf, 1983, S. 229f.
846 vgl. Goldner, C.: Fernöstliche Kampfkunst: Zur Psychologie der Gewalt im Sport. München 1992, S. 176f.
847 vgl. Nolting, H.-P.: Lernfall Aggression. Hamburg, 1978
848 vgl. Payne, P.: Martial Arts: The Spiritual Dimension. New York, 1981
849 vgl. Kwon, J.-H.: Zen-Kunst der Selbstverteidigung. Weilheim, 1971
850 Deshimaru, T.: Zen in den Kampfkünsten Japans. Weidenthal, 1978, S. 2
851 ebenda, S. 126
852 Primke-Dinah (Werbeprospekt). Ketsch/Rhein, 12/1990
853 Speakman, J.: zit. in: Jung, A.: Action Fighters. Hamburg, 1991, S. 101
854 Inside Karate. Burbank, 3/1985 (übersetzt durch den Verfasser)
855 vgl. Kwon, J.-H.: Zen-Kunst der Selbstverteidigung. Weilheim, 1971
856 Pflüger, A.: Karate-Do. Wiesbaden, 1975, S. 9f.
857 Deshimaru, T.: Zen in den Kampfkünsten Japans. Weidenthal, 1978, S. 5f.
858 Song, C.-Y./Lobo, R.: Psychologie des Taekwon-Do. München, 1979
859 Osho Multiversity (Werbebroschüre). Egmont aan Zee (NL), o.J.

860 zit. in: Frankfurter Allgemeine Zeitung vom 10.8.1994 (vgl. dazu: Goldner, C.: '...bis die Sehne zischt': Kinder und Kampfsport, in: Deutscher Kinderschutzbund: Mit Kindern leben. Sonderheft 1999, S. 134f.)

861 Budo-International, 11/1994

862 LG Bochum Az.: Js392/84

863 vgl. Goldner, C.: Fernöstliche Kampfkunst: Zur Psychologie der Gewalt im Sport. München 1992, S. 82f.

864 vgl. Brice, A.: Mysterious Energies and Martial Arts, in: The Skeptic (GB), Vol. 8, 4/1994, S. 6f.

865 vgl. Goldner, C.: Fernöstliche Kampfkunst: Zur Psychologie der Gewalt im Sport. München 1992, S. 163f.

866 vgl. ebenda, S. 54f.

867 vgl. ebenda, S. 204f.

868 Fedrigotti, T.: Self Power (Werbebroschüre). Augsburg, o.J.

869 vgl. Goldner, C.: Fernöstliche Kampfkunst: Zur Psychologie der Gewalt im Sport. München 1992, S. 69

870 Interessant ist die Reaktion des Leiters der Sekten- und Psychokultberatung Tirol (kult & co), Peter Schulte, auf das Kapitel „Budo" (in der ersten Auflage des vorliegenden Buches). Schulte, selbst seit Jahren als Taekwondo-Kämpfer aktiv, erregte sich: "Wenn Kampfsportarten eine Ihrer Meinung nach sektenähnliche Struktur aufweisen, so kann ich Ihnen nur entgegnen, daß das bei gewissen Psychologenzirkeln auch der Fall sein kann. Bei Ihnen muß alles 'klinisch-psychotherapeutisch' fundiert sein, ein Begriff, der mir allein schon deshalb Unbehagen bereitet, weil Sie damit gemeinsame Sache mit der medizinischen Lobby betreiben. Auf dieses Sanctus pfeife ich. (...) Wenn Sie schon Budo-Sportarten als 'Psycho' in Ihren Katalog der destruktiven Gruppen aufnehmen, so muß allerdings gefragt werden, warum Sie sich sträuben, gesellschaftlich 'anerkannte' Sportarten zu hinterfragen. Wie wäre es zum Beispiel mit Formel 1 oder Fußball (...). Außerdem müßten Sie auch 'Fechtkünste' und 'Schießen' in Ihre 'Psychogruppenliste' aufnehmen, weil es hier um das symbolische Töten eines Menschen geht. Aber an Sportarten aristokratischer Herkunft wagen Sie sich ja wohl auch nicht heran. Ich halte diesen Aufsatz (gemeint ist das Budo-Kapitel, C.G.) von Ihnen für unseriös. Sie schaden damit dem Image von Sportvereinen und Sportlern. (...) In dieser Hinsicht unterscheiden Sie sich nicht von den Gruppen, die Sie systematisch fertigmachen." Schreiben der Sekten- und Psychokultberatung Tirol kult & co/Schulte an Autor Goldner vom 5.8.1999

871 vgl. Trevisan, A.: Frieden mit sich selbst, in: Schneider, W. (Hrsg.) Kampfkünste, in: Connection spezial. 1992, S. 54f.

872 vgl. Noquet, A.: Der Weg des Aikido. Berlin, 1977

873 vgl. Marayama, K./Tohei, K.: Aikido mit Ki. Leimen, 1987

874 Black Belt, 12/1984, S. 28

875 vgl. Goldner, C.: Fernöstliche Kampfkunst: Zur Psychologie der Gewalt im Sport. München 1992, S. 202f.

876 vgl. Kautz, W./Branon, M.: Channeling: The Intuitive Connection. San Francisco, 1987

877 vgl. Roberts, J.: Seths letzte Botschaft: Eine neue Sicht von Gesundheit, Krankheit und Tod. Freiburg, 1999

878 vgl. Roberts, J.: The Seth Material. Inglewood Cliffs (USA), 1970

879 Venediger, B.: Neueste Nachrichten. Ebermannstadt, o.J.

880 Alcock, J.: 'Channeling': Brief History and Contemporary Context, in: The Skeptical Inquirer. Summer 1989, S. 382 (übersetzt durch den Verfasser)

881 Das große White Eagle Heilungsbuch. Grafing, 1988 (4. Auflage) S. 10f.

882 vgl. ebenda, S. 76f.

883 vgl. Wendel, M./Gödel, G.: Transmutation ins Land des Lächelns: Das Weltbild hinter unseren Gesprächen mit geistiger Welt und Sternenbrüdern. München, 1999, S. 5

884 Trance-Offenbarungen Erika Bertschinger-Eickes, zit. in: Behnk, W.: Uriella und die Wunderheilungen: therapeutischer Wildwuchs in der Sektenszene, in: Skeptiker, 1/1997, S. 7f.

885 zit. in: Neusius, H.: Uriellas Ufo-Kugeln, in: Berliner Dialog, 1/1998, S. 11

886 Venediger, B.: Neueste Nachrichten. Ebermannstadt, o.J.

887 vgl. Spangler, D.: Channeling in the New Age. Issaqua (USA), 1988

888 Engels, F.: Die Naturforschung in der Geisterwelt (1878), zit. in: Zwerenz, G.: Magie, Sternenglaube, Spiritismus. Frankfurt/Main, 1974, S. 140

889 vgl. Neue Akropolis (Hrsg.): 100 Jahre Helena Petrovna Blavatsky: Bibliographie. München, 1991 (Sonderdruck), S. 29f.

890 Premauer, M.: Der Verkehr mit Geistern auf eine sicher Grundlage gestellt. Bissingen, 1921, zit. in: Zwerenz, G.: Magie, Sternenglaube, Spiritismus. Frankfurt/Main, 1974, S. 156f.

891 vgl. Marciniak, B.: Boten des Neuen Morgen: Lehren von den Plejaden. Freiburg, 1996 (9. Auflage)

892 Meier, B.: Billy: Prophetien. 1982, zit. in: Gugenberger, E./Schweidlenka, R.: Mutter Erde, Magie und Politik: Zwischen Faschismus und neuer Gesellschaft. Wien, 1987 (2. Auflage), S. 160f.

893 Hesemann, M.: Botschaft aus dem Kosmos: Rückkehr der Außerirdischen. Neuwied, 1993, S. 143 (Hesemann referiert hier den US-Ufologen David Jacobs)

894 ebenda, S. 89

895 vgl. CENAP-Report 7/1998, zit. in: Skeptiker, 1-2/1999, S. 67

896 vgl. Wendel, M./Gödel, G.: Transmutation ins Land des Lächelns: Das Weltbild hinter unseren Gesprächen mit geistiger Welt und Sternenbrüdern. München, 1999, S. 6f.

897 vgl. Schick, T./Vaughn, L.: How to Think about Weird Things: Critical Thinking for an New Age. Mountain View (USA), 1995, S. 263

898 vgl. Knight, JZ: A State of Mind: My Story. New York, 1987

899 vgl. Collins, A.: City Gritty, in: The Seattle Times vom 2.3.1989

900 vgl. Awadalla, E. Kraftorte-Geldquellen: Österreichischer Sekten- & Esoterikatlas. Wien, 2000, S. 75f.

901 Die LichtOase: Der Weg zu einer neuen Erde (Werbematerial). Berlin, 1994

902 vgl. Mamtani, M.: Ramtha erstmals in Deutschland, in: Matrix 3000, 1/1999, S. 56f.

903 ebenda

904 vgl. Schick, T./Vaughn, L.: How to Think about Weird Things: Critical Thinking for an New Age. Mountain View (USA), 1995, S. 263

905 vgl. http://www.alien.de/vfgp/berich/insider.htm (16.5.2000)

906 vgl. Unarius Academy Of Science: A Resume of Unarius. San Diego, o.J.

907 Sternenlichtzentrum (Werbeannonce), in: Die Andere Realität vom 1.4.1997

908 Antaris-Akademie der Sternengeborenen (Werbebroschüre). Kössen, o.J.

909 zit. in: Der Stern 45/1995, S. 257

910 vgl. Andersen, H.: Polsprung und Sintflut und was Nostradamus dazu sagt. Bochum, 1994

911 Die Andere Realität, 2/1995, S. 25

912 Astro-Woche vom 27.2.-5.3.1994, S. 6f.

913 Wesak-Festival (Programm). Griesheim, 1999

914 vgl. Covina, G.: The Ouija-Book. New York, 1979

915 vgl. Schick, T./Vaughn, L.: How to Think about Weird Things: Critical Thinking for an New Age. Mountain View (USA), 1995, S. 236f.

916 vgl. Conrad, K.: Die beginnende Schizophrenie: Versuch einer Gestaltanalyse des Wahns. Stuttgart, 1987 (5. Auflage)

917 vgl. Spoerri, T.: Kompendium der Psychiatrie. Bern, 1975 (8. Auflage) S. 84

918 Akademie für Esoterik e.V.: Hellsehen und Channeling 97 (Kongreßankündigung), in: Die Andere Realität, 11/1996

919 Gemeinnütziger Verein zur Errichtung des Geistchristlichen Zentrums Metharia e.V. (Werbeannonce), in: Die Andere Realität, 11/1996

920 Lautenschläger, M.: Gespräche mit Verstorbenen sind für mich völlig normal (Interview), in: Die Andere Realität, 11/1996, S. 6

921 Hub, E./Bock, D. (Werbetext), in: Böning, R./Neuwald, B. (Hrsg.): Handbuch für Ganzheitliche Therapie und Lebenshilfe. Gschwend, 1999, S. 361

922 vgl. Shermer, M.: Geschwätz mit Toten: Die Tragödie des Todes - Die Farce des James Van Praagh, in: Shermer, M./Traynor, L. (Hrsg.): Heilungsversprechen: Zwischen Versuch und Irrtum. Skeptisches Jahrbuch

III. Aschaffenburg, 2000, S. 221f. (Meek bedient sich derselben Tricks und Reading-Techniken wie der in Shermers Aufsatz beschriebene US-Hellseher James Van Praagh.)

923 Meek, P.: 'Im Jenseits bereiten uns geistige Lehrer auf die nächste Inkarnation vor' (Gespräch mit D. Wiergowski), in: Die Andere Realität vom 1.5.2000, S. 10

924 Akademie für Esoterik e.V.: Hellsehen und Channeling 97 (Kongreßankündigung), in: Die Andere Realität, 11/1996:

925 ebenda, S. 3

926 Staatsanwaltschaft Ravensburg Az. 1 AR 42/97 vom 30.5.1997

927 zit. in: Hilser, S.: Esoterik-Kongreß: Kinderschutzbund warnt vor Spätfolgen, in: Schwäbische Zeitung vom 17.9.1997 (Die DAR-Behauptungen sind unwahr: in Ausgabe 11/1996 war ausdrücklich für das „Kinderseminar" geworben worden. Autor Goldner, der auf die kriminelle Unverantwortlichkeit solchen Vorhabens hingewiesen hatte, wurde unverhohlen bedroht: man werde ihm „das Handwerk zu legen" wissen. In: DAR, 11/1997, S. 11)

928 Gemeinnütziger Verein zur Errichtung des Geistchristlichen Zentrums Metharia e.V. (Werbeannonce), in: Die Andere Realität, 11/1996

929 Metharia e.V. (Werbematerial). Eckenförde, o.J. / vgl. Flach, F.: Protokoll einer Santiner-Veranstaltung. Würzburg vom 21.6.1996 (unveröffentlichtes Manuskript [beim Verfasser])

930 vgl. Skeptiker, 2/1998, S. 11f.

931 Der Spiegel: Abflug aus dem Jammertal: Vom sanften Wahn der Esoterik, 3/1998, S. 166f.

932 Grom, B.: Spiritismus und Mediumismus: Das neue Interesse an 'Jenseitskontakten', in: EZW-Texte, Nr. 108, 1/1989, S. 9f.

933 ebenda, S. 11f.

934 vgl. Foundation for Inner Peace (Ed.): A Course in Miracles. Tiburon (USA), 1975 (deutsch: Ein Kurs in Wundern: Textbuch, Übungsbuch, Handbuch für Lehrer. Gutach/Br., 1996)

935 Johanniterhof: Lebens(t)räume (Seminarprogramm). 1997

936 Taliaferro-Beyse, J.: (Informationsmaterial). Feldafing, o.J.

937 vgl. Barret, S.: Kolloidales Silber: Risiko ohne Nutzen, in: Quackwacht (Quackwatch BRD), in: www.neuropsychiater.org (15.7.2000)

938 vgl. Hertzka, G./Strehlow, W.: Die Edelsteintherapie der heiligen Hildegard. Freiburg, 1987

939 z.B. Hofmann, A./Hofmann, G.: Die Botschaft der Edelsteine. München, 1988

940 vgl. Gienger, M.: Einführung in die Steinheilkunde, in: Böning, R./Neuwald, B. (Hrsg.): Handbuch für Ganzheitliche Therapie und Lebenshilfe. Gschwend, 1999, S. 384f.

941 Roberts, M.: Das Neue Lexikon der Esoterik. München, 1995, S. 245

942 Krämer, D.: Esoterische Therapien (Band 1) Interlaken, 1993, S. 174f. (Der Autor zitiert hier auch die Erkenntnisse anderer Edelsteintherapeuten, die seinen eigenen zugrundeliegen oder diese ergänzen.)

943 vgl. Wind, W./Reed, A.: Die Macht der heiligen Steine: Kristallarbeit und Kristallwissen. München, 1990

944 Bind-Klinger, A.: Die Antwort des Herzens: Meditationen und Edelsteine zur Heilung des Herzens. Grafing, 1994, S. 275f.

945 Bauer KG: Prana-Katalog (Werbematerial). Freiburg, 2/2000, S. 24

946 Trautwein, V.: Heilen mit Kristallen, in: Bachmann, A. (Hrsg.): Der Neue Therapieführer. München, 1992, S. 42

947 Hauschka, R.: Substanzlehre. Frankfurt/Main, 1950

948 vgl. Krämer, D.: Esoterische Therapien (Band 1). Interlaken, 1993, S. 168f.

949 ebenda, S. 170

950 vgl. ebenda, S. 199f.

951 vgl. Peschek-Böhmer, F.: Heilung durch die Kraft der Steine. München, 1996 (2. Auflage) S. 66

952 Krämer, D.: Esoterische Therapien (Band 1). Interlaken, 1993, S. 172

953 vgl. Cochrane, A./Harvey, C.: Die Enzyklopädie der Blütenessenzen. Grafing, 1996, S. 280f.

954 vgl. Spießberger, K.: Magneten des Glücks. Berlin, 1971, S. 146

955 zit. in: Ostendorf, M.-G.: Gesundheitsmesse „Pro Sanita“ in Stuttgart, in: Skeptiker, 3/1991, S. 73

956 Zi-Zhu Energiespender (Werbetext), in: Bacopa-Versand, 3/1999

957 Krämer, D.: Esoterische Therapien (Band 1). Interlaken, 1993, S. 165

958 ebenda, S. 167

959 vgl. Forbes, A.: Pyramidenenergie, in: Hill, A.: (Hrsg.): Illustriertes Handbuch alternativer Heilweisen. Freiburg, 1980, S. 175

960 Die gegensätzlichen Angaben entstammen: Sharma, C.: Edelsteine, in: Hill, A.: (Hrsg.): Illustriertes Handbuch alternativer Heilweisen. Freiburg, 1980, S. 102f. sowie Krämer, D.: Esoterische Therapien (Band 1) Interlaken, 1993, S. 174f.

961 Krämer, D.: Esoterische Therapien (Band 1). Interlaken, 1993, S. 160f.

962 vgl. Krämer, D.: Esoterische Therapien (Band 1/2). Interlaken, 1993/95

963 vgl. Grümpel, D.: Kosmotherapie, in: Esotera, 2/1997, S. 54f.

964 vgl. Federspiel, K./Lackinger-Karger, I.: Kursbuch Seele. Köln, 1996, S. 508f.

965 vgl. Krämer, D.: Esoterische Therapien (Band 2). Interlaken, 1995, S. 120f.

966 vgl. Cochrane, A./Harvey, C.: Die Enzyklopädie der Blütenessenzen. Grafing, 1996, S. 280f.

967 vgl. Goldner, C.: Dalai Lama: Fall eines Gottkönigs. Aschaffenburg, 1999, S. 151f. (Ob der aktuelle 14. Dalai Lama zu früheren Zeiten noch eine Knochen-Mala trug, kann dahinstehen.)

968 vgl. Breidenbach, M.: Der Modetrend: Buddhas Glücksperlen am Arm, in: Abendzeitung München vom 9.3.2000

969 Trautwein, V.: Heilen mit Kristallen, in: Bachmann, A. (Hrsg.): Der Neue Therapieführer. München, 1992, S. 35

970 ebenda, S. 38f.

971 vgl. Bauer KG: Prana-Katalog (Werbematerial). Freiburg, 1/1997, S. 80f.

972 Krämer, D.: Esoterische Therapien (Band 1). Interlaken, 1993, S. 182

973 vgl. Sharamon, S./Baginski, B.: Edelsteine und Sternzeichen. Durcha, 1985, S. 45

974 Trautwein, V.: Heilen mit Kristallen, in: Bachmann, A. (Hrsg.): Der Neue Therapieführer. München, 1992, S. 40

975 ebenda, S. 42

976 Lubecki, J.: Heile dich selbst mit dem Muskeltest: Einstieg in die Kinesiologie. München, 1995, S. 93

977 vgl. Bauer KG: Prana-Katalog (Werbematerial). Freiburg, 1/1997, S. 80f.

978 Perpetua-Versandhandel (Werbeanzeige), in: Esotera, 1/1990

979 Carson/Kaufmann-Seminare (Werbepapier). München, 1995

980 Vit-Theragon (=Fuchs) Bio-Energie-Systeme (Werbematerial). München?, o.J. (der Vertrieb der Vit-Theragon-Produkte erfolgt u.a. über Esotech, Betteldorf)

981 vgl. Fox, M.: Illuminations of Hildegard of Bingen. Santa Fe (USA), 1985

982 vgl. Lentzen-Schulte, M.: Zweifel an Hildegards Schriften, in: Ärzte-Zeitung, Nr. 169, vom 22.9.1994, zit. in: Skeptiker, 4/1994

983 vgl. Hertzka, G./Strehlow, W.: Die Edelsteintherapie der heiligen Hildegard. Freiburg, 1987, S. 32f.

984 vgl. ebenda, S. 77f.

985 vgl. ebenda, S. 99

986 vgl. Hertzka, G./Strehlow, W.: Die Große Hildegard-Apotheke. Freiburg, 1995 (5. Auflage), S. 453

987 zit. in: Hertzka, G./Strehlow, W.: Die Edelsteintherapie der heiligen Hildegard. Freiburg, 1987, S. 72

988 vgl. ebenda, S. 133f.

989 vgl. Schwarz, A./Schweppe, R.: Hildegardmedizin. München, 1996 (2. Auflage), S. 145

990 Hertzka, G./Strehlow, W.: Die Große Hildegard-Apotheke. Freiburg, 1995 (5. Auflage)

991 vgl. Stiftung Warentest (Hrsg.): Die Andere Medizin. Berlin, 1991, S. 124

992 ebenda

993 OLG Karlsruhe Az.: 14 U 96/94 vom 24.2.1995 / vgl. Frankfurter Allgemeine Zeitung vom 10.2.1995

994 Stiftung Warentest (Hrsg.): Die Andere Medizin. Berlin, 1991, S. 125

995 ebenda

996 zit. in: Skeptiker, 1,2/1999, S. 66

997 vgl. Schutz, W.: Encounter. Hamburg, 1977

998 vgl. Wibberley, M.: Encountergruppen. in: Rowan, J./Dryden, W.: Neue Entwicklungen der Psychotherapie. Oldenburg, 1990, S. 90f.

999 Barnett, M.: Energiearbeit. in: Böning, R./Neuwald, B. (Hrsg.): Handbuch für Ganzheitliche Therapie und Lebenshilfe. Gschwend, 1999, S. 251

1000 Energy World (Programm), Nr. 4, 1994

1001 Gugenberger, E.: In die Ferne zur Erleuchtung, in: Stock, C. (Hrsg.): Trouble in Paradise: Tourismus in die Dritte Welt. Düsseldorf, 1997, S. 180

1002 Therapiezentrum Mitte (Programm). Arnstein-Altbessingen, 1997

1003 vgl. z.B. Löhmer, C./Standhardt, R. (Hrsg.) TZI: Pädagogisch-Therapeutische Gruppenarbeit nach Ruth C. Cohn. Stuttgart, 1995 (3. Auflage)

1004 vgl. Gendlin, E.: Focusing-orientierte Psychotherapie. München, 1998

1005 Naess, A.: Wir Müll-Produzenten (Seminarprospekt). o.O., 5/1995, zit. in: Hemminer, H.-J./Keden, J.: Seele aus zweiter Hand: Psychotechniken und Psychokonzerne. Stuttgart, 1997, S. 92

1006 Hemminer, H.-J./Keden, J.: Seele aus zweiter Hand: Psychotechniken und Psychokonzerne. Stuttgart, 1997, S. 95f.

1007 vgl. Hemminger, H.-J.: Tut-Ench-Ammon: Herrscher über Threrapeuten und Patienten, in: Psychologie Heute, 6/1989, S. 42f.

1008 vgl. http://www.dynpsych.de/ (31.3.2000)

1009 vgl. Hemminger, H.-J.: Das therapeutische Reich des Dr. Ammon. Stuttgart. 1989

1010 vgl. Federspiel, K./Lackinger-Karger, I.: Kursbuch Seele. Köln, 1996, S. 226

1011 Crook, J.: Intensive Enlightenment, in: Hill, A.: (Hrsg.): Illustriertes Handbuch alternativer Heilweisen. Freiburg, 1980, S. 216f.

1012 zit. in: Veetmoha, A. (Ed.): The Orange Book: The Meditation Techniques of Bhagwan Shree Rajneesh. Poona (India) 1980, S. 4 (übersetzt durch den Verfasser)

1013 Padma Wachstums- und Therapiezentrum (Programmbroschüre). Stuttgart, 1993, S 24

1014 vgl. Gordon, J.: Enlightenment Intensive, in: Bachmann, A.: Der Neue Therapieführer. München, 1992, S. 10

1015 Rudolph, D.: Enlightenment Intensive, in: Die Andere Realität vom 1.5.2000, S. 16

1016 Avatar-Institut (Werbematerial). Wien, o.J.

1017 Schneider, W.: Die Welten, in denen wir leben, in: Connection, 10/1994

1018 vgl. Guiley, R.: Encyclopedia of Mystical & Paranormal Experiences. London, 1991, S. 49

1019 Schuster, U.: Stichwort: Avatar Stars Edge, in: Berliner Dialog, 1/1998, S. 19

1020 Avatar (Werbebroschüre). Schönau, o.J.

1021 Avatar-Kursunterlagen, zit. in: Schneider, W.: Die Welten, in denen wir leben, in: Connection, 10/1994

1022 Avatar (Werbebroschüre). Schönau, o.J.

1023 zit. in: Schuster, U.: Stichwort: Avatar Stars Edge, in: Berliner Dialog, 1/1998, S. 18

1024 vgl. ebenda, S. 18f.

1025 Lüerssen, I./Weyck, B.: Avatar: die Kunst befreit zu leben, in: Die Kunst zu leben, 4/1999, S. 37

1026 Liberty-World-GmbH (Werbematerial). Korntal/Stuttgart, o.J.

1027 vgl. Kölsch, H.-C.: ABC der NLP-Anwendungen. München, 1997, S. 22f.

1028 Murphy, J.: Vorwort zu: Freitag, E.: Kraftzentrale Unterbewußtsein: Der Weg zum Positiven Denken. München, 1982

1029 vgl. Katie, B.: The Work: Form For The Written Work. in: http://www.thework.com/german.workform.htm (3.2.2000). (Die [paraphrasierte] Fragenabfolge entstammt dem deutschsprachigen Internettext.)

1030 http://www.moritzboerner.de/The_Work/Gedanken/gedanken/html (3.3.2000)

1031 http://www.moritzboerner.de/The_Work/the_work.html (3.3.2000)

1032 ebenda

1033 Weber, C./Katie, B.: Schrei in der Wüste: Das spirituelle Erwachen der Byron Katie. Bielefeld, 2000 (2. Auflage), S. 49

1034 http://www.moritzboerner.de/The_Work/the_work.html (3.3.2000)

1035 http://www.moritzboerner.de/The_Work/FAQ/faq.html (3.3.2000)

1036 http://www.moritzboerner.de/Bucher/Katies_TheWork/katies_thework.html (3.3.2000)

1037 http://www.moritzboerner.de/The_Work/the_work.html (3.3.2000)

1038 vgl. Wilson, C.: (Ed.): Dark Dimensions: A Celebration of the Occult. New York, 1973

1039 vgl. Rohr, R./Ebert, A.: Das Enneagramm: Die neun Gesichter der Seele. München, 1990

1040 vgl. Ebert, A.: Die Zahl des Lebens, in: Esotera, 5/1990, S. 18f.

1041 vgl. Naranjo, C.: Ennea-type Structures. Oakland (USA), 1991

1042 vgl. Zuercher, S.: Spirituelle Begleitung: Das Enneagramm in Seelsorge, Beratung und Therapie. München, 1999

1043 vgl. Bents, R./Blank, R.: Der MBTI. München, 1992, S. 54f.

1044 vgl. ebenda, S. 66f.

1045 ebenda, S. 91

1046 vgl. ebenda, S. 193f.

1047 ebenda, S. 137f.

1048 vgl. EZW-Texte, 6/1989, S. 91

1049 Fragen und Antworten zum est-Training (Werbebroschüre) München, 1982 (In dieser Broschüre ist die Rede von weltweit 360.000 est-Absolventen.)

1050 vgl. Guiley, R.: Encyclopedia of Mystical & Paranormal Experiences. London, 1991, S. 188f.

1051 vgl. Fragen und Antworten zum est-Training (Werbebroschüre) München, 1982

1052 vgl. Guiley, R.: Encyclopedia of Mystical & Paranormal Experiences. London, 1991, S. 189

1053 vgl. Bry, A.: est: 60 Hours that Transform Your Life. New York, 1976

1054 vgl. Guiley, R.: Encyclopedia of Mystical & Paranormal Experiences. London, 1991, S. 189

1055 zit. in: ebenda

1056 Landmark Education Cooperation. San Francisco, 1993, S. 6

1057 Landmark Education (Werbebroschüre). München, o.J.

1058 zit. in: Abendzeitung München vom 17.4.1997

1059 Landmark Education (verschiedene Werbeblätter). München, 1992

1060 Landmark Education (Werbebroschüre). München, o.J.

1061 Landmark Education Cooperation. San Francisco, 1993, S. 8 (übersetzt durch den Verfasser)

1062 vgl. Lell, M.: Das Forum: Protokoll einer Gehirnwäsche: Der Psychokonzern Landmark Education. München, 1997 (Weiterführende Kritik an est/Landmark findet sich bei Nordhausen.F./Billerbeck, L.: Erfolg, Erfolg, Erfolg, in: dies.: Psychosekten: Die Praktiken der Seelenfänger. Berlin, 1997, S. 307f.)

1063 LG München I Az.: 9 O 4669/97 vom 16.4.1997

1064 vgl. religio.de/therapie/one/one.html (17.4.2000)

1065 Nordhausen, F./Billerbeck, L.: Psychosekten: Die Praktiken der Seelenfänger. Berlin, 1997, S. 335

1066 zit. in: Schwertfeger, B.: Der Griff nach der Psyche: Was umstrittene Persönlichkeitstrainer in Unternehmen anrichten. Frankfurt/Main, 1998, S. 151

1067 PartnerChancenManagement GmbH (Werbebroschüre). Chieming/Hart, 1998

1068 aus: Der Block (Programm). Hohenbrunn/München, o.J.

1069 zit. in: Nordhausen, F./Billerbeck, L.: Psychosekten: Die Praktiken der Seelenfänger. Berlin, 1997, S. 346 (Autor Steven Goldner ist mit Autor Colin Goldner weder verwandt noch verschwägert.)

1070 Der Block: Block-Leitfaden, 2/1996, zit. in: Nordhausen, F./Billerbeck, L.: Psychosekten: Die Praktiken der Seelenfänger. Berlin, 1997, S. 346 (zumindest bis Ende 1996 hatten die angeführten Regeln Gültigkeit)

1071 ebenda, S. 347

1072 vgl. ebenda

1073 vgl. Schwertfeger, B.: Der Griff nach der Psyche: Was umstrittene Persönlichkeitstrainer in Unternehmen anrichten. Frankfurt/Main, 1998, S. 167f.

1074 zit. in: Nordhausen, F./Billerbeck, L.: Psychosekten: Die Praktiken der Seelenfänger. Berlin, 1997, S. 347f.

1075 zit. in: Schwertfeger, B.: Der Griff nach der Psyche: Was umstrittene Persönlichkeitstrainer in Unternehmen anrichten. Frankfurt/Main, 1998, S. 170

1076 Der Block (Programm) Hohenbrunn/München, o.J.

1077 zit. in: Nordhausen, F./Billerbeck, L.: Psychosekten: Die Praktiken der Seelenfänger. Berlin, 1997, S. 347f. (In der Regel verfügen die Trainer weder über die erforderliche [klinische] Qualifikation zum Einsatz psychotherapeutischer Techniken noch über eine entsprechende [rechtliche] Befugnis.)

1078 Der Block (Programm) Hohenbrunn/München, o.J.

1079 zit. in: Schwertfeger, B.: Der Griff nach der Psyche: Was umstrittene Persönlichkeitstrainer in Unternehmen anrichten. Frankfurt/Main, 1998, S. 160

1080 Nordhausen, F./Billerbeck, L.: Psychosekten: Die Praktiken der Seelenfänger. Berlin, 1997, S. 345f. (bezugnehmend auf einen Beitrag in: Stern 16/1996). (Vgl. auch die Beschreibung Bärbel Schwertfegers ihrer jahrelangen Auseinandersetzung mit UPT, in: Schwertfeger, B.: Hecheln für die Karriere: UPT Hans Schuster & Partner, in: dies: Der Griff nach der Psyche, S. 196f.)

1081 Auf tatsächliche Kontakte Ministers zu Scientology gibt es keinen Hinweis.

1082 CreativPower Institut Dr. Minister (Kursprogramm) Johanniskirchen, o.J.

1083 ebenda

1084 Grad, A.: Schreiben an das Forum Kritische Psychologie vom 15.10.1999

1085 zit. in: Rust, H.: Spachtelmasse für Wissenslücken, in: ManagerMagazin, 11/1999, S. 322f.

1086 vgl. ebenda, S. 314f.

1087 vgl. Nordhausen, F./Billerbeck, L.: Hannes Scholl: Der Westentaschen-Guru, in: dies.: Psychosekten: Die Praktiken der Seelenfänger. Berlin, 1997, S. 353f.

1088 vgl. Stiftung Warentest (Hrsg.): Die Andere Medizin. Berlin, 1991, S. 242f.

1089 vgl. Eberhard, L.: Heilkräfte der Farben. München, 1954

1090 ebenda

1091 vgl. Schiegl, H.: Colortherapie. Freiburg, 1979

1092 vgl. Roberts, M.: Das neue Lexikon der Esoterik. München, 1995, S. 272f.

1093 vgl. Stiftung Warentest (Hrsg.): Die Andere Medizin. Berlin, 1991, S. 245

1094 Wagener-Gimeno, A.: Die Pentagramm- und Karmadiagnose: Ein Schlüssel zu ganzheitlicher Gesundheit. Freiburg, 1999, S. 169f.

1095 ebenda, S. 244

1096 vgl. Roberts, M.: Das neue Lexikon der Esoterik. München, 1995, S. 273

1097 Werbetext in: Pranahaus (Katalog). Freiburg, 10/1999, S. 90

1098 vgl. Krämer, D.: Esoterische Therapien. Band 2. Interlaken, 1995, S. 87

1099 ebenda, S. 88f.

1100 Das Große White Eagle Heilungsbuch. Grafing, 1988 (4. Auflage), S. 114f.

1101 vgl. Stiftung Warentest (Hrsg.): Die Andere Medizin. Berlin, 1991, S. 243

1102 vgl. z.B. Krämer, D.: Esoterische Therapien (Band 2). Interlaken, 1995, S. 70

1103 vgl. Stiftung Warentest (Hrsg.): Die Andere Medizin. Berlin, 1991, S. 245

1104 vgl. Krämer, D.: Esoterische Therapien (Band 2). Interlaken, 1995, S. 71

1105 ebenda, S. 53

1106 ebenda, S. 86

1107 ebenda, S. 217

1108 ebenda, S. 179f.

1109 vgl. Essener Friedensbruderschaft: Schöpferkraft der Farben. Freiburg, 1994

1110 vgl. Stiftung Warentest (Hrsg.): Die Andere Medizin. Berlin, 1991, S. 245

1111 vgl. McDonald, M.: Der Lüscher-Farbtest, in: Hill, A.: (Hrsg.): Illustriertes Handbuch alternativer Heilweisen. Freiburg, 1980, S. 54f.

1112 vgl. Lüscher, M.: Signale der Persönlichkeit. Stuttgart, 1973, zit. in: Halder-Sinn, P.: Die 'Konfliktfarbe Violett': Eine Stellungnahme zum Lüscher-Test, in: Skeptiker, 3/1991, S. 67

1113 Lüscher, M.: Der Lüscher-Test. Reinbek, 1971, zit. in: Halder-Sinn, P.: Die 'Konfliktfarbe Violett': Eine Stellungnahme zum Lüscher-Test, in: Skeptiker, 3/1991, S. 70f.

1114 ebenda

1115 vgl. Halder-Sinn, P.: Die 'Konfliktfarbe Violett': Eine Stellungnahme zum Lüscher-Test, in: Skeptiker, 3/1991, S. 70

1116 vgl. Lüscher und kein Ende, in: Skeptiker, 1/1992, S. 24

1117 Lüscher, M.: Die Lüscher-Farben zur Persönlichkeitsbeurteilung und Konfliktlösung. München, 1989

1118 Allgeier, K.: So finden Sie Ihr Glück: Das indische Farb-Orakel, in: tz München vom 30.3.2000, S. 33

1119 vgl. Halder-Sinn, P.: Die 'Konfliktfarbe Violett': Eine Stellungnahme zum Lüscher-Test, in: Skeptiker, 3/1991, S. 70f.

1120 vgl. Federspiel, K./Lackinger-Karger, I.: Kursbuch Seele. Köln, 1996, S. 191f.

1121 Schreiben Lüschers an den Pattloch-Verlag vom 9.3.1998

1122 Oepen, I. et al. (Hrsg.): Lexikon der Parawissenschaften: Astrologie, Esoterik, Okkultismus, Paramedizin, Parapsychologie kritisch betrachtet. Münster, 1999, S. 170f.

1123 vgl. Mandel, P.: Praktisches Handbuch der Farbpunktur. Bruchsal, 1986

1124 vgl. Mandel, P.: Die Farbpunktur: Mit Licht und Farbe heilen (Werbebroschüre). Bruchsal, o.J.

1125 vgl. Mandel, P.: Praktisches Handbuch der Farbpunktur. Bruchsal, 1986

1126 Me-Te-Pro (Werbebroschüre). Bruchsal, o.J.

1127 vgl. Stiftung Warentest (Hrsg.): Die Andere Medizin. Berlin, 1991, S. 245f.

1128 vgl. Oepen, I. (Hrsg.): An den Grenzen der Schulmedizin: Eine Analyse umstrittener Methoden. Köln-Lövenich, 1985, S. 46f.

1129 vgl. Gertler, A./Spitschuh, F.: Akupunktur: Neue Fakten contra alte Thesen, in: Skeptiker, 2/1989, S. 46f.

1130 Wilczynski, H.: Fragen an den Heilpraktiker. Bruchsal, 2/1993, S. 7f.

1131 z.B. Padma-Therapiezentrum (Programm). Stuttgart, 1993

1132 zit. in: Skeptiker, 4/1993, S. 111

1133 vgl. Gesellschaft zur Förderung des Festhaltens als Lebensform und Therapie e.V. (Selbstdarstellung). Stuttgart, o.J.

1134 vgl. Feuser, G.: Aspekte einer Kritik des Verfahrens des 'erzwungenen Haltens' (Festhaltetherapie) bei autistisch und anders behinderten Kindern und Jugendlichen, in: Behindertenpädagogik, Nr. 27, 1988, S. 115f.

1135 vgl. Zaslow, R.: Z-Prozeß-Beziehungstherapie, in: Corsini, R. (Hrsg.): Handbuch der Psychotherapie (Band 2). München, 1987, S. 1450f.

1136 vgl. Biermann, G.: Stellungnahme eines Kinderanalytikers zur Festhaltetherapie, in: Praxis Kinderpsychologie/Kinderpsychiatrie, Nr. 34, 1985, S. 73f.

1137 Ankündigungen in „Holding Times", 1/1993

1138 ZIST (Programm) Penzberg, 1993

1139 vgl. Kischkel, W./Störmer, N.: Tatkräftige Liebe, in: Psychologie Heute, 6/1995, S. 28f.

1140 LG Stuttgart Az.: 20 Js 1177/96

1141 vgl. Simon, F./Retzer, A.: Das Hellinger-Phänomen, in: Psychologie Heute, 6/1995, S. 28f.

1142 vgl. Weber, G. (Hrsg.): Zweierlei Glück: Die systemische Psychotherapie Bert Hellingers. Heidelberg, 1997 (10. Auflage), S. 332

1143 vgl. Hobert, I.: Das Heilbuch für das neue Jahrtausend. München, 1997, S. 111f.

1144 vgl. z.B. Hampel, G.: Familienaufstellung. in: Forum Lebensfreude (Programm). München, 3/1999, S. 5

1145 zit. in: Fincke, A.: Wie gefährlich ist Bert Hellingers Therapie? in: Psychologie Heute, 4/1998, S. 16f.

1146 ebenda

1147 zit. in: Weber, G. (Hrsg.): Zweierlei Glück: Die systemische Psychotherapie Bert Hellingers. Heidelberg, 1995 (6. Auflage), S. 258

1148 zit. in: Gerbert, F.: Wenn Therapeuten Gott spielen (Interview mit Bert Hellinger), in: Focus, 13/1998, S. 226

1149 Fincke, A.: Wie gefährlich ist Bert Hellingers Therapie? in: Psychologie Heute, 4/1998, S. 16f.

1150 vgl. Goldner, C.: Bert Hellinger: Systemfehler? in: Intra 35, 1/1998, S. 15f.

1151 Looser, S.: Emanzipierte Opfer der Familie, in: Intra 36, 2/1998, S. 3

1152 vgl. Kursprogramme Johanniterhof 1998 / Osho-Tao 1997/98 / Tujala-Institut 1998 / Bayerische Gesellschaft für Ganzheitliche Medizin 1996/97

1153 vgl. Hellinger-Arbeitskreis gegründet, in: Esotera, 6/1998, S. 11

1154 vgl. Goldner, C.: Mega-Event mit 1000 Workshops, in: Intra, 3/99, S.10

1155 ZIST (Programm). Penzberg, 7-12/1999, S. 52

1156 Cristall-Zentrum für bewußte Lebensgestaltung (Verschiedene Prospekte/Veranstaltungskalender). Siegsdorf, o.J. (1996 umbenannt in Klemm-Trainings)

1157 vgl. Guiley, R.: Firewalking, in: Encyclopedia of Mystical & Paranormal Experiences. London, 1991, S. 205f.

1158 z.B. „Silvester-Feuerlauf" 1994 in der Ökologischen Akademie Linden (Bildungszentrum der bayerischen Grünen), geleitet von Mitarbeitern des esoterischen *Cristall-Zentrums für bewußte Lebensgestaltung*, Siegsdorf/Obb.

1159 vgl. Mittelbach, C.: Für die Firma durchs Feuer, in: Esotera, 3/1990, S. 19f.

1160 Klemm-Trainings (Werbeprospekt). Siegsdorf, 1999

1161 Kronberger Seminare e.V. (Werbematerial für Feuerlauf). Kronberg, o.J.

1162 Kronberger Seminare e.V. (Werbematerial). Kronberg, 10/1996

1163 Seit Anfang 2000 ist ein staatsanwaltliches Ermittlungsverfahren gegen Kipper wegen Verstoßes gegen das Heilpraktikergesetz sowie unbefugte Führung eines Professorentitels anhängig. AG Bad Homburg Az.: 8 AR 25/00 (zuständigkeitshalber abgegeben an die Staatsanwaltschaft LG Frankfurt/Main Az.: 65 Js 8566.0/00)

1164 Je nach Veranstalter weichen die einzelnen Workshops inhaltlich etwas voneinander ab; das Prinzip ist indes überall das gleiche.

1165 Hoffman, K.: Das Arbeitsbuch zur Trance. München, 1996, S. 136

1166 Fear into Power! (Werbeslogan der Feuerlauf-Seminare von Anthony Robbins). San Francisco, o.J.

1167 z.B. Guiley, R.: Firewalking, in: Encyclopedia of Mystical & Paranormal Experiences. London, 1991, S. 205f.

1168 z.B. Cristall-Zentrum für bewußte Lebensgestaltung (Verschiedene Veranstaltungskalender). Siegsdorf, o.J.

1169 vgl. Lesk, et al.: Auf's Feuer gehen, in: Curare, Vol. 4, 1981, S. 169f.

1170 vgl. Dennet, M.: Firewalking: Reality or Illusion? in: Skeptical Inquirer, Vol. 10, Fall 1985, S. 36f. sowie: Leikind, B./McCarthy, W.: An Investigation of Firewalking, ebenda, S. 23f.

1171 Kos, H.: Glühende Kohlen: kühl betrachtet, in: Skeptiker, 3/1991, S. 70

1172 vgl. Guiley, R.: Firewalking, in: Encyclopedia of Mystical & Paranormal Experiences. London, 1991, S. 205f.

1173 z.B. Kronberger Seminare e.V. (Werbematerial für Feuerlauf) Kronberg, o.J.

1174 Kakuska, R.: Esoterik: Von Abrakadabra bis Zombie. Weinheim, 1991, S. 70

1175 Lesk, et al.: Auf's Feuer gehen, in: Curare, Vol. 4, 1981, S. 191

1176 Cristall-Zentrum für bewußte Lebensgestaltung (Verschiedene Veranstaltungskalender). Siegsdorf, o.J.

1177 zit. in: Esotera, 9/1987, S. 77

1178 z.B. Feuerlauf-Workshop am NLP Center of Advanced Studies. Tiburon (USA) vom 20.10.1983

1179 Robbins, A.: Grenzenlose Energie: Das Power-Prinzip. München, 1994 (7. Auflage)

1180 vgl. Wellershoff, M.: Der Python als Personalchef, in: Der Spiegel, 16/1997, S. 102f.

1181 zit. in: Kos, H.: Glühende Kohlen: kühl betrachtet, in: Skeptiker, 3/1991, S. 71

1182 Roberts, M.: Das Neue Lexikon der Esoterik. München, 1995, S. 280

1183 vgl. Lesk, et al.: Auf's Feuer gehen, in: Curare, Vol. 4, 1981, S. 191

1184 Cristall-Zentrum für bewußte Lebensgestaltung (Verschiedene Veranstaltungskalender). Siegsdorf, o.J.

1185 Kelder, P.: Die Fünf 'Tibeter'. Wessobrunn, 1996 (38. Auflage). (Die [paraphrasierte] Übungsabfolge entstammt diesem Standardbuch.)

1186 vgl. Gillessen, W.: Quintessenz, in: Gillessen, B./ders. (Hrsg.): Erfahrungen mit den Fünf 'Tibetern'. Wessobrunn, 1996 (10. Auflage) S. 156

1187 zit. in: Kelder, P.: Die Fünf 'Tibeter'. Wessobrunn, 1996 (38. Auflage), S. 70

1188 Griscom, C.: Vorwort zu: Kelder, P.: Die Fünf 'Tibeter'. Wessobrunn, 1996 (38. Auflage), S. 15

1189 Lynn, H.: Vorwort zu: Kelder, P.: Die Fünf 'Tibeter'. Wessobrunn, 1996 (38. Auflage), o.P.

1190 Anwender-Kommentar zu: Kelder, P.: Die Fünf 'Tibeter'. Wessobrunn, 1996 (38. Auflage), S. 52

1191 McLean, P.: Der Trick mit der Reihenfolge, in: Gillessen, B./Gillessen, W. (Hrsg.): Erfahrungen mit den Fünf 'Tibetern'. Wessobrunn, 1996 (10. Auflage), S. 33

1192 vgl. http://www.frankfurter-ring.org/ (30.5.2000)

1193 vgl. Stürmer, E.: Asiatische Heilkunst. Augsburg, 1996, S. 129f.

1194 Redfield, J.: Die Prophezeiungen von Celestine. München, 1994 (25. Auflage)

1195 vgl. Schick, T./Vaughn, L.: How to Think about Weird Things: Critical Thinking for an New Age. Mountain View (USA), 1995, S. 87f. über: Keyes, K.: The Hundreth Monkey. Coos Bay (USA), 1982

1196 zit. in: Kakuska, R.: Spirituelle Bestseller und das Geheimnis des Humbugs: Esoterik goes Disneyland, in: Psychologie Heute, 3/1997, S. 68f.

1197 ebenda

1198 Bauer KG: Prana-Katalog (Werbematerial). Freiburg, 1/1997

1199 vgl. Halder-Sinn, P.: Graphologie in Deutschland: Eine Renaissance? in: Skeptiker, 3/1989, S. 14f.

1200 Grados-Ramos, M.: Du bist wie du schreibst, in: Esotera, 5/2000, S. 84f.

1201 zit. nach: Federspiel, K./Lackinger-Karger, I.: Kursbuch Seele. Köln, 1996, S. 533

1202 Altpeter, W.: Werde Menschenkenner: Menschenkunde für jedermann. Wiesbaden, 1966, S. 84f.

1203 ebenda, S. 76f.

1204 Berufsverband geprüfter Graphologen/Psychologen e.V. (Werbematerial). München, o.J.

1205 vgl. Halder-Sinn, P.: Graphologie in Deutschland: Eine Renaissance? in: Skeptiker, 3/1989, S. 14f.

1206 vgl. Münchner Merkur vom 5.10.1992

1207 vgl. Federspiel, K./Lackinger-Karger, I.: Kursbuch Seele. Köln, 1996, S. 533

1208 zit. in: Priese, S.: Am Anfang war das Symbol, in: Mensch & Sein, 6/1999, S. 14

1209 vgl. Meitz, B.: Die Praxis der Handanalyse. München, 1989

1210 zit. in: Mahmoudi, J. et al.: Gallensteindiagnostik durch Handlesen? Wissenschaftliche Beweise gegen chirologische Pseudodiagnostik, in: Skeptiker, 2/1992, S. 32f.

1211 vgl. Engelhardt, F.: Das Wissen von der Hand. München, 1987

1212 zit. in: Roberts, M.: Das Neue Lexikon der Esoterik. München, 1985, S. 188

1213 Eisler-Merz, C.: Handdeutunng, in: Luczyn, D.: Esoterik-Führer. Niedertaufkirchen, 1993, S. 93f.

1214 vgl. Altpeter, W.: Werde Menschenkenner: Menschenkunde für jedermann. Wiesbaden, 1966, S. 58f.

1215 vgl. Mahmoudi, J. et al.: Gallensteindiagnostik durch Handlesen? Wissenschaftliche Beweise gegen chirologische Pseudodiagnostik, in: Skeptiker, 2/1992, S. 32f.

1216 vgl. Liebl, C.: Handlesen: Ihr Schicksal ist kein Geheimnis (Serie), in: tz München vom 7.2.2000

1217 vgl. Altpeter, W.: Werde Menschenkenner: Menschenkunde für jedermann. Wiesbaden, 1966, S. 10 (Das rassistische Machwerk erschien erstmalig 1934 im Wiesbadener Falken-Verlag [der heute in Niedernhausen ansässig ist].)

1218 ebenda, S. 25

1219 ebenda, S. 31f.

1220 ebenda, S. 30

1221 Chi, A.K.: Die Kunst in Gesichtern zu lesen. Niedernhausen, 1999, S. 63f.

1222 Schule für Menschenkenntnis (Werbeprospekt). München, o.J.
1223 vgl. Luksan, M.: 'Fremde Typen' und 'gesunde Gefühle'. in: Let, v.d., P./Schüller, C.: Rasse Mensch: Jeder Mensch ein Mischling. Aschaffenburg, 1999, S. 31f.
1224 Bayerische Gesellschaft für Ganzheitliche Medizin (Programm). Füssen, 1996/97
1225 Institut Kappel (Studienprogramm). Wuppertal, 1995
1226 vgl. Welti, P.: 'An der Nase erkennt ihr den Charakter', in: Intra, 4/1996, S. 68f.
1227 Kupfer, A.: Grundlagen der Menschenkenntnis nach Carl Huter. Studienband 2. Schaig, 1980, S. 270f.
1228 Tepperwein, K.: Krankheiten aus dem Gesicht gelesen. Landsberg/Lech, 1996 (5.Auflage)
1229 zit. in: Abendzeitung München vom 18.11.1999, S. 31
1230 vgl. Caffin, M.: Was die Zähne zeigen. Braunschweig, 1998
1231 vgl. Forum Kritische Psychologie: Scharlatane und Beutelschneider. München, 1996 (unveröffentlichtes Manuskript; aktualisiert 1999 [Manuskript beim Verfasser])
1232 vgl. Time-Life: Wahrsagungen und Prophezeiungen. Amsterdam, 1988, zit. in: Hund, W.: Sag' mir deinen Namen - und ich sag' dir, wie du heißt! in: Skeptiker, 1/1993, S. 6 (paraphrasiert)
1233 vgl. Hund, W.: Alles fauler Zauber? Okkulte Phänomene - was steckt dahinter. Mühlheim/Ruhr, 1988
1234 Hund, W.: Sag' mir deinen Namen - und ich sag' dir, wie du heißt! in: Skeptiker, 1/1993, S. 7 (paraphrasiert)
1235 ebenda, S. 4
1236 zit. in: Gertler, A./Mattig, W.: Stimmen aus dem jenseits.: Parapsychologie und Wissenschaft. Berlin, 1992, S. 26
1237 Institut für Persönlichkeitsforschung (Werbematerial). Marl-Sinsen, o.J.
1238 zit. in: Gertler, A./Mattig, W.: Stimmen aus dem Jenseits: Parapsychologie und Wissenschaft. Berlin, 1992, S. 26
1239 Tasca, di, E. (Werbeannonce), in: Die Andere Realität vom 1.4.1997
1240 vgl. Gruber, E.: Psi-Phänomene: Eine neue Dimension in der Selbsterfahrung. Bruchsal, 1988
1241 Hund, W.: Alles fauler Zauber? Okkulte Phänomene - was steckt dahinter. Mühlheim/Ruhr, 1988, S. 8
1242 vgl. Randi, J.: The Truth about Uri Geller. New York, 1992 / Henke, R.: Uri Geller und seine Fernseh-Tricks, in: Skeptiker, 3/1997, S. 82f.
1243 vgl. Gertler, A./Mattig, W.: Stimmen aus dem Jenseits: Parapsychologie und Wissenschaft. Berlin, 1992, S. 32f.
1244 Habelt, H.: Das Jahr 2000: 'So sehe ich es', in: Abendzeitung München vom 28.12.1999
1245 vgl. z.B. Pavese, A./Würmli, M.: Handbuch der Parapsychologie: Einführung in den Bereich der Grenzwissenschaften. Augsburg, 1992
1246 vgl. Planer, F.: Superstition. Buffalo (USA), 1988
1247 vgl. Reuters vom 28.3.1999, zit. in: Skeptiker, 3/1999, S. 127
1248 zit. in: Süddeutsche Zeitung vom 20.9.1974
1249 vgl. Oepen, I./Scheidt, R.: Wunderheiler heute. München, 1989, S. 26
1250 Hanussen: Das 'Goldene' Pendel: Macht über den 6. Sinn. o.O., o.J.
1251 Hanussen: Lebensbuch. o.O., 1/1998
1252 vgl. Decker, H.: Nicht zu fassen: 'Hanussen' und die betrogene Hoffnung der Auguste M., in: Skeptiker, 2/1997, S. 56f.
1253 zit. in: ebenda, S. 57
1254 vgl. Kugel, W.: Hanussen: Die wahre Geschichte des Hermann Steinschneider. Düsseldorf, 1998
1255 Frankenberg, P.: Die Akasha-Chronik: Das Weltengedächtnis, in: Die Andere Realität, 1/1996, S. 9
1256 vgl. Langley, N.: Edgar Cayce on Reincarnation. New York, 1976
1257 vgl. McDermott, R. (Ed.): The Essential Steiner. San Francisco, 1976
1258 Schule für Intuitives Bewußtsein (Werbebroschüre). München, 1997
1259 Venediger, B.: Einweihung in die esoterischen Lehren. Freiburg, 1994, S. 76f.
1260 vgl. Randi, J.: The Mask of Nostradamus. The Prophecies of the World's Most famous Seer. Buffalo, 1993

1261 vgl. Bock, W.: Astrologie und Aufklärung. Stuttgart, 1995, S. 313

1262 vgl. ebenda, S. 304f.

1263 vgl. Gruber, E.: Psi-Phänomene: Eine neue Dimension in der Selbsterfahrung. Bruchsal, 1988

1264 Fontbrune, J.-C.: Nostradamus: Historien et Prophète. Monaco, 1980

1265 vgl. Allgeier, K.: Die großen Prophezeiungen des Nostradamus in moderner Deutung: Weissagungen bis ins Jahr 2050. München, 1982

1266 ebenda

1267 vgl. Guiard, V.: Die seltsame Welt des Nostradamus-Deuters Manfred Dimde, in: Shermer, M. et al. (Hrsg.): Endzeittaumel: Propheten, Prognosen, Propaganda. Skeptisches Jahrbuch II. Aschaffenburg, 1998 (auch: http://www.fbn-dummersdorf.de/fb8/guiard/deutsch/DIMDE/dimwelt.htm)

1268 vgl. Berlitz, C.: Weltuntergang 1999. München, 1999

1269 Allgeier, K.: Nostradamus: New York wird untergehen, in: tz München vom 17./18.7.1999

1270 Auch bei seinen sonstigen Prognosen lag Allgeier durchwegs falsch. Vgl. Schmidt, G.-O.: Nostradamus und die Sonnenfinsternis 1999, in: http://www.ref.ch/zh/infoksr/nostradamus.html (1.5.2000)

1271 Im Jahre 1999 kommt der König des Terrors, in: Der Spiegel, 53/1981, S. 95

1272 Guiard, V.: Nostradamus und die Jahrtausendwende, in: Skeptiker, 1-2/1999, S. 4f.

1273 Randi, J.: The Mask of Nostradamus: The Prophecies of the World's Most Famous Seer. Buffalo 1993

1274 Harder, B.: Nostradamus: Ein Mythos wird entschlüsselt. Aschaffenburg, 2000

1275 In manchen Veröffentlichungen ist auch von „7-Tage-Therapie" die Rede, z.B.: Connection, 3/1991, S. 25f.

1276 Titel einer Werbebroschüre des Quadrinity-PTI, Berlin, o.J. (Beilage in Esotera, 11/1996)

1277 PTG Quadrinity (Werbebroschüre). Düsseldorf, o.J.

1278 vgl. Harlacher, M.: Der Mensch im Hoffman-Prozess, in: Esotera, 3/1989, S. 24

1279 vgl. Naranjo, C.: A New Tool for the Reeducation of Love, in: ders.: The End of Patriarchy. Oakland (USA) 1994, S. 75f.

1280 vgl. Hoffman, B.: Entfaltung der Liebe: Die Überwindung von Rebellion, Scham, Schuld und Selbstbestrafung. Basel, 1992 (orig.: No One is to Blame: Getting a Loving Divorce from Mom & Dad. Palo Alto, 1979)

1281 Kuby, G.: Die neue 8-Tage-Therapie: Crashkurs für die Seele, in: Cosmopolitan, 2/1991, S. 50f. (verschiedene Hoffman-Institute verwenden den Cosmopolitan-Bericht ausdrücklich zu Werbezwecken, z.B.: PTG Quadrinity, Düsseldorf, o.J.)

1282 vgl. Bauer, I./Bauer, K.: Tritt aus deinem Schatten: Der Quadrinity-Prozess und die Selbsthilfe-Therapie des Recycling. Wien, 1990, S. 35f.

1283 Kuby, G.: Die neue 8-Tage-Therapie: Crashkurs für die Seele, in: Cosmopolitan, 2/1991, S. 50

1284 Tengler, J.: Der Hoffman-Quadrinity-Prozeß: Ein Erfahrungsbericht. München, 1994 (unveröffentlichtes Manuskript [beim Verfasser])

1285 vgl. Hoffman, B.: Entfaltung der Liebe: Die Überwindung von Rebellion, Scham, Schuld und Selbstbestrafung. Basel, 1992, S. 147f.

1286 Bauer, I./Bauer, K.: Tritt aus deinem Schatten: Der Quadrinity-Prozess und die Selbsthilfe-Therapie des Recycling. Wien, 1990, S. 50

1287 Röhl, B.: Erwachsenwerden: Eine moderne Initiation. in: MännerVogue, 10/1991, zit. in: PTG Quadrinity (Werbebroschüre). Düsseldorf, o.J.

1288 Hoffman-Institute: Quadrinity Process Arbeitsbuch. Oakland (USA) o.J. S. 19

1289 zit. in: Nachwort zu: Hoffman, B.: Entfaltung der Liebe: Die Überwindung von Rebellion, Scham, Schuld und Selbstbestrafung. Basel, 1992, S. 265

1290 vgl. Neidhardt, M.: Der Quadrinity Prozess: Die dünne Linie zwischen psychologischer Gruppentherapie und sektoider Gruppendynamik, in: Intra, Herbst 1990, S. 35f.

1291 zit. in: Das Schreien der Lämmer, in: Andere Zeitung Frankfurt, 11/1994, S. 16

1292 vgl. Hüttemann, U.: Hyperventilation aus lungenärztlicher Sicht, in: Platta, H.: New-Age-Therapien pro und contra. Weinheim, 1994, S. 42f.

1293 vgl. Petzold, H.: Klinischer Unfug, in: Goldner, C.: Rebirthing: Gefährlicher Weg zurück zur Geburt, in: Psychologie Heute, 7/1990, S. 33

1294 z.B. McLaughlin, C.: Supertherapie und Schnellerleuchtung: Quadrinity oder Fischer-Hoffman-Prozess, in: Flensburger Hefte, 9/1991, S. 174

1295 vgl. Looser, S.: Wie gefährlich ist der Quadrinity-Prozess? in: Intra, 31/1997, S. 49f.

1296 zit. in: Neidhardt, M.: Der Quadrinity Prozess: Die dünne Linie zwischen psychologischer Gruppentherapie und sektoider Gruppendynamik, in: Intra, Herbst 1990, S. 39

1297 ebenda

1298 Gemeinsame Quadrinity-Werbeanzeige (D-A-CH), in: Esotera, 4/1990, S. 12f.

1299 vgl. Tengler, J.: Der Hoffman-Quadrinity-Prozeß: Ein Erfahrungsbericht. München, 1994 (unveröffentlichtes Manuskript [beim Verfasser])

1300 vgl. Hoffman, B.: Entfaltung der Liebe: Die Überwindung von Rebellion, Scham, Schuld und Selbstbestrafung. Basel, 1992

1301 vgl. Naranjo, C.: A New Tool for the Reeducation of Love, in: ders.: The End of Patriarchy. Oakland (USA) 1994, S. 79

1302 Schachter-Shalomi, Z.: Stimmen zum Hoffman-Prozeß, in: PTG Quadrinity (Werbebroschüre). Düsseldorf, o.J.

1303 Dahlke, R.: Vorwort zu: Hoffman, B.: Entfaltung der Liebe: Die Überwindung von Rebellion, Scham, Schuld und Selbstbestrafung. Basel, 1992, S. 9

1304 z.B. Harlacher, M.: Der Mensch im Hoffman-Prozess, in: Esotera, 3/1989, S. 22

1305 Sämtliche deutschsprachigen Institute (D-A-CH) wurden hierzu im Frühjahr 1996 schriftlich befragt. In einem Artikel des schweizerischen Psychologiemagazines *Intra* (1/1997) wurden zwei Untersuchungen (Downing, Caldwell/Hileman) sowie eine Teilnehmerbefragung (Candate) aus den USA angeführt, allerdings ohne Angaben, die eine Überprüfung erlaubt hätten (wann und wo durchgeführt bzw. publiziert?); eine weitere Untersuchung sei noch nicht veröffentlicht (vgl. Interview mit M. Harlacher, in: Goldner, C.: Wir sind euere seelische Kanalreinigung, in: Intra, Nr. 30, 1/1997, S. 28f.). Eine Nachfrage 11/1999, ob die Untersuchung inzwischen publiziert sei, blieb unbeantwortet. Im Internet ist diese „Studie" inzwischen dargestellt: es handelt sich um die Seminararbeit einer leitenden Mitarbeiterin des Quadrinity-Instituts Düsseldorf, Christiane Windhausen (1997), die diese im Rahmen ihres Psychologiestudiums an der Universität Münster verfaßt hat. Auch die vielzitierte „Candate-Studie" relativiert sich als simple Seminararbeit einer Psychologiestudentin (1991). Weitere Untersuchungen gibt es offensichtlich nicht. Vgl. www.quadrinity.de/ (31.3.2000)

1306 Bauer, I./Bauer, K.: Tritt aus deinem Schatten: Der Quadrinity-Prozess und die Selbsthilfe-Therapie des Recycling. Wien, 1990, S. 132f.

1307 Hack, I.: Davon will ich mich befreien! Reallighting: Die neue Kurztherapie. München, 1999, S. 66f.

1308 Medialität, Spiritualität und Gesundheit für Körper, Geist und Seele (Kongreßprogramm), Die Andere Realität, 24.-27.8.2000 (in: DAR vom 1.5.2000, S. 14)

1309 vgl. Bauer, I./Bauer, K.: Glück kann man lernen: Mental Recycling Aktiv. Schaffhausen, 1995

1310 Harlacher, M.: Der Mensch im Hoffman-Prozess, in: Esotera, 3/1989, S. 22

1311 vgl. ebenda, S. 24

1312 vgl. Evangelische Zentralstelle für Weltanschauungsfragen: Psychotraining: Kathartische Tiefenpsychologie neu aufgelegt, in: Materialdienst der EZW, 6/1989, S. 191

1313 vgl. Casriel, D.: New-Identity-Process, in: Corsini, R. (Hrsg.): Handbuch der Psychotherapie. München, 1987, S. 802f.

1314 vgl. Interview mit Robert Hoffman, in: Essentia, 33/1991, S. 38f.

1315 vgl. Harlacher, M.: Der Mensch im Hoffman-Prozess, in: Esotera, 3/1989, S. 26

1316 vgl. Evangelische Zentralstelle für Weltanschauungsfragen: Psychotraining: Kathartische Tiefenpsychologie neu aufgelegt, in: Materialdienst der EZW, 6/1989, S. 191

1317 Quadrinity PTI (Werbeprospekt). Berlin, 1996

1318 Nucleus-Institut (Werbebroschüre). Freiburg, 1994

1319 LeadersQuest (Werbeanzeige), in: Etora: Die Reise zum Zentrum (Programmbroschüre), 1994/95

1320 Transzendenz-Prozeß (Werbetext), in: Böning, R./Neuwald, B. (Hrsg.): Handbuch für Ganzheitliche Therapie und Lebenshilfe. Gschwend, 1999, S. 302

1321 Vision der Freude (Werbetext), in: Böning, R./Neuwald, B. (Hrsg.): Handbuch für Ganzheitliche Therapie und Lebenshilfe. Gschwend, 1999, S. 301

1322 vgl. z.B. die Auseinandersetzungen H.-J. Hemmingers mit dem VPM: Hemminger, H.-J.: Die Rückkehr der Zauberer, in: Carlhoff H.-W./Wittemann, P. (Hrsg.): Neue Wege zum Glück? Psychokulte, Neue Heilslehren, Jugendsekten. Stuttgart, 1994, S. 71f.

1323 Autor Goldner wurde mehrerer Beiträge zu Quadrinity wegen mit wüsten Zuschriften überzogen, auch im Internet fanden sich teils unflätigste Anwürfe; die vielfach angedrohte Klage gegen ihn ist indes bis heute nicht eingegangen. Vgl. Leserbriefe zu: Goldner, C.: In einer Woche frei von Neurosen? in: Psychologie Heute, 6/1996. Teilweise veröffentlicht in: Psychologie Heute, 9/1996

1324 vgl. Blofeld, J.: I Ging: Das große Weisheits- und Orakelbuch der alten Chinesen. München, 1993

1325 Leuenberger, H.-D.: Das ist Esoterik. Freiburg, 1993 (6. Auflage) S. 212f.

1326 Wilhelm, R. (Übers.): I Ging: Text und Materialien. München, 1978 (4. Auflage), S. 215

1327 ebenda

1328 ebenda, S. 217

1329 Olvedi, U.: I Ging: Das Buch der Wandlungen, in: Bachmann, A. (Hrsg.): Der Neue Therapieführer. München, 1992, S. 255

1330 Osten, R., v.: I Ging: Das Schatzhaus des Wissens, in: Labyrinth, 2/1999, S. 19f.

1331 Leuner, H.: Katathymes Bilderleben: Einführung in die Psychotherapie der Tagtraumtechnik. Stuttgart, 1982 (3. Auflage), S. 39

1332 ebenda, S. 40f.

1333 ebenda, S. 64f.

1334 ebenda, S. 83

1335 ebenda, S. 172

1336 ebenda, S. 174f.

1337 Zentrum für Naturheilkunde (Programm) München, 1992

1338 vgl. Federspiel, K./Lackinger-Karger, I.: Kursbuch Seele. Köln, 1996, S. 416

1339 Leuner, H.: Katathymes Bilderleben: Einführung in die Psychotherapie der Tagtraumtechnik. Stuttgart, 1982 (3. Auflage), S. 170

1340 Grawe, G. et al.: Psychotherapie im Wandel: Von der Konfession zur Profession. Göttingen, 1994, S. 240

1341 Bunz-Schlosser, G.: Katathymes Bilderleben, in: Schwertfeger, B./Koch, K.: Der Therapieführer. München, 1989 (3. Auflage) S. 61

1342 Chiba, R.: Praktische Anwendungen neuer KB-Motive in der Kinder- und Jugendpsychotherapie, in: Gerber, G./Sedlak, F.: Katathymes Bilderleben innovativ: Motive und Methoden. München, 1994, S. 116

1343 vgl. Federspiel, K./Lackinger-Karger, I.: Kursbuch Seele. Köln, 1996, S. 416

1344 vgl. ebenda

1345 Hoffman, B.: Entfaltung der Liebe: Die Überwindung von Rebellion, Scham, Schuld und Selbstbestrafung. Basel, 1992, S. 58f.

1346 vgl. Bauer KG: Prana-Katalog (Werbematerial). Freiburg, 1/2000, S. 54f.

1347 vgl. Halbig, K. et al.: Chakra Breathing (CD). Burgrain, 1999

1348 Venediger, B.: Einweihung in die esoterischen Lehren. Freiburg, 1994, S. 75f.

1349 Zentrum für Individual- und Sozialtherapie (Programmtext). Penzberg, 1993, S. 22

1350 Joschko, B.: Synergetik-Therapie, in: Böning, R./Neuwald, B. (Hrsg.): Handbuch für Ganzheitliche Therapie und Lebenshilfe. Gschwend, 1999, S. 558

1351 Joschko, B.: Synergetik-Therapie, in: http://www.pulsar.at/Refer.html (9.3.2000)

1352 Synergetisches Therapiezentrum (Werbetext), in: Böning, R./Neuwald, B. (Hrsg.): Handbuch für Ganzheitliche Therapie und Lebenshilfe. Gschwend, 1999, S. 164

1353 Joschko, B.: Synergetik-Therapie, in: Böning, R./Neuwald, B. (Hrsg.): Handbuch für Ganzheitliche Therapie und Lebenshilfe. Gschwend, 1999, S. 558f.

1354 Joschko, B.: Synergetik-Therapie, in: http://www.pulsar.at/Refer.html (9.3.2000)

1355 Synergetisches Therapiezentrum (Werbetext), in: Böning, R./Neuwald, B. (Hrsg.): Handbuch für Ganzheitliche Therapie und Lebenshilfe. Gschwend, 1999, S. 164

1356 vgl. Diamond, J.: Your Body Doesn't Lie: Behavioral Kinesiology. New York, 1980

1357 Münchner Institut für Angewandte Kinesiologie MIAK (Programm), 1991/92, S. 5

1358 Lubecki, J.: Heile dich selbst mit dem Muskeltest: Einstieg in die Kinesiologie. München, 1995, S. 171

1359 vgl. Dennison, P.: Befreite Bahnen. Freiburg, 1994 (10. Auflage), S. 83f.

1360 vgl. AG Autismus/Alternativ-Therapien (kritisches Info-Papier zu Edu-Kinestetik). Biberach, 10/1995

1361 Praxis für Pädagogik und Kinesiologie (Werbeannonce), in: BISS, 3/2000

1362 Institut für Angewandte Kinesiologie (Merkblatt für Schüler). Freiburg, o.J., zit. in: AG Autismus/ Alternativ-Therapien (kritisches Info-Papier zu Edu-Kinestetik). Biberach, 10/1995, S. 5

1363 Walbiner, W.: Edukinesiologie: Ein neuer Heilsweg in der Pädagogik? (Arbeitsbericht Nr. 290 des Staatsinstitutes für Schulpädagogik und Bildungsforschung) München, 1997, S. 56f.

1364 vgl. LRS: Zeitschrift des Bundesverbandes Legasthenie, 2/1996

1365 Meidinger, H.: Kinesiologie: eine neue Therapieform in der Schule? in: Bayerische Schule, 9/1999, S. 321f.

1366 zit. in: Goldmann, A.: Forscher gegen Esoterik auf der Schulbank, in: Süddeutsche Zeitung vom 27.10.1997

1367 vgl. Schesser, J.: Kein Allheilmittel - eine Hilfestellung: Mit Kinesiologie die Balance zwischen Körper, Geist und Seele halten (Diskussion mit Lernberaterin B. Adorno und Schulrat P. Krell), in: Süddeutsche Zeitung EBE vom 16.9.1999, S. 2

1368 zit. in: Zangerle, H.: Mythos Legasthenie: Ein kindliches Lernproblem am esoterischen Supermarkt, in: Intra, 41, Herbst 1999, S. 37

1369 Zangerle, H.: Mythos Legasthenie: Ein kindliches Lernproblem am esoterischen Supermarkt, in: Intra, 41, Herbst 1999, S. 34f.

1370 Praxis für Sprachtherapie und Psychotherapie. Starnberg bei München. http://www.praxis-meininger.de (21.3.2000)

1371 Münchner Institut für Angewandte Kinesiologie MIAK (Programm), 1991/92, S. 27f.

1372 ebenda

1373 Ulrike Ahnert-Heilpraktikerschule (Programm). Düsseldorf, 2000, S. 30

1374 Stiftung Warentest (Hrsg.): Die Andere Medizin. Berlin, 1991, S. 265

1375 ebenda

1376 vgl. Tomatis, A.: Der Klang des Lebens: Vorgeburtliche Kommunikation - die Anfänge der seelischen Entwicklung. Reinbek, 1987

1377 Ginsky, D.: Klang des Lebens (Informationblatt). München, o.J.

1378 vgl. LRS: Zeitschrift des Bundesverbandes Legasthenie, 1/1996

1379 zit. in: http://www.mediatech.de/info/index.htm (11.12.1999)

1380 Bittrich, D.: Heilen durch Hören, in: Für Sie, 21/1993, zit. in: Rundschreiben des Bundesverbandes Legasthenie, 12/1999, S. 6

1381 vgl. Förster, J.: Wenn das Gehör aus dem Takt kommt, in: Die Zeit vom 19.2.1998

1382 vgl. Zangerle, H.: Mythos Legasthenie: Ein kindliches Lernproblem am esoterischen Supermarkt, in: Intra, 41, Herbst 1999, S. 38

1383 Matussek, C. (Werbeannonce), in: LebensArt, 3/1999, S. 31

1384 vgl. Graf, C.: Leben mit dem Mond. München, 1995

1385 vgl. Thun, M./Heinze, H.: Mondrhythmen im siderischen Umlauf und Pflanzenwachstum. Forschungsring für Biologisch-Dynamische Wirtschaftsweise. Dornach, 1979

1386 Steiner, R.: Geistige Zusammenhänge in der Gestaltung des menschlichen Organismus. Dornach, 1976, S. 121

1387 Paungger, J./Poppe, T.: Vom richtigen Zeitpunkt: Die Anwendung des Mondkalenders im täglichen Leben. München, 1991 (Anfang 1999 war bereits die 33. Auflage erreicht.)

1388 vgl. So ein Schmarrn, in: Der Spiegel, 1/1997, S. 150f. (Paungger/Poppe halten ihre „Mondkunde" keineswegs für Esoterik, vielmehr für empirisch abgesicherte Naturwissenschaft.)

1389 vgl. Paungger, J./Poppe, T.: Vom richtigen Zeitpunkt: Die Anwendung des Mondkalenders im täglichen Leben. München, 1991, S. 90f.

1390 vgl. Linditsch, J.: Mond ABC: Tips und Tricks für den Alltag. München, 1996, S. 105

1391 ebenda

1392 vgl. Paungger, J./Poppe, T.: Vom richtigen Zeitpunkt: Die Anwendung des Mondkalenders im täglichen Leben. München, 1991, S. 14

1393 vgl. Harder, B.: Die übersinnlichen Phänomene im Test. Augsburg, 1996, S. 11f.

1394 Paungger, J./Poppe, T.: Vom richtigen Zeitpunkt: Die Anwendung des Mondkalenders im täglichen Leben. München, 1991, S. 215

1395 z.B. Paungger, J./Poppe, T.: Aus eigener Kraft: Gesundsein und Gesundwerden in Harmonie mit Natur- und Mondrhythmen. München, 1993 (13. Auflage)

1396 vgl. Linditsch, J.: Mond ABC: Tips und Tricks für den Alltag. München, 1996

1397 zit. in: Kohlrusch, E.: Im Bann des Mondes, in: Focus, 21/1995, S. 190

1398 vgl. Rotton, J./Kelly, I.: Much Ado About the Full Moon: A Meta-Analysis of Lunar Lunacy Research, in: Psychological Bulletin 97, 1985, zit. in: Wunder, E.: Geburtshelfer Mond? Zum paranormalen Überzeugungssystem des Lunatismus und seiner empirischen Überprüfung (Teil 1), in: Skeptiker, 1/1995, S. 7

1399 vgl. Hosemann, H.: Unterliegt der Menstruationszyklus der Frau und die tägliche Geburtenzahl solaren und lunaren Einflüssen? in: Deutsche medizinische Wochenschrift, 75/1950, zit. in: Wunder, E.: Geburtshelfer Mond? Zum paranormalen Überzeugungssystem des Lunatismus und seiner empirischen Überprüfung (Teil 1), in: Skeptiker, 1/1995, S. 11

1400 vgl. Martens et al.: Lunar Phase and Birthrate: a 50-years critical review, in: Psychological Reports 63/1988, zit. in: Wunder, E.: Geburtshelfer Mond? Zum paranormalen Überzeugungssystem des Lunatismus und seiner empirischen Überprüfung (Teil 1), in: Skeptiker, 1/1995, S. 12

1401 vgl. Wunder, E.: Geburtshelfer Mond? Zum paranormalen Überzeugungssystem des Lunatismus und seiner empirischen Überprüfung (Teil 2), in: Skeptiker, 2/1995, S. 51f.

1402 vgl. Keine Angst vor Operationen bei Vollmond, in: Ärztezeitung vom 9.4.1999

1403 vgl. Just, G.: Mond-Buch für Fitness, Schönheit & Gesundheit. München, 2000 (die Bezeichnung des Mondes als „magischer Planet" enstammt einer Werbeseite für das Just-Buch in: tz München vom 1./2.4.2000, S. 13)

1404 vgl. Graf, C.: Leben mit dem Mond. München, 1995

1405 Wunder, E.: Geburtshelfer Mond? Zum paranormalen Überzeugungssystem des Lunatismus und seiner empirischen Überprüfung (Teil 2), in: Skeptiker, 2/1995, S. 52

1406 Bild-Zeitung vom 2.9.1993

1407 vgl. Kohlrusch, E.: Im Bann des Mondes, in: Focus, 21/1995, S. 196

1408 vgl. Benski, C.: A Pedagogical Project of Paranormal Research in an Engeneering School, in: Skeptische Notities. Amsterdam 8/1992, zit. in: Wunder, E.: Geburtshelfer Mond? Zum paranormalen Überzeugungssystem des Lunatismus und seiner empirischen Überprüfung (Teil 2), in: Skeptiker, 2/1995, S. 56

1409 vgl. Gray, M.: Roter Mond: Von der Kraft des weiblichen Zyklus. München, 1996

1410 vgl. Francia, L.: Mond, Tanz, Magie. München, 1993

1411 vgl. Hosemann, H.: Unterliegt der Menstruationszyklus der Frau und die tägliche Geburtenzahl solaren und lunaren Einflüssen? in: Deutsche medizinische Wochenschrift, 75/1950, zit. in: Wunder, E.: Geburtshelfer Mond? Zum paranormalen Überzeugungssystem des Lunatismus und seiner empirischen Überprüfung (Teil 1), in: Skeptiker, 1/1995, S. 11

1412 vgl. Dethlefsen, T.: Das Leben nach dem Leben: Gespräche mit Wiedergeborenen. München, 1974 (4. Auflage) S. 130f.

1413 vgl. Wild, E./Wild, R.: Der Mond weiß es. Stockdorf, 1997

1414 Troubadour Märchenzentrum (Werbematerial). Vlotho, o.J.

1415 vgl. http://maerchenzeitschrift.de/Therapie/therapie.html (16.1.2000)

1416 Andersen, H.-C.: Die roten Schuhe, in: ders.: Die schönsten Märchen. Gütersloh, 1959

1417 vgl.: Gebrüder Grimm: Die schönsten Märchen. Gütersloh, 1990

1418 vgl. Bettelheim, B.: Kinder brauchen Märchen. München, 1983

1419 vgl. Ditfurth, J.: Entspannt in die Barbarei: Esoterik, (Öko-)Faschismus und Biozentrismus. Hamburg, 1996, S. 30f.

1420 vgl. ebenda, S. 29

1421 vgl. ebenda

1422 z.B. Europäische Akademie für Psychosoziale Gesundheit und Kreativforschung, Hückeswagen (Auch wenn die Poesietherapie nicht als eigenständiges psychotherapeutisches Verfahren gelten kann, kann ihr doch als Hilfs- oder Ergänzungsverfahren [etwa im Rahmen psychsozialer Betreuungsarbeit] großer Wert zukommen.)

1423 Bollinger, G./Brinkschulte, W.: Märchensekte, in: Fakt. ARD vom 17.5.1999. in: http://www.mdr.de/fakt/archiv/inhalt_170599_3html (11.1.2000)

1424 vgl. ebenda

1425 vgl. Bollinger, G.: Der Verführer, in: Fakt. ARD vom 13.3.2000, in: http://www.mdr.de/fakt/archiv/index_130300_1.html (1.8.2000)

1426 vgl. ebenda

1427 vgl. http://www.fakt -gegen-troubadour.de/FAKT_Troubadour8.html (25.8.2000)

1428 Troubadour Märchenzentrum e.V.: Finde zu Deiner Natur (Werbefaltblatt). Vlotho, 1999

1429 vgl. Bestätigungsschreiben des Landratsamtes Kreis Herfurth vom 14.1.2000 (in Kopie beim Autor)

1430 Troubadour Märchenzentrum e.V.: Die Lebens-Schule (Werbefaltblatt). Vlotho, o.J.

1431 vgl. http://maerchenzeitschrift.de/Spirituelle Begleitung (16.1.2000)

1432 vgl. http://maerchenzeitschrift.de/Therapie/ (16.1.2000)

1433 vgl. ebenda

1434 Dellisch, H.: Das Märchenmotiv im Katathymen Bilderleben, in: Gerber, G./Sedlak, F.: Katathymes Bilderleben innovativ: Motive und Methoden. München, 1994, S. 120f.

1435 Galli-Institut (Programm). Freiburg, 2/1995. Vgl. auch: Galli, J.: Theaterspiel als Selbsterkenntnis, in: Bachmann, A.: Der Neue Therapieführer. München, 1992, S. 183f.

1436 vgl. Huth, A./Huth, W.: Meditation. München, 1988

1437 vgl. Dürckheim, K.: Der Alltag als Übung. Bern, 1970

1438 vgl. Watts, A.: Psychotherapy East & West. New York, 1961

1439 vgl. Kravette, S.: Meditation. München, 1983

1440 vgl. Strebel, A.: Meditation, in: Seifert, T./Waiblinger, A. (Hrsg.): Die 50 wichtigsten Methoden der Psychotherapie, Körpertherapie, Selbsterfahrung und des geistigen Trainings. Stuttgart, 1993, S. 213f.

1441 vgl. White, J. (Ed.): Frontiers of Consciousness. New York, 1975

1442 Vishnu Devananda: Meditation and Mantras. New York, 1981, S. 59 (übersetzt durch den Verfasser)

1443 vgl. Minhoff, C./Lösch, H.: Neureligiöse Bewegungen: Strukturen, Ziele, Wirkungen. München, 1988, S. 32f.

1444 vgl. Carrington, P.: Das große Buch der Meditation. München, 1982

1445 Geistige Schule für inneren Wandel (Werbetext), in: Labyrint, 2/1999, S. 15

1446 vgl. Rajneesh, C.: The Orange Book. Poona (India) 1980, S. 29f. (übersetzt durch den Verfasser)

1447 vgl. Utsch, M.: Wozu meditieren: Anspruch und Wirklichkeit aus psychologischer Sicht, in: Hier & Jetzt, 2/2000, S. 1f.

1448 vgl. Knaur, L.: In den Fängen des Gurus: Gehirnwäsche im Namen Gottes. ARD-Exklusiv vom 18.3.1993

1449 Thakar Singh: Sant Mat: Heimweg der Seele. München, o.J.

1450 vgl. Kohle, H.: Thakar Singh / Holosophische Gesellschaft (früher: Kirpal Ruhani Satsang Society / Lichtheim), in: Beckers, H.-J./Kohle, H.: Kulte, Sekten, Religionen: Von Astrologie bis Zeugen Jehovas. Augsburg, 1994, S. 313f.

1451 vgl. Beckers, H.-J.: Eckankar, in: ders./Kohle, H.: Kulte, Sekten, Religionen: Von Astrologie bis Zeugen Jehovas. Augsburg, 1994, S. 223f.

1452 vgl. Zinz, H.: Die Sant Thakar Singh-Bewegung: Holosophische Gesellschaft Deutschland e.V., in: http://www.ku-eichstaett.de.Organe/Konvent/hzholosp.htm (23.9.1999)

1453 vgl. Sekten: Armee Gottes, in: Der Spiegel, 25/1993, S. 189f.

1454 Der Begriff „Europa-Repräsentant" entstammt einem Beitrag in *Der Spiegel* (25/1993, S. 190), in dem die kriminellen Machenschaften Thakar Singhs dargestellt werden. Rohr bestreitet, jemals irgendeine Funktion bei oder für Thakar Singh und/oder seine Organisation Kirpal Ruhani Satsang innegehabt zu haben; im Gegenteil: er sei 1984 bereits als „whistle blower" (O-Ton Rohr) aufgetreten, nachdem er erkannt habe, daß „finanzielle und moralische Dinge bei Herrn Thakar Singh und in seinem Umfeld nicht stimmten": er habe den Guru höchstpersönlich bei der Staatsanwaltschaft München zur Anzeige gebracht (Schreiben Rohrs an den Pattloch-Verlag vom 19.9.1999). Autor Goldner (bzw. dem Pattloch-Verlag) drohte Rohr rechtliche Schritte an, wenn der Hinweis, er sei „Europa-Repräsentant" Thakar Singhs gewesen (in: Goldner: Psycho. Augsburg, 1997, S. 240), nicht sofort und mit dem Ausdruck des Bedauerns zurückgenommen werde. Selbstredend wurde und wird nichts zurückgenommen: In einer im Original vorliegenden Werbebroschüre Thakar Singhs (Sant Mat: Heimweg der Seele, 1981[?]) ist Rohr als deren Herausgeber aufgeführt; seine (damalige) Privatanschrift und Telephonnummer sind als Adresse des *Kirpal Ruhani Satsang Europa* angegeben. Laut Recherchen des Eichstätter Dipl. Theologen Helmut Zenz sei Rohr von Thakar Singh persönlich in Delhi initiiert und zum „Vorsitzenden des Koordinationskomitees in Europa" bestimmt worden. Vgl. Zenz, H.: Die Sant Thakar Singh-Bewegung: Holosophische Gesellschaft Deutschland e.V., in: http://www.ku.eichstaett.de/Organe/Konvent/hzholosp.htm (23.9.1999)

1455 Rohr, W.: Wege der Seele: Chancen und Grenzen der Esoterik. München, 1995, S. 242

1456 Mithin aufgrund eines kritischen Beitrages des Autors in der lokalen Münchner *Abendzeitung* im Vorfelde der „Friedenskonferenz" geriet diese zum gigantischen Flop: die öffentliche Resonanz auf die einzelnen Veranstaltungen war praktisch gleich null. Vgl. AZ vom 25.10.1999

1457 zit. in: Schreiben der AGPF Bonn vom 19.9.1999

1458 Dürckheim, K.: Zen und Wir. München, 1976, S. 104

1459 vgl. Schoeller, G.: Heilung aus dem Ursprung: Die Initiatische Therapie von Dürckheim-Hippius. München, 1983

1460 vgl. Dürckheim, K.: Zen und Wir. München, 1976, S. 117

1461 vgl. Vetter, M.: Seinserfahrung: Das Buch von der Liebe zum Leben. Freiburg, 1988

1462 Metafor (Werbetext), in: Böning, R./Neuwald, B. (Hrsg.): Handbuch für Ganzheitliche Therapie und Lebenshilfe. Gschwend, 1999, S. 212

1463 Reynolds, D.: Naikan-Therapie, in: Corsini, R. (Hrsg.): Handbuch der Psychotherapie (Band 2). München, 1987, S. 781

1464 vgl. Ritter, D.: Naikan: Heilung durch meditative Innenschau (Vortrag auf dem World Council for Psychotherapy). Wien, 4.7.1996

1465 vgl. Naikido (Programm). Wien, 1996

1466 vgl. Hutchinson, M.: Megabrain: Geist und Maschine. Basel, 1990

1467 vgl. z.B. Schmidt, H.: Nirvana mit Netzanschluß, in: Bild der Wissenschaft, 10/1990, S. 42f.

1468 (Ex-)Open-Mind-Geschäftsführer Wolfgang P. Thempel suchte Anfang 1999 mittels massiver persönlicher Verleumdung, Autor Goldner in Diskredit zu bringen: er mußte seine Anwürfe allerdings sehr schnell und mit dem Ausdruck des Bedauerns zurücknehmen sowie hohe Anwaltsgebühren aus einer strafbewehrten Unterlassungsverfügung tragen.

1469 Primke Dinah (Werbebroschüre). Ketsch/Rhein, o.J.

1470 vgl. Hutchinson, M.: Megabrain: Geist und Maschine. Basel, 1990

1471 Herkert, R.: Mindmaschinen. München, 1989

1472 Gerlach, U./Müller-Sprude, G.: Mind-Machines und kreatives Chaos. Goldbach, 1989

1473 vgl. Berger, L./Pieper, W.: Brain-Tech: Mind Machines und Bewußtsein. Lörbach (E.i.S.), 1989

1474 Bambeck, J./Wolters, A.: Mind-Machines: Wirkungsloses Pulsen im Hinterkopf, in: Psychologie Heute, 11/1990, S. 82f.

1475 Connection-spezial, Nr. 5, 1/1990

1476 Primke Dinah (Werbebroschüre). Ketsch/Rhein, o.J.

1477 Moehr, I.: Channeling mit Mind-Machines, in: Connection-spezial, Nr. 5, 1/1990, S. 62f.

1478 zit. in: Altmann, E.: Mindmaschinen: High-Tech fürs Gehirn, in: DM, 2/1991, S. 55f.

1479 Groß, W.: zit. in: Goldner, C.: Mind-Maschinen, in: Psychologie Heute, 5/1990, S. 13f.

1480 vgl. Goldner, C.: Elektronisches Spielzeug gegen Altersdepression? in: Grauer Panther, 6/1991, S. 27

1481 Dr. Incredible (Pseudonym): Neo-Psychedelic und Neuro-Buddhismus, in: Connection-spezial, Nr. 5, 1/1990, S. 44f.

1482 vgl. Goliath, G. (Pseudonym): Mind-Machines: die Riesenkerle, in: Connection-spezial, Nr. 5, 1/1990, S. 65f.

1483 zit. in: Altmann, E.: Mindmaschinen: High-Tech fürs Gehirn, in: DM, 2/1991, S. 55

1484 Primke Dinah (Werbebroschüre). Ketsch/Rhein, o.J.

1485 vgl. Hutchinson, M.: One Man, One Float, in: Esquire (USA), 11/1984, S. 29f.

1486 Possnig, G.: Elektrostimulation zur Depressionsbehandlung, in: Connection-spezial, Nr. 5, 1/1990, S. 34f.

1487 vgl. Patterson, M.: Der sanfte Entzug. Stuttgart, 1988

1488 vgl. Berryfields, S.: Equinox: Good Vibes aus Liverpool, in: Connection-spezial, Nr. 5, 1/1990, S. 74f.

1489 vgl. Oepen, I. (Hrsg.): An den Grenzen der Schulmedizin: Eine Analyse umstrittener Methoden. Köln-Lövenich, 1985, S. 36f.

1490 SEB (Werbeanzeige), in: Esotera, 6/1990, S. 76

1491 Bauer KG: Prana-Katalog (Werbematerial). Freiburg, 2/2000, S. 43

1492 vgl. Der Spiegel, 37/1997, S. 121

1493 vgl. Oepen, I. et al. (Hrsg.): Lexikon der Parawissenschaften: Astrologie, Esoterik, Okkultismus, Paramedizin, Parapsychologie kritisch betrachtet. Münster, 1999, S. 168f.

1494 vgl. Minhoff, C./Lösch, H.: Die Scientology-'Kirche', in: dies.: Neureligiöse Bewegungen. München, 1988, S. 112f.

1495 zit. in: ebenda, S. 152

1496 vgl. Carroll, R.: Phänomenal: Dianetik, in: http://www.morgenwelt.de/wissenschaft/000605-skeptics-dianetics.htm (1.8.2000)

1497 vgl. Grawe, G. et al.: Psychotherapie im Wandel: Von der Konfession zur Profession. Göttingen, 1994, S. 345f.

1498 http://www.dieakademie.com/erfolg.shtml (6.4.2000)

1499 vgl. Bertschi, H.: Pack die Seele in den Tank, in: Esotera, 3/1997, S. 89

1500 vgl. Lilly, J.: The Centre of the Cyclone. New York, 1972

1501 vgl. Lilly, J.: The Mind of the Dolphin. New York, 1967

1502 vgl. Der Spiegel, 52/1994, S. 87

1503 zit. in: Hövel, J.: Tiefe Ruhe 'tanken', in: Esotera, 3/1997, S. 89

1504 Waterworld (Werbetext). Diessen, 1997

1505 vgl. Pearson, D./Shaw, S.: Life Extension. New York, 1982

1506 vgl. Goldner, C.: Erleuchtung aus der Dose: Designer-Brain-Food, in: Dr.Mabuse, 71, 4/1991, S. 17

1507 Primke Dinah (Werbebroschüre). Ketsch/Rhein, o.J.

1508 Mohr, B. Atomphysiker Merkl destilliert Sonnenstrahlen (Werbetext), in: Mensch & Sein, 6/1999, S. 2

1509 vgl. http://www.pyramide.at/lotusblume/lebenskristalle.html (27.4.2000)

1510 Mensch & Sein 6/1999, S. 50

1511 Lahn-Apotheke (Presseerklärung) vom 29.6.1995

1512 vgl. Süddeutsche Zeitung vom 26./27.4.1997 (Der Bayerische Verwaltungsgerichtshof hob das vom Verwaltungsgericht bestätigte Vertriebsverbot der Regierung von Oberbayern wieder auf: HAIfit dürfe bundesweit vertrieben werden, da es sich „eindeutig um ein Lebensmittel und nicht um ein Arzneimittel" handle. Vgl. Oepen, I./Sarma, A. [Hrsg.]: Paramedizin: Analysen und Kommentare. Münster, 1998, S. 225)

1513 vgl. Die Kraft der Kerne, in: Esotera, 6/1997, S. 34f.

1514 Weber Bio-Energie-Systeme (Werbetext), in: LebensArt, 3/1999, S. 23

1515 INVE Ganzheitliche Schwingungstechnik (Werbematerial). Reindlmühl (A), o.J.

1516 Die Rede ist hier nicht von Geräten zur physikalischen Wasserbehandlung, wie sie zum Schutz gegen Verkalkung bzw. Korrosion im häuslichen Sanitärbereich eingesetzt werden. Allerdings ist auch die behauptete Wirkung dieser Geräte sehr zweifelhaft. Vgl. Richter, H.: Physikalische Wasserbehandlung: Eine Bestandsaufnahme, in: Skeptiker, 2/1997, S. 44f.

1517 vgl. aldat.de/levita/wasist.htm (25.4.2000)

1518 zit. in: Müller, M.: Trinkwasser: Viel heiße Luft ums kühle Naß, in: Beobachter, 23/1999, in: http://www.beobachter.ch/aktuell/artikel99/23.99_wasser.html (25.4.2000)

1519 Aquaedukt/Andromeda (Werbematerial). Andechs, o.J.

1520 vgl. Thomas, C.: Urin: Ein ganz besonderer Saft. München, 1992; Höting, H.: Lebenssaft Urin. München, 1994

1521 Naturarzt, 3/1995, S. 5, zit. in: E.U.L.E.n-Spiegel, 2/1995, in: http://www-promotion.com/user/eulenspiegel/spiegel/alt/95a20106/art4.html (4.4.2000)

1522 vgl. Arznei-Telegramm 6/1996, S. 61, zit. in: Skeptiker, 3/1997, S. 110

1523 Hobert, I.: Das Handbuch der natürlichen Medizin. Kreuzlingen, 1997, S. 175f.

1524 Pulsar: Zeitschrift für aktives Bewußtsein, Altes Wissen und Neue Wege. 1/1999, zit. in: Awadalla, E. Kraftorte-Geldquellen: Österreichischer Sekten- & Esoterikatlas. Wien, 2000, S. 166

1525 vgl. Arndt, U.: Anti-Aging: Die Energie ewiger Jugend, in: Esotera, 1/2000, S. 10f. (Die [paraphrasierte] Übungsabfolge entstammt diesem Artikel.)

1526 vgl. ebenda

1527 vgl. http://ipn.at (26.4.2000)

1528 Arndt, U.: Anti-Aging:Die Energie ewiger Jugend, in: Esotera, 1/2000, S. 10

1529 vgl. Bandler, R./Grinder, J.: The Structure of Magic. Palo Alto (USA), 1975

1530 vgl. Lankton, S.: Practical Magic: A Translation of Basic Neuro-Linguistic Programming into Clinical Psychotherapy. Cupertino (USA), 1980

1531 NLP & More (Programm). Düsseldorf, 1994

1532 vgl. N.N.: Sorge dich nicht! Werde reich! Die Lehren und Tricks der Psycho-Trainer, in: Focus, 5/2000 vom 31.1.2000

1533 Jelem, H./Schütz, P.: Neuro-Linguistische Psychotherapie (NLPt), in: http://www.nlpzentrum.at/artikel.htm (14.12.1999)

1534 vgl. Zangerle, H.: Mythos Legasthenie: Ein kindliches Lernproblem am esoterischen Supermarkt, in: Intra, 41, Herbst 1999, S. 38

1535 Staatsanwaltschaft LG Frankfurt am Main, Abt. XIX, Az.: 65 Js 34200.0/96

1536 Luczyn, D.: Ärger mit dem Staatsanwalt, in: MultiMind, 2/98, S. 47f. (Die Herausgeber von *MultiMind* distanzierten sich von den Ausfällen Luczyns gegen Goldner.)

1537 Wippich, J./Derra-Wippich, I.: Lachen lernen: Einführung in die Provokative Therapie Frank Farrellys. Paderborn, 1996

1538 vgl. Oschmann, S./Höfner, E./Schachtner, H.-U.: 'Provokative Therapie ist psychologisches Judo' (Interview mit Frank Farelly), in: Psychologie Heute, 12/1990, S. 46f.

1539 Farelly, F./Brandsma, J.: Provocative Therapy. Cupertino (USA) 1989 (7. Auflage) (freie Übersetzung durch den Verfasser)

1540 Oschmann, S./Höfner, E./Schachtner, H.-U.: 'Provokative Therapie ist psychologisches Judo' (Interview mit Frank Farelly), in: Psychologie Heute, 12/1990, S. 46f.
1541 Schneider, W.: Unterschwellig vulgär (Leserbrief), in: Psychologie Heute, 3/1991, S. 6
1542 Melanek, A. (Leserbrief), in: Psychologie Heute, 4/1991, S. 7
1543 Höfner, E./Schachtner, H.-U.: Kleingeister? (Leserbrief), in: Psychologie Heute, 6/1991, S. 7
1544 Clown-Impuls. Wiesbaden, o.J.
1545 Niemeyer, A.: Lachen als Therapie: Heilen mit Humor, in: Esotera, 5/2000
1546 vgl. Osho Dynamic Project (Hrsg.): Osho Meditation: Die Tür nach innen. München, o.J., S. 32f.
1547 vgl. Stone, R.: Polaritätstherapie. München, 1989
1548 vgl. Teschler, W.: Das Polarity Handbuch. Haldenwang, 1984, S. 116f.
1549 vgl. Nielsen, G./Polansky, J.: Menschliche Heilkreise, in: dies.: Die Magie des Pendels. München, 1978, S. 115f.
1550 vgl. ebenda, S. 96f.
1551 Teschler, W.: Das Polarity Fußbuch. Haldenwang, 1985, S. 63
1552 Teschler, W.: Mehr Energie durch Polaritätsmassage. München, 1999, S. 144f.
1553 vgl. Federspiel, K./Lackinger-Karger, I.: Kursbuch Seele. Köln, 1996, S. 511
1554 BioTec-Produkte (Werbebroschüre 1). Eggenfelden, o.J.
1555 vgl. Neffe, F.-J.: Der Meister des Unbewußten, in: Esotera, 6/1995
1556 vgl. Tönnies, S.: Positives denken: Wo bleibt das Negative? in: Psychologie Heute, 11/1988, S. 22
1557 vgl. Kohle, H.: Positives Denken, in: Becker, H.-J./Kohle, H. (Hrsg.): Kulte, Sekten, Religionen: Von Astrologie bis Zeugen Jehovas. Augsburg, 1994, S. 94
1558 Coué, E.: Was ich sage. Basel, 1980 (6. Auflage), zit. in: Tönnies, S.: Positives denken: Wo bleibt das Negative? in: Psychologie Heute, 11/1988, S. 22
1559 Freitag, E.: Hilfe aus dem Unbewußten. München, 1987 (3. Auflage), S. 204f.
1560 Murphy, J.: Der Weg zu innerem und äußerem Reichtum. München, 1985, S. 202
1561 Freitag, E./Zacharias, C.: Die Macht Ihrer Gedanken. München, 1987 (3. Auflage), S. 146f.
1562 vgl. Kirschner, T.: Positiv denken - kräftig zahlen, in: Psychologie Heute, 11/1988, S. 33f.
1563 z.B. Helmstetter, S.: Anleitung zum Positiven Denken. Mannheim, 1992
1564 Sanftes Erwachen: Im Einklang mit der Traumwelt, in: Pranahaus (Katalog). Freiburg, 10/1999
1565 Trance-Audio-Vertrieb (Werbebroschüre). München, o.J.
1566 Potential Unlimited. Triesen, o.J.
1567 vgl. z.B. Hay, L.: Heile deinen Körper. Freiburg, 1998
1568 vgl. Meichenbaum, D.: Kognitive Verhaltensmodifikation. München, 1977
1569 vgl. Federspiel, K./Lackinger-Karger, I.: Kursbuch Seele. Köln, 1996, S. 500f.
1570 zit. in: Kirschner, T.: Positiv denken - kräftig zahlen, in: Psychologie Heute, 11/1988, S. 36
1571 vgl. Goldner, C.: Subliminal-Kassetten: Unterschwelliger Betrug? in: Psychologie Heute, 8/1989, S. 40f.
1572 zit. in: Schweidlenka, R.: Altes blüht aus den Ruinen: New Age und Neues Bewußtsein. Wien, 1989, S. 129
1573 Bläsius, W.: Die 5 Säulen der Gesundheit. Görwihl (CH), o.J.
1574 WWW (Werbeannonce), in: LebensArt, 2/1997
1575 Was ich mir wünsche: Das Wunscherfüllungsbuch. Lathen/Ems, 1999
1576 Scheich, G.: Positives Denken macht krank: Vom Schwindel mit gefährlichen Erfolgsversprechen. Frankfurt/Main, 1997, S. 186f.
1577 Ament, H.: Erfolg durch geheimes Wissen (Werbebroschüre). Couvet (CH), 1994 (4. Auflage)
1578 vgl. Egli, R.: Das LOL^{2}A-Prinzip: Die Vollkommenheit der Welt. Oetwil a.d.L. (CH), 1999 (19. Auflage), S. 148
1579 vgl. Peseschkian, N.: Positive Psychotherapie. Frankfurt/Main, 1977
1580 Positive Psychotherapie wurde u.a. vom Psychotherapie-Gutachterausschuß der Landesärztekammer Hessen als tiefenpsychologische Behandlungsmethode anerkannt (Bescheid vom 23.7.1996).
1581 vgl. Ellis, A.: Training der Gefühle. München, 1990

1582 Lejeune, E.: Jeder kann es schaffen, in: Abendzeitung München vom 3./4.2.2000 (Anfang 2000 schaltete Lejeune eine 12-teilige je ganzseitige „Motivationsserie" im auflagenstärksten Boulevardblatt Süddeutschlands, dem die angeführten Zitate entnommen sind.)

1583 Scheich, G.: Positives Denken macht krank: Vom Schwindel mit gefährlichen Erfolgsversprechen. Frankfurt/Main, 1997, S. 94f.

1584 zit. in: Strasser, J.: Pfeifen im Wald, in: Abendzeitung München vom 19./20.2.2000, S. 3

1585 z.B. Mahs, M.: Ist der Therapeut ein Scharlatan? in: Emma, 9/1989

1586 vgl. Gelos, O.: Seelsorge heute: Der Fall des Erhard F. Freitag, in: Münchner Freisinn, 12/1989

1587 zit. in: ebenda

1588 vgl. ebenda

1589 z.B. 7-teilige Serie: „Glücklich, Erfolgreich, Gesund", in: frau aktuell, Nr. 19-26, 5,6/1988

1590 Freitag, E./Zacharias, C.: Die Macht Ihrer Gedanken. München, 1987 (3. Auflage), S. 151

1591 Freitag, E.: Hilfe aus dem Unbewußten. München, 1986, S. 198

1592 LG München I Az.: 12 0 314/89

1593 Freitag, E.: Kraftzentrale Unterbewußtsein. München, 1987 (12. Auflage) S. 141

1594 Murphy, J.: Der Weg zu innerem und äußerem Reichtum. München, 1985, S. 171

1595 OLG München Az.: 18 U 3394/89

1596 vgl. z.B. Heyne, C.: Tatort Couch. Stuttgart, 1991

1597 vgl. Therapie & Sex: Mißbrauch auf der Couch, in: Der Spiegel, 35/1993, S. 198f.

1598 vgl. Neumann, E.: Positivdenker log vor Gericht: bestraft, in: Abendzeitung München vom 28.11.1989

1599 Begriff von Heiko Ernst, Chefredakteur der Fachzeitschrift Psychologie Heute, in: 11/1989, Editorial

1600 Wiegel, S.: Das Handbuch der Kahuna-Medizin: Heilkunde und Naturheilmittel aus Hawaii. Kreuzlingen, 1996, S. 236

1601 Deva Foundation (Werbebroschüre). New Mexico, o.J.

1602 Zentrum für Naturheilkunde (Programmbroschüre). München, 1994/95

1603 Kaestele, G.: Umarme deine Angst. Freiburg, 1993 (3. Auflage), S. 175

1604 ebenda, S. 119f.

1605 Werbeanzeige, in: Die Kunst zu leben, 1/1997

1606 Werbeanzeige, in: Die Kunst zu leben, 1/1997

1607 Die Alte Mühle (Werbeprospekt). Neufahrn, o.J.

1608 z.B. Esoterik-Kongreß „Leben nach dem Tod". Düsseldorf, 5/1992

1609 vgl. Arbeitskreis Humanistische Psychologie e.V.: Tantrischer Schmarren: Die verkappten Pornostreifen des Moritz Boerner. München, 1990 (unveröffentlichtes Manuskript [beim Verfasser])

1610 z.B. Esotera, 11/1989

1611 zit. in: Abendzeitung München vom 5.4.1990

1612 Petzold, W.: Porno-Regisseur macht sich jetzt an Kinder ran, in: Abendzeitung München vom 5.4.1990

1613 zit. in: ebenda

1614 Boerner, M./Shantiprem: Magicworks: Wege zur Mitte. Freiburg, 1995

1615 vgl. http://www.moritzboerner.de/Biografie/biografie.html (1.2.2000). (Boerners Autobiographie im Internet mit detaillierter Auflistung all seiner Fähigkeiten und Meriten [einschließlich derer auf sexuellem Gebiete] stellt eine der szeneüblichen Megapeinlichkeiten dar.)

1616 Freitag, G.: Werbebroschüre für Selbsterfahrungsseminar, 10/1988

1617 Edition Kraftpunkt (Werbebroschüre). Augsburg, o.J.

1618 vgl. Loibl, J.: Psychotherapie auf Abwegen, in: Münchner Stadtzeitung, 10/1989, S. 18f.

1619 Werbung in Esotera, 1/1989

1620 PAPB (Ausbildungsprogramm). Ruhstorf, o.J.

1621 Werbung in: Esotera, 1/1989

1622 Bayer, G./Deuter, C.: In Trance: Heilung des Bewußtseins. Freiburg, 1994

1623 Werbung in: Esotera, 3/1989

1624 vgl. Neumann, W.: Münchens Glücks-Prophet floh todkrank auf Sonneninsel, in: Abendzeitung München vom 21.10.1989

1625 Wrage-Seminare (Werbeanzeige), in: Esotera, 2/1990

1626 Freitag, E./Freitag, G.: Sag Ja zu Deinem Leben: Die Praxis des Positiven Denkens. München, 1991 (Die nachfolgenden Zitate entstammen demselben Band.)

1627 Die Besonderen Seminare mit Gudrun und Erhard Freitag (Werbebroschüre). München, 1994

1628 Freitag, E.: Der Rat der Weisen. München, 1994 (Klappentext)

1629 vgl. http://www.efreitag.com/onlshop/index.htm (16.5.2000)

1630 Freitag, E. (Werbeannonce), in: Die Andere Realität, 1.5.2000, S. 8

1631 vgl. Technologie für Hemisphären-Synchronisation Weßbecher-Brand (Werbematerial). Hannover, o.J.

1632 Blue Liners-Institut (Werbebroschüre). München, o.J.

1633 Rarrasch, K. (Werbeanzeige), in: LebensArt, 3/1999, S. 7

1634 vgl. http://www.earthpulse.de (12.4.2000)

1635 vgl. Mehlhorn, L.: Hypno-Synchron-Kassetten (Begleitbroschüre). Freiburg, o.J.

1636 vgl. TNI Deutschland (Werbematerial). Berlin, o.J.

1637 KOHA-Verlag (Werbeanzeige), in: Matrix 3000, 1/1999, S. 67

1638 vgl. http://www.mental-training.de (31.3.2000)

1639 Tepperwein-Kassetten-Seminare (Werbepapier Edition Kraftpunkt) Augsburg, o.J. Vgl. http://www.mic.de/info/873.060.htm (15.8.2000)

1640 Akademie für kreative Persönlichkeitsentfaltung (Seminarprogramm). Triesen, 1994

1641 IBW (Studienführer). Weil am Rhein, 1997

1642 vgl. Rummenigge, M.: Profi. Berlin, 1987, S. 127f.

1643 vgl. Süddeutsche Zeitung vom 16.9.1992, S. 19

1644 vgl. Goldner, C.: Sport am Scheidewege? in: Ebbert, B./Wittemann, P. (Hrsg.) '...und bist Du nicht willig': Gewalt: Kinder und Jugendliche als Täter und Opfer. Stuttgart, 1994, S. 91f.

1645 Janov, A.: The Primal Scream. 1970, zit. in: Schaef, R. et al.: Primärtherapie, in: Corsini, R. (Hrsg.): Handbuch der Psychotherapie (Band 2). München, 1987, S. 937

1646 vgl. Janov, A.: Der Urschrei. Frankfurt/Main, 1973

1647 Janov, A.: Gefangen im Schmerz. Frankfurt/Main, 1981, S. 199

1648 vgl. Widmer, S.: Die Psycholytische Psychotherapie, in: Bachmann, A.: Der Neue Therapieführer. München, 1992, S. 230f.

1649 vgl. Volz-Ohlemann, G.: Der natürliche und der neurotische Mensch. Frankfurt/Main, 1981

1650 Center Chiemgau (Programm). Chieming, o.J.

1651 vgl. Goldner, C.: Tod beim Urschrei, in: Psychologie Heute, 6/1993, S. 14

1652 Tödliche Familientherapie, in: tz vom 20./21.5.2000, S. 32

1653 vgl. Grof, S.: Topographie des Unbewußten: LSD im Dienst der psychologischen Forschung. Stuttgart, 1985

1654 vgl. Leuner, H.-C.: Halluzinogene: Psychische Grenzzustände in Forschung und Psychotherapie. Bern, 1981

1655 vgl. Widmer, S.: Ins Herz der Dinge lauschen: Vom Erwachen der Liebe: Über MDMA und LSD: Die unerwünschte Psychotherapie. Bern, 1981

1656 Grof, S.: Topographie des Unbewußten: LSD im Dienst der psychologischen Forschung. Stuttgart, 1985, S. 330

1657 Swartley, W.: Die neuen Primärtherapien, in: Hill, A.: (Hrsg.): Illustriertes Handbuch alternativer Heilweisen. Freiburg, 1980, S. 210

1658 Grof, S.: Kosmos und Psyche: An den Grenzen menschlichen Bewußtseins. Frankfurt/Main, 1997, S. 27

1659 ebenda, S. 173

1660 vgl. Siegenthaler, W.: Klinische Pathopsychologie. Stuttgart, 1973

1661 zit. in: Grof, S.: Kosmos und Psyche. An den Grenzen menschlichen Bewußtseins. Frankfurt/Main, 1997, S. 54f.

1662 Grof, S.: Kosmos und Psyche: An den Grenzen menschlichen Bewußtseins. Frankfurt/Main, 1997

1663 vgl. Bragdon, E.: The Call of Spiritual Emergency: From Personal Crisis to Personal Transformation. San Francisco, 1990

1664 vgl. Kaam, A.: Transzendenztherapie, in: Corsini, R. (Hrsg.): Handbuch der Psychotherapie (Band 2) München, 1987, S. 1357f.

1665 Spiritual Help Service (Werbematerial). Hennef, o.J.

1666 vgl. www.deignis.de (12.9.2000)

1667 Zundel, E.: Therapie und Spiritualität, in: Böning, R./Neuwald, B. (Hrsg.): Handbuch für Ganzheitliche Therapie und Lebenshilfe. Gschwend, 1999, S. 11f.

1668 Schule für Transpersonale Psychologie und Psychotherapie (Curriculum). Freiburg, o.J.

1669 vgl. Farkas, B.: Angewandte Radiästhesie: Pendel und Wünschelrute in der Praxis. Freiburg, 1990

1670 vgl. Nielsen, G./Polansky, J.: Menschliche Heilkreise, in: dies.: Die Magie des Pendels. München, 1978, S. 11

1671 vgl. Tansley, D.: Medizinische Radiästhesie, in: Hill, A.: (Hrsg.): Illustriertes Handbuch alternativer Heilweisen. Freiburg, 1980, S. 164f.

1672 vgl. Nielsen, G./Polansky, J.: Menschliche Heilkreise, in: dies.: Die Magie des Pendels. München, 1978, S. 11f.

1673 vgl. Tansley, D.: Medizinische Radiästhesie, in: Hill, A.: (Hrsg.): Illustriertes Handbuch alternativer Heilweisen. Freiburg, 1980, S. 165

1674 vgl. Bock, W.: Astrologie und Aufklärung: Über modernen Aberglauben. Stuttgart, 1995, S. 316

1675 Nielsen, G./Polansky, J.: Menschliche Heilkreise, in: dies.: Die Magie des Pendels. München, 1978, S. 7

1676 vgl. ebenda, S. 97f.

1677 vgl. Tansley, D.: Medizinische Radiästhesie, in: Hill, A.: (Hrsg.): Illustriertes Handbuch alternativer Heilweisen. Freiburg, 1980, S. 163

1678 vgl. Lonegreen, S.: Das Buch zum Pendelset. München, 1996 (6. Auflage)

1679 vgl. Nielsen, G./Polansky, J.: Menschliche Heilkreise, in: dies.: Die Magie des Pendels. München, 1978, S. 52f.

1680 ebenda, S. 135

1681 vgl. Skeptiker, 1/1995, S. 29f.

1682 vgl. Goldner, C.: In Teufels Küche, in: Tageszeitung vom 7.2.1996 (Stellungnahme des stellvertetenden Bravo-Chefredakteurs Norbert Lalla)

1683 vgl. Skeptiker, 2/1995, S. 68

1684 vgl.: Forum Kritische Psychologie: Geisterbeschwörung. München, 1995 (unveröffentlichtes Manuskript [beim Verfasser])

1685 vgl. Schülertragödie: 'Spitze des Eisbergs', in: FLZ vom 28.11.1992

1686 vgl. Hund, W.: 'Die Geister, die sie riefen...': Okkultismus bei Jugendlichen, in: Skeptiker, 4/1990, S. 7

1687 Micky Maus, Nr. 18, vom 28.4.1994

1688 Ignorante Zauberkünstler, in: Skeptiker, 3/1994, S. 587

1689 Reimann, W.: Das siderische Pendel, in: Prokop, O.: Medizinischer Okkultismus. Jena, 1964, zit. in: Stumpf, H.-G.: Entgeistert: Übersinnliches, Übernatürliches. München, 1991, S. 51

1690 vgl. Hines, T.: Pseudoscience and the Paranormal. Buffalo, 1988, zit. in: Schick, T./Vaughn, L.: How to Think about Weird Things: Critical Thinking for an New Age. Mountain View (USA), 1995, S. 247

1691 vgl. Federspiel, K./Lackinger-Karger, I.: Kursbuch Seele. Köln, 1996, S. 513

1692 Seiler, J.: Mit Wünschelrute und Pendel zu den faszinierendsten Entdeckungen. Frankfurt/Main, 1984 (6. Auflage), zit. in: Elling, P.: Die Kunst des Pendelns: Schicksalsdeutung und Entscheidungshilfe. Rastatt, 1988, S. 102 (Laut Elling basieren Seilers Auslassungen auf der Schrift eines gewissen F. Kallenberg: „Offenbarungen des siderischen Pendels" von 1913.)

1693 vgl. Moll, J.: Wünschelruten und Erdstrahlen, in: Kern, G./Traynor, L. (Hrsg.): Die esoterische Verführung: Angriffe auf Vernunft und Freiheit. Aschaffenburg, 1995, S. 261f.

1694 vgl. Osterhausen, U./Osterhausen, F.: Der Biotensor, in: dies.: Die Heilkraft in Dir: Ein Programm über geistige Heilweisen. München, 1996

1695 vgl. Farkas, B.: Angewandte Radiästhesie: Pendel und Wünschelrute in der Praxis. Freiburg, 1990

1696 Büro für Radiästhetik: Das Geheimnis der Wünschelrute (Werbematerial). Bielefeld, 4/2000

1697 z.B. Edelmann, N.: Untersuchungen zur Wünschelrute in Finnland, in: Skeptiker, 4/1989, S. 9f.

1698 vgl. Schwing, C.: Entmystifizierung, in: Skeptiker, 1/1989, S. 19

1699 vgl. König, R. et al.: Wünschelruten-Test in Kassel, in: Skeptiker, 1/1994, S. 4f.

1700 vgl. Moll, J. et al.: 'Der Wünschelruten-Report': Stellungnahme der 'Gesellschaft zur wissenschaftlichen Untersuchung von Parawissenschaften' (GWUP), in: Skeptiker, 4/1989, S. 11f.

1701 vgl. Der Spiegel, 38/1995, S. 238

1702 vgl. Der Spiegel, 52/1994, S. 78f.

1703 vgl. Löb, H.: Gibt es Erdstrahlen? Kommentar zum 'Wünschelruten-Report' aus physikalischer Sicht, in: Skeptiker, 4/1989, S. 14f.

1704 vgl. Kröling, P.: Krank durch Elektrosmog? Eine Übersicht zur aktuellen Diskussion, in: Shermer, M./Traynor, L.: Heilungsversprechen: Zwischen Versuch und Irrtum. Skeptisches Jahrbuch III. Aschaffenburg, 2000, S. 156f.

1705 vgl. Schwing, C.: Das Geschäft mit der Angst, in: Skeptiker, 1/1989, S. 10f.

1706 vgl. Lovelock, J.: Das Gaia Prinzip. München, 1991

1707 Hagia Chora: Die Beziehung zwischen Mensch und Lebensraum heilen, in: LebensArt, Nr. 3, 8/1996, S. 14f.

1708 Luczyn, D.: Geomantie und Radiästhesie. in: ders.: Esoterik-Führer: Ein aktueller Leitfaden durch das Esoterik-Labyrinth. Niedertaufkirchen, 1993, S. 89f.

1709 Der Grund für die bis heute fortwirkende Konzentration okkulter Gruppierungen in Turin lag darin, daß das piemonteser Herrscherhaus der Savoyer im Bestreben, den Einfluß der katholischen Kirche zu unterwandern, seit je Spiritisten, Mesmeristen, Mormonen und dergleichen, die andernorts in Italien streng verboten waren, in der Hauptstadt des Piemont willkommen geheißen hatte. Vgl. Introvigne, M.: Indagine sul satanismo: Satanisti e anti-satanisti dal Seicento ai nostri giorni. Milan, 1994

1710 vgl. Goldner, C.: Schöne neue Welt: Der norditalienische Psychokult 'Damanhur', in: Berliner Dialog, 1/1998, S. 2f.

1711 Radiästhetische Forschung und Ausbildung Trauß und Walther OEG (Werbematerial). Graz, 1998 (Das Grazer Institut ist identisch mit dem Bielefelder „Büro für Radiästhesie".)

1712 z.B. Sator, G.: Feng Shui: Leben und Wohnen in Harmonie. München, 1996

1713 vgl. Rossbach, S.: Feng Shui: The Chinese Art of Placement. New York, 1983

1714 vgl. Wong, E.: Feng-Shui: Die chinesische Kunst, Lebensräume harmonisch zu gestalten. Berlin, 1997, S. 72f.

1715 vgl. Guiley, R.: Encyclopedia of Mystical & Paranormal Experiences. London, 1991, S. 200f.

1716 vgl. Rossbach, S.: Feng Shui: The Chinese Art of Placement. New York, 1983

1717 Li, P.T./Yeap, H.: Feng shui einfach gemacht. München, 1996, S. 53, zit. in: Aldinger, G.: Feng shui in modernen westlichen Gesellschaften, in: Skeptiker, 4/1998, S. 141

1718 vgl. Wong, E.: Feng-Shui: Die chinesische Kunst, Lebensräume harmonisch zu gestalten. Berlin, 1997, S. 373f.

1719 Munstein, W. (Werbeannonce), in: Grenzenlos, 4/1999, S. 9

1720 vgl. http://www.feng-shui-forum.de (6.4.2000)

1721 Feng-Shui-4-You (Werbetext), in: Böning, R./Neuwald, B. (Hrsg.): Handbuch für Ganzheitliche Therapie und Lebenshilfe. Gschwend, 1999, S. 469

1722 Hoffmann, G.: Feng shui: Entstehung und Entwicklung geomantischer Überzeugungen in China, in: Skeptiker, 4/1998, S. 136f.

1723 zit. in: Gatterburg, A.: Im Bann des Drachen-Atems, in: Der Spiegel, 47/1998, S. 143

1724 z.B. Goldner, C.: Rebirthing: Gefährlicher Weg zurück zur Geburt, in: Psychologie Heute, 7/1990, S. 30f.

1725 LG Wiesbaden Az.: 3 Js 147178/88. Vgl. Skeptiker, 1/1989, S. 26f.

1726 vgl. Strasser, W.: Heilen mit Lebensenergie: Rebirthing - Psychoenergetische Therapie. München, 1989 (4. Auflage)

1727 vgl. Raknes, O.: Wilhelm Reich und die Orgonomie. Frankfurt/Main, 1973

1728 vgl. Lowen, A.: Bioenergetik. München, 1976

1729 vgl. Janov, A.: Urschrei. Frankfurt/Main, 1973

1730 vgl. Orr, L./Ray, S.: Rebirthing in the New Age. Millbrae (USA), 1977

1731 Sikora, D.: Ganzheitliches Bewußtseins-Training (Werbebroschüre). Wiesbaden, o.J.

1732 1. Deutscher Rebirthing-Kongreß (Programm). Osnabrück, 6.-8.10.1989

1733 Orr, L./Ray, S.: Rebirthing in the New Age. Millbrae (USA), 1977, S. 70f.

1734 vgl. ebenda

1735 vgl. ebenda

1736 vgl. ebenda

1737 vgl. Rank, O.: The Trauma of Birth. London, 1929

1738 vgl. Gross, W.: Was erlebt das Kind im Mutterleib? Freiburg, 1982

1739 vgl. Janus, L.: Psychoanalyse der vorgeburtlichen Lebenszeit. Freiburg, 1982

1740 vgl. Petzold, H.: Rebirthing. Düsseldorf, 1989 (unveröffentlichtes Manuskript [beim Verfasser])

1741 vgl. Leboyer, F.: Birth Without Violence. New York, 1979

1742 vgl. Moser, T.: 'Mich will ja keiner', in: Frankfurter Allgemeine Zeitung vom 7.7.1989, S. 154

1743 vgl. Federspiel, K./Lackinger-Karger, I.: Kursbuch Seele. Köln, 1996, S. 513f.

1744 Griebl, G.: Die Schwingen der Freiheit: Rebirthing - die Wiedergeburt der Lebensfreude. München, 1988

1745 Leopold, A.: Rebirthing: Atemtherapie nach L. Orr. Tübingen (E.i.S.), 1989, S. 9

1746 vgl. Janov, A.: Gefangen im Schmerz. Frankfurt/Main, 1981

1747 vgl. Volz-Ohlemann, G.: Der natürliche und der neurotische Mensch. Frankfurt/Main, 1981

1748 vgl. Stellberg, R.: 'Rebirthing ist nicht so sehr eine Methode zur Heilung' (Interview), in: Platta, H.: New Age-Therapien pro und contra. Weinheim, 1994, S. 45f.

1749 vgl. Grof, S.: Geburt, Tod und Transzendenz: Neue Dimensionen in der Psychotherapie. München, 1985

1750 vgl. Siegenthaler, W.: Klinische Pathopsychologie. Stuttgart, 1973

1751 vgl. Petzold, H.: Rebirthing. Düsseldorf, 1989 (unveröffentlichtes Manuskript [beim Verfasser])

1752 Orr, L./Ray, S.: Rebirthing in the New Age. Millbrae (USA), 1977, S. 77

1753 Orr, L./Halbig, K.: Bewußtes Atmen: Rebirthing. München, 1992, S. 50

1754 ebenda

1755 Raab, K.: Die Bedeutung des Hyperventilation-Syndroms im Rebirthing-Atemprozeß, in: Schusser, G. (Hrsg.): Rebirthing: Aspekte einer Metatherapie. Osnabrück, 1991, S. 87f.

1756 vgl. Stellberg, R.: 'Rebirthing ist nicht so sehr eine Methode zur Heilung' (Interview), in: Platta, H.: New Age-Therapien pro und contra. Weinheim, 1994, S. 48

1757 Bericht einer Teilnehmerin auf dem 1. Deutschen Rebirthing-Kongreß. Osnabrück, 6.-8.10.1989 (Gedächtnisprotokoll des Verfassers)

1758 Strasser, W.: Heilen mit Lebensenergie: Rebirthing - Psychoenergetische Therapie. München, 1989 (4. Auflage)

1759 zit. in: Goldner, C.: Rebirthing: Gefährlicher Weg zurück zur Geburt, in: Psychologie Heute, 7/1990, S. 33

1760 vgl. Petzold, H.: Die neuen Körpertherapien. Paderborn, 1977

1761 zit. in: Platta, H.: New-Age-Therapien pro und contra. Weinheim, 1994, S. 222

1762 Stiftung Warentest (Hrsg.): Psychokurse: kein Ersatz für Therapie, in: Test, 9/1991, S. 19

1763 vgl. Griebl, G.: Rebirthing: Bewußtes Atmen. München, o.J.

1764 Leopold, A.: Rebirthing: Atemtherapie nach L. Orr. Tübingen (E.i.S.), 1989, S. 12

1765 ebenda, S. 15

1766 Laut, P./Leonard, J.: Neu geboren werden. München, 1988

1767 Orr-Schülerin Eve Jones, zit. in: Schneider, M.: Esoterik und New Age: Das Zeitalter des Wassermannes. Augsburg, 1995, S. 161f.

1768 vgl. Dansby, B.: Ekstatische Geburt. Aachen (E.i.S.), o.J.

1769 ebenda

1770 vgl. Orr, L.: Die Theorie, in: Orr, L./Halbig, K.: Bewußtes Atmen: Rebirthing. München, 1992, S. 79f.

1771 vgl. Griscom, C.: Meergeboren. München, 1989

1772 Weimer, S.: Unsere Hoffnung sind unsere Kinder, in: Journal für die Frau, Nr. 22, 10/1989

1773 Tischler, R.: Das Meeresbaby der Erleuchteten von Galisteo, in: Glückspost, Nr. 117, 12/1989

1774 vgl. Dudenhausen, J.: Stellungnahme der Deutschen Gesellschaft für Perinatale Medizin. Berlin, 15.1.1992

1775 z.B. Leboyer, F.: Das Fest der Geburt. München, 1982

1776 vgl Odint, M.: Erfahrungen mit sanfter Geburt. München, 1986

1777 zit. in: Sidenblath, E.: Wasserbabies. Essen, 1983

1778 Eldering, G. Chefarzt des Vinzenz-Palotti-Hospitals, Bensberg, in einer Mitteilung vom 21.2.1992

1779 WHO (Hrsg.): Appropriate Technology for Birth. Kopenhagen, 1985

1780 vgl. Federspiel, K./Lackinger-Karger, I.: Kursbuch Seele. Köln, 1996, S. 514

1781 Dansby, B.: Affirmationen für die Schwangerschaft (Kartenset) Aachen (E.i.S.), o.J.

1782 Orr, L./Ray, S.: Rebirthing in the New Age. Millbrae (USA), 1977, S. 99

1783 LG Wiesbaden Az.: 3 Js 147178/88; vgl. Skeptiker, 1/1989, S. 26f.

1784 Griebl, G./Griebl, S.: (Ausbildungsprogramm). München, 1990

1785 Orr, L./Ray, S.: Rebirthing in the New Age. Millbrae (USA), 1977, S. 140

1786 vgl. Stellberg, R.: 'Rebirthing ist nicht so sehr eine Methode zur Heilung' (Interview), in: Platta, H.: New Age-Therapien pro und contra. Weinheim, 1994, S. 45f.

1787 vgl. Rajneesh, C.: Take it Easy. Poona (India), 1979

1788 ebenda

1789 vgl. Minhoff, C./Lösch, H.: Neureligiöse Bewegungen. München, 1988, S. 220f.

1790 vgl. Federspiel, K./Lackinger-Karger, I.: Kursbuch Seele. Köln, 1996, S. 513

1791 vgl. Petzold, H.: Rebirthing. Düsseldorf, 1989 (unveröffentlichtes Manuskript [beim Verfasser])

1792 vgl. 1. Deutscher Rebirthing-Kongreß (Programm). Osnabrück, 6.-8.10.1989

1793 vgl. Schusser, G. (Hrsg.): Rebirthing: Aspekte einer Metatherapie. Osnabrück, 1991

1794 Theta Seminars (Werbebroschüre). München, o.J.

1795 Orr, L./Ray, S.: Rebirthing in the New Age. Millbrae (USA), 1977, S. 65 (übersetzt durch den Verfasser)

1796 ebenda, S. 148

1797 ebenda

1798 The Eternal Flame Foundation (Werbematerial). München, o.J.

1799 vgl. Jacobs, H.-J.: Geld-Guru verführt Gläubige zum Schuldenmachen, in: Abendzeitung München vom 18.9.1990

1800 Griebl, G.: Die Schwingen der Freiheit: Rebirthing - die Wiedergeburt der Lebensfreude. München, 1988

1801 Orr, L./Ray, S.: Rebirthing in the New Age. Millbrae (USA), 1977, S. 153 (übersetzt durch den Verfasser)

1802 Orr, L./Halbig, K.: Bewußtes Atmen: Rebirthing und Reinigung der Energiekörper (Vortrags- und Seminarreihe quer durch die BRD). Frühjahr 1992

1803 vgl. Stadtmagazin München: Betreff: Rebirthing (Leserzuschriften), 5/1990

1804 Orr, L./Halbig, K./Simon, F.: Ende der Sehnsucht. Lachen, 1998

1805 vgl. Neumayer, P./Halbig, K. (Hrsg.): Das Krebshandbuch: Ganzheitliche Therapieansätze von A-Z. Burgrain, 1995 (Sämtliche der vorgestellten Verfahren sind ohne jeden Wirkbeleg bzw. längst als unbrauchbar ausgewiesen; vgl. z.B. Deutsche Krebsgesellschaft [Hrsg.]: Krebsmedikamente mit fraglicher Wirksamkeit, in: Aktuelle Onkologie. Band 49. München, 1989)

1806 vgl. Awadalla, E.: Kraftorte-Geldquellen: Österreichischer Sekten- & Esoterikatlas. Wien, 2000, S. 48f.

1807 Halbigs KOHA-Verlag ist dem esoterischen Michaels-Verlag in Peiting zugehörig, der sich aus zahllosen Kleinsteditionen und -verlagen zusammensetzt (mithin dem Matrix 3000-Verlag, der das gleichnamige Magazin herausbringt).

1808 vgl. Gugenberger, E./Petri, F./Schweidlenka, R.: Weltverschwörungstheorien: Die neue Gefahr von rechts. Wien, 1998, S. 206f.

1809 Griebl, G.: Reich-Sein (Werbebroschüre). München, o.J.

1810 Laut, P.: Money Is My Friend. Cincinatti (USA) 1988

1811 Griebl, G./Griebl, S.: (Ausbildungsprogramm). München, 1990

1812 Zentrum für Ganzheitliche Beziehungen (Werbematerial). Wiesbaden, o.J.

1813 Ritter, H.: Rundschreiben vom 25.5.1982 (Selbstverständlich sind nicht alle auftauchenden Pyramiden- und Kettenspiele der Rebirthing- und/oder Rajneesh-Szene zuzuordnen.)

1814 Entscheidung des Bundesgerichtshofes Az.: 5 StR 223/97 vom 22.10.1997

1815 Endbericht der Enquete-Kommission 'Sogenannte Sekten und Psychogruppen'. Deutscher Bundestag: 13. Wahlperiode. Drucksache 13/10950 vom 9.6.1998. vgl. http://home.t-online.de/home/AGPF.Bonn/schnee1.htm

1816 Osho Tao Zentrum (Programm). München, 1996/97

1817 Etora Zentrum (Programm). Lanzarote, 1994/95

1818 Apfeldorfer Seminare (Werbeanzeige), in: Die Kunst zu leben, 1/1997

1819 vgl. Frischknecht, M.: Hungerkünstler, in: Spuren, Nr. 47, Frühling 1998, in: http://www.spuren.ch/47Jasmuheen.html (3.1.2000)

1820 Mitteilung der VHS Salzburg vom 1.2.1993

1821 vgl. Middendorf, I.: Der erfahrbare Atem. Paderborn, 1984

1822 Kessler, H.: (Werbetext), in: Böning, R./Neuwald, B. (Hrsg.): Handbuch für Ganzheitliche Therapie und Lebenshilfe. Gschwend, 1999, S. 215

1823 Integra-Bildungszentrum (Werbeannonce), in: Böning, R./Neuwald, B. (Hrsg.): Handbuch für Ganzheitliche Therapie und Lebenshilfe. Gschwend, 1999, S. 188

1824 vgl. http://www.living-gestalt.com (20.3.2000)

1825 Jasmuheen: Vertrauen ins Licht, in: http:/www.kgs-hamburg.de/kgs/04-99jasmuheen.htm (24.12.1999)

1826 Jasmuheen: Inspiration. Vol. II, zit. in: Reiki North of Sixty: Channeled Messages, in: wyswyg://105/http://reikifire.org/nfg-german.channeling.html (24.12.1999)

1827 vgl. Jasmuheen: Grenzenloses Licht: Leben ohne physische Nahrung, zit. in: http://www.vegetarismus.ch/prana/ (24.12.1999)

1828 Jasmuheen: Vertrauen ins Licht, in: http:/www.kgs-hamburg.de/kgs/04-99jasmuheen.htm (24.12.1999)

1829 vgl. Jasmuheen: Licht-Botschafter: An den Engel in uns. Burgrain, 1999

1830 Jasmuheen: Die Magie der aufgestiegenen Meister, in: http://www.kgs-hamburg.de/kgs/10-99jasmuheen.htm (3.1.2000)

1831 Jasmuheen: Prana für die Zellen, in: http://www.kgs-hamburg.de.kgs/03-99prana.html (24.12.1999)

1832 zit. in: Frischknecht, M.: Hungerkünstler, in: Spuren, Nr. 47, Frühling 1998, in: http://www.spuren.ch/47Jasmuheen.html (3.1.2000)

1833 Schneider, C.: Lichtnahrungsprozeß: Die Essenz ist die Freiheit, in: Matrix 3000, 1/1999, S. 28

1834 vgl. Awadalla, E.: Kraftorte-Geldquellen: Österreichischer Sekten- & Esoterikatlas. Wien, 2000, S. 18 (der Autorin zufolge werde die Petroleumeinnahme bei Simetzeder-Seminaren anempfohlen)

1835 vgl. Wolfsgruber, A.: Licht, Luft und Leichen, in: Focus, 29/1999

1836 vgl. Geisler, G.: Leben von Licht, Luft und Liebe: Die totale Askese à la Jasmuheen, in: Esotera, 4/1999, S. 10f.

1837 ebenda, S. 11

1838 vgl. Haseitl, M.: Jasmuheen: Pressewirbel um Lichtnahrung, in: Matrix 3000, 1/1999, S. 26

1839 vgl. Hanauer, J.: Konnersreuth: Lug und Trug - mit kirchlichem Segen? Aachen, 1992

1840 Interview mit Rüdiger Dahlke, in: Geisler, G.: Leben von Licht, Luft und Liebe: Die totale Askese á la Jasmuheen, in: Esotera, 4/1999, S. 14

1841 vgl. Kovoor, A.: Begone Godmen! Encounters with Spiritual Frauds. Bombay, 1991 (5. Auflage)

1842 vgl. Rumler, F.: Scharlatane: Im Drüben fischen, in: Der Spiegel, 23/1994, S. 200f.

1843 Interview mit Rüdiger Dahlke in: Geisler, G.: Leben von Licht, Luft und Liebe: Die totale Askese à la Jasmuheen, in: Esotera, 4/1999, S. 14

1844 Geisler, G.: Leben von Licht, Luft und Liebe: Die totale Askese á la Jasmuheen, in: Esotera, 4/1999, S. 14

1845 Diverse Leserbriefe in: Esotera, 6/1999, S. 35f.

1846 Michel, P.: Die Verblendung wächst (Leserbrief), in: Esotera, 6/1999, S. 35

1847 Halbig, K.: Nicht leichtfertig anfangen (Leserbrief), in: Esotera, 6/1999, S. 37

1848 Elraanis: Magazin für Lichtnahrung, Lichtarbeit, Spiritualität (29.9.1999), in: http://www.elraanis.de (24.12.1999)

1849 Jasmuheen: Lichtnahrung: Die Nahrungsquelle für das kommende Jahrtausend. Burgrain, 1997

1850 vgl. Haseitl, M.: Jasmuheen: Pressewirbel um Lichtnahrung, in: Matrix 3000, Nullnummer/1999, S. 8f.

1851 Schneider, C.: Lichtnahrungsprozeß: Die Essenz ist die Freiheit, in: Matrix 3000, 1/1999, S. 28

1852 ebenda, S. 29

1853 zit. in: Geisler, G.: Leben von Licht, Luft und Liebe: Die totale Askese à la Jasmuheen, in: Esotera, 4/1999, S. 14

1854 vgl. Stamm, H.: Esoteriker ernähren sich von Licht, in: Tagesanzeiger (CH) vom 25.10.1999

1855 vgl. Haseitl, M.: Jasmuheen: Pressewirbel um Lichtnahrung, in: Matrix 3000, 1/1999, S. 27

1856 vgl. Utsch, M.: Jasmuheen im Zwielicht, in: Materialdienst der EZW, Nr. 12/1999, in: http://www.ekd.de/ezw/ftexte/info1299-03.html (25.4.2000)

1857 ebenda, S. 26

1858 vgl. Luczyn, D.: Interview mit Jasmuheen, in: Esotera, 4/1999, S. 12

1859 zit. in: Geisler, G.: Leben von Licht, Luft und Liebe: Die totale Askese á la Jasmuheen, in: Esotera, 4/1999, S. 12

1860 vgl. Utsch, M.: Jasmuheen im Zwielicht, in: Materialdienst der EZW, Nr. 12/1999, in: ekd.de/ezw/ftexte/info1299-03.html (25.4.2000)

1861 Marquardt, H.: Reflexzonentherapie am Fuße, in: Böning, R./Neuwald, B. (Hrsg.): Handbuch für Ganzheitliche Therapie und Lebenshilfe. Gschwend, 1999, S. 81f. (Der lateinische Sinnspruch bedeutet: „Des Menschen Abbild [ist] in den Füßen".)

1862 vgl. Bayly, D.: Reflexzonenlehre, in: Hill, A.: (Hrsg.): Illustriertes Handbuch alternativer Heilweisen. Freiburg, 1980, S. 61f.

1863 Praxis und Lehrinstitut für energetische Therapien (Werbeanzeige), in: Böning, R./Neuwald, B. (Hrsg.): Handbuch für Ganzheitliche Therapie und Lebenshilfe. Gschwend, 1999, S. 95

1864 Esotech (Werbematerial). Betteldorf, o.J.

1865 vgl. Bresinski, E.: Durch Kristalle unter Ihren Füßen: Gesund, Schlank, Mental stark. Horhausen, 1999

1866 vgl. Stiftung Warentest (Hrsg.): Die Andere Medizin. Berlin, 1991, S. 204f.

1867 vgl. Baginski, B./Sharamon, S.: Reiki. Essen, 1986

1868 Luijerink, A./Staveren, M.: Reiki: kurz & praktisch. Freiburg, 1996, S. 20

1869 Panta Rhei (Werbetext), in: Labyrinth, 2/1999, S. 8

1870 http://www.lichtblick-zentrum.de/index.htm (22.1.2000); vgl. auch: http://www..ref.ch/zh/infoksr/dan.html (22.1.2000)

1871 vgl. Ray, B.: Das Offizielle Reiki Handbuch (Handbuch der A.I.R.A.). St. Petersburg (USA) o.J.

1872 vgl. Luczyn, D.: Esoterik-Führer: Ein aktueller Leitfaden durch das Esoterik-Labyrinth. Niedertaufkirchen, 1993, S. 125

1873 vgl. Sommer, D.: Das Reiki-Lexikon. München, 1996, S. 38

1874 Ray, B.: Das Offizielle Reiki Handbuch (Handbuch der A.I.R.A.). St. Petersburg (USA) o.J., S. 30

1875 vgl. Warnecke, E.: Reiki: Der zweite Grad. München, 1995

1876 Luijerink, A./Staveren, M.: Reiki: kurz & praktisch. Freiburg, 1996, S. 104

1877 ebenda, S. 112

1878 vgl. Sommer, D.: Das Reiki-Lexikon. München, 1996, S. 17

1879 vgl. BoulevardTV. tvMünchen vom 15.3.2000 (Kathrein erhielt die Gelegenheit, sich auf dem Privatsender werbewirksam und in aller Breite über sein Verfahren auszulassen; als Stichwortgeberin diente Moderatorin Rita Werner, selbst Reiki-Praktikerin.)

1880 Mühlendahl, A. zit. in: Sandmeyer, P.: Reiki: Kraftstoff aus dem Kosmos, in: Stern, 10/1993, S. 88

1881 vgl. Federspiel, K./Lackinger-Karger, I.: Kursbuch Seele. Köln, 1996, S. 512

1882 Akademie für feinstoffliche Heilweisen und Reiki (Werbeanzeige), in: Esotera, 8/1990, S. 87

1883 Werbeannonce in: Die Andere Realität vom 1.4.1997

1884 Müller, B.: Reiki, in: Böning, R./Neuwald, B. (Hrsg.): Handbuch für Ganzheitliche Therapie und Lebenshilfe. Gschwend, 1999, S. 419

1885 vgl. Forum Kritische Psychologie: Scharlatane und Beutelschneider. München, 1996 (unveröffentlichtes Manuskript; aktualisiert 1999 [Manuskript beim Verfasser])

1886 Klemm-Trainings (Werbeprospekt). Siegsdorf, 1999

1887 Deutsche Paracelsus-Schulen für Naturheilverfahren (Werbebroschüre). München, 2000

1888 vgl. Gelder-Kunz, D./Krieger, D.: Energy-Transfer Therapy. New York, 1979

1889 vgl. Reichwein, D.: EPA. Amsterdam, 1999

1890 vgl. Graf, T.: Kosmischer Troubleshooter: Meister Dang will mit 'Universeller Energie' das Weltende verhindern, in: www.relifo.ch/index/esogemeinschaften.html (30.7.2000) (Im April 1999 wurde Dang auf Kaution aus der [belgischen] U-Haft entlassen; seither ist er untergetaucht.)

1891 Choa Kok-Sui: Grundlagen der Prana-Psychotherapie: Energetische Behandlung von Streß, Sucht und Traumata. Freiburg, 1997, S. 32

1892 vgl. ebenda, S. 70

1893 ebenda, S. 115f.

1894 Bauer KG: Prana-Katalog (Werbematerial). Freiburg, 1/1997

1895 Larisch-Haider, N.: Magnified Healing (Werbeanzeige), in: Die Kunst zu leben, 1/1996

1896 Rieger, P./Weckesser, F.: Magnified Healing: Heilung aus dem Kosmos (Werbetext), in: Einblick, 6/1999, S. 20f.

1897 Larisch-Haider, N.: Magnified Healing (Werbeanzeige), in: Die Kunst zu leben, 1/1996

1898 Larisch-Haider, N./Larisch, P. Magnified Healing (Werbepapier). Unterberg, 1998

1899 Journal of the American Medical Association 279, 1005, 1998, zit. in: Skeptiker, 1-2/1999, S. 66

1900 vgl. Hummel, H.: Reinkarnation. Stuttgart, 1989 (Über den Glauben des Origenes an Reinkarnation bzw. die Präexistenz von Seelen mit jeweils nachfolgender Inkarnation bestehen unterschiedliche [theologische] Auffassungen, die hier jedoch keiner Diskussion bedürfen.)

1901 vgl. z.B. Steiner, R.: Wiederverkörperung und Karma. Dornach, 1921 (Reprint 1987)

1902 Leuenberger, H.-D.: Das ist Esoterik: Einführung in esoterisches Denken. Freiburg, 1993, S. 189

1903 ebenda

1904 vgl. Michel, P.: Karma und Gnade, 1988, S. 71 (Michel bezieht sich hier auf eine Schrift des Anthroposophen G. Wachsmuth: Reinkarnation. Dornach, 1983)

1905 vgl. ebenda, S. 122

1906 Challoner, H.-K.: Das Rad der Wiedergeburt. München, 1976, zit. in: Michel, P.: Karma und Gnade, 1988, S. 123

1907 vgl. Stearn, J.: Der schlafende Prophet. München, 1985

1908 zit. in: Platta, H.: New-Age-Therapien pro und contra. Weinheim, 1994, S. 28

1909 z.B. in einer Sendung des des ORF (Club 2) zum Thema „Seelenwanderung und Wiedergeburt" vom 15.10.1985

1910 Hardo, J.: Jedem das Seine. Neuwied, 1996 (Trutz Hardo steht als Pseudonym für Tom Hockemeyer)

1911 vgl. Interview mit Trutz Hardo: Das Karma macht keine Ausnahme, in: Die Andere Realität, 3/1996, S. 31

1912 AG Neuss: Az.: Z 2101 IS 1974/97

1913 vgl. Keller, H.: Der Fall Holbe bei RTL, in: Tageszeitung vom 28.3.1990

1914 vgl. Abendzeitung München vom 6.4.1990

1915 vgl. Tageszeitung vom 17.4.1990

1916 vgl. PSI (Moderation: Thomas Hegemann/Penny McLean-Wirschinger), ARD vom 19.1.1993

1917 vgl. Beckenbauer, F.: Ich: Wie es wirklich war. München, 1992, S. 177

1918 vgl. Forum Kritische Psychologie: Scharlatane und Beutelschneider. München, 1996 (unveröffentlichtes Manuskript; aktualisiert 1999 [Manuskript beim Verfasser])

1919 vgl. Koch, W.: Reinkarnation. Heilung aus der Vergangenheit. Aitrang, 1990

1920 vgl. Fiore, E.: You have been here before. New York, 1978

1921 Michel, P.: Karma und Gnade, 1988, S. 127

1922 Dethlefsen, T.: Schicksal als Chance: Das Urwissen zur Vollkommenheit des Menschen. München, 1979, zit. in: Michel, P.: Karma und Gnade, 1988, S. 127

1923 vgl. Interview mit Rüdiger Dahlke, in: Platta, H.: New-Age-Therapien pro und contra. Weinheim, 1994, S. 73

1924 vgl. ebenda

1925 Heil-Kunde-Zentrum Johanniskirchen (Werbeannonce), in: Böning, R./Neuwald, B. (Hrsg.): Handbuch für Ganzheitliche Therapie und Lebenshilfe. Gschwend, 1999, S. 524f.

1926 aus: Dethlefsen, T.: Das Leben nach dem Leben: Gespräche mit Wiedergeborenen. München, 1974 (4. Auflage), S. 95f.

1927 vgl. Valliéres, I.: Praxis der Reinkarnationstherapie. Stimbke, 1988

1928 A.M.O.R.C.-Kulturforum (Werbeannonce), in: Einblick, 12/1996, S. 15

1929 Beckers, H.-J./Kohle, H.: Kulte, Sekten, Religionen: Von Astrologie bis Zeugen Jehovas. Augsburg, 1994, S. 287f.

1930 Werbematerial der genannten Anbieter, o.J.

1931 vgl. Institut für Reinkarnation (Werbematerial). Hamburg, 1993

1932 Dem *Forum Kritische Psychologie* bzw. dem Autor liegen Beschwerden/Stellungnahmen ehemaliger PatientInnen Wendels vor.

1933 Schreiben der Anwaltskanzlei Wendels vom 23.1.1999 (Wendel erklärte sich im selben Schriftsatz zu einem Vergleich - Bezahlung von 10 Sitzungen - bereit, den die Patientin auf Anraten ihres Anwaltes annahm [Kopien des Schriftverkehrs beim Autor].)

1934 vgl. Ettenhuber, H.: Reinkarnationstherapie, in: Mona Lisa, ARD vom 30.10.1999

1935 Wendel, M./Gödel, G.: Transmutation ins Land des Lächelns: Das Weltbild hinter unseren Gesprächen mit geistiger Welt und Sternenbrüdern. München, 1999, S. 68f.

1936 vgl. Meyer, K.: Die Heimkehr des Helden: Reinkarnationstherapie in Theorie und Praxis (Informationsbroschüre). München, o.J.

1937 aus: Hardo, T.: Reinkarnation Total (Kassetten-Set). Berlin (E.i.S.) 1992

1938 Meyer hatte bereits in seiner Anfang der 1990er hochpopulären TV-Show *Einspruch* (zum Thema „Reinkarnation") Hockemeyer eine werbewirksame Bühne der Selbstdarstellung geboten; SAT1 vom 26.11.1992

1939 zit. in: Wiesendanger, H.: Wiedergeburt: Wahn oder Wirklichkeit? in: Psychologie Heute, 9/1987, S. 22

1940 vgl. Sutphen, D.: Past Lives - Future Lives. New York, 1978

1941 zit. in: Platta, H.: New-Age-Therapien pro und contra. Weinheim, 1994, S. 211

1942 vgl. ebenda, S. 215

1943 vgl. ebenda, S. 70

1944 vgl. Peter, B.: Klinische Hypnose, in: Peter, B./Kraiker, C. (Hrsg.): Psychotherapieführer. München, 1988 (2. Auflage) S. 219f.

1945 Obgleich Hardo-Hockemeyer, eigenen Angaben zufolge, Reinkarnationstherapien in großem Stile bereits seit Anfang der 1980er durchführt, bewarb er sich erst 1996 um die formale Erlaubnis zur Ausübung von

Psychotherapie (nach dem HeilPrG). Selbst wenn er diese Erlaubnis inzwischen erhalten haben sollte (wovon nichts bekannt ist), qualifizierte ihn das klinisch zu gar nichts.

1946 vgl. Wiesendanger, H.: Wiedergeburt: Wahn oder Wirklichkeit? in: Psychologie Heute, 9/1987, S. 29

1947 vgl. Wendel, M./York, U.: Maskenball der Seele: Neue Wege der esoterischen Reinkarnationstherapie. München, 1993

1948 Interview mit W. Gabler, in: Platta, H.: New-Age-Therapien pro und contra. Weinheim, 1994, S. 114

1949 Arbeitskreis Humanistische Psychologie e.V. München, 1992 (unveröffentlichtes Protokoll [beim Verfasser])

1950 z.B. Schiebeler, W.: Leben nach dem irdischen Tod: Die Erfahrungen Verstorbener. Melsbach, 1989

1951 Als Kongreßveranstalterin (Düsseldorf, 1.-3.5.1992) firmierte die Gladbecker *Akademie für Esoterik e.V.* (Herausgeberin des Esoterikblattes *Die Andere Realität*).

1952 vgl. Moll, J.: Die feinstofflichen Phantasien des Professor Dr. Dr. Niesel, in: Skeptiker, 2/1989, S. 9f.

1953 z.B. MacLaine, S.: Tanz im Licht. München, 1982

1954 vgl. Meysel, I.: Es gibt ein Leben nach dem Tode, in: Die Andere Realität, 1/1992

1955 Die *Deutsche Gesellschaft für Humanes Sterben* (DGHS) hat mit dem umstrittenen Zyankalihandel ihres langjährigen Präsidenten Hans-Henning Atrott längst nichts mehr zu tun; 1994 trennte sie sich von Atrott.

1956 vgl. Moody, R.: Leben nach dem Tod. Hamburg, 1977

1957 vgl. Ring, K.: Life at Death. New York, 1985

1958 Kübler-Ross, E.: Einführung zu: Osis, K./Haraldson, E.: Der Tod - ein neuer Anfang: Visionen und Erfahrungen an der Schwelle des Seins. Freiburg, 1987, S. 11

1959 vgl. Blackmore, S.: Near-Death Experiences: In or Out of the Body? in: Skeptical Inquirer, 16, 1/1991, S. 34f.

1960 vgl. Knoblauch, H.: Psychen unterwegs ins Jenseits, in: Intra, 41, Herbst 1999, S. 60

1961 vgl. Moody, R.: Blick hinter den Spiegel: Botschaften aus einer anderen Welt. München, 1994

1962 Ghost - Nachricht von Sam (Regie: J. Zucker) 1990 / Schatten der Wahrheit (Regie: R. Zemeckis) 1999 / Frequency (Regie: G. Hoblit) 2000

1963 vgl. Stevenson, I.: Twenty Cases Suggestive of Reincarnation. New York, 1966 (deutsch: Reinkarnation: Der Mensch im Wandel von Tod und Wiedergeburt: 20 überzeugende und wissenschaftlich bewiesene Fälle. Freiburg, 1986. In einer Veröffentlichung von 1989 gibt Stevenson zu, daß von den Hypnose-Experimenten, die er zur Verifizierung angeblicher Reinkarnationsfälle durchgeführt habe, „nicht ein einziges" erfolgreich gewesen sei. In: Stevenson, I.: Wiedergeburt: Kinder erinnern sich an frühere Erdenleben. Grafing, 1989, S. 62)

1964 vgl. Wambach, H.: Seelenwanderung. München, 1984

1965 vgl. Dethlefsen, T.: Das Leben nach dem Leben: Gespräche mit Wiedergeborenen. München, 1974 (4. Auflage), S. 109f.

1966 Michel, P.: Karma und Gnade. Grafing, 1988, S. 103

1967 ebenda, S. 105f. (Michel bezieht sich hier auf die Arbeiten der Reinkarnationsforscher I. Stevenson [Reinkarnation. Freiburg, 1979] und R. Passian [Wiedergeburt: Ein Leben oder viele? München, 1985])

1968 Dahlke, R.: Reinkarnationstherapie, in: Bachmann, A.: Der Neue Therapieführer. München, 1992, S. 237

1969 Dethlefsen, T.: Das Leben nach dem Leben: Gespräche mit Wiedergeborenen. München, 1974 (4. Auflage)

1970 vgl. Platta, H.: New-Age-Therapien pro und contra. Weinheim, 1994, S. 94f.

1971 vgl. Glombik, G.: Neues vom Panzerkommandanten: Kein Beweis für Reinkarnation, in: Skeptiker, 1/1995, S. 20f.

1972 Diskussion zum Thema „Reinkarnation", in: Einspruch. SAT1 vom 26.11.1992

1973 vgl. z.B. Reschs Kommentare in der Okkult-Sendung *Mysteries*. RTL vom 3.7.1997

1974 vgl. Dethlefsen, T.: Das Erlebnis der Wiedergeburt. München, 1979

1975 vgl. Grom, B.: Spiritismus und Mediumismus: Das neue Interesse an 'Jenseitskontakten', in: EZW-Texte, Nr. 108, 1/1989

1976 vgl. Navratil, L.: Zungenreden, in: ders.: Schizophrenie und Dichtkunst. München, 1986, S. 24f.

1977 vgl. Thomason, S.: Mit fremden Zungen reden, in: Randow, G.: Mein paranormales Fahrrad. Reinbek, 1993, S. 65f.

1978 Arbeitskreis Humanistische Psychologie e.V. München, 1992 (unveröffentlichtes Protokoll [beim Verfasser])

1979 vgl. Wambach, H.: Leben vor dem Leben. München, 1980

1980 Evans-Wentz, W.-Y.: The Tibetan Book of the Dead. London, 1927

1981 vgl. Fremantle, F./Trungpa, C.: Das Totenbuch der Tibeter. München, 1996 (18. Auflage)

1982 vgl. Powers, J.: Religion und Kultur Tibets: Das geistige Erbe eines buddhistischen Landes. München, 1998, S. 237

1983 Jung, C.G.: The Tibetan Book of the Dead. Psychological Commentary, in: Evans-Wentz, W.-Y.: The Tibetan Book of the Dead. London, 1971 (Reprint) p. XXXVIf. (aus dem Englischen rückübersetzt vom Verfasser). (Jungs Affinität zu okkult verkleisterten autoritären [Wahn-]Ideen spiegelt sich in seiner Auffassung von Psychotherapie wider, die, so auch sein Biograph Jeffrey Masson, „deutlich faschistische Züge" aufweist. Vgl. Masson, J.: Jung und die Nazis, in: ders.: Die Abschaffung der Psychotherapie: Ein Plädoyer. München, 1988, S. 126f.)

1984 vgl. Goldner, C.: Dalai Lama: Fall eines Gottkönigs. Aschaffenburg, 1999

1985 Bilz, F.: Tote leben und umgeben uns. Dresden, 1920, zit. in: Zwerenz, G.: Magie, Sternenglaube, Spiritismus. Frankfurt/Main, 1974, S. 152

1986 vgl. z.B. Steiner, R.: Okkulte Untersuchungen über das Leben zwischen Tod und neuer Geburt. Dornach, 1924 (Reprint 1980)

1987 zit. in: Dalichow, I.: Ein Medium ohne Kompromisse, in: Esotera, 7/1990, S. 82

1988 vgl. Steiner, R.: Esoterische Betrachtungen karmischer Zusammenhänge (Band 1-6). Dornach, 1975, zit. in: Michel, P.: Karma und Gnade. Grafing, 1988, S. 84

1989 zit. in: Michel, P.: Karma und Gnade. Grafing, 1988, S. 86f.

1990 vgl. Perkins, J.: Experiencing Reincarnation. Wheaton, 1977, zit. in: Michel, P.: Karma und Gnade. Grafing, 1988, S. 88

1991 vgl. Gugenberger, E./Schweidlenka, R.: Mutter Erde, Magie und Politik: Zwischen Faschismus und neuer Gesellschaft. Wien, 1987 (2. Auflage)

1992 Steiner, R.: Die Offenbarungen des Karma. Dornach, 1976, zit. in: Michel, P.: Karma und Gnade. Grafing, 1988, S. 96

1993 Kübler-Ross, E.: Vorwort zu: Head, J./Cranston, S. (Eds.): Reincarnation: an East-West Anthology. Wheaton, 1975, zit. in: Michel, P.: Karma und Gnade. Grafing, 1988, S. 98

1994 Dethlefsen, T.: Schicksal als Chance: Das Urwissen zur Vollkommenheit des Menschen. München, 1979, S. 243f.

1995 in: Alpha (Moderation: Sabine Sauer). Bayerischer Rundfunk/ARD vom 30.8.1996

1996 Knöpfler, H.: Was Ungeborene uns mitzuteilen haben: § 218 in der Reinkarnationspraxis, in: Die Andere Realität, 1/1990, S. 15

1997 vgl. Hiemer, K.: Bei Wiedergeburt Geld zurück, dpa vom 30.9.1996

1998 zit. in: Platta, H.: New-Age-Therapien pro und contra. Weinheim, 1994, S. 67f.

1999 Dethlefsen, T.: Das Leben nach dem Leben: Gespräche mit Wiedergeborenen. München, 1974 (4. Auflage), S. 197

2000 Gershom, Y.: Beyond the Ashes: Cases of Reincarnation from the Holocaust. Virginia Beach, 1992 (deutsch: Kehren die Opfer des Holocaust wieder? Dornach, 1997)

2001 Schuster, M.: Conversations with Adolf Hitler. Leicester (USA), 1994, zit. in: Gershom, Y.: Kehren die Opfer des Holocaust wieder? Dornach, 1997, S. 381

2002 ebenda, S. 382

2003 Interview mit Wilhelm Gabler, in: Platta, H.: New-Age-Therapien pro und contra. Weinheim, 1994, S. 103f.

2004 vgl. Schmid, G.-O: Barbro Karlén: die wiedergeborene Anne Frank? (1998), in: http://www..ref.ch/zh/infoksr/karlen.html (1.5.2000)

2005 zit. in: Konkret 7/1998, S. 37

2006 vgl. Schäfer, H.: Brücke zwischen Diesseits und Jenseits: Theorie und Praxis der Traskommunikation. Freiburg, 1989

2007 vgl. Gesellschaft für Psychobiophysik e.V. (Hrsg.): Transkommunikation. Vol.1-4. Mainz, 1991

2008 vgl. Jürgenson, F.: Sprechfunk mit Verstorbenen. München, 1985 (5. Auflage)

2009 vgl. Bättig, K.: Kein Mensch ist tot wenn er stirbt. Rhede, 1995

2010 Holbe, R.: Bilder aus dem Reich der Toten. München, 1987

2011 vgl. Dethlefsen, T.: Das Leben nach dem Leben: Gespräche mit Wiedergeborenen. München, 1974 (4. Auflage) S. 173f.

2012 vgl. Senkowski, E.: Instrumentelle Transkommunikation: Dialog mit dem Unbekannten. Frankfurt/Main, 1990 (2. Auflage)

2013 Meckelburg, E.: Das Jenseits rückt näher, in: Esotera, 2/1990, S. 82

2014 vgl. Lenk, H.: Geisterstimmen, Tonbandstimmen, Transkommunikation, in: Oepen, I. et al. (Hrsg.): Lexikon der Parawissenschaften. Münster, 1999, S. 107f.

2015 zit. in: Grom, B.: Spiritismus und Mediumismus: Das neue Interesse an 'Jenseitskontakten', in: EZW-Texte, Nr. 108, 1/1989, S. 17

2016 vgl. New Larousse: Encyclopedia of Mythology. New York, 1968

2017 vgl. Heller, F./Maegerle, A.: Thule: Vom völkischen Okkultismus bis zur Neuen Rechten. Stuttgart, 1995, S. 21

2018 vgl. Howard, M.: The Magic of Runes. Wellingborough (GB), 1980

2019 Volkmann, V.: Runen, in: Luczyn, D.: Esoterik-Führer: Ein aktueller Leitfaden durch das Esoterik-Labyrinth. Niedertaufkirchen, 1993, S. 137f.

2020 ebenda

2021 vgl. Pennick, N.: Das Runenorakel. München, 1990

2022 zit. in: Filz, W.: Bericht über Ufologen-Kongreß 28.-30.10.1989 in Frankfurt/Main. Bayern 2 vom 29.10.1989, in: http://www.alien.de/vfgp/berich/insider.htm (16.5.2000)

2023 Tolkien, J.R.: The Lord of the Rings. New York, 1965

2024 vgl. Wellert, K.-W.: Fragen Sie die Runen: Psychologische Hilfe für Alltag und Persönlichkeitsentwicklung. Genf, 1995

2025 Kakuska, R.: Esoterik: Von Abrakadabra bis Zombie. Weinheim, 1991, S. 167

2026 Waldrich, H.-P.: Esoterik für Einsteiger: Ein Wegweiser durch östliche und westliche Traditionen. München, 1990, S. 97

2027 Spieth, R.-A. (Werbetext), in: Böning, R./Neuwald, B. (Hrsg.): Handbuch für Ganzheitliche Therapie und Lebenshilfe. Gschwend, 1999, S. 265

2028 vgl. Hundseder, F.: Wotans Jünger: Neuheidnische Gruppen zwischen Esoterik und Rechtsradikalismus. München, 1998, S. 126f.

2029 vgl. ebenda, S. 153f.

2030 vgl. Hoppál, M.: Schamanen und Schamanismus. Augsburg, 1994

2031 Castaneda, C.: Reise nach Ixtlan: Die Lehre des Don Juan. Frankfurt/Main, 1972 (Die „ethnologische Feldforschung" zu Castanedas ursprünglich als Dissertation an der UCLA verfaßter *Reise nach Ixtlan* fand in erster Linie in der Universitätsbibliothek statt. Der Ethnologe Richard de Mille deckte den akademischen Skandal Ende der 1970er auf: Ein „Don Juan Matus" hatte nie existiert. Vgl. Mille, de, R.: Die Reisen des Carlos Castaneda. Bern, 1980)

2032 vgl. Lessing, L.: New Age & Co: Einkauf im spirituellen Supermarkt. München, 1993

2033 vgl. Harner, M.: Der Weg des Schamanen. Interlaken (CH), 1982

2034 Kreiszeit (Werbematerial). Walenstadtberg (CH)

2035 vgl. Goodman, F.: Wo die Götter auf den Winden reiten: Trancereisen und ekstatische Erlebnisse. Freiburg, 1989

2036 z.B. Europäischer Kongreß für Hypnose und Psychotherapie. München, 10/1995

2037 vgl. Schweidlenka, R.: Altes blüht aus den Ruinen: New Age und Neues Bewußtsein. Wien, 1989

2038 Gaia-Sommercamp: Die Kraft von Mutter Erde. in: Wassermann-Zentrum (Jahresprogramm) Gschwend, 1998

2039 Langwald, B.: Sonnenkraft und Lebenskraft (Werbematerial). Ebenhausen, 1989 (Langwalds Regenbogenseminare firmieren heute als Bernhard-Langwald-Seminare.)

2040 vgl. ebenda, S. 11

2041 vgl. Sigmunds Erben, in: Der Spiegel, 28/1996, S. 162f.

2042 vgl. Goldner, C.: Mega-Event mit 1000 Workshops, in: Intra, 41/1999, S. 10

2043 zit. in: Sebastian, R.: Die Neuen Heiler: Wo Kranke wirklich Hilfe finden. München, 1999

2044 Wege-Institut (Werbematerial). Herdwangen, 1997

2045 Wrage Seminar Service: Tensegrity (Werbematerial). Hamburg, 1997

2046 Die Andere Realität (Kongreßprogramm) vom 1.5.1996

2047 vgl. Bierl, P.: Ökofaschismus: Bioregionalismus und Tiefenökologie: Statt Befreiung des Menschen die Mystifikation der Erde, in: ÖkoLinx, 23, Sommer, 1996, S. 36f.

2048 ZIST: Wanderer zwischen den Welten: Schamanismus im neuen Jahrtausend (Programm). Garmisch-Partenkirchen, 2000

2049 Institut für kulturübergreifende Studien und Bewußtseins-Training (Werbematerial). Voitsberg, o.J.

2050 Kosmus, W.: Große Einweihung durch philippinische Geistheiler, in: MTK-Info, 9/1998, S. 6f.

2051 vgl. Oppermann, R.: Der Kattajaq, in: Esotera, 2/1990, S. 83f.

2052 vgl. Bly, R.: Eisenhans: Ein Buch über Männer. München, 1991

2053 Bly, R.: Der Wilde Mann: Ein Modell der Männlichkeit? in: Psychologie Heute, 7/1991, S. 22

2054 zit. in: Lessing, L.: New Age & Co: Einkauf im spirituellen Supermarkt. München, 1993, S. 126

2055 Seminarzentrum Fuldahaus (Programm). Herbstein, o.J.

2056 zit. in: Lessing, L.: New Age & Co: Einkauf im spirituellen Supermarkt. München, 1993, S. 135

2057 ProjektB (Werbeannonce), in: Yabyum, Nr. 2, Herbst 1999, S. 8

2058 zit. in: Lange, C.: Psychotherapie zu Pferde: Reitend in Einklang sein, in: Esotera, 3/1999

2059 Schleicher, S.: Er-wachsener Mann oder Frosch? Er-wachsene Frau oder Prinzessin? Selbst-Verständnis als Mann und Frau, in: Maack, N. et al. (Hrsg.): Das Selbst-Verständnis in Gestalt-Theorie und Gestalt-Praxis. Eurasburg, 1989, S. 46f.

2060 vgl. Maack, N. et al. (Hrsg.): Chaos und Ordnung im schöpferischen Prozeß. Eurasburg, 1991, S. 118

2061 Lange, C.: Psychotherapie zu Pferde: Reitend in Einklang sein, in: Esotera, 3/1999

2062 pumah (Werbeanzeige), in: Böning, R./Neuwald, B. (Hrsg.): Handbuch für Ganzheitliche Therapie und Lebenshilfe. Gschwend, 1999, S. 110

2063 vgl. Spinner, Spuk und Strahlengurus, RTL II vom 11.3.1999

2064 vgl. Starhawk: Wilde Kräfte. Freiburg, 1987

2065 Starhawk: Der Hexenkult. Freiburg, 1988 (4. Auflage), zit. in: Dalichow, I.: Eine Hexe gibt Antwort, in: Esotera, 4/1990, S. 29

2066 vgl. Gugenberger,E./Schweidlenka, R.: Die große Mutter und ihre Hexen: Frau und Mythos aus gesellschaftspolitischer Sicht, in: dies.: Die Fäden der Nornen: Zur Macht der Mythen in politischen Bewegungen. Wien, 1993, S. 194f.

2067 Schwarze Hecke (Werbematerial). Bad Münstereifel, o.J.

2068 AG Brühl Az. 3 C 141/96 vom 25.8.1998 (http://home.t-online.de/home/AGPF.Bonn/3c151-98htm)

2069 vgl. Aktion für Geistige und Psychische Freiheit e.V.: Infos über Sekten, Kulte und den Psychomarkt: Magie-Angebote, in: http://home.t-online.de/home/AGPF.Bonn/magie1.htm

2070 Yggdrasil e.V. (Veranstaltungsprogramm). Frankfurt/Main, 2000

2071 Silva, J./Miele, P.: Silva-Mind-Control. München, 1991, S. 32f.

2072 vgl. Powell, T.: Die Silva-Mind-Methode schnell trainiert: Trainingsprogramm zur Kreativitätssteigerung und Entspannung. Landsberg, 1989

2073 vgl. Silva, J.: Die Silva Mind Control Methode für Führungskräfte. München, 1995

2074 Edition Kraftpunkt (Werbematerial). Augsburg, o.J.

2075 vgl. Freitag, E.: Das positive Selbsthilfe-Programm (Kassetten-Begleitbroschüre). Augsburg, o.J.

2076 vgl. ebenda

2077 Un-erhört wirksam, in: Esotera, 7/1986, S. 40f.

2078 Tepperwein, K./Aeschbacher, F.: Die Botschaft Deines Körpers (Werbebroschüre). Vaduz, o.J.

2079 Trance Audio Vertrieb (Werbeprospekt). München, o.J.

2080 Potential Unlimited (Kassetten-Begleitbroschüre). Triesen, o.J.

2081 vgl. Un-erhört wirksam, in: Esotera, 7/1986, S. 40f.

2082 ebenda

2083 ebenda

2084 vgl. Freitag, E.: Das positive Selbsthilfe-Programm (Kassetten-Begleitbroschüre). Augsburg, o.J.

2085 vgl. Un-erhört wirksam, in: Esotera, 7/1986, S. 40f.

2086 Freitag, E.: Das positive Selbsthilfe-Programm (Kassetten-Begleitbroschüre). Augsburg, o.J.

2087 zit. in: Pratkanis, A.: Subliminal Advertising, in: Skeptical Inquirer, 3/1992, S. 260f. (übersetzt durch den Verfasser)

2088 zit. in: Adams, V.: Mommy And I Are One: Beaming Messages to Inner Space, in: Psychology Today, 5/1982, S. 24f.

2089 vgl. Weir, W.: Another Look at Subliminal 'Facts', in: Advertising Age vom 5.10.1984, S. 46

2090 vgl. Pratkanis, A.: Subliminal Advertising, in: Skeptical Inquirer, 3/1992, S. 260f.

2091 vgl. Key, W.: Subliminal Seduction. Englewood Cliff (USA), 1973

2092 Potential Unlimited (Kassetten-Begleitbroschüre). Triesen, o.J.

2093 vgl. Natale, J.: Are You Open to Suggestion? in: Psychology Today, 9/1988, S. 28f.

2094 Potential Unlimited (Kassetten-Begleitbroschüre). Triesen, o.J.

2095 Un-erhört wirksam, in: Esotera, 7/1986, S. 40f.

2096 vgl. Lenz, S.: The Effect of Subliminal Auditory Stimuli on Academic Learning and Motor Skills Performance Among Police Recruits. Los Angeles, 1989

2097 vgl. Freitag, E.: Das positive Selbsthilfe-Programm (Kassetten-Begleitbroschüre). Augsburg, o.J.

2098 vgl. Dörr, A.: Nie wieder rauchen: Abschlußbericht über einen Versuch zur Wirksamkeit von 'subliminal tapes'. München, 1989 (unveröffentlichtes Manuskript [beim Verfasser])

2099 vgl. Pratkanis, A. et al.: What You Expect Is What You Believe (But Not Necessarily What You Get): On the Effectiveness of Subliminal Self-Help Audiotapes. Los Angeles, 1992

2100 vgl. Greenwald, A. et al.: Double-Blind Test of Subliminal Self-Help Audiotapes, in: Psychological Science, 2/1991, S. 119f.

2101 vgl. Audey, B. et al.: Self-Improvement Using Subliminal Self-Help Audiotapes: Consumer Benefit or Consumer Fraud? Los Angeles, 1992

2102 vgl. Russel, T. et al.: Subliminal Self-Help Audiotapes and Academic Achievement, in: Journal of Counseling & Development, Nr. 69, 1991, S. 359f.

2103 vgl. Eich, E./Hyman, R.: Subliminal Self Help, in: Druckman, D./Bjork, R. (Eds.): In the Mind's Eye: Enhancing Human Performance. Washington, D.C., 1991

2104 Buddemeier, H./Strube, J.: Die unhörbare Suggestion. Stuttgart, 1990 (2. Auflage)

2105 vgl. Merikle, P./Skanes, H.: Subliminal Self-Help Audiotapes: A Search for Placebo Effects. London, 1991

2106 vgl. Goldner, C.: Subliminal-Kassetten: Unterschwelliger Betrug? in: Psychologie Heute, 8/1989, S. 40f.

2107 Freitag, E.: Das positive Selbsthilfe-Programm (Kassetten-Begleitbroschüre). Augsburg, o.J.

2108 Edition Kraftpunkt (Werbematerial). Augsburg, o.J.

2109 zit. in: Natale, J.: Are You Open to Suggestion? in: Psychology Today, 9/1988, S. 32

2110 vgl. Goldner, C.: Subliminal-Kassetten: Unterschwelliger Betrug? in: Psychologie Heute, 8/1989, S. 40f.

2111 vgl. Taylor, S.: Die Subliminal-Methode: Lernen mit dem Unterbewußtsein. München, 1990

2112 vgl. Cook, S.: Mit dem MasterProm in 28 Minuten das Gehirn aufladen (Werbebroschüre). Viernheim, o.J.

2113 Tepperwein, A. (Werbeannonce), in: Böning, R./Neuwald, B. (Hrsg.): Handbuch für Ganzheitliche Therapie und Lebenshilfe. Gschwend, 1999, S. 306

2114 Gesund Bleiben, SAT1 vom 8.11.1992

2115 vgl. Oesterheld, V.: Die Glücksbringer, in: Schneider, W./Triendl, H. (Hrsg.): Therapie & Heilkunst. Band 1. München, 1987, S. 83f.

2116 zit. in: Natale, J.: Are You Open to Suggestion? in: Psychology Today, 9/1988, S. 32

2117 vgl. Meyerratken, U.: Die Stimme der Wahrheit, in: Esotera, 6/1997, S. 40f.

2118 vgl. Anders, F.: Taichi: Chinas lebendige Weisheit. Köln, 1985

2119 Tai Ji Men Gesundheitszentrum (Werbeannonce), in: Böning, R./Neuwald, B. (Hrsg.): Handbuch für Ganzheitliche Therapie und Lebenshilfe. Gschwend, 1999, S. 266

2120 Silberstorff, J. (Werbeannonce), in: Böning, R./Neuwald, B. (Hrsg.): Handbuch für Ganzheitliche Therapie und Lebenshilfe. Gschwend, 1999, S. 447

2121 vgl. Huang, A.: Lebensschwung durch T'ai-Chi. München, 1987

2122 Stürmer, E.: Asiatische Heilkunst. Augsburg, 1996, S. 103f.

2123 vgl. Rösner, C.: Handeln durch Nichthandeln: Tai Chi, Pa-Kua-Chuan, Wing Tsun - Asiatische Kampfkünste sind auch Heilkünste, in: Wiener Zeitung vom 2./3.7.1999, S. 9

2124 vgl. Alcock, J.: Qigong: Chinese Pseudoscience, in: Skeptic, 6/1995, S. 12

2125 vgl. Goldner, C.: Fernöstliche Kampfkunst: Zur Psychologie der Gewalt im Sport. München 1992, S. 197f.

2126 vgl. Qingshan, L.: Qi-Gong. München, 1982

2127 z.B. Schilling, A./Hinterthür, P.: Qi-Gong: Der fliegende Kranich. Aitrang, 1988

2128 Münchner Qi Gong Akademie (Werbematerial). München, 2000

2129 Qi Gong (Werbetext der Yogaschule Freiburg), in: Labyrinth, 2/1999, S. 5

2130 Hong Li Yuan: Qi-Gong: Praxisbezogenes Lehrbuch über eine uralte Heilkunst. Kreuzlingen, 1996, S. 38f.

2131 Pálos, S.: Atem und Meditation. Bern, 1974, S. 98

2132 ebenda, S. 104f.

2133 Šebková-Thaller, Z. (Werbetext), in: Böning, R./Neuwald, B. (Hrsg.): Handbuch für Ganzheitliche Therapie und Lebenshilfe. Gschwend, 1999, S. 534

2134 Olvedi, U.: Chi Gong, in: Bachmann, A.: Der Neue Therapieführer. München, 1992, S. 97

2135 vgl. Alcock, J.: Qigong: Chinese Pseudoscience, in: Skeptic, 6/1995, S. 12

2136 vgl. Federspiel, K./Lackinger-Karger, I.: Kursbuch Seele. Köln, 1996, S. 436f.

2137 vgl. Stürmer, E.: Asiatische Heilkunst. Augsburg, 1996, S. 96f.

2138 vgl. Schedel, G.: Mao Zedong versus Falun Gong, in: Materialien und Informationen zur Zeit, 3/99, S. 21f.

2139 vgl. Lorenz, A.: Schwarze Energie, in: Der Spiegel, 18/1999 (http://www.spiegel-online.de/spiegel/0,1518,21356,00html [10.4.2000])

2140 Ots, T.: Im Fieber der Heilserwartung, in: Der Spiegel, 31/1999, S. 118f.

2141 vgl. http://www.falundafa.de/ (10.4.2000)

2142 Singer, M.: Selbsternannte Großmeister, in: Krause, C.: Erlösung leicht gemacht, in: DAO 6/1999, S. 32

2143 zit. in: Gunther, B.: Neo-Tantra: Bhagwan Shree Rajneesh on Sex, Love, Prayer and Transcendence. New York, 1980 (übersetzt durch den Verfasser)

2144 Werbeanzeigen in Connection/Esotera/Tantra/Yabyum 1992-1999

2145 Rothe, A. (Werbeannonce), in: Böning, R./Neuwald, B. (Hrsg.): Handbuch für Ganzheitliche Therapie und Lebenshilfe. Gschwend, 1999, S. 267

2146 z.B. in Ulrich Meyers *Einspruch*, SAT1 vom 5.6.1992

2147 Antinous-Zentrum tantrischer Entwicklung (Werbeannonce), in: Connection, 3/1991

2148 Pillwein, A.: Anthroposophie und Tantra (Werbetext), in: Böning, R./Neuwald, B. (Hrsg.): Handbuch für Ganzheitliche Therapie und Lebenshilfe. Gschwend, 1999, S. 342

2149 König, P.-R.: Rudolf Steiner: niemals Mitglied irgendeines O.T.O., in: Flensburger Hefte, Nr. 63, IV/1998, S. 106

2150 Reuß, T.: Parsifal und das Enthüllte Grals-Geheimnis. Erschienen in der OTO-Insider-Zeitschrift AHA, 6/1992, zit. in: Grandt, G./Grandt, M.: Erlöser: Phantasten, Verführer und Vollstrecker. Aschaffenburg, 1998, S. 61

2151 vgl. Grandt, G./Grandt, M.: Waldorf Connection: Rudolf Steiner und die Anthroposophen. Aschaffenburg, 1998, S. 102f.

2152 vgl. z.B. Neumann, K.-D.: 'Aufklärer', 'Enthüller', und der Umgang mit der Anthroposophie, in: Flensburger Hefte, Nr. 63, IV/1998, S. 78

2153 Bierl, P.: Wurzelrassen, Erzengel und Volksgeister: Die Anthroposophie Rudolf Steiners und die Waldorfpädagogik. Hamburg, 1999, S. 45.

2154 Antinous-Zentrum tantrischer Entwicklung (Werbeannonce), in: Connection, 3/1991

2155 Thirleby, A.: Das Tantra der Liebe. Frankfurt/Main, 1982, S. 13

2156 Naslednikov, M.: Tantra, in: Böning, R./Neuwald, B. (Hrsg.): Handbuch für Ganzheitliche Therapie und Lebenshilfe. Gschwend, 1999, S. 259

2157 Bayer, I.: Partnerübungen: Bewegung und Imagination, in: Schneider, W. (Hrsg.): Sexualität und Tantra. Connection. Sonderheft 2, 1987, S. 88

2158 ebenda, S. 86

2159 Thirleby, A.: Das Tantra der Liebe. Frankfurt/Main, 1982, S. 97f.

2160 Luczyn, D.: Tantra, in: ders.: Esoterik-Führer: Ein aktueller Leitfaden durch das Esoterik-Labyrinth. Niedertaufkirchen, 1993, S. 150f.

2161 vgl. Federspiel, K./Lackinger-Karger, I.: Kursbuch Seele. Köln, 1996, S. 520f.

2162 vgl. Grandt, G./Grandt, M.: Schwarzbuch Satanismus: Innenansicht eines religiösen Wahnsystems. Augsburg, 1995, S. 91f.

2163 zit. in: Kratz, P.: Die Götter des New Age: Im Schnittpunkt von 'Neuem Denken', Faschismus und Romantik. Berlin, 1994, S. 79

2164 SkyDancingTantra-Institute (Kursprogramm) München, 1998/99

2165 Piontek, D.: Fragen und Antworten, in: Yabyum, Nr. 2, Herbst 1999, S. 65

2166 vgl. Chia, M.: Tao Yoga der Liebe. Interlaken (CH), 1990

2167 vgl. Schmidt, A.: Eierübungen und Bauchschmerzen: Tao Yoga der Liebe, in: Connection, 2/1992, S. 43f.

2168 Iota (Werbebroschüre). Gilching, 1996

2169 Koch, K.-H.: Die Herz-Umarmung. Ahlerstedt, 1997

2170 vgl. Goldner, C.: Dalai Lama: Fall eines Gottkönigs. Aschaffenburg, 1999, S. 151f.

2171 Powers, J.: Religion und Kultur Tibets: Das geistige Erbe eines buddhistischen Landes. München, 1998, S. 178f.

2172 vgl. Chöpel, G.: Tibetan Arts of Love. Ithaca, 1992, S. 71f. / 217f. (übersetzt durch den Verfasser)

2173 vgl. Snellgrove, D.: The Hevajra Tantra: A Critical Study (Vol. 1). London, 1959, S. 116f.

2174 vgl. Chöpel, G.: Tibetan Arts of Love. Ithaca, 1992, S. 135

2175 ebenda, S. 177

2176 vgl. Grünwedel, A.: Kalacakra-Tantra Raja: Der König der Magie und des Zeitrades. München, o.J., zit. in: Trimondi, V./Trimondi, V.: Der Schatten des Dalai Lama. Düsseldorf, 1999, S. 82 (das Pseudonym Trimondi/Trimondi steht für das Autorenpaar Herbert und Mariana Röttgen)

2177 vgl. Bhattacharyya, N.: History of the Tantric Religion. Manohar, 1982

2178 vgl. Naropa: Iniziazione: Kalacakra. o.O., 1994, zit. in: Trimondi, V./Trimondi, V.: Der Schatten des Dalai Lama. Düsseldorf, 1999, S. 81

2179 Powers, J.: Religion und Kultur Tibets: Das geistige Erbe eines buddhistischen Landes. München, 1998, S. 187

2180 ebenda, S. 369

2181 ebenda, S. 222

2182 Kalu Rinpoche: Den Pfad des Buddha gehen. München, 1991, S. 160

2183 Dalai Lama: Advice from the Dalai Lama, in: Inquiring Mind. Vol. 10, Nr. 1/1993, zit. in: Powers, J.: Religion und Kultur Tibets: Das geistige Erbe eines buddhistischen Landes. München, 1998, S. 201

2184 zit. in: Varela, F.: Traum, Schlaf und Tod: Grenzbereiche des Bewußtseins. München, 1998, S 154

2185 vgl. Powers, J.: Religion und Kultur Tibets: Das geistige Erbe eines buddhistischen Landes. München, 1998, S. 188

2186 vgl. Mallmann, M.-T.: Introduction à l'Étude d'Avalokitecvara. Paris, 1948, S. 101

2187 Ngawang, T.: Was bedeutet der Mantra Om Mani Padme Hum? in: Tibet und Buddhismus. Nr. 47. 10/1998, S. 5

2188 vgl. Shaw, M.: Passionate Enlightenment: Women in Tantric Buddhism. Princeton, 1994, S. 157

2189 zit. in: Trimondi, V./Trimondi, V.: Der Schatten des Dalai Lama. Düsseldorf, 1999, S. 179

2190 zit. in: Eliade, M.: Kosmos und Geschichte: Der Mythos der ewigen Wiederkehr. Frankfurt/Main, 1985, zit. in: Trimondi, V./Trimondi, V.: Der Schatten des Dalai Lama. Düsseldorf, 1999, S. 179f.

2191 zit. in: Varela, F.: Traum, Schlaf und Tod: Grenzbereiche des Bewußtseins. München, 1998, S 153f.

2192 vgl. Schulemann, G.: Geschichte der Dalai Lamas. Leipzig, 1958, S. 284

2193 Snellgrove, D.: Indo-Tibetan Buddhism: Indian Buddhist and their Tibetan Successors. Vol. 1. Boston, 1987, zit. in: Trimondi, V./Trimondi, V.: Der Schatten des Dalai Lama. Düsseldorf, 1999, S. 173

2194 vgl. George, C.: The Candamaharosana Tantra. New Haven, 1974, S. 73f.

2195 vgl. Walker, B.: Tantrismus: Die Lehren und Praktiken des linkshändigen Pfades. Basel, 1987, S. 103

2196 vgl. Farrow, G./Menon, I.: The Concealed Essence of the Hevajra-Tantra with the Commentary Yogaratnamala. Delhi, 1992, zit. in: Trimondi, V./Trimondi, V.: Der Schatten des Dalai Lama. Düsseldorf, 1999, S. 98

2197 vgl. Bhattacharyya, N.: History of the Tantric Religion, zit. in: Trimondi, V./Trimondi, V.: Der Schatten des Dalai Lama. Düsseldorf, 1999, S. 136

2198 vgl. Sierksma, F.: Tibet's Terrifying Deities: Sex and Aggression in Religious Acculturation. The Hague, 1966, S. 189

2199 vgl. Epstein, I.: Tibet Transformed. Beijing, 1983, S. 477

2200 Goldner, C.: Dalai Lama: Fall eines Gottkönigs. Aschaffenburg, 1999, S. 151f. (vgl. auch: Gottlieb, N.: Terror per Post. in: Münchner Merkur vom 13.3.2000; vgl. auch http://trimondi.de)

2201 vgl. Kaplan, S.: Der Tarot. München, 1985 (5. Auflage), S. 41f.

2202 ebenda, S. 45f.

2203 ebenda, S. 53

2204 ebenda, S. 55

2205 vgl. Lévi, E.: Der Schlüssel zu den Großen Mysterien. Interlaken (CH), 1981

2206 vgl. Papus: Tarot der Zigeuner. Interlaken (CH), 1979

2207 vgl. Kaplan, S.: Der Tarot. München, 1985 (5. Auflage), S. 75f.

2208 vgl. Grandt, G./Grandt, M.: Schwarzbuch Satanismus: Innenansicht eines religiösen Wahnsystems. Augsburg, 1995, S. 225f. (Heutige Scientologen bestreiten die Verbindung Hubbards zum O.T.O.)

2209 Dahlberg, W.: Tarot, in: Luczyn, D.: Esoterik-Führer: Ein aktueller Leitfaden durch das Esoterik-Labyrinth. Niedertaufkirchen, 1993, S. 153

2210 Leuenberger, H.-D.: Das ist Esoterik: Einführung in esoterisches Denken. Freiburg, [6]1993, S. 136

2211 vgl. Bürger, E./Fiebig, J.: Tarot: Spiegel Deiner Möglichkeiten. Trier (6. Auflage), 1989

2212 vgl. Roberts, M.: Das neue Lexikon der Esoterik. München, 1995, S. 432f.

2213 Kaplan, S.: Der Tarot. München, 1985 (5. Auflage), S. 184

2214 ebenda, S. 126f.

2215 Venediger, B.: Einweihung in die esoterischen Lehren. Freiburg, 1994, S. 156

2216 vgl. Kaplan, S.: Der Tarot. München, 1985 (5. Auflage), S. 147f.

2217 Dahlberg, W.: Tarot. in: Luczyn, D.: Esoterik-Führer: Ein aktueller Leitfaden durch das Esoterik-Labyrinth. Niedertaufkirchen, 1993, S. 154

2218 ebenda (Werbeannonce)

2219 z.B. Banzhaf, H.: Arbeitsbuch zum Tarot. München, 1996 (Als „Vermögensberater" wird Banzhaf aufgeführt in: Roberts, M.: Das neue Lexikon der Esoterik. München, 1995, S. 113)

2220 vgl. Federspiel, K./Lackinger-Karger, I.: Kursbuch Seele. Köln, 1996, S. 534

2221 Hulskramer, G.: Tarot für junge Magier. 1999 (Autor Hulskramer hält sich als „Vater dreier Kinder im 'magischen' Alter" für aufgerufen, junge Menschen mit dem Tarot vertraut zu machen. Vgl. Urania-Verlag [Novitätenverzeichnis] Neuhausen, Herbst 1999)

2222 Werbeannonce in: Die Andere Realität vom 1.4.1997

2223 vgl. Bormann, M.: Hexenjagd im 20. Jahrhundert (II): Tatsachenberichte über die weltweite Verfolgung religiöser Minderheiten. Radeberg, 1999 (2. Auflage), S. 134

2224 Wagener-Gimeno, A.: Die Pentagramm- und Karmadiagnose: Ein Schlüssel zu ganzheitlicher Gesundheit. Freiburg, 1999, S. 36f.

2225 Kritzinger, H.: Numerologie, in: Luczyn, D.: Esoterik-Führer: Ein aktueller Leitfaden durch das Esoterik-Labyrinth. Niedertaufkirchen, 1993, S. 119

2226 Esoterische Akademie Darmstadt e.V. (Werbematerial) o.J.

2227 vgl. Wagener-Gimeno, A.: Die Pentagramm- und Karmadiagnose: Ein Schlüssel zu ganzheitlicher Gesundheit. Freiburg, 1999, S. 109f.

2228 vgl. ebenda

2229 z.B. Bassols, L.: Tibetan Pulsing (Jahresprogramm). München, 1997 (sämtliche Zitate stammen aus diesem Programm sowie dazugehörigem Werbematerial)

2230 Staatsanwaltschaft München I Az.: 123 Js 10253/97 (s057)

2231 vgl. Stiftung Warentest (Hrsg.): Die Andere Medizin. Berlin, 1991, S. 247f.

2232 vgl. Straten, M.: Irisdiagnose, in: Hill, A.: (Hrsg.): Illustriertes Handbuch alternativer Heilweisen. Freiburg, 1980, S. 39f.

2233 vgl. Knipschild, P.: Irisdiagnose unter der Lupe, in: Skeptiker, 3/1989, S. 4f.

2234 vgl. Bettschart, R. et al.: Bittere Naturmedizin. Köln, 1996, S. 887f.

2235 vgl. Oepen, I. (Hrsg.): An den Grenzen der Schulmedizin: Eine Analyse umstrittener Methoden. Köln-Lövenich, 1985, S. 34f.

2236 vgl. Asshauer, E.: Heilkunst vom Dach der Welt: Tibets sanfte Medizin. Freiburg, 1993, S. 102f.

2237 vgl. Goldner, C.: Magie und Wunderheilung: Tibetische Medizin, in: ders.: Dalai Lama: Fall eines Gottkönigs. Aschaffenburg, 1999, S. 306f.

2238 zit. in: Görner, I.: Heilender Puls (Interview mit Shantam Dheeraj), in: Connection, 1/1992, S. 35

2239 zit. in: ebenda

2240 vgl. Meyer, H.: Holistik Pulsing, in: Der Spatz, 7-9/2000, S. 42

2241 Vibrational Healing (Werbeannonce), in: LebensArt, Nr.5, 11/1998

2242 vgl. Pietsch, B.: Craniosakrale Therapie in der logopädischen Praxis, in: L.O.G.O.S. interdisziplinär, 2/1998, S. 98f.

2243 Aisenpreis, P. (Werbetext), in: Böning, R./Neuwald, B. (Hrsg.): Handbuch für Ganzheitliche Therapie und Lebenshilfe. Gschwend, 1999, S. 211

2244 Agustoni, D.: Craniosacral Rhythmus: Praxisbuch zu einer sanften Körpertherapie. München, 1999, S. 201f.

2245 Institut für Kraniosakrale Therapie (Jahresprogramm) München, 1997

2246 Esser, T.: Craniosacrale Therapie als Teil der Osteopathie, in: Böning, R./Neuwald, B. (Hrsg.): Handbuch für ganzheitliche Therapie und Lebenshilfe. Gschwend, 1999, S. 552f.

2247 TNI (Werbematerial) Berlin/München, o.J.

2248 Natale, F.: Lebendige Beziehungen. Berlin, 1990, S. 192f.

2249 ebenda, S. 370

2250 ebenda, S. 353f.

2251 ebenda, S. 170

2252 Nathal-Institut (Werbetext), in: Böning, R./Neuwald, B. (Hrsg.): Handbuch für Ganzheitliche Therapie und Lebenshilfe. Gschwend, 1999, S. 583

2253 http://www.nathal.ch (6.4.2000)

2254 Eine telephonische Anfrage des Autors vom 6.4.2000 wurde insofern nicht beantwortet (Gesprächsprotokoll).

2255 vgl. Akstein, D.: Die Terpsychore-Trance-Therapie, in: Petzold, H. (Hrsg.): Psychotherapie und Körperdynamik. Paderborn, 1985

2256 Hoffman, K.: Trancetanztherapie, in: Bachmann, A.: Der Neue Therapieführer. München, 1992, S. 77

2257 Hoffman, K.: Tanz, Trance, Transformation. Inning, 1991

2258 TNI (Werbeanzeige), in: Die Kunst zu leben, 4/1997

2259 vgl. Duggan, D.: Tanztherapie, in: Corsini, R. (Hrsg.): Handbuch der Psychotherapie (Band 2). München, 1987, S. 1256f.

2260 vgl. Hemminger, H.-J.: Das therapeutische Reich des Dr. Ammon. Stuttgart. 1989

2261 vgl. Langmeyer, G./Roppele, G.: Biodanza: Die Kunst der Lebensfreude, in: Bund für neue Lebensform (Seminarbroschüre/Schmida). Wien, 2/2000, S. 20f.

2262 ebenda, S. 22

2263 Arbeitsgemeinschaft für Spirituelle Therapie (Werbematerial). München, o.J.

2264 vgl. Kummer, A.: Im Supermarkt der Gefühle, in: Prinz, 2/1992, S. 44f.

2265 Zur Frage nach der rechtlichen Befugnis der einzelnen Heinrichs-Therapeuten zur Ausübung der Heilkunde wurde die Auskunft verweigert (Telephonat [Gesprächsprotokoll] vom 5.6.1997).

2266 Heinrichs/Heinrichs (Werbeanzeige), in: Böning, R./Neuwald, B. (Hrsg.): Handbuch für Ganzheitliche Therapie und Lebenshilfe. Gschwend, 1999, S. 94

2267 Waldrich, H.-P.: Esoterik für Einsteiger: Ein Wegweiser durch östliche und westliche Traditionen. München, 1990, S. 35

2268 vgl. Gadalla, U.: Der Orientalische Tanz, in: Bachmann, A.: Der Neue Therapieführer. München, 1992, S. 72f.

2269 Flatischler, R.: Ta-Ke-Ti-Na: Der Weg zum Rhythmus, in: Bachmann, A.: Der Neue Therapieführer. München, 1992, S. 177f.

2270 zit. in: Stroh, W.: Handbuch der New Age Musik: Auf der Suche nach neuen musikalischen Erfahrungen. Regensburg, 1994, S. 233

2271 vgl. Hess, P.: Klangschalen für Gesundheit und innere Harmonie. München, 1999 (hier: Graf, M.: Wenn die Seele schwingt [Werbetext], in: LebensArt, 3/1999, S. 27)

2272 Abaton Vibra/Plate, F.: Sound & Spirit (Werbebroschüre). Filderstadt, o.J.

2273 ebenda

2274 Stroh, W.: Handbuch der New Age Musik: Auf der Suche nach neuen musikalischen Erfahrungen. Regensburg, 1994, S. 232

2275 zit. in: ebenda

2276 vgl. Abaton Vibra/Plate, F.: Sound & Spirit (Werbebroschüre). Filderstadt, o.J.

2277 Acama Nepal Importe (Werbematerial). Uenzen, 1999 (Hinsichtlich der Denkprozeßverstärkung durch Bergkristall zitiert Hess einen Kanadier namens Gaudry Normand, der sich seinerseits auf „vedische Texte aus dem alten Indien“ beruft.)

2278 vgl. Skeptiker, 2/1994, S. 49

2279 vgl. Forum Kritische Psychologie: Scharlatane und Beutelschneider. München, 1996 (unveröffentlichtes Manuskript; aktualisiert 1999 [Manuskript beim Verfasser])

2280 vgl. Oepen, I./Scheidt, R.: Wunderheiler heute. München, 1989, S. 13f.

2281 Hoffmann, E.: Geistheiler-Ausbildung (Werbeannonce), in: Die Andere Realität vom 1.4.1997

2282 Akademie für kreative Persönlichkeitsentfaltung (Werbebroschüre). Vaduz, 4/1997

2283 Das Große White Eagle Heilungsbuch. Grafing, 1988 (4. Auflage), S. 79f.

2284 zit. in: Oepen, I./Scheidt, R.: Wunderheiler heute. München, 1989, S. 47

2285 Fiat Lux: Der Heiße Draht. Nr. 37, 11/1995, zit. in: Behnk, W.: Uriella und die Wunderheilungen: therapeutischer Wildwuchs in der Sektenszene, in: Skeptiker, 1/1997, S. 8

2286 ebenda, S. 10

2287 zit. in: Reile, H.: Todsichere Heilung, in: Tageszeitung vom 27.1.1992

2288 Wegen fortgesetzten Verstoßes gegen das HeilPrG wurde Bertschinger-Eicke 1993 per Verfügung des Baden-Württembergischen Gerichtshofes die Erlaubnis zur Ausübung der Heilkunde entzogen (Az.: 9 S 326/93).

2289 vgl. Neusius, H.: Uriellas Ufo-Kugeln, in: Berliner Dialog, 1/1998, S. 13

2290 vgl. ebenda

2291 vgl. Behnk, W.: Uriella und die Wunderheilungen: therapeutischer Wildwuchs in der Sektenszene, in: Skeptiker, 1/1997, S. 10

2292 vgl. Reile, H.: Todsichere Heilung, in: Tageszeitung vom 27.1.1992

2293 vgl. ebenda (Die erste - bekanntgewordene - Verurteilung erfolgte 1989 in der Schweiz wegen Abgabenhinterziehung; in einem anderen Verfahren wurde Bertschinger-Eike Ende 1998 vom LG Mannheim wegen Steuer- und Zollabgabenhinterziehung zu 22 Monaten auf Bewährung verurteilt. Vgl. Lycos vom 23.9.1999)

2294 vgl. Behnk, W.: Uriella und die Wunderheilungen: therapeutischer Wildwuchs in der Sektenszene, in: Skeptiker, 1/1997, S. 10

2295 vgl. Neusius, H.: Uriellas Ufo-Kugeln, in: Berliner Dialog, 1/1998, S. 13

2296 vgl. Stiftung Warentest (Hrsg.): Die Andere Medizin. Berlin, 1991, S. 186f.

2297 vgl. Casagrande, C./Casagrande, D.: Spagyrik: Paracelsus-Medizin im Alltag. München, 2000

2298 vgl. Busch, H.: Bruno Gröning, in: Beckers, H.-J./Kohle, H. (Hrsg.): Kulte, Sekten, Religionen: Von Astrologie bis Zeugen Jehovas. Augsburg, 1994, S. 237f.

2299 vgl. Skeptiker, 2/1998, S. 73f.

2300 vgl. Welte, J.: Sektenwahn: Der vermeidbare Tod der Marianne G., in: Abendzeitung München vom 31.7.2000, S. 1/12

2301 vgl. Naegeli-Osjord, H.: Die Logurgie auf den Philippinen. Remagen, 1977

2302 vgl. Oepen, I./Scheidt, R.: Wunderheiler heute. München, 1989, S. 40f.

2303 Bundesgerichtshof Az.: 1 StR 389/77 vom 13.9.1977, zit. in: ebenda, S. 71f.

2304 AG Montabaur Az.: 102 Js 7224/85 vom 26.11.1987, zit. in: ebenda

2305 AG Bonn Az.: 74 Ds Js 1174/85-2/87 vom 21.6.1988, zit. in: ebenda

2306 AG Gelsenkirchen-Buer Az.: 6 Ls61/83 erw. 7 Js 101/82 vom 9.4.1985, zit. in: ebenda

2307 Tachalow, S. (Werbeannonce), in: Böning, R./Neuwald, B. (Hrsg.): Handbuch für Ganzheitliche Therapie und Lebenshilfe. Gschwend, 1999, S. 144

2308 Engelmann, K. (Werbeannonce), in: Böning, R./Neuwald, B. (Hrsg.): Handbuch für Ganzheitliche Therapie und Lebenshilfe. Gschwend, 1999, S. 467

2309 zit. nach: Die Gesundmacher, in: Bunte. Nr. 16 vom 11.4.1984, S. 129

2310 Archiv für Kriminologie. Band 192. 1993, S. 111f.

2311 Astrowoche. Nr. 9 vom 21.2.1996, S. 50f.

2312 vgl. Tageszeitung vom 29.12.1992

2313 vgl. Sebastian, R.: Die Neuen Heiler: Wo Kranke wirklich Hilfe finden. München, 1999, S. 135 (Nach Angaben Sebastians verfügt Drevermann jun. zumindest über eine Zulassung als Heilpraktiker.)

2314 vgl. Oepen, I.: Brauchen wir Wunderheiler? in: Shermer, M./Traynor, L. (Hrsg.): Heilungsversprechen: Zwischen Versuch und Irrtum. Skeptisches Jahrbuch III. Aschaffenburg, 2000, S. 39f.

2315 Wiesendanger, H.: Das große Buch vom geistigen Heilen: Die umfassende Darstellung sämtlicher Methoden, Karnkheiten auf geistigem Wege zu erkennen und zu behandeln. Bern, 1994, S. 17 (Wiesendanger gehört dem *Dachverband Geistiges Heilen* mittlerweile nicht mehr zu.)

2316 Akademie für Esoterik e.V.: Geistige Heilung (Kongreßprogramm) Gladbeck, 1994

2317 Den „Niedergang des 'Dachverbands Geistiges Heilen'" beschreibt Wiesendanger in einem eigenen Kapitel seines Buches: *Geistiges Heilen für eine neue Zeit: Vom 'Wunderheilen' zur ganzheitlichen Medizin.* München, 1999, S. 381f.

2318 Firgau, B.: Rechtshandbuch für Heiler. Weinheim (E.i.S.) 1997 (3. Auflage)

2319 Oberverwaltungsgericht Münster Az.: 13 A 4973/94 vom 8.12.1997, zit. in: AGPF-Info 4/1998 in: http://home.t-online.de/home/AGPF.Bonn/inf98-4.htm vom 30.11.1999 (Kursivsetzung durch den Autor)

2320 Bundesgerichtshof Az.: 1 StR 389/77 vom 13.9.1977, in: NJR 78,599, zit. in: AGPF-Info 4/1998, in: http://home.t-online.de/home/AGPF.Bonn/inf98-4.htm vom 30.11.1999 (Kursivsetzung durch den Autor)

2321 Wiesendanger, H.: Geistiges Heilen für eine neue Zeit: Vom 'Wunderheilen' zur ganzheitlichen Medizin. München, 1999, S. 312f.

2322 Huber hatte keine Bedenken, etwa als Referent auf den Basler PSI-Tagen 1998 aufzutreten.

2323 vgl. Ärzte-Zeitung, Nr. 192 vom 2.11.1993

2324 zit. in: Skeptiker, 4/1993, S. 108

2325 Schreinemakers live, SAT1 vom 4.11.1993

2326 vgl. Skeptiker, 1/1995, S. 26

2327 Schreinemakers TV, RTL vom 3.4.1997

2328 Sebastian, R.: Die neuen Heiler: Wo Kranke wirklich Hilfe finden. München, 1999

2329 vgl. Süddeutsche Zeitung vom 22.2.1996

2330 vgl. Schlamp, H.-J.: Seliger Teufel, in: Der Spiegel, 17/1999

2331 vgl. Mandys, R.: Der direkte Pfad: Yoga-Praxis zum Erkennen der Wirklichkeit. Wien, 1974

2332 vgl. Swami Sivananda Radha: Kundalini Praxis: Verbindung mit dem inneren Selbst. Freiburg, 1986

2333 vgl. Iyengar, B.K.S.: Licht auf Yoga. Weilheim, 1969

2334 Dhirendra Brahmachari: Yoga progressiv. Freiburg, 1976, S. 126f.

2335 ebenda, S. 57

2336 ebenda, S. 184

2337 ebenda, S. 58f.

2338 vgl. Lysebeth, A.: Yoga für Menschen von heute. München, 1975

2339 vgl. Luczyn, D.: Yoga. in: ders: Esoterik-Führer: Ein aktueller Leitfaden durch das Esoterik-Labyrinth. Niedertaufkirchen, 1993, S. 162f.

2340 vgl. Scheid, J.: Yoga für Europäer. München, 1976, S. 131

2341 Mahindra-Yoga-Institut (Ausbildungskatalog). Birstein-Obersotzbach, 2000

2342 IBW (Studienführer). Weil am Rhein, 1997

2343 Dhanya Yoga Zentrum (Werbeanzeige), in: Böning, R./Neuwald, B. (Hrsg.): Handbuch für Ganzheitliche Therapie und Lebenshilfe. Gschwend, 1999, S. 99

2344 Unger, G. (Werbeannonce), in: Böning, R./Neuwald, B. (Hrsg.): Handbuch für Ganzheitliche Therapie und Lebenshilfe. Gschwend, 1999, S. 519

2345 Wettstein, D. (Werbetext), in: Bund für neue Lebensform (Seminarbroschüre/Schmida). Wien, 2/2000, S. 8

2346 Bauer KG: Prana-Katalog (Werbematerial). Freiburg, 5/1999, S. 19 (bezugnehmend auf: Hirschi, G.: Mudras: Yoga mit dem kleinen Finger. Freiburg, 1999 [4. Auflage])

2347 vgl. Minhoff, C./Lösch, H.: Neureligiöse Bewegungen: Strukturen, Ziele, Wirkungen. München, 1988, S. 32f.

2348 vgl. ebenda, S. 35

2349 vgl. Rumler, F.: Scharlatane: Im Drüben fischen, in: Der Spiegel, 23/1994, S. 200f.

2350 vgl. Wolf, R./Windeler, J.: Erfolge der Homöopathie: nichts als Placebo-Effekte und Selbsttäuschung? Chancen und Risiken der Außenseitermedizin. in: Shermer, M./Traynor, L. (Hrsg.): Heilungsversprechen: Zwischen Versuch und Irrtum. Skeptisches Jahrbuch III. Aschaffenburg, 2000, S. 110f.

2351 z.B. Schwertfeger, B./Koch, K.: Der Therapieführer. München, 1989 / Bachmann, A.: Der Neue Therapieführer. München, 1992

2352 z.B. Seiler, S.: Die richtige Therapie finden: Ganzheitliche Methoden für Körper, Geist und Seele. München, 1995

2353 z.B. Seifert, T./Waiblinger, A. (Hrsg.): Die 50 wichtigsten Methoden der Psychotherapie, Körpertherapie, Selbsterfahrung und des geistigen Trainings. Stuttgart, 1993

2354 Drexler, B./Herrberg, H. (Hrsg.): 20 bewährte Naturheilverfahren. Wien, 1997 („mit freundlicher Unterstützung des österreichischen Bundeskanzleramtes")

2355 Böning, R./Neuwald, B. (Hrsg.): Handbuch für ganzheitliche Therapie und Lebenshilfe. Gschwend, 1999, S. 5f.

2356 ebenda, S. 7

2357 vgl. ebenda, S. 634

2358 Roth, H.: Juristische Aspekte der ganzheitlichen Therapie und Lebenshilfe, in: Böning, R./Neuwald, B. (Hrsg.): Handbuch für ganzheitliche Therapie und Lebenshilfe. Gschwend, 1999, S. 16 (Roth führt an: vgl. NJW 1973, Seite 579 f, NJW 1984, Seite 1414)

2359 ebenda, S. 16f. (Roth führt an: LG Verden [MedR 1998, Seite 183 ff. - Fall van Oosterroom] AG Frankfurt am Main [917 A Ls 65 Js 2055.0/95 - Fall Drossinakis])

2360 ebenda, S. 17

2361 Grawe, K. et al.: Psychotherapie im Wandel: Von der Konfession zur Profession. Göttingen, 1994, S. 731f. (vgl. auch: http://www.psychotherapie.org/klaus/ref-grawe-2html)

2362 vgl. Neue Züricher Zeitung vom 23.6.1999, zit. in: Gesellschaft gegen Sekten- und Kultgefahren: GKS-Info 3/1999, S. 4 (Der Europarat fordert die Bildung nationaler Hilfsorganisationen für Sektenopfer und deren Familienangehörige.)

2363 Az.: 207-2007-3: Schreiben des Bundesministeriums für Familie, Senioren, Frauen und Jugend vom 11.2.2000

2364 Az.: III/7-K6503-3/15465: Schreiben des Bayerischen Staatsministeriums für Unterricht und Kultus vom 28.2.2000

2365 Junge Union Deutschland: „InSekten: Nein Danke!" Bonn, 1995

2366 z.B. in: Podiumsdiskussion: „Sekten an die Macht". Beck-Forum, München, 5.11.1995

2367 vgl. Goldner, C.: Meiser, Fliege & Co.: Ersatztherapeuten ohne Ethik, in: Psychologie heute, 6/1996, S. 20f.

2368 vgl. Skeptiker, 1,2/1999, S. 68

2369 Anfang 1999 spaltete sich, unter Anführerschaft des ehemaligen Redaktionsleiters des *Skeptiker*, Edgar Wunder, eine Gruppe an Mitgliedern der GWUP von dieser ab, um ihr eigenes Verständnis wissenschaftlicher Auseinandersetzung mit parawissenschaftlichen Behauptungen und ihren Vertretern zu realisieren. Zu diesem Verständnis zählt offenbar nicht kritische Distanz sondern anbiedernde Nähe zum Gegenstand der Untersuchung: Wunder hatte keine Scheu, sich auch in einem Szenemagazin wie *Esotera* (5/1999) zu verbreiten und dort in diffamierender Form die Arbeit der GWUP als „sektiererisch" (!) zu kritisieren. Einem GWUP-Ausschlußverfahren kam er durch Austritt zuvor. (Im Internet erhobene - frei erfundene - Anwürfe gegen Colin Goldner, der mehrere Jahre als *Skeptiker*-Redakteur tätig gewesen war, nahm Wunder erst nach Androhung rechtlicher Schritte zurück. Von *Esotera*-Autor Michael Schaefer waren diese Anwürfe genüßlich aufgegriffen worden. Vgl. In schlechter Gesellschaft, in: Esotera, 5/1999, S. 77f. [Auch die Anthroposophen und andere Gruppierungen hatten sich begeistert auf Wunders Diffamien gegen die GWUP und einzelne ihrer Mitglieder gestürzt.])

2370 vgl. Ottomeyer, K.: New Age: Verdiente Strafe für die Sünden der akademischen Psychologie, in: Gugenberger, E./Schweidlenka, R. (Hrsg.) Mißbrauchte Sehnsüchte? Esoterische Wege zum Heil. Wien, 1992, S. 60f.

2371 vgl. Psychomarkt: Vier Professoren gegen Esoterik, in: Psychologie Heute, 9/1999, S. 15

2372 ebenda

2373 AStA der Universität München/AK Irrationalismus: Ganzheitlich und ohne Sorgen in die Republik von morgen: Irrationalismus-Esoterik-Antisemitismus (Kongreßprogramm) München, 15./16.7.2000 (vgl. http://www.jungewelt.de/2000/07-21/015.shtml [15.8.2000])

2374 Keltsch, J.: 'Es fehlt die Ethik' (Interview), in: Das Sonntagsblatt, Nr. 1, vom 3.1.1997

2375 vgl. Kratz, P.: Wege zum Glücklichsein, in: Konkret 8/1998, S. 34f.

2376 vgl. Der Spiegel 24/1998, S. 48f. (bezugnehmend auf den „Endbericht der Enquete-Kommission 'Sogenannte Sekten und Psychogruppen'". Deutscher Bundestag: 13. Wahlperiode. Drucksache 13/10950 vom 9.6.1998)

2377 zit. in: ebenda

2378 vgl. z.B. Andritzky, W.: Das Ende der Hexenjagd? in: Esotera, 11/1998

2379 vgl. Main-Post vom 20.6.1998

2380 zit. in.: Schaefer, M.: Das 'Lebenshilfe'-Gesetz, in: Esotera, 3/1998, S. 20

2381 ebenda, S. 16

2382 vgl. Doty, K.: Streit um das Lebensbewältigungshilfegesetz, in: Forum, 29, 4/1998, S. 8f.

2383 vgl. Deutscher Bundestag: 13. Wahlperiode. Drucksache 13/9717 vom 29.1.1998

2384 vgl. Schaefer, M.: Das 'Lebenshilfe'-Gesetz, in: Esotera, 3/1998, S. 18

2385 zit. in: ebenda, S. 18f.

2386 Doty, K.: Streit um das Lebensbewältigungshilfegesetz, in: Forum, 29, 4/1998, S. 10

2387 zit. in: ebenda, S. 12 (Aussage von Christian Fuchs, Vorstandsmitglied des Berufsverbandes Deutscher Yoga-Lehrer/BDY)

2388 vgl. Deutscher Bundestag: 13. Wahlperiode. Drucksache 13/9717 vom 29.1.1998, S. 12f.

2389 zit. in: Doty, K.: Streit um das Lebensbewältigungshilfegesetz, in: Forum, 29, 4/1998, S. 12

2390 vgl. AGPF-Info 1/1998

2391 dpa vom 29.1.2000

2392 vgl. Fromm, R.: Neues zum Stand des Lebensbewältigungshilfegesetzes, in: Frontal. ZDF vom 28.9.1999

2393 Freie Lebensberatung und Verbraucherschutz, in: Dao 3/2000, S. 38f.

2394 Häke, R.: Editorial, in: Grenzenlos, 4/2000, in: http://www.grenzenlos-verlag.de/editorial400.htm (4.5.2000)

2395 Gruber, J. (Interview), in: Dao 3/2000, S. 41

Register

Colin Goldner

Dalai Lama – Fall eines Gottkönigs

ISBN 3-932710-21-5, 455 Seiten, 40 Abbildungen, kartoniert, DM 39,oo

Die erste kritische politische Biographie des Dalai Lama zeichnet das Leben des Gottkönigs von seiner „Entdeckung“ über Inthronisation und Flucht aus Tibet bis hin zu seinem Aufstieg zum Medienstar und zur Kultfigur der Esoterikszene nach. Dabei werden bislang wenig bekannte Fakten zur buddhistischen Lehre und tibetischen Geschichte zutage gefördert: Die Lebensverhältnisse unter der Diktatur der „Gelbmützen“-Mönche waren erbärmlich, durch die Geschichte des Lamaismus zieht sich eine Blutspur, die tantrischen Rituale basieren auf einer tiefen Frauenfeindlichkeit...

„detailreiche Biographie, die mit Geschichtsklitterungen aufräumt“ (Abendzeitung)

Guido und Michael Grandt

Waldorf Connection. Rudolf Steiner und die Anthroposophen

2., überarbeitete Auflage, ISBN 3-932710-09-6, 366 Seiten, kartoniert, DM 36,oo

Die Autoren vergleichen Anspruch und Wirklichkeit der „Waldorf Connection“. Sie dokumentieren die okkulten und rassistischen Anteile an der Weltanschauung Steiners, setzen sich ausführlich mit seinem pädagogischen Konzept und dem Unterricht der Waldorfschulen auseinander und erörtern den Einfluß der Anschauungen des „Meisters“. Ihr Fazit: Es ist höchste Zeit für eine kritische Debatte über die Ideologie Rudolf Steiners und ihre Umsetzung in der Waldorfschule.

„zur kritischen Auseinandersetzung ... hilfreich“ (Die Deutsche Schule)

Bernd Harder

Nostradamus. Ein Mythos wird entschlüsselt

ISBN 3-932710-23-1, 153 Seiten, kartoniert, DM 24,oo

Nostradamus – für die einen der Mann, der die Zukunft sah, für die anderen ein berechnender Scharlatan. Bernd Harder untersucht die Verse des Astrologen und Arztes aus dem 16. Jahrhundert und die Deutungen seiner heutigen Anhänger. Nach einem Vergleich der verschiedenen „Entschlüsselungen“ der Nostradamus-Interpreten kommt er zu dem Ergebnis: Wer sich an die Fakten hält, erfährt zwar nichts über die Zukunft, kann aber hinter dem Mythos des Sehers und seiner Prophezeiungen einen Science fiction-Autor entdecken, der in seinen Zukunftsvisionen die soziale und politische Gegenwart der Renaissance kommentierte.

Michael Shermer/Lee Traynor (Hrsg.)

Heilungsversprechen. Zwischen Versuch und Irrtum. Skeptisches Jahrbuch III

ISBN 3-9332710-18-5, 251 Seiten, kartoniert, DM 29,80

Bei allem Fortschritt – noch immer ist die Medizin Tummelplatz esoterischer Quacksalber und Brutstätte „wissenschaftlicher“ Mythen. Die sogenannte Alternativmedizin profitiert dabei von den Ängsten und Hoffnungen der Patienten ebenso wie von der berechtigten Kritik an der „Drei-Minuten-Medizin“. Der dritte Band der Reihe *Skeptisches Jahrbuch* untersucht einige der wichtigsten Phänomene auf dem Heilungsmarkt.

Utopie & Skepsis

Marvin Chlada/Gerd Dembowski

Die neuen Heiligen. Reportagen aus dem Medien-Himmel

Band I: Jürgen Domian, Verona Feldbusch, Teletubbies und andere Simulationen

ISBN 3-932710-27-4, 171 Seiten, kartoniert, DM 25,oo

Die ollen Heiligen haben ausgedient; die neuen Identifikationsfiguren und Lichtgestalten werden nicht mehr von der katholischen Kirche, sondern von den Medien geschaffen. Sie kommen aus dem Show-Biz oder dem Sport, singen Hits oder schreiben Bestseller, haben es bis zum Alt-Bundeskanzler oder zur Beinahe-Königin von England gebracht. Diese Ikonen der Postmoderne (sowie jenes Publikum, das sie eigentlich erst zu dem macht, was sie sind), werden in dem Sammelband unter die Lupe und auf die Schippe genommen. Die Beiträge sind unterhaltsam und polemisch, werfen aber zugleich einen Blick hinter die „Erscheinungen“ auf das zugrundeliegende System.

Christian Schüller/Petrus van der Let (Hrsg.)

Rasse Mensch. Jeder Mensch ein Mischling

ISBN 3-932710-14-2, 179 Seiten, 10 Abbildungen, kartoniert, DM 28,oo

Die Autoren entkleiden den Begriff der „Rasse“ seines wissenschaftlichen Mäntelchens. Sie führen den Beweis, daß er mit naturwissenschaftlichen Erkenntnissen nicht vereinbar ist, zeigen auf, aus welchen Traditionen er entstand, und weisen nach, daß der Begriff von Beginn an eingesetzt wurde, um Menschen nicht nur zu klassifizieren, sondern auszugrenzen, zu benachteiligen und zu unterdrücken.

Reza Ghaffari

Weinende Tulpen. Gefangen im Gottesstaat Iran

ISBN 3-932710-19-3, 271 Seiten, kartoniert, DM 34,oo

Sieben Jahre verbringt Reza Ghaffari als Khomeini-Gegner in Gefängnissen der Islamischen Republik Iran. Sein Buch berichtet über diese Zeit hinter Gittern, über die Bemühungen des Regimes, die Identität der Inhaftierten zu zerstören, und über die Versuche der politischen Gefangenen Widerstand zu leisten. Und es reflektiert, wie es dazu kommen konnte, daß nach dem Sturz des Schahs die islamischen Extremisten die Macht errangen.

Hermann Josef Schmidt

Wider weitere Entnietzschung Nietzsches. Eine Streitschrift

ISBN 3-932710-26-6, 208 Seiten, kartoniert, DM 28,oo

Nietzsches aphoristisch angelegtes Werk ist umstritten; nicht nur bei der Bewertung seiner Aussagen und ihrer Folgen, sondern schon bei der Einschätzung, was er denn mit dieser oder jener Schrift gemeint haben könnte, gehen die Meinungen weit auseinander. Philosophieprofessor Hermann Josef Schmidt kritisiert an der konventionellen Nietzsche-Forschung, daß sie auf eine „Entschärfung“ seines Denkens hin angelegt ist...

Gesamtverzeichnis und Sonderprospekte anfordern:

Alibri Verlag, Postfach 100 361, 63703 Aschaffenburg, Fon/Fax 06021 - 581 734